湖北省公益学术著作
Hubei Special Funds 出版专项资金
for Academic and Public-interest
Publications

专题史研究文库

中国史学史长编（上）

董朴垞 著

董铁铮 清抄 钱茂伟 等 点校

长江出版传媒 | 崇文书局

中国史学史长编

作者及整理者团队

董朴垞 著

董铁铮 清抄

钱茂伟 陈鑫 王拂晓 孙佳梅 浦一枝 点校

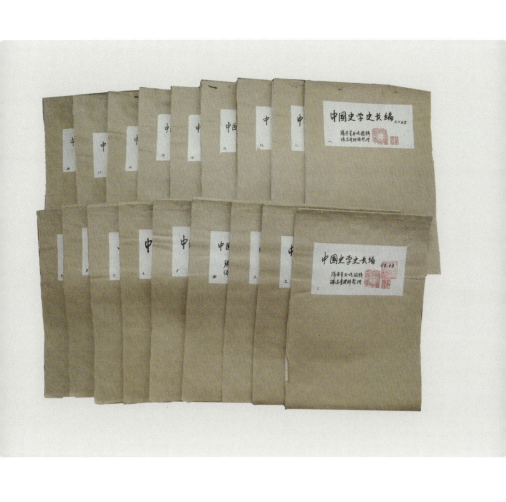

《中国史学史长编》清抄稿书影

《中国史学史长编》手稿书影一

《中国史学史长编》手稿书影二

本书作者董朴垞像

本书清抄者董铁铮(董朴垞四弟)像

本书整理者钱茂伟教授工作照

《中国史学史长编》：
20 世纪 70 年代中国史学史代表作[①]

（代前言）

钱茂伟　　王笑航

　　近二十年来，中国史学史学科发展史研究受到较多关注。[②] 论及 "文革" 十年的史学史工作，白寿彝先生的总结值得关注："对这十年，我们不应看作历史的空白，我们应该认真地进行总结。"[③] 有意思的是，白寿彝先生的老同学董朴垞于 1975 年基本完成了 10 册本的《中国史学史长编》（以下简称《长编》），似为白寿彝先生的论断作了一个注脚。次年，白寿彝先生收到了董朴垞寄送的《中国史学史长编目录》（以下简称《长编目录》）。《史学史资料》1980

---

①本文原题《董朴垞〈中国史学史长编〉：20 世纪 70 年代的中国史学史代表作》，原刊《史学史研究》2021 年第 4 期。此处作了较大的修订，增加了一年多的新思考。

②如周文玖：《中国史学史学科的产生和发展》，北京师范大学出版社，2002 年；胡逢祥：《历史学的自省：从经验到理性的转折——略评 20 世纪上半叶我国的史学史研究》，《华东师范大学学报（哲学社会科学版）》2004 年第 1 期；张越：《中国史学史学科的发展路径与研究趋向》，《学术月刊》2007 年第 11 期；王应宪：《20 世纪上半叶中国史学史学科建设再探讨》，《华东师范大学学报（哲学社会科学版）》2012 年第 5 期；王传：《论民国时期中国史学史的学科建设与著述特点》，《河北学刊》2020 年第 1 期；陈勇、宫陈：《早期中国史学史研究范式论略——以蒙文通为考察中心》，《史学理论研究》2021 年第 1 期。

③白寿彝：《中国史学史论集》，中华书局，1999 年，第 342 页。

年第 1 期刊登了董朴垞的《长编目录》，但由于信息匮乏，缺少作者简介，更未交待是否成书，此书未得到足够重视。在中国史学史研究圈，只有胡逢祥等少数学者关注到此书。笔者 1985 年研究明代史学时，看到《长编目录》，惊讶于其内容之详细完备，它于是成了笔者梳理明代史学的明灯。笔者曾询问责任编辑朱仲玉先生，得知董朴垞是温州一位中学退休老师。至于此书是否成书，未及追问。当时以为这么大的目录仅是一个编纂计划，便没有再关注。2020 年，因寻找民国浙东学术研究选题，笔者再次关注董朴垞时，才知《长编》早已成稿。通过多方的调查，终于联系上董氏后裔，得到了董朴垞先生的全部遗稿，拟编为《董朴垞全集》。本文将介绍《长编》成书、出版的艰难历程，并对此书特点、价值、意义进行深入阐述，以期引起更多人的关注，为研究中国史学史学科发展史提供新材料。

一、艰难岁月留下的史学遗产及联系出版之波折

董朴垞（1902—1981），名允辉，字朴垞，号敬庵，浙江瑞安人。① 早年受同乡大儒孙诒让影响颇大，逐渐走向了治学道路。1922 年 6 月，董朴垞以第一名的成绩从瑞安中学毕业，考进杭州的"工专"（浙江省立工业专门学校），不久因病休学。1924 年上半年，复学工专。秋天转考进"法政"（浙江公立法政专门学校），不久病休。1925 年 6 月，再入法政学习，不久又病休，最后索性放弃求学。所以，他属大学未毕业者。1925 年 10 月，在周予同教授养父周晓秋的推荐下，董朴垞担任瑞安项骧（留美状元，曾任北洋政府财政部次长）家庭教师 3 年。这 3 年一边教学一边自学的经历，

---

① 董朴垞在新中国成立前多用董允辉之名，新中国成立后多用董朴垞之名，为行文便利，正文统称董朴垞。而《中国史学史初稿》的作者署名为董允辉，故注释中，此书作者仍用董允辉。

奠定了他的国学基础。1929年6月，项氏子弟升学上海大同中学，董朴垞必须另谋出路。他做了两手准备：一是考研，6月15日，董朴垞读报得知北平的燕京大学国学研究所招生，要求大学毕业或者有国学根底的同等学力者，于是他收集自己的一些杂著寄出；二是求职，在项骧的推荐下，董朴垞在上海大同大学谋得国学老师一职，8月上岗。不久，燕京大学录取通知书也送到了。由于他与大同大学有合约，遂提出翌年初入京的请求，被燕大允许。

1930年初，董朴垞正式入燕京大学国学院读研究生，师从陈垣、张尔田、顾颉刚等史学大师。顾颉刚是他的直接导师，白寿彝是他五位同学之一。陈垣先生开设的史学概论课，直接引导他走上了史学理论及史学史研究之路。董朴垞曾回顾自己做史学史研究的缘起说："欲继章氏遗志，以纂成之。于是费数月之力，遍抄诸史中艺文或经籍二志所载史学书，数量实多。复以类从，综合观察，始得明其书之演变。后又读近人梁启超所作《中国历史研究法补编》与何炳松所译《西洋史学史》，俱怪无人肯编《中国史学史》。"[1] 由此可知，董朴垞远承章学诚《史籍考》之遗志，近受梁启超《中国历史研究法补编》与何炳松所译《西洋史学史》之影响，决定作《中国史学史》。考虑到此前有朱彝尊《经义考》、谢启昆《小学考》，而章学诚《史籍考》未成失传，可见他直接的动因是完成《史籍考》。只是，时代变了，出现了史学史编纂模式，于是他改而用史学史模式编纂传统史部目录资料，可谓新瓶装旧酒。

1933年，梁启超《中国历史研究法》正、补编出版，董朴垞认为此书在正史编纂方面尚不详细，遂著《中国正史编纂法》。著书过程中，董朴垞"搜集材料，检书至数十种，乃得见其他批评史

---

[1]董允辉：《中国史学史初稿》，陈功甫等撰，王东、李孝迁主编，王传编校：《中国史学史未刊讲义四种》，上海古籍出版社，2018年，第283页。

籍之语极夥。遂不嫌疏陋，勾乙移抄，积之亦富"[1]。1936 年，《中国正史编纂法》出版，董朴垞接着著《中国史学史初稿》。为收集相关材料，董朴垞向浙江省图书馆"借阅图书数十种，并另纸摘录"[2]。1937 年，抗战全面爆发，董朴垞由杭州高级中学回温州中学任教。在艰苦的条件中，董朴垞坚持修书。1945 年 8 月中旬，《中国史学史初稿》成书。完成《中国史学史初稿》以后，董朴垞油印了三十余部，分别赠送给陈垣、顾颉刚、夏鼐、宋慈抱、周予同、陈谧、项慎初、金嵘轩、孙正容等师友，此书还参与了 1947年度国民政府教育部组织的史学类学术著作评奖，但未得到评审专家的认可。夏鼐曾提到陈垣先生对此书的评价："陈先生阅后颇不满意，于书头略批数处。谓余云，如此类之书，最好劝之不必刊印，反发生坏影响。"[3] 1947 年，董朴垞制定了《朴垞四十以后治学计划》，包括修订《史学史》，"收旧稿修订之"[4]。

1957 年初，他从瑞安中学调化工部杭州化工学校任教。1962年，董朴垞从浙江化工学院（为杭州化工学校升格，今浙江工业大学前身）退休，终于有大量时间进行学术研究。不久，遇"四清"运动，要求"破四旧"。1966 年，又遇"文革"。董朴垞主动适应时局，将很多旧物忍痛毁之，图书出售，甚至将部分书稿撕成碎条。但他雄心不灭，"文革"高潮一过，他便重新整理书稿。1967年，董朴垞开始整理自己的作品，将当初撕碎的《朴垞日记》拼接复原。笔者曾困惑，何以现存董氏遗稿中没有《中国史学史初稿》油印本？及读第四编第十章，注释 1 为初稿油印本《中国史学史初

---

[1]董允辉：《中国史学史初稿》，陈功甫等撰，王东、李孝迁主编，王传编校：《中国史学史未刊讲义四种》，上海古籍出版社，2018 年，第 283 页。

[2]董朴垞：《朴垞年谱》，第 54 页。原稿存董氏后裔处，下同。

[3]夏鼐：《夏鼐日记》卷四，华东师范大学出版社，2011 年，第 179 页。

[4]董朴垞：《朴垞年谱》，第 79 页。

稿》粘贴条，三分之二处有上下撕裂之状，忽然悟到此书定在 1966
年的自毁之列。遗稿中可见的《中国正史编纂法》，也是对撕成两
半、再重新粘贴起来的本子。这说明 1966 年的自毁是动真格的，
损失相当大。

从其年谱可知，1968 年，董朴垞仍在继续编写《史学史》。董
铁铮（董朴垞四弟）所定《董朴垞先生年谱》1972 年条："是年，
五月得夏鼐信，要先生将《史学史》旧稿重加整理，以俾代予介绍
出书，先生甚喜，乃开始整理，改名为《中国史学史长编》。"1972
年，夏鼐为何来信要他续修《中国史学史》？这是一个值得思考的
问题。近读 1972 年 5 月夏鼐来信，从夏鼐来信"接奉来函"可知，
这是复信。也就是说，是董朴垞先给夏鼐写信。至于董朴垞为什么
要写信给夏鼐，当与中华书局重启"二十四史"点校活动有关。
1972 年 6 月他给周予同信称："又弟前日览报，知政府将标点印行
'二十四史'，并复重视古文物，不使糟蹋，此政策正确之表现也，
为之费心。"[1] 重启"二十四史"，表示尊重传统文化，这给了董朴
垞信心。董朴垞读报，知夏鼐参与中华书局"二十四史"点校工
作，于是马上给夏鼐写了信，汇报了自己正在进行的《中国史学
史》修订工作："直至最近览报，知于古文物并不绝对废弃，应听
毛主席话，批判继承保护之。于是如'二十四史'，将由中华书局
点校出版。则弟之几种史籍，亦已着手粘缀，复其旧贯矣。尤对
《史学史》，谨依兄前提意见，加以调整重编，拟作为参考资料可
也。"[2] 夏鼐曾给董朴垞回信："读来函，知吾兄雄心未死，拟将大
著重加整理，壮志可佩！敬预祝成功！"[3]

---

[1] 董朴垞：《致周予同函》，见《董朴垞书信集及挽联》，第 25—26 页。原稿存董氏
后裔处，下同。
[2] 董朴垞：《致夏鼐信》，见《董朴垞书信集及挽联》，第 6 页。
[3] 夏鼐：《考古研究所所长夏鼐复信》，见《董朴垞书信集及挽联》，第 115—116 页。

《长编》之意，来自于何？应该是《孙诒让学记》。1963年起，董朴垞一直在从事《孙诒让学记》的编纂工作，感觉做成资料长编比较保险。此后数年，他一直在坚持写《长编》，至1975年成书，10大册。所用纸张甚为粗陋，封面是黑乎乎的牛皮纸，正是20世纪60年代至70年代纸张的特点，可见作者之节俭。

完成《长编》后，董朴垞着手出版事宜。1976年，董朴垞致信夏鼐与白寿彝，希望他们能够帮助联系出版之事，最好能在中华书局出版。白寿彝建议董朴垞直接联系中华书局编辑部，同时还表示希望看到《长编》的目录。董朴垞让侄子董大江用蜡纸刻印了《长编目录》，寄送给白寿彝与夏鼐，请求提建议并且帮助联系出版。董朴垞联系中华书局挫折颇多，1976年10月至1978年6月，董朴垞三次联系中华书局，均未能成功，中国科学院近代史研究所孙思白研究员将《长编》的引言推荐给中华书局，也未能成功。此外，董朴垞也致信上海的周予同、吴泽，请求帮助，皆未成功。董朴垞给吴泽的信中流露出自己的无奈："最近钞出《史学史》目录一册，寄请老友周予同、夏鼐、白寿彝教正，迄无答复，想彼辈各忙于职务，无暇为我书作订定耳。求同道商量甚难，可叹也。"[①]1980年，《中国史学史长编目录》刊于当年的《史学史资料》第1期，董朴垞致信对白寿彝表示感谢，还请白寿彝为其书作序，也未收到回复。老同学白寿彝给了他一个亮相的机会，使《长编目录》得以见刊，但没有交待作者及是否成书等信息，让不少人误以为是一个写作计划，自然不会有人来关注此书的出版问题。假如当时加上几行字，呼吁一下，引起大家的关注，也许情况会是另一个样。当然，董朴垞也没有通过投书报刊，呼吁支持。也许，那个时代还不流行这样的公益行为。

---

① 董朴垞：《致吴泽主任函》，见《董朴垞书信集及挽联》，第33—34页。

当时，有一个编辑关注了此书。1980年7月，因为读到《长编目录》，人民出版社《中国历史学年鉴》责任编辑邓卫中来信向董朴垞征集《历代史家字号邑里表》《历代史家生卒岁数表》《历代史家著述存佚表》和《历代正史史目沿革表》，拟在1980年《中国历史学年鉴》发表，董朴垞回信寄上四表。邓卫中曾致信董朴垞，想进一步了解《长编》的情况，董朴垞给邓卫中寄送了《长编》底稿第一册。事后，邓卫中回信表示人民出版社无力出版，归还原稿。

回顾董朴垞联系出版的历程，1976年至1980年，他多次联系师友及出版社工作人员，均未能成功。为何如此？表面上看，似乎夏鼐、白寿彝等人均不肯帮忙，中华书局、人民出版社均不肯接受，导致他屡次失败，甚至令人怀疑《长编》水平是否有问题。其实非也，董朴垞联系出版失败主要有两个因素：其一，董朴垞没能提供达到出版要求的誊清稿。董朴垞擅长行草，他用行草写《长编》，他自己也承认其书誊抄困难："然以册数、字数过多，誊正困难，故仍弃置箧衍中。"[1] 行草的书写导致审稿排版困难，自然也无法出版。正如董朴垞给吴泽信中所说："以我字迹潦草，必须自辨识也。"[2] 他希望先得到录用通知再雇人去誊抄，但对出版社来说，必须有了誊清稿，才可考虑后续的审阅编校工作。其二，在寻找出版平台的路径上也出了问题。作为一位名不见经传的退休老师，董朴垞直接找中华书局、人民出版社这样的一流出版社，难度之大可想而知。当然，董朴垞直接找中华书局也是有原因的，当时中华书局在做"二十四史"点校工作，出版了"历代史料笔记丛刊"，他认为史学史著作也能得到青睐，但当时中华书局的工作仍以古籍整理为主，专著不是他们关注的重点；人民出版社以出版党

---

[1] 董朴垞：《致北师大史学研究所史学史资料负责人王翠峰》，见《董朴垞书信集及挽联》，第148—149页。

[2] 董朴垞：《致吴泽主任函》（复识），见《董朴垞书信集及挽联》，第33—34页。

和国家政治读物为主，当时这两家出版社均不是出版《长编》的合适单位。如果换家地方出版社，也许能出版。1980年以后，刘节、朱杰勤、仓修良、张孟伦、陈光崇等学者的中国史学史著作，都是由地方出版社出版的，这说明当时国家级出版社对出版此类图书兴趣不足。而夏鼐、白寿彝等人则对此事无能为力。白寿彝先生虽位至全国人大常委会委员，但他的《中国通史纲要》、《中国通史》多卷本、《中国史学史》均由上海人民出版社出版，而非由北京的中华书局或人民出版社出版。由此可知，董朴垞请白寿彝找中华书局出版《长编》确乎强人所难。

1981年9月，董朴垞突然中风，不省人事，十多天后离世，全部遗稿转移到丽水四弟处，外界知道的人越发少了。之后适值市场经济时代，出版社讲求经济效益，出书虽方便了，但董铁铮一家既缺乏学术门路，也没有足够的财力来支持出版，只能将书稿束之高阁。直到1998年，得益于温州师院图书馆陈光熙先生的关注，将《长编》《孙诒让学记》复印本存放到温州师院图书馆。温州师院治中国史学史的蔡克骄教授曾翻阅一遍，感叹错失了时代。陈光熙先生虽看重此书，但能力有限，仅勉强出了《孙诒让学记》选本。此后，又陷入沉寂。2020年，笔者介入，才重新将董朴垞著作的出版提上议事日程。与北京师大周文玖教授说及这个故事，感叹董朴垞生前未暴得大名。凡此种种，造成了《长编》当时未能出版，这对董朴垞个人、对历史学界而言，不能不说是一个遗憾。"文革"结束的时代，是一个书荒时代。中国史学史的学科建设，需要这样的厚实之作。朱杰勤、刘节、仓修良、张孟伦等人的史学史作品，都是1980年后逐步出版的。这些史学史著作所及史著少而精，适合本科生阅读，而《长编》的多而宽，适合史学史专业研究生阅读。笔者初见此目录，十分惊讶于那时竟有这样的长编，让人大开眼界，原来史学史领域有这么多的书值得研究。由于此书未能及时出版，也就错失了贡献于那个时代的史学史学科建设的机会。

二、《中国史学史长编》的基本特点

结合民国以来史学史的编纂状况，与《中国史学史初稿》及其他史学史著作相比，《长编》有七大特点：

第一，贯通古今、分期叙述。民国时期的史学史著作大多写到近代，但是在很多地方仍然不够全面。20世纪60年代史学史教材的编写采取分段负责制，单部著作未能贯通古今。《长编》从上古史官时代开始，一直写到民国史学，分期叙述，贯通古今，规模宏大。据笔者粗略统计，《长编》涉及史著四百余部，论及史家约六百人，其规模远超此前同类著作，是新中国第一部贯通古今的中国史学史著作。既然是按时间顺序写作中国史学史，自然就面临史学史的分期或分段问题。此前金毓黻将中国史学史分为五个时期，蒙文通《中国史学史》分为四段，陈功甫《中国史学史》分为十段，陆懋德《中国史学史》分为九段，《长编》则划分为八大时期。除第一编为历代史官制度外，接下来按照朝代顺序归纳，分为周秦史学、汉代史学、魏晋南北朝史学、隋唐史学、五代宋史学、元代史学、明代史学、清代史学，第十编即为民国史学。为何如此划分？董朴垞未及作出学理上的说明。究其内容，大体上是按史学文本内在发展逻辑进行划分的。董朴垞的第一编"历代史官制度"仅论上古时代的史官，并不涉及汉以后的史官制度，这与金毓黻《中国史学史》不同，金毓黻的《中国史学史》专设一章"汉以后之史官制度"，而董朴垞在此后不专设史官部分，将历代史官制度置于该时代进行考察，体现了他心目中"历代史官制度"虽名为制度，但更偏重史官所处的时代，这样的思想仍然承袭梁启超最初之构想。之后各章节的设置，体现了董朴垞对中国史学史分期较为独特的理解。在史学发展的历程中，周秦为史官向史家转型期，汉代、魏晋南北朝、隋唐皆为独立的区间，而五代与宋合为一编，体现了史学史发展的内在逻辑及董朴垞对此逻辑的理解。五代和宋时间相接续，一些事情颇有交集，例如关于唐史的研究，五代后晋时期有《旧唐书》，北宋则有《新唐书》，如果将五代与唐放一起，那么对唐史的书写就会被割裂在两个不同的区间，这样显然不利于表述的一贯性。

第二，每段专题化。在每编内分专题介绍，每编下设数章到数十章，对这一时期的史学发展进行论述，基本上囊括了各个时间段主要的史家及史学著作。最短的是第二编，仅3章；其次是第一编，4章；其三是第三编、第七编与第十编，分别是7章、9章、7章；其四是第四编、第五编、第八编，分别是13章、11章、11章；其五是第六编，22章；最长的是第九编清代史学，凡38章。编下章用的是史部分类法，内容十分全面，不同时期各类有名的史籍均提及了。《长编》分类较全，涉及人物与作品较多，是颇为全面的史学史。更重视二三流人物，这是《长编》的强项，也是其超越其他史学史著作之处。历代史学著述都是存在之作，但从后来的史学史研究来看，很多史家及著作被忽略遗忘。董朴垞每编分专题进行介绍，较为全面系统地搭建起了框架。以明代史学为例，下分开馆修《元史》，敕编大典与奏议，设馆修《会典》《实录》，建议修国史，治目录校雠学，补续通鉴、通鉴纲目及纪事本末，改撰陈志，改编宋史，补续三通，成史论派，喜谈本朝掌故，共11章，列举了30多部书，基本上囊括了明代史学发展的重要内容，可以引导初学者进一步深入研究。这样的专题分类排序方法继承了史部目录分类的风格，同时又有所发展，反映了史学史由国学风格向现代史学的嬗变，有利于读者进一步了解这个时期的史学发展状况。从章的主题设置，可见作者对史学史发展认识的深化。专题的确立，遵循了不同类型及其代表作的特点。这是由传统史学特点决定

的。传统史学有着丰富多彩的体裁，不同时期、不同体裁有相应的
代表作，作者将之梳理出来，实际上就是揭示了各个时期史学的主
要现象。《长编》确立的章，提供了各时段进一步发挥的余地，可
扩展为一部部断代史学史。

第三，概要与文选同步。《长编》由正文、参考资料、延伸阅
读三大块组成。这在学科专业书建设上有较大突破。延伸阅读，可
体现"资料长编"之意。它不是为注解正文提供一些现成的知识，
而是汇集了历代学人对这些作品的研究与评论，有利于了解不同人
的学术史观。参考资料与延伸阅读两块，正满足了研究生想进一步
拓展的需求，便于引导研究生进入研究之门。董朴垞的阅读面十分
宽，每个专题的相关论述都尽量找齐。在手工检索时代，达到这样
的水平确实不易。此书有独到的价值，可以永存于世，不会过时。
据笔者粗略统计，《长编》引注 700 余条，参考文献 1700 部左右。
正文内容较为简洁，最短的章数百字，最长的章数千字。此间成因
有两个方面：一是通史的要求，通而不专，每章篇幅不大；二是文
言文的特点，董朴垞治国学出身，传统古文普遍简短，难以成为长
篇大论。此书的注比较特殊，常规的注是引文出处注，而《长编》
的注除了标注引文出处，还将一段段原始资料抄附于下。由此，注
释篇幅与正文不相上下，有时甚至超越正文，颇类一些欧洲的学术
著作。为什么《长编》的注有更全的引文？可能是为了提供上下
文，不至于断章取义，也可引导初学者熟悉相关史学史原典文献。
如此，《长编》的注起到了文选的功能，可以权当"中国史学史资
料选编"。教材之外编文选，是当时专家的普遍要求，翦伯赞先生
便要求白寿彝先生编参考资料。由是，在 20 世纪 80 年代后期，在
白寿彝先生的主持下，北京师范大学史学研究所曾经编过一套《中
国史学史参考资料》（铅印本）六编，未能全部编完，也没有公开
出版。这种"概要＋文选"的模式，实际上是教材与读本兼容了。

而正文后"参考资料"的设置，符合现代学术规范，既可以让人了解《长编》的史源，也方便读者按图索骥，进一步查阅相关资料。

《长编》参考同时代学术论文、论著多吗？从"参考资料"来看，董朴垞除了依赖传统典籍，也借鉴了部分现代论文，征引面十分宽。从论文来看，第一编史官部分，明显参考了相关学人的论文。"魏应麒《中国史学史》，友人白寿彝云，见《新建设》一九六一年四期。""最近友人白寿彝作《刘知几论史学继承》一文，载在1961 年 5 月 6 日《光明日报》。"这说明，20 世纪 60 年代初他参考过白寿彝的文章。最近的文章，是"《史学史资料》1980 年 5 期朱仲玉《史籍散论》"。显然，因为他在《史学史资料》1980 年 1 期发过文章以后，北师大给他寄了杂志，从而让他有机会读到朱仲玉先生的文章。20 世纪 40 年代，基于战乱等诸多因素，他在温州没有及时阅读到相关学人的史学史著作。他们是同时代写的书，各有各的体系，不必参考他人。进入 20 世纪 60 年代至 70 年代，他做学术研究主要依赖温州图书馆藏书。这使他有机会见到 1957 年再版的金毓黻、赵超玄两人的中国史学史著作。一个引人好奇的小问题是，1961 年曾有一场史学史学科的大讨论，但董朴垞涉及不多。他当时在衢州的浙江化工学院图书馆工作。不过，他引用过刘节于1962 年发表在《文汇报》上的《谈史料学与史学史》一文。这表明，董朴垞虽然没有出门，但对学术界动态是随时关注的。只是，那个时代的全国专业信息市场发展不充分，不可能获取全部信息。

第四，宽广而略单薄的史学通史。学人写书就是不断造文化房子，会不断地将"小房子"合成"大房子"。董朴垞喜欢"造房子"，喜欢搭建文化之屋。《长编》是知识面十分宽广的史学史著作，它的"大房子"框架确实大，但各"小房子"尚比较粗糙。中国史学史是大屋顶，而不同时代的不同史家及著作则是小屋子。屋顶的大小直接决定房子容量的大小。董朴垞处于史学史学科建设初期，他跑马圈地，涉及了三千年中国史学通史的全程，面太宽了。《长编》提要式的写法，将史学史的学科框架搭起来了。作为第一代中国史学史学科建设之书，它就是将不同时代的史家及史著按现代章节体建构起来。《长编》的优势是框架大，让更多二三流史家与史著在中国史学史学科框架中占有一席之地。某些章，如第三编第七章，内容过于单薄，根本不成章。它的意义，是在中国史学史框架中为这些书留下了一个位置。作品信息量大，是此书的特点。20 世纪 80 年代中叶，读刘节《中国史学史稿》，大家普遍的感觉是此书材料太丰富了。现在读董朴垞《长编》，才知什么是真正的丰富。相当多的信息，我想在史学史行四十年的专家，也不一定了解。

不过，面宽的结果是每章每节的内容显得单薄。他的摊子铺得太大，最后只能是提要式的写作。不够专而深，是《长编》的不足之处。不过，这也是史学史学科建设初期的共同特点，不是只有他是这样。即使是大家公认的代表作——金毓黻《中国史学史》，也才花了一年多时间写作，前期研究与积累并不足。通与专间有些矛盾，难以兼顾。金毓黻对中国史学史各专题也未及展开长期而深入的研究。一个人要处理三千年史学的方方面面，肯定力有不逮。专题深度研究，是后来者的任务所在。董朴垞的任务，就是将三千年史学成果，建构起一个十分庞大的框架结构，让后来者得以分时段找到不同主题的史家及其史著，从而进一步深入研究。一代有一代的任务，这正是中国史学史学科建设初期不得不面临的难题。梁启超提出中国史学史编修，思想十分超前。但当时中国史学史缺乏相关的专题研究，董氏参考的成果主要是历代的史部提要及相关材料。20 世纪 20 年代以后，虽然有一些史学史专题研究成果，董朴垞也尽其所能地参考了，但阅读与借鉴并不太多。处于乱世，又长期在中学工作，导致他阅读的专业学术期刊十分有限。由此可知，不同时代的学人掌握的信息并不相同。

第五，附表有独到价值。《长编》最后设置了八张附表，这在中国史学史编写上是一大创新。八张附表分别为《历代史家字号邑里表》《历代史家生卒岁数表》《历代史家著述存佚表》《历代史家地理分布表》《历代正史史目沿革表》《历代帝王年号岁数表》《历代帝王年号通检表》《历代帝王纪年干支公历对照表》。几张附表从历代史学家之籍贯、时代、著述、不同地区史学家之分布等方面写起，让读者对历代史家的时空分布、著述贡献有个直观的了解并方便对比。表格的基本功能是以简驭繁。通过表格的简明梳理，可让读者更好地了解中国传统史学的状况。董朴垞制附表源于梁启超的倡导，梁启超在《中国历史研究法补编》附录有《历史统计学》，他表示："我多年想做一张表，将二十四史里头的人物分类：学者，文学家，政治家，军人，大盗……等等，每人看他本传第一句'某某地方人也'；因此研究某个时代多产某种人，某个地方多产某种人。"[1] 梁启超制订了《历史人物之地理分配表》，将汉唐宋明的历史人物根据其籍贯进行列表分析，从而得出若干结论。董朴垞制表应为承袭梁启超之做法。由附表可知，董朴垞善于从不同角度去分析问题。八张附表中的后三张为年代索引表，便于查找时间，可当工具书之用。翻检相关中国史学史著作，只有个别书中加有小表，如金毓黻的《中国史学史》在"古代史官概述"部分设有《古代史官表》，在"汉以后之史官制度"一章列有《历代史官制度沿革表》。《长编》专设八张附表，这在诸史学史著作中是很突出的。

第六，用古文写作。看了《长编》，有人会说，《长编》的技术含量低。这是传统读书人的通行做法。古人写书习惯不同于今日，喜欢沿用前人的作品，述而不作。前人编书多用节略句子法，留下

---

① 梁启超：《中国历史研究法补编》，中华书局，2016 年，第 219 页。

重要的信息，删除不重要的信息。摘录国史之法，多数没有省略号。《长编》是一部文言中国史学史，是一部国学风格的史学史。述而不作的著书法，有较大局限，无法复杂化，无法充分表达自己的思想。

第七，体现了学术研究过渡阶段的特点。《长编》仍处于史部解题到专题研究的过渡阶段，部分章节命名体现了专题研究风格，但整体上仍然带有浓厚的史部解题的国学研究风格，是一部规模宏大的学术专史性质的史学史通论。史部解题风格是第一代中国史学史著作的共同特点，一度成为被严厉批评的标签所在。第一代史学史著作为什么多是解题式的？这是依赖传统史部路径的结果。一方面，进入20世纪20年代至30年代，学者们开始尝试用章节体、新框架编纂史学史。框架创新容易，但内容创新不易。当时处于史学史学科建设的起步阶段，专题研究尚跟不上。另一方面，传统中国有丰富的史部提要资源。在这种情况下，在新框架中填充旧材料，即"新瓶装旧酒"，操作性最强。此外，研究者素养也跟不上，从国学而来的学人，专题研究能力尚弱。国人有两千多年著书立说的传统，通过出书表达自己的想法，当时尚没有公共杂志可供大家及时发表文章。梁启超等人提倡新式的通史与专史，仍是编书，所不同的是，他们不再按传统的体裁来编，而用现代章节体来作。他们的书多是现代与传统的结合，所谓现代，指用章节体；所谓传统，指内容的梳理仍是传统叙述式。这样的阶段是必需的，是无法跳跃过去的。史学史是当时各类文化专史之一，多数民国时期的史学史编者，乃至新中国的刘节、白寿彝、朱杰勤、张孟伦等学者，走的也是史学专史之路。既然是专史，就难以摆脱史部目录解题风格的影响，如白寿彝先生便认为自己的《中国史学史教本》"还摆脱不了一般学术专史的模式，旧的包袱还相当重"①。《长编》定位

---

①白寿彝：《〈中国史学史教本〉题记》，《白寿彝文集》第6卷，河南大学出版社，2008年，第386页。

为中国史学专史，是学术专史性质的史学史通论，其任务是搭建史学史学科框架。通过阅读此书，研究者可以了解修史制度沿革与历代史学研究状况。公允地说，《长编》实现了董朴垞最初"窥历代史学家治史之总成绩，使大家有所伟建"① 的初心，确乎可以"供治史学者以参考资料"。受传统史部研究影响，由史籍而史籍，完全以史籍为中心加以考察，这是当时普遍的研究套路。董朴垞缺乏史学思想史之类的专题研究概念，这与他在燕京大学国学院的求学经历有关，董朴垞专修国学而非史学，这意味着他的史学研究也是国学型的史学研究，而非现代专题型的史学研究。国学研究的特点是四部文献综合比对研究，擅长宽而泛的整体观照。现代史学是专题研究，成果形态多为窄而深的论文。董朴垞有整体观照能力，他能将不同的史著放在史学史知识脉络中加以考量，给予相应的定位，建立起史学史的整体框架。至于专题的深入研究，这完全是现代史学研究法，不能以此苛责董朴垞。

《长编》既是资料意义上的长编，也是史学史多卷本意义上的长编。长编，是古典图书编修之法。引文丰富，最为详尽，这正是长编之意。这种手法便利研究者，也方便后人根据自己的构思不断加工成种种成品。在史学史学科建设初期，确实要有这样的长编作品，这正是《长编》的贡献所在。它没有太多的理论，有的是实证的材料，为人作嫁衣。《长编》将相关材料汇总了，方便了别人阅读与研究，但自己整合不起来，这正是传统国学研究之不足。董朴垞穷尽相关专题史料，这种精神符合现代学术特点。只是，他不会用足这种优势而已。现代学术强调融合百家成一家。董朴垞的学术研究起点高，直接与梁启超对接，沿着梁启超史学路线前进。至于走得如何，达到什么水平，完全取决于不同人的修养与治学水平。

---

① 董朴垞：《寄北京人民出版社历史编辑室邓卫中同志书》，见《董朴垞书信集及挽联》，第 151—152 页。

从哪些方面入手研究史学史，梁启超没来得及回答，董朴垞也没有探索出来高明的史学史研究的套路。在这种情况下，他们只有模仿传统的提要法，汇集相关的材料而已。他没有技术来加工这些材料。技法不行，无法烧出新的菜样，这是时代的局限。资料汇编，有广度，但不见得有深度。深度，需要慧眼，需要超俗。董朴垞差的是深度。董朴垞为什么突破不了？因为他只做材料的加法，只会罗列材料，而不是逻辑的加法，根据逻辑问题将不同的材料建构成一个完整的框架。按逻辑追问，会越来越复杂，从而架构起一个专题框架来。这是现代专著建构的特点，只是进入新中国，到了 20世纪 80 年代，才由白寿彝、吴泽、仓修良诸人提出系统的史学史专题研究套路。

三、《中国史学史长编》的价值与地位

20 世纪以来的中国学术研究，以高校与研究院为中心的学院派逐步成为核心群体。董朴垞早年私淑孙诒让；在燕大国学所读研期间师从陈垣、张尔田、顾颉刚诸名师，他的同学是白寿彝、牟润孙诸名家。董朴垞毕业以后常年在中学任教，到了晚年才进工科大学教语文。国文课是中学主课，每日有课，且实行坐班制，难以外出，这是他的职业在时间自由度上的限制。他关注主流学术研究，但他本人一直在杭州、温州地方活动，偶尔与南京、上海的出版界、学界有点联系，未能进入当时主流学术圈。虽然他有师友在北京，但他的学术交往能力并不强。这些让他"夙无名望"①。不过，他确实是一个专业出身、认真做大学问的学人，单位与职业级别的高低不应成为判断其学术成绩高下的根据。著名史家夏鼐称董朴垞"白头治史，著作等身，具见用力之勤"②。周予同儿子周光邠也称

---

①董朴垞：《三致白寿彝同学书》，见《董朴垞书信集及挽联》，第 20 页。
②夏鼐：《考古研究所所长夏鼐又函》，见《董朴垞书信集及挽联》，第 116 页。

其父"对老伯的治学精神极为钦佩"①。令人惊奇的是,在那种艰苦的环境下,竟然能产生这样一部《长编》。只是他的运气不好,《长编》未能及时出版。作品未能及时刊刻,在古代中国十分正常,但近代是一个讲究学术作品要及时出版的时代。40余年后,董朴垞的遗稿得以重见天日,相信仍会获得大家的认可。能实现顾颉刚汇编《崔东壁遗书》那样的效果,让董朴垞的作品广为世人所知,这是笔者的最大愿望。揆诸中国史学史学科的发展历程,董朴垞及其《长编》的价值与地位有四点特别值得关注:

(一)仍适合当中国史学史专业研究生入门参考书使用

本科生的中国史学史教材,涉及的史家与史著少,现成结论多,没有众说。《长编》建构起了庞大的框架,涉及的史家与史著多,提供了各家的基本观点,有待研究生继续专题深入,适合当中国史学史专业研究生参考用书。董朴垞第一次投稿中华书局编辑部失败后,给白寿彝的信中指出:"然我书内容丰富,记述详明,且介有参考书,甚便大学生专学历史及研究之用。"②他在给中华书局编辑部的信中也表示:"想各大学历史系必将恢复原状,研读历史理论书,树立基础知识,则予编《史学史》为治史之入门必读书,当然有用矣。"③董朴垞得知中华书局在编"二十四史研究资料丛刊",认为《长编》与此丛书性质相符:"全书即环绕二十四史而叙历代史家治史之总账,既周且详,便于我辈阅读稽查,实入门有用之书。"④给邓卫中信中则称:"惠赐《年鉴》,始悉国内各

①周光邠代:《复旦大学教务长周予同复信》,见《董朴垞书信集及挽联》,第120页。
②董朴垞:《再致白寿彝同学书》,见《董朴垞书信集及挽联》,第17—18页。
③董朴垞:《与北京中华书局编辑部函》,见《董朴垞书信集及挽联》,第51—52页。
④董朴垞:《再与北京中华书局编辑部函》,见《董朴垞书信集及挽联》,第53—54页。

院校之设史学史课程者渐多，则拙著用场又广，实祖国学术界中不可缺少之书也。"① 在给何励生信中他指出："《中国史学史长编》最适用于目前大专学校历史系学生或研究生。内容详备，稽考方便。"② 这让我们思考中国史学史专业研究生教材的编纂问题，或许可以考虑将《长编》列为中国史学史专业研究生教材，与杨翼骧的《中国史学史资料编年》相配套。

《长编》某些结论十分精辟，如评梁启超"诚新思想界之陈涉也"。"要之，梁氏虽未必有精湛不磨的成功，然他的筚路蓝缕，以开荒荆的功绩，已经不小了。梁氏半因爱博无恒，半因屡为无聊的政治活动所牵率，耗其精而荒其业，终于成了一个未能成功的郑夹漈。"称陈黻宸是"晚清浙东史学之殿军"。即使对其师顾颉刚也有批评语，但稍作了技术处理，放在注释中。这个精辟之论，要进一步挖掘。

这些也是《长编》当下的应用价值所在。

（二）编章结构使之成为20世纪规模最大的中国史学史著作

编章体使《长编》成为20世纪最全面系统的史学史著作。当时，主流的史学史著作编纂方式是章节体，而董朴垞一开始就选择了承载量更大的编章体。《中国史学史初稿》有四编，近于四类，完全按梁启超设计的框架进行。《长编》分为十编，上起周秦，下迄民国，规模宏大，设计严整。其他史学史作品的章节标题或以朝代命名，或以名家名著命名，《长编》的编标题大多以朝代命名，在朝代内部按不同类型对相关研究进行划分，纲举目张，更为全面系统。董朴垞按不同体裁的前后继承关系，分别梳理为不同的专题，这种专题分类方法使得此书基本上涵盖了各个时期主要的史学

---

① 董朴垞：《又函》，见《董朴垞书信集及挽联》，第152页。
② 董朴垞：《致励生老兄》，见《董朴垞书信集及挽联》，第65—66页。

活动，每一编都可以扩写出一部断代史学史。《长编》概括面广，涉及的史家史著多，规模浩大，在20世纪70年代达到这样的宽度，相当不容易。《长编》可以看作是民国主流史学史框架的发展或集成，基本实现了章学诚对传统史学遗产大整理的目标，这是此书最有意义的地方。只有当一部部断代史学史出现、串联成断代史学丛书后，才可能突破《长编》的规模。

《长编》是20世纪篇幅最大的中国史学通史。自从20世纪中国史学史著作出现，独卷本一直是主流。民国时期的中国史学史多为教材，篇幅多在20—30万字，新中国成立以后的史学史著述篇幅有所扩充。完稿于1975年的《长编》，篇幅逾70万字。1983年以后，篇幅较大的史学史著作有1983年仓修良《中国古代史学史简编》（46.3万字）、1983—1986年间张孟伦《中国史学史》上下册（51.2万字）、1999年瞿林东《中国史学史纲》（63.2万字），篇幅上均未超越《长编》。直到21世纪初，杜维运三卷本《中国史学史》（2004年）、谢保成三卷本《中国史学史》（2006年）、白寿彝六卷本《中国史学史》（2006年）先后出版，才打破了《长编》保持多年的篇幅记录。董朴垞《长编》篇幅何以这么长？最大可能性是受章学诚《史籍考》的影响。《长编》更近章学诚《史籍考》，只是风格稍不同。章学诚的《史籍考》是分类分时考，是传统的分类史籍材料汇编；董朴垞的《长编》则是分时分类考，带有史部嬗变史的风格，堪称通史式的"新型史籍考"。董朴垞的《长编》有自己的风格，即通过分时分类书写，充分呈现中国历史上的主要史家及其史学作品，让后人更为全面地掌握中国史学的全貌。

在20世纪初以来的中国史学史著作中，日本史家内藤湖南的《中国史学史》与《长编》颇为近似。以明清部分为例，两书皆在明清部分安排了大量篇幅，内藤湖南《中国史学史》第十一章"明代的史学"下分13节，第十二章"清朝的史学"下分21节，而

《长编》于明代史学分 11 章，清代史学分 38 章。所不同的是，内藤湖南的《中国史学史》是章节体。董朴垸大概没有受内藤湖南的影响，内藤湖南的《中国史学史》日文版 1949 年才出版，常见版本收录于 1969 年《内藤湖南全集》，2008 年才有中译本。不过，有一点可以肯定，董朴垸早在 20 世纪 30 年代初就知道有这本书。

（三）20 世纪 70 年代中国史学史编纂的独一之作

新中国成立初期的中国史学史研究，经历了 20 世纪 50 年代初的沉寂时期、50 年代底和 60 年代初的活跃期，在"四清"运动后又进入了十余年的沉寂期。董朴垸正是在这样的大背景下著述《长编》的。20 世纪 50 年代，仅有刘节先生的《中国史学史稿》，于 1957—1958 年间完成①，已经送到人民出版社准备出版，结果基于政治原因而中止。1961 年开始，教育部召开文科教材会议，要求高校历史系开设史学史课程，同时确定编写史学史教材，从而引发了史学史研究的高峰期。一些高校和地方史学会纷纷开会讨论，刊出了不少研究文章。这段时期有代表性的史学史论文，后被收入上海师范大学历史系中国史学史研究室编的《中国史学史论集》（一、二），1980 年由上海人民出版社出版。在教育部教材分配计划下，北京师范大学白寿彝撰写了《中国史学史教本》上册，1964 年在北师大内部印行；华东师范大学吴泽主编的《中国近代史学史论集》完成了部分专题研究工作。此外，各地高校开课老师也编纂讲义，如张孟伦在兰州大学开中国史学史课程，写了部分讲稿。朱杰勤在暨南大学开课，写成《中国古代史学史》讲义。仓修良、陈光崇、陶懋炳分别在杭州大学、辽宁大学、湖南师大开中国史学史课，也写成部分讲义。

---

① 朱洪斌：《中国史学史经典范式的传承、演变及创新——重读刘节先生〈中国史学史稿〉》，《河北学刊》2020 年第 1 期。

从"四清"运动开始到"文革"结束，是中国传统文化受冲击较大的时期，中国史学史课程被撤销，诸多专家都停止了史学史研究工作。譬如白寿彝先生 1976 年给董朴垞的回信中提及："弟亦曾从事《中国史学史》工作，以工程过巨，旋作旋辍，近已不作此想矣。"① 环顾全国，唯独东南一隅的董朴垞雄心不灭，坚持编纂《长编》。当时董朴垞退休在温州家中，也受到"四清"运动和"文革"冲击，不过他积极配合居委会工作，态度比较好，规避了政治风险。1967 年以后，董朴垞开始恢复元气。1968 年后，他重新修订史学史稿。经数年努力，1975 年，《长编》基本完稿，这是 1976 年粉碎"四人帮"的前一年，可以说是黎明前的微光期。由于除董朴垞外，1964 年至 1976 年基本上没有人撰写史学史著述，所以《长编》可以称为这一时期中国史学史研究的代表作。

（四）持之以恒的史学史学科建设精神值得肯定

董朴垞的《长编》是在十分艰难的环境中完成的。

其一，作为中学老师书写中国史学史，董朴垞身上体现了强烈的使命感和责任感。从民国时期朱希祖、金毓黻开始，到新中国的刘节、白寿彝、朱杰勤、张孟伦，这些人均是大学历史系教中国史学史的教授，而董朴垞多数时间是中学国文老师，退休前几年才进入工科院校，教的仍是语文课。他一生没有机会在大学历史系教授中国史学史。早期史学史著作的编写大多与大学开设中国史学史课程有关，承担此课程的老师通过编纂讲义，成为早期史学史研究的主力军。董朴垞研究史学史并非因为教学之需，而是纯粹出于其史学史学科建设理念。晚年的董朴垞提到其动机："回忆昔从陈垣师研究史学于燕大时，闻其诸论，退辄不顾谫陋，试作《史学史》，欲以窥历代史学家治史之总成绩，使大家有所伟建。且早知日人有

---

① 白寿彝：《人大常委白寿彝复信》，见《董朴垞书信集及挽联》，第 113—114 页。

此著述，而我国反付阙如，故笃志为之。"① 由此可知，陈垣直接启迪了他的中国史学史研究。后人只知柴德赓诸人，不知董朴垞也是正宗的陈垣门下史学史传承人。

其二，在接受中创新，不断超越自我。梁启超勾勒了一张史学史编纂蓝图，未及进入实践阶段；董朴垞著《中国史学史初稿》，第一次将梁启超的设想原汁原味地建构起来了。梁启超的史学史框架，当时属最先进的理念设计，完全接受并践行梁启超设计的史学史框架，让董朴垞一步进入当时最先进的史学史学科建设行列。更为重要的是，他还会在接受中求创新。20世纪40年代以后，历时化书写逐步成为史学史建构的主流方式。董朴垞与时俱进，跟上时代思潮，对其原稿进行大幅修订，写出了《长编》。他回顾道："采纳改编，又费时日，稿草始定，庶几历代学者之治史成绩，可以窥其梗概矣。"董朴垞以时间为经、分类为纬，全面梳理中国史学史，不光在规模上扩充，而且亲自动手提炼出了各章的主题，体现了他对中国史学史认知的深化。细观金毓黻《中国史学史》，才知董朴垞《长编》各章的标题法，实际上借鉴了金毓黻之书。

其三，董朴垞是一个坚定的史学史学科建设者。民国时期，金毓黻为教中国史学史课程，费时8个月编成《中国史学史》教材，由于他起点高，编写水平不错，且其《中国史学史》列进了当时教育部教材目录，所以影响较大，成为民国史学史的代表作。然而金毓黻此后不再涉足中国史学史，属短期的过客。董朴垞生前虽没有暴得大名，但远继章学诚、梁启超，近承陈垣、顾颉刚、张尔田等学者，建设中国史学史学科理想坚定，一生雄心不灭，从《中国史学史初稿》到《长编》，体现了董朴垞一贯的学科建设初心。前者完全体现梁氏的横通风格，后者则改走纵通风格，正好体现中国史

---

① 董朴垞：《寄北京人民出版社历史编辑室邓卫中同志书》，见《董朴垞书信集及挽联》，第151—152页。

学史编纂风格的前后嬗变。一人而实践两种类型，这样的案例不多。董朴垞为中国史学史学科建设理想而奋斗的精神，至今仍值得肯定。

四、结语

回顾 1964 年至 1976 年那段岁月，史学史研究受政治运动而中止，很多史学史著作未能完成。《长编》作为当时唯一完成的中国史学史作品，如能在 20 世纪 70 年代后期或 80 年代初期出版，可以大大促进中国史学史学科建设。《长编》当然有其不足，董朴垞自谦未能用马克思主义唯物史观作为研究指导，"方今政体变更，学术异趣，而余秉性鲁钝，未能运用新观点、方法详加分析批判"。在给夏鼐的信中亦提及："但以无学力分析批判，只可视为资料，故系以《长编》。"① 由此可知，董朴垞颇有自知之明。从现代学术研究视野来看，董朴垞未能运用马克思主义唯物史观对中国史学史进行专题研究，但他的《长编》在中国史学史发展的历程中当有一席之地，我们不能用 20 世纪 80 年代以后的水平来苛求董朴垞。

由于出版社联系不得其道，董朴垞粹一生心血而成的《长编》终没有机会让当时广大研究者直接受益。当然，也不能说完全未得学界的认可，至少白寿彝先生主编的《史学史资料》刊发了《长编目录》，这就是对董朴垞先生学术上的肯定。而且，白寿彝先生多卷本《中国史学史》之作也可能从董朴垞的史学史研究得到了灵感。在当时《中国史学史教本》尚未完成的情况下，白寿彝先生为何要编多卷本《中国史学史》? 这可能与 12 卷本《中国通史》的编纂有关，也可能是受到董朴垞《长编》的启迪。1976 年白寿彝在给董朴垞的信中明确提出："尊著《中国史学史长编》，如能示以

---

① 董朴垞：《再致夏鼐信》，见《董朴垞书信集及挽联》，第 7—10 页。

《目录》，当有所启发。"① 看了这么详尽的《长编目录》，作为史学大家，白寿彝不可能没有想法。更有趣的是，白寿彝《中国史学史·叙篇》所及分期，写到顾颉刚、陈垣，保留了宋以来学谱建构止于作者老师的习惯，这种做法与《长编》完全相同。当然，每位学者的分期与写法不同，也不能过分放大《长编》影响。

回顾董朴垞治史学史的道路，20世纪30年代他开始研究中国史学史，从著《中国正史编纂法》《中国史学史初稿》到完成《长编》，他不断超越自己。他从国学所研究生毕业，一生不忘史学史学科建设，虽历经艰难险阻而不改初衷，以持之以恒的精神坚持研究，终著成《长编》，他的治学精神值得我们学习；《长编》布局宏大，收录资料丰富，旁征博引，体现了传统国学向现代史学过渡的特点，值得学人进一步研究。

---

① 白寿彝：《人大常委白寿彝复信》，见《董朴垞书信集及挽联》，第113—114页。

目　　录

引　言

　　我华夏建国已数千余年矣，历朝皆设官开馆以修史，遂使一切典章制度人物，粲然相传弗替，后世乃得有所考征焉。益以私家撰著，足补国史阙遗者，每一朝代亦复不鲜，正所谓"史籍浩繁，若烟海然"。惜无专书以记述之。往岁，余研究国学于故燕京大学，从新会陈垣、钱塘张尔田、吴县顾颉刚诸导师游，闻其绪论，退辄欲为我国历史学作一有系统之纂辑。于是发凡起例，草拟篇目，先从著名史家着手，因纵览作品及参考书，一一摘录其事迹言论，然后整比，而为《长编》若干册，油印以质于友人。间承其提供意见，如夏鼐、白寿彝、周予同、宋慈抱辈，各有指示。徒以忙于教课，无暇执笔纠正。今则马齿加增，退休在家，乃重理旧业，采纳改编，又费时日，稿草始定，庶几历代学者之治史成绩，可以窥其梗概矣。方今政体变更，学术异趋，而余秉性鲁钝，未能运用新观点、方法详加分析批判，惟将此稿暂付刊刻，藉供治史学者以参考资料而已。海内同好，幸赐教之。

　　七十四叟瑞安董朴垞识于温州市永塔寓庐，一九七五年四月。

1

历代史官制度

第一章 史义之演变

一、史始于黄帝

吾国文字始于黄帝，故史亦始于黄帝。东汉许慎《说文解字》所谓"黄帝之史仓颉，见鸟兽蹄远之迹，知分理之可相别异也，初造书契"是也。

二、以史名官

溯史之初义，本以名官。《曲礼》所谓"史载笔"，《玉藻》所谓"动则左史书之，言则右史书之"。《周礼·春官》有太史、小史、内史、外史、御史；《天官》有女史，皆以史名官。故《说文》谓：史，记事者也。从又持中。中，正也。

三、以史称书

后人申许说者皆以良史不隐，为持中正之道。而清江永谓：凡官府簿书谓之中，故诸官言治中、受中，小司寇断庶民狱讼之中，皆谓簿书，犹今之案卷也。（见《周礼疑义举要》）

吴大澂更据古籍，以为中象简形。[一]王国维更据契文，以为古盛算之器。算、策同物，故史之本义，即为手持盛算之器。[二]持简策者谓之史，简策所记则谓之书。许慎云：著于竹帛谓之书。书者，如也。孔子观书周室，虞、夏、商、周四代之典，择其善者，上自虞，下至周，为百篇，编而序之，是为《尚书》。故书者，史册之本名也。及东周以后，渐引伸其义，以泛称群籍。而当时史册，则或名"乘"，或名"梼杌"，或名"春秋"。上古文册，则名"坟"，或名"典"，或名"纪年"，《孟子》《竹

3

书》可证也。

自夏殷以降，代有史官。周代尚文，史尤繁夥。封建诸侯，各有国史，多识旧典，以备谘诹，《国语》《左传》《吕览》《逸周书》，屡见之矣。〔三〕

然孔子称"史之阙文"，孟子谓"其文则史"，是史并文称，其端已启。顾汉司马迁父子继为太史，其所撰百三十篇，号为《史记》，犹云"史氏所记"也。刘歆《七略》不立史部，附《史记》于《春秋》，而名之曰《太史公》，班固因之。其后史书，或称纪，或称志，或称典，或称略。及汉末刘芳作《小史》，三国张温作《三史略》，晋谯周作《古史考》，始以史称书。

四、以史名书

晋荀勖《中经》，变《七略》为四部，而史遂别立门户。由是梁萧子显作《晋史草》，梁武帝令吴均作《通史》，陈许亨作《梁史》（均见《隋书·经籍志》），则皆直以史名书矣。

延伸阅读

〔一〕吴大澂著《说文古籀补》。

〔二〕王国维《观堂集林·简牍检署考》云：古者史官，一名作册。其于文字，从手执中，中者册也。故册祝、册命及国之典册，史实掌之。而《大射礼》实筭、释筭，亦太史之事。王氏又有《释史篇》，可参考。

〔三〕近人金毓黻云：古人以乙部之书，原出于《尚书》《春秋》，而汉以后诸史多称书。吕不韦、孔衍、司马彪之作，亦名"春秋""尚书"。《管子·法法篇》言"春秋之记"，《墨子·明鬼篇》谓周、齐、宋、燕皆有《春秋》，又言"我见百国春秋"。及《楚语》申叔时言教太子箴以《春秋》，《晋语》司马侯言叔向习《春秋》，此又孔子修《春秋》之同时，各国之史多名《春秋》之证也。或又称"志"：《周礼》"小史掌邦国之志，外史掌四方之志"。《左传》称"周志",又曰"前志有之"、"史佚之志有之",又称"仲虺之志"。《孟子》亦称"志曰",是也。或又称"书":子产、叔游皆称"晋书有之"。《论语》记孔子两言史,一曰"吾犹及史之阙文也",一曰"文胜质则史"。此并指史官而言。《孟子》之论《春秋》,则曰"其事则齐桓、晋文,其文则史"。以史与齐桓、晋文对言,亦言人,而非书。(见《中国史学史》)①

第二章　史职之规定

史职之嬗变

古者典策悉掌于史,《周礼》:太史掌建邦之六典,小史掌邦国之志,外史掌四方之志、掌三皇五帝之书。记注亦掌于史,《周礼》:内史掌叙事之法,外史掌书外令。《礼记》:动则左史书之,言则右史书之。法令亦掌于史,《周礼》:太史掌法掌则,内史掌王之八枋之法,外史掌达书名于四方,御史掌邦国都鄙及万民之治令。〔一〕虽经传所传,未可尽执,然史官之职司文治,可概言也。

三代官多世守,史官采学术之衡,几为论文制典之总汇。故孔子问礼于老聃,墨子亦师于史角。至于守藏之职,载笔之权,尤史官所独擅。春秋以后,礼失求野,学散于私,著述渐兴,野史间作。然编简未充,见闻终隘,欲求翔实,仍恃官书。司马父子,世居史职,掌天下计书;惟书禁甫开,秘藏未富,然犹网罗天下散佚旧闻,勒成《史记》,虽旨存私著,而事属官书。厥后,班固踵成父业。彪为司徒掾,著《史

---

① 这条注,原稿亦见第八编第十五章。

记后传》。受诏兰台,典校秘籍,潜精积思,二十余年,以成《汉书》,嗣美迁史,尤官书之荦荦者。其后图籍渐繁,民间易获,私家撰述虽多可观,而语于宏雅,实有未备,匪才不逮,势使然也。自魏晋置著作郎,隶于秘监,撰述之才,虽居他官,亦多兼领;齐梁而后,置修史学士;北朝亦各有史官;隋命监修,唐开史馆,秉笔之彦,代有可称,成就固彬彬矣。(参《史通·史官篇》)

唐宋以还,史宬代启,萃群英于馆阁,罗万轴之缥缃。虽良史之才,不容数觐,而历朝之典,有赖长存。至于魁才硕士,巨制鸿篇,如欧、宋《唐书》,司马《通鉴》者,又受诏所成,官书之杰出者也。

夫以帝王之势,命史成书,程功限时,促迫固妨其能力;贡谀讳恶,予夺更失其衷依。直难复见于董狐,秽或竟同于《魏史》。官书之弊,无可讳言。

然而实录博闻,究资中秘,隽才通识,可待裁成。所席既富,所就易大,以视草茅之士,默记之书,义或有殊,而丰备过之矣。[二]

延伸阅读

〔一〕可参考孙诒让《周礼正义》。

〔二〕梁启超云:古代史官,实为一社会之最高学府,其职不徒在作史而已,乃兼为王侯公卿之高等顾问,每遇疑难,谘以决焉。凡关于人事之簿籍,皆归其保存;且其职位多世袭,周任、史佚之徒,又如老子,亦周之守藏史也。汉魏以降,世官之制虽革,而史官之华贵不替。所谓文学侍从之臣,历代皆妙选人才,以充其职。每当易姓之后,修前代之史,则更网罗一时学者,不遗余力,故得人往往称盛焉。(《中国历史研究法》)

第三章　古代学术出于史官论

论学术源出史官

　　吾国古代学术出于史官之说[一]，自章实斋、龚定庵、汪容甫辈考定之后，近人如章太炎、刘申叔、梁任公、夏曾佑诸君皆主之，载章太炎《訄书·检论》、刘申叔《中国哲学起源考》、梁任公《中国学术思想变迁之大势》、夏曾佑《中国历史教科书》等书。

　　《汉书·艺文志》源于刘歆之《七略》，其叙诸子十家，谓皆出于某官。如谓"道家者流，盖出于史官"。所谓史官，即周代王官之所业也。清章学诚实斋本之作《校雠通义》。其《原道篇》云：刘歆盖深明乎古人官师合一之道，而有以知私门著述之故也。何哉？其叙六艺而后，次及诸子百家，必云某家者流，盖出于古者某官之掌，其流而为某氏之学，失而为某氏之弊。其云某官之掌，即法具于官，官守其书之义也。其云流而为某家之学，即官司其职，而师弟子传业之义也。其云失而为某氏之弊，即孟子所谓"生心发政，作政害事"，辨而别之，盖欲庶几于知言之学者也。又云六艺乃周官之旧典也。《易》尊太卜，《书》藏外史，《礼》在宗伯，《乐》隶司乐，《诗》颂于太师，《春秋》存于国史。夫子自谓"述而不作"，明乎官司失守，而师弟子之传业，于是判焉。秦人禁偶语《诗》《书》，而云"欲学法令者，以吏为师"。其弃《诗》《书》，非也；其曰"以吏为师"，则犹官守学业合一之谓也。由秦人以吏为师之言，想见三代盛时，《礼》以宗伯为师，《乐》以司乐为师，《诗》以太师为师，《书》以外史为师，三《易》、《春秋》，亦若是则已矣。[二]其《报孙渊如书》云：愚之所见，以为盈天地之间，凡涉著作之林，皆是史学，六经特圣人取此六种之史以垂训者耳。子、集诸家，其

7

源皆出于史。末流忘所自出,自生分别。

龚定庵云:六经,周史之宗子;诸子,周史之小宗。(见《古史钩沉论》卷二)

汪容甫云:古之史官,实秉礼经,以成国典。其学皆有所受。鲁惠公请郊庙之礼于天子,桓王使史角往,惠公止之。其后在于鲁,墨子学焉。(《吕氏春秋·当染篇》)其渊原所渐,固可考而知也。刘向以为出于清庙之守。夫有事于庙者,非巫则史。史佚、史角,皆其人也。史佚之书,至汉具存,而夏之礼,在周已不足征,则庄周、禽滑厘傅之禹者,非也。(见《述学·墨子序》)

又云:昔在成周,礼器大备,凡古之道术,皆设官以掌之。官失其业,九流以兴。于是各执其一术以为学,讳其所从出,而托于上古神圣,以为名高,不曰神农,则曰黄帝。(见《墨子后序》)

章太炎云:所谓《三坟》《五典》《八索》《九丘》者,《坟》《丘》十二,宜即夷吾所记泰山刻石十有二家也;《五典》者,五帝之册;《八索》者,以绳索为编,外史所谓三皇五帝之书。(《左传》载楚灵王谓其左史倚相,能读三坟五典八索九丘;《周礼》外史掌三皇五帝之书)(见《訄书·检论》)

刘师培云:九流学术,皆源于史。(见《左盦集》)江琼本之,乃作《百家之学俱源于史》一文,载《读子卮言》中。

张尔田云:不惟六经皆史,诸子亦史之支与流裔也。说详所著《史微》。

郭绍虞云:甚至章氏谓六经皆史,而崔述亦言"三代以上,经史不分,经即其史,史即今所谓经者也。后世学者,不知圣人之道,体用同原,穷达一致,由是经史始分"。(见《提要》卷下《洙泗考信录》)固然,六经皆史之说,也不是实斋的创见,王阳明、钱牧斋均已言之。但说得这般明白的,当推章、崔二氏。(见《中国文学批评史》崔述节)

周予同云:六经皆史料。(见《中国历史教本》)

延伸阅读

〔一〕吾友夏鼐云：鼐按乡哲陈止斋序徐得之《左氏国纪》曰：古者事、言各有史，凡朝廷号令，与其君臣相告语为一书，今《书》是已；被之弦歌，谓之乐章为一书，今《诗》是已，有可藏焉；而官府、都鄙、邦国习行之为一书，今《仪礼》若《周官》之《六典》是已；自天子至大夫士氏族传序为一书，若所谓《帝系》书是已。（见《止斋集》卷四十）盖即"六经皆史"之滥觞。

又近人张舜徽云：李卓吾《焚书》卷五《经史相为表里篇》有曰：故《春秋》一经，春秋一时之史也。《诗经》《书经》，二帝三王以来之史也。而《易经》则又示人以经之所自出，史之所从来，为道屡迁，变易匪常，不可以一定执也，故谓六经皆史可也。（见《中国史论文集·与友人论李卓吾》）

又梁启超云：王阳明先生主此说，载《传习录》中。

〔二〕近人金毓黻云：此所谓官师合一，即古人学在王官之证。古人之要典，皆由百司之史掌之，故百家之学，悉在王官，而治学之士，多为公卿之子弟，就百官之史而学之，故其学不能下逮于庶民。迨周之衰，王官失守，散而为诸子百家，民间亦得以其业私相传授。而刘、班二氏溯其源，曰某家者流，出于古者某官，虽其所说，未必尽雠，而古人官师合一之旨，藉是以明。章氏所说，最为得古人之意者也。秦人以吏为师，吏即史也，惟古今有不同者，一则学下逮于庶民，而百家之学以兴；一则所学以法令为限，而百家之学以绝耳。《汉志》谓道家出于史官，其为说之当否，姑不具论。惟章学诚谓六经皆史，近人多宗其说。至谓六经百家之学，悉出于史官，究有断限不明之嫌，若谓其书悉掌于百司之史，则无可疑者也。《庄子·天道篇》谓：孔子西藏书于周室，见老聃，翻十二经以说。《史记·十二诸侯年表序》又谓：孔子西观周室，论史记旧闻。而同书《孔子世家》及《老子列传》，皆谓孔子适周，问礼于老子，而老子固周之守藏史也。或谓老子世为史官，掌周室之典籍,故孔子从而问礼焉,此亦古人官师合一之证。孔子身非史官,而修《春秋》,诚由王官失守,学下逮于庶民之故。然非西适周室,以观藏书,问礼于守藏之史,亦无以考文献而证旧闻。司马迁以身为史官,而修《史记》,正为合于古法,此亦应诠之义也。(见《中国史学史》)

第四章　古代史官

一、黄帝史官

1. 仓颉

仓颉为黄帝史官。许慎《说文序》云:古者庖牺氏之王天下也,仰则观象于天,俯则观法于地,视鸟兽之文与地之宜,近取诸身,远取诸物。于是始作《易》八卦,以垂宪象。及神农氏,结绳为治而统其事。庶业其繁,饰伪萌生。黄帝之史仓颉,见鸟兽蹄远之迹,知分理之可相别异也,初造书契。百工以乂,万品以察。仓颉之初作书,盖依类象形,故谓之文;其后形声相益,即谓之字。文者,物象之本;字者,言孳乳而浸多也。著于竹帛谓之书。书者,如也。以迄五帝三王之世,改易殊体,封于泰山者七十有二代,靡有同焉。

后世俱以仓颉为始制文字之祖,则其所掌之重在记录,由此可知矣。盖楔形之卦划,既不足以成书,而职所关,又不容缺焉弗议,如是文字作而史书之肇始因之。(说本章嵌《中华通史》)《传》称三坟五典、八索九丘,殆皆仓颉以降史官记录也欤?

2. 沮诵

刘知幾云:昔轩辕氏受命,仓颉、沮诵实居其职。所谓"黄帝之世，仓颉为左史，沮诵为右史"是也。盖由此二人始制文字，以代结绳，遂有记录。卫恒《四体书势》云：昔在黄帝，创制造物。有沮诵、仓颉者，始作书契以代结绳，盖睹鸟迹以兴思也。

又《汉献纪》"沮俊"注引《风俗通》曰：沮，姓也，黄帝史官沮诵之后。可知沮诵之为史官，或有据焉。

3. 大挠、隶首、容成

大挠、隶首、容成，《世本·作篇》谓：大挠作甲子，隶首作算数，容成造历。宋衷注云：皆黄帝史臣。

4. 孔甲

孔甲或谓系黄帝史官，见《七略》。《归云集》云：孔甲，黄帝主书史之官，执青纂记，言动惟实。（清浦起龙注《史通》引）故汉班固有言云：古之王者，世有史官，君举必书，左史记言，右史记事。按事即指行动而言也。但《史通》云：孔甲、尹逸，名重夏殷。（见《外篇·史官建置》，下同）则孔甲又为夏之史官矣。

二、夏殷史官

1. 终古

终古为夏太史，见桀惑乱，载其图法，出奔商。（见《史通》引）即本《吕览·先识篇》所云：凡国之亡也，有道者必先去。夏太史终古，出其图法，执而泣之。夏桀迷惑愈甚，乃出奔，如商。所谓图法，即邦国之典志也。

2. 向挚

向挚为殷太史，见纣迷乱，载其图法，出奔周。（见《史通》引）即本《吕览·先识篇》所云：殷太史向挚，见纣之愈乱迷惑也，于是载其图法，出亡之周。

按：所谓太史、内史，其名虽殊，职则一也。详篇末附录。

3. 尹逸

尹逸为殷史官,盖据《史通》所述云:孔甲、尹逸,名重夏殷。《史记·周本纪》,逸作佚,故云:武王已乃出复军。其明日,除道,修社及商纣宫。及期,百夫荷罕旗以先驱。武王弟叔振铎奉陈常车,周公旦把大钺,毕公把小钺,以夹武王。散宜生、太颠、闳夭皆执剑以卫武王。既入,立于社南大卒之左,左右毕从。毛叔郑奉明水,卫康叔封布兹,召公奭赞采,师尚父牵牲。尹佚策祝曰:殷之末孙季纣,殄废先王明德,侮蔑神祇不祀,昏暴商邑百姓,其章显闻于天皇上帝。于是武王再拜稽首,曰:膺更大命,革殷,受天明命。武王又再拜稽首,乃出。

又《晋世家》云:唐叔虞者,周武王子而成王弟。成王与叔虞戏,削桐叶为珪以与叔虞,曰:以此封若。史佚因请择日立叔虞。成王曰:吾与之戏耳。史佚曰:天子无戏言。言则史书之,礼成之,乐歌之。于是遂封叔虞于唐。

《左传》亦作史佚,故云:僖十五年秦伯伐晋,战于韩原,获晋侯以归。子桑曰:归之而质其大子,必得大成。晋未可灭而杀其君,只以成恶。且史佚有言曰"无始祸,无怙乱,无重怒"。重怒难任,陵人不祥。乃许晋平。

按:杜预注:史佚,周武王时太史,名佚。又见《周书·世俘篇》与《周语上》,殆殷末周初时人欤?而《新书》亦云:史佚常立于天子后,故成王中立听政,而四圣维之,是以虑无失计,而举无过事。又按:太史之职,宜知日月之时节,先王之讳与国之大忌,风雨雷电之情,皆天官事也。(见书同上)清季孙诒让云:史逸为周文武时贤史,世为尹氏。《周书·克殷》谓之尹逸。而《世俘》、《礼记·曾子问》、僖十五年《左传》、《国语·周语》,逸并作佚。……《大戴礼·保傅》以佚与太公、周公、召公为四圣。(见《籀顾述林·乙亥方鼎拓本跋》)

三、周朝史官

（一）王朝

1. 辛甲

辛甲为周初太史。《史记·周本纪》云：西伯曰文王，遵后稷、公刘之业，则古公、公季之法，笃仁，敬老，慈少，礼下贤，日中不暇食以待，士以此多归之。伯夷、叔齐在孤竹，闻西伯善养老，盍往归之。太颠、闳夭、散宜生、鬻子、辛甲大夫之徒皆往归之。

按：《汉志·诸子略》：道家《辛甲》二十九篇。颜师古注云：纣臣，七十五谏而去，周封之。又见《左襄四年传》《晋语》及《韩非子·说林》。

2. 周任

周任为周太史。《论语》：孔子曰周任有言曰：陈力就列，不能者止。又《左隐六年传》：周任有言曰：为国家者，见恶如农夫之务去草焉，芟夷蕴崇之，绝其本根，勿使能殖，则善者信矣。

按：二书之注，马融曰：周任，古之良史；杜预曰：周任，周大夫。

3. 史籀

史籀为周宣王太史。《说文叙》曰：黄帝之史仓颉，见鸟兽蹄迒之迹，知分理之可相别异也，初造书契。……及宣王太史籀，著《大篆》十五篇，与《古文》或异。

4. 史伯

史伯为周太史。《郑语》曰：桓公为司徒，甚得周众与东土之人，问于史伯曰：王室多故（注：史伯，周太史），余惧及焉，其何所可以逃死？史伯对曰：王室将卑，戎、狄必昌，不可偪也。《史记》又曰：为司徒一岁，幽王以褒后故，王室治多邪，诸侯或畔之。于是桓公问太史伯曰：王室多故，予安逃死乎？太史伯对曰：独洛之东土，河济之南可居。公从之。

5. 内史过

内史过为周内史，其见于《周语上》曰：惠王十五年，有神降于莘，王问于内史过（注：内史，周大夫，过其名也。掌爵禄废置及策命诸侯孤卿大夫也），曰：是何故？固有之乎。对曰：有之。

《左庄三十二年传》：秋，七月，有神降于莘。惠王问诸内史过曰：是何故也？（注：内史过，周大夫）对曰：国之将兴，明神降之，监其德也；将亡，神又降之，观其恶也。故有"得神以兴，亦有以亡"，虞、夏、商、周皆有之。王曰：若之何？对曰：以其物享焉，其至之日亦其物也。王从之。内史过往，闻虢请命，反曰：虢必亡矣，虐而听于神。神居莘六月。

《左僖十一年传》：天王使召武公、内史过赐晋侯命。受玉惰。过归，告王曰：晋侯其无后乎？王赐之命而惰于受瑞，先自弃也已，其何继之有？礼，国之干也；敬，礼之舆也。不敬则礼不行，礼不行则上下昏，何以长世？

6. 叔兴

叔兴亦称内史叔兴，事迹见《周语上》，与《左僖十六、二十八年传》所述。《周语上》云：襄王使太宰文公及内史兴赐晋文公命（注：内史兴，周内史叔兴也），上卿逆于境，晋侯郊劳，馆诸宗庙，馈九牢，设庭燎。及期，命于武宫，设桑主，布几筵，太宰莅之，晋侯端委以入。太宰以王命命冕服，内史赞之，三命而后即冕服。既毕，宾、飨、赠、饯如公命侯伯之礼，而加之以宴好。内史兴归，以告王曰：晋，不可不善也。其君必霸，逆王命敬，奉礼义成。

《左僖二十八年传》：己酉，王享醴，命晋侯宥。王命尹氏及王子虎、内史叔兴父策命晋侯为侯伯，赐之大辂之服，戎辂之服，彤弓一，彤矢百，玈弓矢千，秬鬯一卣，虎贲三百人。曰：王谓叔父，敬服王命，以绥四国。纠逖王慝。晋侯三辞，从命，曰：重耳敢再拜稽首，奉扬天子之丕显休命。受策以出，出入三觐。

7. 叔服

叔服，周襄王时之内史。叔氏，服字也。《左文公元年传》：春，王使内史叔服来会葬。公孙敖闻其能相人也，见其二子焉。叔服曰：穀也食子，难也收子。穀也丰下，必有后于鲁国。又《成元年传》：春，晋侯使瑕嘉平戎于王，刘康公徼戎，将遂伐之。叔服曰：背盟，而欺大国，此必败！背盟，不祥；欺大国，不义；神人弗助，将何以胜？不听，遂伐茅戎。三月癸未，败绩于徐吾氏。注云：叔服，周内史。

按：内史，于周礼为中大夫。又以上过、叔兴、叔服皆襄王时史官也。

8. 史大弢

史大弢，与孔子同时，弢一作弨，事迹载《庄子·则阳篇》，云：仲尼问于大史大弢、伯常骞、狶韦（大弢三人皆史官名）曰：夫卫灵公饮酒湛乐，不听国家之政；田猎毕弋，不应诸侯之际，其所以为灵公者何邪？大弢曰：是因是也。伯常骞曰：夫灵公有妻三人，同滥而浴。史䲡奉御而进所，搏币而扶翼。其慢若彼之甚也，见贤人若此其肃也，是其所以为灵公也。狶韦曰：夫灵公也，死，卜葬于故墓，不吉；卜葬于沙丘而吉。掘之数仞，得石椁焉，洗而视之，有铭焉，曰：不冯其子，灵公夺而里之。夫灵公之为灵也久矣！之二人何足以识之。

9. 伯阳

伯阳为周太史。《史记·周本纪》云：幽王得褒姒，爱之，欲废申后，并去太子宜臼，以褒姒为后，以伯服为太子。周太史伯阳读史记曰：周亡矣！当幽王三年，竟废申后及太子，以褒姒为后，伯服为太子。太史伯阳曰：祸成矣，无可奈何！

按：伯阳一曰伯阳甫，疑是一人。

10. 太史儋

太史儋亦为周太史。《史记·老子传》:自孔子死之后,百二十九年,而周太史儋见献公曰:始秦与周合而别,五百岁而复合,今七十七岁,而霸王者出焉。(并见《秦本纪》,作"合七十七年")或曰儋即老子;或曰非也,世莫知其然否。

按:《汉志·诸子略》道家叙:道家者流,盖出于史官。历记成败、存亡、祸福、古今之道。盖自黄帝立史官以来,史氏世守其绪。下至周末,老子为柱下史,爰播黄帝书于民间也。

——以上王朝

(二)诸侯之国

1. 太史兄弟三人、南史氏

(齐)太史兄弟三人、南史氏皆为崔杼弑君事,直书不畏诛,以彰其罪。《左襄二十五年传》:辛巳,公与大夫及莒子盟。大史书曰:崔杼弑其君。崔子杀之。其弟嗣书而死者二人。其弟又书,乃舍之。南史氏闻大史尽死,执简以往。闻既书矣,乃还。(注:传言齐有直史,崔杼之罪所以闻)

2. 鲁太史

(鲁)太史事,见《左昭二年传》云:春,晋侯使韩宣子来聘,且告为政而来见,礼也。观书于大史氏,见《易象》与《鲁春秋》,曰:周礼尽在鲁矣。(注:《易象》,上下经之象辞;《鲁春秋》,史记之策书。疏:《定四年传》称"分鲁公以备物典策",所言"典策",则史官书策之法,若发凡言例,皆是周公制之)

按:鲁太史犹左丘明,事迹详下《左传》与《国语》节。

3. 史嚚

(虢)史嚚与周内史过同时。《晋语》曰:虢公梦在庙,有神人面白

毛虎爪，执铖立于西阿，公惧而走。神曰：无走！帝命曰：使晋袭于尔
门。公拜稽首，觉，召史嚚占之（注：史嚚，虢太史也），对曰：如君之
言，则蓐收也，天之刑神也，天事官成。公使囚之，且使国人贺梦。

《左庄三十二年传》：秋，七月，有神降于莘。惠王问诸内史过。内
史过往，闻虢请命，反曰：虢必亡矣，虐而听于神。神居莘六月。虢公使
祝应、宗区、史嚚享焉。神赐之土田。史嚚曰：虢其亡乎！吾闻之国将
兴，听于民；将亡，听于神。神，聪明正直而壹者也，依人而行。虢多凉
德，其何土之能得！

4. 郑太史

（郑）太史，《左传》不载其名。《昭元年》云：郑为游楚乱故，六月
丁巳，郑伯及其大夫盟于公孙段氏，罕虎、公孙侨、公孙段、印段、游
吉、驷带私盟于闺门之外，实薰隧。公孙黑强与于盟，使大史书其名，
且曰七子。子产弗讨。

5. 孙伯黡

（晋）孙伯黡，晋太史，司典籍，得姓为籍氏者。《左昭十五年传》
云：晋荀跞如周，籍谈为介。王曰：诸侯皆有以镇抚王室，晋独无有，
何也？籍谈对曰：晋居深山，戎狄之与邻，而远于王室，王灵不及，拜
戎不暇，其何以献器？王曰：叔氏，而忘诸乎？叔父唐叔，成王之母弟
也，其反无分乎？且昔而高祖孙伯黡，司晋之典籍，故曰籍氏。及辛
有之二子董之晋，于是乎有董史。女，司典之后也，何故忘之？籍谈
不能对。宾出，王曰：籍父其无后乎！数典而忘其祖。

按：董氏为周太史辛有之子，之晋，有董氏。至因，迎文公于河。
《晋语》注：因，晋大夫，周太史辛有之后。

6. 史赵

（晋）史赵，晋大夫，悼公时人。《左襄三十年传》云：三月癸未，晋
悼夫人食舆人之城杞者。绛县人或年长矣，无子，而往与于食。有与

疑年,使之年。曰:臣小人也,不知纪年。臣生之岁,正月甲子朔,四百有四十五甲子矣,其年于今三之一也。吏走问诸朝,师旷曰:鲁叔仲惠伯会郤成子于承匡之岁也。是岁也,狄伐鲁。叔孙庄叔于是乎败狄于咸,获长狄侨如及虺也豹也,而皆以名其子。七十三年矣。史赵曰:亥有二首六身(注:史赵,晋太史),下二如身,是其日数也。士文伯曰:然则二万六千六百有六旬也。

7. 董狐

(晋)董狐,孔子所称为"古之良史也"。《左宣二年传》云:乙丑,赵穿攻灵公于桃园。宣子未出山而复。(宣子即赵盾)太史书曰:赵盾弑其君。以示于朝。宣子曰:不然。对曰:子为正卿,亡不越竟,反不讨贼,非子而谁? 宣子曰:呜呼,"我之怀矣,自诒伊戚",其我之谓矣! 孔子曰:董狐,古之良史也,书法不隐。赵宣子,古之良大夫也,为法受恶。惜也,越竟乃免。(《史记·晋世家》同)

8. 屠黍

(晋)屠黍,晋太史。《史通》引《吕氏春秋》曰:晋太史屠黍见晋之乱,亦以其图法归周。

9. 史墨

(晋)史墨,《左昭二十九年传》作蔡墨及蔡史墨。注:蔡墨,晋太史。蔡史墨即蔡墨。其本文曰:秋,龙见于绛郊。魏献子问于蔡墨曰:吾闻之,虫莫知于龙,以其不生得也。谓之知,信乎? 对曰:人实不知,非龙实知。龙,水物也。水官弃矣,故龙不生得。冬,晋赵鞅、荀寅帅师城汝滨,遂赋晋国一鼓铁以铸刑鼎,著范宣子所为刑书焉。蔡史墨曰:范氏、中行氏其亡乎! 中行寅为下卿,而干上令,擅作刑器以为国法,是法奸也。又加范氏焉,易之,亡也。其及赵氏,赵孟与焉。然不得已,若德,可以免。

10. 倚相

(楚)倚相为楚左史,事迹见《左昭十二年传》及《楚语》上。《左传》云:楚王出,复语。左史倚相趋过。(注:倚相,楚史名)王曰:是良史也,子善视之。是能读《三坟》《五典》《八索》《九丘》。(注:皆古书名)又《楚语》云:左史倚相廷见申公子亹,子亹不出,左史谤之,举伯以告,子亹怒而出,曰:女无亦谓我老耄而舍我,而又谤我!左史倚相曰:唯子老耄,故欲见以交儆子。若子方壮,能经营百事,倚相将奔走承序,于是不给,而何暇得见?乃骤见左史。

11. 史皇

(楚)史皇事迹,见《左定四年传》云:冬,蔡侯、吴子、唐侯伐楚。舍舟于淮汭,自豫章与楚夹汉。史皇谓子常曰:楚人恶子而好司马,(注:史皇,楚大夫)若司马毁吴舟于淮,塞城口而入,是独克吴也。子必速战,不然不免。乃济汉而陈。子常奔郑。史皇以其乘广死。

12. 御史

(秦赵)御史。秦、赵二主渑池交会,各命其御史书某年某月,鼓瑟鼓缶,此时《春秋》君举必书之义也。(见《史通》)《史记·廉蔺传》又云:赵王与秦王会渑池。秦王饮酒酣,请赵王鼓瑟,秦御史前书曰:某年某日,秦王令赵王鼓瑟。蔺相如奉盆缶秦王。秦王不怿,为一击缶。相如言赵御史,书曰:某年某月,秦王为赵王击缶。

按:以上皆诸侯之国史官,其著书正如《孟子》所称晋之《乘》、楚之《梼杌》、鲁之《春秋》;《墨子》所称周之《春秋》、宋之《春秋》,又称"百国春秋"。《史记·六国表》亦云:秦焚书,诸侯史记尤甚。《秦始皇本纪》:臣请史官,非秦纪皆烧之。可见其时六国设史官,记载国事甚盛。不宁唯是,是卿大夫之家亦然。

——以上诸侯之国

(三)卿大夫之家

1. 田文侍史

(齐)田文侍史(阙名),孟尝君田文,齐之一公子耳。每坐对宾客,侍史记于屏风。(见《史通》)《史记·孟尝君传》亦云:孟尝君待客坐语,而屏风后常有侍史,主记君所与客语,问亲戚居处。客去,孟尝君已使使存问,献遗其亲戚。

2. 赵鞅直臣周舍

(晋)赵鞅直臣周舍,周舍为晋大夫之臣,执简书过。《史通》云:降及战国,史氏无废。盖赵鞅,晋之一大夫耳,有直臣书过,操简笔于门下。《说苑》又云:昔周舍事赵简子,立于门三日三夜。简子问之,舍曰:愿为谔谔之臣,墨笔操牍,随君之后,司君之过而书之。日有记也,月有效也,岁有得也。简子悦之。《史记·赵世家》云:赵简子有臣曰周舍,好直谏。周舍死,简子每听朝,常不悦,大夫请罪。简子曰:大夫无罪。吾闻千羊之皮不如一狐之腋。诸大夫朝,徒闻唯唯,不闻周舍鄂鄂,是以忧也。简子由此能附赵邑而怀晋人。

按:以上为卿大夫家之"侍史"。晋太康三年,汲郡发掘晋襄王冢①,得《春秋》书,记载黄帝以来事实。自晋未立为诸侯前,以周纪年;自魏未为诸侯前,以魏纪年,而且称襄王为今王。当时人故称《竹书纪年》。最近经海宁王静安国维辑校,定为魏史官所记云。

——以上卿大夫之家

要之,此书所述,仍采刘氏知幾主张,而以《尚书》《春秋》始,盖一为记言,一为纪事,且皆经孔子删定。孔子虽非史官,若论我国正式史家,亦当推奉孔子焉。此说,近人余杭章太炎炳麟亦主之。其言曰:余以为经即古文,孔子即史家祖。(见《自述学术次第》)

附载:

一、《周礼》史官职掌

大史 掌建邦之六典,以逆邦国之治。掌法以逆官府之治,掌则

---

①汲郡所发之冢及其发掘年代,目前仍有争议,本书说法也并不统一。

以逆都鄙之治。(注：太史，日官也。《春秋传》曰：天子有日官，诸侯有日御。日官居卿以厎日，礼也)凡辨法者考焉，不信者刑之。凡邦国都鄙及万民之有约剂者，藏焉，以贰六官，六官之所登。若约剂乱，则辟法，不信者刑之。正岁年以序事，颁之于官府及都鄙，颁告朔于邦国。闰月，诏王居门终月。大祭祀，与执事卜日。戒及宿之日，与群执事读礼书而协事。祭之日，执书以次位常，辨事者考焉，不信者诛之。大会同、朝觐，以书协礼事。及将币之日，执书以诏王。大师，抱天时，与大师同车。(注：史官主知天道。故《国语》曰：吾非瞽史，焉知天道。《春秋传》曰：楚有云，如众赤鸟，夹日以飞，楚子使问诸周大史。大史主天道)大迁国，抱法以前。(注：法，司空营国之法也)大丧，执法以莅劝防。遣之日(注：遣谓祖庙之庭，天奠将行时也)读诔，凡丧事考焉。小丧，赐谥。凡射事，饰中，舍算，执其礼事。[一]

　　小史　掌邦国之志，奠系世，辨昭穆，若有事，则诏王之忌讳。(注：志谓记也。《春秋传》所谓《周志》，《国语》所谓《郑书》之属是也。史官主书，故韩宣子聘于鲁，观书大史氏。疏：志者记也。诸侯国内所有记录之事，皆掌之)大祭祀，读礼法，史以书叙昭穆之俎簋。大丧、大宾客、大会同、大军旅，佐大史。凡国事之用礼法者，掌其小事。卿大夫之丧，赐谥，读诔。[二]

　　内史　掌王之八枋之法，以诏王治，一曰爵，二曰禄，三曰废，四曰置，五曰杀，六曰生，七曰予，八曰夺。执国法及国令之贰，以考政事，以逆会计。掌叙事之法，受纳访，以诏王听治。凡命诸侯及孤卿、大夫，则策命之。(注：《春秋传》曰：王命内史兴父策命晋侯为侯伯，策谓以简策书王命。其文曰：王谓叔父，敬服王命以绥四国)凡四方之事书，内史读之。(疏：诸侯凡事有书，奏白于王，内史读示王)王制禄，则赞为之，以方出之(注：以方版书而出之)；赏赐亦如之。内史掌书王命，遂贰之。(注：副写藏之)[三]

　　外史　掌书外令，掌四方之志(注：志，记也。谓若鲁之《春秋》、晋之《乘》,楚之《梼杌》。疏:《孟子》文。名《春秋》者,谓四时之书,春为阳之首,秋为阴之先,故举春秋以包四时也。云"晋谓之《乘》"者,春秋为出军之法,甸方八里,出长毂一乘,故名《春秋》为《乘》也。云"楚谓之《梼杌》"者,梼杌,谓恶兽。《春秋》者,直史,不避君之善恶,事同梼杌,故谓《春秋》为梼杌也。皆是国异,故史异名也),掌三皇五帝之书,掌达书名于四方。(注:谓若《尧典》《禹贡》,达此名使知之。或曰:古曰名,今曰字,使四方知书之文字,得能读之)若以书使于四方,则书其令。[四]

御史 掌邦国都鄙及万民之治令,以赞冢宰。凡治者受法令焉。掌赞书(注:若今尚书作诏令),凡数从政者。

二、历代史官制度简表

朝代	史官名称	职掌	机构	备考
秦	太史令	专掌天文		周代以前从略
汉	太史令,禁中起居注			汉武帝以前,或王莽以前,史官与历官合二为一
后汉	兰台令史	以他官兼典	兰台、东观俱为修史之所	自此史官和历官分为二职。明帝、献帝俱有起居注
三国	魏置著作郎,兼起居注 蜀有东观令、东观郎 吴有左国史、右国史、东观令	当修史之任		
晋	大著作郎,佐著作郎	著作兼掌起居		
南北朝	著作郎、著作佐郎、修史学士(撰史学士),起居注,监修国史,著作上士,著作中士			

朝代	史官名称	职掌	机构	备考
隋	监修国史,著作郎（著作佐郎）,起居舍人		史馆 著作曹 起居注	
唐	监修国史,史馆,修撰,直馆著作郎,著作佐郎,起居郎,起居舍人	以他官兼之	史馆 著作局 起居注	
五代	略如唐制			
宋	提举国史,监修国史,提举实录院,实录院修撰,同修撰,直史馆,编修官,检讨官,校勘、检阅、校正、编校官,起居郎,起居舍人,著作郎,著作佐郎		史馆 国史院 实录院 又置起居注	
辽	监修国史,史馆学士,修撰,起居郎,起居舍人		国史院 起居注	
金	如辽制			
元	学士,修撰,编修官,检阅官,左右补阙,兼修起居注,同修起居注		翰林院 国史院 起居注	兼
明	史官修撰,编修,检讨	掌修国史	翰林院 国史院	起居注明初设立,后废

23

朝代	史官名称	职掌	机构	备考
清	掌院学士,学士侍读,学士,侍讲学士,侍读,侍讲修撰,编修检讨,庶吉士,总裁官,纂修官,日讲起居注官	掌国史、图籍、制诰之事	翰林院国史馆实录馆起居注衙门	
民国			清史馆国史馆	梁任公云:一直到清代,国史馆的纂修官必由翰林院编修兼任。翰林院是极清贵地方,人才也极精华之选,故人称为太史,即尊敬之意也。袁氏以后,附属国务院,改名"国史编纂处",遂失独立精神,且无专司史迹之人矣

三、关于编纂史学史之成绩

梁启超云:自左丘、司马迁以后,史部书曾著竹帛者,最少亦应在十万卷以外,其量丰富,实足令我侪咋舌矣。

又云:中国史书既然这么多,几千年的成绩,应该有专史去叙述它,可是到现在还没有,也没有打算做,真是很奇怪的。(见《中国历史研究法补编》)

按:梁启超晚年喜治史学,尝论及《中国史学史》之作法,谓其目有四:一曰史官,二曰史家,三曰史学之成立与发展,四曰最近史学之趋势。其弟子姚名达欲依梁氏所示,撰成一书,稿本略具,尚未刊行。

姚名达云:当初到清华研究院时,即以此志对梁先生陈述过,数年之间,积稿颇富,惟一时未能成书耳。(见《中国历史研究法补编》附识)吾友夏鼐谓姚氏《中国史学史》闻已有成稿,曾送"中央研究院"请奖矣。

近人金毓黻云:吾国先哲精研史学者,以刘知幾、章学诚二人为最著。刘氏《史通》外篇,有《史官建置》《历代正史》两篇,所论自上古迄唐初之史学源流演变,即中国史学史之滥觞也。章氏曾仿朱彝尊《经义考》之例,撰《史籍考》。寻其义例,盖欲藉乙部之典籍,明史学之源流,体大思精,信为杰作。惜稿本以未付刊而散佚,不然,亦史学史之具体而微者矣。(见《中国史学史》第一页)

夏鼐云:按《史籍考》似已有成书,杨见心(名复,浙江人)所藏《实斋未刊稿》一卷中有《史籍考总目》,分十二纲,五十七目,为书三百二十五卷。(见胡适、姚名达著《章实斋先生年谱》嘉庆三年条)

郑鹤声云:章实斋《史籍考》成否不可知,闻美国国会图书馆有其书,然未亲见,姑列于此,以俟发现。(见《中国史部目录学·叙例》)

何炳松云:译者窃不自量,尝思致力于《中国史学史》之编辑,以期于吾国之新史学稍有贡献,惟觉兹事体大,断非独力所能奏功。(见《西洋史学史》)

已成书者:

日本文学博士内藤湖南(一作内藤虎次郎)著《支那史学史》,一九四九年弘文堂出版。

按:予编此书,初稿垂成,偶阅王古鲁所撰《最近日人研究中国学术之一斑》一文,其间有言及文学博士内藤湖南者,方著《支那史学史》,由是益促予之志焉。一九四五年八月中旬朴垞识。

郑鹤声《中国史学史》一部分《汉隋间之史学》,载于《学衡》杂志第三十三至三十五期中。(1924.9—11月)

杨鸿烈《中国史学史之讲义》。

王玉璋《中国史学史概论》,商务出版。

魏应麒《中国史学史》,友人白寿彝云,见《新建设》一九六一年四期。

赵超玄《中国史学史》八章,民国卅二年木刻本,温州市图书馆藏。

金毓黻《中国史学史》,商务出版,解放后重印本。

按:金氏尝谓:今辑是稿,前无所承,虽有仰屋之勤,难免覆瓿之诮。重以颠沛之余,旧典多丧,即欲详说,实病未能。谨依刘、章之义例,纬以梁氏之条目,粗加诠次,以为诵说之资。若夫正谬补遗,始终条理,政有待于异日,更所望于方闻。

其他散文有:

梁启超《中国过去之史学界》,载《饮冰室全集》。

朱希祖《中国史学之起源》,载北京大学《国学季刊》。

参考资料

唐刘知幾《史通》外篇《史官建置》。

清马骕《绎史》。

章学诚《文史通义·书教》。

汪中《述学》内篇《左氏春秋释疑》。

近人刘师培《论古学出于史官》一文,见《国粹学报》。

刘鹤声《古史官考略》,载《史学杂志》1930 年 8 月。

王锡章《史官抉原》,载《国专月刊》1936 年 2 月。

朱希祖《史官名称考》,载《国史馆之刊》第一卷第四号。

金毓黻《古代史官表》,见《中国史学史》。

董作宾《甲骨文字沿革例·贞人即史官》。

延伸阅读

〔一〕大史——按大史,史官之长者。《左襄二十五年传》曰:大史书曰崔杼弑其君。是大史记动作之事。在君左厢记事，则大史为左史也。

〔二〕小史——大史之副贰。《左襄二十五年传》：齐有南史。孔《疏》谓是小史。

〔三〕内史——掌王之八柄，其职云，凡命诸侯及孤卿大夫，则策命之。僖二十八年《左传》曰：王命内史兴父策命晋侯为侯伯。是皆言诰之事。是内史所掌在君之右，故为右史。

〔四〕外史——《周礼》：外史掌书外令，掌四方之志。诸侯之书，所书国中之事，以达于王朝者也。而天子又时巡而纳之，内史以董之，故列国之史，多藏周室。孔子观于周，而论次史记，其采撷者宏也。（见焦竑《国史经籍志》）

宋魏了翁曰：古者王朝五史，凡典法策书之事掌焉。若诸侯之有史，仅见于封康叔，封伯禽，而他国无所考。自晋有《乘》，秦有《记》，鲁有《史》，皆私史也。或者其周之东乎？仲尼因鲁史而修《春秋》，绳以五始之文，不得已也。粤战国而后，则侯国之史，藏在周室者，又荡于秦火。司马子长网罗放失，创为纪传、世家，自成一家之言。（见《鹤山集·百官公卿表序》）

近人章太炎云：《周官》"太史掌建邦之六典，以逆邦国之治"，是故诸侯史记，皆藏周室，各书其国之事，不待行人传达而后知之。汉时，天下上计，皆集太史公，是故司马迁父子所录郡国之事，亦不待遍窥方志，此王者之制然也。后代之史，皆阅世始成，是故时史记录，取之片言。后修者复得以他书互核，以治定旧记之文，且华裔相涉之事，有待外记然后审者。

梁任公云：（关于史官建置）周初，钟鼎载天子赐钟鼎于公卿诸侯，往往派史官去行给奖礼。如周史佚见于钟鼎文，不下数十次。但殷墟甲骨文，时代在史佚前，已有许多史官名字，可知殷代已有史官。《尚书》的《王命》《顾命》两篇，有史官记载。《左传》载晋董狐、齐北史

27

氏的直笔,可见孔子前,列国有史官,不独天子。《孟子》云:晋《乘》、楚《梼杌》、鲁《春秋》,其实一也。《墨子》说"百国春秋",《左传》晋韩宣子观书太史氏,可知春秋战国时代列国有《春秋》一体的史书,而且为史官所记。太史公称"诸侯史记",晋太康发现魏史《竹书纪年》,王国维辑校,可见魏史官前,有晋、有周、有殷史官,一代根据一代,所以能把远古史事,留传下来。……可以断定中国史官的设置,是很早很早的。最低限度,周初是确无可疑的已有史官了。也可以说,中国史学之所以发达,史官建置之早,是一个主要原因。

第二编

周 秦 史 学

孔　子　左丘明

第一章　史学之开山

一、孔子编《尚书》

孔子生于鲁,昌平乡,陬邑,名丘,字仲尼,姓孔氏。年少好礼。及长,尝为季氏史,为司职史,为司空。已而去鲁,斥乎齐,逐乎宋、卫,困于陈、蔡之间,于是反鲁。[一]鲁南宫敬叔言鲁君曰:请与孔子适周。鲁君与之一乘车,两马,一竖子俱,适周问礼,盖见老子云。(见《史记·孔子世家》)《庄子·天道篇》亦云:孔子西藏书于周室。往见老聃,而老聃不许,于是翻十二经以说。[二]于是《孔子家语》有《观周》。

孔子之时,周室微而礼乐废,《诗》《书》缺。追迹三代之礼,序《书传》,上纪唐、虞之际,下至秦缪,编次其事。曰:夏礼吾能言之,杞不足征也;殷礼吾能言之,宋不足征也。足,则吾能征之矣。[三]观殷、夏所损益,曰:后虽百世可知也,以一文一质。周监二代,郁郁乎文哉。吾从周。故《书传》《礼记》自孔氏。(见《史记·孔子世家》)刘知幾云:至孔子观书于周室,得虞、夏、商、周四代之典,乃删其善者,定为《尚书》百篇。[四]尚者,上也,所记皆上古事。始自唐尧,下终秦穆,孔子各为之序,言其作意也。(见《史通》)

二、作《春秋》情势

当秦皇焚书令下,孔子子孙藏此书于夫子旧堂,其说有三:《家语》谓孔腾,字子襄,畏秦法而藏之。《汉记》谓孔鲋所藏。[五]《隋志》谓孔子末孙孔惠藏之。直至汉兴,旁求儒雅,闻故秦博士伏胜,年九十余,能传斯业,遂诏太常,使掌故晁错往受《尚书》,伏生口授之,才得二十九篇。一说，再由其女笔记之。以后鲁恭王在山东，坏孔子宅，又得原书于壁中，但其字迹与篇数均不同，乃惹起汉儒"今古文派"之争辨，此在经学范围，当做别论。自来治史者俱推是书为史学之祖，观《史通》所定史体"六家"，首为《尚书》，斯其证也。其次为孔子所手订者，曰《春秋》。《史记·孔子世家》云："君子病没世而名不称焉。吾道不行矣，吾何以自见于后世哉？"乃因史记作《春秋》，上至隐公，下讫哀公十四年，十二公。据鲁，亲周，故殷，远之三代，约其文辞而指博。故吴楚之君自称王，而《春秋》贬之曰"子"；践土之会，实召周天子，而《春秋》讳之曰"天王狩于河阳"，推此类以绳当世。贬损之义，后有王者举而开之。《春秋》之义行，则天下乱臣贼子惧焉。孔子在位听讼，文辞有可与人共者，弗独有也。至于为《春秋》，笔则笔，削则削，子夏之徒不能赞一辞。弟子受《春秋》，孔子曰：后世知丘者以《春秋》，而罪丘者亦以《春秋》。《太史公自序》亦云：上大夫壶遂曰：昔孔子何为而作《春秋》哉？太史公曰：余闻董生（服虔曰：仲舒也）曰：周道衰废，孔子为鲁司寇，诸侯害之，大夫壅之。孔子知言之不用，道之不行也，是非二百四十二年之中，以为天下仪表，贬天子，退诸侯，讨大夫，以达王事而已矣。又《孟子·滕文公下》：世衰道微，邪说暴行有作，臣弑其君者有之，子弑其父者有之。孔子惧，作《春秋》。《春秋》，天子之事也。[六]是故孔子曰：知我者，其惟《春秋》乎；罪我者，其惟《春秋》乎！孔子《春秋》成，而乱臣贼子惧。

由此以观，辄知孔子之作《春秋》，盖感当时情势之不良，与夫自己学说之不行，不得已乃退而著书，故其言曰：我欲载之空言，不如见之于行事之深切著明也。实则孔子盖非史官，所以彼之作史，全以私人资格为之耳。[七]

三、《春秋》之取材

然当未作史之前，为采其材料，乃与子夏等十四人，西观书周室，求周史记,得百二十国宝书。[八](见徐彦《公羊传疏》)归来后,遂因鲁史,而作《春秋》,九月经立,上记隐,下至哀之获麟,约其辞文,去其烦重,以制义法,王道备,人事浃。(见《史记·十二诸侯年表序》)以授游、夏之徒,不能赞一词。(见《史记·孔子世家》)统计其中所叙弑君之事三十六,亡国之事五十二,至于诸侯奔走,不得保其社稷者,更不可胜数矣。此书文字,共成数万,其旨约有数千,关于万物之聚散,皆在其中。故孟轲云:王者之迹熄而《诗》亡,《诗》亡然后《春秋》作。晋之《乘》,楚之《杌》,鲁之《春秋》,一也。其事则齐桓、晋文,其文则史。孔子曰:其义则丘窃取之矣。(见《孟子·离娄下》)《离娄》所谓义者,即著书之宗旨,寓褒贬之意于一言之间是也。左丘明云:《春秋》之称,微而显,志而晦,婉而成章,尽而不污,惩恶而劝善。非圣人谁能修之?(见《春秋序》)

四、作《春秋》时间及取名

惟有一事,久悬未能决,即作史时间之怀疑,究为获麟绝笔,抑系感麟而作? 据杜预《春秋序》云:先儒以为制作三年,文成致麟。然《公羊传》则云:经止获麟。二说遂不相同。今予引《史通·探赜篇》所论,以折衷之曰:夫子之刊鲁史,学者以为感麟而作。案子思有言:吾祖厄于陈、蔡,始作《春秋》。……义包微婉,因攫莓而创词;时逢西狩,乃泣麟而绝笔。传者徒知其一,而未知其二,以为自反袂拭面,称吾道穷,然后追论五始,定名三叛。此岂非独学无友,孤陋寡闻之所致耶?

再论此书之取名,何故谓之《春秋》? 据杜元凯《春秋序》之大意,是以事系日,以日系月,言春以包夏,举秋以兼冬,年有四时,故错举以为所记之名也。又据康有为《新学伪经考》云:古者载笔之史,皆名《春秋》,其来甚久。[九]孔子既著《春秋》,而同时人左丘明乃受经而作《传》也。

按:曲阜孔仲尼丘,事迹详《史记》"孔子世家"、"仲尼弟子列传"、"老子列传",《孔子家语》,《礼记》,《论语》,《孟子》,《荀子》,《庄子》等书。

附:章太炎总论《尚书》《春秋》及对孔子之认识

其言曰:仆闻之,《尚书》《春秋》,左右史所记录,学者治之,宜与《史记》《汉书》等视。稽其典礼,明其行事,令后生得以讨类知原,毋忘国故,斯其要也。(《与简竹居书》)

又曰:孔子所以为中国斗枓者,在制历史,布文籍,振学术,平阶级而已。往者《尚书》百篇,年月阔略,无过因事记录之书,其始末无以猝睹。自孔子作《春秋》,然后纪年有次,事尽首尾;丘明衍传,迁、固承流,史书始灿然大备。矩则相承,仍世似续,令晚世得以识古,后人因以知前,故虽戎羯荐臻,国步倾覆,其人民知怀旧常,得以幡然反正,此其有造于华夏者,功为第一。《周官》所定乡学,事尽六艺,然大礼犹不下庶人,当时政典,掌在天府,其事迹略具于《诗》《书》,师氏以教国子,而齐民不与焉。是故编户小氓,欲观旧事,则固闭而无所从受,故《传》称"宦学事师""宦于大夫",明不为贵臣仆隶,则无由识其绪余。自孔子观书柱下,述而不作,删定六书,布之民间,然后人知典常,家识图史,其功二也。九流之学,靡不出于王官,守其一术,非博览则无大就;尽其年寿,无弟子则不广传。自孔子布文籍,又自赞《周易》,吐《论语》,以寄深湛之思,于是大师接踵,宏儒郁兴。虽所见殊途,而提振之功则一,其功三也。春秋以往,官多世卿,其自渔钓饭牛而兴者,乃适遇王伯之君,乘时间起,逮乎平世则绝矣。斯岂草野之无贤才,由其不习政书,致远恐泥,不足与世卿竞爽。其一二登用者,率不过技艺之官,皂隶之事也。自孔子布文籍,又养徒三千,与之驰骋七十二国,辨其人民,知其土训,识其政宜。门人余裔,起而干摩,与执政争明。故自哲人既萎,未阅百年,六国兴而世卿废,人苟怀术,皆有卿相之资,由是阶级荡平,寒素上遂,至于今不废,其功四也。总是四者,孔子于中国,为保民开化之宗,不为教主。世无孔子,则宪章不传,学术不起,国沦戎狄而不复,民居卑贱而不升,欲以名号列于宇内通达之国难矣。今之不坏,繄先圣是赖,是乃其所以高于尧、舜、文、武而无算者也。(《驳建立孔教议》)

又云:若夫孔氏旧章,其当考者,惟在历史,戎狄豺狼之说,管子业已明言。上自虞、夏,下讫南朝,守此者未尝逾越,特《春秋》明文,益当葆重耳。虽然,徒知斯义,而历史传记一切不观,思古幽情,何由发越? 故仆以为民族主义,如稼穑然,要以史籍所载人物制度、地理风俗之类,为之灌溉,则蔚然以兴矣。不然,徒知主义之可贵,而不知民族之可爱,吾恐其渐就萎黄也。孔氏之教,本以历史为宗,宗孔氏者,当沙汰其干禄致用之术,惟取前王成迹可以感怀者,流连弗替。《春秋》而上,则有六经,固孔氏历史之学也。《春秋》而下,则有《史记》《汉书》以至历代书志、纪传,亦孔氏历史之学也。若局于《公羊》取义之说,徒以三世、三统大言相扇,而视一切历史为刍狗,则违于孔氏远矣! 今之夸者,或执斯宾塞尔邻家生猫之说,以讥史学。吾不知禹域以内,为邻家乎? 抑为我寝食坐作之地乎? 人物制度、地理风俗之类,为生猫乎? 抑为饮食衣服之必需者乎? 或又谓中国旧史,无过谱牒之流。夫其比属帝王,类辑世系,诚有近于谱牒者,然一代制度行于通国,切于民生,岂私家所专有? 而风纪学术,亦能述其概略,以此为不足,而更求之他书,斯学者所有事,并此废之,其他之纷如散钱者,将何以得其统纪耶? 且中国历史,自帝纪、年表而外,犹有书志、列传,所记事迹、论议、文学之属,粲然可观。而欧洲诸史,专述一国兴亡之迹者,乃往往与档案相似。今人不以彼为谱牒,而以此为谱牒,何其妄也! 足下不言孔学则已,若言孔学,愿亟以提倡历史为职矣。(《答铁铮》)

参考资料

宋胡仔作《孔子编年》。

　　清江永作《孔子年谱》。
　　狄子奇作《孔子编年》。
　　林春溥作《孔子弟子年谱》。
　　崔述作《洙泗考信录》。
　　魏源作《孔子编年》。

延伸阅读

　　〔一〕《史记·孔子世家》：孔子去卫，将适陈，过匡，颜刻为仆，以策指之曰：昔吾入此，由彼缺也。匡人闻之，以为鲁之阳虎，阳虎尝暴匡人，匡人于是遂止孔子。孔子状类阳虎，拘焉。匡人拘孔子益急，弟子惧。孔子曰：文王既没，文不在兹乎？天之将丧斯文也，后死者不得与于斯文也；天之未丧斯文也，匡人其如予何！其一。

　　孔子去曹适宋，与弟子习礼大树下。宋司马桓魋欲杀孔子，拔其树。孔子去。弟子曰：可以速矣。孔子曰：天生德于予，桓魋其如予何！其二。

　　楚闻孔子在陈蔡之间，楚使人聘孔子。孔子将往拜礼，陈、蔡大夫谋曰：孔子贤者，所刺讥皆中诸侯之疾。今者久留陈、蔡之间，诸大夫所设行皆非仲尼之意。今楚，大国也，来聘孔子；孔子用于楚，则陈、蔡用事大夫危矣。于是乃相与发徒役围孔子于野。不得行，绝粮。从者病，莫能兴。孔子讲诵弦歌不衰。于是使子贡至楚。楚昭王兴师迎孔子，然后得免。其三。

　　〔二〕《史记·老子列传》：老子者，楚苦县厉乡曲仁里人也，姓李氏，名耳，字聃，周守藏室之史也。孔子适周，将问礼于老子。

　　〔三〕《论语》：周室既微，载籍残缺，仲尼思存前圣之业，乃称曰：夏礼吾能言之，杞不足征也；殷礼吾能言之，宋不足征也。文献不足故也，足则吾能征之矣。

　　又《史记·儒林传叙》：余读功令，至于广厉学官之路，未尝不废书而叹也。曰：嗟乎！夫周室衰而《关雎》作，幽、厉微而礼乐坏，诸侯恣行,政由强国。故孔子闵王路废而邪道兴,于是论次《诗》《书》,修起礼乐。适齐闻《韶》,三月不知肉味。自卫返鲁,然后乐正,《雅》《颂》各得其所。世以混浊莫能用,是以仲尼干七十余君无所遇,曰"苟有用我者,期月而已矣"。西狩获麟,曰"吾道穷矣"。故因史记作《春秋》,以当王法。其辞微而指博,后世学者多录焉。

〔四〕《书纬璇玑钤》:孔子求书,得黄帝玄孙帝魁之书,迄于秦穆公,凡三千二百四十篇。断远取近,定可为世法者百二十篇:以百二篇为《尚书》,十八篇为《中候》。孔颖达《尚书序疏》、《史记·伯夷列传》索隐并引之。

〔五〕《孔子世家》:孔鲋,年五十七,为陈王涉博士,死于陈下。鲋弟子襄,年五十七。尝为孝惠皇帝博士,迁为长沙太守。

〔六〕章太炎云:夫鲁之为国,不过藩侯,非能使邦国之治皆萃于鲁。其作《春秋》者,日月相次,临时取办,而又不见他国所记,虽有行人觇国之所得,盖亦仅矣。自非依于赴告,当何所隐据以书外事?是其法守不得不然也。及孔子观周,具见百国与诸官服之所记载甚翔实矣,然犹弗敢窜易者,鲁非周室,身非天王左右之史,不得取鲁史而剟定之,使同于王室之史也。(孟子曰:《春秋》,天子之事也。故孔子曰:罪我者,其惟《春秋》乎?事者,史之所记也。天子之事,犹言天子之史书,此为列国史官,皆出自周,其书又当上之周室,故曰天子之事。孔子私修,故引为罪,然终不敢变鲁史为周史也)

〔七〕梁启超云:古者惟史官能作史。私人作史,自孔子始。

〔八〕《公羊疏》:闵因叙云:昔孔子受端门之命,制《春秋》之义,使子夏等十四人,求周史记,得百二十国宝书。《史记正义》引何休语,亦同。又见戴宏《解疑论》。

〔九〕朱彝尊云:《公羊传》有"不修《春秋》",则鲁之《春秋》也,周、燕、齐、宋皆有《春秋》,载在《墨子》。今以晋《乘》、楚《梼杌》、郑《志》、"百国春秋"之名,仅存其八而已。(见《经义考》)

第二章　创编年与国别史

一、左丘明《左传》

左丘明,人皆知为著《左传》《国语》之史家(亦称盲左或瞽史),但历代学者则时相争辩,以谓作《左传》之左丘明,与孔子同时与否,实足疑焉。因《史记》中,只云:左丘失明,厥有《国语》。而不及"明"字与撰《左传》。又言:左氏为六国时人。因《传》有记韩魏智伯之事及赵襄子之事,遂据此而论曰:使丘明与孔子同时,不应孔子既没七十有八年之后,丘明犹能著书。[一](见宋郑樵《六经奥论》)清刘逢禄亦云:左氏以良史之才,博闻多识,本未尝求附于《春秋》之义,后人增设条例,推衍事迹,强以为传《春秋》。左氏后于圣人,未能尽见列国宝书,又未闻口授微言大义,惟取所见载籍,如晋《乘》、楚《梼杌》等相错编年为之,本不必比附夫子之经。(见《左氏春秋考证》)凡此诸说,姑置勿论,意其间未免又为后人所窜乱者矣。然专从《孔子家语》《汉书·艺文志》《史通》几处证明,则可定为一人,并且与孔子同时也。[二]《史通》云:当周室微弱,诸侯力争,孔子应聘不遇,自卫而归。乃与鲁君子左丘明观书于太史氏,因鲁史记而作《春秋》。上遵周公遗制,下明将来之法,自隐及哀十二公行事。经成以授弟子,弟子退而异言。丘明恐失其真,故论本事而为传,明夫子不以空言说经也。(见《正史篇》)《汉志》大旨亦如此,其原文云:丘明与孔子观鲁史记而作《春秋》,有所贬损,事形于《传》,惧罹时难,故隐其书。而《孔子家语》复云:孔子将修《春秋》之经,丘明为之传,共为表里。(见《观周篇》)故后之刘歆极言《左氏传》之与《春秋》实互相发明,如舍《传》,则《经》何以得明也。因曰:左丘明好恶与圣人同,亲见夫子;而公羊、穀梁在七十子后,传闻之与亲见之,其详略不同。[三]桓谭《新论》云:《左氏传》于经,犹衣之表里。近儒章太炎及其高足黄季刚二先生(皆已故)所主张俱同于此,可参阅章之《春秋左传读叙录后序》,与黄之《三传平议》。以上暂将左氏其人与作品,约略说之。

今再谈其著书之经过如下:据《史通·采撰篇》所载:丘明受经立传,广包诸国,盖当时有周《志》、晋《乘》、楚《杌》等篇,遂乃聚而编之,混成一录。向使专凭鲁策,独询孔氏,何以能殚见洽闻,若斯之博也?[四]所以梁启超任公称:中国有组织体的史著,自《左传》始。并推左氏为真正史家开山祖云。此固左氏能"自出心裁,描写史迹,带有很浓厚的文字性质"。[五](用梁氏原句)在《中国历史研究法》中,又见及任公评左氏书之特点有三:第一,不以一国为中心点,而将当时数个主要的文化国,平均叙述;第二,其叙述不局于政治,常涉及全社会之各方面;第三,其叙事有系统,有组织,令人谈之有味。此三特点,以前史家俱未尝有之。晋干令升宝作《史议》,历诋诸家,而归美《左传》,殆此故欤?《史议》云:丘明能以三十卷之约,括囊二百四十二年之事,靡有孑遗。斯盖立言之高标,著作之良模也。(见《史通·烦省篇》引)

二、综述《国语》

夫《国语》为《左氏传》之副产物,或亦著书时所汇之材料底本也。《史通·六家》云:《国语》家者,其先亦出于左丘明。既为《春秋内传》,又稽其逸文,纂其别说,分周、鲁、齐、晋、郑、楚、吴、越八国事,起自周穆王,终于鲁悼公,别为《春秋外传国语》,合为二十一篇。又正史云:左丘明既配经立传,又撰诸异同,号曰《外传国语》,二十一篇。[六]斯盖采书、志等文,非唯鲁之史记而已。清俞樾云:孔子作《春秋》,左氏有搜罗采辑之功,其所采取不尽者,别为《外传》,即今《国语》是矣。(见《湖楼笔谈》)以上为作《传》副产物之说也。但司马公谓:左氏欲作《春秋》,先作《国语》,《国语》之文,不及《传》之精也。〔七〕此非材料底本之说乎?

然亦有人〔八〕谓:《国语》非丘明作,于是宋叶少蕴、王安石、朱熹、郑樵诸家,起而附和之。兹取王应麟《困学纪闻》所引以证之。叶少蕴云:古有左氏、左丘氏,太史公称左丘失明,厥有国语。(见《汉书》本传)今《春秋传》作左氏,而《国语》为左丘氏,则不得为一书,文体亦自不同,其非一家书明甚。左氏(王荆公以为六国时人)盖左史之后,以官为氏者。朱文公谓左氏乃左史倚相之后,故其书说楚事甚详。郑渔仲亦云:左氏世为楚史。按此诸说,则左氏本人有疑问焉。

又《国语》之称《春秋外传》,宋庠谓始于韦昭。当昭注《国语》,作《解叙》云:昔孔子发愤于旧史,垂法于素王。左丘明因圣言以摅意,托王义以流藻,其明识高远,雅思未尽,故复采录前世穆王以来,下迄鲁悼知伯之诛,以为《国语》。其文不止于经,故号曰《外传》。(见《困学纪闻》卷六引)但复经洪颐煊考订,则云非始于昭。颐煊初据《隋志》,后据《汉志》,故断非韦昭也。〔九〕然康氏有为又考得今所传《国语》,亦非原本,实由刘歆改窜而成。其《周语》《晋语》《郑语》多《春秋》前事;《鲁语》则大半敬姜一妇人语,《齐语》则全取《管子·小匡篇》,《吴语》《楚语》笔墨不同,盖为《左传》之残余,被歆特补缀之耳。说详《新学伪经考》中。

按:左丘明事迹,参考《前汉书》卷二十《古今人表》,卷三十《艺文志》。

延伸阅读

〔一〕梁启超云:故左丘可谓商周以来史界之革命也,又秦汉以降史界不祧之大宗也。左丘旧云孔子弟子;但细读其书,颇有似三家分晋、田氏篡齐以后所追述者。苟非经后人窜乱,则此公著书,应在战国初年,恐不逮事孔子矣。(见《中国历史研究法》)

〔二〕龚自珍云:昔者仲尼大圣,与左丘明、南宫敬叔观宝书于周。

（见《古史钩沉论》）

〔三〕刘歆《七略》：仲尼以鲁史官有法，故与左丘明观其史记，有所褒讳贬损，不可书见，口授弟子，弟子退而异言。丘明恐弟子各安其意，以失其真，故论本事而作传，明夫子不以空言说经也。

又《史记·十二诸侯年表》：孔子西观周室，论史记旧闻，兴于鲁，而次《春秋》，七十子之徒，口受其传指，为有所刺讥褒讳挹损之文辞不可以书见也。鲁君子左丘明惧弟子人人异端，各安其意，失其真，故因孔子史记具论其语，成《左氏春秋》。

又《汉书·艺文志》：（仲尼）以鲁周公之国，礼文备物，史官有法，故与左丘明观其史记，据行事，仍人道，因兴以立功，就败以成罚，假日月以定历数，藉朝聘以正礼乐。有所褒讳贬损，不可书见，口授弟子，弟子退而异言。丘明恐弟子各安其意，以失其真，故论本事而作传，明夫子不以空言说经也。

又章炳麟云：仲尼，良史也，辅以丘明而次《春秋》，料比百家，若旋玑玉斗矣。谈、迁嗣之，后有《七略》。孔子殁，名实足以抗者，汉之刘歆。（见《文录》卷二《订孔》）

〔四〕俞樾云：孔子欲作《春秋》，先聚宝书。及《春秋》成，而宝书皆糟粕矣，所谓得鱼忘筌，得兔忘蹄也。然诸书所载，皆本当时国史，二百四十二年事实，其在于斯。其聚之也既难，其弃之也亦可惜，于是左丘明乃编纂之，润色之，自成一书。（见《湖楼笔谈》卷一）

〔五〕又云：左氏文章靡丽，叙述详明，遂为史家之鼻祖。

〔六〕班固云：孔子因鲁史记而作《春秋》，而左丘明论辑其本事，以为之传；又纂异同，为《国语》。（见同书《马迁传赞》）

〔七〕李焘谓：左氏特传《春秋》，先聚诸国史记，国别为语，以备《内传》之采摭。（见《文史通义·答客问下》引）

〔八〕隋人刘炫谓：《国语》非丘明作。（见《左传正义》襄二十六年）

〔九〕洪颐煊云：《国语》称《春秋外传》，宋庠谓始于韦昭，非也。

《隋志》:《春秋外传国语》二十卷,贾逵注。《汉书·韦玄成传》引《春秋外传》:日祭,月祀,时享,岁贡,终王。皆在韦昭前。(见《读书丛录》卷六)

第三章　古代史籍

一、《逸周书》

旧题《汲冢周书》,谓晋太康二年,汲郡人得于魏安釐王冢中者。然考汉魏人所著书,引此书颇多,盖汉时已有之,非出于汲冢也。[一]陈振孙《解题》以为战国后人所为。宋以来已无善本,盖亡佚脱烂久矣。

所谓《周书》,师古曰:刘向云:周时诰誓号令也。盖孔子所论百篇之余也。(见《汉志注》)实为周史记,后世或题曰《逸周书》,亦题曰《汲冢周书》,均失之。

刘知幾云:《周书》者,与《尚书》相类,即孔氏刊约百篇之外,凡为七十一章。上自文、武,下终灵、景。甚有明允笃诚,典雅高义;时亦有浅末恒说,滓秽相参,殆似后之好事者所增益也。(见《史通》)

孙诒让云:《周书》七十一篇,《七略》始著录。自《左传》以逮墨、商、韩、吕诸子,咸有诵述。虽杂以阴符,间伤诡驳,然古事古义,多足资考证。信先秦之雅记,壁经之别枝也。《隋唐志》系之汲冢,致为疏舛。《晋书》记荀勖、束皙所校汲冢古文篇目,虽有《周书》,与此实不相涉。(见《籀庼述林》卷五《周书斠补叙》)

梁启超云:《逸周书》有人指为伪,但清儒信为真者居多。我虽不认为周初书,但谓非汉以后人所撰。其中或有一部分附益,则不可知。又云:此书真伪参半。

二、《竹书纪年》

晋太康元年，汲郡人发魏襄王冢，得古竹简书，字皆科斗。发冢者不以为意，往往散乱。帝命中书监荀勖、令和峤，撰次为十五部，八十七卷，多杂碎怪妄，不可训知。惟《周易》《纪年》最为分了。其《周易》上下篇，与今正同。《纪年》皆用夏正，建寅之月为岁首。起自夏、殷、周三代王事，无诸侯国别。唯特记晋国，起自殇叔，次文侯、昭侯，以至曲沃庄伯，尽晋国灭。独记魏事，下至魏哀王，谓之今王，盖魏国之史记也。[一]（见《隋志》）

李慈铭云：殷周以前，《书》缺有间，古事茫昧，不可得知。《竹书纪年》虽云可据，然自魏安釐王时入冢，至晋太康中始出，其中朽坏断佚，已自必多。更历至今，数遭兵燹，传写脱误。试观晋郭璞《穆天子传注》、唐司马贞《史记索隐》、宋董逌《广川书跋》诸书中所引，今已不全，可知非复原本。读者惟藉以考证古事，则自多得处。若欲即其事一一疏通，则求合反离，未有不窒碍者。以此为伪而废之者固非，以为无一字不符合者，亦好古之过也。又云：《竹书纪年》出于晋世，自唐孔颖达斥为不经。今所存者，又为明人窜乱，已非原本。然三代佚事，多有赖此存者，足以补经传之阙。国朝徐文靖[三]、雷学淇[四]曾辨之矣。周以前之史，《尚书》《春秋》外，惟此仅存，良可宝贵。（见《越缦堂日记补》）

梁启超云：古代史官所作史，盖为文句极简之编年体。晋代从汲冢所得之《竹书纪年》，经学者考定为战国时魏史官所记者，即其代表。惜原书今复散佚，不能全睹其真面目。

今所传者非原书，盖出宋以后人杂糅窜补。清朱右曾别辑《汲冢纪年存真》二卷。近人王国维因之，更成《古本竹书纪年辑校》一卷，稍复本来面目。然此辑仅得四百二十八条，以较《晋书·束皙传》所云十三篇，《隋志》所云十二卷，知其所散佚者多矣。（见《饮冰室集·

清代学者整理旧学之总成绩》)

又云:《竹书纪年》现通行者,为元、明人伪撰。其古本,清儒辑出者数家[五],王国维所辑最善。(见书同前)

王国维云:《汲冢竹书纪年》佚于两宋之际。今本二卷,乃后人搜辑,复杂采《史记》《通鉴外纪》《路史》诸书成之,非汲冢原书。今一一求其所出,始知今本所载,殆无一不袭他书。其不见他书者,不过百分之一,又率空洞无事实,所增加者,年月而已。夫事实既具他书,则此书为无用。年月又多杜撰,则其说为无征。无用无征,则废此书可。① 朱氏辑本,尚未详备,又诸书异同亦未尽列,至其去取亦不能无得失,乃以朱书为本,而以余所校注者补正之,凡增删改正若干事。(见《观堂集林·古本竹书纪年辑校今本疏证自叙》)

三、《穆天子传》

晋太康六年,汲县民盗发古冢所得,凡六卷。诏荀勖、束皙等,以隶书写之。

梁启超云:汲冢书凡数十车,其整理写定者犹七十五卷,当时盖为学界一大问题,学者之从事研究者,有束皙、王接、卫恒、王庭坚、荀勖、和峤、续咸、挚虞、谢衡、潘滔、杜预等,其讨论概略尚见史籍中。其原书完整传至今者,惟一《穆天子传》耳。《穆传》所述,多与《山海经》相应,为现代持华种西来说者所假借。此次发见之影响,不为不巨矣。

又云:这部书乃晋太康三年,在汲县魏安釐王家中,与《竹书纪年》同时出土。书之真伪,问题很杂。若认为全伪,那么便是晋人手笔;若认为真,便是战国人所记。

章炳麟云:《竹书纪年》《穆天子传》,确有可疑之记载。但从《竹书纪年》今存者,乃明代伪作,可以存而不论;《穆天子传》亦不在正经

---

① "今一一……此书可",实出自王国维《观堂集林·今本竹书纪年疏证自序》。

正史之列，后人往往以古书中不无可疑之处，遂全目以为伪，则又误矣。[六]

一说：晋时又得汲冢书，有《穆天子传》，体制与今起居注正同，盖周室内史所记王命之副也。

可参丁谦《穆天子传地理考证》及顾实《穆天子传西征讲疏》。

四、《世本》

此书为十五篇，据刘向云：古史官明于古事者所记，录黄帝以来帝王诸侯及卿大夫系谥名号。（《史记集解叙》《索隐》引）逮司马迁作《史记》，亦凭藉之。但晋皇甫谧误读《汉书·司马迁传赞》，便云《世本》系左丘明所作，为说奇甚。[七]自皇甫氏一误，顾后世仍有沿其误者，如清章宗源作《隋书经籍志考证》（简称《隋志考证》，下同）亦以为言。不过唐刘子玄谓：楚汉之际，有好事者，录自古帝王公侯卿大夫之世，终乎秦末，号曰《世本》。（见《史通·正史篇》）已稍有不同之传说矣。又有阎若璩作《孟子考》，亦论《世本》不足尽信。王鸣盛则谓：阎说甚确，然有当论者。刘向浑言古史官所记，究不知何时。以意揣之，既讫于春秋，自出春秋时人。而玩刘向与班固说，则此书亦有世无年。但迁既采此书，则意者夏、商本纪间书各王在位年数，并共和以迄平王四十九年甲子纪年，皆得之《世本》。而共和以前，则断无纪年也。（见《蛾术编》）

其书唐时具在，故《五经正义》《史记索隐》《后汉书注》往往引之。宋代犹存，皆散见于《路史·国名记》《通志·氏族略》《姓氏急就篇》，与夫《御览》《广韵》诸书，可以考焉。（连鹤寿语）但姚氏姜坞据《新唐书·高祖纪赞》云：考于《世本》，夏、商、周皆出黄帝。则欧阳永叔尝见《世本》，至朱子时，方佚传云。[八]

今有所谓《世本辑本》者，为清人孙冯翼、雷学淇、张澍、秦嘉谟辈所辑。其内容篇目，据诸书所征引，有《帝系》，有《世家》，有《传》，有

《谱》，有《氏姓篇》，有《居篇》，有《作篇》。〔九〕《帝系》《世家》及《氏姓篇》，叙王侯及各贵族之系谱也。《传》者，记名人事状也；《谱》者，年表之属，史注所谓旁行斜上之《周谱》也；《居篇》则汇纪王侯国邑之宅都焉。（用梁启超《中国历史研究法》语）

五、《战国策》

此书内容，为录东西周、秦、齐、燕、楚、三晋、宋、卫、中山，合十二国事，分成三十三卷。盖其时君德浅薄，为之谋策者，不得不因势而为资，据时而为故。故其谋扶急持倾，为一切之权，虽不可以临国，教化兵革，亦救急之势也。皆高才秀士，度时君之所能行，出奇策异智，持危为安，运亡为存，亦可喜，皆可观。（用刘向《战国策序》语）其中多寓言，不必尽求以事实。谭献谓：《国策》论事多双照，使左右无间隙，是以彼我之怀俱尽。（见《复堂日记》卷四）其书定名，初皆不一，据刘向《叙录》所述云：所校中秘《战国策书》，臣向因国别者略以时次之，得三十三篇。中书本号，或曰《国策》，或曰《国事》，或曰《短长》，或曰《事语》，或曰《长书》，或曰《修书》。臣向以为战国时游士策谋，宜为《战国策》，继《春秋》后，讫楚汉之起，二百四十五年间之事，皆定以杀青，书可缮写。班固乃取其后名而书之。（见《史记索隐》）

今残，有汉高诱注本。清姚姜坞云：按《战国策》世无完书，疑后人多取他书，如《韩非子》《吕览》《韩诗外传》之类，以羼补之，非其真也。又云：高诱《注》亦复漏略。（俱见《援鹑堂笔记》卷五十）

六、《楚汉春秋》

此书为楚人陆贾所著。〔一〇〕贾以客从汉高祖定天下，名为有口辩士。居左右，常使诸侯。及高祖时，中国初定，尉他平南越，因王之。高祖使陆贾赐尉他印，为南越王。陆贾至，进说于尉他，令称臣，奉汉约。归报，高祖大悦，拜贾为太中大夫。

陆生时时前说称《诗》《书》，高祖骂之曰：乃公居马上而得之，安事《诗》《书》？陆生曰：居马上得之，宁可以马上治之乎？且汤武逆取，而以顺守之，文武并用，长久之术也。昔者吴王夫差、智伯，极武而亡。秦任刑法不变，卒灭赵氏。向使秦已并天下，行仁义，法先圣，陛下安得而有之？高祖不怿而有惭色，乃谓陆生曰：试为我著秦所以失天下、吾所以得之者何，及古成败之因。陆生乃粗述存亡之征，凡著十二篇。每奏一篇，高帝未尝不称善，左右呼万岁。（节录《史记》本传）《索隐》云：陆贾记项氏与汉高祖初起，及说惠、文间事。

《汉志》六艺略春秋类中，载《楚汉春秋》九篇，陆贾所记。而《迁传赞》亦云：汉兴伐秦，定天下，有《楚汉春秋》接其后事，迄于大汉，其言秦汉详矣。

《后汉书·班彪传》：汉兴，定天下。太中大夫陆贾记录时功，作《楚汉春秋》九篇。南朝梁刘勰云：汉灭嬴、项，武功积年，陆贾稽古，作《楚汉春秋》。（见《文心雕龙·史传篇》）

其书至南宋时亡佚，说本沈氏钦韩，见近人顾实《汉志讲疏》所引。故高似孙尚有言云：太史公作《史记》，最采《楚汉春秋》，意其论著瑰杰弘演，必有以合乎轨辙者。今得《楚汉春秋》，读之不见其奇。盖太史公所采，亦以汉初之事未有记载，故有取于此乎？（见《史略》卷三）

按：陆贾，《史记》卷九十七，《汉书》卷四十三，俱有传。

延伸阅读

〔一〕《四库全书总目提要·别史类》：《逸周书》十卷，旧本题曰《汲冢周书》。考隋、唐《志》，俱称此书以晋太康二年，得于魏安釐王冢中。然《晋书·武帝纪》及荀勖、束皙传，载汲郡人不准所得《竹书》七十五篇，俱有篇名，无所谓《周书》。

〔二〕高似孙云：《周书》十一卷，竹书内书。晋孔晁注此书，以为孔子删采之余，凡七十篇。（见《史略》卷六）

又章宗源云:《周书》十卷,汲冢书,似仲尼删书之余。《逸周书》称"汲冢书",其误始于《隋志》。今存。(见《隋志考证》)

按:孙诒让云:此书旧多阙误,近代卢氏绍弓校本、朱氏亮甫《集训》,芟剔蓁薉,世推为善册。至近代治此书者,如王氏怀祖《读书杂志》、洪氏筠轩《读书丛录》、(二书朱校亦采之,然未尽也)庄氏葆琛《尚书记》(此书逞臆增窜,难以依据,然亦间有确当者)、何氏愿船《王会笺释》、俞丈荫甫《群经平议》,其所理董,亦多精确。

《晋书·束皙传》:初,太康二年,汲郡人不准盗发魏襄王墓,或言安釐王冢,得竹书数十车。其《纪年》十三篇,其《易经》二篇,《卦下易经》一篇,《公孙段》二篇,《国语》三篇,《名》三篇,《师春》一篇,《琐语》十一篇,《梁丘藏》一篇,《缴书》二篇,《生封》一篇,《大历》二篇,《穆天子传》五篇,《图诗》一篇,又杂书十九篇……大凡七十五篇。七篇简书折坏,不识名题。冢中又得铜剑一枚,长二尺五寸。漆书皆科斗字。初,发冢者烧策,照取宝物。及官收之,多烬简断札,文既残缺,不复诠次。武帝以其书付秘书校缀次第,寻考指归,而以今文写之。皙在著作,得观竹书,随疑分释,皆有义证。

又,同书《荀勖传》:及得汲郡冢中古文竹书,诏勖撰次之,以为《中经》,列在秘书。勖又尝叙《穆传》,曰《古文穆天子传》者,太康二年,汲县民不准盗发古冢所得书也。皆竹简丝编,以臣勖前所考定古尺度,其简长二尺四寸,以墨书,一简四十字。汲者,战国时魏地也。

按:近人刘师培《刘申叔先生遗书》中,有《穆天子传补释》一卷。

〔三〕李慈铭云:徐位山文靖《竹书纪年统笺》,此书乃先生八十二岁时所作。援据精博,荟萃经史,真必传之作也。(见《越缦堂日记补》)

〔四〕又云:雷氏,字瞻叔,号竹卿,顺天通州人。嘉庆甲戌进士,贵州知县。著有《古经考》《天象考异》《世本注》《夏小正疏》《韵辨》《亦嚣嚣斋经义考》诸书。予有其所注《竹书纪年》,甚博辨。雷氏兄

弟十人,七登甲乙科。父镡以乙科官知县,著有《古经服纬考》,亦行于世。(见书同前)

〔五〕梁启超云:《汲冢竹书纪年》亦出司马迁前,而为迁所未见,在史部中,实为鸿宝。明以来,刻本既出伪撰,故清儒亟欲求其真。先后辑出者,有洪颐煊、陈逢衡、张宗泰、林春溥、朱右曾、王国维诸家,王辑最后最善。(见《清代学者整理旧学之总成绩》)

按:清儒治《汲冢竹书纪年》,名著有徐位山文靖《统笺》,孙晴川之騄《考定竹书纪年》,董堑之丰垣《辨证》,雷瞻叔学淇之《考订竹书纪年》《义证》,洪筠轩颐煊《校正竹书纪年》,武授堂亿《补注》,郝兰皋懿行《校正》,陈穆堂逢衡《集证》,朱亮甫右曾《汲冢纪年存真》,林鉴塘春溥《补证》,董觉轩沛《拾遗》,王静安国维《古本竹书纪年辑校》《今本竹书纪年疏证》。

〔六〕高似孙云:据《左氏传》,穆王欲肆其心,周行天下,将皆有车辙马迹焉。此书所载,即其事也。穆王得盗骊、骅耳之乘,造父为御,以观四荒,东绝流沙,西登昆仑,与《太史公记》合。竹书所传《穆天子传》六卷,所历怪奇,亦几于《山海经》者。虽多残阙,皆是古书。(见《史略》卷六)

〔七〕颜之推云:《世本》左丘明所书,说出皇甫谧《帝王世纪》。(见《家训·书证篇》)

〔八〕高似孙云:予阅诸经疏,惟《春秋左氏传疏》所引《世本》者不一,因采掇汇次为一书,题曰《古世本》。周益公在西府,闻予有此,面借再三,因录本与之。益公一见,曰:天下奇书,学者隽功也。予因曰:刘孝标注《世说》,引挚氏《世本》,盖叙挚氏世家。今人欲系谱牒,依挚氏法,名之曰"某氏世本",殊为古雅。益公曰:此说尤新奇。(见《史略》卷六)

又清人辑《世本》者,有孙冯翼《世本》一卷,陈其荣《补订孙辑世本》二卷,附考证。雷学淇《校辑世本》,秦嘉谟《世本辑补》十卷,张澍

《宋衷世本注》五卷。

又梁启超云：《世本》为司马迁所据，以作《史记》者，《汉志》著录十五卷，其书盖佚于宋、元之交，因郑樵、王应麟尚及征引。

〔九〕章炳麟云：古之姓氏，掌之司商，其后有《世本》。然今人亦自为谱录。（见《检论·尊史》）

〔一○〕郑樵云：陆贾，秦之巨儒也。又梁启超云：汉初有一位史家，名叫陆贾，著了一部《楚汉春秋》，可惜那书不传，不知内容怎样。今所传，只有《新语》一书耳。

第三编

汉 代 史 学

司马谈　司马迁　褚少孙　冯　商

刘　向　刘　歆　班　固　班　彪

班　昭　荀　悦　刘　珍　李　尤

蔡　邕　谢　承　袁　康　赵　晔

第一章　创纪传体通史

一、司马迁生平

司马迁,字子长[一],夏阳龙门人,即今陕西韩城。其先世典周史,至父谈,为太史公。[二]太史公学《天官》于唐都,受《易》于杨何,习道论于黄子。太史公仕于建元、元封之间,愍学者之不达其意而师悖,乃论六家之要指,即以此称闻于世。当时太史公地位,极为崇贵,在丞相上。凡天下计书,先上太史公,副上丞相。唯太史公为一有职无权之官,所司皆系文史星历之事,近乎卜祝之间,天子素以倡优畜之而已。武帝始立,封于泰山,而谈留滞周南,不得与从事,于是发愤且卒;适子迁奉使西征巴蜀以南,南略邛、笮、昆明,还报命,见父于河洛之间。谈乃执迁手而泣,勖以继志著史,然后殁。[三]殁三岁,迁为太史令。紬史记石室金匮之书,五年而当太初元年,迁遂开始撰述,网罗天下放失旧闻,王迹所兴,原始察终,见盛观衰,论考之行事。略推三代,录秦汉,上记轩辕,下至于兹,著十二本纪,十表,八书,三十世家,七十列传,凡百三十篇,五十二万六千五百字,为《太史公书》。序略以拾遗补艺,成一家之言,厥协六经异传,整齐百家杂语,藏之名山,副在京师,俟后世圣人君子。(用《史记》原文)

二、私撰《史记》

迁虽身为史官,而其书实系私撰。书将成,偏遭李陵之祸,下于蚕室,受极刑,为废人,所谓"草创未就,适会此祸,惜其不成,是以受极刑而无愠色",(见《报任少卿安书》)即指此也。[四]今据清赵翼所考定云,迁之作书,共经二十余年而后成。(见《廿二史札记》)示东方朔。(桓谭说)逮死后,其书稍出。宣帝时,外孙平通侯杨恽[五]祖述其书,遂宣布于世云。

至称《史记》,盖始于《隋志》。[六]观《汉志》,只曰《太史公书》百三十篇,且列入《六艺略》"春秋家",不啻自名一子也。其实古之史,皆名《史记》。《六国年表序》曰:秦烧天下诗书,诸侯史记尤甚,独有《秦记》,其文略不具。又《十二诸侯年表序》云:鲁君子左丘明,因孔子《史记》,成《左氏春秋》。是孔子所修,亦名《史记》也。太史公本《秦纪》以成书,名曰《史记》,盖因乎古也。[七](说本俞樾)

再言迁之所以作此书也,既为职掌所在,受父激励,并欲继承孔子之志,故极表扬《春秋》而以五百年之大责任加诸己身也。其言曰:先人有言,自周公卒,五百年而有孔子,孔子至于今五百岁,有能绍明世,正《易传》,继《春秋》,本诗书礼乐之际,意在斯乎!意在斯乎!小子何敢让焉。[八]迨后书成,果不独我辈治史者认为绝作,奉为圭臬,即彼研究文学之人,亦推赞效法之,至于数千年而不衰。所以当时如刘向、扬雄,博极群书,皆称迁有良史之材,盖服其善叙事理,辨而不华,质而不俚。文直事核,不虚美,不隐恶,故谓之实录。(见班固《汉书》迁传赞)唐刘子玄亦称曰:观子长之叙事也,自周以往,言所不该,其文阔略,无复体统。洎秦汉已下,条贯有伦,则焕炳可观,有足称者。[九](见《史通·叙事篇》)

三、迁之成就

须知迁之成就,实非偶然。据康氏有为所云:察迁之学,得于六艺至深。父谈既受《易》于杨何,迁又问《书》于孔安国;问《春秋》于董生,讲业于齐鲁之都,观孔子之遗风,乡射邹、峄。(见《新学伪经考》卷二)而董生为善《公羊学》者,故迁尝取《公羊春秋》义,以辨文家、质家之同异,论定人物,多寓"文与而质不与"之意,皆公羊氏之法也。又引六经之文,间易以训诂,皆本西汉诸儒之旧说。(见邵二云《史记提要》及《南江文钞》)由此可知迁于孔门渊源至近。乃至宋时,有唐庚子西者,诋太史公敢乱道,盖据班固之论,未免深文。是以清冯钝吟驳之云:太史公千古一人,"乱道"二字,出口何容易,子长考信六艺,奉之以著书,造次必称仲尼,一味抹煞,概云"乱道",何耶?(见《何义门读书记》注)虽然,唐氏之言,固无足取,即大儒如叶适水心亦不满《史记》,谓:以迁所记五帝三代考之,尧、舜以前固绝远,而夏、商残缺无可证,虽孔子亦云。独周享国最长,去汉未久,迁极力收拾,然亦不过《诗》《书》《国语》所记而已,他盖不能有所增益也。是则古史法止于此矣。(见《习学记言》)是何不明迁编书之旨耶? 若依章学诚引治迁书者之言,则知史公作《记》,每篇各有指意。〔一〇〕其词云:司马迁著百三十篇,本纪十二法十二月也,八书法八风,十表法十干,三十世家法一月三十日,七十列传法七十二候。(见《文史通义·匡缪篇》)〔一一〕

　　然而班固谓其书缺失十篇,有录无书。(见汉张晏注《汉书》,便已谓:迁殁以后,亡《景纪》、《武纪》、《礼书》、《乐书》、《兵书》〔一二〕、《汉兴以来将相年表》、《日者列传》、《三王世家》、《龟策列传》、《傅靳列传》)至于景、武二纪之亡缺〔一三〕,较有理在,因迁遭陵祸,忍辱著书,于不平事,多借以发舒,以自鸣抑郁。据卫宏《汉书仪注》云:司马迁极言景帝与武帝之短,武帝怒而削去。又据洪迈《容斋随笔》云:司马迁作《史记》,于《封禅书》中,述武帝神仙鬼灶方士之事甚备,故王允讥为谤书〔一四〕。元、成之间,褚先生补缺,作《武帝纪》《三王世家》《龟策日者传》,言词鄙陋,非复迁本意也。复有刘向、歆父子,及冯商、卫衡、扬雄、史岑、梁审、肆仁、晋冯、段肃、金丹、冯衍、韦融、萧奋、刘恂等,以别职来知史务,相次撰续也。(见《史通·正史篇》)不过褚补尚存,余均亡失耳。详褚少孙章。

四、其书所本

　　再论其书所本,我据《汉书》迁传赞中一段及刘知幾之言而知之。

赞语曰：孔子因《鲁史记》作《春秋》，左丘明论辑其本事，为之传；又纂异同为《国语》。又有《世本》，录黄帝以来至春秋时帝王公侯卿大夫祖世所出。春秋之后，七国并争，秦兼诸侯，有《战国策》。汉兴伐秦，定天下，有《楚汉春秋》。故司马迁据《左氏》《国语》，采《世本》《战国策》，述《楚汉春秋》，接其后事，讫于天汉。（见王鸣盛《十七史商榷》引）但观知幾所述，然后知马迁作史，不仅凭藉书本，并实地考查，询问家人，如云：炎汉之世，四海一家，马迁乘传，以求自古遗文，而州郡上计，皆先集太史，若斯之备也。（见《史通·探赜篇》）又云：观夫子长之撰《史记》也，殷周以往，采彼家人。（见《采撰篇》）逮后章学诚亦有所云：（上略）是故文献未集，则搜罗谘访，不易为功。观马迁之东渐南浮，则非心知其意，不能述也。此则未及著文之先事也。（见《文史通义补》）要之，学者著书，实非易事，有史迁之才，能出入周秦，牢笼战国，并览四海名山大川，始成此不朽之作也。〔一五〕

按：龙门司马子长迁，《汉书》卷六十二，《汉纪》卷十四，各有传。（《汉书·迁传》为合《自序》与《报任安书》而成）

参考资料

朱筠《论史记书》，《笥河文集》。

王昶《书褚先生〈补史记〉后》，《春融堂集》。

邵晋涵《史记提要》，《南江文钞》。又《集解提要》《正义提要》，见同上。

全祖望《读史记诸表》，《鲒埼亭集》。

彭绍升《读史记》，《二林居集》。

方苞《书太史公自序后》，《望溪集》。

钱大昕《史记志疑序》，又《与梁曜北论史记书》，又《二论》《三论》，《潜研堂集》

梁曜北《史记志疑序》，《清白士集》。

孙同元等《史记阙篇补篇考》,《诂经精舍文集》。

邵懿辰《书太史公自序后》,《半岩庐遗集》。

龚自珍《太史公书副在京师说》,《定盦续集》。

钱泰吉《校史记杂识》,《甘泉乡人稿》。又《跋震泽王氏刻史记》,《跋秦藩本史记》,见同上。

汪士铎《楚汉诸侯疆域志序》,《梅村集》。

罗振玉《古写本史记残卷跋》,《雪堂校刊群书叙录》。

王国维《太史公行年考》,《观堂集林》。

孙德谦《太史公书义法》,《孙隘堪所著书》。

郑鹤声《司马迁年谱》。

李长之《司马迁史学及其他》,《东方杂志》1943年第10—11号。

按:解放后,顾颉刚在中国科学院历史研究所主持标点廿四史,其中《史记》1978年已由中华书局印行矣。

最近日本泷川资言(一作泷川龟太郎)编《史记会注考证》。

按:泷川氏之书,以三家注为主,署曰《会注》,合三家注而名之也。其在三家注以后之注释,汇而载之,时下己意,谓之考证。其余一依王氏《补注》《集解》,已于《序例》言之矣。考证中之所采者,以清人之说为夥,如钱大昕、王念孙、梁玉绳、张文虎、孙诒让,下至近人崔适、李笠诸家,靡不毕载。又以《群书治要》《太平御览》,校其文字之异同。而日本学者之治《史记》者,自中井积德以下,尤备举之,撷拾至勤,为他家所未有也。(见金氏《中国史学史》)又霸县人高阆仙步瀛亦云:近有日人泷川龟太郎之《史记会注考证》,于张氏《正义》,得见佚文,溢出今本外者,多至一千二三百条。

延伸阅读

〔一〕张守节曰:字子长。

〔二〕"太史公"之称,历朝学者多有考证,但终无结论。一说谓太史公系汉时官名,司马谈、迁父子为之。迁死后,宣帝以其官为令,行太史公文书而已。故《史记自序》云,谈为太史公;又云:卒二岁,而迁为太史公。《报任安书》亦自称太史公。公非尊其父之称。如淳主之。一说谓谈为太史令耳,迁尊其父,故谓之为公。晋灼、司马贞主之。一说谓迁所著书成,以示东方朔,朔皆署曰太史公,以为太史公是朔称。桓谭主之。一说谓朔所署曰太史公者,题其书名曰《太史公书》。《汉志》:《太史公书》百三十篇,冯商所续七篇,此即朔所署之名,非谓书中凡称太史公者,皆朔所窜入也。钱大昕主之。

〔三〕迁自云:太史公执迁手而泣曰:余先周家之太史也。(司马氏世典周史)自上世常显功名于虞夏,典天官事。后世中衰,绝于予乎?汝复为太史,则续吾祖矣。今天子接千岁之统,封泰山,而予不得从行,是命也夫!命也夫!余死,汝必为太史,为太史,无忘吾所欲论著矣。夫天下称诵周公,言其能论歌文、武之德,宣周、召之风,达太王、王季之思虑,爰及公刘,以尊后稷也。幽、厉之后,王道缺,礼乐废,孔子修旧起废,论《诗》《书》,作《春秋》,则学者至今则之。自获麟以来,四百有余岁,而诸侯相兼,史记放绝。今汉兴,海内一统,明主贤臣,死义之士,余为太史而弗论载,废天下史文,余至惧焉。汝其念哉!迁俯首流涕曰:小子不敏,请悉论先人所次旧闻,弗敢阙。

〔四〕又云:于是论次其文,七年,而太史公遭李陵之祸,幽于缧绁,乃喟然而叹曰:是余之罪也夫!是余之罪也夫!身毁不用矣,退而深惟曰:夫《诗》《书》隐约者,欲遂其志之思也。昔西伯拘羑里,演《周易》;孔子厄陈、蔡,作《春秋》;屈原放逐,乃著《离骚》;左丘失明,厥有《国语》;孙子膑脚,而论《兵法》;不韦迁蜀,世传《吕览》;韩非囚秦,《说难》《孤愤》;《诗》三百篇,大抵贤圣发愤之所为作也。此人皆意有所郁结,不得通其道也,故述往事,思来者。于是卒述陶唐以来,至于获麟止,自黄帝始。(均见《自序》)

又云:古者富贵而名磨灭,不可胜记,惟俶傥非常之人称焉。盖西伯拘而演《周易》;仲尼厄而作《春秋》;屈原放逐,乃赋《离骚》;左丘失明，厥有《国语》；孙子膑脚，《兵法》修列；不韦迁蜀，世传《吕览》；韩非囚秦，《说难》《孤愤》；《诗》三百篇，大抵贤圣发愤之所为作也。此人皆意有所郁结，不得通其道，故述往事，思来者。及如左丘无目，孙子断足，终不可用，退论书策，以舒其愤，思垂空文以自见。仆窃不逊，近自托于无能之辞，网罗天下放失旧闻，考其行事，稽其成败兴坏之理，凡百三十篇，亦欲以究天人之际，通古今之变，成一家之言。草创未就，适会此祸，惜其不成，是以就极刑而无愠色。仆诚已著此书，藏之名山，传之其人，通都大邑，则仆偿前辱之责，虽万被戮，岂有悔哉？然此，可为智者道，难为俗人言也。（见《报任安书》）

〔五〕《杨敞传》：恽，敞次子，字子幼，母司马迁女也。恽始读外祖《太史公书》，颇为《春秋》，以材能称。（见《汉书》卷三十六）

〔六〕按书名，杨恽称《太史公记》，应劭《风俗通》同。《宣元六王传》称《太史公书》，班彪《略论》、王充《论衡》同。《三国志·魏书·王肃传》称迁著《史记》。《前汉纪》亦云：司马子长遭李陵之祸，发愤而作《史记》。《隋志》据以著录。

〔七〕迁自云：汉兴以来，至明天子，获符瑞，封禅，改正朔，易服色，受命于穆清，泽流罔极，海外殊俗，重译款塞，请来献见者，不可胜道。臣下百官，力诵圣德，犹不能宣尽其意。且士贤能而不用，有国者之耻；主上明圣，而德不布闻，有司之过也。且余尝掌其官，废明圣盛德不载，灭功臣世家贤士大夫之业不述，堕先人所言，罪莫大焉。余所谓述故事，整齐其世传，非所谓作也。（见《自序》答壶遂问）

〔八〕又云：《诗》有之，"高山仰止，景行行止"，虽不能至，然心向往之。余读孔氏书，想见其为人。适鲁，观仲尼庙堂车服、礼器，诸生以时习礼其家。余祗回留之不能去云。孔子布衣，传十余世，学者宗之。自天子王侯，中国言六艺者折中于夫子，可谓至圣矣！（见《孔子世家赞》）

〔九〕《后汉书·班彪传》载彪所撰《略论》云：孝武之世，太史令司马迁,采《左氏》《国语》,删《世本》《战国策》;据楚汉列国时事,上自黄帝,下讫获麟,作本纪、世家、列传、书表,凡百三十篇,而十篇缺焉。迁之所记,从汉元至武以绝,则其功也。至于采经摭传,分散百家之事,甚多疏略,不如其本,务欲以多阅广载为功,论议浅而不笃。其论术学,则崇黄老而薄五经;序货殖,则轻仁义而羞贫穷;道游侠,则贱守节而贵俗功,此其大敝伤道,所以遇极刑之咎也。然善序事理,辩而不华,实而不野,文质相称,盖良史之才也。

又班固《汉书·司马迁传赞》云:(上略)故司马迁据《左氏》《国语》,采《世本》《战国策》,述《楚汉春秋》,接其后事,讫于天汉。其言秦汉详矣。至于采经摭传,分散数家之事,甚多疏略,或有抵牾,亦其涉猎者广博,贯穿经传,驰骋古今上下数千载间,斯以勤矣。又其是非颇谬于圣人。论大道,则先黄老而后六经;序游侠,则退处士而进奸雄;述货殖,则崇势利而羞贱贫,此其所蔽也。然自刘向、扬雄博极群书,皆称迁有良史之才,服其善序事理,辨而不华,质而不俚,其文直,其事核,不虚美,不隐恶,故谓之实录。呜呼!以迁之博物洽闻,而不能以知自全。既陷极刑,幽而发愤,书亦信矣。迹其所以自伤悼,《小雅·巷伯》之伦。夫唯《大雅》"既明且哲,能保其身",难矣哉!

又高似孙云:班固赞司马迁据《左氏》《国语》,采《系本》《战国策》,述《楚汉春秋》,接其后事,讫于天汉。《左氏》者,谓左丘明为《春秋》作《传》三十篇,其中记三皇、五帝、三王、五伯、卿、士、大夫等居处族系之事也。《国语》者,亦左丘明所撰。起周穆王,讫敬王之末。又记诸侯等事,起鲁庄公,讫春秋末。《系本》者,刘向云:古史官明于古事者之所记,录黄帝、颛顼、帝喾、尧、舜、夏、殷、周至时王,依及诸国系卿大夫名号,即太史公所取为本纪、系家。《战国策》者,记春秋之后,七国战争之事,以东、西周为首,而及中山之国。其间战斗征伐、谋臣说士纵横之策也。《楚汉春秋》者,陆贾所记,起项氏、汉高,讫汉文帝,中间诸吕用事,故名《楚汉春秋》。讫于天汉者,自汉家太史所

记,高、惠、吕后、文、景及武帝天汉诸年之事也。(见《史略》卷一《刘伯庄》条)

又《汉书·扬雄传》录雄《自序》云:太史公记六国,历楚汉,讫麟止,不与圣人同,是非颇谬于经。

〔一〇〕葛洪云:司马迁发愤作《史记》百三十篇,先达称为良史之才,其以伯夷居列传之首,以为善而无报也。为《项羽本纪》,以踞高位者,非关有德也。及其叙屈原、贾谊,词旨抑扬,悲而不伤,亦近代之伟才。(见《西京杂记》卷四)

又迁自云:维我汉继五帝末流,接三代统业。周道废,秦拨去古文,焚灭《诗》《书》,故明堂石室,金匮玉版,图籍散乱。于是汉兴,萧何次律令,韩信申军法,张苍为章程,叔孙通定礼仪,则文学彬彬稍进,诗书往往间出矣。自曹参荐盖公言黄老,而贾生、晁错明申、商,公孙弘以儒显,百年之间,天下遗文故事,靡不毕集太史公。太史公仍父子相续纂其职。曰:于戏!余维先人尝掌斯事,显于唐虞,至于周,复典之。故司马氏世主天官,至于余乎。钦念哉!钦念哉!罔罗天下放失旧闻,王迹所兴,原始察终,见盛观衰,论考之行事。略推三代,录秦汉,上记轩辕,下至于兹,著十二本纪,既科条之矣。并时异世,年差不明,作十表。礼乐损益,律历改易,兵权山川鬼神,天人之际,承敝通变,作八书。二十八宿环北辰,三十辐共一毂,运行无穷,辅拂股肱之臣配焉,忠信行道,以奉主上,作三十世家。扶义俶傥,不令己失时,立功名于天下,作七十列传。凡百三十篇,五十二万六千五百字,为太史公书。序略,以拾遗补艺,成一家之言。厥协六经异传,整齐百家杂语,藏之名山,副在京师,俟后世圣人君子。第七十。太史公曰:余述历黄帝以来至太初而讫,百三十篇。(节录《太史公书自序》)

〔一一〕刘勰云:爰及太史谈,世推执简。子长继志,甄叙帝绩。比尧称典,则位杂中贤;法孔题经,则文非无圣。故取式《吕览》,统号曰纪。纪,纪纲之号,亦宏称也。故本纪以述皇王,列传以叙侯伯。八书以铺政体,十表以谱年爵,虽殊古式,而得事叙焉尔。(见《文心雕龙·史传篇》)

〔一二〕颜师古云:《序目》本无《兵书》,张云亡失,此说非也。刘奉世曰兵书即律书,盖当时有尔。(见《汉书》迁传注)

〔一三〕《王肃传》:孝武览景及己《本纪》,大怒,削而投之。于是两纪有录无书。

又高似孙云:迁发愤作《史记》,……作《景帝本纪》,极言其短及武帝之过。帝怒而削去,坐举李陵降匈奴,下迁蚕室,有怨言,下狱死。宣帝以其官为太史令,行太史公而已。《魏志》载明帝问王肃,司马迁以受刑之故,内怀隐切,著《史记》,非贬孝武,令人切齿。故永平十七年诏曰:司马迁著书成一家言,扬名后世。至以身陷刑之故,微文讽刺,贬损当代,盖为此也。(见《史略》卷一《葛洪》条)

〔一四〕钱大昕云:或又以谤书短之,不知史公著述,意在尊汉,追黜暴秦,远承三代,于诸《表》微见其指。史家以不虚美、不隐恶为良。美恶不并,各从其实,何名为谤?故知王允褊小,原非通论。(见《潜研堂集》卷三十四)

〔一五〕迁自云:迁生龙门,耕牧河山之阳,年十岁则诵古文。二十而南游江淮,上会稽,探禹穴,窥九疑,浮于沅、湘,北涉汶、泗,讲业齐、鲁之都,观孔子之遗风,乡射邹、峄,厄困鄱、薛、彭城,过梁、楚以归。(见《自序》)

按《史记》所凭原料,据梁任公考定,除班彪之举五书外,尚有下列几种:(一)六艺,(二)秦史记,(三)谍记或即《世本》,(四)诸子著书现存者,(五)功令官书,(六)方士言,其次为就地采访所得者。

又近人李详云:刘知幾《史通》首标《六家》,有《史记》《汉书》,又云:纪传别体,实司马迁《史记》百卅,少孙补焉。上起黄帝,下终汉武。《通史》之基,权舆规矩。注:迁综古今为书,梁武帝敕群臣撰《通史》六百二十卷，上自太初，下终齐室。元魏济阴王晖业著《科录》二百七十卷，其断限亦起自上古，终于宋年，《科录》取其行事尤相似者，共为一科。二书俱不传。郑樵《通志》又准梁武《通史》而为之，皆《史记》之支派也。（见《窃记》）

太史公曰：学者多称五帝，尚矣。然《尚书》独载尧以来，而百家言黄帝，其文不雅驯，荐绅先生难言之。孔子所传宰予问五帝德及帝系姓，儒者或不传。余尝西至空峒，北过涿鹿，东渐于海，南浮江淮矣，至长老皆各往往称黄帝、尧、舜之处，风教固殊焉，总之不离古文者近是。予观《春秋》《国语》，其发明五帝德、帝系姓章矣，顾弟弗深考，其所表见皆不虚。《书》缺有间矣，其轶乃时时见于他说。非好学深思，心知其意，固难为浅见寡闻道也。余并论次，择其言尤雅者，故著为本纪书首。（见《史记·五帝本纪》）

余以颂次契之事，自成汤以来，采于《书》《诗》。（见《史记·殷本纪》）

吾读《秦记》，至于子婴车裂赵高，未尝不健其决，怜其志。婴死生之义备矣。（见《秦始皇本纪》）

余读《春秋》古文，乃知中国之虞，与荆蛮句吴兄弟也。（见《吴太伯世家》）

吾适齐，自泰山属之琅邪，北被于海，膏壤二千里，其民阔达多匿知，其天性也。（见《齐太公世家》）

太史公曰：吾闻冯王孙曰：赵王迁，其母倡也。（见《史记·赵世家》）

余读孔氏书，想见其为人。适鲁，观仲尼庙堂车服礼器，诸生以时习礼其家，余祇回留之不能去云。（见《史记·孔子世家》）

太史公曰：余读《司马兵法》，宏廓深远，虽三代征伐，未能竟其义，如其文也，亦少褒矣。……世既多《司马兵法》，以故不论，著穰苴之列传焉。（见《司马穰苴列传》）

太史公曰:世俗所称师旅,皆道《孙子》十三篇,《吴起兵法》,世多有,故弗论。论其行事所施设者。(见《孙子吴起列传》)

太史公曰:学者多称七十子之徒,誉者或过其实,毁者或损其真。钧之未睹厥容貌,则论言弟子籍,出孔氏古文近是。余以弟子名姓文字,悉取《论语》弟子问并次为篇,疑者阙焉。(见《仲尼弟子列传》)

太史公曰:余尝读商君开塞耕战书,其人行事相类,卒受恶名于秦,有以也夫!(见《商君列传》)

太史公曰:夫苏秦起闾阎,连六国从亲,此其智有过人者。吾故列其行事,次其时序,毋令独蒙恶声焉。(见《苏秦列传》)

太史公曰:吾尝过薛,其俗间里率多暴桀子弟,与邹、鲁殊。问其故,曰:孟尝君招致天下任侠,奸人入薛中盖六万余家矣。世之传孟尝君好客自喜,名不虚矣。(见《孟尝君列传》)

太史公曰:吾过大梁之墟,求问其所谓夷门。夷门者,城之东门也。(见《信陵君列传》)

太史公曰:吾适楚,观春申君故城,宫室盛矣哉!(见《春申君列传》)

太史公曰:余读《离骚》《天问》《招魂》《哀郢》,悲其志。适长沙,观屈原所自沉渊,未尝不垂涕,想见其为人。及见贾生吊之,又怪屈原以彼其材游诸侯,何国不容,而自令若是。读《服鸟赋》,同死生,轻去就,又爽然自失矣。(见《屈原贾生列传》)

而贾嘉最好学,世世其家。(贾生之孙)与余通书。至孝昭时,列为九卿。(见《屈原贾生列传》)

太史公曰:余与壶遂定律历,观韩长孺之义,壶遂之深中隐厚,世之言梁多长者,不虚哉!壶遂官至詹事,天子方倚以为汉相,会遂卒。不然,壶遂之内廉行修,斯鞠躬君子也。(见《韩长孺列传》)

太史公曰:余睹李将军悛悛如鄙人,口不能道辞。及死之日,天下知与不知,皆为尽哀。彼其忠实心诚信于士大夫也。(见《李将军

列传》)

太史公曰：孔氏著《春秋》，隐、桓之间则章，至定、哀之际则微。为其切当世之文而罔褒，忌讳之辞也。（见《匈奴列传》）

太史公曰：苏建语余曰：吾尝责大将军至尊重，而天下之贤大夫毋称焉，愿将军观古名将所招选择贤者，勉之哉！（见《卫将军列传》）

太史公曰：余采其语可论者，著于篇。（见《司马相如列传》）

太史公曰：故言九州山川，《尚书》近之矣。至《禹本纪》《山海经》所有怪物，余不敢言之也。（见《大宛列传》）

太史公曰：吾视郭解，状貌不及中人，言语不足采者，然天下无贤与不肖，知与不知，皆慕其声，言侠者皆引以为名。（见《游侠列传》）

余至江南，观其行事，问其长老。（见《龟策列传》）

第二章 补续迁书

一、褚少孙《补史记》

褚少孙，沛人，宣帝时为博士[一]，事大儒王式[二]，受《诗经》，故号先生，续《太史公书》。（见《孝武本纪》注引《褚颂家传》）然考其所续，仅《武纪》一篇而已。至世称"十篇有录无书，俱为少孙所补"[三]。

据赵翼考证，其所补不止十篇，尚有增入于其他文尾者，又有就史迁原文而增改者，都各有其理在。今予将王氏鸣盛所考得之一段文，节录于下，其实张晏亦据司马贞《索隐》而云然。文曰：《景纪》取班书补之，《武纪》专取《封禅书》，《礼书》取荀卿《礼论》，《乐书》取《礼·乐记》，《兵书》亡，不补，略述律而言兵，遂分历，述而次之。《三王世家》空取其策文，以续此篇。《日者》不能记诸国之同异，而论司马季主。《龟策》直太卜所得占龟兆杂说，而无笔削功。王氏驳之云：

今考《景纪》现存,是迁原文,不知张晏何以言迁殁后亡,且此纪文及赞,皆与《汉书·景纪》绝不同,又不知《索隐》何为言以班书补之?其《武纪》则为褚少孙所补。《礼书》《乐书》虽取荀卿《礼论》,其实亦是子长之笔,非后人所补,不知张晏何以云亡?《兵书》即是《律书》,见存,而张晏何以云亡?《汉兴以来将相年表》,惟太初以后,后人所补,其前仍是子长笔,何以云亡?《日者》《龟策》二篇,惟末段各另附褚先生言,其原文仍出子长笔,不知张晏何以云亡?《三王世家》直列三王封策书而不置一词,其赞语文词灿然可观,亦是子长笔,何以云亡?褚先生特附益史料于各篇中,如赘疣耳。(见《十七史商榷》)盖多录旧文,不必自作,皆鄙琐无谓,或冗复混目,是以张裕钊廉卿惜之曰:褚少孙生当西京之盛,文采冠绝古今,而其补《史记》,乃卑陋鄙浅,多可哂者,殆非人意所及。(见《濂亭文集》)

但俞樾独称其人有气节,不辱师传为难得。其言曰:褚先生补《史记》,张晏已讥其鄙俚,然其人亦未易轻。考《汉书·儒林传》,褚少孙与张幼君、唐长宾并受《诗》于王吉,由是《鲁诗》有张、唐、褚氏之学。是固有功于经学者矣。元、成间,王氏向盛,少孙补《建元以来侯者年表》,于阳平侯王稚君所云:初元以来,方贵盛用事,游宦求官于京师者,多得其力,未闻其有知略,广宣于国家也。此可见少孙虽与同时,而不屑依附,乃真不辱其师传者,以视楼君卿、谷子云之徒,犹腐鼠也。论者以旗亭之论,谓其附霍大将军,冤矣!(见《湖楼笔谈》卷三)

按:颍川褚先生少孙,《前汉书》卷八十八附《儒林·王式传》。

二、冯商《续太史公书》

冯商,字子高(见刘向《别录》),长安人(见班固《目录》)[四]。然师古曰:《七略》云:商,阳陵人,治《易》,事五鹿充宗,后事刘向,能属文。后与孟柳俱待诏,颇序列传,未卒业,病死。所谓"颇序列传",即指续《太史公书》,盖在成帝时,待诏金马门,受诏续之,仅十余篇耳。(见韦昭《汉书注》)而《汉志》则谓:冯商所称《太史公》七篇。清钱大昕为考《史记》中所称"太史公曰",曰:此犹后世史书称"史臣曰"同尔。并指此七篇,即为东方朔所署名。(见《潜研堂集》卷三十三)因迁书成后,以示朔,朔题其名曰《太史公》。其百三十篇,十篇有录无书,于是商受诏续之,沿用原称。仅及七篇,未卒业,病死,亦即谓未续完十篇之数也。

三、其余续《史记》者

按:《史记》一书,《太史公自序》称凡百三十篇,五十二万六千五百字,本自完具,唯班固所见,已云十篇有录无书。(见《汉书·司马迁传》)且自太初以后,阙而不录,于是好事之徒,缀辑时事,踵继其书。据刘知幾所考云:迁殁之后,刘向、向之子歆,及诸好事者,若冯商、卫衡、扬雄、史岑、梁审、肆仁、晋冯、段肃、金丹、冯衍、韦融、萧奋、刘恂等,相次撰续。(见《史通·正史篇》)但皆以别职来知史务也。迄乎肃宗之时,杨终受诏删《太史公书》为十余万言。(见《后汉书》本传)

关于《史记》书,在当时,外间流传绝少。《汉书·东平思王传》,当成帝时,东平思王以叔父之尊,上疏求《太史公书》,朝廷不与。可以证明矣。至清康有为氏因疑今所传《史记》非迁本书,而为刘歆所窜改。[五]说详《新学伪经考》。

参考资料

汉班固《汉书·艺文志》。

晋荀勖《中经簿》。

梁阮孝绪《七录》。

宋晁公武《郡斋读书志》。

陈振孙《直斋书录解题》。

元马端临《经籍考》。

明胡应麟《经籍会通》《四部正讹》。

焦竑《国史经籍志》附《纠缪》。

清朱彝尊《经义考》。

章学诚《校雠通义·原道篇》。

双流刘咸炘《续校雠通义》。

强汝询《读刘向传》,《求益斋文集》。

王棻《书刘子政灾异封事后》,《柔桥文钞》。

姚振宗辑《七略》《别录》佚文各一卷,《快阁师石山房丛书》本。

梅毓作《刘更生年表》,《积学斋丛书》本。

柳兴恩《刘更生年谱》

近人孙德谦著《刘向校雠学纂微》《汉书艺文志举例》。

钱穆作《二刘年谱(刘向歆父子年谱)》,载《燕京学报》。

顾颉刚《汉代学术史略》。

郑鹤声《史部目录学》,商务版。

《图书馆学季刊》《图书馆杂志》等。

延伸阅读

〔一〕纪昀云:少孙,据张守节《正义》引张晏之说,以为颍川人,元、成间博士。又引《褚颙列传》,以为梁相褚大弟之孙,宣帝时为博士,寓居沛,事大儒王式,故号先生。二说不同。(见《四库总目提要》)

《史记·三王世家》赞曰:褚先生曰:臣幸得以文学为侍郎,好览观太史公之列传。列传中称《三王世家》文辞可观,求其世家,终不能得。窃从长老好故事者,取其封策书,编列其事而传之,令后世得观贤主之指意。

〔二〕《汉书·儒林传》,褚少孙与张幼君、唐长宾并受《诗》于王吉。

〔三〕高似孙云:按《汉书·艺文志》云:十篇缺,有录无书。卫宏

《旧仪》云:武、景《纪》为武帝削去。迁殁之后,遂亡《景纪》《礼书》《乐书》《律书》《汉兴以来将相年表》《三王世家》《日者》《龟策》《傅靳列传》。元、成间,褚少孙补史。(见《史略》卷四)

〔四〕洪颐煊案:《张汤赞》,冯商称张汤之先与留侯同祖。如淳曰:班固《目录》,冯商,长安人,成帝时以能属书待诏金马门,受诏续《太史公书》十余篇。(见《读书丛录》卷二十)

〔五〕孝成帝以书颇散亡,使谒者陈农求遗书于天下。诏光禄大夫刘向校经传、诸子、诗赋、步兵……每一书已,向辄条其篇目,撮其指意,录而奏之。梁阮孝绪曰:昔刘向校书,辄为一录,论其指归,辨其讹谬,随竟奏上,皆载在本书。时又别集众录,谓之《别录》,即今《别录》是也。(见《七略》序)刘向为孝成皇帝典校书籍二十余年。(见《御览》卷六百六)复著有《洪范五行传》《列女传》《新序》《说苑》等书。

褚先生曰:臣为郎时,间习汉家故事者钟离生曰:……(见《外戚世家》)

褚先生曰:臣为郎时,闻之于宫殿中老郎吏好事者称道之也。(见《梁孝王世家》)

褚先生曰:臣幸得以文学为侍郎,好览观《太史公书》之列传。列传中称《三王世家》,文辞可观,求其世家,终不能得。窃从长老好故事者,取其封策书,编列其事而传之,令后世得观贤主之指意。(见《三王世家》)

褚先生曰:臣为郎时,闻之曰:田仁故与任安相善。(见《田叔列传》)

褚先生曰:臣为郎时,游观长安中,见卜筮之贤大夫,观其起居行事,坐起自动,誓正其衣冠。(见《日者列传》)

褚先生曰:臣以通经术,受业博士,治《春秋》,以高第为郎,幸得宿卫,出入宫殿中,十有余年,窃好《太史公传》。太史公之传曰:三王不同龟,四夷各异卜,然各以决吉凶,略窥其要,故作《龟策列传》。臣

往来长安中,求《龟策列传》不能得,故之太卜官,问掌故文学长老习事者,写取龟策卜事,编于下方。(见《龟策列传》)

第三章　创史料目录学

一、刘向《别录》

刘向,字子政,本名更生。楚元王交之后也。初为谏大夫,宣帝诏选名儒俊材置左右,向以通达能属文与焉。为人简易无威仪,仅专积思于经术,昼诵书传,夜观星宿,或不寐达旦。数上封事,以阴阳休咎论时政得失,语多切直。元帝时,为中垒校尉。时外戚王氏擅权,帝数欲用为九卿,辄不为王氏及诸臣所持,故终不迁。

孝成帝以书颇散亡,使谒者陈农求遗书于天下。诏光禄大夫刘向校经传、诸子、诗赋、步兵……。每一书已,向辄条其篇目,撮其指意,录而奏之。

梁阮孝绪曰:昔刘向校书,辄为一录,论其指归,辨其讹谬,随竟奏上,皆载在本书。时又别集众录,谓之《别录》,即今之《别录》是也。(见《叙略》)刘向为孝成皇帝典校书籍二十余年。(见《御览》卷六百六)

复著有《洪范五行传》《列女传》《新序》《说苑》等书。

二、刘歆《七略》

刘歆,字子骏,向之少子,与父向领校秘书。集六艺群书,科别为《七略》[一]。经籍目录之学,自歆始[二]。

人或讥刘歆为楚元王后,以宗室之臣,助莽篡汉,亲为其国师,其人犹可言乎?然所作《七略》,继其父向之业,考竟源流,辨章得失,万

无可废者也。虽自宋以后，其书久亡，而班志《艺文》，即本于是。所谓"今删其要，以备篇籍"是也。〔三〕

又近世今文家重恶刘歆，故谓汉代之中秘书，多为其窜乱，弗恤深文周内，以成其罪。《文选》中，有歆《移太常博士书》，自称发见各种古文经传，其主要者，则《春秋左氏传》《周礼》《古文尚书》，其余群经，亦皆有古本。而其学说，什九与汉初以来诸师所传者相背戾。复有各种纬制，亦皆起自哀、平间，其言荒诞，不可究诘。东汉以后，多数学者皆信此等书为先秦古籍。而今文家则谓皆歆及其徒所伪造，以媚王莽而助其篡。遂造成经今古文学之争焉。可参考康有为《新学伪经考》，崔适《史记探源》。

按：刘向、歆父子事迹，同具《汉书》卷三十六，附《交传》。

延伸阅读

〔一〕班固云：会向卒，哀帝复使向子侍中奉车都尉歆卒父业。歆于是总群书，而奏其《七略》，故有《辑略》，有《六艺略》，有《诸子略》，有《诗赋略》，有《兵书略》，有《术数略》，有《方技略》。（见《汉志》）

又阮孝绪云：刘向别集众录，谓之《别录》。子歆撮其指要，著为《七略》。第一篇即全书之总最，故以《辑略》为名。次《六艺略》，次《诸子略》，次《诗赋略》，次《兵书略》，次《数术略》，次《方技略》。（见《七录序》）

又《隋志》云：哀帝使其子歆嗣父之业，乃徙温室中，书于天禄阁上，歆遂总括群书，撮其提要，著为《七略》。

〔二〕近人金毓黻云：吾国校雠之学，始于刘向、刘歆父子。汉成帝时，诏光禄大夫刘向总群书，每一书已，向辄条其篇目，撮其指意，录而奏之。迨向卒，哀帝复使向子歆卒其父业。歆于是总群书而奏其《七略》（据《汉志》），而向复有《别录》二十卷。夫条其篇目，是谓著录，撮其指要，是为提要，《七略》《别录》，由是而分。亦后世解题、提要之书之所本也。未几，班固据《七略》而撰《汉书·艺文志》，有著录而无提要,又去其《辑略》一篇,而为《六略》。《隋志》以下,继以著录,于是流而为目录之学,而校雠之旨微矣。宋代曾巩奉时君之命,校理秘阁群书,每一书已,必撰一序,以述其旨,条而奏之,即师向、歆之成法。然巩为词章之士,远于学术,非真能明校雠之旨者。其后郑樵乃于《通志》中撰《校雠略》,以明部次群籍之法。惟当郑氏之世,《七略》《别录》均已亡佚,仅就《汉志》考论,未能窥向、歆学术之全。且樵重通史而轻断代,诋諆班氏太过,其于《汉志》亦有吹毛索瘢之病,不得以为定论也。章氏学诚承樵之风,而作《校雠通义》,以发古人官师合一之旨为最精。(见《中国史学史》)

黄绍箕云:绍箕质学庸陋,有志稽撰,近思据班志《艺文》之原本,辑刘氏《录》《略》之佚文,剖析条流,申证疑滞。复综历代史志,旁采诸家书录,为书目部、类、表,以备校雠一家之学,拾郑、章二氏之遗。心钝事纷,疾病间作,削牍属稿,曾未终篇。(《上张南皮书》,见《鲜庵文集》)

〔三〕近人刘节云:刘向、歆父子在中国史学史上的贡献,是相当大的,《汉书·艺文志》继承了他父子二人的学问,对于后来的史料目录学有很大的影响。讲中国史学史,不能不谈一下史料分类方法的渊源。从二刘的七分法,到《隋志》的四分法,是有一段发展过程的。(见 1962 年《文汇报》第 14 期《谈史料学和史学史》)

第四章　创纪传体断代史

一、班固

班固,字孟坚,右扶风安陵人,彪之子也。年九岁,能属文,诵诗赋。长复博观载籍,于九流百家之言,无不穷究。〔一〕性宽和容众,不以才能高人,诸儒以此慕之。如《汉书注》引谢承书云:固年十三,王充见之,拊其背,谓彪曰:此儿必记汉事。彪卒后,固果能以彪所续前史未详,乃潜精研思,欲就其业,但无史官资格,既而有人上书显宗,告固私改作国史。有诏下郡收固,系京兆狱,尽取其家书。先是,同郡人苏朗伪言图谶事,下狱死。固弟超恐固为郡所核考,不能自明,乃驰诣阙上书,得召见,具言固所著述意,而郡亦上其书,显宗甚奇之。召诣校书郎,除兰台令史。〔一〕(见《后汉书》本传)遂与前睢阳令陈宗、长陵令尹敏、司隶从事孟异(异,一作冀)同著作东观,合撰《世祖本纪》及诸列传载记,奏上显宗,显宗乃复使终成前所著书。固以为汉绍尧运,以建帝业,至于六世,史臣(指司马迁)乃追述功德,私作本纪,编于百王之末,厕于秦、项之列。太初以后,阙而不录,故探撰前纪,缀集所闻,以为《汉书》。起元高祖,终于孝平、王莽之诛,十有二世,二百三十年。综其行事,傍贯五经,上下洽通,为春秋考纪、表、志、传凡百篇。(见《后汉书》本传)

按:此百篇之中,计为纪十二、表八、志十、列传七十。所谓春秋考纪即帝纪之意,盖考核时事,具四时以立言,如《春秋》之经也。

再考固著书取材,与成书年月,据本传及赵翼《廿二史札记》所载而知之者,则本传谓:固自永平中始受诏,潜精积思二十余年,至建初中乃成。当世甚重其书,学者莫不讽诵焉。而《廿二史札记》谓:《汉书》武帝以前,纪、传、表多用《史记》文,其所撰述,不过昭、宣、元、成、哀、平、王莽七朝之君臣事迹;且有史迁创例于前,宜其成之易易。乃考其始末,凡经四人手,阅三四十年,始成完书,然后知其审订之密也。又知固书虽粗成,然八表及《天文志》尚未就而固已卒,妹昭奉诏,就东观藏书阁踵成之。〔二〕

二、班彪

固父彪,字叔皮。年二十余,适当王莽之败,刘秀即位于冀州,天下云扰,彪乃著《王命论》,以劝隗嚣早降。曾举茂才,为徐令,以病去官,后数应三公之召。其才甚高,并好述作,遂专心于史籍之间。尝鉴司马迁所撰《史记》,自太初以后,阙而不录,顾后来一班好事者,如扬雄、刘歆、阳成衡、褚少孙、史孝山辈[四],颇或缀集时事,然多鄙俗,不足以踵继其术。彪自是继采前史遗事,傍贯旧闻,作《后传》数十篇(一作六十五篇)。[五](见《后汉书》本传)

彪尝讥评前史之失,其言曰:司马迁据《左氏》《国语》,采《世本》《战国策》,述《楚汉春秋》,详矣!至于采经摭传,分散数家之事,亦多疏略,或有抵牾。亦其涉猎者广博,上下数千载间,斯亦勤矣。又其是非颇缪于圣人,论大道,则先黄老而后六经;序游侠,则退处士而进奸雄;述货殖,则崇势利而羞贱贫,此其所蔽也。(见《汉书·司马迁传赞》)故自为记,慎核其事,整齐其文,后为子固所据,编为《汉书》也。兹亦有谓固盗窃父书,而没名不著。[六]班书称其父所著只翟方进、韦元成、元后传而已。其不言可考者,元、成二纪外,皆阙如。如《司马迁传赞》亦多采叔皮之论,而略不及之,说本姚氏姜坞。(见《援鹑堂笔记》卷二十四)但观《韦元成传赞》,师古注云:《汉书》诸赞,皆固所为,其有叔皮先论述者,固亦具显,以示后人。而或者谓固盗窃父名,观此可以免矣。

按《南史·刘之遴传》云彪事,古本《汉书》自有传,今本多冠于固传前。而《四库总目提要》则评或人以自为一传,列于西汉,为失断限,其理由谓彪生光武之世,为徐令,实为东汉人,宜附于《叙传》,且固书起元高祖,终于孝平、王莽之诛也。宋高似孙云:班彪以通儒之才,倾侧危乱之间,行不逾方,言不失正,仕不急进,贞不违人,敷文华以纬国典,守贱薄而无闷容。彼将以世运未弘,非所谓贱焉耻乎?何其守道恬淡之笃也。(见《史略》卷二,有《书班彪传论》)

三、班昭

固妹昭,曹世叔妻大家也。(家读为姑)事迹详刘向《列女传》及《后汉书·列女传》。性好文学,能属词,当固著书未竟而卒时,奉诏就东观校叙。《文史通义·妇学篇》云：昔者班氏《汉书》未成而卒，诏其女弟曹昭躬就东观，踵而成之。又因《汉书》初出，多未能通，于是公卿大臣多执贽请业于昭，如大儒马融伏于阁下，从受《汉书》句读。后又诏融兄续，继昭成之。[七] 由是总核固书，先有伊父彪草创，后经妹昭及马续补全，故云经四人手而后成也。

四、关于班书之评论

《汉书》成后，当时人张衡、卢植、马日磾、杨彪、蔡邕、韩说等，各有辨论与补正。张衡论史云：王莽本传但应载篡事而已，至于编年月，纪灾祥，宜为《元后本纪》。又更始居位，人无异望。光武初为其将，然后即真，宜以更始之号，建于光武之初。（见《十七史商榷》引）尤于《古今人表》一文，多为后人所讥，如唐刘知幾云：异哉！班氏之《人表》也，区别九品，网罗千载，论世则异时，语姓则他族。……且其书上自庖牺，下穷嬴氏，不言汉事，而编入《汉书》。不知翦截，何断而为限乎？（见《史通·表历篇》）至清钱大昕则谓此《表》表章正学，有功名教，识见迥非寻常所能及，其词曰：观其列孔子于上圣，颜、闵、子思、孟、荀于大贤，孔氏弟子列上等者三十余人。而老、墨、庄、列诸家，降居中等。孔子谱系具列《表》中，俨然以统绪属之。古贤具此特识，故能卓然为史家之宗。徒以文章雄跨，百代推之，犹浅之为丈夫矣。（见《潜研堂集》卷二十八）以上二项为史裁不满人意处。

至于史文叙述，晋人张辅评之云：世称司马迁、班固之才优劣，多以班为胜。余以为史迁叙三千年事，唯五十万言；班固叙三百年事，乃八十万言，烦省不敌，固不如迁，必矣。[八]（见《名士优劣论》）而顾亭林亦评之曰：《汉书》之文，其袭《史记》者，必不如《史记》。古人所以词必己出，未有勦说雷同，而能成一家言者也。① 又云：班孟坚为

---

① 此评实为钱大昕语。

书，束于成格，而不得变化。其删《史记》，致失意味，寥落不堪读矣。（俱见《日知录》）此皆言其劣点也。但钱氏则极称之，以谓：《汉书》刊《史记》之文，以从整齐，后代史家之例，皆由此出。《史记》一家之书，《汉书》一代之史。班氏父子虽采旧闻，别创新意，青出于蓝，固有之矣。（见《潜研堂集》卷二十八）

又于史体，得二人相反批评：一为唐刘知幾，在《史通》中极称固有史识，谓其包举一代，撰成一书，言皆精练，事甚该密，学者寻讨，易为其功。（见《六家篇》）一为宋郑樵，在《通志》中极诋之，以谓善学司马迁者，莫如班彪。彪续迁书，自孝武至于后汉，欲令后人续己，如己之续迁，既无衍文，又无绝绪。固为彪之子，不能传其业。断代为史，无复相因之义。会通之道，自此失矣。（见《总序》）但近人梁启超始作折衷之语云：迁固两体之区别，在历史观念上，尤有极大之意义焉。《史记》以社会全体为史的中枢，故不失为国民的历史，《汉书》以下，则以帝室为史的中枢，自是由史而变为帝王家谱矣。（见《中国历史研究法》）此言甚平允。[九]

虽然，固作是书，亦有受金之谤，刘知幾《史通》尚述之。而刘勰《文心雕龙·史传篇》曰：征贿鬻笔之愆，公理辨之究矣。是无其事也。[一○]又固作《马迁传》时，于《赞》中论迁曰：迁博物洽闻，而不能以知自全，既陷极刑，幽而发愤。谁知自己结局，亦复如此。因为窦宪党羽之关系，见恶于地方官。初，洛阳令种兢尝行，固奴醉，骂令。令怒，畏宪，不敢发，心衔之。逮宪失势，固免官，令因假事诬固，捕系狱中而死。[一一]所以范晔论之，以谓：徒伤迁不能以智免刑，然亦身陷大戮，智及之而不能守之，此古人目睫之论也。[一二]（见《后汉书·固传》）信哉！

由上所述，而于固之著书，自出心裁，当无疑之。顾在晋世，有葛稚川洪则云：洪家有刘子骏书百卷，先父传之。歆欲撰《汉书》，杂录汉事，未及而亡。试以此记考校，班固所作，殆是全取刘书，少有异同耳。〔一三〕(见《西京杂记》卷末)乃启后人不信《汉书》为固作之端。唐刘子玄亦谓:刘歆续《太史公书》。(见《史通·正史篇》)按即作《汉书》也。由是康有为氏信之,谓:葛洪去汉不远,犹见《汉书》旧本,乃知《汉书》实出于歆。又云:孟坚作史,全采歆书,文字异者,仅二万余,其入歆之坎陷深矣。推其所自,则亦在校中秘书也。(俱见《新学伪经考》)所言诞妄,姑备一说耳。

按:扶风班孟坚固,《后汉书》卷四十《列传》第三十下。又叔皮彪,《后汉出》卷四十《列传》第三十上有传。妹昭,同书卷八十四《列传》第七十四《列女·曹世叔妻》。《汉书》末篇又有《叙传》。

参考资料

朱彝尊《书钱氏补汉兵志后》,《曝书亭集》。

全祖望《辨宋祁汉书校本》,《鲒埼亭集外编》。

邵晋涵《汉书提要》,《南江文钞》。

齐召南《进呈前汉书考证后叙》,又《前汉书考证》,《宝纶堂集》。

钱大昕《跋汉书》,又《跋汉书古今人表》,《潜研堂集》

钱坫《校汉书》《上王述庵光生书》,《湖海文传》。

桂馥《书汉书叙传后》,《晚学集》。

孙星衍《跋汉书注释》,《问字堂集》。

胡秉直《汉书颜注引诸家注考》,《沅湘通艺录》。

钱泰吉《记两汉书校本》,《甘泉乡人稿》。又《跋旧本汉书》。(同上)

王先谦《补注宋祁校语》。

孙诒让《书颜师古汉书叙录后》,《述林》。

罗振玉《敦煌本汉书王莽传残卷跋》,《雪堂叙录》。

近人陈汉章《马班作史年岁考》,《缀学堂初考》。

杨树达《汉书所据史料考》,又作《汉书补注补正》。

郑鹤声作《班固年谱》。

孙德谦作《汉书艺文志举例》等。

延伸阅读

〔一〕《汉书·叙传》：永平中，迁为郎，典校秘书，专笃志于博学，以著述为业。

又司马彪《续汉书》：班固，字孟坚，右扶风人。幼有隽才，学无常师，善属文，经传无不究览。（见《史略》卷二引）

〔二〕高似孙云：固弟超，诣阙上书，具陈固不敢妄作，但续父所记述汉事。（见书同上，《东观汉记》）

又章炳麟云：班固初草创《汉书》，未为兰台令史也。人告固私作国史，有诏收固，弟超驰诣阙上书，乃召诣校书部，终成前所著。令固无累绁之祸，成书家巷，可得议焉？且固本循父彪所述，彪为徐令，病免。既纂《后篇》，不就而卒。

按：兰台为汉藏秘书之秘观，以御史中丞掌之。后置兰台令史，掌书奏。

〔三〕刘知幾云：固后坐窦氏事，卒于洛阳狱，书颇散乱，莫能综理。其妹曹大家博学能属文，奉诏校叙。又选高才郎马融等十人，从大家受读。其八表及《天文志》等，犹未克成，多是待诏马续所作，而《古今人表》尤不类本书。（见《史通·古今正史篇》）

〔四〕按续《史记》者，《汉书注》与《史通》二说所述，稍稍不同。

〔五〕刘知幾云：建武中，司徒掾班彪以为其言鄙俗，不足以踵前史；又雄、歆褒美伪新，误后惑众，不当垂之后代者也。于是采其旧事，旁贯异闻，作《后传》六十五篇。（见《史通·正史篇》）

又叶适云：彪言司马迁汉事，止据陆贾，无别书。彪及固自著，亦不言师承何书，但云继采前史遗事，旁贯异闻而已。（见《习学记言》卷二十五）

〔六〕全祖望云：班固自序不言其父之从事《汉书》，故云"遗亲攘美"。（见《困学纪闻注》）

〔七〕赵翼云：《汉书》始出，多未能通，马融伏于阁下，从昭受读。后又谓融兄续昭成之。是昭之外，又有马续也。（见《廿二史札记》）

《绿窗新话》：扶风曹世叔妻者，同郡班彪女也。名昭，字惠，一名姬（此三字原无，据《后汉书·列女传》补），博学高才。世叔早卒，有节行法度。兄固著《汉书》，其八表、《天文志》未及竟而卒。和帝诏昭就东观藏书阁，踵而成之。帝教召入宫，令皇后诸贵人师事焉。号曰大家。（家，通"姑"）

又周寿昌云：马续成《天文志》，本传不载。续，字季则。案续奉诏继班固成《汉书·天文志》，见《曹世叔妻传》，而此传反不载。（见《后汉书注补正》卷三）（袁宏《后汉纪》十九云：马融兄续，博览古今，同郡班固注《汉书》，缺其七表及《天文志》，有录无书，续踵而成之。）

又李慈铭云：班固《汉书》十志，最称精博，其地理、艺文两志，有固所自注者，足见其用心之勤。然《天文志》乃其妹昭所续，亦多本史迁《天官书》，八表亦成于昭。而《后汉书》昭传复云：又诏马融兄续继昭成之。《五行志》或云出于刘义，盖亦杂采诸家者。

〔八〕张辅云：司马迁之著述，辞约而事举，叙三千年事，唯五十万言；班固叙二百年事，乃八十万言，烦省不同，不如迁一也。良史述事，善足以奖劝，恶足以鉴戒，人道之常，中流小事，亦无取焉。而班皆书之，不如迁二也。毁贬晁错，伤忠臣之道，不如迁三也。迁既造创，固又因循，难易益不同矣。又迁为苏秦、张仪、范雎、蔡泽作传，逞辞流离，亦足以明其大才。故其述辩士则藻辞华靡，叙实录则隐核名检，此所以迁称良史也。（见《史略》卷一《张辅》条引）

〔九〕梁启超云：司马迁以后，带了创作性的史家，是班固，他作的《汉书》，内容比较《史记》还好。就在断代成书这点，后来郑樵骂他毁灭司马迁的成法，到底历史应否断代，还有辩论的余地，但断代体创自班固则不可诬。从此以后，断代的纪传体，历代不绝，竟留下了二十余部,称"二十四史"。"二十四史"除《史记》外,都是断代的纪传体。谈起这体的开山祖,必曰班固。所以班固须占史家史的一段。(见《中国历史研究法补编》)

〔一〇〕按公理,即仲长统之字。

〔一一〕吴荣光《历代名人年谱》谓:班固在和帝永元四年,卒于狱,年六十一。

〔一二〕范晔云:司马迁、班固二子,其言史官载籍之作,大义粲然者矣。议者咸称二子有良史之才。迁文直而事核,固文赡而事详。若固之叙事不激诡,不抑抗;赡而不秽,详而有体,使读之者亹亹而不厌,信哉其能成名也!彪、固讥迁,以为是非颇缪于圣人,然其议论常排死节,否正直,而不叙杀身成仁之为美;则轻仁义,贱守节愈矣。固伤迁博物洽闻,不能以智自免极刑;然亦身陷大戮,智及之而不能守之。呜呼!古人所以考论于目睫也。(见《后汉书·固传赞》)。并见《史略》卷二《范晔》条)

〔一三〕明黄省曾《西京杂记序》谓:班固《汉书》,全取刘歆。任公曰:虽言之太过,然歆书为固书最重要之原料,殆不可疑。

又近人李详云:扶风班生,断代为书。西都首末,包举无余。永平应诏,建初乃成。表志未竟,大家续赓。一朝之史,发凡起例。攘父受金,见寄贤智。(注)……固攘父学,刘勰、颜之推、柳虬、刘知幾并有此说。然固《汉书》事贤、翟方进、元王后传,俱称司徒掾班彪云云,是攘父之谤非实,而征贿鬻笔之愆,仲长公理辨之颇详。见《文心·史传篇》,纪文达谓是《昌言》逸文。二者皆可证固无据矣。(见《瓻记》)

第五章 改纪传复为编年体

一、荀悦

荀悦,字仲豫,颍川人。祖父淑,父俭,从弟彧,生长名门,学有渊源。年十二,能说《春秋》。性沉静,美姿容,尤好著述。初辟镇东将军曹操府,盖始进即依曹氏,而彧又为曹谋主。(见《后汉书·荀淑传》)建安元年,上巡省许昌,以镇万国,外命元辅征讨不庭,内齐七政,允亮圣业,综练典籍,兼览传记。

二、《汉纪》

其三年,诏给事中秘书监悦抄撰《汉书》,略举其要。悦于是约集旧书,通比其事,例系年月。凡在《汉书》者,大略粗举,而求详悉,势有所不能也。凡所引之事,删略其文,为三十卷,数十余万言,省约易习,无妨本书,有便于用。(见《自序》)在《史通·正史篇》亦云:初,汉献帝以固书文烦难省,乃诏侍中荀悦,依左氏传体,删为《汉纪》三十篇。命秘书给笔札,词约事详,论辨多美,凡经五六年,乃就。其言简要,亦与本传并行。[一]又《六家篇》云:汉代史书,以迁、固为主,而纪传互出,表志相重,于文为烦,颇难周览。至孝献帝,始命荀悦撮其书为编年体,依《左传》,著《汉纪》三十篇。[二]今观其书,系专取班《书》,别加诠次,而论断之外无所增。正如梁启超氏之言:善抄书者可成创作也。但清王鸣盛谓:与班《书》亦有小小立异处,在悦似当各有所据,若班《书》因传刻脱误,藉此得校改者,有之。(见《十七史商榷》)此体既开,后代多有模仿者,其命名内容,大致相同焉。[三]

又谭献云：仲豫通《春秋》,《申鉴》[四]之作,粹然儒者。《汉纪》裁割《汉书》,一以治要为立言宗旨,所以陈黼座、正史裁。惟好简之过,未免失班《书》旨趣耳。(见《复堂日记》)俞樾亦云：荀悦《汉纪》,改纪表志传为编年,与《汉书》小有异同处,要皆不及班书。(见《湖楼笔谈》卷四)故顾氏亭林早有劝勉读者,仿裴松之《三国志注》之体,取其不同者,注于班《书》之下之议,如能行之,实为史家之一助焉。[五]

按：颍川荀悦仲豫,《后汉书》卷六十二《列传》第五十二,附祖《荀淑传》;《汉纪》亦有《自序》。

延伸阅读

〔一〕《自序》云：夫立典有五志焉：一曰达道义,二曰章法式,三曰通古今,四曰著功勋,五曰表贤能。于是天人之际,事物之宜,粲然显著,罔不备矣。汉四百有六载,拨乱反正,统武兴文,永惟祖宗之洪业,思光启乎万嗣。圣上穆然,惟文之恤,瞻前顾后,是绍是继,阐崇大猷,命立国典。于是缀叙旧书,以述《汉纪》。中兴以前明主贤臣得失之势,亦足以观矣。(见《史略》卷二引)

〔二〕郑樵云：汉献帝以班史文繁难省,故令秘书监荀悦约二百四十三年之行事,起高祖,迄王莽,准《左传》,为《汉纪》三十篇。辞约而事详,本末先后,不失条理,当世伟之。学者循习班马之日久,故此书不行。自唐以前,犹不能忘,今或几乎泯矣。(见《通志·艺文略三》)

〔三〕刘知幾云：荀氏剪截班史,篇才三十,历代褒之,有逾本传。后来作者,不出班、荀二体,故晋史有王虞,而附以干《纪》。宋书有徐、沈,而分为裴《略》。各有其美,并行于世。盖其后则后汉以至南北朝,如张璠、孙盛、干宝、徐广、裴子野、吴均、何之元、王劭等所著书,或谓之《春秋》,或谓之《纪》,或谓之《略》,或谓之《典》,或谓之《志》,其名各异,大抵皆依《左传》。(见《史通》)

又高似孙云：自悦而后，《纪》凡二十有一家，往往取则荀氏，如陆机、邓粲、徐广、沈约数家，殊为精核。而家家有史，人人载笔，难乎其为考矣。（见《史略》卷三）

〔四〕《后汉书·荀淑传》：悦侍讲禁中，见政移曹氏，志在献替，而谋无所用，乃作《申鉴》五篇。其所论辩，通见政体。既成，奏上，帝览而善之。

〔五〕顾亭林诋其叙事处索然无复意味，间或首尾不备。其下小有不同者，皆以班《书》为长。（见《日知录》）

又高似孙云：应劭注荀悦《汉纪》三十卷，唐李大亮为凉州都督，表谏求鹰，太宗报书，赐荀悦《汉纪》，曰：悦论议深博，极为政之体，公其绎味之。（见《史略》卷三）

第六章　补续汉记

一、刘珍《东观汉记》李尤附见

刘珍，字秋孙，一作卿，南阳郡蔡阳县人①。永和中，邓太后谓珍与刘騊駼、马融校定东观百家。〔一〕永宁元年，又诏与騊駼作《建武以来名臣传》。（见《后汉书·文苑传》）其故，因于前班固在显宗朝，所撰《世祖本纪》《功臣列传》《载记》有未周详，所以安帝再命彼辈著作东观〔二〕，撰集《汉记》也。其时犹有李尤参与其间。观《史通·正史篇》所述：汉安帝又诏史官、谒者仆射刘珍及谏议大夫李尤，杂作记、表、名臣、节士、儒林、外戚诸传，起自建武，迄于永初。事业垂竟，而珍、尤继卒。于此并知珍、尤著述，尚未完毕云。〔三〕

---

①原稿缺里贯，据《后汉书》补。

按：李尤，字伯仁。和帝时，召诣东观，拜兰台令史，事迹亦详《后汉书·文苑传》。其后又有卢植、蔡邕、马日磾、杨彪、韩说等，皆尝补续《汉记》。

按：刘珍，《后汉书》卷八十《列传》第七十《文苑上》有传。刘騊駼，附《珍传》。李尤，亦与珍同传。

二、蔡邕《后汉记》

蔡邕，字伯喈，陈留圉县人。少博学，师事太傅胡广，好词章、数术、天文、妙操音律，善鼓琴。[四]天子征，不赴。闲居玩古，不交当世。建宁以后，召拜郎中，校书东观，与卢植、韩说等撰补《后汉记》。会遭事流离，不及得成。因徙朔方，上书自陈，奏其所著《十意》。[五]按《邕别传》云：臣自在布衣，常以为《汉书》十志，下尽王莽而止。光武以来，唯记纪传，无续志者。臣所事师故太傅胡广，知臣颇识其门户，略以所有旧事与臣。……臣欲删定者一，所当接续者四，前志所无，臣欲著者五。分别首目，并书章左，惟陛下留神省察。会董卓作乱，大驾西迁，史臣废弃，旧文散佚。（见《史通·正史篇》）但卓闻邕高名，强辟之，邕不得已来署。三日内，迁官至尚书，后为侍中。及卓被诛，邕在司徒王允坐，殊不意言之而叹，有动于色。允怒，收付廷尉治罪。[六]当时邕陈谢，乞黥首刖足，继成汉史。士大夫多矜救之，不能得。太尉马日磾驰往谓允曰：伯喈旷世逸才，多识汉事，当续成后史，为一代大典。[七]且忠孝素著，所坐无实，诛之，无乃失人望乎？允曰：昔武帝不杀司马迁，使作谤书，流于后世。方今国祚中衰，神器不固，不可令佞臣执笔，在幼主左右。既无益圣德，复使吾党蒙其汕议。日磾退而告人曰：王公其不长世乎？善人，国之纪也；制作，国之典也。灭纪废典，其能久乎？邕遂死狱中。允悔，欲止而不及。北海郑玄闻而叹曰：汉世之事，谁与正之。其缀集汉事，未见录，以继《汉史》。适作《灵纪》及《十意》[八]，又补诸列传四十二篇,因李傕之乱,湮没多不存。(见《后汉书》本传)所谓《十意》,经王氏鸣盛考定,为《律历意》第一,《礼意》第二,《乐意》第三,《郊祀意》第四,《天文意》第五,《车服意》第六,以下脱落四句,若以司马彪《志》较之,概犹有《五行》《郡国》《百官》三种云。(见《十七史商榷》)

　　按:陈留蔡伯喈邕,《后汉书》卷六十《列传》第五十下有传。

三、谢承《后汉书》

　　谢承,三国吴山阴人。《吴志》无传,惟在《妃嫔传》中提及,系吴主权谢夫人弟耳。为吴武陵太守,对于江左、京洛事甚悉云。然依《隋志》记载:谢承,字伟平(伟一作逸),山阴人。(见姚范《援鹑堂笔记》卷二十八引)其所著书,亦只云:有《后汉书》一百三十卷,更无别著。(见《史通》摸拟、论赞、烦省篇)但至宋后佚,故不载于《宋志》及《文献通考》也。入清,阎若璩云:常熟钱尚书谦益言,内府尚有吴谢承《后汉书》,其友曾裔云及见之,后为方少师取去。[九]问之其后人,不可得。阳曲傅征君山,自言其家有此书,为永乐时雕本。初《郃阳令曹全碑》出,曾以谢书考证,多所裨益,大胜范书。以寇乱亡失,惜哉!全太史谢山曰:斯言吾未之敢信。而阎征君言,曾见之于太原,为明永乐间刻本,信或有之,必伪书也。又曰:傅青主非妄言者,即有之,亦是伪书。(俱见《鲒埼亭后集》卷四十一)其为伪书可知矣。后孙志祖见乡先辈姚莛园之骃撰《后汉书补逸》,中有谢书,恨其阙略,广为搜辑,得五卷,视姚本多几倍。(见《读书脞录》)故今日坊间,尚传有此书之辑本云。[一〇]

　　按:山阴谢伟平承,附见《三国志·吴书》卷五十《妃嫔谢夫人传》。

参考资料

　　刘珍——近人朱焕尧作《后汉东观考》,载《国史馆刊》第一卷第四号。

蔡邕——自著《蔡中郎集》十卷,《外集》四卷。林春溥《蔡中郎年谱》。

谢承——周树人辑《谢承后汉书》,《鲁迅全集》。

延伸阅读

〔一〕洪颐煊云:永初四年,安帝以经传之文多不正定,乃选通儒谒者刘珍及博士良史诣东观,各雠校汉家法令,令(蔡)伦监典其事。(见《读书丛录》卷二十二)

〔二〕刘知幾云:自章、和以后,图籍盛于东观,凡撰《汉记》,相继在乎其中。(见《史通·史官篇》)

又王应麟云:其称东观者,范史《窦章传》:永初中,学者称东观为老氏藏室,道家蓬莱山。盖东汉初,著作在兰台。至章和以后,图籍盛于东观,修史者皆在是焉。(见《困学纪闻》卷十三,并见《四库总目提要》卷五十)

〔三〕翁元圻云:《东观汉记》二十四卷,创始在明帝时,不可题刘珍居首。(见《困学纪闻注》)

按:《东观汉记》之作,珍、尤之外,有伏无忌、黄景、边韶、崔寔、朱穆、曹寿、延笃、马日磾、蔡邕、杨彪、卢植,初未有名,后乃称《汉记》,其题为《东观汉记》则自《隋志》始。范《书》未出之前,世人宝重其书,在诸《后汉书》之上。魏晋南北朝之学者,尝称"六经三史"。三史者,《史记》《汉书》及此书是也。(见《史通·正史篇》)

又李慈铭云:《东观汉记》自明帝诏班固等撰始。至灵帝时,蔡邕、卢植等讫功,而献帝时杨彪复修补之。盖屡经名儒之手,至三续而始成,其难至是。晋时,以《史记》《汉书》与此为"三史"。至唐而渐佚,南宋而亡,学者恨焉。乾隆间,馆阁诸公搜残拾坠,厘为二十四卷,稍存梗概,其功诚巨。(见《越缦堂日记补》)

〔四〕司马彪云:蔡伯喈通达有隽才,博学善属文,伎艺、术数,无

不精练。(见《史略》卷二引)

〔五〕李慈铭云:蔡邕《十意》已不得见,邕叔父质撰《汉官典职仪》一卷,杂见《后汉书》《续汉志》注所引。邕盖有得于家学者。(见《越缦堂日记补》)

〔六〕黄式三云:若夫卓诛而叹于王允坐,《三国志》裴注已辨谢承之妄记矣。而范史乃沿谢之妄耳。(见《儆居集·史说三》)

〔七〕王应麟云:蔡邕颂胡广、黄琼,几于老、韩同传;若继成《汉史》,岂有南、董之笔? 全祖望注云:中郎之晚节如此,其言岂能不谬? 但其熟知典故,则实有可采者耳。(俱见《困学纪闻》卷十三)

又李慈铭云:顾亭林论蔡邕之颂胡广、黄琼,几于老、韩同传,即使幸成《汉书》,必为秽史。(见《越缦堂日记补》)

近人郭沫若院长在所编话剧《蔡文姬》中,说汉丞相操以重金迎回博学多才的蔡文姬。又姬受其精神感召,才毅然离开子女,而归本朝,参预撰述《续汉书》,以完成父邕之遗著,凡四百余篇。

〔八〕按《十意》即《十志》也。叶适云:迁、固为书志,论述前代旧章,以经纬当世,而汉事自多阙略,蔡邕、胡广始有纂辑。(见《习学记言》卷三十)

又周寿昌云:奏其所著《十意》。注:犹《前书》十志也。又云:《邕列传》有云:《律历意》第一,《礼意》第二,《乐意》第三,《郊祀意》第四,《天文意》第五,《车服意》第六。此下阙目,尚短四意。考刘知几《史通》,称邕于熹平中作朝会、车服二志,知《十意》中尚有《朝会》,合之可得七条。文廷式云:蔡邕《十意》,不作志者,盖避桓帝讳。《续汉志》卷二注,引袁崧书,刘洪与蔡邕共述《律历记》,亦不名志也。(见《后汉书注补正》卷五)

〔九〕钱谦益云:有见方少师于史馆携出者,问之其后人,不可得。(见《初学集》)

〔一〇〕姚之骃云:谢伟平之书,东汉第一良史也。(见《后汉书补

逸序》)

又钱大昕云：裴《注》引谢承《后汉书》，字伟平，吴武陵太守。

又周寿昌云：《钟繇传》注引谢承《汉书》云云。《隋志》：《后汉书》一百三十卷，无帝纪，吴武陵太守谢承撰。《新唐志》同，又《录》一卷。《旧唐志》：三十三卷，无帝纪，惟闻此书。《北堂书抄》引承书有《风教传》，亦创见。此注应脱一后字。（见《三国志注证遗》卷二）

又近人鲁迅有《谢承后汉书纂辑》本，民国元年在京任教育部科长时公余为之。

第七章　治地方史

一、袁康《越绝书》

袁康，东汉会稽郡人，草创《越绝书》，杂记地方典故，上自秦汉，下至建武二十八年，共五卷，其友吴平同定。旧称子贡作，误。[一]平者，乃其同郡人也。

二、赵晔《吴越春秋》

赵晔，东汉会稽郡人，著《吴越春秋》十二卷，今存十卷。

按：赵晔，《后汉书》卷七十九下《列传》第六十九下《儒林》。

按：以上二书，专记本地典故，开方志之先河。

延伸阅读

〔一〕《清史考证》：《越绝记》十六卷，子贡撰，今存十五卷，《四库目录》曰：汉袁康撰，其友吴平同定，旧称子贡作，误。

又陈氏《书录解题》云：不知撰人名氏。其书杂记吴越事，下至秦汉，直至建武二十八年，盖战国后人所为，而后人又附益之者。

又《文献通考》《崇文总目》云:《越绝书》十五卷,汉袁康撰,其友吴平同定。

又《困学纪闻》翁元圻注云:子贡撰,或曰子胥撰。有卢绍弓校,戴子高假录。

又章太炎说,托名子贡,实袁康所造。

按:其书篇末叙,则草创《越绝》者,为会稽袁康,而润色之者,乃同郡吴平耳。

第四编

魏晋南北朝史学

鱼豢　束皙　郦道元　谢灵运　干宝　刘谦之　范晔　崔鸿　江淹　顾野王　魏澹

张璠　薛莹　裴秀　何法盛　陆机　孙盛　郭季产　裴子野　刘□　魏收

沈约　荀勖　常璩　朱凤　萧子显　邓粲　檀道鸾　刘昭　沈约之　何之元　崔浩

谢承　韦昭　荀绰　常□　朱□　萧□　邓□　檀□　刘□　沈□　何□　崔□

华峤　王崇　陈寿　袁宏　虞预　萧子云　习凿齿　王韶之　裴骃　徐爰　梁武帝　陆琼　牛弘

司马彪　王沉　谯周　杜预　王隐　臧荣绪　曹嘉之　徐广　裴松之　萧方等　吴均　傅縡　王劭

第一章　诸家后汉书

一、司马彪《续汉书》

司马彪,字绍统,高阳王睦之长子,出后宣帝弟敏,初拜骑都尉。泰始中,为秘书郎,转丞(一作晋秘书监)。

专精学习,博览群籍。以汉氏中兴,迄于建安,忠臣义士,亦以昭著,而时无良史,记述烦杂,谯周虽已删除,然犹未尽。安顺以下,亡缺者多。彪乃讨论众书,缀其所闻,起于世祖,终于孝献,编年二百,录世十二,通综上下,旁贯庶事,为纪、志、传,凡八十篇,号曰《续汉书》。[一](见《晋书》本传及《史略》卷二引)但书今亡阙,只有《志》三十卷存,卷即篇也。后来梁刘昭取以补范晔《后汉书》,昭且为之作注。彼范晔氏非不作志,因未成而诛,死后,为谢俨取其稿,蜡以覆车,故仅存纪传耳。[二]清李慈铭曰:《后汉书》中"八志",乃晋司马彪《续汉书·志》,自来多误,为范氏作。朱氏彝尊、钱氏大昕、纪氏昀、王氏鸣盛、洪氏颐煊、赵氏翼,皆辨正之。(见《越缦堂日记补》)说详范晔与刘昭节。

复据《史通·六家篇》所记,知彪并作《九州春秋》一书,其文云:当汉氏失驭,英雄角力,司马彪又录其行事,因为《九州春秋》。州为一篇,合成九卷。寻其体统,亦近代之《国语》也。并见《隋志》,唯作十九卷耳。宋时,陈振孙亦云:彪记汉末州郡之乱,冀、徐、兖、青、荆、扬、凉、益、幽,凡盗贼僭叛皆记之。(见《直斋书录解题》)彪生平极推服班孟坚,其作志,首地理,以记天下郡县本末及山水奇异,风俗所由至。洪颐煊云,载《晓读书斋初录》中。

按:司马绍统彪,《晋书》卷八十二《列传》第五十二有传。

二、华峤《汉后书》

华峤,字叔骏,平原高唐人。祖父歆,清德高行,为魏太尉。父表,为太常卿。兄廙,为太子少傅。峤才学深博,少有令闻。文帝为大将军,辟为掾属,补尚书郎,更拜散骑常侍,典中书著作,领国子博士。元康初,以峤博闻多识,属书典实,转秘书监。

初,峤以《汉记》烦秽[三],慨然有改作之意。会为台郎,典官制事,由是得遍观秘籍,遂就其绪,起于光武,终于孝献,一百九十五年,凡九十七卷,改名《汉后书》。文质事核,有迁、固之规。[四](以上俱见《晋书·华表传》)按《史通·正史篇》述其内容,为帝纪十二,皇后纪二,典十,列传七十,谱三,总九十七篇。其《十典》竟不成而卒,少子畅踵成之。畅并草《魏晋纪传》,与著作郎张载等,俱在史官。[五]

又当此书奏上后,遭永嘉丧乱,经籍遗没,峤书存者三十余卷。(见《十七史商榷》)但其价值,不减班书。据《史通·序例篇》称之云:峤言词简质,叙致温雅。味其宗旨,亦孟坚之亚欤![六]清章宗源谓:蔚宗撰史,实本华峤,故易"外戚"为"后纪",而《肃宗纪论》,《二十八将论》,《桓谭冯衍传论》,《袁安传论》,刘、赵、淳于、江、刘、周、赵传《序》,《班彪传论》,章怀并注为华峤之辞云。(见《隋书经籍志考证》卷上)

按:高唐华叔骏峤,事迹附《晋书》卷四十四《列传》第十四父《华表传》。

三、谢沈、张璠《后汉书》

谢沈,字行思,会稽山阴人。博学多识,在虞预之右。何充引为参军,以母老去职。康帝即位,以太学博士征。丁母忧,服阕,除尚书度支郎,迁著作郎。沈有史才,先著《后汉书》百卷,《隋志》作八十五卷,后又撰《晋书》三十余卷[七]。

张璠事迹,据《魏志》卷三《少帝纪》注云:张璠,晋之令史,撰《后汉纪》,虽以未成,辞藻可观。盖张《纪》依《左传》,以为的准焉。《郡斋读书志》曰:东京史籍,惟璠《纪》差详。然袁宏作《后汉纪》,尝依为蓝本,以其叙汉末事特详故。宏自序云:暇日缀会《汉纪》、谢承书、司马彪书、华峤书、谢沈书、《汉山阳公记》、《汉灵献起居注》、《汉名臣奏》,旁及诸郡耆旧先贤传,凡数百卷,多不次叙。始见张璠所撰书,其言汉末之事差详,故复采而益之。

按:山阴谢沈(沈一作忱),《晋书》卷八十二《列传》第五十二有传。

延伸阅读

〔一〕章宗源云:晋秘公监司马彪撰《续汉书》八十三卷,又撰《九州春秋》,记汉末事。(见《隋志考证》)

〔二〕见王鸣盛《十七史商榷》。

〔三〕按《汉记》即《东观汉记》。

〔四〕章宗源云:晋少府卿华峤撰《汉后书》九十七卷。(见《隋志考证》)

〔五〕又云:峤以皇后配天作合,前史作《外戚传》以继末篇,非其义也。故易为《皇后纪》,以次《帝纪》。又改"志"为"典",以有《尧典》故也。峤所撰《十典》,未成而终。何劭奏峤中子彻,使踵成之,未竟而卒。缪徵又奏峤少子畅为佐著作郎,克成《十典》。(见书同上)

〔六〕刘勰云:后汉纪传,发源东观。袁、张所制,偏驳不伦。薛、谢之作,疏谬少信。若司马彪之详实,华峤之准当,则其冠也。(见《文心雕龙·史传篇》)

又刘知幾亦独举司马彪、华峤两家,置他家而不数。且云:推其所长,华氏居最。其心折可谓至矣。(近人金毓黻说)

〔七〕章宗源云:晋礼部郎谢沈撰《后汉书》八十五卷,又《汉书外传》十卷。(见《隋志考证》)

第二章　治三国史

一、鱼豢《魏略》

魏京兆鱼豢撰《魏略》,《史通·题目篇》曰:鱼豢、姚察,著魏、梁二史,巨细毕载,芜累甚多,而俱榜之以"略"。

又《外篇》论古今正史曰:魏时京兆鱼豢,私撰《魏略》,事止明帝。愚按《魏略》有纪志列传,自是正史之体。

有《佞幸传》《游说传》《儒宗传》《纯固传》《奇吏传》《清介传》《勇侠传》《知足传》《西戎传》,豢之论赞,实称曰"议"。王隐之称,本于鱼豢。(《史通》王隐曰议)(见《隋志考证》)

又魏郎中鱼豢撰《典略》八十九卷。高似孙云:鱼豢《典略》,特为有笔力。(见《史略》卷二)《旧唐书》五十卷。愚按鱼豢《魏略》只记曹魏,故以魏名。若《典略》所载,惟裴松之《国志注》,章怀《后汉书注》,专引汉末及三国事。近杭大宗《诸史然疑》误以《魏略》《典略》为一书。

金毓黻云:今其书(《魏略》)佚文甚多,可窥见其大略,裴松之据以补《陈书》之阙略,亦可称之名著矣。

二、王沉《魏书》

王沉,字处道,太原晋阳人。少孤,养于从叔司空昶,好书,善属文。大将军曹爽辟为掾,累迁中书黄门侍郎。及爽诛,以故吏免。后起为治书侍御史,转秘书监。正元中,迁散骑常侍、侍中、典著作,与荀颉、阮籍共撰《魏书》,多为时讳,未若陈寿之实录也。

时高贵乡公好学,有文才,引沉及裴秀数于东堂讲宴属文,号沉为文籍先生,秀为儒林丈人。

武帝即王位,拜御史大夫,守尚书令,加给事中。沉以才望名显当世,是以创业之事,羊祜、荀勖、裴秀、贾充等,皆与沉谘谋焉。及帝受禅,以佐命之勋,转骠骑将军、录尚书事。泰始二年薨,谥曰元。

《史通·曲笔篇》曰:王沉《魏录》述贬甄之诏。《书事篇》曰:若王沉、孙盛之伍,论王业则党悖逆而诬忠义,叙国家则抑正顺而褒篡夺,述风俗则矜夷狄而陋华夏。又《外篇》曰:魏史,黄初、太和中始命尚书卫觊、缪袭草创纪传,又命侍中韦诞、应璩、王沉、阮籍、孙该、傅玄等复共撰定;(王沉时为秘书监)其后王沉独就其业,勒成十卷。(一作四十四卷,又作四十八卷)

《宋书·五行志》曰:王沉《魏书》志篇阙。凡厥灾异,但编帝纪而已。(见《隋志考证》)

按:晋阳王处道沉,《晋书》卷三十九《列传》第九有传。

三、王崇《蜀书》

王崇,蜀以王崇补东观,许盖掌礼仪,邰正为秘书郎,广求益部书籍,其事具载《蜀志》。(见《史通·史官篇》)兹考《华阳图志》十一《后贤志》,王崇于蜀为东观郎,入晋后,著《蜀书》,颇与陈寿不同。今陈书不见崇名,知幾所见《蜀志》,若非崇之《蜀书》,即《华阳图志》也。王崇虽官于东观,而所作《蜀书》仍为私修之史,其不著录于《隋志》,以已早亡故也。(见《中国史学史》)

四、韦昭《吴书》薛莹附见

韦昭(曜),字弘嗣,吴郡云阳人。少好学,能属文,从丞相掾,除西安令,还为尚书郎,迁太子中庶子。

孙亮即位,诸葛恪辅政,表昭为太史令,撰《吴书》,华覈、薛莹等皆与参同。孙休践阼,为中书郎、博士祭酒。命昭依刘向故事,校定众书。孙皓即位,封高陵亭侯,迁中书仆射,职省为侍中,常领左国史。皓欲为父和作纪,昭执以和不登帝位,宜名为传。如是者非一,渐见责怒。昭益忧惧,自陈衰老,求去侍、史二官,乞欲成所造书,以从业别有所付,皓终不听。遂积前后嫌忿,收昭付狱,是岁凤皇二年也。

华覈连上疏救昭曰:臣楼楼,见曜自少勤学,虽老不倦,探综坟典,温故知新,及意所经识古今行事,外吏之中少过昭者。昔李陵为汉将,军败不还而降匈奴,司马迁不加疾恶,为陵游说,汉武帝以迁有良史之才,欲使毕成所撰,忍不加诛。书卒成立,垂之无穷。今昭在吴,亦汉之史迁也。又《吴书》虽已有头角,叙赞未述。昔班固作《汉书》,文辞典雅,后刘珍、刘毅等作《汉记》,远不及固,叙传尤劣。今《吴书》当垂千载,编次诸史,后之才士论次善恶,非得良才如昭者,实不可使阙不朽之书。如臣顽蔽,诚非其人。昭年已七十,余数无几,乞赦其一等之罪,为终身徒,使成书业,永足传示,垂之百世。谨通进表,叩头百下。皓不许,遂诛昭,徙其家零陵。

《步骘传》:周昭与韦昭、华覈并述《吴书》。

《薛综传》:华覈上书曰:大皇帝命丁孚、项峻始撰《吴书》,孚、峻俱非史才,其所撰作,不足纪录。至少帝时,更差韦昭、周昭、薛莹、梁广及臣五人,访求往事,所共撰立,备有本末。昭、广先亡,昭负恩蹈罪,莹出为将,复以过徙,其书遂委滞未撰。莹涉学既博,文章尤妙,实欲使卒垂成之功,编于前史之末。皓遂召莹为左国史。

《外篇》曰:并作之中,昭、莹为首。又曰:华覈表请召莹续成前史。其后昭独终其书,定为五十五卷。愚谓昭书名吴,自以吴为主。(见《隋志考证》)

《吴志》本传评,薛莹称韦昭笃学好古,博见群籍,有记述之才。

按:云阳韦弘嗣昭(曜),《三国·吴志》卷二十有传。

五、环济《吴纪》

环济，晋太学博士，撰《吴纪》十卷。《宋书·礼志》引环氏《吴纪》孙权追尊父坚为吴始祖。（见《隋志考证》）

第三章　考核古文

一、谯周

谯周，字允南，巴西西充国人。幼孤，与母兄同居。既长，耽古笃学，家贫，未尝问产业，诵读典籍，欣然独笑，以忘寝食。研精六经，尤善书札，颇晓天文，而不以留意；诸子文章，非心所存，不悉遍视也。建兴中，丞相亮领益州牧，命周为劝学从事。……后主立，迁光禄大夫，位亚九列。周虽不与政事，以儒行见礼。

晋室践阼，累下诏所在发遣周。周遂舆疾诣洛，泰始三年至。以疾不起，就拜骑都尉，周乃自陈无功而封，求还爵土，皆不听许。六年秋，为散骑常侍，疾笃不拜，至冬卒。凡所著述，撰定《法训》《五经论》《古史考》之属，百余篇。

二、《古史考》

《隋志考证》云：晋义阳亭侯谯周撰《古史考》二十五卷。《蜀志·谯周传》：周所著有《古史考》。《史通·外篇》论古今正史曰：蜀谯周以迁书周、秦以上，或采诸子，不专据正经，于是作《古史考》二十五篇，皆凭旧典，以纠其缪，今与《史记》并行于代焉。

按：巴西谯允南周，《三国志·蜀志》卷十二，《晋书》卷四十二《列传》第十二，俱有传。

参考资料

孙星衍作《古史考序》,《平津馆文集》。

第四章　集成三国史

一、陈寿《三国志》

陈寿,字承祚,巴西安汉人。少师事同郡谯周。仕蜀为观阁令史。及蜀平,司空张华爱其才,举为孝廉,除佐著作郎,乃集三国史,撰为《三国志》,凡六十五卷。[一](见《晋书》本传)夏侯湛时亦著《魏书》,见寿所作,便坏己草而罢。及寿卒,梁州大中正范頵表曰:《三国志》明乎得失,词多劝诫,有益风化,愿垂采录。于是诏下河南尹,就家写其书。(见《史通·正史篇》)官终晋太子中庶子。

二、陈寿争议

但书出,即为人所抵訾,谓寿当著书时,向丁仪、丁廙之子索米千斛,不与,竟不为立传。[二]又寿父为马谡参军,谡为诸葛亮所诛,寿父亦坐髡,故寿为《亮传》,谓将略非长,无应敌之才。二事俱载《晋书》本传,历朝学者,多有评议。兹据王氏鸣盛已集诸家所说,驳之云:因《晋书》好引杂说,故多芜秽。对寿此举,未必属实。至索米一节,只有周柳虬,唐刘知幾,刘元济三人信之耳。[三]清朱彝尊、杭世骏便辨其诬,谓仪、廙事迹简略,何当更立专传乎?况仪、廙为陈思王羽翼,是夺嫡之罪,仪、廙为大。又毛玠、徐奕、何夔之流,皆鲠臣硕辅,仪等交构其恶,疏斥之,然则二人盖巧佞之尤,安得立佳传?寿之所书仪廙事皆实,而寿之用心,实为忠厚。此其一。至于街亭之败,寿直书马谡违亮节度,为张郃所破,初未尝以私隙咎亮。至谓亮将略非长,

则张俨、袁准之论皆然,非寿一人之私言也。此其二。朱、杭所论,最为平允。(见《十七史商榷》)

实则寿极推重亮,于其传末,特载文集目录篇第,并书所表于后,其称颂盖不遗余力矣。说详钱大昕《潜研堂集》中。然不独对亮而已,即于蜀之人物,甄录皆详。试观杨戏《季汉辅臣赞》,承祚既采之,又从而注之。[四]若魏之臣僚,则芟汰多矣。即此,亦可证寿有尊蜀之意也。

隋内史李德林曾著论,称:陈寿蜀人,其撰国史,党蜀而抑魏,刊之国史,以为格言。顾唐刘知幾评曰:寿评魏事,皆依违,无所措言。于汉事,抑其所长,攻其所短。故称曹美,虚说刘非。(俱见《史通·探赜篇》)此因寿本蜀人,国亡归晋,故国之思,人所同具,不足为怪,且以时势必然所致。盖寿撰志于晋武受禅之初,晋受魏禅,魏之见废,蜀已破亡,安得不尊魏? 所以翟晴江云:陈寿《三国志》,纪魏而传蜀,时也。(见梁章钜《退庵随笔》引)何焯亦云:承祚身入晋室,奉命修史,彼自谓三禅相承,同符舜、禹,不得不以魏为正。[五](见《义门读书记》)然若推其用心,则隐然寓帝蜀之旨焉。且以蜀两朝不立史官[六],故于蜀事记载更详,如群臣称述谶纬,及登坛告天之文,魏、吴皆不书,而特书于蜀。立后、立太子、诸王之策,魏、吴皆不书,而特书于蜀,是其证也。后儒不察,遂谓寿之著书,以正统予魏,岂非冤乎?

至于叙事精核谨严,不失良史之才,世间早有定评。唯清李慈铭则讥之曰:承祚固称良史,然其意务简洁,故裁制有余,文采不足。当时人物不减秦汉之际,乃子长作《史记》,声色百倍;承祚此书,暗然无华。(见《越缦堂日记补》)故谓寿因力求文词简洁,以致史事多遗,是正有待于后之裴松之作注也。[七]

寿又撰《古国志》五十篇,《益都耆旧传》十篇,传于世。

按:巴西陈承祚寿,《晋书》卷八十二《列传》第五十二有传。

参考资料

钱大昕《跋三国志》,《潜研堂集》。

恽敬《书三国志后》,《大云山房文初编》。

王鸣盛《读三国志二篇》

盛大士《与丁晏论魏志体例》,《蕴愫阁文集》。

张宗泰《辨陈志以帝与魏之隐》,《鲁岩所学集》。

侯康《三国志补注续》,《学海堂二集》。

杭世骏《与张曦亮书》补裴注数条,《道古堂集》。

王懋竑《三国志余论》,《白田草堂五稿》。

贺涛《书三国志蜀志后》,《贺先生文集》。

王国维《残宋本三国志跋》,《观堂集林》。

曹元忠《宋椠残本三国志跋》,又《宋巾箱本吕东莱标注三国志跋》,《笺经室遗集》。

近人卢弼《三国志集解》,解放后出版。

延伸阅读

〔一〕《隋志考证》称晋太子中庶子陈寿撰《三国志》六十五卷。

又常璩《华阳图志·陈寿传》:吴平后,寿乃鸠合三国史,著魏、吴、蜀三书,六十五篇,号《三国志》。中书监荀勖、令张华深爱之,以班固、史迁不足方也。

又刘勰《文心雕龙》云:魏代三雄,记传互出,《阳秋》《魏略》之属,《江表》《吴录》之类,或激抗难征,或疏阔寡要,唯陈寿《三国志》文质辨洽,荀、张比之于迁、固,非安誉也。

〔二〕《晋书》本传:或云丁廙、丁仪有盛名于魏,陈寿谓其子曰:可觅千斛米见与,当为尊公作佳传。丁不与之,竟不为立传。

〔三〕按《北史·柳虬传》云:班固致受金之名,陈寿有求米之论。而刘元济亦云:班生受金,陈寿求米。(见《困学纪闻》卷十三)至于刘知幾在《史通》中所述,大致复同。

〔四〕何焯云:其戏之所赞,而今不作传者,余皆注疏本末于其词下。又注中凡引他书者,皆裴注,卷末所采《益都耆旧杂记》载王嗣、常播、卫继三人亦然。(见《义门读书记》)

〔五〕姚范云:按承祚书魏末事,皆仍旧载,盖以亡国之俘,羁仕新朝,不敢自遂,故有愧于直笔也。(见《援鹑堂笔记》卷三)

又赵翼云:陈寿《三国志》,总系私史。据《晋书》本传:寿殁后,尚书郎范頵等表言寿作《三国志》,辞多劝诫,虽文艳不若相如,而质直过之。于是诏洛阳令就其家写书。可见寿修成后,始入官也。然其体例,则已开后世国史记载之法,盖寿修书在晋时,故于魏晋革易之处,不得不多所回护。(凡两朝革易之际,进爵封国,赐剑履,加九锡,以及禅位,有诏有策,竟成一定书法。以后宋齐梁陈诸书,悉奉为成式)(见《廿二史札记》)

又李详云:邵二云《南江札记·三国志杨戏传条》下云:承祚身入晋室,奉命修史,彼谓三圣相承,同符舜、禹,不得不以魏为正,乃于蜀书之末记文然之赞,大书赞昭烈皇帝,则己之所述曰"先主传"者,明其逊词,实以文然所赞代己叙传也。(见《瓻记》)

又云:陈寿《国志》,雅精史裁。文体峻伟,净无纤埃。正统与魏,承汉开晋。礼尊本朝,非袒偏闰。书佐被挞,蜀老妄言。委诚葛侯,集表斯存。注曰:晋陈寿《三国志》六十五卷,文章简要,叙事婉直,后人疑寿,容有删润,然观裴松之注,所引诸书,体皆相近,可见当时文格如此。晋承魏祚,寿为晋臣,自宜以正统与魏。(习凿齿《汉晋春秋》意斥桓温,不在此列)南宋诸人诋寿过甚,似未知其意。寿评武侯应变将略,非其所长,或言寿父为亮所髡(《晋书》本传),或言寿为亮书佐被挞,故其论武侯云云。(见《魏书·毛修之传》述蜀长老言。《史通·曲笔篇》"蜀老独存,知诸葛之多杆"指此)不知寿于武侯倾倒甚至,如传后既载诸葛氏集目录,复附以进书之表,为史家变例。曰

"应变非其所长"者,但指其不徇魏延之请,假以精兵,直从褒中径袭长安,致坐失事会。寿之此言,有余悯焉。况表中所称,虽王者之佐无以过之。世之轻议寿者,皆妄人也。(见书同上)

〔六〕周寿昌云:蜀史官,史官言零星见,是蜀有史官矣。或但纪祲祥,明占验,而于一国君臣治乱之迹、典章文物之大,未遑纪载,故后世以蜀无史官为诸葛讥也。(见《三国志注证遗》卷三《杨戏传赞》)

又章太炎云:史者固不可私作。然陈寿、习凿齿、臧荣绪、范晔诸家,名不在史官,或已去职,皆为前修作年历纪传。(陈寿在晋为著作郎,著作郎本史官,然成书在去官后。故寿卒后,乃就家写其书。又寿于《高贵乡公陈留王传》中三书司马炎,一书抚军大将军新昌乡侯炎,一书晋太子炎。武帝见在,而斥其名,岂官书之体也?其书间为晋讳……寿又尝作《古国志》五十篇,《三国志》盖亦其类耳)(见《原经》)

〔七〕孙诒让云:自陈承祚书无志表之作,吴、蜀典章,零落颇多,安得巨碣完文如此碑者数通为补证耶?(见《籀庼述林》卷八《吴九真太守谷朗碑跋》)

第五章　汲冢发见古竹简书

一、汲冢发见古竹简

晋太康二年,汲郡人不准,盗发魏安釐王冢,得古书凡数十车,皆竹简、素丝纶,简长二尺四寸,以墨书,一简四十字。初发冢者,烧策照取宝物,及官收之,多烬简断札。武帝以其书付秘书校缀次第,寻考指归,而以今文写之。所写出诸书如下:(一)《纪年》十三篇;(二)《易经》一篇;(三)《易繇阴阳卦》二篇;(四)《卦下易经》一篇;(五)《公孙段》二篇；（六）《国语》三篇；（七）《名》三篇；（八）《师春》一篇；（九）《琐语》十一篇；（十）《梁丘藏》一篇；（十一）《缴书》二篇；（十二）《生封》一篇；（十三）《穆天子传》五篇；（十四）《大历》二篇；（十五）杂书十九篇，内有周食田法、周穆王盛姬死事等，凡七十五篇。此《晋书》束皙传、荀勖传所记大概也。

附：

萧齐时（479—502）襄阳有盗发古冢者，相传是楚之冢，大获宝物，玉履、玉屏风、竹简书、青丝编，盗以把火自照，国人有得十余简，以示王僧虔，僧虔云是科斗书《考工记》也。（见《南齐书·文惠太子传》）

宋政和间（1111—1117）发地得竹木简一瓮，多汉时物，散乱不可考，独永初二年（421）南朝宋武帝《讨羌符》文字尚完，皆章草书。吴思道曾亲见之梁师成所。其后沦于金以亡。（事见黄伯思《东观余论》卷上、赵彦卫《云麓漫钞》卷七）

此可谓历史上竹简书之三大发见，惜其结果不传至今耳。又晋汲冢书发见后，学界陡生波澜，荀勖、和峤首奉敕撰次，卫恒加以考证，束皙随疑分释，皆有义证。王庭坚著书难皙，亦有证据。潘滔劝王接别著论解二子之纷，挚虞、谢衡见之，咸以为允。（事见《晋书·王接传》）

梁任公曰：欧洲近代学者之研究埃及史、巴比伦史，皆恃发掘所得之古文籍。盖前此臆测之词，忽别获新证而改其面目者，比比然矣。中国自晋以后，此等再发现之古书，见于史传者凡三事：其一在西晋时，其二在南齐时，其三在北宋时，皆记录于竹木简上之文字也。原物皆非久旋佚，齐、宋所得，并文字目录皆无传。其在学界发生反响者，惟东晋所得，即前所述汲冢竹书是也。汲冢书凡数十车，其整理写定者犹七十五卷，当时盖为学界一大问题，学者之从事研究者，有束皙、王接、卫恒、王庭坚、荀勖、和峤、续咸、挚虞、谢衡、潘滔、杜预等,其讨论概略,尚见史籍中。其原书完整传至今者,惟一《穆天子传》耳。其最著名之《竹书纪年》,则已为赝本所夺。尤有《名》及《周食田法》等书,想为极佳之史料,今不可见矣。而《纪年》中载伯益、伊尹、季历等事,乃与儒家传说极相反,昔人所引为诟病者,吾侪今乃藉睹历史之真相也。《穆传》所述,多与《山海经》相应,为现代持华种西来说者所假借。此次发见之影响,不为不巨矣。(可参考近人卫聚贤所著《考古学史》,《东方文库》本)

二、整理者——荀勖、和峤、束皙、杜预

(一)荀勖

荀勖,字公曾,颍川颍阴人,汉司空爽曾孙也。父早亡。勖依于舅氏。岐嶷夙成,年十余岁能属文。从外祖魏太傅钟繇曰:此儿当及其曾祖。既长,遂博学,达于从政。仕魏,辟大将军曹爽掾,迁中书通事郎。爽诛,门生故吏无敢往者,勖独临赴,众乃从之。为安阳令,转骠骑从事中郎,领记室。……俄领秘书监,与中书令张华依刘向《别录》,整理记籍。及得汲郡冢中古文竹书,诏勖撰次之,以为《中经》,列在秘书。[一]太康十年卒,诏赠司徒,谥曰成。

按:颍阳荀公荀勖,《晋书》卷三十九《列传》第九有传。

(二)和峤

和峤,字长舆,汝南西平人也。祖洽,魏尚书令。父逌,魏吏部尚书。峤少有风格,慕舅夏侯玄之为人,厚自崇重。有盛名于世,朝野许其能整风俗,理人伦。袭父爵,累迁颍川太守。贾充重之,称于武帝,入为给事黄门侍郎,迁中书令,帝深器遇之。与任恺、张华相善。太康末,为尚书,以母忧去职。及惠帝即位,拜太子太傅,加散骑常侍光禄大夫。元康二年卒,谥曰简。[二]

按：西平和长舆峤，《晋书》卷四十五《列传》第十五有传。

(三)束皙

束皙，字广微，阳平元城人，汉太子太傅疏广之后也。王莽末，广曾孙孟达避难，自东海徙居沙鹿山南，因去疏(疎)之足，遂改姓焉。皙博学多闻，少游国学。张华召皙为掾。转佐著作郎，撰《晋书》十志。迁转博士，著作如故。其书值中朝丧乱而亡。初，太康二年，汲郡人不准盗发魏襄王墓，或言安釐王冢，得竹书数十车。其《纪年》十三篇，记夏以来至周幽王为犬戎所灭，以事接之，三家分，仍述魏事至安釐王之二十年。盖魏国之史书，大略与《春秋》皆多相应。详《晋书》本传。[三]

按：元城束广微皙，《晋书》卷五十一《列传》第二十一有传。

(四)杜预

杜预，字元凯，京兆杜陵人也。祖几，魏尚书仆射。父恕，幽州刺史。预博学多通，明于兴废之道，常言：德不可以企及，立功立言可庶几也。既立功之后，从容无事，乃耽思经籍，为《春秋左氏经传集解》。又参考众家谱第，谓之《释例》。又作《盟会图》《春秋长历》，备成一家之学，比老乃成。又撰《女记赞》。当时论者谓预文义质直，世人未之重，唯秘书监挚虞赏之，曰：左丘明本为《春秋》作传，而《左传》遂自孤行，《释例》本为《传》设，而所发明何但《左传》，故亦孤行。时王济解相马，又甚爱之，而和峤颇聚敛，预常称"济有马癖，峤有钱癖"。武帝闻之，谓预曰：卿有何癖？对曰：臣有《左传》癖。预初在荆州，因宴集醉卧斋中。外人闻呕吐声，窃窥于户，正见一大蛇垂头而吐，闻者异之。其后征为司隶校尉，加位特进，行次邓县而卒，时年六十三。谥曰成。

按：杜陵杜元凯预，《晋书》卷三十四《列传》第四有传。

延伸阅读

〔一〕按古书分类,刘歆有《七略》,王俭有《七志》,阮孝绪有《七录》。独晋秘书监荀勖《中经簿》,始有甲、乙、丙、丁四部之名。甲部记文艺及小学之书,乙部记诸子,丙部记史,丁部记诗赋、图赞,最为简要。《隋志》因之,宋以下皆依此称。

〔二〕孔颖达《左传后叙疏》引王隐《晋书·束皙传》:汲郡初得此书,表藏秘府,诏荀勖、和峤以隶字写之。而《新晋书》束皙、和峤传,并不云峤与荀勖校竹书。

〔三〕高似孙云:晋太康二年,汲郡民不准盗发魏襄王冢,得古竹简书。帝命荀勖、和峤撰次为十五部,八十七卷,以为《中经》,列在秘书。然杂以怪妄之说。其纪年专用夏正,载三代事,而不及它国,但记晋魏间事,终之哀王,盖魏之史记也。(见《史略》卷六)

第六章　改为编年体

一、袁宏

袁宏,字彦伯,阳夏人。父勗,临汝令。谢尚为安西将军、豫州刺史,引宏参军事,后出为东阳郡。(见《晋书·文苑传》)少有逸才,文章绝美,曾为《咏史诗》,是其风情所寄。(见《晋书》)其与谢尚相识,即由下一段文字缘之故。按《史通·点烦篇》云:谢尚时镇牛渚,秋夜乘月,率尔与左右微服泛江。会宏在舫中,讽其所作《咏史诗》,咏声既清,词又藻丽,遂驻听久之,遣问焉,答云:是袁临汝郎所诵诗。即其咏史之作也。尚倾率有胜致,即迎升舟,与之谈论,申旦不寐。自此名誉日茂。于是可见彼于史学颇有素养,故能于后日仿荀《纪》,而将汉氏《后汉书》钞撮改编,以成《后汉纪》三十卷,至今尚流传于世云。

二、《后汉纪》

王鸣盛曰：晋东阳太守袁宏《后汉纪》三十卷，其著述体例及论断，全仿荀悦《前汉纪》为之，但悦书在班之后，全取班书，宜也。宏书则在范之前，亦皆范书所有，范所无者甚少，何邪？（见《十七史商榷》）此因宏书所据之本，即后范书之所采摭也。其自序述著书之动机云：予尝读《后汉书》，烦秽杂乱，睡而不能竟也。聊以暇日，撰集为《后汉纪》。其所掇会《汉记》、谢承书等数百卷。（互见张璠节）前史阙略，多不次叙，错谬同异，谁使正之。经营八年，疲而不能定，颇有传者。始见张璠所撰书，其言汉末之事差详，故复采而益之。据此，则知宏书之所取材矣。

其叙述，清谭献则谓胜于荀仲豫远甚，《复堂日记》卷七云：阅袁宏《后汉纪》，文有气势，殆过仲豫。荀氏生东京末造，文法即于平夷。奉诏修书，故温然而不敢放。袁氏所见群书，今不可悉考。采摭既广，出以自运，又不似荀之不出班《书》，一醇一肆，义法自殊耳。[一]

近人金毓黻云：袁宏《后汉纪》，作于东晋康帝之世，在范晔之前。袁宏所采之汉纪，即《东观记》，马、华、二谢之四书外，他所征引，多著录于《隋志》。宏著是书之动机，由于病诸家《后汉书》之烦秽杂乱，而改效编年体之《汉纪》。其论班、荀二家之书，则曰：班固源流周赡，近乎通人之作，然因藉史迁，无所甄明。荀悦才智经纶，足为嘉史，所述当世，大得治功。是则以繁而难理，与简而易寻，为两书之轩轾。盖其本书既依荀氏而作，明其渊源所自，不能不左班而右荀，不自知其失于议论之公。然而袁氏之作，视上举诸家之书，为便于循览矣。

据王鸣盛所考，宏书所采虽博，乃竟少有出范书外者，是诸书精实之语，范氏撷拾已尽，而袁、范两书之价值，亦可想见。《四库提要》谓：荀悦书因班固旧文，剪裁联络；此书则抉择去取，自出鉴裁，又难

109

于悦。斯论诚然,此《史通》所以谓世之言汉中兴史者,唯袁、范二家也。(见《中国史学史》)

按:阳夏袁彦伯宏,《晋书》卷九十二《列传》第六十二《文苑》有传。

延伸阅读

〔一〕按此书有清萧山人王绍兰为之作《补正》,今其稿本存杭县孙傲庐家。

又邓之诚《骨董琐记》卷七引吴翌凤云:嘉靖中,华亭朱吉士大韶性好藏书,尤好宋时镂版,访得吴门故家有宋椠袁宏《后汉纪》,系陆放翁、刘须溪、谢叠山三先生手评,设以古锦玉签。遂以一美婢易之,盖非此不能得也。(《逊志堂杂钞》)

孙诒让云:至经疏、类书,援引古籍,务省繁文,尤多删字。及袁宏《后汉纪》,虽章奏史册,亦狃于所习,并从省字,不独著录援引,不备载原名也。(见《籀庼述林》卷四)

第七章　创地理图经学

一、常璩《华阳国志》

常璩,《颜氏家训·书证篇》曰:《蜀李书》一名《汉之书》。《史通·外篇》曰:蜀初号曰成,后改称汉。李势散骑常侍常璩撰《汉书》十卷,后入晋秘阁,改为《蜀李书》。璩又撰《华阳国志》,具载李氏兴灭。所志曰巴,曰汉中,曰蜀,曰南中,曰公孙述、刘二牧,曰刘先主,曰刘后主,曰大同,曰李特、雄、期、寿、势,曰先贤士女,曰后贤,曰序志,所载皆巴蜀一方之史事,而无一语及于舆地山川,是又源出于《越绝书》《吴越春秋》(有赵晔、皇甫遵二本)而不属于图经者也。

孙诒让云：常《志》叙述华赡，无后世地志附会缘饰之病，然亦有沿袭乡曲传闻未尽翔实者，常氏误采之，斯亦文人嗜奇之弊。（见《述林》卷六《书后》）

曹元忠云：常璩著《华阳国志》十卷，序开辟以来，迄于李势，皆有条理也。（见《笺经室遗集》卷十四）

梁启超云：晋常璩《华阳国志》为方志之祖。其有义法，有条贯，卓然著作之林。（见《总成绩》）

按：常璩，《晋书》卷九十八《列传》第六十八有传。

二、裴秀《禹贡地域图》

裴秀，字季彦，河东闻喜人也。生而岐嶷，长蹈自然，玄静守真，性入道奥，博学强记，无文不该，孝友著于乡党，高声闻于远近。

《晋书·裴秀传》云：秀儒学洽闻，且留心政事。职在地官，以《禹贡》山川地名，从来久远，多有变易。后世说者或强牵引，渐以暗昧。于是甄摘旧文，疑者则阙，古有名而今无者，皆随事注列，作《禹贡地域图》十八篇，奏之，藏于秘府。

其序曰：图书之设，由来尚矣。自古立象垂制，而赖其用。三代置其官，国史掌厥职。暨汉屠咸阳，丞相萧何尽收秦之图籍。今秘书既无古之地图，又无萧何所得，惟有汉氏《舆地》及《括地》诸杂图。图不设分率，又不考正准望，亦不备载名山大川。虽有粗形，皆不精审，不可依据。或荒外迂诞之言，不合事实，于义无取。大晋龙兴，混一六合，以清宇宙，始于庸蜀，深入其岨。文皇帝乃命有司，撰访吴、蜀地图。蜀土既定，六军所经，地域远近，山川险易，征路迂直，校验图记，罔或有差。今上考《禹贡》山海川流，原隰陂泽，古之九州，及今之十六州，郡国县邑，疆界乡陬，及古国盟会旧名，水陆径路，为地图十八篇。制图之体有六焉。一曰分率，所以辨广轮之度也。二曰准望，

111

所以正彼此之体也。三曰道里,所以定所由之数也。四曰高下,五曰方邪,六曰迂直。此三者各因地而制宜,所以校夷险之异也。有图象而无分率,则无以审远近之差;有分率而无准望,虽得之于一隅,必失之于他方;有准望而无道里,则施于山海绝隔之地,不能以相通;有道里而无高下、方邪、迂直之校,则径路之数必与远近之实相违,失准望之正矣,故以此六者参而考之。然远近之实定于分率,彼此之实定于道里,度数之实定于高下、方邪、迂直之算。故虽有峻山巨海之隔,绝域殊方之迥,登降诡曲之因,皆可得举而定者。准望之法既正,则曲直远近无所隐其形也。

秀创制朝仪,广陈刑政,朝廷多遵用之,以为故事。在位四载,为当世名公。官至司空。泰始七年薨,时年四十八。

近人金毓黻云:古人虽有舆图,而粗率特甚,自裴秀出,始立制图之经。所谓分率、准望、道里、高下、方邪、迂直六者,即今日制图之新法,亦不能出其范围,此诚史学界之一大发明也。(见《中国史学史》)

按:裴秀,《晋书》卷三十五《列传》第五有传。

三、郦道元《水经注》

郦道元,字善长,范阳人。(仕魏为吏部尚书)官至御史中尉。事迹见《魏书·酷吏传》。

平生博极群书,识周天壤,其注《水经》也[一],于四渎百川之源委支派、出入分合,莫不定其方向,纪其道里。数千年之往迹故渎,如观掌纹而数家宝,更有余力铺写景物,片语只字,妙绝千古,诚宇宙未有之奇书也。[二](清刘继庄语)

纪昀《四库总目提要》云:自晋以来,注《水经》者凡二家。郭璞注三卷,杜佑作《通典》时犹见之。今惟道元所注存。《崇文总目》称其中已佚五卷。然今书仍作四十卷,盖宋人重刊,分析以足原数也。是书自明以来,绝无善本。惟朱谋㙔所校盛行于世。其道元《自序》一篇,诸本皆佚,亦惟《永乐大典》仅存。盖当时所据,犹属宋椠善本也。谨排比原文,与近本钩稽校勘,凡补其阙漏者二千一百二十八字,删其妄增者一千四百四十八字,正其臆改者三千七百一十五字。神明焕然,顿还旧观。

盖《水经注》之有善本,非一人之力也。更正错简,则明有朱王孙,清有孙潜夫、黄子鸿[三]、胡东樵;厘订经注,则明有冯开之,清有全谢山、赵东潜;捃补逸文,则有全、赵二氏;考证史事,则有朱王孙、何义门、沈绎旃;校定文字,则吴、朱、孙、沈、全、赵诸家,皆有不可没之功。戴东原氏成书最后,遂奄有诸家之胜。而其书又最先出,故谓郦书之有善本,自戴氏始可也。(用王国维语)

梁启超云:汉桑钦《水经》,北魏郦道元注,为现存最古之地理书。东原在四库馆,实手校此书,校成,首由聚珍版印行。自是郦氏本来面目,厘然大明,学者称快。(见《总成绩》)

王国维云:三百年来治郦氏书者,殆近十家。然朱王孙虽见宋本,而所校不尽可据。全氏好以己所订正之处,托于其先人所见宋本。戴氏则托于大典本。而宋本与大典本胜处,朱、戴二本亦未能尽之,虽于郦书不为无功,而于事实则去之弥远。

又云:《永乐大典》卷一万一千一百二十七至卷一万一千一百三十四,凡四册,全录《水经注》"河水"至"丹水"二十卷,今藏归安蒋孟蘋学部传书堂。壬戌二月,余假以校聚珍本一过。甲子春,复移录于校宋本之书眉。始知《大典》所据原本,与傅氏(江安傅沅叔)所藏残宋本大同。盖傅本本明文渊阁物,永乐编《大典》时,或即从阁本移录也。今宋本仅存十一卷有奇,而《大典》此书尚存半部,足弥宋本之阙。又道光时,张石舟穆曾校出《大典》郦书全部,今《大典》已阙,安得张氏校本出,更弥《大典》之缺陷乎?

按:范阳郦善长道元,《魏书》卷八十九《列传》第七十七《酷吏》,《北史》卷二十七《列传》第十五,附父《郦范传》。

参考资料

王国维《观堂集林》卷十二《宋刊水经注残本跋》《永乐大典本水经注跋》《明钞本水经注跋》《朱谋㙔水经注笺跋》《孙潜夫校水经注残本跋》《聚珍堂戴校水经注跋》。

延伸阅读

〔一〕高似孙云：《水经》三卷，汉中大夫桑钦撰，后魏郦道元注，为四十卷。盖《水经》粗缀津渚，而阙旁通，此寻图访迹，道元之所以为功乎？（见《史略》卷六）

〔二〕顾祖禹《纪要·凡例》云：余尝谓郦氏之病在立意修辞，因端起类，牵连附合，百曲千回，文采有余，本旨转晦。使其据事直书，从原竟委，恐未可多求也。

〔三〕刘继庄云：《水经注》千年以来，无人能读，纵有读之而叹其佳者，亦只赏其词句，为游记诗赋中用耳，然亦千万中之一二也。吾友虞山黄子鸿，独能沈酣此书，参伍错综，各得其理。好学深思，心知其事，吾于子鸿见之矣。千世之后，复有子云、善长，抑何幸与！更得宋人善本，正其错简脱讹，支分缕析，各作一图，其用心亦云勤矣。惜其专于考订，而不切实用，尺有所短，无可如何。予东归后，思以此本照宋板割裂改正，装裱成书，命门人钞录其图，并《二十一史舆地志考》，而顾景范有《读史方舆纪要》，传是楼有《一统志》稿，皆辑录之，以为疏《水经注》之资云。（见《广阳杂记》）

第八章　十八家晋史

按：晋史十八家，隋、唐二志正史部，凡八家，其撰人则王隐、虞预、朱凤、何法盛、谢灵运、臧荣绪、萧子云、萧子显也。编年部，凡十一家,其撰人则陆机、干宝、曹嘉之、习凿齿、邓粲、孙盛、刘谦之、徐广、王韶之、檀道鸾、郭季产也。据《志》,盖十九家,岂缘习氏书独主汉斥魏,以为异议,遂废不用欤?[一](见《史通·正史篇》)

一、王隐《晋书》虞预附见

王隐,字处叔,陈郡陈人也。世寒素。父铨,历阳令,少好学,有著述之志,每私录晋事及功臣行状,未就而卒。隐博学多闻,受父遗业,西都旧事多所谙究。大兴初,元帝召隐为著作郎,令撰《晋史》。时著作郎虞预私撰《晋书》,而生长东南,不知中朝事,数访于隐,并借隐所著书,窃写之,所闻渐广。后更疾隐,形于言色,隐竟以谤归。

预,字叔宁,晋散骑常侍,《晋书》附于《隐传》。[二]隐自免官后,贫无资用,书遂不就,乃依征西将军庾亮于武昌。亮给其纸笔,由是获成,凡为《晋书》八十九卷。[三]咸康六年,始诣阙奏上。隐虽好述作,而辞拙才钝,其书编有叙者,皆铨所修;章句混漫者,系隐所作。[四](并见《晋书》本传及《史通·正史篇》)

所谓"章句混漫",即指隐所携书,乃专访州闾细事委巷言,聚而编之。目为鬼神传录,其事非要,其言不经。异乎三史之所书,五经之所载也。(见《史通·书事篇》)然则此书之优劣可知矣。而虞预亦成《晋书》四十余卷(一作五十八卷)。

按:陈郡王处叔隐,《晋书》卷八十二《列传》第五十二有传,虞预附见。

二、朱凤《晋书》

朱凤,晋中书郎,撰《晋书》十卷,讫元帝。(《唐志》作凤书十四卷)何法盛《中兴书》曰:华谭为秘书监时,晋陵朱凤、吴郡吴震二人,并有史才,谭荐补著作佐郎。

按:晋陵朱凤,《晋书·华谭传》中附见。

三、何法盛《晋中兴书》

何法盛，宋湘东太守。《宋书》无传，故不得详其邑里字号，唯于《南史·徐广传》中有说及法盛之事而已，然甚隽永，即谓法盛此书，非出自撰。先是，其友郗绍作毕《晋中兴书》，以示法盛，法盛曰：卿名位贵达，不复俟此延誉。我寒士无闻，宜以为惠。绍不与。至书成，置斋内厨中。法盛诣绍，绍不在，直入窃书。绍还，失之，无复兼本，于是遂行何书。[五]顾刘知幾作《史通》时，犹不知之，亦以此书为法盛所撰。其《正史篇》云：至宋湘东太守何法盛，始撰《晋中兴书》，勒成一家，首尾该备。而《表历篇》又云：至法盛书载《中兴》，改表为注，名目虽巧，芜累亦多。《鉴识篇》云：法盛《中兴》，荒庄少气。盖未留意《南史》所叙矣。

书凡七十八卷[六]，起东晋，故称《中兴书》。但其名目与诸史异：本纪曰"典"，表曰"注"，志曰"说"，列传曰"录"，论曰"述"。（见刘氏《史通》）钱大昕云：李善注《文选》，引何法盛《琅琊王录》《陈郡谢录》《济阳卞录》，此类甚多，即《晋中兴书》中之一篇也。李延寿《南北史》，以祖孙父子族属合为一篇，盖取法盛例矣。（见《十驾斋养新录》）其书之善，居东晋诸史之最焉。

按：何法盛《宋书》无传，《南史·徐广传》有说及法盛事。

四、谢灵运《晋书》

谢灵运，陈郡阳夏人。幼颖悟好学，博览群书，文章之美，江左莫逮。从叔混特知爱之。袭封康乐公。为琅琊王大司马行参军。性奢豪，车服鲜丽，衣裳器物，多改旧制，世共宗之，咸称谢康乐也。撰《晋书》三十六卷。

《宋书·谢灵运传》：太祖登祚，征为秘书监，使整理秘阁书，补足阙文。以晋氏一代，竟无一家之史，令灵运撰《晋书》，粗立条流，书竟不就。

《史通·论赞篇》曰:灵运之虚张高论,玉卮无当,曾何足云! 自著有《谢康乐先生集》四卷。

按:阳夏谢康乐灵运,沈约《宋书》卷六十七,《南史》卷十九,俱有传。

五、臧荣绪《晋书》

臧荣绪,东莞莒人。纯笃好学,隐居京口教授。尝括东西晋为一书,纪、录、志、传百一十卷。[七]司徒褚渊少时,曾命驾寻之。建元中,启太祖曰:荣绪,朱方隐者,蓬庐守志[八],漏湿是安,灌蔬终老,沈深典素,追古著书,撰《晋史》十帙,赞论虽无逸才,亦足弥纶一代。臣岁时往京口,早与之遇。近报其取书,始方送出,庶得备录渠阁,采异甄善。上答曰:公所道臧荣绪者,吾甚志之。其有史翰,欲令入天禄,甚佳。

王鸣盛云:梁沈约亦作《晋书》百一十卷。沈约在臧荣绪后,卷数又同,谅不过润色臧书,亡佚犹未足惜。若荣绪既勒成司马氏一代事迹,各体具备,卷帙繁富,谅有可观。即已垂世,有何不可? 乃唐贞观中重修《晋书》,号为太宗御撰,而荣绪之书竟废,吾为荣绪愤之。[九]又云:欲求《晋史》全书,自当以荣绪为正,惜其为唐人所压,遂致失传也。[一〇](见《十七史商榷》)

按:臧荣绪,《南齐书》卷五十四《列传》第三十五《高逸》,《南史》卷七十六《列传》第六十六《隐逸下》,俱有传。

六、萧子云《晋书》兄子显《晋史草》互见

萧子云,字景乔,南兰陵人。子恪第九弟也。既长,勤学,以晋代竟无全书,弱冠便留心撰著。至年二十六,书成,表奏之,诏付秘阁。太清二年,侯景寇逼,子云逃民间。三年三月宫城失守,东奔晋陵,馁

卒于显灵寺僧房,年六十二。所著晋史至《二王列传》,欲作论语草
隶,言不尽意,遂不能成,略论飞白势而已。书凡一百一十卷(《南史》
同)。唐贞观修书,诏曰:子云学埋涸流。愚按《颜氏家训·杂艺篇》
曰:萧子云每叹曰:吾著《晋书》,勒成一典,文章弘义,自谓可观。唯
以笔迹得名,亦异事也。

按:兰陵萧景乔子云,事迹附《梁书》卷三十五《列传》二十九《萧
子恪传》。

兄萧子显(互见)著《晋史草》三十卷。[一]

七、陆机《晋纪》

陆机,字士衡,吴郡人。祖逊,父抗。太康末,与弟云俱入洛。成
都王颖劳谦下士,机委身焉。宦人孟玖谮机于颖,遂遇害。所著文章
三百余篇。(见《晋书》本传)

按:传不言作《晋纪》,而隋、唐二《志》,并有陆机《晋纪》四卷,入
编年类,即《史通》"正史""本纪"二篇中,亦皆有说及机撰《三祖纪》
事。[一二]《正史篇》云:洛京时,著作郎陆机始撰《三祖纪》。会中朝丧
乱,其书不存。《本纪篇》云:陆机《晋书》,列纪三祖,直序其事,竟不
编年。可见其书刘氏之时,犹知其体例也。

按:吴郡陆士衡机,《晋书》卷五十四《列传》第二十四有传。

八、干宝《晋纪》

干宝,字令升,新蔡人也。祖统,吴奋武将军。宝以才器,召为著
作郎,领国史。著《晋纪》,自宣帝迄于愍帝五十三年,凡二十卷,奏
之。其书简略,直而能婉,咸称良史。[一三](见《晋书》本传)

按:干宝每误作于宝,杨诚斋尝与同舍谈于宝,一吏曰"干"字非
"于"。验书果然,诚斋喜曰:此吾一字之师也。(见《补注史通》引《鹤
林玉露》)

又《史通·载言篇》云：昔干宝议撰晋史，以为宜准左丘明。其臣
下委曲，仍为谱注。于时议者，莫不宗之。可知当时体例，亦经人共
议定。但自《新晋书》出，此书遂废焉。

刘知幾尝称之曰：昔夫子修经，始发凡例。左氏立传，显其区域。
科条一辨，彪炳可观。降及战国，迄乎有晋，年逾五百，史不乏才。虽
其体屡变，而斯文终绝。唯令升先觉，远述丘明，重立凡例，勒成《晋
纪》。（见《史通·序例篇》）盖以宝能仿左氏为"编年体之史"故也。

按：干令升宝，《晋书》卷八十二《列传》第五十二有传。

九、曹嘉之《晋纪》

曹嘉之《晋纪》十卷，晋前将军谘议。（见《隋志考证》卷二）

十、习凿齿《汉晋春秋》

习凿齿，字彦威，襄阳人。博学洽闻，以文笔著称，为荥阳太守。
是时桓温觊觎非望，凿齿在郡，著《汉晋春秋》五十四卷，以裁正
之。[一四] 书起汉光武，终于晋愍帝。于三国之时，蜀以宗室为正，魏武
虽受汉禅晋，尚为篡逆。至文帝平蜀，乃为汉亡而晋始兴焉。（见《晋
书》本传）观此可知凿齿之著书，含有深意也。[一五]

后以脚疾，遂废于里巷。及襄阳陷于苻坚，坚素闻其名，召见，大
悦，赐遗甚厚。俄仍以疾归襄阳。寻而襄邓反正，朝廷欲征凿齿，使
典国史。会卒，不果。

唐刘知幾评之曰：习凿齿之撰《汉晋春秋》，以魏为伪国者，此盖
定邪正之途，明顺逆之理耳。而檀道鸾称其当桓氏执政，故撰此书，
欲以绝彼瞻乌，防兹逐鹿。即习氏自亦著论云：若以魏有代王之德则
不足，有静乱之功，则孙、刘鼎立共王。（见刘孝标《世说》注）宋朱文
公熹谓：晋史自帝魏，后贤盍更张之？然晋人已有此论。（见《困学纪
闻》卷十三）即指习凿齿作《汉晋春秋》，而以蜀汉为正也。

按:襄阳习彦威凿齿,《晋书》卷八十二《列传》第五十二有传。

十一、邓粲《元明纪》

邓粲,长沙人。大司农骞(一作谦)之子。少以高洁名,不应州郡辟命。会荆州刺史桓冲卑辞厚礼,请粲为别驾,乃应召,名由此减。后以疾求去。粲以父有忠信言,而世无知者,乃著《元明纪》。[一六](见《晋书》本传)

按:元、明,谓晋中兴初中宗元帝、肃宗明帝。(见《史通·序列篇》注)《文心雕龙·史传篇》云:《春秋》经传,举例发凡,自《史》《汉》以下,莫有准的。至邓粲《晋纪》,始立条例。[一七]又撮略汉魏,宪章殷周。虽湘川曲学,亦有心典谟。及安国立例,乃邓氏之规焉。

按:长沙邓粲,《晋书》卷八十二《列传》第五十二有传。

十二、孙盛《晋阳秋》

孙盛,字安国,太原中都人。十岁,避难渡江。及长,善言明理。补长沙太守,迁秘书监。著《魏氏春秋》《晋阳秋》。(见《晋书》本传)当其著述之时,为梁、益旧事,访诸故老。(见《史通·采撰篇》)书成后,桓温见之,嫌其调直而理正,因谓盛子曰:枋头诚为失利,何至乃如尊君所说!若此史遂行,自是关君门户事。其子遽拜谢,谓请删改之。时盛年老还家,性方严有轨宪,诸子乃共号泣稽颡,请为百口切计。盛大怒,诸子遂窃改之。盛写两定本,寄于慕容儁。太元中,孝武帝博求异闻,始于辽东得之。以相考校,多有不同,书遂两存(一作行)。(见《晋书》本传)所以《史通·直笔篇》云:孙盛不平,窃撰辽东之本,以兹避祸,幸获两全。盖即指此而言也。

但裴松之世期,每讥孙盛录曹公平素之语,而全作夫差亡灭之词。虽言似《春秋》,而事殊乖越者矣。(见《史通·言语篇》)松之又谓:孙盛著书,多用《左氏》,以易旧文,后之学者,将何取信哉?且魏

武方以天下励志,而用夫差分死之言,尤非其类。(见《魏武纪》注)

《魏氏春秋》与孔衍《汉魏尚书》等,同受刘知幾之评曰:好奇厌俗,习旧捐新。虽得稽古之宜,未得从时之义也。(见《史通·题目篇》)

按:中都孙安国盛,《晋书》卷八十二《列传》第五十二有传。

十三、刘谦之《晋纪》

刘谦之,宋中散大夫,撰《晋纪》二十三(五)卷。《宋书·刘康祖传》:(刘)简之弟谦之,好学,撰《晋纪》二十卷。(见《隋志考证》卷六)

十四、徐广《晋纪》

徐广,字行思,一字野民,东莞姑幕人,宋中散大夫,侍中邈之弟。世好学,至广尤精绝,百家数术,无不研览。义熙初,为著作郎,奉敕撰国史,勒成《晋纪》凡四十六卷,奏上[一八],因乞解史任,不许,迁秘书监。晋亡,归,卒于家,年七十四。

广又作《史记音义》十二卷,刘伯庄评之曰:徐中散《音训》,亦有泛说余本异同,故称一本,自是别记异文,了非解释史义,而裴氏并引为注,稍似繁杂。(见《史略》卷一引)然则裴骃《集解》本此而作也。

按:东莞徐野民广,《晋书》卷八十二《列传》第五十二,《宋书》卷五十五《列传》第十五,《南史》卷三十三《列传》第二十三,俱有传。

十五、王韶之《晋安帝阳秋》

王韶之,字休泰,琅琊临沂人也。父伟之,有志尚,太元、隆安时事,小大悉撰录之,韶之因此私撰《晋安帝阳秋》。既成,时人谓宜居史职,即除著作佐郎,使续后事,讫义熙九年。善叙事,辞论可观,为后代佳史。(见《宋书》本传)《南史》本传云:韶之博涉多闻。初为卫将军谢琰行参军,得父旧书,因私撰《晋安帝阳秋》,除著作佐郎,使续后事,讫义熙九年。其序王珣货殖、王嵌作乱,后珣子弘贵,韶之尝惧为所陷。

按：临沂王休泰韶之，《宋书》卷六十《列传》第二十,《南史》卷二十四《列传》第十四,俱有传。

十六、檀道鸾《续晋春秋》

檀道鸾,字万安,超之叔父也。山西高平人。国子博士、永嘉太守,撰《续晋阳秋》。[一九]（见《南史·文学·檀超传》）此书词烦而寡要。因道鸾不揆浅才,好出奇语,所谓欲益反损,求妍更媸者矣。（见《史通·杂说中》）高似孙《史略》卷二云：习凿齿、孙盛、檀道鸾作《魏晋春秋》,意义阔达,辞采清隽,斯亦一代之奇著。阳秋者,避晋太后家讳,故曰"阳秋"。

按：高平檀万安道鸾,《南史》卷七十二《列传》第六十二《文学》,附《檀超传》。

十七、郭季产《续晋纪》

郭季产,新兴太守,作《续晋纪》五卷。

延伸阅读

〔一〕近人金毓黻云：唐初可考者,应为十九家,而刘氏谓之十八家者,盖以习氏之书,上包后汉、三国,不专记晋事,故去而不之数欤？或以其书主汉斥魏,故废不用,则臆说也。

〔二〕按本传：预雅好经史,憎疾玄虚,其论阮籍裸袒,比之伊川被发。（见《隋志》）《史通·外篇》曰：若中朝之华峤、陈寿、陆机、束皙,江左之王隐、虞预、干宝、孙盛,宋之徐爰、苏宝生,梁之沈约、裴子野,斯并史官之尤美,著作之妙选也。

〔三〕《初学记·文部》云：王隐始成《晋书》,家贫无纸,遂南投陶侃于荆州,又江州投庾亮,始书就焉。（见《隋志考证》引）

〔四〕赵翼云：《晋书·王隐传》：王铨私录晋事,其子隐遂谙悉西晋旧事。后与郭璞同为著作郎,撰晋史。时虞预亦私撰《晋书》,而生长东南,不知中朝故事,借隐书窃写之。庾亮资隐纸笔,乃成书。隐文鄙拙,其文之可观者,乃其父所撰。

〔五〕《南史·徐广传》:郗绍作《晋中兴书》,数以示何法盛。法盛有意图之,谓绍曰:卿名位贵达,不复俟此延誉。我寒士,无闻于时,如袁宏、干宝之徒,赖有著述,流声于后,宜以为惠。绍不与。至书成,在斋内厨中,法盛诣绍,绍不在,直入窃书。绍还,失之,无复兼本,于是遂行何书。

〔六〕章宗源:宋湘东太守何法盛撰《晋中兴书》七十八卷。(见《隋志考证》)

〔七〕又云:齐徐州主簿臧荣绪撰《晋书》一百一十卷。《南齐书·文学传》:臧荣绪括东西两晋为一书,纪、录、志、传百一十卷。司徒褚渊启太祖曰:荣绪蓬庐守志,沈深典素,追古著书,撰《晋史》十帙,赞论虽无逸才,亦足弥纶一代。庶得备录渠阁,采异甄善。《唐会要》言:贞观修《晋书》,以臧荣绪为本,则百官、郊祀诸志,当是臧氏之志也。(见书同上)

〔八〕《南齐书·高逸传》:太祖为扬州,征荣绪为主簿,不到。

〔九〕按贞观十八年,诏重撰《晋书》,以臧荣绪《晋书》为主,参考详洽。故《唐会要》以臧荣绪为本,则百官、郊祀志,当是臧氏之志也。

〔一〇〕近人金毓黻云:臧氏《旧晋书》当亡于安史之乱,其后惟存贞观新撰书,而后世遂不复知有"新晋"之名,此考《晋书》者所宜知也。

又云:考各家《晋书》者,应参阅《史通·正史篇》,《廿二史札记》卷七。

按新出版《二十五史补编》中,有丁国钧《补晋书艺文志》四卷《附录》一卷,文廷式《补志》六卷,秦荣光《补志》四卷,黄逢元《补志》四卷,吴士鉴《补晋书经籍志》四卷。

〔一一〕高似孙云:予尝观杨文公史草,用竹纸细字,字清美,涂窜甚少,盖造思之素者也。又观欧阳公史草,阔行真字,殊有更易处,又一二纸更易几尽。又观宋景文公史草,则佳纸阔行,笔史所书,其草乃两传。凡刘史之旧,所易几尽。今以新传比旧传,则一时之群臣奏疏,往往窜改,所存不一二。又观司马公《通鉴》草,纸阔狭不侔,有剪为数寸阔者,两面密书,时有涂改处,字尤端楷。观此,则想象萧公史草,令人精神飞越,恨不一披元笔。(见《史略》卷四)

〔一二〕《文心雕龙·史传篇》:晋代之书,陆机肇始而未备。《史通·内篇》云:陆机《晋书》,列纪三祖,直序其事,竟不编年。年既不编,何纪之有?

〔一三〕《文选·晋纪·论武帝革命》注:何法盛《晋书》曰:干宝撰《晋纪》,起宣帝,迄愍帝,五十三年,议论切中,咸称善之。

〔一四〕章宗源云:晋荥阳太守习凿齿撰《汉晋春秋》四十七卷,迄愍帝。(见《隋志考证》)

〔一五〕说者谓习氏生于晋室南渡之后,与蜀汉之偏安相类,异于陈寿所处之境地,故得奋笔而申其所见。其后朱熹作《纲目》,帝蜀伪魏,亦当南宋偏安之时,正其显证。

〔一六〕章宗源云:晋荆州别驾邓粲,撰《晋纪》十一卷,迄明帝。

〔一七〕刘知幾云:昔夫子修经,始发凡例;左氏立传,显其区域。科条一辨,彪炳可观。降及战国,迄乎有晋,年逾五百,史不乏才。虽其体屡变,而斯文终绝。唯令升先觉,远述丘明,重立凡例,勒成《晋纪》。邓(粲)、孙(盛)已下,遂蹑其踪。史例中兴,于斯为盛。(见《史通·序例篇》)

〔一八〕高似孙云:尚书奏有造《中兴记》者,焕乎史策,宜敕著作郎徐广撰成国史。于是广勒成《晋纪》,凡四十六卷,表上之。(见《史略》卷三)

又章宗源云:宋中散大夫徐广撰《晋纪》四十五卷。(见《隋志考证》)

〔一九〕又云:宋永嘉太守檀道鸾著《续晋阳秋》二十卷。(见书同上)

第九章　集成后汉书——范晔《后汉书》

一、范晔

范晔,字蔚宗,南阳顺阳人。曾祖汪,祖宁,父泰,世擅儒学。蔚宗亦博涉经史,善为文章,晓音律,惟性轻躁不谨,耻作文士。初为彭城王义康冠军参军,迁尚书郎,左迁宣城太守,终以狂悖,助孔熙先谋叛,诛。

此为一段莫白奇冤,仅据沈约《宋书》之记载,而妄信之。虽《南史》曾将此事删了,终难解后人之惑也。今予读王鸣盛凤喈《十七史商榷》,有《范蔚宗以谋反诛》一节之辨难,与陈澧兰甫《东塾读书记》中《申范》一篇之讨论,始明其被诛,实含许多枉屈之情云。两家大意,俱证范氏虽愚,必不出此也。[一]

二、《后汉书》

至于晔著《后汉书》,据《史通·正史篇》所述,谓:晔广集学徒,穷览旧籍,删烦补略,作《后汉书》。[二]凡十纪、十志、八十列传,合为百篇。会晔以罪被诛,其才志亦未就而死。[三]但据《宋书·谢俨传》[四]则谓:十志托俨搜撰,晔败,悉蜡以覆车,宋文帝令丹阳令徐湛之就俨寻求,不得,以为恨。(并见洪迈《容斋四笔》及洪颐煊《读书丛录》)所以后来刘昭取彪注以补之,且作注。故陈振孙云:晔本书未曾有志,刘昭此注,乃司马彪《续汉书》之八志尔。(见朱彝尊《曝书亭集》卷四十五引)至章怀太子注范史,即因此志非蔚宗书,故不传。今附范书纪后以传,其实亦违体例。姚范云:按八志既非范氏之书,又无章怀之注,常次于列传之后,不当次范书卷第。[五](见《援鹑堂笔记》卷二

十七)

此书之善,由晔自评语可以知之。当其被幽在狱中时,与书诸甥云:吾既造《后汉》,详观古今著述及评论,殆少可意者。班氏最有高名,既任情无例,不可甲乙,唯志可推耳。博赡可不及之,整理未必愧也。又云:常共比方班氏所作,非但不愧之而已。又云:吾杂传论,皆有精意深旨。既有裁味,故约其词句,至于《循吏》以下及六夷诸序论,笔势纵放,实天下之奇作,其中合者,往往不减《过秦论》。又云:赞[六]自是吾文杰思,殆无一字空设。此书行,当有赏书者,自古体大而思精,未有此也。其自负既如此,后之人每讥之。如宋洪迈云:晔之高自夸诩如此,至以谓过班固,固岂可过哉?晔所著序论,了无可取。列传亦有数也。人苦不自知,可发千载一笑。(见《容斋随笔》卷十五)高似孙云:晔之言张诩如此,自谓过班固。观其所著序论,如邓禹、窦融、马援、班超、郭泰诸篇,略具气象,然亦何能企固万一耶?(见《史略》卷二)但称颂之者,仍不乏人,即由其所增诸传,皆有深意在故也。[七]清邵二云曰:东汉尚气节,此书创为《独行》《党锢》《逸民》三传,表彰幽隐,搜罗殆尽。又云:范氏所增《文苑》《列女》诸传,诸史相沿,莫能刊削。盖时风众势,日趋于文,而闺门为风教所系,当备书于简策,故有创而不废也。又云《儒林》考传经源流,能补前书所未备。范氏承其祖宁之诸论,深有慨于汉学之盛衰。关于教化,推言终始,三致意焉。(并见《南江文钞》)王鸣盛云:范书创《党锢》《独行》《逸民》等传,正所以表死节,褒正直,而叙杀身成仁之为美也。(见《十七史商榷》)李慈铭云:自汉以后,蔚宗最为良史,删繁举要,多得其宜。其论赞剖别贤否,指陈得失,皆有特见,远过马、班、陈寿,余不足论矣。予尤爱者,其中如《儒林传论》、左雄、周举、黄琼、黄琬传论,陈蕃传论,窦武、何进传论,皆推明儒术气节之足以维持天下,反覆唱叹,可歌可泣,令人百读不厌,真奇作也。(见《越缦堂日记》)

范晔之所以有此成就,由有诸家旧书可资参考也。然东汉虽有著记,而当时风俗之质则不如前汉,而所载多溢词。又胡广、蔡邕竟不能成书,故一代典章,终以放失。范晔类次齐整,用律精深。其序论欲于班固之上增华积靡,缕贴绮绣以就篇帙。而自谓"笔势纵放,实天下之奇作"。盖宋、齐以来文字,自应如此,不足怪也。(说本叶适《习学记言》卷二十六)

　　按:顺阳范蔚宗晔,《宋书》卷六十九《列传》第二十九;《南史》卷三十三《列传》第二十三,附《范泰传》。

参考资料

　　朱鹤龄《读后汉书》,《愚庵小集》。

　　朱竹垞《跋后汉书》,《曝书亭集》。

　　邵晋涵《后汉书提要》,《南江文钞》。

　　程晋芳《读后汉书书后》,《勉行堂文集》。

　　又《后汉书三国志得失考》,同上。

　　钱大昕《跋后汉书》,《潜研堂集》。

　　王鸣盛《题后汉书后》,《西庄始存稿》。

　　侯康《后汉书补注续》,《学海堂二集》本。

　　李慈铭《评范史》,《荀学斋日记两集》。

　　王国维《宋刊后汉书郡国志残叶跋》,《观堂别集补遗》。

　　曹元忠《宋椠残本三国志跋》,《笺经室遗集》卷十。

延伸阅读

　　〔一〕梁启超云:(上略)完全挟嫌,造事诬蔑。这类事实,史上很多,应该设法辩护。譬如作《后汉书》的范晔,以叛逆罪见杀;在《宋书》及《南史》上的《范晔本传》中,句句都是构成他的真罪状,后人读起来,都觉得晔有应死之罪,虽然作得这么好的一部《后汉书》,可惜文人无行了。这种感想,千余年来深入人心。直到近代陈澧(兰甫)在他的《东塾集》里面作了一篇《申范》,大家才知完全没有这回事。

当时造此冤狱，不过由几位小人构煽，而后此含冤莫雪，则由沈约一流的史家挟嫌争名，故为曲笔。陈兰甫替他作律师，即在本传中，将前后矛盾的语言，及各方可靠的证据，一一陈列起来，证明他绝无谋反之事。读了这篇之后，才知道不特范晔的著作令人十分赞美，就是范晔的人格也足令人十分钦佩。（见《中国历史研究法补编》）

〔二〕章宗源云：宋太子詹事范蔚宗撰《后汉书》九十七卷。又曰：陈振孙《书录题解》谓范氏删取《东观汉记》以下诸家之书，以为一家之作，是诚然矣。其所采取之迹，今犹有可考者：范氏撰史，多采华峤，峤书易外戚为后纪，范亦仍之。而萧宗纪论、二十八将传论、桓谭冯衍传论、袁安传论、刘赵淳于江刘周赵传序、班彪传论，其文中之一部，章怀并注为峤之辞；王允传论，章怀漏注，以《魏志董卓传注》参校，知亦峤辞。（并见《隋志考证》）

又王先谦云：范书因于华氏之六事，大都寥寥数句，不关纪传正史，实因峤辞未善，而加以改正，不得因此遂谓其悉本华书。（见《后书集解述略》）

〔三〕叶适云：迁、固相踵作书、志，至范晔废不复著。（见《曝书亭集》引）

又章宗源云：蔚宗所撰十志，沈约言宋时已阙其篇名。可见者，《百官志》见《后妃》，礼乐、舆服《志》见《东平王苍传》，天文、五行《志》见《蔡邕传》。（见《隋志考证》）

〔四〕按"俨"字，《四库总目提要》作"瞻"。

〔五〕钱大昕《跋后汉书》云：刘昭本为范史作注，又兼取司马《志》补之，以补范之阙。题云"注补"者，注司马书以补范书也。自章怀改注范史，而昭注遂失其传。

又钱可庐云：昔范蔚宗之作史也，蜡车遭弃，志表无闻。司马《续书》，艺文独阙。迨迪功十表之补，条例嫌其阔疏；平原八志之注，册典忘其甄录。因复磨丹握椠，覆篑成山。斜上旁行，直踵边延之坠绪。条篇撮旨,略依歆、向之前规,为《后汉书补表》八卷,《补续汉书艺文志》二卷。

〔六〕李详云:昔司马迁《史记》自序,历写诸篇,各综数语,云作某某。班固改"作"为"述",藉以示谦,与马无异。至蔚宗乃各著四言之赞,附于纪传之后,虽师马、班,而体实独创,后萧子显《南齐》、刘昫《旧唐》皆效之。(见《缦记》)

又王鸣盛云:范书贵德义,抑势利,进处士,黜奸雄,论儒学则深美康成,褒党锢则推崇李杜,宰相无多述而特表逸民,公卿不见采而特尊独行。

又王先谦云:范蔚宗氏《后汉书》拔起众家之后,独至今存。其褒尚学术,表章节义,既不蹈前人所讥班、马之失。至于比类精审,属词丽密,极才人之能事,虽文体不免随时,而学识几于迈古矣。(见《后汉书集解序》)

又李慈铭云:读《后汉书》"南匈奴传""乌桓传""鲜卑传"。范史于外国传殊不甚经意,盖蔚宗生江左,不知西北事,故诸传多失考核。然叙致严谨,接续分明,自是良史。章怀注甚荒略,视以前之注,优劣悬绝,固以草草终卷故也。

〔七〕高似孙云:按后汉明帝诏班固、陈宗、尹敏、孟异撰《世祖本纪》及《建武功臣传》。又诏刘珍、李尤等撰建武以来至永初纪传。又诏伏无忌、黄景作《诸王》《恩泽侯传》及《单于》《西羌》《地理志》。边韶、崔寔、朱穆、曹寿作《皇后》《外戚》《百官表》《顺帝功臣传》,凡百十四篇,曰《汉记》。嘉平中,马日䃅、蔡邕、杨彪、卢植,又续《汉记》。至吴谢承作《汉书》,司马彪作《续汉书》,华峤、谢沈、袁崧又作《后汉书》,往往皆因《汉记》之旧为之,是固为有所据依。而晔史又出于诸史之后,尤为有据依者乎。(见《史略》卷二)

第十章　注释前四史

一、裴松之《三国志注》

裴松之,字世期,河东闻喜人也。八岁,学通《论语》《毛诗》。博览坟籍,立身简素。年二十,拜殿中将军。高祖北伐,领司州刺史,以松之为州主簿,转治中从事史。既克洛阳,高祖敕之曰:裴松之廊庙之才,不宜久尸边务,召为世子洗马。旋征为国子博士,转中书侍郎。(见《宋书》本传)宋文帝以陈寿《国志》载事,伤于简略,乃命松之兼采众书,补注其阙。(见《史通·正史篇》)松之乃鸠集传记,广增异闻。据所采取晋间群书,凡百五十种。[一]除前此述关于汉末三国时代各家著作,此时俱存,以资参考外,犹有杂史、地理等类之书,如高士传、耆旧传、别传、姓氏谱、神仙、列异、博物之记,赵氏翼《廿二史札记》中,已为考定。[二]因引书皆注出书名,其采辑亦云博矣。但今各书流传者,尚不及什一,故裴注更增考证之价值云。[三]

当裴氏注书成时,奏进,帝览而善之,曰:此可谓不朽矣!其表云:寿书诠次可观,然失在略,时有所脱漏。臣奉旨寻详,务在周悉,其寿所不载而事宜存录者,罔不毕收。或同说一事,而辞有乖杂,或出事本异,疑不能判者,并皆抄内,以备异闻。此谓松之作注大指之所在。其有讹缪乖违者,松之则又出己意,为之辨正,附于注内,是谓得史法之正也。[四]《四库总目提要》云:宋元嘉中,裴松之受诏为注,所注杂引诸书,亦时下已意。综其大致约有六端:一曰引诸家之论,以辨是非;一曰参诸书之说,以核讹异;一曰传所有之事,详其委曲;一曰传所无之事,补其阙佚;一曰传所有之人,详其生平;一曰传所无之人,附以同类。此注书本为得史法之正,但刘知幾极不赞成之。盖彼以史学批评家眼光,原欲推倒此类注释史家也。其言曰:有好事之子,思广异闻,而才短力微,不能自达,庶凭骥尾,千里绝群,遂乃掇众史之异辞,补前书之所阙。对裴注亦谓:松之集注《国志》,以广承祚所遗,而喜聚异同,不加刊定,恣其击难,坐长烦芜。(见《史通·补注篇》)叶适亦云:近世有谓《三国志》当更修定者,盖见注所载尚有诸书。不知寿已尽取而为书矣。注之所载,皆寿书之弃余也。(见《习学纪言》卷二十八)其实松之自己早认此等工作,直如蜜蜂兼采,但甘苦不分,难以味同萍实者矣。(见松之《上表》)子玄又诋之曰:裴注征书甚富,而择言不精。富则骛博者尚之,不精则识大者病之。又云:松之所论者,其事甚末,兼复文理非工。(并见《史通·杂说中》)然此种评论,俱无损于松之。李慈铭曰:裴松之博采异闻,而多所折衷,在诸史注中为最善[五],注家亦绝少此体。(见《越缦堂日记补》)此评实称公允云。子骃能承家学,著《史记集解》。

　　按:闻喜裴世期松之,《宋书》卷六十四《列传》第二十四;《南史》卷三十三《列传》第二十三,俱有传。

二、裴骃《史记集解》

　　裴骃,字龙驹,松之之子,官至南中郎参军。其事迹附见于父传中。骃以徐广《史记音义》粗有发明,殊恨省略,乃采九经诸史并《汉书音义》及众书之目,而解《史记》。其所引证,多先儒旧说。书成作序,以明著述之意。其词曰:班固有言:司马迁据《左氏》《国语》,采《世本》《战国策》,述《楚汉春秋》,接其后事,讫于天汉。其言秦汉,详矣。至于采经摭传,分散数家之事,甚多疏略,或有抵牾。故中散大夫东莞徐广研核众本,为作《音义》,具列异同,兼述训解,粗有所发明,而殊恨省略。聊以愚管,增演徐氏。采经传百家并先儒之说,豫是有益,悉皆抄内。删其游辞,取其要实,或义在可疑,则数家兼列,号曰《集解》。今此序尚附在《史记》卷首云。

按：裴骃事迹，附父松之传。

三、刘昭《后汉书注》

刘昭，字宣卿，平原高唐人。幼清警，善属文，外兄江淹早相称之。天监初，起家奉朝请，为临川王记室。伯父彤，集众家《晋书》，注干宝《晋纪》为四十卷，至昭，集《后汉》同异以注范晔《后汉》为一百八十卷，世称博悉。迁通直郎，出为剡令，卒官。[六]（见《南史·文学》本传）因范书中无志[七]，昭即以晋人司马彪《续汉书志》补入，以附于后。其后纪传孤行，而志不显。至宋乾兴初，判国子监孙奭始建议合之，而不著其为彪书也。为此，遂起后人之争辨焉。

但在唐时，章怀太子贤注范书，亦因其本，考其注矣（见《书录解题》），其于志仍用昭注者，实以昭之所注，颇有可观也。[八]然而刘知幾则大以为否，《史通·补注篇》有一段记载云：窃惟范晔之删《后汉》也，简而且周，疏而不漏，盖云备矣。而刘昭采其所捐，以为补注，言尽非要，事皆不急。譬夫人有吐果之核，弃药之滓，而愚者乃重加捃拾，洁以登荐，持此为工，多见其无识也。清王鸣盛尚称刘注曰：刘知幾称蔚宗之美甚确。至其诋斥刘昭，恐未必然。夫约唐初人有此一种议论，所以李贤辈有志考撰，昭注似裴松之于陈寿。松之虽少裁断，其博亦有可取。（见《十七史商榷》）由此以观，则刘昭之作，在注家言之，实列上乘，惜也不传。

邵晋涵二云作《四库总目提要》，对此书则云：刘昭注尤谙悉于累朝掌故，荟萃群说，为之折衷，盖能承六朝诸儒群经义疏之学，而通之于史，以求实用，亦可见其学之条贯矣。（见《南江文钞》）

总之，关于注志，则如钱氏大昕之说为得，其言曰：章怀本但注范书，以志系司马书，故仍昭之旧注，不为更易。[九]且注志较注列传为难，故避难而就易也。洪颐煊云：李贤注范书，大率本于昭，而八志全用昭注，故题昭名以别之。（见《读书丛录》）

至于"注补"二字,后人亦有所研究。据昭《注补志序》云:乃借旧志,注以补之,分为三十卷,以合范史。是昭未尝注司马彪全书,唯取八志,以合乎史。后人又改刘昭之《注补》为《补并注》,故或有疑志为范氏作者,又有疑为刘氏所补而兼注者,皆谬改之失也。卢抱经文弨则谓:当云"注补",不当云"补注"也。然宣卿志注,自补绍统,则抱经之言,核而非妄矣。(见《援鹑堂笔记》卷二十七)

再其书之合范史,亦有二说[一〇]:其一,为本于昭之《自序后汉志注》云:范志全阙,乃借司马《续书》八志,注以补之,以合范史,是合司马志于范书,乃始于昭。其二,即上述至宋时,孙奭、余靖禀请合编于范书中,钱氏大昕、纪氏昀,均主此说也。

按:高唐刘宣卿昭,《梁书》卷四十九《列传》第四十三《文学传》,《南史》卷七十二《列传》第六十二《文学传》,俱有传。

参考资料

裴骃——高似孙《史略》卷一"裴骃"条。

刘昭——高似孙《史略》卷二"后汉书注"条。

延伸阅读

〔一〕浦起龙云:裴松之注所引汉晋间群书,凡百余种。其录魏事者,则有鱼豢《魏略》、孙盛《魏氏春秋》、王沈《魏书》、阴澹《魏纪》、荀勖《文章叙录》、《曹瞒传》、《魏武故事》、《褒赏令》、《汉魏春秋》、《典论》、《魏末传》、《魏名臣奏》、《魏世谱》等。其录蜀事者,则有王隐《蜀记》、谯周《蜀本纪》、陈寿《益都耆旧传》又杂记、常璩《华阳图志》、郭冲《五事》、张俨《嘿记》、《诸葛集》等。其录吴事者,则有张勃《吴铭》、吴冲《吴历》、韦曜《吴书》、虞溥《江表传》、环氏《吴纪》、《会稽典录》等。其统录者,则有司马彪《续汉书》《九州春秋》,谢承《后汉书》,张璠、袁宏《后汉纪》,华峤《汉后书》,孔衍《汉魏尚书》,习凿齿《汉晋春秋》,《献帝春秋》,《献帝纪》,《献帝起居注》,《山阳公载记》,《汉末名士录》,《先贤行状》,《英雄记》,干宝《晋纪》,虞预《晋书》,王隐《晋书》,陆机《惠帝起居注》,《晋阳秋》,《晋诸公赞》,《陈留耆旧传》,徐众《异同评》,《高士传》,《文士传》,《列士传》,《神仙传》,《列异传》,《文章志》等,又有《诸名臣列传》《名族世谱》《名人集》等,多不可悉数也。(见《史通·正史篇》注)

〔二〕赵翼云:今案松之所引书凡五十余种:谢承《后汉书》,司马彪《续汉书》《九州春秋》《战略》《序传》,张璠《汉纪》,袁晔《献帝春秋》,孙思光《献帝春秋》,袁宏《汉纪》,习凿齿《汉晋春秋》,孔衍《汉魏春秋》,华峤《汉书》,《灵帝纪》,《献帝纪》,《献帝起居注》,《山阳公载记》,《三辅决录》,《献帝传》,《汉书·地理志》,《续汉书·郡国志》,蔡邕《明堂论》,《汉末名士录》,《先贤行状》,《汝南先贤传》,《陈留耆旧传》,《零陵先贤传》,《楚国先贤传》,荀绰《冀州记》,《襄阳记》,《英雄记》,王沈《魏书》,夏侯湛《魏书》,阴澹《魏纪》,魏文帝《典论》,孙盛《魏世籍》,孙盛《魏氏春秋》,《魏略》,《魏世谱》,《魏武故事》,《魏名臣奏》,《魏末传》,吴人《曹瞒传》,鱼氏《典略》,王隐《蜀记》《益都耆旧传》,《益都耆旧杂记》,《华阳国志》,《蜀本纪》,汪隐《蜀记》,郭冲《记诸葛五事》,郭颁《魏晋世语》,孙盛《蜀世谱》,韦曜《吴书》,胡冲《吴历》,张勃《吴录》,虞溥《江表传》,《吴志》,环氏《吴纪》,虞预《会稽典录》,王隐《交广记》,王隐《晋书》,虞预《晋书》,干宝《晋纪》,《晋阳秋》,傅畅《晋诸公赞》,陆机《晋惠帝起居注》,《晋泰始起居注》,《晋百官表》,《晋百官名》,《太康三年地理记》,《帝王世纪》,《河图括地象》,皇甫谧《逸士传》,《列女传》,张隐《文士传》,虞喜《志林》,陆氏《异林》,荀勖《文章叙录》,《文章志》,《异物志》,《博物志》,《博物记》,《列异传》,《高士传》,《文士传》,孙盛《杂语》,孙盛《杂记》,孙盛《同异评》,徐众《三国评》,《袁子》,《傅子》,干宝《搜神记》,葛洪《抱朴子》,葛洪《神仙传》,卫桓《书势序》,张俨《默记》,殷基《通语》,顾礼《通语》,挚虞《决疑》,《曹公集》,《孔融集》,《傅咸集》,《嵇康集》,《高贵乡公集》，《诸葛亮集》，《王朗集》，庾阐《扬都赋》，《孔氏谱》，《庾氏谱》，《孙氏谱》，《嵇氏谱》，《刘氏谱》，《王氏谱》，《郭氏谱》，《陈氏谱》，《诸葛氏谱》，《崔氏谱》，华峤《谱叙》，《袁氏世纪》，《郑玄别传》，《荀勖别传》，《祢衡传》，《荀氏家传》，《邴原别传》，《程晓别传》，《王弼传》，《孙资别传》，《曹志别传》，《陈思王传》，《王朗家传》，《何氏家传》，《裴氏家记》，《刘廙别传》，《任昭别传》，《钟会母传》，《虞翻别传》，《赵云别传》，《费祎别传》，《华佗别传》，《管辂别传》，《诸葛恪别传》，何邵作《王弼传》，缪袭撰《仲长统昌言表》，傅元撰《马先生序》，会稽《邵氏家传》，陆机作《顾谭传》《陆氏世颂》《陆氏祠堂像赞》，陆机所作《陆逊铭》《机云别传》，蒋济《万机论》，陆机《辨亡论》。凡此所引书，皆注出书名，可见其采辑之博矣。范蔚宗作《后汉书》时，想松之所引各书尚俱在世，故有补寿《志》所不载者。今各书间有流传，已不及十之一。（见《廿二史札记》卷六）

　　又梁章钜云：钱大昕曰：裴松之表言，上搜旧闻，旁摭遗逸。今按注中所引，有司马彪《续汉书》，谢承《后汉书》，华峤《汉书》，张璠《汉纪》，袁宏《汉纪》，王沈《魏书》，鱼豢《魏略》，韦曜《吴书》，胡冲《吴历》，张勃《吴录》，环氏《吴纪》，阴澹《魏纪》，袁暐《献帝春秋》，孔衍《汉魏春秋》，孙盛《魏氏春秋》，孙盛《晋阳秋》，习凿齿《汉晋春秋》，王隐《晋书》，虞预《晋书》，干宝《晋纪》，刘艾《灵帝纪》《献帝纪》，乐资《山阳公载记》，《献帝起居注》，《魏武故事》，司马彪《九州春秋》，王粲《英雄记》，吴人《曹瞒传》，郭颁《世语》，虞溥《江表传》，鱼豢《典略》，《魏末传》，《献帝传》，谯周《蜀本纪》，王隐《蜀记》，傅畅《晋诸公赞》，李轨《泰始起居注》，陆机《晋惠帝起居注》，孙盛《魏世谱》《蜀世谱》，《三朝录》，《晋百官名》，《晋百官表》，荀勖《晋中经簿》，赵岐《三辅决录》，《先贤行状》，《魏名臣奏》，《汉末名士传》，张俨《默记》，魏文帝《典论》，蒋济《万机论》，傅休奕《傅子》，袁準《袁子》，司马彪《战略》，葛洪《抱朴子》，虞喜《志林》，殷基《通语》，应劭《风俗通》，张华《博物志》,干宝《搜神记》,荀勖《文章叙录》,挚虞《文章志》《决疑要注》,《杜氏新书》,顾恺之《启蒙注》,徐众《三国评》,孙盛《异同评》,孙绰《评》,《太康三年地记》,皇甫谧《帝王世纪》《高士传》《逸士传》《列女传》,张隐《文士传》,《汝南先贤传》(魏周斐),《陈留耆旧传》(魏苏林),《零陵先贤传》,《楚国先贤传》(晋张方),《益都耆旧传》,《益都耆旧杂记》(蜀陈术),虞预《会稽典录》,常璩《华阳国志》,王范《交广二州春秋》,王隐《交广记》,荀绰《九州记》,《襄阳记》,《异物志》(后汉杨孚),《陆氏异林》,《列异传》(魏文帝),葛洪《神仙传》,应璩《书林》,山涛《启事》,卫恒《四体书势序》,左思《蜀都赋》,庾阐《扬都赋》,及《荀氏家传》,《袁氏世纪》,《庐江何氏家传》,《会稽邵氏家传》,傅畅《裴氏家记》,庾氏、孙氏、阮氏、嵇氏、孔氏、刘氏、陈氏、王氏、郭氏、诸葛氏、崔氏之谱,郑玄、荀彧、祢衡、邴原、吴质、刘廙、任嘏、王弼(何邵作传)、孙资、嵇康(兄喜作传)、华佗、管辂、赵云、费祎、虞翻、诸葛恪、荀勖、程晓、潘岳、潘尼、孙惠、卢谌、机、云之《别传》,王朗《家传》,陆氏《世颂》,陆氏《祠堂像赞》,高贵乡公、陈思王、王朗、诸葛亮、傅咸、姚信、张超之集一百四十余种,其与史无涉者,不在数内。(见《三国志旁证》卷一)

按:近人沈家本《沈寄簃先生遗书》中,又有《三国志注所引书目》二卷,《续汉书志注所引书目》三卷。

〔三〕纪昀云:裴松之初意,似亦欲如应劭之注《汉书》,考究训诂,引证故实。虽为例不纯,然网罗繁富,凡六朝旧籍,今所不传者,尚一一见其崖略,又多首尾完具。(见《四库总目提要》)

又张尔田云:病史太略,则搜剔余潬,以弥缝阙失,如裴《注》。(松之注《三国志》,实意在补史,与颜师古、章怀太子但明意义、详训诂者不同)(见《史微》)

〔四〕按松之自谓作注之旨趣有四,一曰补阙,二曰备异,三曰征妄,四曰论辩。

〔五〕李详云：松之注此，其例特绝。百四十种，史家玉屑。大致六端，馆臣甄微。字义训释，存者几希。山深渊邃，渔猎从往。王晫彭刘，源流益广。（注）按裴注皆录整文，不同剪裁，世推与刘孝标《世说注》、郦道元《水经注》，李善《文选注》并美，而裴为胜。陈振孙《书录解题》言益都王晫撰《唐余录史》三十卷，有纪、有志、有传，又博采诸家小说，仿裴松之《三国志注》附其下方。又本朝朱竹垞、钟渊映亦用此例，注《新五代史》未成。至乾隆末年，南昌彭氏元瑞，萍乡刘氏凤诰，复凭竹垞之稿，广稽四部，成书七十四卷，皆原本裴氏。王晫之书既不传，此为伟观矣。（见《瓠记》）

〔六〕姚范云：《隋志》，《后汉书》百二十五卷，下注云：范晔本，梁剡令刘昭注。似宣卿于注八志之外，又注范书矣。（见《援鹑堂笔记》卷二十八）

〔七〕按范氏尝欲作志，惜未成。其文云：欲遍作诸志，因事，就卷内发论，以正一代得失，竟复未果。

又按作志事，当参看范晔章。

又高似孙云：初范晔令谢俨撰《后汉书》志，搜次垂毕，会晔伏诛，俨悉蜡以覆车，一代为恨。梁世，刘昭得旧志，乃补注，为三十卷。（见《史略》卷二）

又按刘昭《注补续汉书八志序》，载卢氏《群书拾补》中，其文曰：臣昭曰：昔司马迁作《史记》，爰建八书，班固因广，是曰十志。天人经纬，帝政纮维，区分源奥，开廓著述，创藏山之秘宝，肇刊石之遐贯，诚有繁于《春秋》，亦自敏于改作。至乎永平，执简东观，纪传虽显，书志未闻。推检旧记，先有地理。张衡欲存炳发，未有成功。灵宪精远，天文已焕。自蔡邕大弘鸣条，实多绍宣。协妙元卓（元卓，刘洪字），律历以详。承治伯始（伯始，胡广字），礼仪克举；郊庙社稷，祭祀该明。轮辖冠章，车服赡列。于是应谯（应邵、谯周）缵其业，董巴袭其轨。司马续书，总为八志。律历之篇，仍乎洪邕所构，车服之本，即依董、蔡所立,仪祀得于往制,百官就乎故簿,并籍据前修,以济一家者也。王教之要,国典之源,粲然略备,可得而知矣。

又按《续汉志》刘昭注引书目,载金淮生《粟香四笔》卷八。

〔八〕姚范云:顷读《史通·补注篇》云:范晔之删《后汉》也,简而且周,疏而不漏,盖云备矣。而刘昭采其所捐,以为补注。据此,昭全注范书,而今不传,疑章怀注多袭之。(见《援鹑堂笔记》卷二十八)

〔九〕李慈铭云:当日有唐文治极盛,亲王诸邸,文学之士甚多。况既有旧注,但加考正,集众手以完成书,何难之有耶?(见《越缦堂日记补》)

〔一〇〕姚范云:按凡刘昭所注,以志未备,故欲以注补之。(见《援鹑堂笔记》卷二十八)

又李详云:刬令刘昭,取《续汉志》,合入范书,作注具备。陈振孙《书录解题》谓:昭所著志,与范史纪传,列为一书。其后纪传孤行,而志不显。本朝乾兴初,判国子监孙奭始追议校勘。洪迈《容斋四笔》云:刘昭注补志三十卷,至本朝乾兴元年,判国子监孙奭始奏,以备前史之阙。洪、陈两君,盖皆未究其原起者。(见《癰记》)

第十一章　五胡十六国史

一、和苞等伪史

晋自永嘉之乱,皇纲失统,九州君长据有中原。腥膻之风,熏浸河洛。其间或奉正朔,或窃名位,人自为国,蠡聚棋分。国有其臣,各思记载,录其厘疆树长之自,详其立事用人之经,亦足以待考稽,知本末也。但书多失传,作者事迹,其于治史,亦甚简略,无从考证。今仅据《史通·正史篇》所述,逯录全文,以见梗概耳。其文曰:

前赵刘聪时,领左国史公师彧撰《高祖本纪》及《功臣传》二十人,甚得良史之体。凌修谮其讪谤先帝,聪怒而诛之。刘曜时,平舆子和苞撰《汉赵记》十篇,事止当年,不终曜灭。

后赵石勒,命其臣徐光、宗历、傅畅、郑愔等撰《上党国记》《起居注》《赵书》。其后又令王兰、陈宴、程阴、徐机等相次撰述。至石虎,并令刊削,使勒功业不传。其后燕太傅长史田融、宋尚书库部郎郭仲产、北中郎参军王度追撰二石事,集为《邺都记》《赵记》等书。

前燕,有起居注,杜辅全录以为《燕纪》。

后燕建兴元年,董统受诏草创后书,著本纪并佐命功臣、王公列传,合三十卷。慕容垂称其叙事富赡,足成一家之言。但褒述过美,有惭董史之直。其后申秀、范亨各取前后二燕合成一史。

南燕,有赵郡王景晖,尝事德、超(南燕主名),撰二主起居注。超亡,仕于冯氏,官至中书令,仍撰《南燕录》六卷。

蜀初号曰成,后改称汉。李势散骑常侍常璩撰《汉书》十卷。后入晋秘阁,改为《蜀李书》。璩又撰《华阳国志》,具载李氏兴灭。

前凉,张骏十五年,令其西曹边浏集内外事,以付秀才索绥,作《凉国春秋》五十卷。又张重华护军参军刘庆在东菀专修国史二十余年,著《凉记》十二卷。建康太守索晖、从事中郎刘昞又各著《凉书》。

前秦(苻坚)史官,初有赵渊、车敬、梁熙、韦谭相继著述。苻坚尝取而观之,见苟太后幸李威事,怒而焚灭其本。后著作郎董胐追录旧语,十不一存。及宋武帝入关,曾访秦国事,又命梁州刺史吉翰问诸仇池,并无所获。先是,秦秘书郎赵整修撰国史。值秦灭,隐于商洛山,著书不辍,有冯翊、车频助其经费。整卒,翰乃启频纂成其书,以元嘉九年起,至二十八年方罢,定为三卷。而年月失次,首尾不伦。河东裴景仁又正其讹僻,删为《秦纪》十一篇。

后秦(姚弋仲),扶风马僧虔、何东卫隆景并著《秦史》。及姚氏之灭,残缺者多。泓从弟和都,仕魏为左民尚书,又追撰《秦纪》十卷。

夏（赫连勃勃），天水赵思群、北地张渊，于真兴（勃勃元）、承光（昌元）之世，并受命著其国书。及统万（夏城）之亡，多见焚烧。

西凉（李暠）与西秦（乞伏国仁），其史或当代所书，或他邦所录。段龟龙记吕氏（后凉），宗钦记沮渠氏（北凉），失名记秃发氏（南凉），韩显宗记冯氏（北燕）。唯有三者可知，自余不详谁作。

按：《史通》此节所列人氏，与于史事者，四十二人，不为史事者一人。其人皆史职所系，非纯为史学家也，故略之。至魏世，有崔鸿者出，能集其大成，为《十六国春秋》一书，至今犹流传人间，事迹详下节中。

二、崔鸿《十六国春秋》

崔鸿，字彦鸾，东清河鄃人。曾祖旷，从慕容德南渡河，居青州之时水。慕容氏灭，仕刘义隆，为乐陵太守。祖灵延，刘骏龙骧将军，长广太守。鸿少好读书，博综经史。孝昌初，拜给事黄门侍郎。弱冠时便有著述之志。见刘渊、石勒、慕容俊、苻健、慕容垂、姚苌、慕容德、赫连屈孑、张轨、李雄、吕光、乞伏国仁、秃发乌孤、李暠、沮渠蒙逊、冯跋等，并因世故，跨僭一方，各有国书，未有统一，乃撰为《十六国春秋》百卷。（见《魏书·崔光传》）

其书考核众家，辨其同异，除烦补阙，错综纲纪，易其国书曰录，主纪曰传，都谓之《十六国春秋》。鸿始以景明之初，求诸国逸史。逮正始元年，鸠集稽备，而犹阙蜀事，不果成书。推求十有五年，始于江东购获，乃增其篇目，勒为十卷。鸿殁后，永安中，其子绩写奏上，请藏诸秘阁。[一]由是伪史宣布，大行于时。[二]（并见《史通·正史篇》）

此书叙述，对伪国方言，尽变华语，并妄益文彩，未免失实。又对江东僭晋刘、萧之书，不录一字，齐文襄恨之。（见《北史·崔光传》）意鸿自以为世佐江左，请私南国，故不欲悉伪之也。刘知幾云：观鸿书之纪纲，皆以晋为主，亦犹班《书》之载吴、项，必系汉年，陈《志》之述孙、刘,皆宗魏世。[三](见《史通·探赜篇》)著书之旨,从此明矣。

崔书,隋、唐二《志》,俱有记载,宋《志》则无之。盖当五代及宋初而亡,故晁说之称司马温公所考《十六国春秋》,已非鸿全书。但至明乃有屠乔孙为之,非原本也。[四](见《十七史商榷》)兹后考温公作《通鉴》时,荟萃诸书,其记南北朝事,除晋、宋诸正史外,以崔氏《十六国春秋》、萧氏《三十国春秋》为多。但晁说之述温公语,谓当日所见,疑非原本。而鄱阳马氏《通考·经籍考》中,不列是书,则在宋时已鲜传者。乃有明中叶以来,居然有雕本百卷行世。一二好学者,以其久没不见,视为拱璧。若以愚观之,则直近人[五]撮拾成书,假托崔氏,并非宋时所有也。且温公《通鉴考异》引鸿《年表》,则当时《年表》必尚未失,而今本并无之。又本传称鸿书皆有赞序评论,在《通鉴》亦多引之,今本但取《通鉴》所引,附注传尾,尚得谓非赝本耶?(说本全氏,并见《鲒埼亭集》外编)清汤球有《十六国春秋辑补》。

按:郄县崔彦鸾鸿,《魏书》附《崔光传》,《北史》卷四十四《列传》第三十二,亦附《崔光传》。

三、萧方等《三十国春秋》

萧方等,字实相,世祖长子也。少聪敏,有俊才,善骑射,尤长巧思。性爱林泉,特好散逸。时河东王为湘州刺史,不受督府之令,方等乃乞征之,世祖许焉。拜为都督,令帅精卒二万南讨。及至麻溪,河东王率军逆战,方等击之,军败,遂溺死,时年二十二。谥曰忠壮世子。方等注范晔《后汉书》,未就。所撰《三十国春秋》三十卷,行于世。

《梁书·忠壮世子方等传》,方等撰《三十国春秋》。《史通·称谓篇》曰:萧方等存诸国名谥,僭帝者皆称之以王。变通其理,事在合宜,小道可观,见于萧氏者矣。《郡斋读书附志》云:方等采削群史,以晋为主,附列二十九国。

按：萧方等，《梁书》卷四十四《列传》第三十八《忠壮世子方等》有传。

延伸阅读

〔一〕《魏书》本传，子元永安中奏其书云：臣亡考鸿，任属记言，刊著赵、燕、秦、夏、凉、蜀等遗载，为之赞序。先朝之日，草构悉了，唯有李雄《蜀书》，搜索未获，阙兹一国，迟留未成。去正光三年，购访始得，讨论适讫，而先臣弃世。凡十六国，名为《春秋》，一百二卷。（下略）

〔二〕全祖望云：崔书在后魏时颁行，诸史并出。（见《鲒埼亭集》）

〔三〕刘知幾云：当晋氏播迁，南据扬、越，魏宗勃起，北雄燕、代，其间诸伪，十有六家，不附正朔，自相君长。崔鸿著表，颇有甄明，比于《史》《汉》群篇，其要为切者矣。（见《史通·表历篇》）

又姚范云：《晋书·载记》芟改《十六国春秋》，事多紊乱，失其端绪。盖崔鸿本为编年体，今类为一传，事绪丛冗，遂不能连贯。故知修书者，苟简率意之甚也。（见《援鹑堂笔记》卷三十三）

〔四〕按《崇文总目》不见著录，盖亡于北宋中叶，今本系伪作。

〔五〕所谓"近人"，系指明屠乔孙、项琳、姚士粦辈之伪作。取《晋书》张轨、李暠传及《载记》卅卷之专详十六国事者，并《艺文类聚》《太平御览》诸书所引《十六国春秋》佚文，一一缀成。

附：起居注

汉一——《献帝起居注》

晋十六——泰始、咸宁、建武、大兴、永昌、咸和、泰康、元康、咸康、建元、永和、升平、太元、崇宁《起居注》。又有《晋起居注》《流别起居注》《晋宗起居注》《晋起居注钞》。

第十二章　治南朝史

一、宋史

（一）徐爰《宋书》

徐爰，字长玉，南琅琊开阳人也。本名瑗，后以与傅亮父同名，改为爰。元嘉中，使著作郎何承天草创国史。[一]承天撰纪传，止于武帝功臣。其诸志，惟天文、律历，此外悉委山谦之。谦之病亡，诏苏宝生续撰。[二]（见《廿二史札记》）按宝生本寒门，有文义之美，所撰及于元嘉诸臣，后坐知高阇反不启闻而被诛。（见沈约《宋书·王僧达传》及《自叙》）孝建六年，又以爰领著作，使终其业。

爰虽因前作，而专为一家之书。当时为商量体例，廷臣争辩，终从爰议。如沈约《宋书·恩幸传》所云：爰书起元义熙，为王业之始，载序宣力，为功臣之断。于是内外博议，宜以义熙元年为断。或谓宜以元兴三年为始。诏曰：项籍、圣公，编录二汉，前史已有成例。桓玄传宜在宋典，余如爰议。徐爰因何、苏所述，勒为一史。故此书只起义熙，迄大明，自永光以来，仍阙不补。[三]（见《直斋书录解题》卷六十五）

且其中臧质、鲁爽、王僧达诸传，又皆孝武自造，而序事多虚，难以取信。（见《史通·正史篇》）清赵翼云：后沈约作《宋书》，大部取材于此而增删之，故成书极速云。（见《廿二史札记》）然有一事，颇堪讨论，即徐爰本为儒者，又修《宋书》，仕至显位。考其生平，散历内外，无大过恶。沈约乃入之《恩幸传》，此必约一人之私见也。盖约撰《宋书》，忌爰在前，有意污贬，曲成大罪，正与魏收强以郦道元入《酷吏》相似。（见《十七史商榷》）

按：开阳徐长玉爰，宋中散大夫，《宋书》卷九十四《列传》第五十四《恩幸传》,《南史》卷七十七《列传》第六十七《恩幸传》,俱有传。

(二)沈约《宋书》

沈约,字休文,吴兴武康人。生十三而孤,少颇好学,昼夜不释卷,母恐其以劳生疾,常遣减油灭火。而昼之所读,夜辄诵之,遂博通群籍,善属文。(见近人某君《沈约年谱》)

齐武帝五年春,约被敕撰《宋书》。至六年二月,纪传毕功,表上之。〔四〕(见《自序》)

按《宋书》自何承天、山谦之、苏宝生、徐爰,迭加撰述,起义熙,迄大明,已自成书。约仅续成永光至禅让十余年事,删去桓玄等十三传而已。故其书一年便成也。〔五〕(见《廿二史札记》)所谓禅让十余年,考《史通·正史篇》所述,知为昇明三年时也。为纪十、志三十、列传六十,合百卷,名曰《宋书》。〔六〕永明末,其书始出于世。

然中间亦有为妄人所谬补,据《十七史商榷》所考得,如《宋书》第五十九卷,有《张畅传》,此是沈约原本,其前四十六卷,先有《畅传》,则后世妄人谬取《南史》搀入者。又《南史》于各帝皆称谥法。《宋书》称庙号,然亦间有称谥法者,例亦未能划一,知为妄人所致,而非约之原文也。

刘知幾谓:沈氏著书,好诬先代,于晋则故造奇说,在宋则多出谤言。(见《史通·采撰篇》)又云:隐侯〔七〕《宋书》多妄,萧武知而勿尤。(见《史通·曲笔篇》)约历数朝,暮年犹预修《梁史》。武帝命与给事中周兴嗣、步兵校尉鲍行卿、秘书监谢吴相承撰录,已有百篇。值承圣(元帝)沦没,并从焚荡。约又作《齐记》二十卷。

高似孙云:宋代史所传者,沈约为最,姚察称其高才博洽,名亚迁、董,盖一代之英伟焉。(见《史略》卷二)

章学诚评云:世传沈休文与齐明帝赌征栗典故,少三事,退为后言,以明己之出于故让,是非不好胜者也。其著《宋书》虽不敢希踪班、马，而文辞典雅，颇具别裁，抑亦范氏之亚匹也。（见《文史通义》）而谭献亦云：休文文体清丽，虽未澹雅，以是斐然。其于合传，各有意义。同福共祸，关国家盛衰，详略之故，不愧良史。其大兵刑，辄以始末备之一传。余文互见，端绪秩然，可谓隐密有条理，不克尚友孟坚，固已抗手蔚宗矣。（见《复堂日记》卷七）

　　按：吴兴沈休文约，《宋书》卷一百《列传》第六十有《自序》，《梁书》卷十三《列传》第七，《南史》卷五十七。自著《沈隐侯集》十六卷，《汉魏丛书》本。

（三）裴子野《宋略》

　　裴子野，字几原，河东闻喜人。曾祖松之，注《三国志》者；祖骃，为集解《史记》者。至子野，四世中生三史家焉。子野少孤，好学，善属文。初松之，宋元嘉中受诏续修何承天《宋史》，未及成而卒，子野常欲继成先业。及齐永明末，沈约所撰《宋书》既行，子野更删撰为《宋略》二十卷。[八]其叙事评论多善，约见而叹曰：吾弗逮也！（见《梁书》本传）由是世之言《宋史》者，以裴《略》为上，沈《书》次之。（见《史通·正史篇》）其实当时沈约之称裴《略》，概为谦词，非沈《书》不如裴氏之信也。[九]

　　天监中，友人范缜会迁国子博士，乃上表曰：子野幼禀至人之行，长厉国士之风。且家传素业，世习儒史。苑囿经籍，游息文艺。著《宋略》二十卷，弥纶首尾，勒成一代，属辞比事，有足观者。出为诸暨令。兰陵萧琛、北地傅昭、汝南周舍咸称重之。至是，吏部尚书徐勉言之于高祖，以为著作郎，掌国史。[一〇]（见《梁书》本传）

　　此书刘知幾在《杂说》中，又讥其录文章未尽善美，其言云：裴几原删略宋史，定为二十篇。芟烦撮要，实有其力。而所录文章，颇伤芜秽。

　　按：闻喜裴几原子野，《梁书》卷三十《列传》第二十四有传，《南史》附《松之传》。

参考资料

沈约——日人铃木虎雄作《沈约年谱》。

延伸阅读

〔一〕《宋书·何承天传》:承天,东海郯人,五岁失父,母徐氏,广之姊也,聪明博学,故承天幼渐义训,儒史该览。除著作佐郎,撰国史。

〔二〕按山谦之、苏宝生二人,《宋书》无传,俱附见于《徐爱传》中。

〔三〕《隋志考证》:宋中散大夫徐爱撰《宋书》六十五卷。

〔四〕纪昀云:今此书有纪志传,而无表。(见《四库总目提要》)

按《宋书》之长,正在诸志。约《序》自称:损益前史诸志为八门,律历、礼、乐、天文、五行、符瑞、州郡、百官也。

〔五〕姚范云:大约其书多仍何、徐之旧,故一年即成,自造者少。(见《援鹑堂笔记》卷三十三)

按:沈书多取徐氏旧本,成书最速。出禅代之际,多所避讳。其八志义例颇善,惟追述前代,晁公武议其失于限断。《四库提要》则谓详其沿革,未为大失。

又赵翼云:约作《宋书》于齐朝,可无所讳。爱作《宋书》于宋朝,自不得不讳。讳之于本纪,而散见其事于列传,当日国史体例本如是。沈约急于成书,遂全抄旧文,而不暇订正耳。又沈约在萧齐修《宋书》,永光以后皆其笔也,故于宋、齐革易之际,不得不多所忌讳。(见《廿二史札记》卷九)

又李详云:休文《宋书》,成于补缀。奏上次第,其表有阙。侈陈符瑞,滥推上古。州郡侨置,棼丝错午。不传桓卢,亦乖前例。谰诬宫掖,语阴滋戾。(注)沈约《宋书》一百卷,继徐爱之后,补缀所遗。《梁书·约传》:约表上其书,谓本纪、列传缮写已毕,合志表七十卷,所撰诸志,须成续上。盖约表上此书,时有先后。后进之书,或将前表刊除,亦未可知。《符瑞》一志,创之自约。横列上古之事,徒为庞杂。若《州郡志》又不尽载侨置割隶。此遗彼夺,难于寻核。至约表言桓玄、卢循,身为晋贼,非关后代。此论虽正,然于《汉书》《国志》追录陈、项、董卓、二袁,争功立业,志其缘起,此例似不如之。又言孝武寝息路太后所,人有异议,致启魏收诬以悉母,言不可不慎也。(见《窳记》)

又金毓黻云:南北朝之史,唯沈约《宋书》详赡有法,所撰诸志,上继《史》《汉》,以弥陈寿以来诸作之缺,其体略如后来之《五代史志》。如此编次,尤具史识。沈氏本已编撰晋、宋、南齐诸史,斐然可观,惜今存者,独《宋史》耳。此书保存史实最多,实在《晋书》之上。(见《中国史学史》)

〔六〕《隋志考证》:梁尚书仆射沈约撰《宋书》一百卷。

〔七〕《梁书》本传:高祖勋业既就,约尝扣其端。又曰:今不可以淳风期万物,攀龙附凤者莫不云明公其人也。高祖受禅,为尚书仆射。卒谥曰隐。

〔八〕《隋志考证》:梁通直郎裴子野撰《宋略》二十卷。

〔九〕章学诚云:史称裴子野删《宋书》,为《宋略》三十卷,约见之,叹曰:吾不如也。《史通》因饰之曰:由是言宋史者,以裴《略》为上,《宋书》次之。此岂情理之言哉?裴《略》今已不传,前人录入编年部次,是荀悦《汉纪》、袁宏《后汉纪》之属也。是与纪传之史,绝不相蒙。前史谓删约《书》,固已谬矣。(见《文史通义》)

〔一〇〕按《南史·裴松之传》(松之为子野之曾祖):兰陵萧琛言其评论,可与《过秦》《王命》分路扬镳。

二、齐史

(一)江淹《齐史》

江淹,字文通,济阳考城人。少孤贫好学,沈静少交游,以文章显,起家南徐州从事。建元初,为建安王记室,参掌诏册,并典国史。(见《梁书》本传)当江淹始受诏著述,以为史之所难,无出于志,故先著十志,以见其才。(见《史通·正史篇》)夫志之难为,宋郑樵有说曰:志者,宪章之所系,非老于典故者不能为也。(见《通志序》)

又考江淹著齐纪,系与司徒左长史檀超共订条例,为王俭所驳。[一]

按志名律历、礼乐、天文、出行、郊祀、刑法、艺文依班固,朝会、舆服依蔡邕、司马彪,州郡依徐爰,百官依范蔚宗。(见《隋志考证》)

按:考城江文通淹,《梁书》卷十四《列传》第七,《南史》卷五十九,《列传》第四十九,俱有传。

(二)萧子显《齐书》

萧子显,字景阳,兰陵人。本齐高帝之孙,豫章王嶷之子,子恪第八弟也。幼聪慧,伟容貌,身长八尺,好学,工属文。[二]高祖雅爱子显才,尝从容谓子显曰:我造《通史》,此书若成,众史可废。子显对曰:仲尼赞《易》道,黜《八索》,述职方,除《九丘》,圣制符同,复在兹日。时以为名对。三年,以本官领国子博士。迁吏部尚书,为吴兴太守。子显所著《后汉书》一百卷,《齐书》六十卷。(见《梁书》本传)采众家《后汉》,考正同异,为一家之书。[三]梁天监中,为太尉录事,启撰齐史。[四]书成,表奏之,诏付秘阁。起昇明之年,尽永元之代,为纪八、志十一、列传四十,合成五十九篇。刘氏《史通》及曾巩《叙录》所述,卷数同。但《梁书》本传谓所著《齐书》六十卷,今《齐书》只有五十九卷,盖子显欲仿沈约作《自序》一卷,附于后,未成或成而未列入耶?(见《廿二史札记》)而《四库总目提要》又谓:原书六十卷,为子显叙传,末附以《进书表》,与李延寿《北史》例同。至唐已佚其叙传,而其表至宋犹存。今又并其表佚之,故较本传阙一卷也。

纪昀云:子显序例,虽文伤蹇踬,而义甚优长,为序例之美者。又云：自李延寿之史盛行，此书诵习者鲜，日就讹脱。又云：是书虽多冗杂，然如纪建元创业诸事，载沈攸之书于《张敬儿传》，述颜灵宝语于《王敬则传》，直书无隐，尚不失是非之公。（俱见《四库总目提要》）

但在宋时，曾巩、赵若、孙觉、尹洙、苏洵诸公，校正馆书，则尝论齐史，谓子显之于斯文，喜自驰骋，其更改破析，刻雕藻缋之变尤多，而其文益下，岂夫材固不可强而有耶？[五]（见《史略》卷二）

按：兰陵萧景阳子显，《梁书》卷三十五《列传》第二十九，附《萧子恪传》；《南史》卷四十二《列传》第三十二《齐高帝诸子上·萧嶷传》附，俱有传。

(三)吴均《齐春秋》梁武帝《通史》附

吴均，字叔庠，吴兴故鄣人也。文体清拔，好事者或效之，谓为"吴均体"。（见《梁书》本传）梁天监中，为奉朝请，启撰齐史，乞给《起居注》并群臣行状。有诏：齐氏故事，布在流俗，闻见既多，可自搜访也。均遂撰《齐春秋》三十篇。其书称梁帝为齐明佐命，帝恶其实，诏燔之。[六]然其私本竟行。（见《史通·正史篇》）均免职。寻召撰《通史》。

按：通史之编纂，由于梁武帝。武帝以迁、固而下，断代为书，于是上起三皇，下迄梁代，撰为《通史》一编，欲以包罗众史。史籍标通，此滥觞也。（见《文史通义·释通》）然任其职者，则有二说焉。据《史通·六家篇》云：梁武帝又敕其群臣，上至太初，下终齐室，撰成《通史》六百二十卷。其书自秦以上，皆以《史记》为本，而别采他说，以广异闻；至两汉已还，则全录当时纪传，而上下通达，臭味相依。又吴、蜀二主皆入世家，五胡及拓跋氏列于《夷狄传》。大抵其体皆如《史记》，其所为异者，唯无表而已。据《梁书·吴均传》云：均撰齐史成，高祖以其书不实，焚之。寻使撰《通史》，起三皇，讫齐代，均草本纪、世家，功已毕，唯列传未就，卒。[七]可知其书之出于众手。

惜书已散亡,无从考证,惟依《梁书·武帝纪》注云:太清二年,《通史》成,躬制赞序,凡六百卷。[八]天情睿敏,下笔成章。并可推想其书体例,由梁主拟定,故以吴、蜀列为世家也。

按:吴兴吴叔庠均,《梁书》卷四十九《列传》第四十三《文学上》,《南史》卷七十二《列传》第六十二《文学》,俱有传。

延伸阅读

〔一〕《南齐书·檀超传》:建元二年,初置史官,超与江淹掌史职。上表立条例:开元纪号,不取宋年,封爵各详本传。无假年表,立十志:律历、礼乐、天文、五行、郊祀、刑法、艺文依班固,朝会、舆服依蔡邕、司马彪,州郡依徐爰,百官依范晔,合州郡。班固五星载天文,日蚀载五行,改日蚀入《天文志》。帝女体自皇宗,立传以备甥舅之重。又立处士、列女传。诏内外详议。左仆射王俭议:金粟之重,八政所先,食货通则国富民实,宜加编录,以崇务本。《朝会志》前史不书,乃蔡邕一家之意,宜立食货,省朝会。五行之本,先乎水火之精,是为日月五行之宗也。今宜宪章前轨,无所改革。又立《帝女传》,亦非浅识所安。若有高德异行,自当载在列女。若止于常美,则仍旧不书。诏:日月灾隶天文,余如俭议。(见《隋志考证》)

〔二〕按:子显性凝简,负才气。及掌选,见九流宾客,不与交言,但举扇一挥而已,人皆恨之。大同间,出为吴兴太守,卒。及葬,请谥,武帝手诏:恃才傲物,宜谥曰骄。

〔三〕章宗源云:子显著《后汉书》一百卷,据众家《后汉》考正同异,为一家之言。(见《隋志考证》)

又近人金毓黻云:梁萧子显亦撰纪传体之《后汉书》,时在范氏之后。书亡于隋前,故不晓其与范书孰为优劣。(见《中国史学史》)

〔四〕《隋志考证》云:梁吏部尚书萧子显撰《齐书》六十卷。

〔五〕李详云:南齐列史,撰出萧冑。卷亡其一,序录已漏。陈思、元首,兴怀葛藟,综引表论,欻歔徘徊。广陵、曲江,准望南兖,证以州郡,可订乖舛。(注)萧子显《南齐书》五十九卷,本名《齐书》,以别李百药《北齐书》,故加"南"字。《梁书·萧子显传》作六十卷(《隋志》同),《山堂考索》引《馆阁书目》:《南齐书》本六十卷,盖后亡其一篇。据《史通·序例篇》,言萧齐之《叙录》,又《南史·子显传》,载其《自序》,似原书本有《自序》一篇,而后失其传。四库馆臣言《高十二王传》,引陈思之《表》(《求通亲表》)、曹冏之《论》(《六代论》),感怀宗国,有史家言外之意。广陵、曲江,争者聚讼。此书《州郡志》:南兖州广陵郡,土甚平旷,刺史每以秋时多出海陵观涛,与京口对岸,江之壮阔处也。可见表、志之善,一义若珠船矣。(元首,曹冏字)

〔六〕《梁书》本传云:均表求撰《齐春秋》,书成三十卷,奏之。高祖以其书不实,使中书舍人刘之遴诘问数条,竟支离无对,敕付省焚之。

又高似孙云:吴均欲撰《齐书》,求借齐《起居注》及群臣行状,武帝不许。遂私撰,奏之,称帝为齐明帝佐命。帝恶其书不实,使中书舍人刘之遴诘问数十条,竟支离无对,敕付省焚之,坐免职。(见《史略》卷二)

〔七〕《隋志考证》:《梁书·武帝纪》:帝造《通史》,躬制赞序,凡六百卷。《吴均传》:使撰《通史》,均草本纪、世家,功已毕,惟列传未就,卒。

〔八〕《隋志考证》:《通史》四百八十卷,梁武帝撰,起三皇,讫梁。

三、梁、陈史

(一)何之元、刘璠《梁典》

何之元,庐江人。锐精著述,以为梁氏肇自武皇,终于敬帝,其兴亡盛衰之踪,足以垂鉴戒,定褒贬。究其终始,起齐永元元年,迄于王琳遇获,七十五年行事,草创为三十卷,号曰《梁典》。〔一〕而《史通·正史篇》云:庐江何之元、沛国刘璠以所闻见,穷其始末,合撰《梁典》三十篇,而纪传之书未有其作。按《陈书》二人传,各言撰《梁典》三十卷,隋、唐二《志》,亦皆分载二典。顾《史通》以为合撰,则《梁典》只一书耳。足证二志之歧出。

刘璠,字宝义,沛国人。世宗初,掌纶诰,与庐江何之元各以所闻见,究其始末,合撰《梁典》三十篇,而纪传之书,未有其作。(见《史通》"正史""题目")子祥,字休徵,缮定其书。按《周书·刘璠传》云:璠所著《梁典》,未及刊定,卒。但临终谓休徵曰:能成我志,其此书乎?休徵治定缮写,勒成一家,行于世。而《北史》璠等传论曰:梁氏据有江东五十余载,挟策纪事,盖亦多人。刘璠学思通博,有著述之誉。虽传信传疑,颇有详略,而属词比事,为一家之言也。

按:庐江何之元,陈始兴王谘议,《陈书》卷三十四《列传》第二十八《文学》,《南史》卷七十二《列传》第六十二《文学》,俱有传。

又按:沛国刘宝义璠,《周书》卷四十二、《北史》俱有传。

(二)顾野王、傅縡、陆琼《陈书》

顾野王,字希冯,吴郡吴人。后主在东宫,除太子率更令。寻领大著作,掌国史,知梁史事,撰《通史要略》一百卷,《国史纪传》二百卷,未就而卒。但《史通·正史篇》云:陈史,初有吴郡顾野王、北地傅縡各为撰史学士,其武、文二帝纪即顾、傅所修。而《唐志》云:顾野王《陈书》三卷。

傅縡,字宜事,北地人。梁太清末,携母南奔。俄丁母忧,在兵乱之中,居尽礼,哀毁骨立。世祖召为撰史学士。(见《陈书》本传)《唐志》云:傅縡《陈书》三卷。

陆琼,字伯玉,有至性,从祖襄叹曰:此儿必荷门基,所谓一不为少。领大著作。(见《陈书》本传)《隋志》云:《陈书》四十二卷,讫宣帝,陈吏部尚书陆琼撰。《史通·正史篇》云:太建初,中书郎陆琼续撰诸篇,事伤繁杂。三氏所作,后归姚察删改之。察子思廉完成之,详姚思廉节。

按:陈吏部尚书陆琼、顾野王、傅縡三氏,《陈书》卷三十《列传》第二十四,同传;傅、顾《南史》卷六十九《列传》第五十九,同传。

延伸阅读

〔一〕《隋志考证》:《梁典》三十卷,刘璠撰;又《梁典》三十卷,陈始兴王谘议何之元撰。

按《隋志考证》上《梁典》条,载有何之元所作《自序》一文。

第十三章　治北朝史

一、元魏史

(一)崔浩《元魏书》

崔浩,字伯渊,清河人。后魏侍中,抚军大将军,封东郡公。

初,太祖诏尚书郎邓渊著国记,未成。〔一〕逮于太宗,废而不述。神麚二年,诏集诸文士崔浩、浩弟鉴、高谠、邓颖、晁继、范亨、黄辅等撰国书,为三十卷。〔二〕又特命浩总监史任,但浩述国事,无隐恶,务从实录。书成,刊石写之,以示行路。浩坐此夷三族,同作死者百二十八人。自是遂废史官。(见《史通·正史篇》)至文成帝和平元年,始复其职,而以高允典著作修国记。允年已九十,手目俱衰。时有校书郎中刘模,长于缉缀,乃令执笔而口占授之。如是者五六岁,所成篇卷,模有力焉。(见书同上)

按:当浩之被收也,允直中书省。太祖召见,问曰:国书皆崔浩作否? 允对曰:臣与浩同作,臣多于浩。世祖太怒,而允对不屈。世祖感之,许为贞臣,宥其罪。(见《魏书·高允传》)

按:清河崔伯渊浩,《魏书》卷三十五《列传》第二十三有传,《北史》卷二十一《列传》第九附父《崔宏传》。

(二)魏收《魏书》

魏收,字伯起,小字佛助,巨鹿下曲阳人。与温子昇、邢子才齐誉,世号三才子。齐天保二年,敕秘书监魏收博采旧闻,勒成一史。又命刁柔、辛元植、房延祐、睦仲让、裴昂之、高孝幹等助其编次。收所取史官,惧相凌忽,故刁、辛诸子并乏史才,唯以仿佛学流,凭附得进。于是大征百家谱状,斟酌以成《魏书》,上自道武,下终孝靖,纪、传与志,凡百三十卷。〔三〕表上,悉焚崔浩、李彪等旧书。

收诣齐氏,于魏室多不平。既党北朝,又厚诬江左。〔四〕性憎胜己,喜念旧恶。甲门盛德与之有怨者,莫不被以丑言,没其善事。迁怒所至,毁及高曾。书成始奏,诏收于尚书省与诸家论讨。前后列诉者百有余人。〔五〕时尚书令杨遵彦,一代贵臣,势倾朝野,收撰其家传甚美,是以深被党援。诸讼史者皆获重罚,或有毙于狱中,群怨谤声不息。〔六〕

孝昭世,敕收更加研审,然后宣布于外。武成(孝武帝世祖谥也)尝访诸群臣,犹云不实,又令治改,其所变易甚多。由是世薄其书,号为"秽史"。至隋开皇,敕著作郎魏澹与颜之推、辛德源更撰《魏书》。(见《史通·正史篇》)详魏澹节。然据《典略》所述云:齐主以魏收之卒,命中书监阳休之裁正其所撰《魏书》。休之以收叙其家事稍美,且寡才学,淹延岁时,竟不措手,唯削去嫡庶百余字。(见《史略》卷二引)可知收书在澹未改撰之前,已不满于时君矣。

又魏收著史,以高氏出自尔朱,且纳荣子金,故减其恶而增其美。(见《史通·论赞篇》)如此予夺失宜,是非失中矣。考其详情,为当时荣子文畅遗收金,请为其父做佳传。收论内遂有"若修德义之风,则韦、彭、伊、霍夫何足数"等语。(见《廿二史札记》)是以收书给后人以三种不同之批评焉。

其一，即上述受尔朱氏金事。其二，为李百药《齐书》序论魏收云：若使子孙有灵，窃恐未挹高论。此二者，评收书邪曲也。其三，《收传论》又云：其文词足以入相如之室，游尼父之门。此为一好评也。

《北史·卢玄传》：玄之孙思逊，才学兼著。齐天保中，魏史成，思逊多所非毁。此又为一段故事云。犹有一说，谓魏收修史，在北齐时，凡魏朝记载，如邓渊、崔浩、高允所作编年书，李彪、崔光所作纪传表志，邢峦、崔鸿、王遵业所作《高祖起居注》，温子昇所作《庄帝纪》，元晖业所作《辨宗室录》，卷帙具在，足资采辑，故其书较为详备。及书成，则尽焚崔、李等旧书，于是收书独存。而魏澹续修，亦仅能改其义例之不当者乎。（见《廿二史札记》）

故邵二云云：收叙事详赡，而条例未密，多为魏澹所驳正。《北史》不取魏澹之书，而于澹传存其叙例，亦史家言外之意也。澹等之书俱亡，而收书终列于正史〔七〕，然则著作之业，固不系乎一时之好恶哉。〔八〕（见《南江文钞》）

按：曲阳魏伯起收，北齐仆射，《北齐书》卷三十七《列传》第二十九，《北史》卷五十六《列传》第四十四，俱有传。

(三)魏澹《后魏书》

魏澹，字彦深〔九〕，季景之子也。仕齐殿中郎、中书舍人。入周，迁著作郎。隋初，帝以魏收所撰《后魏书》，褒贬失实，诏澹别成魏史，义例与魏收多所不同。（见《北史·魏圣景传》）但在《隋书》本传，则云：高祖以魏收所撰书褒贬失实，宋绘《中兴书》事不伦序，诏澹别成《魏史》。澹自道武下及恭帝，为十二纪，七十八传，别为史论及例各一卷，并目录合九十二卷。书甚简单，大矫收、绘之失，上览而善也。〔一〇〕

再据《史通·正史篇》云:隋开皇,敕著作郎魏澹与颜之推、辛德源更撰《魏书》,矫正收失。澹以西魏为真,东魏为伪,故文、恭列纪,孝靖称传。合纪、传、论例,总九十二篇。炀帝以澹书犹未能善,又敕左仆射杨素别撰,学士潘徽、褚亮、欧阳询等佐之。会素薨而止。澹书早已不传,唯收书仍独行于世耳。

又刘知幾斥澹书:彦渊之改魏收也,以非易非弥见其失矣。(见《史通·杂说下》)又曰:近代述者,魏著作李安平之徒,其撰魏、齐二史,于诸帝篇,或杂载臣下,或兼言他事,巨细毕书,洪纤备录,全为传体,有异纪文。(见《史通·体例篇》)则书虽不见,而其优劣可知矣。

又魏澹改收书之时,凡魏朝记载,早被收焚灭无存。其所根据,亦只收书而已。故叙事,两书大略相同云。

按:隋著作郎魏彦深澹,《北史》卷五十六《列传》第四十四附父《魏季景传》,《隋书》卷五十八《列传》第二十三有传。

参考资料

杭世骏《魏收作史不避讳》,《道古堂集》。

吴兰修《魏收魏书跋》,《学海堂集》。

凌廷堪《后魏书音义叙》,《校礼堂集》。

洪亮吉《后魏书叙》,《更生斋集》。

延伸阅读

〔一〕《魏书·邓渊传》:太祖定中原,诏渊撰国记。渊造十余卷,惟次年月起居行事而已,未有体例。

〔二〕《史通·正史篇》:渊撰国记,暨乎明元,废而不述,授其子颖与崔浩等,共撰《国书》三十卷

又近人金毓黻云:后魏于道武时,始令邓渊著国记,而条例未成。太武时,诏崔浩等重撰国书,又命浩总监史任,务从实录,叙述国事,无隐所恶。及修史成,浩遂刊石以示行路,后为人所讦,坐夷三族。

同坐死者百五十八人,是时并为之废史官。(参阅《魏书》崔浩、高允二传及《史通·正史篇》)(见《中国史学史》)

又赵超玄云:元魏道武时,始令邓渊著国记,惟为十卷,次年月起居行事而已,未有体例,暨乎明元,废而不述。神䴥二年,又命史职集前功,以成一代之典,特命崔浩监秘书事,以中书侍郎高允、散骑侍郎张伟等续成前纪,为三十卷。至于损益褒贬,折中润色,浩所总焉。著作令史太原闵湛、赵郡郄标素诣事浩,乃请立石铭刊国书,浩赞成之,恭宗善焉。遂营于天郊东三里,方百三十步,用功三百万,乃讫。有司按验浩,取秘郎吏及长历生数百人意状,浩伏受赇,其秘书郎吏已下死者百二十八人,皆夷三族,自是遂废史官。至文成帝和平元年,始复其职,而以高允典著作。(见《中国史学史·记论》)又云:后魏克平诸国,据有嵩华,始命司徒崔浩博采旧闻,缀述国史。诸国记注,尽集秘阁。尔朱之乱,盖皆散亡,今已不可复考。(见书同上)

〔三〕《隋志考证》:后齐仆射魏收,撰《后魏书》百三十卷。

〔四〕《史通·采撰篇》:魏收党附北朝,尤苦南国,承其诡妄,重以加诸。遂云马叡出于牛金,刘骏上淫路氏。可谓助桀为虐,幸人之灾。

〔五〕高似孙云:按天保中,收奉诏采拾遗佚,缀续旧事,作纪十,志十,传九十二,表上,悉焚崔浩、李彪等旧书。收党齐毁魏,褒贬肆情,时以为秽史,独杨愔等助之,故其书渐行。(见《史略》卷二)

邵二云云:收以修史为世所诟厉,号为秽史。今以收传考之,则当时投诉或不尽属公论,千载而下,可以情测也。(见《南江文钞》)

〔六〕王鸣盛云:魏收《魏书》,撰成于齐文宣帝天保五年,史称收褒贬肆情,时论不平。范阳庐斐、顿丘李庶、太原王松年,并坐谤史,受鞭配甲坊,众口沸腾,号为秽史。时杨愔、高德正用事,收皆为其家作佳传,二人深助之,抑塞诉词,不复重论,亦未颁行。收既以魏史招怨,齐亡之后,盗发其冢,弃骨于外。(见《十七史商榷》)

〔七〕梁章钜云：魏收《魏书》，经刘恕等校实，称其亡佚不完者二十九篇。（见《浪迹丛谈》卷十四）

〔八〕李详云：元魏诸史，仅存伯起。百家谱状，蝉嫣竟委。毛羽创瘥，当世不平。李（延寿）凌（廷堪）湔洗，是非乃明。僭晋私署，事同风马。词言质俚，览者益寡。（注）收撰此书时，大征百家谱状。今观其列传，凡诸无闻子孙，滥及数世，是均谱学之过。至当世与之有怨者，莫不被以恶名，前后列诉，凡百有余人，虽累次责其研审治考，人犹号为秽史。后李延寿谓其婉而有别，繁而不芜。本朝凌廷堪氏亦重其书，可谓憎而知其善矣。收之擅为标目，如僭晋司马睿，私署凉州牧张实，校年论地，于魏何与？（见《窳记》）

又金毓黻云：魏收之书，虽以秽史见嗤，然实详赡有法，其官氏、释老二志，更为创作。（见《中国史学史》）

按：凌次仲廷堪著有《后魏书音义》，惜未及见。今《校礼堂集》有《自序》，甚佳。洪稚存《更生斋文集》中亦有是书叙，言有四十卷。（见《越缦堂日记补》）

〔九〕按澹本字彦渊，避唐讳改为深。

〔一〇〕高似孙云：隋文帝以收书不实，诏魏澹更作。收史阙纪二卷，传二十二卷。《太宗纪》则补以魏澹所作，《静帝纪》则补以高峻《小史》。（见《史略》卷二）

又《隋志考证》：著作郎魏彦深撰《后魏书》一百卷。

又《北齐书·魏兰根传》：彦卿弟澹撰《后魏书》九十二卷。

二、北齐、北周史

(一)王劭《北齐志》

王劭，字君懋，太原晋阳人。隋文帝时，为著作郎。炀帝时，官终秘书少监。笃好经史，用思甚专，然性颇恍惚。少任邺中，多识故事。乃凭《起居注》，广以异闻，造编年书，号《齐志》，十有六卷。〔一〕其论战争,述纷扰,贾其余勇,弥见所长。

唐刘知幾一生最心折之,谓:劭长于叙事,无愧古人。又云:王劭之抗辞不挠,可以方驾古人。(见《史通》"正史篇""言语篇""叙事篇"和"曲笔篇")但世之学者皆尤之,以言多滓秽,语伤浅俗之故。知幾又谓:劭任北朝史事,大概都辑国书,不为饰说。(并见《史通·杂说篇》)即《北史》亦论云:劭久任史官,既撰《齐书》,兼修隋典,好诡怪之说,尚委曲之谭,文词鄙秽,体统烦杂,直愧南、董,才无迁、固,徒烦翰墨,不足观采。[二]又云:劭初撰《齐志》,复为《齐书》,或文词鄙野,或不轨不物,骇人视听,大为有识所嗤。[三]今其书不存。

劭又录开皇、仁寿时事,并采迁怪委巷之言,编而次之,以类相从,各为其目,勒成《隋书》八十卷。[四]寻其义例,皆准《尚书》。(见《史通·六家篇》)又曰:君懋《隋书》,虽欲祖述商、周,宪章虞、夏,观其所述,乃似《孔子家语》、临川《世说》,谓画虎不成,反类犬也。《北齐书》终由李百药完成之,详李百药节。

按:晋阳王君懋劭,《隋书》卷六十九《列传》第三十四有传,《北史》卷三十五《列传》第二十三附《王慧龙传》。

(二)牛弘《北周史》

牛弘,字里仁,安定鹑觚人。本姓寮,父允为后魏侍中,赐姓牛。弘性宽裕,好学博闻。开皇初,授秘书监,拜礼部尚书,敕撰《周纪》十有八篇[五],略叙纪纲,仍皆抵牾。(见《史通·正史篇》)但世之议者,咸以北朝众作,《周史》为工,盖赏其记言之体,多同于古故也。(见《史通·言语篇》)

寻宇文初习华风,事由苏绰。至于军国词令,皆准《尚书》。太祖敕朝廷,他文悉准于此。盖史臣所记,皆禀其规。柳虬之徒,从风而靡。案绰文虽去彼淫丽,存兹典实。而陷于矫枉过正之失,乖夫适俗随时之义。苟记言若是,则其谬逾多。爰及牛弘,弥尚儒雅。即其旧事,因而勒成。[六]务累清言,罕逢佳句。而令狐不能别求他述,用广异闻,唯凭本书,重加润色。遂使周氏一代之史,多非实录者焉。(见《史通·杂说篇》)可知弘书未成,后来令狐德棻即据之以作《周书》矣。

按:鹑觚牛里仁弘(一作宏),隋吏部尚书,《隋书》卷四十九《列传》第十四,《北史》卷七十二《列传》第六十,俱有传。

延伸阅读

〔一〕《隋志考证》:后齐事,王劭撰《齐志》十卷。又《隋书》六十卷(未成),秘书监王劭撰。

〔二〕钱大昕云:知幾亦讥其鄙碎,见《补注篇》。(见《十驾斋养新录》)

按《史通》原文曰:(上略)自兹已降,其失逾甚。若萧大图、羊衒之琐杂,王劭、宋孝之鄙碎,言殊拣金,事比鸡肋,异体同病,焉可胜言。

〔三〕章宗源云:劭所著纪传名《齐书》,编年名《齐誌》,《隋志》阙载。其《齐书》,《唐志》则正史、古史两类俱题《齐志》。无言旁,自是重出。《史通》惟称《齐誌》。(见《隋志考证》上)

〔四〕又云:《北史·王劭传》,劭在著作,将二十年,专典国史,撰《隋书》八十卷,多录国朝,又采迂怪不经之语及委巷之言,以类相从,为其题目。词义繁杂,无足称者,遂使隋代文武名臣列将善恶之迹,湮没无闻。(见书同上)

又高似孙云:王劭《隋书》六十卷,未成。秘书监劭所著《隋书》,多采迂怪不经之语,词义繁杂,遂使隋恶之迹,湮灭无闻。(见《史略》卷二)

〔五〕章宗源云:吏部尚牛弘撰《周史》十八卷。(见《隋志考证》)

〔六〕《史通·外编》:宇文周史,大统中,秘书丞柳虯兼领著作,直辞正色,事有可称。至隋开皇,秘书监牛弘追撰《周纪》十有八篇。

附:起居注
后魏一人。

第五编

隋 唐 史 学

房玄龄　令狐德棻　姚思廉　姚　察　李百药

李德林　魏　徵　于志宁　李淳风　韦安仁

李延寿　李大师　温大雅　许敬宗　吴　兢

韦　述　柳　芳　苏　冕　杨绍复　司马贞

张守节　颜师古　颜游秦　李　贤　刘知幾

刘　秩　杜　佑　贾　耽　李吉甫

第一章　开始设局修史

一、房玄龄等《晋书》

贞观十八年，太宗以前后《晋史》十八家，制作虽多，未就尽善。[一]乃敕房乔与褚遂良重撰《晋书》。于是奏请许敬宗、来济、陆元仕、刘子翼、令狐德棻、李义府、薛元超、上官仪等八人分功撰录。[二]以臧荣绪《晋书》为主，参考诸家，甚为详洽。然史官多文咏之士，好采诡谬碎事，竞为绮艳。又以李淳风深明星历，主修天文、律历、五行三志，最为可观。而太宗自著宣、武二帝纪，陆机、王羲之二传之四论，因总题其书曰御撰，为纪十，志二十，列传七十，载记三十，并叙例、目录，凡合一百三十二卷。自是言《晋史》者，皆弃其旧本，竞从新撰者焉。[三]（见《旧唐书》及《史通·正史篇》）此为中国设局修史，史出众手之始。

若考其弊，则有刘氏知幾之言可证，以刘氏后亦为在局修史之一员，故所述情形，较为可靠。兹录其言曰：每欲记一事载一言，皆搁笔相视，含毫不断，故头白可期，汗青无日。又曰：史官记注，取禀监修，一国三公，适从何在？（见《史通·外篇》）可知著者俱无责任之心矣。夫著者既不肯负责，则其个性必湮灭，书必无精神。（用梁任公语）但自此以后，每易一姓，即开馆修前代之史。置员犹多，而以贵臣领其事，遂习为成例矣。

又考此次修史，房乔奏令狐德棻为先进，其类例既多所诹定，而河东人敬播又同定之。[四]

二、对《晋书》的评论

其陆、王二传论，既由太宗御撰，而士衡仅一文士，逸少仅一善书者,则其宗旨,大概可知。其所褒贬,略实行而奖浮华,其所采择,忽正典而取小说,波靡不返,有自来矣。《四库总目提要》云:其所载者,大抵宏奖风流,以资谈柄。取刘义庆《世说新语》与刘孝标所注,一一互勘,几于全部收入。是直稗官之体,安得目曰史传乎?但李慈铭则云:《晋书》世多诋之,以其芜而尚排偶也。然骈俪行文,自六朝至五代,诏策诰诫,无不出此,是当时所尚,即为史体矣,安见论赞之必须散文乎?唯其书好载纤佻杂事,甚至载及荒幻,颇伤史体。至其论赞,则区分类别,尽当情理。诉斥奸佞,无微不著。又多责备贤者,殊上足正班史之忠佞混淆,下不同宋祁之刻而无当。行文抑扬反覆,求得其平,往往如人意中所欲言,典切秀炼,而不以词累意。盖其书多出太宗御定,当贞观右文、儒学极盛之时,固足以集艺林之大成也。[五](见《越缦堂日记补》)

按:临淄房玄龄乔,《唐书》卷九十六《列传》第二十一,《旧唐书》卷六十六《列传》第十六,俱有传。

又按:河东敬播,《唐书》卷百九十八《列传》第百二十三《儒林上》,《旧唐书》卷百八十九《列传》第百三十九《儒学上》,俱有传。

参考资料

邵晋涵《晋书提要》,《南江文钞》。

侯康《晋书跋》,《学海堂二集》。

谭莹《晋书跋》。

钱仪吉《补晋书兵志》。

傅维鳞《读晋书习凿齿传书后》,《歉斋遗稿》。

胡承珙《王隐晋书辑本序》,《求是堂文集》。

毕沅《地道记总叙》,《湖海集》。

洪亮吉《地道记后序》。

王源《万季野补晋书五表序》,《居业堂文集》。

洪亮吉《东晋疆域志序》。钱大昕又序。

延伸阅读

〔一〕按诏修《晋书》之文云:《晋书》十有八家,虽存记注,而才非良史,书非实录。荣绪烦而寡要,行思(谢沈字)劳而少功,叔宁(虞预字)味同画饼,子云学湮涸流,处叔(王隐字)不预于中兴,法盛莫通乎创业。泊乎干、陆、曹、邓,略纪帝王;鸾、盛、广、松,才编载记。其文既野,其事罕有。(见《玉海》卷四十六引)

〔二〕王应麟云:唐之修《晋史》也,许敬宗、李义府与秉笔焉,是恶知兰艾鸾枭之辨。(见《困学纪闻》卷十三)

又高似孙云:太宗命来济、陆元仕、刘子翼、李淳风、李义府、薛元超、上官仪、崔行功、辛丘驭、刘引之、杨仁卿、李延寿、张文恭分撰。令狐德棻、敬播、李安期、李怀俨、赵汝智考正类例。(见《史略》卷二)

〔三〕钱大昕云:当时王隐、何法盛、臧荣绪诸家之书具在,故刘知幾《史通》有《新晋书》之称。(见《十驾斋养新录》)

又赵翼云:唐初修《晋书》,以臧荣绪本为主,而兼考诸家成之。今据《晋》《宋》等书列传所载,诸家之为《晋书》者,无虑数十种。其作于晋时者:武帝时,议立《晋书》限断,荀勖谓宜以魏正始起年,王瓒欲引嘉平以下朝臣尽入于晋,贾谧请以泰始为断。事下尚书议,张华等谓宜用正始,从之。(《贾谧传》)武帝诏自泰始以来大事皆撰录,秘书写副,后有事即依类缀缉。(《武帝纪》)此《晋书》之权舆也。自后华峤草《魏》《晋》纪传,与张载同在史官。永嘉之乱,《晋书》存者五十余卷。(《峤传》)干宝著《晋纪》,自宣帝迄愍帝,凡二十卷,称良史。(《宝传》)谢沈著《晋书》三十余卷。(《沈传》)傅畅作《晋诸公赞叙》二十二卷,又为《公卿故事》九卷。(《畅传》)荀绰作《晋后书》十五篇。(《绰传》)束晳作《晋书》帝纪、十志。孙盛作《晋阳秋》,词直理正,桓温见之,谓其子曰:枋头诚为失利,何至如尊公所说。若此史遂行,自是关君门户事。其子惧祸,乃私改之。而盛所著已有二本,以其一寄慕容。后孝武博求异闻,又得之,与中国本多不同。(《盛传》)王铨私录晋事,其子隐遂谙悉西晋旧事。后与郭璞同为著作郎,撰《晋史》。时虞预亦私撰《晋书》,而生长东南,不知中朝故事,借隐书窃写之。庾亮资隐纸笔,乃成书。隐文鄙拙,其文之可观者乃其父所撰,不可解者,隐之词也。(《王隐传》)习凿齿作《汉晋春秋》,起汉光武,终晋愍帝。于三国之时,则以蜀为正统。魏武虽承汉禅,而其时孙、刘鼎立,未能一统天下也,尚为篡逆。至司马昭平蜀,乃为汉亡,而晋始兴焉。(《凿齿传》)

其晋以后所作者:宋徐广撰《晋纪》四十六卷。(《广传》)沈约以晋一代无全书,宋泰始中,蔡兴宗奏约撰述,凡二十年,成一百十卷。(《约传》)谢灵运亦奉敕撰《晋书》,粗立条流,书竟不就。(《灵运传》)王韶之私撰《晋安帝春秋》,既成,人谓宜居史职,即除著作郎,使续成后事,讫义熙九年,其叙王珣货殖、王嶷作乱事。后珣子弘贵,韶之尝惧为所害。(《韶之传》)荀伯子亦助撰《晋史》。(《伯子传》)张缅著《晋钞》三十卷。(《缅传》)臧荣绪括东西晋为一书,纪、录、志、传共一百十卷。(《荣绪传》)刘彤集众家《晋书》注干宝《晋纪》,为四十卷。(《刘昭传》)萧子云著《晋书》一百十卷。(《子云传》)此皆见于各传者。

又《唐书·艺文志》所载晋朝史事,尚有陆机《晋帝纪》,刘协注《晋纪》,刘谦《晋纪》,曹嘉《晋纪》,邓粲《晋纪》及《晋阳秋》,檀道鸾《晋春秋》,萧景畅《晋史草》,郭季产《晋续纪》《晋录》之类。当唐初修史时,尚俱在,必皆兼综互订,不专据荣绪一书也。(见《廿二史札记》卷七)

〔四〕朱彝尊云:贞观撰《晋书》,体例出于敬播。于是李淳风、于志宁等,则授之以志,孔颖达等,则授之以纪传。(见《曝书亭集》卷三十三)

〔五〕赵翼云:论《晋书》者,谓当时修史诸人皆文咏之士,好采诡谬碎事,以广异闻。又史论竞为艳体,此其所短也。然当时史官如令狐德棻等皆老于文学,其纪传叙事,皆爽洁老劲,非《魏》《宋》二书可比。而诸僭伪载记,尤简而不漏,详而不芜,视《十六国春秋》,不可同日语也。其列传编订,亦有斟酌。……各传所载表、疏、赋、颂之类,亦皆有关系。(见《廿二史札记》卷七)

又李详云:《晋书》奉敕,始著官本。萃十八家,斟益沾损。广罗小说,坐长繁芜。词家徐庾,如涂附骥。陆王两传,立论称制。文皇御赏,特在文艺。弃旧从新,何臧遂论。喜其载记,东汉聿遵。(注)《晋书》实官撰之始。惟其好搜小说,如《幽明录》《语林》《世说》《异苑》,近乎诡诞,加以秉笔词臣,皆承六朝文体,动矜骈俪,而于《宣武纪》,陆机、王羲之传,皆称"制曰",故此书统名"文皇御撰"也。知幾又言,自是言《晋史》者,皆弃其旧本,竞从新撰。按知幾所言旧本,指何法盛《中兴书》、臧荣绪《晋书》而言。盖合东西两晋成书,首尾赅备,惟有何、臧两书。而荣绪书,纪录志传,弥纶一代,尤为后世所称。故李善注《文选》,盛引臧书,不从新撰。乃卒不胜官本,遂致失传,惜哉!又"载记"之名,乃东汉班固、陈宗诸人撰新市、平林、公孙述事,别标此目。(见《后汉书·班固传》《史通·正史篇》)《晋书》于刘渊、石勒僭伪诸国,皆列之载记,附于其后,亦为善也。(见《癎记》)

第二章　续修五代纪传

一、令狐德棻等《周书》

唐高祖武德五年,秘书丞宜州人令狐德棻始创议修六代史。同时分撰者,凡一十七人。[一]其限以六代者,盖因《宋书》已有沈约,《南齐书》已有萧子显,唯魏收《魏书》为众论所不许,故重修之。而合北齐及周、隋、梁、陈为六代也。其后论撰,历年不能就,乃罢之。

至太宗贞观三年,始复从秘书之奏。以魏有魏收、魏澹二家,已详,惟北齐、周、隋、梁、陈五家史当立,于是罢修《魏书》,止撰《五代史》。同时分撰者凡九人。房玄龄则总监五史。但此九人,合新旧书只见六人。其同撰《陈书》,有颜师古、孔颖达、许敬宗三人,又得之于《隋书》后跋。合计之,惟李百药独主《北齐》,姚思廉独主梁、陈,余无独撰者。(见《十七史商榷》)

然《史通·正史篇》云:初,太宗以梁、陈及齐、周、隋氏并未有书,乃命学士分撰,使秘书监魏徵总知其务,凡有赞论,徵多与焉。始以贞观三年创造,至十八年方就。合为五代纪传并目录,凡二百五十二卷。书成,下于史阁,唯有十志断为三十卷。则主其事者前后两人矣。

刘氏又评:皇家修五代史,馆中坠稿仍存。皆因彼旧事,定为新史。观其朱墨所图,铅黄所拂,犹有可识者。或以实为虚,以非为是。使读者眢乱而不测,惊骇而多疑。(见《史通·杂说篇》)其专对《周史》之批评云:《周史》为令狐德棻等所撰,其书文而不实,雅而无检,真迹甚寡,客气尤烦。(亦见《杂说篇》)

再据《四库总目提要》所述云:《周史》名为德棻之书,实不出德棻,以其遗文脱简,前后叠出,不能悉为补缀也。又云:德棻旁征简牍,意在摭实耳。

按:宜州(一作敦煌)令狐德棻,《唐书》卷百二《列传》第二十七,《旧唐书》卷七十三《列传》第二十三,俱有传。

二、姚思廉《梁书》《陈书》父察附见

姚思廉,本名简之,以字行,陈雍州万年人。父察,仕陈太建中,字伯审,有至性,学兼儒史,见重于时。(见《陈书》本传)有志撰勒,旋功未周。但既当朝务,兼纂国史。至于陈亡,其书不就。(见《史通·

正史篇》)陈史初有吴郡顾野王、北地傅绛各为撰史学士。其武、文二帝纪即顾、傅所修。太建初，中书郎陆琼续撰诸篇，事伤烦杂，就加删改，粗有条贯。及江东不守，持以入关。隋文帝尝索梁、陈事迹，察具以所成每篇续奏，而依违苒苒，竟未绝笔。(亦见《正史篇》)此为开皇元年之事，当时帝遣内史舍人虞世基来索也。察临亡时，以体例诫约子思廉，博访续撰之。[一](见《陈书》本传)

思廉少仕陈，为扬州主簿。入隋，为汉王府参军，河间郡司法书佐。上表陈父遗言，有诏，许其续成梁、陈史。贞观三年，又受诏与秘书监魏徵同撰梁、陈史。思廉采谢炅等诸家《梁史》，续成父书[二]，并推究陈事，删益顾野王所修旧史，撰成《梁书》五十卷、《陈书》三十卷。魏徵虽总裁其事，然论其编次笔削，皆思廉之功也。(见《十七史商榷》引新、旧《唐书》)纪昀云：《唐志》亦称《梁书》《陈书》皆魏徵同撰，旧本惟题思廉。盖徵本兼修，不过参定其论赞，独标思廉，不没兼笔之实也。(见《四库总目提要》)此二书计历九载方始毕功云。[四]

梁章钜曰：《梁书》持论，尚多平允。排整次第，犹具汉晋以来相传之史法。异乎取成众手、编次失伦者矣。又曰：《陈书》亦因父稿而咸。然姚察所撰仅二卷，余皆出思廉手。故列传体例，秩然划一，不似《梁书》之参差。(并见《退庵随笔》卷十四)

按：万年姚思廉(以字行)，唐弘文馆学士，《唐书》卷百二《列传》第二十七，《旧唐书》卷七十三《列传》第二十三，俱有传。

又按：伯审察，《陈书》卷二十七《列传》第二十一，《南史》卷六十九《列传》第五十九，俱有传。

三、李百药《北齐书》父德林附见

李百药，字重规，定州安平人，隋内史令德林之子也。幼多病，祖母赵以"百药"名之。七岁能文，号奇童。(见《唐书》本传)故唐史臣称百药翰藻沈郁，所撰《齐史》行于时。

初,德林在齐,预修国史,创纪传书二十七卷。(一作二十四卷,修未成)至开皇初,奉诏续撰。增多齐史三十八篇,以上送官,藏之秘府。皇家(指唐)贞观初,敕其子中书舍人百药,仍其旧录,杂采他书,演为五十卷。(见《史通·正史篇》)十年,书始成。[五]

按百药之承父业,纂辑成书,犹姚思廉之继姚察也。大致仿《后汉书》之体,卷后各系论赞。然据《四库总目提要》所述,谓其书自北宋以后,渐就散佚。故晁公武《郡斋读书志》已称残阙不完。今所行本,盖后人取《北史》以补亡,非旧帙矣。又谓:北齐立国本成,文宣以后,纲纪废弛,兵事俶扰。既不及后魏之整饬疆图,复不及后周之修明法制。其倚任为国者,亦鲜始终贞亮之士,均无伟功奇节资史笔之发挥。观《儒林》《文苑》传叙,去其已见《魏书》及见《周书》者,寥寥数人,聊以取盈卷帙,是其文章萎靡,节目丛脞,固由于史才史学不及古人,要亦其时为之也。

按:安平李重规百药,《唐书》卷百二《列传》第二十七,《旧唐书》卷七十二《列传》第二十二,俱有传。《北史》卷一百《列传》第八十八,有《叙传》。

又按:李德林,《隋书》卷四十二《列传》第七,《北史》卷七十二《列传》第六十,俱有传。

四、魏徵等《隋书》

魏徵,字玄成,曲城人。好读书,多所通涉。隋乱,诡为道士。初从李密入京,见高祖,自请安辑山东,乃擢秘书丞。太宗时,拜谏议大夫,检校侍中。令狐德棻、孔颖达等撰周、隋各史,徵总加撰定,多所损益,时称良史。同修《隋书》,而传不著。撰志者为于志宁、李淳风、韦安仁、李延寿、令狐德棻。按宋刻《隋书》书后有天圣中校正旧跋,称同修纪、传者,尚有许敬宗;同修志者,尚有敬播。至每卷分题,徵及无忌也。(见《四库总目提要》)

而高似孙云：唐贞观中，诏诸臣分修五代史，颜师古、孔颖达撰次隋事，起文帝，作三纪、五十列传，惟十志未奏。又诏于志宁、李淳风、韦安仁、李延寿、令狐德棻共加裒缀，高宗时上之。志乃上包梁、陈、齐、周，参以隋事，析为三十篇，号《五代志》，与书合八十五篇。按《隋志》极有伦类，而本末兼明，准《晋志》可以无憾。迁、固以来，皆不及也。正以班、马只尚虚言，多遗故实。所以三代纪纲，至八书、十志，几于绝绪。《隋志》独该五代，南北两朝，纷然殽乱，未易贯穿之事，读其书则了然如在目。良由当时区处，各当其才。颜、孔通古今而不明天文地里之学，故但修纪、传。而以十志专属之志宁、淳风，顾不当哉？（见《史略》卷二）其详见下节所述。

按：曲城魏玄成徵，《唐书》卷九十七《列传》第二十二，《旧唐书》卷七十一《列传》第二十一，俱有传。

参考资料

李百药——杭世骏《隋书李德林传后论》，《道古堂文集》。

钱大昕《跋北齐书》，《潜研堂集》卷二十八。

附：梁、陈、周、齐、隋五史，凡三次修成，可参阅《史通·正史篇》及赵翼《陔餘丛考》卷六。

延伸阅读

〔一〕高似孙云：初，令狐德棻建言，近代无正史，梁、陈、齐文籍犹可据，至周、隋事多脱损。今耳目尚相及，史有所凭。一易世，事皆泯暗，无所缀辑。陛下受禅于隋，隋承周，二祖功业多在周。今不论次，各为一王史，则先烈世庸不光明，后无传焉。帝谓然。于是诏中书令萧瑀、给事中王敬业、著作郎殷闻礼主魏史，中书令封德彝、舍人颜师古主隋史，大理卿崔善为、中书舍人孔绍安、太子洗马萧德言主梁史，太子詹事裴矩、吏部郎中祖孝孙、秘书丞魏徵主齐史，秘书监窦琏、给

事中欧阳询、文学姚思廉主陈,侍中陈叔达、太史令庾俭及德棻主周。(见《史略》卷二)

又:德棻言周、隋事多脱损。乃命德棻与秘书郎岑文本、殿中侍御史崔仁师次《周史》。是时预柬者十有八人,德棻为先进,故类例多所诹定。初,周柳虬、隋牛弘各尝论次,率多抵牾。德棻奉诏,与陈叔达、庾俭同加修纂历年。至是,复诏与文本、仁师撰成。玄龄等既上《五代史》,太宗劳之曰:朕睹前代史书,彰善瘅恶,足为将来之诫。秦始皇奢淫无度,焚书坑儒,用缄谈者之口。隋炀帝虽好文儒,尤疾学者。前世史籍,竟无所成。数代之事,殆将泯绝。朕意则不然,将欲览前王之得失,为己身之龟镜。公辈以数年之间,勒成五代之史,副朕深怀,极可嘉尚。(见《廿二史札记》、《史略》卷二)

又李详云:令狐《周书》,雅而无检。阙同北齐,罅隙难掩。论著(岑)文本,亦不尽传。剽窃弥缝,作伪多愆。《北史》既行,两书日佚。况非实录,俄空何恤?(注)《唐书·岑文本传》,与令狐德棻撰《周史》,其史论多出于文本。今列传中第十六、十八、廿三、廿四、廿五皆无论,知其久佚。盖由《北史》盛行。此书与《北齐书》,人间不甚传习,易致诋诐。(见《窾记》)

〔二〕《陈书·姚察传》,察所撰梁、陈二史虽未毕功,隋开皇时,遣虞世基索本,且进上,今在内殿。梁、陈二史本多察之所撰。(见《隋志考证》卷一引)

〔三〕钱大昕云:按思廉修梁、陈书,皆因其父察所撰而续成之。《梁书》诸论,述其父说,必称"陈吏部尚书姚察曰",仿孟坚《汉书》称司徒掾班彪之例。(见《日知录注》)

〔四〕高似孙云,思廉因父书,又采谢炅旧史裁成之,其总论出于魏徵。(见《史略》卷二)

又赵翼云:《梁书》姚察所撰,而其子思廉续成之。今阅全书,知察又本之梁之国史也。各列传必先叙其历官,而后载其事实,末又载其饰终之诏,此国史体例也。有善必书,有恶必为之讳。《梁书》虽全据国史,而行文则自出炉锤,直欲远追班、马。盖六朝争尚骈俪,即序事之文,亦多四字为句,罕有用散文单行者。《梁书》则多以古文行之,皆劲气锐笔,曲折明畅,一洗六朝芜冗之习。南北八朝史,《宋书》成于齐,《齐书》成于梁,《魏书》成于北齐,其余各史,皆唐初修成。然虽成于唐初,而天下未尝行也。(唐时尚未有镂版之法)至宋始行。(见《廿二史札记》卷九)

又钱大昕云:自史公作《自序》一篇,而班孟坚、司马彪亦称《叙传》,华峤、沈约、魏收、李延寿之徒,各为叙传。承祚先世仕蜀不显,蔚宗与汉年代隔越,故不立此篇。萧子显齐豫章王嶷之子,其传赞云烈考,云我王,与他篇异。但传中竟不列己名,则又矫枉过直矣。姚思廉《陈书》于父传末,略述已修史事,而不称叙传,亦不及入唐以后事,于体例最为得之。唐、宋以来,设立官局,史非一人一家之书,故无叙传之名矣。(见《廿二史考异》卷五)

又李详云:梁、陈二史,思廉所编。受父令,如彼谈、迁,揭橥立论,颇宗班固,或称本书,偶病歧误。朱(异)、贺(琛)合传,枭鸾同栖。例察于总,连蹇不齐。(注)思廉父子继领史任,颇如汉司马迁。其撰此两书,于察之言,必标明"陈吏部尚书姚察",亦如班固之称"司徒掾班彪"也。(见《窬记》)

〔五〕高似孙云:按百药父德林,先在齐已作纪传,百药乃因其旧,又避唐讳,易其文,议者非之。(见《史略》卷二)

又李详云:北齐至宋,亡逸泰半。采延寿书,皆可覆案。缀议不一,杂厕失伦。《梁书》《小史》,相羼乱真。紫凤天吴,颠倒短褐。雏鷇研究,论禀先达。(注)《北齐书》五十卷,百药承其父德林所纂,而成此书。至赵宋时,残缺已十之六。钱氏《考异》审正百药原本,存十八篇。谲者取李延寿《北史》校补,而不知断限。或以父及子,或以子及父,而《文襄纪》则又取《梁书》及唐人高氏《小史》,以示与《北史》小

异。后人若欲研究高齐之书,当以《北史》为据,不得误谓延寿同于百药也。(见《瓻记》)

第三章　合纂五代史志

于志宁等《五代史志》

唐太宗贞观十年,五史告成,然皆无志。十五年,又诏左仆射于志宁、太史令李淳风、著作郎韦安仁、符玺郎李延寿同修《五代史志》。凡勒成十志三十卷。[一] 高宗显庆元年五月己卯,太尉长孙无忌等诣朝堂上进,诏藏秘阁。后又编入《隋书》,其实别行,小呼为《五代史志》(见《隋书》后跋)。

王鸣盛云:其先撰史者,唯令狐德棻重预其事,而长孙无忌亦以书垂成,始受诏监修。适逢其会,因而表进,遂题名卷端也。内天文律历,五行三志,独出李淳风笔,《五行志序》相传为褚遂良作。按本传未尝受诏撰述,盖但为一序而已。(见《十七史商榷》)

纪昀云:《五行志》体例,与律历、天文二志颇殊,不类淳风手作,疑宋时旧本题褚遂良撰者,未必无所受之。又云:当时梁、陈、齐、周、隋五代史,本连为一篇。其十志即为五史而作,故亦通括五代。其编入《隋书》,特以隋于五史居末,非专属隋也。后来五史各行,十志遂专称《隋志》,实非其旧。乃议其兼载前代,是全不核始末矣。(并见《四库总目提要》)故谭献有云:《隋书》当别行,仍还其名,曰《五代史志》。[二](见《复堂日记》)

按《十志》中,惟《经籍志》编次无法,述经学源流,每多舛误,称为最下,然后汉以后之《艺文》,尚藉此以考见,别真伪,亦不以小疵为病矣。(说本纪昀)清章宗源有《隋志考证》,颇称精核云。

按：于志宁，字仲谧，京兆高陵人，《新唐书》卷一百四《列传》第二十九，《旧唐书》卷七十八《列传》第二十八，俱有传。

又按：李淳风，《新唐书》卷二百四《列传》第百二十九《方伎》，《旧唐书》卷七十九《列传》第二十九，俱有传。

延伸阅读

〔一〕郑樵云：(《隋志》)唐贞观中，诏诸臣分修《五代史》，颜师古、孔颖达撰次隋事，起文帝，作三纪、列传五十，惟《十志》未奏。又诏于志宁、李淳风、韦安仁、李延寿、令狐德棻共加裒缀，高宗时上之。志宁乃上包梁、陈、齐、周，属之隋事，析为三十篇，号《五代志》，与书合八十五篇。臣按《隋志》极有伦类，而本末兼明，惟《晋志》可以无憾，迁、固以来皆不及也。正为班、马只事虚言，不求典故实迹，所以三代纪纲，至迁《八书》、固《十志》，几于绝诸，虽其文采洒然可喜，求其实用，则无有也。观《隋志》所以该五代，南北两朝，纷然殽乱，岂易贯穿，而读其书，了然在目。良由当时区处，各当其才，颜、孔通古今而不能明天文地理之序，故只令修纪传，而以《十志》付之志宁、淳风辈，所以粲然具举。(见《通志略·艺文》)

又赵翼云：《隋书》本无志，今之志乃合记梁、陈、齐、周、隋之事，旧名《五代史志》，别自单行，其后附入《隋书》。然究不可谓《隋志》也。自开皇仁寿时，王劭为《隋书》八十卷，以类相从，至编年纪传尚阙。唐武德五年，令狐德棻奏修《五代史》(梁、陈、齐、周、隋)，诏封德彝、颜师古修《隋书》，历年不就而罢。贞观三年，又诏魏徵修之，房玄龄为监修。又奏颜师古、孔颖达、许敬宗同撰。序论皆徵所作，凡帝纪五、列传五十，十年正月上之，此《隋书》也。十五年又诏于志宁、李淳风、韦安仁、李延寿同修《五代史志》，凡成十志三十卷。显庆元年，长孙无忌等上之。此《五代史志》也。说见刘敞校刊时所记。(见《廿二史札记》卷十五)

〔二〕李详云：隋志本编，合五代志。卷盈八十，题署微异。生后第录,姓氏骈罗。史臣赞论,魏徵居多。广稽典籍,不囿俭、绪。注其有亡,例美并举。(注)其《经籍志》,当王俭、阮孝绪之后,搜罗既富,且注明何代有亡,此例亦精。明焦竑《国史经籍志》存佚兼取,不加考核,是直师其名耶。(见《瓻记》)

第四章　两史合编

一、李大师欲修《南北史》

李延寿,字遐龄,相州人。贞观中,官御史台主簿。父大师,尝谓宋、齐逮周、隋,分隔南北,南谓北为索虏,北谓南为岛夷,欲改正为编年,未就而卒。延寿究悉旧事,更依马迁体,总序八代,北二百四十二年,南百七十年,为二史。(见《郡斋读书志》)

二、李延寿成《南北史》

按延寿,抄撮近代诸史,南起自宋,终于陈,北始自魏,卒于隋,合一百八十篇,号曰《南北史》。[一]其君臣流别,纪传群分,皆以类相从,各附于本国。(见《史通·六家篇》)其书颇有条理,删落酿词,过本书远甚。(见《书录解题》)钱大昕尝《跋南北史》云:《新唐书》之《进表》曰:其事则增于前,其文则省于旧。予谓李延寿之《南北史》,则事增文省,两者兼有之矣。(见《潜研堂集》二十八)赵翼云:大概较原书事多而文省,洵为良史。[二](见《陔馀丛考》)但时人见年少位下,不甚称其书耳。后兼修国史,又撰《太宗政典》,高宗观之,咨美直笔,赐帛褒之。[三]

按:相州李遐龄延寿,《唐书》卷一百二《列传》第二十七,《旧唐书》卷七十三《列传》第二十三,俱附《令狐德棻传》。

附录:《北史·序传》

大师少有著述之志,常以宋、齐、梁、陈、齐、周、隋南北分隔,南谓北为索虏,北谓南为岛夷,又各以其本国周悉,书别国并不能备,亦往往失实,常欲改正,将拟《吴越春秋》,编年以备南北。……宋、齐、梁、魏四代有书,自余竟无所得。……家本多书,因编辑前所修书,贞观二年终。……既所撰未毕,以为没齿之恨焉。子延寿与敬播俱在中书侍郎颜师古、给事中孔颖达下删削。既家有旧本,思欲追终先志,其齐、梁、陈五代旧事所未见,因于编辑之暇,昼夜抄录之。至五年,以内忧去职。服阕,从官蜀中,以所得者编次之,然尚多所阙,未得及终。十五年,任东宫典膳丞日,令狐德棻又启延寿修《晋书》。因兹复得勘究宋、齐、魏三代之事所未得者。褚遂良奉敕修《隋书》十志,复准敕召延寿撰录,因此遍得披寻。《五代史》既未出,延寿不敢使人抄录,家素贫罄,又不办雇人书写。至于魏、齐、周、隋、宋、齐、梁、陈正史,并手自写,本纪依司马迁体,以次连缀之。又从此八代正史外,更勘杂史于正史所无者一千余卷,皆以编入。其烦冗者,即削去之。始末修撰,凡十六载。始宋,凡八代,为《北史》《南史》二书,合一百八十卷。其《南史》先写讫,以呈监国史、国子祭酒令狐德棻,始末蒙读,乖失者亦为改正。次以《北史》咨知,亦为详正。又延寿进《上南史北史表》……不揆愚固,私为修撰。起魏登国元年,尽隋义宁二年,凡三代二百四十四年,兼自东魏天平元年,尽齐隆化二年,又四十四年行事,总编为本纪十二卷,列传八十八卷,谓之《北史》。又起宋永初元年,尽陈祯明三年,四代一百七十年,为本纪十卷,列传七十卷,谓之《南史》。合为二书,一百八十卷,以拟司马迁《史记》。就此八代,而梁、陈、齐、周、隋五书,是贞观中敕撰,以十志未奏,本犹未出,然其书始末,是臣所修。臣既夙怀慕尚,又备得寻间,私为抄录一十六年,凡所猎略,千有余卷,连缀改定,止资一手,故淹时序,迄今方就。

参考资料

钱大昕《跋南北史》,《潜研堂集卷》二十八。

赵翼《南北史》,《廿二史札记》卷十一、十三。

按:刘恭甫在书局分校《南北史》,则有《校义集评》之作,见孙诒让《籀廎述林·刘恭甫墓表》。

延伸阅读

〔一〕赵翼云:李延寿作《南北史》,凡十七年而成。(见《廿二史札记》)

〔二〕司马光称延寿之书,乃近世之佳史。虽于机祥小事无所不载,然叙事简净,比之南北正史,无烦冗芜秽之辞,陈寿之后,唯延寿可以亚之。(《贻刘道原书》)

又梁章钜云:自《南北史》行,而八书俱微,诵习者鲜,故愈久而阙佚愈甚。(见《退庵随笔》卷十四)

又金毓黻云:往者赵翼尝取八史核对,延寿于宋、齐、魏三史,删汰最多,以其芜杂太甚也。于梁、陈、北齐、周、隋五史,则增删俱不甚多,以五史本唐初所修,延寿亦在纂修之列,已属善本故也。(见《中国史学史》)

又云:今本宋、南齐、魏、北齐、周五史,皆有阙略,而《北齐》《周书》尤甚,除《南齐》外,多取李氏《南》《北》二史补之。《魏书》之中,间有采魏澹书补入者。今取诸史观之,似为整齐之作,而实则残阙不完。是则八书转赖《南北史》以传,而《南北史》之有功于史学亦大矣哉。(见书同上)

〔三〕李详云:南北二史,延寿特创。祇承父业,钻味秘藏。跗萼衔接,通为一书。祖述马迁,说涉虞初。北详于南,见闻较亲。岛夷索虏,无事断断。(注)延寿之父大师,少有撰述之志,以宋、齐、梁、陈、周、魏、隋,南北分隔,南谓北为索虏,北谓南为岛夷,其史皆详于本国,而略于他国,欲仿《吴越春秋》体,编年以备南北。客于侍中杨恭仁家,有宋、齐、梁、魏四代史,因仿次编辑,未毕而卒。延寿欲继先志,适佐修各史,时史局中梁、陈、周、齐、隋五代史已就,延寿手自缮写,参考杂史千余卷,成此两书。其君臣纪传,各以时代相接,体颇近通史。故刘知幾《史通》,列之"史记家"。惟载琐事过多,朱晦庵熹谓:《南北史》除《通鉴》所不取者,其余只是一部小说。语极有意。四库馆臣谓延寿世居北土,见闻较近,参核同异,于《北史》用力独深。抑以后成之故,理或当尔也。(见《窳记》)

又李慈铭云:偶阅《南史》,札记三事。李氏好述神怪,自是史家一病。(见《越缦堂日记》)又云:自明季李映碧、近时童石堂,皆以八书注《南北史》,虽取便披览,终未允当。窃谓本纪宜用《南北史》,列传宜用八书,而去其重复,平其限断,除其内外之辞,正其逆顺之迹。更以彼此互相校注。志则用《隋书》中《五代史志》而注以宋、魏、南齐诸志,庶为尽美矣。(见《籀诗挈雅之室日记》)

第五章　私撰起居注

一、温大雅

温大雅,字彦弘,并州祁人。父君攸,北齐文林馆学士。入隋,为泗州司马,见朝政不纲,谢病归。大雅性至孝,与弟彦博、大有皆知名。蒋道衡见之,叹曰:三人者皆卿相才也。初为东宫学士、长安尉,以父丧解。会天下乱,不复仕。高祖镇太原,厚礼之。兵兴,引为大将军府记室参军,主文檄。官至礼部尚书,封黎国公。永徽五年卒,谥曰孝。著有《大唐创业起居注》三卷。

二、《大唐创业起居注》

是书《唐志》《宋志》皆作三卷,惟《文献通考》作五卷。此本上卷记起义旗至发引四十八日之事。中卷记自太原至京城一百二十六日之事。下卷记起摄政至即真一百八十三日之事。与《书录解题》所云,记三百五十七日之事者,其数相符,首尾完具,无所佚阙。不应复有二卷,《通考》殆讹"三"为"五"也。(见《四库提要·史部》)

按:祁县温彦弘大雅,《唐书》卷九十一《列传》第十六,《旧唐书》卷六十一《列传》第十一,俱有传。

第六章　撰录国史实录

一、许敬宗等《唐史》

大唐受命,义宁、武德间,工部尚书温大雅首撰《创业起居注》三篇,自是司空房玄龄、给事中许敬宗、著作郎敬播相次立编年体,号为"实录"。迄乎三帝,世有其书。贞观初,姚思廉撰纪传,粗成三十卷。至显庆元年,太尉长孙无忌与于志宁、令狐德棻、著作郎刘胤之、杨仁卿、起居郎顾胤等,因其旧作,缀以后事,复为五十卷。虽云繁杂,时有可观。

龙朔中,敬宗又以太子少师总统史任,更增前作,混成百卷,如《高宗本纪》及永徽名臣、四夷等传,多为所造。又起草十志,未半而终。敬宗所作纪传,或曲希时旨,或猥饰私憾,凡有毁誉,多非实录。必方诸魏伯起,亦犹张衡之于蔡邕焉。其后左史李仁实续撰于志宁、许敬宗、李义府等传,载言记事,见推直笔。惜其短岁,功业未终。

至长寿中,春官侍郎牛凤及又断自武德,终于弘道,撰为《唐书》

百有十卷。凤及以暗聋不才,而辄议一代大典。凡所撰录,皆素责私家行状。而世人序事罕能自远。或言皆比兴,全类咏歌,或语多鄙朴,实同文案,而总入编次,了无厘革。其有出自胸臆,申其机杼,发言则嗤鄙怪诞,叙事则参差倒错。故阅其篇第,岂谓可观;披其章句,不识所以。既而悉取姚、许诸本,欲使其书独行。由是皇家旧事,残缺殆尽。(见《史通·正史篇》)又撰《高宗实录》。(见《史略》卷三)

许敬宗撰《高祖实录》,褚遂良读之于前,太宗感动流涕。

按:许延族敬宗,《唐书》卷二百二十三《列传》第百四十八上《奸臣传》,《旧唐书》卷八十二《列传》第三十二,俱有传。

二、吴兢、韦述、柳芳《唐书》

吴兢,汴州浚仪人也。励志勤学,博通经史,宋州人魏元忠、亳州人朱敬则深器之。及居相辅,荐兢有史才,堪居近侍,因令直史馆,修国史。[一]

神龙中,与韦承庆、崔融、刘子玄撰《则天实录》。居职三十年,叙事简核,号良史。当与刘子玄撰定实录时,叙张昌宗谤张说诬证魏元忠事,颇言"说已然可,赖宗璟等激励苦切,故转祸为忠。不然,皇嗣且殆"。后说为相,读之,心不善,知兢所为,即从容谬谓曰:刘生书魏齐公事,不少假借,奈何? 兢曰:子玄已亡,不可受诬地下。兢实书之,其草故在。说屡以情蕲改,辞曰:徇公之情,何名实录? 卒不改,世谓今董狐云。(见《新唐书》本传)

其撰《唐书》,在长安时,与刘知幾、朱敬则、徐坚为伴。自创业迄开元,凡一百一十卷。韦述因其本,更加革改云。(见《崇文总目》)故《史通·正史篇》有云:余与正谏大夫朱敬则、司封郎中徐坚、左拾遗吴兢,奉诏更撰《唐书》,勒成八十卷。盖因旧史之坏,其乱如绳。虽言无可择,事多遗恨也。按兢等书,草创起本,为后来史局之稿底耳,非完书也。修本既行,其书遂失。

兢尝以梁、陈、齐、周、隋五代史繁杂,乃别撰梁、齐、周史各十卷,《隋史》二十卷。(见《旧书》本传)又有人谓《贞观政要》为兢所作。但《旧书》本传,绝不言及,遂成疑案。王鸣盛云:《旧书》兢传,绝不言其作《贞观政要》。《新书》于其历官及事迹,大有不同,而仍不言《贞观政要》,此书凡十卷,四十篇。不知史于兢传,何以不言?(见《十七史商榷》)

兢又撰《中宗实录》《睿宗实录》,删正《则天实录》,续成《高宗后实录》。(见《史略》卷三)

按:浚仪吴西斋兢,《唐书》卷百三十二《列传》第五十七,《旧唐书》卷一百二《列传》第五十二,俱有传。韦述同。

韦述,京兆万年人,弘机曾孙。家厨书二千卷。述于儿时,诵忆略遍。举进士,时述方少,仪质陋悦,考功员外郎宋之问曰:童子何业?述曰:性嗜书,所撰《唐春秋》三十篇,恨未毕,它唯命。之问曰:本求茂才,乃得迁、固。遂上第。

蓄书二万卷,安禄山乱,剽失皆尽,述独抱国史藏南山,身陷贼,污伪官。贼平,流渝州,为刺史薛舒所困,不食死。

初令狐德棻、吴兢等撰武德以来国史,皆不能成。述因二家,参以后事,遂分纪传,又为例一篇。述典掌各书垂四十年,任史官二十年,史称其史才博识。萧颖士称其文约事详,谯周、陈寿之流。[二](见《史略》卷二)述又撰《高宗后实录》(见同上)

柳芳,字仲敷,蒲州河东人。开元末,擢进士第,由永宁尉直史官。肃宗诏芳与韦述缀辑吴兢所次国史。会述死,芳续成之。兴高祖讫乾元,凡百三十篇,叙天宝后事,弃取不伦,史官病之。上元中,坐事徙黔中,后历左金吾卫骑曹参军、史馆修撰。然芳笃志论著,不少选忘厌。承寇乱,史籍沦缺。芳始谪时,高力士亦贬巫州,因从力士质开元、天宝及禁中事,具识本末。时国史已送官,不可追刊,乃推衍义类,仿编年法,为《唐历》四十篇,颇有异闻。然不立褒贬义例,为诸儒讥诮。改右司郎中、集贤殿学士,卒。

《唐六典》:史官掌修国史,凡天地日月之祥,山川封域之分,昭穆继代之序,礼乐师旅之事,诛赏兴废之政,皆本于起居注,以为实录。

高似孙云:实录之作,史之基也。史之所录,非藉此无所措其笔削矣。

又云:太宗谓褚遂良曰:卿知起居注记何事,大抵人君得观之否?遂良以为不闻帝王躬自观史。正元中,上问赵憬起居注所记何事,憬言:国朝自永徽以后,起居唯得对仗承旨,仗下后谋议,皆不得闻。其曰注记,但出已行制敕操录,更无他事。长寿中,姚璹知政事,以为亲承谟训,若不宣自宰相,史官无由得知,遂请仗下后所言军国政要,宰相专知撰录,号《时政记》,月送史馆。(俱见《史略》卷三)

附录一:唐实录国史凡两次散失

唐时修实录、国史者,皆当代名手。今可考而知者:

《高祖实录》二十卷,敬播撰,房玄龄监修。《太宗实录》二十卷。(撰者同上)

《贞观实录》四十卷,令狐德棻撰贞观十三年以后事,长孙无忌监修。其时同修者,又有敬播、顾胤、邓世隆、慕容善行、孙处约、刘顗、庾安礼,俱为修史学士。(见德棻及胤、处约等传)其后许敬宗又奏改正。(初高祖、太宗两朝实录,敬播等所修,颇详直,敬宗辄以己意考之。敬宗贪财,嫁女于钱九陇,本皇家隶人也,乃列之于刘文静等功臣传。又其子娶尉迟敬德女,则为敬德作佳传。以太宗赐长孙无忌之《威凤赋》,移为赐敬德者,事见《敬宗传》。而《播传》又谓播与敬宗同撰。盖当玄龄、无忌监修时,播已在事。至是,又徇敬宗意,而与之同改耳)高宗以其事多失实,又命宰臣刊正。(见《郝处俊传》)

《高宗实录》三十卷,许敬宗、令狐德棻等撰。《后修实录》三十卷,德棻等所撰,止乾封,刘知幾、吴兢续成之。

《高宗实录》一百卷,乃武后所定。韦述所撰《高宗实录》三十卷

（见《艺文志》及《述传》）

《则天皇后实录》二十卷，魏元忠、武三思、祝钦明、徐彦伯、柳冲、韦承庆、崔融、岑羲、徐坚撰。刘知幾、吴兢删正。（见《艺文志》及《元忠传》）按刘子玄修《武后实录》，有所改正，武三思不听，而吴兢书张易之诬元忠有不顺之言，引张说为证，说已许之，赖宋璟力阻，始对武后谓元忠无此语。后说见《实录》所书如此，嘱兢改之，兢曰：如此何名"实录"？是刘、吴二人《实录》尚多直笔。

《中宗实录》二十卷（见《艺文志》），谓吴兢撰，而《岑羲传》又谓羲撰。其书节愍太子之难，谓冉祖雍诬睿宗及太平公主连谋，羲密疏保护之。是岑羲亦在修史之列。

《睿宗实录》五卷，亦吴兢撰。

《太上皇实录》十卷，刘知幾撰，记睿宗为太上皇时事也。

《玄宗实录》二十卷，张说与唐颖等撰，记开元初年事。

《开元实录》四十七卷，不著撰人姓氏。（见《艺文志》）代宗时，又修成一百卷，令狐峘撰。时起居注散亡，峘衷掇诏策成之。而开元天宝间，名臣事多漏略，拙于去取，不称良史。（见《峘传》）

《肃宗实录》三十卷，元载监修。

《代宗实录》四十卷，亦令狐峘撰。峘受诏纂修，未成，坐事贬外，诏许在外成书。元和中，其子丕上之。

《建宗实录》十卷，沈既济撰。时称其能。（见《既济传》）

《德宗实录》五十卷，蒋乂、韦处厚、独孤郁、樊绅、林宝等撰。凡五年书成，裴垍监修。

《顺宗实录》五卷，韩愈、沈传师、宇文籍等撰，李吉甫监修。按《愈传》，修《顺宗实录》，拙于取舍，为世所非。穆宗、文宗尝诏史官改修，而愈婿李汉、蒋系皆在显位，诸公难之。又《郑覃传》，文宗尝谓事不详实，史臣韩愈岂屈人耶？是当时论者，皆多此异议。然《路隋传》谓愈所书禁中事皆切直，宦者不喜，咸议其非，故文宗诏隋刊正。隋奏周居巢、王彦威、李固言皆谓不宜改。而宰臣李宗闵、牛僧孺谓史官李汉、蒋系皆愈之婿,不可参撰,臣独以为不然,愈所书本非己出,自元和至今无异词。但请示其甚谬者,付下刊定可耳。乃诏摘出贞元、永贞间数事改正,余不复改。据此则愈所撰,本非失实,特宦寺等妄谕之耳。

《宪宗实录》四十卷,蒋系、沈传师、郑瀚、陈夷行,李汉、宇文籍、苏景允等撰,杜元颖、韦处厚、路隋监修。敕隋与处厚更日入直,书未成且免常参。传师寻授湖南观察使,元颖引张说、令狐峘之例,奏令传师以史稿即官下成之。俱见各本传。按《宪宗实录》凡两次重修,武宗时,李德裕当国,欲掩其父吉甫不善之迹,奏请重修,诏允之,并令旧本不得注破,候新撰成时同进。史官郑亚等希德裕意,多所删削。德裕又奏旧本多载禁中之言,夫公卿论奏必有章疏,藩镇上表亦有批答,若徒得自其家,未足为据。今后实录所载,必须有据者方得纪述。从之。议者谓德裕以此掩其改修之迹也。又《李汉传》:汉修《宪宗实录》,书宰相李吉甫事,不相假借,德裕恶之,乃坐以李宗闵党贬逐,此会昌中重修也。及宣宗即位,又诏《元和实录》乃不刊之书,李德裕擅敢改张,夺他人之懿节,为私门之令猷。周墀亦奏德裕窜寄他事,以广父功。乃诏崔龟从等刊落。此大中再定本也。俱见本纪及各本传内。

《穆宗实录》二十卷,苏景觊、王彦威、杨汉公、苏涤、裴休等撰,路隋监修。

《敬宗实录》十卷,陈商、郑亚撰,李让夷监修。

《文宗实录》四十卷,卢耽、蒋偕、卢告、牛丛撰,魏暮监修。

《武宗实录》三十卷,韦保衡监修,

宣宗以后无实录。大顺中诏修宣、懿、僖实录,而日历、记注亡缺,史官裴廷裕因摭宣宗政事奏记于监修杜让能,名曰《东观奏记》,凡三卷。以后诸帝,皆无实录。此诸帝实录,见于各本纪、列传及《艺文志》者也。

其总辑各实录事迹,勒成一家言,则又别有国史。

先是吴兢在长安,景龙间,任史事。武三思、张易之等监修,事多不实。兢乃私撰《唐书》《唐春秋》。未就,后出为荆州司马,以史草自随。会萧嵩领国史,奏遣使就兢取其书,凡六十余篇。(见《兢传》)此第一次国史也,然尚未完备。开宝间,韦述总撰一百一十二卷,并《史例》一卷,萧颖士以为谯周、陈寿之流。(见《述传》)此第二次国史也。肃宗又命柳芳与韦述缀辑吴兢所次国史。述死,芳续成之。起高祖,讫乾元,凡一百三十篇,而叙天宝后事,去取不伦,史官病之。(《芳传》)此第三次国史也。后芳谪巫州,会高力士亦在巫,因从力士质问。而国史已送官,不可改。乃仿编年法,为《唐历》四十篇,以力士所传,载于年历之下,颇有异同。(《芳传》)然芳所作,止于大历。宣宗乃诏崔龟从、韦澳、李荀、张彦远及蒋偕分年撰次,至元和为《续唐历》三十卷。(见蒋偕、崔龟从等传)此第四次国史也。

是唐之实录、国史本极详备,然中叶遭安禄山之乱,末造又遭黄巢、李茂贞、王行瑜、朱温等之乱,乃尽行散失。据《于休烈传》云:国史一百六卷,《开元实录》四十七卷,起居注并余书三千六百八十二卷,俱在兴庆宫,京城陷城后,皆被焚。休烈奏请降敕招访,有人收得者,送官重赏。数月内,仅收得一两卷。惟史官韦述藏国史一百一十三卷送于官,是天宝后所存仅韦述之本也。广明乱后,书籍散亡。五代修《唐书》时,因会昌以后事迹无存,屡诏购访。据《旧唐书·宣宗纪》论云:宣宗贤主,虽汉文、景不过也。惜乎简籍遗落,十无三四。又《五代会要》所云:有纪传者,惟代宗以前,德宗亦只存实录,武宗并只实录一卷,则虽有诏购访,而所得无几。此五代时修《唐书》之难也。《新唐书》韦述等传赞云:唐三百年,业巨事丛。其间巨盗再兴,国典焚逸。大中以后,史录不存。故圣主贤臣、叛人佞子,善恶汩汩,有所未尽。然则不惟《旧唐书》多所阙漏,即《新唐书》搜采极博,亦尚

歉然于文献之无征也。(见《廿二史札记》卷十六)

附录二:实录

六朝实录

梁实录

《梁皇帝实录》,周兴嗣撰。

《梁皇帝实录》,谢昊撰。

《梁太清实录》

唐实录

《高祖实录》,许敬宗、敬播撰。

《太宗实录》,元曰《今上实录》,敬播、顾胤撰。

《贞观实录》,长孙无忌撰。

《高宗实录》,许敬宗撰。

《高宗后实录》,初令狐德棻撰,乾封中刘知幾、吴兢续成,又有韦述所撰三十卷,武后所撰一百卷。

《则天实录》,魏元忠、武三思、祝钦明、徐彦伯、柳冲、韦承庆、崔融、岑羲、徐坚等撰。刘知幾、吴兢删正。

《圣母神皇实录》,宗秦客撰。

《中宗实录》,吴兢撰。

《太上皇实录》,刘知幾撰。

《睿宗实录》,吴兢撰。

《今上实录》,张说、唐颖撰,次开元初事。

《开元实录》,失撰人名。

《玄宗实录》,令狐峘撰。

《肃宗实录》,元载监修。

《代宗实录》,令狐峘撰。

《建中实录》,沈既济撰。

《德宗实录》,蒋乂、樊绅、林宝、韦处厚、独孤郁撰。

《顺宗实录》,韩愈、沈传师、宇文籍撰。

《宪宗实录》,沈传师、郑澣、宇文籍、蒋系、李汉、陈夷行、苏景胤等撰。

《穆宗实录》,苏景胤、王彦威、杨汉公、苏涤、裴休撰。

《敬宗实录》,陈商、郑亚撰。

《文宗实录》,卢耽、蒋偕、王沨、卢告、牛丛等撰。

《武宗实录》,韦保衡撰。(见《史略》卷三)

附录三:起居注

隋一:《开皇起居注》

唐二:《大唐创业起居注》

《开元起居注》

《时政记》,姚璹作。

《唐历》,柳芳,字仲敷,河东人,撰此。

《唐会要》,苏冕撰四十卷,崔铉作四十卷,宋王溥撰一百卷。

《玉牒》见于唐,所以奠世系,分宗谱也。其在宋朝,志世系之外,更为一史,以纪大事。大事者,降诞符瑞,即位,大臣除拜,大政事,大诏令也。是所谓大事必记也。

附录四:韩愈论史书①

韩愈《答崔立之书》:方今天下风俗,尚有未及于古者,边境尚有被甲执兵者,主上不得怡,而宰相以为忧,仆虽不贤,亦且潜究其得失,致之乎吾相,荐之乎吾君,上希卿大夫之位,下犹取一障而乘之,若都不可得,犹将耕于宽闲之野,钓于寂寞之滨,求国家之遗事,考贤人哲士之终始,作唐之一经,垂之于无穷。诛奸谀于既死,发潜德之幽光,二者将必有一可。

---

①此文原系于第五编最后,今移于此。

延伸阅读

〔一〕高似孙云：兢私撰《唐书》《唐春秋》未就，丐官笔札，语兢赴馆撰录，坐书事贬荆州司马，以史草自随。萧嵩领国史，遣使就取书，得六十余篇。叙事简核，号良史。肃宗诏柳芳与韦述缀辑吴兢所次国史，会述死，芳续成之。兴高祖，讫乾元，凡百三十篇，叙天宝事不伦，史官病之。（见《史略》卷二）

又近人赵超玄云：长安中，左拾遗吴兢、秘书监刘子玄、正谏大夫朱敬则、司封郎中徐坚，奉诏更撰《唐书》。兢寻以母丧去官。服阕，自陈修史有绪，家贫不能买纸笔，愿得少禄，以终余功。有诏拜谏议大夫，后就集贤院论次，勒成八十卷。叙事简核，号称良史。（见《中国史学史·记注》）

〔二〕金毓黻云：《旧唐书》，考唐贞观中，曾命姚思廉亲撰纪传体之国史。高宗时，长孙无忌、许敬宗等续成之。敬宗又撰十志，未就。武后时，刘知幾、朱敬则、徐坚、吴兢奉诏同撰《唐书》八十卷，此见于《史通·正史篇》所述者也。《崇文总目》谓吴兢撰《唐史》，自创业迄开元，凡一百一十卷。韦述因其本，更加笔削。兹检《新唐书·艺文志》，著录《唐书》一百卷，又一百三十卷，即吴兢、韦述、柳芳、令狐峘、于休烈等先后所撰之作也。

兢本与知幾同撰《唐书》，既又自行续撰，故由八十卷增至百十卷，其后更由韦述等续撰，故又增百三十卷，而著录于《唐志》也。然《旧唐书》吴兢、韦述、柳芳等传又谓兢私撰《唐书》《唐春秋》未就，其书凡六十余篇，述续撰为一百十二卷并《史例》一卷。肃宗又命述、芳缀辑吴兢所次国史。述死，芳续成之。起高祖，迄肃宗乾元，凡一百三十篇。其后于休烈、令狐峘续增，而未加卷帙，故《唐志》仍以百三十卷著录也。（见《中国史学史》）

按：赵翼有考定，载《廿二史札记》。

又云：刘氏子玄与吴兢同撰国史，刘氏既以偃蹇无功，而又先卒，其

后兢遂自成《唐书》，自创业迄开元，凡一百一十卷。然兢又私撰《唐书》
及《唐春秋》。及兢卒，其子上进，凡八十余卷。或云使者即其家求之，
得六十余篇，而论者谓其事多纰缪，不逮壮年(据新、旧两《书》本传)，今
本《旧唐书》于开元以前，多本吴兢，而世人皆称撰人为刘昫，鲜有语及
吴兢者。(见书同上)

《唐书》本传：始，兢在长安、景龙间任史事。时武三思、张易之等
监领。阿贵朋佞，酿泽浮词，事多不实。兢不得志，私撰《唐书》《唐春
秋》，未就。至是丐官笔札，冀得成书。诏兢就集贤院论次。时张说
罢宰相，在家修史，大臣奏国史不容在外，诏兢等赴馆撰录。久之，坐
书事不当，贬荆州司马，以史草自随。萧嵩领国史，奏遣使者就兢取
书，得六十余篇。累迁洪州刺史，坐累下除舒州。天宝初，入为恒王
傅。虽年老衰偻甚，意犹愿还史职，李林甫嫌其衰，不用，卒年八十。

第七章　创作会要

一、苏冕《唐会要》

唐德宗时，苏冕编次唐高祖以后至德宗九朝事为《会要》四十卷。
盖查《崔铉传》，唐宣宗时杨绍复等续编唐德宗以后至宣宗七朝事为
《续会要》四十卷，以崔铉为监修。惟宣宗以后，记载尚阙。(王溥《唐
会要》即据此而书，补充唐宣宗以后事而成)苏冕开创会要之体裁，不
为无功。但《会要》只罗列史实，而缺乏见解，远不能与《通考》相比
拟。(见范文澜《中国通史》第三编《唐朝的史学》)

苏冕事迹，《旧唐书》附载于《苏弁传》后，只说了一句，《新唐书》
在《苏世长传》附从孙《弁传》中，说了二三句。两者合起来我们也仅
只了解到他有才学，曾任京兆士曹参军，后因其弟苏弁牵连，贬为信

州司户参军。著有《唐会要》四十卷。

二、杨绍复《续唐会要》

《续会要》四十卷，据《旧唐书·宣宗纪》，大中七年十月记载，是由弘文馆大学士崔铉领衔编修，杨绍复是主要修撰官，他是杨于陵次子，进士擢第，弘辞登科，位终中书舍人。（见《旧唐书》卷百六十四《杨于陵传》）

苏冕《唐会要》与杨绍复《续唐会要》今虽已佚传，但书之大致内容，可从宋王溥编撰之《唐会要》中看出来，也是分类编次，不过比《通典》庞杂而又简略。（见《史学史资料》1980 年 5 期朱仲玉《史籍散论》）

第八章　注释前三史

一、司马贞《史记索隐》张守节《史记正义》

司马贞，河内人。开元中，官朝散大夫、弘文馆学士。贞观初，受《史记》于崇文馆学士张嘉会。病褚少孙补司马迁书多伤蹐驳。又裴骃《集解》旧有《音义》，年远散佚。诸家音义延笃音隐，邹诞生、柳顾言等书亦失传。而刘伯庄、许子儒等又多疏漏。乃因裴骃《集解》，撰为此书。[一] 故其序云：（上略）比于班书，微为古质，故汉晋名贤未知见重。逮至晋末，有中散大夫东莞徐广，始考异同，作《音义》十三卷。虽粗见微意，而未穷讨论。南齐轻车录事邹诞生，亦作《音义》三卷。音则微殊，义乃更略尔。后其学中废，贞观中，谏议大夫崇贤馆学士刘伯庄，达学宏才，钩深探赜，又作《音义》二十卷，比于徐、邹，音则具矣，残文错节，异音微义，虽知独善，不见旁通，欲使后人从何准的？贞谬闻陋识，颇事钻研，而家传是书，不敢失坠。初欲改更舛错，裨补疏遗，义有未通，兼重注述。然以此书残缺虽多，实为古史，忽加穿凿，难允物情。今止探求异闻，采摭典故，解其所未解，申其所未申者，释文演注，又为述赞，凡三十卷，号曰《史记索隐》。又其《后序》云：(上略)崇文馆学士张嘉会，独善此书，而无注义。贞从张学，晚更研寻。初以残缺处多，兼嫌褚少孙诬谬，因愤发而补《史记》，遂兼注之。然其功殆半，乃自惟曰：千载古史，良难绸释。于是更撰《音义》，重作《赞述》，盖欲以剖盘根之错节，遵北辕于司南也，凡为三十卷，号曰《史记索隐》云。首注骃序一篇，载其全文。其注司马迁书，则如陆德明《经典释义》之例，惟标所注字句，盖经传别行之古法。凡二十八卷，末二卷为《述赞》一百三十篇，及《补史记条例》。

按：司马贞究系何时人，《唐书·艺文志》称：贞，开元润州别驾。似生于玄宗之世也。但据钱大昕云：司马贞、张守节二人，新、旧《唐书》皆无传。贞与贾膺复及徐彦伯诸人谈议当在中、睿之世，计其年辈，盖在张守节之前矣。(见《十驾斋养新录》)

张守节始末未详。据此书所题，则其官为诸王侍读，率府长史也。高似孙曰：采诸家训释为此书。(见《史略》卷一)守节所长，在于地理。故《自序》曰：郡国城邑，委曲详明。[一]守节征引故实，颇为赅博。故《自序》曰：古典幽微，窃探其美。守节于六书、五音，至为详审。故书首有《论字例》《论音例》二条。(见《四库总目提要》)其实尚有《谥法解》《列国分野》数项云。

按《自序》今刊于《史记》卷首，寥寥几百字。其篇末有云：守节涉学三十余年，六籍九流，地里苍雅，锐心观采，评《史》《汉》，诠众训释，而作《正义》。郡国城邑，委曲申明，古典幽微，窃探其美，索理允惬。次旧书之旨，兼音解注，引致旁通，凡成三十卷，名曰《史记正义》。发挥膏肓之词，思济沧溟之海。未敢侔诸秘府，冀训诂而齐流。庶贻厥子孙，世畴兹史。

二、颜师古《汉书注》叔父游秦附见

颜师古,名籀,以字行,京兆万年人。之推孙,少博览,精训诂学,善属文。高祖时,授朝散大夫,累迁中书舍人,专典机密。性敏给,明练治体,诏令一出其手。太宗即位,拜中书侍郎,晋秘书少监,封琅邪县男。常受诏于尚书省,考定五经文字,多所厘正。既佐魏徵与编《隋书》,成其纪传,复为太子承乾注《汉书》,解释详明,承乾表上之,太宗命编之秘阁。时人谓杜征南、颜秘书为左丘明、班孟坚功臣。

其叔颜游秦[二]先撰《汉书决疑》,师古多取其义,此颜注《汉书》至今奉为准的者也。(见本传)但据洪颐煊之考证,则其掩袭他人之说以为己说甚多。洪氏云:颐煊案,以《史记索隐》证之,《张苍传》,柱下方书,师古曰是姚察说。《淮南王安传》,会有诏询公子,师古曰是乐产说。《郊祀志》,周始与秦国合而别,别五百载当复合,师古曰是颜游秦说。如此类甚多。(见《读书丛录》)钱大昕评云:夫孟坚《书》义蕴宏深,自汉迄隋,名其学者数十家,小颜集其成[四],而诸家尽废,学者因有孟坚功臣之目。以予平心读之,亦有未尽然者,班氏书援引经传诸子,文字或与今本异。小颜既勒成一书,乃不取马、郑、服[五]、何之训诂,较其异同,则采证有未备也。辄有驳难,则决择有未精也。裴注《史记》,所引《汉书音义》,盖出于蔡谟[六]本,而小颜多袭为己说。且其叔父游秦撰《汉书决疑》,史称师古多资取其义,而绝不齿及一字,则攘善之失,更难掩也。(见《潜研堂集》卷四)

李慈铭评云:唐人李善之注《文选》,颜籀之注《汉书》,古今并传,以为绝学,然颜实非李比,两注相斠,优劣悬绝。盖李精通训诂,淹贯古义;颜濡染俗学,多昧本文。又云:师古之注《汉书》,本于其叔父游秦,故称为小颜注。而师古不标明游秦之说,遂令大颜之注,无从分别,故前人讥师古为攘先善。竟成秘监之私,殊害于史。(俱见《越缦堂日记》)故洪颐煊亦评云:昔人云,杜预为《左氏》功臣,颜师古为班史功臣。不知乱《左氏》者，杜预也；乱《汉书》者，颜师古也。必欲寻《左氏》功臣，则贾逵、服虔诸人是；必欲寻班史功臣，则苏林、张晏诸人是。（见《晓读书斋二录》下）

虽然，师古精于史学，于私谱、杂志，不敢轻信，识见非后人所及。（说本钱氏《十驾斋养新录》）其注条理精密，实为独到，不愧班固之功臣。然唐人多不用其说。（见《四库总目提要》）惟其保存古字，实有功于后学。故王念孙云，按《史记》《汉书》每多古字。《汉书》颜注，即附于本书之下，凡字之不同于今者，必注曰古某字。是以后人难于改易，而古字至今尚存。（见《读书杂志》卷二）入宋，三刘氏治《汉书》，往往正小颜之误。详刘攽节。[七]有《汉书叙例》。可参高似孙《史略》卷二。

按：万年颜籀师古，《唐书》卷百九十八《列传》第一百二十三《儒学上》，《旧唐书》卷七十三《列传》第二十三，俱有传，游秦附。

三、李贤《后汉书注》

李贤，世称章怀太子也，字明允。甫数岁，读书一览辄不忘。上元初，皇太子卒，遂立贤为太子。俄诏监国，处决明审。又诏集诸儒，左庶子张大安、洗马刘讷言、洛州司户参军格（革）希玄、学士许叔牙、成玄一、史藏诸、周宝宁等，共注《后汉书》。仪凤中，奏上。（见《困学纪闻》注，引本传）并见《史略》卷二"唐章怀太子注"条。

是以洪颐煊、王先谦俱有评语。洪氏曰：《后汉书》李贤注，盖当时宾客分卷作注，故各出臆见，不同如此。（见《晓读书斋初录》上）王氏曰：章怀《注》成于众手，皆以为美，犹有憾。（见《后书集解序》）但邵氏二云则早有毁誉之言矣。其词曰：李贤注，参用裴骃、裴松之之体。于音义，则省其异同；于事实，则去其骈拇。征引之广博，训释之简当，为史注之善者。[八]又曰：其末数卷，援引多误，当以分曹授简，各有疏密，又急于成书，无暇覆检耳。（并见《南江文钞》）

赵翼云：章怀太子之死于巴丘，亦武后令丘神勣迫令自杀也。而书庶人贤死于巴丘。见《廿二史札记》卷十六"新书书天后杀庶人贤"条）

按：李贤（章怀太子），《唐书》卷八十一《列传》第六《三宗诸子传》，《旧唐书》卷八十六《列传》第三十六《中宗诸子传》，俱有传。

延伸阅读

〔一〕高似孙云：贞以徐广、裴骃、邹诞生、刘伯庄音释疏舛，别加考据，作此书，系以《述赞》。（见《史略》卷一）

〔二〕洪颐煊云：张守节为《史记正义》，于地理最详。（见《晓读书斋初录》下）

〔三〕按颜游秦武德初为廉州刺史，抚恤境内，礼让大行，高祖作玺书奖之，终郓州刺史。

〔四〕洪颐煊云：史家有司马迁，故司马贞《史记索隐》为小司马。注家有颜之推、颜游秦，故颜师古注《汉书》，为小颜。（见《晓读书斋初录》下）

又近人金毓黻云：据《叙例》：师古以前注《汉书》者凡五种，服虔、应劭、晋灼、臣瓚、蔡谟也。大约晋灼于服、应外，增伏俨、刘德、郑氏、李斐、李奇、邓展、文颖、张揖、苏林、张晏、如淳、孟康、项昭、韦昭十四家，臣瓚于晋灼所采外，增刘宝一家，颜注于五种注本外，又增荀悦、崔浩、郭璞三家，其注以解释详明，称为班书功臣，由于能集众家之长也。（见《中国史学史》）

〔五〕按服虔，字子慎，荥阳人。后汉尚书侍郎、高平令、九江太守。初名重，改名祇，复定名虔。

〔六〕又按蔡谟，字道明，陈留考城人。东晋侍中、五兵尚书，转司空，谥文穆，称公。

〔七〕全祖望云：胡身之谓小颜释班史，弹射数十家无完肤，而三刘所以正小颜者，正复不少。（见《鲒埼亭外集》卷二十五）

又高似孙云：颜氏所注，评核诸家，最为详的。然有无俟音诂，失之冗赘者。字之初见，既已加释，自此而下，不必再举矣。试掇其重复太甚者，如……以上字义，初非深隐，何必重出，往往再见于一板之内。如此繁杂，不可胜载。"至如常用可知，不涉疑昧者，众所共晓，无烦翰墨。"殆反是矣。志中尤为丛脞，以此知《汉书注》亦用修整一番乃佳。（见《史略》卷二）

又谓：师古注即因游秦之旧。（见同上）

又李详云：唐代师古，注号功臣。时匡众说，亦窃游秦。（注）然字义音训，重复叠见，核以《史记》《水经》《文选》诸注所引，有明为众人之说，而师古冒之者。考《史记索隐》载游秦说十余条，以较师古之注，或小变其词，或直袭为己说，而于《汉书叙例》所采诸家姓氏，略不一及游秦，师古门庭攘善之罪，非巧喙所能辨矣。

〔八〕金淮生云：《后汉书》章怀太子注，征引繁富，凡四百三十八种（计经类一百一十三种，史类一百八十九种，子类八十二种，集类五十四种），唐以前遗文佚简，往往而在。国朝诸老辑录古书，多取资于此，而无人胪载所引书目，亦属阙憾。兹仿汪氏师韩体例，分别部居，录之于后。其《续汉志》刘昭注引书目，亦附载焉。（见《粟香四笔》卷八）

按金氏，江阴人，名武祥，淮生其字也。

又李详云：章怀一注，藉资群手。持比颜籀，错落星斗。（注）唐章怀太子集诸儒七人，共注范书，奏上，至蒙优赐。两汉惟贤与师古注见传于世。师古辑存荀悦、服虔以下二十三家之说，固自可贵，章怀兼能引刘珍、谢承、司马彪、华峤等书，考其同异，皆方今研班、范书者所取法也。（见《窳记》）

又金毓黻云：唐章怀太子李贤，乃取范书纪传注之。据《新唐书》，章怀本传及张公谨、岑长倩传，与章怀共任注释者，有张大安、刘讷言、格希玄、许叔牙、成玄一、史藏诸、周宝宁等，既非一手所成，不免有踳驳漏略之处。（见《中国史学史》）

第九章　创论史学

一、刘知幾《史通》

刘知幾,字子玄,以字行,徐州彭城人。年十二,父藏器为授《古文尚书》,业不进。父怒,楚督之。及闻为诸兄讲《春秋左氏》,冒往听,退辄辨析所疑,叹曰:书如是,儿何怠? 父奇其意,许授《左氏》。逾年,遂览群史,与兄知柔俱以善文词名。擢进士第。与徐坚、元行冲、吴兢等友善,共修国史。继修《武后实录》。

在馆时,尝欲行其旧议。而同作诸士及监修贵臣,每与其凿枘相违,龃龉难入。知不见用,故退而私撰《史通》内外篇,以明其志。[一](见《新唐书》本传)《自叙》云:若《史通》之为书也,盖伤当时载笔之士,其义不纯,思欲辨其指归,殚其体统。夫其书虽以史为主,而余波所及,上穷王道,下掞人伦,总括万殊,包吞千有。……盖谈经者恶闻服、杜之疵,论史者憎言班、马之失,而此书多讥往哲,善述前非,获罪于时,固其宜矣!

其书命名,盖本诸《汉书·司马迁传》,当迁卒后,汉求其子孙,封为史通子。即刘氏《自叙》亦云:昔汉世诸儒,集论经传,定之于白虎观,因名曰"白虎通"。予既在史馆,而成此书,故便以"史通"为目。且汉求司马迁后,封为史通子。是知史之称通,其来已久。博采众议,爰定兹名,凡为廿卷。

子玄幼善诗赋,而壮却不为,职以文士得名,期以述者自命。此与范晔同其志趣矣。其领国史且三十年。所谓三为史官,再入东观是也。尝对人言:史有三长,才、学、识。世罕兼之,故史才少。夫有学无才,犹愚贾操金,不能殖货,有才无学,犹巧匠无楩枏斧斤,弗能成室。(见《唐书》本传)子玄殁后,帝诏河南府就家写《史通》。

《四库总目提要》云:《史通》书成于景龙四年,凡内篇十卷三十九篇,外篇十卷十三篇。盖其官秘书监时,与萧至忠、宗楚客等争论史事不合,故发愤而著书者也,其内篇《体统》《纰缪》《弛张》三篇,有录无书,其亡在修《唐书》以前。内篇皆论史家体例,辨别是非。外篇则述史籍源流,及杂评古人得失。文或与内篇重出,又或抵牾。是先有外篇,乃撷其精萃,以成内篇,故删除有所未尽也。子玄于史学最深,又领史职几三十年,更历书局亦最久,其贯穿今古、洞悉利病,实非后人所及。而性本过刚,词复有激,诋诃太甚。或悍然不顾其安,《疑古》《惑经》诸篇,世所共诟,不待言矣。即如其他诸篇,为例亦或不纯,讥评未免失当。盖子玄之意,惟以褒贬为宗,余事皆视为枝赘。故于班、马以来之旧例,一一排斥,多欲删除,尤乖古法。然其缕析条分,如别黑白,一经抉摘,虽马迁、班固几无词以自解,亦可云载笔之法家,著书之监史矣。[二]

又云:刘知幾博极史籍,于斯事为专门。又唐以前书,今不尽见,后人摭拾残剩,比附推求,实非一二人之耳目能遍者。辗转相承,乃能赅备,固亦势所必然耳。(见《四库总目提要·史评类》)

梁启超云:刘氏事理缜密,识力锐敏,其勇于怀疑,勤于综核,王充以来一人而已。其书中《疑古》《惑经》诸篇,虽于孔子,亦不曲徇,可谓最严正的批评态度也。(见《中国历史研究法》)

梁又云:刘知幾是史官中出类拔萃的。孤掌难鸣,想恢复班固的地位而不可能,只好闷烦郁结,著成一部讲求史法的《史通》。他虽没有作史的成绩,而史学之有人研究,从他始。(见《中国历史研究法补编》)近人何炳松曰:刘氏对于我国自古以来之编年与纪传两体下一详尽周密之批评,隐为吾门旧式之史学树一完美之圭臬。(见《通史新义》)以上皆称刘氏之于史学,颇有深造,宜其遗著脍炙人口也。

虽然,讥之者亦有人焉。如宋人吴缜为《唐书纠谬》,序有论及刘氏云:知幾能于修史之外,毅然奋笔,自为一书,贯穿古今,讥评前载。观其以史自命之意,殆以为古今绝伦。及取其尝所论著,而考其谬戾,则亦无异于前人。由是言之,夫才之难得,岂不信哉?(见《群书拾补》)

余友宋慈抱墨庵,近著《续史通》,有《问刘篇》,可参考。

按:彭城刘子玄知幾,《唐书》卷百三十二《列传》第五十七有传。

二、刘秩《政典》

二子恂、秩,皆究心史学,秩著《政典》三十五卷,为杜佑《通典》所本。[二]恂亦著《史例》三卷,惜皆不传。

秩,字祚卿,开元末,历左监门卫录事参军事,稍迁宪部员外郎。坐小累,下除陇西司马。安禄山反,哥舒翰守潼关,杨国忠欲夺其兵,秩上言翰兵于天下成败所系,不可急。房琯见其书,以比刘更生。至德初,迁给事中。久之,出为阆州刺史,贬抚州长史,卒。所著《政典》等凡数十篇。

参考资料

唐柳璨《史通析微》。

明陆深《史通会要》。

胡应麟《少室山房笔丛》卷四十三。

李京山维桢(本宁)《史通评》。

郭延年孔延《史通评释》,王惟俭损仲因郭氏所释,参以华亭张之象本,重为厘正,名《史通训故》。

按:陆深,字子渊,号俨山,上海人。弘治乙丑进士,官至詹事府詹事,兼翰林院学士。卒谥文裕,事迹具《明史·文苑传》。琛最留心史学,故随所见录之。著有《南巡日录》《北还录》各一卷。

清黄叔琳《史通训故补》。

无锡浦起龙《史通通释》。

按:起龙,无锡人,字二田,雍正甲辰进士,官苏州府教授,有《史通通释》。(参见《清儒学案》卷百九十七《诸儒三》)

冯己苍评本,何焯、卢文弨、顾千里、钱遵王等校本。

纪昀《史通削繁》。取者以朱笔,去者以绿笔,冗漫者以紫笔点之。

近人吕思勉《史通评》。

陈汉章《史通释》。

何炳松《史通评论》,载《民铎杂志》。

傅振论作《刘知幾年谱》。

周品瑛作《刘知幾年谱》,载《东方杂志》1934年第19号。

又有清章学诚《读史通》《文史通义》。

王鸣盛《十七史商榷》中《史通》条。

李慈铭云:明人李本宁、郭延年之《评释》。《史通》自经纪河间删订为《史通削繁》,世争行之,元本遂不多见,此最可恨。古书即极有疵病,必须存其真面目,文之佳恶,作者自有之,读者亦自知之。况子玄学识冠绝史家,其议论间有偏戾,乃恐以讥毁国史获罪,故托于謷言,遍诋经籍,诚不得已而言。昔贤论之甚详。河间博洽,北方之学无出其右。而亦为此卤莽,踵明人之恶习,殊不可解。予得李、郭此本,深可喜也。本宁为嘉靖七子后劲,所著《大泌山人集》,繁富过甚。朱竹垞讥其并不知诗。观此书所评,往往精当,史学殊为有得。延年名孔延,姓名罕见,而所附诸评,亦多佳者。

又云:终日阅《史通》。内篇自《六家篇》至《自叙篇》,毕十卷三十六篇。又阅外篇《惑经》《申左》两篇,《疑古》一篇。子玄《惑经》《疑古》之制,尤为世所诟病。其《惑经》论春秋之书所未谕者十二条,虚

美者五条,犹多近理之言。若《疑古》十二条,至痛斥尧舜及周公,猖狂甚矣。(见《越缦堂日记补》)

宋衡云:刘子玄《史通》最有可观。然不合余意者,十尚二三。余拟作《史通补正》,补其遗,正其非。又拟作《续史通》,极论唐后诸史体例。然于史例所见独殊,上自马班,下至元明,作者论者,殆无一家惬心,虽子玄亦勉取焉。此书如出,盖恐招众怒矣。(见《六字课斋津谈》)

又按瑞安宋慈抱亦作《续史通》内外篇,载《瓯风杂志》各期及《国学论衡》中。金毓黻有评语,载《中国史学史》。

李详云:刘知幾《史通》,体拟《文心雕龙》,虽摛辞稍远齐、梁,其博辩纵横,间以骈偶,隶事淹雅,不减彦和。又熟精《文选》,或袭用其成句,或概括其成语,浦氏《通释》,有不能尽知其出处者,予略为证之。

胡适云:当时(初唐)史学大家刘知幾《史通》,评论古今史家得失,主张实录当世口语,反对用典,反对摹古,然而《史通》本身的文体,却是骈偶的居多。

金毓黻云:刘氏所撰之书,实有多种。今传世者只有《史通》一书,即其研史精神之所寄也。

刘氏论史,好指陈利病,言非一端,然非绝口不谈义例。或谓内篇皆论史家体例,辨别是非,外篇则述史籍源流,及杂评古人得失。(出《四库提要》)斯言也,大致得之。

刘氏生当南北统一之世,有唐鼎盛之时,遗文间出,史籍大备,就其所见,一一取而论列之,以成《史通》一书,诚为《文心》之匹,宜其取以自况也。且考《隋志》著录之史书,唐初罕睹其全,半存残佚。刘氏身任史官,恣览中秘,其得尽窥,自不待言。今则一再称引……原书虽亡,尤可藉此以窥其大略,是则《史通》之功,尤在宣究曲隐,保存遗佚矣。(见《中国史学史》)

最近友人白寿彝作《刘知幾论史学继承》一文,载在 1961 年 5 月 6 日《光明日报》。

延伸阅读

〔一〕梁启超云:唐以后史学衰歇,私人发宏愿做史家的很少。国家始立馆局,招致人才,共同修史。这种制度,前代也许有,但都暂时的。到唐代才立的法制,但有很多毛病。当时刘知幾已太息痛恨,而终不能改。(见《中国历史研究法补编》)

〔二〕又云:刘知幾的特点,把历史各种体裁,分析得很精细,那种最好,某种如何做法,都讲得很详明。他的见解虽不见得全对,但他所批评的有很大的价值。(1)史学体裁那时虽未备,而他考释得很完全。每种如何做法,都引出个端绪,这是他的功劳。(2)他当代和以前,史的著作偏于官修,由许多人合作,他感觉这很不行,应该由一个专家拿自己的眼光成一家之言。他自己做了几十年的史官,身受官修合作不能成功的痛苦,所以对于这点发挥得很透彻。(3)史料的审查,他最注重。他觉得作史的人不单靠搜集史料而已,史料靠得住靠不住,要经过很精严的审查才可用。他胆子很大,前人所不敢怀疑的他敢怀疑。自《论语》《孟子》及诸子,他都指出不可信的证据来。但他不过举例而已,未及作专书辨伪,而且他的怀疑,也许有错误处,不过他明白告诉我们,史事不可轻信,史料不可轻用。(见书同上)

〔三〕赵超玄云:初,开元末,刘秩采摭经史百家之言,取《周礼》六官所职,撰分门书三十五卷,号曰《政典》,大为时贤称赏,房琯称其才过刘向。(见《中国史学史・撰述》)

第十章　创典制史

一、杜佑《通典》

杜佑，字君卿，京兆万年人。以荫补济南参军，历官至检校司徒，同中书门下平章事，加太保致仕，谥安简。事迹具《唐书》本传。

先是，刘秩[一]仿《周官》之法，摭拾百家，分门诠次，作《政典》三十五卷。佑以为未备，因广其所阙[二]，而参益新礼[三]，而勒为此书，计二百卷。凡分八门，曰《食货》十二篇，曰《选举》六篇，曰《职官》廿二篇，曰《礼》一篇，曰《乐》七篇，曰《兵》六篇、《刑》十七篇，曰《州郡》十四篇，曰《边防》十六篇，合二百卷。每门又各分子目。《自序》谓：既富而教，故先《食货》。行教化在设官，任官在审才，审才在精选举，故《选举》《职官》次焉。人才得而治以理，乃兴礼乐，故次《礼》次《乐》。礼化骤则用刑罚，故次《兵》、次《刑》。设州郡分领，故次为《州郡》，而终之以《边防》。

所载上溯黄虞，迄于唐之天宝。肃、代以后，间有沿革，亦附载注中。然其中间有挂漏，或稍涉繁冗，诡诞不经，未见有过当处。要之，其博取五经群史及汉魏六朝人文奏疏之有裨得失者，每事以类相从。凡历代沿革，悉为记载。详而不烦，简而有要，元元本本，皆为有用之实学，非徒资记问者可比，考唐以前之掌故者，兹编其渊海矣。[四]（以上见《四库总目提要》）

左补阙李翰为序其书曰：采五经群史，上自黄帝，至于有唐天宝之末。每事以类相从，举其始终。历代沿革废置及当时群士论议得失，靡不条载，附之于事，如人支脉，散缀于体。按翰作序之时，佑为淮南幕僚，初稿始就，尚未成也。但翰已以进士知名。代宗初年，为侍御史,于佑为先达。佑欲藉皇甫士安重其三都,故以初稿急求作序。厥后改润,大约屡易稿方定。(见《十七史商榷》)考佑以大历之始纂斯典,年三十二,贞元十七年进书,年六十七,相距恰三十六年而成。

二、《通典》评论

梁任公尝论曰:纪传中有书志一门,盖导源于《尚书》,而志趣在专记文物制度。然贵乎会通古今,观其沿革。各史既断代为书,乃发生两种困难,苟不追叙前代,则源委不明,追叙太多,则繁复取厌。其能去斯弊端,卓然成一创作者,厥唯杜氏之《通典》耳。(见《中国历史研究法》)可知杜氏《通典》书之善也。故章学诚云:统前史之书志,而撰述取法乎官礼,杜佑《通典》作焉。又云:杜佑以刘秩《政典》为未尽,而上达了三五,《典》之所以名通也。(并见《文史通义·释通》)后之郑樵作《通志》,与马端临作《通考》,皆仿是书焉。章太炎云:君卿《通典》,事核辞练,绝异于贵与伧陋者。(见《太炎最近文录》)

史书既称有实用,独怪宋时诸儒,如范蜀公与温公都枉自相争,只《通典》亦未尝看。《通典》又不是隐僻底书,不知当时诸公,何故皆不看?(见《东塾读书记》卷一引《朱子语类》)易言之,则知朱子颇重此书也。

总之,佑幼则生长阀阅之门,老则目睹昆弟诸子并登显位,且著述擅名,传至今千余年,部帙如新,哀然为册府之弁冕。孙牧又以才称,能世其家学。如佑诚可云全福。自古文人,罕见其比。(见《十七史商榷》卷九十)

按:万年杜君卿佑,《唐书》卷百六十六《列传》第九十一,《旧唐书》卷百四十七《列传》第九十七,俱有传。

参考资料

1.《唐会要》。

2. 王鸣盛《十七史商榷》卷九十。

3. 权德舆作《墓志铭》。

4. 钱大昕《跋通典》,《潜研堂集》卷廿八。

5. 郑鹤声作《杜佑年谱》。

6. 日本内藤虎次郎有《拟策一道》,专论《通典》,颇详悉,见《支那论丛》。

延伸阅读

〔一〕刘秩著《政典》三十五卷,见《旧唐书·刘知幾传》。又《东坡志林》云:世之言典者,咸取《通典》。《通典》为杜佑所集,然其源出于刘秩。并可参《玉海》引《宋中兴书目》及《唐会要》。

〔二〕王鸣盛云:既以刘秩书为蓝本,乃《自序》中,只字不及。复袭取官书,攘为己有。以佑之事力,撰集非难,而又取之他人者若是之多。则此书之成,亦可云易也。(见《十七史商榷》卷九十)

〔三〕又云:佑原本刘氏,兼采六典。王冀公谓其中四十卷为开元礼。(见《蛾术编》)

〔四〕曾湘乡云:司马子长网罗旧闻,贯穿三古,而八书颇病其略,班氏志较详矣,而断代为书,无以观其会通。欲用览经世之大法,必自杜氏《通典》始矣。(见《曾文正文集·圣哲画像记》)

又近人金毓黻云:《通典》之美善,可比《通鉴》,然杜书行时,《通鉴》尚未出世也。至《通考》一书,则撰于《通鉴》之后。……第近贤多扬《通典》而抑《通考》,以为其书除因袭《通典》之外,多钞取《史志》《会要》及宋人议论,类于……以视《通典》之体大思精,简而得要,渺乎其莫及焉。

又云:《通典》一书,长于言礼,多存古训,极有裨于治经,而《通考》则否。此又缀文之士所乐道也。

《通典》所载魏晋六朝议礼之文,别有其可贵之价值,乃应划入经学范围为专书,混而为一,未见其可。清儒之治史学者,多自经学入,以治经之法治史,故盛称《通典》。

郑氏《通志》二十略,大半钞自《通典》,而无所增补,以视马书,更远不如。(以上俱见《中国史学史》)

张尔田云:杜佑为唐代通晓掌故者,而《通典》一书,又为古今第一名著。……其生较贞观史臣为晚。正惟其晚,所见新出之资料,或比史臣为多。今《通典》中为以补正南北两朝史事者正复不少。(见《与邓嗣禹书》,《遁庵文集》卷一)

第十一章　治舆地学

一、贾耽《十道志》

贾耽,字敦诗,沧州南皮人。天宝中,举明经,补临清尉。上书论事,徙太平。河东节度使王思礼署为度支判官,累进汾州刺史。治凡七年,政有异绩,召授鸿胪卿,兼左右威远营使,俄为山南西道节度使。建中三年,徙东道。召为工部尚书。贞元九年,以尚书右仆射同中书门下平章事,俄封魏国公。顺宗立,进检校司空、左仆射。时王叔文等干政,耽病之,屡移疾乞骸骨,不许。卒年七十六,谥曰元靖。

耽嗜观书,老益勤,尤悉地理。四方之人与使夷狄者见之,必从询索风俗,故天下地土区产,山川夷岨,必究知之。方吐蕃盛强,盗有陇西。异时州县远近,有司不复传。耽乃绘布陇右、山南九州,且载河所经受为图。又以洮湟甘凉屯镇额籍、道里广狭、山险水原为别录六篇,河西戎之录四篇,上之。诏赐币马珍器。又图海内华夷,广三丈,从三丈三尺,以寸为百里。并撰《古今郡国县道四夷述》,其中国本之《禹贡》,外夷本班固《汉书》。古郡国题以墨,今州县以朱。刊落疏舛,多所厘正。帝善之,赐予加等。或指图,问其邦人,咸得其真。

又著《贞元十道录》,以贞观分天下隶十道,在景云为按察,开元为采访,废置升降备焉。

其《唐书》本传云:耽好地理学,凡四夷之使及使四夷还者,必与之从容讯其山川土地之终始。是以九州之险夷,百蛮之土俗,区分指划,备究源流。自吐蕃陷陇右积年,国家守于内地,旧时镇戍,不可复知。耽乃画《陇右山南图》,兼黄河经界远近,聚其说,为书十卷,表献之。至十七年,又撰成《海内华夷图》及《古今郡国县道四夷述》四十卷,表献之。《表》曰:臣弱冠之岁,好闻方言,筮仕之辰,注意地理,究观研考,垂三十年。绝域之比邻,异蕃之习俗,梯山献琛之路,乘船来朝之人,咸究竟其源流,访求其居处。阛阓之行贾,戎貊之遗老,莫不听其言而掇其要。闾阎之琐语,风谣之小说,亦收其是而芟其伪。兴元元年,伏奉进止,令臣修撰国图。近乃力竭衰病,思殚所闻见,聚于丹青。谨令工人画《海内华夷图》一轴,广三丈,从三丈三尺,率以一寸折成百里,别章甫左衽,奠高山大川,缩四极于纤缟,分百郡于作缋。宇宙虽广,舒之不盈庭;舟车所通,览之咸在目。并撰《古今郡国县道四夷述》四十卷,中国以《禹贡》为首,外夷以班史发源,郡县纪其增减,蕃落叙其盛衰……其古郡国题以墨,今州县题以朱,今古殊文,执习简易。……优诏答之。

罗振玉敦煌本《贞元十道录》跋云:《唐书·艺文志》,《十道录》凡四卷,其书本非详博,故乐史进《太平寰宇记表》,有编修太简之讥。此卷则又似略出之本。然贾耽为舆地学专家,此书殆与所撰《地图》《皇华四达记》《古今郡国县道四夷述》《九州别录》诸书,当参互考证,其所记必精确。此虽仅存片纸,仍当宝之如球璧矣。(见《鸣沙石室遗书》)

金毓黻:耽之于地理学,不惟究心于图之制法,且极注意沿革,其以古郡国题以墨,今之县题以朱,至今犹为不易。而所撰《古今郡国县道四夷述》一书,兼具古今,明其因革,应为地方总志之善本,切实

有用,亦为治地理沿革学者之开山祖也。(见《中国史学史》)

按:南皮贾敦诗耽,《唐书》卷百六十六《列传》第九十一,《旧唐书》卷一百三十八《列传》第八十八,俱有传。

二、李吉甫《元和郡县志》

李吉甫,字弘宪,赵州赞皇人。宰相栖筠之子,以荫补左司御率府仓曹参军。贞元初,为太常博士,官至中书侍郎,同中书门下平章事。卒谥忠懿,事迹具《唐书》本传。

前有吉甫原《序》称:起京兆府,尽陇右道,凡四十七镇,成四十卷。每镇皆图在篇首,冠于叙事之前,有目录两卷,共成四十二卷,取名曰《元和郡县图志》。后有淳熙二年程大昌跋,称图至今已亡,独志存焉。故《书录解题》惟称《元和郡县志》四十卷。

舆地图经,隋、唐《志》所著录者,率散佚无存。其传于今者,惟此书为最真。体例亦为最善,后来虽递相损益,无能出其范围也。(见《四库提要·地理类》)

洪迈跋是书,谓为元和八年所上。然书中有更置宥州条,乃在元和九年,盖吉甫于书成后,又有续入之也。

清严观有《补志》,缪荃孙又辑佚文。

按:赞皇李弘宪吉甫,《新唐书》卷百四十六《列传》附父《李栖筠传》,《旧唐书》卷百四十八《列传》第九十八有传。

参考资料

贾耽——郑余庆作《神道碑》。

权德舆作《墓志铭》。

第六编

五代宋史学

王旦　扈蒙　杨亿　刘昫　路振　徐铉　刘敞　宋白　罗泌　王偁　李心传　马令　陈亮　乐史　叶隆礼

宋敏求　钱若水　王禹偁　范镇　范祖禹　钱文子　王应麟　王益之　胡宏　杨仲良　熊克　杜大珪　陈振孙　洪皓　李焘　徐梦莘　徐自明　陈傅良　高似孙　祝穆

邓洵武　沈括　汪藻　陶岳　吴缜　薛居正　徐无党　刘義仲　熊方　曾巩　郑樵　洪迈　蔡幼学　朱熹　赵希弁　欧阳忞

夏竦　欧阳修　吕夏卿　刘恕　吴仁杰　王尧臣　吕祖谦　叶绍翁　彭百川　袁枢　晁公武　王象之

李昉　吕端　宋祁　尹洙　司马光　刘奉世　魏了翁　苏辙　陈均　刘时举　陆游　尤袤　王存　宇文懋昭

第一章　撰录国史、实录

一、国史、实录

　　唐、宋、金三朝，史官记载，其职颇重。五代李毂奏言，起居注创于累朝，时政记兴于近代，然后采其事实，编作史书。(《薛史·毂传》)宋汪藻亦疏云：书榻前议论之词，则有时政记；录柱下见闻之实，则有起居注。类而次之，谓之日历；修而成之，谓之实录。(《宋史·藻传》)此近代国史底本之大概也。

　　自唐文宗每召大臣论事，必命起居郎、起居舍人执笔立于殿阶螭头之下，以纪政事。(见李毂及宋扈蒙疏)后唐明宗因史馆赵熙等奏，亦令以诏书及处分公事，令端明殿学士韩昭允录送史馆。其内廷之事，诏书奏对不到中书者，令枢密院直学士李专美录送史馆。(见《薛史·唐本纪》)晋天福中，宰臣赵莹、周显德中宰臣李毂，皆援例奏请行之。(《薛史》)故实录之前皆有日历。宋初因扈蒙奏请，凡发自宸衷可书简策者，并委宰臣及参知政事每月轮抄，以备史臣撰集，乃诏卢多逊典其事。(《宋史·扈蒙传》)自是宋代史事较为详慎。有一帝必有一帝日历，日历之外又有实录，实录之外又有正史，足见其记载之备也。

　　今案《宋史》本纪，太平兴国三年，命修《太祖实录》。(史官为李昉、扈蒙、李穆、郭贽、宋白等，沈伦为监修，共成五十卷，见伦、昉等传)又诏军国政要，令参知政事李昉等录送史馆。真宗初命钱若水等修《太宗实录》(若水奏杨亿与其事，凡八十卷，亿独修五十六卷)，寻又诏吕端、钱若水重修《太祖实录》。仁宗诏吕夷简、夏竦修先朝国史，王曾为提举，天圣八年书成，夷简上之。英宗命韩琦修《仁宗实录》，神宗熙宁二年修成，琦上之。是年，神宗命学士吕公著修《英宗实录》。修成后，曾公亮上之。十年，又诏修仁宗、英宗史，惟《神宗实录》，凡数次改修。哲宗元祐元年，命吕大防等纂修，以司马光家藏《记事》为本。六年，修成。七年，又修神宗史。此第一次所修也。

绍圣元年，章惇用事，请重修神宗史，蔡卞亦言：先帝盛德大业，而实录所记，多疑似不根，乞重刊定。诏以蔡卞为修撰。卞专取王安石日录，遂尽改元祐所修，贬原修官吕大防、范祖禹、赵彦若、黄庭坚等。三年，书成，惇上之。此第二次所修也。

徽宗时，又诏修神、哲二朝实录及二朝史，皆蔡京、蔡卞司其事。钦宗初，已命改修宣仁后谤史，未及成。迨高宗时，隆佑太后为帝言宣仁后之贤，古今未有。因奸臣诬谤，建炎初，虽下诏辨明，而史录未经删定，恐无以慰在天之灵。帝悚然，即谕朱胜非曰：神、哲两朝史多失实，宜召范冲刊定。冲乃为《考异》一书，明示去取，旧文以墨书，删去者以黄书，新修者以朱书，世号"朱墨史"。《哲宗实录》又别为一书，名《辨诬录》。（《徐勣传》：《神宗正史》五载未成，勣谓元祐、绍圣史臣好恶不同，一主司马光，一主王安石，故议论纷然。綦崇礼亦疏言：《神宗实录》墨本，元祐所修，已成书。朱本出蔡卞手，多所附会。《哲宗实录》则蔡京提举编修，变乱是非，难以为据。）冲既修成，赵鼎上之。此第三次所修也。

《徽宗实录》则绍兴八年始修，十一年书成，秦桧上之。（其后又有龚茂良所修）《钦宗实录》则隆兴中蒋芾等所修。而高宗和议成，先命史馆编修《靖康建炎忠义录》。后又有魏杞等所上神、哲、徽三朝正史，陈俊卿、虞允文等上神、哲、徽、钦四朝会要，赵雄等上神、哲、徽、钦四朝国史志，王淮等上神、哲、徽、钦四朝列传，则皆孝、光两朝所续成也。《高宗实录》直至淳熙十五年始修（时高宗已崩故也），宁宗庆元三年书成，京镗等上之。嘉泰二年，陈自强等又上《高宗实录》及正史。然高宗时自有日历，绍兴二十六年，以秦桧所修日历未当，诏重修之。孝宗隆兴元年,诏修《太上皇帝圣政记》。二年,书成,命进德寿宫。(时高宗为太上皇)其孝、光、宁三朝实录皆成于理宗时。然光宗受禅,即诏修《寿皇圣政》、日历。绍熙元年书成,进于重华宫。(时孝宗为太上皇)宁宗受禅,亦诏修《太上皇圣政》、日历。庆元三年,书成,进于寿康宫。(时光宗为太上皇)其后又有李心传所修高、孝、光、宁四朝国史,史嵩之所上《中兴四朝国史》,谢方叔所上《中兴四朝志传》,亦皆理宗时成书也。《理宗实录》成于度宗咸淳四年,贾似道上之。度宗亦有时政记七十八册,此可见宋朝重史事之大概也。

其士大夫所编,尚有不胜数者。高宗时,汪藻尝编元符庚辰至建炎己酉三十年事迹,綦崇礼曾奏取其书入史馆。孝宗时,李焘著《续通鉴长编》,自建隆至治平一百八十卷,后又续成六百八十七卷。洪迈入史馆,修《四朝帝纪》,又修一祖八宗一百七十八年为一书。理宗端平二年,又诏太学生陈均编《宋长编纲目》。淳祐十一年,又诏龙图阁学士楼昉所著《中兴小传》百篇、《宋十朝纲目》并《撮要》二书,付史馆誊写。又王偁有《东都事略》,李丙有《丁未录》,徐梦莘有《三朝北盟会编》,自政和七年海上之盟讫绍兴三十一年完颜亮之毙,上下四十五年,共三百五十卷。此皆收入史馆以资纂订者。其他名臣传、言行录、家传、遗事之类未上史馆者,汗牛充栋,更无论矣。故宋一代史事本极详备,而是非善恶、回护讳饰处亦坐此。(见赵翼《廿二史札记》卷二十三《宋史》,最详)

二、史官事略

(一)五代:李谷、贾纬、张昭、赵熙、郑受益

1.李谷,字惟珍,颍川汝阴人。身长八尺,容貌魁伟。少勇力,善射,以任侠为事,颇为乡人所困,发愤从学,所览如宿习。年二十七,举进士,连辟华、泰二州从事。晋天福中,擢监察御史。少帝领开封尹,以谷为太常丞,充推官。晋祖幸邺,少帝居守,加谷虞部员外郎。

及即位,拜职方郎中。天福九年,充枢密直学士,加给事中。显德初,加右仆射、集贤殿大学士。进位司空、门下侍郎,监修国史。毂以史氏所述本于起居注,丧乱以来遂废其职,上言请令端明、枢密直学士编记言动,为内廷日历,以付史官。俄以平寿州,叙功加爵邑。是秋,毂抗表乞骸骨,罢相,守司空,加邑封。五年夏,世宗平淮南归,赐毂钱、米、薪、炭等。恭帝即位,加开府仪同三司,进封赵国公。求归洛邑,赐钱三十万,从其请。太祖即位,遣使就赐器币。建隆元年卒,年五十八。

按:汝阴李惟珍毂,《旧五代史》卷百三十一《周书》二十二《列传》第十一,《宋史》卷二百六十二《列传》二十一,俱有传。

2.贾纬,真定获鹿人也。少苦学为文,唐末举进士不第。遇乱,归河朔本府,累署参军、邑宰。唐天成中,范延光镇定州,表授赵州军事判官,迁石邑县令。纬属文之外,勤于撰述。以唐代诸帝实录,自武宗以下阙而不纪,乃采掇近代传闻之事及诸家之说,第其年月,编为《唐年补录》,凡六十五卷,识者赏之。晋天福中,入为监察御史,改太常博士。纬常以史才自负,锐于编述。……未几,转屯田员外郎,改起居郎、史馆修撰。又谓赵莹曰:《唐史》一百三十卷,止于代宗,已下十余朝未有正史,请与同职修之。莹以其言上奏,晋祖然之,谓李崧曰:贾纬欲修唐史,如何?对曰:臣每见史官辈言,唐朝近百年来无实录,既无根本,安能编纪?纬闻崧言,颇怒,面责崧沮己。崧曰:与公乡人,理须相惜。此事非细,安敢轻言?纬与宰相论说不已。明年春,敕修唐史。苏逢吉监修国史,以纬频投文字,甚知之。寻充史馆修撰,判馆事。乾祐中,受诏与王伸、窦俨修《汉高祖实录》。纬以笔削为己任,然而褒贬之际,憎爱任情。晋相桑维翰执政日,薄纬之为人,不甚见礼。纬深衔之。及叙《维翰传》:身没之后,有白金八千铤,他物称是。翰林学士徐台符,纬邑人也,与纬相善,谓纬曰:切闻吾友书桑魏公白金之数,不亦多乎?但以十目所睹,不可厚诬。纬不得已,改为白金数十锭。纬以撰述之劳,每诣宰执,恳祈迁转,不果。太祖即位,改给事中,判馆如故。广顺二年春,纬卒。纬有集三十卷,曰《草堂集》,并所撰《唐年补录》六十五卷,皆传于世。

按:获鹿贾纬,《旧五代史》卷百三十一《周书》二十二《列传》第十一有传。

3.张昭,字潜夫,本名昭远,避汉祖讳,止称昭。自言汉常山王耳之后,世居濮州范县。昭始七岁,能诵古乐府、咏史诗百余篇。未冠,遍读九经,尽通其义。处侪类中,缓步阔视,以为马、郑不己若也。后至赞皇,遇程生者,专史学,以为专究经旨,不通今古,率多拘滞,繁而寡要;若极谈王霸,经纬治乱,非史不可。因出班、范《汉书》十余义商榷,乃授昭荀《纪》《国志》等。后又尽得十三史,五七年间,能驰骋上下数千百年事。又注《十代兴亡论》。处乱世,躬耕负米以养亲。天成三年,改安义军节度掌书记,时以武皇、庄宗实录未修,诏正国军节度卢质、西川节度副使何瓒、秘书监韩彦辉缵录事迹。瓒上言:昭有史材,尝私撰《同光实录》十二卷。又闻其欲撰《三祖志》,并藏昭宗朝赐武皇制诏九十余篇,请以昭所撰送史馆。拜昭为左补阙、史馆修撰,委之撰录。昭以懿祖、献祖、太祖并不践帝位,仍补为《纪年录》二十卷。又撰《庄宗实录》三十卷上之。优诏褒美,迁都官员外郎。四年,上《武王以来功臣列传》三十卷,以本官知制诰。清泰初,改驾部郎中、知制诰,撰《皇后册文》,迁中书舍人,赐金紫。二年,加判史馆兼点阅三馆书籍,校正添补。预修《明宗实录》,成三十卷以献。三年,迁礼部侍部,改御史中丞。(晋天福)五年,服阕,召为户部侍郎。以唐史未成,诏与吕琦、崔棁等续成之,别置史院,命昭兼判院事。昭又撰《唐朝君臣正论》二十五卷上之,改兵部侍郎。八年,迁吏部,判东铨,兼史馆修撰、判馆事。开运二年秋,《唐书》成二百卷。三年,拜尚书右丞。乾祐二年,加检校礼部尚书。显德元年,迁兵部尚书。世宗以昭旧德,甚重焉。二年,表求致仕,优诏不允,促其入谒。尝诏撰

《制旨兵法》十卷,又撰《周祖实录》三十卷,及梁郢王均帝、后唐闵帝废帝、汉隐帝五朝实录。梁二主年祀浸远,事皆遗失,遂不克修。余三帝实录,皆藏史阁。乾德元年,进封郑国公,拜章告老,以本官致仕,改封陈国公。开宝五年卒,年七十九。昭博通学术,书无不览,兼善天文、风角、太一、卜相、兵法、释老之说。藏书数万卷,尤好纂述,唐、晋至宋,专笔削典章之任。著《嘉善集》五十卷、《名臣事迹》五卷。

按:范县张潜夫昭,《宋史》卷二百六十三《列传》第二十二有传。

4. 赵熙,字绩巨,唐宰相齐国公光远之犹子也。起家授秘书省校书郎。唐天成中,累迁至起居郎。数上章言事,以称旨寻除南省正郎。天福中,承诏与张昭远等修《唐史》,竟集其功。开运中,自兵部郎中授右谏议大夫,赏笔削之功也。

按:赵绩巨熙,《旧五代史》卷九十三《晋书》十九《列传》第八有传。

5. 郑受益,字谦光,荥阳人,唐宰相余庆之曾孙也。以文学致身,累历台阁。自尚书郎迁右谏议大夫。天福八年冬,赐死于家。

按:荥阳郑谦光受益,《旧五代史》卷九十六《晋书》二十二《列传》第十一有传。

(二)宋:王旦、吕夷简、夏竦、王珪、邓洵武、宋敏求、扈蒙、李昉、郭贽、黄震、沈伦、钱若水、杨亿、吕端、韩琦、范冲、汪藻

1. 王旦,字子明,大名莘人。太平兴国五年,进士及第。旦不乐吏职,献文召试,命直史馆。

按:大名王子明旦,《宋史》卷二百八十二《列传》第四十一有传。

2. 吕夷简,字坦夫,寿州人。夷简进士及第,后迁尚书礼部侍郎,修国史。拜昭文馆大学士,监修国史。史成,辞进官。仁宗三年,乃授司徒,监修国史。以太尉致仕。卒谥文靖。子公著。

按:寿州吕坦夫夷简,《宋史》卷三百十一《列传》第七十有传。

3.夏竦,字子乔,江州德安人。举贤良方正。召直集贤院,为国史编修官。仁宗初封庆国公,王旦数言竦材,命教书资善堂。未几,同修起居注,史成迁户部。迁谏议大夫,为枢密副使,修国史。庆历中,进郑国公。寻以病卒,谥文正。

按:德安夏子乔竦,《宋史》卷二百八十三《列传》第四十二有传。

4.王珪,字禹玉,成都华阳人。举进士甲科。神宗即位,迁学士承旨。珪典内外制十八年,最为久次。哲宗立,封珪岐国公,五月,卒于位,年六十七。谥曰文恭。

按:华阳王禹玉珪,《宋史》卷三百十二《列传》第七十一有传。

5.邓洵武,字子常,成都双流人。父绾,在熙宁时以曲媚王安石,神宗数其邪僻奸回。洵武第进士,为汝阳簿。绍圣中,哲宗召对,为秘书省正字、校书郎、国史院编修官,撰神宗史。蔡京相,进洵武中书舍人、给事中兼侍讲,修撰《哲宗实录》。政和中,以佑神观使兼侍读留修国史。宣和元年薨,年六十五,谥文简。

按:双流邓子常洵武,《宋史》卷三百二十九《列传》第八十八,附《邓绾传》。

6.宋敏求,字次道,赵州平棘人。父绶,官终兵部尚书、参知政事。敏求赐进士及第,为馆阁校勘。王尧臣修《唐书》,以敏求习唐事,奏为编修官。治平中,召为《仁宗实录》检讨官,同修起居注,知制诰。除史馆修撰、集贤院学士。加龙图阁直学士,命修两朝正史,掌均国公笺奏。元丰二年卒,年六十一。敏求家藏书三万卷,皆略诵习,熟于朝廷典故。故士大夫疑议,必就正焉。补唐武宗以下六世实录(即补《唐实录》)百四十八卷。其所著书甚多,学者多咨之。

按:平棘宋次道敏求,《宋史》卷二百九十一附父《宋绶传》,又《琬琰集》下《绶传》有传。

7.扈蒙,字日用,幽州安次人。晋天福中,举进士。入汉为鄠县主簿。宋初,由中书舍人迁翰林学士。六年,复知制诰,充史馆修撰。

开宝中,受诏与李穆等人同修《五代史》。七年,蒙上书言:昔唐文宗每召大臣论事,必命起居郎、起居舍人执笔立于殿侧,以纪时政。故《文宗实录》稍为详备。至后唐明宗,亦命端明殿学士及枢密直学士轮修日历送史官。近来此事都废,每季虽有内殿日历,枢密院录送史馆,然所记者不过臣下对见辞谢而已。帝王言动,莫得而书。缘宰相以漏泄为虞,昧于宣播。史官疏远,何得与闻。望自今凡有裁制之事、优恤之言,发自宸衷,可书简策者,并委宰臣及参知政事,每月轮知抄录,以备史官撰集。从之。

按:安次扈日用蒙,《宋史》卷二百六十九《列传》第二十八有传。

8. 李昉,字明远,深州饶阳人。从大父沼无子,以昉为后,荫补斋郎,选授太子校书。汉乾祐举进士,为秘书郎。宰相冯道引之与吕端同直弘文馆,改右拾遗、集贤殿修撰。周显德四年,加史馆修撰、判馆事。宋太宗即位,加昉户部侍郎,受诏与扈蒙、李穆、郭贽、宋白同修《太祖实录》。太平兴国中,参知政事。未几,加监修国史。复《时政记》,先进御而后付有司,自昉议始也。

按:饶阳李明远昉,《宋史》卷二百六十五《列传》第二十四有传。

9. 郭贽,字仲仪,开封襄邑人。乾德中,举进士。太平兴国初,擢为著佐郎。淳化中,拜中书舍人。七年,以本官参知政事。真宗即位,拜刑部,出知天雄军。翌日,贽入对,恳辞。特拜工部尚书、翰林侍读学士,迁礼部尚书。大中祥符三年卒,年七十六,谥文懿。

按:襄邑郭仲仪贽,《宋史》卷二百六十六《列传》第二十五有传。

10. 黄震,字东发,庆元府慈溪人。宝祐四年登进士第,调吴县尉。擢史馆检阅,与修宁宗、理宗两朝国史、实录。所著《日抄》一百卷。卒后,门人私谥曰文洁先生。

按:慈溪黄东发震,《宋史》卷四百三十八《列传》第百九十七。

11. 沈伦,字顺宜,开封太康人。太平兴国初,加右仆射兼门下侍郎、监修国史。太祖亲征太原,复以伦为留守、判开封府事。师还,加左仆射。五年,史官李昉、扈蒙撰《太祖实录》五十卷,伦为监修以献。雍熙四年,卒,年七十九。谥恭惠。

按:太康沈顺宜伦,《宋史》卷二百六十四《列传》第二十三有传。

12.钱若水,字澹成,一字长卿,河南新安人。雍熙中,举进士。淳化初,召试翰林,最优,擢秘书丞、直史馆。真宗即位,加工部侍郎。数月,以母老上章,求解机务,诏不许。若水请益坚,遂以本官充集贤院学士、判院事。俄诏修《太宗实录》,若水引柴成务、宗度、吴淑、杨亿同修,成八十卷。真宗览书流涕,锡赍有差。既又重修《太祖实录》,参以王禹偁、李宗谔、梁颢、赵安仁,未周岁毕。

按:新安钱澹成若水,《宋史》卷二百六十六《列传》第二十五有传。

13.杨亿,字大年,建州浦城人。真宗在京府,征之为首僚,邸中书疏,悉亿草定。即位初,超拜左正言。诏钱若水修《太宗实录》,奏亿参预,凡八十卷,而亿独草五十六卷。书成,乞外补养,知处州。真宗称其才长于史学,留不遣,固请,乃许之任。会修《册府元龟》,亿与王钦若同总其事。其序次体制,皆亿所定,群僚分撰篇序,诏经亿审定方用之。三年,召为翰林学士,又同修国史,凡变例多出亿手。

按:浦城杨大年亿,《宋史》卷三百五《列传》第六十四有传。

14.吕端,字易直,幽州安次人,以荫补千牛备身。历国子主簿、太仆寺丞、秘书郎、直弘文馆,换著作佐郎、直史馆。太祖即位,迁太常寺丞、知浚仪县、同判定州。开宝中,使契丹。八年,知洪州。太宗时,居相位,端历官仅四十年,至是骤被奖擢,太宗犹恨任用之晚。端为相持重,识大体,以清简为务。真宗即位,加右仆射,监修国史,明年夏,被疾,十月,以太子太保罢。卒,年六十六,谥正惠。

按:安次吕易直端,《宋史》卷二百八十一《列传》第四十有传。

15.韩琦,字稚圭,相州安阳人。弱冠举进士,名在第二。授将作监丞、通判淄州,入直集贤院。仁宗嘉祐三年六月,拜同中书门下平章事、集贤殿大学士。六年闰八月,迁昭文馆大学士、监修国史。薨年六十八,谥忠献。

　　按:安阳韩稚圭琦,《宋史》卷三百十二《列传》第七十一有传。

　　16.范冲,字元长,正献祖禹长子也。登绍圣进士第。高宗即位,召为虞部员外郎,俄出为两淮转运副使。绍兴中,隆祐皇后诞日,上置酒宫中,从容语及前朝事,后曰:吾老矣,有所怀,为官家言之。吾逮事宣仁圣烈皇后,聪明母仪,古今未见其比。而史录未经删定,无以传信后世。上悚然,亟诏重修神、哲两朝实录,召冲为宗正少卿兼直史馆。元祐中,正献尝修《神宗实录》,尽书王安石之过,以明神宗之圣。其后王安石婿蔡卞恶之,正献坐谪死岭表。至是复以命冲,上谓之曰:两朝大典,皆为奸臣所坏,故以属卿。冲因论熙宁创置,元祐复古,绍圣以降,弛张不一,本末先后,各有所因。又极言王安石变法度之非,蔡京误国之罪。上嘉纳之。迁起居郎。冲之修《神宗实录》也,为《考异》一书,明示去取,旧文以墨书,删去者以黄书,新修者以朱书,世号"朱墨史"。及修《哲宗实录》,别为一书,名《辨诬录》。

　　按:华阳范元长冲,《宋史》卷四百三十五《列传》第百九十四有传。

　　17.汪藻,字彦章,饶州德兴人。幼颖异,入太学,中进士第。调婺州观察推官,稍迁江西提举学事司干当公事。寻除九域图志所编修官,再迁著作佐郎。绍兴元年,除龙图阁直学士、知湖州。又言:古者有国必有史,故书榻前议论之辞,则有时政记;录柱下见闻之实,则有起居注;类而次之,谓之日历;修而成之,谓之实录。今逾三十年,无复日历,何以示来世?乞即臣所领州,许臣访寻故家文书,纂集元符庚辰以来诏旨,为日历之备。制可。史馆既开,修撰綦崇礼言,不必别设外局,乃已。六年,诏赐史馆修撰餐钱,听辟属编类。八年,上所修书,自元符庚辰至宣和乙巳诏旨,凡六百六十五卷。藻再进官,其属鲍延祖、孟处义咸增秩有差。藻升显谟阁学士。二十四年,卒。

按:德兴汪彦章藻,《宋史》卷四百四十五《列传》第二百四《文苑》七有传。

附录一

宋人陈傅良云:本朝国书,有日历,有实录,有正史,有会要,有敕令,有御集,又有百司专行指挥、典故之书。三朝以上,又有宝训。而百家小说、私史,与大夫行状、志铭之类,不可胜记。(见《建隆编自序》)

明人徐一夔云:近世论史者,莫过于日历。日历者,史之根柢也。自唐长寿中,史官姚璹请撰时政记。元和中,韦执谊又奏撰日历。日历者,以事系日,以日系月,以月系时,以时系年,犹有《春秋》遗意。至于起居注之设,亦专以甲子起例,盖纪事之法无逾此也。往宋极重史事,日历之修,必诸司关白,又诏、诰则三省必书,兵机边务则枢司必报。百官之进退,刑赏之予夺,台谏之论列,给舍之缴驳,经筵之论答,臣僚之转对,侍从之直前启事,中外之囊封匦奏,下至钱谷、甲兵、狱讼、造作,凡有关政体者,无不随日以录,犹患其出于吏牍,或有讹失,故欧阳修奏请宰相至监修,于岁终检点修撰官日所录,事有失职者罚之。如此,则日历不至讹失,他时会要之修,取于此。百年之后,纪、志、列传,取于此。此《宋史》之所以为精确也。

按:徐一夔,《明史·文苑传》及朱彝尊《曝书亭集》俱有传。徐著《始丰稿》。

附录二

《五代实录》,见《史略》卷三。

《后梁太祖实录》三十卷,郄象等撰。

《后唐献祖纪年录》二卷。

《后唐懿祖纪年录》一卷。

《后唐太祖纪年录》十七卷。

《后唐庄宗实录》三十卷,以上为后唐赵凤、张昭远等撰。

《后唐明宗实录》三十卷,姚颛等撰。

《后唐废帝实录》十七卷,张昭、刘温叟撰。

《后唐愍帝实录》三卷,张昭等撰。

《晋高祖实录》三十卷,汉窦贞固、贾纬等撰。

《晋少帝实录》二十卷,窦贞固等撰。

《汉高祖实录》二十卷,汉苏逢吉等撰。

《汉隐帝实录》十五卷,张昭等撰。

《周太祖实录》三十卷,张昭、刘温叟等撰。

《周世宗实录》四十卷,宋王缚等撰。

第二章 敕撰唐书

一、赵莹、刘昫《旧唐书》

五代晋高祖天福五年,起居郎史馆修撰贾纬建言于监修国史赵莹曰:《唐史》一百三十卷,止于代宗,德宗已下十余朝未有正史。请与同职修之。莹以其言上奏,晋祖然之,以问李崧,崧谓:史官皆言唐近百年无实录,既无根本,安能编纪? 纬以崧为沮己,与宰臣论说不已。六春二月,诏户部侍郎张昭远、起居郎贾纬、秘书少监赵熙、吏部郎中郑受益、左司员外郎李为光等同修《唐史》,宰臣赵莹监修。

薛居正《旧五代史》莹传:莹于后唐位尚卑。晋高祖时,方为门下侍郎、同平章事,监修国史。历年宰辅皆领史事,俱以监修列衔。由是可知,监修官仅因人成事,不任笔削也。

莹以唐代故事残缺,署能者居职,纂补实录及正史。(见《莹传》)贾纬丁忧归,莹又奏以刑部员外郎吕琦、侍御史尹拙同修。(见《晋纪》)莹又奏请:据史馆缺《唐书》《实录》,下敕购求。是以此事,赵莹

为监修,综理独周密,故莹本传谓:《唐书》二百卷,莹首有力焉。(见
《廿二史札记》)开运初,纬服阕,复起居郎,修撰如故,于是因韦述旧
史及历朝实录。贾纬《唐年补录》成,为帝纪二十,列传一百五十,志
三十,目录三,合二百三卷。少帝开运二年六月,监修国史刘昫奏上
之,时莹已去职也。

吴缜《进唐书纠谬表》亦云:唐室三百年,传世二十帝,兴衰之迹,
未有完史。暨五季天福之际,有大臣赵莹之徒,缀辑旧闻,次序实录,
草创卷帙,粗兴规模,仅能终篇,聊可备数。我仁宗皇帝临文咨嗟,申
命名儒讨论润色,积十有七年,成二百余卷。然则仁宗以前,莹书尚
未就,莹后罢相,外任节镇,刘昫代而完成之。

按:华阴赵元辉莹,《旧五代史》卷八十九《列传》第四有传。

赵莹,字元辉,华阴人也。风仪美秀,性复纯谨。梁龙德中,始解
褐为康延孝从事。后唐同光中,延孝镇陕州,会庄宗伐蜀,命延孝为
骑将。将行,留莹监修金天神祠。高祖建号,授莹翰林学士承旨、金
紫光禄大夫等,寻迁门下侍郎、同平章事,监修国史。监修国史日,以
唐代故事残缺,署能者居职,纂补实录及修正史二百卷行于时,莹首
有力焉。及契丹陷京城,契丹主迁少帝于北塞,莹与冯玉、李彦韬俱
从。卒于幽州,时年六十七。契丹主许其归葬于华阴故里。

晋出帝开运二年六月,监修国史刘昫、史官张昭远等以新修《唐
书》纪、志、列传并目录,凡二百三卷上之,赐器币有差。(见《晋纪》)
此《旧唐书》所首列刘昫名也。然薛、欧二史《刘昫传》俱不载其有功
于《唐书》之处,但书其官衔,监修国史而已。盖昫为相时,《唐书》适
讫功,遂由昫表上,其实非昫所能修也。[一]

然顾亭林则谓:按此书纂于刘昫,后唐末帝清泰中,为丞相监修
国史。至晋少帝开运二年,其书始成。(见《日知录》卷二十六)而何
义门亦谓:昫在唐明宗时,为门下侍中,监修国史。国史即《唐书》也。
其言皆欲以弥缝欧公之阙。[二]钱大昕曰:以予考之,殊不然。庄宗自

祖父以来,附唐属籍。灭梁之后,祀唐七庙,自称中兴。以唐史为国史,固其宜矣。但宰相监修国史,沿唐故事,虽有监修之名,初无撰述之实。刘昫之监修,不过宰相兼衔而已。《五代会要》称修《唐书》为在晋之世,初命赵莹监修;莹罢相,而昫代之。亭林、义门误认为一事,盖未考《五代会要》,乃臆造此说耳。(见《日知录》注及《十驾斋养新录》)

此书所述,大抵长庆以前,本纪惟书大事,简而有体;列传叙述详明,赡而不秽,颇能存班、范之旧法。长庆以后,本纪则诗话、书序、婚状、狱词委悉具书,语多支蔓。列传则多叙官资,曾无事实,或但载宠遇,不具首尾,所谓繁略不均者也。[二](见《四库总目提要》)其所以如此者,盖因昫等作此书时,所据史材,长庆以前,尚有吴兢、韦述、令狐垣、韩愈诸人之《唐书》旧稿在。至长庆以后,史失其官,无复善本,故昫只采杂说传记,排纂成之耳。且未能钩稽本末,舛漏之讥,亦无以自解。故当欧、宋《新书》出,而此书遂废。然其本流传仍不绝云。

按:归义刘耀远昫,《五代史》卷五十五《杂传》篇四十三,《旧五代史》卷八十九《晋书》十五《列传》第四,与莹同传。

刘昫,字耀远,涿州归义人。神彩秀拔,文学优赡,与兄暄、弟曎知名燕、蓟间。唐庄宗以为翰林学士。明宗重其风仪,爱其温厚。长兴中,拜中书侍郎兼刑部尚书、平章事。迁端明殿学士。未几,入相,时人荣之。末帝时,监修国史,与李愚相诟诋,罢为右仆射。天福中,为东都留守。开运中,拜司空、平章事,监修国史。契丹主至,不改其职。昫以目疾乞休致,契丹主授昫为太保。其年夏,以病卒,年六十。撰有《旧唐书》。

二、宋祁、欧阳修《新唐书》

宋仁宗以刘昫等所撰《唐书》卑弱浅陋,庆历中,诏王尧臣、张方平等别修《唐书》,久而未就。至和初,乃命翰林学士欧阳修、端明殿学士宋祁重加刊修。欧任纪志，宋任列传，范缜、王畴、宋敏求、吕夏卿、刘羲叟同编修，曾公亮提举其事。十七年而成。为纪十、志五十、表十五、传一百五十，凡二百二十五卷，嘉祐五年上之。

按：《新唐书》之修，建议于贾魏公昌朝，初命王文安、宋景文、杨宣懿、赵少卿、张尚书、金尚书为修纂，曾鲁公、赵龙图周翰、何密直公南、范侍郎景仁、邵龙图不疑、宋集贤次道为编修，而贾为提举。贾罢相，用丁文简。丁卒，用刘丞相。刘罢，用王文安。王卒，又用曾鲁公。中间景文以修《庆历编敕》不到局，赵守苏州，王丁母忧，张、杨皆补外。顷之，吕缙叔入局，刘仲更修天文、律历志，将卒业，而梅圣俞入局，修方镇、百官表。嘉祐五年始成书。以上为王阮亭《古夫于亭杂录》所记载，但未书所本也。而钱氏《潜研堂集》中，有《唐书刊修官表》，已考得其事甚悉。

书成署名，本以官高者领衔，而欧、宋竟互相推让，据欧阳发所作《先公事迹》云：先公初奉敕撰《唐书》，专成纪、志、表，而列传则宋公祁所撰。朝廷恐其体不一，诏公看详，令删为一体。公虽受命，退而曰：宋公于我为前辈，且人所不同，岂可悉为己意？于是一无所易，书成奏御。旧制，惟列官最高者一人。公官高当书。公曰：宋公于传功深而日久，岂可掩其名，夺其功？于是纪、志、表书公名，而列传书宋公。宋丞相庠闻之，叹曰：自古文人，好相凌掩，此事前所未有也。可知欧公平生之为人矣。

但宋公学识亦确有服人处，其任史事，共十余年，出入卧内，尝以稿自随，为列传一百五十卷，盖由其素养致然也。[四]观公自作《景文笔记》云：余少为学，本无师友。家苦贫，无书，习作诗赋，为故龙图学士刘公所称，吾始重自淬砺于学。年过五十，被诏作《唐书》，精思十余年，尽见前世诸著云。公治史，最精《汉书》，有校本，今不得见其全。[五]

二公于《新唐书》既费多年心力，顾尚被讥于吴缜。其词曰：《唐书》纪、志、表则欧阳公主之,传则宋公主之。所主既异,而不务通知其事,故纪有失而传不知,传有误而纪不见。又云:其始也,修纪、志者,则专以褒贬笔削自任,修传者,则独以文词华采为先。不相通知,各从所好。其终也,遂合而为一书而上之。(并见《新唐书纠谬·自序》)其实二公修书不同时,盖修之修《唐书》乃在嘉祐之前至和年间事,距祁稿成时,相去十余年矣。

顾亭林亦评之云:《新唐书》志,欧阳永叔所作,颇有裁断,文亦明达。而列传出宋子京之手,则简而不明,二手高下,迥为不侔矣。(见《日知录》卷二十六)邵二云继评之云:使修、祁修史时,能溯累代史官相传之法,讨论其是非,决择其轻重,载事务实,而不轻褒贬;立言扶质,而不尚掊扯,何至为后世讥议哉?(见《南江文钞》)

所谓不明史法,盖由曾公亮《进书表》之称,"其事则增于前,其文则省于旧"二语而发也。夫后人重修前史,使不省其文,则累幅难尽;使不增其事,又何取于重修? 故事增,蒐及小说,而至于猥杂。唐代词章,体皆详赡。今必欲减其文句,势必变涩体而至于诘屈。安世之言,所谓中病源者也。(见《四库总目提要》)清赵翼曰:《新唐书》所记二百八十余年事迹,头绪繁多,不暇检校入细。试平心论之,宋景文于列传之功,实费数十年心力,欧公本纪,则不免草率从事,不能为之讳也。(见《廿二史札记》)

必如吴缜言,方《新书》来上之初,若朝廷付之有司,委官覆定,使诘难纠驳,审定刊修,然后下朝臣博议可否,如此,则初修者必不敢灭裂,审覆者亦不敢依违,庶乎得为完书,可以传久。(见《日知录》卷十六引)

《新书》既如此谬误,于是吴缜、吕夏卿、赵明诚[六]之徒,皆不满之,各自作书以见志也。

按:安陆宋子京祁,《宋史》卷二百八十四《列传》第四十三有传,附兄宋庠后。

宋祁,安州安陆人,后徙居开封之雍丘。字子京,天圣二年,与其兄宋庠同时举进士,累迁龙图阁学士、史馆修撰,与欧阳修同修《唐书》,旋出知亳州。自是十余年间,出入内外,常以史稿自随,为列传百五十卷。《唐书》成,迁左丞,进工部尚书。逾月,拜翰林学士承旨,卒谥景文。祁兄第皆以文学显,而祁尤能文,善议论,然清约庄重不及庠,论者以祁不至公辅,亦以此云。

附录

《旧唐书》前半全用实录、国史旧本　五代修《唐书》,虽史籍已散失,然代宗以前,尚有纪、传,而庾传美得自蜀中者,亦尚有《九朝实录》。今细阅《旧书》文义,知此数朝纪、传,多抄实录、国史原文也。凡史修于易代之后,考覆既确,未有不据事直书。若实录、国史……而不暇订正也。实录、国史书法,既有回护,易代后修史时,考其非实,自应改正,而直笔书之。乃《旧书》书法仍复如此,知其全用旧史之文,不复刊正也。至会昌以后,无复底本,杂取朝报、吏牍,补缀成之。

五代修史诸人,如张昭远、贾纬等亦皆精于史学,当缺漏支诎中仍能补缀完善,具见撰次之艰,文字之老。(见《廿二史札记》卷十六)

《旧唐书》原委　晋出帝开运二年六月,监修国史刘昫、史官张昭远(后以避刘智远讳,但名昭,《宋史》有传)以新修《唐书》纪、志、列传并目录凡二百三卷上之,赐器帛有差。(《晋纪》)此《旧唐书》所以首列刘昫名也。然薛、欧二史《刘昫传》,俱不载其有功于《唐书》之处。但书其官衔"监修国史"而已。盖昫为相时,《唐书》适讫功,遂由昫表上,其实非昫所修也。唐末播迁,载籍散失,自高祖至代宗尚有纪传,德宗亦存《实录》,武宗以后六代,惟武宗有实录一卷,余皆无之。(《五代会要》)梁龙德元年,史馆奏请令天下有记得会昌(唐武宗)以后公私事迹者,抄录送官,皆须直书,不用词藻,凡内外臣僚奏行公事,关涉制置沿革,有可采者并送官。(《梁纪》)唐长兴中,史馆又奏:

宣宗以下四朝未有实录,请下两浙、荆、湖等处,购募野史及除目朝报、逐朝日历、银台事宜、内外制词、百司簿籍上进。若民间收得,或隐士撰成野史,亦令各列姓名请赏。明宗从之。(《后唐纪》及《五代会要》)闻成都有本朝实录,即命郎中庾传美往访。及归,仅得九朝实录而已。(《后唐纪》)可见《唐书》因载籍散佚,历梁、唐数十年,未遑于成,直至晋始成书。则纂修诸臣搜剔补缀之功,不可泯也。今据薛、欧二史及《五代会要》诸书考之:晋天福五年,诏张昭远、贾纬、赵熙、郑受益、李为光同修《唐史》,宰臣赵莹监修。(《晋纪》)莹以唐代故事残缺,署能者居职,纂补实录及正史。(《莹传》)贾纬丁忧归,莹又奏以刑部员外郎吕琦、侍御史尹拙同修。(《晋纪》)莹又奏请:据史馆所缺《唐书》、实录,下敕购求。况唐咸通中,宰臣韦保衡与薛伸、皇甫焕撰武宗、宣宗实录,皆因多事,并未流传。今保衡、裴赞现有子孙居职,或其门生故吏亦有纪述者,请下三京诸道,凡有此数朝实录,令其进纳,量除官赏之。会昌至天祐,垂六十年。李德裕平上党,著有《武宗伐叛》之书;其后康承训定徐方,有《武宁本末》之传。凡此之类,令中外臣僚有撰述者,不论年月多少,并许进纳。从之。(《五代会要》)是此事赵莹为监修,综理独周密,故莹本传谓:《唐书》二百卷,莹首有力焉。昭宗一朝全无纪注,天福中,张昭远重修《唐史》,始有《昭宗本纪》。(《五代史补》)是张昭远于此事,搜辑亦最勤,故刘昫上《唐书》时,与昭远同署名。昭远等寻加爵邑,酬修史之劳也。(《晋纪》)贾纬长于史学,以武宗之后无实录,采次传闻,为《唐年补录》六十五卷,入史馆与修《唐书》。(《纬传》)今《旧唐书》会昌以后纪传,盖纬所纂补。又赵熙修《唐书》成,授谏议大夫,赏其笔削之功。(《熙传》)是则《旧唐书》之成,监修则赵莹之功居多,纂修则张昭远、贾纬、赵熙之功居多,而《刘昫传》并不载经画修书之事,今人但知《旧唐书》为昫所撰,而不知成之者乃赵莹、张昭远、贾纬、赵熙等也,故特标出之。(见《廿二史札记》卷十六)

《新唐书》　宋仁宗以刘昫等所撰《唐书》卑弱浅陋，命翰林学士欧阳修、端明殿学士宋祁刊修，曾公亮提举其事，十七年而成，凡二百二十五卷。修撰纪、志、表，祁撰列传。故事，每书首只用官尊者一人。修以祁先进，且于《唐书》功多，故各署以进。（《修传》）祁奉诏修《唐书》十余年，出入卧内，尝以稿自随，为列传百五十卷。（《祁传》）论者谓《新唐书》事增于前，文省于旧。此固欧、宋二公之老于文学，然难易有不同者。《旧书》当五代乱离，载籍无稽之际，掇拾补辑，其事较难。宋时文治大兴，残编故册次第出见。观《新唐书·艺文志》所载唐代史事，无虑数十百种，皆五代修《唐书》时所未尝见者。据以参考，自得精详。又宋初绩学之士，各据所见闻，别有撰述，如孙甫著《唐史记》七十五卷，每言唐君臣行事，以推见当时治乱，若身历其间，人谓"终日读史，不如一日听孙论也"。又赵瞻著《唐春秋》五十卷，赵邻几追补《唐实录》、《会昌以来日历》二十六卷。陈彭年著《唐纪》四十卷。（以上《宋史》各本传）诸人皆博闻勤采……博采传记杂说数百家，又通谱学，创为世系诸表，于《新唐书》最有功。（《宋史·夏卿传》）宋敏求尝补唐武宗以下六世实录百四十卷，王尧臣修《唐书》，以敏求熟于唐事，奏为编修官。（《宋史·敏求传》）是刊修《新书》时，又得诸名手佽助，宜其称良史也。（见《廿二史札记》卷十六）

《薛史》全采各朝实录　五代虽乱离，而各朝俱有实录。梁贞明中，诏李琪、张衮却、殷象、冯锡嘉修《太祖实录》，共成三十卷，寻以事多漏略，又诏敬翔补缉。翔乃别成三十卷，名曰《大梁编遗录》，与实录并行。（见《薛史》李琪及敬翔传）此《梁祖实录》，贞明中所成也。（其庶人友珪及《末帝实录》，则周时补修，说见后）后唐明宗天成四年，诏卢质、何瓒、韩彦晖纂修武皇以上及庄宗实录。瓒奏张昭（即张昭远，后单名昭，《宋史》有传）有史才，尝私撰《同光实录》，又欲撰《三祖志》，并藏唐昭宗赐武皇制诰九十余篇，请以昭为修撰，并其所撰送史馆。从之。昭以懿献及武皇不践帝位，乃为《纪年录》二十卷、《庄宗实录》三十卷上之。(见《薛史·唐纪》及《五代会要》《宋史·张昭传》)此唐武皇以上载纪及《庄宗实录》乃天成中所成也。(《薛史·李愚传》:明宗时,愚监修国史,与诸儒修《创业功臣传》三十卷。又《李之仪集》记赵凤修《庄宗实录》,不载何挺劾刘昫疏,昫德之。是实录并有诸臣列传,不特朝廷政事也)清泰二年,命史官修《明宗实录》。次年监修国史姚𫖯、史官张昭、李祥、吴承范等修成三十卷上之。(见《薛史·唐纪》及《吴承范传》《宋史·张昭传》)此《明宗实录》清泰中所成也。(其闵帝、废帝实录则周广顺中补修,说见后)晋在汉前,而《晋祖实录》反成在后。后周广顺元年七月,史官贾纬等以所撰《晋高祖实录》三十卷、《少帝实录》二十卷上之。此晋二帝实录,皆周广顺中所成也。汉乾祐二年二月,诏左谏议大夫贾纬等修撰《高祖实录》,是年十月,监修国史苏逢吉、史官贾纬等修成二十卷上之。(见《汉纪》)此《汉祖实录》乾祐中所成也。(其《隐帝实录》亦周显德中补修,说见后)周显德三年,诏兵部尚书张昭纂修《太祖实录》。五年,昭等修成二十卷上之。六年,世宗崩,王溥请修《世宗实录》,以扈蒙、张澹、王格、董淳为纂修官。(见《周纪》及《宋史·王溥传》)此《周太祖实录》皆显德中所成,而《世宗实录》亦是时所修也。其梁庶人友珪及末帝等实录亦皆周代所修。显德三年,诏张昭补修梁末帝及唐清泰帝两朝实录。昭奏本朝太祖历试之事在汉隐帝时,请先修《隐帝实录》,以全太祖之事。又梁末帝之上,有郢王友珪弑逆数月,未有纪录,请仿《宋书》之刘劭例,书为"元凶友珪"。唐清泰帝前,尚有闵帝,在位四月,亦未有编纪,并请修《闵帝实录》,其清泰帝请书为废帝。从之。(见《周纪》及《五代会要》《宋史·张昭传》)此梁庶人友珪及末帝,唐闵帝、废帝,汉隐帝实录,皆周显德中所补修也。可见五代诸帝本各有实录,薛居正即本之以成书,故一年之内,即能告成。今按其纪载,不惟可见其采取实录之迹,而各朝实录之书法,亦并可概见焉。(见《廿二史札记》卷二十一)

参考资料

赵莹——《旧唐书》。

 钱大昕《十驾斋养新录》卷六《刘昫传不言修唐史》条。

 赵翼《廿二史札记》卷十六《旧唐书原委》条。

 王鸣盛《十七史商榷》卷六十九《赵莹修旧唐书》条。

刘昫——《旧唐书》。

宋祁——宋吴缜《新唐书纠谬》,又《唐书宰相世系表订伪》。

 明薛应旂《续通鉴》。

 清沈炳震《新旧唐书合钞》。

 赵绍祖《新旧唐书互证》。

 全祖望《辨宋祁汉书校本》,《鲒埼亭集》等。

 王鸣盛《十七史商榷》卷六十九《宋欧修书不同时》条。

 近人桂林唐春卿景崇《新唐书注》。

 杨椿《新旧唐书异同考》,《孟邻堂文钞》。

 马国翰《唐书论略》,《玉函山房续集》。

 朱鹤龄《读旧唐书》,《愚庵小集》。

 邵晋涵《新旧唐书提要》,《南江文钞》。

 全祖望《答沈东甫论唐书帖子》,《鲒埼亭外集》。

 又《论唐书宗室世系表柬东甫》,同上。

 卢文弨《新唐书纠谬跋》,《抱经堂集》。

 章学诚《唐书纠谬书后》,《文史通义》。

 钱大昕《修唐书史臣表》。又《跋新唐书纠谬》,《潜研堂集》。

 又《跋唐书释音》《跋唐书宰相世系表订伪》,见同上。

 钱馥《校辛楣詹事校新唐书纠谬》,《小学盦遗书》。

 王昶《跋唐书直笔新例》,《春融堂集》。

 钱保塘《跋新旧唐书合抄》,《清风室文钞》。

延伸阅读

〔一〕《新五代史·杂传》,昫本仕后唐庄宗,为翰林学士。明宗时,拜中书侍郎,兼刑部尚书、同中书门下平章事。废帝迁吏部尚书、门下侍郎、监修国史。但后则终于石晋耳。(《薛史》略同)

又高似孙云:按后唐起居郎贾纬言,唐高宗至代宗已有纪传,德宗至济阴废帝凡六代,惟有《武宗实录》,余皆阙略。今采访遗文及耆旧传说,编成六十五卷,目曰《唐朝补遗录》,以备将来史官修述。至开运二年,史馆上新修前朝李氏纪、志、列传共五百二十卷,赐监修宰臣刘昫、修史官张昭远、直馆王伸等,缯彩银器有差。又按欧阳修《五代史·刘昫传》,只载明宗时为监修国史,殊不及唐史之绩,盖昭远辈所成也。(见《史略》卷二)

〔二〕钱大昕云:欧公预修新唐史,知监修官仅因人成事,不任笔削,故于赵、刘两传皆略而不书,此极有意,可为后来之法,未可訾其遗漏也。(见《潜研堂集》卷十三)

〔三〕顾亭林云:《旧唐书》虽颇涉繁芜,然事迹明白,首尾该赡,亦自可观。(见《日知录》卷廿六)

又李详云:刘昫《唐书》,开运时上,监修攘功,位尊独当。录旧回获,各张一军。宣懿而后,史笔纠纷。欧、宋既显,太阳夺曜,搴萧玩芳,攈拾精要。(注)此书先经赵莹监修。纂修者复有张昭远、贾纬、赵熙等,经画裁削。昫为相时,适当奏进,特以宰相领衔,遂蒙厚赉,而昫实未有功。故薛、欧两史,于《昫传》略,不张皇其事,但云监修国史而已。然其书据唐实录、国史旧本,其回护之处,一仍旧贯。宣懿之后,又采杂家小说,凑集而成。诸秉笔者,多不相知会,彼此互异。迨《新唐书》行,此书几祧。惟其不事雕饰,以《新书》证之,每见其善。虽与薛《五代史》同标旧目,要自不可废也。(见《愿记》)

〔四〕高似孙云:庆历五年,诏王尧臣、张方平等翰林学士,刊修《唐书》。皇祐元年,以宋祁(翰林侍读)为刊修官。至和元年,又命欧阳修、宋祁刊修(龙图阁学士),乃撰纪十、志五十、表十五、传百五十。嘉祐五年,提举宰臣曾公亮上之。公亮曰:唐有天下几三百年,其君臣行事之始终,所以治乱兴衰之迹,与其典章制度之美,宜其粲然著在方册。而纪次无法,乃诏修等讨论删定,事则增于前,文则省于旧。其属则范镇(知制诰)、王畴(知制诰)、宋敏求(集贤校理)、吕夏卿(秘书丞)、刘羲叟,此盖预进书者。又有杨察、赵概、余靖亦与焉。修尝言:唐自武宗以下并无实录,西京内中省寺诸司御史台及銮和诸库,有唐至五代以来奏牍案簿尚存,欲差吕夏卿就彼检寻。从之。足以见讨论之至矣。祁虽作百五十传,亦曾自作纪、志。今宋氏后居华亭者有其书。又云:先太史尝言欧阳公撰《新唐史》,纪、志皆脱稿,独太宗纪赞难乎其为工。既成,一夕梦神人金甲持兵,琅乎问罪,以纪赞过乎措辞,盖太宗也。公乃为改作。(俱见《史略》卷二、四)(按先太史为其父高炳如学士,著有《史记注》百三十卷)

〔五〕叶梦得云:余在许昌,得宋景文用监本手校西汉一事,末题用十三本校。(见《石林燕语·宋祁〈汉书校本〉》一篇)。又高邮王念孙精于校勘,其校《汉书》,往往引宋祁校语。

〔六〕李慈铭云:赵明诚德父于唐代事,尤多订新旧唐两书之失。当时新史方行,而德父屡斥其谬误,悉为厘正,务得其平。于《旧书》亦无所偏徇,真善读书者也。(见《越缦堂日记补》)宋子京修《唐书》,矫骈俪之习,其诏疏往往改整作散,乃至不收徐贤妃《谏太宗疏》及德宗《兴元赦书》,为世所诟。姚铉选《唐文粹》,又力矫其失。故于《平淮西碑》,收段而弃韩,以段作对偶,而韩作散体也。(见同上)阅《新唐书·隐逸传》。宋子京文好尚古涩,昔贤病之。然以传高隐诸公,则笔墨简洁,肖其为人,殊可尚也。(见同上)

又朱弁云:宋子京修《唐书》,尝一日逢大雪,添帟幕,燃椽烛一、秉烛二,左右炽炭两巨炉,诸姬环侍。方磨墨濡毫,以澄心堂纸草某人传。未成,顾诸姬曰:汝辈俱尝在人家,曾见主人如此否?可谓清矣。皆曰:实无有也。其间一人来自宗子家,子京曰:汝太尉遇此天气,亦复何如? 对曰:只是拥炉命歌舞,间以杂剧,引满大醉而已。如何比得内翰? 子京点头曰:也自不恶。乃搁笔掩卷起,索酒饮之,几达晨。明日对宾客自言其事。后每燕集,屡举以为笑。

又云:黄鲁直于相国寺得宋子京《唐史稿》一册,归而熟观之,自是文章日进。(见《曲洧旧闻》)

又魏泰云:宋子京祁晚年知成都府,带《唐书》于本任刊修。每宴罢,漱盥毕,开寝门,垂帘燃二椽烛,媵婢夹侍,和墨伸纸,远近观者,皆知尚书修《唐书》矣,望之如神仙焉。(见《东轩笔录》)

又王若虚云:作史与他文不同。宁失之繁,不可至于疏略而不尽。宋子京不识文章正理而惟异之求,肆意雕镂,无所顾忌,以至字语诡僻,殆不可读。其事实则往往不明,或乖本意。(见《滹南遗老集·新唐书辨》)

又李详云:《新唐表进》,金谓文省,事多二千,规模自整。永叔善让,景文方雅。两美必合,祥金跃至。绸绎至夥,探珠九渊,发彼沈霾,生气凛然。(见《窳记》)

又金毓黻云:五代修《唐书》时,屡诏购访,有纪传者,惟代宗以前,德宗只存实录。《武宗实录》并只存一卷。《四库提要》则谓,《旧书》于穆宗长庆以前,本纪惟书大事,简而有体,列传叙述详明,赡而不秽,颇能存班、范之旧法。长庆以后,本纪则诗话、书叙、婚状、狱词,委悉具书,语多支蔓;列传则多叙官资,曾无事实。或但载宠遇,不具首尾,所谓繁略不均者,诚如宋人所讥,是则长庆以来,国史、实录皆不之具,无可依据之故。《宋史·艺文志》著录武宗以下六帝实录一百四十三卷,皆宋敏求补撰。(《宋史·宋绶传》,子敏求补唐武宗以下诸帝六世实录一百四十八卷)今考《通鉴考异》,屡引《唐实录》,而于武宗后称引尤多,武宗以上为唐人旧本,武宗以下则敏求补撰本也。欧、宋修《新书》时,遗文间出,又有实录可据,故叙唐末事差

为详赡，其能胜于《旧书》，时为之也。（见《中国史学史》）

又王闿运云：检《唐书》诸表九本，唐宰相本不皆名族。宋子京为作《世系表》者，阴仿萧、曹《世家》，以重宰相耳，然甚无谓。大概《新唐书》《新五代史》皆文人志传之书，不谙史体，文笔较健耳。《新唐书》人知訾之，而不敢议《五代史》，可怪也。（见《湘绮楼日记》同治八年）

第三章　敕撰五代史

一、《五代史》

宋太祖开宝六年（六一作四）四月二十五日戊申，诏修梁、后唐、晋、汉、周五代史，宜令参政薛居正监修，卢多逊、扈蒙、张澹、李穆、李昉等同修。七年闰十月甲子，书成，凡一百五十卷，目录二卷。赐器帛有差。其事凡记十四帝，五十三年，为纪六十一，志十二，传七十七，多据张昭远之《庄宗朝列传》，李愚之《创业功臣传》，范质之《五代通录》及《累朝实录》为稿本。[一]（见《玉海》引《中兴书目》及《郡斋读书志》）然王鸣盛谓：盖五代诸《实录》，皆无识者所为，不但为尊者讳，即臣子亦多讳饰。《薛史》误据，而不假旁采以补阙。（见《十七史商榷》卷九十三）以致后来陶岳、王禹偁之徒，起而补其阙文云。详陶、王节。

所幸其时秉笔之臣，尚多逮事五代，见闻较近，纪传皆首尾完具，可以征信。故异同所在，较核事迹，往往以此书为证长。虽其文体卑弱，不免叙次烦冗之病，而遗闻琐事，反藉以获传，实足为考古者参稽之助。如司马光作《通鉴》，胡三省作《通鉴注》，皆专据薛《史》，而不取欧《史》。即沈括、洪迈、王应麟辈之著述，于薛、欧二史多兼采，而

未尝有所轩轾。(说本纪昀)

逮欧阳修《新史》出,于是薛《史》遂微。元明以来,罕有援引其书者,传本亦渐就湮没,惟明内府有之,见于《文渊阁书目》。故《永乐大典》多载其文,然割裂淆乱,已非居正等篇第之旧。清初,黄征君梨洲有宋薛居正《五代史》,不戒于火。后有诡言其书尚在者,全谢山详诘之,则穷矣。事载《鲒埼亭集》中。〔二〕

四库馆开时,馆阁诸臣,若邵二云辈,从《永乐大典》中抄出薛《史》残缺者,取它书所引补之。方法为就《永乐大典》各韵中所引薛《史》,甄录条系,排纂先后,检其篇第,尚得十之八九。又考宋人书之征引薛《史》者,每条采录,以补其阙。遂得依原本卷数,勒成一篇。〔三〕

今其书内容,厘为《梁书》二十四卷,《唐书》五十卷,《晋书》二十四卷,《汉书》十一卷,《周书》二十二卷,《世袭列传》二卷,《僭伪列传》三卷,《外国列传》二卷,志十二卷,共一百五十卷,别为目录二卷。近闻四库馆编进时,稿本犹在南浔刘翰怡家,叶氏昌炽曾为校勘一过。《缘督庐日记》云:又为翰怡校《旧五代史》,以殿本勘钞本,此书本从《永乐大典》辑出,参以《册府元龟》《通鉴考异》诸书。钞本皆详记卷数,年月参差,事迹抵牾,考证详明,分注各条之下,足为读史者之助。盖四库馆编进时稿本,其后刻板,案语概从删略,此外无所增损。〔四〕

二、薛居正

薛居正,字子平,开封浚仪人。少好学,有大志。清泰初,举进士不第,为《遣愁文》以自解,寓意倜傥,识者以为有公辅之量。逾年,登第。宋初,迁户部侍郎。建隆三年,入为枢密直学士,权知贡举。乾德初,加兵部侍郎。五年,加吏部侍郎。开宝五年,兼淮南、湖南、岭南等道都提举三司水陆发运使事,又兼判门下侍郎事,监修国史。又监修《五代史》。逾年毕,锡以器币。六年,拜门下侍郎、平章事。太平兴国初,加左仆射、昭文馆大学士。从平晋阳还,进位司空。因服丹砂,遇毒……舆归私第卒,年七十,谥文惠。

居正气貌瑰伟,饮酒至数斗不乱,性孝行纯,居家俭约。为相任宽简,不好苛察,士君子以此多之。自参政至为相,凡十八年,恩遇始终不替。好读书,为文落笔不能自休,子惟吉集为三十卷,上之,赐名《文惠集》。

按:浚仪薛子平居正,《宋史》卷二百六十四《列传》第二十三有传。

参考资料

近人陈垣作《旧五代史辑本发覆》三卷,附《薛史辑本避讳例》一卷,《励耘书屋丛刻》本。

延伸阅读

〔一〕高似孙云:开宝四年,诏薛居正、卢多逊等修《五代史》。七年闰月甲子,书成,凡一百五十卷,而扈蒙、张澹、李昉、刘兼、李穆、李九龄皆与修其书,以《建康实录》为准。(见《史略》卷二)

又赵翼云:宋太祖开宝六年四月,诏修梁、唐、晋、汉、周《书》,其曰《五代史》者,乃后人总括之名也。七年闰十月,书成,凡一百五十卷,目录二卷。监修者为司空、同中书门下平章事薛居正,同修者为卢多逊、扈蒙、张澹、李昉、刘兼、李穆、李九龄(见《宋史》及《晁公武读书志》《玉海》所引《中兴书目》),皆本各朝实录为稿本,此官修之史也。其后欧阳修私撰《五代史记》七十五卷,藏于家。修没后,熙宁五年,诏求其书刊行。(见《宋史》)于是薛、欧二《史》,并行于世。至金章宗泰和七年,诏学官止用欧阳《史》,于是薛《史》渐就湮没。惟前明《永乐大典》多载其遗文,然已割裂淆乱,非薛《史》篇第之旧。恭逢我皇上开四库馆,命诸臣就《永乐大典》中甄录排纂……则采宋人书中之征引《薛史》者补之,于是《薛史》复为完书,仍得列于正史,遂成二十三史之数。今覆而案之，虽文笔迥不逮《欧史》，然事实较详。盖《欧史》专重书法，《薛史》专重叙事，本不可相无。以四、五百年久晦之书，一旦复出，俾考古者得参互核订，所以嘉惠后学，诚非浅鲜也。（见《廿二史札记》卷二十一）

〔二〕梁启超云：《五代史》自欧书出后，薛书浸微，遂至全佚也。欧《史》摹仿《春秋》笔法，文务简奥，重要事实多从刊落。今重裒薛《史》，然后此一期之史迹，稍以完备。

又宋慈抱云：欧阳修别录《五代史》七十五卷，修殁后，官为刊印，学者始不专习薛《史》。至金章宗泰和七年，诏学官止用欧阳《史》，于是薛《史》遂微。然司马光作《通鉴》，胡三省作《通鉴注》，皆专据薛《史》，而不取欧《史》。以居正等奉诏撰述，本在宋初，其时秉笔之臣尚多逮事五代，见闻较近，异同可征，虽文体卑弱，足为考古者参稽之助也。（见《续史通·考献篇》）

又金毓黻云：其后欧阳修私撰《五代史记》，藏于家。修没后，神宗诏求其书，为之刊行，于是薛、欧二史，并行于世。至金章宗泰和七年（宋宁宗开禧三年，公元1207年）诏止用欧《史》。宋、金亡后，南北统一于元。元承金制，薛《史》日湮。（见《中国史学史》）

又全祖望云：薛本在国初，梨洲先生尚有之，仁和吴志伊检讨著《十国春秋》，曾借之而未得。南雷一水一火之后，遗籍不存百一。予从其后人求之，不可得矣。近有捃摭《册府元龟》《资治通鉴》中语，成为一篇，托言南雷故物，是麻沙坊市书贾之习气也。（见《鲒埼亭集》卷四十三）

〔三〕金毓黻云：明成祖时，辑《永乐大典》，悉采薛《史》入录，惟已割裂淆乱，非其篇第之旧。清乾隆中，开四库馆，求薛《史》原本，已不可得。馆臣邵晋涵就《大典》中甄录排纂，其阙逸者，则采《册府元龟》等书之征引薛《史》者补之，仍厘为一百五十卷。薛《史》多据实录，故详赡过于欧《史》，而欧《史》后出，亦有可补薛《史》之阙遗者，故清代

以二史不可偏废,遂并列于正史。(见《中国史学史》"旧五代史"条)

〔四〕汪康年云:瑞安黄漱兰学士曾得乾隆间辑《旧五代史》之底稿,备列丛书之处,学士视如拱璧,后为张文襄之洞所知,假诸学士之子仲弢。仲弢,文襄侄婿也。文襄于室中书物,不甚清理,未几失去,学士甚以为恨,特以责仲弢云。(见《文艺杂志》第十一期中)

按:黄绍箕,字仲弢,浙江瑞安人。体芳漱兰子,光绪庚辰进士,官至湖北提学使。

又章炳麟云:昔皖人汪允中自言家有《旧五代史》原本。汪殁后,不知其书所在。商务印书馆影印百衲本《二十四史》,欲得薛《史》原本,久征未得,人疑已入异域,后乃知在丁乃扬家。丁珍惜孤本,托言移家失去,世遂无有见者。(见章氏国学讲习会刊行之《史学略说》)

一说:按清代藏书家,惟黄宗羲有宋刊本薛氏《五代史》,史家吴任臣撰《十国春秋》,曾向黄氏借阅一过,后遭水失去。迨入民国,浙人汪德渊尚度有金南京路转运使刊薛氏《五代史》,于四年贷于粤,估得银币一千三百元。(见赵超玄氏《中国史学史·官修诸书》条)

按:解放后,陈老师垣整理新、旧《五代史》,作今释,已由书局出版矣。

第四章　私撰五代史

一、欧阳修《新五代史记》

欧阳修,字永叔,晚号六一居士,江西庐陵人。幼孤贫,母韩国太夫人教之成立。举进士后,检箧得《韩昌黎集》,读之不释手,因以古文倡。

既奉敕撰《唐书》纪、志、表,又自撰《五代史》七十四卷,计纪十

二、传四十五、考三、世家年谱（表）十有一,四夷附录三。其作本纪,
用《春秋》之法,褒贬善恶,故义例谨严。尝自论曰:昔孔子作《春秋》,
因乱世而立治法,余述本纪,以治法而正乱君,此其志也。（见子发
《先六一公事迹》）书成,减旧史之半,而事迹添数倍,文省而事备,其
所辨正前史之失甚多。[一]嘉祐中,侍郎范公等列言于朝,请取以备正
史。公辞以未成,藏于家。熙宁中,修殁,始诏取其书,付国子监开
雕,遂至今列为正史云。[二]

但以此书叙述,全祖《史记》,故文章高简,而事实则不甚经意。
诸家攻驳,散见他书者无论,其特勒一编者,如吴缜之《五代史纂误》、
杨陆荣之《五代史志疑》,引绳批根,动中要害,虽吹求或过,要不得谓
之尽无当也。是以纪昀作《提要》,为之折衷评曰:薛《史》如《左传》之
纪事,本末赅具而断制多疏;欧《史》如《公》《穀》之发例,褒贬分明,而
传闻多谬。两家之并立,当如三传之俱存。（见《四库总目提要》）

要之,修之文章,冠冕有宋。此书一笔一削,尤具深信,其有裨于
风教者甚大。时人徐无党为之作注[三],不知参核事迹,寥寥数语,尤
属简陋,无可观耳。

近儒梁启超亦有言曰:《新五代史》自负甚高,而识者轻之,以其
本属文人弄笔,而又附加以"因文见道"之目的,而史迹乃反非其所甚
厝意也。[四]（见《中国历史研究法》）

再考修编此书之动机,盖在皇祐五年,欧公《与梅圣俞书》云:闲
中不能作文字,只整顿了《五代史》,成七十四卷,不敢多令人知。至
和以后,在夷陵《又与尹师鲁书》云:开正以来,始似无事,治旧史。前
岁所作《十国志》,盖是进本,务要卷多。今若便为正史,尽宜芟削,存
其大要。至于细小之事,虽有可纪,非干大体,自可存之小说,不足以
累正史。数日检旧本,因尽芟去矣。正史更不分五史,而通为纪传。
今欲将《梁纪》并汉、周,修且试撰次;唐、晋师鲁为之,如前岁之议。
其他列传约略,且将逐代功臣随纪各自撰传,待续次尽,将五代列传

姓名写出,分而为二,分手作传,不知如此于师鲁意如何? 然则公本旧约师鲁共为之,而公后独成此书也。说本姚范。(见《援鹑堂笔记》卷三十四)可参阅《尹洙传》。

又修既法《春秋》,仰师马迁而著书,故其命名,即曰《五代史记》。今本去"记"字,系近刻之讹也。(见《义门读书记》)

二、关于欧史轶事与评论

(一)轶事

宋周密《齐东野语》云:旧传焦千之学于欧阳公,一日造刘贡父,刘问:《五代史》成邪? 焦对:将脱稿。刘问:为韩瞠眼通立传乎? 焦默然,刘笑曰:如此,是亦第二等文字耳。时惟有薛居正《五代旧史》,欧阳修书未出也。

宋孙毅祥《野老纪闻》又云:子瞻问欧阳公曰:《五代史》可传后乎也? 公曰:修于此窃有善善恶恶之志。苏公曰:韩通无传,恶得为善善恶恶? 公默然。

宋眉山唐庚子西云:往时欧阳文忠公作《五代史》,王荆公曰:五代之事,无足采者,何足烦公? 三国可善事甚多,悉为陈寿者坏,可更为之。公然其言,竟不暇作也。(见《三国杂事》)

(二)评论

评义法者,如钱大昕云:欧阳公《五代史》自谓窃取《春秋》之义,然其病正在乎学《春秋》。(见《十驾斋养新录》)王鸣盛云:愚谓欧公手笔诚高,学《春秋》却正是一病。《春秋》出圣人手,义例精深。后人去圣久远,莫能窥测,岂可妄效? 且意在褒贬,将事实一意删削,若非《旧史》复出,几叹无征。(见《十七史商榷》卷九十三)章学诚作《史学例议篇》亦云:欧阳名贤,何可轻议,但其《五代史记》,实何足矜? 盖欧阳公命意,则云笔削折衷《春秋》,而文章规仿司马,其说甚得其似而非其是也。盖欧阳所见之《春秋》,乃是村学究之《春秋讲义》,《史记》乃是俗师小儒之《史论评选》也。(见《章氏遗书》卷二)邵二云则论欧书有三类:一为取材不富,如修取《旧史》,任意芟除,不顾其发言次第。而于《旧史》之外所取资者,王禹偁之《阙文》,陶岳之《史补》,路振之《九国志》三书而已。二为书法不审,如修于外蕃之朝贡必书,而于十国之事,俱不书于帝纪。三为掌故不备,如修极讥五代文章之陋,只述《司天》《职方》二考,而于礼乐、职官、食货之沿革,削而不书,考古者茫然于五代之识。(见《南江文钞》)

评史文者,神宗尝问欧阳修《新五代史》若何,王安石曰:臣方读数册,其文词多不含义理。宋韩淲《涧泉日记》记与徐无党书云:《五代史》时见曾子固之议,今却垂头改撰,未有了期。又李耆卿《文章精义》中说:欧阳永叔《五代史》赞首,必有"呜呼"二字,固是世变可叹,亦是此老文字遇感慨处便精神。清何焯云:欧公作《五代史》,多采小说,盖蹈宋氏《新唐书》之弊。(见《义门读书记》)李慈铭云:范书以外,惟欧阳《五代史》,欧、宋《新唐书》诸论赞,虽醇疵互见,文亦时病结轖,然究多名篇,可以玩味。(见《越缦堂日记补》)

按:庐陵欧阳永叔修,《宋史》卷三百十九《列传》第七十八有传。《宋元学案》欧阳修《庐陵学案》。

参考资料

自著《欧阳文忠集》百五十二卷《附录》五卷。

华孳亨作《年谱》。

胡柯作《欧阳文忠公年谱》。

苏辙作《神道碑》。

《宋儒学案·庐陵学案》。

王士禛《跋五代史》,《带经堂集》。

朱鹤龄《读五代史》,《愚庵小集》。

邵晋涵《五代史记提要》,《南江文钞》。

王鸣盛《读五代史》,《西庄始存稿》。

张宗泰《五代史总跋》,《鲁岩所学集》。

方宗诚《读五代史》,《柏堂集次编》。

全祖望《新旧五代史本末寄赵谷林》,《鲒埼亭集外编》。

陈鳣《与黄主事丕烈论拟纂新五代史》,《简庄文钞续编》。

姚莹《与徐六襄论五代史书》,《东溟文集》。

吴兰庭《五代史记纂误补序》,《湖海文传》。

秦瀛《吴胥石五代史记纂误补叙》,《小岘山人文集》。

严元照《五代史记纂误补》,《悔庵学文》。

朱竹垞《五代史记注序》,《曝书亭集》。

赵怀玉《徐氏五代史补注残本序》,《亦有生斋集文》。

《玉海》引《中兴书目》,《郡斋读书志》。

高似孙《史略》。

《宋史·欧阳修传》。

《四朝国史》本传。

韩淲《涧泉日记》;《直斋书录解题》

《玉海》载欧阳修事迹。

《新五代史徐注》。

《二十二史札记》卷二十一《欧史书法》。

《十七史商榷》卷九十二。

《四库提要·正史类》。

章学诚《章氏遗书·外编》。

章太炎《史学略说》。

俞正燮《癸巳存稿》卷八。

清杨希闵作《年谱》一卷,《豫章先贤九家年谱》本。

附近人研究五代史者：

陈庆年《五代史略商例》，《论学》1937 年第 6 月、7 月。

瞿兑之《读五代史笔记》，《新民月刊》1935 年 9 月。

夏承焘《五代史记题解》，《民铎杂志》1924 年 6 月。

班书阁《五代史记纂误释例》，《女师院期刊》1933 年 1 月。

又《五代史记注引书考》，《燕大月刊》1930 年 10 月。

又《五代史记注引书检目》，《女师院期刊》1934 年 7 月。

夏定域《五代史书目》，《语历所周刊》1930 年 2 月。

延伸阅读

〔一〕赵翼云：欧《史》虽多据薛《史》旧本，然采证极博，不专恃薛本也。宋初薛《史》虽成，而各朝实录具在，观《通鉴考异》可知也。所以称良史也。（见《二十二史札记》）

〔二〕陈师锡序云：五代距今百有余年，故老遗俗，往往垂绝，无能道说者。史官秉笔之士，文采不足以耀无穷。欧阳公以此自任，其事迹实详于旧记，而褒贬义例仰师《春秋》。至于论朋党宦女，忠孝两全，义士降服，岂小补哉。（见《史略》卷二）

又按《愧生丛录》云：庶因公事之暇，渐次整缉成书，仍复精加考定，方敢投进，冀于文学之朝，不为多士所讥诮，谨具状奏闻。据此知于此书当几经修改，始有定本。

详又云：薛、欧《五代》，书别公私。彼详此略，修工文词。旧史湮没，散著《大典》。南江邵君，编辑复显。《新史》藏家，奉诏开雕。耳食妄尊，扬升紫霄。《左氏》《公》《穀》，契勘极致。备储广内，骖靳翼骥。（注）薛为宰相监修，书经奏进。修私家著述，稿藏于家。殁后，诏取其书，付国子监开雕。薛长于记事，欧以文章自任，其词最工，于薛书不免多所刊落。薛书久佚，乾隆中开四库时，馆臣从《永乐大典》《册府元龟》诸书所引薛《史》，条举件系，排纂复还旧观，其实成于余姚邵学士晋涵一人之手。欧《史》至金章宗泰和七年，诏学官止用欧

阳修《史》，于是薛《史》遂微。馆臣言：薛《史》如《左氏》之纪事，本末
赅具而断制多疏；欧《史》如《公》《穀》之发例，褒贬分明而传闻多谬。
两家之并立，当如三传之俱存。斯言最允。耳食者仅举欧公体仿《春
秋》，欲以为则，不知此非史家正宗，故仅能与薛书并行。其记实则薛
为胜也。欧史有徐无党注，唯在释例，至本朝遂有彭、刘之注出矣。
（见《癸记》）

〔三〕谈迁云：欧阳永叔《五代史》颇略，宋太宗敕修《册府元龟》，
五代事杂见，如采之，可补永叔之阙。（见《北游录·纪邮上》）

〔四〕梁启超云：欧阳修的《新五代史记》，好不好，另一问题；但在
史家的发达变迁上，不能不推为一个复古的创作者。他在隋、唐、五
代空气沉闷以后，能够有自觉心，能够自成一家之言，不惟想做司马
迁，而且要做孔子，这种精神是很可嘉尚的。他在《新五代史记》之
外，还得宋祁同修《唐书》。《唐书》的志这部分，是他做的，很好，只有
《明史》的志，可和他相比。表这部分，如《宰相世系表》也算创作。所
以欧阳修所著的书，不管好不好，而他本人总不失为发愤为雄的史
家。（见《中国历史研究法补编》）

第五节　订补唐书与五代史

一、陶岳《五代史补》

陶岳，字介立，浔阳人。宋初，薛居正等《五代史》成，岳嫌其尚多
阙略，因取诸国窃据累朝创业事迹，编次成书，以补所未及。共一百
四事：计梁二十一事，后唐二十事，晋二十事，汉二十事，周二十三事。
此书虽颇近小说，然叙事首尾详具，率得其实。故欧阳修《新五代
史》、司马光《通鉴》，多采用之。然当薛《史》既出之后，能网罗散失，

裨益阙遗，于史学要不为无助也。（见《四库总目提要》）

按：浔阳陶介立岳，见《祁阳县志·先正传》。①

二、王禹偁《五代史阙文》

王禹偁，字元之，济州巨野人。世为农家，九岁能文，毕士安见而器之。太平兴国八年，擢进士，授成武主簿，徙知长洲县，就改大理评事。端拱初，太宗闻其名，召试，擢右拾遗、直史馆，赐绯。时北庭未宁，访群臣以边事。禹偁献《御戎十策》。帝深嘉之。又与夏侯嘉正、罗处约、杜镐表请同校三史书，多所厘正。二年，亲试贡士，召禹偁，赋诗立就。上悦曰：此不逾月遍天下矣。即拜左司谏、知制诰。至道元年，召入翰林为学士，知审官院。真宗即位，迁秩刑部。会诏求直言，禹偁上疏言五事，疏奏召还，复知制诰。咸平初，预修《太祖实录》，直书其事。时宰相张齐贤、李沆不协，意禹偁议论其间，出知黄州。尝作《三黜赋》以见志。四年，徙蕲州，至郡未逾月而卒，年四十八。

所著《五代史阙文》。是书前有《自序》，不著年月，然考其结衔称翰林学士，则作于真宗之初。是时薛居正等《五代史》已成，疑正作此以补其缺，凡十七年事，计梁史三事，后唐史七事，晋史一事，汉史二事，周史四事。（见《四库总目提要》）

王士禛称其"辨正精严，足正史家之谬"。（见《香祖笔记》）后之《新唐书》及《新五代史》，皆有据其说，虽篇帙寥寥，当时固以信史视之矣。

按：巨野王元之禹偁，《宋史》卷二百九十三《列传》第五十二有传。

---

①陶岳，据晓天《北宋史学家陶岳其人其书考略》（《求索》1988 年第 6 期），当为湖南祁阳人，浔阳为族望。

三、路振《九国志》

路振，字子发，永州祁阳人。父洵美，事马希杲，署连州从事，谢病终于家。振幼颖悟，五岁诵《孝经》《论语》，十岁听讲《阴符》，裁百言而止，洵美责之，俾终其业。振曰：百言演道足矣，余何必学？洵美大奇之。十二，丁外艰，母氏虑其废业，日加诲激，虽隆冬盛暑，未始有懈。淳化中举进士第，所作赋尤为典赡，太宗甚嘉之，擢置甲科，释褐为大理评事、通判邠州，徙徐州。召还，直史馆，复遣之任，迁太子中允、知滨州。景德中，使福建巡抚，俄判鼓司登闻院。会修《两朝国史》，以振为编修官。大中祥符初，使契丹，归撰《乘轺录》以献。改太常博士、左司谏，擢知制诰。振文词温丽，屡奏赋颂，为名辈所称。[一]七年，同修起居注，张复、崔遵度以书事误失降秩，择振与夏竦代之。嗜酒得疾，其冬卒，年五十八。尝采五代末九国君臣行事作世家、列传，未成书，张唐英补成。（按唐英，字次公，新津人。商英兄，事迹附《宋史·张商英传》中）

路振《九国志》名为九国，所记实为十国，每国先为国主作略传，如本纪；后附以诸臣传，亦用纪传体。清吴任臣又补作《十国春秋》。

按：祁阳路子发振，《宋史》卷四百四十一《列传》第二百《文苑》三有传。

四、尹洙《五代春秋》

尹洙，字师鲁，河南洛阳人。幼聪敏喜学，无所不通，尤长于《春秋》，与柳开、穆修友善，并俱以古文词著名，为欧阳子之先声者也。性内刚而外和，与人言必极辨其是非，遇事无难易，而勇于敢为，其所以见称于世者，亦所以取嫉于人。故虽历官至知伊阳县，然卒穷以死，年四十七。天圣二年进士。

欧阳修私作《五代史》，尝与师鲁约分撰，事详邵伯温《闻见录》

中。[二]欧公在夷陵,《又与师鲁书》云:师鲁所撰,在京师时,不曾细看,路中昨来细读,乃大好。师鲁素以史笔自负,果然。河东一传大妙,修本所取法此传,为此外亦有繁简未中,愿师鲁删芟之,则尽妙矣。(见《援鹑堂笔记》卷三十四)今此书尚载入《河南集》后,改体用编年,始梁太祖开平元年甲子,迄周显德七年正月甲辰,其笔法全仿《春秋》,故极谨严。[三]纪昀云:此编笔削颇为不苟,多得谨严之遗意,知其《春秋》之学深矣。(见《四库总目提要》)但王鸣盛则谓:师鲁此作,全仿《春秋》,谬妄已甚,义例之出入,纠纷无定,盖有不可知者。幸师鲁不秉史笔,若令修史,史法坏矣。(见《十七史商榷》)自元昊不庭,洙未尝不在兵间,故于西事尤练习。

按:河南洛阳尹师鲁洙,《宋史》卷二百九十五《列传》第五十四有传。

五、吕夏卿《唐书直笔新例》

吕夏卿,字缙叔,泉州晋江人①。举进士,为江宁尉。编修《唐书》成,直秘阁、同知礼院。仁宗选任大臣,求治道,夏卿陈时务五事。英宗世,历史馆检讨、同修起居注、知制诰。出知颍州,得奇疾,身体日缩,卒时才如小儿,年五十三。[四]

夏卿学长于史,贯穿唐事,博采传记杂说数百家,折衷整比。又通谱学,创为世系诸表,于《新唐书》最有功云。其位虽出欧阳修、宋祁下,而编摩之力,实不在修、祁下也。(见《四库总目提要》)曾公亮《进唐书表》所列预纂修者七人,夏卿居其第六云。[五]

晁公武曰:是书(即《唐书直笔新例》)乃其在书局时所建明。前二卷论纪传志,第三卷论旧史繁文阙误,第四卷为新例须知,即所拟发凡。欧、宋间有取焉。(见《郡斋读书志》)高似孙《史略》卷二云:

---

① 原稿"一作温陵人",温陵即泉州别称。

夏卿预修《新书》，摘其繁冗阙误，仍叙新例。但据王鸣盛之言曰：夏卿与宋、欧同修《新唐书》，而此书所述体例，与《唐书》多不合，俱属自出意见。不知是同修之时，夏卿建议如此，宋欧不用其言邪？抑书成后，夏卿不服，别作此例邪？观其卷尾一段纠《旧书》之谬，而云《唐书》著五代幅裂之际，成篇匆遽，殊未详悉，故有诏纂辑十余年矣云云。则其为同修之时，夏卿建议如此，而其后不用可知。（见《十七史商榷》）故钱大昕云：夏卿于仁宗朝，预修《唐书》，所作此例。今以《新书》考之，殊不相应，今本皆不尔。是夏卿虽有此议，而欧、宋两公未之许也。欧公本纪颇慕《春秋》褒贬之法，而其病即在此，夏卿《新例》益复烦碎非体。史家纪事，唯在不虚美，不隐恶，据事直书，是非自见。若各出新意，掉弄一两字以为褒贬，是治丝而棼之也。（见《十驾斋养新录》）又云：紫阳《纲目》褒贬之例，与此书多暗合。然其间一予一夺，易启迂儒论辨之端。欧、宋绌而不取，其识高于夏卿一筹矣。（见《潜研堂集》卷二十八）

夏卿别著《兵志》三篇，自秘之，戒其子孙第勿妄传，盖其间必有不满欧公之语也。[六]

按：晋江吕缙叔夏卿，《宋史》卷三百三十一《列传》第九十有传。

六、徐无党《新五代史注》

徐无党，永康人。从舅氏欧阳修学古文词，修称其文日进。皇祐中，登进士第，为郡教授以卒。尝为修注《五代史》[七]，得良史笔意。观公与无党书云：仍作注有难传之处，盖传本固未可，不传本则下注尤难。

但据邵二云云：《五代史注》发明义例，疑亲得于修所口授者。然惟有解诂而不详故实与音义，是亦史法之别体也。（见《南江书录》）姚范云：余疑今之注，公自为之，托名无党也。（见《援鹑堂笔记》卷三十四）俞正燮说同。（见《癸巳存稿》卷八）朱彝尊、彭元端、刘凤诰始复补注其注也。

七、吴缜《新唐书纠谬》《五代史纂误》

吴缜，字廷珍，成都咸林人。朝议大夫，元祐间知苏州，迁知蜀州。其父师孟，显于熙丰。嘉祐中，诏宋景文、欧阳文忠诸公重修《唐书》，时缜初登第，因范景仁而请于文忠，愿预官属之末。文忠以年少轻佻拒之，缜恚甚而去。迨《新书》成，乃指摘瑕疵，为《纠谬》一书。此据王明清《挥麈录》之所述也。但一说谓：世传其父以不得预修书，故为此。（陈振孙云）未知何据？

此书指驳欧、宋之误，分二十门[八]，为二十卷。即纪表志传，先后互勘。吴氏《自序》称：缜以愚昧，众公之隙，窃尝寻阅《新书》，间有未通，则必反覆参究。或舛驳脱谬，则笔而记之。岁时稍久，事目益众，深怪此书牴牾穿穴，亦已太甚。揆之前史，皆未有如此者。推本厥咎，盖修书之初，其失有八：一曰责任不专，二曰课程不立，三曰初无义例，四曰终无审覆，五曰多采小说而不精择，六曰务因旧文而不推考，七曰刊修者不知刊修之要，而各徇私好，八曰校勘者不举校勘之职，而惟务苟容。职是八失，故《新书》不能全美，以称朝廷纂修之意。愚每感愤叹息，以为必再加刊修，乃可贻后。况方从宦巴峡，僻陋寡闻，无他异书可以考证，止以本史自相质正，已见其然。意谓若广以它书校之，则其穿穴破碎，又当不止此而已也。所记事条，丛杂无次，艰于检阅。方解秩还朝，舟中无事，因取其相类，略加整比，离为二十门，列之如左，名曰《新唐书纠谬》。但后改为《辨证》，至刻书时，仍沿其旧云。[九]

晁公武曰：缜不能属文，多误有所诋诃。（见《郡斋读志》）钱大昕曰：廷珍读书既少，用功亦浅，其所指摘，多不中要害。《新史纠谬》因多廷珍所纠，非无可采；但其沾沾自喜，只欲快其胸臆，则非忠厚长者之道，欧公以轻佻屏之，宜也。（见《潜研堂集》卷二十八）王鸣盛曰：

余谓只就一部书中搜求,自言寡闻,固矣。然且不必论其广以他书校否也。可笑是并《旧书》亦绝不一参对,为太省事,俱未尽善也。

至李慈铭读《新唐书纠谬》,则曰:按吴氏专著一书,纠并时新出之史,而欧、宋皆大臣盛名,官修进御,吴欲以一人之力攻之,其用心自更精审,故得者为多。要其全书中瑕颣不及十之一,晁公武讥其不能属文,多误有诋诃,固非确论也。(见《越缦堂日记补》)而章学诚亦云:主裁史局,譬之大匠度材,宋枏栋梁,毋枉其质。负才如缜,即其苦心精核,岂易多得。不必能持大体,而付以检讨之职。责其覆审之功,自能经纪裕如,必有出于当日史局诸人之上,何欧公计不出于此邪?且其所谓年少轻佻,亦恐言议之间英锋铦锷,有为欧公所不能御者,因而以年少轻佻目之,未必他有所不可也。(见《章氏遗书》卷三)

缜又著《五代史纂误》,所以正欧史之失,其实唯证文字之脱错而已。书已亡佚,后从《永乐大典》中辑出,今尚存一百十二事。(见张元济《校史随笔》)有鲍氏《知不足斋丛书》本。[一〇]

参考资料

陶岳——《五代史补》。

王禹偁——自著《小畜集》三十卷。

尹洙——自著《河南集》,《四部丛刊》本。

　欧阳修作《墓志铭》。

吕夏卿——王昶《跋唐书直笔新例》,《春融堂文集》。

　钱大昕又作《跋》。

徐无党——《新五代史注》

吴缜——卢文弨《新唐书纠谬跋》,《抱经堂集》。

　章学诚《唐书纠谬书后》。

　钱大昕《跋新唐书纠谬》。

　钱馥《校辛楣詹事校新唐书纠谬》,《小学盦遗书》。

延伸阅读

〔一〕邵经邦《弘简录》称：其文词温丽，屡奏赋颂，应答敏赡，使契丹，献《乘轺录》。

钱士升《南宋书》亦称：其作诗有唐人风。

〔二〕邵伯温云：《五代史》，公尝与师鲁约分撰。其后师鲁死，无子。今欧阳公《五代史》颁之学官。盛行于世，内果有师鲁之文乎？抑欧阳公自为之也？欧阳公志师鲁墓，论其文曰"简而有法"，且谓人曰：在孔子六经中，唯《春秋》可以当之。则欧阳公于师鲁，为不薄矣。（见《闻见录》）

〔三〕按尹洙《五代春秋》，今存二篇，曰《梁太祖》《后唐末帝》，附于《河南集》后。

〔四〕王闿运云：吕夏卿通谱学，作《新唐书世系表》，死时身如小儿。（见《湘绮楼日记》同治十一年）

〔五〕据曾公亮《进书表》，与欧、宋同修书者，有范缜、王畴、宋敏求、吕夏卿、刘羲叟。

〔六〕金毓黻云：吕夏卿熟于唐事，博采传记杂说数百家，又通谱学，创为世系诸表，于《新唐书》最有功。（见《中国史学史》）

〔七〕按《玉海》引《中兴书目》云：《五代史记》欧阳修撰，徐无党注，纪十二、传四十五、考三、世家及年谱十一，四夷附录三，总七十四卷。修殁后，熙宁五年八月十一日，诏其家上之。十年五月庚申，诏藏秘阁。

又高似孙云：徐无党注欧公《五代史》。其言曰：凡诸国名号，《梁本纪》自封梁王以后始称梁，《唐本纪》自封晋王以后始称晋，唐自建国号唐以后始称唐，各从其实也。自传以下，于未封王建国之前，或称梁称晋称唐者，史官从后而追书也。五代乱世，名号交杂而不常，史家撰述，随事为文，要于理通事见而已，览者得以详焉。（见《史略》卷二）

又云：吴缜录欧阳公《新史》，牴牾阙语，凡二百余字，为《五代史纂误》。（见书同上）

又李慈铭云：阅赵明诚《金石录》。赵氏援碑刻以正史传，考据精慎，远出欧阳文忠《集古录》之上，于唐代事尤多订新、旧两《书》之失。当时新史方行，而德夫屡斥其谬误，悉心厘正，务得其平，于《旧书》亦无所偏徇，真善读书者也。（见《越缦堂日记补》）

〔八〕按《新唐书纠谬》二十门目录：一曰以无为有，二曰似实而虚，三曰书事失实，四曰自相违舛，五曰年月时世差互，六曰官爵姓名谬误，七曰世系乡里无法，八曰尊敬君亲不严，九曰纪志表传不相符合，十曰一事两见而异同不完，十一曰载述脱误，十二曰事状丛复，十三曰宜削而反存，十四曰当书而反阙，十五曰义例不明，十六曰先后失序，十七曰编次未当，十八曰予夺不常，十九曰事有可疑，二十曰字书非是。

〔九〕《四库总目提要》：又其书名，初名《纠谬》，后改为《辨证》。而绍兴间，长乐吴元美刊行于湖州，仍题曰《纠谬》，至今尚仍其旧。

又梁启超云：吴缜作《新唐书纠谬》《五代史纂误》，虽专用以攻击欧阳修，但间接促起史家对于史事要审查真伪的注意。开后来考证史事一派，关系比前二种重要得多。人们只知宋朝理学发达，不知史学也很发达。（见《中国历史研究法补编》）

又金毓黻云：周密《齐东野语》有刘羲仲（刘恕之子）以《五代史纠谬》示苏东坡之语，疑此即吴氏之《纂误》，非别有一书也。（见《中国史学史》）

〔十〕纪昀云：是书南渡后，要与《新唐书纠谬》合刻于吴兴，附《唐书》《五代史》末。今《纠谬》尚有椠本流传，而是书久佚，惟《永乐大典》颇载其文，采掇裒集，犹能得其次序。晁公武称所列二百余事，今检验仅一百十二事，约存原书十之五六，然梗概已略具矣。

又云：欧阳修《五代史》义存褒贬，而考证则往往疏舛。至徐无党

253

《注》,不知参核事迹,寥寥数语,尤属简陋。缜——抉其阙误,无不疏通剖析,切中症结,故宋代颇推重之。(均见《四库提要·正史类》)

第六章　补作会要〔一〕

一、王溥《唐五代会要》

王溥,字齐物,并州祁人。汉乾祐中,登进士第一。周广顺初,拜端明殿学士。恭帝嗣位,官右仆射。入宋,仍故官,进司空、同平章事,监修国史,加太子太师,封祁国公。卒谥文献。事迹具《宋史》本传。

初,唐苏冕尝次高祖至德宗九朝之事,为《会要》四十卷。宣宗大中七年,又诏杨绍复等次德宗以来事,为《续会要》四十卷,以崔铉监修。惟宣宗以后,记载尚缺,溥因复采宣宗至唐末事续之,为《新编唐会要》一百卷。建隆二年正月奏御,诏藏史馆。书凡分目五百十有四,于唐代沿革损益之制,极其详核。其细项典故,不能概以定目者,则别为《杂录》,附于各条之后。又间载苏冕驳议,义例该备,有裨考证。今仅有传抄本,脱误颇多云。(见《四库总目提要》)

又有《五代会要》三十卷。因五代干戈俶攘,百度凌夷。故府遗规,多未暇修举。然五十年间,法制典章,尚略具于累朝实录。溥因检寻旧史,条分件系,类辑成编。〔二〕于建隆二年与《唐会要》并进,诏藏史馆。

后欧阳修作《五代史》,仅列司天、职方二考,其他均未之及。赖溥是编,得以收放失之旧闻,厥功甚伟。且欧《史》乖舛尤甚。微溥是编,亦无由订欧《史》之谬也。盖欧《史》务谈褒贬,为《春秋》之遗法,是编务核典章,为《周官》之旧例,各明一义,相辅而行。读《五代史》

者，不可无此书也。（见书同前）

是以朱彝尊亦云：五代之乱，干戈俶扰，其君臣易置，若传舍然，未暇修其礼乐政刑，然当日累朝咸有实录可采。而欧阳子作史，仅成《司天》《职方》二考，其余概置之。微是书，典章制度，无足征矣。（见《曝书亭集》卷四十五）

金毓黻云：二书所载，略如正史之诸志，与杜佑《通典》体例相近，然所载史实，往往出正史外，故研史者极重视之。（见《中国史学史》）

按：祁县王齐物溥，《宋史》卷二百四十九《列传》第八有传。

二、徐天麟《两汉会要》

徐天麟，字仲祥，临江人。宁宗开禧元年进士，调抚州教授，历武学博士，通判惠、潭二州，权知英德府。事迹附见《宋史·徐梦莘传》。

传称天麟为梦莘之从子，先著《西汉会要》七十卷，其书仿《唐会要》体例，取《汉书》所载制度典章，见于纪、志、表、传者，以类相从，分门编载。其无可隶者，亦依苏冕旧例，以《杂录》附之。凡分十有五门，共三百六十七事。嘉定四年，具表进之于朝，有旨付尚书省，藏之秘阁。

班固《书》最称博赡，于一代礼乐刑政，悉综括其大端，而理密文繁，骤难得其体要。天麟为之区分别白，经纬本末，一一犁然，其诠次极为精审。惟所采只据本史，故于汉制之见于他书者，概不采掇，未免失之于隘。又摘相如、子云之赋语入文，殊非事实，亦为有乖义例。然其贯串详洽，实未有能过之者。

后官武学博士时，续成《东汉会要》四十卷。于宝庆二年复奏进之。其体例皆与前书相合。所列亦十五门，分三百八十四事。惟《西汉会要》不加论断，而此书则间或附以案语，或杂引他人论说，盖亦用苏冕驳议之例也。

东汉自光武中兴，明、章嗣轨，皆汲汲以修举废坠为事，典章文物

255

视西京为盛。而当时载笔之士,如《东观记》及华峤、司马彪、袁宏之类,遗编断简,亦间有流传。他若《汉官仪》《汉杂事》《汉旧仪》诸书,为传注所征引者,亦颇犁然可考。故东汉一代故事,较西汉差为详备。

天麟据范《书》为本,而旁贯诸家,悉加衰次。其分门区目,排比整齐,实深有裨考证。(以上见《四库总目提要》)

陈振孙谓:二史所载汉家制度典章,散于纪、传、表、志者,仿唐以来会要体,分门编纂,其用力勤矣。仲祥乙丑进士,世有史学,其世父梦莘商老著《北盟会编》,父得之思叔为《左氏国纪》,兄筠孟坚作《汉官考》,皆行于世。(见《直斋书录解题》)昔人称颜师古为《汉书》功臣,若天麟者,固无愧斯目矣。

按:临江徐仲祥天麟,《宋史》卷四百三十八《列传》第一百九十七《儒林八》,附其从父《梦莘传》后。

延伸阅读

〔一〕俞樾云:史之为体,有编年,有纪传。编年仿于《春秋》,纪传仿于《尚书》,观一人之始终,莫如纪传,而甲与乙不相联系;考一时之治乱,莫如编年,而前与后不相贯穿。于是后人又有会要之作。《西汉会要》《东汉会要》则宋徐天麟为之,《唐会要》《五代会要》则宋王溥为之。自两汉至五代法度典章,条分件系,盖编年纪传外,不可少之书也。(见《春在堂杂文续编》卷二)

〔二〕叶德辉《书林清话》:按王溥《五代会要》所采多薛《史》。今本薛《史》辑自《永乐大典》,原文本多残缺,故《会要》所引周、汉事,亦较薛《史》为详,或亦薛《史》原文也。

第七章　敕撰政事史——司马光《资治通鉴》

一、司马光《资治通鉴》

司马光,字君实,陕州夏县涑水乡人。七岁,闻讲《左氏春秋》,即了其大旨。宝元初进士,历同知谏院。仁宗时,请定国嗣。英宗时,与议濮王典礼,均力持正论。神宗时,为御史中丞。以议王安石新法不合去。居洛十五年,绝口不论政事。哲宗初,起为门下侍郎,拜尚书左仆射,悉去新法之为民害者,在相位八月,卒。赠太师、温国公,谥文正。居水涑乡,世称涑水先生。

其著《通鉴》,始于英宗治平二年(1065),时帝方留神载籍,万机之下,未尝废卷,尝命龙图阁学士司马光论次历代君臣事迹。卢文弨云:按光先以战国至秦二世,如左氏体为《通志》八卷,进献。英宗悦之,命续其书。(见《群书拾补·史类》)由是光乃分命刘攽、刘恕、范祖禹辈,皆天下史学名家,襄助编集。以《史记》、前后《汉书》属攽(贡父),三国、南北朝属恕(道原),唐、五代属祖禹(淳夫),广搜材料,先作《长编》。诸子之事,另详下文。

兹剖述温公属稿成书之经过于下。

(一)属稿:当公受诏撰《通鉴》,预定目标,专取关于国家盛衰,系生民休戚,善可为法,恶可为戒者,由刘、范诸子分任纂辑。但所任部分,与世传稍有不同耳。[一]据清全祖望《通鉴分修诸子考》云:胡梅涧(三省)曰:温公《通鉴》,汉则刘攽,三国迄于南北朝则刘恕,唐则范祖禹。此言不知其何所据,然历五百年以来,无不信以为然者。予读温公《与醇夫帖子》,始知梅涧之言为非,帖子曰:从唐高祖初起兵修《长编》,至哀帝禅位而止。其起兵以前禅位以后事,于今来所看书中见者,亦请令书史别用草纸录出,每一事中间空一行许素纸,以备剪开粘缀故也。隋以前者与贡父,梁以后与道原,令各修入《长编》中。盖缘二君更不看此书,若足下止修武德以后,天祐以前,则此等事迹尽成遗弃也。观于是言,则贡父所修,盖自汉至隋,而道原有《十国纪年》,故温公即其平日所长而用之,而梅涧未之考也。贡父所修一百八十四卷,淳夫所修八十二卷,道原所修二十七卷,而当时论者推道原之功为多,何也? 盖温公平日服膺道原,其通部义例,多从道原商榷。故分修虽止五代,而实系全局副手,观道原子羲仲所记可知也。(见《鲒埼亭外集》卷四十)

又高似孙《纬略》中载其《与宋敏求书》称:到洛阳八年,始了晋、宋、齐、梁、陈、隋六代。唐文字尤多,依年月编次为草卷,以四丈为一卷,计不减六七百卷。朱彝尊《曝书亭集》中载《上史馆书》称:治平撰《通鉴》,先编丛目草卷,草卷责之范梦得,积之四丈,截为一卷。于是两汉则授之刘攽,三国、六朝、隋则授之刘恕,唐、五代十国则授范祖禹。以故事无阙漏,而文不繁复,是史家之遗法也。故其书成后,藏稿之富,盈两屋。所采材料,并小说亦不遗。高氏《纬略》又称:光作《通鉴》,一事用三四出处纂成。用杂史诸书,凡二百二十二家。而元人胡三省亦云:光于治平中,奉诏编纂历代君臣事迹,许自辟官属,借以馆阁书籍[二],在外听以书局自随,凡十七年而成。又云:温公遍阅旧史,旁采小说,抉擿幽隐,荟萃成书。(均见《通鉴注序》)纪昀云:其采用之书,正史之外,杂史至三百二十二种。其残稿在洛阳者,尚盈两屋。总上以观,更可明矣。[三]

(二)成书:神宗元丰七年十二月戊辰,书成,奏上。[四]凡越十九年而后毕。上起战国,下终五代,为二百九十四卷。梁任公曰:《资治通鉴》将战国至五代,千三百六十二年间大事,按年记载,一气衔接。(见《中国历史研究法》)故当时天子览之,大悦,下诏书奖谕,且为之序。其诏书曰:敕司马光修《通鉴》成事。史学之废久矣,纪次无法，论议不明，岂足以示惩劝，明久远哉？卿博学多闻，贯穿今古。上自晚周，下迄五代，发挥缀缉，成一家之书，褒贬去取，有所据依。省阅以还，良深嘉叹。（见《蛾术编》引）其《御序》云：其所载明君良臣，切摩治道，议论之精语，德刑之善制，天人相与之际，休咎庶证之原，威福盛衰之本，规模利害之效，良将之方略，循吏之条教，断之以邪正，要之于治忽，辞令渊厚之体，箴谏深切之义，良谓备焉。凡十六代，勒成二百九十六卷，列于户牖之间，而尽古今之统，博而得其要，简而周于事，是亦典刑之总会，策牍之渊林矣。（见《群书拾补》引）因赐其书名曰《资治通鉴》，盖取诗云：商鉴不远，在夏后之世之意耳。[五]

顾《通鉴》浩博，猝难尽览。温公尝自言曰：吾作此书，唯王胜之尝阅之终篇，自余君子，求乞欲观，读未终纸，已欠伸思睡矣。书十九年方成，中间受了人多少语言陵藉云云。（见《容斋随笔》卷四，《潜研堂集》卷二十四《廿二史考异序》等）

再论此书之内容。

据明陈瑾曰：读《通鉴》然后知司马文正公之相业也。此书编年纪事，先后有伦，凡君臣治乱、成败安危之迹，若登乎乔岳，天宇澄清，周顾四方，悉来献状。虽调元宰物、辅相弥纶之业，未能窥测，亦信为典刑之总会矣！（见《蛾术编》）梁任公复称之曰：光本邃于掌故，其别裁之力又甚强，其书断制有法度，确为中古以降一大创作，故至今传习之盛，与《史》《汉》埒。光书既讫五代，后人纷纷踵而续之，卒未有能及光者。故吾国史学界，称前后两司马焉。（见《中国历史研究法》）。

二、关于《通鉴》之副产

(一)《通鉴考异》

司马光作《通鉴》毕役，遂成此书三十卷，随同奏上。先是，光编书时,每遇同一事迹,而各书记载差异,光乃择其可信者从之,复参考同异,别为此书,辨正谬误,以祛将来之惑。[六] 推其意,盖仿裴史之注《三国》,详引诸书错互之文,折衷以归一是,惟未能专撰一书,以明所以去取之由耳。有之,自光始。须知纂史者若不讲究《考异》之法,易致留遗议于本书,滋疑窦于后来也。以光之精核,尚不免小有渗漏谬误处。而光固自言曰:卷帙既繁,所谓抵牾不敢保也。(以上参看《四库总目提要》)

其法:先列旧文,次为驳正,条分而缕析之。

(二)《通鉴目录》

司马光撰此书,三十卷,亦随《通鉴》奏上。其法年经国纬,著其岁阳岁名于上,而各标《通鉴》卷数于下。又以刘羲叟《长历气朔闰月》及列史所载《七政之变》著于上方,复撮书中精要之语散于其间。次第厘然,具有条理。盖《通鉴》一书,包括宏富,而篇帙浩繁。光恐读者倦于披寻,故于编纂之时,提纲挈要,并成斯编,使相辅而行,端绪易于循览也。其体全仿《年表》,用《史记》《汉书》旧例。其标明卷数,使知某事在某年,某年在某卷,兼用《目录》之体,则光之创例。《通鉴》为纪志传之总会,此书又《通鉴》之总会矣。(以上见《四库总目提要》)梁任公曰:《考异》亦明史料去取之故;《目录》略举事目,以备检阅,皆为著述家之好模范也。(见《中国历史研究法》)

(三)《通鉴举要历》等书

光著《通鉴》,其副产之作,尚有《举要历》《节文》《释例》《稽古录》等。《举要历》系光患本书浩大难领略,而《目录》无首尾,故著之。然朱熹则谓:《通鉴举要》详不能备首尾,略不能供检阅,此《纲目》之所为作也。又云:光晚病本书太详,目录太简,更著《举要历》八十卷,以适厥中,而未成也。(见《朱子语类》)《节文》亦系光所自抄,《释例》系光修《通鉴》时所定凡例。而《稽古录》系光因各书卷帙繁重,故芟除约略,以为此编。进御当元祐初,距《通鉴》之成甚久,朱子称赏之,刻于长沙。(见《十七史商榷》)但《举要历》《节文》二书,今并失传。[七]

三、关于《通鉴》之评论

司马温公《资治通鉴》,世称绝作。既因公名德笃学,后以所引自助者,皆极一时之选,故能成此天地间必不可无之书也。唯谈氏迁则谓:温公元作《通鉴》也,参同订异,采要搜奇,十九年中,心力俱殚,真先后有伦,精粗不杂。继《左氏》而兴者,谁复与京哉? 然亦间有七病:曰漏,曰遗,曰复,曰紊,曰杂,曰执,曰诬。①(见《日知录注》)

又温公之书既名"资治",则凡关于文人之事,一概不录。即屈原之为人,太史公赞之,谓与日月争光,而不得书于《通鉴》,杜子美若非"出师未捷"一诗为王叔文所吟,则姓名亦不登于简牍矣。(说本顾亭林,见《日知录》卷二十六)温公立言之意,可从知云。[八]

按:夏县司马君实光,《宋史》卷三百三十六《列传》第九十五有传,子康附。《宋元学案》司马光《涑水学案》。

四、助修者:刘恕、刘羲仲、刘攽、范祖禹

(一)刘恕《通鉴外纪》子羲仲《通鉴问疑》

刘恕,字道原,筠州临川人。[九]少颖悟,书过目即成诵。未冠,举进士,初授巨鹿主簿,寻迁知和州、翁源二县。笃好史学,自太史公所记,下至周显德末,纪传之外,至私记杂说,无所不览,上下数千载间,巨微之事,如指诸掌。会司马光受诏修《资治通鉴》,并许自择馆阁英才共修。光对曰:馆阁文学之士诚多,至于专精史学,臣唯识刘恕一

---

①原稿缺二条,据相关材料补。

人而已。上曰：甚善。即奏召共修书，遇史事纷错难治者，辄以诿恕。恕于魏晋以后事，考证差谬，最为精详。凡数年。据王鸣盛云：恕自治平初，即助修《通鉴》。至熙宁四年，前后共六年，所修已多。是年，司马公辞颍川归洛，恕亦因指斥新法忤王安石[一〇]，即以此时归江东。江东即筠州，与洛相距甚远，似不能与修书事。其实《宋史·司马光传》：光归洛后，凡十五年不与政，专务修书，而恕虽远，遥隶局中，则于家中修纂，邮寄者必多。况本传又言恕归里后，又尝请诣光，留数月而归。道得风挛疾，右手足废，然苦学如故。间辄修书，病亟乃止。此《通鉴》出于恕手者多矣。（见《十七史商榷》）

恕为学，自历数、地理、官职、族姓至前代公府案牍，皆取以审证。求书不远数百里，身就之读且抄，殆忘寝食。

又当修《通鉴》时，恕欲与司马光采宋一祖四宗实录、国史为《后纪》，又摭周威烈王以前事迹为《前纪》。会遭忧遘疾，右肢痹废，知远方不可得国书，《后纪》必不能就。乃口授其子羲仲，以成此书，改名曰《外纪》。凡《包羲以来纪》一卷，《夏纪》《周纪》共一卷，《周纪》八卷，又《目录》五卷，年经事纬，上列朔闰天象，下列《外纪》之卷数，悉与司马光《通鉴目录》例大同。（以上见《四库总目提要》）恕《自序》所述亦然。但陈振孙又云：司马公修历代君臣事迹，辟恕为属。尝谓《史记》不及庖牺、神农，今历代书不及威烈之前，欲为《前纪》，而本朝为《后纪》，将俟成书请于公。会道原病废，绝无《后纪》，乃改《前纪》为《外纪》[一一]。《通鉴》书成，恕已亡。范淳父奏，恕于此书用力最多，援例官其子。（见《书录解题》及《史略》）其子羲仲为郊社斋郎。

羲仲为恕之长子，作《通鉴问疑》，即集录恕与光往还论难之词。时恕任编三国至隋，故此书所论，皆三国至南北朝事也。凡所辨论，皆极精核也。（见《四库总目提要·史评类》）

纪昀云：《通鉴问疑》末附羲仲与范祖禹书一篇，称其父在书局止类事迹，勒成《长编》。其是非予夺之际，一出君实笔削。[一二]羲仲不及见君实,不备知凡例中是非予夺所以然之故。范淳父亦尝预修《通鉴》,乃书所疑问焉。所举凡八事,复载得祖禹答书,俱为剖析,乃深悔其诘难之误。且自言恐复有小言破言,小道害道,如己之所云者,故载之,使后世有考焉。其能显先人之善,而又不自讳所失,尤足见涑水之徒,犹有先儒质直之遗也。(见书同上)

但金履祥诋其好奇云:刘恕作《外纪》以记前事,顾其志不本于经,而信百家之说,是非颇谬于圣人,此不足传信。因亦作《通鉴前编》。[一三]其实恕作《外纪》,特创为草稿,储材备用,如《通鉴》之有《长编》,以待司马光之刊定耳。故王鸣盛云:愚谓《外纪》视《稽古录》,已属蛇足,然恕躬与《通鉴》编纂之任,则犹差可。而宋末金履祥又作《前编》,而诋訾刘恕,诚为不自量也。[一四](见《蛾术编》)

按:筠州临川刘道原恕,《宋史》卷四百四十四《列传》第二百三《文苑六》有传。子羲仲附见。

(二)刘攽《汉史》

事迹见下章。

(三)范祖禹《唐鉴》

范祖禹,字淳夫,华阳人。忠文公镇之族孙也。嘉祐八年进士,历官龙图阁学士,出知陕州,事迹附载《宋史·范镇传》中。初,治平间,司马光举诏修《通鉴》,祖禹为编修官,分掌唐史,以其所自得者,著成此书。王鸣盛云:祖禹别自作《唐鉴》,采唐事可为法戒者,凡三百六篇。(见《十七史商榷》卷七十三)上自高祖,下迄昭宣,撮取大纲,系以论断,为卷十二,元祐初表上于朝。[一五](见《四库总目提要》)卒年五十八。

俞正燮曰:范在洛阳通鉴局中十五年,深悉唐代治乱得失之由,时以唐鉴公目之。(见《癸巳类稿》卷十二)黄式三读《唐鉴》,亦有言曰:司马光作《通鉴》,淳父分职唐史,其后别作《唐鉴》。《唐鉴》固史评中之一书,而后人乃弃其平易。(见《傚居集·史说二》)即大儒朱熹亦尝鄙其论,以为苟简[一六],而晚年作《社仓记》,亟称之,而自述前言之误。

今本分二十四卷,吕祖谦注,大约卷数即祖谦所分。此书纯系议论,于考证无益。议论佳者,已俱采入《通鉴》。清胡凤丹作《音注》。

按:华阳范淳夫祖禹,《宋史》卷三百三十七《列传》第九十六有传,附从祖父《范镇传》后。《宋元学案》范祖禹《华阳学案》。

附录:《通鉴》参据书

《史记》、《前汉书》、《后汉书》、《三国志》、《晋书》、《南史》、《北史》、《齐书》、《周书》、《宋书》、《梁书》、《陈书》、《隋书》、新旧《唐书》、《宋略》、新旧《五代史》、《魏氏春秋》、《唐录政要》、《天宝故事》、《后史补》、袁宏《汉纪》、荀悦《汉纪》、《太清纪》、《十道志》、《禄山事迹》、李昊《蜀书》、高峻《小史》、《世语》、《汉武故事》、《文贞公传录》、《天宝西幸记》、毛文锡《纪事》、《华阳国志》、《国典》、《魏文贞公故事》、《段秀实别传》、《续汉书》、《三十国春秋》、《平陈记》、《玄宗幸蜀记》、《续汉志》、《晋春秋》、《大业略记》、《梁功臣列传》、《蓟门纪乱》、《东观记》、《十六国春秋》、《通历》、《朝野佥载》、《河洛春秋》、《收复邛州壁记》、张璠《汉记》、《职官志》、《大业杂记》、潘遠《纪闻》、《汾阳王家传》、《五代通录》、《汉晋春秋》、《后魏书》、《隋季革命记》、《宜都内人传》、《颜氏行状》、《闽中实录》、《九州春秋》、《玉泉子闻见录》、《河洛行年记》、《陈氏别传》、《李太尉南行录》、《王氏启运图》、《纪年通谱》、《通典》、《创业起居注》、张彰《耆旧传》、《会稽录》、《嘉号录》、《燕书》、《贞观政要》、《狄梁公传》、句延庆《耆旧传》、《勤王录》、《山阳公载记》、《修文殿御览》、《壶关录》、《松窗杂录》、徐铉《吴录》、《九国志》、胡冲《吴历》、《献帝起居注》、《唐历》、《景龙文馆记》、《十国纪年》、《马氏行年记》、《英雄记》、《前凉录抄》、《太宗勋史》、《开天传信记》、《咸通解围录》、《王举大定录》、《江表传》、《后魏序纪》、《革命记》、《升平源》、《唐年补录》、《湖湘马氏故事》、《献帝春秋》、《十六国春秋录》、《唐朝年代记》、《次柳氏旧闻》、《续宝运录》、《华峤谱叙》、《唐统纪》、《明皇杂录》、《北梦琐言》、《金銮密记》、《御史台记》、《闽录》、《唐余录》、《历代年号》、《集贤注记》、《见闻录》、《刘氏兴亡录》、韦曜《吴书》、刘悚《小说》、虞喜《志林》、《编余录》、孙盛《杂语》、《伽蓝记》、《唐会要》、《五代会要》、《妖乱志》、《寰宇记》、《吴录》、《三国典略》、《唐圣运图》、《鲜于仲通碑》、《吴越备史》、《虏廷杂记》、徐铉《江南录》、《陷蕃记》、《洛中纪异》、《贞陵遗事》、谷况《燕南记》、《续牛羊日历》、《五代史阙文》、《王贵妃传》、《剧谈》、钱易《家语》、《启国实录》、《正闰位历》、《五代史补》、《西南备边录》、《备史遗事》、《晋阳见闻录》、《玉堂闲话》、《兴元圣功录》、《开成纪事》、《忠懿王勋业志》、《两朝献赞记》、《戊申英政录》、《三楚新录》、《云南别录》、《何氏姓苑》、《续贞陵遗事》、《唐年小录》、《金华子杂编》、《甘露记》、《钱氏庆系图谱》、《幸奉天录》、《常侍言旨》、林恩《补国史》、皮光业《见闻录》、《家王故事》、《奉天记》、《刘展纪乱》、《李绛论事》、《唐阙文》、《贡奉录》、《上清传》、《蒲山公传》、《后唐懿祖纪年录》、《唐末泛闻录》、《因话录》、《建中实录》、《会昌一品集》、《北蕃君长录》、《南唐近事》、《唐谏诤集》、《邺侯家传》、《唐末见闻录》、《东观奏记》、《江表志》、《牛羊日历》、《云溪友议》、《唐列圣实录》(自高祖至昭、哀，凡二十世)、《叙训》、《邠志》、《皇华四达记》、《彭门纪乱》、《河南记》、《平剡录》、《长历》、《惊听录》、《南诏录》、《韩愈集》、《李白集》、《白居易集》、《杜牧集》、《张九龄集》、《陈子昂集》、《独孤及集》、《刘琨集》、《高郢集》、《郑畋集》、《顾况集》、《贾至集》、《柳宗元集》、《大中制集》、《先贤行状》、冯涓《大厅壁记》、《蜀德政碑》、《吴融生祠堂碑》、《陈子昂德政碑》、《何进滔德政碑》、《郑畋行状》、《征夫赋》、《武威王庙碑》。(抄自高似孙《史略》)

参考资料

司马光——自著《司马温公文集》八十二卷,又《进书表》。

范镇《司马温公墓志铭》。

苏轼《司马温公神道碑》。

钱牧斋《记温国司马文正公神道碑后》,《初学集》卷二十六《杂文》。

陈宏谋作《司马温公年谱》。

顾栋高作《年谱》。

张瑛作《校勘记》。

全祖望《宋儒学案·涑水学案》。

邵伯温《闻见录》。

晁说之《嵩山集》。

胡三省《通鉴注序》。

马端临《文献通考·经籍考》。

毕沅《续通鉴》卷六十四。

王鸣盛《通鉴取旧书》,《十七史商榷》卷六十九。

钱大昕《跋资治通鉴》,《潜研堂集》卷二十八。

全祖望《通鉴分修诸子考》,《鲒埼亭集》。

曹元忠《元兴文署本资治通鉴跋》,《笺经室遗集》卷十。

近人陈汉章《通鉴分修诸子考驳议》,《缀学堂初稿》。

陈垣《书全谢山通鉴分修诸子考后》,载于 1947.2.1,《上海大公报·文史周刊》。

张须《通鉴学》

按:此书作门研究之报告,举凡《通鉴》编撰之经过,体例之碍失,史料之鉴别,以及后世史学界之影响,靡不元元本本,详述无遗。开明书店广告。1961.6.18《人民日报》载翦伯赞《学习司马光编写〈通鉴〉的精神——跋〈宋司马光通鉴稿〉》一文。

刘恕——司马光《乞官刘恕子札子》,《温公集》。

范祖禹《刘君墓碣》,《范太史集》卷三十八。

黄庭坚《刘道原墓志铭》。

全祖望《宋儒学案·涑水学案》,羲仲附。

刘攽——另详下章

范祖禹——自著《范太史集》五十五卷。

叶适《习学记言》。

朱熹《伊洛渊源录》。

全祖望《宋儒学案》卷二十一《华阳学案》。

延伸阅读

〔一〕邵温《闻见录》称:《通鉴》以《史记》、前后《汉》属刘攽,以唐逮五代属范祖禹,以三国历九朝属刘恕,故此书所论皆三国南北朝事也。按此不是邵氏之言,而是《嵩山集》中晁说之语。全祖望作《通鉴分修诸子考》,力主自汉至隋为刘攽所修。陈汉章曾有《驳议》,见《缀学堂初稿》卷四,但仍多误。陈垣作《书全谢山通鉴分修诸子考后》,始详为核正。载于一九四七年二月十九日《上海大公报·文史周刊》。

〔二〕谈迁云:宋初三馆藏书八万卷,司马君实尽携以自随。又殚十九年之力,刘恕、范祖禹助之,始成《资治通鉴》,采摭极博,法戒极确。(按光编书时,英宗命于崇文院置局,许借龙图阁、天章阁以及三馆[史馆、昭文馆、集贤院]秘阁书籍)

〔三〕按:关于《通鉴》参据之书,宋高似孙《史略》卷四中已有考证之文(见附录),且曰:余尝穷极《通鉴》用功处,固有用史、用志传,或用他书,萃成一段者,则其为功切矣,其所采取亦博矣。乃以其所用之书,随事归之于下,凡七年后成。《通鉴》中所援引者二百二十余家,皆本末粲然,则杂史、琐说、家传,岂可尽废也!

〔四〕《御序》载卢氏《拾补》史部。《进书表》载《司马温公文集》。又有奖谕、诏书。

〔五〕《宋文鉴》卷六十九,载张舜民《谢赐资治通鉴表》。

〔六〕章炳麟云:《通鉴》考定正史之误,且多补苴阙轶,故独为信史,非专以贯穿纪传为能。又云:司马温公作《通鉴》,对于此类(笔记小说)事实,必由各方搜罗证据,见有可疑,即行删去。(见《历史非小说传奇》一文中)

〔七〕蔡卞执政时,竞尊王荆公而排挤元祐学术,禁戒士人不得习元祐学术。尝议毁《资治通鉴》版,为陈莹中所难而止。

〔八〕梁启超云:司马光的《资治通鉴》价值不在《史记》下,他的贡献,全在体裁的创作。自荀悦作《汉纪》以后,袁宏作《后汉纪》,干宝作《晋纪》,都是断代的编年体,到《资治通鉴》才通各代成一史。由许多史家分担一部,由司马光综合起来,简繁得宜,很有分寸,文章技术,不在司马迁之下。先头作了《长编》,比定本多好几倍;后来又另作《考异》,说明去取的来由,作《目录》,提挈全书的纲领,体例极完备。《考异》的体例,尤其可贵。我们学古人著书,应学他的方法,不应学他的结果。固然《考异》的方法,司马光运用得不曾圆满,我们还可纠正,但不相干,只要他能够创作这种方法,就已有莫大的功劳。自有此法以后,一部史书著成,读者能知道他去取的原因、根据的所在。所以,司马光在史学的地位和司写迁相等。(见《中国历史研究法补编》)

〔九〕司马光云:道原其先万年人,祖度为临川令,卒官,葬高安,因家焉。(见《通鉴外纪叙》)

〔一○〕苏轼《送刘道原归觐南康》,施注:刘道原名恕,筠州人。介甫执政,道原在馆阁,欲引置条例司,固辞。是时介甫权震天下,人不敢忤,而道原愤愤欲与之校,又条陈所见法令不合众心者,至面刺其过,介甫怒,变色,道原不以为意,或稠人广坐,对其门生诵言得失,无所避,遂与之绝。诗云:(略)。

〔一一〕《云麓漫抄》卷四:司马温公作《通鉴》,两汉用荀悦、袁宏

《汉纪》，唐用《旧唐书》，故与《汉书》及《新唐书》语不词，非不欲始于三皇五帝，盖周平王以来，包《春秋》，经不可损益，又不欲继获麟，贻续经之讥，故断自命韩、赵、魏为诸侯。然春秋以后事，杂见于诸家而无统纪。刘恕道原在局中，探公意，自三皇五帝接于《通鉴》为前纪。其言曰：鲁隐之后，止据《左氏》、《国语》、《史记》、诸子而增损，不及《春秋》，则无预于圣人之经。其书载三代事颇详，苟得大手笔，稍删其冗，附于《通鉴》，与之并行，上下数千年事，如指诸掌。司马公为之作序，亦此意也。刘续改《前纪》作《外纪》，然非《通鉴》外事，盖不欲先于司马也。

〔一二〕刘壮舆《与范梦得书》：则其书明出君实之手（刘书谓先人在书局，止类事迹，勒成长编。其是非予夺，一出君实笔削），而遗稿在洛阳者，黄鲁直阅数百卷，讫无一字草书。（见《通考》引《李巽岩集》）

按：近人马宗霍《书林纪事》：司马温公光性端重，《通鉴》书稿，作字方整，未尝为纵逸之态，故十九年始克成书。

又费补之衮《梁溪漫志》：司马温公独乐园之读书堂，文史万余卷，而公晨夕所常阅者虽累数十年，皆新若手未触者。尝谓其子公休曰：贾竖藏货贝，儒家惟此耳，然当知宝惜。吾每岁以上伏及重阳间，视天气晴明日，即设几案于当日所，侧群书其上，以曝其脑，所以年月虽深，终不损动。至于启卷，必先视几案洁净，藉以茵褥，然后端坐看之。或欲行看，即承以方版，未尝敢空手捧之。非惟手汗渍及，亦虑触动其脑。每至看竟一版，即侧右手大指面衬其沿，而覆以次指面捻而挟过，故得不至揉熟其纸。每见汝辈多以指爪撮起，甚非吾意。今浮屠老氏犹知尊敬其书，岂以吾儒反不如乎？当宜志之！（见《粟香三笔》）

〔一三〕按：金履祥（金华兰溪人，字吉父）少有经世志。及壮，知濂洛之学，遂穷究义经，为一代名儒。宋亡，隐居著书。有《通鉴前编》，用胡氏《皇王大纪》例，损益折衷，一以《尚书》为主，下及《诗》

《礼》《春秋》，旁采旧史诸子，表年系事，复加诠释，断自唐尧以下，接于《资治通鉴》也。

〔一四〕刘献廷《广阳杂记》卷四：《通鉴》托始于周威烈王戊辰，初命三晋为诸侯，其距《春秋》获麟尚七十年，所以避续《春秋》之嫌也。《通鉴》以前事，则宋京兆刘恕有《通鉴外纪》，起三皇本纪，至周共和。又兰溪金仁山履祥有《通鉴前编》，起陶唐至威烈，所以补《通鉴》之未载，令学者知古今之全也。乃《外纪》则取诸子书暨谶纬之说，以图画虚空于洪荒之世。今之小部，率取此二书合为一册，牛鬼蛇神，纷然满纸，不复可以寓目矣。言不雅驯，荐绅先生难言之。

〔一五〕全祖望云：先生为文，深不欲人知，谏草多自焚去弗存。并欲毁京师所刊《唐鉴》，子冲固请得免。（见《宋元学案》卷二十一）

〔一六〕朱熹云：其议论弱，又有不相应处。土懋竑作《年谱》云：范淳夫《唐鉴》言有治人无治法，朱熹尝鄙其论，以为苟简。

第八章　补作表志及辨校旧史

一、刘攽《两汉书刊误》兄敞侄奉世附见

刘攽，字贡父，与兄敞同登科，仕州县二十年，始为国子监直讲。欧阳修、赵概荐试馆职。哲宗初，起知襄州，入为秘书少监，以疾求去，加直龙图阁、知蔡州。攽著书百卷，尤邃史学，作《东汉刊误》，为人所称。预司马光修《资治通鉴》，专职汉史。为人疏俊，不修威仪，喜谐谑，数用以招怨悔，终不能改。卒年六十七。

高似孙云：本朝刘攽，嘉祐八年奉诏，与钱藻、杨褒、姜潜、麻延年、李寔、刘仲章刊正《汉书》。后二年，皆迁他官，唯攽卒业，乃悉增损刊改，及正定字画，集为一书。（见《史略》卷二）

按：新喻刘贡父攽，事迹附《刘敞传》。

刘敞，字原父，举庆历进士，廷试第一，编排官王尧臣，其内兄也，以亲嫌自列，乃以为第二。通判蔡州，直集贤院。奉使契丹，素习知山川道径，契丹导之行，自古北口至柳河，回屈殆千里，欲夸示险远。敞质译人曰：自松亭趋柳河，甚径且易，不数日可抵中京，何为故道此？译相顾骇愧曰：实然。但通好以来，置驿如是，不敢变也。……契丹益叹服。旋改集贤院学士、判南京御史台。熙宁元年卒，年五十。敞学问渊博，自佛老、卜筮、天文、方药、山经、地志，皆究知大略。尝得先秦彝鼎数十，铭识奇奥，皆案而读之，因以考知三代制度，尤珍惜之。欧阳修每于书有疑，折简来问，对其使挥笔答之，不停手，修服其博。长于《春秋》，为书四十卷，行于时。弟攽，子奉世。

按：新喻刘原父敞，《宋史》卷三百十九有传。

刘奉世，字冯仲，天资简重，有法度。中进士第。熙宁三年，初置枢密院诸房检详文字，以太子中允居吏房。先是，进奏院每五日具定本报状上枢密院，然后传之四方；而邸吏辄先期报下，或矫为家书，以入邮置。奉世乞革定本，去实封，但以通函誊报。从之。神宗称其奉职不苟，加集贤校理、检正中书户房公事，改刑房，进直史馆、国史院编修官。元祐初，历度支左司郎中、起居郎、天章阁待制、枢密都承旨、户部吏部侍郎、权户部尚书。七年，拜枢密直学士，签书院事。哲宗亲政，章惇当国，奉世乞免去。绍圣元年，以端明殿学士知成德军，改定州。逾年，知成都府。过都入觐，欲述朋党倾邪之状，不许。明年，御史中丞邢恕劾奉世合刘挚倾害大臣，再徙隰州。崇宁初，再夺职，责居沂、兖，以赦得归。奉世优于吏治，尚安静，文词雅赡，最精《汉书》学。

按：刘仲冯奉世，事迹附《刘敞传》。

二、吴仁杰《两汉刊误补遗》

吴仁杰，字斗南，一字南英，自号蠹隐，其先洛阳人，居昆山。博洽经史,讲学于朱子之门。登淳熙进士第。历任罗田令、国子学录。有《汉书刊误补遗》。

是书前有淳熙己酉曾绛序,称仁杰知罗田县时自刊版。又卷末有庆元己未林瀛跋,称陈虔英为刊于全州郡斋。殆初欲刊而未果,抑虔英又重刊欤?旧刻久佚,此本乃朱彝尊之子昆田抄自山东李开先家,因传于世。据其标题,当为刘攽《两汉书刊误》而作,而书中乃兼补正刘敞、刘奉世之说。考赵希弁《读书附志》,载《西汉刊误》一卷,《东汉刊误》一卷,称刘攽撰。《文献通考》载《东汉刊误》一卷,引《读书志》之文,亦称刘攽撰。又载《三刘汉书标注》六卷,引《读书志》之文,称刘敞、刘攽、刘奉世同撰。又引陈振孙《书录解题》称别本题公非先生《刊误》,其实一书。仁杰之兼补三刘,盖据以后之本,而其名则未及改也。刘氏之书,于旧文多所改正,而随笔标记,率不暇剖析其所以然。仁杰是书,独引据赅洽,考证详晰,元元本本,务使明白无疑而后已,其淹通实胜于原书。虽中间间有一二之附会,要其大致,固瑕一而瑜百者也。曾绛序述周必大之言,以博物洽闻称之,固不虚矣。(见《四库提要·正史类》)

三、熊方《补后书年表》

熊方,字广居,丰城人。由上舍生官至右迪功郎,权澧州司户参军。是书前后进表,不著年月。表中有"皇帝陛下奋神武以拨乱,致太平而中兴,仰稽圣功,同符光武"之语。……乃高宗时事,则方为南渡初人矣。昔司马迁作《史记》,始立十表。《梁书·王僧虔传》称其旁行斜上,体仿周谱,盖三代之遗法也。班固八表,实沿其例。范蔚宗作《后汉书》,独阙斯制,遂使东京典故,散缀于纪传之内,不能丝联绳贯,开帙厘然。方因作此编,补所未备。凡《同姓侯王表》二卷,《异姓诸侯表》六卷,《百官表》二卷。其所证据,一本范氏旧文,义例则仿之《前书》,而稍为通变。其贯穿钩考,极为精详。纲目条章,亦俱灿然有法。惟中间端绪繁密,故踳驳之处,亦间有之。要其经纬周密,叙次井然,使读者按部可稽,深为有裨于史学。《丰城县志》称方作是书,自题其堂曰"补史",其深自矜重,殆亦非徒然矣。(见《四库提要·正史类》)

钱大昕云:自范蔚宗书出,而《东观》、谢、薛诸家尽废。志既未成,表乃全阙。熊氏生于千载之后,上追史汉,斐然有作,洵乎豪杰之士矣。(见《潜研堂集·后书年表后叙》)

四、钱文子《补汉兵志》

钱文子,字文季,乐清人。绍熙三年由上舍释褐出身,任吏部员外郎兼国史院编修官,历宗正少卿,后退居白石山下,自号白石山人。(见《四库提要》)

乾、淳之际,永嘉诸儒林立,文子遍从之游,而于平阳徐宏父谊尤契。入太学,有盛名。嘉定以后,诸儒无存者,文子岿然为正学宗师。(见《宋儒学案》卷六十一)

清纪昀云:宋初惩五代之弊,收天下甲兵,悉萃京师,谓之禁军。辗转增益,至于八十余万,而虚名冒滥,实无可用之兵。南渡以后,仓皇补苴,招聚弥多,而冗费亦弥甚。文子以汉承三代之后,去古未远,犹有寓兵于农之意,而班史无志,因摭其本纪、列传及诸志之中载及兵制者,裒而编之,附以考证论断,以成此书。(见《四库提要·史部》)

孙诒让亦云:《补汉兵志》,钱白石采两汉兵制散见于《史记》、前后两《书》及《汉官仪》诸书者为之。每条之下,各采所据之书,以为之注。叙述详雅,注中援证尤博。

其书宋时永嘉陈元粹刻于瑞昌,池阳王大昌复刻于淮南漕廨,二人皆白石弟子。(见《温州经籍志》卷十三)

五、王益之《西汉年纪》

王益之,字行甫,金华人,官大理司直。所著有《汉官总录》《职原》等书,见马端临《经籍考》,盖能熟于两汉掌故者。今他书散佚,惟此本以载入《永乐大典》独存。考益之《自序》,称《年纪》三十卷、《考异》十卷、《鉴论》若干卷,各自为书。今此本不载《鉴论》,而《考异》则散附《年纪》各条之下,与《序》不合,殆后人难析其文,如胡三省之于《通鉴考异》欤?又《序》称自高祖迄王莽之诛,而此本终于平帝,居摄以后阙焉。且其文或首尾不完,中间已有脱佚。盖编入《永乐大典》时,已残阙矣。司马光《通鉴》所载汉事,皆本班、马二书及荀《纪》为据,其余鲜所采掇。益之独旁取《楚汉春秋》《说苑》诸书,广征博引,排比成书,视《通鉴》较详密。至所作《考异》,于一切年月舛误、记载异同、名地错出之处,无不参稽互核,折衷一是,多出二刘《刊误》、吴仁杰《补遗》之外,其考证亦可谓精审矣。

参考资料

刘攽——阎若璩《刘攽逸事》。

　　俞正燮《申两汉刊误遗义》,《癸巳类稿》。

刘敞——自著《公是集录》七十五卷,《约园杂著三编》卷二。

欧阳修——《墓志铭》及《行状》。

刘奉世——《宋史》。

吴仁杰——《宋元学案》卷六十九。

　　俞正燮《申两汉刊误补遗义》,《癸巳类稿》。

熊方——钱大昕《潜研堂集》。

　　卢文弨《与钱辛楣论熊方后书年表书》,《抱经堂集》。

　　鲍以文《论熊氏后书年表》。

钱文子——魏了翁《鹤山集》。

朱彝尊《书钱文子补汉兵志后》,《曝书亭集》卷四十五。

王鸣盛《十七史商榷》卷十一。

王益之——《汉官总录》。

第九章　私撰政典书

一、宋白《续通典》

宋白,字太素,大名人。年十三,善属文,多游鄂、杜间。尝馆于张琼家,琼武人,赏白有才,遇之甚厚。白豪俊尚气节,重交友,在词场名称甚著。建隆二年,窦仪典贡部,擢进士甲科。乾德初,献文百轴,试拔萃高等,解褐授著作佐郎。太宗即位,擢为左拾遗,预修《太祖实录》,俄直史馆,判吏部南曹。……寻拜中书舍人。太平兴国五年,与程羽同知贡举,俄充史馆修撰,判馆事。八年,复典贡部,改集贤殿直学士,判院事。未几,召入翰林为学士。雍熙中,召白与李昉集诸文士,纂《文苑英华》一千卷。端拱初,加礼部侍郎,又知贡举。真宗即位时,改任吏部侍郎,判昭文馆。以兵部尚书致仕。大中祥符五年正月卒,年七十七。

《宋史·艺文志》:宋白《续通典》二百卷,今其书已亡。陈振孙《书录解题》载其咸平三年奉诏,四年九月书成。起唐至德初,讫周显德末。又载王钦若言:杜佑《通典》,上下数千载,为二百卷,而其中四十卷为开元礼。今之所载二百余年,亦如前书卷数,时论非其复重。

金氏云:《通典》《通考》二书,私家皆有续补。宋人宋白《续通典》,起唐至德初,至周显德末,凡二百卷。(计凡食货二十、选举十二,职官六十三、礼四十、乐五、兵十二,刑十一,州郡二十六,边防十一,又目录二卷,时论非其重复,不得传布,见《玉海》卷五十一)虽奉真宗诏撰,无异白之自作。其后魏了翁又续宋书,名曰《国朝通典》,皆见称于马端临《通考·自序》。而端临则谓宋之书成,而传习者少,魏则属稿而未成书。今则宋书久佚,仅《通鉴考异》引用数事;又《通鉴注》屡屡引之,为元末其书尚在之证。《通考》叙天宝后迄五代事,自必依用宋书,然端临谓传习者少,或竟未见其书,就其所称,今行世者,独杜公之书,可以征之。(见《中国史学史》)

按:大名宋太素白,《宋史》卷四百三十九《列传》第百九十八《文苑一》有传。

二、魏了翁《国朝通典》

魏了翁,字华父,号鹤山,邛州蒲江人。年数岁从诸兄入学,俨如成人。少长,英悟绝出,日诵千余言,过目不再览,乡里称为神童。年十五,著《韩愈论》,抑扬顿挫,有作者风。庆元五年,登进士第。时方讳言道学,了翁策及之。授金书剑南西川节度判官厅公事,尽心职业。嘉泰二年,召为国子正。明年,改武学博士。开禧元年,召试学士院。明年,迁校书郎。以亲老乞补外,乃知嘉定府。……盖自了翁去国十有七年矣,至是上迎劳优渥,嘉纳其言。进兵部郎中,俄改司封郎中兼国史院编修官。嘉熙元年,改知福州、福建安抚使。累章乞骸骨,诏不允。疾革,复上疏。门人问疾者,犹衣冠相与酬答,且曰:吾平生处己澹然无营。复语蜀兵乱事,蹙额久之,口授遗奏,少焉拱手而逝。

所著《鹤山集》,《四部丛刊》本。

按:蒲江魏华父了翁,《宋史》卷四百三十七《列传》第百九十六《儒林》七有传。

第十章　治目录校雠学

一、王尧臣《崇文总目》

王尧臣,字伯庸,应天府虞城人。洙[一]兄子,举进士第一,授将作监丞、通判湖州。召试,改秘书省著作郎、直集贤院。迁翰林学士承旨兼端明殿学士,任群牧使。仁宗朝,以户部侍郎参知政事。卒谥文安。

尧臣以文学进,典内外制十余年。其为文辞温丽。执政时,尝与宰相文彦博、富弼、刘沆劝帝早立嗣,且言英宗尝养宫中,宜为后。为诏草挟以进,未果立。元丰三年,子同老进遗稿论父功,帝以访文彦博,具奏本末,遂加赠太师、中书令,改谥文忠。

奉敕撰《崇文总目》六十六卷,盖以四馆书并合著录者也。宋制,以昭文、史馆、集贤为三馆。太平兴国三年,于左升龙门东北建崇文院,谓之"三馆新修书院"。端拱元年,诏分三馆之书万余卷,别为书库,名曰"秘阁",以别贮禁中之籍,与三馆合称四馆。景祐元年闰六月,以三馆及秘阁所藏或谬滥不全之书,命翰林学士张观、知制诰李淑、宋祁等看详,定其存废,讹谬者删去,差漏者补写。因诏翰林学士王尧臣、史馆检讨王洙、馆阁校勘欧阳修等校正条目,讨论撰次,定著三万零六百六十九卷,分类编目,总成六十六卷,于庆历元年十二月己丑上之,赐名《崇文总目》。王应麟《玉海》称,当时国史,谓《总目》序录,多所谬误。黄伯思《东观余论》有校正《崇文总目》十七条。郑樵《通志·校雠略》则全为攻击此书而作。李焘《长编》亦云《总目》或有相重,亦有可取而误弃不录者。《永乐大典》所引,亦即从晁、陈二家目中采出,无所增益,已不能复睹其全。然蒐辑排比,尚可得十之

三四,是亦较胜于无矣。谨依其原次,以类补入,厘为一十二卷。其
六十六卷之原次,仍注于各类之下。今观其书,载籍浩繁,抵牾诚所
难保。然数千年著作之目,总汇于斯,百世而下,藉以验存佚、辨真
赝、核同异,固不失为册府之骊渊、艺林之玉圃也。

　　此本为范钦天一阁所藏,朱彝尊抄而传之,始稍见于世,亦无序
释。彝尊《曝书亭集》有康熙庚辰九月作是书跋,谓欲从《六一居士
集》暨《文献通考》所载,别抄一本以补之。然是时彝尊年七十二矣,
竟未能办也。(均见《四库提要·目录类》)

　　按:虞城王伯庸尧臣,《宋史》卷二百九十二《列传》第五十一附
《王嗣宗传》。

二、曾巩《诸书序跋》

　　曾巩,字子固,建昌南丰人。生而警敏,读书数百言,脱口辄诵。
年十二,试作六论,援笔而成,辞甚伟。甫冠,名闻四方。欧阳修见其
文,奇之。中嘉祐二年进士第。调太平州司法参军,召编校史馆书
籍,迁馆阁校勘、集贤校理,为实录检讨官。出通判越州。

　　巩负才名,久外徙,世颇谓偃蹇不偶,一时后生辈锋出,巩视之泊
如也。过阙,神宗召见,劳问甚宠,遂留判三班院。帝以三朝、两朝国
史各自为书,将合而为一。加巩史馆修撰,专典之,不以大臣监总,既
而未克成。会官制行,拜中书舍人。……甫数月,丁母艰去,又数月
而卒,年六十五。

　　著《隆平集》二十卷。是书纪太祖至英宗五朝之事,凡分目二十
有六,体似会要。又立传二百八十四,各以其官为类。前有绍兴十二
年《赵伯卫序》。其记载简略琐碎,颇不合史法。晁公武《读书志》摘
其记《太平御览》与《总类》为两书之误,疑其非巩所作。今考巩本传,
不载此集。曾肇作《巩行状》及韩维撰《巩神道碑》,胪述所著书甚备,
亦无此集。据《玉海》元丰四年七月,巩充史馆修撰。十一月,巩上

《太祖总论》，不称上意，遂罢修五朝史。巩在史馆，首尾仅五月，不容
遽撰此本以进，其出于依托殆无疑义。然自北宋之末已行于世。李
焘作《续通鉴长编》，如李至拜罢等事，间取其说，则当时固存而不废。
至元修《宋史》，袁桷作《搜访遗书条例》，亦列及此书，以为可资援证，
盖虽不出于巩，要为宋人之旧笈，故今亦过而存之，备一说焉。（见
《四库提要·史类》）

　　章学诚云：郑樵有史识，而未有史学；曾巩具史学，而不具史法；
刘知幾得史法，而不得史意，此余《文史通义》之所为作也。（见《和州
志志隅自序》）又云：梅圣俞于史学，未见如何。即曾子固史学，亦只
是刘向、扬雄校雠之才，而非迁、固著述之才也。

　　李慈铭云：阅曾南丰《隆平集》，自来文章家推欧、曾二公有史材。
欧公《五代史》及《唐书》，人已议疏略，若南丰《隆平集》所载北宋五朝
事，尤一意主简。至于诸帝，仅述其世次年岁，而另列名类以纪其事，
虽落小样，然可为本朝臣子书美不书恶之法。（见《越缦堂日记补》）

　　曹元忠云：就大珪所注，可见北宋名臣奉勋建立之碑，至南渡时
已有遗失，不得不取《隆平集》补之。《郡斋读书志》所谓《隆平集》二
十卷，皇朝曾巩撰，记五朝君臣事迹是也。（见《笺经室遗集》卷十《室
谈集跋》）

　　金毓黻云：宋代曾巩奉时君之命，校理秘阁群书，每一书已，必撰
一序，以述其旨，录而奏之，即师向、歆之成法。然巩为词章之士，远
于学术，非真能究明校雠之学者。（见《中国史学史》）又云：宋自真宗
以来，史馆无专家。神宗曾命曾巩修《五朝史》，乃以为史馆修撰，使
专典领。[一]（见书同上）

　　按：南丰曾子固巩，《宋史》卷三百十九《列传》第七十八有传。

三、王应麟《汉志考证》

　　王应麟，字伯厚，号深字，庆元府鄞县人。九岁通六经，从王子文

野学,第元祐元年进士。尝曰:今之事举子业者,沽名誉,得则一切委弃,制度典故漫不省,非国家所望于通儒。于是闭门发愤,誓以博学宏词科自见,假馆阁书读之。宝祐四年,中是科。历太常寺主簿,通判台州,迁著作佐郎,秘书监兼史职,授中书舍人,进兼同修国史,寻转礼部尚书兼给事中。入元不出,学者称厚斋先生。后二十年卒。

著有《汉艺文志考证》十卷,《通鉴地理考》一百卷,《通鉴地理通释》十六卷,《通鉴答问》四卷,《困学纪闻》二十卷。其综罗文献,实师法东莱。兹分述其大概如下:

(一)《汉志考证》——《汉志》因刘歆《七略》而修,凡句下之注,不题姓名者,皆班固原文。其标"某某曰"者,则颜师古所集诸家之说。然师古注班固全书,《艺文志》特其八志之一,故仅略疏姓名时代,所考证者不过三五条而止。应麟始捃摭旧文,各为补注。不载《汉志》全文,惟以有所辨论者摘录为纲,略如《经典释文》之例。其传记有此书名而《汉志》不载者,亦以类附入。凡二十六部,各疏其所注于下,而以不著录字别之。(见《四库提要·目录类》)又有《玉海》二百卷,其《艺文》一门,亦谈目录之学所必阅之书也。

(二)《通鉴地理考》

(三)《通鉴地理通释》——是书以《通鉴》所载地名,异同沿革,最为纠纷;而险要阨塞所在,其措置得失,亦足为有国者成败之鉴。因为条例,厘成《通鉴地理通释》十四卷,今尚刻在《玉海》中。其中征引浩博,考核明确,而叙列朝分据战攻,尤一一得其要领,于史学最为有功。

顾祖禹《纪要凡例》云:王厚斋《玉海》一书,中所称引类多精确,而《通释》一种,为功于《通鉴》甚巨。胡省之从而益畅其说,搜剔几无余蕴。余尤所服膺,故采辑尤备。

章学诚亦云:或曰王伯厚氏,搜罗摘抉,穷幽极微,其于经传子史,名物制数,贯串旁骛,实能讨先儒所未备。其所纂辑诸书,至今学者资衣被焉,岂可以待问之学而忽之矣。答曰然王氏诸书,谓之纂辑可也,谓之著述则不可也;谓之学者求知之功力可也,谓之成家之学术则未可也。今之博雅君子,疲精劳神于经传子史,而终身无得于学者,正坐宗仰王氏,而误执求知之功力,以为学即在是尔。学与功力,实相似而不同,学不可以骤几,人当致力乎功力则可耳。指功力以谓学,是犹指秫黍以为酒也。寻章氏之意,章氏尊扬通史,故极称郑樵,视记注之书下于通史一等。故谓王伯厚之书为纂辑,而不得谓之著述。……故章氏又谓"吾于史学,贵其著述成家;不取方圆求备,有同类纂"。(《家书》)

(四)《通鉴答问》——五卷,虽以《通鉴答问》为名,然多涉于朱子《纲目》。盖《纲目》本因《通鉴》而作,故应麟所论出入于二书之间。又按王氏之学,主于考据,此编却纯是空议论。至西汉宣、元而止,实未成之书也。

(五)王氏《困学纪闻》,先有全祖望评注,又有翁元圻注。此本乃国朝阎若璩、何焯所校,各有评注,多足与应麟之说相发明。今仍从刊本,附于各条之下,以相参证。[二]若璩考证之功十倍于焯,然若璩不薄视应麟,焯则动以词科之学轻相诟厉。应麟博极群书,著述至六百余卷。焯所闻见恐未能望其津涯,未免轻于立论,是即不及若璩之一征。其拾遗补罅,一知半解,亦或可采,故仍并存之,不加芟薙焉。(《四库提要》语)钱大昕《跋困学纪闻》云:校此书者,有阎百诗、何此瞻二家,皆盛行于世。阎之博学胜于何,于深宁补益尤多。(《潜研堂集》)

按:鄞县王伯厚应麟,《宋史》卷四百三十八《列传》第百九十七,《南宋书》卷五十八《列传》五十,均有传。

参考资料

王尧臣——欧阳修作《墓志铭》。

刘敞作《行状》。

曾巩——自著《元丰类稿》五十卷。

全祖望《宋元学案·庐陵学案》。

钱大昕《跋隆平集》,《潜研堂集》卷二十八。

王应麟——自著《王伯厚尚书集》五卷。

钱士升《南宋书》卷五十八。

钱大昕作《王深宁年谱》。

全祖望《宋元学案》卷八十五《深宁学案》。

阎若璩作《王应麟轶事》。

陈仅、张大昌各作《年谱》,《四明丛书》本。

近人杨嘉作《王应麟传》,《踪许楼遗稿》。

延伸阅读

〔一〕按王洙,字原叔,应天宋城人。少颖悟博学,记问过人。再举进士,中甲科。擢史馆检讨、同知太常礼院,召为国子监说书。迁太常博士,预修《崇文总目》成,迁尚书工部员外郎,修《国朝会要》。洙泛览传记,至图纬、方技、阴阳、五行、算数、音律、诂训、篆隶之学,无所不通。及卒,赐谥曰文。子钦臣,兄子尧臣。

〔二〕元丰四年七月,诏曾巩充史馆修撰,专典史事。十月,史馆修撰曾巩乞收采名臣高士事迹遗文。诏从之。

曾巩《史馆申请札子》节录——自宋兴以来,名臣良士,或曾有名位,或素在丘园,其有嘉言善行、历官行事、军国勋劳,或有贡献封章,或有著撰文字,或本家碑志、行状、纪述之文,或他人为作传记之类,今来所修国史,须合收采载述。为人子孙者,亦宜知父祖善状,使得见于国史,各令以其所有事迹或文字,尽因郡府,纳于史局,以备论次。

又李心传云:自真庙以来,史馆无专官。神宗尝欲付曾子固以五朝史事,乃命为史馆修撰,使专典领。其后子固所草具,不当神宗意,书不克成。孝宗时,修五朝史,列传久而未毕,遂召李仁父、洪景卢踵为之,皆奉京祠,不兼他职者。数年,而史始毕。(见《建炎以来朝野杂记》卷十)

〔三〕李慈铭云:看《容斋随笔》自一笔至五笔讫。南宋人如洪景卢,学问赅洽,为不数见。此书考证多精,识议亦胜。并时说部,最为可观。予尝论南渡后,王应麟《困学纪闻》之史学,可谓荟萃众有,纵横一时,撮其所长,蔚乎可述。洪氏虽不能奄有诸妙,颇亦兼著厥能。至记时事之详,有裨尚论,亦周密《齐东野语》之亚。志当代朝章官制,与费衮《梁溪漫志》、岳珂《愧郯录》可相参核。(见《越缦堂日记补》)

又云:阅翁注《困学纪闻》。王氏于宋末号为博学,此书尤有名。然见闻锢于道学,考订域于宏词,虽取便初学,实鲜可观,不解本朝阎百诗诸儒何以注之不已。翁太常此注,尤援引极博,然亦不无纰缪。今日偶为订正数条,不能尽也。(见书同上)

又孙诒让云:吾邑雪斋方先生,博综群籍,研精覃思,储藏数万卷,皆手自点勘。余曾见邑中胡氏所藏《困学纪闻》,系先生校本,旁行斜上,丹黄灿然。其所考证,多精确绝伦。(见《籀庼述林》)

又张寿镛云:伯厚先生痛宋社之屋,撤梯楼居者十余年,《困学纪闻》一书,于风俗人心尤所注意。先给谏一生于《困学纪闻》用力最勤,《补注》二十卷。(见《约园杂著三编》卷一)

按:翁元圻,字载青,号凤西,乾隆四十六年进士,授礼部主事。迭晋湖南布政使,两摄巡抚,坐事罣,吏议特原之。后用太常少卿致仕。著有《困学纪闻注》。《余姚县志》有传。

第十一章　敕撰会要

一、官撰《宋会要》

宋代官撰之会要，视唐尤为详备，有《庆历国朝会要》、元丰增修《五朝会要》、政和重修会要、乾道续修《四朝会要》、乾道《中兴会要》、《淳熙会要》、嘉泰《孝宗会要》、庆元《光宗会要》、嘉泰《宁宗会要》、嘉定《国朝会要》，其间重修、续修，无虑十余次。明时其书尚存，曾以分隶《永乐大典》之各韵。清嘉庆十四年，徐松入全唐文馆，始自大典中录出约得五百卷，虽非完璧，而大略可睹矣。徐氏卒后，书归缪荃孙，欲由广雅书局刊行，未果，乃为提调王秉恩所窃。王氏卒后，遗书散出，为吴兴刘承幹所得，凡四百七十余册，整理数年，未就，最后乃由北京图书馆以原稿印行，共订二百册，不分卷。又有刘氏编订之本，凡四百六十卷，虽与原稿重复，而较有条理可寻，尚未及付印。

二、《宋会要》体例

兹考其分类，凡十六：一帝系，二礼，三乐，四舆服，五仪制，六崇儒，七运历，八瑞异，九职官，十选举，十一道释，十二食货，十三刑法，十四兵，十五方域，十六蕃夷。其所载者，不限典章制度，一代之要政，往往随文附见，固《宋史》诸志所资以成书，而《宋史》所不能悉举者，又约十之七八，此严可均所以叹为天壤间绝无仅有之书也。（抄自金毓黻《中国史学史》）

参考资料

清俞正燮撰《宋会要辑本》五卷有《跋》，载《癸巳类稿》中。
近人汤中作《宋会要研究》。

第十二章　研究古史

一、胡宏《皇王大纪》

胡宏,字仁仲,号五峰,崇安人。安国之季子也,以荫补右承务郎。尝谒杨龟山于汴京,从侯师圣于荆门,故学有原委。事迹时载《宋史·儒林传·胡安国传》中。优游衡山二十余年,玩心神明,不舍昼夜。张南轩师事之。学者称为五峰先生。

朱子云:秦桧当国,却留意故家子弟,往往被他牢笼出去,多坠家声,独明仲兄弟却有树立,终不归附。至桧死,被召,以疾卒。(见《宋儒学案》卷四十二)

是书成于绍兴辛酉,绍定间尝宣取入秘阁。所述自盘古氏迄周赧王,举二千余岁事,广摭异传,以经义贯通之,庶几择之精而语之详矣。(说本朱彝尊,见《曝书亭集》)纪昀云:此书前二卷,皆粗存名号事迹。帝尧以后,始用《皇极经世历》编年,博采经传,而附以论断。[一]陈振孙《书录解题》尝讥其误取《庄子》寓言,及叙邃古之初,无征不信。然古帝王名号可考,统系斯存,典籍相传,岂得遽为删削?至其采摭浩繁,虽不免小有出入,较之罗泌《路史》,则切实多矣,未可以一眚掩也。朱氏有是书跋,载《曝书亭集》卷四十五,称邹平马骕撰《绎史》,体例颇相似。其实此书体用编年,《绎史》则每事标题,而杂引古书之文,排比伦次,略如袁枢《纪事本末》之法,体例截然不同耳。(见《四库总目提要》)

按:崇安胡五峰宏,《宋史》卷四百三十五《列传》第百九十四《儒林》有传,附父《胡安国传》后。《南宋书》卷二十四有传。

二、罗泌《路史》

罗泌,字长源,庐陵人。著《路史》四十七卷。是书成于乾道庚
寅。凡《前纪》九卷,述初三皇至阴康、无怀之事;《后纪》十四卷,述太
昊至夏履癸之事;《国名纪》八卷,述上古至三代诸国姓氏地理,下逮
两汉之末;《发挥》六卷,《余论》十卷,皆辨难考证之文。其《国名记》
第八卷,载《封建后论》一篇、《究言》一篇、《必正札子》一篇、《国姓衍
庆纪原》一篇,盖以类相附也。泌《自序》谓:皇甫谧之《世纪》、谯周之
《史考》、张愔之《系谱》、马总之《通历》、诸葛耽之《帝录》、姚恭年之
《历帝纪》、小司马之《补史》、刘恕之《通鉴外纪》,其学浅狭,不足取
信。苏辙《古史》,第发明索隐之旧,未为全书。因著是编。《余论》之
首释名书之义,引《尔雅》训路为大,所谓路史,盖曰"大史"也。句下
注文,题其子𬱟所撰。核其词义,与泌书详略相补,似出一手,殆自注
而嫁名于子𬱟? 皇古之事,本为茫昧,泌多采纬书,已不足据。至于
《太平经》《洞神经》《丹壶记》之类,皆道家依托之言,乃一一据为典
要,殊不免庞杂之讥。然引据浩博,文采瑰丽,颇有助于文章云。[二]
(以上《见四库总目提要·别史类》)

章学诚称之曰:罗氏《路史》,自具别裁,成其家言。(见《文史通
义·释通》)梁启超亦云罗长源《路史》,取司马子长所谓缙绅先生难
言者而言之,嗜博而荒之讥,信所不免,然其比类钩索之勤,不可诬
也。其《国名纪》之一部,条贯绵密,实史界创作。且其时《古本竹书
纪年》及皇甫士安辈所著书,皆未亡佚,其所取材者,多今日所不及
睹,故可宝也。(见《饮冰室合集》之四十四)

但钱大昕,叶昌炽二氏皆讥之。钱氏曰:罗泌《路史》在胡宏之
后,征引盖为奥博。自后儒生,侈谈邃古,而荒唐之词流为丹青,盖好
奇而不学之弊。(见《十驾斋养新录》卷十三)叶氏云:罗泌荒诞,近小
说家。(见《缘督庐日记钞》)而《翁文恭日记》载廖仲山文,倚城有《路

史注》,其兄縠士补之,仲山又补之,方付刊也。近人王初桐亦撰有《路史正讹》三卷,唯皆未见行世耳。

参考资料

胡宏——自著《五峰集》,世无样本,流传颇少甚。

《宋元学案》卷四十二《五峰学集》。

罗泌——元和惠氏旧藏明万历本《路史》。有手批一百六十余条。

延伸阅读

〔一〕赵希弁云:五峰先生所述皇帝王霸之事,自尧之初载,至于赧王乙巳,二千有三十年,贯通经典,采摭史传,又因事而为论,所以述去取之原,释疑似之惑者至矣。(见《读书附志》)

〔二〕梁启超云:还有罗泌做《路史》,叙先秦以前,选择资料最不精严,但用的方法很多,有许多前人所不注意的史迹,他也注意到,在史学界也有点价值。

第十三章　成史论派

一、苏辙《古史》

苏辙,字子由,眉山人。父洵,兄轼,俱有文名。辙与轼同登进士科,累迁御史中丞,尚书右丞,太中大夫。致仕,筑室于许,号颍滨遗老。政和二年卒,年七十四。

辙性沉静简洁,为文汪洋澹泊,似其为人。尝以司马迁《史记》多不得圣人之意,乃因迁之书,上自伏羲、神农,下讫秦始皇,为本纪七、世家十六、列传三十七。自谓追录圣贤之遗意,以明示来世。至于得

287

失成败之际,亦备论其故。(见《四库总目提要》)盖当迁之时,古文经未出战国诸子,各自著书,或增损古事,以自完其说,迁一切信之。甚者或采世俗相传之语,以易古文旧说,故辙为此史以正之。[一](说本陈振孙)但方东树考此书所以作,由于辙之自语而得知。其词云:苏子由曰,人生逐日胸次,须出一好议论。若饱食暖衣,惟利欲是念,何以自别于禽兽?只效温公《通鉴》样,作议论商略古人,岁久成书,自足垂世也。按即作《古史》之本意也。(见《书林扬禅》)辙之治史,笔下批评,在史界亦有地位焉。梁启超云:还有苏辙、吕祖谦一派的史论家,对于史事下批评,在史学界有相当的地位。[二](见《中国历史研究法补编》)

纪昀云:平心论之,史至于司马迁,犹诗至于李、杜,书至于钟、王,画至于顾、陆,非可以一支一节比拟其长短也。辙乃欲点定其书,殆不免于轻妄。至于其纠正补缀,去取之间,颇为不苟。存与迁书相参考,固亦无不可矣。(见《四库总目提要》)其体裁,章氏实斋云:采摭经传之书,则与通史异耳。(见《文史通义》)

按:眉山苏子由辙,《宋史》卷三百三十九《列传》第九十八有传。

二、吕祖谦《大事纪》《东莱博议》

吕祖谦,字伯恭,金华婺州人。少时性极褊,后因病中读《论语》"躬自厚而薄责于人",有省,遂终身无暴怒。尝从林拙斋、汪玉山、胡籍溪三先生游,与朱晦庵、张南轩二先生友,讲索益精。以祖致仕,恩补将仕郎,登隆兴元年进士第,又中博学宏词科,历官至秘阁著作郎、国史院编修官、实录院检讨官。后以疾请祠,归。淳熙八年七月卒,年四十五,谥曰成。

一者有《大事纪》。[三]是书取司马迁《年表》所书,编年系月以纪《春秋》后事,复采辑诸书以广之。始周敬王三十九年,迄汉武帝征和三年。书法皆祖太史公。所录不尽用策书凡例。《朱子语录》所谓伯恭子约宗太史公之学，以为非汉儒所及者，此亦一证也。其书作于淳熙七年，每以一日排比一年之事。本欲起春秋后迄于五代，会疾作而罢。故所成仅此，然亦足见其大凡矣。

当时诸儒，大抵研究性命之学，而薄视史学。祖谦虽亦从事于讲学，而淹贯典籍，不肯借程子玩物丧志之说，以文饰空疏，故朱子称其史学分外仔细。但《宋史》以此黜之，降置《儒林传》中，然所学终有根柢，此书亦具有体例，即如每条之下，各注从某书修云云，一一具载出典，固非臆为笔削者可及也。（以上见《四库总目提要》）

又有《十七史详节》二百七十三卷，此盖其读史时删节备检之本，凡《史记》二十卷，《西汉书》三十卷，《东汉书》三十卷，《三国志》二十卷，《晋书》三十卷，《南史》二十五卷，《北史》二十八卷，《隋书》二十卷，《唐书》六十卷，《五代史》十卷。前冠以疆域世系纪年之图，所录大抵随时节抄，不必尽去精要也。清王鸣盛乃云：此书随意采掇，粗疏无理，疑出于南渡书肆嫁名祖谦，而其为宋时人笔则无疑。（见《十七史商榷》卷七十七）

祖谦后注《唐鉴》及作《东莱博议》。梁任公云：宋明以后，益尚浮议，于是有史论专书，如吕祖谦之《东莱博议》等，其末流只以供帖括剿说之资，于史学无与焉。（见《中国历史研究法》）

先是，书肆有书曰《皇朝文海》，周益公必大言去取差谬，委馆职诠释，孝宗以命先生，遂断自中兴以前，崇雅黜浮，类为百五十卷，上之，赐名《皇朝文鉴》。

又有《议史摘要》，此书又题曰《议史摘粹》。一书之中，其名已自相矛盾，今检其文，即吕祖谦《左氏博议》，但增以注释耳。然注释亦极浅陋，惟版式颇旧，盖元明间麻沙书坊所伪刻也。（见《四库提要·史评类》）

全谢山曰：宋乾淳以后，学派分而为三，朱学也，吕学也，陆学也。三家同时，皆不甚合。朱学以格物致知，陆学以明心，吕学则兼取其

长,而复以中原文献之统润色之。(见《宋元学案》卷五十一《东莱学案》、《同谷书院记》)

按:婺州吕伯恭祖谦,《宋史》卷四百三十四《列传》第百九十三《儒林》四有传。《南宋书》卷四十五《列传》三十七有传。《宋元学案》吕祖谦《东莱学案》。

参考资料

自著《吕东莱集》二十卷。

《宋元学案》卷五十一《东莱学案》、《陈龙川集》。

延伸阅读

〔一〕《宋史》言子由在颍上,闭门默坐一室,焚香扫地,绝不见人。《古史》,子由所著。(见孙通学《诗注》)

又高似孙云:太史公易编年之法为本纪、世家、列传,记五帝三皇以来,后世莫能易之。汉景、武之间,《尚书》古文、《诗》毛氏、《春秋》左氏,皆不列于学官,世能读之者少。故其记尧舜三代之事,皆不得圣人之意。战国之际,诸子辩士各自著书,或增损古事,以自信一时之说。迁一切信之,甚者或采世俗相传之语,以易古文旧说。及秦焚书,战国之史不传于民间。幸而野史一二存者,迁亦未暇详也。故其记战国,有数年不书一事者。故因迁之旧,上观《诗》《书》,下考《春秋》及秦汉杂录,记伏羲、神农,讫秦始皇帝,为七本纪、十六世家、三十七列传,谓之《古史》。追录圣贤之遗意,以明示来世。至于得失成败之际,亦备论其故。呜呼!由数千岁之后,言数千岁之前,其详不可得矣。幸其犹有存也,而或又失之,此《古史》之所为作也。(见《史略》卷四)

又近人金毓黻云:苏辙以《史记》所记周秦以往之事,语多疏略,欲据经子百家语以补之。(见《中国史学史》)

〔二〕梁启超云:还有苏辙、吕祖谦一派的史论家,对于史事下批评。此种史论,《隋志》已载有《三国志评论》等书,惜已失传,不知其是评史事是评史书。从前纪传体,每篇末尾,必有几句短评,但没有专行评论的。宋朝有许多专门作史评家的,在史学界有相当的地位。

〔三〕刘献廷《广阳杂记》二:金华府武义县明招山惠安寺,乃晋阮遥集之宅,舍以为寺者也。宋吕祖谦东莱寓此,著《大事记》,朱晦庵、叶水心、陈同甫皆往来于此。

第十四章　创政事典制史

一、郑樵《通志》

郑樵,字渔仲,福建兴化(今蒲田)人。博学强记,搜奇访古,遇藏书家必借留,读尽乃去。〔一〕绍兴中,以荐召对,授右迪功郎、礼兵部架阁。言者劾之,改监潭州南岳庙,入为枢密院编修官。

尝自负淹博,网罗旧籍,参以新意,撰为《通志》,凡帝纪十八卷,皇后列传二卷,年谱四卷,略五十一卷,列传一百二十五卷。其纪传删录诸史,稍有移掇,大抵因仍旧目,为例不纯。其《年谱》仿《史记》诸表之例,惟间以大封拜、大政事错书其中,或繁或漏,亦复多岐,均非其注意者。其平生之精力,全帙之精华,惟在二十略而已。一曰氏族,二曰六书,三曰七音,四曰天文,五曰地理,六曰都邑,七曰礼,八曰谥,九曰器服,十曰乐,十一曰职官,十二曰选举,十三曰刑法,十四曰食货,十五曰艺文,十六曰校雠,十七曰图谱,十八曰金石,十九曰灾祥,二十曰草木昆虫。其氏族、六书、七音、都邑、草木昆虫五略,为旧史所无。(见《四库总目提要》)

王鸣盛云:樵居夹漈山,搜奇访古。初为经旨、礼乐、文字、天文、地理、虫鱼、方书之学，皆有论辨，条其纲目。而名之曰"略"，凡二十略。又取史迁以下十五代之史，删并纪传。以《唐书》《五代史》为本朝大臣所修，不敢议，迄隋而止，合二十略，统名《通志》。高宗幸建康，尝命奏进，会樵病卒。淳熙间，上之。（见《蛾术编》）则其发愿编书，先略而后及于纪传也明矣。

二、二十略

清纪昀作此书《提要》，谓樵之二十略中，六书、七音乃小学之支流，非史家之本义，矜奇炫博，泛滥及之，此于例为无所取矣。其余虽皆旧史所有，然谥与器服乃礼之子目，校雠、图谱、金石乃艺文之子目，析为别类，不亦冗且碎乎？且《氏族略》多挂漏，《地理》全抄杜佑《通典》，其《礼乐》《职官》《食货》《选举》《刑法》六略，亦删录《通典》，无所辨证。其时学者戴震等皆从而痛诋郑君《通志》之疏略，章学诚闻而作《申郑》《释通》二篇以驳之。其《申郑》篇曰：学者少见多怪，不究其发凡起例，绝识旷论，所以斟酌群言，为史学要删，而徒摘其援据之疏略、裁剪之未定者，纷纷攻击，势若不共戴天。古人复起，奚足当吹剑之一吷乎！

又曰：若夫二十略中，《六书》《七音》与《昆虫草木》三略，所谓以史翼经，本非断代为书，可以递续不穷者比，诚所谓专门绝业，汉唐诸儒不可传者也。[一]创条发例，巨制鸿编，即以义类明其家学，其事不能不因一时成书，粗就隐括，原未尝与小学专家特为一书者，絜长较短，亦未尝欲后之人，守其成说，不稍变通。（见《文史通义》）

夫通史之例，肇于司马迁，综括千古，归一家言。非学问足以该通，文章足以镕铸，则难成书。今樵以区区一身，僻处寒陋，竟能奋高掌近远跖，以作《通志》，可谓豪杰之士也。（用章学诚、梁启超语）况樵自有言曰：诸史家各成一代之书，而无通体。樵欲自今天子中兴，上达秦汉之前，著一书，曰《通史》。[二]（见《夹漈遗稿》）章氏又云:自迁、固而后,史家既无别识心裁,所求者徒在其事其文,惟郑樵稍有志乎求义。[四](见《文史通义》)然则《通志》精要,在乎义例,盖一家之言,诸子之学识,而寓于诸史之规矩,原不以考据见长也。后人议其疏漏,非也。

梁启超曰:吾侪固深赞郑、章之论,认《通史》之修,为不可以已;其于樵之别裁精鉴,亦所心折。虽然,吾侪读《通志》一书,除二十略外,竟不能发见其有何等价值。意者仍所谓"宁习本书怠窥新录"者耶!樵虽抱宏愿,然终是向司马迁圈中讨生活。松柏之下,其草不植,樵之失败,宜也。然仅二十略,固自足为不朽。史界之有樵,若光芒竟天之一彗星焉。(见《中国历史研究法》)此论最为公允。

要之,此书采摭既已浩博,议论亦多警辟,虽纯驳互见,而瑕不掩瑜,究非游谈无根者可及,至今资为考镜,与杜佑、马端临书,并称"三通",亦有以焉。[五]

按:莆田郑渔仲樵,《宋史》卷四百三十六《列传》第百九十五《儒林》六有传。《南宋书》卷三十七《列传》第二十九有传。

参考资料

章学诚作《申郑》《答客问》二篇,《释通》等文,见《文史通义》中。又作《补郑》,载《校雠通义》中,《章氏遗书》本。

钱泰吉《跋通志二十略》,《甘泉老人稿》。

周华《福建兴化县志》。

杨嘉作《郑樵传》,《踪许楼遗稿》。

近人傅振伦《郑渔仲之史学》,《中法大学月刊》。

又《中国三大史家思想之异同》,《新晨报副刊》1928.11.29。

甘蛰仙《郑渔仲之史学》,《晨报副刊》1923.8。

又《郑樵》,《人民日报》1961.4.6。

顾颉刚《郑樵传》《郑樵著述考》,《国学季刊》第一卷第二号。

关佛心《郑樵书目考正》①,手稿藏于厦门大学历史系研究小组。

延伸阅读

〔一〕亡友杨嘉云:郑樵好著书,自负不下刘向、扬雄,遇藏书家必借留,读尽乃去。聚书数千卷,皆手自校雠。有《群书会记》二十六卷(《通考》作三十六卷),大略记世间所有之书,非必其家皆有之也。《夹漈书目》一卷,《图书志》一卷,记其平生所自著之书。又《通志》二百卷。(见《夹漈遗稿》《郑樵传》)

又近人金毓黻云:《宋史·郑樵传》称其好著书,自负不下刘向、扬雄。居夹漈山,谢绝人事。久之,乃游名山,搜奇访古,遇藏书家,必借留,读尽乃去。时当高宗南渡,尝得召对,因言班固以来历代为史之非,高宗曰:闻卿名久矣,敷陈古学,自成一家,何相见之晚耶?后著《通志》成,高宗命以其书进呈,会樵病卒,年五十九。学者称夹漈先生。(见《中国史学史》)

〔二〕郑樵自云:五略,汉唐诸儒多得闻,其十五略,汉唐诸儒不得而闻。(见《二十略自序》)

〔三〕何炳松云:郑氏之所谓通史,就其《通志》而论,实系仿司马迁之作也。(见《通史新义》)

〔四〕孟轲云:孔子作《春秋》,盖曰,其事则齐桓、晋文,其文则史,其义则丘窃取之矣。(见《孟子》)

〔五〕《四库全书简明目录》:郑渔仲之《通志》,则仿《通史》之例,自为一书,皆剿袭旧文,稍为删润,殊无可观。其精萃惟在二十略。各略中,穿凿挂漏,均所不免,实未能与《通典》《通考》鼎立而三。特其网罗繁富,才辨纵横,遂与杜、马两家联镳艺苑,今亦莫得而废焉。

又章炳麟云:著述家不明地理,最易错误,如郑樵闽人也,所作《通志》,讲地理处,极为粗率。盖中国之大,地名多有相同。设误甲

①见《戊辰亲录》。

为乙地,可笑甚矣。读者非博为稽考,不易知也。此外,如典章制度,亦须明白,特各有专书,搜讨较易,故不及之。又讥郑樵抄袭史传,且不知反切之学和三十六字母本末之序。(并见《史学略说》)

又梁启超云:郑渔仲史识史才皆迈寻常。最要者,《氏族略》《六书略》《七音略》《校雠略》等篇。

又云:南宋郑樵似乎曾有伟大计划,以《通志》代替十七史,但是没有成功,除了二十略以外,看的人便很少了。他为什么失败?只因他太不注意纪传了。我们翻《通志》的纪传看看,和十七史的有何分别?那里有点别识心裁,读者怎不会宁习本书,怠窥新录?

郑樵成绩最大的:(1)告诉我们历史是整个的,分不开,因此反对断代的史,主张做通史,打破历史跟着皇帝的观念。历史跟着皇帝是不妥当的。历史如长江大河,截不断,要看全部。郑樵主要工作在作《通志》,虽未成功,或者也可说是已失败,但为后学开门径,也是好的。(2)他把历史的范围放大了许多。我们打开二十略一看,如《六书》《七音》《氏族》《校雠》《图谱》,从来未收入史部的,他都包揽在史学范围以内。(3)他很注重图谱,说治史非多创图表不可。他自己做的书表很多,表式也很有新创,图虽没有做多少,但提倡得用力。这三类是郑樵的贡献。(见《中国历史研究法补编》)

宋慈抱云:至郑樵《通志》,清儒精考据者戴东原斥为陋儒,王西庄指为妄人。章学诚乃作《申郑篇》,谓《通志》发凡起例之功不可没。(见《续史通》下《四通》)

姚永朴云:夫大著述者,必深于博雅,而尽见天下之书,然后无遗憾。读郑氏渔仲《通志·二十略》,上下千载,荟萃群言,精心结撰,折衷至当,洵博雅大儒也。然郑氏《通志》之作,读书数十年,周览天下名籍,而后结茅夹漈山中,著书二百卷。(见《文学研究法》)

苏渊雷云:郑樵史学以会通为极致,正是司马迁所谓"究天人之际,通古今之变,成一家之言"的通史家风的继续。他在《上宰相书》上说:

天下之理,不可以不会。古今之道,不可以不通。史家据一代之史,不能通前代之史。本一书而修,不能会天下之书。散落人间,靡所底定,安得为成书。所以会通二字,是古今学术的总倾向。必须尽可能全面地掌握各种史料,经过整理排比,然后找寻其内外联系,加以贯串,始能洞悉事物发展的过程,而尽史家之能事。(见《读史举要十讲》)

第十五章　熟谙本朝掌故[一]

一、属于北宋事迹者

(一)李焘《续资治通鉴长编》

李焘,字仁甫,号巽岩,一作秀岩①,眉州丹棱人。年甫冠,愤金仇未报,著《反正议》十四篇,皆救时大务。登绍兴八年进士,累官礼部郎中,进敷文阁学士,同修国史。

平生博极载籍,搜罗百氏,慨然以史自任。本朝典故,尤悉力研核。仿司马光《资治通鉴》例,断自建隆元年,迄于钦宗靖康二年,荟粹讨论,录为此书。以光修《通鉴》时,先成《长编》,焘谦不敢言续《通鉴》,故但谓之《续通鉴长编》,原为五百二十卷[二],今仅有一百六十八卷。逐条之下,亦仿光《考异》例,参校诸说,定其真妄。考北宋遗闻者,当以此书为渊海矣。(并见《四库提要》及《退庵随笔》)

据周密《癸辛杂识》所载:焘为《长编》,以木厨十枚,每厨抽替(一作屉)匣二十枚,每替以甲子志之。凡本年之事有所闻必归此匣,分月日先后次第之,井然有条云云。可想见其方法之科学化矣[三]经营四十年而后成。自实录正史,官府文书,以逮家录野记,无不递相

----

① 此处误,秀岩乃李心传号。

稽审,质验异同。虽采摭浩博,或不免虚实并存,疑信互见,未必一一皆衷于至当,然焘《进状》自称宁失之繁,毋失之略。盖广搜博录,以待后之作者,此方合《长编》之义也。陈振孙云:《长编》云者,司马公之为《通鉴》时,先命其属为《丛目》。既成,乃修《长编》,然后删之以成书。故焘书虽繁芜而不嫌也。

是以叶适作《巽岩集序》,极称李氏《续通鉴》,《春秋》以后,才有此书。其词曰:自史法坏,谱牒绝,百家异传,与《诗》《书》《春秋》并行。而汉至五季,事多在记,后史官常狼狈收拾,仅能成篇。呜呼!其何以信天下也。《通鉴》虽幸复古,然由千有余岁之后,追战国、秦、汉之前,则远矣,疑词误说,流于人心久矣。方将钩索质验,贯殊析同,力诚劳而势难一矣。及公据变复之会,乘岁月之存,断自本朝,凡实录、正史、官文书,无不是正就一律也,而又家录野记,旁互参审,毫发不使遁逸,邪正心迹,随卷较然。夫孔子所以正时月日,必取于春秋者,近而其书具也。今惟《续通鉴》为然尔。故余谓《春秋》以后,才有此书。(见《水心文集》卷十二)张栻尝曰:李仁甫如霜松雪柏,无嗜好,无姬侍,不殖产,平生生死文字间。《长编》一书,用力四十年。(见《宋史·李焘传》)朱彝尊云:宋儒史学,以文简为第一,盖自司马君实、欧阳永叔书成,犹有非之者,独文简免于讥驳。叶正则谓《春秋》之后才有此书,要非过论也。(见《曝书亭集》卷四十五)

乾道十年十一月,病革,除敷文阁学士,致仕命下,喜曰:事了矣。口占《遗表》云“臣年七十,死不为夭,所恨报国缺然,愿陛下经远以艺祖为师,用人以昭陵为则”。辞气舒徐,乃卒,年七十。上闻嗟悼,赠光禄大夫。他日谓宇文价曰:朕尝许焘大书“续资治通鉴长编”七字,且用神宗赐司马光故事,为序冠篇,不谓其止此。焘性刚大,特立独行。早著书,桧尚当路;桧死,始闻于朝。

此书世所存者,仅建隆至治平一百八卷。四库馆开时,馆臣于《永乐大典》中抄得神、哲二朝长编,自熙宁三年四月至元祐八年六月。自绍圣四年四月至元符三年正月,仅二十六事,而卷帙特加于旧。盖年代弥近,则见闻强广故也。(说本钱大昕,见《潜研堂集》卷二十八)又撰《举要》六十八卷,大略皆温公旧规也。[四]

它尚著有《四朝史稿》五十卷,《通论》十卷,《南北攻守录》三十卷,《历代宰相年表》《唐宰相谱》《江左方镇年表》《五代将帅年表》,谥文简。

按:眉州李仁父(一作甫)焘,《宋史》卷三百八十八《列传》第百四十七有传。(唐宗室曹王后)《南宋书》卷三十四《列传》第二十六有传。

(二)杨仲良《长编纪事本末》

杨仲良《长编纪事本末》撰于南宋,卷首有欧阳守道一序,未言为何人所撰。《宋史·艺文志》以为守道撰,误。阮元《四库未收书目提要》据陈均《九朝编年》引用书目,始知出于仲良。此书幸得不亡,可据以补《长编》之阙,而为考宋事者所宝焉。(见《中国史学史》)《皇宋通鉴长编纪事本末》存《皇朝中兴纪事本末》。

《通鉴》一书迄于五代,有宋以后,尚待续修,南宋李焘踵《通鉴》之例,备采北宋一祖八宗,一百六十余年之事迹,起太祖建隆元年,迄于钦宗靖康二年,以成一书,名《续资治通鉴长编》。其后杨仲良(亦南宋人)因焘书,以撰《皇宋通鉴长编纪事本末》一百五十卷(中有阙卷),凡《长编》所阙之卷,尚可据此得其梗概。

李兆洛云:此书四库馆书所无,盖未经进御者也。仲良之名不见于书,而欧阳守道之序,又未指明作者。按陈均《九朝编年备要》引用书目,有杨公仲良《长编纪事本末》,又《玉海》载杨仲良作《长编纪事本末》百五十卷,则书之出自仲良可知。其分类定次中,仍以李氏《长编》编年,纪事原委咸详,损益得当。按《李氏藏书目》与徐健庵《书目》云:原佚百十四至百十九卷。而此本又增佚五、六、七卷。苟能以徽、钦两朝补足《长编》之缺，而此书之缺，即可于《长编》采补之，使两书完，洵为艺林美事，俟有志者。故黄以周等遂据杨书以撰《续资治通鉴拾补》六十卷，于是《长编》之全书，乃大略可识矣。（见《养一斋集·校录杨仲良续通鉴长编纪事本末》）

(三)王偁《东都事略》

王偁，字季平，眉州人。父赏，绍兴中为实录修撰。偁承其家学，旁搜九朝事迹，采辑成编。洪迈修《四朝国史》，奏进其书，以承议郎知龙州，特授直秘阁。其书为本纪十二、世家五、列传一百五、附录八，共百三十卷。[五]叙事约而该，议论皆持平，且具史识。但南宋诸人，乃多不满其书。盖偁闭门著述，不入讲学之宗派。党同伐异，势所必然，未可据为定论也。（见《四库总目提要》）

清汪琬谓：元修《宋史》，实据此书为稿本。以今考之，惟《文艺传》为《宋史》所资取，故所载北宋为多，南宋文人寥之几。其余事迹，《宋史》尤多舛谬。元人修史，盖未尝考证此书，琬之言未得其实也。（说本纪昀）

虽然，宋人私史，其可传者，唯偁与李焘、李心传之书而三耳。考《宋史》者，安可不宝贵之乎？

按：眉州王季平偁，《南宋书》卷四十七《列传》第三十九附《方信儒传》后。

(四)陈均《宋九朝编年备要》

陈均，字平甫，号云岩，莆田人。丞相俊卿之从孙也。安贫力学，以累举当奉大对，不就。参稽《宋史》及司马《稽古录》、徐氏《国纪》，李氏《续通鉴长编》诸书，用朱子《纲目》义例，提要备言，辑成《宋编年举要》《备要》二书，起太祖建隆庚申，迄宁宗嘉定甲申，凡八十八卷。端平初，有言是书于朝廷，敕下福州宣取，赐均官迪功郎。

《四库总目提要》云：当时书取日历、实录及李焘《续通鉴长编》，删繁撮要，勒成一帙[六]，兼采司马光、徐度、赵汝愚等十数家之书，博考互订，始太祖至钦宗，凡九朝事迹，欲其篇帙省约，便于寻阅，故苟非大事，则略而不书。卷首有建安真德秀、长乐郑性之、直敷文阁林岊之序。林序谓：取司马氏之纲，而时有修饰；取李氏之目，而颇加节文。足以括其体例矣。

钱大昕云：陈平甫《九朝编年备要》三十卷，不载于《宋史·艺文志》，唯直斋陈氏尝著于录，而又讥其去取无法。[七]近时秀水朱氏乃亟称之。予读其书，有大字，有分注，略仿紫阳《纲目》之例，而以宋人述宋事，不敢过为褒贬之辞。且书成于南渡之世，故老旧闻未尽散失，间有可补正史之阙者。较之陈桱、商辂辈，诚远胜之矣。（见《潜研堂集》卷二十八）

(五)叶绍翁《四朝闻见录》

叶绍翁，号靖逸，龙泉人。其学出于水心。而西山真氏与之最厚，尝著《四朝闻见录》。

厉鹗《宋诗纪事》称先生字嗣宗，建安人。

(六)洪迈《四朝帝纪》

洪迈，字景卢，鄱阳人，皓季子也。兄适、遵。迈幼读书，日数千言，一过目辄不忘。博极载籍，虽稗官虞初、释老旁行，靡不涉猎。绍兴十五年始中第，授两浙转运司，累迁吏部郎兼礼部。乾道三年，迁起居郎，拜中书舍人兼侍读、直学士院，仍参史事。以提举佑神观兼侍讲、同修国史。迈初入史馆，预修四朝史，一祖八宗，百七十八年为一书。绍熙改元，进焕章阁学士、知绍兴府。明年，再上章告老，进龙图阁学士，寻以端明殿学士致仕，是岁卒，年八十，谥文敏。

迈兄弟皆以文章取盛名，跻贵显。迈尤以博洽受知孝宗，谓其文备众体。迈考阅典故,渔猎经史,极鬼神事物之变。手书《资治通鉴》凡三,有《容斋五笔》《夷坚志》行于世,其他著述尤多。所修《钦宗纪》,多本之孙觌,所纪多失实,故朱熹举王允之论,言佞臣不可使执笔,以为不当取觌所纪云。

元袁桷云:洪迈作神、哲、徽、钦四朝史,于时高宗在德寿宫,多所避忌,列传亦有芜类,所宜刊削。(见《访书目》)

最近王国维云:宋代史学,有司马光、洪迈、袁枢等,各有庞大之著述。

金毓黻云:南宋孝宗时,尝命李焘、洪迈专修国史,不兼他职,前后凡二十八年,可谓久矣。[八](见《中国史学史》)

按:鄱阳洪景卢迈,《宋史》卷三百七十三《列传》第百三十二附父《洪皓传》。《南宋书》卷三十七《列传》第二十九有传。

二、属于南宋事迹者

(一)徐梦莘《三朝北盟会编》

徐梦莘,字商老,临江人。幼慧,耽嗜经史,下至稗官小说,寓目成诵。绍兴二十四年举进士,历官南安军教授,改知湘阴县,寻知宾州。所议盐法不合,罢归。

荟粹同异,为《三朝北盟会编》(一作“集编”)二百五十卷,自政和七年海上之盟,讫绍兴三十一年完颜亮之毙,上下四十五年。凡敕、制、诰诏、国书、奏议、记序、碑志,登载靡遗。帝闻而嘉之,擢直秘阁云云。[九]

今其书抄本尚存,凡分上中下三帙,上为政、宣二十五卷,中为靖康七十五卷,下为炎、兴一百五十卷。其起讫年月,与史所言合。所引书一百二种,杂考私书八十四种,金国诸录十种,共一百九十六种,而文集之类尚不数焉。史所言者,殊未尽也。[十]凡宋、金通和用兵之事,悉为诠次本末。年经月纬,案日胪载。惟靖康中帙之末有《诸录杂记》五卷,则以无年月可系者,别加编次,附之于末。其征引皆全录原文,无所去取,亦无所论断。盖是非并见,同异互存,以备史家之采择,故以《会编》为名。然自汴都丧败及南渡立国之始,其治乱得失,循文考证,比事推求,已皆可具见其所以然,非徒饾饤琐碎已也。虽其时说部糅杂,所记金人事迹,往往传闻失实,不尽可凭。又当日臣僚札奏,亦多夸张无据之词。梦莘概录全文,均未能持择。要其博赡淹通,南宋诸野史中,自李心传《系年要录》以外,未有能过之者,固不以繁芜病矣。考梦莘成此书后,又以前载不尽者五家,续编次于中、下二帙,以补其阙。靖康、炎兴各为二十五卷,名曰《北盟集补》。今此本无之,殆当时二本各行,故久而亡佚欤。(以上见《四库总目提要》)

开禧元年秋八月卒,年八十二。从子天麟,进士,著《两汉会要》,详徐天麟节。

按:临江徐商老梦莘,《宋史》卷四百三十八《列传》第一百九七《儒林》八有传。《南宋书》卷三十七《列传》第二十九有传。

(二)熊克《中兴小纪》

熊克,字子复,建宁建阳人。克幼而翘秀。既长,好学,善属文。绍兴中进士第。孝宗时,官至起居郎兼直学士院,出知台州。克博闻强记,自少至老,著述外无他嗜。尤淹习宋朝典故,有问者,酬对如响。事迹详《宋史·文苑传》。卒年七十三。

其《中兴小纪》乃排次南渡以后事迹。首建炎丁未,迄绍兴壬午,年经月纬,勒成一书,计四十卷。宋制,凡累朝国史,先修曰纪,其曰小纪,盖以别于官书也。陈振孙《书录解题》称:克之为书,往往疏略多抵牾,不称良史。岳珂《桯史》亦摘其误。盖以当时之人,记当时之事,耳目既有难周,是非尚未论定,自不及李心传书纂辑于记载详备之余。然其上援朝典,下参私记,缀辑联贯,具有伦理。其于心传之书,亦不失先河之导。创始难工,固未可一例论也。《宋史·艺文志》载克所著,尚有《九朝通略》一百六十八卷。今《永乐大典》仅存十有一卷,首尾零落,已无端委矣。仅《中兴小纪》尚为完本。惟原书篇第,为编纂者所合并,旧目已不可寻。今约略年月,依《宋史》所载原数,仍勒为十卷。(以上均见《四库总目提要》)

按:《九朝通略》,《文史通义注》谓合吕夷简《三朝国史》,王珪《两朝国史》,李焘、洪迈等《四朝国史》,以编年体为九朝书云。

按:建阳熊子复克,《宋史》卷四百四十五《列传》第二百四《文苑》七有传,又《南宋书》卷三十七《列传》第二十九有传。

(三)李心传《建炎以来系年要录》

李心传,字微之,井研人。[一]父舜臣,官宗正寺主簿。心传兄弟二人,皆以儒学名。故事迹具《宋史·儒林传》。

庆元初,荐于乡。既下第,绝意不复应举,闭户著书。晚以荐为史馆校勘,赐进士出身,专修《中兴四朝帝纪》,甫成其三[一二],因言者罢,踵修《十三朝会要》。端平三年,成书,召为工部侍郎。未几复以言去,奉祠居潮州。淳祐三年致仕,卒,年七十有八。

故钱大昕云:心传官至礼部侍郎,晚年寓居潮州,自号雪滨叟。(见《十驾斋养新录》卷七)长于史学,凡朝章国典,多所谙悉。所著《系年要录》《朝野杂记》《旧闻证误》,在野史中,最足以资证者。兹分述如下:

(1)《系年要录》:是书二百卷,述高宗朝三十六年事迹,仿《通鉴》之例,编年系月,与李焘《长编》相续,宁宗时尝被旨取进。其书以国史、日历为主,而参以稗官、野史、家乘、志状、案牍奏议、百官题名,无不胪采异同,以待后来论定。故文虽繁而不病其冗,论虽歧而不病其杂。大抵李焘学司马光,而或不及光,心传学李焘,而无不及焘。其宏博而有典要,非熊克、陈均诸人所能追步也。至其书名,《文献通

考》作《系年要纪》,《宋史》本传作《高宗要录》,互有不同。(见《四库总目提要》)

嘉定中,吏部尚书修国史曾曈等荐之,诏命其弟太常博士李道传,取心传《高宗系年要录》送史馆。嗣又就其家抄录《孝宗光宗实录》。(见《越缦堂日记补》)陈振孙曰:此书盖与李巽岩《长编》相续,亦尝自隆兴后,相继为之,会蜀乱散失,不能复得。(见《书录解题》)但今尚存二百卷。李慈铭阅后记之曰:李氏蜀人,或谓其书颇薄东南士大夫而右蜀士。大抵每事博稽众采,详核月日,平心折衷。于高宗一朝之事,绳贯珠联,校之《三朝北盟会编》,尤条理精密矣。[一三](见《越缦堂日记》)

《永乐大典》别载贾似道跋,称宝祐初,曾刻之扬州,而元代修宋、辽、金三史时,广购逸书,其目具见袁桷、苏天爵二集,并无此名,是当时流传已绝,故修史诸臣均未之见。至明初,始得其遗本,亦惟《文渊阁书目》载有一部二十册,诸家书目则均不著录。今明代秘府之本,又多散亡,其存于世者,惟《永乐大典》所载之本而已。

(2)《朝野杂记》:是书四十卷,多南渡以后事迹,分门编类。甲集二十卷,分《上德》《郊庙》《典礼》《制作》《朝事》《时事》《故事》《杂事》《官制》《取士》《财赋》《兵马》《边防》十三门。(见《四库总目提要》)

李慈铭云:甲集成于宁宗嘉泰三年。自帝系后妃、君德朝政,以及制度沿革,时事治乱,而士夫间遗闻轶事亦偶及之。原原本本,叙次简严,载述详核。盖兼备国史及会要之用。(见《越缦堂日记补》)马端临《文献通考》称为"南渡以来野史之最详者"。改南故事,固莫善于此书矣。乙集二十卷,少《郊庙》一门,而末卷别出《边事》,亦十三门,每门各分子目。虽以"杂记"为名,其体例实同会要。盖与《建炎以来系年要录》互相经纬者也。(见《四库总目提要》)李慈铭曰:乙集续成于嘉定九年,多记宁宗朝事,未及女真、西夏、蒙古三国本末。叶绍翁《四朝见闻录》屡引李心传《朝野金载》,疑即此书。又曰:李氏意以《要录》备本纪、列传之取材,以《杂记》备志传之取材,故博取兼收,事加综核,务详所据,以求是非之公。惜乎《要录》孝、光两朝已无传本,《杂记》虽载至宁宗朝,丙、丁、戊三集,亦皆不传,此欲重修南宋书者所深致慨也。(并见《越缦堂日记补》)

所谓丙、丁、戊三集之编著,盖据张端义《贵耳三集叙》云:心传告以《朝野杂记》丁、戊二集将成。则是书尚不止于甲、乙二集,殆书或未出,世无得见耳。

但此书既掇拾群言,失真者自属不免,然于高、孝、光、宁四朝礼乐刑政之大,以及职官、科举、兵农、食货,无不该具。首尾完赡,多有马氏《通考》及《宋史》诸志所未载。故王士禛《居易录》称其"大纲细目,粲然悉备,为史家之巨擘,言宋事者当必于是有征焉"。(说本纪昀,见《四库总目提要》)

(3)《旧闻证误》:是书十五卷。心传《要录》于诸书讹异,多随事辨正,故此书所论北宋之事为多,不复出也。或及于南宋之事,则《要录》之所未及,此补其遗也。凡所见私史、小说,上自朝廷制度沿革,下及岁月之参差,名姓之错互,皆一一详征博引,以折衷其是非。大致如司马光之《通鉴考异》,而先列旧文,次为考正,条分缕析。其体例则如孔丛之诘墨。其间决疑定舛,于史学深为有裨,非淹通一代掌故者不能为也。此书久佚,今从《永乐大典》中辑得一百四十余条,为四卷。(并见《四库总目提要》)

又有《道命录》,记建炎、绍兴间赵、张秉政,道学兴废始末。

按:井研李微之心传,《宋史》卷四百三十八《列传》第百九十七《儒林》八有传,《南宋书》卷四十六《列传》第三十八附《李舜臣传》后。

(四)刘时举《续宋编年资治通鉴》

刘时举,里贯无考,其结衔称通直郎、户部架阁、国史实录院检讨兼编纂官。所著《续宋编年资治通鉴》十五卷。是书所记,始高宗建炎元年,迄宁宗嘉定十七年,当成于理宗之世。而书末附论一条,称理宗撑拄五十年而后亡,不可谓非幸云云。其言乃出于宋亡以后,似非时举原文。卷端有朱彝尊《题词》,称其过于王宗沐、薛应旂所撰。(见《四库提要·编年类》)

　　按:刘时举里贯无考。

三、属于宋一代典制者

(一)彭百川《太平治迹统类》

　　彭百川,字叔融,眉山人。

　　撰《太平治迹统类》前集三十卷。是书记八十八门,皆宋代典故。《文献通考》载《前集》四十卷,又《后集》三十三卷,载中兴以后事。此本乃朱彝尊从焦竑家藏本抄传,但有《前集》,不分卷数。又中间讹不胜乙。彝尊跋谓焦氏本卷帙次第,为装订者所乱。偏佣书人不知勘正,别用格纸抄录,以致接处文理不属。初,绍兴中江少虞作《皇朝事实类苑》,李攸又作《皇朝事实》,与百川此书,皆分门隶事。少虞书采撫虽富,而俳谐琐事,一一兼载,体例颇近小说。攸书于典制特详,记事颇略。惟此书于朝廷大政及诸臣事迹,条分缕析,多可与史传相参考。虽传写久讹,而规模终具。阙其断烂之处,而取其可以考见端委者。固与李心传《建炎以来朝野杂记》均一代记载之林矣。(见《四库提要·杂史类》)

(二)蔡幼学《国朝编年政要》

　　蔡幼学,字行之,瑞安人。成童颖异,从同郡陈傅良君举学,治《春秋》,称高第弟子。以明经得南省进士第一。[一四]官终于权兵部尚书。嘉定十年卒,谥文懿。

　　幼以文显,无浮巧轻艳之作。既长,益务关教化,养性情,花卉之炫丽,风露之凄爽,不道也。词命最温厚,亦不自矜贵,惟于国史研贯专一,朱墨义类,刊润齐整,各就书法,为续司马《公卿百官表》、《年历》、《大事记》、《备志》、《辨疑》、《编年政要》、《列传举要》等百余篇,今代之完书也。(见《水心文集》)

《宋史·宰辅表叙》:元丰间,司马光尝叙宋兴以来,百官公卿沿革除拜,作年表,上之史馆。自是而后,曾巩、谭世勣、蔡幼学、李焘诸人皆尝续为之。

幼学采国史、实录等书,为《国朝编年政要》四十卷,以拟纪,起建隆,讫靖康。又为《国朝实录列传举要》十二卷,以拟传,起国初,止神宗朝。《皇朝宰辅拜罢录》一卷,起建隆,尽绍熙,年经而官纬之。又以司马光《百官公卿表》,起建隆,讫治平,乃为《续表》,终绍熙,经纬如宰辅图,上方书年,记大事,下列官,详记除、罢、迁、卒月日,大事止及靖康,后未及录,以拟表。又为《备志》,以拟志,而未成。

孙诒让按:蔡文懿《编年政要》诸书,据《通考》引《中兴艺文志》,本以拟纪、表、志、传,备一代之史。然文懿卒时,《备志》尚未成书。诸子以《政要》等五种分别刊行,故赵、陈诸目著录者,彼有此无,皆非全本。(见《温州经籍志》)其著述元以后,流传绝少。

按:瑞安蔡行之幼学,《宋史》卷四百三十四《列传》第一百九十三有传,《南宋书》卷四十五《列传》第三十七有传。

(三)徐自明《宋宰辅编年录》

徐自明,字诚甫,号愧堂,永嘉人。尝官太常博士,终零陵郡守,但郡县志无传。陈昉序《宰辅编年录》:故太常博士徐公,永嘉之经师宿儒,容止靖严,言悉中节,行不越矩,论著满室,蝇头手笔,无一字不端楷,皆有益于世教。可见其学术之大较。其说于封建禁地特详,盖亦精研经制之学者。

初,北宋时,神宗命陈绎为《拜罢图》一卷、《枢府拜罢录》一卷。

元丰间,司马光复作《百官公聊拜罢年表》十五卷。其后曾巩、谭世勋、蔡幼学、李焘各有撰述,而不能无所阙略。自明因摭拾旧事,补其遗漏,续作此书。以宋世官制,中书、枢密为二府,俱宰辅之职,故自平章事参知政事、枢密使知枢密院事,同知签书枢密院事,皆著其名位,而详其除罢黜陟之由,编年系日,起建隆戊午,迄嘉定乙亥,大都本之《通鉴长编》《系年要录》《乙未集》《东都事略》,而旁采他书以附益之,本末赅具,最为详核。又据宋朝《大诏令》《玉堂制草》,备录其锁院制词,更有裨于文献。以《宋史·宰辅年表》,互相考较……亦足为读史者考异之助。二百五十年间,贤奸进退,皆具是编。于以考国政而备官箴,亦可云谙习典故者矣。(见《四库提要·职官类》)

孙诒让按:愧堂谙习典故,独有乾淳遗老之风。其所著《宋宰辅编年录》,凡二十卷,始建隆庚申,迄嘉定乙亥,宰辅降罢及制词事迹,一一详载,其足校《宋史·宰辅年表》之误者甚夥。至于援引宋代史籍,若《遗史》(赵甡之作)、《日历》(王安石作)、《丁未录》(李丙作)、《拜罢录》(陈绎作)诸书,今并不传,亦藉是存其涯略。李焘《长编》今本缺徽、钦两朝,此录所引尚有数条可补其缺,诚有宋一代典故之渊薮也。(见《温州经籍志》)

按:永嘉徐愧堂自明,其事迹不详于志乘,清季孙诒让略为考核,如按语。

(四)杜大珪《名臣碑传琬琰集》

杜大珪,眉州人。其仕历不可考,自署称进士。而序作于绍熙甲寅,则光宗时人矣。

墓碑最盛于东汉,别传则盛于汉、魏之间,其遗文佚事,往往补正史所不及,故讲史学者,恒资考证焉。由唐及宋,撰述弥繁。虽其间韩愈载笔,不乏谀言,李繁摛词,亦多诬说。而其议论之同异,迁转之次序,拜罢之岁月,则较史家为得真。故李焘作《续通鉴长编》,李心传作《系年要录》,往往采用,盖以此也。顾石本不尽拓摹,文集又皆散见,互考为难。大珪乃搜合诸编,共为三集。上集凡二十七卷,中集凡五十五卷,下集凡二十五卷。起自建隆、乾德,讫于建炎、绍兴。大约随得随编,不拘时代体制。要其梗概,则上集神道碑,中集志铭、行状,下集别传为多。多采诸家别集,而亦间及于实录、国史。一代巨公之始末,亦约略具是矣。〔一五〕(见《四库提要·史部》)

近人曹元忠云:此书重在囊括朝章国典矣。是以《清容居士集》有《修辽金宋史搜访遗书条例事状》,备载纂修史传应用各书,而以《琬琰集》居首,亦谓淳熙以前之实录、小传、行状、墓志铭、神道碑,各具于此《名臣碑传琬琰》之集也。〔一六〕(见《笺经室遗集》卷十《宋刻残本琬琰集跋》)

参考资料

李焘——自著《巽岩集》。

叶适《水心文集》。

曾敏行《独醒杂志》。

余靖作《墓志铭》。

阎若璩作《李焘逸事》。

钱大昕《跋续资治通鉴长编》,见《潜研堂集》卷二十八。

杨仲良——李兆洛《校录杨仲良续通鉴长编纪事本末》,《养一斋集》卷六。

王偁——钱谦益《书东都事略后》,《初学集》。又《跋》,《有学集》。

陈均——朱彝尊《莆田陈氏九朝编年备要跋》,《曝书亭集》。

钱大昕《跋九朝编年备要》,《潜研堂集》卷二十八。

全祖望《宋元学案》卷四十九《晦翁学案》下。

近人张寿镛《皇朝纪年题跋》,《约园杂著三编》。

叶绍翁——《宋元学案》。

洪迈——钱大昕作《洪文惠年谱》。

徐梦莘——钱谦益《记抄本北盟会编后》,《初学集》。

　　朱鹤龄《书北盟会编后》,《愚庵小集》。

　　李兆洛《抄校三朝北盟后编跋》。

熊克——《文献通考》

李心传——《宋元学案》卷三十。

　　张寿镛《旧闻证误题跋》,《约园杂著三编》。

刘时举——朱彝尊作《题词》,《曝书亭集》。

彭百川——朱彝尊作《跋》,见同上。

蔡幼学——自著《文懿公集》(一名《育德堂集》),《西垣集》。

　　叶适作《墓志铭》,《水心文集》。

　　魏了翁《鹤山集》。

　　陈傅良《止斋集》。

　　全祖望《宋元学案》卷五十三《止斋学案》。

徐自明——王惟俭作《跋》。

　　陈邦瞻作《序》。

　　钱大昕《跋宰辅编年录》,《潜研堂文集》卷二十八。

杜大珪——浙江省图书馆之刊《图书展望》中有考证文。

延伸阅读

〔一〕赵翼云:宋朝国史记载,本散布于民间,如李焘作《通鉴长编》,徐梦莘作《北盟会编》之类,若非得国史原本,如何撰述?可知日历、实录,士大夫家有其书也。他如《名臣录》《笔谈》《遗事》《家传》《文集》,又随时刊布,人皆得知本朝政事,故便为引用耳。(见《廿二史札记》卷二十七"以本朝人用本朝事"条)

又纪昀云:宋人杂史传于今日者,如熊克《中兴小纪》、李心传《建炎以来系年要录》之类,大抵于南宋为详。其详于北宋者,惟李焘《续资治通鉴长编》,然《长编》已多佚阙。今以《永乐大典》所载补之,亦仅及哲宗而止。徽宗、钦宗两朝之事,遂以无征。徐梦莘《三朝北盟会编》起政和迄建炎,虽较他书为赅备,而所录事迹、章疏,惟以有涉金人者为主,余则略焉。(见《四库提要·编年类·靖康要录》)

〔二〕李心传云:《续通鉴长编》者,李文简焘所修也。其书仿司马氏《通鉴》为之。然文简谦,不敢名《续通鉴》,故但谓之《续长编》。自建隆至靖康,凡九百八十卷,《举要》六十八卷。(见《朝野杂记集》卷四)

〔三〕周密《志雅堂杂抄》云:李仁父每橱作抽替六十枚,每替以甲子志之。替,俗作屉,非,屉,履中荐也。(见《粟香二笔》卷七)

又梁任公云:纂辑《大典》,所费之力,有极简易者,有极烦难者。极简易者,例如《续通鉴长编》五百余卷,全在宋字条下,不过一抄胥移录之劳,只能谓抄书,不独谓之辑书。

又金毓黻云:明初,修《永乐大典》,曾以是书录入宋字韵下,而徐乾学于康熙初,获旧本一百七十五卷于泰兴李氏,凡太祖、太宗、真宗、仁宗、英宗五朝。《大典》本,正文及分注之《考异》,皆视徐氏本加详。神宗、哲宗二朝,徐本所阙,亦具载于《大典》。而《大典》所阙者,惟徽宗、钦宗二朝,及熙宁、绍圣间七年之事耳。此书已由四库馆臣从《大典》辑出,厘为五百二十卷。(见《中国史学史》)

〔四〕纪昀云:其书卷帙最多,当时艰于传写,书坊所刻本及蜀中旧本,已有详略之不同。及神、哲、徽、钦四朝之书,乾道中只降秘书省依《通鉴》纸样缮写一部,未经镂版,流播日稀。自元以来,世鲜传本。本朝康熙初,昆山徐乾学始获其本于泰兴李氏,凡一百七十五卷,尝具疏进之于朝。副帙流传,无不珍为秘乘。然所载仅至英宗治平而止,神宗以后仍属阙如。检《永乐大典》宋字韵中,备录斯编,以与徐氏本相较,其前五朝虽大概相合,而分注考异,往往加详。至熙宁迄元符三十余年事迹,徐氏所阙而朱彝尊以为失传者,今皆粲然具存,首尾完善,实从来海内所未有。惟徽、钦二纪,原本不载,又佚去熙宁、绍圣间七年之事,颇为可惜。然自哲宗以上,年经月纬,遂已详备无遗。以数百年来名儒硕学所欲见而不得者,一旦顿还旧物,视现行诸本增多几四五倍,斯亦艺林之巨观矣。昔明成化中诏商辂等续修《通鉴纲目》,时《永乐大典》庋藏内府,外庭无自而窥。竟不知焘之旧文全载卷内,乃百方别购,迄不能得,论者以为遗憾。今恭逢我皇上稽古右文,编摩《四库》,乃得重见于世,岂非显晦有时,待圣世而发其光哉?(见《四库提要》)

又谓宋李焘有《通鉴长编》百六十八卷,《续长编集要》六十八卷,《续宋编年》十八卷。今世藏书家往往求之甚渴。

又按本书元虞集一节载有关李焘事曰:予闻前辈言,渡江后,眉山李公仁父就蜀置局,著《宋通鉴长编》,而北兵卒至,尽亡其书,走至东南,多追忆以成书,凡数百卷。

又《建炎朝野杂记》甲六:南宋高宗时,秦桧主和,有私史之禁,李焘尝以作史得罪。桧死,禁始弛。

〔五〕陈振孙云:其书纪、传、附录,略具体要,但无志耳。附录用《五代史》例也。其所记太简略,未得为全书。(见《书录解题》)

又金毓黻云:南宋时王偁撰《东都事略》,备北宋九朝之事,剪裁得当,实胜于元人所修之《宋史》也。亦据《国史》勒定者也。(见《中国史学史》)

又云:《宋史》未成之前,有王偁之《东都事略》一百三十卷,叙北宋九朝之事,起太祖建隆,迄钦宗靖康,计本纪十二,世家五,列传一百五,附录八,而无表志。李心传谓其掇取五朝史传(指太祖、太宗、真宗、仁宗、英宗)及四朝实录附传(指神、哲、徽、钦),而徽以野史附益之,因而讥其疏驳。(《朝野杂记》甲四)今宋《国史》已亡,无从取证,然核以《宋太宗实录》残本及李焘《长编》,知其叙事尚约而该,议论亦皆持平,岂宋《国史》原本即如是乎?清人汪琬谓元修《宋史》,据是书为稿本,虽未必尽然,然于宋《国史》原本之外,亦多资于是书;且《宋史》于北宋九朝之事,详赡而鲜疏舛,亦以偶书先成,规模已具之故,其迹不可掩也。(见《中国史学史》)

又云:近世私家作史,困难綦多,宋王偶以一手一足之烈,述东都九帝之事,继武欧阳,本属罕觏。(见同上)

〔六〕王鸣盛云:均幼侍从祖丞相正献公,得其家学。尽睹国朝史录诸书,及眉山李氏《续通鉴长编》,意酷嗜之,患篇帙之繁,删繁撮要,辑成此编,大皆本于李氏。正献公乃陈俊卿也。(见《蛾术编》)

〔七〕陈振孙云:太学生陈均,以撰《九朝编年要录》得初品官。大抵依仿朱氏《通鉴纲目》。举要者,纲也;备异者,目也。然去取无法,详略失中,未为善书。(见《书录解题》)

〔八〕赵超玄云:绍兴二十八年,置修国史院,专修神宗、哲宗、徽宗三朝正史。越三年纪成。乾德初,提举陈康伯进呈,时洪迈已出,李焘未入馆,史官迁易无常,莫知谁笔。而袁枢、高文虎、陆游皆预撰著。嗣又进《钦宗本纪》,诏通为《四朝国史》。继取诸志,未进而焘去国。淳熙初,志成,焘之力为多。召修列传,垂成而焘卒,上命洪迈专典之。逾年书成,为列传八百七十,合纪、志、传凡二百五十卷,世称《四朝国史》。又尝合九朝三史为一书,复奏言制作之专,已经先正名臣之手,是非褒贬,皆有依据,乞命后来史臣,无或辄将成书擅行删改,迄未成书。(见《中国史学史·记注》)

〔九〕陆游《寄题儒荣堂》诗注云:朝散大夫徐梦莘著《北盟录》,上之,除直秘阁。训辞有儒荣之语,因以名堂,来求赋诗。(上略)还朝不遣参麟笔,寓直空闻上石渠。剩办杀青君记取,龙庭焚尽始成书。

〔一〇〕迮鹤寿云:徐梦莘收罗野史及他文书,多至二百余家,为编年之体,会粹成书。传闻异词者,又从而订正之,号《三朝北盟会编》。自政和七年海上之盟,迄逆亮海陵王之薨,上下四十五载,具列事实,并录制、诏诰、国书、奏疏、记序、碑志之文,成二百五十篇,又

《纲目》一册。除直秘阁后，又得未见书，《补编》三帙。（见《蛾术编注》）

〔一一〕按心传之字号与籍贯，各书不同。如《书录解题》作字微之，陵阳人。《越缦堂日记补》作字伯微，隆州人。今据《四库总目提要》所载耳。

又按：周密《齐东野语》五《诛韩本末》，记侂胄之死。谓李心传蜀人，去天万里，轻信记载。自谓泰、禧间，大父为棘卿，外大父为兵侍，直禁林，皆得之耳目所接；俱有家乘、日录可信用，直书之，以告后之秉史笔者。

又身云居士识云：此书（《旧闻证误》）从《永乐大典》辑出。原书先举旧闻，后申证误。惜抄胥不知体例，间有脱处。今逐条校注，信为言宋事者万不可少之书。朱竹垞尝有志重修《宋史》，曾举宋人著述足资考证者数十家，亦列李心传名，盖指《朝野杂记》，若《系年要录》及此书，则竹垞所未见也。（见张寿镛《约园杂著三编》引）

〔一二〕赵超玄云：嘉熙二年，以李心传为秘书少监、史馆修撰，修高宗、孝宗、光宗、宁宗《四朝国史》。淳祐二年，右丞相史嵩之等，进《中兴四朝国史》。考高宗、孝宗、光宗帝纪，皆成于心传。（见《中国史学史·记注》）

〔一三〕金毓黻云：凡《长编》《要录》《会编》三书，皆引证赅洽，具举原书。《要录》则与《长编》相近，而《会编》视二书为尤详。心传、梦莘二氏，生于同时，年世相仿，《要录》成书在前，为徐梦莘所见，故《会编》一再引用之。及《会编》成书行世，而《要录》尚未刊行，故心传又屡引《会编》之说。且《会编》所录，虽以宋、金交涉为限，而《长编》所佚之两朝事，亦可藉考见其梗概。（见《中国史学史》）

〔一四〕陈同甫亮言：吾常与陈君举极论，往往击杯案，声撼林木。行之在旁，邈若无闻。客散，忽语吾：道一尔，奚皇帝王霸之云，吾方数辨，而行之横启纵阖，援古证今，抵夜接日，若悬江河，吾谢不能。

乃已。（见《宋元学案》本传）

　　孙诒让按：文懿为止斋高弟，在乾、淳间，其名几与止斋埒，然其著述，元以后流传绝少。（见《温州经籍志》）

　　〔一五〕陈振孙云：蔡幼学年十七，试补上庠，首选。明年，为经魁。又明年省闱先多士，而傅良亦为赋魁，一时师弟子雄视场屋，莫不歆艳。（见《直斋书录题解》卷十八）

　　〔一六〕按琬琰二字，本《孝经序》云：写之琬琰，庶有补于将来。《疏》写之琬圭，琰圭之上，若简策之为。或曰刊石也。言写之琬琰者，取其美名耳。

　　又蔡邕《胡公碑》，有“论集行迹，铭诸琬琰”之语。此书所录皆碑传，故以为名也。（见《辞海》引）

第十六章　分撰五代史

一、马令《南唐书》

　　马令，阳羡（一作宜兴）人。祖元康，世家金陵，多知南唐旧事，未及撰次。今纂先志而成之，实崇宁乙酉。其书略备纪传体，亦言徐铉、汤悦之疏略云。所系序赞，皆以呜呼二字发端，盖规仿欧《史》也。

　　《四库提要》云：令乃北宋末人。此本不载令自序，盖偶佚也。为书三十卷。计《先主书》一卷，《嗣主书》三卷，《后主书》一卷。次《女宪传》一卷，列后妃、公主，而附录列女二人。次《宗室传》一卷，列楚王景迁等十二人，而从度、从信二人有录无书。次《义养传》一卷，列徐温及其子六人，附录二人。次为列传四卷，次《儒者传》二卷，次《隐者传》一卷。次《义死传》二卷。次《廉隅传》，次《苛政传》共二卷。次《诛死传》一卷，次《党与传》二卷，次《归明传》二卷。次《方术传》一卷、《谈谐传》一卷,皆优人也,而附以迂儒彭利用。次《浮屠传》,次《妖贼传》共一卷。次《叛臣传》一卷,次《灭国传》二卷,闽王氏、楚马氏也。次《建国谱》,次《世系谱》共一卷。《建国谱》者,即地理志。《世系谱》诸,叙李氏所自出也。每序赞之首,必以"呜呼"发端,盖欲规仿《五代史记》,颇类效颦。于诗话小说,不能割爱,亦不免芜杂琐碎,自秽其书。(见《四库提要》)

二、陆游《南唐书》

陆游,字务观,号放翁,越州山阴人。农师佃之孙,宰之子也。隆兴赐进士出身。嘉泰初,以孝宗、光宗两朝实录及三朝史未就,诏游权同修国史、实录院修撰。书成,升宝章阁待制致仕。事迹具《宋史》本传。游以乾道五年授夔州通判,皆有建白。所著《南唐书》十七卷,陈振孙称其采获诸书,颇有史法云。

于《烈祖李昇纪·后论》云:昔马元康、胡恢皆尝作《南唐书》,自烈祖以下,元康谓之书,恢谓之载记。[一]是则宋代撰《南唐书》者,又有胡恢。(《宋史艺文志补》云:恢,金陵人。)惟已不传。其称马令为元康者,以孙述祖,犹迁之于谈,固之于彪,令之作,即等于元康之作也。(见金氏《中国史学史》)

但《四库提要》称元赵世延所作《陆游重修南唐书序》,有马元康、胡恢等迭有所述之语,竟以令祖元康所作,殆当时未睹其本,传闻致误欤?

又明末李清始取两《南唐书》合而为一,署曰《南唐书合订》二十五卷,刊本罕见。

清代祥符周在浚、青浦汤运泰皆为陆书作注。周氏注本,附以吴兴刘承幹补注十八卷,汤氏注本虽已付刊,则不易得。

此又研《南唐史》者必读之书也。(见书同上)

按:宋初撰录南唐事者凡六家,大抵简略。其后撰《南唐书》者三家,胡恢、马令及游也。恢书传本甚稀,王士禛《池北偶谈》记明御史李应昇之叔有之,今未之见。惟马令书与游书盛传,而游书尤简核有法。〔二〕

南宋宁宗命傅伽奇、陆游专任修史。(见《朝野杂记》)

按:山阴陆务观游,《宋史》卷三百九十五《列传》第百五十四有传,《南宋书》卷三十七《列传》二十九有传。

参考资料

马令——《南唐书》。

陆游——自著《渭南诗文集》(或称《剑南诗集》),《老学庵笔记》。

参见《四朝闻见录》。

全祖望《宋元学案》卷九十八《荆公新学略》。

李心传《建炎以来朝野杂记》。

王士禛《跋合刻马令陆游南唐书》,《蚕尾续文集》。

钱大昕、赵翼各作《陆放翁年谱》。

侯度《南唐书马陆两家孰长论》,《学海堂二集》。

汪之昌《跋南唐书艺文志》,《青学斋集》。

柳诒徵《陆放翁之修史》,《国史馆馆刊》第一卷第二号。

延伸阅读

〔一〕沈括《梦溪笔谈》曰:金陵人胡恢,博物强记,善篆隶,臧否人物,坐法失官十余年,潦倒贫困,赴选集于京师。是时韩魏公当国,恢献小诗自达,其一联曰:建业关山千里远,长安风雪一家寒。魏公深怜之,令篆《太学石经》,因此复得官,任华州推官而卒。

又戚光《音释》曰:马令祖太学博士元康,世家金陵,多记唐事,书未成而卒。令于崇宁间,继成《南唐书》三十卷。恢金陵人,宋华州推官,尝篆《太学石经》,博学强记,臧否人物,能诗。(《南唐书注》引)

〔二〕柳诒徵云:陆放翁之史识,具于《南唐书》。先是,马令继其祖元康纂《南唐书》，颇有意于史法，而例目不当，未为良史。放翁所著，视马书为高简。马氏法《春秋》，诋《元经》。放翁于马氏所书皆削之，改《先主》为《烈祖本纪》，述苏颂之说而非陈寿，其识轶于马矣。马书自《诸主书》外，有《女宪》《宗室》《义养》等传，次以列传。又有《儒者》《隐者》《义死》《廉隅》《苛政》《诛死》《党与》《归明》《方术》《谈谐》《浮屠》《妖贼》《叛臣》《灭国》等传。陆书则宋齐丘为一专传，余俱依其人之性质，汇为列传，标题某某列传。其为类传者，《后妃诸王传》为一卷，《杂艺方士节义列传》为一卷，《浮屠契丹高丽列传》总一卷。亦比马氏为得当。故欲知放翁之史学者，求之《南唐书》已得。至其三为史官，纂修国史，其特识、特笔无可考见，仅能考其修史之经过而已。

其（小注）云：《四库提要》引《史通》驳游，殆未细阅游书，乃用苏颂之说。颂及游之博学，讵不知《史通》，游称颂说为天下公言，尤有深旨。陈鳣《续唐书》不满于陆，然其《烈祖诸纪》，实本陆书。（见《国史馆馆刊》第一卷第二号《论陆放翁之修史》）

（游之三为史官也：其初为枢密院编修官兼编类圣政所检讨官，时在淳熙年间；至光宗绍熙元年，为实录院检讨官；至嘉泰二年，被命修孝宗、光宗的两朝实录及三朝史，始任修史之职，及书成而致仕。）

第十七章　创纪事本末体

袁枢《通鉴纪事本末》

袁枢，字机仲，建州建安人。孝宗初，试礼部，词赋第一。提举太平兴国宫，以右文殿修撰知江陵府。官终工部侍郎。尤在乾道间，分修国史，章惇子厚家乃同里，力求文饰其传，枢曰：子厚为乱臣欺君，吾为史官，书法不隐。宁负乡人，不可负天下后世公议。时相赵雄总史事，叹曰：无愧古良史矣！

据《四库总目提要》所述云：按刘知幾作《史通》，叙述史例，首列六家，总归二体。自汉以来，不过纪传、编年两法，乘除互用。然纪传之法，或一事而复见数篇，宾主莫辨；编年之法，或一事而复见数卷，首尾难稽。枢乃自出新意，因司马光《资治通鉴》区别门目，以类排纂，每事各详起讫，自为标题。每篇各编年月，自为首尾。始于三家之分晋，终于周世宗之征淮南，包括数千年事迹。经纬明晰，节目详具，前后始末，一览了然。遂使纪传、编年贯通为一，实前古之所未见也。淳熙三年十一月，参政龚茂良言，枢所编《纪事》，有益见闻。诏严州摹印十部，仍先以缮本上之。（见《玉海》）孝宗读而嘉叹，以赐东宫及分赐江上诸帅，曰“治道尽在是矣”！（见《宋史》本传）有杨万里序，其词曰：搴事之成，以后于其萌；提事之微，以先于其明。其情匿而泄，其故悉而约。朱熹亦称其书部居门目，始终离合之间，又皆曲有微意，于以错综温公之书，乃《国语》之流。盖枢所缀集虽不出《通鉴》原文，而去取剪裁，义例极为精密，非《通鉴》总类诸书扯挦者可比。（见《四库总目提要》）

吕祖谦云：《通鉴》之行百年矣，综理经纬，鲜或知之。习其读而不识其纲，则所同病也。今袁子掇其体大者，区别始终，使司马公之微旨自是可考。躬其难而遗学者以易，意亦笃矣。

章学诚云：司马《通鉴》，病纪传之分，而合之以编年。袁枢《纪事本末》，又病《通鉴》之合，而分之以事类。按《本末》之为体也，因事命篇，不为常格，非深知古今大体，天下经纶，不能网罗概括，无遗无滥，文省于纪传，事豁于编年，决断去取，体圆用神，斯真《尚书》之遗也。在袁氏初无其意，且其学亦未足与此。书亦不尽合于所称，但即其成法，沉思冥索，加以神明变化，则古史之原，隐然可见。

梁启超以谓：善抄书者，可以成创作，荀悦《汉纪》而后又见之于宋袁枢之《通鉴纪事本末》。枢抄《通鉴》，以事为起讫，千六百余年之书，约之为二百三十又九事。其始亦不过感翻检之苦痛，为自己研究此书谋一方便耳。[一] 及其既成，则于斯界别辟一蹊径焉。[二]（见《中国历史研究法》）

按编年体以年为经，以事为纬，使读者能了然于史迹与时代之关系，此其所长也。然史迹固有连续性，一事或亘数年，或亘百数十年。编年体之纪述，无论若何巧妙，其本质总不能离帐簿式。读本年所记之事，其原因在若干年前者，或已忘其来历；其结果在若干年后者，若不能得其究竟，非直翻检为劳，抑亦寡味矣，（用梁任公语）而《本末》之为体也，因事命篇，不为常格。非深知古今大体，天下经纶，不能网罗檃括，无遗无滥。文省于纪传，事豁于编年；决断去取，体圆而用神也。（用章学诚语）今《通鉴》以编年为宗，《本末》以比事为体。故读《通鉴》者，如登高山，泛巨海，未易遽睹其津涯。得《本末》而阅之，则根干枝叶，绳绳相生，不待反复他卷，而了然在目矣。（用王鸣盛语）近人何炳松氏曰：袁枢所得结果无意中与现代新史学上所谓主题研究法者，不约而同，实为我国史籍中最得通意之著作也。（见《通史新义》）

按：建安袁机仲枢，《宋史》卷三百八十九《列传》第百四十八有传。《南宋书》卷三十四《列传》二十六有传。

参考资料

王士禛《跋通鉴纪事本末摘要》。

杭世骏《补通鉴纪事本末序》。

顾千里《题通鉴纪事本末》。

曹元忠《宋刻残本通鉴纪事本末跋》，《笺经室遗集》卷十。

近人郑鹤声作《袁枢年谱》。

嵇文甫辑有《通鉴纪事本末评选》本。

延伸阅读

〔一〕张溥云：国之有史，史之有《通鉴》《纪事本末》，三者不可一缺也。国史因人，《通鉴》因年，《本末》因事。人非纪传不显，年非《通鉴》不叙，事非《本末》不明。学者欲观历代之史，则必先观《通鉴》。既观《通鉴》，不能即知其端，则必取《纪事本末》以类究之。此袁书之所以与司马同功也。（见《重刻本末序》）

又章学诚云：袁枢《纪事本末》又病《通鉴》之合，而分之以事类。在袁氏初无意于著述，且其学亦未足与此，书亦不尽合于所称。故历代著录诸家次其书于杂史，自属纂录之家，便观览耳。（见《文史通义》）

〔二〕梁启超云：此书为袁枢的《通鉴纪事本末》，这书就《资治通鉴》的史事，摘要归类，各标一题，自为起讫。论他纪事，大小轻重，颇觉不伦。论他体例，在纪传编年之外，以事的集团为本位，开了新史的路径，总不愧为新史的开山。（见《历史研究法补编》）

第十八章　创纲目体

一、朱熹《资治通鉴纲目》

朱熹，字元晦，一字仲晦，徽州婺源人。父松，文章行义，为学者师。官吏部，以不附和议忤秦桧，去国而任闽。生熹于南剑尤溪之寓舍。幼颖悟端重，少长，读《孟子》，若有所悟，遂厉志圣贤之学焉。登绍兴十八年进士第，授泉州同安主簿。

初于史不尽措意[一]，四十以后，读司马氏《通鉴》，病其于正闰之际，名分之实，有未安者。因尝窃取《春秋》条例，稍加檃括，别为一书。此为朱子所以作史之第一因也。[二]又自病记识之弗强，不能有以领其要而及其详,故辄与同志,因温公增损櫽括,以就斯编。此为朱子所以作史之第二因也。于是表岁以首年,而因年而著说,大书以提要,而分注以备言。至其是非得失之际,则又辄用古史书法,略示训戒,名曰《资治纲目》,凡若干卷,藏之中笥,姑以私便检阅,自备遗忘而已。(见《朱子文集》及《四库总目提要》)

题曰"纲目"二字,盖取纲举目张之义。(见《朱子文集》)大书者为纲,小注者为目。纲为经,目为纬,其《凡例》更有条理意义也。尝《答友人刘子澄书》云:《纲目》义例益精密,上下千有余年,乱臣贼子,真无所匿其形矣。(见《朱子续集》)

此书根据,不仅温公书而已,并因胡公安国《举要补遗》而成之。其《自序》云:先正温国司马文正公受诏编集《资治通鉴》。既成,又撮精要之语,别为《目录》三十卷。晚病本书太详,《目录》太简,更著《举要历》八十卷,以适厥中,而未成也。至绍兴初,故侍读南阳胡文定公(安国)始复因公遗稿,修成《举要补遗》若干卷,则其文愈约而事愈备矣。然往者得于其家而伏读之,犹嫌繁重,乃不自料,因两公四书,别为义例,而成此书。但编纂颇费心力,几致中辍;又因积稿如山,大惧不能卒业也。平时与书诸友,多有言及著史之事,如《与李伯谏书》云:《通鉴》文字,近方修得数卷南北朝者,伯起不承当,已托元善矣。度渠必能成之。又云:《通鉴》诸书,全不得下功。前此却修得晋事,粗定条例。因事参考,亦颇详密。但宋以后事,分属张元善,已修得大字数卷来,尚未得点勘。(见《朱子语类》)《与林择之书》云:《通鉴》工夫浩博,甚悔始谋之太锐,今甚费心力。然业已为之,不容中辍。须来年春夏间,近入山僧寺,谢绝人事,作一两月,期毕力了之,乃可。(见《朱子别集》)又《答吕伯恭书》云:《纲目》草稿略具,俟写校净本毕,即且休歇数月。(见书同上)且自言曰:《纲目》若成书,当亦不下《通鉴》许多文字。但恐精力不逮,未必能成耳。若度不能成,则须焚之。(见《语类》)按此,可知著书经过之情节矣。但据《四库〈纲目分注补遗〉提要》云:初朱子因司马光《通鉴》作《纲目》,以分注浩繁,属其事于天台赵师渊。师渊《讷斋集》中,载其往来书牍甚详。盖《分注》之属师渊,犹《通鉴》之佐以刘、范,在朱子原不讳言。因流传刊板未题师渊之名,后人遂误以分注亦出朱子。而《四库〈纲目续麟〉提要》云:《纲目》一书,非惟分注非朱子手定,即正纲亦多出赵师渊手。按后说不如前为确当耳。

陈景云亦云:纲下分注之目,朱子、赵师渊成之。师渊字几道,号讷斋,天台人。史学视温公书局中之范氏,未知孰先孰后?且以一人独任,其采节岂能悉审;况又非身侍讲堂,随事讨论。每纂成若干卷,寄呈,而朱子复书,往往云未瞩观也。则分注未尽经朱子之目矣。景云于是作《纲目订误》四卷,详景云节。

梁章钜至谓:朱子因司马公《资治通鉴》以作《纲目》,笔削上拟《春秋》。然惟《凡例》一卷,出于手定。其纲皆门人依《凡例》而修。其目则全以付赵师渊。后疏通其义旨者,有尹起莘之《发明》[三],刘友益之《书法》[四]。笺释其名物者,有王幼学之《集览》,徐昭文之《考证》,陈济之《集览正误》,冯智舒之《质实》。辨正其传写差互者,有汪克宽之《考异》。黄仲昭取诸家之书,散入各条之下,是为今本。大抵循文敷衍,莫敢异同。(见《退庵随笔》卷十六)如上所述,则知仿朱子作书者,既非一时名流[五],何怪乎人谓《纲目》为朱子巾箱自便之书,非为著作,而又未成稿。其拟之《春秋》而笔削褒贬,乃是尹起莘辈推尊太过之弊。(见《史学例议》)章氏学诚称为善于解纷也。

全祖望《书朱子纲目后》云:黄幹尝谓《纲目》仅能成编,朱子每以未及修补为恨。李方子亦有“晚岁思加更定,以归详密”之语。然则《纲目》原未成之书。其同门贺善争之,以为《纲目》之成,朱子甫逾四十,是后修书尚有九种,非未成者。又力言朱子手著。但观朱子《与赵师渊书》,则是书全出讷斋,其本之朱子者,不过《凡例》一通。余未尝有所笔削,是左证也。著述之难,即大儒不能无余论。雷同附和之徒,遂以为《春秋》后第一书,可谓耳食。苟或能成朱子之志,重加讨论,不可谓非功臣也,但必为蚍蜉所大骇尔。(见《鲒埼亭外集》卷三十四)

陈澧云:朱子之书,近儒最不满者,《通鉴纲目》也。朱子修《纲目》,则欲义例精密。夫《春秋》二百四十二年,《纲目》一千三百六十二年,视《春秋》年数五倍。朱子虽大贤,而著书褒贬者,乃五倍于孔子之书,此其义例必不能精密。故朱子自悔始谋之太锐,但云便检阅而已。后儒推尊太过,遂欲上掩《通鉴》,朱子无此意也。其实朱子"纲目"二字,亦出自温公[六],曷尝欲掩温公乎?特为《书法》《发明》者,以《春秋》为此,遂为后人所不平。而为《质实》者,又太疏谬,为后人所指摘。澧尝谓刻《纲目》者,当尽删《书法》《发明》《质实》之类,使不为《纲目》累,则善矣。(见《东塾读书记》卷二十一)

二、《三朝名臣言行录》《伊洛渊源录》

朱子所纂,除《纲目》外,尚有《三朝名臣言行录》,系掇取当时名臣言行之迹之有补于教者,聚为此录,以便记览。纪昀云:朱子所作《名臣言行录》,原以网罗旧闻,搜载轶事,用备史氏之采择。[七]其《伊洛渊源录》系记周子以下,及程子交游门弟子言行。其身列程门,而言行无所表现,亦具录其名氏以备考。其后《宋史》"道学""儒林"诸传,多据此为之。盖宋人谈道学宗派,自此书始。而宋人分道学门户,亦自此书始。(俱见《四库总目提要》)

金毓黻云:朱子于宋孝乾道九年,撰《伊洛渊源录》十四卷,记周濂溪以下及程颢、程颐兄弟交游门弟子言行,以明其学之所自,此稍具学史之雏形也。(见《中国史学史》)

按:婺源朱元晦熹,《宋史》卷四百二十九《列传》第百八十八《道学》三有传,《南宋书》卷四十四《列传》三十六有传。《宋元学案》朱熹《晦庵学案》。

参考资料

朱熹——自著《朱子全集》百四卷。

全祖望《宋儒学案》卷四十八、九《晦翁学案》上下。

陈止斋、叶水心、陈龙川等集。

李绂《题方刻纲目后》,《穆堂文集》。

黄式三《读通鉴纲目》,《儆居史说》。

任兆麟《纲目通论》,《有竹居集》。

李富孙《纲目拟春秋论》,《校经庼文稿》。

张尔岐《读朱子通鉴纲目》,《蒿庵集》。

陆陇其《读纲目》,《三鱼堂集》。

韩梦周《纲目凡例辨》,《理堂文集》。

全祖望《书朱子纲目后》,《鲒埼亭集》。

王鸣盛《读通鉴纲目》,《蛾术编》。

王懋竑作《朱子年谱》附《考异》。

明张自勋撰《纲目续麟》。

清芮长恤撰《纲目分注补遗》。

延伸阅读

〔一〕熹自云:某自十五六岁时至二十岁,史书都不要看。但觉得闲是闲,非没要紧,不难理会。大率才看得此等文字有味,毕竟粗心了。(见《朱子语类》)

〔二〕按朱子作《通鉴纲目》,始遵习凿齿《汉晋春秋》之例,黜魏帝蜀。

〔三〕尹起莘,遂昌人,隐居不仕,著《纲目发明》五十卷。(见《南宋书》卷六十三《儒林》)

〔四〕刘有益,永新人。宋亡,卜筑万山间,著《纲目书法》。(见《南宋书》卷六十三《儒林》)

〔五〕王鸣盛云:以师渊较二刘,判如玉石。(见《十七史商榷》)

〔六〕陈澧云:司马温公乞令校定《资治通鉴》,所写《稽古录札子》曰:年祀悠远,载籍浩博,非一日二日所能遍阅而周知。所宜提其纲目,然后可览治乱存亡之大略也。(见《东塾读书记》卷二十一)

又梁启超云:司马光所附属的第二流史家是朱子。朱子就《资治通鉴》编成《通鉴纲目》,虽没有做好,自不失为小小的创作。他改直叙的编年体为和《春秋》《左氏传》一样的纲目体,高一格为纲,低一格为目。其注意点在纲,借纲的书法来发挥他的政治理想,寓褒贬之意。他最得意的地方,如三国的正统改魏为蜀等,其实没有多大关系。其好处在创造纲目体,使读者一看纲,就明白一个史事的大概。这种体裁,还可运用到编年以外的体裁,纪传可用,书志也可用,如后来钱文子《补汉兵志》,钱德洪作《王阳明年谱》,就用这体。这体的好处,文章干净,叙述自由,看读方便,但创造这体的人是谁,还有问题。《元经》若是王通或阮逸所作,则这体是他们所创,但不可靠。无论如何,用纲目体来做史,自朱子起,则可无疑。所以,朱子可称史家。

又近人金毓黻云:以《通鉴》为蓝本,少为更其体例,使简约易省,因而别张一军者,则朱熹之《通鉴纲目》是也。据熹《自序》,谓司马温公著《通鉴举要历》八十卷未成,而南阳胡文定公(安国)复为《补遗》若干卷,然犹病不能领其要而及其详也,乃与同志,因两公书,别为义例,增损櫽括,以就此编。盖表岁以首年,而因年而著统,大书以提要,而分注以备言。使夫岁年之久近,国统之离合,事辞之详略,议论之同异,通贯晓析,如指诸掌,名曰《资治通鉴纲目》,凡五十九卷。又手定凡例若干事:曰系统,曰岁年,曰名号,曰即位,曰改元,曰尊立,曰崩葬,曰篡贼,曰祭祀,曰行幸,曰恩泽,曰朝会,曰封拜,曰征伐,曰废黜,曰罢免,曰人事,曰灾祥。每一事之前,皆以凡字发之,以拟《左氏传》之五十凡。……寻朱熹初意,不过欲因司马光之书而为提纲挈领之体,便人省览而已。今观其书之起讫,一依《通鉴》之旧,并仍其故名,其题曰《纲目》,亦犹《目录》《举要历》,为《通鉴》作一简本耳。
(见《中国史学史》)

〔七〕清蔡上翔云:安石得谤于天下后世,固结而不可解者,尤莫
甚于《言行录》。(见《王安石年谱》)

按朱熹编《三朝名臣言行录》是把以前攻击王安而的一切反动言
论统一收集了起来,流毒极深。……自从这部书问世以来,王安石受
到了更恶毒的谩骂和污蔑。(抄自报端)

第十九章　创经制学

一、陈傅良《建隆编》《历代兵制》

陈傅良,字君举,号止斋,温州瑞安人。少有重名,授徒僧舍,士
子莫不归敬。薛艮斋过之,启以其端,已而束书屏居。艮斋又过之,
问治何业,先生陈其所得。艮斋曰:吾惧子之累于得也。于是往依艮
斋而卒学焉。茅茨一间,聚书千余卷,日考古咨今于其中,盖从游者
凡七八年。伊、洛之学,东南之士,自龟山、荐山之外,绍兴以后,言理
性之学者宗永嘉。艮斋后出,加以考订千载,自井田、王制、《司马
法》《八阵图》之属,该通委曲,真可施之实用。先生既得之,而又解
剥于《周官》《左史》之文,变通当世之治具条画,本末粲如也。乾道八
年,登进士第,官至宝谟阁待制、中书舍人。嘉泰三年卒于家,年六十
七,谥文节,学者称止斋先生。

陈用光云:南宋时,为经制之学者,推陈止斋、叶水心、陈同甫,而
止斋之学较同甫为醇笃,其文亦较水心为高峻。余读《四库全书提
要》,称永嘉自周行己传程子之学,及南渡陈傅良、叶适为巨擘。《宋
史》本传称:永嘉郑伯熊、薛季宣皆以学行闻,而伯熊于古人经制治法

讨论尤精，傅良皆师事之，而得季宣之学为多。及入太学，与广汉张栻、东莱吕祖谦友善。祖谦为言本朝文献相承，而主敬集义之功得于栻为多。然傅良之学，终以通知成败、谙练掌故为长，不专于坐谈心性，故本传又称傅良为学，自三代、秦、汉以下，靡不研究，一事一物，必稽于实而后已，盖记其实也。

公淹贯六经，包括百氏，洞彻天人之奥，而于历代经制大法与夫当世制度沿革失得之故，稽验钩索，委曲该洽，此岂泛然雕饰以骛于虚言者耶？

孙诒让按：永嘉诸儒，本以经制为宗。止斋为薛文宪弟子，于井地、军赋尤为专门之学，宜其精究治本，非空谈经世者比也。

《建隆编》自序云：自李焘作《续通鉴》，起建隆元年，尽靖康元年，而一代之书萃见于此，可谓备矣。然篇帙浩繁，文字重复，未为成书，难以观览。今略依汉司马迁《年表》《大事记》，温公司马光《稽古录》与焘《举要》，撮取其要，系以年月，其上谱将相大臣除罢，而记其政事因革于下方。

《宋史·艺文志》：陈傅良《建隆编》一卷，一名《开基事要》。孙氏又按止斋《建隆编》盖就李氏《续通鉴长编》艺祖一朝事迹，削繁补阙，系从论说，其体例具详《自序》。进读初稿，名《艺祖通鉴节略》。尝云：读《周礼》须熟读五官目录，次知所属有定局，更将西汉百官表及历代官志与今官制参考。盖其著宗旨，欲以周官职掌分合，考后世官制沿革，以究古今之变，故其说多以史志参互证验，而于宋初制度与王氏变法始末，考辨尤悉。（见王东岩《周礼订义序》引）

其《历代兵制》八卷，据《四库提要》云：是书上溯成周乡遂之法，及春秋、秦、汉、唐以来历代兵制之得失，于宋代言之尤详。盖傅良当南宋之时，目睹主弱兵骄之害，故著为是书，追言致弊之本，可谓切于时务者矣。

孙诒让按：第一卷周至秦兵制，第二卷两汉兵制，第三卷三国晋兵制,第四卷南朝兵制,第五卷北朝兵制,第六卷唐兵制,第七卷五代兵制,第八卷宋兵制,并钩史志,条举件系,间附平议,尤为通博。至其言宋代兵制,则极论南渡之后,兵多财匮之患,而以祖宗之时兵少而精为不可及,信乎有用之言也。(见《温州经籍志》卷十三)

按:瑞安陈君举傅良,《宋史》卷四百三十四《列传》第百九十三《儒林》四有传,《南宋书》卷三十九《列传》第三十一有传。

二、叶适《习学记言序目》《水心别集》

叶适,字正则,自号水心居士,永嘉人。志意慷慨,惟以经制自负。擢淳熙五年进士第二,授平江节度推官,召为太学正。由秘书郎出知蕲州,入为尚书左选郎官。赞赵忠定定内禅,迁国子司业,力求补外。赵公贬,适亦降两宫,奉祠,起为湖南转运判官,知泉州。召入,权兵部侍郎。丁忧,服除,权工部侍郎,以用兵除知建康府兼沿江制置使,兵罢夺职,奉祠凡十三年而卒,年七十四,谥忠定(一作文定)。著《习学记言》五十卷,《水心文集》二十八卷,《水心别集》十六卷,《拾遗》一卷。

黄震云:愚按乾、淳间,正国家一昌明之会,诸儒彬彬辈出,而说各不同。晦庵本《大学》致知格物,以极于治国平天下,工夫细密;而象山斥其支离,直谓"即心是道";陈同甫修皇帝王霸之学,欲前承后续,力拄乾坤,成事业而不问纯驳;至陈傅良则又精史学,欲专修汉唐制度、吏治之功。其余亦各纷纷,而大要不出此四者,不归朱则归陆,不归陆则二陈之归。虽精粗高下,难一律齐,而皆能自白其说,皆足以使人易知。独水心混然于四者之间,总言统绪,病学者之言心而不及性,则似不满于陆;又以功利之说为卑,则似不满于二陈;至于朱则忘言焉。水心岂欲集诸儒之大成者耶!(见《慈溪黄氏日抄》卷六十八)

雷铉云:读先生文,非徒学其文也,其学为有用之学而非无本而然,探原于经训,沿流于史籍,而切劘于师友。近则陈止斋,远则朱文

公,往复辨析,资陶冶焉。以陈同甫之豪气,心折于文公与先生,则先生之本末可思矣。(见《水心文集》序)

孙诒让按:水心论学,在宋时自为一家,不惟与洛、闽异趋,即于薛文宪、陈文节平生所素与讲习者,亦不为苟同。此书论辨纵横,说经则于《系词》《礼记》《檀弓》《孔子闲居》《中庸》《大学》咸有遗议,论史则不满史迁、班固,论文则不满于韩愈、曾巩。其诋苛前人,信不免太过。然其论太极先后天,及《尚书》《论语》《大学》无错简,则在讲学家为不眩于众咻者。至于诸史,自《战国策》《史记》迄《唐书》,诸子自《老子》《荀子》迄兵家七书,靡不该览综贯,抉其义蕴。其淹博尤非陋儒所敢望,未可以陈伯玉(振孙)所论遽讥其偏驳也。(见《温州经籍志·习学记言》)

阮元云:(上略)唯持论间有不纯,如陈振孙讥其所作《习学记言》历诋百家,而笃信《子华子》,推崇之以为真。黄震亦辨其行官田不能无害。则蹉驳处正复不免。故朱子亦尝移书与之辨论。(见《揅经室外集》卷四)

孙诒让曰:按水心叶文定公雄文博辩,为永嘉诸儒之冠。同时吴荆溪、韩涧泉、真西山、黄东发、刘漫塘诸人,交口推许无异词。至于碑版之文,照耀一世,几与韩、欧诸家埒。今所传集虽非完帙,然鸿篇巨制犹见梗概,志状百五十余篇,几居全集之半,嘉言懿行,多足与史传为参证,其为温州人作者碑志、行状,凡四十五篇,妇女之志尚不与焉,信吾乡文献之渊椒也。(见《温州经籍志》卷四)

《水心别集》十六卷。第六卷为《管子》《老子》《孔子家语》《庄子》《扬雄太玄》《左氏春秋》《战国策》《史记》《三国志》《五代史》,各一篇。前九卷为制科进卷,后六卷号《外稿》,皆论时事。末卷号《后总》,专论买田赡兵,实水心论治之书也。而《后总》又其救世之策也。孙氏按云:水心负经世之略,晚年制置江淮,虽为时不久,而经画卓然。故此书论治诸篇反覆畅明,切中时弊,未可遽议其疏也。(见《温州经籍

志》卷二十二）

黄体芳云：水心之书，其说经不同于汉人，而其于宋亦苏子瞻之流。要其微言大义往往而在也。体芳以为水心之才之识，最长于论史事。以其论史之才之识，而论诸子，而又论经，岂能无偏？然较之空言无实者，相去盖不啻万万焉。……是书史学二十五卷，往往得水心经济所在，而其论唐史诸条，陈古刺今，尤有殷鉴夏后之意。盖朱子曰：永嘉之学偏重事历。疑水心、止斋数人者偏于斯耳。若务以事功为不足重，则国家安赖此臣子？且所谓民胞物与者，果何为者乎？（见《校刻习学记言叙》）

按：永嘉叶正则（水心）适，《宋史》卷四百三十四《列传》第百九十三《儒林》四有传，《南宋书》卷四十七《列传》第三十九有传。《宋元学案》叶适《水心学案》。

三、陈亮《三国纪年》

陈亮，字同甫，号龙川，金华永康人。生而目光有芒，为人才气超迈，喜谈兵，论议风生，下笔数千言立就。少时与吕祖谦同试漕台。周葵参政，朝士国事，必指令揖亮，因得交一时俊豪。隆兴初，与金人约和，天下欣然，幸得苏息，独亮以为不可。因上《中兴五论》，奏入，不报。后十年退修于家，学者多归之，称龙川先生。

亮自以豪侠屡遭大狱，归家益励志读书，所学益博。其学自孟子后惟推王通。尝曰：研究义理之精微，辨析古今之同异，原心于秒忽，较礼于分寸，以积累为工，以涵养为正，睟面盎背，则亮于诸儒诚有愧焉。至于堂堂之阵，正正之旗。风雨云雷交发而并至，龙蛇虎豹变见而出没。推倒一世之智勇，开拓万古之心胸，自谓差有一日之长。与朱文公熹论皇帝王伯之学，文公虽不与，而亦不能夺也。

绍熙四年，光宗策进士，问以礼乐刑政之要，亮以君道师道对。时光宗不朝重华宫，群臣更进迭谏，皆不听。得亮策，乃大喜，以为善处父子之间。奏名第三,御笔擢第一。七月,授金书建康府判官厅公事。未至官,一夕卒,年五十二,谥文毅。

黄百家云:永嘉之学,薛、郑俱出自程子。是时陈同甫亮又崛兴于永康,无所承接,然其为学俱以读书经济为事,为世所忌,以为此近于功利,俱目之为浙学。

著有《三国纪年》《史传序》《中兴遗传》。

德州卢德水刻陈同甫《三国纪年》《史传序》,题之曰《龙川二书》。钱牧斋读卢德水所辑《龙川二书》后,题之云:靖康之事,天下之大变也;绍兴之请和,皇统之策命,天下之大辱也。堂堂中国,五十年之间,龙川以匹夫庶士,奋起而任天下之辱,思一洗之,而无以自效,故假三国之君臣以见志焉。《三国纪年》者,龙川之《春秋》也。孔子曰:吾志在《春秋》。《三国纪年》其亦龙川之志乎?龙川之志,则志乎中兴而已。故其为《史传序》也,以《中兴遗传》终焉。忠臣义士,中兴之本也;谋臣辩士,中兴之资也。宋当斯时,和议成,党论盛,鄙夫盘互于庙堂,贤人刺促于罗网,如龙川者,再入大理狱,晚得一第以死。天生英豪,使斯世不获其咫尺之用,此则人主之过,而天下之大不幸也。余于《龙川二书》,窃窥其中兴之大志,悲其以英豪自命,而卒于无成,故因德水之请,书之于编末,发千载一慨焉。余老矣,尚能执简以记之。崇祯丙子。(见《初学集》卷二十六《杂文》)

按:永康陈同甫亮,《宋史》卷四百三十六《列传》第百九十五《儒林六》,有传。《南宋书》卷三十九《列传》第三十一,有传。《宋元学案》陈亮《龙川学案》。

参考资料

陈傅良—— 自著《止斋集》五十二卷。

叶适作《墓志》,《水心文集》。

蔡幼学作《行状》,《育德堂集》。

楼钥作《神道碑》,《攻愧集》。

全祖望《宋儒学案》卷五十三《止斋学案》

黄式三《止斋集跋》。

孙锵鸣作《陈文节公年谱》,《敬乡楼丛书》。

孙衣言《瓯海轶闻》,《逊学斋文抄》。

孙诒让《温州经籍志》。

叶适——自著《水心文集》二十九卷,《水心别集》十六卷

会祖望《宋儒学案》卷五十五《水心学案》。

王鸣盛《跋水心集》。

叶嘉榆作《年谱》。

孙衣言《叶文定公年谱》。

孙诒让《书宋史叶适传后》,《述林》卷六。

黄体芳《校刻习学记言叙》。

黄薇香《儆居集·叶氏经学辨》。

陈亮——自著《陈龙川集》三十卷《附录》一卷。

全谢山《陈同甫论》,《宋儒学案》卷五十六《龙川学案》。

叶适作《墓志铭》《祭文》《书序》等,《水心文集》。

近人童振福撰《陈亮年谱》。

邓恭三作《陈龙川传》,民国三十二年独立出版社印本。

第二十章　治目录校雠学

一、尤袤《遂初堂书目》

尤袤,字延之,常州无锡人。少颖异,称神童。入太学,以词赋冠多士,寻冠南宫。绍兴间,登进士第。尝为泰兴令。除将作监簿。虞

允文以史事过三馆,问谁可为秘书丞者,金以衮对,亟授之。张栻称真秘书也。兼国史院编修官、实录院检讨官。迁著作郎。官至礼部尚书。年七十卒。赠金紫光禄大夫,谥文简。

尝取孙绰《遂初赋》以自号,光宗书扁赐之,有《遂初小稿》六十卷。

藏书至多,法书尤富,有《遂初堂书目》一卷。陈振孙《书录解题》称其遂初堂藏书为近世冠。杨万里《诚斋集》有为衮作《益斋书目叙》,其名与此不同。然考《通考》引万里《叙》列入《遂初堂书目》条下,知即一书也。

其书分经为九门,史为十八门,子为十二门,集为五门,宋人目录存于今者,《崇文总目》已无完书,惟此书与晁公武《志》为最古,固考证家之所必稽矣。(见《四库提要》)

按史部十八门:曰正史、编年、杂史、故事、伪史、国史、本朝杂史、本朝故事、本朝杂传、实录、职官、仪注、刑法、姓氏、史学、目录、地理等类。

按:无锡尤延之衮,《宋史》卷三百八十九《列传》第一百四十八有传,《南宋书》卷三十四《列传》第二十六有传。

二、晁公武《郡斋读书志》赵希弁《读书附志》附

晁公武,字子止,号昭德,巨野人。冲之之子,官至敷文阁直学士、临安府少尹,岳珂《桯史》记隆兴二年汤思退罢相,洪适草创作平语,侍御史晁公武击之,则亦骨鲠之士。

希弁,袁州人,宋宗室子。自题称江西漕贡进士,秘书省校勘。以辈行推之,盖太祖之九世孙也。

始,南阳井度宪孟为四川转运使,家多藏书,悉举以赠公武[一],乃躬自雠校,疏其大略为《郡斋读书志》四卷。以时方守荣州,故名"郡斋"。[二]后书散佚,而《志》独存。淳祐乙酉,鄱阳黎安朝守袁州,

因令希弁即其家所藏书目参校，删其重复，摭所未有，益为《附志》一卷，而重刻之，是为“袁本”。时南充游钧守衢州，亦取公武门人姚应绩所编蜀本刊传，是为“衢本”。当时二书并行于世。惟衢本分析至二十卷，增加书目甚多，卷首公武《自序》一篇，文亦互有详略。希弁以衢本所增乃公武晚年续裒之书，而非所得井氏之旧，因别摘出为《后志》二卷。又以袁、衢二本异同，别为《考异》一卷，附之编末。盖原《志》四卷为井氏书，《后志》二卷为晁氏书，并至南渡而止。《附志》一卷则希弁家书，故兼及于庆元以后也。（以上见《四库提要·目录类》）

三、高似孙《史略》

高似孙，字续古，号疏寮，余姚（一作鄞县①）人。夙有俊声，词章敏赡。程大昌《演繁露》初成，文虎假观，似孙年尚少，窃窥之。越日，程索问原书，似孙因出一帙，曰《繁露诂》，其间多大昌所未载，而辨证尤详，大昌盛赏之。登淳熙十一年进士，为会稽县主簿。吏道通明。楼钥除给事中，尝举以自代。后为礼部侍郎，守处州。累官中大夫，提举崇禧观。

似孙博雅好古，晚家于越（按《鲒埼亭外集》：晚年始迁姚江。诸弟如衡孙等，仍居甬江）〔三〕，为嵊令史安之作《剡录》，而文物掌故乃备。卒赠通议大夫。（参《鄞县志本传》）

尝辑《经略》《史略》《子略》《集略》《骚略》及《纬略》。今惟《子略》《骚略》与《纬略》存。其《史略》自序云：太史公以来，载籍之作，大义粲然著矣。至于老蚀半瓦，著力汗青，何止间见层出。而善序事，善裁论，比良班、马者，固有荦荦可称。然书多失传，世固少接，被诸签目，往往莫详。况有窥津涯、涉阃奥者乎？乃为网罗散佚，稽辑见闻，

①高氏本鄞县人，后迁居嵊县，晚年始迁余姚。

采精猎奇,或标一二,仍依刘向《七录》法,各汇其书,而品其指意。后有才者,思欲商榷千古,钤括百家,大笔修辞,缉熙盛典,殚极功绪,与史并驱,其必有准于斯。宝庆元年十月十日修,十一月七日毕,似孙序。

续古著《史略》,为时仅二十七日;后世以其成书之易,讥其罅漏之多,安知不由学士(其父高炳如)注《史记》时,一一搜辑于先,而续古成之之速者,藉此乎?然商榷千古,钤括百家,于此可见一斑,而学士《史记》之注一百三十卷,因是以著。〔四〕

《史略》六卷,宋椠本,昌平学藏,宋高似孙撰。首有宝庆元年自序。卷一述《史记》;卷二述两汉《书》、《三国志》,至晋、宋、齐、梁、陈、后魏、北齐、后周、隋、唐、五代史;卷三述《东观汉记》,历代春秋、历代纪、实录、起居注、唐左右螭坳书事、延英殿时政记、唐历、会要、玉牒;卷四述史典、史表、史略、史抄、史评、史赞、史草、史例、史目、《史通》、《通鉴》参据书;卷五述霸史、杂史、《七略》中古书、东汉以来书考、历代史官目、刘勰论史;卷六述《山海经》《世本》《三苍》《汉官》《水经》《竹书》。每半板十行,行二十字,界长六寸六分,幅四寸六分。按高氏又著《子略》四卷,《四库全书总目》载之,而不言别有《史略》之著,盖西土早已亡佚耳。此书文词简约,而引据精核,多载逸书,实为读史家不可阙之书矣。(见《经籍访古志》此书序)

又杨守敬跋云:高似孙《史略》六卷,宋椠原本,今存(日本)博物馆。此书久失传,此当为海外孤本,首有兼葭堂印,木氏永保印。按木世肃,大阪人,以藏书名者也。原本亦多误字,今就其显然者改之,其稍涉疑似者,仍存其旧。按史家流别,已详于刘知幾《史通》。高氏此书,未能出其范围,况饾饤杂抄,详略失当。……其他书名之误,人名之误,与卷数之误,不可胜记。据其《自序》,成书于二十七日,宜其罅漏如斯之多也。似孙以博奥名,其《子略》《纬略》两书,颇为精核,此书则远不逮之。久而湮灭,良有由。唯似孙闻见终博,所载史家体例,亦略见于此篇。又时有逸闻,如所采《东观汉记》,为今四库辑本不载,此则可节取焉耳。

张寿镛云:吾乡博奥如高续古先生,著作如林,《史略》一书既得之于日本,更应广为流传。爰取《古逸丛书》原刊,与《百川学海》所刊《子略》《骚略》二书先梓之,俾学者有所津逮焉。(见《约园杂著·史略跋》)

孙仲容云:(似孙)庆元间人,尝献诗佞韩侂胄,为陈振孙所讥。(见《直斋书录解题》卷二十)

四、陈振孙《直斋书录解题》

陈振孙,字伯玉,安吉人。所居号曰直斋。为鄞县学徒。绍兴教授。宰南城。宝庆三年,通判兴化军。端平四年,以朝散知台州,除浙东提举。嘉熙元年,改知嘉兴府,为浙西提举。[五]制以振孙研精经术,有古典型,除国子监司业。以某部侍郎除宝章阁待制,致仕,赐光禄大夫。(见陆心源《宋史翼》引诸书)

直斋仕莆(兴化军治莆田),传录夹漈郑氏、方氏、林氏、吴氏旧书,至五万一千一百八十余卷,且仿《读书志》作解题,极其精详。(见《齐东野语》)其例以历代典籍,分为五十三类,各详其卷帙多少,撰人名氏,而品题其得失,故曰"解题"。虽不标经史子集之目,而核其所列经之类凡十,史之类凡十六,子之类凡二十,集之类凡七,实仍不外乎四部之说也。《四库提要》云:马端临《经籍考》惟据此书及《读书志》成编,然《读书志》今有刊本;而此书久佚,仅《永乐大典》尚载其完帙。惟当时编辑潦草,讹脱宏多,又卷帙割裂,全失其旧,谨详加校定,为二十二卷。古书之不传于今日,得藉是以求其崖略;其传于今日者,得藉是以辨其真伪。核其异同,亦考证之所必资,不可废也。

参考资料

尤袤——自著《遂初小稿》六十卷。

缪荃孙有《跋》,《艺风堂集》。

杨嘉作《传》,《踪许楼遗稿》。

　　晁公武——《齐东野语》《梅磵诗话》《志雅堂杂抄》。

　　《仪郑堂集》卷九。

　　《湖州府志·人物篇》。

高似孙——全祖望《鲒埼亭外集》。

　　陆心源《宋史翼》。

　　张寿镛《约园杂著》。

　　杨嘉作《传》,《踪许楼遗稿》。

陈振孙——周密《癸辛杂识》《齐东野语》

　　厉鹗《宋诗纪事》。

　　杨嘉作《传》,《踪许楼遗稿》。

延伸阅读

〔一〕南阳井度,天资好书,历二十年,所藏甚富,宿与公武厚,将死,以遗书五十箧赠公武,且曰:子孙稚弱,不自树立。若其心爱名,则为贵者所得;若其心爱利,则为富者所售。今举以归子,他日其间有好学者归焉。公武受之,著《郡斋读书志》。(见《皕宋楼藏书志》)

〔二〕孙诒让云:晁子止生当南宋之初,其《昭德读书志》编于绍兴中。宋高似孙《剡录》载戴、阮、王、谢四家著述,各以族姓相次。(见《温州经籍志·叙例》)

〔三〕近人洪业(煨莲)作《高似孙史略笺正叙》(登入《史学年报》第一卷第五期)为之博考详稽,不特高氏父子著作之大源,于以可见,即疏寮居处之地的确,而谓晚年始迁姚江者,应改为晚家于越,乃合。(见《约园杂著》)

〔四〕张寿镛云:学士注《史记》,极意覃思,积功二十年。既绝笔,续古悉整以论。(见《四明丛书》)

〔五〕厉鹗《宋诗纪事》称其端平中仕为浙西提举,改知嘉兴府。考周密《癸辛杂识》"莆田阳氏子妇"一条,称陈伯玉振孙,时从倅摄郡。又"陈周士"一条,称周士,直斋侍郎振孙之长子。则振孙始仕州郡,终官侍郎,不止浙江提举,鹗盖考之未详也。

第二十一章　治舆地学

一、乐史《太平寰宇记》

乐史,字子正,一字公礼,抚州宜黄人。官三馆编修、直史馆,事迹附载《宋史》卷三百六《乐黄目传》。

其书撰于宋太宗时,而所叙郡县多属唐代之旧,是时燕云十六州久为石晋割赠契丹,而史亦取其地,一一列入版图。盖史之作此书,实以贾耽《十道志》、李吉甫《郡县图志》为蓝本,凡为原书所有者,大半录入。又宋人之意,仍以十六州为中国旧疆,恢复之念,未尝一日能忘,与其置而不数,无宁过而存之也。乐史谓贾、李之书为阙漏,遂于列朝人物题咏,并有登载,此为后来方志必列人物艺文之所始。兹考唐、宋二代地理之书,自以《寰宇记》为最赅博,而前此佚书之逸句,亦常藉此得以考见,此是书之所以可贵也。原本为二百卷,今本阙卷一百十三至一百十九之七卷,遵义黎庶昌自日本访得卷一百十三至十七又十八卷之半,共为五卷半,刊入《古逸丛书》之内,则所阙者,仅为一卷有半矣。(见金氏《中国史学史》)

按:宜黄乐子正史,《宋史》卷三百六附《乐黄目传》。

二、王存《九域志》

王存,字正仲,润州丹阳人。庆历六年登进士第,调嘉兴主簿,历官尚书右丞,事迹具《宋史》本传。

初,祥符中李宗谔、王曾先后修《九域图》。至熙宁八年,都官员外郎刘师旦以州县名号多有改易,奏乞重修。乃命馆阁监理曾肇、光禄丞李德刍删定,而以存总其事。以旧书名图而无绘事,请改曰志。迄元丰三年闰九月,书成。

凡州县皆依路分隶,首具赤、畿、望、紧、上、中、下之名,次列地理,次列户口,次列土贡,每县下又详载乡镇,而名山大川之目,亦并见焉。厘为十卷。清冯集梧校刊此书,每卷末具列考证。

所载为路二十三,京府四,次府十,州二百四十二,军三十七,监四,县一千二百三十五,专详宋代所治之方域,其陷辽之燕云十六州及平、滦、辽东,以及西夏边陲之区,皆所不详,不如《太平寰宇记》之美备。然考有宋一代方舆者,必以是书为依据焉。

按:丹阳王正仲存,《宋史》卷三百四十一《列传》第一百有传。

三、王象之《舆地纪胜》

王象之,字仪甫,金华人。尝知江宁县。所著有《舆地纪胜》二百卷,今未见传本,此(《舆地碑记》)即其中之四卷也,以天下碑刻地志之目,分郡编次,而各注其年月姓氏大略于下。起临安,讫龙州,皆南渡后疆域,其中颇有考订精确者。

一说:王象之更取李、乐二书,及王存《九域志》之纪名胜古迹,别为《舆地纪胜》二百卷,又就宋人诗集中之咏名胜古迹者附益之,惟其中尚阙二十二卷。

孙诒让云:(王仪甫《舆地纪胜》一书)拾今所传《纪胜》景宋抄本及岑氏刊本,并有失卷。(《与人论修南雁荡山志书》)

四、欧阳忞《舆地广记》

欧阳忞,晁公武《读书志》三十八卷谓实无其人,乃著书者所假托。陈振孙《书录解题》则以为其书成于政和中。忞,欧阳修从孙,以行名皆连"心"字为据。按此书非触时忌,何必隐名?疑振孙之说为是。然修庐陵人,而此本有忞自序,乃自称广陵,岂广、庐字形相近,传写致讹欤?

其书前四卷,先叙历代疆域,提其纲要。五卷以后,乃列宋郡县名,体例特为清析。其前代州邑宋不能有,如燕云十六州之类者,亦附各道之末,名之曰"外化州",亦足资考证。虽其时土宇狭隘,不足括舆地之全,而端委详明,较易寻览,亦舆记中之佳本也。(见纪昀《四库提要·地理类》)

五、祝穆《方舆胜览》

祝穆,字和甫,建阳人。《建宁府志》载穆父康国,从朱子居崇安。穆少名丙,与弟癸同受业于朱子,宰执程元凤、蔡抗录所著书以进,除迪功郎,为兴化军涵江书院山长。

是书七十卷,前有嘉熙己亥吕午序,盖成于理宗时。所记分十七路,各系所属府州军于下,而以行在所临安府为首。盖中原隔绝,久已不入舆图,所述者惟南渡疆域而已。书中体例,大抵于建置、沿革、疆域、道里、田赋、户口、关塞、险要,他志乘所详者,皆在所略,惟于名胜古迹多所胪列。而诗、赋、序、记,所载独备。盖为登临题咏而设,不为考证而设。名为地记,实则类书也。然采摭颇当,虽无裨于掌故,而有益于文章,摘藻掞华,恒所引用。故自宋、元以来,操觚家不废其书焉。(见《四库提要·地理类》)

第二十二章 治辽金史

一、洪皓《松漠纪闻》

洪皓,字光弼,鄱阳人。少有奇节,慷慨有经略四方志。登政和五年进士第。建炎三年五月,帝将如金陵,皓上书称:内患甫平,外敌方炽。若轻至建康,恐金人乘虚侵轶。宜先遣近臣往经营,俟告办,回銮未晚。时朝议已定,不从,既而悔之。他日,帝问宰辅近谏移跸者谓谁,张浚以皓对。时议遣使金国,浚又荐皓于吕颐浩,召与语,大悦。入对,帝以国步艰难、两宫远播为尤。皓极言:天道好远,金人安能久陵中夏?此正春秋邲、鄢之役,天其或者警晋训楚也。帝悦,迁皓五官,擢徽猷阁待制,假礼部尚书,为大金通问使。皓至太原,留几一年,金遇使人礼日薄。及至云中,黏罕迫使仕,不屈,流递冷山。云中至冷山行六十日,距金主所都仅百里,地苦寒,四月草生,八月已雪。……未几,金主以生子大赦,许使人还乡,皓与张邵、朱弁三人在遣中。金人惧为患,犹遣人追之,七骑及淮,而皓已登舟。十二年七月,见于内殿。皓自建炎己酉出使,至是还,留北中凡十五年。同时使者十三人,惟皓、邵、弁得生还;而忠义之声,闻于天下者,独皓而已。

皓归,忤秦桧,除饶州通判。……居九年,始复朝奉郎,又徙袁州,至南雄州卒,年六十八,谥忠宣。

皓博学强记,有《文集》五十卷、《松漠纪闻》、《金国文具录》等书。子适、遵、遂。

《松漠纪闻》乃其所记金国杂事。始于留金时,随笔纂录。及归,惧为金人搜获,悉付诸火。既被遣谪,乃复追述,名曰《松漠纪闻》。寻有私史之禁,亦秘不传。绍兴末,其长子适始校刊为正、续二卷。乾道中,仲子遵又增补所遗之事。明代吴琯尝刻入《古今逸史》中。(见《四库提要·杂史类》)

金毓黻云:初,宋人洪皓使金被留,撰《松漠纪闻》,记载在金之见闻,时金都于上京会宁府,即今阿城县南五里之白城。唐封契丹首领为松漠府都督,其地在今辽河上游。洪氏取以包举东北全疆,盖举其大略言之也。

按：鄱阳洪光弼皓，《宋史》卷三百七十三《列传》第百三十二有传，《南宋书》卷二十九《列传》第二十一有传。

二、叶隆礼《契丹国志》

叶隆礼，号渔林，嘉兴人。淳祐七年进士，由建康府通判，历官秘书丞。奉诏撰次辽事，为此书。凡帝纪十二卷，列传七卷，晋降表、宋辽誓书议书一卷，南北朝及诸国馈贡礼物数一卷，杂载地理及典章制度二卷，行程录及诸杂记四卷，共二十七卷。

清钱曾《读书敏求记》称其书法谨严，笔力详赡，有良史风。今观其书，大抵取前人记载原文，分条采摘，排比成编。穆宗以前纪传，则本之《资治通鉴》；穆宗以后纪传及诸杂记，则本之李焘《长编》等书；其《胡峤陷北记》，则本之欧《史》；《四夷附录》《诸蕃记》及《达锡伊都》等传，则本之洪皓《松漠纪闻》；杂记则本之武圭《燕北杂记》，皆全袭其词，无所更改。间有节录，亦多失当。盖隆礼生南渡后，距辽亡已久。北土载籍，江左亦罕流传，仅据宋人所修史传及诸说部抄撮而成，故本末不能悉具。苏天爵《三史质疑》谓隆礼不及见国史，其说多得于传闻，讥其失实甚多。苏氏所说，深中其失，钱曾盖未之详核也。[一]（以上见《四库总目提要》）

三、宇文懋昭《大金国志》

宇文懋昭，淮西归正人。授承事郎工部架阁。宋端平元年正月十五日，《大金国志》四十卷书成，奏上，卷首有《表》。[二]书中取金太祖至哀宗九主，一百十七年事迹，裒集汇次。凡纪二十六卷，《开国功臣传》一卷，《文学翰苑传》二卷，《杂录》三卷，《杂载制度》七卷，《许亢宗奉使行程录》一卷，似是杂采诸书，排比而成。

懋昭以金人归宋，乃于两国俱直斥其号，而独称元兵为大军，又称元为大朝，转似出自元人之辞，尤不可解。又《开国功臣传》仅寥寥数语,而《文学翰苑传》多至三十二人。验其文,皆全录元好问《中州集》中小传,略加删削。好问撰此书时,在金亡之后,原序甚明,懋昭更不应预袭其文,此疑窦之极大者。

其首尾完具,间有与《金史》异同之处,皆足资订证。所列制度服色,亦能与《金史》各志相参考。故旧本流传不废,今亦著其伪,而仍录其书焉。(见《四库总目提要·别史类》)

此书前人多疑为宋人伪造。钱大昕尝跋其后云:予读其词,称蒙古为大朝,曰大军、曰天使,而于宋事无所隐讳,盖元初人所撰。其表文则后之好事者为之,而嫁名于懋昭者也。(见《潜研堂集》卷二十八)李慈铭亦云:《大金国志》,余谓实伪也。宇文懋昭之名,亦是赝撰。盖是宋元间人抄撮诸记载,间以野闻里说,故多荒谬,复沓冗俗,而亦时有遗闻轶事,为史未及。(见《越缦堂日记》)

按:安徽归正宇文懋昭,里贯不详。[三]

参考资料

洪皓——自著《鄱阳集》四卷。

子洪适撰《忠宣行状》,《盘洲文集》卷七十四。

钱大昕作洪文惠适、洪文敏迈《年谱》。

叶隆礼——杭世骏《契丹国志跋》,《道古堂集》。

程晋芳又《跋》,《勉行堂集》。

宇文懋昭——杭、程又作《大金国志跋》。

钱大昕作《大金国志跋》,《潜研堂集》卷二十八。

延伸阅读

〔一〕我邑前辈孙衣言曰:四库全书馆开,(孙希旦)先生为分校官,初修《四库全书》,大学士金坛于文襄公(敏中)为总裁,以王应麟《玉海》征引繁博,俾先生专任校勘。至是上以叶隆礼所为《契丹国志》体例混淆,书法讹舛,又所采胡安国之论多谬说,诏馆臣重加厘

定,文襄遂并《大金国志》以属先生。其明年书成,天子以为善,敕部
议叙,而先生病矣。今秘阁契丹、大金二《志》,世莫知为先生手订也。
(见《逊学斋文抄》卷六《敬轩先生行状》)

又衣言子仲容征君曰:乾隆时,开四库全书馆,吾乡家敬轩先生
希旦实预分校。时馆中以宋叶隆礼《契丹国志》进呈,高宗以其体例
乖舛,诏馆臣重行刊正,总裁以畀先生,先生悉心校改,遂成善本。
《四库提要》所著录者,即先生所校者也。然自此本既出,叶氏原本流
传遂少。同治甲子,余侍家大人自皖中归里,道过杭州,购得扫叶山
房刻重校本。(见《籀庼余录·重校本契丹国志题记》)

〔二〕金毓黻云:(上略)考《北盟会编》所采有归正人张汇《金虏节
要》,张棣《金虏图经》、《正隆事迹》,此则与之一例,所上表似非伪制。
其可疑者,金亡于理宗端平元年正月十日,而其书上于正月十五日,
相距极近,而述金亡之事极详,绝无此理。(见《中国史学史》)

〔三〕按:著《大金国志》者,当在元氏好问之后或同时,而托名宇
文懋昭也。

345

第七编

元 代 史 学

王　鹗　欧阳玄　元好问　王若虚　刘　祁
小彻辰萨囊台吉　王　恽　谢　端　萧　常
郝　经　胡三省　史　炤　金履祥　陈　樫
马端临　袁　桷　虞　集　苏天爵　托克托
危　素　萧永祺　耶律俨　陈大任　董文炳
揭傒斯

第一章　金遗民收罗故国文献

一、王鹗《金史大纲》欧阳玄附

王鹗，字伯翼（一作百一），曹州东明人。始生，有大鸟止于庭，乡先生张斋曰：鹗也。是儿其有大名乎？因名之。幼聪悟，日诵千余言，长工词赋。金正大元年，中进士第一甲第一人出身，授应奉翰林文字。哀宗时，为左右司员外郎。金亡降元，官至翰林学士承旨。事迹具《元史》本传。

按天兴二年，金主迁蔡。三年，蔡陷，鹗将被杀，万户张柔闻其名，救之。辇归，馆于保州（金有保州顺天军。元升为顺天府，即今保定。张柔以万户率兵镇此）鹗既主于柔家，得尽读《金实录》并秘府图书。[一]甲辰冬，世祖在藩邸，访求遗逸之士，遣使聘鹗。及至，使者数辈迎劳。召对。庚申，世祖即位，建元中统，首授翰林学士承旨，制诰典章，皆所裁定。（参《金史·卫绍王纪赞》，《陔馀丛考》卷十四，《廿二史札记》卷三十，皆引之。又施国祁《金史详校叙》尝云：自古有可亡之国，无可亡之史。盖前代史册，必代兴者与修，是非予夺，待后人而后公故也。于是特留意前朝掌故，上奏云：自古帝王得失兴废可考者，以有史在也。我国家以神武定四方，天戈所临，无不臣服者，皆出太祖皇帝庙谟雄断所致。若不乘时记录，窃恐久而遗亡，宜置局纂就实录，附修辽、金二史。又言：唐太宗始定天下，置弘文馆学士十八人。宋太宗承太祖开创之后，设内外学士院，史册灿然，号称文治。堂堂国朝，岂无英才如唐、宋者乎？皆从之，始立翰林学士院。鹗遂荐李冶、李昶、玉磐、徐世隆、高鸣为学士。[二]所拟《金史大纲》，备有太祖、太宗、熙宗、海陵庶人、世宗、章宗、卫绍王（实录阙）、宣宗、哀宗

(实录阙)九帝纪,天文、地理、礼乐、刑法、食货、百官、兵卫七志,诸王、后妃、开国功臣、忠义、隐逸、儒林、文艺、列女、方技、逆臣诸列传。(见元人王恽《玉堂嘉话》)

恽又谓鹗亲笔作史,大略付恽,如帝纪、列传、志表卷帙皆有定体,此皆王鹗尽瘁于《金史》之证。

明谈迁云:元初,王学士鹗有志《金史》,于故金部令史窦祥得二十余条,于司天提点张正之得灾异十六条,于张承旨家得五条,于尚书杨云翼家得日录四十条,于陈老得三十条,颇多重复。(见《北游录》)又采入女官记资明夫人授玺事。

清全祖望亦云:元世祖立国史院,令王鹗修辽、金二史。宋亡,又命词臣通修三史。(见厉氏《辽史拾遗序》;《鲒埼亭集》)其后阿鲁图进《金史表》云,张柔归《金史》于其先,王鹗辑金事于其后,即指此事。而至元所修之《金史》,即据鹗稿为底本。

近人金毓黻云:此书(指《金史大纲》)体例悉仿《契丹国志》,称金主为国主,又记金初事,多与《北盟会编》相应,且作者未见《金实录》及《国史》,故其所采杂书,多出宋人之传闻,与叶书同。核以《金史》,不尽可信,其由宋人之入元者所辑无疑。(见《中国史学史》)

鹗又编《汝南遗事》四卷,即随哀宗在蔡州围城所作,故以"汝南"命名。所记始天兴二年六月,迄三年正月,随日编载,有纲有目,共一百有七条,皆所身亲目睹之事,故记载最为详确。纪昀评曰:鹗身事两朝,不能抗西山之节,然本传载其《祭哀宗文》一文,犹有惓惓故主之心。其作是书于丧乱流离,亦但有痛悼无怨谤,较作《南烬录》者犹未减焉。[二](见《四库提要·杂史类》)

按:东明王伯翼鹗,《元史》卷百六十《列传》第四十七有传。

欧阳玄,字原功,湖南浏阳人。幼岐嶷。从宋故老习为词章,下笔辄成章。弱冠,下帷数年,人莫见其面,经史百家靡不研究。伊洛诸儒源委,尤为淹贯。延祐元年,诏设科取士,玄以《尚书》与贡。明年,赐进士出身,授岳州路平江州同知。……召为国子博士,升国子监丞。致和元年,迁翰林待制,兼国史院编修官。……明年奉诏纂修《经世大典》,升太监、检校书籍事。元统元年,改金太常礼仪院事,拜翰林直学士,编修《四朝实录》。至元改元,诏修辽、金、宋三史,召为总裁官,发凡举例,俾论撰者有所依据。史官中有悻悻露才论议不公者,玄不以口舌争,俟其呈稿,援笔窜定之,统系自正。至于论赞表奏,皆玄属笔。五年,帝以玄历仕累朝,且有修三史功,谕旨丞相,超授爵秩,遂拟拜翰林学士承旨。及入奏,上称快者再三。已而,致仕归,卒。有《圭斋文集》行世。

近人金毓黻云:《金史》仅由王鹗创作,而未成于其手,欧阳玄则因仍继前,少改作。(见《中国史学史》)

按:浏阳欧阳原功玄,《元史》卷百八十二《列传》第六十九有传。

二、元好问《壬辰杂编》《中州集》王若虚附

元好问,字裕之,号遗山,太原秀容人。七岁能诗,年十四,学于郝晋卿,通经史百家,赵秉文见而奇之。金兴定三年登进士第,官尚书省左司员外郎。金亡不仕,世称遗山先生。(参陈衍《元诗纪事》卷三十)

按《金史·文艺传》称,元好问晚年以著作自任,以金源氏有天下,典章法度几及汉唐。国亡史作,己所当任。时金国实录在顺天张万户家,乃言于张,愿为撰述。既而为乐夔所沮而止。好问曰:不可令一代之迹泯而不传。乃筑野史亭于家,著述其上。凡金源君臣遗言往行,采摭所闻,有所得辄以寸纸细字为记录,至百余万言。今所传者,有《中州集》及《壬辰杂编》若干卷[四],纂修《金史》多本其所著云。(见《四库总目提要》引)梁任公曰:一到元、明,简直没有史家。史官修的《宋史》《元史》,都很糟,中间只有金遗民元好问,专行收罗文献,以史为业,可谓有志之士。(见《历史研究法补编》)年六十

八卒。

又按《中州集》虽采录金人之诗,然所贵在乎每人系以小传,即寓保存文献之意。观其《自序》云:岁壬辰,予掾东曹,冯内翰子骏延登、刘邓州光甫祖谦约予为此集。时京师方受围,危急存亡之际,不暇及也。明年,留滞聊城,杜门深居,颇以翰墨为事,冯、刘之言,日往来于心,亦念百余年以来,诗人为多,苦心之士积日力之久,故其诗往往可传。兵火散亡,计所存者,才什一耳。不总萃之,则将遂湮灭而无闻,为可惜也。乃记忆前辈及交游诸人之诗,随即录之。于此可知好问之纂此集,亦为承人之志焉尔。[五]

其记金事既详,故宇文懋昭作《大金国志·文学翰苑传》多至三十二人,验其文,皆录元好问《中州集》中小传,而略删削之也。(说本纪昀,见《四库总目提要》)

然全祖望尝跋《遗山集》,以为后世之蒙面异姓而托于写史以自脱者,皆此等阶之厉也。其文曰:遗山之于金,虽有为崔立撰碑之累。[六]事由劫胁,要其志节,不可尽没也。其力求修《元史》,亦思以效忠于金,卒被阻而罢,然其惓惓亦至矣。惟是遗山以求修史之故,不能不委蛇于元之贵臣。读其碑版文字,有为诸佐命作者,至加先太师、先相、先东平之称,以故国之逸民,而致称于新朝之佐命者如此,则未免降且辱也。遗山又致书耶律中令,荐上故国之臣四十余人,劝其引进,是非可以已而不已者耶?愿言呼诸子,相从颍水滨,昔人风节尚矣。要之遗山只成为文章之士,后世之蒙面异姓而托于国史以自脱者,皆此等阶之厉也。呜呼!宗社亡矣,宁为圣予、所南之介,不可为遗山之通,岂予之过为责备哉?(见《鲒埼亭集》卷三十一)而序《中州集》又称之,其文曰:近世言《金史》者,好诋遗山,盖自王尚书阮亭始。然遗山亦何可轻诋?如愚所言,未必非遗山功臣也。(见同上)

但孙承泽云:《金史》不亡,二人之力。即一指王鹗,一指元好问也。(见《春明梦余录》)

按：秀容元遗山好问，《金史》卷百二十六《列传》第六十四《文艺》下附《元德明传》。

王若虚，字从之，藁城人①。幼颖悟，若夙昔在文字间。擢承安二年经义进士，调鄜州录事，历管城、门山二县令，皆有惠政。用荐入为国史院编修官，迁应奉翰林文字。奉使夏国，还授同知泗州军州事，留为著作佐郎。正大初，《宣宗实录》成，迁平凉府判官。未几，召为左司谏，转延州刺史，入为直学士。金亡后，微服北归镇阳，与浑源刘郁东游泰山，至黄岘峰，憩萃美亭，顾谓同游曰：汩没尘土中一生，不意晚年乃造仙府。诚得终老此山，志愿毕矣。乃令子忠先归，遣子恕视夷险，因垂足坐大石上，良久瞑目而逝，年七十。所著书曰《滹南遗老集》若干卷。

按：藁城王从之若虚，《金史》卷百二十六《列传》第六十四《文艺》下有传。

三、刘祁《归潜志》

刘祁，字京叔，浑源人。御史从益子。举金进士，廷试失意，归。国初戊戌，诏试儒人，祁就试，魁南京，选充山西东路考试官。（见《元诗纪事》卷三）

当其归乡里，值金末丧乱，乡帅高侯为筑室以居。因榜其堂曰归潜，且以张横渠东西二铭书诸壁。

京叔作《归潜志》十四卷，以记金事。内《大梁纪事》一卷，专记元兵入汴始末。（并见《金史》及《越缦堂日记补》）修《金史》者多采用焉。清顾亭林曰：《金史》大抵出刘祁、元好问二君之笔，亦颇可观。（见《日知录》卷二十六）

其《自序》云：余生八年，去乡里，从祖父游宦于大河之南。时南

---

① 原稿作"槁城人，一作藁城"。今有石家庄市藁城区。

京为行宫,因得从名士大夫问学。不幸弱冠而先子殁,其后进于有司,不得志,将归隐于太皞之墟。一旦遭值金亡,干戈流落,由魏过齐入燕凡二千里。甲午岁,复于乡,盖年三十二矣。因思向日二十余年间所见富贵权势之人,一时烜赫,如火烈烈者,迨遭丧乱,皆烟销灰灭无余。而吾虽贫贱一布衣,犹得与妻子辈完归,是亦不幸之幸也。由是以其所以经涉忧患与夫被攻劫之苦、奔走之劳,虽饭蔬饮水,囊中无寸金,未尝滞诸胸臆。独念昔所与交游,皆一代伟人,今虽物故,其言论谈笑,想之犹在目。且其所闻见可以劝戒规鉴者,不可使湮没无传。因暇日记忆,随得随书,题曰《归潜志》。归潜者,予所居之堂之名也。因名其书,以志岁月,异时作史,亦或有取焉。

按:浑源刘京叔祁,《金史》卷百二十六《列传》第六十四《文艺》下附父《刘从益传》后。

参考资料

王鹗——王恽《玉堂嘉话》。

《杨云翼传》,《金史》百十卷。

谈迁《北游录·纪邮上》。

赵翼《陔餘丛考》《廿二史札记》。

魏源《元史新编·王鹗传》。

欧阳玄——自著《圭斋集》十五卷

元好问——自著《遗山先生文集》四十卷。

郝经作《墓铭》。

谈迁《北游录·纪邮上》。

翁方纲《元遗山先生年谱》二卷,《粤雅堂丛书》本。

余集《元遗山先生年谱略》一卷,《得月簃丛书》本。

凌廷堪《元遗山年谱》二卷。

施国祁《元遗山年谱》三卷。

李光廷《元遗山年谱》。

钱大昕《跋遗山集》《潜研堂集》三十一卷。

陈澧《广元遗山年谱叙》。

郑叔问《金史补艺文志序》。

近人缪钺《元遗山年谱汇纂》，载《国风》杂志，1935 年 10 月出版。

王若虚自著《滹南遗老集》，《四部丛刊》本。

刘祁——《宋元学案》卷十一。

延伸阅读

〔一〕按张柔，字德刚，易州定兴人。少慷慨尚气节，善骑射，以豪侠称。……累迁清州防御使。围汴京，柔军于城西北。金兵屡出拒战，柔单骑陷阵，出入数四，金人莫能支。金主自黄陵冈渡河，次沤麻冈，欲取卫州，柔以兵合击，金主败走睢阳，其臣崔立以汴京降。柔于金帛一无所取，独入史馆取《金实录》并秘府图书，访求耆德及燕赵故族十余家，卫送北归，遂围睢阳，金主走汝南……柔以步兵二十余突其阵，促聂福坚先登，擒二校以归。又遣张信据其内隍，诸军齐进，金主自杀。汝南既破，下令屠城。一小校缚十人以待，一人貌独异，柔问之，状元王鹗也。解其缚，宾礼之。入朝，太宗历数其战功，班诸帅上，赐金虎符，升军民万户。中统元年，世祖即位。二年，以《金实录》献诸朝。且请致仕，封安肃公。（见《元史》本传）

〔二〕按《元史·商挺传》：商挺，字孟卿，曹州济阴人。年二十四，汴京破，北走依冠氏赵天锡，与元好问、杨奂游。癸丑，世祖在潜邸，受京兆分地，闻挺名，遣使征至盐州。入对称旨，字而不名，间陪宴语。中统二年，进参知政事。至元元年，入拜参知政事，建议史事，附修辽、金二史，宜令王鹗、李冶、徐世隆、高鸣、胡祗遹、周砥等为之。甚合帝意。

〔三〕王恽《玉堂嘉话》载金状元王鹗（哀宗正大元年中第）官应奉

翰林文字。后鹗入元,以礼葬故主为请,后为位哭汝水上,私谥为义宗。清魏源《元史新编·王鹗传》采及此事即出《嘉话》。鹗曾创修《金史》,今本《金史》百官、食货二志,犹称义宗,当为鹗稿,而后来未及核改者。

〔四〕《日知录》原注云:元好问,字裕之,秀容人。著《壬辰杂编》,元人取之,以成《金史》,见《文艺传》及《完颜奴申传赞》。按郝经所作《遗山先生墓铭》,称裕之又为《金源君臣言行录》若干卷。

又谈迁云:太原元好问采亡金事,寸纸细书,录至百若万余言,今所传《中州集》《壬辰杂编》,今史多本之。(见《北游录·纪邮上》)

又黄节云:遗山作《中州集》百余卷,以存金源一代之诗,尤足资文献焉。(见《诗学》)

〔五〕家铉翁云:观遗山元子所哀《中州集》者,百年而上,南北名人节士、巨儒达官所为诗,与其平生出处,大致皆采录不遗。而宋建炎以后,御命见留与留而得归者,其所为诗与其大节始终,亦得见纪。凡十卷,总而名之曰《中州集》。盛矣哉!元子之为此名也。广矣哉!元子之用心也。(见《元文类》)故同时人虞集《道园学古录》卷三十二《国朝风雅叙》亦云:国朝初,故金进士太原元好问著《中州集》于野史亭之旁,盖伤夫百十年间,中州动荡,人物凋谢,文章不概见于世,姑因录诗,传其人之梗概。君子固有深悯其心矣。

〔六〕全氏读《归潜志》,则考得京叔与元裕之、麻信民交惠事。其文曰:及观京叔《归潜志》中所述,则深有憾于裕之,并及滹南。予平情考之,滹南与裕之实不欲撰碑,而又不敢抗,故强付京叔与麻信民。京叔二人亦不敢抗,而卒挽裕之以共谤。文人遭此,亦可悲也。(见《鲒埼亭集外编》卷三十一)论其互委,撰崔立碑事。

天兴元年,哀宗走归德。明年春,崔立变,群小附和,请为立建功德碑。翟奕以尚书省命召若虚为文。时奕辈恃势作威,人或少忤,则谗构立见屠灭。若虚自分必死,私谓左右司员外郎元好问曰:今召我作碑,不从则死;作之,则名节扫地,不如死之为愈。虽然,我姑以理论之。乃谓奕葦曰:丞相功德碑当指何事为言? 奕葦怒曰:丞相以京城降,活生灵百万,非功德乎? 曰:学士代王言,功德碑谓之代王言可乎? 且丞相既以城降,则朝官皆出其门。自古岂有门下人为主帅诵功德而可信乎后世哉? 奕葦不能夺,乃召太学生刘祁、麻革辈赴省。好问、张信之喻以立碑事,曰:众议属二君,且已白郑王矣,二君其无让。祁等固辞而别。数日,迫促不已。祁即为草定,以付好问。好问意未惬,乃自为之。既成,以示若虚,共删定数字,然止直叙其事而已。后兵入城,不果立也。(见《金史·王若虚传》)

第二章　撰开国史

一、《元朝秘史》

元初之国史,以蒙古文字记载,题曰《脱必赤颜》(译音),记太祖成吉思汗以往之史事綦详。元仁宗时,察罕初译为汉文,名曰《圣武开天记》。(见《元史》本传)明太祖洪武十五年有重译本,称曰《元朝秘史》。今所传《秘史》译本,出于《永乐大典》。清乾隆中,钱大昕钞得之,而未著录于《四库》,外间尚有原刊残本。元文宗至顺二年,奎章阁学士虞集等纂修《经世大典》,请从国史院取《脱必赤颜》(必,一作卜)一书,以记太祖以来事迹,翰林学士承旨言:《脱必赤颜》事关秘禁,非可令外人传写。遂止。(见《元史》本纪及《虞集传》)此是书所以有秘史之名也。(见金毓黻《中国史学史》)

按《秘史》叙蒙古初起及兼并诸部落事綦详,可证《元史》之误;徒以译文质朴,悉用当时俚语,明初修史诸氏,鄙弃不加留意,任其湮没。其后钱大昕有志于《元史》,致力最深。既得《秘史》(即从《大典》

出),稽考内容,乃知其可贵,故为之跋而刊行之。其跋称:论次太祖、太宗两朝事迹者,其必于此书折衷。最近王国维亦作《蒙文元朝秘史跋》,云卷首书题下,有"忙豁仑纽察脱察安"二行。曩顾千里跋此本,以为撰人姓名。余谓此即《元朝秘史》之蒙古语也。忙豁仑,即蒙古;脱察安,即《元史》之脱必赤颜,若脱卜赤颜,非撰人名。明火原洁《华夷译语》凡例云:字下小注"卜"字、"必"字者,皆急读合口音也,不用读出。考《元史》之脱必赤颜若脱卜赤颜,《元史国语解》改作"托卜齐延"。"卜"字正作字下小注,则读为脱察安,固其所也。《元史·虞集传》有旨修《经世大典》,集请以国书《脱卜赤颜》增修太祖以来事迹。承旨塔失海牙曰:《脱卜赤颜》非可令外人传者。遂已。按既称"国书《脱卜赤颜》",则当文宗时,此书尚无汉译之本。《乃察罕传》言:仁宗命译《脱必赤颜》,名曰《圣武开天记》,及《纪年》《纂要》《太宗平金始末》等书,俱付史馆云云。考明《文渊阁书目》卷五,有《元朝秘史》《续秘史》各二部。卷六有《圣武开天记》一部。则察罕所译与虞集所请,自非一书。缘《圣武开天记》既宣付史馆,且至明初尚存,则与虞集国书之目,塔失海牙不传外人之言,不能相符。疑元时自有两种《脱卜赤颜》,其译为《圣武开天记》者,殆即今之《元圣武亲征录》;而虞道园集所请以修《经世大典》者,则今之《元朝秘史》也。

明郑晓《今言》(四):洪武十五年,命翰林院侍讲火原洁等编类《华夷译语》,复令取《元秘史》参考,以切其字,谐其声音。则洪武中叶,此书已有译本。

考宋濂《銮坡集》(四),有《吕氏采史目录叙》云:洪武元年冬十有一月,命启十三朝实录,建局删修《元史》。明年秋七月,史成。自太祖至于宁宗,总一百五十九卷。悉上送官。今之北平,乃元氏故都。章贡吕仲善者,时司膳成均,乃被是选。是月癸卯,即乘驿北上,八月丁卯抵北平,凡诏令、奏疏、拜罢、奏请、布在方册者,悉辑为一。有涉于番文者,则令译而成文。至冬十一月壬辰朔始完。以帙计者八十,畀至行中书省,借官印识之,进于南京。宋濂于是有所依据,修成《续史》四十八卷。夏六月(洪武三年),复诣阙上进云云。是洪武二年采史之役,实兼译事。此《元朝秘史》亦即所译番文之一。惜洪武三年重修时,仅续成顺帝一朝事,而于已成之百六十九卷未遑修改。故《元史》讫未采入此书一字。宋濂《元史目录后记》虽云凡前书所未备颇补完之,盖亦一具文而已。

二、《圣武亲征录》

又有《圣武亲征录》,亦自《脱必赤颜》译出,记太祖初起及太宗时事。《四库提要》云:《皇元圣武亲征录》,不著撰人名氏,首载元太祖初起及太宗时事。自金章宗泰和三年壬戌,始纪甲子,迄于辛丑,凡四十年。史载元世祖中统四年,参知政事修国史王鹗请延访太祖事迹,付史馆,此卷疑即当时人所撰上者。其书叙述无法,词颇塞拙。又译语讹异,往往失真,遂有不可尽解者。然以《元史》较之,所纪元初诸事实,大概本此书也。太祖时事,世祖时已不能详,非尽宋濂、王祎之挂漏矣。(见四库提要·杂史类)

王国维作《亲征录校注序》云:乾隆间修《四库全书》时,以其序述无法,词颇塞涩,译语互异,未著于录,仅存其目于史部杂史类中。钱竹汀先生始表章其书,为之跋尾。道光以后,学者颇治辽、金、元三史及西北地理,此书亦渐重于世。张石洲、何愿船二先生始为之校勘,而何氏治之尤勤。其殁后,稿本流传京师。光绪朝士,若顺德李仲约侍郎、萍乡文道希学士、嘉兴沈子培先生递有增益。岁在甲午,桐庐袁重黎太常刊之于芜湖,是为此书有刊本之始。余前在海上,于嘉兴沈先生座上,见其所校《说郛》本《亲征录》,为明弘治旧钞,与何本异同甚多。先生晚岁不甚谈《元史》事,然于《说郛》本犹郑重手校。未几,先生归道山,其校本遂不可见。比来京师,胶州柯凤孙学士为余言,元太祖初起时之十三翼,今本《亲征录》不具,《说郛》本独多一翼,乃益梦想《说郛》本，旋知其本藏江安傅君沅叔所。乙丑季冬，乃从沅叔借校。沅叔并言尚有万历抄《说郛》本，在武进陶氏。丙寅正月赴天津，复从陶氏假之。其佳处，与傅本略同。又江南图书馆有汪鱼亭家钞本，亦移书影钞得之。合三本互校，知汪本与何氏祖本同出一源，而字句较胜，夺误亦较少。《说郛》本尤胜，实为今日最古最备之本。因思具录其异同，为校记，以饷学者。顾是书有今本之误，有明钞本之误，有原本之误，三者非一一理董，犹未易遽读也。幸而此书之祖祢之《秘史》，与其兄弟之拉施特书，其子姓之《元史》，及当时文献，尚可考验。因复取以比勘，存其同异，并略疏其事实，为《校注》一卷。昔吴县洪文卿侍郎译拉施特书，并为《秘史》及此《录》作注，而遗稿不传，其说略见《元史译文证补》中。武进屠敬山撰《蒙兀儿史记》，于是《录》探索尤勤。近复有仁和丁益甫考证地理，亦非无一二可采。兹复剟取其说，其有瑕额，间加辨证，虽不敢视为定本，然视何氏校本，则差可读矣。按明修《元史》，其太祖、太宗二纪，大半取材此《录》，而明《文渊阁书目》乃有《圣武开天记》，而无《圣武亲征录》，颇疑《亲征录》即《开天记》。

三、《元典章》

《元典章·前集》六十卷，不著撰人名氏。《前集》载世祖即位至延祐七年英宗初政，其纲凡十，曰诏令，曰圣政，曰朝纲，曰台纲，曰吏部，曰户部，曰礼部，曰兵部，曰刑部，曰工部。其目凡三百七十有三，每目之中又各分条格。《新集》体例略仿《前集》，皆续载英宗至治元二年事，不分卷数，似犹未竟之本也。此书始末，《元史》不载，惟载至治二年金带御史李端言，世祖以来所定制度，宜著为令，使吏不得为奸，治狱有所遵守。英宗从之。书成，名曰《大元通制》，颁行天下，凡二千五百三十九条。计其时代，正与此书相同，而二千五百三十九条之数，则与此书不相应。卷首所载中书省札，亦不相合。盖各为一编,非《通制》也。考《元史》以八月成书,诸志皆潦草殊甚,不足征一代之法制,而《元经世大典》又久已散佚,其散见《永乐大典》者,颠倒割裂,不可重编,遂使百年掌故,无成书之可考。此书于当年法令,分门胪载,采掇颇详,故宜存备一朝之故事。然所载皆案牍之文,兼杂方言俗语,浮词妨要者十之七八。又体例瞀乱,漫无端绪。观省札中,有"置簿编写"之语,知此乃吏胥钞记之条格,不足以资考证。(见《四库提要·政书类》)

最近吾师新会陈垣(援庵)在二十余年中,搜集几种可贵之《元典章》钞本;同时,故宫发现其书元刻本。遂与同人用元刻本对校沈家本刻本,后又以诸本互校,前后费时半年余,校得沈刻本讹误、衍脱、颠倒之处,凡一万二千余条,写成《元典章校补》六卷,又《补阙》三卷,《改订表格》一卷,民国二十年,由北大研究所国学门刊行。《校补》刊行之后,援庵先生又从此一万二千多条错误之中,挑出一千多条,各依其所以致误之由,分别类例,写成《元典章校补释例》六卷,由"中央研究院"历史语言研究所刊行之,胡适博士为作序云。

四、小彻辰萨囊台吉《蒙古源流》

乾隆四十二年奉敕译进。其书本蒙古人所撰,末有《自序》,称库图克彻辰鸿台吉之裔小彻辰萨囊台吉,原知一切,因取各汗等源流,约略叙述,并以《讲解精妙意旨红册》、沙尔巴胡土克图编纂之《蓬花汉史》、杂噶拉斡尔第汗所编之《经卷源委》、《古昔蒙古汗源流大黄册》等七史合订。自乙丑九宫值年八宫翼火蛇当值之二月十九日角木蛟鬼金羊当值之辰起,至六月初一日角木蛟鬼金羊当值之辰告成。书中所纪,乃额纳特珂克土伯特蒙古汗传世次序,及供养诸大喇嘛阐扬佛教之事,而其国中兴衰治乱之迹,亦多按年胪载,首尾赅备,颇与《永乐大典》所载《元朝秘史》体例相近。前者,我皇上几余览古,以元代奇渥温得姓所自,必史乘传讹,询之定边左副将军喀尔喀亲王成衮扎布,因以此书进御。考证本末,始知奇渥温为"却特"之误。数百年之承讹袭谬,得藉以厘订阐明。既已揭其旨于《御批通鉴辑览》,复以是编宣付馆臣,译以汉文,润色排比,纂成八卷。

此外则太祖以来事迹,悉具于累朝实录。

王国维云:凡研究史学者,于某民族史,不得不依据他民族之记载。如中国塞外诸民族,若匈奴,若鲜卑,若西域诸国,除中国正史之列传、载记外,殆无所谓信史也。其次若契丹,若女真,其文化较进,记述亦较多,然因其文字已废,除汉人所编之辽、金二史外,亦几无所谓史料也。至于蒙古一族,虽在今日,尚有广大之土地与行用之文字,然以其人民沈溺宗教,不事学问,故当时《纽察脱卜赤颜》(秘史)与《阿儿坛脱卜赤颜》之原本,已若存若亡,反藉汉文及波斯文本以传于世。且其国文字创于立国之后,于其国故事,除世系外,殆无所记载。故此族最古之史料,仍不能不于汉籍中求之。而汉籍中所载金天会、皇统间蒙古寇金及金人款蒙一事,在蒙古上世史中自为最重大之事项。宋时记此事者有二专书,今虽并佚,而尚散见于他籍。一为宇文懋昭作《大金国志》,传世尤广。其中多桑作《蒙古史》于一千一百四十七年书蒙古忽都剌伐金,金与议和而退,与《国志》所记年岁相合,盖即本诸《国志》者也。嗣后洪侍郎钧、屠敬山寄、柯学士劭忞皆参取宇文《国志》及多桑书以记此事。日本那珂博士通世于《成吉思汗实录》注中引宇文氏书,但以宇文氏书中之熬罗孛极烈为蒙古之合不勒罕而非忽都剌罕。然其信宇文氏书,与诸家无异。

余去岁草《辽金时蒙古考》,亦但就《国志》录之。当时虽未敢深信,顾未得其所本,故过而存之,亦未加以辨证。嗣读李心传《建炎以来系年要录》及刘时举《续宋中兴编年资治通鉴》,并记此事,而《要录》尤详,始知《续鉴》《国志》皆本李氏。李氏记此事凡五条,次条无注,首条及后三条并注云出王大观《行程录》。而李氏别撰《旧闻证误》,所引王大观《行程录》二条,语亦略同。又李录记金人杀宇文虚中事,引《征蒙记》一条,云王大观《行程录》与之同。又云二人皆北人,益知虚中死节无疑也。方知王大观乃金人,其人盖与于征蒙之役,因作《行程录》,与《征蒙记》为同时之作。故二书记事,往往互相表里。如赵珙《蒙鞑备录》所引蒙古称帝改元一事,徐梦莘《三朝北盟会编》所引胜花都郎君北走、宇文虚中谋反二事,并与《行程录》同。顾《征蒙记》一书,徐氏《会编》、岳珂《桯史》、李氏《要录》、赵氏《备录》并引之。陈振孙《直斋书录》亦有其书,是宋末犹有传本。而《行程录》则除李氏外,未有征引及之者。虽二书显晦之不同,然其记事则一也。然则此重大事项,有同时人之记述,又有二书互相羽翼,且《征蒙记》一书,又出于蒙古未兴以前,史料之可信,宜无过于此者。然细考二书之记事,乃全与史实不合,盖宋南渡初叶人所伪作而托之金人者。今集录其原文,一一条辨之,于蒙古上世史之研究,不为无裨焉。(见《观堂集林》卷十五《南宋人所传蒙古史料考小叙》)

附录

钱大昕《跋元氏略》:考氏族于辽、金难矣,而于元尤难。辽惟耶律、萧两族,金虽有白号、黑号之别,然皆系姓于名,犹不至混淆。元之蒙古七十二种、色目三十一种,但以名行,不兼称氏,读史者病焉。秀水厉孝廉循初(鹗)撰《元氏略》,汪吏部康古亟称之。予假观,殊不逮所闻。如……且其取材自正史而外,不过滋溪苏氏、南村陶氏两家,盖草创而未及成书者也。

钱氏又《跋元秘史》《跋元圣政典章》,并此《跋元氏略》,均载《潜研堂集》卷二十八。

曹元忠《精钞本元朝秘史跋》:《元朝秘史》十五卷,其书用蒙古语一行,译语一行,后复总释一段,连贯其语。前有钱辛楣先生《跋语》,由辛楣尝为内阁前辈,钞诸大库者也。元忠向见《大方通鉴》载史臣曰:愚初得宁献王所著《通鉴博论》而读之,见其中引《元朝秘史》云:元之始祖是苍白狼、惨白鹿相配所生。心疑之。后入内阁,见《元朝秘史》，用蒙古字书，旁注华言"果有其事，未知史臣何人"。及考《续通鉴节要》，乃引邱琼山云。则琼山在内阁曾见蒙古字本矣。此本虽改汉字，仍用蒙古语。其卷首题"忙豁仑纽察"及"脱察安"，分作两行。按脱察安，与脱卜赤颜对音。《元史·虞集传》，请以国书《脱卜赤颜》增修太祖以来事迹。其云国书，即用蒙古字之证。又《文宗纪》，奎章阁以纂修《经世大典》，请从翰林国史院取《脱卜赤颜》一书，以纪太祖以来事迹。又云撒迪请备录皇上登极以来固让大凡、往复奏答，其余训敕辞命，乃燕帖木儿等宣力效忠之绩。命朵来续为《蒙古脱不赤颜》一书。据明《文渊阁书目》，有《元朝秘史》，当即奎章阁所请之《脱卜赤颜》。又有《元朝秘史续集》，当即朵来所续《脱不赤颜》。其云"蒙古晚不赤颜"，又为"脱不赤颜"，亦用蒙古字之证。惟用蒙古字，故元时已有译本。《察罕传》又命译《脱必赤颜》，名曰《圣武开天记》。《文渊阁书目》有《圣武开天记》是也。此《元朝秘史》，就其名称，似非元时所译。然《明史·宁献王权传》称尝奉敕辑《通鉴博论》二卷，而邱琼山所见《博论》，已引《元朝秘史》，则至近亦必洪武初，依《脱卜赤颜》译之。脱卜赤颜与脱必赤颜、脱不赤颜皆脱察安对音字。知"脱察安"为《元朝秘史》之原名矣。元忠往岁检勘内阁大库书籍，遍索蒙古字本《元朝秘史》，不可得。今秋，张君闻远以家藏平津馆写本见赠。其封面小篆，犹孙伯渊先生手书，盖伯渊又从辛楣传钞者。因疏此书源流于其后。甲寅十月。（见《笺经室遗集》卷十）

王国维《致藤田博士书一》：国维于言语学未尝问津，不知此种臆说有当否？如尊意以为可备一说，请以此书付《史学杂志》，附于《主因考》之后，以俟诸大家董正之。

又二：国维近岁稍治辽、金、元三朝事。然对于此类书籍，无论国内国外，甚感不备。去岁，读羽田博士拙著《鞑靼考》之批评，又承东京大学见赠《满鲜历史地理研究报告》第十一册，后有前十册报告总目，始知故箭内博士及松井学士并有《鞑靼考》，乃购诸东京书肆，绝不可得。顷始由友人展转借得数册,得读箭田博士之文,考证精密,钦佩无已。其尤可喜者,多年未决之乣军问题,因此机会,殆得解释之希望。

又云:十数年来,日本箭内(亘)、羽田(亨)、藤田(丰八)三博士及松井等、岛山喜一二学士各就辽金二史之乣军发表其新说。余所得见者,仅箭内博士《再就辽金时代之乣军》(《史学杂志》第二十六篇第十号)、鸟山学士《就乣军之疑》(同上,第三十七编第八号)、藤田博士《问题之二语乣与泊》(同上,第三十七编第九号)三篇。于是乣军之事,为史学上一大问题。余于契丹、女真、蒙古文字,曾无所知,对此问题,自不能赞一词。然近读《元朝秘史》,就史实之同一及言语之岐互,殊不能得其解。适《史学杂志》编者介藤田博士征余近业,因提出此史实,并余个人之见解,以就正于博士,并乞羽田、鸟山诸君子之教,惜箭内博士已归道山,不获复请益也。乙丑十月。

参考资料

《元朝秘史》——明郑晓《今言》,宋濂《銮坡集》卷四。

《元史国语解》——《华夷译语》,火原洁编。

厉鹗《元史》。

何秋涛、张穆二人《集》。

钱大昕《潜研堂集》。

王国维《观堂集林》。

《圣武亲征录》——缪荃孙作《跋》,《艺风堂文集》卷七。

王国维《观堂集林》。

曹元忠《笺经室遗集》卷十。

第三章　设馆修实录

一、王恽《世祖实录》

王恽，字仲谋，卫州汲县人，一作东平①。父天铎，金正大初以律学中首选，仕至户部主事。恽有材干，操履端方，好学善属文。

中统元年，左丞姚枢宣抚东平，辟为详议官。时省部初建，令诸路各上儒吏之能理财者一人，恽以选至京师，上书论时政，与渤海周正并擢为中书省详定官。二年春，转翰林修撰，同知制造，兼国史院编修官。元贞元年，加通议大夫、知制诰同修国史，奉旨纂修《世祖实录》。

英宗时（至治元年）诏修《仁宗实录》及《后妃功臣传》。顺帝时（至元元年）又诏修累朝实录及后妃功臣传。（见《元史》本纪）

明太祖洪武元年，徐达率军入北京，始得元十三朝实录。据钱氏《元史艺文志》所考，元有十五帝之实录，此称十三朝者，睿宗、顺宗，皆由追谥，身未为帝，故置而不数也。

按：汲县王仲谋恽，《元史》卷百六十七《列传》第五十四有传。

二、谢端文宗、明宗、宁宗三朝实录

谢端，字敬德，蜀之遂宁人。宋末，蜀士多避兵江陵，因家焉。幼颖异，五六岁能吟诗，十岁能作赋。弱冠，与尚书宋本同师，明性理，为古文。又同教授江陵城中，以文学齐名，时号"谢宋"。延祐五年，擢进士乙科，为国子博士，迁太常博士。寻除翰林修撰，升待制。以

①东平王恽为东汉时人，与此处王恽实为二人。

选为国子司业,遂为翰林直学士。居翰林久,至顺、元统以来,国家崇号,慈极升祔先朝,加封宣圣考妣,制册多出其手。预修文宗、明宗、宁宗三朝实录及累朝功臣列传,时称其有史才。端又与赵郡苏天爵同著《正统论》,辨金、宋正统甚悉,世多传之。

　　近人金毓黻云:元之诸帝,皆有实录。宪宗以上,世祖时诏翰林国史院追撰成书。其后每帝崩殂,必命史臣撰录,如前代制。惟顺帝以国亡,无书。明初修《元史》,即据元累朝实录及后妃功臣列传而成者。(见《中国史学史》)

　　按:遂宁谢敬德端,《元史》卷百八十二《列传》第六十九有传。

参考资料

　　王恽——自著《秋涧集》《玉堂嘉话》。

　　　王公孺作《神道碑》

第四章　　改撰陈志

一、萧常《续后汉书》

　　萧常,庐陵人。宋乡贡进士。初,常父寿朋,病陈寿《三国志》帝魏黜蜀,欲为更定,未及成书而卒。常因述父志,为此书。以昭烈帝为正统,作帝纪二卷,年表二卷,列传十八卷,以魏、吴为载记,凡二十卷。又别为音义四卷,义例一卷。于《蜀志》增传四十二,废传四,移《魏志》传入汉十,《吴志》废传二十,《魏志》废传八十九,多援裴《注》以入传。其增传亦皆取材于《注》。间有《注》所未及者,建安以前事,则据范《书》;建安以后,则不能复有所益。盖其大旨在书法,不在事实也。然其义例精审,实颇得史法。

常成此书时，尝以表自进于朝，所列但有本纪、表、传、载记，而无音义。至周必大序，始并音义言之。或成书之后，又续辑补入欤？（见《四库提要·别史类》）

二、郝经《续后汉书》

郝经，字伯常，泽州陵川人。金亡，徙顺天。家贫，昼则负薪米为养，暮则读书。居五年，为守帅张柔、贾辅所知，延为上客。二家藏书皆万卷，经博览无不通，上溯洙泗，下迄伊洛诸书，经史子集，靡不洞究，慨然以羽翼斯文为己任。自是藩帅交辟，皆不就。世祖以太弟开府金莲川，征经，入咨以治国安民之道。及即位，以经为翰林侍读学士，充国信使，使宋，告即位，且寻盟，为贾似道所拘，留居仪真者十六年[一]，于使馆著书七种。《续后汉书》即七种之一也。

时萧常《续后汉书》尚未刊行于北方，故经未见其本，特著此书，正陈寿帝魏之谬，即《三国志》旧文，重为改编，而以裴《注》之异同、《通鉴》之去取参校刊定。原本九十卷，中间各分子卷，实一百三十卷。升昭烈为本纪，黜吴、魏为列传。其诸臣则以汉、魏、吴别之。又别为儒学、文艺、行人、义士、高士、死国、死虐、技术、狂士、叛臣、篡臣、取汉、平吴、列女、四夷诸传。复以寿书无志，作《八录》（道术、历象、疆理、职官、礼乐、刑法、食货、兵）以补其阙，各冠以序，而终以议赞。别有义例，以申明大旨，持论颇为不苟。经敦尚气节，学有本原，故所论说，多有裨于世教。且经以行人被执，困苦艰辛，不肯少屈其志，故于气节之士，低徊往复，致意尤深。读其书者，可以想见其为人，又非萧常、谢陛诸家徒推衍紫阳绪论者比也。

是书与经所撰《陵川集》皆延祐戊午，官为刊行。然明以来绝少传本，惟《永乐大典》所载尚多，核以原目，惟《年表》一卷、《刑法录》一卷，全佚不传。其全篇完好者犹十之六七，其序文、议赞，存者亦十之八九。今各据原目，编辑校正，所分子卷，悉仍其旧。间有残阙，其文皆已具于陈《志》，均不复采补，以省繁复。又经所见乃陈《志》旧本，其中字句，与今本往往异同，谨各加案语标明，以资考证。[一]（见《四库提要·别史类》）

近人金毓黻云：萧、郝二氏，生于宋季元初，值朱熹之学大昌，而郝氏最尊《纲目》，故用其义例，而改撰《国志》。寻两书之取材，除陈氏本书及裴《注》外，别无新材可以异于原书。惟郝书以原书无志，乃撰《八录》，为差胜。盖其大旨，重在书法，而不在事实，亦犹朱熹之因《通鉴》而撰《纲目》耳。（见《中国史学史》）

按：陵川郝伯常经，《元史》卷百五十七《列传》第四十四有传。

参考资料

萧常——周必大作《序》，《平园续稿》。

郝经——自著《陵川集》，又称《郝文忠公集》卷三十九。

《宋元学案》卷九十《鲁斋学案》。

延伸阅读

〔一〕赵翼云：元时郝经使宋，被拘于真州，日久，买一雁，题帛书，系其足，放去。汴中民射雁金明池，得之，以进世祖，其诗云：霜落风高恣所如，归期回首是春初，上林天子援弓缴，穷海累臣有帛书。后题"至元五年九月一日放，获者弗杀。国信大使郝经书于真州忠勇军营新馆"。后经竟得归国，卒于途。（见《廿二史札记》卷三十）

〔二〕李慈铭云：乾嘉间，诸暨章陶亦撰《季汉书》，而同邑张廉作《辨异》附于后，其书多驳萧、郝两书之误。（见《越缦堂日记》）

第五章　注释《通鉴》

一、胡三省《资治通鉴注》

胡三省,字身之,一字景参,别号梅涧,浙江天台人。但《通志》则云宁海人,说未确,因三省尝自署"天台身之",而父钥,《渊源录》亦云"天台人",详《十七史商榷》卷一百。①

三省《元史》无传,其事迹^[一]见于所作《通鉴注·自序》,云:父好读史,于淳祐癸卯,命三省刊正诸家《通鉴注》之误。乙巳,先君卒,尽瘁家蛊,又从事科举业,史学不敢废也。宝祐丙辰,出身进士科,始得大肆其力于是书。游宦远外,率携以自随,有异书异人,必就而正焉。依陆德明《经典释义》,厘为《广注》九十七卷。咸淳庚午,从淮壖归杭都,延平廖公见而韪之,礼致诸家,俾雠校《通鉴》,又转荐之贾相国。德祐乙亥,从军江上,言辄不用。既而军溃,间道归乡里。丙子,浙东始骚,辟地越之新昌。师从之,以孥免,失其书。乱定反室,复购得他本为之注。始以《考异》及新注者,散入《通鉴》各文之下,讫乙酉冬,乃克辍编。由是可知胡注本只九十七卷,自为一书。不载本文,但摘取数字或数句释之。至乱后书亡,重作始散入。盖初意本兼仿史氏炤^[二],后渐宏博,不欲因仍故也。然据王鸣盛所述,则胡注多窃史语,而没其名也。其文曰:炤之学,诚不及胡所辨,大抵皆是也,但胡注《通鉴》,取史语甚多,大约每卷辄有三四十条。此内大半因两家同取《史记》《汉书》旧注,所以相同。而史不著作者姓名十之七八,胡则一一著之,置勿论。其少半竟系胡之窃取史矣。(见《十七史商榷》卷

---

① 台州府在宋朝别称天台,宁海为台州府属县,今属宁波。

一百)

平心论之,炤诚不能无误。但首创《音释》,实属有功,惜尚粗疏耳。至胡三省注,始成巨观。可云青出蓝,蓝谢青,诚《通鉴》之功臣,史学之渊薮矣。[三]

后全祖望作《胡梅涧藏书窖记》,又谓梅涧之注《通鉴》,凡三十年。甲申至鄞,清容谓其日手钞定注。己丑寇作,以书藏窖中得免。[四]当是时,深宁王公[五]方作《通鉴答问》及《通鉴地理通释》,亦居南湖,而清容其弟子也,顾疑梅涧是书未尝与深宁商榷,此其故不可晓,岂深宁方杜门,而梅涧亦未尝以质之邪? 要之,梅涧是书成于湖上,藏于湖上,足为荷池竹墅之间增一掌故,而以带水之间,两宿儒之史学萃焉。薪传未替,湖上之后进所当自励也。(见《鲒埼亭集外编》卷十八)然则全氏之学所以擅长于史,殆亦受此影响欤?

胡身之于舆地学,治之深矣,清纪昀之《四库总目提要》云:《通鉴》文繁义博,贯穿最难。三省所释,于象纬推测、地形建置、制度沿革诸大端,极为赅备。以阎若璩之卓识,亦极推之,然冯南耕不尽称许。全祖望曰:胡梅涧释《通鉴》,其于地理,可谓精核,而冯叟南耕不尽许。近熟视之,乃知其果有误者,则甚矣,笺注之难也! 梅涧所注,大段缜密。要其综罗既多,不能无失,闻冯叟用功是注甚力,其所讨论,必有以补前人者,而惜其不传矣。(见《鲒埼亭外集》卷四十二)又曰:梅涧是注,世人宗之,罕敢议者。顾宛溪祖禹摘其数条,而未尽中其失也。予细读之,则不止宛溪所举而已。予少时闻之慈水前辈冯君明远,极言是注之失,而未及叩其详。稍长,亟欲尽其说,而冯已逝矣。窃思一一弹驳,勒为《纠谬》一书,病废不果。但梅涧注之佳者实多,予之欲纠之者,正欲为其功臣也。安得稽古之士成予志乎?(见书同上卷三十二)可知全氏颇有意整理此注云。

即钱氏大昕亦以胡注有误,因作《通鉴注辨正》二卷,于地理纠举颇多。且曰:予注此书,非敢排诋前贤,聊附争友之义尔。复跋《通鉴释文》曰：自胡景参之注行，而史氏《释文》，学者久束之高阁。史注固不如胡氏之详备，而创始之功，要不可没。胡氏有意抑之，未免蹈文人相轻之习。景参以地理名家，而疏于小学，其音义大率承用史氏旧文。偶有更改，辄生罅漏。予故表而出之，俾后人知二书之不可偏废云。（俱见《潜研堂集》卷二十八）

二、史炤《通鉴释文》

盖三省又以司马康《释文》本出伪托，而史炤所作讹谬相传，恐其贻误后学，因著《通鉴释文辨误》十二卷，以刊正之。每条皆先举史炤之误，而后随文考正。其所援据，皆极精核，多足为读史者启发之助。（见《四库总目提要》）如此，胡氏非特窃史之注，且为专书以辨史之误矣！

按：胡三省，宋、元二《史》俱无传，其事迹散见于清儒各文集中。

参考资料

胡三省——顾炎武《日知录》。

陈景云《通鉴胡注举正》。

钱大昕《通鉴注辨正》。

赵绍祖《通鉴注商》。

陆心源《宋史翼·遗献传》。

全祖望《读胡氏资治通鉴注》，《鲒埼亭集》。

顾千里《书元版胡注通鉴后》，《思适斋集》。

张宗泰《胡三省注通鉴贾相馆之三十年》。

王国维《元刊本通鉴音注跋》，《观堂集林》。

陈垣作《通鉴胡注表微》。

聂崇岐作《资治通鉴和胡注》，载《新建设》1956 年第 7 期。

附史炤——钱大昕《跋通鉴释文》。

阮元《史炤通鉴释文跋》,《揅经室集》卷二。

陆心源《重雕释文序》。

延伸阅读

〔一〕近人章钰云:按胡氏,《宋史》无传。宋《宝祐四年登科录》,胡三省为五甲一百二十一名进士,与文天祥、谢枋得、陆秀夫三公同榜,事略见袁桷《清容集·师友渊源录》,有云:释《通鉴》三十年,兵难,稿三失。乙酉岁,留袁氏塾,日钞定注。己丑寇作,以书藏窖中得免。定注今在家。全祖望《鲒埼亭集》有《胡梅涧藏书窖记》云:南湖袁学士桥即清容故居,东轩有石窖,即梅涧藏书之所。清容又有《祭胡氏文》,专举注《通鉴》一事,称为司马氏功臣。而全氏记中,又疑胡氏本深宁王氏高第弟子,当时师弟同居南湖,深宁方作《通鉴答问》及《地理通释》,何以胡氏未将此书与深宁商榷,谓其故不可晓。钰考深宁遗文,惟《赤城书堂记》有"前进士胡君三省为之录"一语。《宋元学案》列胡氏于深宁门人,亦仅收《通鉴注》与史炤《释文辨误》两序。所著《竹素园集》一百卷,卢文弨《宋史艺文志补》、钱大昕《补元史艺文志》皆载其目。《江东十鉴》《四城赋》全记已云不可得见。是则胡氏著述散佚者久矣。归安陆心源《宋史翼》采《台州府志》,列胡氏于《遗献传》,无他事迹可考。有《竹叶稿》一百卷,当系《竹素园集》之误。(见《胡刻通鉴正文校宋记述略》,《四当斋集》卷六)

又宁海章梫云:胡三省身之《通鉴注》失而复完,今行于世。其《竹素园稿》百卷,则已无一字存矣。吾宁先正遗书,有《舒闽风集》《任天卿集》,钞本具在,卷帙无多,镌刻亦易为力。若论我邑绝大著述,无过于胡景参先生《通鉴音注》及《释文辨误》。《音注》《辨误》今皆散入温公书内。温公书,海内有鄂局、苏局两官本,山右解州本,湘潭胡氏新校本,共四本而已。(见《一山文存》卷十)

按史炤,字见可,眉山人。南宋右宣义郎,监成都府粮科院事。博古能文,著《通鉴释文》三十卷。冯时行序其书云:字有疑难,求于本文。本史无据，则杂取六经诸子释音、《说文》、《尔雅》及古今小学家训诂、辨释、地理、姓纂、单闻、小说，精力疲疚，积十年而书成。惜世无刻本。

〔二〕王鸣盛云：炤诚不能无误，但首创《音释》，实属有功。胡自揣用力已深，其《注》足以传世，恨炤先有《释文》，既攘取之，又攻击之，隐善扬恶，用心私曲。（见《十七史商榷》卷一百）

〔三〕胡三省注《通鉴》则云：为人君而不知《通鉴》，则欲治而不知自治之源，恶乱而不知防乱之术。为人臣而不知《通鉴》，则上无以事君，下无以治民。乃如用兵行师，创法立制，而不知迹古人之所以得，鉴古人之所以失。则求胜而败，图利而害，此必然者也。《通鉴》之作，真《春秋》后劲。温公遍阅旧史，旁搜野乘，历十九载而成，合十六代事。修书分属，汉则刘攽，三国迄南北朝则刘恕，唐则范祖禹，各因其所长，皆天下选也。

又以古史必先正其历，以统万事，故谓之《春秋》。用刘羲叟汉元以来长历，气朔并闰，及七政之变，著于史者，置于上方。众国之事，参差不齐，仿司马迁《年表》，年经而国纬之，列于下方。又叙事之体，太简则首尾不详，太烦则义理遂没。撮其精要，为《通鉴目录》。

〔四〕袁桷云：胡三省，天台人，宝祐进士，贾相馆之，释《通鉴》三十年，兵难，稿三失。己酉岁，留袁氏塾，日手抄定注。己丑寇作，以书藏窖中得免。定注今在家。（见《清容集》卷三十三《师友渊源录》）

〔五〕按王应麟所著《通鉴答问》五卷，虽以《通鉴答问》为名，然多涉于朱子《纲目》。盖《纲目》本因《通鉴》而作，故应麟所论，出入于二书之间。又按王氏之学长于考据，此编却纯是空议论，至西汉宣元而止，实未成之书也。后因《通鉴》所载地名异同沿革，最为纠纷，而险要厄塞所在，其措置得失，亦足为有国者成败之鉴，因各为条例，厘成《通鉴地理通释》十四卷，今尚刻在《玉海》中。

第六章 续编《通鉴》

一、金履祥《通鉴前编》

金履祥,字吉父(甫),金华兰溪人。少有经世志,凡天文、地形、礼乐、田乘、兵谋、阴阳、律历之书,靡不毕究。及壮,知濂洛之学,事同郡王鲁斋,从登何北山之门。自是讲贯益密,造诣益邃,遂为一代名儒。宋亡,隐居仁山之下著书,有《通鉴前编》二十卷,用胡氏宏《皇王大纪》例,损益折衷,一以《尚书》为主,下及《诗》《礼》《春秋》,旁采旧史诸子,表年系事,复加训释,断自唐尧以下,接于《资治通鉴》也。既成,以授门人许谦曰:二帝三王之盛,其微言懿行,后王所当法。战国申韩之术,其苛法乱政,亦后王所当戒。自周威烈王二十三年以后,司马公既已论次,而春秋以前,无编年之书,是编固不可少之者也云云。盖履祥撰述之意,在于引经据典,以矫刘恕《外纪》之好奇。惟履祥师事王柏,柏勇于改经,履祥亦好持新说,……皆不免于私断……则其徵引群籍,去取失当,亦未必遽在恕书上也。然援据颇博,其审定群说,亦多与经训相发明,在讲学诸家中,犹可谓究心史籍,不为游谈者矣。履祥自撰《后序》,谓既编《年表》,例须表题,故别为《举要》三卷。凡所引经传子史之文,皆作大书;惟训释及案语,则以小字夹注,附缀于后,盖避朱子《纲目》之体,而稍变《通鉴》之式。后来浙江重刻之本,列《举要》为纲,以经传子史之文为目,而训释仍错出其间,已非其旧矣。(见《四库提要·编年类》)

按:兰谿金吉父履祥,《元史》卷百八十九《列传》第七十六《儒学》有传。《宋元学案》金履祥《北山学案》。

二、陈桱《通鉴续编》

陈桱,字子经,鄞县(一作奉化)人。本堂先生著之孙也。本堂与东发善,桱先承其家学,而私淑黄氏之教,尤长于史学[一]。谓司马文正公作《通鉴》,断自周威烈王,迄于五代,而金文安公作《通鉴前编》,以纪其前事,盖用邵氏《皇极经世历》、胡氏《皇王大纪》例,其年始陶唐氏,而唐之前,五代之后,咸未有论著。乃以盘古至高辛,宋至元,著为二十四卷,名《通鉴续编》。又取金氏之书,删定为《通鉴前编举要》。明初,侨居白下,为翰林学士,以非罪死。

按:《通鉴续编》二十四卷,首述盘古至高辛氏,以补金氏所未备,为第一卷;次撴契丹在唐及五代时事,以志其得国之故,为第二卷;其二十二卷,皆宋事。始自太祖,终于二王,以继《通鉴》之后。故以《续编》为名,然大书分注,全仿《纲目》之例,当名之曰《续纲目》,仍袭《通鉴》之名,非其实也。(见《四库提要》)

近人金毓黻亦云:此书最后述有宋十八帝之事,以上接五代。乍观之,似续《通鉴》,实则大书分注,全仿《纲目》,当名之曰《续纲目》。(见《中国史学史》)

又传说一云:四明陈子经作《通鉴续编》,书宋太祖废周主为郑王,雷忽震其几,陈厉声曰:"老天便打折陈桱之臂,亦不换矣!"(见冯梦龙《古今谭概》)

传说二云:桱著此书时,书宋太祖,云匡胤自立而还,未辍笔,忽迅雷击其案,桱端坐不慑,曰霆虽击吾手,终不为之改易也云云,见沈周《客座新闻》。此虽小说附会之谈,亦足见桱以褒贬自任,乃造作此说焉。

自《通鉴纲目》以后,继而作者,实始于桱。其后王宗沐、薛应旂等,虽递有增修,而才识卒亦无以相胜。(亦见《四库提要·编年类》)

按:奉化陈子经桱事迹,见《明史·杨宪传》。

参考资料

金履祥——自著《仁山集》五卷。

柳贯作《仁山金公行状》。

明徐袍作《仁山金先生年谱》一卷。

全祖望《宋元学案》卷八十二《北山四先生学案》。

陈桱——《宋元学案》卷八十六。

《明史·杨宪传》。

延伸阅读

〔一〕陈桱,字子经,奉化人,流寓长洲。后入明为翰林编修。以附杨宪,迁待制,见《明史》宪本传。题元人者误也。桱祖著,宋时以秘书少监知台州,尝作书,名《历代纪统》。其父泌,为校官,又续有撰述,世传史学。(见《四库提要·编年类》)

第七章　治典制史

马端临《文献通考》

马端临,字贵与,江西饶州乐平人。宋宰相廷鸾之仲子也。〔一〕咸淳中漕试第一。会廷鸾忤贾似道去国,端临因留侍养,不与计偕。宋亡不仕。元初,起为柯山书院山长。后终于台州儒学教授。〔二〕

尝以杜氏《通典》尚有阙略,乃缀辑考评,部分汇别。自天宝以前,则增益其事迹之所未备,离析其门类之所未详;自天宝以后,至宋嘉定之末,则续成之,为门二十有四,为卷三百四十八。书成后,内寺王寿衍上之于朝〔三〕,盖贯串二十五代文章,莫大乎是哉!(见《蛾术编》)其每门著述之成规,考订之新意,则各以《小序》详之。

所谓二十四门,据《四库总目提要》记载曰:《田赋考》七卷,《钱币考》二卷,《户口考》二卷,《职役考》二卷,《征榷考》六卷,《市籴考》二卷,《土贡考》一卷,《国用考》五卷,《选举考》十二卷,《学校考》七卷,《职官考》二十一卷,《郊社考》二十三卷,《宗庙考》十五卷,《王礼考》二十二卷,《乐考》二十一卷,《兵考》十三卷,《刑考》十二卷,《经籍考》七十六卷,《帝系考》十卷,《封建考》十八卷,《象纬考》十七卷,《物异考》二十卷,《舆地考》九卷,《四裔考》二十五卷。然其中《田赋》等十九门,皆因《通典》而离析之,《经籍》《帝系》《封建》《象纬》《物异》五门,则广《通典》所未及也。

其书之取名,有《自序》[四]一般说明云:凡叙事,则本之经史,而参之以历代《会要》以及百家传记之书。信而有证者从之,乖异传疑者不录,所谓文也。凡论事,则先取当时臣僚之奏疏,次及近代诸儒之评论,以至名流之燕谈,稗官之纪录,凡一话一言,可以订典故之得失,证史传之是非者,则采而录之,所谓献也。其载诸史传之纪录而可疑,稽诸先儒之论辨而未当者,研精覃思,悠然有得,则窃著己意,附其后焉,命其书曰《文献通考》。

按:此书上起黄、虞,下讫南宋宁宗,上下数千年,贯串二十五代,举凡典章经制因革之故,粲然可考,不啻集著述之大成也。是以纪昀称之曰:其条分缕析,使稽古者可以按类而考;又其所载宗制最详,多《宋史》各志所未备。按语亦多能贯穿古今,折衷至当。虽稍逊《通典》之简严,而详赡实为过之,非郑樵《通志》所及也。

然后儒亦有讥之者,为钱大昕云:予读唐宋史《艺文志》,往往一书而重见,以为史局不出一手之弊。若马贵与《经籍考》系一人所编辑,所采者不过晁、陈两家之说,乃亦有重出者,其沿杜本之旧,又有失于检点之处。(见《十驾斋养新录》卷十三)卢抱经亦云:马氏《经籍》一门,采诸史志传及宋朝馆阁书目,并诸家序跋,而于晁公武《郡斋读书志》、陈振孙《直斋书录解题》两书,几乎备载无遗。此两家所据所见之书,其卷数或与史志不合,即两家亦不能尽同。(见《群书拾补》史类)盖其书中兵刑、经籍之类,诚有不惬人意处也。无怪章学诚极力讥之,以谓:马端临无独断之学,而《通考》以成比次之功。其智既无所取,而愚之为道,又有未尽也。衰集其议论,易于折衷耳。此乃经生决科之策括,不敢抒一独得之见,标一法外之意,而奄然媚世为乡愿。至于古人著书之义旨,不可得闻也。(见《文史通义》)然谭献尚称其用力不可谓不勤,托体不可谓不大也。(见《复堂日记》卷一)今仍与杜氏《通典》、郑氏《通志》,合称《三通》焉。

　　按:乐平马贵与端临,《元史》无传。《南宋书》卷三十七《列传》第二十九附父廷鸾,事迹具《宋史》卷四百十四《列传》第一百七十三。

参考资料

　　马端临——全祖望《宋元学案》卷八十九《介轩学案》。

　　　阎若璩《马端临逸事》。

　　　钱大昕《元史艺文志》卷三。

　　　《乐平县志》。

　　　近人刘文兴作《马端临年谱》,载《国学季刊》1932 年 6 月第三期。

延伸阅读

　　〔一〕马廷鸾,字翔仲,饶州乐平人。淳祐中进士,迁秘书省正字。初,丁大全雅慕廷鸾,欲钩致之,廷鸾不为动。及当轮对,欲劾大全,大全察觉,以御史朱熠劾罢之,由是名重天下。廷鸾工文辞,著《碧梧玩芳集》《六经集传》《楚辞补记》诸书。《宋史》卷四百十四有传,端临之父也。

　　〔二〕按:王棻修《台州府志》,补作《元史·马端临传》;而我亡友杨嘉亦作《马端临传》,载《踪许楼遗稿》中,特详述其《经籍考》事。

梁启超云:马氏《文献通考》本依仿杜氏《通典》而作,所以弃彼取此者,取其资料较丰富耳。

李详云:章实斋《文史通义》尊郑渔仲而抑马贵与,人多河汉其言。然其称《通考》云:就《通典》多分其门类,取便检阅。因史志而裒集其论议,易于折衷耳,不敢抒一独得之见,标一法外之意。详谓此贵与长处,实斋深致不满者,孰知其为知己之言也。(见《瓻记》)

金毓黻云:端临为宋末宰相马廷鸾之子,家于饶州之乐平,承其家学,而有是著。名以《文献》,盖有由也。《宋史》廷鸾有传,而不为端临著一字。端临于度宗咸淳中漕试第一,会廷鸾忤贾似道去国,端临因留侍养,不与计偕。宋亡后,曾仕衢州路柯山书院山长。……《元史》亦不为端临立传,故其事迹,不甚可考。端临本南宋世家子弟,国亡之后,闭户著书以终老,其志有足悲者。且吾观究心典章制度之人,无不以《通考》为宝藏,而恣其撷取,犹高语于人曰:吾取君卿,而鄙弃贵与,滔滔者皆是,又奚足责哉?……且马书所载宋制最详,多为《宋史》各志所未备。所下案语,亦能贯穿古今,折衷至当,是又《通考》之长,非《通志》之所能尽具也。(见《中国史学史》)又注云:《四库提要》叙端临行迹,不详所据。又谓端临入元,终于台州儒学教授,盖因其著《文献通考》,又任书院山长,故选为教官以奖励之,而端临固未尝之官也。(见书同上)

按:钱士升《南宋书》卷三十七有《马端临传》,甚简略。其文曰:宋亡,隐居教授,远、迈宗之。虑记载阙逸,因唐杜佑《通典》增续之,名曰《文献通考》。

〔三〕全谢山云:宋亡不仕,著《文献通考》。自唐虞至南宋,补杜佑《通典》之阙,二十余年而成。仁宗延祐四年,遣真人王寿衍寻访有道之士,至饶州路,录其书上进,诏官为镂板,以广其传。仍令先生亲赍所著稿本,赴路校勘。英宗至治二年,始竣工。(见《宋元学案》)

〔四〕《文献通考·自序》:愚自早岁,盖尝有志缀辑。顾百忧薰心，三余少暇，吹竽已涩，汲绠不修，岂复敢以斯文自诡？昔夫子之言夏殷之礼，深慨文献之不足征。释者曰：文，典籍也。献，贤者也。生平千百载之后，而欲尚论千百载之前，非史传之实错具心，可以稽考儒先之绪言未远，足资讨论，虽圣人亦不能臆为之说也。窃伏自念，业绍箕裘，家藏坟索，插架之收储，趋庭之问答，其于文献盖庶几焉。

昔江淹有言：修史之难，无出于志。诚以志者，宪章之所系，非老于典故者，不能为也。陈寿号善叙述，李延寿亦称究悉旧章，然所著二史，俱有纪传，而不克作志，重其事也。况上下数千年，贯串二十五代，而欲以末学陋识，摈觚窜定其间，虽复穷老尽气，刿目鉥心，亦何以发明？聊辑见闻，以备遗亡尔。后之君子，傥能芟削繁芜，增广阙略，矜其仰屋之勤，而俾免于覆车之丑，庶有志于经邦稽古者，或可考焉。

第八章　留意本朝掌故

一、袁桷《世祖以来功臣列传》

袁桷，字伯长，庆元人。为童子时，已著名。部使者举茂才异等，起为丽泽书院山长。大德初，阎复、程文海、王構荐为翰林国史院检阅官。

升应奉翰林文字、同知制诰，兼国史院编修官。请购求《辽》《金》《宋》三史遗书，历两考，迁侍制，又再任集贤直学士。久之，移疾去官，复仍以直学士召入集贤。未几，改翰林直学士，知制诰同修国史。至治元年，迁侍讲学士。泰定初，辞归。

桷擅长文艺，负史才，在史院几二十年，纂《五朝实录》及《仁宗皇帝实录》，皆有《进书表》，载于《清容集》中。[一]

《四库提要》称：袁桷文章博硕伟丽，有盛世之音。尤练习掌故，故长于考据。……诗格俊迈高华，造语亦多工炼，卓然自成一家，遂为虞、杨、危、揭等先路之导。（见《清容居士集》条）

自云于世祖以来功臣，又作《别传》，考其旌表令，尤谆切。书成，天子赐宴，桷复代史局上表谢之。有谓立朝载笔，交怀愒目之惭；就馆肆筵，申锡需云之宠。……谓丹素信史，纪二圣之鸿文。念铅椠微劳，属小人而并赏。（亦见《清容居士集》卷三十八）

其修三史所上事状，条列搜访遗书，言实可采，特为移录。

猥以菲才，备员史馆几二十年。近复进直翰林，仍兼史职。苟度岁月，实为旷功。伏睹先朝圣训，屡命史臣纂修《辽》《金》《宋》史，因循未就。推原前代亡国之史，皆系一统之后，史官所成。若齐、梁、陈、隋、周五代正史，李延寿《南北史》，房玄龄等《晋书》，或称御撰，或著史臣，此皆唐太宗右文稽古数百年分裂事，志悉得全备。至宋，仿效唐世，爰设官局，以成《唐书》，是则先朝屡命，有合太宗文明之盛。卑职生长南方，辽金旧事鲜所知。闻中原诸老，家有其书，必有搜罗会粹，以成信史。窃伏自念先高叔祖少傅正献公燮，当嘉定间，以礼部侍郎秘书监专修《宋史》，具有成书。曾祖太师枢密越公韶，为秘书著作郎，迁秘书丞，同领史事。曾叔祖少傅正肃公甫、吏部尚书商，俱以尚书修撰《实录》。谫薄弱息，获际圣朝，以继先躅。宋世九朝，虽有正史，一时避忌。今已易代，所宜改正。昔司马迁、班固皆以父子相传，遂能成书。刘知幾、刘悚、刘赞咸以家世旧闻，撰成《史通》《史例》。辄不自揆，庸用条析，兼本院宋朝名臣文集及杂书记载，悉皆遗缺，亦当著具书目，以备采择者。[一]……自惟志学之岁，宋科举已废，遂得专意《宋史》，亦尝分汇杂书、文集及本传、语录，以次分别。不幸城西火灾，旧书尽毁。然而家世旧闻，耳受目睹，犹能记历。或者谓"国亡，史不宜修"。南方鄙儒，讵敢置论。年齿衰递，分宜归老田里。旷官摩职，实为旷功，而区区素蕴，亦薪别白，以称朝廷奖拔之原意。

凡具遗书,散在东南,日就湮落。凡得搜访,或得给笔札传录,庶能成书,以备一代之史。谨呈,翰林国史院谨状。(见书同上)

钱大昕云:伯长以史学自负,其上修三史事状,勤勤搜访遗书为先,可谓知本务矣。顾其所?列者,皆东都九朝之遗事,至于南渡七朝之记载,略不齿及,岂有所忌讳而不欲尽言欤?厥后三史刊修,伯长已不及见。而其孙曀以家藏书数十卷,上之史局,裒集之功,为不虚矣。(见《潜研堂集》卷三十一)

泰定初,辞归家居,四年卒,年六十二。

按:会稽(一作庆元府)袁伯长楠,《元史》卷百七十二《列传》第五十九有传。

二、虞集《经世大典》

虞集,字伯生,号道园,蜀人,侨居临川崇仁。宋丞相虞允文五世孙也。少时避乱,从母杨氏受《论语》《孟子》《左氏传》,及欧、苏文,辄能成诵。及就外傅,始得刻本,则已尽读诸经,通其大义矣。元成宗时,除国子博士。仁宗时,除翰林待制,兼国史院编修官。文宗时,任《经世大典》总裁,奎章阁侍书学士。[三]至正八年卒,年七十七。

所谓《经世大典》[四]为天历二年冬,有旨命奎章阁学士院、翰林国史院,参酌唐宋会要之体,会粹国朝故实之文,作为成书,赐名《皇朝经世大典》。观虞集自作《序录》,又可知当时纂辑之梗概。

云:天历二年二月,以国史自有著述,命阁学士专率其属而为之。太师丞相答剌罕、太平王臣燕帖木儿总监其事。并以耆旧近臣,习于国典,任提调焉。至于执笔纂修[五],则命奎章阁大学士中书平章政事臣赵世延,而贰以臣虞集,与学士院艺文监官属,分局修撰。又命礼部尚书臣夔之择文学儒士三十人,给以笔札而缮写之。出内府之钞以充用,是年四月十六日开局,仿六典之制,分天地春夏秋冬之别,用国史之例,别置蒙古局于其上,尊国事也。其书悉取诸有司之掌故,而修饰润色之。通国语于尔雅,去史牍之繁辞,上送者无不备书,遗亡者不敢擅补。于是定其篇目,凡十篇。曰君事四,臣事六。君事:帝号、帝训、帝制、帝系;臣事:治典、赋典、礼典、政典、宪典、工典。以至顺二年五月一日,草具成书,缮写呈上。

又于其所著《道园学古录》中见《刘墨庄远游序》,述元初欲修三史事甚详。文云:世祖皇帝时,既取江南,大臣有奏:"国可灭,其史不可灭。"上甚善之,命史官修《辽》《金》《元》史,时未遑也。至仁宗时,屡尝以为言,是时予方在奉常,尝因会议廷中而言诸朝,曰:三史,文书阙略,辽、金为甚。故老且尽,后之贤者,见闻亦且不及。不于今时为之,恐无以称上意。典领大官是其言,而亦有所未逮也。天历至顺之间,屡诏史官趣为之,而予别领书局,未奏,故未及承命。间与同列议三史之不得成,盖互以分合论正统,莫克有定。今当三家各为书,各尽其言而核实之,使其事不废可也。乃若议论,则以俟来者。诸公颇以为然。

然每思史事之重,非有欧公之才识,而又得刘公之博洽以资助之,盖未易能有成也。予闻前辈言,渡江后,眉山李公仁父就蜀置局,著《宋通鉴长编》,而北兵卒至,尽亡其书。走至东南,多追忆以成书,凡数百卷,是可以追及刘氏者欤?……

集学虽博洽,而究极本原,研精探微,心解神契,其经纬弥纶之妙,一寓诸文,蔼然庆历、乾淳风烈。尝以江左先贤甚众,其人皆未易知,其学皆未易言,后生晚进,知者鲜矣。欲取太原元好问《中州集》遗意,别为《南州集》以表章之,以病目而止。至正八年病卒,年七十有七。

按:仁寿虞道园集,《元史》卷百八十一《列传》第六十八有传。

三、苏天爵《元朝名臣事略》

苏天爵,字伯修,真定(一作赵郡)人。由国子监学生试第一,释褐,授从仕郎,蓟州判官。泰定元年,改翰林国史院典籍官。至顺元年,预修《武宗实录》。二年,升修撰,擢江南行台监察御史。元统二年,预修《文宗实录》,迁翰林待制。终史部尚书,参议中书省事。至正十二年卒,年五十九。

天爵为学,博而知要,长于记载。尝著《国朝名臣事略》十五卷,《元文类》七十卷。于是中原前辈凋谢殆尽,天爵独身任一代文献之寄,讨论讲辩,虽老不倦。晚岁,复以释经自任,学者因其所居,称之为滋溪先生。

其记元代名人事实,始穆呼哩,终刘因,凡四十七人。大抵据诸家文集所载墓碑墓志、行状家传为多。其杂书可征信者,亦采掇焉。一一注其所出,以示有征。盖仿朱子《名臣言行录》例,而始末较详。又兼仿杜大珪《名臣碑传琬琰集》例,但有所弃取,不尽录全篇耳。(见《四库总目提要》)

清钱大昕跋此书云:明初修史诸臣,于《实录》之外,惟奉苏氏《名臣事略》为获身符,其余更不采访,遂使世家汗马之勋,多就湮没尔。厥后金华(指宋濂)窜死,乌(指王祎)伤非命,毋亦作史之孽欤?(见《潜研堂集》卷二十八)

其他所著,有《辽金纪年》,未及脱稿云。

按:真定苏伯修天爵,《元史》卷百八十三《列传》第七十有传。

参考资料

袁桷——自著《清容居士集》五十卷。

《宋元学案》卷八十五《剡源门人》。

钱大昕《跋清容居士集》,《潜研堂集》引。

虞集——自著《道园学古录》五十卷。凡分四编,曰《在朝稿》,曰《应制稿》,曰《归田稿》,曰《方外稿》。其中诗稿又别名《芝亭永言》。

《宋元学案》卷九十二。

钱大昕《跋道园类稿》,《潜研堂集》引。

苏天爵——自著《滋溪集》,诗稿七卷,文稿三十卷。

《宋元学案》。

延伸阅读

〔一〕清道光间,郁松年览得《清容居士集》原本,刊入《宜稼堂丛书》。复据毛生甫传写嘉定钱大昕精钞本,将原本脱衍淆伪之处,删易增补。其两本已脱缺者,间以己见条列之,另作《札记》一卷,附于集后。(《清容居士集》)

〔二〕袁桷为史馆开列搜访遗书目:

杂书野史,可备编纂——《三朝北盟会编》《靖康传信录》《孤臣泣血录》《靖康稗史》《靖康奉使》《靖康遗录》《畜夷谋夏录》《陷燕记》《南归录》《靖康录》《犯阙录》《伪楚录》《松漠纪闻》《伪齐录》《起戎录》《痛愤录》《建炎复辟记》《己酉航海记》《建炎扈从录》《中兴遗史》。

宋世九朝,莫详《长编》——《续通鉴长编》《长编纪事本末》《国纪》《九朝通略》《编年备要》《建隆编》《隆平集》《元符诏旨》《治迹统类》《两朝国史纪志》《东都事略》《仁皇训典》《国朝会要》《续会要》。

世表、年表、月表——《百官公卿表》《宰辅拜表罢录》《百族谱》《麟台故事》《宰相编年》。

礼乐——《开宝通礼》《开宝通礼义纂》《分门礼选》《礼阁新编》《太常新礼》《庆历祀仪》《太常因革礼》《郊庙奉祀礼文》《政和五礼》《大飨明堂记》《卤簿记》《濮议》《东向议》。

兵刑徭役、漕运度支——《经济集》《群臣奏议》《三司考》《会计录》《救荒录》《刑统》。

翰林——《金坡遗事》《翰林杂记》《续翰林志》。

地志——《太平寰宇记》《皇祐方域图志》《皇祐地理新书》《元丰九域志》。

史传——《琬琰集》《诸家文集》《涑水记闻》《邵氏闻见录》《春明

退朝录》《梦溪笔谈》《龙川略志》《归田录》《续归田录》《可谈》《谈丛》《师友杂志》《童蒙训》《晁氏客语》《清丰懿范》《韩忠献遗事》《忠献家传》《中国春秋》《欧公本末》《苏魏公谈训》《师友谈记》《王巩闻见录》《桐阴旧话》《王沂公笔录》《张乖崖言行录》《胡安定言行录》《王沂公别录》《旧闻证误》《唐介事实》《范太史遗事》《邹道卿语录》《丰清敏遗事》《文昌杂录》《杨文公谈苑》《麈史》《能改斋漫录》《石林燕语》《嘉祐杂志》《东斋记事》《谈圃》《渑水燕谈》《避暑录》《王巩杂录》《秀水闲居录》《却扫编》《挥麈录》《后录》《三录》《典故辨疑》《吕氏家塾广记》。

外国——（四境关涉诸书）《高丽图经》《至道云南录》《赵元昊西夏事实》《交趾记》《丙午录》《辽金誓书》《国书本末》《使辽录》《西夏事宜》。

历——《宋世五朝志》《应天历》《乾元历》《仪天历》《崇天历》《明天历》《熙宁奉元历》《元祐观天历》《崇宁占天历》《大观纪元历》。

官制——《官制新典》《官制旧典》《官制通考》。

艺文——今世所行书籍应备载。（其详见于《清容居士集》卷四十一）

〔三〕大德初，以荐授大都路儒学教授。文宗朝，累迁至奎章阁侍书学士，纂修《经世大典》，一时大典册咸出其手。每承顾问，必委曲尽言，随时讽谏，卒谥文靖。

早岁与弟槃，同辟书舍为二室，左书陶渊明诗于壁，题曰陶庵；右书邵尧夫诗，题曰邵庵。故世称邵庵先生。平生为文若篇，有《道园学古录》《道园类稿》《平猺记》。

〔四〕近人金毓黻云：元《经世大典》虽佚，而有残本可考。邵氏《类编》，已知采用。又有《元典章》，为魏氏《新编》所取材。柯氏于此类史料，尤知重视。……至于采取《元秘史》《亲征录》《蒙古源流》等书，以补旧史之阙，既悉同于洪、屠二氏，而柯氏用力尤勤。（见《中国史学史》）

又云:元人无《会要》,而有《经世大典》,有《皇朝经世大典》盖即《大元会要》之异名也。时纂书之总裁,为赵世延、虞集,纂修为马祖常、杨宗瑞、谢端、苏天爵、李好文、陈旅、宋褧、王士点,皆一时知名之士。其后欧阳玄继为总裁,李洞、揭傒斯、王守诚继为编纂。至顺二年五月书成,凡八百八十卷,目录十二卷。其目凡十:为《帝号》《帝训》《帝制》《帝系》《治典》《赋典》《礼典》《政典》《宪典》《工典》,六典略仿《周官》及《唐六典》。今原书已亡,仅《永乐大典》残本中,窥见涯略。近人自其中辑得数种刊行之。《元文类》卷四十至四十二、四十三载《经世大典》序录全文。

又日本箭内亘《蒙古史研究》,《元经世大典考》一章,有陈隶等译本。

又王国维云:元《经世大典·政典》中《马政》一门,大兴徐星伯先生松从《永乐大典》卷一万一千六百七十八钞出。其原本藏江阴缪艺风秘监所。此萍乡文道希阁学从缪氏传钞者。阁学于光绪丁亥跋此书云:翰林院所藏《永乐大典》已佚此卷,迄今三十年,《大典》散佚殆尽,则此卷尤足宝贵矣。考元《经世大典》八百八十卷,自明以来久佚。乾嘉诸老,颇从《永乐大典》分门钞撮。今惟钱塘胡书农学士所钞《海运》一门,及星伯先生所钞《驿站》一门尚存,并此卷而三。其全书《序录》尚载《元文类》,余皆不可问矣。

其中事实,又足补《元史》及《元典章》之阙乎?今粗为排比,刊而行之,题曰《大元马政记》。故学士所钞《海运》一门,名《大元海运记》,上虞罗氏已刊入《雪堂丛刻》中。惟《驿传》一门,卷帙颇大,原稿今在俄都圣彼得堡博物馆。前岁,日本京都大学助教授羽田博士亨赴俄摄影以归。二本皆远在海外,传钞刊印,殊非易事,是可憾也。丙辰三月。

此卷乃胶州柯凤荪京卿劭忞藏本。次年,京卿复以所钞萍乡文道希阁学廷式所辑《经世大典》零种二册,寄罗叔言参事。参事复以寄余,因编为《元高丽纪事》《大元画塑记》《大元毡罽记》《大元仓库记》《大元官制》《杂记》六种,为英伦哈同君刊入丛书中。尚有《谥法》一门,因讹字太多,无从理董。然《经世大典》残编已刊者,并《海运》《马政》二记,已得八种,因此益思《驿站》一门,关于有元一代政治及地理者尤巨,独未能写录,为憾事也。丁巳八月又记。(《观堂别集》卷三《大元马政记跋》)

〔五〕按:有旨采辑本朝典故,仿唐、宋会要,修《经世大典》,命集与中书平章政事赵世延同任总裁。集言:"礼部尚书马祖常多闻旧章,国子司业杨宗瑞素有历象、地理、记问、度数之学,可共领典。翰林修撰谢端、应奉苏天爵、太常李好文、国子助教陈旅、前詹事院照磨宋褧、通事舍人王士点俱有见闻,可助撰录,庶几是书早成。"

第九章　开馆修《辽》《金》《宋》三史

元顺帝时,命托克托(旧史名脱脱)等修《辽》《宋》《金》三史,自至正三年三月开局,至正五年十月告成,以如许卷帙,成立不及三年,其时日较明初修《元史》更为迫促。然三史实皆有旧本,非至托克托等始修也。各朝本有各朝旧史。元世祖时,又已编纂成书,至托克托等已属第二、三次修辑,故易于告成耳。

一、托克托等《辽史》

《辽史》,为本纪三十卷,志三十一卷,表八卷,列传四十六卷。

元世祖中统二年秋七月癸亥,初主翰林院,王鹗请附修《辽》《金》二史,乞以左丞相耶律铸、平章政事王文统监修《辽》《金》二史,仍采访遗事。从之。时商挺亦建议史事,附修《辽》《金》二史,宜令王鹗、李冶、徐世隆、高鸣、胡祇遹、周砥等为之,甚合帝意,而王鹗多撼,迄无成书。至顺帝至正三年,诏修《辽》《金》《宋》三史,以右丞相脱脱领都总裁,帖木尔达世、贺惟一、张起岩、欧阳玄、吕思诚、揭傒斯为总裁官,惠山海牙、王沂、徐昺、陈绎曾任分撰焉。成本纪三十卷,志三十一卷,表八卷,列传四十六卷,脱脱表上之。

《辽史》太简略,盖契丹之俗,记载本少。太宗会同元年,虽诏有司,编始祖奇善(旧名奇首)可汗事迹,然《辽史》所载,仅记其生于都庵山,徙于潢河之滨而已。盖已荒渺无可稽也。历朝亦有监修国史之官,如刘慎行、邢抱朴、室昉、刘晟、马保忠、耶律隆运、耶律玦、萧罕嘉努(旧名萧韩家奴)、耶律阿苏(旧名阿思)、王师儒等,皆以此系衔。(见各本传)然圣宗诏修日历官毋书细事,道宗并罢史官预闻朝议,俾问宰相书之。惟萧罕嘉努修国史,以圣宗猎秋山熊鹿伤数十人,直书其事,帝见而命去之。既出,又书其事,以为史笔当如是也。其他则隐讳苟简可知矣。其编为史册,至兴宗时,耶律孟简上言:"本朝之兴几二百年,宜有国史以垂后世。"乃编耶律嚇噜(旧名曷鲁)、乌哲(旧名屋质)、休格(旧名休哥)三传以进。兴宗始命置局编修。其时有耶律古裕(旧名谷欲)、耶律庶成及萧罕嘉努实任编纂之事,乃录约尼氏(旧作遥辇氏)以来事迹及诸帝《实录》,共二十卷,上之。盖圣宗以前事,皆是时所追述也。道宗大安元年,史臣进太祖以下七帝《实录》,则又本耶律古裕等所编而审订之。其时刘辉谓道宗曰:"宋欧阳修编《五代史》附我朝于四夷,妄加贬訾;臣亦请以赵氏初起时事,详附我朝国史。"据辉所言,则不惟诸帝有《实录》,且渐有全史矣。至天祚帝乾统三年,又诏耶律俨纂太祖以下诸帝《实录》,共成七十卷,于是辽世事迹粗备。《辽史》传赞谓其具一代治乱之迹,亦云勤矣。当辽之世,国史惟此本号为完书。金熙宗尝于宫中阅《辽史》,即此本也。熙宗皇统中,又诏耶律固、伊喇因(旧名移剌因)、伊喇子敬等(旧作移剌子敬)续修《辽史》,而卒业于萧永琪,共纪三十卷,志五卷,传四十卷,皇统七年上之。此金时第一次所修也。

　　章宗又命伊喇履提控刊修《辽史》,党怀英、郝俣充刊修官,伊喇益、赵沨等七人为编修官,凡民间辽时碑志及文集,悉送上官。同修者又有贾铉、萧贡、陈大任等,泰和元年又增三员,有改除者听以书自随。怀英致仕后,诏大任继成之。(俱见各本传)此金时第二次所修也。

　　至元修《辽史》时,耶律俨及陈大任二本俱在。《后妃传序》云:俨、大任《辽史·后妃传》大同小异,酌取以著于篇。而《历象闰考》中,并注明俨本某年有闰,大任本某年无闰,尤可见其纂修时,悉本俨、大任二书也。(见《廿二史札记》卷二十七)

二、《金史》

　　《金史》,为本纪十九卷,志三十九卷,表四卷,列传七十三卷。

　　元张柔破金入汴,独入史馆,取《金实录》,并秘府图书,卫送北归。顺帝至正三年,诏修《辽》《金》《元》三史,以阿鲁图、别儿怯不花领三史事,脱脱为都总裁,帖木尔达世、贺惟一、张起岩、欧阳玄、李好文、王沂、杨宗瑞为总裁官,沙剌班、王理、伯颜、费著、赵时敏、商企翁为史官,成本纪十九卷,志三十九卷,表四卷,列传七十三卷,目录二卷,合一百三十七卷。

　　《金史》叙事最详核,文笔亦极老洁,迥出《宋》《元》二史之上,说者谓多取刘祁《归潜志》、元好问《壬辰杂编》以成书,故称良史。然《好问传》,金亡后,累朝《实录》在顺天张万户家,好问言于张,欲据以撰述,后为乐夔所沮而止。是好问未尝得《实录》底本也。今《金史》本纪,即本张万户家之《实录》而成。按《完颜勖》及《宗翰传》,女真初无文字,祖宗时,并无纪录。宗翰好访问女真老人,多得先世遗事。太宗天会六年,令勖与耶律迪延掌国史。勖等自始祖以下十帝,综为三卷。凡部族既曰某部,又曰某水、某乡、某村,以识别之。至与契丹往来及征战之事,中多诈谋诡计,悉无所隐。

故所纪咸得其实云。……

皇统八年,勖等又进《太祖实录》二十卷。大定中,修《睿宗实录》成,世宗曰:"当时旧人,惟古云在。"令史官持往就问之,多所更定。(见《古云传》)是金代《实录》本自详慎,卫绍王被弒,记注无存。元初王鹗修《金史》,采当时诏令及金令史窦详所记二十余条,杨云翼日录四十卷,陈老日录二十余条,及女官所记资明夫人授玺事以补之。可见《金史》旧底,固已确核,宜纂修诸人之易藉手也。

其宣、哀以后诸将列传,则多本之元、刘二书。盖二人身历南渡后,或游于京,或仕于朝,凡庙谋疆事,一一皆耳闻目见。其笔力老劲,又足卓然成家。修史者本之以成书,故能使当日情事,历历如见。然谓其全取元、刘之作,则又不然。如《王若虚传》,崔立以汴城降蒙古,朝臣欲为树碑纪功,以属祁。祁属草后,好问又加点窜。此事元、刘二人方且深讳。(见好问《外家别业上梁文》及祁《归潜志》)而《若虚传》竟直书之,更可见修史诸人临文不苟,非全事钞撮者也。(见《廿二史札记》卷二十七)

三、《宋史》

《宋史》,为本纪四十七卷,志一百六十二卷,表三十二卷,列传二百五十五卷。

元世祖时,翰林学士李槃奉诏招宋士至临安,董文炳谓之曰:国可灭,史不可没。宋十六主,有天下三百余年,其太史所记,具在史馆,宜悉收以备典礼。乃得《宋史》及诸记注五十余册,归之国史院。迨夔之为翰林学士承旨,兼修国史,尝言国家当及时修《辽》《金》《宋》三史,岁久恐致阙逸。后置局纂修,实由夔之发其端。

大德时,袁桷为国史院编修官,请购求《辽》《金》《宋》三史遗书。文宗时,以尝命修《辽》《金》《宋》三史未见成绩。《大典》令阁学士专率其属为之,迄未成书。

顺帝至正三年,诏修《辽》《金》《元》三史,以右丞相阿鲁图、左丞相别儿怯不花、右丞相脱脱为都总裁。

帖木尔达世、太平、张起岩、欧阳玄、李好文、王沂、杨宗瑞为总裁官。

纳麟、伯颜、达世帖睦迩、守简、岳柱、拜住、陈思谦、斡栾、孔思立、斡玉伦徒、泰不华、杜秉彝、宋褧、王思诚、汪泽民、干文传、张谨、贡师道、麦文贵、余阙、李齐、刘闻、贾鲁、冯福可、陈祖仁、赵中、王仪、余贞、谭愭、张翥、吴当、危素分任编纂。而欧阳玄发凡举例,俾论撰者有所据依。史官中,有悻悻露才,论议不公者,玄不以口舌争,俟其呈稿,援笔窜定之,统系自正。至于论赞表奏,皆玄属笔。

张起岩则于宋儒道学源委多所究心,同修有立言未当而自是者,起岩据理窜定,深厚醇雅,理致自足。五年十二月,成本纪四十七卷,志一百六十二卷,表三十二卷,列传二百五十五卷,合四百九十六卷。阿鲁图表上之。

《宋史》多国史原本。宋代国史,国亡时皆入于元。元人修史时,大概只就宋旧本稍为排次。今其迹有可推见者,如度宗以前,多本之宋朝国史。而宋国史又多据各家事状碑铭,编缀成篇。

宋代国史,最为详备,有《起居注》,有《时政记》,有《日历》,有编年体之《实录》,有纪传体之《国史》。

宋时有《实录》,有《会要》,皆为国史之长编。元人灭宋,董文炳入临安,独取其国史,辇致北方,其后得据以修纂《宋史》。然《理宗实录》为未完之作,度宗、恭帝以下,更无《实录》,故《宋史》于理、度时不具首尾,草草成编。

南宋时,王偁撰《东都事略》。南宋理、度二宗,虽亦有《实录》《时政记》可据,然至宋亡之日,已多不具。而两朝国史,乃未及修。诚观《宋史》诸志,于宁宗以后事,多阙而不备,而《文苑传》,南宋仅周邦彦等数人,《循吏传》竟无南宋一人。因由修史诸人草草将事,亦以国史底本阙略不具故耳。迨元兵入临安,以董文炳主留事。文炳曰:国可灭,史不可没。又曰:宋十六主,有天下三百余年,其太史所记,具在史馆,宜悉收以备典礼。乃得《宋史》及诸记注归之元都国史院。此即宋国史旧本,元人所据以修《宋史》者也。

托克托,字大用,生而岐嶷,异于常儿。及就学,请于其师浦江吴直方曰:"使脱脱终日危坐读书,不若日记古人嘉言善行,服之终身耳。"稍长,膂力过人,能挽弓一石。至元中,累迁御史大夫,任内大振纲纪,中外肃然。时其伯父伯颜专恣凶虐,脱脱与父计逐之。至正中,迁中书右丞相,悉更伯颜旧政,中外翕然,称为贤相。时诏修《辽》《金》《宋》三史,命脱脱为都总裁官。又请修《至正条格》颁天下。不久因病辞位,诏为太傅。会芝麻李、张士诚等反,脱脱总制诸省军讨之,以出师无功,被劾削爵,安置淮安。十五年十二月,改流云南,哈麻矫诏鸩杀之,死年四十二。

按:蒙古八邻部托克托,《元史》卷百三十八《列传》第二十五有传。

考脱脱修三史时,脱脱自为都总裁,帖睦尔达世、贺惟一、张起岩、欧阳玄、吕思诚,揭傒斯、李好文、杨宗瑞、王沂等为总裁官。而纂修官则三史各异。迨至至正四年三月,《辽史》先成,由脱脱表上。同年十一月《金史》继成,五年十月《宋史》亦成。时脱脱已罢相,由继任右丞相阿鲁图表上,未几,即镂版行世。(见《中国史学史》)

附与三史有关者:萧永祺、耶律俨、陈大任、董文炳、揭傒斯

(一)萧永祺

萧永祺,字景纯,少好学,通契丹大小字。广宁尹耶律固奉诏译书,时置门下,因尽传其业。固卒,永祺率门弟子服齐衰丧。固作《辽史》未成,永祺继之,作《纪》三十卷,《志》五卷,《传》四十卷,上之。加宣武将军,除太常丞。海陵为中京留守,永祺特见亲礼。天德初,擢

左谏议大夫,迁翰林侍讲学士,同修国史。卒年五十七。

按:萧永祺,《金史》卷百二十五《列传》第六十三《文艺》上有传。

(二)耶律俨

耶律俨,字若思,析津人。仪观秀整,好学,有诗名。登咸雍进士第,守著作佐郎,补中书省令史,以勤敏称。累官至知枢密使。

乾统三年,封秦国公,修《皇朝实录》七十卷。帝大惭,俨与北院枢密使阿思同受顾命。天庆中,以疾卒,谥忠懿。

论曰:俨以俊才莅政,所至有能誉。纂述《辽史》,具一代治乱,亦云勤矣!

按:耶律俨,《辽史》卷九十八《列传》第二十八有传。

(三)陈大任

金章宗即位,即以萧永祺《辽史》未善,乃令官重修,以耶律履、党怀英、郝俣等为刊修官,怀英致仕,诏陈大任继成其事。

陈史费时十有八年,应较萧史为完善,然而迟至金亡,未能刊行者,盖因国运之说未定故耳。(参王恽《玉堂嘉话》、苏天爵《元文类》)

元修《辽史》,得陈大任《辽史》甚晚,恐系萧史考作,而原本因以放散。元好问尝谓太和初,诏修《辽史》,未成,寻有南迁之变,简册散失,世复不见。(《耶律公墓志铭》)此即陈大任重修之《辽史》。然其后陈史复出,为脱脱等所据,以成今本也。

(四)董文炳

董文炳,字彦明。

十月诸军分三道而进。文炳居左,由江过海,趋临安。

十三年春正月,次盐官。盐官,临安剧县,……而宋主显遂降。

伯颜令文炳入城,罢宋官府,散其诸军,封库藏,收礼乐器及诸图籍。文炳取宋主诸玺符,上于伯颜。

时翰林学士李槃奉诏招宋士至临安,文炳谓之曰:国可灭,史不可没。宋十六主,有天下三百余年,其太史所记,具在史馆,宜悉收以备典礼。乃得《宋史》及诸注记五十余册,归之国史院。

按:董文炳,《元史》卷百五十六《列传》第四十三有传。

(五)揭傒斯

揭傒斯,字曼硕,龙兴(豫章)富州人。幼贫,读书尤刻苦,昼夜不少懈。贯通百氏,早有文名……程钜夫、卢挚先后为湖南宪长,成器重之。延祐初,钜夫、挚列荐于朝,特授翰林国史院编修官。

与修《经世大典》,文宗取其所撰《宪典》读之,顾谓近臣曰:此岂非唐律乎?特授艺文监丞,参检校书籍事。

诏修《辽》《金》《宋》三史,傒斯与为总裁官。丞相问修史以何为本?曰:用人为本。有学问文章,而不知史事者,不可与;有学问文章,知史事,而心术不正者,不可与。用人之道,又当以心术为本也。且与僚属言,欲求作史之法,须求作史之意。古人作史,虽小善必录,小恶必记。不然,何以示惩劝,由是毅然以笔削自任。凡政事得失,人材贤否,一律以是非之公。至于物论之不齐,必反复辨论,以求归于至当而后止。四年,《辽史》成,有旨奖谢,仍督早成金、宋二史。傒斯留宿史馆,朝夕不敢休,因得寒疾,七日卒,谥文安。

按:豫章揭曼硕傒斯,《元史》卷百八十一《列传》第六十八有传。

关于三史之评论

(一)《辽史》

沈括《梦溪笔谈》载:辽制,书禁甚严,凡国人著述,惟听刊行于境内,有传于邻境者,罪至死。盖国之虚实,不以示敌,用意至深,然以此不流播于天下。迨五京兵燹之后,遂至旧章散失,澌灭无遗。观袁桷《修三史议》、苏天爵《三史质疑》,知辽代载籍可备修史之资者,寥寥无几。故当时所据,惟耶律俨、陈大任二家之书,见闻既隘,又蒇功于一载之内,无暇旁搜,潦草成编,实多疏略。此其重复琐碎,在史臣非不自知,特以无米之炊,足穷巧妇。故不得已而缕割分隶,以求卷帙之盈,势使之然,不足怪也。(见《四库总目提要》)

元好问云:今人语辽事,至不知起灭凡几主,下者不论也。(见《元文类·故金漆水郡侯耶律公墓志铭》)则其时史料之缺乏,亦可于此窥见。然不可因此遂谓辽无国史,自其诸帝《实录》外,又有《起居注》《日历》《辽史百官志》,又《耶律良传》《宋本纪》。金灭辽后,遂据辽人记注实录,以修《辽史》。

《金史·熙宗纪》,《辽史》成。又《萧永祺传》记载:广宁部耶律固奉诏译书,辟为门下,尽传其业。固作《辽史》未成,永祺继之,作《纪》三十卷,《志》五卷,《传》四十卷,上之。

章宗即位,即以萧史未善,乃命官重修,以耶律履、党怀英、郝俣等为刊修官。怀英致仕,诏陈大任继成其事。

陈史费时十有八年,应较萧史为完善,然而迟至金亡,未能刊行者,盖因国运之说未定故耳。(参王恽《玉堂嘉话》、苏天爵《元文类》)

金亡以后,《辽实录》为耶律楚材所藏,故得不亡。据苏天爵《三史质疑》,后据以重修《辽史》,殆即耶律? 或谓萧永修之《辽史》七十五卷,即就俨书排纂而成。(近人冯家昇说)

元修《辽史》,得陈大任《辽史》甚晚,恐系萧史改作,而原本因以放散。元好问尝谓太和初,诏修《辽史》,未成,寻有南迁之变,简册散失,世复不见。(《耶律公墓志铭》)此即指陈大任重修之《辽史》。然其后陈史复出,为脱脱等所据,以成今本。

全谢山云:元世祖立国史院命王鹗修辽、金二史。宋亡,又命词臣通修三史。至正间,总裁脱脱等修成《辽史》本纪三十、志三十一、表八、列传四十六。举例、论赞、表奏,多欧阳玄手笔。文献无征,简率勿称,识者病之。(见厉氏《辽史拾遗序》)

厉樊榭鹗作《辽史拾遗》,采摭群书,至三百余种,自比于裴松之注《三国志》,殆不诬矣。(见《止庵随笔》卷十四)

(二)《金史》

金人肇基,奄有中原,制度典章,彬彬为盛,征文考献,具有所资。如国书、誓诰、册表、文状、指挥、牒檄、案牍之属,皆记年目,得以编次成书,是自开国之初,即已遗闻不坠。《文艺传》称元好问晚年以撰述金源史事自任。又称刘祁撰《归潜志》,于是金末之事,多有足征。是相承纂述,复不乏人。修《金史》时,多本其著。考托克托等《进书表》称张柔归《金史》于其前,王鹗辑金事于其后。是以纂修之命,见诸敷遗之谋。延祐申举而未遑,天历推行而弗竟,是元人之于此书,经营已久,与《宋》《辽》二史取办仓卒者不同。故其首尾完密,条例整齐,约而不疏,赡而不芜。在三史之中,独为最善。(见《四库总目提要》)

(三)《宋史》

其书仅一代之史,而卷帙几盈五百,检校既已难周,又大旨以表章道学为宗,余事皆不甚措意。故舛缪不能殚数。盖其书以宋人国史为稿本,宋人好述东都之事,故史文较详。建炎以后稍略。理、度两朝,宋人罕所记载,故史传亦不具首尾。《文苑传》止详北宋,而南宋止载周邦彦等数人,《循吏传》则南宋更无一人焉。(见《四库总目提要》)

李慈铭云:诸史莫劣于宋,事实浩繁,尤难修订。如汤义仍、万季野、徐健庵、邵南江、陈和叔诸先生,累有志改修,而卒不能成。(见《越缦堂日记补》)

金毓黻云:后贤又病《宋史》冗杂,《辽史》简略,而极称《金史》之详核简洁者。(见《二十二史札记》卷二十七)不悟《宋史》于北宋九朝据王偁《东都事略》及李焘《续通鉴长编》,叙述详而有体,皆由底本之善。南宋高、孝、光、宁四朝之史,亦略备。且《宋史》之佳处,正在详而不在简,后来改撰之《宋史》,皆不能满人意者,非谓其不能剪裁,正以其详不如旧史耳。至其一人重复立传,编次前后失当,如钱大昕、赵翼之所纠举者,悉出元人补订未善,仓卒成书之失,非宋国史旧本之咎也。(见《中国史学史》)

李详云:元修三史,曰《宋》《辽》《金》,阅时恩遽,群材弗任。检照隐讳,矛利踦眉。南渡尤猥,旨乖平允。传尊道学,徇名忘实。新编贡愤,尚愧鸿笔。晋涵配偁,夙积传稿。物色付锌,庶几兼考。《辽史》仍旧,尝无参互。饰胜掩败,年号比误。晒年纪事,宋倍以九。邱墟芜茀,祇珍敝帚。《金史》宏赡,见附往籍。《中州》《归潜》,妙得宏益。金败元兵,国隐毕宣。禁网尚疏,君臣俱贤。注:三史以至正三年三月开局,至至正五年十月相率告成。当时纂修诸人,各修一史,不汇三朝之书,参互考订,凡有隐讳不书,几若各为本朝,故涉曲笔者。《宋史》自相矛盾之处甚多。南渡以后,尤病猥杂。于《儒林》之外,别立《道学》。自谓独创,不知古有《道学传》,见于《太平御览》,乃清净栖逸之士(见四库馆臣所考史部别史类存目《宋史新编下》),非谓《理学》也。明柯维骐至发愤著《宋史新编》二百卷,不为世所称重。本朝邵晋涵氏撰《南宋事略》,欲配王偁《东都事略》,闻尚有传稿(海宁唐端甫曾见有活字本,见《谭复堂日记》),若悬金以购,必可得之。与偁书并刊以行,当不减欧、宋之《新唐书》矣。《辽史》多本耶律俨、陈大任旧文,稍为编次,不参考《宋史》,故于其胜败,多所掩饰,此则国史之例,本当如是。至元人重修,而亦循其旧文,殊有未解。四库馆臣责其于大契丹、寿昌、重和、国号年号,尚未能悉,钱氏大昕之辨寿昌尤详。(见《辽史考异》)又其记二百余年之事,卷帙不及《宋史》

399

十分之一。(语见《陔餘丛考》)托克托原进《宋史表》云:国既邱墟,史亦芜弗。此语预为卸过,其意至黠,不值一哂。《金史》有张柔、王鹗之书,历经延祐、天历讨求,且有元好问《中州集》《壬辰杂编》,刘祁《归潜志》等书,显可依据。馆臣称其首尾完密,条例整齐,约而不疏,赡而不芜。赵翼亦谓其叙事详核,文笔老洁。盖在三史之中,独为最善。(以上见《陔餘丛考》)元之荒朝,不可致诘,虽禁网之疏,亦由君臣俱贤,不究讳内也。

附危素《宋史稿》

危素,字太朴,一字云林,金溪人,一作临川人。少通五经,游吴澄、范梈门。至正元年,用大臣荐,授经筵检讨,修《宋》《辽》《金》三史,及注《尔雅》成,赐金及宫人,不受。由国子助教,迁翰林编修。篡《后妃》等传,事逸无据,素买饧饼馈宦寺,叩之得实,乃笔诸书,卒为全史。

官至礼部尚书,参知政事[一],翰林学士承旨,出为岭北行省左丞,后退居房山。居房山者四年,明师将抵燕,淮王帖木儿不花监国,起为承旨,如故。素甫至,而师入,乃趋所居报恩寺,入井,寺僧大梓力挽起之,曰:国史非公莫知,公死,是死国之史也。素遂止。兵迫史库,往告镇抚吴勉辈出之,《元实录》得无失。

洪武二年,授翰林侍讲学士,数访以元兴亡之故,具诏撰《皇陵碑文》,皆称旨。顷之,坐失朝,被劾罢,居下乡。后复官,兼弘文馆学士,赐小车,免朝谒,时素七又十余矣。御史王著等论素亡国之臣,不宜列侍从,诏谪居和州,守余阙庙岁余,卒。

有《说学斋稿》,原本五十卷,明代即已不传。后归有光从其手稿传抄,皆元代所作,凡百三十二篇,共四卷。王懋竑跋云:素文在元末为巨擘[二]。全谢山《跋危学士云林集》云:竹垞据《贝清江集》,颇疑学士晚年未尝衔命守祠,特以其子于巘教授安庆,好学者遂附会之。

潜溪铭学士墓,称洪武三年冬,监察御史王著等劾公亡国之臣,不宜用,公坐免,诏出居和州,阅再岁卒。当时北平故官,岂止学士一人?在朝台臣何以独见掊击? 其为仰体当宁之旨,明矣。学士以国史不死,固昧于轻重之义,然其出累朝《实录》于刀剑仓皇之下,功亦不小。乃史局既开,益未闻有一人过而问者,可以想见。是时当宁眷睐之衰,黯然无色,所以潜溪又有"春秋既高,雅志不仕"之语。

近人金毓黻云:危素于元末曾与修《宋》《辽》《金》三史,而《千顷堂书目》著录其《宋史稿》五十卷。(钱氏《补元史艺文志》据之)疑此为素在史馆时所具之稿,非别有所作也。(见《中国史学史》)

又云:《千顷堂书目》著明危素《元史稿》五十卷,素是否于明初修《元史》,无考。且千顷堂所著录者,不尽可据,故未叙入正史^(二)。(见书同上,注二十六)

素又著《草庐年谱》二卷,见《四库提要·传记类》。

按:金溪危太朴素,《明史》卷二百八十五《列传》第一百七十三《文苑》一有传。

参考资料

《辽史》——元王恽《玉堂嘉话》,《秋涧大全集》。

陶宗仪①《辍耕录》。

袁桷《修二史搜访遗书条列事状》,《清容居士集》卷四十一。

苏天爵《三史质疑》,《滋溪文稿》卷二十五,又《元文类》。

明王祎《正统论》。

徐一夔《始丰稿》。

清邵晋涵《辽史提要》。

赵一清《又序》。

---

①原稿作"孟元老"。

程晋芳《又跋》。

厉鹗《辽史拾遗》,《勉行堂文集序》,《辽诗纪事》。

赵翼《陔馀丛考》卷十四,《廿二史札记》卷二十七。

近人黄任恒秩南《述窠杂纂》八种。

曰《辽代文学考》,曰《辽代金石录》,

曰《辽文补录》,总其名曰《辽痕》。

又辑有《辽文最》四卷。

曹元忠《明南监本辽史跋》,《笺经室遗集》下。

陈汉章《读辽史拾遗》,《缀学堂初稿》。

冯家昇《辽史源流考》。

《金史》——宋徐梦莘《三朝北盟会编》。

李焘《续通鉴长编》。

李心传《建炎以来系年要录》及《朝野杂记》。

江少虞《宋朝事实类苑》。

元马端临《文献通考》。

清孙承泽《春明梦余录》。

施国祁《金史详校》。

近人汤中《宋会要研究》。

《宋史》——明王士祯《跋宋史记凡例》,《带经堂集》。

清陆陇其《读宋史》,《三鱼堂文集》。

万斯同《书宋史魏了翁传后》,又《书王应麟传后》,《群书疑辨》。

全祖望《答临川先生问汤氏宋史帖子》,《鲒埼亭集》。

邵晋涵《宋史提要》。

凌廷堪《读宋史》,《校礼堂集》。

章学诚《与邵二云论修宋史书》,《章氏遗书》。

袁枚《书陆游传后》,《小仓山房集》。

王鸣盛《读宋史欧阳修传》。

钱大昕《跋宋史》,《潜研堂文集》卷二十八。

李慈铭《拟宋史儒林传序》,《越缦堂集》。

孙诒让《书宋史叶适传后》,《述林》。

陈汉章《读宋史道学传》,《缀学堂集》。

危素——自著《危学士全集》,又称《危太朴集》,十四卷。又正集十二卷,续集十卷,附录一卷。乾隆廿三年芳树园刻,又吴兴刘氏刊本。

《四库总目提要》,《宋元学案》卷九十三,别见《静明宝峰学案》。

宋濂作《墓碑铭》。

延伸阅读

〔一〕钱大昕云:南人初无入中书者,顺帝时始有危素一人,亦仅得参政耳。(见《潜研堂集》卷三十四《三答袁简斋书》)

〔二〕又云:太朴在元季(文学)负重名。

〔三〕谈迁云:明初,危学士太朴修《元史》,携果饼劳一老兵,与言旧事。(见《北游录·纪邮上》)

第八编

明 代 史 学

宋　濂	王　祎	汪克宽	赵　汸	徐一夔	解　缙
黄　淮	李东阳	陈于陛	杨士奇	焦　竑	胡应麟
商　辂	南　轩	王宗沐	薛应旂	严　衍	冯　琦
陈邦瞻	谢　陛	王　洙	王　昂	柯维骐	王惟俭
潘昭度	钱士升	汤显祖	邵经邦	王　圻	张　溥
朱明镐	陈　建	王世贞	李　贽	邓元锡	朱国祯
谈　迁	张　岱	朱睦㮮	徐　纮		

第一章　开馆修《元史》——宋濂等
《元史》王祎《大事记续编》

一、《元史》底本概况

元起朔漠，本无文字。开国以后，又无有如金之完颜宗翰等能访求先朝事迹，是以记载寥寥，《本纪赞》所谓太祖奇功伟绩甚多，惜当时史官不备，失于记述也。直至世祖中统三年，始诏王鹗集廷臣商榷史事，鹗请以先朝事付史馆。(《鹗传》)至元十年，又翰林院采集累朝事迹，以备纂辑。其后撒里蛮等进累朝《实录》，帝曰："太宗事则然，睿宗少有可易者。定宗固日不暇给。宪宗事独不能记忆耶？尚当询之故老。"又成宗时，兀都带等进太宗、宪宗、世祖《实录》，帝曰："忽都鲁迷失，非昭睿顺圣皇后所生，何为亦称公主？顺圣太后崩时，裕宗已还自军中，所记月日，亦先后差误。"(《本纪》)此可见事后追述之舛漏也。其时内廷记载，又有所谓脱必赤颜者，仁宗常命译出，名曰《圣武开天记》。其后虞集总载《辽》《金》《元》三史，因累朝故事有未备者，请以国书脱卜赤颜(即脱必赤颜)所修太祖以来事迹，付出参订，或谓"脱卜赤颜，非可令外人传者"，遂止。是此本并未尝传出矣。

今集《金史·世纪》叙先世事，至盈一卷，而《元史》叙字端义儿以下十世，不过千余字，可见国史院已无可征。世祖以来，始有《实录》。(至元二年，敕儒士编修国史。五年，以和礼霍孙等充翰林待制，兼起居注，以记政事。灭宋后，作《平金》《平宋录》及诸国臣服传。命耶律铸监修。成宗即位，诏完泽监修《世祖实录》。大德七年，国史院进太祖、太宗、定宗、睿宗、宪宗五朝《实录》。武宗时，诏国史院纂修顺宗、成宗《实录》①。仁宗时，纂修《武宗实录》及累朝后妃功臣传，俾百官各上事迹。英宗时，诏修《仁宗实录》及后妃功臣传。泰定帝诏修英宗、显宗《实录》。文宗时，又诏修《英宗实录》并具书《倒刺沙款伏状》。顺帝时，诏修累朝《实录》及后妃功臣传。（以上皆见《本纪》）

　　明初，得元十三朝《实录》，即据以修辑，此《元史》底本也。然是时徐一夔致书王祎曰：史莫过于《日历》及《起居注》。元朝不置日历，不设起居注，独中书置时政科。遣一文学掾掌之，以事付史馆。及易一朝，则国史院即据以修《实录》而已。《元史·奸臣传序》亦云：旧史往往详于记善，略于惩恶。盖史官有所忌讳，而不敢直书故也。是元之《实录》已不足为信史。修《元史》者即据以成书，毋怪乎不协公论。史成后，即有朱右作《拾遗》，解缙作《正误》。而缙《致董伦书》，并有"《元史》舛误，承命改修"之语，则明祖亦已知《元史》之未善，而有改修之命。今《拾遗》《正误》及缙所改修者皆不传，殊可惜也。然《元史》大概亦尚完整，则以旧时所修《实录》者，多有熟于掌故之人。……其执笔撰述者，又多老于文学，如姚燧为一代宗工，当时子孙欲叙述先德者，必得燧文，始可传信，不得者每以为耻。（《燧传》）袁桷在词林，凡功臣碑铭，多出其手。（《桷传》）欧阳玄擅古文，凡王公大臣墓隧之碑，得玄文以为荣。片言只字，人皆宝重（《玄传》），而皆与纂修《实录》之列。《世祖实录》，李之绍、马绍、李谦、姚燧、张九思、张升所修。《裕宗实录》，张九思所修。《成宗实录》，元明善、程钜夫、邓文原所修。《顺宗实录》，元明善所修。《武宗实录》，元明善、苏天爵所修。《仁宗实录》，元明善、廉惠山、海牙、曹元用所修。《英宗实录》，曹元用、马祖常、廉惠山、海牙所修。《泰定帝实录》，成遵、王结、张起岩、欧阳玄所修。《明宗实录》，成遵、谢端所修。《文宗实录》，王结、张起岩、欧阳玄、苏天爵、成遵所修。《宁宗实录》，谢端所

_____

①原稿缺"国史院进……武宗时，诏"，据《廿二史札记》卷二十九补。

修。累朝后妃功臣传,张起岩、杨宗瑞、揭傒斯、吕思诚、贡师泰、周伯琦等所修。(以上俱见各本传)

明初修史诸臣,即抄撮成书,故诸列传尚多老笔,而无酿词。其天文、五行诸志,则有郭守敬所创简仪、仰仪诸说。职官、兵、刑诸志,又有虞集著所修《经世大典》。水利、河渠诸志,则有郭守敬成法及欧阳玄《河防记》以为依据。故一朝制度,亦颇详赡。顺帝一朝虽无《实录》,而事皆明初修史诸人所目击,睹记较切;故伯颜、太平、脱脱、哈麻、孛罗、察罕、扩廓等传,功罪更为分明。末造殉节诸人,则又有张翥所集《忠义录》,以资记载,故一部全史,数月成书,亦尚首尾完具,不得概以疏略议之也。惟中叶以后,大都详于文人而略于种人,则以文人各有传说之类存于世,而种人无之,故无从搜括耳。(见《廿二史札记》卷二十九)

二、《元史》纂修经过

洪武二年,得元十三朝《实录》,命修《元史》,以宋濂及王祎为总裁。二月开局天宁寺,八月成书。而顺帝一朝,史犹未备,乃命儒士欧阳佑等往北平采其遗事。明年二月,诏重开史局,六月书成,为本纪四十七卷,志五十三卷,表六卷,列传九十六卷。另有《元史国语解》若干卷。

按:此书之成,总前后仅三百三十一日,古今史成之速,未有如《元史》者[一];而文之陋劣,亦无如《元史》者。故当书始须行,纷纷然已多窃议。迨后来递相考证,纰漏弥彰。清朱彝尊《上史馆书》曰:(上略)若夫《元史》,其先开局纂修一十六人,其后续纂一十五人,合计其成,仅十三月尔。其文芜,其体散,其人重复。以宋濂、王祎一代之名儒,佐以汪克宽、赵汸、陈基、胡翰、贝琼、高启、王彝诸君子之文学经术,宜其陵轶前人[二]。顾反居诸史之下,无他,迫于时日故也。(见《曝书亭集》卷三十二)而钱大昕亦讥之曰:夫史为传信之书,时日促迫，则考订必不审，有草创而无讨论，虽班、马难以见长，况宋、王词华之士，征辟诸子，皆起自草泽迂腐，而不谙掌故者乎？故纰缪百出。其文之工拙，更无暇论矣[三]。（见《十驾斋养新录》卷九）宋氏景濂、王子充皆以古文名世，何以疏舛乃尔？曰：金华、乌伤两公，本非史才，所选史官，又皆草泽迂生，不谙掌故，于蒙古语言文字素未谙习，开口便错。即假以时日，犹不免秽史之讥；况成书之期，又不及一岁乎？（见《潜研堂集》卷十三）故钱谦益则早谓《元史》潦草卒业，原属未成之书也。[四]（见《鲒埼亭外集》卷四十二引）

虽然《元史》之舛驳，不在乎蒇事之速，而在于始事之骤。以后世论之，元人载籍之存者，说部文集，尚不下一二百种，以订史传，时见抵牾，不能不咎考订之未密。其在当日，则重开史局，距元亡二三年耳。后世所谓古书，皆当日时人之书也。其时有未著者，有著而未成者，有成而未出者，势不能裒合众说，参定异同也。（说本纪昀）

考徐一夔《始丰稿》，有重开史局时，《与王袆书》云：元不置日历，不置起居注，独中书置时政科，遣一文学掾掌之，以事付史馆。及易一朝，则国史院据所付，修《实录》而已。其于史事，固甚疏略。幸而天历间，虞集仿《六典》法，纂《经世大典》，一代典章文物粗备。是以前局之史，既有十三朝《实录》，又有《经世大典》可以参稽，庶要成书。若顺帝二十六年之事，既无《实录》可据，又无参稽之书，惟览采访以足成之。窃恐事未必核，言未必驯，首尾未必贯穿也。云云。则是书之疏漏，未经属草之前，一夔已预知之，非尽濂等之过矣。（见《四库总目提要》）

要之，此书实有改作之必要，即在当时，太祖已不惬意，曾命宰臣改为之。据《解缙集》有《与吏部侍郎董伦书》，称《元史》舛误，承命改修云云。其事在太祖末年，岂非太祖亦觉其未善，故有是命欤？今则胶州之刼忞别著《新元史》一书，并行于世，详柯氏节。

宋濂，字景濂，其先金华潜溪人。至濂，乃迁浦江。幼英敏强记，就学于闻人梦吉,通五经,后从吴莱学。已游柳贯、黄溍之门;两人皆极逊濂,自谓弗如。元至正中,荐授翰林编修,以亲老辞不行。入龙门山著书,逾十余年。太祖取婺州,召见濂,时已改宁越府知府。明年三月,以李善长荐,与刘基、章溢、叶琛三征至应天,除江南儒学提举,命授太子经。寻改起居注。

洪武二年,诏修《元史》,命充总裁官。是年八月史成,除翰林院学士。明年二月,儒士欧阳佑等采故元元统以后事迹还朝,仍命濂等续修,六越月再成,赐金帛。六年七月,迁侍讲学士,知制诰,同修国史,兼赞善大夫。命与詹同、乐韶凤修《日历》,又与吴伯宗等修《宝训》。九年,进学士承旨,知制诰;兼赞善如故。其明年致仕,赐文集及绮帛。问濂年几何,曰六十有八。帝乃曰:藏此绮三十二年,作百岁衣可也。濂顿首谢。又明年还家。十三年,以长孙慎坐法,举家谪茂州。至夔门,得疾,不食三旬,卒,年七十有二。正统中,追谥文宪。

所著《洪武圣政记》,为略仿《贞观政要》之例,标题分记,分严祀事、正大本、肃军政、绝幸位、定民志、新旧俗六类。濂自作《序》,在所作《文宪集》中,盖当时奏御之书也。(见《四库总目提要》)

濂又作《浦阳人物记》二卷,书分五目:曰《忠义》,曰《孝友》,曰《政事》,曰《文学》,曰《贞节》,所记共二十有九人,而以《进士题名》一篇附于后。盖濂本以文章名世,故所作皆具有史法也。(见书同上)谭献尝阅《宋景濂集》,亦叹此书制作合于史裁。其言曰:先生生宋后,又承金华诸君之学,而能为此书,岂独一时魁硕哉?《浦江人物记》渊洁,有笔削遗意,高出《元史》上。故知集从修书,刻期藏事,昔贤者亦所难也。(见《复堂日记》卷一)

按:浦江宋景濂濂,《明史》卷百二十八《列传》第十六有传。

王袆,字子充,义乌人。幼敏慧,及长,身长岳立,屹有伟度。师柳贯、黄溍,遂以文章名世。睹元政衰敝,为书七八千言,上时宰危素,张起岩并荐,不报。隐青岩山著书,名日盛。太祖取婺州,召见,用为中书省掾史。征江西,祎献颂。太祖喜曰:"江南有二儒,卿与宋濂耳。学问之博,卿不如濂;才思之雄,濂不如卿。"

洪武二年,修《元史》,命祎与濂为总裁。祎史事擅长,裁烦剔秽,力任笔削。书成,擢翰林待制,同知制诰,兼国史院编修官。

五年正月,议招谕云南,命祎赍诏往,至则谕梁王,亟宜奉版图归职方,不然,天讨且夕至。王不听,馆别室。他日,又谕梁王,梁王骇服,即为改馆。会元遣脱脱征饷,胁王以危言,必欲杀祎,王不得已,出祎见之;脱脱欲屈祎,祎叱之,遂遇害。谥文节。

所著《续大事记》七十七卷,乃续吕祖谦《大事记》而作。体例悉遵其旧,而考证辨别,亦皆不苟。(见《四库总目提要》)

按:义乌王子充祎,《明史》卷二百八十九《列传》第百七十七《忠义》一有传。

附与修《元史》者——汪克宽、赵汸、徐一夔

(一)汪克宽

汪克宽,字德一,祁门人。十岁时,父授以饶鲁双峰问答之书,辄有悟,乃取四书,自定句读,昼夜诵习,专勤异凡儿。后从父之浮梁间,问业于吴仲迁,志益笃。

元泰定中,举应乡试,中选。会试以答策忼直见黜,慨然弃科举业,尽力于经学。……至正间,蕲、黄兵至,室庐资财尽遭焚掠,箪瓢屡空,怡然自得。洪武初,聘至京师,同修《元史》。书成,将授官,固辞。五年冬卒,年六十有九。

按:祁门汪德一克宽,《明史》卷二百八十二《列传》第一百七十《儒林》一有传。

(二)赵汸

赵汸,字子常,休宁人。生而姿禀卓绝,初就外傅,读朱子《四

书》，多所疑难，乃尽取朱子书读之。……后复从临川虞集游，获闻吴澄之学，乃筑东山精舍，读书著述其中。鸡初鸣辄起，澄心默坐。由是造诣精深，诸经无不通贯，而尤邃于《春秋》。

当是时，天下兵起，沨转侧干戈间，颠沛流离，而进修之功不懈。太祖既定天下，诏修《元史》，征沨预其事。书成，辞归，未几卒，年五十有一，学者称东山先生。

按：休宁赵子常访，《明史》卷二百八十二《列传》第一百七十《儒林》一有传。

(三)徐一夔

徐一夔，字大章，天台人。工文，与义乌王祎善。洪武二年八月，诏纂修礼书，一夔及儒士梁寅等并与焉。明年书成，将续修《元史》，祎方为总裁官，以一夔荐。一夔遗书曰：迩者县令传命，言朝廷以续修《元史》见征，且云执事谓仆善叙事，荐之当路，私心窃怪执事何惓惓于不材多病之人也。仆素谓执事知我，今自审终不能副执事之望，何也？近世论史者，莫过于《日历》。《日历》者，史之根柢也。自唐长寿中，史官姚璹奏请撰《时政记》。元和中，韦执谊又奏撰《日历》。《日历》以事系日，以日系月，以月系时，以时系年，犹有《春秋》遗意。至于起居注之说，亦专以甲子起例，盖纪事之法，无逾此也。往宋极重史事，《日历》之修，诸司必关白，如诏诰则三省必书，兵机边务则枢司必报，百官之进退，刑赏之予夺，台谏之论列，给舍之缴驳，经筵之论答，臣僚之转对，侍从之直前启事，中外之囊封匦奏，下至钱谷、甲兵、狱讼、造作，凡有关政体者，无不随日以录，犹患其出于吏牍，或有误失。故欧阳修奏请宰相监修者，于岁终检点修撰官日所录事，有失职者罚之。是此，则《日历》不至讹失。他时《会要》之修，取于此。《实录》之修，取于此。百年之后，纪志列传取于此，此宋氏之史所以为精确也。元朝则不然，不置日历，不置起居注，独中书置时政科，遣一文学掾掌之，以事付史馆。及一帝崩，则国史院据所付修《实录》而已。其于史事，固甚疏略。幸而天历间，虞集仿《六典》法，纂《经世大典》，一代典章文物粗备。是以前局之史，既有十三朝《实录》，又有此书可以参稽，而一时纂修诸公，如胡仲申、陶中立、赵伯友、赵子常、徐大年辈，皆有史才史学，麇而成书。至若顺帝三十六年之事，既无《实录》可据，又无参稽之书，惟见采访，以足成之，窃恐事未必核也，言未经驯也，首尾未必穿贯也。而向之数公，或受官，或还山，复各散去，乃欲以不材多病如仆者承之于后，仆虽欲仰副执事之望，曷以哉！谨奉状左右，乞赐矜察。一夔遂不至。未几，用荐，署杭州教授，召修《大明日历》。书成，将授翰林院官，以足疾辞，赐文绮遣还。

　　按：天台徐大章一夔，《明史》卷二百八十五《列传》一百七十三《文苑》一有传。并见朱彝尊《曝书亭集·徐一夔》。

参考资料

　　《元史》——近人叶瀚撰《元史讲义》一卷，《晚学庐丛稿》。

　　　　李思纯撰《元史学》。

　　宋濂——濂自著《宋文宪全集》五十三卷，《潜溪集》《翰苑集》《芝园集》《萝山集》《龙门集》《浦阳人物志》，合一百四十余卷。又称《宋景濂集》，又称《宋学士全集》，三十二卷。又有《銮坡集》。

　　　　朱兴悌作《宋文宪公年谱》，《文宪集》附录本。

　　　　全祖望《宋元学案》八十二《北山四先生学案》。

　　　　孙锵作《宋文宪年谱》。

　　王祎——自著《华川集》，又称《王忠文公集》，二十五卷。列入《金华文萃》中《人物考》。

　　　　《宋元学案》卷七十《文贞门人》。

　　徐一夔——自著《始丰稿》，《武林掌故丛编》本。

　　　　朱彝尊作《传》，《曝书亭集》。

延伸阅读

〔一〕洪武二年，太祖诏修《元史》，命左丞相李善长为监修官。前修《起居注》，宋濂、漳州府通判王祎为总裁官，征山林遗逸之士汪克宽、胡翰、宋僖、陶凯、陈基、曾鲁、高启、赵汸、张文海、徐尊生、黄箎、傅恕、王锜、傅著、谢徽为纂修官，而赵埙与焉。以是年二月，开局天界寺，取元《经世大典》诸书，用资参考。至八月成，诸儒并赐赍遣归。而顺帝一朝，史犹未备，乃命儒士欧阳佑等往北平采遗事，明年二月还朝，重开史局，仍以宋濂、王祎为总裁，征四方文学士朱右、贝琼、朱廉、王彝、张孟兼、高逊志、李懋、李汶、张宣、张简、杜寅、殷弼、俞寅及埙为纂修官。先后纂修三十人，两局并与者，赵埙一人而已。阅六月，书成，诸儒多授官，惟赵埙及朱右、朱廉不受归。寻召修《日历》，授翰林编修。（见《明史》卷二百八十五《列传》一百七十三《赵埙传》）

又赵翼云：明初修《元史》，两次设局，不过一年，毋怪文字草率荒谬，为史家最劣者也。（见《廿二史札记》）

又云：今案《元史》列传三十一二卷，已载元末死事诸臣秦不华、余阙等传矣。……可见修史诸臣但据各家志录家传之类，随得随抄，不复彼此互对，则当日之草率致误可知矣。（见书同上）

〔二〕黄宗羲云：尝读《宋景濂集》，当时所聘修《元史》者，极一时之选，饮酒赋诗，视之如在天上。（见《万祖绳七十寿叙》，《南雷文定后》卷一）

又近人金毓黻云：明修《元史》凡二次。第一次，洪武二年二月开局，八月成书；第二次，三年二月开局，七月成书。总裁官为宋濂、王祎。明修《元史》时，亦仿元修三史，定有凡例。本纪准两汉史，志准《宋史》，表准《辽》《金》史，列传准历代史而参酌之，纪、传、志、表皆不作论、赞，据事直书，具文见意。（见《元史》卷首）惟以成书太速，故其芜杂缺略，视诸史为尤甚。良由修史诸氏不解蒙古文字，蒙古人之参与者,亦复数典忘祖,以致一人两传,讹误百出。且有于附传之外,别立专传者。又如《元朝秘史》《圣武亲征实录》之贵重史料,亦不知采取。且元时疆域极广,而所详者仅于中国境内,未足餍学者之望,此所以有待于订补重修者也。(见《中国史学史》)

又李详云:《元史》两修,略罄一岁。操觚率尔,重阴锢蔽。复传错见,译音易讹。氏族官阀,堕雾则那。诘屈龃龉,动阂荆棘,《西游》《秘史》,堪跹踪迹。此书亦葳,谁胜理董。钱、汪、毛、魏,坚瓠锁空。洪卿使节,编成《证补》。……冀贡天府。注:《元史》始修于洪武二年二月丙寅,至八月癸酉告成。续修顺帝一朝于洪武三年二月乙丑,成于七月丁未,前后仅三百三十一日,古今史成之迷,未有如《元史》者(钱氏大昕之言,见《十驾斋养新录》)。至其列传重复,氏族官阀,错乱失序,案牍志铭之文,刊削未尽,前人已具论之,不暇缕举。惟邱长春《西游记》《元秘史》二书,至本朝始显,后来诸君,咸据以定《元史》,每析异闻。昔钱詹事大昕于《元史》研之最深,尝欲修斯书,有补《元史艺文志》《氏族表》刊行。其曾孙庆曾言:纪传志表已脱稿。今观《潜研堂全集》内,多有论及元事。若据此与汪辉祖《元史本证》,毛岳生《元史稿》,魏源《元史新编》,及洪文卿《元史译文证补》对勘。

〔三〕钱大昕云:修《元史》者皆草泽腐儒,不谙掌故,一旦征入书局,涉猎前史,茫无头绪,随手挦扯,无不差谬。(见《十驾斋养新录》卷九)

〔四〕张元济云:钱大昕、顾亭林、朱竹垞、赵瓯北、汪龙庄、魏默深诸人,均各有所指摘。然使旧本尚存,读者可以就其疵颣所在,加以探索,独不致迷于所向。不谓覆刻行本,愈趋愈下。(见《校史随笔·宋濂元史后记》)

第二章　敕编大典与奏议

一、解缙等《永乐大典》

明成祖永乐元年,敕解缙、姚广孝等编,以韵字类聚经史子集、天文地志、阴阳医卜、僧道技艺之言为一书,凡二万二千八百七十七卷。(《明史》《明实录》《野获编》《郁冈斋笔麈》所载卷数互异,此从姚广孝《进永乐大典表》。)召国学县学能书生员缮写,计其一万一千九百九十五册。五年书成,初名《文献大成》,后更名《永乐大典》。

嘉靖元年,禁中火,书幸未焚,世宗因命高拱、张居正等选书半,重录副本。原本存南京,正本贮文渊阁,副本贮皇史宬。

明之中叶,南京之原本毁,北都正本缺二千四百二十二卷[一]。

其书每册高一尺六寸,广九寸五分半,六十五字,少倍之,朱笔句读,书名或朱书,或否。明代人以类书目之,不甚重视。然宋元以来佚文秘典,搜采宏富,修《四库全书》时辑出四百九十二种,然可辑之书正多也。惜其后不能保存耳[二]。

姚广孝等撰有《永乐大典目录》六十卷,今刻在《连筠簃丛书》中。

解缙,字大绅,吉水人。幼颖敏,洪武二十一年举进士,授中书庶吉士,甚见爱重,常侍帝前,……上封事万言。……书奏,帝称其才,已后复献《太平十策》。

董伦荐缙,召为翰林待诏。成祖入京师,擢侍读,命与黄淮、杨士奇、胡广、金幼孜、杨荣、胡俨并直文渊阁,预机务。内阁预机务自此始。寻进侍读学士,奉命总裁《太祖实录》及《列女传》,书成,赐银币。

永乐二年,皇太子立,进缙翰林学士,兼右春坊大学士。……永乐八年,缙奏事入京,值帝北征,缙谒皇太子而还。汉王言缙伺上出,私觐太子,征归,无人臣礼。帝震怒,……缙下诏狱,死,年四十七。

按:吉水解大绅缙,《明史》卷百四十七《列传》第三十五有传。

姚广孝,长洲人。年十四,度为僧,名道衍,字斯道,事道士席应真,得其阴阳术数之学。

高皇后崩,太祖选高僧侍诸王,为诵经、荐福。宗泐时为左善世,举道衍,燕王与语甚合,请以从至北平住持庆寿寺,出入府中,迹甚密,时时屏人语。及太祖崩,惠帝立,以次削夺诸王,……道衍遂密劝成祖举兵。……成祖即帝位,授道衍僧录司左善世。帝在藩邸,所接皆武人,独道衍定策起兵。及帝转战山东、河北,在军三年,或旋或否,战守机事,皆决于道衍。道衍未尝临战阵,然帝用兵。有天下,道衍力为多。论功以为第一。

永乐二年四月,拜资善大夫,太子少师,复其姓,赐名广孝。重修《太祖实录》,广孝为监修。又与解缙等纂修《永乐大典》,成,帝褒美之。十六年三月卒,年八十四,谥恭靖。

按:长洲姚广孝,法名道衍,《明史》卷百四十五《列传》第三十三有传。

二、黄淮等《历代名臣奏议》

黄淮,字宗豫,号介庵,浙江永嘉人。洪武丁丑进士,除中书舍人。燕王篡位,命入直文渊阁,升翰林院编修。累进右春坊大学士,辅皇太子监国,为汉王高煦所谮,坐系诏狱十年。洪熙初,复官,授武英殿大学士。累加少保,兼户部尚书,以疾乞休,优游林下十余年,寿八十三,卒谥文简。

《历代名臣奏议》,明永乐十四年,黄淮、杨士奇等奉敕编。自商周以迄宋元,分六十四门,名目未免太繁,区分往往失当。……然自汉以后,收罗大备,凡历代典制沿革之由,政治得失之故,实可与《通鉴》《三通》互相考证。当时书成,刊印仅数百本,颁诸学官,而藏板禁中,世颇希有。崇祯间,太仓张溥始刻一节录之本,其序自言生长三十年,未曾一见其书,最后乃得太原藏本,为删节重刊,卷目均依其旧云云。此本为永乐时颁行原书,犹称完善,虽义例芜杂,而采摭赅备,固亦古今奏议之渊海也。(见《四库提要·诏令奏》)

　　按:永嘉黄介庵淮,《明史》卷百四十七《列传》第三十五有传。

参考资料

　　《永乐大典》——近人赵万里《谈谈永乐大典》,刘盼遂《永乐大典考》,均载 1959 年 3 月 7 日《光明日报》上。

　　刘又有《永乐大典讲稿》,载 1961 年 5 月《光明》《文汇》各报上。

　　解缙——自著《解文毅公集》十六卷。

　　黄淮——自著《介庵集》十五卷。

　　陈敬宗作《墓志铭》。

　　黄宗羲《宋元学案》卷六十五。

　　《明文衡》卷八十九。

延伸阅读

　　〔一〕清世祖移贮乾清宫。嘉庆丁巳,乾清宫灾,正本亦毁。副本之存翰林院者,经咸丰庚申之难,渐有遗失。光绪乙亥,检之不及五千册。丙子,仅三千余册。癸巳,仅六百余册。庚子以后,仅三百余册。辛亥革命,又后散佚。今移存教育部图书馆者,仅六十册而已。

　　〔二〕萧穆云:《永乐大典》乃明成祖命姚广孝、解缙、王景等督率一时博洽淹雅之儒,殚力编摩。书成,凡二万二千九百余卷,共一万一千九十五本,藏之秘阁。其书体例,按《洪武正韵》排比成帙,以多为尚,非有剪裁厘正之功。明世宗当日酷嗜之,旅厦乙览,必有数十帙在案头。一日,大内火灾,世宗夜三四传旨移出,始得无恙。后命重录一部,以备不虞。此均见之前人记载者。吾乡先达张文和之《澄怀园语》有云:此书原贮皇史宬,雍正年间移置翰林院。予掌院事,因得寓目。书乃写本,字划端楷,装饰工致,纸墨皆发古香云云。而礼亲王《啸亭杂录》述李穆堂侍郎之说,皇史宬所藏之本较翰林院本多一千册,不知李公所见与张公孰先孰后。据李公所见,是皇史宬与翰林院均有其书,则当一为永乐时原本,一为世宗嘉靖间重写之本。然果如李公之说,翰林院既有其书,则雍正间又何必以皇史宬所藏之本仍移置翰林院乎? 二说疑不能明。乾隆间,诏修《四库全书》,凡古书秘本,世无存者,赖此书多有所得,乃得著录《文渊阁目》,然亦未详翰林院所贮之本,为永乐时原本,为嘉靖时副本也。光绪丙申九月,偶与江阴缪筱珊编修荃孙及诸友泛舟秦淮谈及此书。筱珊往在京师翰林院亲见其书,云每册高二尺,广一尺二寸,书大小字,均照寻常之书字各大一两倍,粗黄布连脑包过,如今洋人书本。按其官衔,乃明嘉靖间世宗所命重写之本。……久不可问矣。据此穆颇疑安亭……翰林院所存者,咸丰末,……有抄本,亦多为人另窃去,然皆翰林院中人。……大约官家之书,历久被人另窃,古今一也。(见《敬孚类稿》卷九《记永乐大典》)

又恽毓鼎云:明修《永乐大典》凡二部,一置乾清宫,一赐翰林院。明亡后,宫中一部不知存否? 其储院者一万二千余册,国初开四库,馆臣就《大典》所录,搜辑佚书甚夥,其后渐有亡失。毓鼎初入词馆,犹见有八千余册。光绪庚子,兵攻使馆,翰林后墙正界英馆,亦毁于火,《大典》散入英馆,焚毁遗失者过半;院中所存,仅八百余册。最后由院移送学部,则仅数十册。金题玉躞,散在好古者之家,煌煌巨编,无复能窥全豹,此亦书林一大掌故也。壬寅年,闻厂肆有《大典》十余册出售,每册价三十两、二十两不等。毓鼎急往求之,则已为捷足者所得,至今思之犹耿耿。(见《崇陵传信录》)

又罗振玉云:今《永乐大典》已散佚。庚子拳匪之乱,翰林院火,《大典》烬解,有以糊油篓及包苴食物者。其幸完者,多流入海外。辛

亥国变,官寺所储,亦为人盗窃分散,今一册不存。(见《永丰乡人稿》)

又孙诒让云:《大典》秘书,自翰林院藏本外,别无副移。又《永乐大典》所收之书,皆载入《文渊阁书目》。(均见《温州经籍志》)

又杨晨云:翰林院在东长安门外,北向,东御河桥,中有圣庙。故事,始入者恭谒。院中悬高宗御制《临幸诗》及诸臣赓和之作。后有柯亭、刘井、敬一亭,庋《永乐大典》。东为沄洲亭、宝善亭,藏《四库》进呈底本。清秘堂为办事所,西为修书处、待诏厅。书典本许阅抄,(《四库》辑出佚书,经史子集五千卷,聚珍板印)多为胥役窃售。癸未查检,存十之三。薛福成《出使日记》,见于德国书楼,庚子被毁。己酉,设图书馆于十刹海,移大内及文津阁书庋之。

又报端所载:《永乐大典》的副本,原存北京皇史宬(即今第一历史档案馆)断乎,后来移到当时的最高学府——翰林院。一九〇〇年帝国主义八国联军侵入北京,掠夺了我们大批珍贵的文物图书。在翰林院残存的《永乐大典》,和其他文物图书一样遭到了空前浩劫。

解放以后,在国内残存的《永乐大典》,逐渐集中,由北京图书馆珍藏。许多藏书家把自己珍藏的《永乐大典》零本捐献出来。在国际方面,苏联列宁格勒大学东方学系图书馆在一九五一年六月,把帝俄时代遗留下来的《永乐大典》十一册送还给我国,一九五四年六月,苏联列宁图书馆又将原藏"满铁"图书馆的《永乐大典》五十二册送还我国。一九五五年十二月,德意志共和国总理格罗提渥来中国访问时,把以往德国军国主义者,从中国抢掠去而现在收藏于莱比锡大学图书馆的三册《永乐大典》,带来还给中国。北京图书馆现共藏《永乐大典》二百〇八册。据不完全的估计,《永乐大典》先后被帝国主义国家抢走,或掠购的,至少在百五十本以上。在美国有四十六本;英国、日本、西德等处,也有不少。一九四九年南京解放前夕,国民党反动派抢劫了大批珍贵图书,运往台湾,其中有《永乐大典》八册。一九六〇年,已由政府整理付中华书局影印行世,计七百十四册,书首有郭沫若同志作《序》一篇,详述此书遭际情况,可参考。

又有近人刘盼遂《永乐大典考》一文,载在报端。

第三章　设馆修《会典》《实录》

一、李东阳等《大明会典》

《明会典》百八十卷,明宏治十年奉敕撰。十五年书成,正统四年重校刊行。故卷端有孝宗、武宗两《序》,其总裁官为大学士李东阳、焦芳、杨廷和。副总裁官为吏部尚书梁储,纂修官为翰林院学士毛纪,侍讲学士傅珪,侍读毛澄、朱希周,编修潘辰,并列衔卷首。然皆武宗时重校诸臣。其原修之大学士徐溥等,竟不列名,未详当日何意也。

其体例以六部为纲,吏、礼、兵、工四部诸司,各有事例者,则以司分。户、刑二部,诸司但分省而治,共一事例者,则以科分。故一百八十卷中,宗人府自为一卷弁首外;余第二卷至一百六十三卷,皆六部之掌故;一百六十四卷至一百七十八卷,为诸文职;末二卷,为诸武职,特附见其职守沿革而已。

大抵以洪武二十六年《诸司职掌》为主,而参以《皇明祖训》《大诰》《大明令》《大明集礼》《洪武礼制》《礼仪定式》《稽古定制》《孝慈录》《教民榜文》《大明律》《军法定律》《宪纲》十二书。于一代典章,最为赅备。凡史志之所未详,此皆具有始末,足以备后来之考证。

其后嘉靖八年,后命阁臣续修《会典》五十三卷。万历四年,又续修《会典》二百二十八卷。今皆未见其本,莫知存佚,殆以嘉靖时祀典太滥,万历时秕政孔多,不足为训,故世不甚传钞?(见《四库提要》)

二、《明实录》

《明实录》，明太祖迄熹宗之《实录》，今尚具在，(北京图书馆所藏抄本最全，国内藏书家及日本亦有抄本。)惟阙思宗一朝，可取谈迁《国榷》补之。

清人修《明史》，凡涉清初祖事，皆讳而不言，故近贤考明事者多舍《明史》而取《实录》，《明史》所不详者，《实录》皆能详之，此其所以可贵也。

明制：新帝登极后，即诏修《实录》，敕命监修总裁、副总裁、纂修诸官，礼部咨中外官署，采辑史迹，遣进士或国学生分赴各布政司、郡县，搜访先朝遗事，札送史馆，并以布政使司正官及知府为纂修官。开馆前一日，于礼部赐宴。

顾炎武云：先朝之史，皆天子之大臣与侍从之官，承命为之，而世莫得见。其藏书之所曰皇史宬。[一] 每一帝崩，修《实录》，则请前一朝之书出之，以相对勘，非是莫得见者。人间所传止有《太祖实录》。国初人朴厚，不敢言朝廷事，史学因以废失。正德以后，始有纂为一书，附于野史者，大抵草泽之所闻，与事实绝远，而反行于世，世之不见《实录》者从而信之。万历中天子荡然无讳，于是《实录》稍稍传写流布，以至于光宗而十六朝之事具全，然其卷帙重大，非士大夫累数千金之家不能购，是以野史日盛，而悠谬之谈遍于海内。(见《亭林文集》卷五《书吴潘二子事》)

徐乾学云：明之《实录》，洪永两朝，最为率略。莫详于弘治，而于焦芳之笔，褒贬殊多颠倒。莫疏于万历，而顾秉谦之修纂叙述一无足采。其叙事精明，而详略适中者，嘉靖一朝而已。仁、宣、英、宪胜于文皇，正德、隆庆劣于世庙，此历朝《实录》之大概也。(见《修史条议》)

健广又云：明《太祖实录》凡三修，一在建文之世，一在永乐之初。

今所传者,永乐十五年重修者也。前二书不可得见,大要据实直书,中多过举。成祖为亲隐讳,故于重修时尽去之。其实太祖御制诰令文集,未尝讳也。今观此书疏漏舛误,不可枚举,当一一据他书驳正,不得执为定论。(见书同上)

万斯同尝语苞曰:史之难为久矣。非论其世、知其人而具见其表里,则吾以为信,而人受其枉者多矣。吾少馆于某氏,其家有列朝《实录》,吾默志暗诵,未敢有一言一事之遗也。长游四方,从故家求遗书,旁及郡志邑乘,杂家志传之文,莫不网罗参互,而要以《实录》为指归。盖《实录》者,直载其事与言,而平心察之,则其人之本末,十得八九矣。然言之发或有所由,事之端或有所起,而其流或有所激,则非他书不能具也。凡《实录》之难详者,吾以他书证之,他书之诬且滥者,吾以所得于《实录》者裁之。子盍就吾所述,约以义法,而经纬其文也,他日书成,曰此四明万氏所草创也,吾死不恨矣。(见《望溪文集・万季野墓表》)

近人吴晗云:历朝均凭《起居注》修《日历》,或《时政记》以为修《实录》张本。更以《日历》《时政记》《实录》为全,具纪、志、表、传而成国史。〔一〕(《记明实录》)

又云:近五十年来,野史间出,明人文集之已见著录者,且汗牛充栋。有明十三朝《实录》近复经"中央研究院"历史语言研究所以旧抄本数种互勘,行且付之梨枣,绩学之士,人得而蓄之。以野史征《实录》,以文集、碑志征《实录》,以《实录》纠野史、文集、碑志,然后以所得折衷于《明史》,勒为《长编》,传信一代,此其时矣。(见《读史札记》)

南都逾年倾覆,《国史》《崇祯实录》俱未成。至清初修《明史》,四明万言始搜辑遗文,辑为《崇祯长编》,当时颇有传本。(见王源《居业堂集》)《长编》今存者有痛史本二卷,及"中央研究院"历史语言研究所所藏抄本六卷,俱残阙不完。

南明诸帝《实录》，今存者：有痛史本《福王登极实录》《弘光实录钞》《思文大纪》及王夫之《船山遗书》本《永历实录》，俱出私录，不具录。（见书同上）

吴晗又云：《实录》正本，嘉靖十三年以前藏内府，十三年始建皇史宬贮之。金匮石室，外人不可得见。惟副本藏内阁，掌于翰林院典籍，每一帝崩，修《实录》时，必取前朝《实录》副本为参校，以故阁臣史官均得私抄，流布于外。如郑晓、王世贞等，均家有《实录》，即其著例也。（见书同上）

然至今日，数经变乱，皇史宬《明实录》正本与内阁副本均荡然不可问。历史语言研究所藏有《实录》残帙数十纸，坚楮朱丝，纸色洁白，缮写工整，行格宽大，断句用朱圈，系内阁大库旧物，或即《明实录》副本之仅存者。至海内外公私藏书家所庋《实录》，现存者约十数部，大抵多为传本，鲁鱼亥豕，脱文断简，触目皆是。历史语言研究所稿校本正在整理中，倘校本早日传世，使绩学之士，能人手一编，据以研究明代史事，此一快也。[三]（见《记明实录》，《读史札记》。一九四〇年九月脱稿于昆明）

李东阳，字宾之，长沙茶陵人。以戍籍居京师。四岁能作径尺书。景帝召试之，甚喜，抱置膝上，赐果、钞。后两召讲《尚书》大义，称旨，命入京学。天顺八年，年十八，成进士，选庶吉士，授编修，累迁侍讲学士，充东宫讲官。弘治四年，《宪宗实录》成，由左庶子兼侍讲学士，进太常少卿，兼官如故。八年，以本官直文渊阁，参预机务。久之，进太子少保、礼部尚书，兼文渊阁大学士。

先是，东阳奉命编《通鉴纂要》，既成，刘瑾命人摘笔画小疵，除誊录官数人名，欲因以及东阳。四年，《孝宗实录》成，编纂诸臣当序迁，所司援《会典》故事，诏以刘健等前纂修《会典》多糜费，皆夺升职，东阳亦坐降俸。居数日，乃以《实录》功复之。卒年七十，谥文正。

按：茶陵李宾之东阳，《明史》卷百八十一《列传》第六十九有传。

参考资料

李东阳——自著《怀麓堂集》。

钱大昕《潜研堂文集》卷三十八《万斯同传》。

王鏊《震泽长语》。

郑晓《今言》卷三。

郎瑛《七修类稿》卷十三。

李建泰《何乔远名山藏序》。

李清《三垣笔记》。

沈德符《野获编》卷二。

张岱《石匮书自序》,《琅嬛文集》卷一。

钱谦益《有学集》卷十四《启祯野乘序》。

王世贞《史乘考误》卷一。

王颂蔚《明史考证捃逸》。

延伸阅读

〔一〕按:皇史宬在京师旧皇城内,太庙之东南,为明代藏《宝训》《实录》处。清因之,尊藏列朝《实录》及《玉牒》。解放后,重修葺之。有图,载一九六二年四月七日《北京日报》上。

〔二〕近人吴晗云:余于明代史事有笃好。七年前,于北平图书馆读《明实录》,札记盈数尺。于《实录》之掌故原委,尤所究心。……又事抄札,系《明实录》者又得数十百条。因发奋理董,辑为长编,作《记明实录》。(见《读史札记》)

〔三〕《明实录》二千九百廿五卷。明内府辑,民国二十九年长乐梁鸿志据南京国学图书馆抄本,影(石)印五百册。《明世宗实录》五百六十六卷,明张溶辑,旧抄本。

第四章　建议修国史

一、万历中叶正史纂修

明代诸帝除惠帝思宗外,皆有《实录》(惠帝事附入《英宗实录》)。《实录》中列载诸臣传,而典幸制度,又有《会典》可据,此《明史》之基本史料也。

惟于《实录》之外,曾有官修之国史,万历中,阁臣陈于陛疏谓:本朝纪表志传之正史,二百余年来踵袭因循,阙略不清,请力为整辑,勒成巨编。于是开馆分局,集累世《实录》,采朝野之见闻、纪传书志,颇有成绪,忽毁于火。(据《春明梦余录》卷十三及三十二)后则未闻续作,殊可惜也。(抄自金毓黻《中国史学史》)

万历二十年,大学士陈于陛建议修国史,欲焦竑专领其事,竑逊谢,乃先撰《经籍志》,其他率无所撰,馆亦竟罢。(互见《明史·焦竑传》)

民国二十九年长乐梁鸿志据南京国学图书馆抄本,影(石)印五百册。《明世宗实录》五百六十六卷,明张溶辑,旧抄本。

二、陈于陛

陈于陛,字元忠,大学士以勤子也。隆庆二年进士,选庶吉士,授编修。万历初,预修世、穆两朝《实录》,充日讲官,累迁侍读学士,擢詹事,掌翰林院。……十九年,拜礼部右侍郎,领詹事府事。明年,改吏部,进左侍郎,教习庶吉士。……又明年,进礼部尚书,仍领詹事府事。

于陛少从父以勤习国家故实,为史官,益究经世学。以前代皆修国史,疏言:"臣考史家之法,纪、表、志、传谓之正史。宋去我朝近,制尤可考。真宗祥符间,王旦等撰进太祖、太宗两朝正史。仁宗天圣间,吕夷简等增入真宗朝,名《三朝国史》。此则本朝君臣自修本朝正史之明证也。我朝史籍,止有列圣《实录》,正史阙焉未讲。伏睹朝野所撰次,可备采择者无虑数百种。倘不及时网罗,岁月浸邈,卷帙散脱,耆旧渐凋,事迹罕据。欲成信史,将不可得。惟陛下立下明诏,设局编辑,使一代经制典章,犁然可考,鸿谟伟烈,光炳天壤,岂非万世不朽盛事哉?"诏从之。

二十二年三月,遂命词臣分曹类纂,以于陛及尚书沈一贯、少詹事冯琦为副总裁,而阁臣总裁之。其年夏,首辅王锡爵谢政,遂命于陛兼东阁大学士,入参机务。

二十四年冬,病卒于位,史亦竟罢。谥文宪。

按:陈元忠于陛,《明史》卷二百十七《列传》第百〇五有传。

第五章　治目录校雠学

一、杨士奇《明文渊阁书目》

杨士奇,名寓,以字行,泰和人。建文中,充翰林编修官。燕王篡位,入内阁,典机务。官至华盖殿大学士,卒谥文贞。

《明文渊阁书目》四卷,前有正统六年题本一通,称各书自永乐十九年南京取来,一向于左顺门北廊收贮,未有完整书目。近奉旨移贮文渊阁东阁,臣等逐一打点清切,编置字号,写完一本,总名《文渊阁书目》。

盖本当时开阁中存记册籍,故所载书多不著撰人姓氏。又有册卷而无卷数,惟略记若干部为一橱,若干橱为一号而已。

此书以千字文排次，自"天"字至"往"字，凡得二十号，五十橱。今以《永乐大典》对勘，其所收之书，世无传本者，往往见于此目，亦可知其储庋之富。士奇等承诏编录，不能考订撰次，勒为成书，而徒草率以塞责，较刘向之编《七略》、荀勖之叙《中经》，诚为有愧。然考王肯堂《郁冈斋笔麈》，书在明代已残阙不完。（见王士禛《古夫于亭杂录》）

钱大昕《跋文渊阁书目》云：《文渊阁书目》编号凡二十，每号分数橱贮之，凡七千二百五十六部。首御制实录，次六经、性理、经济，次史家，次子家，次诗文集，次类书、韵书、姓氏、法帖、图画，次政刑、兵法、算术、阴阳、医方、农圃，次道书、佛书，而以古今地志终焉。其中或一书而数部，又不著卷数；于撰述人姓名时代，亦多缺略。故秀水朱氏讥其牵率已甚。予考卷首载正统六年题本，称永乐十九年自南京取回书籍，向于左顺门北廊收贮，近奉圣旨，移贮于文渊阁东阁。臣等逐一打点清切，编置字号，写完一本，名曰《文渊阁书目》，请用"广运之宝"钤识，永远备照，庶几无遗失。则此《目》不过内阁之簿帐，初非勒为一书，如《中经簿》《崇文总目》之比，必以撰述之体责之，未免失之苛矣。（见《潜研堂集》卷二十九）

按：泰和杨士奇寓，《明史》卷百四十八《列传》第三十六有传。

二、焦竑《国史经籍志》

焦竑，字弱侯，江宁人（一作上元人）。为诸生有盛名。从督学御史耿定向学，复质疑于罗汝芳。举嘉靖四十三年乡试，下第还。定向遴十四郡名士读书崇正书院，以竑为之长。万历十七年，始以殿试第一人官翰林修撰，益习于国朝典章。二十二年，大学士陈于陛建议修国史，欲竑专领其事，竑逊谢，条《四议》以进，乃先撰《经籍志》，其他率无所撰，馆亦竟罢。

二十五年，主顺天乡试，被劾，谪福宁州同知。岁余大计，复镌秩,竑遂不出。

竑博极群书,自经史至稗官、杂说,无不淹贯。善为古文,典正驯雅,卓然为家。集名"澹园",竑所自号也。所著有:

(一)《国史经籍志》。是书首列《制书类》,凡御制及中宫著作,记注、时政、敕修诸书皆附焉。余分经、史、子、集四部,尾附纠缪一卷,则驳正《汉书》《隋书》《唐书》《宋史》诸《艺文志》,及《四库书目》、《崇文总目》、郑樵《艺文略》、马端临《经籍考》、晁公武《读书志》诸家分门之误。盖万历间,陈于陛议修国史,引竑专领其事。书未成而罢,仅成此志,故仍以国史为名。顾其书丛抄旧目,无所考核。不论存亡,率尔滥载。古来目录,惟是书最不足凭。(见《四库提要·目录类》)

(二)《熙朝名臣实录》二十七卷。此书《明史·艺文志》不著录。前有《自序》,谓明代诸帝有《实录》,而诸臣之事不详,因撰此书。自王侯、将相及士庶、方外缁黄、僮仆、妾伎无不备载,人各为传。(见书同上,别史类)

(三)《献征录》百二十卷。是书采明一代名人事迹,其体例以宗室、戚畹、勋爵、内阁、六卿以下各官,分类编目。其无官者,则以孝子、义人、儒林、艺苑等目分载之。自洪武迄于嘉靖,搜采极博。然文颇泛滥,不皆可据。又于引据之书,或注或不注,亦不免疏略。考竑在万历中尝应陈于陛聘,同修国史,既而罢去,此书殆即当时所辑录欤?(见书同上,传记类)

家藏书两楼,五楹俱满,共数万卷,皆手自校过,有《焦氏藏书目》二卷。泰昌元年卒,年八十一。

按:江宁焦弱侯竑,《明史》卷二百八十八《列传》第一百七十六《文苑》四有传。

三、胡应麟《四部正讹》

胡应麟,兰溪人。幼能诗,万历四年举于乡,久不第,筑室山中,构书四万余卷,手自编次,多所撰著,有《经籍会通》《四部正讹》。其《经籍会通》四卷,一曰源流,二曰类例,三曰遗轶,四曰见闻。篇章略具,亦《校雠通义》之先声矣。

按:兰溪胡应麟事迹,附见《明史》卷二百八十七《列传》第一百七十五《文苑三·王世贞传》。

参考资料

杨士奇——自著《东里文集》二十五卷。

焦竑——自著《澹园集》。

《明儒学案》卷三十五《泰州学案》。

胡应麟——自著《少室山房四集》,《会通》四卷,《正讹》三卷,《史书占毕》六卷,《九流绪论》三卷。又《笔丛》。

第六章　补续《通鉴》《通鉴纲目》及纪事本末

一、商辂《资治通鉴纲目续编》

商辂,字弘载,淳安人。举乡试第一。正统十年,会试、殿试皆第一。终明之世,三试皆第一者,辂一人而已。除修撰。寻与刘俨等十人进学东阁。辂丰姿瑰伟,帝亲简为展书官。

郕王监国,以陈循、高穀荐入内阁,参机务。

景泰元年,遣迎上皇于居庸,进学士。《寰宇通志》成,加兼太常卿。成化四年,进兵部尚书,久之,进户部。

《宋元通鉴纲目》成,改兼文渊阁大学士。

商辂等奉敕修《续纲目》,全取胡粹中《元史续编》为蓝本,并其评语,亦颇采之。

近人金毓黻云:明成化中,乃命大学士商辂撰《通鉴纲目续编》二十七卷,所采之书,多出中秘,与《宋》《辽》《金》《元》四史,颇有异同。薛应旂等并据此以撰《宋元通鉴》,是则此书虽非尽善(不甚留心元事),要不可轻易抹杀也。(见《中国史学史》)

按:淳安商弘载辂,《明史》卷百七十六《列传》第六十四有传。

二、南轩《资治通鉴纲目前编》

南轩,字叔后,渭南人。据轩《自序》,题吏部文选司郎中,前翰林院庶吉士。《明史》附见《南居益传》,亦云官吏部郎中,尝著《纲目前编》。然又有其门人杨光训《序》,称轩为渭上先生,壮游金马,阅铨曹,历藩臬。是其官不终于郎中。《陕西通志》称其终山东参议,与光训《序》合,当得其实。然《太学进士题名录》载轩为嘉靖癸丑进士,而《通志》作甲辰进士,则《通志》又传写之误矣。

此书以金履祥《通鉴前编》,陈桱《前编外纪》合并删削,共为一编,起自伏羲,终于周威烈王,然不明提纲分目之法,冗琐糅杂,殊无可取。(见《四库提要·史部》)

按:渭南南叔后轩,事迹附见《明史·南居益传》。

三、王宗沐《宋元通鉴》

王宗沐,字新甫,号敬吾,台州临海人。嘉靖二十三年甲辰进士,授刑部主事,与同官李攀龙、王世贞辈,以诗文相友善。宗沐尤长吏治,擢江西提学副使,修白鹿洞书院,引诸生讲习其中。三迁山西右布政使。岁祲,请缓征逋赋。拜右副都御史,总督漕运。疏请复海运,议者言其不便,遂寝。进刑部左侍郎,以京察拾遗罢归。居家十余年,卒。

亦有《宋元通鉴》六十四卷,王鸣盛云:此书与薛著同时修纂,各不相知,要其空陋同也。[一](见《蛾术编》)

按：临海王新甫宗沐，《明史》卷二百二十三《列传》第百十一有传。又《台州府志》。

四、薛应旂《宋元资治通鉴》

薛应旂，字仲常，号方山，常州武进人。嘉靖乙未进士，知慈溪县，历浙江提学副使。（见朱彝尊《明诗综》卷四十九）

是编续司马光《资治通鉴》而作，为卷一百五十七卷。朱彝尊《静志居诗话》尝讥其孤陋寡闻，如王偁、李焘、杨仲良、徐梦莘、刘时举、彭百川、李心传、叶绍翁、陈均、徐自明诸家之书，多未寓目。并《辽》《金》二史，亦削而不书，唯道学宗派特详尔。今核其书，大抵以商辂等《通鉴纲目续编》为蓝本，而稍摭他书附益之。于《宋》《元》二史，未尝参考其表志。故于元丰之更官制，至元之定赋法，一切制度，语多暗略。于本纪、列传亦未条贯。凡一人两传，一事互见者，异同详略，无所考证，往往文繁而事复。其余重沓窜易之误，不可枚举。所记元事，尤为疏漏。惟所载道学诸人，颇能采据诸家文集，多出于正史之外，然杂列制诰、赠言、寄札、祭文，铺叙连篇，有同家牒。律以史法，于例殊乖。至于引用说部，以补正史之阙者，又不辨虚实，徒求新异耳。（见《四库总目提要·史部编年类》）要之，此书意在推崇道学，而叙事多疏漏，其年月率不可信。[二]（说本钱大昕，见《十驾斋养新录》卷十三）

又有《宪章录》四十七卷，所载上起汉武，下迄正德，用编年之体，盖以续所作《宋元通鉴》。然采摭杂书，颇失甄别云。（《四库提要·史部编年类》）

按：武进薛仲常应旂，《明史》卷二百三十一《列传》第百十九，附《薛敷教传》后。

五、严衍《通鉴补》

严衍，字永思，嘉定人。明万历中，补县学生，与李流芳、龚方中友善。时邑中诸名宿,皆以诗文自名;衍独专心古学,耻以词华炫世。年四十一,读司马温公《资治通鉴》而好之,晨夕探索,至忘寝食。又以温公著书,意在资治,故朝章国政述之独详,而家乘世谱纪之或略。其于人也,显荣者多,而遗逸则略;方正者多,而节义则略;丈夫者多,而妇女则略。乃援引正史及文书以补之。或为正文,或为分注。其补正文之例有二:有《通鉴》所已载,而事或阙而不周,文或简而不畅,则逐节补之;有《通鉴》所未载,而事有关于国家,言有系于劝惩,则特笔补之。其补分注之例有三:一曰附录,事虽可采,而或涉于琐,或近于幻,故不以入正文。二曰备考,《通鉴》之所载如此,它书之所载如彼,虽两不相合,而事属可疑,故两存之。三曰补注,胡身之注所未备,或有讹舛,则以己意释之。其所取材,则十七史居十之九,稗官野史居十之一,而要以法戒为主。其有关劝惩,虽小史必录,苟无所取义,虽正史亦删。要使学者欲考兴亡,则观政于朝;欲知淳薄,则观风于野;欲树宏猷,则法古人之大道;欲修细行,则拾往哲之余芳。人无隐显,道在者为师;行无平奇,济物者为尚。盖其自序如此。

又谓:周社虽灭,秦命未膺,昭襄虽强,不当遽以纪年。朱梁、石晋之恶,浮于黄巢。周虽彼善于此,然北汉未亡,柴氏岂得臣之?故于周赧入秦之后,改称前列国,五季迭兴之世,改称后列国。进蜀汉于正统,黜武氏为附载,此又取紫阳《纲目》之义,以弥缝本书之阙者也。当时无通史学者,咸笑以为迂。惟黄淳耀叹以为绝伦[三],而谈允厚后为之参校史传,改订遗漏。书成,允厚后为之作序云。(用钱氏作《严衍传》语)

清钱大昕曰:先生与允厚,于史学皆实事求是,不肯妄下雌黄。其所辨正,皆确乎不可易。宋季元、明,儒学好读《纲目》,如尹起莘、刘友益、王幼学、徐昭文辈,皆浅陋迂腐,虽附《纲目》以传,转为本书之累。其有功于《通鉴》者,胡身之而后,仅见此书耳。(见《潜研堂集》卷三十八)

然谭献评之曰:明季严衍永思与弟子谈允厚撰《资治通鉴补》二百九十四卷,久而未传于世。钱辛楣先生始表异之[四]。吴门近日活字印行,得而读之。自是笃实整齐之籍,必以为涑水净友,恐尚未得本书宗旨所在。然心力坚果,成书刻苦,于二百年后,得传艺林。士之精神专一,与造化通,时与涑人论此,惭我曹之浅涉矣。(见《复堂日记》卷三)

谭氏又曰:阅《通鉴补》,战国数卷,原文补正,均非完密。黄薇香明经《周季编略》可以拾遗;而又病其补缀割裂,此颇以经史为善。(见书同上)衍又作《补正略》三卷。

六、冯琦《宋史纪事本末》

冯琦,字用韫,山东临朐人。幼颖敏绝人,年十九,举万历五年进士,改庶吉士,授编修。与修《会典》成,进侍讲,充日讲官,进少詹事,掌翰林院事,迁礼部右侍郎,改吏部。

琦明习典故,学有根柢,数陈说论,中外想望丰采。帝亦深眷倚。内阁缺人,帝已简用朱国祚及琦。而沈一贯密揭,言二人年未及艾,盍少需之,先用老成者。乃改命沈鲤、朱赓。琦素善病,至是笃,十六疏乞休,不允,卒于官,年仅四十六,谥文敏。

著《宋史纪事本末》一百九卷,广雅书局本。

按:临朐冯用韫琦,《明史》卷二百十六《列传》第一百四有传。

七、陈邦瞻《宋元史纪事本末》

陈邦瞻,字德远,高安人。万历戊戌进士,官至兵都左侍郎,事迹具《明史》本传。

初,礼部侍郎临朐冯琦欲仿《通鉴纪事本末》例,论次宋事,分类排比,以续袁枢之书,未就而殁。御史南昌刘日梧得其遗稿,因属邦瞻增订成编,为二十六卷,大抵本于琦者十之三,出于邦瞻者十之七。

自太祖代周,迄文谢之死,凡分一百九目,于一代兴废治乱之迹,梗概备具。袁枢义例,最为赅博,其镕铸贯串,亦极精密。邦瞻能墨守不变,故铨叙颇有条理。诸史之中,《宋史》最为芜秽,不似《通鉴》本有脉络可寻。此书部列区分,使一一就绪。其书虽稍亚于枢,其寻绎之功,乃视枢为倍矣。惟是书中纪事,既兼及辽、金两朝,当时南北分疆,未能统一,自当称《宋辽金三史纪事》,方于体例无舛。乃专用《宋史》标名,殊涉偏见。此外因仍《宋史》之旧,舛讹疏漏,未及订正者,亦所不免。然于记载冗杂之内,实有披榛得路之功。读《通鉴》者,不可无袁枢之书,读《宋史》者,亦不可无此一编也。[五]

又有《元史纪事本末》四卷,凡列目二十有七。明修《元史》,仅八月而成书,潦草殊甚。后商辂等撰《续纲目》,不能旁征博采,元事亦多不详。此书采掇,不出二书之外,故未能及《宋史纪事本末》之赅博。……特是元代推步之法,科举学校之制,以及漕运河渠诸大政,措置极详。邦瞻于此数端,纪载颇为明晰,其他治乱之迹,亦尚能撮举大概,揽其指要,固未尝不可以资考镜也。(以上俱见《四库总目提要》)

按:高安陈德远邦瞻,《明史》卷二百四十二《列传》第百三十有传。

参考资料

王宗沐——《明儒学案》卷十五《浙中相传学案五》。

商辂——自著《商文毅公集》六卷。

薛应旂——张宗泰《读薛应旂宋元通鉴》;又《跋》。

严衍——钱大昕作《传》,《潜研堂集》。

冯琦——《宋史纪事本末》。

陈邦瞻——《宋元史纪事本末》。

延伸阅读

〔一〕近人金毓黻云:明人王宗沐、薛应旂皆撰《宋元通鉴》以续司马氏之书，其文视二李氏为简，已异乎《长编》之体矣。然其所采之书甚少，如《长编》《要录》《会编》诸书，皆未寓目，遑言造作。王书有年月参差，事迹脱落之失；薛书更以表章理学为主，其他则不甚措意，其于《辽》《金》二史，所录尤少，盖有鄙夷不屑道之意存焉。以言《续鉴》，尚有不称。其足以当续鉴之称而无愧者，其徐、毕二氏之书乎？（见《中国史学史》）

〔二〕俞樾云：明薛应旂法温公作《宋元通鉴》，其书记载之失实者，年月朔闰之错误者，往往有之。而为《通鉴》，不为《目录》，则数百年之事，端绪难寻，无以挈其纲领，尤其大失也。海宁朱经庵先生于是有《宋元通鉴目录》之作；盖取薛氏之书，与宋、辽、金、元诸史，参互考订而成此书。某代某帝，某年其事，如指诸掌。又谨遵高宗纯皇帝钦定《三史国语解》，凡辽、金、元诸臣姓名之昔讹今正者，按其所见之《年表》，列于前，以便观览。又附《图表》《朔表》于后，以考其年月，而凡薛书之误，亦皆订正无遗，非特薛氏之功臣，抑亦薛氏之净友矣。（先生为道光丁酉科拔贡生。……先生既归道山，而此书迄未到耳。三写有定本。）（见《春在堂杂文四编》卷六）

〔三〕黄淳耀云：吾邑严永思先生读史三十年，尝患司马氏《通鉴》多所阙略，遂为发凡举例，是正其书。阙者补之，讹者订之，人有俶诡倜傥者收之，文有关系治道者采之，美如四皓安刘，章章见于马班之书，而为《通鉴》所不录；恶如华太尉破壁取后，仅见于吴人所作《曹瞒传》，而为《通鉴》所轻信，皆别白而去取之，旁行敷落，间见错出，其大旨归于成人之美，不以成败论英雄，不以圣贤大学之道，格一切非常可喜之士，盖先生之用心，为至仁矣。（见《严永思先生七十寿序》）

〔四〕金毓黻云：严衍乃作《通鉴补正》，取正史所载者，以《补通鉴》之阙遗，如《通鉴》所纪五代事时，《辽史》未出，仅据宋人所记及传闻入录，不失之虚，则失之略，衍为一一补之，亦足为《鉴》之助矣。此书实衍与其门人谈允厚同撰。衍又有《补正略》三卷，钱大昕称其有

功《通鉴》，为胡三省后所仅见，语盖不诬。（见《中国史学史》）

〔五〕又云：明临朐冯琦撰《宋史纪事本末》一百〇九卷，未就而殁，御史刘日梧得其遗稿，属陈邦瞻续成之。大抵本于琦者十之三，出于邦瞻补撰者十之七。《宋史》最为繁芜，南渡以后尤甚，邦瞻凡立一百九目，条分缕晰，眉目井然，故其书虽稍次于袁枢，而其难则倍之。学子颇患《宋史》难读，如能先读此书，则可寻头绪，而《宋史》亦不难治矣。又邦瞻之意，以辽、金大事可附于宋，故于是书中兼详辽、金，此犹柯维骐、王惟俭诸氏之见解也。《四库提要》因谓是书可称《宋辽金三史纪事》。……陈氏《元史纪事》则失之略，元初事迹，既已叙入《宋史纪事》，元亡事迹，又待叙入未成之《明史纪事》，而本书无一语及之，则其所记者亦仅矣。（见书同上）

第七章　改撰陈志

一、谢陛《季汉书》

谢陛，字少连，歙县人。事迹具《明史》本传。著《季汉书》六十卷。

其书遵朱子《纲目》义例，尊汉昭烈为正统。自献帝迄少帝，为《本纪》三卷，附以诸臣为《内传》。吴魏之君，别为《世家》，而以其臣为《外传》；后以董卓、袁绍、袁术、公孙瓒、公孙度及吕布、张邈、陶谦诸人为《载记》，凡更事数姓与系附董、袁诸人者则为《杂传》。又别作《兵戎始末》《人物生殁》二表，以据一书之经纬。卷首冠以《正论》五条、《答问》二十三条、《凡例》四十四条，以揭一书之宗旨。中间义例既繁，创立名目，往往失当。

薛冈《天爵堂笔余》称其改蜀为季汉国，为今人作事，偶胜古人。

然陈寿《季汉辅臣赞》已在其前,未为创例。沈德符《敝帚轩剩语》称世之议陛者,谓吴中吴尚俭已曾为此书。不知元时郝经、宋时萧常,俱先编葺。(见《四库提要·别史类》)

　　按:歙县谢少连陛,《明史》卷七十九《列传》第二有传。

二、附录《季汉书》序与凡例

　　《自序》云:(上略)余发覆颧,即耽翻史,一阅及此,不胜拊膺,犹然爱其文章,而且亮其遭际,故隐忍终篇,而更不嫌屡展卷也。窃不自量,乃即其书而宰割之,综其实事,削其诬辞,易其名称,弥其脱落。断自孝献皇帝起,直继以昭烈皇帝、后皇帝,尊汉三朝为帝纪,以汉室诸臣为内传;尊魏吴二国为世家,以魏吴诸臣为外传;别袁吕诸雄为载记,以田陈诸人为杂传。仍订定裴松之注,参传其中,题之曰《季汉书》,盖十余年于兹,易草者数矣。嗟夫,此岂余小子一人之私心,又岂今天下一时之公论,固尝探陈寿之隐衷,于其微言别例,亦有自不容泯者。当时公论,自典午以还,其所左祖于昭烈、忠武、关张者,岂不人人然乎?但未有为改正之书,混使昭烈称僭主,炎汉呼伪朝,忠武被寇名,关张诸臣蒙贼号,历千载以至今日,尚未昭雪,而陈寿失图曲笔,身后孰与赎愆。两者均如数有所待,则余小子其何辞焉?敢谓尊汉予蜀,绍明尊周主鲁之法,而其志则不敢自倍于夫子矣。……(万历壬寅)

　　谢陛《凡例》四十四条:

　　余今改正《三国志》,作《季汉书》,盖变文起例,其说不得不详。

　　余今以季汉而绍两汉,固宜名之曰《书》,准班范也。本纪三卷,内传十七卷,世家六卷,外传三十卷,载记三卷,杂传一卷,总第为六十卷之数,又准《史记》例也。或以余参用陈氏旧文,不得云撰。夫以萧氏《文选》,昭明未措一词,而亦名撰,矧余此书,其事则三国,其文则平阳,而其义,则窃取于范习二家乎?观者谅不以为僭矣。

（《凡例》首尾二条）

《季汉书》者，新都谢生少连取陈寿《三国志》而更张之，以蜀为汉，以吴魏为世家，以其臣为外传，以无所附丽者为载记、为杂传，以系于汉者为本纪、为内传，盖纯然以正统予汉，以僭窃斥吴魏矣。

称季汉者，以杨戏有《季汉辅臣赞》及后主谥忠武诏策言：建殊勋于季汉也。书虽因于陈氏，而其所错综拟议，辩名实，核是非，酌丰约，审微阐，不但窃取其义，而且损益其辞，则少连氏之所苦心正印矣。（叶向高叙）

昔宋涑水氏纂述《资治通鉴》，嫡魏、庶昭烈，正统淆杂，识者讥焉。其原盖出于陈寿。寿之为《三国志》也，何然以正统予魏。寿晋臣也，晋承魏禅，尊魏所以尊晋也。然其书尚以三国为名，三国敌体之称也。寿亦心知汉统之必不可奸，而其势又不能不尊魏，故特存敌体之名，以见意，然使后世懵然于嫡庶之辨，而因以开夫乱臣贼子窃钩问鼎之谋，则寿实为戎首。

新都谢生少连，蚤穷五车，博综群史。谓陈氏予夺舛谬，不可以训世，于是发愤著书，穷年矻矻，数易稿，而始就其书。以嫡统予昭烈，以支庶分魏吴。作孝献、昭烈、后主三帝纪，以明一尊，而以诸臣之翊戴汉室者为内传，以附之。作魏吴世家，以明僭窃，而各以其臣之推波助澜者为外传，以附之。又作袁吕诸雄载记，以存一时崛起之迹，而亦各以其臣之追非怵恶者为杂传，以附之，名之曰《季汉书》，盖取后主诏策之文，并杨戏作《季汉辅臣赞》而定名也。其思苦，其力深，其文错综离合，于陈氏旧史，并裴氏之注，故简质而不俚。其事贯穿，上下于范晔、习凿齿，以及张敬夫、朱考亭之纪述，故详赡而有体，不特可以纠陈寿之谬，亦可以正涑水氏之失。不特可以正涑水氏之失，亦可以竟刘知幾、范祖禹、谢翱诸君子未竟之业，斯不亦称艺林之鸿宝，史家之正鹄也哉？

而谢生又言：季汉四十余年，君臣行事纪载尚虞疏漏，而武侯勋树烂焉南服。尝拟西走蜀,南走滇,历觅遗踪,并及金石残文,或故老口实,庶几采掇一二旧事,以补成书阙略。余闻其言,喑喑叹赏。盖谢生力以明统绪,刘伪乱为己任。故用意详密若此,非夫世之苟且一编,以幸终事者所可匹埒也。

友人新安谢少连氏,自龆岁嗜学,于书无所不睹,而尤淹于史,慨然显黜陈《志》,自为《季汉》一书。余得而读之,见其义例森严,体裁确正,离合进退,备有微旨,信乎其有司马氏之志,而得《春秋》之遗意也。……杜预所论《春秋》之称,微而显,志而晦,婉而成章,尽而不污者,庶几有之。(高安陈邦瞻)

第八章　改编《宋史》[一]

一、王洙《宋史质》王昂《宋史补》附见

王洙,字一江,临海人。正德十六年辛巳进士。其《宋史质·自序》,称王洙氏生天台之灵江,耕牧于巾帻之野。七岁侍家君宰武宁。十岁诵古书。十二群庠序。十六观文场屋。上会稽,探禹穴,复于天姥。十八食廪饩,乃字崇教。后此十年,继遭大故。癸酉观光上国,渡江涉淮,访金陵,往来太学。庚辰复与天下士人会于春官,中一十二名。辛巳今天子亲策问之,赐同进士出身,受行人司行人。一年使辽,一年使岷。窥九疑,浮沅湘,极于洞庭、彭蠡之际。所记有《山川别录》(刊板在湘潭县)。三年,升司副。再升刑部尚书郎,主本科事。所著有《诘奸录》(书藏赵清溪尚书家)。丁亥三月,外补河南佥事,兼汝、洛兵备。登龙门,望伊阙,以观文、武、周、召遗化。[①]

---

①原稿承《四库提要》,称"其仕履未详"。今据《自序》补。

是编百卷。因《宋史》而重修之。自以臆见，别创义例。大旨欲以明继宋，非惟辽、金两朝皆列于外国，即元一代年号，亦尽削之。[二]

纪昀谓：此书中间荒唐悖谬，偻指难穷。自有史籍以来，未有病狂丧心如此人者。其书可焚，其版可斧。其目本不宜存。然自明以来，印本已多，恐其或存于世，荧无识者之听，为世道人心之害，故辞而辟之，俾人人知此书为狂吠，庶邪说不至于诬民焉。（见《四库总目提要·别史类》）予按纪氏为清臣，而清亦以外族入主中国，故作此语也。

按：王洙，《明史》无传，仅《康熙临海志》云：洙著《宋史质》一百卷，洙为正德十六年进士。又江西揭阳人王昂著《宋史补》，朱彝尊、陈黄中俱称之。昂当为明人，其书则未之见。

二、柯维骐《宋史新编》

柯维骐，字奇纯，号希斋，莆田人。嘉靖二年癸未进士，授南京户部主事。未赴，即引疾归。张孚敬用事，创新制，京朝官病满三年者，概罢免，维骐亦在罢中。自是谢宾客，专心读书。久之，门人日进，先后四百余人，维骐引披靡倦。

《宋史》与《辽》《金》二史，旧分三书，维骐乃合之为一，以《辽》《金》附之，而列二王于本纪，褒贬去取，义例严整，阅二十年而始成，名之曰《宋史新编》。但史称其家居三十载，乃成是书。沈德符《敝帚轩剩语》称：其作是书时，至于发愤自宫，以专思虑，可谓精勤之至。凡成本纪十四卷，志四十卷，表四卷，列传百四十二卷。纠谬补遗，亦颇有所考订。先是托克托等作《宋史》，其最无理者，莫过于道学儒林之分传，而维骐仍之，且以辽、金二朝置之外国，其大纲得非谬乎？（见《四库总目提要》）

朱彝尊亦尝不满《宋史》，欲改修之，而未果[三]，故对柯书尚称之。观其所为《跋》云：《宋》《辽》《金》《元》四史，惟《金史》差善，其余潦草牵率,岂金匮石宝之所宜储。柯氏撰《新编》,合《宋》《辽》《金》三史为一,以宋为正统,正亡国诸叛臣之名以明伦,列道学于循吏之前以尊儒。历二十载而成书,可谓有志之士矣!(见《曝书亭集》卷四十五)

而王鸣盛谓:柯氏《新编》合《宋》《辽》《金》三史为一,以宋为主,后参诸家记载可传信者,补其阙遗,历二十寒暑始成,凡二百卷。又曰:柯氏正为未及遍读诸书,故能成此;若谓文献无征,而欲取之群出,徒乱人意平。(俱见《蛾术编》)则鸣盛对此书未尽惬意也。至连鹤寿注《蛾术编》有云:《新编》一书,以诛乱臣为先,故其《凡例》第一条明正统,第二条正帝统,第三条即云旧史《叛臣传》多降金之臣,今各纂其事,列而暴之,无令乱臣贼子率免恶名于后世也。则其体例谨严,可以远驾托克托之上矣。

钱大昕谓:柯事《宋史新编》,较之薛方山《续通鉴》,用功既深,义例亦有胜于旧史者,惜其见闻未广,有史才而无史学耳。后之有志于史者,既无龙门、扶风之家学,又无李淑、宋敏求之藏书,且不得刘恕、范祖禹助其讨论,而欲以一人之精力,成一代之良史,岂不难耶?(四)(见《潜研堂集》卷二十八《宋史新编跋》)

又《宋史》于《瀛国公纪》附载二王,此书则为端宗、帝昺立纪,终于祥兴,而以辽、金入《外国传》,与西夏、高丽等。(见《中国史学史》,表内附考)

后著《史记考要》《续莆阳文献志》各若干卷,行于世。

按:莆田柯奇纯维骐,《明史》卷二百八十七《列传》第百七十五《文苑》三有传。

三、王惟俭《宋史记》潘昭度《宋史抄》附见

王惟俭,字损仲,祥符(一作开封)人。万历二十三年乙未进士,授潍县知县,迁兵部职方主事。三十年春,辽东总兵官马林以忤税使高淮被逮,惟俭亦削藉归,家居二十年。光宗立,起光禄丞。三迁大

理少卿。天启三年,擢右佥都御史,巡抚山东。五年再擢南京兵部右侍郎。未赴,入为工部右侍郎。魏忠贤党田景新劾之,落职。

惟俭资敏嗜学,初被废,肆力经史百家。苦《宋史》繁芜,手删定,自为一书。[五]凡本纪十五卷,年表五卷,列传二百卷,志三十卷,损仲自草《凡例》四十八条,所言有独到之处。王阮亭士祯录之于《蚕尾集》。今亦载入张氏《约园杂著三编》中。

惟俭之书晚成,题曰《宋史记》,时柯氏之书已行世,惟俭见之,重为订补,以成此书,体例略如《新编》,蕲合三史为一,列二王为本纪。然以晚成之故,视《新编》差为完密。其后,吴兴潘曾纮昭度巡抚南赣,得王惟俭所撰《宋史》,招晋江曾异撰及新建徐世溥更定,未成而罢。此明代季年事也。《明史·曹学佺传》载之。

据钱谦益《列朝诗集小传》谓,惟俭家藏图籍已沉于汴梁之水,吴兴潘昭度(曾纮字)曾抄得副本,赵翼则谓副本虽未遭汴水之厄,亦终归散失。又谓惟俭之书,未及梓行。(见《廿二史札记》卷二十三)

然先是朱彝尊于柯氏《新编》、王氏《史记》皆得见之,称柯氏合《宋》《辽》《金》三史为一,以宋为正统,辽、金附焉,升瀛国公、益、卫二王于帝纪以存统,正亡国诸叛臣之名以明伦,列道学于循吏之前以尊儒,历二十载而成书,可谓有志之士。又谓揭阳王昂撰《宋史补》,台州王洙撰《宋元史质》,皆略焉不详,至柯氏而体稍备。其后临川汤显祖义仍、祥符王惟俭损仲、吉水刘同升孝则咸有事改修,汤、刘稿尚未定,损仲《宋史记》沉于汴水,余从吴兴潘氏抄得,仅存。(《曝书亭集》卷四十五《书宋史新编后》,又朱氏《明诗综》卷五十八《王惟俭下》,亦叙及《宋史记》,谓从吴兴抄得,未见出人意表)

按:柯书刊于明代,钱大昕据以撰跋,王书未刊,因彝尊传抄,亡而后存,而抄本展转入柯劭忞手,后归北京图书馆,是赵氏所说尚有未审,所宜订正者也。

近人金毓黻敝云:王书体例略同柯作。是书有传抄本,藏北京图书馆,迄未刊行。《四库简明目录标注》:振绮堂汪氏小山堂抄本《宋史记》三十册,存九十四卷,内有赵一清朱笔案语。(见《中国史学史》,表内附考)又云:愚检王惟俭《宋史记》稿本,其间朱墨途乙,添注甚多,粘签无虑百数十纸,皆作蝇头细书,且有将列传改撰者,凡订七十二册。(见《中国史学史》)

《宋史记》凡例、目录一册,明王惟俭拟修《宋史》时稿,此明抄本,以汤显祖所改拟者,朱笔校改。壬午岁,得于京师故家。

又著有《史通训故》二十卷。是编因郭孔延所释,重为厘正。又以华亭张之象藏本,参校刊定。

按:祥符(一作开封)王损仲惟俭,《明史》卷二百八十八《列传》第百七十六《文苑》四有传。

附录

王阮亭渔洋跋《宋史记凡例》:汴梁王司空损仲删正《宋史》,为《宋史记》二百五十卷,钱宗伯受之谓大梁之乱,损仲图书尽没于水。吴兴潘昭度家有《宋史》抄本,此或即吴兴本也。目录列传,删并涂乙甚多,云是汤义仍手笔。义仍删《宋史》,则此书或王本,或汤本,皆不可知。康熙庚午,石门吕葆中无党,携以入都,秀水朱竹垞太史借抄其副。神物获持,不与劫灰俱尽,殆有天意。予仅抄《凡例》一卷,而识其颠末,闻吉水刘状元晋卿亦删《宋史》,不知西江兵燹后,犹存否? 俟续访之。

季锡畴跋:昔贤多以《宋史》芜杂,拟重修而未成。其已成书者,柯氏《新编》外,有汤若士、王损仲两家。入国朝,其稿俱归吴兴潘昭度所。后石门吕无党得王本,携以入都,王渔洋、朱竹垞皆见之。竹垞曾抄其副,见《明诗综》王惟俭小传。渔洋录存《凡例》一卷,《跋》见《蚕尾集》。乾隆间,汤本藏文瑞楼金氏,出以求售,全谢山尝与李穆堂书嘱其购以开雕,今不知流落何所矣。此旧抄王本,全书二百五十卷,今藏太仓闻少谷学博家。今年春,余与少谷学博同寓昆山北乡斜塘袁氏宅。行箧中，携是书出以相赏。余叩其所自，云乾隆年，其曾祖书岩公为江宁教授，有某大令罢官归，匮资斧贷三百金，以此书为贷，惜已忘其姓氏矣。其书目上，有朱笔涂乙，并别标卷数，盖当时潘氏以汤本相较，而附注之。书中有增删者，亦依汤本。世有大手笔，取王氏原本刻之，以见一家之说，毋以意增损其间，庶不失原书面目也。咸丰四年，太仓季锡畴跋于常熟瞿氏之铁琴铜剑楼。

瞿秉渊跋：王损仲《宋史记》二百五十卷，东涧老人、渔洋山人俱见其书，跋载集中。又东涧跋《东都事略》有云：损仲于天启中，起废籍，为寺丞，移日夜分，必商《宋史》。则此书体例，东涧相与酌定，可知。又云：时李九如藏《宋宰辅编年录》及《东都事略》，并购求李焘《续通鉴长编》。损仲援据诸编，信笔成书，与余商榷史事，辄扬眉抵掌，时扪腹自叹，挥斥柯氏《新编》，陈俗腐烂，徒乱人意。东涧之言如此，乃竹垞跋李氏《长编》谓王氏惟俭、柯氏维骐目未见是书，而改修《宋史》，如夏虫不可语以冰，松柏之鼠不可语以堂。密之有美枞，何其言之不同也。岂为此跋时，犹未见王氏全书，而纵言及之，迨于潘氏借得抄副，而其集已刻，不及追改耶？汴梁水灾，王氏原稿已亡，幸苕上潘昭度录其本，展转藏于太仓闻氏，历二百余年而完善无阙。今年春季，菘耘世丈馆余家，向少谷学博假得，携以见示，略志数语于后。咸丰四年，虞山菰里瞿秉渊识于恬裕斋。

张寿镛云：钱宗伯受之（谦益）谓大梁之乱，损仲图书尽没于水。吴兴潘昭度家有《宋史抄》，或即吴兴本也。汤东涧跋《东都事略》亦及之。朱竹垞曾抄其副。乾隆间，汤本藏文瑞楼金氏，出以求售。全谢山尝与李穆堂书，嘱其购以开雕。其后辗转入于太仓闻少谷家。太仓季锡畴、虞山瞿秉渊两跋，言之綦详。余于庚辰冬，因弟子王瑗仲蘧常之命，谓王损仲《宋史记》稿本，有人携至唐蔚芝先生所，如欲购得，非八百番不可。余爰与瑗仲商定，分两次付款，全书于是归我矣。（见《约园杂著》卷二）

四、钱士升《南宋书》

钱士升,字抑之,嘉善人。万历丙辰进士第一,官至文渊阁大学士。以《宋史》繁冗故,为删薙,然所刊削者,不过奏议及所历官阶而已。别无事增文省之处,亦不见剪裁镕铸之功。又去奸臣、叛臣之例,仍列于众人之中,殊失示戒之意,未足以言复古。惟不以道学、儒林分传,能扫除门户之见,为短中之一长耳。(见《四库提要·别史类》)

李慈铭云:阅明相国嘉善钱士升《南宋书》,至鸡鸣方罢。钱公为崇祯朝贤相,亦以文著。而此书芜秽疏冗,甚无端绪。叙事往往入鄙俗语。其论多以骈俪行之,亦有卑陋可笑者。然佳者尚可节取。又云:钱相国《南宋书》,至嘉庆初,始出。乃或似小说,或似朝报,或似帐簿。(见《越缦堂日记》)

近人金毓黻云:明人钱士升,取南宋九帝之事,别撰《南宋书》,亦得如别史之一种。传世历年一百九十,立国于宋仁宗明道元年,至理宗宝庆三年。

又云:钱士升撰《南宋书》以配偰作《东都事略》,各有删繁就简之功,而论者谓非大伦。则不知旁求史实,增补阙遗故也。(俱见《中国史学史》)

钱士升又有《明表忠记》十卷,载有建文死难事迹。

按:嘉善钱抑之士升,《明史》卷二百五十一《列传》第百三十九有传。附见《钱龙锡传》。

五、汤显祖《宋史改本》

汤显祖,字义仍,号若士,临川人。少以能属文,负时名。万历十一年始成进士,官礼部主事。抗疏劾政府信私人、塞言路,谪广东徐闻典史,后迁遂昌知县。投劾归。研精词曲,兼善史学。

据全祖望《答临川先生问汤氏宋史帖子》曰:明季重修《宋史》者

三家:临川汤礼部若士、祥符王侍郎损仲、昆山顾枢部宁人也。临川《宋史》,手自丹黄涂乙,尚未脱稿。长兴潘侍郎昭度抚赣,得之,延诸名人,促成其书。东乡艾平子、晋江曾弗人、新建徐巨源皆预焉。网罗宋代野史,至十余篦,功既不就。其后携归吴兴。则是书不特阁下西江之文献也,亦于吾乡有臭味焉。是时,祥符所修亦归昭度,然两家皆多排纂之功,而临川为佳,其书自本纪、志、表,皆有更定。而列传体例之最善者,如合道学于儒林,归嘉定误国诸臣于奸佞,列濮、秀、荣三嗣王独为一卷,以别群宗,皆属百世不易之论。至五闰禅代之际,遗臣之碌碌者多芟,建炎以后名臣多补,庶几《宋史》之善本焉。甲申以后石门吕及甫媚于潘氏,是书遂归及甫。姚江黄梨洲徵君以讲学往来浙西,及甫请徵君为之卒业,徵君欣然许之。及甫因取其中所改历志请正,若尽出其十余篦之野史。成言未果,及甫下世。其从子无党,携入京师,将即据其草本开雕,无党又逝,新城王尚书阮亭仅得抄其目录。故尝谓是书若经黄徵君之手,则可以竟成一代之史;即得无党刊其草本,则流传亦易。而无如天皆有以败之!(见《鲒埼亭集》卷四十三)

而梁曜北玉绳亦有一段详细记载云:闻前辈言汤若士有《宋史》改本,朱墨涂乙,某传当削,某传当补,某人宜合某传,某人宜附某传,皆注目录之下,科条分明。王阮亭《分甘余话》谓临川旧本,在吴兴潘昭度家,恨无从购之。许周生云:潘中丞昭度曾欲重修《宋史》,先为《宋史抄》,采撷极丰,杨凤苞曾见其稿十余册,惜其全书散佚久矣。(见《退庵随笔》引)

总之,后人对《宋史》多以为未善,而欲改修之。[六]如顾宁人之改修《宋史》,是闻其草本已有九十余册,乃其晚年之作,身后归徐健庵;今亦不可问矣。(说本全氏)同时黄梨洲亦尝欲重修《宋史》,未就。今存《丛目补遗》三卷。(见《国朝先正事略》)即全氏亦拟补之,而未动工。其言曰:某少读《宋史》,叹其自建炎南迁,荒谬满纸,欲得临川

书为蓝本,或更为拾遗补阙于其间,荏苒风尘,此志未遂。(见《鲒埼亭集外编》卷四十三)惜也,今汤书已亡矣。(说本叶昌炽)

按:临川汤若士显祖,《明史》卷二百三十《列传》第百十八有传。

参考资料

柯维骐——钱大昕《跋宋史新编》,《潜研堂集》卷二十八。

朱竹垞《书宋史新编后》,《曝书亭集》卷四十五。

沈德符《敝帚轩剩语》。

王惟俭——《明史》卷二百八十八《列传》第一百七十六《曹学佺传》。

赵翼《廿二史札记》卷二十三。

钱谦益《列朝诗集小传》。

朱竹垞《明诗综》卷五十八《王惟俭》。

近人张寿镛《书王惟俭宋史后》,《约园杂著三编》。

汤显祖——全祖望《答客问汤氏宋史帖子》,《鲒埼亭集外编》卷四十三。

梁玉绳《瞥记》。

自著《玉茗堂文集》十六卷。

延伸阅读

〔一〕《宋史》繁芜,《辽》《金》二史又多阙略,昔人多有欲重修者。元末周以立因三史体例未当,欲重修而未能。明正统中,其孙叙思继先志,乃请于朝,诏许自撰,诠次数年,未及成而卒。(《明史·周叙传》)

嘉靖十五年(据《明实录》)建议更修《宋史》,以礼部尚书兼翰林学士严嵩董其事(见《明史·嵩传》),然亦未有成书也。

〔二〕近人金毓黻云:洙之自序其书曰取脱脱所修《宋史》,考究颠末,参极群书,删其繁,存其简,去其枝叶,存其本根,始于天王正纪,终于道统，自嘉靖壬辰迄丙午，凡十六年乃就，名曰《史质》，以示不文。盖洙不喜蒙元之入主中夏，以严正闰之辨为先，故于祥兴二年帝昺投海后，即以明太祖之先祖上嗣宋统，革元代之纪年而不录，以明其非正统，是则此书意在屏革元统。（见《中国史学史》）

又云：王洙撰《宋史质》于恭帝降元之后，每岁帝在某地，而削去元之年号。（见《中国史学史》）

又朱彝尊谓：广东揭阳王昂撰《宋史补》，台州王洙撰《宋史质》，皆略焉不详，至柯氏而体稍备。

又亡友宋慈抱云：昔朱彝尊谓《宋》《辽》《金》《元》四史，惟《金史》差善，其余潦草稿率，岂金匮石室所宜储？又谓柯维骐撰《宋史新编》，合《宋》《辽》《金》三史为一，以宋为正统，辽、金附焉，升瀛国公、益卫二王于帝纪，正亡国诸叛臣之名以明伦，列道学于循吏之前以尊儒，历二十载成书，可谓有志之士。先柯氏而补宋元者揭阳王昂、台州王洙之作，朱彝尊称略而不详；后柯氏而补宋元者，临川汤显祖、吉水刘日升之作，朱彝尊谓稿尚未定。（见《续史通宋史》条）

〔三〕按：朱竹垞跋文，为自述亦拟改编《宋史》，于是读过其他宋金元人文集，得有六百家。郡县山水记以及野史说部，又不下五百家。及今改修文献尚犹可征。欲据诸书考其是非，复定一书，惜年老未能也。

〔四〕金毓黻云：故《廿二史札记》所举《宋史》疏舛之处，《新编》多已订正。又云：其书未及梓行。（见《中国史学史》）

〔五〕惟俭自云：先是不佞以诸史之中，无如《宋史》烦猥，不揆凡陋，欲删润之，以成一代之典。而家鲜藏书，多假之南北交游。求李氏《长编》，久之不可得。金陵焦漪园太史，寄是录至，抄本也。（见徐自明《宋宰辅编年录叙》，《温州经籍志》卷十三）

陈邦瞻云：今驾部王公（惟俭）得之焦太史（竑）先生，督学吕公（九如）又得其遗阙于宗正伯荣氏，诧以为延津之合，遂校而刻焉。余观吕公乐谈宋事,每娓娓不能自休,而王公方欲更定前史,勒成一书。其志盖不直使兹桑之行世而已,倘亦司马氏网罗之遗意,而兹其吉光之一羽乎哉?(见书同上)

〔六〕钱大昕云:《宋史》述南渡七朝事,丛冗无法,不如前九朝之完善。宁宗以后四朝,又不如高孝光三朝之详明。盖由于史臣迫于期限,草草收局,未及讨论润色之故。(见《退庵随笔》引)

无名氏《山居随笔》云:开封王惟俭极其通博,晋江何穉孝修明史,题曰《名山藏》,损仲指而笑曰:记则记,书则书,此何为者?损仲循名核实,其作《宋史记》,宜为人称许也。(见张寿镛《约园杂著三编》卷二引)

第九章 补续三通

一、邵经邦《弘简录》

邵经邦,字仲德,仁和人。正德十六年进士,授工部主事,榷荆州税,进员外郎。嘉靖八年冬十月,日有食之,经邦时官刑部,上疏指斥张璁(即永嘉张孚敬)议礼,帝大怒,立下镇抚司拷讯,谪戍福建镇海卫。十六年,皇子生,大赦,惟经邦与丰熙等八人不在赦例。经邦之戍所,闭户读书,与熙及同戍陈九川时相讨论。居镇海三十七年,卒。玄孙远平。

所撰《弘简录》二百五十四卷,意在续《通志》,故合《宋》《辽》《金》三史为一,实不啻三史之简本。又有《续弘简录》。

按:仁和邵仲德经邦,《明史》卷二百六《列传》第九十四有传。

二、王圻《续文献通考》

王圻,字元翰,上海人。嘉靖四十四年乙丑进士,除清江知县,调万安,擢御史,忤时相,出为福建按察佥事。谪邛州判官,两知进贤、曹县,过开州知州,历官陕西布政参议。乞养归,筑室松江之滨,种梅万树,目曰梅花源。以著书为事,年逾耄耋,犹篝灯帐中,丙夜不辍。

所撰《续文献通考》二百五十四卷,上接宋宁宗嘉定,下迄明神宗万历,其于马书门类,稍有增易,盖欲于《通考》之外,兼擅《通志》之长。初意王氏之书,作于明之中叶,文渊旧藏具在,前代逸事,不难旁求,乃于明代以前,悉取《宋》《辽》《金》《元》四史。四史入录,绝少新材,为之失望。然其书以多为胜,又辑明事甚备,其《经籍考》著录之书,多可与焦竑《国史·经籍志》、《明史·艺文志》相印证,亦为不废之典。清四库馆臣讥其体例糅杂,颠舛丛生,遂使数典之书,变为兔园之策,论者病焉。然取此以衡清修《续通志》,度亦无以相胜也。海宁朱奇龄(字与三,清康熙时优贡)撰《续文献通考补》十册,四十八卷,即补王圻之书,续万历以后事,讫于明末。合彼两书,可备一代之典,惜为抄本,迄未刊行。由是言之,续《通典》《通考》者,各有两种,而传世者止有王氏《续考》一书。

今之考典制者,重视王氏《续考》,尤过于官书,是又以罕而见珍矣。(俱见金氏《中国史学史》)

又著《谥法通考》十八卷,圻著《续文献通考》,于《礼考》之末,增《谥法》一目补马端临之阙。然于明代谥典,犹未之及。此书所载,上考列朝,下至万历,自君、后妃、王公、卿相以逮百官,至于圣贤隐逸,旁及异端、宦寺、篡逆之党,凡有谥者,皆备书以资考证。其卷首冠《总纪》《释义》二目,犹《续通考》之例,又所以自补其阙也。(见《四库提要·史部》)

盖王圻著述,务以炫博,故所续《通考》及《稗史汇编》《三才图会》之类,动盈二三百卷,而无所取材。(见书同上《钦定续通考》条)

按:上海王元翰圻,事迹附见《明史》卷二百八十六《列传》第百七十四《文苑二·陆深传》。

参考资料

邵经邦——《清史列传·邵远平传》。

王圻——《四库提要》。

《明史》卷二百八十六《列传》第一百七十四《陆深传》。

第十章　成史论派

一、张溥《历代史论》

张溥,字天如,太仓人。幼嗜学,所读书必手抄。抄已,朗诵一过,即焚之;又抄,如是者六七始已。右手握管处,指掌成茧。冬日手皲,日沃汤数次,后名读书之斋曰七录,以此也。

崇祯元年,以选贡生入都。未几,归,集郡中名士相与复古学,名其文社曰复社。四年成进士,改庶吉士。以葬亲,允假归,读书如经生,无间寒暑。四方啖名者争走其间,尽名为复社。溥亦倾身结纳,交游日广,声气通朝右,所品题甲乙,颇能为荣辱。诸奔走附丽者,辄自矜曰:吾以嗣东林也。执政大僚由是恶之。

所著《历代史论》二编十卷,总记史事,起三家分晋,至周世宗征淮南。议论凡近,而笔力尤弱,殊为不称其名,题曰《二编》,盖本有《前编》,今未之见。[一](见《四库提要·史评类》)

又有《通鉴纪事本末论正》[二],明冯琦《宋史纪事本末论正》,陈邦瞻《宋史纪事本末论正》,又《元史纪事本末论正》。

按:太仓张天如溥,《明史》卷二百八十八《列传》第百七十六《文苑》四有传。

二、朱明镐《史纠》

朱明镐,字昭芑,吴郡太仓人。生而颖异,十七补诸生,为制举艺极工。三试锁院已收矣,复落。会世变,遂弃去。与张西铭门人周子俶齐名,发愤攻古学,世所称朱周者也。[三]明镐每读一书,手自勘雠,朱黄钩贯,上自年经月纬,政因事革,下至于方言物考、音义章句,无不通训故,参以稗家,捃摭补缀,穿窒疑,定纰缪,丝分缕析而后止。

长身修伟,负意气,好持论,恢奇多闻,上下千百年若指诸掌,听者惊悚莫敢夺。于国事虽有论述,藏弃不以示人。马迁、班、范三史,考核尚未竟。魏晋以降,贯穿详洽。

所著唯《书史异同》《新旧唐书异同》二书先成。其余日抄月撮,曰《史典》,曰《史几》,曰《史略》,曰《史风》,曰《史游》,曰《史嘉》,曰《史芸》,曰《史异》,曰《史最》,曰《史俳》,曰《史鉴》,曰《史粲》,曰《史纠》,十有三种。《史纠》特为可传。

其《史纠》六卷,是编考订诸史书法之谬及其事迹之抵牾,上起《三国志》,下迄《元史》,每史各为一编。《元史》不甚置可否,自言仿郑樵《通志》,不敢删削《唐书》之例。其《晋书》《五代史》亦阙而不论,则未审为传写所佚,或点勘未竟?观篇末别附《书史异同》一篇,《新旧唐书异同》一卷,与前体例截然不同,知为后人掇拾残稿编次成帙也。[四]明代史论至多,大抵徒侈游谈,务翻旧案,不能核其始终。明镐名不甚著,而于诸史皆钩稽参贯,得其条理,其一一从勘验本书而来,较他家为有根据。其书《三国志》以及八史,多论书法之误,而兼核事实。《唐书》《宋史》则大抵考证同异,指摘复漏中颇沿袭裴松之《三国志注》、刘知幾《史通》、吴缜《新唐书纠谬》、司马光《通鉴考异》之文。……至徐梦莘《三朝北盟会编》本杂采宋诸书,案而不断,以备史家之采择,故义取全收,无所去取。为梦莘实未旁置一词,而明镐误以记述之文,为梦莘论断之语,大加排诋,尤考之未详。要其参互考证,多中肯綮,精核可取者十之六七,亦可谓留心史学者矣!(见《四库提要·史评类》)惜乎! 天阏其年,仅四十有六岁。

吴伟业曰:君之所处,旷怀自得,天实纵以读书论史之年,可以无死,而不料一病,俾所著书勿就以殁。……可不为之深痛乎?(见《梅村文集》卷二十四《朱昭芑墓志铭》)

按:太仓朱昭芑明镐,事迹见《梅村文集》卷二十四。

参考资料

张溥——《明史·张溥传》。

朱明镐——吴伟业作《朱昭芑墓志铭》,《梅村家藏稿·文集》卷二十四《穆苑先墓志铭》。

延伸阅读

〔一〕明末,张六如先生于《历代史论》十二卷,起周三家分晋,至元而止。书颇盛行,学者以春秋二百年,及有明一代,阙而弗备为憾。

光绪五年,吉安裴氏仿小司马补《史记·三皇本纪》之例,取高澹人、谷赓虞两先生之作,合刻之。南海谭宗浚作《序》云:昔左氏作《传》,动称君子。《史》《汉》继迹,咸标精意,系之传末。然皆乙部之枝流,非柱下之专守也。若贾傅《过秦》,严尤《三将》,叔皮《王命》,多史论之权舆,而仅备一事,未遑博考矣。唯《隋志》载蜀丞相诸葛亮撰《论前汉事》一卷,何常侍撰《论三国志》二卷。自是以来,载笔者多从争焉。而宋明两代,学者如诚讥弹古人,故史论之作,充栋汗牛。

〔二〕近人苏渊雷云:张作《通鉴纪事本末论正》,以每篇标目为题,作论二百三十九篇,不专主于论史,每篇常括叙史事,以为读者记诵之资,以文采见胜。(见《读史举要十讲》)

〔三〕吴伟业云:吾师张西铭先生方以复社倾东南。……同社中,推朱子昭芑,周子子俶,皆与君(穆苑先)交极深。昭芑坎壈一生,既高隐,而遗书零落,故尤为之加恸。(吴梅村《穆苑先墓志铭》,《梅村家藏稿·文集》卷二十四)

〔四〕又云:其论《三国》也,谓陈寿有四阙,不志历学,不传列女,不搜高士,不采家乘,在史法宜增。其论《南北朝》也,谓蜀魏吴晋之志,入于《宋史》;梁陈齐周之志,入于《隋书》,在史法宜改。于《唐书》,则欧阳主纪志及表,宋主列传,一书之内,矛盾异同。仁宗命裴煜等五臣,从容较勘,不闻一言之厘正。故修《唐书》者,其病在分。于《宋史》,则《孝宗本纪》编年纪事,前后垂错,最为不伦。诸臣列传,诠次缪乱,凡有七失。盖元顺帝求成书之速,不三年,而《宋》《辽》《金》三史告竣,皆仰成于脱脱之手,故修《宋史》者,其病在易。君之举正辨驳,皆此类也。(见《梅村家藏稿·文集》卷二十四)

第十一章　喜谈本朝掌故〔一〕

一、陈建《皇明通纪》

陈建,字廷肇,号清澜,广东东莞人。与兄越、超、赴皆领乡荐,而建为《春秋》魁。究心国家因革治乱之迹及道术邪正之机。两上春官,皆乙榜。以母老,选授侯官教谕。日勤陶铸,贫生如袁栖梧等,分俸周之。与巡按潼川白公贲论李西涯乐府,因著《拟古乐府通考》。与督学潘公潢论朱、陆同异,作《朱陆编年考》。督学江公以达命校《十三经注疏》,成,代作上《十三经注疏》奏稿。迁临江府学教授,编《周子全书》《程子全书》,大有造于来学。聘典试者凡四:江右、广右、云南、湖广,所得多名士,而滇士严清,后为名冢宰,时论多之。寻升山东阳信令。未几,以母老力告归养,时年方四十八岁,益锐于著述。

裒辑圣祖启运以来迄于正德为《皇明通纪》,凡三十四卷①。又著《治安要议》六卷,其言切于通变救弊。又订正朱、陆异同,为《学蔀通辨》,以端学术。……年七十有一而卒。林公尚书润称"涵咏古今,核治乱之变,通性道之源"。谭公尚书大初亦称其"经世之远,忧世之深"。予家粤白大夫与公同典云南癸卯乡试,相得甚欢,称公"博古之学,用世之才"云。②

徐乾学云:有名托国典,而其实乃甚颠倒者,陈东莞之《皇明通纪》、黄司寇之《昭代典则》是也。《通纪》一书,实梁文康弟文亿所作,故多誉兄之辞,毋以一家之私言,致蔑万世之公论。(见《修史条议》)

纪昀云:后有《明通纪述遗》十二卷,秀水卜世昌、屠衡二人合作,其书补东莞陈建《明通纪》之遗。起元至正十一年,终明隆庆六年,编年记载,多捃拾稗史之言。(见《四库提要·编年类》)

《东华录》(禁书)今于韶州府知府高纲(其佩之子)家,查有陈建所著《皇明实纪》一书,诸悖谬。

按:东莞陈建,明人郭棐《粤大记》卷二四《陈建传》。③

二、王世贞《弇山堂别集》

王世贞,字元美,太仓人。生有异禀,书过目,终身不忘。年十九,举嘉靖丁未进士,授刑部主事。

世贞好为诗古文,官京师,入王宗沐、李先芳、吴维岳等诗社。又与李攀龙、宗臣、梁有誉、徐中行、吴国伦辈相倡和,绍述何、李,名日益盛。官至太仆卿。自号凤洲,又号弇州山人。事迹具《明史·文苑传》。

---

①实"四十二卷",见陈建著、钱茂伟点校《皇明通纪》,中华书局,2008 年。

②此段原稿作"陈建,东莞人",今据明人郭棐《粤大记》卷二四《陈建传》补,中山大学出版社,1998 年。

③原稿列朱国祯后,根据陈建生活时间,移置此。

所著《弇山堂别集》,载明代典故,凡《盛事述》五卷,《异典述》十卷,《奇事述》四卷,《史乘考误》十一卷,《表》三十四卷,分六十七目,《考》三十六卷,分十六目,合一百卷。

按:此书命名,与著作动机,有王氏自撰小序云:《弇山堂别集》者何?王子所自纂也。名之《别集》者何?内之无当于经术政体,即雕虫之技,亦弗与焉,故曰《别集》也。王子弱冠登朝,即好访问朝家故典,与阀阅琬琰之详,盖三十年一日矣。晚而从故相徐公所得,尽窥金匮石室之藏,窃亦欲藉薜萝之日,一从事于龙门兰台遗响,庶几昭代之盛,不至忞忞尔。甫欲命管,而病妒之。既而自惟,材力绵薄,一不称也;所睹章奏、竿尺、赋颂之类,鲜足哀者,二不称也;是非小有不当,流祸后世,三不称也。而是时倡道者谓王子毋受役于笔研,以凿性灵。自是绝意不复作。其他有所闻见,偶书之赫蹄,以数置贮藏。寻得间出之,编次成帙,凡一百卷。携来金陵署中,乃好事者见而异之,固请付剞劂。是书行,异日有裨于国史者,十不能二;耆儒掌故,取以考证,十不能三;宾幕酒次,以资谈谑,参之十或可得四,其用如此而已。最近长沙叶德辉曰:其言谦谦如此,实则见闻详洽,记述具有史才,由其生长世家,早以文章名世,而是集为晚年撰定,以视董复表掇拾世贞文集碑传之作,编为《史料》者,一为己所精心结撰,一为人所哀合成者。其得失固不侔矣。^[二](见《郎园读书志》卷三)

其友陈文烛亦为作序云:国史自范蔚宗以下,一解不如一解。宋、辽、金、元卑哉,栾卻之后,降为皂隶矣!元美起而更张之,其义隐而直,其文谐而庄,其志似推而实任。夫元美,千秋轶才,而不得一登史馆,目击朝家掌故,犁然有慨于心,不容不置一喙。乃又以流祸隐忧,故自斧扆以至貂珰,嬼丑悉陈,无所衮钺,以俟夫后世君子。同心者易寻,吹毛者难见,顾其中藏三尺之严,毫不可夺,不亦隐而直乎?一典之异,令人色飞,一事之,令人颐解。幕中嚬笑,辇下滑稽,间一有之;而殿阁岩廊,公卿将相之事,则居多焉。含法旨于恢诃,寓正言于谑语。莞尔麈谈,毅然狐史,斯不亦谐而庄乎? 元美之才之学,驾凌千古,以国朝而有元美,在元美何可无兹集哉。(见本书卷首)

钱大昕云:元美以一代文献自命。(见《潜研堂集》卷三十一)故除副集外,尚著有《弇州史料》《朝野异同录》,所记皆明末掌故,可与正史相参证也。[三]

纪昀云:盖明自永乐间,改修《太祖实录》,诬妄尤甚。其后累朝所修《实录》,类皆阙漏疏芜。而民间野史竟出,又多凭私心好恶,诞妄失伦,史愈繁,而是非同异之迹愈颠倒而失实。世贞承世家文献,熟悉朝章,复能博览群书,多识于前言往行,故其所述,颇为详洽,云云。(见《四库提要·杂史类》)

三、李贽《续藏书》

李贽,本名载贽,字卓吾,晋江温陵人。嘉靖壬子举人。《明史》无传,事迹附见《耿定向传》。[四]贽少有才,机辨。为姚安府知府,一旦,自去其发,冠服坐堂皇,上官勒令解任。居黄安,日引士人讲学,杂以妇女,专崇释氏,卑侮孔孟。后北游通州,为给事中张问达所劾,逮死狱中。(坐妖言,逮问,自杀)

著《焚书》《藏书》以见志。[五]其《藏书》六十卷,上起战国,下迄于元,各采摭事迹,编为纪传。纪传之中,又各立名目。前有《自序》曰:人之是非,初无定质。人之是非人也,亦无定论。无定质,则此是彼非,并育而不相害。无定论,则是此非彼,亦并行而不相悖矣。

前三代,吾无论矣。后三代,汉、唐、宋是也。中间千百余年,而独无是非者岂其人无是非哉? 咸以孔子之是非为是非,固未尝有是非耳。然则,予之是非人也,又安能已。

又曰:《藏书》者何? 言此书但可自怡,不可示人,故名曰《藏书》也。而无奈一二好事朋友索览不已,予又安能以已耶! 但戒曰:览则一任诸君览,但无以孔夫子之定本行赏罚也,则善矣! 云之。

又《续藏书》二十七卷，为辑明初以来事业较著者若干人，以续前书之未备。其书分开国名臣、开国功臣、逊国名臣、靖难功臣、内阁辅臣、勋封名臣、经济名臣、理学名臣、忠节名臣、孝义名臣、文学名臣、郡县名臣诸目。因自记其本朝之事，故议论背诞之处比《藏书》为略少。

其书排击孔子，别立褒贬，凡千古相传之善恶，无一不颠倒易位。……同时若焦竑诸人，几推之以为圣人，可参《熙朝名臣实录》所附李贽评语。

又李氏读历代正史（自盘古氏至元）时，顺帝纪次序（用编年体）批评其人物史事，记于书眉及句旁。殁后由道人吴从先纂录成《史纲评要》三十六卷。解放以来，福建泉州文物局得其稿本，与上海图书馆新藏参校，已付中华公局印为平装二册行世矣。详情载一九七六年度《文物》杂志中。

按：温陵李卓吾贽，《明史》无传，事迹附见《耿定向传》。

四、邓元锡《明书》

邓元锡，字汝极，号潜谷，江西南城（一作盱江）人。年十三，从黄在川学，喜观经史。年十七，闻罗近溪讲学，从之游。继往吉州，谒诸老先生，以明此学。嘉靖三十四年，举于乡。志在养母，不赴计偕。杜门著述，逾三十年，成《五经绎》、《函史》上下编、《皇明书》诸书。

数为当路荐举[六]，万历壬辰，授翰林院待诏，府县敦趣，就道。明年，辞墓将行，以七月十四日卒于墓所，年六十六。

其《函史》盖仿郑樵《通志》而作。上编八十一卷，即其纪传，下编二十一卷，即其二十略也。然樵之纪传，病于因，故体例各随旧史，不能画一；其二十略病于创，故多夸大不根之论。元锡是编，则又纪传病于太创，诸志病于太因。如纪传分立多名，以古初至商为表，自周以下正统谓之纪，偏霸列国谓之志，后妃谓之内纪，宰相谓之谟，儒臣

谓之述,大儒谓之训,尊如孔子则别列名曰表。次则西汉经学及王通
则并称训,余则总名曰列传。列传之中,又分大臣、贞臣、良臣、争臣、
忠节、名将、循吏、独行诸子目。又以经学、行义、文学、笃行、道学、儒
学、循良各别立一传,分附历代之末。以隐逸、方伎、货殖、列女各合
立一传,总附全编之末。下编:凡天官、方域、人官、时令、历数、灾祥、
土田、赋役、漕河、封建、任官、学校、经籍、礼仪、乐律、财贿、刑法、兵
制、边防、戎狄、异教二十一门,名书者三,名考者八,名志者八,名记
者二,亦芜杂可厌。其所叙述,亦仅类书策略之陈言,毫无发明也。
(见《四库提要·别史类》)

《皇明书》四十五卷。上起太祖,下终世宗。书存,未遭焚毁。

按:盱江邓汝极元锡,《明史》卷二百八十三《列传》第百七十一
《儒林》二有传。

五、朱国祯《明史概》

朱国祯,字文宁,乌程人。万历己丑进士,官至文渊阁大学士,谥
文肃。事迹具《明史·朱国祚传》。

著《皇明大政记》三十六卷,《大事记》五十卷,《大训记》十六卷,
《开国臣传》十三卷,《逊国臣传》五卷,首一卷,合称《明史概》(即《明
史》稿本),有明刊本,今尚易得。

据《四库提要》称:《大政记》始洪武元年戊申,终隆庆六年壬申,
编年记载,繁简多有未当,殊乏史裁。(见《史部编年类》)

又有《列朝诸臣传》稿本,未刊,即为《史概》外之别一种。

清初,乌程庄廷鑨得明人朱国祯之《明史》稿本,延人重加修辑,
并增入启、祯两朝事迹,署己名刊之,名曰《明史辑略》。……未几,去
任归安知县吴之荣,初以索诈不遂,有怨于廷鑨,以其初刊本上之于
朝,遂兴大狱。(见《中国史学史》)

按:乌程朱文宁国祯,事迹附《明史》卷二百四十《列传》第百二

十八《朱国祚传》。

六、谈迁《国榷》

谈迁,字孺木,一字仲木,海宁(一作盐官)枣林里人也。初为诸生,不屑场屋之僻固狭陋,而好观古今之治乱。其尤注心者,在明朝之典故,以为史之识所凭者,实录耳。实录见其表,其在里者已不可见。况革除之事,杨文贞(士奇)未免失实。泰陵之盛,焦泌阳(芳)又多丑正。神、熹之载笔者,皆宦逆奄之舍人。至于思陵之十七年之忧勤惕励,而太史遁荒,皇宬烈焰,国灭而史亦随灭,普天心痛。于是汰十五朝之实录,正其是非,访崇祯十七年之邸报,补其缺文,成书曰《国榷》。〔七〕

当是时,人士身经丧乱,多欲追叙缘因以显来世,而见闻窄狭,无所凭藉,闻迁之有是书,思欲窃之以为已有。迁家徒四壁立,不见可欲者。夜有盗入其室,尽发藏稿以去。迁喟然曰:吾手尚在,宁已乎?从嘉善钱相国(士升)借书后成之。阳城张太宰(慎言)、胶州高相国(弘图)皆以迁为奇士,折节下之。〔八〕

其在南都,欲以史馆处迁,不果。亡何,太宰、相国相继野死,迁亦弃诸生,北走昌平哭思陵,西走阳城欲哭太宰,未至而卒。(以上用黄太冲所作《墓表》语,《南雷文约》卷七)

朱彝尊《静志居诗话》云:(谈迁)留心国史,考证皇朝实录、宝训,博稽诸家撰述,于万历后尤详,号曰《国榷》,自署江左遗民。

喻应益作序文,谓所集诸家著述凡百余种。明代人著作,有叶子奇、宋濂、王祎、解缙、苏伯衡、方孝孺等一百二十多家。其中引用最多者,为海盐郑晓《吾学编》,丰城雷礼《大政记》《列卿记》,太仓王世贞《弇山堂别集》,武进薛应旂《宪章录》,屠叔方《建文朝野稿编》,朱鹭《建文书法儗》,焦竑《献征录》,徐学谟《世庙识余录》,邓元锡《明书》,高岱《鸿猷录》等。

前后费时三十余年(第一次二十七年,第二次四年),始成书一百
〇四卷。卷首四卷,共一百〇八卷。为编年史,按年按月按日记载重
大史事。起元天历元年,至明弘光元年。卷首四卷,分作大统、天俪、
元潢、名藩、舆属、勋封、恤爵、戚畹、直阁、部院、甲科、朝贡等门,综合
叙述,便于参考云。[九]

总之,迁以一贫士,毕生从事学问,手不释卷;国亡后,更一意修
史。母死,守制在家,读陈建所著《皇明通纪》,嫌其谬误肤浅,乃自着
手搜集材料,每每步行至百里外邻县大乡绅家借书抄录。后受义乌
朱之锡聘,随赴北京,搜访史料。[一〇]当时北京有不少藏书家,其最著
名者,为曹溶,秀水人。认为同乡,自作书求见。[一一]溶允借书,并为
绍介太仓吴伟业、武功霍达,收藏皆甚富,且多外间不经见之秘
籍。[一二]而吴伟业又最熟悉明末掌故,迁因得与若辈往来,采访史料。
除此以外,还访问故公侯之门客、降臣、宦官、皇亲等,将所听得之史
事,皆记录之,与文献一一核对。迁又亲谒思陵,以及明代丛葬妃嫔
王子陵基,遍游西山、香山之寺庙,后得写极多材料,约几千张纸,载
以南归。故朱之锡序其《北游录》有云:盐官谈孺木,年始杖矣,同诣
长安,每登涉蹑屩,访遗迹,重趼累茧,时迷径,取道于牧竖村佣,乐此
不疲。旁观者窃哂之,不顾也。及坐穷村,日对一编,掌大薄蹄,手尝
不辍。或覆故纸背,涂鸦萦蚓,至不可辨。或涂听壁窥,轶事绪闻,残
堵圮碣,就耳目所及,无遗者。其勤至矣。

有《自序》及《义例》,生卒年月不可考。

是书所采史料,特别是对万历以后,崇祯、弘光之记录,如崇祯朝
之史事,根据邸报与访问,弘光朝则迁自在宰相高弘图幕府,并与张
慎言等大臣往来,得就所闻见者,是以皆可信也。

《国榷》百卷,系《明史记》初稿,仅有传抄之本,已征入明史馆。

按:海宁谈孺木迁,《清史稿》卷五百一《列传》第二百八十八《遗
逸》二有传。

463

七、张岱《石匮书》

张岱,字宗子,改字石公,号陶庵,浙江山阴人。(一作岱,字陶庵,自号蝶庵居士。家本剑州,侨寓钱塘。)生长世家,自高祖轵留意搜集明朝史料。岱为县学生,早慧,善诗文,能资其所藏,创作一部纪传体明史巨著曰《石匮书》。《石匮书》全记明代三百年事,尤多异闻焉。

国变后,携稿避居剡溪山村,在困苦生活中,坚持完成此书,故亦命名为《石匮藏书》,如宋郑所南之《铁函心史》。岱先后费二十七年始完成全稿,尝曰:事必求真,语必务实,五易其稿,九正其讹,稍有未核,宁阙勿书。

康熙初年,谷应泰提督浙江学政,编修《明史纪事本末》,请岱参与工作,因得观谷应泰所搜集之崇祯一朝大量邸报材料。于是再花整理与提谏功夫,补写崇祯一朝纪传,以有前书,故称此为《石匮书后集》云。

《石匮书后集》与《明史纪事本末》使用相同材料来源,只为体例不同,取舍亦因之而异,但保存史料较丰富耳。[一三]其与周戬伯书云:弟向修明书,止至天启,以崇祯朝既无《实录》,又失《起居》。六曹章奏,闯贼之乱,尽化灰烬,草野私书,又非信史,是以迟迟以待论定。今幸逢谷霖苍文宗欲作《明史纪事本末》,广收十七年邸报,充栋汗牛,弟于其中簸扬淘汰,聊成本纪,并传崇祯朝名世诸臣,计有数十余卷,悉送文几,祈著丹铅,以终厥役。弟盖以先帝鼎升之时,遂为明亡之日,并不一字载及弘光,更无一言牵连昭代。兄可任意较雠,无庸疑虑也,可以明其志事矣。有《自为墓志铭》及《陶庵梦忆》、《西湖梦寻录》、《琅嬛乞巧录》(按:此稿乃成于明亡后三十年,故书序末,仅书庚申亡国之痛,除约行间云)、《虞初志遗编》等作品。

按:石公一生著述,多胚胎说部,非迁固正传。而于有明一代朝典野乘、谀闻轶事，则搜辑靡遗，此《石匮书》尤为其生平所自诩者。

八、朱睦㮮《革除逸史》

朱睦㮮，字灌甫，号西亭，周定王六世孙。万历五年，举周藩宗正，领宗家事，封镇国中尉。幼端颖，郡人李梦阳奇之。及长，被服儒素，覃精经学，从河洛间宿儒游。年二十，通五经，尤邃于《易》《春秋》。益访购古书图籍，得江都葛氏、章丘李氏书万卷，丹铅历然，论者以方汉之刘向，筑室东坡〔一四〕，延招学者。

著《授经图传》《明帝世表》《周国世系表》《建文逊国褒忠录》诸书。

其《授经图》二十卷，所述经学源流也。睦㮮之作是书，大旨病汉学之失传，因溯其专门授受，欲儒者饮水思源，故所述列传，止于两汉。朱氏《经义考》未出以前，能条析诸经之源流，此书实为之嚆矢。（见《四库提要》）

而《褒忠录》则以建文帝一朝事迹，编年叙之。纪昀云：革除一事，其初格于文禁，记载罕传，在当日已无根据。迨公论大明，人人表章忠义为事，撰述日夥，而《从亡》《致身》诸录，遂相续而出，真伪相半，疑信互争，遂成一聚讼之案。纠结靡休，符验黄佐稍有辨证，尚未能确断。睦㮮《自序》独辨建文帝髡缁遁去。及正统间迎入大内之说，乃好事者为之。故载建文四年六月事，只以宫中火起，帝逊位，为传疑之词，亦可谓善待两家之平矣。（见书同上）

又有《镇平世系表》二卷。

按：河南周府宗正京都开封朱灌甫睦㮮，《明史》卷百十六《列传》第四附《周王橚传》，又见卷二百九十四《列传》第百八十二《忠义》六，俱有传。

九、徐纮《明名臣琬琰集》

徐纮，字朝文，武进人。弘治庚戌进士，以刑部郎中，出为广东按察司佥事。分巡岭东,终于云南按察司副使。

所著《明名臣琬琰集》二十四卷。是书乃仿宋杜大珪《名臣碑传琬琰集》而作。所辑自洪武迄弘治九朝诸臣事迹。《前录》所载一百十有七人,《续录》所载九十五人,凡碑铭志传,以及地志、言行录之类,悉具焉。

参考资料

王世贞——自著《弇州山人四部稿》《续稿》,《凤洲杂编》。

钱大昕作《弇州山人年谱》。又《跋弇州四部稿》,《跋弇州山人续稿》,均见《潜研堂集》卷三十一。

近人吴晗《读史札记》。

李贽——自著《焚书》六卷,《明儒学案》。

近人吴虞作《别传》,《新青年》。

容肇祖作《李卓吾评传》,民国廿六年商务及《燕京学报》刊布。

吴晗《读史札记》。

苏渊雷作《李温陵别传》,《学思文粹》。

邓元锡——《明儒学案》卷二十四《江右王门学案》九。

朱国祯——自著《涌幢小品》。

《明清史料》不分卷,明清史料编辑会编。

全谢山《鲒埼亭外集》,"中央研究院"排印本。

庄廷鑨《明史辑略叙》。

杨凤苞《南疆佚史跋》,《秋室集》。

李慈铭《越缦堂日记》。

章太炎《书潘吴二子事》,《文编》。

陈去病《吴赤溟传》,《国粹学报》。

张寿镛《朱文肃诗集题跋》,《约园杂著三编》卷三。

《明季稗史》《痛史》《中国秘史》,康、雍、乾间文字之狱。

《明清史料》不分卷,中央研究院排印本。

《清代文字狱档》,故宫博物院编印。

近人朱邦彦《庄史案辑论》,中山大学印本。

陈建——《皇明通纪》。

谈迁——自著《北游录》《枣林杂俎》。

黄宗羲《谈君墓表》,《南雷文约》卷七。

朱彝尊《静志居诗话》。

《海宁县志·隐逸传》《海昌图志》《硖川续志》。

近人邓之诚《骨董琐记》。

张宗祥冷僧所整理《国榷》,《浙江日报》及《书序》,新出版。

张岱——自著《琅嬛文集·自作墓志铭》。

毛奇龄《寄张岱乞藏史书》,《毛西河合集》,《绍兴志·张岱传》。

朱睦㮮——《革除逸史》。

徐纮——《明名臣琬琰集》。

延伸阅读

〔一〕亡友宋慈抱云:明季史料甚多,如朱国祯《明史概》、谈迁《国榷》、查继佐《罪惟录》、翁洲老民《海东逸史》、计六奇《明季南北略》、徐鼒《小腆纪传》,著见于谢国桢《晚明史籍考》。又不可胜数,此书所举,似不略。(见对拙著此书《初稿》所提之意见)

又,近人金毓黻云:明代中叶以后,士大夫喜谈本朝掌故,私家作史之风亦盛,如朱国祯之《明史概》、邓元锡之《明书》、陈建之《皇明通纪》、王世贞之《弇州史料》、谈迁之《国榷》,皆撰于明亡之前,虽未尽满人意,然亦具体而微。(见《中国史学史》)

〔二〕纪昀云:世贞承世家文献,熟悉朝章,复能博览群书,多识于前言往行。故其所述,颇为详洽。(见《四库总目提要》)

〔三〕艾南英云:王世贞前后《四部稿》及其《外集》,多载嘉隆时事,臣尝读其书,……读史迁之书,汉武不失为好大喜功,读世贞之

467

书,天下后世以世庙为何如主? 世贞雅有文名,又喜猎史汉之皮毛,
以序饰时政;爱其文者既溺而不察,士子生长草野,不及见嘉隆故老,
以审知是非之实,而一时著述编录之人,不过握近代文集,吠声附和,
而世贞之集又最著。臣故敢书其后曰:近代文士以修怨而无君者,太
仓王世贞也;以横议而非圣者,温陵李贽也。(见《书影》)

又云:后生小子不必读书,不必作文,但架上有前后《四部稿》,每
遇应酬,顷刻裁割,便可成篇。骤读之,无不浓丽鲜华,绚烂夺目;细
案之,一腐套耳。(见《天佣子集》)

又近人吴晗云:王世贞在当时学者中堪称博雅,时人多以有史
识、史才许之,他自身亦以此自负;且毕生从事著述,卷帙甚实,多为
后来修史及研究明代掌故者所取材。(见《读史札记》)

〔四〕按:耿定向,字在伦,麻城人,嘉靖丙辰进士,官至户部尚书,
总督仓场,谥恭简。事迹具《明史》本传。定向以讲学著,论史本非所
长,著有《硕辅宝鉴要览》四卷。尝招晋江李贽于黄安,后渐恶之。贽
亦屡短定向,士大夫好禅者往往从贽游。又,焦竑《熙朝名臣实录》所
附李贽评语,尤多妄诞,不足据为定论也。(见《四库提要》)

〔五〕苏渊雷云:在《通鉴纲目》流行的时期,史学思想的领域里不
断发出反封建专制主义的抗议。晚明的李贽著《藏书》,这是一部有
丰富的战斗性格的史书。他自称:读史时,真如与百千万人作对敌,
一时对垒,自然献俘授首,殊有绝致,未易告语。他不是以直接反对
专制主义出现,而是以反对封建主义教条,反对封建专制主义的思想
表现得更为集中,也更为普通一些。(见《学思文粹》)

〔六〕休宁范涞知南城时,重元锡。后为南昌知府,万历十六年入
觐,荐元锡及刘元卿、章潢于朝。南京祭酒赵用贤亦请征聘,如吴与
弼、陈献章故事。得旨,有司起送部试,元锡固辞。明年,御史王道显
复以元锡、元卿并荐,且请仿祖宗征辟故事,无拘部试。诏令有司问
病,痊可起送赴部,竟不行。二十一年,巡抚御史秦大夔复并荐二人,

诏以翰林待诏征之,有司敦遣上道,甫离家而卒,乡人私谥文统先生。

〔七〕谈迁自云:横木水上曰榷。汉武帝榷商税。今以榷史,义无所短长也。事辞道法,句榷而字衡之,大抵宁洁毋靡,宁塞毋猥,宁裁毋赘。若亥豕之讹,雌黄之口,尤其慎旃,不敢恣臆于百祀之下。(见《凡例》)

又喻应益《序》:盐官谈孺木乃集海盐、武进、丰城、太仓、临朐诸家之书,凡百余种,苟有足述,靡不兼收,勒为一编,名曰《国榷》。

夫以木横水曰榷。若孺木之所采辑,巨纤毕备,久近并综,诚哉榷而取之诸家,无遗言矣。孺木以帖括之暇,而效为朱墨本,盖良史才,亦缘识朗而学赡,故能成其大志欤。

又现在的本子,是海宁张宗祥冷僧先生,根据蒋氏衍芬草堂抄本和四明卢氏抱经堂所藏抄本,互相校补重分的。又《浙江日报》载浙江省图书馆馆长张宗祥整理《国榷》消息,谓七月已由中华书局出版,书首有张题记云:谈迁始名以训,字孺木,号观若,明诸生。性喜博综,熟悉古今典要,破屋颓垣,凭几著书。崇祯时,爱知于阳城张慎言,胶州高弘图。甲申,高入相,张为冢宰。高以迁谙典故,欲荐入史馆,以襄一时之阙,力辞不就。乙酉归里,尝综明十五朝《实录》,正其是非,补其缺失,成《国榷》一书。但有盗入其室,窃藏稿以去。更从嘉兴钱相国龙锡,借书编纂,复成之。后以故人招入燕,徒步百里,哭拜思陵。更欲西至阳城哭太宰,遂入晋,寓友人司理衙斋,晓起,中风露而卒。所著有《国榷》《枣林杂俎》《北游录》《西游录》《枣林外索》《海昌外志》等书。

按:张宗祥,字冷僧,海宁人。蓄书甚富,喜于抄古籍,速而精妙。其学自训诂,以至词章,各擅其胜。著有《淮南子高注三异同订》《午卷楼随笔》等书。

〔八〕朱彝尊云:曩(昔)海宁谈迁孺木馆于胶州高阁老弘图邸舍,借册府纵观,因成《国榷》一部,掇其遗为《枣林杂俎》,申述孝慈高皇

469

后无子云云。据此则《杂俎》改述，当是明代掌故。（见《南京太常寺跋》，《缘督庐日记》引）

〔九〕谈迁自云：天启辛酉，值内艰，读陈建《通纪》，陋之，私自笔录，渐采渐广，且六易稿，稿之百卷。丁亥八月，盗肷其箧，拊膺流涕曰：噫！吾力殚矣。居恒，借人书缀辑。又二十余年，虽尽失之，未敢废也。遂走百里之外，遍考群籍，归本于《实录》。其《实录》归安唐氏为善本，携李沈氏、武塘钱氏稍略焉。冰毫汗茧，又若干岁，始竟前志。（见《义例》）

又近人吴晗云：（迁）以为明朝《实录》不可靠，例如《明太祖实录》经过三次改写的，隐没了不少真相。《明孝宗实录》是正德时奸臣焦芳编的，黑白颠倒不可靠。为了历史事实真实，他便发愤通读所能借到、抄到的一百九十家明朝的著作，互相对证比较，一条条札记，按年月分别放在有很多抽屉的柜子里，再按年月、按事综合研究，择善而从，编成这部书。（见《爱国的历史家谈迁》，《新观察》第十五期）

〔一〇〕又云：一六五三年义乌朱之锡官弘文院编修，服满进京供职，聘他作书记，在这史多本之。

〔一一〕古今人不相及，迁更谫劣，舍逢掖而谋朱墨，只见其望洋也。（见《北游录·纪闻》）

〔一二〕又《上吴骏公书》曰：迁自恨绳枢瓮牖，志浮于量，肠肥脑满，妄博流览。尤于本朝，欲海盐、丰城、武进之后，尝鼎血指。而家本担石，饥梨渴枣。遂市阅户录，尝重跰百里之外，苦不堪述。条积匦藏，稍次年月，矹矹成编。而事之先后不悉，人之本末未详。间见邸抄，要归断烂。凡在机要，非草野所能窥一二也。古人著述，尝求一代之鼎品而质或焉。史事散落，更贵搜订，王隐见轻于《晋纪》，湘山只成其野录，正以舛误过甚，芜僻自安也。（见书同上）

〔一三〕梁任公曰：（掠美）这类人在学术界很多。如郭象，……王鸿绪……《庄子注》还好，没有什么大错。《明史稿》就改得很不堪。

所谓点金成铁,令我们读去,常有不睹原稿之憾。又如谷应泰《明史纪事本末》,编制排比,详略得中,允推佳制。但据邵念鲁《思复堂文集·遗民传》称山阴张岱所撰,谷应泰以五百金购得之。果尔我们对于谷氏,不能不说他有"掠美"之嫌疑耳。

〔一四〕按:万卷堂为明周定王六世孙睦㮮藏书堂名。有《万卷堂书目》。周王封地,在今河南开封府。崇祯壬午,贼决河堤,出堂,付之巨浸。(见《辞海》)

湖北省公益学术著作
Hubei Special Funds 出版专项资金
for Academic and Public-interest
Publications

专题史研究文库

董朴垞 著

董铁铮 清抄 钱茂伟 等 点校

中国史学史长编（下）

长江出版传媒｜崇文书局

第九编

清 代 史 学

(一) 1—8章

马 骕	高士奇	陈景云	顾栋高	朱奇龄	杨陆荣	李 锴
钱谦益	吴伟业	谷应泰	傅维鳞	顾炎武	戴 笠	潘柽章
吴 炎	潘 耒	戴名世	查继佐	王夫之	计六奇	温睿临
徐 嘉	黄宗羲	万斯同	邵廷采	全祖望	邵晋涵	王鸿绪
张廷玉	徐元文	叶方蔼	张玉书	陈廷敬	朱 轼	傅 山
施闰章	汪 琬	毛奇龄	倪 灿	严绳孙	汤 斌	姜宸英
王锡阐	朱彝尊	黄虞稷	翁方纲	刘献廷	王 源	尤 侗
蓝鼎元	金门诏					

(二) 9—25章

顾祖禹	黄 仪	胡 渭	阎若璩	赵一清	沈炳巽	王懋竑
蔡上翔	章学诚	徐乾学	毕 沅	陈芳绩	齐召南	汪辉祖
李兆洛	杨丕复	汪日祯	李 清	邵远平	吴任臣	沈炳震
陈黄中	赵绍祖	谢启昆	陈 鳣	郭 伦	周 济	梁廷枏
吴兰修	章 陶	汤成烈	钱大昕	钱大昭	钱 塘	钱 坫
王鸣盛	赵 翼	王念孙	洪颐煊	李贻德	张 增	厉 鹗
杨复吉	杭世骏	惠 栋	彭元瑞	刘凤诰	俞正燮	吴兰庭
吴光耀	周在浚	汤运泰	孙星衍	郝懿行	洪亮吉	洪饴孙
洪崎孙	侯 康	周嘉猷	顾櫰三	周 春	张 鉴	崔 述

梁玉绳	程恩泽	黄式三	龚自珍	阮　元	江　藩	唐　鉴
戴　望	钱仪吉	钱　林	李元度	李　桓	祁韵士	徐　松
张　穆	何秋涛	秦蕙田	黄以周			

(三) 26—38章

张　澍	姚振宗	朱右曾	章宗源	孙之骍	林春溥	雷学淇
徐文靖	陈逢衡	张宗泰	姚之骃	马国翰	黄　奭	汪文台
汤　球	施国祁	沈钦韩	梁章钜	周寿昌	李慈铭	王先谦
邓显鹤	王树枏	魏　源	毛岳生	曾　廉	李文田	高宝铨
洪　钧	屠　寄	柯劭忞	沈曾植	汪士铎	杨守敬	丁　谦
陆心源	吴士鉴	张森楷	唐景崇	陈庆年	陈　鹤	陈克家
夏　燮	王颂蔚	蒋良骐	潘颐福	朱寿朋	龙文彬	杨　晨
朱铭盘	王闿运	王定安	朱孔彰	孙诒让	罗振玉	王国维
李有棠	李铭汉	刘锦藻	黄遵宪			

第一章 设馆修国史、实录

一、国史

清初设国史院，以大学士领之，其后改设国史馆于禁城内，置总裁、纂修、协修诸官，皆以翰林院官所谓词臣者兼之。其所修之国史，体例如前代之正史，有本纪，有列传，有表，有志。当有清之季，已将太祖迄穆宗之十朝本纪修竣，其后更续修《德宗本纪》，凡一百三十七卷。

清制：内外臣二品以上及特旨宣付、臣僚奏请，乃得立传。今坊间印行之《清史列传》八十册，即用清国史馆之底本，为历朝词官所修者也。[一]表、志二类亦略具梗概，而不如本纪、列传之有成书，故无考也。（见王国维《观堂外集·郭春榆宫保七十寿序》）

二、实录

清代有起居注官，例由任其事之翰林官更番撰记，每半月为一番，其如何取材则未详，亦不同前代之有日历及时政记，惟每帝崩殂，新君嗣位，则依前代例，设实录馆，纂修先君实录，以为记注之总汇，又别纂圣训。故是时于国史馆外，别设实录馆，置总裁、提调、总纂、纂修等官，亦以词臣兼之，事毕则撤馆，而非常设。实录、圣训亦修国史者之所取资也。实录、国史两馆皆设于禁城东华门内，蒋、王二氏自实录钞出之史料，别为《东华录》，其得名之故以此。

清太祖迄穆宗十朝实录，早已成书，蒋良骐、王先谦先后辑《东华录》皆资于实录，而所载事有未尽。蒋录起太祖天命，迄世宗雍正，凡三十二卷。王先谦重为排纂，而自乾隆以下迄同治五朝称《续录》。

潘颐福别撰《咸丰东华录》六十九卷，又在王录之前，而不如其详。清初三朝实录，屡经改修，渐失本真，人皆弃重修本，而珍视初修本。《德宗实录》晚成未出。[二]朱寿朋撰《光绪东华录》，无实录可据，而其详赡过于实录。宣统朝无实录，而有政记。是则《清实录》之完备，尤过于明代。[三]近年清十一朝实录附以《宣统政记》《清太祖实录战绩图》合为千余册，已影印行世。（钞自金毓黻《中国史学史》）

缪荃孙云：史馆之实录，逐日排比谕旨，无首尾，无断制，不附大臣列传，与宋明实录不同。起居注亦同，更不完备。大臣列传，内官至侍郎，外官至巡抚，无不列传。传亦录谕旨，节奏疏，一篇详履历耳，其人之学行功业无所表见也。三品以下则无传，十四传不全，十志亦不备。史馆如此，尚何所望？（《雪桥诗话序》）

孟森云：清历朝实录，雍正以前，本已任意撰造。试思清世实录馆诸臣，岂有敢冒厉禁，不为扶同讳饰之理？然而雍正以前六朝实录，至乾隆朝皆经重定。可见清代官书之远于事实，故易代以后，纂修清史仅据官书为底本，决不足以传信而存真。此吾党所以列清史为学科之意也。（见《前纪·叙》）

三、圣训

《太祖高皇帝圣训》四卷，康熙二十五年，圣祖仁皇帝恭编，凡九十有二则，分二十六门。乾隆四年，皇上敬制序文，宣付剞劂，昭示万方。

《太宗文皇帝圣训》六卷，顺治末，世祖章皇帝编次，未完。康熙二十六年，圣祖仁皇帝续成，凡一百一十一则，分二十三门。乾隆四年，皇上御制序文刊布。

《世祖章皇帝圣训》六卷，康熙二十六年，圣祖仁皇帝恭编，凡一百一十三则，分三十二门。乾隆四年，皇上御制序文刊布。

《圣祖仁皇帝圣训》六十卷。雍正九年，世宗宪皇帝恭编。乾隆六年,皇上御制序文刊布,凡三十二类,总一千九百余则,篇帙视列圣为富。神功圣德,史不胜书,实录盈千卷,而贻留大训,亦记载独繁。

《世宗宪皇帝圣训》三十六卷,乾隆五年,皇上恭编,御制序文刊本。分三十类,九百十六则,卷帙亦极繁富。

附录一:罗振玉七篇

《皇清奏议》六十八卷,起顺治元年迄乾隆六十年。《续编》四卷,起嘉庆元年迄十年,内府精写本,乃使臣奉敕编辑,为近日典守者所窃出者。谨案《宫史续编》著录《皇清奏议》四十册,起顺治元年迄乾隆九年,近人所撰《殿本四库存目》计存奏议八百九十册,则始顺治迄光绪,盖史臣随时编定增入。此则嘉庆朝所辑也。顾今日内府存本,由顺治迄嘉庆五朝,已多残缺,于顺治朝缺三年至十二年,康熙朝缺元年至十年、五十七年至六十年,雍正朝缺三年以下,乾隆朝缺十八年以下,嘉庆朝缺五年至十年,及十二、十三年,十五、十六年,十九年诸册,则此书今日中秘旧藏已无完帙矣。京师旧有活字板本,凡六十八卷,与此本同,而无《续编》四卷。其书流传甚少,且别风淮雨,触目皆是。今因整理内阁大库史料,欲编刊国朝史籍,爰取此本,付诸精写,逾年乃献。柱下之藏,得传播人间,洵为考国史者所共快矣。(丙子三月,振玉跋,《后稿》)

《辽》《金》二史多疏舛,《金史》有施北研先生为详校,《辽史》则仅钱竹汀、厉太鸿两先生为校补,芜漏尚多。今试举一斑,以示之例。予老懒,不复能肆力于此,长孙继祖颇潜心乙部书,异日倘能成予志乎?(《韩楏墓志跋》,《振玉后稿》)

《与柯凤荪学士书》:玉避地六年矣。迩来抱病逾年,仅存一息,不复措意于人间事,惟尚有一事,极不能忘,则二百余年之信史是也。近年沪上书坊为射利故,多印行短书稗史,往往毁谤圣政,污及宫廷,以逢迎社会,虽有识者不复一顾,而流传方来,未必不滋人口实。忆初至东邦之三年，值景皇后崩御，此间报纸摭拾乱党谣言，肆行毁谤，阅之发指。玉既移书与争，复为文揭之报纸斥正之，此在当时则易为而不能期之异日也。今沪上秽史既不能付祖龙一炬，而所以纠正之者，莫如将历朝实录及馆臣旧撰《国史》纪传表志，刊刻传世。日月既出，爝火自熄。其在唐代韩文公撰《顺宗实录》，当世既已流传。明之末季，亦许人诣内阁传钞实录，此前事之师也。舍今不图，悔之无及。往夫己氏曾创立清史馆矣，彼意别有所在。今元凶已伏天刑，而史馆具存，彼当事者究能一秉正至公，发挥圣德否？诸秉笔者，果能备具三长，无愧作者否？果能计日观成，传之当世否？凡此三者，皆非下走之所能知也。鄙意节省馆用，先将实录史稿由史馆早日刊行，此上策也。否则，为下走者虽转徙余生，生计将绝，而天良未泯，愿尽斥鬻所藏长物，出私资印行。为山之功，始于累土。愿首为之倡，并愿为之奔走鸠集，人之欲善，谁不如我。以寰宇之大，得一二百人力，则此事办矣。此下策也。总裁赵尚书世受国恩，比之下走草茅新进，地位迥殊，其爱国之忧，当千万倍于下走。其隐忍就职，或有深心。请公以鄙意转达。如不以为诞，玉定趋赴国门，面商此事。……此书发后，未得报章，复移书宝沈庵宫保，并告以先由予捐写官之费三万金，乃赵谓《国史》未刊行，《史稿》不能只字流出，拒之甚严。越数年，赵以馆用匮，乞刘翰怡京卿佽助。予告刘，当以传写实录邀之。赵立许可，但云不可告罗参事，彼前以是请，未允也。及钞成，讹本甚多，无从勘正。及满洲旧邦新造，予函商亡友内藤湖南博士，极赞同。及两国创立文化协会，遂议决刊行。顾中间阻厄百出，蜚语横生。又德宗、今上两朝，不在预算之内，乃由予先倡捐万二千元，会中诸君赞之，乃勉强告成。顷长孙于日记中得此书稿，爰录入卷内以记。即此区区草野微忱，亦历百艰而始达如此。（《振玉后稿》）

顷得吾乡徐星伯所辑《宋会要》，见有可补正是书者，爰命长孙继祖录出。复以三日之力，手自修正，并删订旧序，重付影印，以就正世

之治乙部学者。(《跋沙州曹氏年表》)

光绪壬辰，予曾著《唐书宰相世系表考证》二卷，其书乃依据诸史列传而佐以唐人文集及金石文字成之。顾其时家居，见闻简陋。及宦游南北，每得碑志，见有可补正是表者，辄录之书眉，备异日增入，以故考证虽久成书，迄未授梓。及辛亥避地扶桑，唐尚书景崇以书来言：闻尊著《唐书艺文志斠记》《宰相世系表考证》久已脱稿，鄙人以数十年之力注欧书，今将以桑榆暮景成之。大著拟全行采入，敢以为请。予因以旧稿付之。当时征求，迫不及录副也。乃尚书不久下世，所著亦未就，而旧稿则不可复返矣。幸书眉所记，续校之稿尚存，且岁有增益，三十年来，中州所出《唐志》千余品，每得墨本，辄取以校雠。久之，遂得如千则。今始以养疴余闲，别纸缮录，成书二卷。欧表旧例：书名、书官、书字、书爵、书谥，其有未备者，则补之。子孙有可考而遗之者，则补之。至世次颠倒错迕，名字讹舛，或一人而析为二，或二人而混为一，则订正之。其大端根据志墓之文，而辅之以诸家文集，复校以宋椠本，与前书盖稍异，故名之《补正》。回忆少时治此书，予年未及三十，今且逾七十矣。中更世变，未转沟壑，尚得为此寂寞以遣余年，荧荧青灯，萧萧白发，自幸且自慨也。(丁丑仲冬《唐书宰相世系表补正序》，《贞松老人遗稿》甲集)

光绪季年，予备官学部，唐春卿尚书景崇代蒙古荣文恪公来长部，见予遽曰：往在南中，读君著作，至为钦挹。今后请以退食余闲，相与商量旧学。某炳烛之明，薄有造述，愿得他山之助，幸无逊谢，可乎？予逡巡应之曰唯唯。不半月，公延予于广西会馆，出所注《新唐书》稿相商榷。且曰：新旧两书，以史法论，欧史为优，记载翔实，则推刘氏。顾旧书无善本。前辈谓《太平御览》《册府元龟》所引出北宋初年，可资勘定。然《元龟》近亦无佳刻，……乃又曰：京师人文渊薮，求书不易。同治初，于独山莫氏假写本《东国史略》……于注欧书，无甚裨益也。公闻之惊喜，借观月余。告予曰：详检两书，果如子言。然更从别处得他资材耶？予以唐代石刻文字对,公曰:君闻见博,倘见有裨欧书之石刻,幸见告。予唯唯应之,然实未有以报公也。及辛酉后,予寓居津沽,得中州石刻甚多,见……足释往者尚书之疑。顾是时,尚书墓草已宿,欲践往约,已未由矣。(《唐代海东藩阀志存》丁丑仲冬《自叙》)

往在沪江,与嘉兴沈子培尚书论吾浙学术,尚书曰:二百余年,吾浙史学实冠于各省。乾嘉以来,海内学者无专治辽、金、元三史者。吾浙先正则皆有成书,且莫不精邃。近数十年间,南北学人始渐知治蒙古史,而辽、金二史,至今尚无继起者。此非予矜张乡学,实笃论也。予曰:然,但汪氏《元史本证》,施氏《金史详校》,果至精密。若厉氏《辽史拾遗》,则但捃拾佚漏,于《辽史》乖失,未尝纠正,则美犹有憾焉。欲弥此憾,固后来者之责矣。尚书抚几而起曰:此终当责之吾乡,且责之公。予曰:近整比未完旧著,尚未遑及此。且学问,天下之公,但愿有能成此者,何必出自我?尚书曰:分公才力,足了十人。矧有君楚,足为公助乎?予仍逊谢。公曰:异日君楚必能成此,惜老夫不及待矣。君楚者,亡儿福苌,夙为尚书所期许,时以病居沪上,未几遽没。又未几,尚书亦捐馆舍,此愿遂久不克偿。及予与亡友王忠愨公同直南斋,复以尚书望予者望忠愨。忠愨俞焉。乃不数年,又遽以忧愤赴止水,今又十余年矣。予居辽后,得辽贾师训韩橁诸墓志,辽帝后诸哀册,为之考证,盖感《辽史》之讹误百出,非勘正不可。慨然欲以自任,顾炳烛余光,精力衰谢,复以疾苦,益疏笔砚。长孙继祖性通敏静谧。频年,予有造述,每令参校,因以此命之,先后三稔,遂成《校勘记》八卷。(戊寅孟冬,《辽史校勘记序》)

附录二:王国维一篇

国朝故事:官制有国史院,领以大学士,后罢内三院,仍设馆于禁城内,置总裁纂修,协修诸官,以词臣兼之。其书体例,如古正史,通列朝为一书。国祚无疆,斯国史亦与之为无疆,故自设官,以迄宣统辛亥,二百六十有七年,惟十朝本纪草稿完具。列传一类,除内外官二品以上及特旨宣付、臣僚奏请立传外,未尚博采。表、志二类亦仅具梗概,盖未有成书也。惟列圣嗣服之初,每诏儒臣修先皇帝实录,其选任较精,责任较专,程限较严,议叙较优,故成书亦较完且速。今日得详我列祖列宗之圣德神功,及三百年来之事迹者,惟实录而已。洪惟我德宗景皇帝临御天下三十有四年,仁孝恭俭之德,勤政爱民之心,洽于四海,又值中外大通,事变蜂起,因革损益,经纬万端,而盛德鸿业,未有记注。宣统元年六月,皇帝始命臣工恭纂实录,三年而遭辛亥之变,属稿才得十一二。壬子四月,复奉诏纂修,时总裁官为长白世文端公续、吴县陆文端公润庠,而今太傅闽县陈侍郎宝琛、今宫保侯官郭侍郎曾炘、宗室宝侍郎熙副之,提调则裕参议隆、李侍讲经畬。总纂则钱侍读骏祥、熊侍读方燧、蓝编修钰。总校则程侍讲棫林、朱编修汝珍。纂修则袁侍讲励准、吴撰文怀清、王编修大钧、金编修北丰、欧侍御家廉、温侍御肃、何编修国澧、张检讨书云、章检讨楑、史编修宝安、李编修湛田、黎编修湛枝、吴编修德镇、胡编修竣、龚编修元凯、郑编修家溉。草创于壬子之夏,讫事于辛酉之冬,计十年而书成,凡五百九十七卷。其正本现尊藏于皇史宬,副本之恭储于乾清宫者,亦期于甲子年缮竣。而《德宗景皇帝圣训》一百四十五卷,《国史·德宗本纪》一百三十七卷,亦次第葳事。先是,己酉开馆,总裁官、副总裁官共十许人,纂修官四十人。至壬子重修,正副总裁仅五人,纂修二十一人。逮辛酉书成,总裁官与于经进之列者,惟陈太傅及郭、宝二宫保。而陈太傅、宝宫保均以辛亥入馆。惟郭宫保在承平时历官与礼曹相终始,由庶吉士改礼司主事,洊跻至左侍郎。礼司废,又权掌典礼院,故最练于当代之典制。又直枢垣久,光绪一朝之事,巨细源委闻见最切,卒能勒成巨典,光我圣清,藏之金匮,副在宣室,功莫盛焉。昔有宋南渡,徽、钦二宗未有实录,高宗下诏纂修,徽录成于绍兴二十八年,钦录成于孝宗朝乾道四年,绵历三纪,始有成书。顷者恭纂《德宗实录》,颇与宋南渡相类,而具稿不过十秾,虽纂修诸臣之克共厥职,抑亦总其事者忠勤之效也。(见《观堂别集·郭春榆宫保七十寿序》)

附录三:吴闿生一篇

《上赵次山总裁辞清史馆协修书》,《闿生文集》。

昨承宠命,猥以史馆协修见委,以仆于明公非有一日之雅,又未尝有夤缘干托之为,而礼问殷勤,忽出于其所不意,知明公之访士勤矣。虽然,度闿生之所能,固无以塞盛望也。盖今日而言修史,有数难焉者。有清三百年文字之禁甚严,士大夫绝口不谈时政。官书既少征考,而私家又鲜著述,何所凭藉取信? 此一难也。海通以来,变故纷乘,皆前古所未有,因仍往迹,绝无可承袭,创开新例,又于古无征,此二难也。数十年中,士始困于帖括,眩于西学,于国家典章法制,往昔学问精微,多未暇究悉。老宿渐稀,后生通习尤鲜,此三难也。抑又有难者,往者曾文正公推大桐城姚氏之说,贯串百代,发为典册高文,以雄视于海内。继其业者,则惟闿生之先人,其不传之秘,具在篇章,非尽人所得而喻。闿生不材,于先世渊源,未尝窥见万一,言之惭汗实甚。顾本其龆龀所见闻,起而求之于当世,则声沉响绝,闻焉无人。孟子言:未有为其事,而无其功者,世有能人,虽未敢炫于世也。或者谓此文学耳,于史事无与,则不然。史者,文章之渊薮,盖有能文而不为史者矣。乌有不知文而可以为史者乎? 然尝谓世间百事,倒行错置,皆可漠然不较,敛退自甘,独至于学问一涂,未宜俯嘿求容以自贬,而阿世非亢也。斯文一线之传,未坠于地,所任不重,则其道不尊。此下关百世之谋,非若官秩爵禄,旦暮荣华者比也。虽然此为名山著述,自命千秋者言之耳。若乃官家之制作,设局分科,集思广益,则义取宏通,未可一概而论。如今日史馆之制,有协修若干人，纂修若干人。又有总纂、总校若干人以临之，参稽互证，不厌求详。此官府之制度则然。而作者振笔直书之意气，薾然尽矣。此宁复有文字出于其间哉！狂狷跅弛之才，必不堪其羁缚，强之就范，亦必无绩效可言，此王良之所以范我驰驱，终日不获；而季子所谓牛马俱死，不能成功者也。明公当代达人，必能见及于此。又况若阆生之不肖者，岂敢不自忖度，隳其区区之所守以污荣命，而玷清曹哉，既不获承教，敢不尽吐胸肌，以布于下执事。惟明公赐详察焉。

参考资料

《明清史料》乙丙两编，民国二十五年，"中央研究院"历史语言研究所编。

《清太祖武皇帝实录》，民国二十一年，不知撰人，北京故宫博物院印。

《大清一统史略》十一卷，日人佐藤楚材。

《清初史料》四种，附《清开国史料考》（《叙论订补编》）一卷，谢国桢辑。

《史料旬刊》，民国二十年，故宫博物院编。

《掌故丛编》十辑，民国十八年，故宫博物院文献馆编。

《文献丛编》，民国二十年，故宫博物院编。又刊《三藩史料》，民国二十一年，故宫博物院编。

《清代通史》，民国十七年，商务印书馆出版，萧一山著，梁启超作序。

《清史要略》，陈怀著，北京大学。又《中国近百年史要》。

《清朝全史》，日人稻叶君山撰。

《光绪会典》，一名《周礼今证》，四卷，廖平撰，《新订六译馆丛书》中，民国十四年，四川存古书局汇印本。

《国朝文苑传》一卷，易顺鼎撰。

《国朝学案目录》一卷,易顺鼎撰。《琴志楼丛书》中,光绪年间刊本。

《光宣金载》《三臣传》《匪目记》《党目记》等,民国二十二年刊本。魏元旷撰《魏氏全书》中《杂编》。

《辛壬春秋》,尚秉和撰。

王树枏叙云:行唐尚节之先生,虑其久而益失真也,乃竭十余年之力,详咨精择,以成一代之信史,名曰《辛壬春秋》。盖专记辛亥、壬子两年革命之事,间有叙及癸丑年者,则全国统一之本末也。是书分省隶事,各自为篇。

延伸阅读

〔一〕清国史馆辑《贰臣传》十二卷,《逆臣传》四卷。按乾隆四十一年诏,于《国史》议列《贰臣传》,故清之《国史》有此一类,所载皆明之降附于清者,凡一百二十人,共十二卷。

清史馆辑《国史》四传(《儒林》《文苑》《贤良》《循吏》),又辑《汉名臣传》三十二卷,菊花书室印。

《满清名臣传》四十八卷。(同上)

〔二〕王舟瑶云:吾友章一山左丞棁生逊志之乡,高才勌学,乐亲师取友,具有起衰继往之志。……辛亥变起,日图挽救,谋卒不用。时方纂修《景庙实录》。同岁,都中畏乱南下,一山坚不肯行,约同志数人,卒成《实录》,以报先帝之知。(见《默盦集·一山文存叙》)

按章棁《移实录馆总裁》云:昨在陆文烈殡室,晤钱、程二前辈,谈及《实录》稿尚少四十余卷未修。明正拟以每卷津贴银五两,嘱在馆诸君修成,以报先帝。当答以修成以报先帝之意,甚善。而每卷津贴银五两,则书估价译稿以结市人之贱法,殊失大体,期吾以为不可。此语是否出于总裁之意,不敢妄揣。数年以来,颠倒错乱,政有今日之变,原因甚多,而大原因在不知大体。事已至此,夫复何说。即实录之迟误,亦在不知大体之所考。请捐忌讳,以毕其说。辛亥十月。

（见《一山文存》，详本书章椠节）

〔三〕《清实录》，北京故宫博物院藏本。十朝之外，兼有《德宗实录》《宣统政记》。盛京崇谟阁收藏十朝，刘氏嘉业堂亦有全帙。

第二章　最初研究古史

一、马骕《绎史》

马骕，字宛斯，山东邹平人。〔一〕顺治十六年己亥进士，除淮安县推官，改补灵璧县知县。康熙十二年，卒于官，年五十四。著《左传事纬》十二卷，附录八卷。其于左氏融会贯通，所论具有条理，所绘图表亦皆考证精详，为专门之学。又撰《绎史》百六十卷，纂录开辟至秦末之事，博引古籍，疏通辨证，虽抵牾间亦不免，而词必有征，实非罗泌《路史》、胡宏《皇王大纪》所可及。（见《国朝先正事略》）纪昀云：此书仿袁枢《纪事本末》之例，每事各立标题，详其始末。惟枢书排纂年月，熔铸成篇；此书则惟篇末论断，出骕自作。其事迹皆博引古籍，排比先后，各冠以本书之名。其相类之声，则随文附注。或有异同讹舛，以及依托附会者，并于条下疏通辨证，与朱彝尊《日下旧闻》之例相同。（见《四库总目提要》）李映碧《序》，称其胜古人有四，谓其体制之别创，谱牒之咸具，纪述之靡舛，论次之最核，时人号为马三代。顾亭林谒孟庙过邹平，与之订交，同访碑郊外，称所著书为必传之作。谭献复称曰：是书体大思精，条件各有意义，殆智过袁氏矣！（见《复堂日记》卷七）并欲鳃理此书，以为致力尚易。欲尽去书中关于纬候之尤刺缪者，六朝小说之傅会者，大者则古文伪书，《家语》《孔丛》而欲附先正。及近代考正古事之尤精确者于注。又曰：（上略）此吾所以骛歉于马宛斯《绎史》也。然《绎史》原文，尚有待补者。宏纲大谊，

则炳为是矣。（见书同上）

所谓体裁，据《文史通义·释通篇》云：采摭经传之书，与通史异。故叶昌炽云：《绎史》虽好书，所记皆上古事，其体裁亦为记事本末类。（见《缘督庐日记》）

康熙四十四年，圣祖仁皇帝南巡之苏州，命大学士张玉书物色《绎史》原版，令人赍白金二百两至邹平，购版入内府。

按：邹平马宛斯骕，《清史列传》卷六十八《儒林》下一，《清史稿》卷四百八十七《列传》二百六十八《儒林》二，《清儒学案》卷七《亭林学案》下附马骕，俱有传。

二、高士奇《左传纪事本末》

高士奇，字澹人，号江村，浙江钱塘人。以国学生就试京闱，不利，卖文自给。新岁为人作春帖子，自为句书之。偶为圣祖所见，旬日中，三试皆第一，命供奉内廷，官至礼部侍郎。

四十三年圣祖南巡，士奇于淮安迎驾。是年六月，卒于家，谥文恪。著有《左传纪事本末》五十三卷。梁任公曰：此书分国编次，则复左氏《国语》之旧矣。（见《清代学者整理旧学之总成绩》）

按：钱塘高江村士奇，《清史列传》卷十《大臣》，《清史稿》卷二百七十七《列传》五十八，俱有传。

三、陈景云《两汉三国订误》

陈景云，字少章，江苏长洲人。[一]诸生，少从何焯游，博通经史，淹贯群籍，长于考证，凡讹谬处，能剖析毫芒。所著书九种。《先正事略》云：康熙中，应顺天试，不遇，归，以母老，绝意宦游。凡经史子集，地理制度，下及稗官家乘，无不综览，而尤深于史学。温公《通鉴》，略能背诵，前明三百年事，能剖析其毫芒得失。所著《两汉订误》四卷，《三国志校误》三卷，《通鉴胡注正误》三卷，《纪元考略》二卷。子黄中能继父学,自有传。

景云以《三国志》简质有法,而抵牾亦所不免,乃作《辨误》。所辨为关于陈书及裴注之误。凡《魏志》二十八条,《蜀志》八条,《吴志》五十一条。其间于字之讹异者,于文之倒置者,于正文与注淆乱者,于原本之阙佚者,并参阅异同,各有根据。虽所辨仅数十条,要皆抉摘精审,不减三刘之于西汉书,吴缜之于五代史也。(见《四库总目提要》)

又有《通鉴胡注举正》一书,皆参订胡三省《资治通鉴音注》之误,凡六十三条。而所正地理居多,颇为精核。按书原有十卷,其子黄中云,因屋漏鼠啮之余,仅存什一。然则是篇乃残阙之稿。其多所挂漏,宜矣。(见书同上)王鸣盛评云:少章长于稽核,此举皆确,然胡氏之学,不以小疵掩其大美也。(见《十七史商榷》卷一百)

又有《纲目订误》四卷。初,尹起莘作《通鉴纲目发明》,凡有疑义,率委曲以通其说。后明末张自勋、清芮长恤亦迭有订正。景云是书,又捃摭诸家所未及,悉行据前史原文,互相考证。其中毛举细故,虽未免稍涉吹求,然其指摘精确,足正传讹。附纠汪克宽《考异》,亦皆允当。其于摭实之学,亦可云愈推愈密矣。

又有《纪元要略》二卷,《补遗》一卷。是书纪汉迄明帝王建元及历年。其子黄中又摭历代僭伪之号,附以外国,为《补遗》一卷。景云于分据诸朝,各为记载,彼此互注,不分大书附书,体例最公,然皆史传所习见,取便检阅而已。(并见《四库总目提要》)

按:长洲陈少章景云,《清史列传》卷七十一《文苑》二附何焯后,《清史稿》卷四百八十九《列传》二百七十《文苑》一附在何焯下,俱有传。

四、顾栋高《春秋大事表》

顾栋高,字震沧,又字复初,江苏无锡人。[二]康熙六十年进士,授国子监司业。以年老不任职。著有《春秋大事表》百三十一篇（以春秋列国诸事比而为表），修理详明，议论精核，多发前人所未发。

乾隆四十八年，诏修《国史·儒林传》，首举栋高名，谓：为顾栋高辈，岂可不为表章？馆臣遂创《儒林传》，以栋高为始，其见重为此。（见《国朝先正事略》）

但李慈铭尝驳阮元《儒林传稿》之以栋高为首。其文曰：（上略）其以顾、陈、吴、梁四君为首者，以乾隆三十年九月，上谕修国史，有曰：《儒林》亦史传之所必及。果其经明学粹，虽韦布亦不遗，又岂可拘于名位，使近日如顾栋高辈，终于淹没无闻耶？故文达录此谕冠传首，而遂以顾祭酒居前。然圣谕特偶举并时人以为例，作史者自宜按次时代先后，若意为倒置，亦乖史法。（见《越缦堂日记》）而梁任公曰：顾复初《春秋大事表》为治春秋时代史最善之书也。（见《清代学者整理旧学之总成绩》）

顾氏毕生精力尽萃于《春秋大事表》一书，泛滥者三十年，覃思者十年，执笔属稿者又十五年，而后写定。

按：无锡顾震沧栋高，《清史列传》卷六十八《儒林》下一，《清史稿》卷四百八十六《列传》二百六十七《儒林》一，俱有传。

五、朱奇龄《续文献通考补》

朱奇龄，字与三，海宁人，清康熙时优贡。撰《续文献通考补》十册，四十八卷，即补王圻之书，续万历以后事，讫于明末。合彼两书，可备一代之典，惜为钞本，迄未刊行。由是言之，续通考者有两种，而传世者，止有王氏《续考》一书。（见《中国史学史》）

六、杨陆荣《五代史志疑》

杨陆荣，字潭西（一作采南）①，青浦人。著有《五代史志疑》四

---

① 当为"字采南，号潭西"。

卷。欧阳修作《五代史》，多袭《春秋》书法，自谓是非之旨不惼于圣人。然褒贬谨严，而事绩或在所略，故重复舛漏，间亦不免。吴缜作《五代史纂误》，颇纠其讹，其本久佚，惟《永乐大典》中尚存梗概。今奉诏编纂，始排比成帙。陆荣此编成于康熙五十九年庚子，盖未睹缜书，故以意研求，摘其疏谬。按此不过争文句之繁简，论进退之当否，毛举细故，往往失当。大抵惟就本书之中，互相校勘，所引他书，仅茅坤《五代史钞评》一条，此外更无旁证也。（见《四库提要·史部·正史类》）

又著《三藩纪事本末》四卷。是书成于康熙五十六年丁酉，首纪福王、康王、桂王始末，及四镇两案，马、阮之奸。次纪顺治初年平浙、平闽、平粤、平江右事迹，及鲁王、益王之乱，饶州死难诸人，金声（桓）之乱，及大兵南征，何腾蛟、瞿式耜之死，孙可望、李延龄之变。次为桂王入缅，蜀乱、闽乱及杂乱。其《凡例》自云：搜罗未广，颇有疏漏，又间有传闻异词者，如《明史·文苑传》载艾南英以病死，而此载其自缢殉节，亦仅据其耳目所及，未一一详核也。（见《四库提要》）

金毓黻云：清康熙中，青浦杨陆荣依据《辽》《金》二史撰《辽金正史纲目》三十卷。辽、金各居其半，此书不及二史之详，而有纲有目，颇便省览。且向来撰编年史者，咸以辽、金事附于两宋，而此书则划出别行，亦可谓一创格矣。此书仅有传钞本，现藏日本静嘉堂文库，盖陆氏皕宋楼故物也。（见《中国史学史》）

七、李锴《尚史》

李锴，字铁君，号豸青山人，汉军正黄旗，奉天铁岭人。[四] 本勋臣后，当得官，不就，隐于盘山，买田豸青峰下，构草舍，杂山畦以耕。乾隆元年，荐试博学鸿词，未遇，报罢。十五年，诏举经学，大臣交章论荐，锴以老疾辞。既老，岁至京师，隔一二日即归，人罕见其面。居盘山二十载以殁。著有《尚史稿》百十七卷。（见《国朝先正事略》）

纪昀云:锴是编以骈书为稿本,而离析其文,为之剪裁连络,改为纪传之体。作世系图一卷,本纪六卷,世家十五卷,列传五十八卷,系六卷,表六卷,志十四卷,序传一卷。仍于每条之下,各注所出书名。其遗文琐事不入正文者,则以类附注于句下,盖体例准诸《史记》,而排纂之法则仿《路史》而小变之。自序谓始事于雍正庚戌,卒业于乾隆乙丑,阅十六载而后就,其用力颇勤。考古来渔猎百家,勒为一史,实始于司马迁。今观《史记》诸篇,其出迁自撰者,率经纬分明,疏密得当,操纵变化,惟意所如。而其杂采诸书以成文者,非惟事迹异同时相抵牾,亦往往点窜补缀,不能隐斧凿之痕,知镕铸众说之难也。此书一用旧文,剪裁排比,使事迹联属,语意贯通,体为诗家之集句,于历代史家特为创格,较镕铸众说为尤难。虽运掉或不自如,组织或不尽密,亦可云有条不紊矣。(见《四库总目提要》)其方法之善,谭献称赞之曰:《尚史》体例未尽,自注处不待后人考异,此其善者。(见《复堂日记》卷二)

较之马、李二书,体制别创确有足多者,盖彼稍具文化史之雏形,视魏晋以后史家专详朝廷政令者盖有间矣。(说本梁任公)近闻奉天当局以重价得其原稿,正传刻云。

按:铁岭李铁君锴,《清史列传》卷七十一《文苑》二,《清史稿》卷四百九十《列传》二百七十一《文苑》二,俱有传。

参考资料

马骕——施闰章作《马公墓志铭》,《施愚山学馀文集》。

李文藻《与纪晓岚》《访马宛斯十三代纬书》二篇,《南涧文集》。

《耆献类征》卷二百十八《守令四》。

《先正事略》卷三十二《经学》。

《汉学师承记》卷一。

《学案小识》卷十三,《清儒学案》卷七《亭林学案下》,附马骕。

阮元《儒林传稿》。

高士奇——韩菼《左传记事本末叙》,《有怀堂文稿》。

陈景云——王峻作《陈少章先生墓志铭》,《湖海文传》。

《清儒学案》卷六十一《果堂学案》附陈景云。

《碑传集》卷百三十三。

顾栋高——方苞《与顾震沧书》,《望溪集》。《国传》《秦传》,《陈纪闻》。

《耆献类征》卷百二十七《词臣》十三。

《先正事略》卷三十四《经学》。

《学案小识》十三,《清儒学案》卷百十六《震沧学案》。

《清文汇》甲集卷五十二。

杨陆荣——全祖望《答陆聚㴶编修论三藩纪事本末帖子》,《鲒埼亭集》。

李锴——方苞作《二山人传》,《望溪集》。

彭元瑞《尚史序》,《恩馀堂辑稿》。

《碑传集补》三十七。

延伸阅读

〔一〕梁启超云:清代最初研究古史者马骕,所著《绎史》搜罗极富,虽别择未能精审,更不失为一大著作。(见《地理分布》)

又俞樾云:马氏《绎史》有考定本。国朝阎若璩《古文尚书疏证》云:邹平马公骕,字宛斯,当代之学者也。司李淮郡,后改任灵璧令。余以癸丑东归,过其署中,秉烛纵谈,因及《尚书》有今文、古文之别。公不觉首肯。余曰:公著《绎史》不可不分标出今文、古文。公曰:然。今《绎史》有今文、古文之名者,自余之言始也。按今行《绎史》,本无今文、古文之别,潜丘所见本,惜不传也。往年戴子高尝与余言《绎史》中所载伪古文《尚书》宜删去之。盖不知有此说。(见《茶香室丛钞》卷十三)

又金毓黻云：《绎史》凡一百六十卷，起开辟，迄秦末，首太古，次三代，次春秋，次战国，每事立一标题，详其始末，且有别录，以当诸史之表志，皆博引古籍，附以辨证，意在补《史记》所未备，供学人之撷取。惟其所引诸书，不尽可据，盖以多为胜，遂不及加别择，斯则美中不足耳。（见《中国史学史》）

又赵超玄云：马骕采掇经传子史百家所记，及汉魏以还称述古史者，其出阙佚则取笺注之言，疏通辩证，撰著《绎史》一百六十卷。内分五部：一曰太古，二曰三代，三曰春秋，四曰战国，五曰外录。外录又分十目：一《天官》，二《律吕通考》，三《月令》，四《洪范五行传》，五《地理》，六《诗谱》，七《食货志》，八《考工记》，九《名物训诂》，十《古今人表》。纂录开辟以至秦末之事，李锴为之序曰：秦焚楚火，言湮事轶之后，而能从百世以下，摘抉搜采，使芒芒坠者，灿然复著于斯世，与未烧无异，乃见马侯之有造于斯文不细耳。取材鸿博，罕有其伦。（见《中国史学史·史学复兴时代》）

〔二〕李慈铭云：得陈景云《文道十书》，为《纲目订误》四卷、《纪元要略》三卷附《补辑》一卷、《通鉴胡注举正》一卷、《韩集校勘》四卷，四种，其《柳集校勘》以下六种，尚未刻也。（见《越缦堂日记补》）

〔三〕梁启超云：雍乾间，则顾震沧（栋高）治经与时流稍殊，其涂而自有理法。（见《地理分布》）又云：彼书盖先定出若干门类，为自己研究范围，然后将全部书拆散，撷取各部分资料，以供自己驾驭。《记》曰：属词比事，春秋之教，顾书真能善属而善比者。吾以为凡读史皆当用此法，不独《左传》也。（见《中国历史研究法》）

又金毓黻云：顾栋高所著书曰《春秋大事表》，系将《左传》之全部，分为若干标题，综集一题之事实，列而为表，盖与《通鉴纪事本末》之作法相同，不过易纪事而为表耳。（见《中国史学史》）

又方苞云：魇青中年后，以急兄之急，益窭艰。老而无子，自为生圹。日典衣节食，以养戚属之穷孤。又以所著《含中集》《尚史稿》未

定,矻矻不自休。(见《望溪集·二山人传》)

〔四〕金毓黻云:谯周、苏辙、李锴皆以《史记》所记周秦以往之事,语多疏略,欲据经子百家语以补之。考锴之《自序》《序传》,未尝齿及《绎史》,虽其取材多同《绎史》,而遽谓以马书为稿本,亦不免失之武断矣。锴之所作,既悉据古籍,故于每段之下,一一注其所出。全书实同集句,为诸史中别创一格,立法颇善,亦自可喜。所难满意者,其所引之《竹书纪年》《孔丛子》多属伪作,《帝王世纪》《皇王大纪》亦不尽可据。且所作诸合传,多者百余字,少者数十字,皆为自立一传,固由史料之少,然亦太形寥落矣。(见《中国史学史》)又云:《尚史》上起轩辕,下迄秦代,本纪五卷,世家十二卷,列传三十四卷,系四卷,年表四卷,志十卷,序传一卷,卷首冠世系图,不计卷内。《四库》著录卷数不同,盖又多分子目,非有增益。(见金书表注)

第三章　留心前朝掌故

一、钱谦益《牧斋明史料》

钱谦益,字受之,号牧斋,江苏常熟人。〔一〕明万历三十八年进士,授翰林院编修。天启元年,充浙江乡试主考官。五年,听勘。御史崔呈秀作《东林党人同志录》,列谦益名,御史陈以瑞亦疏劾之,罢归。崇祯元年,起官。不数月,洊擢詹事、礼部侍郎。谦益坐事削籍归。十七年,李自成陷京师,明臣史可法、吕大器等议立君江宁,谦益阴推戴潞王常涝,与马士英等议不合。及福王由崧立,谦益惧得死罪,上疏颂士英功,士英乃引谦益为礼部尚书。谦益后力荐阉党,为阮大铖等讼冤,大铖遂为兵部侍郎,而恨东林,仍不时会捕,获妖僧大悲,欲引谋立潞王事,尽诛东林诸人,谦益亦预焉。士英不欲兴大狱,乃已。

入清，顺治二年五月，豫亲王多铎定江南，谦益迎降，寻至京候用。三年正月，命以礼部侍郎受秘书院事，充修《明史》副总裁。六月以疾乞归，得旨，驰驿回籍。越十年卒，年八十三。著有《初学集》、《有学集》[二]、《列朝诗集列传》[三]、《国初群雄事略》、《太祖实录辨证》诸书。复有《牧斋明史料》两巨册。在内阁读到《昭示奸党录》《清教录》一类秘本。[四]有绛云楼[五]收藏精博之图书，并乘刑部郎中赵玄度身故，罄招其家藏古书四十八橱以益之。一说诏赵氏赠其族孙钱曾遵王者。曹溶《绛云楼书目题词》：虞山宗伯，生神庙盛时，早岁科名，交游满天下，尽得刘子威、钱功父、杨五川、赵汝师四家书，更不惜重资购古本，书贾闻风奔赴捆载无虚日，用是所积充牣几埒内府。翁同龢云：王紫翔有《牧斋明史料》两巨册，详为钞寄。（见《日记》癸巳正月二十五日）

按：常熟钱牧斋谦益，《明史》不予立传，《清史列传》卷七十九《贰臣传》，《清史稿》卷四百八十四《列传》二百七十一《文苑》一，俱有传。

二、吴伟业《绥寇纪略》

吴伟业，字骏公，号梅村，江苏诸城太仓人。[六]崇祯辛未进士，授翰林院编修，官至少詹事，与马士英、阮大铖不合，假归。入清，有司力迫入都，累官国子监祭酒。所著《绥寇纪略》十二卷，专记崇祯时流寇，迄于明亡，分为十二篇，每篇后加以论断。

考朱彝尊《曝书亭集》有书跋云：梅村以顺治壬辰舍馆嘉兴之万寿宫，辑《绥寇纪略》，久之，其乡人发雕是编，仅十二卷而止。《明史》开局，求天下野史，尽上史馆，于是先生是本出，予钞入《百六丛书》之列，颇不免小说纤仄之体。其回护杨嗣昌、左良玉，亦涉恩怨之私，未为公论，然记事尚颇近实。彝尊所谓，闻之于朝，虽不及见者之确切，而终胜草野传闻，可资国史之采辑，亦公论也。（见《四库总目提要》）

全祖望亦有此书跋云：陈令升曰梅村《绥寇纪略》不类其集，疑非梅村所为,然舍梅村,亦莫能当此者。令升亦心疑之,而不敢质言也。及见林太常玺庵[七]所答先赠公帖子,谓此书原名《鹿樵野史》[八],出一遗老之手。梅村得之,遂以行世。然其中为不肖门生邹漪窜改十五,遂无完本。太常每言及漪,辄切齿,以为吾同谱邹木石,何不幸生此无赖子,专为辗转降附之张缙彦出脱。按漪所作《明季遗闻》,以出脱缙彦,曾被萧震参纠者也。而万征君季野则谓其中亦有可节取者。今观其议论,附见《绥寇纪略》者,又颇为李明睿粉饰,盛称其南迁之疏云云。[九](见《鲒埼亭外集》卷二十九)

全氏又曰:明野史千余家,其间文字多芜秽,不足录。若峥嵘独出,能以史、汉手笔,备正史之蓝本者,纪事则梅村《绥寇纪略》,列传则续表志纪而已。梅村之书,被邹南漪改窜芟删,非复旧观,表志纪则全豹未窥,均为遗憾。(见同书四十四)施愚山致金长真书亦有考证,可参看。

而梁启超亦曰:明清鼎革之交一段历史,在全部中国史上实有重大的意义。当时随笔类之野史甚多,虽屡经清廷禁毁,现存者尚有百数十种。其用著述体稍经组织而其书有永久的价值者,则有吴梅村伟业之《鹿樵纪闻》,专记流寇始末,但其书为邹漪所盗改,更名《绥寇纪略》,窜乱原文,颠倒事实处不少。(见《清代学者整理旧学之总成绩》)按此,则其书名亦漪所改,固非仅窜其内容已也。又有《复社纪事》。李慈铭称此二书简洁有法,又未尝不能剪裁也。

按:太仓吴梅村伟业,《清史列传》卷七十九,《清史稿》卷四百八十四《列传》二百七十一《文苑》一,俱有传。

三、谷应泰《明史纪事本末》

谷应泰,字赓虞,直隶丰润人。顺治丁亥进士,官至浙江提学佥事。

应泰嗜博览,尝采集有明一代典章事实,仿袁枢《通鉴纪事本末》

例,纂为《明史纪事本末》八十卷,每卷一目。纪昀云:当应泰成此书时,《明史》尚未刊定,无所折衷,故纪事不免沿野史传闻之误。然其排比编次,详略得中,首尾秩然。于一代事实,极为淹贯。每篇后各附论断,皆仿《晋书》之例,以骈偶行文,而遣词抑扬,隶事亲切,尤为曲折详尽。(见《四库总目提要》)盖取材博而用力勤,论者多赇之。

但世有疑此书为应泰窃冒者,如邵廷采云:山阴张岱尝辑明一代遗事为《石匮藏书》,应泰作《纪事本末》,以五百金购请,岱慨然予之。〔一〇〕又云:明末稗史虽多,体裁未备,罕见全书。惟谈迁编年、张岱列传两家具有本末。应泰并采之,以成《纪事》。(并见《思复堂集》引)按此尚称其取材颇备,集众长以成完本也。至孙志祖《读书脞录》述姚际恒语云:《明史纪事本末》本海昌一士人所作,谓后为某以计取,攘为己书。其书后《总论》一篇,乃募杭诸生陆圻作,每篇酬以十金。〔一一〕按所诏某,即指应泰也。

又有一说,谓系徐蘋村原著,感应泰识拔之恩,而报赠者。据叶廷琯《吹网录》云:郑芷畦《今水学略例》内一条云,曩从朱竹垞游,一日语予曰,吴兴经史学称极盛,谷氏《纪事本末》徐蘋村著。蘋村名倬,字方虎,德清人,康熙癸丑进士,礼部侍郎。先是为诸生时,为谷识拔,故以此报之。余谓竹垞与徐、谷同时,能指实其人其事,自必闻见甚确,不作无稽之谈。且芷畦亦非轻信人言之人。视姚漫指为海昌士人,及亡后计取者不同。是此书之撰,自徐倬而非张岱,得由报赠而非窃冒,似可信矣。再《遗民传》云:谷购张书,亦非虚语。盖由应泰初思辑《纪事》一书,蘋村闻之,而知所以报。即托谷名,购张书为蓝本,纂成《纪事》以献。应泰受之,乃聘丽京即陆圻撰论锓木。故世但知应泰购书辑史,而不知有蘋村也。〔一二〕此书后有顾蔼人作《补遗》,卢抱经手校之。(叶昌炽云)

按:丰润谷赓虞应泰,《清史列传》卷七十《文苑》有传。彭孙贻又《补编》。《清史列传·文艺》有传。

四、傅维鳞《明书》

傅维鳞，初名维桢，字掌雷，直隶灵寿人。顺治丙戌进士，官至工部尚书。所著《明书》一百七十一卷，为其子汀州府知府燮诇所镌，冠以移取咨送诸案牍，盖康熙十八年，诏修《明史》，征其书入史馆。凡本纪十九卷，世家三十三卷，宫闱记二卷，表十二卷，志二十二卷，记五卷，列传七十六卷，叙传二卷。自谓搜求明代行藏印钞诸书，与家乘、文集、碑志，聚书三百余种，九千余卷，参互实录，考订异同。可谓博矣。然体例舛杂，不可缕数。盖维鳞凑合成篇，动辄矛盾，固亦势使之然也。（见《四库总目提要》）梁任公亦评之曰：傅掌雷维鳞其人为顺治初年翰林。当明史馆未开以前，独力私撰《明书》一百七十一卷，书虽平庸不足称，顾不能不嘉其志。（见《清代学者整理旧学之总成绩》）

五、顾炎武《皇明修文备史》

顾炎武，初名绛，字宁人，江苏昆山人。[一三]明诸生，自署蒋山佣，世称亭林先生。少受母教，值国变，以不事二姓为志，屡谒明陵。晚岁卜居陕之华阴，垦田以自给。康熙二十一年卒，年七十。

自述幼时侍先祖，自十三四岁，读完《资治通鉴》，后即示之以邸报[一四]，泰昌以来，颇窥崖略。（见《答徐甥公肃书》）又曰：及臣益长，而臣祖乃更诲之，以为士当求实学，凡天文、地理、兵农、水土及一代典章之故，无不熟究。

全祖望为作《神道碑》，亦称：炎武于书，无所不窥，尤留心经世之学。其时四国多虞，太息天下乏材以至败坏。自崇祯己卯后，历览二十一史、十三朝实录、天下图经、前辈文编说部，以至公移邸钞之类，有关于民生之利害者，随录之。又参以躬所闻见者，曰《天下郡国利病书》；别撰一编，曰《肇域志》。[一五]

潘耒《日知录叙》云:昆山顾宁人先生,生长世族,负绝异之资,潜心古学,九经诸史,略能背诵,尤留心当世之掌故、实录、奏报,手自钞节。经世要务,一一讲求。当明末年,奋欲有所自树,而迄不得试,穷约以老。然忧天闵人之志,未尝少衰。事关民生国命者,必穷源溯本,讨论其所以然。足迹半天下,所至交其贤豪长者。及其山川风俗疾苦利病,如指诸掌。精力绝人,无他嗜好,自少至老,未尝一刻离书。出必载书数簏自随,旅居少休,披寻搜讨,曾无倦色。有一疑义,反复参考,必归于至当。有一独见,援古证今,必畅其说而后止。[一六]当代文人才士甚多,然语学问,必敛衽推顾先生。凡制度典礼,有不能明者,必质诸先生。坠文轶事,有不知者,必征诸先生。先生手画口诵,探源竟委,人人各得其意去。天下无贤不肖,皆知先生为通儒也。

平生服膺王应麟、马端临、郑樵之学。而马、郑诸家之书,均博极古今,通达事体,绝无空疏无本之病。先生既绍述其旨,又发挥而光大之。是先生于书本外,尤注意客观环境之实际调查。每有疑问,则反覆勘验,必得其实而后已。

梁启超云:炎武治史,于典章、制度、风俗,多论列得失,然亦好为考证。又云:亭林所倡经世致用之学,其基础当求诸历史,而尤重者,则现代掌故也。故其学友中多治史,且专嗜明史,吴江吴赤溟(炎)、吴江潘力田(柽章)、吴江戴耘野(笠) 其最著者也。(见《清代学术概论》)

康熙十七年,时朝议以纂修《明史》,特开博学鸿儒科,征举海内名儒,官为资送。以是年冬,齐集都门候试。先生同邑叶讱庵阁学及长洲韩慕庐侍讲,欲以先生名应荐,已而知先生志不可屈,乃已。

于同年叶讱庵阁学充明史馆总裁,欲招先生入史局,复力却之。(炎武贻书,誓以身殉,乃免。)公肃甥二月召监修《明史》,九月赴阙。文正谢病里居时,先生曾以书通问。既开局修《明史》,文正分编《太祖本纪》四卷,《列传》十余卷,以书来询,答之。参《与次耕书》《与公肃甥书》《与叶讱庵书》《与史馆诸君书》《答汤荆岘书》。但集中载与在馆诸公商讨义例书甚多,可知其间接有功《明史》之纂辑矣。

《与潘次耕书》云:吾昔年所蓄史事之书,并为令兄取去。今令兄亡后,书既无存,吾久不谈此事。久客北方,后生晚辈益无晓习前朝之掌故者。令兄之亡十七年矣,以六十有七之人,而十七年不谈旧事,十七年不见旧书,衰耄遗忘,少年所闻,十不记其一二。又当年牛、李、洛、蜀之事,殊难置喙。退而修经典之业,假年学《易》,庶无大过。不敢以草野之人,追论朝廷之政。然亦有一得之愚,欲告诸良友者,自庚申至戊辰邸报,皆曾寓目,与后来刻本记载不同。今之修史者,大段当以邸报为主,两造异同之论,一切存之,无轻删抹,而微其论断之辞,以待后人之自定,斯得之矣。(见《文集》卷四)

自著有《皇明修文备史》凡七十种,合四十帙。自帝纪以至外夷,大而兵刑礼乐,小而管库出纳,人物之臧否,议论之短长,行事之法戒,形势之要害,莫不备载。按《皇明修文备史》,是书为亭林先生所汇辑,旧为阳湖赵味年先生收藏,书有钞本,无刻本。盖亭林有志于明史而未得成书者。全作《神道碑》详载著述,独无此书。故李北洛作《跋》,亦谓此书非亭林作。又《圣安纪事》二卷,记明弘光帝建位南京一朝史事。起于明崇祯甲申四月史可法督师扬州,迄于乙酉九月弘光北狩止。辑录当时事实,据事直书,未加详骘,深寄悲愤幽痛之意。又《明季实录》一卷,就当时见闻,寻为一编,名曰实录,未尝参赞一词。又《二十一史年表》十卷,《一统志案说》,《三朝纪事阙文》……

宋人改修《宋史》,闻其草本已有九十余册,乃其晚年之作,身后归徐尚书健庵,今亦不可问矣。(见《鲒埼亭集补编》卷四十三)

余如《日知录》为考证史事之结晶,《救文格论》其内容亦有论修史之法,可以参考。

又炎武娴于地理,所纂述多可依据,书虽残阙,要于考证之学不为无补焉。《四库·地理类·营平二州地名记》,有《天下郡国利病书》《肇域志》。《利病书》有刻本,《肇域志》稿在杭州许氏,分省记载,不甚精详,似未成之书。

按:昆山顾亭林炎武,《清史列传》卷六十八《儒林》下,《清史稿》卷四百八十一《列传》二百六十八《儒林》二,俱有传。

六、戴笠《寇事编年》

戴笠,字耘野,吴江人。明诸生,国变后,隐居教授,土屋三间,炊烟有时绝,而编纂不辍。潘检讨耒,实出其门。(见《国朝先正事略》)著有《寇事编年》《殉国汇编》。梁任公谓:此二书实潘力田《明史长编》之一部。(见《清代学者整理旧学之总成绩》)盖当时耘野与亭林、力田为至友,力田修《明史》,耘野为担任晚明部分,此诸书即其稿,详潘次耕《寇事编年序》。[一七]

复著《永陵传信录》三卷,用纪事本末之体。一曰《兴献大礼》,一曰《更定郊祀》,一曰《钦明大狱》,一曰《二张之狱》,一曰《曾夏之狱》,一曰《经略倭寇》。事各为卷,皆先叙而后断。(见《四库总目提要》)

按:吴江戴耘野笠,有传。

七、潘柽章、吴炎《国史考异》

潘柽章,字圣木,一字力田,江苏吴江人。生有异禀,颖悟绝人,为明诸生,遭乱弃去,隐居韭溪。学综百家,专精史事。念明兴三百年间,明君贤辅,政教礼乐,制度文物大备,无有能如太史公叙述论列成一家言者。而友人吴炎所抱略同,因相约共纂《明史记》,先定为目,凡得纪十八,书十二,表十,世家四十,列传二百。

力田自撰本纪及诸志,炎分任世家、列传。其年表、历法则属诸王寅旭锡阐,流寇志与夫殉节诸臣传则属诸戴耘野笠。[一八]私家最难得者《实录》[一九],力田鬻产购得之。而昆山顾炎武,及江阴李逊之、长洲陈济生,并熟于掌故,且多藏书,悉出以相佐,间偕炎出其稿,以质虞山钱谦益,谦益大称善之。叹曰:老夫耄矣,不图今日复见二君,绛云余烬尚在,当举以相付。〔二○〕遂连舟载归。谦益有《实录辨证》,力田作《国史考异》,颇加驳正。数贻书往复,谦益弗能夺也。撰述数年,史行成十之六七,而南浔庄氏狱起,参阅庄书,列君及炎名,乃俱及于难。实则庄氏取朱国祯《史概》为蓝本,两君俱未寓目,徒以名重,为所牵引,致罹惨祸,论者惜之。〔二一〕

所著《国史考异》以《实录》为本,凡志乘、文集、墓铭、家传有关史事者,以类相从,稽其同异,核其虚实。原三十六卷,遭难后,仅存六卷,今刊于潘氏《功顺堂丛书》中。洪武、永乐、建文三朝之事略具焉。〔二二〕《国榷》百卷,系《明史记》初稿,仅有传钞之本,已征入明史馆。余如《松陵文献》等书若干卷,存没均无从咨访矣。

梁任公曰:明代向无国史,只有一部《实录》,现为外间所罕见,且有遗缺。而士习甚嚣,党同伐异,野史如鲫,各从所好恶以颠倒事实,故明史号称难理。潘力田发心作史,其下手工夫,即在攻此盘错。其弟次耕,序其《国史考异》云:亡兄博极群书,长于考订,谓著书之法,莫善于司马温公。其为《通鉴》也,先成《长编》,别著《考异》,故少抵牾。……于是博访有明一代之书,以《实录》为纲领,若志乘、若文集、若墓铭家传,凡有关史事者,一切钞撮荟萃,以类相从,稽其同异,核其虚实,去取出入,皆有明征,不徇单词,不逞臆见,信以见信,疑以传疑。(见《遂初堂集》卷六)又序其《松陵文献》曰:亡兄与吴先生炎,草创《明史》,先作《长编》,聚一代之书而分画之。或以事类,或以人类,条分件系,汇群言而骈列之,异同自出,参伍钩稽,归于至当,然后笔之于书。(见书同上卷七)力田治史之法,其健实如此,故顾亭林极相推挹,尽以己所藏书所著稿畀之。其书垂成,而遭南浔史狱之难。既失此书,复失此人,实清代史学界第一不幸事也。遗著幸存者,仅《国史考异》之一部分,及《松陵文献》,读之可见其史才之一斑。(见《清

代学者整理旧学之总成绩》)

  按:吴江潘力田柽章、吴赤溟炎,事迹均附见于《清儒学案》卷七《亭林学案》下。

八、潘耒《明史议》

  潘耒,字次耕,号稼堂,柽章之弟也。资禀绝人,有神童之目。从顾亭林、徐俟斋、戴耘野三先生游,故其学贯穿淹洽群经诸史,旁及算数宗乘,无所不通。康熙十八年己未,以布衣召试博学鸿词,授翰林院检讨,就职,纂修《明史》,条议多被采用。洪武以下五朝纪传稿,皆所订定。撰《食货志》,前无所因,钩稽《实录》,博采奏议,积长编六十余册,然后考核纂成。(沈彤《潘先生行状》)充日讲起居注官,纂修《实录》《圣训》。四十七年卒,年六十三。

  其时与馆选者,皆起家进士。耒与朱竹垞、严荪友独由布衣入选。[二三]耒尤精敏敢言,无稍逊避,为忌者所中。坐降调,以母忧归,遂不复出。所著除《修明史议》《明五朝史稿》外,复有《遂初堂集》三十九卷行于世。(见《国朝先正事略》)

  梁任公云:耒于史学亦具特识,《明史议》所举四要八事[二四],实修史之正则,当时议者莫或过之。

  按:吴江潘次耕耒,《清史列传》卷七十一《文苑》二,《清史稿》卷四百八十四《列传》二百七十一《文苑》一,《清儒学案·亭林学案》下附潘耒,俱有传。

九、戴名世《孑遗录》

  戴名世,字南山,一字田有,号褐夫,别号忧庵,安徽桐城人。[二五]早年聪颖,才思艳发,好读《左氏》《太史公书》,尤留心有明一代史事,网罗放失。时访明末遗老,考求故事,兼访求明季野史,参互考订,以翼后来成书,仿太史公之意,藏之名山云。其《与余生书》云:(上略)

终明之世，三百年无史，金匮石室之藏，恐终沦散放失，而世所流布诸书，缺略不详，毁誉失实。嗟夫，世无子长、孟坚，不可聊且命笔。鄙人无状，窃有志焉。

惟其文好谩骂人，又托名宋潜虚，而作《潜虚集》。叶昌炽云：先生康熙时得上第，值南京，以语言之过，罹大辟。其家以遗文置竹筒中，悬之梁上，二百年无人知者。庚申之乱，族裔某得之，其字始稍稍传播。文笔雄奇跌宕，与方侍郎苞异曲同工，故侍郎极服之。[二六]又云：先生留心明季掌故，野史碑志，网罗甚富。自言胸中有数百卷书，溜之欲出。后之贾祸惨死，殆即此数百卷书，为之厉阶也。（俱见《缘督庐日记》卷二）而梁任公亦跋其《孑遗录》云：《孑遗录》以桐城一县被贼始末为骨干，而晚明流寇全部形势，乃至明之所以亡者具见焉。[二七]而又未尝离桐，而有枝溢之辞，可谓极史家技术之能，无怪其毅然以明史自任，而窃比迁、固也。所志不遂而陷大戮，以子长蚕室校之，岂所谓九渊之下尚有天衢者耶？（见《饮冰室文集》卷四十四）

按：戴南山罹奇冤以死，与潘力田同。而著作之无传于后，视力田尤甚。大抵南山考证史绩之恳挚，或不如力田、季野，此亦比较之辞耳。然史识史才，实一时无两，观其遗文，可以明矣。故梁氏又云：南山之于文章有天才，善于组织，最能驾驭资料而熔冶之，有浓挚之情感，而寄之于所记之事，不著议论，且蕴且泄，恰如其分，使读者移情而不自知。以吾所见，其组织力不让章实斋，而情感力或尚非实斋所逮。（见《清代学者整理旧学之总成绩》）

按：桐城戴南山名世，《清史稿》卷四百八十四《列传》二百七十一《文苑》一，《清儒学案》卷五十一《望溪学案》附戴名世，俱有传。

十、查继佐《罪惟录》

查继佐，字伊璜，号东山，浙江海宁人，明季举人（崇祯六年癸酉）。明亡后，易姓名为左尹，字非人，盖隐用其名字也。继佐亦自撰

《明书》,后以庄氏狱起,乃易名《罪惟录》,取孔子"罪我者其惟《春秋》乎"之义也。书凡百余卷,今存本纪二十二,志二十七,列传三十五,惟无表耳。南明四王皆入本纪,其事略具首尾,视傅维鳞之《明书》为胜。稿本为海宁张宗祥冷僧所藏,今已影印行世矣。[二八](《四部丛刊三编》)

按:庄氏狱起,继佐以先首告,谓廷鑨纂其名,列之参校中。又得吴六奇力为奏辨,始免祸。继佐又有《东山国语》,所记皆明亡殉国诸氏传略,亦《罪惟录》之附篇也。(见金毓黻《中国史学史》)

按:海宁查伊璜继佐,有传。

十一、王夫之《永历实录》

王夫之,字而农,号姜斋,湖南衡阳人。[二九]少负儁才,读书十行俱下。年逾冠,举乡试。明亡,夫之知事不可为,遂决计老牗下,甘自晦匿。浪游郴、永、涟、邵间,所至人士慕从,辄辞去。最后归衡阳之石船山,筑土室,曰观生居,晨夕杜门著述,萧然自得。学者称船山先生。康熙三十一年卒,年七十有四。

夫之生当鼎革,甲申后,崎岖岭表,每发诡论,以攻憸邪,备尝艰险。既知事不可为,乃退而著书,窜伏穷山四十余年,一岁数徙其处。故国之戚,生死不忘。所著《永历实录》,即记永历十五年间事迹,有纪有传也。

又夫之生平好读《资治通鉴》,读后罄之以论,曰《读通鉴论》,凡三十卷,附《宋论》十五卷。其论史每有特识,开拓学者心胸。[三〇]至《黄书》《噩梦》诸编,经世之略,可见一斑。身既终隐,不为世知。乾隆中始采访及之,得以著录《四库》,《国史》入《儒林传》。道光间,始有刊本,旋毁于兵灾。同治初年,曾湘乡国藩辑为《船山遗书》,属新化邓显鹤(湘皋)主其事,而自作叙以表扬其史学于世云。[三一]

按:衡阳王而农夫之,《清史列传》卷六十六《儒林》上,《清史稿》

卷四百八十《列传》二百六十七《儒林》一,俱有传。

十二、计六奇《明季南略北略》

计六奇,字用宾,无锡人。一作锡山,自号九峰居士。

《明季南略自序》云:呜呼!有明南渡以后,小朝廷事难言之矣。当时北都倾覆,海内震惊,即薪胆弥厉,未知终始。乃马、阮之徒,犹贿赂公行,处堂自喜。不逾载而金瓯尽缺,罪胜诛哉?唐藩起闽中,势如危卵,而郑氏骄奢贪纵,转之日与鲁藩为难,唇亡齿寒之义谓何?桂藩立粤东,僻处海隅,一逼于成栋,再逼于三王,三逼于孙可望,遁走不常,舟居靡定,是时君不君、国不国矣。虽有瞿桂林留守四载,无济时艰,至于杜允和、李定国辈,益难支矣。若成功、煌言出没风涛,徒扰民耳,亦何益乎!岁辛亥仲夏,予编《南略》一书,始于甲申五月,止于康熙乙巳,凡二十余年事,分十八卷。虽叙次不伦,见闻各异,雅俗兼收,有明之微绪余烬,皆毕于是矣。嗟嗟!祸乱之作,天之所以开皇清也,岂人力欤!爰是识数言于左。康熙十年辛亥季冬八日乙酉无锡计六奇题于社垄王氏之书斋。

张寿镛云:《明季南略》十二卷,题无锡九峰居士编辑,久有刻本。凡当时诏檄皆录之,殊可宝也。(见《约园杂著三编》卷二)

十三、温睿临《南疆逸史》

温睿临,字邻翼,一字哂园,浙江乌程(吴兴)人。为故辅体仁族孙,举康熙乙酉乡试,诗古文词雄于时。性伉直,好面折人过。与万季野交最善。以赴礼闱游京师,当道钦其名,咸致敬礼。会开明史局,季野主任编纂,因常相过从,多所参论。季野劝缉鼎革之际史料,遂衷聚野史《绥寇纪略》等四十余种,排比纂次三帝鲁王,为纪略者四,诸臣为列传者二十四,总成四十卷,题曰《南疆逸史》,后改《绎史》。

按：此书虽成哂园，而实犹是季野之志。盖当哂园初至京师，季野谓之曰：鼎革之际，事变繁多，金陵、粤、闽播迁三所，历年二十，遗事零落。及今时故老犹存，遗文尚在，可网罗也。子曷辑而志之，成一书乎？应曰：诺。即哂园为序万氏《纪元汇考》，亦自称曰：余来京师，与之游者十余年，见则问看何书，有何著述。勤勤以年老时迈，毋荒岁月为戒。可知其得季野督促之力实多矣。

吴郡李瑶得《南疆逸史》残本二十卷，加以改定，题曰《南疆绎史勘本》，虽能多所补苴，而以己意更定。易"逸"为"绎"，殊不可为训。近年温书足本复出，而书亦可互订。（用金毓黻语）章太炎谓：《南疆佚史》，日本亦有钞传，惜其讹误过多。行箧中独有《明史》及《行朝录》（黄宗羲著）举以对校，未能就理。内地既有旧刻，宜速刊行。明季旧闻，多在零丁小册，独此则为正史体裁，议论亦甚平允。（见《文录》卷五）

章氏既推崇此书，因此作序曰：（上略）明之史，自万季野述之。季野东南之献民，义无北面，局促虏汉之间，怀不自遂。其述《明史》，讫于思宗之季，圣安以降三叶二十年之纪传，不能悉具。上援承祚之法，《后明史》则不可以不作。温睿临者，与季野同居京邸，愤官书之丑甚，而集《绥寇纪略》等四十余种，为《南疆逸史》。三帝、鲁王皆为纪略，列传凡二十四。寻检凡例，似欲作而日不给者。余昔搜集季明事状，欲作《后明史》以继万氏。据是为典，首尾尽四十年，人材略具。温氏固言：后之君子，续而传之，此亦后死者之责也。《逸史》始萌芽在虏康熙之中，文网尚疏，犹不敢以死奋笔，上絫《蜀志》，差得比肩。若夫南唐者，偏方之小侯；西魏者，丑虏之余孽。而晚世好事之徒，犹撷拾成事，为一家言。[三二] 则温氏之志，过是远矣。（见书同上）由此并可知太炎先生亦颇致力于史学，而排满论调，每每见于字里行间也。详章炳麟节。[三三]

按：乌程温哂园睿临，有传。

十四、徐鼒《小腆纪年》

徐鼒,字彝舟,江苏六合人。道光二十五年进士,改庶吉士,散馆,授检讨。寻擢御史,出知福建福宁府,调延平。同治元年,卒于官。

生平博通经史,初入史馆时,叙明福、唐、桂三王及台湾郑氏事,为《小腆纪年附考》二十卷。[三四]

其书博采稗诸家之说,实事求是,而窃取《春秋》纲目之义,历五载乃成。又著《小腆纪传》六十五卷,《补遗》五卷,《度支辑略》,《明史艺文志补遗》等书。

按:六合徐彝舟鼒,《清史列传》卷七十三《文苑》四有传。

附治南明史

究心南明史事者有:温睿临、徐鼒、全祖望、杨凤苞、戴望、傅以礼、李慈铭、夏燮、章炳麟、柳亚子、朱希祖、柳诒徵。

明思宗于崇祯十七年甲申三月缢死,是年五月,明遗臣迎福王由崧即位于南京。改明年元为弘光,是年(即清顺治二年)五月,南京陷,由崧寻殂,初称圣安皇帝,后谥安宗。弘光元年闰六月,唐王聿键立于福建,改是年元为隆武,明年(顺治二年)八月,以福州陷,遇害,初称思文皇帝,后谥绍宗。十一月桂王由榔立于肇庆,改明年(顺治四年)元为永历。而聿键弟聿𨮁亦立于广州,改元绍武,是年十一月以广州陷自缢。由榔在位十五年,至顺治十八年十二月缅甸人执以献于清,明年遇害,郑成功曾谥为昭宗。又有鲁王以海,称监国。于顺治三年,先后居于绍兴、舟山、厦门等地,十年去监国号,归于郑成功,此四主历时十有八年。清代谓之福、唐、桂、鲁四主(桂王一称永明王)比为宋末之二王。然《宋史》犹附二王于《瀛国公纪》,《明史稿》仿之,尚为福、唐、桂三王立传,而《明史》则不然,附由崧事于《福王常洵传》,聿键事于《唐王聿键传》,由榔事于《桂王常瀛传》,以海事于《鲁王植传》,而于目中不著其名,非细检无由知之。且所叙事迹极略,不足备一朝之史,于其时之宰执大臣,舍生取义之士,为史可法、高弘图、姜日广、何腾蛟、瞿式耜、朱大典、张国维、金声等人,虽亦为之立传,而所遗者亦甚多。又以牵涉时忌,不复能具首尾,此有待于补订考撰者也。清代史家称此时期为南明,或称残明、后明,记此十有八年之事,谓之南明史。

清人究心南明史事者,温睿临(《南疆逸史》)、徐鼒(《小腆纪年》及纪传)诸氏外,前有全祖望、杨凤苞,后有戴望、傅以礼(字节子)、李慈铭、夏燮。

全氏《鲒埼亭集》中,记载南明遗事者,不可偻指,杨凤苞撰《南疆逸史》十二跋,谓温氏之书简而有法,世称信史,惟惜失之太简,要必为之注,以补其阙。戴望亦自称胜国南烬遗事,二十以前,最所留心。丧乱以后,辍而不为,考傅节子以礼书《明通鉴》,皆有校订旧籍,记明真伪之功,不可没也。

元和钱绮(字映江)撰《南明书》三十六卷,未刊。

徐非云又撰《残明书》四十卷,皆为傅以礼所见,而世乃无传本。近人无锡孙静庵拟撰《续明书》一百二十五卷,惜未卒业。仪征刘师培、顺德邓实皆欲作《后明书》,亦皆未成。师培且请章太炎预为之序矣。

最近则有海盐朱希祖搜获南明野史,多为珍本,实突过傅以礼所见,尝言欲撰《南明史》,因循未果。

邓实《南疆逸史序》,余向有《后明史》之志,因循中辍,旧友中志余之志者,其因循多如余(按:旧友殆指申叔也)。

——以上钞录金毓黻《中国史学史》。

梁启超云:戴子高尝欲作《续明史》,成传数篇,惜不永年,未竟其业。又云:钱映江(绮)著《南明书》三十六卷,据谭复堂云已成,不审

有刻本否,亦不知其内容如何。(俱见《清代学者整理旧学之总成绩》)

按:德清戴望,字子高,诸生,善考证学,尤留心明末野史,获书数十种,拟网罗散失,辑为《续明史》一书。惜有志未逮,仅成《蔡氏三烈志》数篇。盖先生惓怀胜国,有明季遗民之风。(见《国粹学报·戴望传》,刘光汉作)又支伟成云:戴望喜购习斋、亭林遗书,以表胜阐出为己任。于明儒书刊禁目者,只字残篇,珍若拱璧。尤留心明末记载,拟辑《续明史》一书,未就。惜中道遽殒(同治十二年卒),年止三十有七。(见《朴学大师列传》)戴著《颜氏学记》十卷,及《谪麟堂集》,互见学术史节。

按:傅以礼,字节士(士一作子),顺天大兴人(一作仁和人),官福建知府,有《明朝宰辅录》。友人戴望与书云:胜国南烬遗事,鄙人二十以前最所留心。丧乱以后,书籍散亡荒失多矣。辍而不为,已历年岁,箧中所存,亦已无几,然而此志终往。论述之业,尚愿与同志者共之也。昔乌程杨傅九先生熟谙是学,尝欲注温书而未就。傅九殁后,身所见者,吴晓钲、凌子与两人。惜乎晓钲新殁,群从子弟素未识面,藏书存殁不可必。其粗成者有《复社姓氏传略》重订本二三十卷。副本存子舆处。晓钲为赤溟先生后裔,野史甚夥,其家在庙头去震泽镇十二里。子舆作贾沪上。如有沪行,遇吾乡人问之,即知其所在。先生以留心此学,犹复孜之访问,齿及贱名。它日书成,得与校录之次,为荣多矣。(见《明代名人尺牍续集》卷二十二)

解放以来,其家所藏明末史乘,一部分归北京图书馆,一部分归浙江图书馆,而以礼自著,犹有《残明宰辅年表》一卷,《残明大统历》一卷,均刻在《廿五史补编》中。

近人潘景郑旧钞本《谀闻续笔》条云:同门朱君遏先方撰《南明史三朝事实》,闻搜罗颇广,未知曾见此书否?(见《著砚楼书跋》)

金毓黻云:太炎弟子海盐朱希祖搜获南明野史,多为珍本,实突过傅以礼(字节子),间有未著录于《晚明史籍考》(近人谢国桢著)者,希祖尝言欲撰《南明史》,因循未果。(见《中国史学史》)

遗著《南明三朝史官及官修史籍考》一文,载于《国史馆馆刊》第一卷第三号中。

陶菊隐云:刘师培,字申叔,江苏仪征人,幼传家学,博览诸书,穷究古今学术来源,并搜集明末遗民故事,为之立传,完成百数十篇。(见《大君子传》)

郭沫若云:亚子尝有写《南明书》百卷之意,草稿大半遗失于此次香港之变。(见《沸羹集》,《诗讯》)

参考资料

钱谦益——自著《初学集》百十卷,《有学集》五十卷,《补遗》二卷。《牧斋遗事》《虞山妖异志》。《牧斋年谱》《河东君殉家难纪实》。以上载《虞阳说苑甲编》。

《钱氏家变录》,《荆驼逸史》。章太炎《检论》。

近人吴晗《读史札记·社会贤达钱牧斋》。

吴伟业——自著《梅村集》四十卷,又《归村躬耕记》,《家藏稿文集》。

王昶作《吴伟业传》,《春融堂集》。

陈廷敬作《吴梅村先生墓表》,吴德旋作《吴府君墓表》,《初月楼续钞》。

顾师轼《吴梅村年谱》。

近人冯其庸《吴梅村年谱》。

《碑传集》四十二。

谷应泰——《大清畿辅先哲传》卷十九《文学》一。

傅维鳞——《大清畿辅先哲传》卷二《名臣》二。

顾炎武——自著《亭林文集》六卷,又《余集》。

李光地作《顾宁人小传》,子衍生《顾亭林先生年谱》。

全祖望《顾亭林神道碑》《墓志》,《鲒埼亭集》。

宋翔凤《书墓表后》,《朴学斋文录》。

张穆撰《顾亭林年谱》、缪荃孙《校补》。

李北洛作《跋》,《养一斋文集》。

吴映奎、车守谦《顾亭林年谱》。

近人张舜徽编《顾亭林学记》。

《耆献类征》卷四百《儒行》六。

《先正事略》二十七《名儒》。

《国朝汉学师承记》八。

《学案小识》三。

《清儒学案》六、七《亭林学案》上、下。

《清文汇》甲前集卷一。

《碑传集》卷百三十《经学》上。

顾文:《答汤荆岘书》《与叶讱庵书》《与史馆诸君书》《与潘次耕书》《与戴耘野书》《与徐公肃甥书》。

徐乾学《与舅氏顾亭林先生书》,《憺园文集》。

黄百家《上顾宁人先生书》,《学箕初稿》。

潘柽章——戴笠作《潘力田传》,潘耒作《国史考异叙》。

吴映奎作《潘柽章年谱》。

《碑传集补》三十五。

吴炎——近人陈去病作《吴赤溟传》,《国粹学报》。

顾炎武《书吴潘二子事》,《亭林文集》。

《清儒学案》卷七《亭林学案》下附潘柽章、吴炎。

《吴江县志》。

《碑传集》三十五。

潘耒——自著《遂初堂别集·上某总裁书论修明史》。

沈彤作《潘先生行状》,《果堂集》。

陈廷敬作《潘君墓志铭》。

郑方坤作《小传》。

顾亭林《与潘耒书》,《亭林文集》。

梅文鼎《与潘稼堂书》,《续学堂文钞》。

《清儒学案·亭林学案》下附潘耒。

戴笠——诸元简《高士戴耘野先生祠堂记》,《杏庐文钞》。

《碑传集》百三十。

查继佐——沈仲方作《东山年谱》。

戴名世——自著《戴南山集》六卷。

戴钧衡作《戴南山年谱》。

萧穆作《戴名世事略》,《敬孚类稿》。

马其昶作《戴南山传》,《抱润轩文集》。

梁启超《跋戴南山子遗录》,《饮冰室文集》。

《清儒学案》卷五十一《望溪学案》附戴名世。

《碑传集补》八。

王夫之——自著《姜斋文集》十卷。

余廷灿作《王船山先生传》,《存吾文稿》。

王敔作《行述》,潘宗洛作《传》。

罗正钧作《年谱》及《船山师友录》。

曾涤生《王船山遗书叙》,《曾文正文钞》。

邓湘皋《船山著述目录题识》。

刘毓崧作《年谱》。

王棻《驳王夫之〈读通鉴论〉》,《柔桥文钞》。

章太炎《检论》。

王之春作《年谱》。

《清儒学案》卷八《船山学案》。

近人王永祥作《船山学谱》六卷,《孝鱼丛著》本。

胡思敬作《王船山〈读通鉴论〉辨正》二卷,《退庐丛书》。

嵇文甫作《王船山学术论丛》,中华书局本。

温睿临——杨凤苞《南疆逸史跋》,《秋室集》。

李慈铭《越缦堂日记》。

金桂生《粟香随笔二笔》。

县志。

章太炎《文编》。

《清儒学案》卷三十五《(鄞县)二万学案下》附温睿临。

徐鼒——自著《未灰斋文集》八卷,《外集》一卷。

徐承禧著《敝帚斋主人年谱》,六合徐氏刊《敝帚斋遗书》本。

《清儒学案》卷二百《诸儒学案六》。

《碑传集补》二十四。

延伸阅读

〔一〕梁启超云:常熟钱牧斋(谦益)以前明老名士为江南祭酒,虽晚年猖披已甚,其掌故学有不能抹杀者。(见《地理分布》)

〔二〕近人吴晗云:所著《初学集》《有学集》,荒谬悖乱,其中诋毁清朝祖先之处甚多,故已成为禁书。

〔三〕纪昀云:至钱谦益《列传诗集》更颠倒贤奸,彝良泯绝,其贻害人心风俗者,又岂鲜哉! 今扫除畛域,一准至公。(见《四库提要》)

〔四〕李清云:钱宗伯谦益,博览群书,尤苦心史学。尝作《开国功臣事略》,时闻予家有傅颖公三代庙碑,三寄书江北,期必得乃已。又自言读王弇州史传,有定远侯王弼赐死,家至籍。见《楚昭王行实》之说,即驰书托某亲知往楚府求《昭王行实》。至,乃知弇州言非。至是疏言,留心国史三十余年,请在家开局纂修,上命在任料理。谦益志也。然以久于门户一老翁,而诋东林屠荐案,不知作史时何以措毫。后国亡,史稿皆付绛云楼一炬,殊可惜也。(见《三垣笔记》下)

查慎行云：钱牧斋撰《明史》，共二百五十卷，辛卯九月晦甫毕，越后日，绛云楼火作，只字不存。（见《人海记》）

以上二则，朱希祖《南明三朝史官及官修史籍考》引。

又吴晗云：就钱牧斋对明初史料的贡献说，我是很推崇这个学者的。二十年前，读他的《初学集》《有学集》《国初群雄事略》《太祖实录辨证》诸书，觉得他的学力见解，实在比王弇州（世贞）、朱国祯高。同时搜集了有关他个人的许多史料。

又云：他的史学方面的成就实在有限，他有机会在内阁读到《昭示奸党录》《清教录》一类秘本，他有钱能花一千二百两银子买一部宋本《汉书》，以及收藏类似俞本《皇明纪事录》之类的秘笈，有绛云楼那样收藏精博的私人图书馆，从而作点考据工作，实在没有什么了不起。（均见《读史札记》）

〔五〕阎若璩云：绛云楼作史，群鬼皆应哭且见形焉，以其翻成案而不公也。（见《潜邱札记》）

〔六〕梁启超云：太仓吴梅村（伟业）其史学的著作，亦有相当价值。（见《地理分布》）

〔七〕全祖望云：太常三朝遗老，史学极博，桑海见闻，尤其身历。其所辨证甚多，惜其身后，子孙式微，无复收拾之者。（见《鲒埼亭集》卷二十九）

〔八〕庞树柏云：吴梅村《绥寇纪略》一书，原稿名《鹿樵纪闻》，后经燔毁，传本殊罕。《自叙》云：寒夜鼠啮架上，发烛照之，则明季三王时邸报，臣畜之以为史料者也。年来幽忧多病，旧闻日落，十年三徙，聚书复阙，后死之责，将谁任乎？臣因是博搜见闻，讲求实录，刊讹谬，芟芜词，补缺遗，类为四十一篇。自福王至桂王，更七寒暑而勒成一书，名之曰《鹿樵纪闻》，所以成一代鼎革之言也。（见《龙禅室摭谈》）

〔九〕阎若璩云：邹漪生平之坏，坐受缙彦之贿，明睿之嘱。（见

《鲒埼亭外集》引)

李慈铭云：阅无锡邹漪《启祯野乘》有传无纪，词语鄙劣，乃并叶小鸾亦入闺阁传，标之曰女仙，成何体制！忆全谢山《鲒埼亭外集》中，有《绥寇纪略跋》，谓多系邹漪窜改颠倒好恶，直为无忌小人，其所纪述，盖可见矣。（见《越缦堂日记》）

〔一〇〕梁启超云：谷应泰《明史纪事本末》编制排比，详略得中，允推佳制。但据邵念鲁《思复堂文集·遗民传》称为山阴张岱所撰，谷应泰以五百金购得之。果尔，我们对于谷氏，不能不说他有掠美的嫌疑。

又云：自宋袁枢作《通鉴纪事本末》为史界一创新体。明陈邦瞻依其例，以治《宋史》《元史》。清初则有谷赓虞应泰著《明史纪事本末》八十卷，其书成于官修《明史》以前，采辑及组织皆颇费苦心。姚立方谓此为海昌谈孺木迁所作，其各篇附论则陆丽京圻作。郑芷畦述朱竹垞言，谓此书为徐倬作。虽皆属疑案，然其书出谷氏者甚少，盖可断言。叶廷琯《鸥陂渔话》辨证此事最平允。（见《总成绩》）

按：陆圻，字丽京，浙江钱塘人。少明敏，善思误书。遭乱，匿海滨。寻至越，入闽为浮屠，母趣之归。常卖药长安市上，适湖州庄廷鑨私撰《明史》，以圻名高，列之卷首，与查继佐、范骧皆被株连。弟堦走京师，力为营救，旋得释归。……仍游岭南，会金堡遁迹浮屠，南雄知府陆世楷为营丹崖精舍居之。卒易道士服，遁去，遂不知所终。（见《清史列传》卷七十《文苑一》）

自不以余学道耶？亲殁，遂弃家远游，不知所终。（见《清史稿·文苑一》）

又按：陆圻，字丽京，钱塘人，少与弟堦、培，以文学志行，见重于时，称曰三陆。平生不喜言人过，有语及者，辄曰：吾与汝，姑自淑。庄史祸作，圻坐逮，以先尝具状自陈，事得白。叹曰：今幸得不死耳。

〔一一〕按姚氏语，载《庸言录》中，自谓此说不知所据，姑识于此，以质博闻。

〔一二〕又按卢斋撰《总论》,有吴晓钲钊森为之证云:家赤溟先生《浩然堂集》有《答陆丽京书》,称谷使君撰《纪事本末》,聘丽京为幕下客。丽京又荐某治,不敢受聘,随使附檄云。则丽京撰论之说,殊非虚语矣。

又俞樾云:国朝叶廷琯《吹网录》云(上略)按张岱《琅嬛文集》有《与周戬伯书》云:弟向修《明书》,上至天启,以崇祯朝既无实录又失起居。六曹章奏,尽化灰烬。草野私书,又非信史。是以迟迟以待论定。今幸逢谷霖苍文宗欲作《明史纪事本末》,广收十七年邸报,弟于其中,簸扬淘汰,聊成本纪,并传崇祯朝名臣,计有数十余卷云云。据此谷氏、张氏各有成书。张氏之书,且藉谷氏之力而成,谓谷氏以五百金购之张氏者,非矣。张氏又亲见谷氏等书,则谓是徐蘋村所著,亦未可信。疑谷公著书,招集浙中名士助之,蘋村与陆圻或同预其事。(见《茶香室丛钞》三钞十四引)

〔一三〕梁启超云:昆山顾亭林(炎武),岳然三百年来第一大师。其制行刚介拔俗,其才气横溢而敛之于范,其学博极群书而驭之在我,标经学即理学与经世致用之两大徽帜,号召学者以从事于新学派之建设,清代诸科之学,殆无一不宗顾亭林者。(见《地理分布》)

〔一四〕杨晨云:潘伯寅尚书有顺治十八年《缙绅录》,有翁覃溪、纪晓岚题记。内阁库贮历年缙绅,今多散失。旧录可考官制增改,黄仲弢太史有乾隆六十一年至嘉庆四年《时宪书》,盖高宗内禅,宫中仍用乾隆纪元也。翰林院旧有明代钞报,贮屋二间,修《明史》时所遗。顾亭林言,欲知时务,当看邸报。

〔一五〕金毓黻云:炎武著《肇域志》未成,又著《天下郡国利病书》,其志亦在经世,与祖禹为桴鼓之应。惟其书系杂取各府州县志、历朝奏疏文集及明实录,钞撮而成,盖为所撰《肇域志》之稿本,以其中所载多为明代史实,故世人与《方舆纪要》并宝重之。(见《中国史

学史》)

〔一六〕李元度云：先生出游，以二马三骡载书随行，所至厄塞，即呼老兵退卒询其曲折，或与平日所闻不合，则即坊肆中发书而对勘之。(见《国朝先正事略》)

〔一七〕李元度云：国变后，入秀峰山为僧，旋反初服，隐居朱家港，教授生徒，潘未实出其门。(见《先正事略》)

又诸元简云：国变后，弃诸生，欲自沉于河，不获，则遁入缁流不顾。则反息敝庐，奋笔以志己之所志，于是为《则堂记事》三十余卷，志痛忠义、节烈、耆旧也。为《寇事编年》十八卷，志痛国也。为《永陵传信录》《圣安书法》《文思纪略》《鲁春秋》《行在阳秋》若干卷，志痛国亡之始终也。四十余年不入城市，藉斋耕以左饘粥，有余则以急人之急，土锉绳床，炊烟时绝，沈冥风家，昕宵编摩，以此自终。(见《高士戴耘野先生祠堂记》，《杏庐文钞》)

〔一八〕《苏州府志》人物：柽章补桐乡学生，乙酉后隐居韭溪，与吴炎撰述《明史记》成十之六七，会南浔庄氏史狱起，俱及于难。然庄氏书二人未尝寓目，徒以名重，为所摭引。既罹惨祸，其书亦不传。

又吴炎，字赤溟，吴江人。乙酉后弃诸生，隐居教授，与潘柽章共撰《明史》，善恶不掩，有古良史风。

又古迹观物草堂，则次耕兄力田先生与王晓庵诸老修史处也。

又徐世昌云：吴炎，字赤溟，后改字赤民，吴江人。明诸生。国变后，遁迹湖州山中，久之始出，与同县潘力田交莫逆，同撰《明史记》，定目，纪十八、书十二、表十、世家四十、列传二百。又疏遗秩足感后人者，得百事，作《今乐府》。先成，钱牧斋见之击节，因助以藏书。亭林故与二子善，闻其作史，亦输先朝藏籍佐之。先生长于叙事，力田则精考核，其书成几及半，而南浔庄氏史狱起，以先生及力田名重，窜名列参阅中。或劝之避，不可。逮鞫，抗辩不屈，遂及于难。(见《清儒学案》卷七《亭林下》)

〔一九〕顾炎武云：先朝之史，皆天子之大臣与侍从之官任之，而世莫得见。其藏书之所曰皇史宬。每一帝崩，修实录，而请一朝之书出之，以相对勘，非是莫得见者。人间所传，有《太祖实录》。国初人朴厚，不敢言朝廷事，而史学因此废失。正德以后，始有纂为一书，附于野史者，大抵草泽传闻，与事实绝远，而反行于世。世之不见实录者，从而信之。万历中，天子荡然无讳，于是实录稍稍传写流布。至于光宗，而十六朝之事俱全。然卷帙重，其非士大夫累数千金之家不能购，以是野史日盛，而谬悠之谈遍于海内。（见《文集》四《书吴潘二子事》）

按：同时顾炎武尝以己所藏之书，假于吴潘二氏，资其修史，其后二氏受祸，而顾氏之书，亦随之俱亡。

又云：苏之吴江，有吴炎、潘柽章二子，皆高才。当国变后，年皆二十以上，并弃其诸生，以诗文自豪。既而曰，此不足传也，当成一代史书，以继迁、固之后。于是购得实录，复旁搜人家所藏文集、奏疏，怀纸吮笔，早夜矻矻，其所手画，盈床满匧，而其才足以发之。及数年而有闻，予乃亟与之交。二子皆居江村，潘稍近，每出入未尝不相过。又数年，潘子刻《国史考异》三卷，寄予于淮上，予服其精审，有史才。

其居邻故阁辅朱公国祯家，朱公尝取国事及公卿志状疏草，命胥钞录，凡数十帙，未成书而卒。廷鑨得之，则招致宾客日夜编辑为《明书》，书冗杂不足道也。（见书同上）

〔二○〕翁同龢云：王紫翔有牧斋明史料两巨册，详为钞寄。（见《日记·癸巳乙月二十五日》）

〔二一〕庄氏史狱，乌程庄廷鑨《明史辑略》，得明人朱国祯《明史》稿本，为之刊布。杨凤苞《南疆佚史》中记庄廷鑨史案本末极详。全祖望《鲒埼亭外集》、李慈铭《越缦堂日记》中皆有记载。《中国秘史》有《康雍乾间文字之狱》一文，述及庄、戴二案。

按：私史狱，即南浔庄氏史案，为清初文字狱之最大者。顺治时，南浔富氏庄允诚之子廷鑨,售得明故相朱国祯所作史稿,招聘名士修辑,并补启祯遗事,刊之,名曰《明史辑略》,中多触讳之语。归安知县吴之荣以索诈不遂,控之于朝,遂成大狱。时廷鑨已前死,发墓焚其骨,并籍其家。允诚瘐死狱中,牵涉而死者七十余人。(录自《辞海》)近人朱邦彦编有《庄史案辑论》一册,民国十七年,中山大学铅印本。又《痛史》中有《庄氏史案》。《约园杂著三编》卷二中有《庄氏史案本末题跋》,曰:文字之狱惨毒至斯,吴之荣不遂所欲,陷七十余命,岂为天理不容,仅以恶疾死,幸也。然无解于当时天威不测,何至此极。

又按:乌程庄廷鑨得明人朱国祯之《明史》稿本,廷鑨重加修辑,并补入启、祯两朝事绩。署己名刊之,名曰《明史辑略》,卷首所列参校诸氏,多为一时名宿。未几,去任,归安知县吴之荣初以索诈不遂,有怨于廷鑨,以其初刊本,上之于朝,遂兴大狱。时廷鑨已卒,戮其弟其子,凡列名参校者,多罹极刑,……以诛死者七十余人,世所称"南浔史狱"是也。(录自金氏《中国史学史》)

〔二二〕李慈铭云:阅潘力田(柽章)《国史考异》六卷,惟太祖、惠帝、成祖三朝事,多以诸书证《实录》之误,极为精审,修《明史》者不可无此书也。力田,吴江人,次耕检讨之兄,后以庄廷鑨私史之狱牵连死,此书遂亦湮晦,今刻入《功顺堂丛书》中。(见《越缦堂日记》)

又金毓黻云:潘氏撰《国史考异》三十六卷,今存六卷,曾收入《四库全书》,后以引用钱谦益《辨证》,被撤出,今尚有传本(刻入《功顺堂丛书》),近年自故宫检出清臣所撰之《提要》,称其引据赅洽,辨析详明,所考止洪武、永乐两朝,盖所见非全帙也。又著《松陵文献》。潘氏之史学可于此二书窥之。(见《中国史学史》)

按:钱谦益有《与吴江潘力田书》《明实录辨证》载《初学集》中。

〔二三〕朱竹垞云:康熙十有七年春,天子有诏征文学之士。吴江潘君耒被荐。明年,召试体仁阁下,赋最工,以布衣除翰林院检讨。越二年,充日讲官,知起居注。彝尊与君定交也久,同年被荐,同以布

衣授官,同知起居注。(见《曝书亭集》卷七十六)

又近人陈去病云:潘耒以布衣与修《明史》,诩诩然自鸣得意,而王锡阐晓庵独与亭林顾氏以遗民逸老,耿念其兄力田之冤,谓如次耕者,即不腐心切齿,亦当隐居终身,何图靦颜失节,屈身仇雠,背于友而悖大道也。(见《国粹学报·吴赤溟传》)

〔二四〕潘耒自云:《明史议》明有天下凡三百年,而未有成史,今欲创为一书,前无所因,视昔之本《东观汉记》以作《后汉书》,改《旧唐书》以修《新唐书》者,其难百倍。然国不可以无史,史不可以难而弗为,诚得邃于史学,识著作之体者,经理其事,纵不敢希迁、固,若陈寿、欧阳修之史,尚可企及也。请言其概曰:搜采欲博,考证欲精,职任欲分,义例欲一,秉笔欲直,持论欲平,岁月欲宽,卷帙欲简,此其大要也。博则无疏慵之谶,精则无抵牾之病,分则众目之有条,一则大纲之不紊,直则万世之公道伸,平则天下之人心服,宽则察之而无疵,简则传之而可久。于以备一代之创作,成不刊之大典,斯无愧矣。

〔二五〕梁启超云:戴氏遗集中,除《孑遗录》一篇外,尚有杨刘二王合传,以杨畏知、刘廷杰、王运开、运宏四人为骨干,寥寥二千余言,而晚明四川、云南形势若指诸掌。其《左忠毅公传》,以左光斗为骨干,而明末党祸来历及其所生影响,与夫全案重要关系人面目皆具见。(见《饮冰室集》)

〔二六〕梁启超云:南山善治史,其史识史才皆绝伦,卒以作史蒙大戮,后辈惩焉,而讳其学。(见《地理分布》)

〔二七〕按:方苞,桐城人,康熙四十五年由举人会试中式,以母病未与殿试。五十年十月,副都御史赵申乔刻编修戴名世所著《南山集》《孑遗录》,有大逆语,下刑部,拟名世凌迟,词连苞。苞为名世作《序》,论斩,命九卿详考。五十二年二月,谕曰:戴名世从宽,免凌迟,著即处斩。……此案内干连人犯,俱从宽,免治罪,著入旗。是月苞隶旗籍。三月,上知苞文学,特命入直南书房。……六十一年六月,命为武英殿修书总裁。十二月,世宗宪皇帝嗣位,颁恩诏赦苞。十一年八月充一统志馆总裁。乾隆十六年卒。

〔二八〕金毓黻云:查伊璜曾撰《罪惟录》八十四卷,称明惠帝为惠宗让皇帝,成祖为太宗文皇帝,景帝为代宗景皇帝,思宗为毅宗愍皇帝,弘光帝为安宗简皇帝,隆武帝为绍宗襄皇帝,附以唐王、桂王、鲁监国,是盖能合南明事为一书者。(见《中国史学史》)

又张宗祥云:查东山先生有《罪惟录》之纂修。二先生行辈相同。(东山,崇祯六年癸酉举于乡)著书年代相同,居又同里。(谈先生迁居硖石紫薇山西南麓也是园,查先生自粤归浙,辟敬修堂于杭州。又筑幽居于硖石沈山东麓万石窝。盖紫薇山即西山,沈山即东山,故查氏暮年以此为号也。)所不同者,查豪放结客,谈抱朴守约耳。何以二人若不相识,各无一语及之也?意者谈氏在庄氏史狱之前早已谢世;而查氏既经史狱,幽囚二百日之后,虽奋笔成书,不欲表曝于世,深闭固拒,以史为讳。即知谈氏之书,亦惟有铁函深井,藏之己耳,敢引以贾祸耶?(见《国榷·题记》)

〔二九〕梁启超云:自衡阳王船山(夫之)以孤介拔俗之姿,沈博多闻之学,注经论文,评骘百家,著作等身,巍然为一代大师。虽然壤地穷僻,与东南文物之区不相闻问,门下复无能负荷而光大之者,是以其学不传。(见《地理分布》)

又刘献廷云:而农先生于壬申岁已八十矣。隐居船山,未尝入城市。其学无所不窥,于六经皆有发明,天地元气,圣贤学派,仅此一线耳。(见《广阳杂记》)

又章炳麟云:季明之遗老,惟王而农为最精。(见《衡三老·检论》)

又王闿运云:检《王船山遗书》,校其目录,舛误者数处。元浦请诸名人校书,而开卷谬误,故知著述非名士之事也。船山学在毛西河伯仲之间,尚不及阎百诗、顾亭林也,于湖南为得风气之先耳。(见

《湘绮楼日记》同治八年)

〔三〇〕王又曰:船山论史,徒欲好人所恶,恶人所好,自诡特识,而蔽于宋、元、明来鄙陋之学,以为中庸圣道,适足为时文中巨手,而非著述之才矣。(见书同上《船山杂说》)

〔三一〕陈三立云:(上略)于时衡阳船山王先生,并世遗老,抗其孤夐卓荦之心,上契圣典,旁包百氏,蒙者发之,滞者通之,天人之蕴,教化之纪,次第昭列,自孟、荀、朱子以来,道术之备,于斯为盛。顾其书久而后显,越二百有余岁,乡人湘阴郭侍郎嵩焘始尊信而笃好之,以为斯文之传,莫大乎是。而吾友罗君正钧亦承侍郎之风,勤一世以尽心于先生之书者也。始补辑《年谱》若干卷,今复辑先生交游终始所关,为《师友录》凡十有七卷。……独以谓先生亡国羁孤,穷荒晦昧,与世睽绝,然是记所考列尚百五十有一人。(见《散原精舍文集》卷一《船山师友录叙》)(湘潭罗顺循提学正钧)

〔三二〕按:太炎先生所讥晚世好事之徒,盖指陈鳣作《南唐书》、魏源作《西魏书》也。

〔三三〕李慈铭云:《南疆逸史》皆记明末弘光、隆武、永历三朝及鲁监国事,仅存二十卷,今吴郡李瑶补勘之,为《纪略》六卷,为《列传》三十四卷,又为《拾遗》十八卷,《恤谥考》八卷,虽记叙芜冗,然搜辑幽隐,略备考证,其心力亦云勤矣。(见《越缦堂日记补》)又云:杨凤苞《南疆逸史》多涉鼎革间事,其记庄廷鑨史案本末极详,足订《鲒埼亭外集》之漏略。(见《越缦堂日记》)

按:杨凤苞,字傅九,浙江归安人。诸生,少以《西湖秋柳词》有名于时,经学、小学皆有根底,阮元编《经籍纂诂》,凤苞与分纂。尤熟谙明末事,尝为《南疆佚史跋》十二篇,补温睿临之不备,而订其误,今存《秋室集》中。晚馆郡城陈氏,其书室为郑元庆鱼计亭,人以为元庆复生云。嘉庆二十一年卒,年六十。著《秋室集》五卷。《清史稿》卷四百八十六《列传》二百七十三《文苑》三有传。

又谭献云:借子高《南疆佚史》四十五卷原本阅一过。李瑶据温氏旧文,为不完本,大者如鲁王,亡纪。及所补各传,原本皆有之,不知果未见原本耶,抑见全本,讳匿以啖名耶?(见《复堂日记》卷七)

又张寿镛云:吴兴温睿临撰《南疆佚史》十六卷。首凡例,次目,目中凡纪略四,列传十六。……此书体例极善,不杂不浮,列传所及应尽有,实又为明季南疆之信史也。(见《约园杂著三编》卷二)

〔三四〕按:《小腆纪年》此书大旨在表章明末死节诸臣遗闻轶事,多《明史》所未载考。

第四章　成浙东史学派

一、黄宗羲《明史案》《明儒学案》子百家附见

黄宗羲,字太冲[一],号南雷,海内称为梨洲先生,余姚人。[二]明御史忠端公尊素长子。忠端为杨(忠烈)、左(忠毅)同志,以劾魏阉,死诏狱。庄烈帝即位,宗羲年十九,袖长锥入都讼冤,帝称曰“忠孝孤儿”。已而大清兵入关,常自缢,国亡。宗羲归浙东,纠里中数百人从熊公汝霖,以一旅之师,划江而守。清兵南下,江上溃,公死非命。而宗羲间行回家,欲乞师日本,不果,乃退著述,四方请业之士渐至。复举证人书院,申蕺山之绪,教学者必先穷经,而求事实于诸史。(见《国朝先正事略》)按宗羲之主读史,盖得自忠端公。观全祖望为《神道碑》有云:忠端公之被逮也,谓公曰:学者不可以不通知史事,可读《献征录》。公遂自明十三朝实录,上逆二十一史,靡不究心,而归宿于诸经。[三](见《鲒埼亭集》卷十一)

康熙戊午,诏征博学鸿儒,叶讱庵学士方霭,先以诗寄先生,怂恿之,先生次韵答以不出之意。叶商于先生门人陈庶常锡嘏,对曰:是

将迫先生为谢叠山矣。其事遂寝。(见江藩《国朝汉学师承记》)

先生为世家子弟,家有十三朝实录,复娴于掌故。叶讱庵与同院徐立斋学士元文监修《明史》,又荐先生于朝,诏督抚以礼敦遗,先生以母耄及老病辞。叶知不可致,乃请诏下浙江巡抚,就家钞所著书有关史事者,付史馆。徐又延先生子百家及鄞处士万斯同参订史事,斯同,先生之弟子。先生酬答徐书曰:昔闻首阳山二老托孤于尚父,遂得三年食薇,颜色不坏,今吾遣子从公,可以置吾矣。[四](见书同上)

宗羲虽不赴征书,而史局大案必咨之,史局依而笔削焉。如《历志》出于吴检讨任臣之手,乞公审正而校定。据《答万贞一论明史历志书》云:承寄《历志》,传监修总裁三先生之命,令某删定。某虽非专门,而古松流水,布算簌簌,颇知其崖略。今观《历志》前卷、《历议》,皆本之列朝《实录》。崇祯朝则本之《治历缘起》,其后则《三历成法》,虽无所发明,而择取简要,非志伊不能也。(中略)来书谓去其繁冗者,正其谬误者,某之所补,似更繁冗,顾关系一代之制作,不得以繁冗而避之也。以此方之前代,可以无愧。……顾某衰病,旧学荒落,又加之以来期迫促,无以慰三先生下问之意,心窃愧焉。

一生著述等身,今取其卓卓大者,次为四项述之:

一、尝辑《明史案》二百四十四卷。其于《明史》提三例:(一)国史取详年月。(二)野史取当是非。(三)家史备官爵世系。[五]移书史馆论不宜立《理学传》,谓《宋史》别立《道学传》为元儒之陋,《明史》不当仍其例。时朱检讨彝尊方有此议,汤公斌出公书示众,遂去之。至于死忠之籍,尤多确核,《地志》亦多取公《今水经》为考证。

二、又著《明儒学案》六十二卷,叙述明代讲学诸儒流派分合得失甚详。其《自序》云:某为《明儒学案》,上下诸先生,浅深各得,醇疵互见,要皆功力所至,竭其心之万殊者而后成家,未尝以懵懂精神冒人糟粕。于是为之分源别流,使其宗旨历然。由是而之焉,固圣人之耳目也。间有发明,一本之先师,非敢有所增损其间。此犹中衢之罇,后人但持瓦瓯椲杓,随意取之,无有不满腹者矣。

纪昀云:初,周汝登作《圣学宗传》,孙钟元又作《理学宗传》,宗羲以其书未粹,且多所阙遗,因搜采明一代讲学诸人文集语录,辨别宗派,辑为此书。宗羲此书,犹胜国门户之余风,非专为讲学设也。然于诸儒源流分合之故,叙述颇详,犹可考见其得失,知明季党祸由来,是亦千古之炯鉴矣。(见《四库总目提要》)李慈铭曰:阅黄梨洲先生《明儒学案》。先生受业蕺山,尤主张阳明之学,而于当时黑白异同诸家,兼收并采,不遗一人。《四库提要》谓其未免门户之见,容或有之,然而集诸儒之成而会其要领,总论得失,若指诸掌,真儒林之渊鉴也。(见《越缦堂日记补》)虽然此书复经一水一火之灾,散乱佚失。有郑南溪先生,颇表章黄氏之学,乃理而出之。故城贾氏颠倒《明儒学案》之次第,正其误而重刻之。(说本全祖望)是以全谢山即书致郑南溪,论其事目,曰:《明儒学案》间有商榷者,愚意欲附注之原传之尾,不擅动本文也。其有须补入者,各以其学派缀之。(见《鲒埼亭外集》卷四十四)梁任公曰:黄梨洲《明儒学案》六十二卷出,始有真正之学史,盖读之而明学全部得一缩影焉。然所叙限于理学一部分,而又特详于王学,盖"以史昌学"之成见,仍未能尽脱。梨洲更为《宋元学案》,已成数十卷,而全谢山更续为百卷。[六]谢山本有"为史学而治史学"之精神,此百卷本《宋元学案》,有宋各派学术面目皆见焉,洵初期学史之模范矣。[七](见《清代学者整理旧学之总成绩》)

三、又有《明文海》四百八十二卷,寻集明人文集二千余家,撷其精华,典章人物灿然具备,于十朝国史亦多弹驳参正。《明文案》二百十七卷。其《南雷集》传状碑志之文居多,明季遗民皆资考见焉。

四、又欲辑《宋史》而未就,仅存《丛目补遗》三卷。

康熙三十四年卒,年八十六。

子百家,字末史,号主一,能世其学,又从梅文鼎问推步法。宗羲编《宋元学案》未成卒,百家续成之。康熙中,徐健庵延入史馆,成《史志》数种,其《天文志》《历志》,则百家稿本也。

按:余姚黄梨洲宗羲,《清史列传》卷六十八《儒林》下,《清史稿》卷四百八十《列传》二百六十七《儒林》一,子百家附。

二、万斯同《明史稿》侄言附见

万斯同,字季野,号石园,浙江鄞县人。明举人户部郎泰第八子也。[八]生而异敏,读书过目不忘,顾趹弛不驯。八岁时,为其父闭诸空室中,斯同窃视架上有明史料数十大册,读之甚喜,数日而尽。既出,时时随诸兄后,听其议论。后从黄梨洲先生游,为高第弟子,与闻蕺山刘氏之学。

尝谓无益之书不必观,无益之文不必作[九],乃专意古学,博通诸史,尤熟于明代掌故。其与书范笔山论史学云:弟向尝流览前史,粗能记其姓氏,因欲遍观有明一代之书。以为既生有明之后,安可不知有明之事?故尝集诸家记事之书读之。见其抵牾疏漏,无一满足人意者。窃不自揆,尝欲以国史为主,辅以诸家之书,删其繁而正其谬,补其略而决其疑。一仿《通鉴》之体,以备一代之大观。故凡迩载籍之有关于明事者,未尝不涉览也。即稗官野史之有可参见闻者,未尝不寓目也。顾其事非一人所能为,顾与吾兄共勉之。可知其素志如此。[一○]

康熙十七年,荐鸿博,辞不就。明年己未,诏修《明史》,总裁徐相国元文延至京师。时史局中征士例,食七品俸,称纂修官。斯同请以布衣参史局,不署衔,不支俸。许之。其在局,诸纂修以稿至,主考皆送斯同覆审。[一一]徐公罢,继之者为张公玉书、陈公廷敬、王公鸿绪,俱延请有加礼。《明史稿》五百卷,其手定也。(以上见《国朝先正事略》)故梁任公曰:季野为今本《明史》关系最深之人,学者类能知之。季野主要工作,在考证事实以求真是。对于当时史馆原稿,既随时纠正,复自撰《史稿》五百卷。自言:"吾所取者或有所损,而所不取者必非其事与言之真,而不可益也。"此《明史》叙事翔实,不能不谓季野始谋之善也。又曰:《明史》能有相当价值,微季野之力固不及此也。〔一二〕(并见《清代学者整理旧学之总成绩》)

但在康熙四十一年壬午夏,卒于王尚书史局中。其稿即为鸿绪所攘,窜改不知凡几。魏默深有《书王横云明史稿后》辨证颇详。后此采王稿成书,已不能谓为万氏之旧矣。〔一三〕其原稿尚流传人间,闻萧山朱氏别宥斋藏有《列传》稿之一部,盖得自南京者。〔一四〕

斯同于前代体例,贯穿精熟,指陈得失,洞中肯綮,刘知幾、郑樵不能及也。马、班史皆有表,而后汉、三国以下无之。刘知幾谓无关得失。斯同则曰:史之有表,所以通纪传之穷。有其人已入纪传而表之者,有未入而牵连以表之者,表立而后纪传之文可省。读史不读表,非深于史者矣。故著《历代史表》六十卷。

纪昀云:万斯同《历代史表》以十七史自《后汉书》以下,惟《新唐书》有表,余皆阙如,故名为补撰。宗《史记》《前汉书》之例,作《诸王世表》《外戚侯表》《外戚诸王世表》《异姓诸王世表》《将相大臣及九卿年表》。宗《新唐书》之例,作《方镇年表》《诸镇年表》。其《宦者侯表》《大事年表》,则斯同自创之例也。其书自正史本纪志传以外,参考《唐六典》《通典》《通志》《通鉴》《册府元龟》诸书,及各家杂史,次第汇载,使列朝掌故,端绪厘然,于史家殊为有功。(见《四库总目提要》)朱竹垞曰:季野取历代正史之未著表者,一一补之,凡六十篇,益以《明史》表一十三篇,揽万里于尺寸之内,罗百世于方册之间,其用心也勤,其考稽也博,俾见者有快于心,庶几成学之助,而无烦费无用之失者欤。又曰:季野所编皆历代正史所必不可阙者,用以镜当世之得失,虽附诸史,并颁之学宫,奚不可也?(并见《曝书亭集》卷三十五)钱大昕曰:季野生千数百年下,追考千数百年上事,胪而列之,诚为快举。此种史学,唐宋亦不多得,明人所未有也。窃谓史之无表者,固宜补矣。又有表而尤不可以不补者。季野但择其无表者补之,余则置之，不无遗恨。熊方《后汉书年表》，季野若见之，则不须重作，即有不同，著其说可矣。因未见熊书，故别自作东汉诸表也。（见《十七史商榷》卷一百）

全祖望云：季野先生欲以遗民自居，而即以任故国之史事报故国，较之元遗山，其意相同。而所以洁其身者，则非遗山所及也。（见《鲒埼亭集》卷二十八）盖斯同平时尝谓"遗山入元，不能坚持苦节为可惜"，全氏故云然。

兹录其论史之言三则，附于后：

一、论实录。尝曰：史之难为久矣，非论其世、知其人，具见其表里，则吾以为信，而人受其枉者多矣。吾少馆于某氏，其家有列朝实录，吾读而详识之。长游四方，从故家长老求遗书，考问往事，旁及郡志邑乘、杂家志传之文，靡不网罗参伍，而要以实录为指归。盖实录者，直载其事与言，而无所增饰者也。因其世以考其事，核其言，而平心察之，则其人之本末，十得八九矣。然言之发或有所由，事之端或有所起，而其流或有所激，则非他书所能具也。凡实录之难详者，吾以他书证之，他书之诬且滥者，吾以所得于实录者裁之，不敢谓其皆信，而是非之枉于人者鲜矣。（见方苞《望溪文集·万季野墓表》）

二、论官修之失。又曰：昔迁、固才既杰出，又承父学，故事信而言文。其后专家之书，才虽不逮，犹未至如官修者之杂乱也。比如入人之室，始而周其堂寝匽溷，继而知其蓄产礼俗，久之其男女少长性质刚柔、轻重贤愚，无不习察，然后可制其家之事。若官修之史，仓卒而成于众人，不暇择其材之宜与事之习，是犹招市人而与谋室中之事也。（见钱大昕《潜研堂文集》卷三十八《万先生传》）

三、论史表作用。马、班书皆有表，后汉三国以下无之。刘知幾谓得之不为益，失之不为损。斯同纠之曰：史之有表，所以通纪传之穷。有其人已入纪传而表之者，有未入纪传而牵连以表之者，表立而后纪传之文可省。读史而不读表，非深于史者也。（见钱林《文献征

存录》本传)

故又有《补历代史表》之作，五十四卷，凡六十篇，益以《明史》表一十三篇，东汉有《宦官侯表》，三国仿《大事纪》作《三国大事年表》，则前代所阙，而斯同自造体制者也。

他著又有《纪元汇考》四卷，《儒林宗派》十六卷，《历代宰辅汇考》八卷等书。

万言，字贞一，号管村，副贡生。少随诸父讲社中，长精博，以古文名当世。著有《明史举要》。尝与修《明史》，独成《崇祯长编》。

按：鄞县万季野斯同，《清史列传》卷六十八《儒林》下一，《清史稿》卷四百八十四《列传》二百七十一《文苑》一，俱有传。从子万言附。

三、邵廷采《东南纪事》《西南纪事》

邵廷采，字允斯，又字念鲁，浙江余姚人。[一五]九岁读史，即操黎为徐达、常遇春传。长从韩孔当、沈求如游，时孔当年已八十矣，岁必一再至姚江书院，为诸生设讲。后廷采抱遗书于荒江斥海之滨，守其师说不变。与同县黄宗羲、会稽董场、保定王定中甚相契。寻游京师，商丘宋犖、鄞万经，欲招入一统志馆，以老辞。晚岁，思托著述以自见，以为阳明扶世翼教，作《王子传》；蕺山功主慎独，忠节清义，作《刘子传》。王学盛行，而艮畿踳杂，罗阳诡乱，务使合于规矩，作《王门弟子传》。金铉、祁彪佳、张兆鳌、黄宗羲等确守师说，作《刘门弟子传》，别择甚严。又作《姚江书院志略》二卷。

尝从宗羲问逸事，于明末诸臣尤能该其本末，所作《宋明遗民所知传》，倪文正、施忠愍诸传，凡数十篇，欲勒成书，未竟。有《东南纪事》十二卷，《西南纪事》十二卷。康熙五十年卒，年六十四。(见《清史列传》卷六十七《儒林》上二)

所撰《东南纪事》十二卷，以存鲁王、唐王；《西南记事》十二卷，以存桂王。邵武徐干为之跋,云:明季野史虽多,非限于见闻,即取材庞杂,其间善本益寡。国朝纂修《明史》,自有体裁,不暇详为纪掇。余姚邵念鲁先生撰《东南纪事》《西南纪事》,辞尚体要,无惭作者,实辅正史并行。轶事遗闻,赖此不泯也。(见本书)又其弟子所辑《思复堂集》十卷,李慈铭谓载明末文献极多(见《越缦堂日记补》),且发明姚江之学焉。

但其乡之后起名流全氏祖望则大不满此书,故曾《答诸生问思复堂集帖子》云:近来文士大半是不知而作,如邵念鲁为是集,甚欲表章儒先,发扬忠孝,其意甚美。然而读书甚少,以学究固陋之胸,率尔下笔,一往谬误,后生或见其集,而依据之,贻误不少。当时如吴农祥之诞妄,直是欺人,念鲁非其匹也,然而不知而作则略同。(见《鲒埼亭外集》卷四十七)

要之,念鲁先生郊庠附学,穷老海滨,闻见容有未尽[一六],所述史事,不无一二疏舛。后来章实斋颇有志整理此书云。先生从孙二云,能传其学,成就尤大,详邵晋涵节。

按:余姚邵念鲁廷采,《清史列传》卷六十七《儒林》上二,《清儒学案》卷七《亭林学案》下附邵廷采,俱有传。

四、全祖望《宋元儒学案》

全祖望,字绍衣,号谢山,浙江鄞县人。[一七]生有异禀,书过目不忘。年十四,补弟子员,应行省试,以古文谒查初白编修,许为刘原父之俦。入都,再为方苞所赏识,声誉顿起。乾隆元年,举博学鸿词,辞。即以是科举成进士,选庶吉士。散馆归,屡主蕺山、端溪诸书院,成就人材甚众。有闲,益广修枌社掌故、桑海遗闻,表章节义如不及。殁后,时人相传为钱忠介公肃乐之后身云。(见《国朝先正事略》)

其学渊博无涯涘,于书靡不贯穿。在翰林与李绂共借《永乐大典》读之,每日各尽二十卷,时开明史馆,复为书六通移之。据余姚史梦鲛所作《全氏年谱》云：其第一第二专论《艺文》一门，见先生不轻读古人书。又谓本代之书必略及其大意，始有系于一代事故典则风会，而不仅书目，其论尤伟。第三第四专论表，而于外蕃属国变乱，了如指掌，真经国之才也。第五第六专言《隐逸》《忠义》两列传。所以培世教养人心，而扶宇宙之元气，不但史法之精也。（见《鲒埼亭集》）又云：《宋元学案》共一百卷，稿创于梨洲，而全谢山续成之[一八]。梨洲玄孙稚圭(璋)父子复校补之[一九]，尚无刊本。道光间，鄞人诸生王腾轩(梓材)始得其稿，为之校订。而慈溪冯氏云濠刻之。其端实发之道州何文安(凌汉)、新城陈硕士(用光)两学使。故咸丰初，文安之子绍基复刻于京师。其书综核微密，多足补《宋史》之未逮，学者不可不读也。（见《越缦堂日记》）

生平服膺黄宗羲，宗羲于明季诸人刻意表章，祖望踵之，详尽而核实，可当读史，即今所传《鲒埼亭集外编》，其中多晚明掌故之文，殊足贵也。南归后，修宗羲《宋元儒学案》。先后答弟子董秉纯、张炳、蒋学镛、卢镐等所问经史，录为《经史问答》，凡十卷，足启后学。他著有《读史通表》《历朝人物世表》《亲表》等。兹再分别述之为下：

(一)《宋元学案》。初黄宗羲作《明儒学案》先成，复编《宋元儒学案》，未竟而卒。全氏以乡后进，负责续修之。此书不仅备两朝掌故，且能贯彻古今学术之源流也。李慈铭云：谢山于此书致力甚深，其节录诸家语录文集，皆择其精要。所附录者，剪裁尤其苦心。或参互以见其人，或节取以存其概，使纯疵不掩，本末咸赅，真奇书也。梨洲原本不过十之三四，其子末史(百家)所续亦属寥寥。然起例发凡，大纲已具。谢山以专门之学，极力成之。故较《明儒学案》倍为可观。盖宋儒实皆有深造自得之学，远过明人。即其意见稍偏，亦自有不可磨灭处。故精语粹言，触目即是。明儒自敬斋、康斋、白沙、阳明、蕺山、石斋数公外，鲜足自立。故虽以梨洲之善择，而空言枝义，大半浮游，不足以发人神智也。谢山所撰《序录》八十九首，犀分烛照，要言不

烦。宋儒升降源流,大略皆具,学者尤不可不读。(见《越缦堂日记》)

(二)《读史通表》。自为序曰:予初读二十一史,即取诸表谛视,略得其义蕴之所在,以为是固全史之经纬,如肉贯串,非徒取充口耳。欲诵三桓七穆以自夸者,因思尽为综勒,独成一书,但各史之未具者多,以万处士斯同所编为据,而万氏之书,尚多阙略,因为稍稍续葺,更得若干。其于前人所已有,更为疏证而审核之,或间遇讹错,则仿温公《考异》之例,略加订正,聊以充读史者之目录耳。(见《鲒埼亭集外编》卷二十五)又为《通鉴》前后年号事,作帖与陈时夏外翰曰:仆少时见司马温公与范内翰论《通鉴帖》,凡年号皆以后来者为定。仆以为史家记载,当取简捷,固是不易,但皆以后来为定,则窃以为未尽然者。大抵前王后王之会,只应据实书之,不当以特笔进退其间。故予于《古今通史年表》,概以前统后,而分注其后来之年号于下,固与温公大左,但不敢以大儒之书苟附和也。(见《鲒埼亭集外编》卷四十三)录之以觇其史识云尔。

(三)《世表》与《亲表》。据两书之自序云:予撰《读史通表》既竣,别作《历朝人物世表》二十卷,合二千余年之王侯将相、卿尹牧守,凡累世有见于史者,即牵连志其人代,而儒林、文苑亦附见焉。其或陆陆(碌碌)无可书,则虽荫袭之烜赫,门地之高华,概削不录,惧芜文也。读者披览之下,若者家声世接,若者种恶代传,若者陨宗,若者干蛊,是亦《春秋》之意已。又云:予既撰《历朝人物世表》,因复仿前人之例作《古今亲表录》以补之。其缔姻帝室,得预戚里者,列之于首;次则内外大臣,皆以其于国事有关而推之,至于儒林、文苑,至予之所葺,直为古今人物起见,非徒以存诸家之系望。其间或参以议论,大率皆前人未发之隐。是录一以正史为主。其金石之遗文,别集之错见者,亦附入焉。(并见《鲒埼亭集外编》卷二十五)但此三书现无存者。据其弟子董秉纯作《鲒埼亭集题词》云:先生著述,不下三十余种,今存者惟诗文正集、集外一百十五卷。若《读史通表》《历代人物世表《亲表》，竟无片纸只字。或疑原未有作。顾苕上沈东甫已曾见之，不知何谓。

（四）《鲒埼亭集外编》。据黄式三《儆居集》所述，谓谢山在京师，刚劲有大节，时相屡招之不赴。入词馆，卒以此左迁。其既归也，于故国之遗臣，乡邦之文献，留心博访，而述之为史。[一〇]盖即此出之所由起也。今按其中，除记晚明掌故外，又多载清初宏儒学术，实《清儒学案》之一部分绝好材料也。李慈铭最爱读全氏集，有云：阅《鲒埼亭集》第四十二、四十三两卷，皆论史帖子。[一一]谢山最精史学，于南宋残明尤为贯串，阀阅之世次，学问之源流，往往于湮没幽翳中，搜寻宗绪，极力表章，真不愧内谱之目。又云：阅《鲒埼亭集外编》此书终身阅之，探索不尽，然其经学自不逮史学也。（并见《越缦堂日记》）叶昌炽云：读《鲒埼亭集外编》，谢山于残明遗老表彰之不遗余力，桑海轶事，赖兹不坠，不独文笔之雄也。（见《缘督庐日记》）

顾谭献阅全氏集则云：全于浙东史学，雍乾间颇为职志，其实粗识藩篱而已。《鲒埼亭集外编》于明末诸忠节，虽叙述不中律度，亦为不废之作。辨证遗闻，以理势求之，多可信者。他文则芜矣。绍衣生平最服梨洲，时有微词，最恶西河，没其本真……绍衣于《史记》《汉书》，皆未究心，吾此言不为过。（见《复堂日记》）其实全氏之于文学，本不措意，观严能修评《鲒埼亭集》云：谢山雅不屑以文人自居，其意欲厕于讲学之流，其梗概从《外集》卷十六诸记见之。吾不敢知其于道所得深浅果何如，顾其表章之功，诚有足尚者。（见《敬孚类稿》卷七引）是故近儒章太炎尝自述少时所以从事革命，由于观全氏书之故。其言曰：余弱冠观全祖望文，所述南田、台湾诸子甚详，益奋然欲为浙父老雪耻。（见《检论》）可知其书感人深也。[一二]又七校《水经注》，三笺《困学纪闻》。

按：鄞县全谢山祖望，《清史列传》卷六十八《儒林》下一，《清史稿》卷四百八十一《列传》二百六十八《儒林》二，俱有传。

五、邵晋涵《南都事略》

邵晋涵,字与桐,号二云,浙江余姚人。[二三]从祖念鲁(廷采)出蕺山门,实为浙东史学之嫡传。晋涵生有异禀,能承其家学。及长,应乡试,受知于钱大昕,擢为第四。后入京师应礼部试,名列第一。是时章学诚、洪亮吉亦皆在京,晋涵与之论史,契合隐微。四库馆开,纪昀为总裁,晋涵以大学士刘统勋荐,特旨,改庶吉士、充纂修官。乾隆二十九年,授翰林院编修,仍纂校《四库全书》。晚年,为毕沅覆审《续通鉴》,其书即大改观。体素羸弱,又兼诸官,晨入暮出,复以其暇,授徒自给,由是体益不支,遂殁于邸第,年五十四,时嘉庆元年也。(以上见章实斋所作《邵君别传》)

晋涵之史学,为世所推许,其自著之书,拟作者有《宋志》,已成者有《南都事略》及《南江札记》。纂辑者有薛氏《五代史》。其非自著而助人蒇事者有《四库史部提要》。为人考订者有《续资治通鉴》。兹将此四种书,分别述其撰辑之经过为下。

甲　自著类

(一)《宋志》。据章学诚云:余尝语君,史学不求家法,则贪奇嗜琐,但知日务增华,不过千年,将恐大地不能容架阁矣。君抚膺叹绝,欲以斯意刊定前史,自成一家。时议咸谓前史榛芜,莫甚元人"三史",而措功则《宋史》尤难。君遂慨然自任。(录《别传》中语)此为晋涵重修《宋史》之动机也。章氏又云:乾隆癸卯之春,余卧病京旅,君载余其家,延医治之。余沉困中,辄喜与君论学,每至旦分。君恐余惫,余气益壮也,因与君论修《宋史》,谓俟君书成后,余更以意为之,略如《后汉》《晋史》之各自为家,听决择于后人。君因询余方略,余谓当取名数事实,先作比类长编,卷帙盈千可也。至撰集为书,不过五十万言。始视之,百倍其书者,大义当更显也。君曰:如子所约则吾不能,然亦不过三倍于君,不至骛博而失专家之体也。余因请君立言

宗旨,君曰:宋人门户之习,语录庸陋之风,诚可鄙也。然其立身制
行,出于伦常日用,何可废耶? 士大夫博学工文,雄出当世,而于辞受
取与出处进退之间,不能无箪豆万钟之择。本心既失,其他又何议
焉? 此著《宋史》之宗旨也。余闻言而耸然。(录《列传后论》中语)因
即退而取《东都事略》与《宋史》对勘。核其详略同异,完成《考异》一
书,为将来作《宋志》稿本。复与书程鱼门、朱筜河二子,俱以治《宋
史》为言。与程书云:《宋史》亦附为校勘事迹抵牾,无论元明人著述,
即《东都事略》未敢信为实录也。新得《考异》一卷,宽以岁月,或可成
编耳。与朱书云:取《东都事略》与《宋史》对勘,事迹抵牾,未从审定,
弥深固陋之惭耳。(并见《南江文钞》卷八)仿陈寿《三国志》例,名曰
《宋志》。〔二四〕又先为《南都事略》以当长编,但不惟《宋史》未成,即《事
略》亦仅有残稿,身后且散佚尽矣。

　　(二)《南都事略》。据钱大昕所作《邵君墓志铭》云:予尝论《宋
史》纪传,南渡不如东都之有法,宁宗以后,又不如前三朝之粗备。微
特事迹不完,即褒贬亦失实。君闻而善之。乃撰《南都事略》,以续王
称之书,词简事增,过正史远甚。〔二五〕(见《潜研堂集》卷四十三)而洪
亮吉所作《邵学士家传》云:君又病《宋史》是非失实,且久居山阴四明
之间,习闻里中诸先生绪言,遂创为《南都事略》一编。(见《卷施阁甲
集》卷第九)此又一说也。然则晋涵初欲发大愿作《宋志》,后因此事
大,乃先从《南都事略》入手,但皆未完成,仅《南都事略》残稿流传于
世耳。按此稿王益吾言:马端敏督两江日,有人持献,将付局刊之,会
端敏遽卒,未果。稿亦不知为何人所得,今闻藏洪琴西后人所。(见
李详《窳记》)而李慈铭亦称:邵二云《南都事略》,戊辰以前,已在江宁
书局,曾文正将刻之,以移督直隶而止。〔二六〕(见《越缦堂日记》)马氏
为继曾文正而督两江者,则可知此稿曾两度付雕而未就也。但据谭
献《复堂日记》云:海宁唐端甫(仁寿),钱警石先生之弟子也,熟精目
录,刻志校对,为余言邵二云《南都事略》,曾见活字印本,有阙卷耳。

似人间必有传本,志之以矣。则其稿又似早刻行矣。[二七]

（三）《南江札记》。此为晋涵读书笔录。卷一至卷四论经学。卷五论《史记》九条,《汉书》七条,《后汉书》三条,《三国志》四十九条,《五代史》十七条,《宋史》四十六条,盖南江经史之学皆深也。[二八]

（四）薛史。晋涵纂校《四库全书》时,曾从《永乐大典》中辑出薛史旧文,为会萃编次,得十之八九。复采《册府元龟》《太平御览》《通鉴考异》《五代会要》《契丹国志》《北梦琐言》诸书,以补其缺。并参考新旧《唐书》、《东都事略》、《宋史》、《辽史》、《续通鉴长编》、《五代春秋》、《九国志》、《十国春秋》及宋人说部、文集与五代碑碣尚存者,以资辨证,卷帙悉符原书。书成呈御览,馆臣请仿刘昫《旧唐书》之例,列于廿三史,刊布学宫,诏从之。（见《国朝先正事略》）梁任公曰:薛居正《旧五代史》,二云从《永乐大典》中辑出,而缀辑成书,实费莫大功夫也。（见《饮冰室文集》卷四十二,有《五代史考异》二卷,仅存残稿）

乙　非自著类

（一）《四库总目·史部提要》。四库馆开,纪昀为总裁,晋涵与戴震、周永年等,同入馆编校。晋涵所职为史部,凡史部诸书,多由晋涵订其略。其《提要》亦多出晋涵手。章学诚称之曰:浙东儒哲讲性命者,多攻史学,有师承。其间文献之征,所见所闻所传闻,容有中原耆宿不克与闻者。先生自其家传乡习,闻见异于人。既入馆,肆窥中秘,遂为海涵川汇,不可津涯。（见《章氏遗书·邵与桐别传》）按晋涵所集诸史提要,可以见渊原深识幻解也。（说本谭献）盖当时馆开,主经部者为戴东原,主史部则邵二云、陆耳山,主子部则周书昌,主集部则纪文达。周星诒云:此为都中人所传,予不甚信。而史部著录,似胜甲、丙、丁三部也。集部最滥,岂陆鉴别胜纪邪?（见《窳橫日记》）但梁任公论邵氏学术亦云:二云与戴东原、周书昌等五人,同以特征入四库馆,名誉藉甚一时。《四库总目·史部提要》出二云手者,恐将

过半,惟无从确指某篇为其所作,最可惜。冀将来或有意外史料出现证明之耳。[二九](见《饮冰室文集》卷四十二)

(二)《续资治通鉴》。章学诚曰:已故总督湖广尚书镇洋毕公沅,尝以二十年功,属宾客续《宋元通鉴》,大率就徐氏本稍为损益,无大殊异。公未惬心,属君更正。君出绪余为之覆审,其书即大改观。时公方用兵,书寄军营,读之,公大悦服,手书报谢,谓迥出诸家《续鉴》上也。公旋薨于军,其家所刻《续鉴》仅止数卷,杀青未竟,旋藉没。君之所寄,不可访矣。(见《章氏遗书·邵君别传》)按晋涵为毕公覆审《续鉴》,其《义例》详学诚《代毕公论续通鉴书》。钱大昕云:毕沅撰《续宋元通鉴》,常就二云商榷,辄叹曰:今之道原、贡父也!(见《潜研堂集》卷四十三)

(三)《文史通义》。章学诚著《文史通义》一篇成,必寄晋涵评阅。今书中尚附刊邵语云。而章氏亦言:余著《文史通义》不无别识独裁,不知者或相讥议。君每见余书,辄谓如探其胸中之所欲言。间有乍闻错愕,俄转为惊喜者,亦不一而足。以余所知解,视君之学,不啻如稊米之在太仓,而君乃深契如是。古人所谓昌歜之嗜,殆有天授,不可解耶?(见《别传》)故梁任公曰:二云实一史学大家,并时最能知其学者,惟其友章实斋。(见《饮冰室集》)

晋涵死时,友人章学诚闻之,哀悼累日,且曰:浙东史学,自宋元数百年来,历有渊源,自斯人不禄,而文献尽矣!(见《与胡雒君简》)讣至吴下,钱大昕为位哭之恸。谓:君生长浙东,习闻蕺山、南雷诸先生绪论,于明季朋党奄寺乱政,及唐鲁二王起兵本末,口讲指画,往往出正史之外。自君谢世,而南江文献,无可征矣!(见《潜研堂集》卷四十三)章炳麟太炎曰:史家若章、邵二公,记事甚善,其持论亦在《文心》《史通》间也。[三〇](见《文录·说林下》)

按:余姚邵二云晋涵,《清史列传》卷六十八《儒林》下一,《清史稿》卷四百八十一《列传》二百六十八《儒林》二,俱有传。

附拟改修《宋史》——顾炎武、黄宗羲、潘昭度、全祖望、朱彝尊、邵晋涵、章学诚

明末重修《宋史》者三家：临川汤若士显祖《宋史改本》；祥符王损仲惟俭《宋史记》；昆山顾宁人炎武改补《宋史》，草本已有九十余册，身后归徐健庵。

清初，姚江黄梨洲亦尝欲重修《宋史》，未就。潘昭度欲重修《宋史》，先为《宋史抄》，有稿十余册。全祖望亦拟补之，网罗宋代野史至十余簏。

清代诸贤多有志改修《宋史》，顾炎武、朱彝尊、全祖望、杭世骏、邵晋涵、章学诚。

清末陆心源《宋史翼》四十卷，专就方志所载宋人为《宋史》所无者补之。

李慈铭云：诸史莫劣于宋，事实浩繁，尤难修订。前贤如汤义仍、万季野、徐健庵、邵南江、陈和叔、黄中诸先生，累有志改作而卒不能成。（见《越缦堂日记补》）又云：史至宋元可谓极坏，而《元史》尤不成体裁。盖史莫简于辽，莫芜于宋，简而芜者则惟元，鄙陋不文，疏冗无法。又尽去论赞，马、班以来史体为之大变。景濂、子充皆不学之人，虽以文章滥得重名，其全集具在，迂蔓平弱，全无足采，宜其所就止此。顾《宋史》自揭阳王昂撰《宋史补》、莆田柯维骐撰《宋史新编》、祥符王惟俭撰《宋史记》，朱竹垞《静志居诗话》谓临川汤显祖、吉水刘同升咸有事改修，稿尚未定。梁谏庵（玉绳）《瞥记》谓：闻前辈言汤若士有《宋史改本》，朱墨涂乙，某传当削，某传当补，某人宜合某传，某人宜附其传，皆注目录之下，科段分明。王阮亭《分甘余话》谓临川旧本在吴兴潘昭度家，恨无从购之。许周生云：潘中丞昭度曾欲重修《宋史》，先为《宋史抄》，摭拾最富。友人杨凤苞曾见其残稿十余册。全谢山云：顾亭林亦曾改修《宋史》，身后归徐尚书健庵。吴门陈黄中有《宋史编》（编一作稿），惟阙天文、律历诸志。钱辛楣《养新录》谓余姚

邵二云尚有志改修《宋史》，拟作《南宋事略》，以续王偁《东都事略》。篇目悉依王氏之例，予为酌定儒学、文艺、隐逸三传目录寄之。今二云殁矣，索其家遗稿，无有存者云云。予谓亭林、二云两先生皆博极群书，又勤于著述，而其书不成，盖有关定数，非可以人力强者。以昆山之有力而好事，竟不能终顾氏之志，真宋人之不幸也。柯希斋《新编》，竭一生心力而成之，亦不为世所重。竹垞笑其目未见徐梦莘《三朝北盟会编》、李焘《续通鉴长编》诸书，何其难至是耶？今所传自柯、王二书外，有仁和邵经邦《宏简录》、嘉善钱相国士升《南宋书》，皆疏略卑陋，反逊本书。然则若汤义仍、刘孝则、陈和叔诸人者，其书幸不成，成必无可观也。归震川亦有意《宋史》，观其集中附《宋史传赞》一卷可见，然震川长于文而疏于学，亭林、二云则又长于学而拙于文。呜呼！晚近以来，兼三长者，盖鲜其人。欲求史事之精也，难哉！使震川得与顾、邵并时，震川秉笔而顾、邵裁定之，当可追踪范、陈，俯视欧、宋，乃史册之极选，艺林之玉章矣。竹垞谓《宋》《辽》《元》三史，取材诸书具在。其他宋、金、元人文集约存六百家，郡县山水志以及野史说部又不下五百家，及今改修，文献犹可征，尝欲按诸书考其是非同异，复定一书，惜乎老矣未能云云。使朱氏已有成书，后之能文者从而撰述之，则可为全美。而雅志不遂，无所禀承，岂天必欲使良史之绝于世而留此遗恨欤？抑固有待于后之人欤？予幼喜观史，迄今三十外人矣，学殖愈荒，文章不进，顾著书之念，尝形寤寐，但得稻田五十亩，当筑室湖塘柯山间，养亲读书，十年以后，更竭十年之力，从事南宋九朝，以成一书，不敢望过前人，而朱氏所列群书，按籍可征，又资国朝阎、顾以下诸君子考证议论，以为指南，遵而不失，殚文辞以佐之，当不在王氏《事略》下耳。浮泊京师，心力困瘁，身丛忧患，家遭乱离，未知何日得偿斯愿，思之慨然。若《元史》则邵远平《类编》一书，亦无足重，每欲即其书为之改窜，更补其志表论赞，窃恐未暇兼及矣。（见《越缦堂日记补》）

金毓黻云：清代诸贤多有志于改修《宋史》，顾炎武、朱彝尊……余为全祖望、杭世骏、邵晋涵、章学诚皆有志于是。

全氏曾言：某少读《宋史》，叹其自建炎南迁，荒谬满纸，欲得以为蓝本，或更为拾遗补阙于其间，荏苒风尘，此志未遂。（《答临川先生问汤氏宋史帖子》）

章学诚尚云：时议咸谓前史榛芜，莫甚于元人三史，而措功则《宋史》尤难，邵晋涵遂慨然自任。

晋涵又谓：《宋史》自南渡以后，尤为荒谬，庆元之间，褒贬失实，不如东都有王偁《事略》，故先辑《南都事略》，欲使前后条贯粗具，然后别出心裁，更为赵宋一代全书，其标题不称宋史，而称宋志。然《南都》尚未卒业，而《宋志》亦有草创。（《章氏遗书》十八《邵与桐别传》）

学诚亦自云：古人云载之空言，不如见诸实行，仆思自为义例，选述一书，以明所著之非虚语，因择诸史之所宜考功者，莫如赵宋一代之书。（《遗书》九《与邵二云论修宋史书》）

清末陆心源撰《宋史翼》四十卷，专就方志所载宋人为《宋史》所无者补之，当与王昂之《史补》为近。

所有改修与订补《宋史》之书，已大略具于是矣。（见《中国史学史》）

参考资料

黄宗羲——自著《南雷文案》十卷，《外集》一卷，《吾悔集》四卷，《撰杖集》一卷，《南雷文约》四卷，《南雷文定》四卷。

全祖望作《神道碑》，《鲒埼亭集》。

邵廷采《遗献黄文孝先生传》，《思复堂集》。

钱宝甫作传，赵肇嶑作《闽见录》，黄炳垕作《年谱》《黄梨洲遗书》又《梨洲遗著汇刊》。

黄嗣艾作《南雷学案》，蒋凤昌作《年谱》，近人谢国桢作《学谱》。

阮元《国史儒林传稿》,《定香亭笔谈》。

江藩《汉学师承记》卷八。

钱林《文献征存录》《耆献类征》卷四百四,《清儒学案·南雷学案》附。

黄百家——《碑传集》卷百卅一,子百家自著《学箕初稿》二卷《上顾宁人先生书》。

万斯同——自著《石园诗文集》。

钱大昕《万先生传》,《潜研堂集》。

方苞《万季野墓表》,《望溪文集》。

全祖望《万贞文先生传》又《书后》,《鲒埼亭集》。

王源《万季野补晋书立表序》,《居业堂文集》。

李塨《万斯同小传》,《恕谷后集》。

近人黄云眉《万季野年谱》。

马太玄《万斯同生平及著述》,《语言历史研究所周刊》一九二八年五月第三期。

王焕镳《万季野先生系年要录》,《史地杂志》一九三七年七月。

宁波《建修万季野祠墓纪念刊》,建修万季野先生祠墓事务所编。

近人张煦侯《万季野与明史》,《东方杂志》1933 年第 14 期。

《耆献类征》卷四百十三《经学一》附斯大后。

《先正事略》卷三十二《经学》。

《清儒学案》卷三十五《鄞县二万学案下》。

《清文汇》甲前集卷十。

《碑传集》卷百三十一。

《碑传集补》四十四。

全祖望——自著《鲒埼亭集》三十八卷,《外编》五十卷。

董秉纯编《全谢山先生年谱》。

严可均作《全绍衣传》,《铁桥漫稿》。

蒋彤作《谢山全先生行述》,《丹稜文钞》。

史梦蛟编《全谢山先生年谱》。

近人蒋天枢作《年谱》又作《全谢山著述考》,《北平图书馆刊》一九三三年三月四月第七期。

刘光汉作《全祖望传》,《国粹学报》一九一〇年第六至第十期。

《耆献类征》卷百二十六《词臣十二·经学》。

《学案小识》卷十四。

《清儒学案》六十九、七十《谢山学案》。

《先正事略》卷三十四。

《清文汇》乙集卷五。

邵廷采——自著《思复堂文集》十卷。

朱筠《邵念鲁先生墓表》,《笥河文集》。

邵晋涵《族祖念鲁先生行状》,《南江文钞》。

近人姚名达《余姚邵念鲁年谱》,载《国学论丛》一九二六年九月第一卷第二号。

《耆献类征》卷四百六《儒行》。

《先正事略》卷二十八《名儒》。

《学案小识》卷末。

《清儒学案》卷七《亭林学案》下附邵廷采。

《清文汇》甲集五十三。

《碑传集》卷百二十八《理学中》。

邵晋涵——自著《南江文钞》四卷,《南江札记》四卷。

王昶作《墓表》,《春融堂集》。

钱大昕作《邵君墓志铭》,《潜研堂集》。邵《上钱竹汀先生书》。

阮元作《传》,《揅经室集》。

章学诚作《邵与桐别传》,《章氏遗书》。

洪亮吉作《邵学士家传》,《卷施阁文甲集》。

法式善《与邵二云前辈论史事书》,《存素堂文集》。

近人黄云眉作《年谱》,《史学论丛》。

《耆献类征》卷百三十《词臣》。

《先正事略》三十五《经学》。

《汉学师承记》卷六。

《学案小识》卷十三。

《清儒学案》九十八《南江学案》。

《清文汇》乙集卷三十九。

《碑传集》卷五十《翰詹一》。

延伸阅读

〔一〕金毓黻云:考浙东学派起于宋,时有永嘉学派、金华学派之称。永嘉之著者为陈傅良(止斋)、叶适(水心),金华之著者为吕祖谦(东莱)、陈亮(同甫)。祖谦与朱熹同时,于朱陆二派之歧异,则兼取其长而辅之以中原文献之传。陈傅良、叶适、陈亮,则皆言事功。同时又有唐仲友(说斋),以经制之学,孤行其教,当时号称浙学。吕祖谦既著《大事纪》,其后又有王应麟(伯厚)籍于浙东之庆元,究心史事,著述最富,亦承永嘉、金华之风而兴起者也。浙东人研史之风,元明之世本不甚盛,至清初黄宗羲出,昌言治史,传其学于万斯同,继起者又有全祖望、章学诚、邵晋涵,皆以浙东人而为史学名家,于是浙东多治史之士,隐然以清代之史学为浙东所独擅,并上溯于宋之永嘉、金华,以为渊原之所自,世人之不究本末者,亦翕然以此称之。(见《中国史学史》)

又云:章氏为邵氏作传,亦略及浙东史学,其言曰:南宋以来,浙东儒哲讲性命者多攻史学,历有师承。宋明两朝记载,皆稿荟于浙东,史馆取为裘据。其间文献之征,所见所闻所传闻者,容有中原耆宿不克与闻者矣。此又略明己与邵氏之史学渊源甚早,亦《浙东学

543

术》一文之所由作也。(见《中国史学史》)

(可参考章学诚《浙东学术》及《邵与桐别传》,见《章氏遗书》。又近人陈训慈《清代浙东之史学》及《浙东史学管窥》,见《史学杂志》二卷六期。)

又章炳麟云:(上略)然自明末有浙东之学,万斯同、斯大兄弟皆鄞人,师事余姚黄宗羲,称说《礼经》,杂陈汉宋,而斯同独尊史法。其后余姚邵晋涵、鄞全祖望继之,尤善言明末遗事。会稽章学诚为《文史》《校雠》诸通义,以变歆、向之学,其卓约过《史通》,而说《礼》者羁縻不绝。定海黄式三传浙东学,始与皖南交通,其子以周作《礼书通故》,三代制度大定,唯浙江上下诸学说,亦至是定集云。(见《检论·清儒》)

又宋衡云:(上略)浙学故重史,而永嘉为最。盖自安史大乱,迄于五季,中原陆沈,学士南奔,于是长安洛阳文献之传,渐移于吴蜀。钱氏虽不科举,而亦设崇儒院。及赵氏攻克金陵,成都文献之传,复移于汴。及宋南徙,汴中文献之传,遂移于浙。故南宋浙学虽分数派,然皆根据文献之传,绝异于闽学之虚憍。永嘉诸先生尤能上下古今,自抒伟论。故当其时,浙学诸派,皆为闽学所攻,而永嘉被攻尤甚。自纳吕文焕之请,焚杀之度大减,非若昔之萧条万里,人烟几绝,故数千年文献一线之传,仍持吾渐。(见《六斋无均文集》)

按:宋氏平阳人,尝著《浙学史》及《永嘉先辈学案》二书,闻稿藏于家,未刻。

〔二〕梁启超云:章实斋《浙东学术》篇以黄梨洲代表浙东,……考证方面,则浙西多经学,而浙东多史学家。……浙东之宁、绍为一区,而温州又自为一区,此其大较也。又云:梨洲以忠端之子、蕺山高第,气节岳岳,而于学无所不窥,又老寿讲学不倦,故岿然为东南灵光,与孙夏峰、李二曲称海内三大师焉。浙东学术,全部出自梨洲。语其梗概,则陆王之理学为体,而史学为用也。(并见《地理分布》)

〔三〕李元度云：先生归，益肆力于学，经史百家，无所不窥，愤科举之学锢人，思所以变之。既尽发家藏书读之，不足，则钞之同里世学楼钮氏、澹生堂祁氏，南中则千顷堂黄氏、绛云楼钱氏，且建续钞堂于南雷，以承东发之绪。（见《国朝先正事略》）

〔四〕朱彝尊云：康熙十九年监修《明史》，昆山徐公立斋举梨洲黄先生入史馆编纂，先生辞不赴。以经义教授乡里，聚书万卷，从学弟子数百人。（见《曝书亭集》卷四十一）

又金毓黻云：黄氏遁居草野，声闻甚著，时君必欲致之京师，且畀以修《明史》之任，意雅愿为，而义不可出，故委其责弟子万斯同。斯同出，而黄氏之志售矣。其曰：危素不死，而于修史无一辞之赞，已则不然。其度量不亦远哉！（见《中国史学史》）

〔五〕金毓黻又云：又辑《明史案》二百四十四卷，《明文海》六百卷，皆与有明一代之史相关。《史案》久佚，而世传之《行朝录》则其残帙也。《明文海》收入《四库全书》者仅四百八十二卷，所缺一百十八卷，盖以忌讳而去之耳。自言阅明人文集二千余家。《文海》与《十朝国史》相首尾。则其究心抄传《明史》，不仅限于实录矣。（见书同上）

按：梨洲又有《续时略》，为续其父所撰《时略》而作，与《明史案》皆详明嘉靖以后事。

〔六〕梁启超云：黄梨洲著《明儒学案》，史家未曾有之盛业也。中国数千年，惟有政治史，而其他一无所闻。梨洲乃创为学史之格，使后人能师其意，则中国文学史可作也。梨洲既成《明儒学案》，复为《宋元学案》，未成而卒。使假以十年，或且有《汉唐学案》《周秦学案》之宏著，未可料也。

又任公云：梨洲《明儒学案》千古绝作，其书固以发明王学为职志，然详于言论，略于行事。其王门著籍弟子，搜采颇勤。

又金毓黻云：（上略）逮明末清初，黄宗羲撰《明儒学案》六十二卷，而吾国乃有真正之学史。……搜采有明一代讲学诸人文集语录，分析宗派，以为此书。大约分全明为三期：初叶犹行程朱之学，故立崇仁、河东两学案。崇仁以吴与弼为首，而胡居仁、娄谅附焉。此皆纯以程朱为主者也。此期又立《白沙学案》，以陈献章为主，一传而为湛若水，此派自立门户，不附程朱，近于陆学，实启王学之机缄。中期则以王学为主，首立《姚江学案》，专述王守仁，次浙中、江右、南中、楚中、北方、粤闽各学案，皆缀以"王门"二字，以见传授之广，此王学极盛之时也。末期则立东林、蕺山两学案，东林以顾宪成、高攀龙为首，蕺山则为刘宗周一人，亦宗羲之所师法也。此期以修正王学末流之弊为务，而下启清儒考证学及浙东史学之绪。又立《诸儒学案》，以收诸家以外之讲学诸子。至于叙次之法，先为诸家撰小体，以概其生平，次录其精要语，以明论学之大旨，此可谓体大思精，网罗宏富者矣。……书成于清康熙十五年丙辰以后，时宗羲年近七十，犹发凡起例，续纂《宋元学案》，仅成十七卷而卒。其子百家续之，亦未卒业。其后全祖望乃为续成之。（见《中国史学史》）

〔七〕又云，自乾隆十年以至十九年（为全氏卒之前一年）之十年中，全氏无岁不修此书。其所修补者，殆居全书十之七。有原本所有而为增损者，有原本所无而为之特立者，亦有自原本析出而别为一案者。草创甫定，而祖望卒，稿本归其门人卢镐，又由宗羲之玄孙稚圭同其子正黼为之整补，写成八十六卷，又经王梓材为之校补，足成祖望《序录》百卷之数。（梓材又有《宋元学案补遗》〔录〕百卷，近已刊入《四明丛书》中。）书经五六人之手，积久而后付刊，噫，何其难也。此书之佳处，每一学案之前，先立一表，备举其师友弟子，以明学派渊源及其传授之广，次立小传，次录论学语，后缀附录，载其遗闻轶事，及后人评论，其法视《明儒学案》为更进一步矣。所立宋儒诸学案，应以濂溪、明道、伊川、横渠、晦翁、象山六学案为主，而二程、朱、陆之传授尤广，并为学案之中坚。首以安定、泰山，明其源也。次以涑水、百源，则周、张、二程之亚也。再次以南轩、东莱、水心、龙川，则朱、陆二

氏之亚也。其余则二程、朱、陆之支与流裔也。《元儒学案》举鲁斋、静修、草庐诸氏，略备一格而已。（见书同上）

又梁启超云：《宋元学案》《明儒学案》此二书为宋元明三朝理学之总纪录，实为创作的学术史。《明儒学案》中，姚江、江右、王门、泰州、东林、蕺山诸案最精善。《宋元学案》中，象山案最精善，横渠、二程、东莱、龙川、水心诸案亦好；晦翁案不甚好；百源（邵雍）、涑水（司马光）诸案失之太繁，反不见其真相；末附荆公（王安石）新学略最坏，因有门户之见，故为排斥。又云：二书为六百年间学术之总汇，影响于近代甚深。（见《中国历史研究法补编》）

〔八〕梁启超云：鄞县万履安（泰）学于蕺山而友梨洲，其子八人皆就梨洲学，各名一艺，而季野（斯同）传其史学。季野以布衣参明史馆事数十年，主持京师学风，康熙末称祭酒焉。（见《地理分布》）

〔九〕万季野《与李杲堂书》，文人之著述，有可已者，有必不可已者……如编纂乎史传，记载乎轶事，使前人之名迹，得以不泯乎后世，此不可已者也。（见《石园文集》卷七）

〔一〇〕又《寄范笔山书》：吾既及姚江（黄宗羲）之门，当分任吾师之学。今同志之中，固有不专于古文，而讲求经学者，将来诸经之学，不患乎无传人，惟史学则愿与吾兄任之。（见书同上）

又章炳麟云：在有明之季，熟读一代实录及各种野史，能以公平严正之笔表而出之者，舍季野莫属。（见杭县叶景葵《卷盦书跋·明通鉴》条37）

〔一一〕钱林云：元文重斯同，请主其家。每史官有纂撰，必伺斯同意，乃敢下笔。其后建纲领，制条例，斟酌去取，讥正得失，悉付斯同典掌。斯同自谓，吾所以辞史局，而假馆总裁所者，惟恐众人分操割裂，使一代治乱贤奸之迹，暗昧而不明也。

或曰：元文领史局，斯同任考索，而陶元淳任文事。又云：斯同晚年目昏不能自书，口授颠末，令钱名世为之。及斯同卒，其稿存于鸿绪,刘永祯录之过半而未全。

萧穆云:《明史》原稿,尚存镇江府知府王可庄家。初玉书、廷敬、鸿绪同领史局,即分别担任。玉书任志,廷敬任本纪,鸿绪任列传。康熙五十三年三月,鸿绪奏上《明史》列传稿二百八卷,皆改窜斯同之原稿为之。

冯辰编《李恕谷年谱》:季野读书,过目辄不忘。尤熟廿一史及明代典故。徐尚书乾学聘入京修《明史》。已,乾学去位,王尚书鸿绪主之。当是时,朝廷平三藩后,尚辞学,公卿从风靡。读书名士,竞会都门,季野以博淹强识为之冠。开讲会,皆显官主供张,翰林、部郎、处士率四五十人,环坐听季野讲宫阙、地里、仓库、河渠、水利、选举、赋役、朝仪、兵刑诸项,不翻书,每讲一事,口如瓶注。温睿临札记何代何地何人,年月日事起讫,毫厘不失也。(见《约园杂著三编》卷二引)

〔一二〕裘毓麐云:《明史稿》本实出吾乡季野先生,而华亭王氏攘之,承学之士,无不知其源委矣。先生在史局时,周旋诸贵人间,不肯稍自贬抑,其题刺则曰"布衣斯同",其会坐则摄衣登首席,岸然以宾师自居。故督师之姻人方居要津,请先生少宽假,先生嘿不答。有运饷官遇贼,走死山谷,其孙怀白金请附《忠义传》后,先生曰:将陈寿我乎? 斥之去。后先生兄言,与修《明史》,独成《崇祯长编》,故国辅相家子弟,多以贿入京,求减其先人之罪,言峻拒曰:若知吾季父事乎? 父子狷介如此。(见《清代轶闻·万季野父子之狷介》)

〔一三〕纪昀云:张廷玉进书表曰《明史》签帙虽多,抵牾互见,惟旧臣王鸿绪之《史稿》,经名人三十载之用心,进在彤帏,颁来秘阁,首尾略具,事实颇详。爰即成编,用为初稿。盖康熙中,户部侍郎王鸿绪撰《明史稿》三百十卷,只帝纪未成,余皆排比粗就,较诸家为详赡,故因其本,而增损成帙也。(见《四库总目提要》)

〔一四〕梁启超云:王鸿绪的《明史稿》是盗窃万斯同的。……《明史稿》就改得很不堪,所谓点金成铁,令我们读去,常有不睹原稿之

憾。(掠美)

又云:《明史稿》为一代大事绩,万斯同为二千年大史家,内容极可宝贵。王为《明史稿》总裁,盗窃万稿,大加窜改,题曰横云山人所著书,这无异杀人灭尸,令后人毫无根据,居心尤为险恶。又云:万氏遗稿相传淮阴刘氏永祯得其过半,近人萧敬孚谓存闽县王可庄太守家。南浔刘氏嘉业楼有副本。闽与横云稿无大出入。朱逖先在厂甸购得数十册,无题志,诧为季野原本,柳诒徵有校录。

张寿镛云:《明史稿》卷数,余别有考,大都三百卷为先生手定。(《约园杂著三编》卷八诗注)

〔一五〕梁启超云:邵鲁公之孙念鲁(廷采),先受业韩孔当,继乃归宿于梨洲。自是余姚两派始合一。念鲁亦勤于治史,述晚明遗事甚详。(见《地理分布》)

〔一六〕金毓黻云:晋涵与章学诚同里,俱喜治史,故最相得,章氏极称其从祖廷采之史学。廷采字念鲁,著有《东南纪事》《西南纪事》,详于南明匡复之事,而章氏尤称其《思复堂集》,以其中多载明人轶事也。(见《中国史学史》)

〔一七〕梁启超云:其晚出者则全谢山(祖望)尝问业于万九沙,而大衍梨洲之绪,续成《宋元学案》百卷。又最谙南明掌故,卓然为乾隆间史学大师。谢山云殁,鄞学衰矣。(见《地理分布》)

又阮元云:甬上万氏史学冠天下,万氏殁,祖望得其传。祖望殁,学镛得其传。(见《定香亭笔谈》)

又蒋学镛云:谢山八岁毕诸经,并读《通鉴》《通考》诸书。登天一阁,搜阅其秘本,及诸古碑。年二十,出游武林,友诸名士,李阁学穆堂见闽中所答策,曰:此深宁、东发以后一人也。(具《鄞志稿》)

又孙诒让云:谢山钞《永乐大典》内遗书,据董秉纯所编《年谱》在乾隆元年,初入馆时,或所见《大典》尚无缺卷。

〔一八〕全氏自云:予每客扬州,馆于马嶰谷斋中,则与竹町晨夕。

竹町居东头,予居西头,余方修《宋儒学案》,而竹町终日苦吟,时各互呈其所得。(见《鲒埼亭集》卷三十二)

〔一九〕邵晋涵云:同里黄稚圭(璋)笃志经学,曾补辑《宋元学案》,于予为前辈。(见《二云便札》)又《邵氏年谱》云:《宋元学案》,双韭续纂未竟,今乃得观厥成,异时流布通都,洵四方学人之幸也。

〔二〇〕《宋元学案补遗》四十二卷,王梓材、冯云濠同辑。近人张寿镛厘订之。五年始成书。

李慈铭云:全氏(谢山)服膺宋儒,而覃精考据文献之学,盖承其乡厚斋王氏嫡传,于汉注唐疏擘穴极深。……《汉经师论》尤为诸儒干城。(见《日记》)

又孙诒让云:全氏《札记》,沿王志之误。又因诗诂、礼记,书名偶同,而易庵改为止斋,孙揣其为赓续而作,实无确证也。其后谢山补定《学案》,于易庵外传,止云著《毛诗解诂》《周礼说》,皆不著续字。(注:冯氏所引《学案札记》载永嘉诸儒著述,舛误至多,今不悉辨也。)(见《温州经籍志·陈谦易庵文集》条)

〔二一〕全氏论史帖子:

《与董浦论金史》第一至第五帖子。

《答杭董浦北齐书杂问》。

《答樊榭论宋诗纪事》。

《答史雪汀问十六国春秋书》,又《论行朝录书》,《答沈东甫征君论唐书帖子》,《论唐书宗室世系表一则柬沈东甫》。

《移明史馆帖子》一至六。

《新旧五代史本末寄赵谷林》。

《答临川先生问汤氏宋史帖子》。

《答临川先生帖子》(一至五)言《学谱》。

《答陆聚缑编修论三藩纪事本末帖子》。

《与郑南溪论明儒学案事目》。

《答诸生问南雷学术帖子》。

《水经注柬东潜》。（赵东潜一清）

〔二二〕按：全祖望晚年，益留心明季遗闻，以表章节义为己任。凡明末里民之死难者，为之博考野史，旁及家乘，作为碑志铭传，缠绵恻悯，有变徵之音。

又金毓黻云：集中所载如钱忠介、张苍水诸氏，皆明末死节之士，又为顾亭林、黄梨洲、李二曲、陆桴亭、万贞文、刘继庄诸氏志墓作传，皆以表章隐逸高蹈不仕之大节，试取全书读之，十九皆史料也。（见《中国史学史》）

又冒广生云：谢山殁时，无以为葬，其弟子董秉纯以藏书万余卷归之卢镐。

按：卢镐，字配京，号月船，鄞人。乾隆癸酉举人。官平阳教谕，著有《月船居士诗稿》。

又杨凤苞批校《鲒埼亭集》作《札记》。

按：杨凤苞所批校之全谢山祖望《鲒埼亭集》，至三十八卷，系依嘉庆间刻之《内集》。秋室以钞本与刻本不同，一一校之，不特校其异字，与斯有益，悉皆钞内，犉见洽闻，元元本本，朝章国故，轶事遗言，于是备焉。（均见《约园杂著》跋语引）

〔二三〕梁启超云：邵二云（晋涵），念鲁族孙也，于小学最精核，为《尔雅新疏》，又拟重撰《宋史》，未成。（见《地理分布》）

〔二四〕段玉裁云：先生邃于史学，闻实斋先生云有《宋史》之举，但此事非先生莫能为。（见《上书二云》）其第二书又云：闻以《宋史》自任，不知何日可成？令郎于《宋史》之学亦深，想必相得益彰，将来删削繁芜，继踪马、班，能令鄙人尚及见否？（见《越缦堂日记》引）

〔二五〕钱大昕云：余姚邵二云晋涵，精于史学，尝有志考撰《宋史》。予谓当自南渡始。二云欣然，拟作《南宋事略》，以续王偁《东都事略》，篇目悉依王氏之例。请予酌定《儒学》《文艺》《隐逸》三传目录寄之。今二云殁矣，索其家遗稿，无有存者。癸亥闰月，予于小庑庼故箧中得所寄目录稿，恨其志不克，遂姑录其目，以俟后贤。（见《养新余录》）

又李慈铭云：钱大昕《十驾斋养新录》卷中载余姚邵二云尝拟作《南宋事略》，以续《东都事略》，钱氏为酌定《儒学》《文艺》《隐逸》三传目录。其儒学列杨时至黄震四十五人，附传十人。予为拟作《儒学传叙》，起草于此。注：钱氏以郑樵入《文艺》，顾夹漈之学虽疏，要其所成就，不得从《文艺》概之也。《通志》一书，弹射迭出，而册府之载，语为大著。七音、六书、天文等略，安必无前人未发者乎？故予谓《儒学》宜增郑樵一人为四十六人也。（见《越缦堂日记补》）又云：《宋史》芜冗疏略，前贤迭攻，而徽、钦以前九朝，尚有王偁《东都事略》一书。故邵二云欲修南渡以后，作《南宋事略》，汔不能成。（见书同上）又云：阅钱塘梁玉绳《瞥记》，颇称邵氏之书，为足成一家学。（见书同上）

〔二六〕缪荃孙云：《南都事略》本藏友人沈寄凡家。寄凡以卑官需次江苏，故其书得至金陵。寄凡殁后数年，慈铭知其书尚在江宁，乃属孙仲容物色之，曰：此书关系尤巨，倘能成文正之志，尤厚幸也。（见《越缦堂日记》引）

〔二七〕金毓黻云：清代邵晋涵有志撰《南都事略》备南宋九朝之事，以极删繁补阙之能事，而其书实未成，惜哉！李慈铭《日记》谓曾国藩得此稿，将刻之，以移督直隶而止。李详《窳记》谓马新贻督两江，有人持此稿以献，未及付刊而遇刺。谭献《复堂日记》且谓海宁唐端甫曾见活字本。凡此皆影响之谈，不足置信。（见《中国史学史》）

〔二八〕梁启超云：如《南江札记》等，皆随手记录之作，不足以见其学，不审贵社更能搜得遗稿否？（《复余姚评论社函》）

〔二九〕金毓黻云：考邵氏《四库全书》分纂稿，凡正史各提要，邵氏所撰，固居其大部矣。然其中尚有四种属于经，一种属于子，四种属于集，而聚珍板之《融堂书解提要》，亦为邵氏所撰，是邵氏亦不专主史部也。（见《中国史学史》）又云：当日分纂诸氏，各就所长，分任其事，则有之矣。而提要各稿，俱经纪氏笔削增窜，有大异原来面目者，试取邵氏之分纂稿与提要加以衡校，则知邵氏原稿多经纪氏修改，且有十无一存者矣。（见书同上）

〔三〇〕梁启超云：二云所著之书，造端宏大，而年仅中寿，生平精力多用于官书中，晚年复羸病，故丛稿虽多，而写定甚少。据我辈所想系《四库总目·史部提要》出二云手者，恐将过半，但无从确指某篇为其所作，最可惜。冀将来或有意外史料出现证明之耳。

薛史从《永乐大典》辑出，而缀辑成书，实费莫大工夫，《提要》中已具言之。据二云弟子章贻选说，则此书盖全成于二云手也。

毕秋帆《续资治通鉴》，据章撰《别传》云：曾经二云覆审，全书改观，以寄毕，毕大悦服，谓迥出诸家《续鉴》上。但今所刻者乃原本，而二云改定本，当毕家籍没时已失去。此实史学界不可回复之大损失也。

二云毕生大业在重修《宋史》，仿陈寿《三国志》例，名曰《宋志》，先为《南都事略》，以当《长编》。但不惟《宋志》未成，即《事略》亦仅有残稿，身后且散佚尽矣。（见《复余姚评论社函》，承属草一文，以无书可检，辞之）

郑乔迁（耐生）云：二云先生以名会元，官侍讲学士，称浙东渊博之儒，身后而不能保其遗书。（见《约园杂著三编》引）

《四库提要》云：《宋史》其书以宋人国史为稿本。宋人好述东都之事，故史文较详，建炎以后稍略。理、度两朝，宋人罕所记载，故史传亦不具首尾。《文苑传》止详北宋，而南宋止载周邦彦等数人。《循吏传》则南宋更无一人，是其明证。自柯维骐以下，屡有改修。然年代绵邈，旧籍散亡，仍以是书为稿本，小小补苴，亦终无以相胜。故考两宋之事，终以原书为据，迄今竟不可废焉。

第五章　开馆修《明史》

一、开馆修《明史》

《明史》自康熙十八年开局，纂修五十人[一]，皆以博学鸿词荐入翰林者也。总裁初用叶方蔼、张玉书，其后汤斌、徐乾学、陈廷敬、王鸿绪相继为总裁。久之未成，特敕廷敬任本纪，玉书任志、表，鸿绪任列传。五十三年，鸿绪列传稿成，表上之，而本纪、志、表尚未就。鸿绪复加纂辑。雍正元年，再表上之，于是《明史》始有全稿。乾隆初，诏修《明史》，总裁官大学士张廷玉奏，即以鸿绪稿为本，而稍增损之。九年史成，颁行天下，盖阅六十年之久。议论平允，考稽详核，前代诸史，莫能及也。（见《十驾斋养新录》卷九）见本纪二十四卷，志七十五卷，表十三卷，列传二百二十卷，目录四卷，共三百三十六卷。

但据梁氏启超所考得，而知《明史》之修，其间经历甚曲折。其文曰：官修《明史》，自康熙十八年开馆，至乾隆四年成书，凡经六十四年，其中大部分率皆康熙五十年以前所成，以后稍为补缀而已。关于此书之编纂，最主要人物为万季野，尽人皆知。而大儒黄梨洲、顾亭林，于义例皆有所商榷。而最初董其事者为叶讱庵、徐健庵、立斋兄弟，颇能网罗人材，故一时绩学能文之士，如朱竹垞、毛西河、潘次耕、吴志伊、施愚山、汪尧峰、黄子鸿、王昆绳、汤荆岘、万贞一等，咸在纂修之列，或间接参定。（见《清代学者整理旧学之总成绩》）

按：《明史》初稿，其《太祖本纪》，高、文、昭、章、睿、景、纯七朝后妃传至江东李文进、龙大有列传四十七篇出汤荆岘。《成祖本纪》出朱竹垞。《地理志》出徐健庵。《食货志》出潘次耕。《历志》出吴志伊、汤荆岘。《艺文志》出尤西堂。太祖十三公主至曹吉祥传一百二十九篇出汪尧峰。熊廷弼、袁崇焕、李自成、张献忠诸传出万季野。流寇、土司、外国诸传出毛西河。此类故实，散见诸家文集笔记中者不少云。

总之，明史馆之开设，其有志修《明史》者，首屈指亭林、梨洲，然以毕生精力赴之者，则潘力田、万季野、戴南山也。三家之中，潘、万学风大略相同，专注重审查史实。盖明代向无国史，只有一部《实录》，既为外间所罕见，且有遗缺。（缺建文、天启、崇祯三朝）而士习甚嚣，党同伐异，野史如鲫，各从所好恶以颠倒事实，故明史称难理。（以上俱本梁氏说）

　　附：召试博学鸿词始末

　　谨案是年（康熙十七年）正月，圣祖仁皇帝谕吏部曰：自古一代之兴，必有博学鸿儒，振起文运，阐发经史，润色词章，以备顾问著作之选。朕历岁余暇，游心文翰，思得博洽之士，用资典学。我朝定鼎以来，崇儒重道，培养人材，四海之广，岂无奇才硕彦，学问渊通，文藻瑰丽，可以追踪前哲者。凡有学行兼优，文词卓越之人，不论已仕未仕，令在京三品以上及科道官员，在外督抚布按，各举所知，朕将亲试录用。其余内外各官，果有真知灼见，在内开送吏部，在外开报督抚，代为题荐，务令虚公延访，期得真才，以副朕求贤右文之意。寻内外荐送一百八十六人，应诏至京者一百四十三人。十八年二月朔，于体仁阁赐宴，试《璿玑玉衡赋》《省耕诗》。入选者，一等二十人，二等三十人，皆授翰林，入馆纂修《明史》。其余现任者回任，候补者归部，未仕者回籍。年老者命吏部议给职衔。文运昌明，人才蔚起。熙朝盛典，诚万古为昭。其间与选者，承明著作，及有流传。即未与选者，亦皆观感奋兴，不懈而及于古。其所撰述，今著录于《四库全书》者，尚班班可考。（见《四库总目提要·汇征录》条）

二、王鸿绪《明史稿》张廷玉《明史》

《明史》未成之前，先有王鸿绪之《明史稿》。[一]据康熙五十三年鸿绪表进，仅为列传二百五卷，后于雍正元年又表进全书三百十卷，计本纪十九、志七十九、列传二百五，即含前书在内。迨鸿绪卒后，其子刊成之，并收入《横云山人集》，题曰《史稿》，初未畅行，后乃布之于世。

世多谓此书为万斯同旧稿，鸿绪窃之，以成己名。[三]其说有：全祖望谓《明史稿》五百卷，皆万氏所手定，其后虽不尽仍其旧，是亦自为一书。（《万贞文传》，贞文即斯同之私谥）钱大昕亦云：王氏《史稿》，大半出万氏手。（《万季野传》）杨椿谓：万氏以十二年之心力，成《史稿》四百十六卷，而王氏重加编次，或有删改，视万稿颇有异同。[四]

按：万氏先后主于徐元文、徐乾学及鸿绪之家，始终以纂修《明史》自任，实怀元遗山以独力成先朝史之志，而不肯受新朝职名，列名《明史》，固其本怀。又当季野之世，有汤斌、倪灿、尤侗、黄虞稷、朱彝尊、潘耒、吴任臣皆与纂修《明史》[五]，不必其稿悉出于万氏。

观鸿绪之《进书表》尝曰，或就正于明季之老儒，即指黄宗羲、万斯同辈而言。

清礼亲王昭梿、陶澍、魏源等，尝于《史稿》致不满之辞，其持论最平允者，莫如杨椿。[六]

清既灭明，尽得其国史，乃于康熙十八年诏修《明史》，以大学士徐元文为总裁，元文延宗羲之弟子万斯同主于其家，委以编纂之事。元文去职，继之者为张玉书、陈廷敬、王鸿绪，皆以万氏主其事。万氏承宗羲之学，熟于明代掌故，能暗诵《实录》，既以布衣参史局，史馆诸纂修所撰稿，皆由万氏覆审。时鸿绪任列传，至康熙五十三年，传稿成，表上之。雍正元年，又表上本纪、志、表稿，时万氏虽前卒（康熙四十一年壬午），而世人咸谓王氏稿大半出万氏手，后乃汇刻为《明史稿》五百卷。

雍正中，张廷玉受诏为总裁，遂因鸿绪本以成书。乾隆四年，廷玉《进明史表》云：聚官私之记载，核新旧之见闻，签帙虽多，抵牾互见，惟旧臣王鸿绪之《史稿》，经名人三十载之用心，进在彤闱，颁来秘阁，首尾略具，事实颇详。在昔《汉书》取裁于司马迁，《唐书》起本于刘昫，苟是非之不谬，讵因袭之为嫌，爰即成编，用为初稿。是则廷玉等进呈之《明史》，多本于鸿绪之《史稿》，而鸿绪之《史稿》，又多出自斯同之手笔，所谓经名人三十载之用心，……《明史》在诸正史中，称为佳史，亦以此也。

乾隆四十二年，高宗以《明史》本纪所载事实，尚多疏略，特派大臣考核添修，并谕以亲阅鉴定，重刊颁行。其后乃以改订之本，刊成本记二十四卷，顾外间见者绝少。后自清宫觅得底本，由故宫博物院景印行世。……又尝为《明史》撰《考证》。[七]

——以上抄录金氏《中国史学史》。

王鸿绪，字季友，号俨斋，江南华亭人。康熙十二年一甲二名进士，授编修。二十一年，鸿绪转侍读，任《明史》总裁官，作《明史例议》。

五十三年，疏言：臣旧居馆职，奉命为《明史》总裁官，与汤斌、徐乾学、叶方蔼互相参订，仅成数卷。及臣回籍多年，恩召重领史局，而前此纂辑诸臣，罕有存者，惟大学士张玉书为监修，陈廷敬为总裁，各专一类。玉书任志，廷敬任本纪，臣任列传。因臣原衔尚书食俸，比二臣得有余暇，删繁就简，正谬订讹，如是数年，汇分成帙，而大学士熊赐履续奉监修之命，数月列传诸稿备录奏进。玉书、廷敬暨臣皆未参阅，臣恐传稿尚多舛误，自蒙恩归田，欲图报称，因重理旧编，搜残补阙，荟萃其全，复经五载，成列传二百八卷。其间是非邪正，悉据已成公论，不敢稍逞私臆。但年代久远，传闻异辞，臣未敢自信为是。谨缮写全稿，赍呈御览，宣付史馆，以备参考。得旨下明史馆察收。五十四年，复召来京修书。雍正元年，卒于京。

按：华亭横云山人王季友鸿绪，《清史列传》卷十《大臣》，《清史稿》卷二百七十一《列传》五十八,俱有传。

张廷玉,字衡臣,安徽桐城人。大学士英次子。康熙三十九年进士,改翰林院庶吉士,四十二年授检讨。六十一年十二月擢礼部尚书。同月,世宗宪皇帝御极,恭纂《圣祖仁皇帝实录》,充副总裁。

雍正元年五月,上嘉廷玉偕正考官朱轼衡文公慎,议叙加太子太保。七月,充《明史》总裁官。八月,兼翰林院掌院学士。十月,充国史馆总裁。二年五月,充《会典》总裁。四年,授文渊阁大学士,兼户部、翰林院事。五年,进文华殿大学士。六年正月,疏言:内阁部院奉旨事件,俱交《起居注》登记档案。惟八旗事件,向例不交《起居注》,无从记载。请自雍正五年始,亦照阁部送馆,以便纂入《起居注》。从之。

乾隆元年,充纂修《玉牒》总裁。七月,充三礼馆总裁。九月,《明史》告竣,议加二级。十月,命仍兼管翰林院事。十三年正月,具疏乞休。二十年,卒(年八十左右),谥文和。

按:桐城张衡臣廷玉,《清史列传》卷十四《大臣》,《清史稿》卷二百八十八《列传》七十五,俱有传。

附监修《明史》者——徐元文,叶方蔼,张玉书,陈廷敬,王鸿绪、张廷玉互见,朱轼

徐元文,字公肃,号立斋,昆山人。顺治十六年己亥一甲一名进士,授翰林院修撰。历官文华殿大学士,户部尚书,掌翰林院事。元文为顾亭林之甥,与兄乾学家庭研学,泛滥百家,根柢于经,务于实用。

康熙十八年,召为《明史》监修总裁官。元文既至,疏荐明给事中李清、耆儒黄宗羲二人,宜延致访问。或老疾不能就道,令有司录所著以上。又以史馆需人,荐曾以举博学鸿儒之未赴试者曹溶、汪懋麟、黄虞稷、姜宸英四人及教习贡生万言,共襄编纂。上俱允所请。

元文监修《明史》久于其事，多所主持。亭林曾有答书，论修史之难。

敕修《政治典训》《平定三藩方略》《一统志》，并为总裁。

诏修《三朝国史》，以大学士王熙为监修总裁官，元文为总裁官。

所著有《明史稿杂文》若干卷。

按：昆山徐立斋元文，《清史列传》卷九《大臣》，《碑传集》十二，俱有传。

叶方蔼，江南昆山人。顺治十六年一甲三名进士，授编修。康熙十八年，充《明史》总裁。二十一年卒。谥文敏。

按：昆山叶方蔼，《清史列传》卷九《大臣》，《清史稿·儒林一》，俱有传。

张玉书，字京江，号素存，江南丹徒人。顺治十八年进士，改庶吉士。康熙三年授翰林院编修。……二十二年十二月迁礼部侍郎，兼翰林院掌院学士。……升刑部尚书。五十年卒，年七十。

按：丹徒张玉书，《清史列传》卷十《大臣》有传。

陈廷敬，字子端，山西泽州人。

王鸿绪（互见）

张廷玉（互见）

朱轼，江西高安人。康熙三十三年进士，由庶吉士改授湖北潜江县知县。四十四年行取，授刑部主事，历迁本司员外郎中。四十八年，提督陕西学政。五十二年，授光禄寺少卿。五十四年，迁奉天府府尹。明年，迁通政使。五十六年，授浙江巡抚。六十一年十一月，世宗宪皇帝御极，恭修《圣祖仁皇帝实录》，轼充总裁官。雍正元年正月，入值南书房。九月，充会试正考官。时修《明史》《会典则例》，并充总裁。

乾隆元年二月，充会试正考官，恭修《世宗宪皇帝实录》，及纂《三礼义疏》，俱充总裁。九月病笃，上亲莅轼第视疾……未几，卒。赠太傅,谥文端。著有《史传三编》五十六卷。是编凡《名儒传》八卷,《名臣传》三十五卷,又《续编》五卷,《循吏传》八卷,成于雍正戊申。时《明史》尚未成书,故所录至元而止。(《四库·传记类》)

按:高安朱轼,《清史列传》卷十四《大臣》有传。

附录《明史稿跋》

《明史稿跋》(一)

万季野先生自康熙十八年昆山徐公元文监修《明史》,即与其犹子贞一(万言,字贞一,又号管村,著有《管村文稿》)被邀入明史馆。(见《郑寒村年谱》)泊康熙四十一年,卒于燕京史馆(详见余所著《季野祠堂记》)。凡在馆二十有三年,所撰《明史稿》或以为四百六十卷(方望溪),或以为五百卷(全谢山),无从得其确数。季野之卒也,遗书既多为戴名世掠去,而其子世标于雍正三年乙巳七月检《明史稿》,有亲笔据实直书一单(存伏跗室冯孟颛所,余得借录之)。

单云:先君子《明史》原稿,家间所有者,本纪四本外,缺泰昌、天启、崇祯一本(原注:陈泽州家有。镛案:泽州,陈廷敬也)。后妃、诸王列传有,《公主传》无。《名臣列传》自韩林儿起至田尔耕全无(原注:陈实斋、许时庵、蔡瞻岷三家钞本。冯孟颛曰:时庵,海宁许汝霖也。康熙壬戌进士,官礼部尚书,有《德星堂集》)。内存万历中年以后原稿四十本,启、祯以后原稿半存。《循吏传》无,《儒林》《文苑传》有,《忠义传》存两卷,余缺。《孝义传》有,《流贼传》无,《土司传》无,《外国传》稿半存。其原稿皆在俨斋先生家(镛案:俨斋,即王鸿绪也)。至《横云山人集》所刻史稿,止得十分之一,皆系钱亮工改本(镛案:亮工,即钱名世也)。如后妃、诸王、外国诸传,不涉忌讳者,又仍先君原本。熊中堂(镛案:熊中堂,即孝感熊赐履也)进呈之史,又倩人改过。另是一册进呈,在壬午二月初二。先君卒于史馆,在壬午四月初八日,遗书尽为亮工取去,无一好本寄回家者,都门士大夫皆知其事也云。

今吴兴嘉业堂刘氏所藏《明史稿》,仅列传二百六十七卷,细阅原跋,盖有小桐溪上人家圆章,及吴骞之印方章,确为拜经楼旧物。余既借以录副,审察刘氏所藏吴槎客钞本,与余所藏季野辑《宋季忠义录》钞本,字迹及纸张相类,其必又为万氏之物无疑。然在当时既非原稿,其来自王俨斋欤? 来自钱亮工欤? 未可知也。所可知者,《罪惟录》既已流布,与此绝不相侔。周松霭(周春,字松霭,海宁人。乾隆甲戌进士,官广西岑溪县知县。纂有《中文孝经》《孝经外传》,见《艺海珠尘》全集)之说,不攻自破。王俨斋之《明史稿》,取以与此互勘,一详一略(此书列传有论者,俨斋往往删削),又不相谋,则非俨斋之所删改,亦明矣。此书所黏一单云:本斋藏本,当从低田查本补钞(疑即海宁查伊璜,或查氏亦得有钞本)。《循吏》至《佞幸》六卷,《外蕃》九卷,计当补钞十五卷,通计二百八十三卷。后又有三行题,约计缺《奸臣》《方伎》《列女》《孝义》《西域》《土司》《外戚》《宦官》《流贼》。

余核诸万世标单中所列《孝义》《列女》《方伎》《奸臣》《佞幸》五传,为万氏家藏之所有。《外蕃》即《外国传》,半存。惟《土司》《外戚》《宦官》《流贼》四传,则无之。世标单中更有《隐逸》,而吴氏未举出。吴氏有《循吏》,而世标未举出。则就列传言,其卷数亦难确定也。

昔年郑君鹤声持教育部发阅中州某君赍呈之《明史稿》十二册,交江南图书馆定其然否。于是柳翼谋有《校录》,今钞存副本。然《校录》虽详而武断在所不免。余将驳正之。吾乡友朱逖先亦藏有底稿数册,此必世标所留遗,安得一一凑合,参互相校,以成完璧乎? 其详更考之,别著于笔记。壬午秋八月约园。

《明史稿跋》(二)

近人谢国桢辑《晚明史籍考》,《明史稿》三百十卷一目,引杨农先椿《再上明鉴纲目馆总裁书》,其中有云王公(案:即鸿绪)任修列传。王公延鄞县万君斯同(镛案:季野入史馆,在康熙十八年昆山徐公元文为监修时,余前跋已据《郑寒村年谱》证之。王鸿绪为总裁则在三十三年,王氏继续倚赖则有之,杨农先以为王公延之,则非也)。吾邑钱君名世,于家以史事委之。万君熟明朝掌故,其家有余姚黄忠端公《时略》,忠端之子梨洲《续时略》。《时略》者,嘉、隆时事及诸臣奏疏;《续时略》者,万、泰、天、崇时事奏疏也。万君以二书为主,先修嘉靖后传,而正之以《实录》,参之以传记。椿时年二十余,尝屡至其馆中,见万君作一传,集书盈尺者,四五或八九不止,与钱君商榷。而熊廷弼、袁崇焕、李自成、张献忠诸传尤善。又云:康熙十八年,从给事中张鹏请命内阁学士昆山徐公(元文)为监修(《清史稿·圣祖本纪》,十八年修《明史》,以学士徐元文、叶方蔼,庶子张玉书为总裁)。翰林院掌院学士昆山叶文敏公、右庶子张文贞公为总裁,广征博学鸿儒,睢州汤文正公等五十人入翰林(汤公《明史稿》刻于《汤子遗书》),与右庶子卢君琦等十六人为纂修。于是汤文正公为《太祖本纪》、徐公嘉炎为《惠帝本纪》、朱君彝尊为《成祖本纪》、徐公乾学为《地理志》、潘君耒为《食货志》、尤君侗为《艺文志》,汪君琬为后妃、诸王、开国功臣传,毛君奇龄为流贼、土司、外国传,其余各有所分。二十九年夏,监修徐公归,以旧大学士仍领史局。未几,薨。三十三年,召华亭王公于家,与尚书泽州陈文贞公为总裁。而张文贞公与原任大学士孝感熊文端公为监修。张公以尝为总裁,任修志书,陈公任修本纪,王公任修列传,未及毕,万君卒,王公以户部尚书解任归矣。归,重加编次,其分合有无,视万、钱稿颇异。五十三年春,进呈。五十四年后召见,两文贞已去世,纪、志、表未有,王公乃仅取徐公旧志,《河渠》《食货》《艺文》《地理》删改之,其他但仍其旧。表则去功臣、戚臣、宦幸,而改大臣上为宰铺,大臣中下为七卿。惟诸王表与之同。六十一年,王公闲居在京,改徐公本纪不狭旬,而十六朝本纪悉具。雍正元年六月进呈,共三百十卷,即此史馆所贮,王公奉敕编撰本是也。盖其书纪、表不如志,志不如传。弘正前之传,不如嘉靖以后,此其大较也。杨氏之说,于季野在史馆之先后尚未详确,而于成《明史》情状,言之则历历可据。其言纪、志、表未必出季野之手。余谓不惟纪、志、表，即列传岂能一一撰自季野耶？按《鄞志》本传云：斯同独以布衣参史局，不署衔，不受俸，诸纂修官以稿至，皆送斯同覆审。夫覆审云者，即就稿而润色之云，非一一出自己笔，此可证一。又云：若官修之史，仓卒而成于众人，不暇择其材之宜与事之习，是犹招市人而与谋室中之事也。（传据《方苞墓表》）吾所以辞史局而就馆总裁所者，惟恐众人分操割裂，使一代治乱贤奸之迹，暗昧不明耳。（光绪志，传据钱志传）夫曰：就馆总裁者，简言之，即秘书云。秘书代总裁覆核，并不为僭，此可证二。欲知万氏《明史稿》之源流，必先知万氏之居史馆，重在审核，非重在撰拟，然后可以论定其稿是否经过万氏之手。顾此论定，亦难矣。往年尝就刘氏所藏之吴槎客本《史稿》，与王鸿绪横云山人《史稿》，略校数篇，去取已大不相同。今更就柳翼谋所举者，郑鹤声持来之本，与吴槎客本互校，如汪应蛟、越彦、刘一焜、叶春及、李沄、沈儆炌、何乔远、周嘉谟、刘中敷、李仪、丘弘等传（附传者不数），原文均不如吴本之整齐。则吴本为已改本，而郑本为未改本，已可断定矣。柳翼谋但取《横云山人稿》与《明史》以校郑本，而未就郑本以校吴本，盖吴本藏诸刘氏，未能取之如携也。然得翼谋之《校录》，而余所录刘藏之吴槎客本，益可贵矣。甲申重阳后五日，约园。

《明史稿跋》（三），见《约园杂著三编》卷二。

近人潘景郑云：横云山人《明史稿》荟萃同时分纂诸作而厘定之，世谓其尽窃万氏一家之言，似非确论。万氏部帙，无由得见。王氏容获其稿，亦不过据为蓝本，撷其菁英而已。拾遗补缺之功，固出于一手也。惟同时分纂之劳，及所取资于万氏者，独掩没不及一字，斯浩瀚巨编，谓一人精力所能逮，宜有以启后人之疑窦耳。此严苏友《明史拟稿》一册，盖亦当时分纂之稿。证板心有《明史列传稿》几卷，下有横云山人集五字，知史稿之业，王实主之，而倩他人分任其役，盖欲独居其名以眩博后世，又岂知分稿之流传，适足以揭发其隐私耳。苏友此稿,题日讲官起居注右春坊右中允史官严绳孙纂,盖犹值史官时所成。录传凡二十,各传后系以论辞,而别录愚山、峨眉评语于眉端或传后……其文字部居,与《明史》俱不合。以勘横云史稿,亦有出入,必当时未经勘定,以备采录者。(见《著砚楼书跋》)

参考资料

王鸿绪——张伯行作《户部尚书华亭王公墓志》,《正谊堂续集》。《碑传集》廿一。

张廷玉——自著《澄怀主人自订年谱》六卷。

汪由敦作《墓志铭》,《湖海文集》。

《碑传集》廿二。

附徐元文——韩菼作《行状》,《有怀堂文稿》。

彭绍升作《事状》,《二林居集》。

《清儒学案》卷七《亭林学案》下附徐元文。

《碑传集》十二。

叶方蔼——《清史稿》卷二百六十六《列传》五十三。

张玉书——《清史稿》卷二百六十七《列传》五十四。

陈廷敬——《清史列传》卷九《大臣》。

朱轼——《清史稿》卷二百八十九《列传》七十六。

《碑传集》廿二。

其他:

杨椿《上明史馆总裁书》《与明史馆纂修吴子瑞书》,《孟邻堂集》。

按:杨椿,号农先,官翰林院侍讲学士,初修《一统志》,后与齐召南同修《明纲目》,《清史列传·文苑》有传。

汪由敦《答明史馆某论史事书》,《太乙舟文集》。

梅文鼎《与史局友人书》,《绩学堂诗文钞》。

张鉴《答阮相国师书》,《冬青馆集》。拟再修《明史》。

冯登府《朱竹垞检讨明史馆传稿跋》,《石经阁集》。

魏源《书明史稿二篇》,《古微堂集》。

朱骏声《书明史后》,《传经堂文集》。

杨述曾《复王舍人谕明史》,《湖海文集》。

章楑《明史义例汇编叙》,《一山文存》。

缪荃孙《明史例案叙》,《艺风堂文集》。

张寿镛《明史稿跋》,《约园杂著三编》。

延伸阅读

〔一〕近人宋慈抱云:元亡明兴,国祚既久,史事亦多。按清代修《明史》,在康熙十八年三月,上谕云:史部荐文学人员,取中一等:彭孙遹、倪灿、张烈、汪霦、乔莱、王顼龄、李因笃、秦松龄、周清原、陵维崧、徐嘉炎、陆葇、冯勖、钱中谐、汪楫、袭佑、朱彝尊、汤斌、汪琬、邱象随。二等:李来泰、潘耒、沈珩、施闰章、米汉雯、黄与坚、李铠、徐釚、沈筠、周庆曾、尤侗、范必英、崔如岳、张鸿烈、方象瑛、李澄中、吴元龙、庞垲、毛奇龄、钱金甫、吴任臣、陈鸿绩、曹宜溥、毛升芳、曹禾、黎骞、高咏、龙燮、邵吴远、严绳孙等,纂修《明史》。(见《续史通·考献》)

又赵超玄云:《明史》,清世祖顺治二年,诏纂修《明史》,刚林、祁充格、范文程、冯铨、洪承畴、李建泰为总裁。詹图赖、袭伊图、宁完我、蒋赫德、刘清泰、李若琳、胡世安、高尔俨、陈具庆、朱之俊、王铎、钱谦益为副总裁。郎廷佐、傅以渐等九人为纂修,迄无成功。圣祖康熙十八年己未,举行博学宏词科。三月丙申,召试彭孙遹、毛奇龄、李铠、严纯孙、汪琬、方象瑛、黄与坚、沈珩、陆葇、徐嘉炎、李澄中、乔莱、庞垲、陈维崧、朱彝尊、李因笃、潘耒、尤侗、汪楫、徐釚、曹禾、赵执信、柯煜等五十人,皆入史馆,纂修《明史》,当时号称得人。五月,诏修《明史》,徐元文、张玉书、王掞相继为监修总裁。汤斌、明珠、阿兰泰、叶方蔼、徐乾学、王鸿绪、陈廷敬先后为总裁。非十八年宏词科而与纂修者,有王顼龄、汪由敦、程景伊、尤珍、汪懋麟、黄虞稷、金德嘉、姜宸英等。(中略)时与撰修者数十人,意各有所草。如程景伊预修各本纪。汪琬在馆六十日,撰史稿百七十五篇。高宗乾隆初,诏刊完《明史》,张廷玉、朱轼、蒋廷锡、徐元梦、鄂尔泰、吴襄、留保、胡煦、觉罗逢泰为总裁,孙嘉淦、乔世臣、汪由敦、杨椿、郑江、彭廷训、胡宗绪、陶贞一、蒋继轼、陆奎勋、梅毂成、杨尔德、闫圻、姚之骃、吴启昆、韩孝基、冯汝轼、吴麟、蓝千秋、唐继祖、吴龙应、王叶滋、姚焜、金门诏、万邦荣为纂修。因鸿绪之《明史稿》,增损以成本纪二十四卷,表十三卷,志七十五卷,列传二百二十卷,合三百三十二卷。(抄《中国史学史·官修诸书》)

〔二〕《啸亭杂录》谓:鸿绪身后,其子孙镂版进呈,以板心镌横云山人史稿,遂碍颁发。今按其板心,只有横云山人集五字,而书之正名,则为《史稿》。

〔三〕魏源《古微堂集·评明史稿》,陈康祺《燕下乡脞录四笔》一作《明史稿书后》,皆谓王氏为攘窃。田澎亦讥其党于吴人,多非平正。

〔四〕李详云:《明史》写定,周历甲子。三圣善继,仰成睿旨。四明季野,匀溉横云。窜迹肆口,党邪骇闻。乾隆初元,新编蒇事。平反裁并,慎惜名义。依类附书,调停景泰。前朝著作,罗缕悉汰。阉党流贼,遂屋明社。标兹巨猾,叹溢朝野。鸿儒接踵,文明共喻。识充才学,千载一遇。钻味深意,上窥用心。欲起瓯北,归昌振音。(注)旧有王鸿绪横云山人《明史稿》,廷玉等以此为本。玉书托鄞县万斯同季野撰,鸿绪复加改窜,是非舛戾,专以扶邪抑正为事(见魏源《古微堂外集》)。迨廷玉等书出,平反刊正,洞核心迹。其最善者,依类附书,如……钱氏大昕称为斟酌最善。至《艺文志》但举有明一朝著述,尽扫前史之漏,虽本之黄虞稷《千顷堂书目》,仅载有明一代著述,要为能遵刘知幾《史通》之言,自为裁断。其既立《宦官传》,复立

《阉党》，又流贼之亡明，其祸至烈，因创斯两目，以著痛恨。此书递为鸿儒撰辑，阅时既久，发凡起例，首尚谨严，详略合分，文期共喻。廷玉进表所言，雅自不诬。盖统才学识而兼之，信为一代佳史。若夫深意所存，赖人钻味，贵有识其用心。往者阳湖赵瓯北先生《廿二史札记》，内论《明史》凡六卷，揭其旨蕴，品别极当。凤集鸣日归昌，故欲起瓯北而赏之耳。（见《龛记》）

〔五〕汤斌亦有《明史稿》若干卷，列入集中。

〔六〕杨椿著《孟邻堂集》十六卷，见《清史列传·文苑传》。

〔七〕近人陈守实作《明史稿考证》，载《国学论丛》第一卷第一号。黄云眉作《明史编纂考略》，载《金陵学报》第一卷第二期。张克作《古补本明史跋》。

第六章　与修《明史》者

按：明史开馆，人才济济。徐乾学健庵《修史条议》，汤文正斌《明史凡例》，王横云鸿绪《史例议》，施愚山闰章《明史议》，潘次耕耒修《史议》，汪文端琬《史裁说》，陈文贞廷敬、毛西河、杨农先椿、全谢山祖望、陆清献、黄梨洲宗羲诸家，无不陈折衷之言，为总裁之助。

一、傅山

傅山，字青主，山西太原（一作阳曲）人。[一]明诸生，少尚气节，诣词讼，提学袁继咸冤得白，名闻天下。明亡，变服黄冠，居土室，以牵连被逮，绝粒九日，几死。有救之者得免。海内大定，乃稍出与客接。康熙中，荐博学鸿词，称疾，有司强舁至京师，拒不入城，蔚州魏象枢以其老病上闻，诏免试，特授内阁中书，放遂。

亭林游晋，与之订交，称其高致。二十三年卒，年七十八。

按：太原傅青主山，《清史列传》卷七十一《文苑》二，《清史稿》卷五百一《列传》二百八十八《遗逸》二，《清儒学案》卷七《亭林学案》下附傅山，俱有传。

二、施闰章

施闰章，字尚白，号愚山，安徽宣城人。顺治六年己丑进士，授刑部主事，充山东学政。

康熙十八年己未，召试博学鸿儒，列二等四名，授翰林院侍讲，纂修《明史》。

闰章素以文学饬吏治，至是始得著作之任，考核同异，辨析是非，无所回互。二十年，充河南乡试正考官。二十二年，转侍读。寻病卒，年六十六。著有《拟明史稿》七卷。

其《修史议》云：史不可一日无也，良史才则旷世不多觏也。《左氏》之后，《史》《汉》并称良史。纪、表、志、传之体，马迁创始，班固继作，其法遂不可易。魏晋以还，惟陈寿之《三国志》，欧阳修之《五代史》，差为近古。然寿之短诸葛也，比于雪怨而索米，见诋抑又甚焉。欧阳不为韩通立传，苏公亦尝讥之。夫岁远则异同难明，代近则恩怨多乖，征实则有目睫之虞，矫诬则有人鬼之谴。故以昌黎之才，亦逊谢不遑。史固难言哉。

我皇上天授睿聪，祖经祢传，既修皇清《玉牒》《实录》，又纂辑《四书讲义》《皇舆考》《人物考》诸书，文治丕茂。又将有事《明史》，监前代之得失，以信今而传后，诚盛举也。且胜国诸史，未有不成于后王者。远不具论，《宋》《金》《辽》三史，元臣脱脱总其事，而《元史》之成，则宋濂、王祎为之。今国家应图秉箓，三十年余矣。《明史》废而不修，后将何稽？榷而论之，其难有八：

一曰考据。《后汉》纪、传，发源《东观》。《梁》《陈》二书，父子继成。盖创始者难为功，因旧者易为力也。明史如《大政记》《吾学编》

《宪章录》诸书,皆起自洪、永,讫于万历;启、祯二朝,信史阙然。此考据之难也。

二曰裁制。马迁叙三千年事,五十万言。班固叙二百年事,八十万言。非固详而迁略,而多寡悬殊。《唐书》修后,事增于前,文省于旧。按明二百七十年,纪、表、传、志,动须累尺,繁则芜杂,略虞挂漏。此裁制之难也。

三曰核实。所见异词,所闻异词,所传闻异词,有疑必阙,古圣所称。前朝载籍,佚于兵燹。而子孙志传,类多曲笔。鉴定衡平,吾斯未信。此核实之难也。

四曰定论。议礼则予张、桂而绌杨、罗。讲学则祢紫阳而祧新建。百喙争鸣,几成聚讼。尤可异者,杨、左、崔、郑,黑白较如,而三案旋定旋翻。知我罪我,志在《春秋》。此定论之难也。

五曰门户。甘陵之部,分自清流。蜀洛之党,成于贤哲,明季门户,清浊判然,事异往昔,然张汤以后,贤不入酷吏,寒暑笔端,古今同叹。此门户之难也。

六曰牵制。古人修书,出于一人之手,成于一家之言,马、班是也。后此分曹共局,是非抵牾,议论蜂起,腐毫辍翰,相持不下。此牵制之难也。

七曰忌讳。事涉本朝,崔鸿匿书不出。因避唐讳,百药甘受世讥。盖文字常伏危机,吹毛动成大戾。彼亡虞之佐,或以兴秦;吠尧之犬,本以忠桀。弃则失真,著恐触忌。此忌讳之难也。

八曰程限。班掾承其父彪端绪,追思二十余年,犹待女弟昭以卒业。宋祁出守成都,许以《唐书》自随。盖以事在千古,非可取办岁月也。若急就之章,绳以八法,疾行之步,律以采齐,当不然矣。此程限之难也。

要以作之者数人,议之者千万人。娴词赋者乏史裁,善记问者短笔札,工捃拾者罕定识,严综核者少持平。所谓擅三长而去五失,盖

难之难者也。(录自《清儒学案》卷二十一《愚山学案》)

按:宣城施愚山闰章,《清史列传》卷七十《文苑》一,《清史稿》卷四百八十四《列传》二百七十一《文苑》一,《清儒学案》卷二十一《愚山学案》,俱有传。

黄宗羲(互见)子百家(互见)

吴任臣(互见)

顾炎武(互见)

三、汪琬

汪琬,字苕文,江苏花洲人。顺治十二年乙未进士,授户部主事,累迁刑部郎中。以疾假归,结庐尧峰山,闭户著书九年。康熙十八年,以左都御史宋德宣、翰林院掌院学士陈廷敬荐,召试博学鸿儒,列一等,授翰林院编修,纂修《明史》。在史馆六十日,撰《明史列传稿》百七十五篇,以病乞归。康熙三十年卒,年六十八。有《拟明史列传》二十四卷,附《自序》,康熙刊本。

按:长洲汪苕文琬,《清史列传》卷七十《文苑》一,《清史稿》卷四百八十四《列传》二百七十一,《清儒学案》卷七《亭林学案》下附汪琬,俱有传。

四、毛奇龄

毛奇龄,字大可,号西河,浙江萧山人。[一]康熙十八年,以廪监生荐举博学鸿儒科试,列二等,授翰林院检讨,充明史馆纂修官。后以假归,得痹疾,不复出。

少颖悟,明季避兵祸,之南山,筑土室,读书其中,炊爨不给,怡然意远。泊在史馆,进所著书,圣祖仁皇帝善之,诏付史馆。归田后,侨居杭州。有《史馆拟判》一卷,《史馆兴缀录》《武宗外纪》一卷,《拟传》十一卷。又有《胜朝彤史拾遗》。

按：萧山毛西河奇龄,《清史列传》卷六十八,《清史稿》卷四百八十一《列传》二百六十八《儒林》二,《清儒学案》卷二十五、二十六《西河学案》上、下,俱有传。

五、倪灿

倪灿,字闇公,江苏上元人。康熙十六年举人,十八年召试博学鸿儒,列一等二名,授翰林院检讨,卒于官。

既官检讨,与修《明史》,所为《艺文志序》,穷流溯源,与姜宸英《刑法志序》,并称杰作。又著《补宋辽金三史艺文志》。

按：上元倪闇公灿,《清史列传》卷七十《文苑》一有传。

六、严绳孙

严绳孙,字荪友,江苏无锡人。康熙十八年,以布衣举博学鸿儒,试日遇目疾,仅赋《省耕诗》一首,圣祖素重其名,列二等末。授翰林院检讨,与修《明史》,充日讲起居注官。二十二年,迁右中允,寻告归。

在史馆,分撰《明史·隐逸传》,所作序文,容与蕴藉,多自道其志行。归后,杜门不出,寻堂曰"雨青草堂",亭曰"佚亭",布以窠石、小梅、方竹,宴坐一室,以为常。兼工书画,梁溪人争以倪云林目之。

按：无锡严荪友绳孙,《清史列传》卷七十《文苑》一有传。

七、汤斌

汤斌,字孔伯,号荆岘,又号潜庵,河南睢州人。[三]顺治九年壬辰进士,改庶吉士,授国史院检讨。

十二年二月,应诏陈言,请广搜野乘遗书,以修《明史》。且言《宋史》修于元至正,特传文天祥之忠;《元史》修于明洪武,亦著巴颜布哈之义。我朝顺治元、二年间,前明诸臣亦有抗节不屈、临危授命者,与叛逆不同,宜令纂修诸臣勿事瞻顾,昭示纲常于万世。下所司,大学士冯铨、金之俊谓"斌夸奖抗逆之人,拟旨严饬"。世祖特诏斌至南苑,温谕移时。九月谕吏部曰:翰林官员,读书中秘,习知法度,自能以学问为经济,助登上理。兹朕亲行裁定十八员,皆品行清端,才猷赡裕,各照外转,应得职衔,升一级用。于是斌为陕西潼关兵备道。康熙十七年,诏举博学鸿儒,尚书魏象枢荐斌学有渊源,躬行实践,副都御史金铉荐斌文词淹雅、品行端醇,召试一等,授翰林院侍讲,同编修彭孙遹等纂修《明史》。

二十年,充日讲起居注官,转侍读。明年为《明史》总裁官。并纂修太宗文皇帝、世祖章皇帝圣训。迁左春坊左庶子。二十三年二月,擢内阁学士,充《大清会典》副总裁官。卒谥文正。

有《拟明史稿》二十卷。《汤文正公遗书》。又著《洛学编》四卷,述中州学派,分为前、正①二编。所列之人,各评其学问行谊。盖虽以宋儒为主,而不废汉唐儒者之所长。(见《四库提要·传记类》)

又有《廿一史论》。张宗泰《书汤斌廿一史论后》。

按:睢州汤荆岘斌,《清史列传》卷八《大臣》,《清史稿》卷二百六十五《列传》五十二,俱有传。

潘耒章(互见)

八、姜宸英

姜宸英,字西溟,浙江慈溪人。尝与秀水朱彝尊、无锡严绳孙,并目为三布衣。会开博学鸿儒科,翰林院侍读学士叶方蔼约侍讲韩菼连名上。适方蔼宣诏入禁中,浃月,菼乃独牒史部,已不及期。方蔼旋总裁《明史》,荐之入馆。充纂修官,食七品俸。分撰《刑法志》,有总论,[四]有《拟明史传》残卷,不分卷。(绣谷亭续藏钞本)

---

①原稿作"中",今据《洛学编》改。

宸英极言明三百年诏狱、廷杖、立枷、东西厂衙之害,痛切淋漓,是为殷鉴。

徐乾学罢官,即家领《一统志》事,设局于洞庭东山,疏请宸英偕行。

康熙三十六年丁丑成进士,授翰林院编修。己卯,充顺天乡试副考官,为正考官,为修撰李蟠所累,逮问。蟠遣戍,宸英卒于狱,年七十二。

按:慈溪姜西溟宸英,《清史列传》卷七十一《文苑传》,《清史稿》卷四百八十四《列传》二百七十一,《清儒学案》卷五十一《望溪学案》附姜宸英,俱有传。

九、王锡阐

王锡阐,字寅旭,号晓庵,江苏吴江人。[五]公友张履祥,讲学以濂洛为宗。壮益耽究文艺,博览群书,历象之学,尤所笃好。

生于明季,当徐光启等修新法时,聚讼盈庭,锡阐独闭户著述,潜心测算。精思于推步之理,宏亮而不滞。久之,则中西两家异说,皆能举其原委,考其得失焉。

著有《晓庵新法》六卷,列为《历法表》二十四篇。潘次耕从其家求得遗书,始见称于世。

顾亭林云:学究天人,确乎不拔,我不如王寅旭。其倾倒至矣!

按:吴江王寅旭锡阐,《清史列传》卷六十八附梅文鼎后,《清儒学案》卷三十一《晓庵学案》,俱有传。

十、朱彝尊

朱彝尊,字锡鬯,号竹垞,浙江秀水人。[六]生有异秉,读书过眼,不遗一字。年十七,弃举子业,肆力于古学,凡天下有字之书,无弗披览。以饥驱走四方,南逾岭,北出云朔,东泛沧海,登之罘,经瓯越,所至丛祠、荒冢、金石断缺之文，莫不搜剔考证，与史传参互异同。康熙十八年己未，诏开博学鸿词科，其时年逾五十，以布衣除检讨者凡四人，富平李因笃天生、无锡严绳孙荪友、吴江潘耒次耕，而其一，即彝尊也。未几，李君告养归，三布衣与所擢五十人同纂修《明史》。在史局凡七上总裁书，悉从之。兹揭述上书中之大旨，以明其史识云。

第一书，论体例曰：历代之史，时事不齐，体例因之有异。盖体例本乎时宜，不相沿袭，作史者可以改变为之。……作史示以体例，比如大匠作室，必先诲以规矩，然后引绳运斤，经营揆度，崇庳修广，始可无失尺寸也矣！

第二书，论访遗书曰：前代率命采书之官，括图籍于天下。今同馆六十人，类皆勤学洽闻之士，必能记记所读之书，凡可资采获者，俾各疏所有，捆载入都，储于邸舍，互相考索。然后开列馆中所未有文集、奏议、图经、传记，以及碑铭志碣之属，编为一目。或仿汉唐明之遣使，或牒京尹守道，十四布政使司，力为搜集，上之史馆，其文其事，皎然可寻，于以采撰编次，本末具备。成一代之完书，不大愉快哉。

第三书，论宽时日曰：伏惟阁下，幸勿萌欲速之念，当以五年为期，亟止同馆诸君勿遽呈稿。先就馆中所有群书，俾纂修官条分而缕析，瓜区而芋畴，事各一门，人各一册，俟四方书至，以类相从续之。少者扶寸，多者盈丈，立为草卷。而后妙选馆中之才，运以文笔删削，卷成一篇，呈之阁下，择其善者用之。或事有未信，文有未工，则阁下点定，斯可以无憾矣。不然，朝呈一稿焉，夕当改；此呈一稿焉，彼或异。若筑室于道，聚讼于庭，糠粃杂揉，嵌崟分裂，记述失序，编次不伦，阁下且不胜其劳，虽欲速，而汗青反无日也。

第四书，论考证史实曰：伏承阁下委撰明文皇帝纪，彝尊本之实录，参之野纪，削繁证谬，屏诬善之辞，拟稿三卷，业上之史馆矣。

第五书，论儒林道学传曰：《明史》初稿有《儒林传》，又有《道学传》。然彝尊窃以为不必也。儒林足以包道学，道学不可统儒林。莫若合而为一,于篇中详叙源流所自,览者可以意得。

第六书,论史德曰:国史者,公天下之书也。使有一毫私意梗避其间,非信史矣。作史者,当就一人立朝行己之初终本末,定其是非,别其白黑,不可先存门户于胸中,而以同异分邪正贤不肖也。

第七书,论纂长编曰:日者,阁下选同馆六人先纂长编,可谓得其要矣。长编成于李焘,其旨宁失于繁,毋失于略。故国史官文书而外,家录野纪,靡不钩索质验,旁互而参审焉。无妨众说并陈,草创讨论而会于一。(以上见《曝书亭集》卷三十二)

家居后,著述不倦。其所编辑,除《文皇本纪》《文苑传》外,又有《经义考》三百卷。[七]梁氏任公曰:这部书把竹垞从前的经学书,一概网罗,簿存目录,实史部谱录类一部最重要的书,研究经学史的人最不可少。(见《清代学者整理旧学之总成绩》)

至《五代史注》及《宋史》,惜皆草创而未成,唯举其编辑经过之情节之耳。

(一)《五代史注》:予年三十,即有志注欧阳子《五代史》,引同里钟广汉为助。广汉力任钞撮群书,凡六载,考证十得四五。俄而广汉卒于都城逆旅,检其中箱,遗稿不复有也。[八]后从云中转客汾晋,历燕齐,所经荒山废县,残碑破冢,必摩抄其文,响拓之,考其与史同异。又薛氏史虽佚,其文多采入《册府元龟》《太平御览》诸书。兼之十国分裂,识大识小,有人自分。编春成书,可与刘、裴鼎足。通籍以后,讨论《明史》,是编置之笥中。归田视之,则大半为壁鱼穴鼠所齿,无完纸矣。抚躬自悼,五十年心力付之永叹。……徐学使章仲[九],方有事具注此书,尽取传是楼遗书博稽之,补宋椠之阙文,附三臣于死事,逾五年而书成。夫以予排纂五十年未就者,徐君五年成之,周见洽闻,无有剩义,信乎才力之攸殊,相去什佰千万也。今而后,五代之文献,庶其可征矣夫!(见为徐章仲作《五代史记注序》)

(二)《宋史》:朱氏又云:尝欲考编《宋史》,乃读其他宋、金、元人文集,约存六百家。郡县山水志以及野史说部,又不下五百家,及今改修文献,尚犹可征,拟据诸书考其是非,复定一书,惜乎年老未能也。[一〇](见所作柯维骐《宋史新编》跋文)

查慎行为其中表兄弟,作《曝书亭集序》,称朱氏学问之得力处云:先生天资明睿,器识爽朗,于书无所不窥,于义无所不析。他若商周古器,汉晋金石碑版之文,以及二篆八分,莫不搜其散佚,溯其源流,往往资以补史传之缺略,而正其纰缪也。又云:论者以为当史局初开时,得先生者数辈,专其任而责其成,则有明一代之史必成,成亦必有可观,若以未尽其用为先生惜者。(并见本集卷首)

同、光间,彭文勤元瑞因竹垞朱氏之旨而注《五代史记》,未成,卒。刘金门侍郎凤诰踵为之,历访通人,采取极博,大略仿裴世期《三国志注》,杂陈众说,而不能如裴氏之折衷,颇病复沓,故俞理初不满其书也。[一一](说本李慈铭,见《越缦堂日记》)

又有《明诗综小传》,盖彝尊尝慨明诗自万历后作者,散而无统,作《明诗综》百卷,于公安、竟陵之前,铨次稍详;若启祯死事诸臣,复社文章之士,亦力为表扬之。其自序云:或因诗而存其人,或因人而存其诗,间缀以诗话,述其本事,期不失作者之旨。康熙四十八年卒,年八十一。

按:秀水朱竹垞彝尊,《清史列传》卷七十一《文苑》二,《清史稿》卷四百八十四《列传》二百七十一《文苑》一,俱有传。

十一、黄虞稷

黄虞稷,字俞邰,上元人。本籍晋江,父居中,明季为南京国子监丞,因家焉。虞稷七岁能诗,号神童。寻补诸生。

康熙十八年,举博学鸿词,遭母丧,不与试。既,左都御史徐元文荐修《明史》,召入史馆,食七品俸,分纂《列传》及《艺文志》。

二十八年,总裁徐元文假归,特诏携志稿于家编辑。元文奏言虞稷学问渊博,健文笔,乞随相助,许之。至包山书局,刻苦搜讨。逾年,力疾从事,竟以劳卒。年六十三。

家世藏书,凡八万卷,与江左诸名士约为"经史会",以资流览。及来京师,搢下士大夫辄就之借阅,无虚日。著《千顷堂书目》三十二卷。所录有明一代之书尤为详备,即《明史·艺文志》所本也。〔一二〕

按:上元黄俞邰虞稷,《清史列传》卷七十一《文苑》二,《清史稿》卷四百八十四《列传》二百七十一《文苑》一,《清儒学案》卷三十三《健庵学案》附黄虞稷,俱有传。

万斯同(互见)侄万言(互见)

徐乾学(互见)

潘耒(互见)

十二、翁方纲

翁方纲,字覃溪,号苏斋,大兴人。〔一三〕乾隆十七年壬申进士,改翰林院庶吉士,散馆以一等一名授编修。历典江西、湖北、江南顺天乡试,督学广东、江西、山东,累擢内阁学士,左迁鸿胪寺卿。卒年八十六。

性嗜金石,考订精审,使节所莅,残幢断碣,必多方物色,摹拓以归。曾得宋椠苏诗施、顾注本,自为补注,因以"宝苏"名其室。室中储书数万卷,丹黄皆遍。曾与丁氏杰、王氏聘珍校正朱竹垞《经义考》,凡一千八百八十余条,为《经义考补正》十二卷。〔一四〕

又著《元遗山年谱》二卷。

按:大兴翁覃溪方纲,《清史列传》卷六十八,《清儒学案》卷九十《苏南学案》,俱有传。

十三、刘献廷

刘献廷,字继庄,自称广阳子,顺天大兴人。〔一五〕少颖悟绝人,嗜读书,竟夜不卧,父母禁,不与膏火,则然香代之,因眇一目。及长,博览经史百家,慨然负大志,不肯为词章之学。

其为学,主于经世,自象纬、律历、边塞、关要、财赋、军器之属,旁而岐黄者流,以及释道之言,无不留心。

尝欲遍历九州,览其山川形势,访遗逸,交其豪杰,采轶事,以广见闻,而质证其所学。晚至湖南,登衡岳,从王船山游。北归京师,昆山徐健庵尚书、立斋相国皆引重,参与纂修《明史》及《一统志》。

昆山兄弟善下士,又多藏书,大江南北宿老争赴之。继庄游其间,别有心得,不与人同。万隐君季野于书无所不读,顾隐君景范、黄隐君子鸿长于舆地,皆心折于继庄,引相共事。

全祖望云:予尝闻之,万先生与刘继庄共在徐尚书邸中,万先生终朝危坐观书,或瞑目静思,而继庄好游,每日必出,或兼旬不返,归而以其所历告之万先生,万先生亦以其所读之书证之,语毕复出。故都下求见此二人者,得侍万先生为多,而先生以游罕所接。各以馆脯所入,钞史馆秘书,连甍插架。尚书去官,先生亦返吴,而万先生为明史馆所留。先生谓曰:不如与我归,共成所欲著之书。万诺之,不果。(注见书所撰传后)

继庄侨居吴江三十年,既倦游归,方谋与同志著书,不一年而殁,年四十八,遗书由其弟子黄宗夏辑为《广阳杂记》五卷[一六]。

生平言朱子《纲目》非亲笔,当别为《纪年》一书。又论西北水利,莫详于《水经郦注》,欲取诸史关于水利农田战守者,各详其所以,附以诸家之说以为之疏,为异日施行之考证。

今其书皆星散,全谢山云:求之几二十年,始得见其《广阳杂记》于杭之赵氏,盖薛季宣、王道甫一流。

其友人戴南山云:刘君继庄,博通古今,读书自适,而不从事于科举。其于阴阳、历数、乐律、兵法之类,无不有以穷其本原而臻其微妙,盖继庄真能读书者矣!

继庄尤留心于史事，购求天下之书，凡金匮石室之藏，以及稗官碑志、野老遗民之记载，共数千卷，将欲归老洞庭，而著书以终焉。

继庄以一书生，担簦游燕市，诸公贵人无好士能知继庄者。继庄衣食不遑给，而奔走拮据，出金数百购求遗书。凡继庄之所为者，其力既已勤，而其志亦已苦矣。

继庄有友曰王崑绳及余二人，约偕诣洞庭，读其所购遗书，而继庄家无担石之储，无以供客，余二人行皆不果，而继庄先携其书以归。余与崑绳行歌燕市，一市人皆笑之。羁客落拓，数人者大抵皆同。（见《南山集·赠刘继庄还洞庭序》）

王源云：初，故尚书徐健庵及其弟故大学士立斋两先生聘之，不就。至是归里，将付其子燮于其兄御史宾廷，徐又聘之，乃就。而予以修《明史》，亦馆于徐。与处士道同志合，日讨论天地阴阳之变，伯王大略，兵法、文章、典制，古今兴亡之故，方域要害，近代人才邪正，其意见之同，犹声赴响。而处士于礼乐、象纬、医药、相数、法律、农桑、火攻器制，旁通博考，浩浩无涯涘。（见《居业堂文集·刘处士墓表》。源，字崑绳）

按：大兴刘继庄献廷，《清史列传》卷七十，《清史稿》卷四百八十四《列传》二百七十一《文苑》一，《清儒学案》卷三十五《二万学案》下附刘献廷，俱有传。

十四、王源

王源，字崑绳，顺天大兴人。[一七]少有节概，慕诸葛亮、王守仁之为人，从魏禧学古文。豪侠尚气，喜言兵，作《平书》十篇。年四十余，游京师，公卿皆降爵齿与之交。与鄞万斯同订《明史稿》，《兵志》源所作也。[一八]有《与友论史书》。

昆山徐乾学尚书开书院（局）于洞庭山，招致天下名士，源与焉。于侪辈中，独与刘献廷善。日讨论天地阴阳之变，伯王大略，兵法、文章、典制,古今兴亡之故,近代人才邪正,其意见皆相同。献廷殁,言之辄流涕。未几,遇李塨,大悦之,曰:自献廷殁,岂意复见君乎!因持塨所著书往博野,执贽颜元之门。康熙四十九年,客死山阳,年六十三。

按:大兴王崑绳源,《清史列传》卷六十六《儒林》上一附颜元后,有传。

黄宗羲(互见)

十五、尤侗

尤侗,字展成,号悔庵,又号西堂,江苏长洲人。少博闻强记,弱冠补诸生,才名藉甚,历试于乡,不售,以贡谒选,除直隶永平府推官。康熙十八年,召试博学鸿儒,授翰林院检讨,分修《明史》,撰志、传,多至三百篇。居三年,告归。四十三年卒,年八十七。有《明史拟稿》六卷,《外国传》八卷,《艺文志》五卷。

《四库提要》云:《艺文志》即其初入翰林,纂修《明史》之志稿也。所摭拾既多挂漏,又往往不载卷数及撰人姓名,其例惟载有明一代著作,而前史所载则不录,盖用刘知幾之说也。

按:长洲尤展成侗,《清史列传》卷七十一《文苑》二,《清史稿》卷四百八十四《列传》二百七十一,俱有传。

十六、蓝鼎元

蓝鼎元,字玉霖,号鹿洲,福建漳浦人。少孤力学,通达治体。雍正元年,以选拔贡太学。三年,校书内廷,分纂《大清一统志》。六年,以大学士朱轼荐,召对奏时务六事,凡五千余言,世宗善之,授广东普宁县知县。旋摄潮阳县事。明年,命署广州府知府,抵官一月卒。

有《修史试笔》二卷。《鹿洲全集》中,尚称鼎元欲修《宋史》,而以此试笔,先叙有唐名臣,择其忠节经济之炳著者列为传云。

按:漳浦蓝鹿洲鼎元,《清史列传》卷七十五《循吏》有传。

十七、金门诏

金门诏,字东山,江苏江都人。乾隆元年进士,授翰林院兼明史三礼馆纂修,出知寿阳县令。

有《明史经籍志》《明史传总论》《补三史艺文志》《读史自娱》等,各一卷。

参考资料

傅山——李塨《记傅青主逸事》,《恕谷后集》。

全祖望《阳曲傅先生事略》,《鲒埼亭集》。

张廷鉴、曹树谷、丁宝铨各作《年谱》。

《清儒学案》卷七《亭林学案》下附傅山。

《碑传集》百二十五。

施闰章——自著《施愚山先生全集》(诗文集,外集,别集,年谱,孙念曾编)

汤斌作《墓志铭》。

《清儒学案》卷二十一《愚山学案》。

黄宗羲——互见,子百家——互见。

吴任臣——互见。

顾炎武——互见。

汪琬——自著《钝翁全集》。

《清儒学案》卷七《亭林学案下》附汪琬。

毛奇龄——自著《西河文集》百四十卷。自为《墓志铭》,《西河合集》。

施闰章作《毛子传》,《施愚山学余堂文集》。

李天馥作《题词》。

郑方坤作《小传》。

全祖望撰《萧山毛氏纠缪》十卷，又作《萧山毛检讨别传》，《鲒埼亭集外编》。

李慈铭——《书鲒埼亭集外编毛检讨别传后》，《越缦堂文集》。

《耆献类征》百十九《词臣》五。

《文献征存录》卷一。

《先正事略》三十一《经学》。

《清儒学案》二十五、二十六《西河学案》上、下。

《清文汇》丁集卷十。

《萧山县志》《全浙诗话》。

倪灿——互见。

严绳孙——《曝书亭集》。

汤斌——汪琬作《墓志铭》，《尧峰文钞》。

徐乾学作《神道碑》，《憺园文集》。

姜宸英代作《神道碑》，《西溟文钞》。

杨椿作《传》，《孟邻堂文钞》。

方苞作《轶事》及《年谱》，《望溪集外文》。

彭绍升作《事状》，《二林居集》。

王廷灿作《汤文正公年谱》。

《清儒学案》卷九《潜庵学案》。

《碑传集》十六。

潘耒——互见。

姜宸英——自著《西溟文钞》，《湛园未定稿》六卷，《湛园藏稿》，《姜先生全集》。

全祖望作《墓表》，《鲒埼亭集》。

方苞作《记姜宸英遗言》，《望溪集外文》。

《清儒学案》卷五十一《望溪学案》附姜宸英。

王锡阐——杭大宗作《传》《史传》《畴人传》《梅文鼎传》。

《清儒学案》卷三十一《晓庵学案》。

《碑传集》百三十二。

朱彝尊——自著《曝书亭集》八十卷。国传,郑小传,张录,张辑,沈小传,陈纪闻,陈志。

《耆献类征》卷百十八《词臣》四。

《先正事略》卷三十九《文苑》。

《清儒学案》卷三十二《竹垞学案》。

《碑传集》卷四十五《翰詹》上。

《清文汇》甲集卷三十。

黄虞稷——《清儒学案》卷三十三《健庵学案》附黄虞稷。

《碑传集》四十五。

万斯同——互见。

万言——互见。

徐乾学——互见。

潘耒——互见。

翁方纲——自著《复初斋文集》三十五卷,又《集外文》四卷。

《清儒学案》卷九十《苏斋学案》。

《大清畿辅先哲传》卷二十五《文学》五。

刘继庄——王源《刘处士墓表》,《居业堂文集》。

全祖望、沈彤各为作《传》,全又作《书所撰传后》。

近人向达《记刘继庄》,载《方志月刊》一九三五年十二月,十一、十二期。

王勤堉作《刘继庄先生年谱初稿》,民国二十四年。

《耆献类征》卷四百十四《经学》二。

《大清畿辅先哲传》卷二十《文学》二。

《碑传集》卷百三十《经学》上。

《先正事略》卷三十二《经学》。

《清儒学案》卷三十五《二万学案》下附刘献廷。

《清文汇》甲前集卷十。

王源——自著《居业堂文集》二十卷。

严绳孙《王崑绳家传》。

《文献征存录》卷一有传。

《畿辅先哲传》卷十六《儒林》七。

《清儒学案》卷十一《习斋学案》附王源。

黄仪——互见。

尤侗——自著《西堂全集》文二十四卷,诗三十七卷,《余集》。

《碑传集》卷四十五。

《曝书亭集》,号西堂老人。

蓝鼎元——自著《鹿洲全集》二十卷,《平台纪略》一卷。

《清儒学案》卷六十《梁村学案》附蓝鼎元。

《碑传集》卷一百。

金门诏——自著《金太史全集》。

延伸阅读

〔一〕梁任公云:山西介直隶、陕西之间,而学风寥阒特甚。清初可述者,仅一阳曲傅青主(山)以气节文章名于时,盖古之振奇人也,不得目以学者。(见《地理分布》)

又邓之诚云:康熙庚午开明史馆,访前朝悉故实者,因并及先生名,科臣者李宗孔、刘沛先等合疏荐。嗣有博学鸿词之选,诏有司资送入都,时先生已七十三,坚不肯就。有司迫遣之,子眉扶掖以行,就道,疡发于股,辄自锥破,血不止,而股为之枯。至都,假馆崇文门外之圆觉寺,卧不肯起。一时王公巨卿往访之,门如市。或为乞医药,逾岁不痊。都御史魏公象枢代奏,得旨傅山文学素著,人品清高,著授中书舍人职,令其归籍,地方官优奖。时已未五月也。(见《骨董琐

记》五）

〔二〕梁启超云：清初浙东以考证学鸣者，则萧山毛西河（奇龄）。萧山与仁和夹钱塘江而峙，学风乃大类浙西也。西河之学，杂博而缺忠实，但其创见时亦不可没。（见《地理分布》）

〔三〕梁启超云：睢州汤潜庵（斌），清代以名臣兼名儒者，共推以为巨擘。潜庵宦达后，假归，乃持节学于苏门（孙夏峰）。

又萧穆云：岁在壬戌，穆客大梁，购睢州汤文正公《汤子遗书》十卷，《洛学编》五卷，《拟明史稿》四十卷，《疏稿》《年谱》《志学会约》《家书》各一卷。公生平所著，并事迹具于此矣。

〔四〕邓之诚云：姜宸英分修《明史·刑法志》，极言明代残刑之害，见渔洋《居易录》。今《刑法志》无所论列，恐非湛园手笔。（见《骨董琐记》四）

〔五〕梁启超云：吴江王寅旭（锡阐），以理学家而好为深沈之思，与亭林、力田交契，共致力斯学。（见《学风之地理分布》）

〔六〕梁启超云：浙西考证学，最初著闻者，当推秀水朱竹垞（彝尊）。竹垞以文人而贰于学者，其学博赡而不谨严。（见《地理分布》）

〔七〕按翁方纲有《经义考补正》，自言与丁小雅共为之。

又按俞樾《余苹皋〈史书纲领〉序》：长沙余苹皋司马著《史书纲领》若干卷，而李次青廉访为之序言：余君之为此书也，是可与秀水朱氏《经义考》并为不朽之大业矣。朱氏之书，所考者经籍，凡经籍之大旨无不具；余君之书，所考者史书，凡史书之大概无不具。自有此两书，而甲乙两部，固已得其管辖矣。余君曰：我于史书，不徒录其序目而已，其有凡例者，亦备录而无遗。盖视《经义考》加详焉。（见《杂文稿》二）

〔八〕朱氏自云：亡友同邑钟渊映广汉在吾党年最少。所为诗文，旷绝时人。自予归自永嘉，广汉已病，犹力购文史，昼夜编纂，期予共注《五代史》。既而，予游大同，转客太原，广汉遗予书数百言，谓五代之主，其三皆起晋阳，最后刘旻，三世固守其地，思览其废墟，考其遗迹。未几，游京师，出居庸之关，病复作。比予至自京师，则广汉殁已三月，其归丧且旬余矣。(见《曝书亭集》卷三十八)

按：广汉又编《历代建元考》，《四库总目提要》云：此书则并伪朝霸国以至草窃僭称，皆一具载，其例以年号相同者列前，次以年号分韵排编，次列历朝帝王及僭国始末，并外藩间及之，秩然有序。(见《政书类》)其事迹具《清史列传·文苑传》附朱氏后。

〔九〕按：徐章仲，其名待考，亦注《五代史》，未见传本。

〔一〇〕陈黄中《宋史稿》自叙云：有明一代考修者不一家，其最著者，始莆田柯维骐之《新编》，祥符王惟俭之《宋史记》，亦仅取旧史稍加删节，……他如揭阳王昂之《史补》，天台王洙之《史质》，尤简略不详，自郐以下，无足论已。本朝通人朱彝尊，尝讥诸人长编尚未属目，辄奋笔著书行世，犹夏虫之不可语冰，因欲寻宋代诸书，考其是非异同，自定一书，惜老而未果。

〔一一〕金毓黻云：俞正燮谓清初朱彝尊曾与钟广汉同注《五代史》，稿具十四五，未几失去，后又续辑。又谓朱彝尊注之《五代史》，亦用裴注例，曾在济南见其手稿，即用南监版本夹手书签千七百余条，多碑拓文字，此盖从事综辑而未及勒定者。(《癸巳存稿》卷八)

其后彭元瑞成《五代史传注》十六卷。……刘凤浩更因彭稿，而成《五代史记补注》七十四卷，以其中含有彭稿十六卷，遂并署元瑞之名，以为合撰，此刘氏用心之忠厚也。惟据俞正燮所纪：甲子秋为此学，依姚宽(宋人，字令威，曾为《五代史》作注，未传)、朱、彭例，采书裁贴成编，朱签存者已全采，惜不能校写。又云：刘宫保在浙日，以正燮稿本，广延诂经精舍人校对，皆茫然。及罢官寓家苏州，又延王君谓校之，王君日醉不看书。丙子秋，仍以稿本还正燮。正燮自食不给，不能看书，仍还之宫保，而阿监使为写清本未校也。越十年，正燮仍以还宫保广东，竟无有为校者。其未审处，惟自知之，他人未必能察也。所谓官保,即指凤诰而言。据此则是书稿本,多出自正燮,而刘氏不过以位尊多金,能任刊刻,遂自尸其名耳。(见《中国史学史》)

〔一二〕纪昀云:《千顷堂书目》三十二卷,清黄虞稷撰,所录皆明一代之书。经部分十一门,史部分十八门,子部分十二门,集部分八门,每类之末,各附以宋、金、元人之书,既不赅备,又不及于五代以前,其体例特异亦不可解。然焦竑《国史经籍志》既诞妄不足为凭,傅维鳞《明书经籍志》、尤侗《明史艺文志稿》尤冗杂无绪。考明一代善作者,终以是书为可据,所以钦定《明史·艺文志》颇采录之。(见《四库提要·目录类》)

又孙诒让云:《千顷堂书目》原本实《明史艺文志稿》,见朱彝尊《明诗综》八十九,及卢文弨《抱经堂文集》七,其所载书,较官撰《明史》更为精博。至每类后所附宋、辽、金、元人书,则又补四史之阙略,故虽出近代,实目录家要帙也。(见《温州经籍志·叙例注》)

又云:朱锡鬯、黄俞邰广搜明代别集,著《明诗综》及《千顷堂书目》。

〔一三〕梁启超云:覃溪为艺术的鉴赏家,亦颇好为金石考证,然其在金石学界中,仅为别子而已。(见《学风之地理分布》)

〔一四〕李慈铭云:五月二十九日阅翁方纲《朱氏经义考补正》。竹垞之书,捃摭繁富,诚不能无舛漏,补正之事,必不可少。惟覃溪实不知学,仅一二订其卷数错误之字,篇帙寥寥,而时阑入其诋訾近儒、皮傅宋儒之谬论。盖覃溪初亦依傍汉儒,思以考据自见,既而硕学辈出,其陋日形,又为戴东原所讥,遂老羞成怒,呈臆妄訾,于是骂朱竹垞,骂纪晓岚,骂阮芸台,及陈恭甫致书直争其失,而覃溪底蕴全露,其人亦老不可复为矣。是书自言本与丁小雅共为之,其中小有补益,当出小雅之手也。(见《越缦堂日记》)

〔一五〕梁启超云:继庄盖古之振奇人,生当康熙之盛,负时誉,而抑塞磊落,终身踯躅风尘中,乃类避人亡命者之所为。其于史学、地

理学皆有特识,有创造。(见《清代学者之地理分布》)

〔一六〕潘祖荫云:刘继庄氏《广阳杂记》旧题门人黄日瑚辑者,皆删本,德清戴子高藏有是本,视删本多十之四,节次颇不尽同。

盖继庄此书,初亦随手札记,未有定本。后人传写或详或略,遂多同异。悉心求之,当以足本为善。余旧有一本,得于陶凫香丈,咸丰庚申失之矣。此本乃赵扬叔所贻,得之子高者,属叶鞠裳先生以丁泳之本校之,增墓志一篇。(见《广阳杂记跋》)

〔一七〕梁启超云:王崐绳以老名士,晚交恕谷,而俯首受学习斋,盖在习斋卒之前一年,崐绳年既五十六矣。故数北方颜门魁杰,恕谷之外,首推崐绳。(见《地理分布》)

〔一八〕李塨尝从容与王源语李卫公,言史官多不知兵,故兵法不传。今观《史》《汉》以至南北朝,良然。《唐书》乃专志兵,欧阳公之识,高出前史远甚。先生曰,《唐书》所志兵志耳,其法之不传自若。及为万季野撰《明史稿·兵志》,乃悉著其法于篇。

第七章　敕撰政典

一、续三通

(一)钦定《续通典》

钦定《续通典》一百四十四卷。乾隆三十二年,刘墉、嵇璜等奉敕撰。

杜佑《通典》终于天宝之末,是书所续,自唐肃宗至德元年,讫明崇祯末年。凡《选举》六卷,《职官》二十二卷,《礼》四十一卷,《乐》七卷,《兵》十二卷,《刑》十六卷,《州郡》十八卷,《边防》四卷,《食货》十八卷,篇目一仍杜氏之旧。惟杜氏兵制附刑后,今则兵、刑各为一篇,稍有不同耳。

至于编纂之例,唐代年祀稍远,旧典多亡,五代及辽,文献靡征,史书太略,则旁搜图籍以求详。明代见闻最近,杂记实繁。宋、金及元,著作本多,遗编亦夥,则严核异同以传信。总期于既精既博,不滥不遗。

按《宋史·艺文志》,有宋白《续通典》二百卷,今其书已亡。陈振孙《书录解题》载其咸平三年奉诏,四年九月书成。起唐至德初,迄周显德末。又载王钦若言:杜佑《通典》,上下数千载为二百卷,而其中四十卷为开元礼。今之所载二百余年,亦如前书卷数,时论非其复重。兹编仰禀圣裁,酌乎繁简之中,而九百七十八年内,典制之源流,政治之得失,条分件系,纲举目张,诚所谓记事提要,纂言钩玄,较诸杜氏原书,实有过之无不及。宋白所续,区区不足道矣。

(二)钦宗《续通志》

五百二十七卷,乾隆三十二年,刘墉、嵇璜等奉敕撰。

此书纪传谱略,一仍郑氏之旧。惟郑氏纪传,因诸史旧文,标题错互,而又稍有所改窜,如……体例自相矛盾。不因不创,乃至于非马非骡。今参考异同,折衷沿革,定为二例:一曰异名者归一,如……庶各核其实,无致多歧。一曰未备者增修,如……皆诸史所无,而其目实不可易。今考核事体,亦分立此门。至于五朝国史,以贰臣别为列传,新出圣裁。于旌别淑慝之中,寓扶植纲常之意,允昭褒贬之至公,实为古今之通义。今亦恪遵彝训,于前代别立此门,以昭彰瘅。较诸原书体例,实详且核焉。二十略中变其例者,亦有三:一为《艺文略》。郑氏但列卷数书名,今各补撰人名氏爵里。一为《图谱略》。郑氏原以《索象》《原学》《明用》三篇辨其源流,又以《记有》《记无》二篇考其存佚。今删除诸名,别以《经学》《天文》《地理》《世系》《兵刑》《食货》《算术》《儒学》《医药》为子目。一为《昆虫草木略》。所记动植之类,不比文章典制,有时代可分。考郑氏原书,惟以所撰《诗名物志》《尔雅补注》《本草外类》约而成编,舛漏不一而足。今惟于未载者补其阙遗,已载者正其讹误。至其炼石煮丹之类,事涉迂怪,则概不续增。盖虽同一传而条理倍为分明,虽同一略而考证尤为精核,斯由于仰承睿鉴,得所折衷,与郑氏之徒为大言,固迥然异矣。

(三)《钦定续文献通考》

二百五十二卷,乾隆十二年刘墉、嵇璜等奉敕撰。

马端临《文献通考》断自宋宁宗嘉定以前,采摭宏实,体例详赅,元以来,无能继作。明王圻始捃拾补缀,为《续文献通考》二百五十四卷,体例糅杂,颠舛丛生,遂使数典之书,变为兔园之策,论者病焉。然终明之世,亦无能改修,岂非以包括历朝,委曲繁重,难于搜罗而条贯之哉!我皇上化洽观文,道隆稽古,特命博征旧籍,综述斯编,黜上海王圻之野文,补鄱阳马端临之巨帙,采宋、辽、金、元、明五朝事迹议论,汇为是书。初议于马氏原目之外,增朔闰、河渠、氏族、六书四门,嗣奉敕修《续通志》,以《天文略》可该朔闰,《地理略》原首河渠,氏族、六书更郑樵之旧部。既一时并撰,即无容两籍复陈。故二十四门,仍从马氏之原目,其中《钱币考》之载钞银,《象纬考》之……不录佚亡,于所当减者乃减,亦不似王氏之横生枝节,多出赘疣。大抵事迹,先征正史,而参以说部杂编,议论博取文集,而佐以史评语录。其王圻旧本,间有一长可取者,沙中金屑,亦不废搜求,然所存者,十分不及其一矣。至于考证异同,辨订疑似,王本固为疏漏,即马本亦略而未详,兹皆本本元元,各附案语,以折衷于圣裁,典核精密,纤悉不遗,尤二书所不逮焉。盖王圻著述,务以炫博,故所续《通考》及《稗史汇编》《三才图会》之类,动盈二三百卷,而无所取材。此书则每成一类,即先呈御览,随事指示,务使既博具精,故非惟可废王氏之书,即马氏之书,历来推为绝作,亦陶铸之而有余也。

二、皇朝三通

(一)《钦定皇朝通典》

一百卷,乾隆三十二年奉敕撰。

此书以八门隶事,一如杜佑之旧。其中条例则或革或因。如钱币附于食货,马政附于军礼,兵制附于刑法。于理相近,于义有取者,今亦无所更易。至于古今异制,不可强同。如《食货典》之榷酤、算缗,《礼典》之封禅,前朝弊法,久已为圣代所除,即一例从删,不复更存虚目。又《地理典》以统包历代,分并靡常,疆界参差,名称舛互。故推原本始,以九州提其大纲。今既专述本朝,自宜敬遵今制。况乎威弧震叠,式廓版章,东届出日之邦,西括无雷之国。山河两戒,并隶职方。近复戡定冉駹,开屯列戍,皇舆广阔,更非九州旧界所能包。故均以《大清一统志》为断,不更以《禹贡》州域紊昭代之黄图。至杜氏述唐朝掌故与历代共为一书,故皆分缀篇终。其文简略,亦体裁所限,不得不然。今则专勒一编,式昭国典。当法制修明之世,鸿猷善政,史不胜书。故卷目加繁,溢于旧籍。且杜氏所采者,惟《开元礼》为详。今则谟烈昭垂,各成完帙。礼有《大清通礼》《皇朝礼器图式》;乐有圣祖御制《律吕正义》、皇上御制《律吕正义后编》;刑有《大清律例》;兵有《中枢政考》;地理有《皇舆表》《大清一统志》《钦定日下旧闻考》《盛京通志》《热河志》《满洲源流考》《皇舆西域图志》。又有《大清会典》及《则例》总其纲领,八旗及六部则例具其条目。故缕分件系,端委详明,用以昭示万年,诚足媲美乎官礼。又岂杜氏之掇拾残文、袞合成帙所可同日语哉!

(二)《钦定皇朝通志》

二百卷,乾隆三十二年奉敕撰。

此书二十略之目，亦与郑樵原本同。而纪传年谱，则省而不作。盖实录国史，尊藏金匮，与考求前代、删述旧文，义例固不侔也。至于二十略中，有原本繁而今汰者三：《都邑略》中樵兼载四裔所居，非但约略传闻，地多无据，且外邦与帝京并列，义亦未安。今惟恭录兴京、盛京、京师城阙之制，以统于尊。《谥略》中樵分三等二百十品，多所臆定。今惟恭录赐谥，以昭其慎。《金石略》中樵所采颇杂，今惟恭录列圣宝墨、皇上奎章，兼及御定《西清古鉴》《三希堂帖》《淳化阁帖》《兰亭八柱帖》诸刻。余悉不登，以涤其滥。有原本疏而今补者二：《天文略》中樵惟载《步天歌》，今则敬遵圣祖仁皇帝御制《仪象考成》、《灵台仪象志》，皇上御制《仪象考成后编》，会通中西之法，以究象纬之运行。《地理略》中樵以四渎统诸水，而州县郡道，以水为别。今则于其不入四渎者，大河以北如盛京、京畿诸水，大江以南如浙、闽、瓯、粤诸水，以及滇南、漠北诸水，自入南北海者，并一一补载。而河有重源，今底定西域而始知者，亦恭录圣制，以昭示来兹。有原本冗琐而今删并者三：《艺文略》中樵所列既多舛讹，《校雠略》中樵所举亦未精确，《图谱略》中樵分记有、记无二类，而记无多至二十六门，既多虚设，如击桐、试马、斗羊、对雉诸图，尤猥杂无取。今并以《钦定四库全书总目》为断，以折其中。有原本之所未闻者三：《六书略》中以国书十二字头括形声之变化，并以《钦定西域同文志》胪列蒙古、西番、托忒、回部诸字。丝牵珠贯，音义毕该，非樵之穿凿偏旁所知也。《七音略》中以国书合声之法为翻切之总钥，而两合、三合之中有上下连书，有左右并书，有重声大书、轻声细书，以《钦定同文韵统》为华梵之通津，以天竺五十字母配合成一千二百十二音，又以西番三十字母别配合成四百三十四音，而各释以汉音。汉音不具，则取以合声，非樵株守等韵所知也。《昆虫草木略》中樵分八类，五朝《续通志》已为补漏订讹。至于中国所无而产于遐方，前代所无而出于今日，如金莲花、夜亮木之类，见于《钦定广群芳谱》。普盘樱、额堪达罕、秦达罕之类，见于圣祖仁皇帝《几暇格物编》。北天竺乌沙尔器、火鸡、箬漠鲜、知时草之类,见于御制诗集。如奇石、密食、鸳鸯尔之类,见于《钦定西域图志》,尤非樵之抱残守匮所知矣。

盖创始之作,考校易疏;论定之余,体裁益密。生于衰微之世,则耳目难周;生于明备之朝,则编辑易富。樵当宋之南渡,局于见闻,又草创成书,无所质证,故踌驳至于如斯。以视遭遇昌期,仰蒙圣训,得以搜罗宏富,辨证精详,以成一代巨观者,其瞠乎莫逮,亦良有由矣。

(三)《皇朝文献通考》

二百六十六卷,乾隆十二年奉敕撰。

此书初与五朝《续文献通考》共为一编。乾隆二十六年,以前朝旧事,例用平书。而述昭代之典章,录列朝之诏谕、尊称、鸿号,于礼当出格跳行。体例迥殊,难于画一。遂命自开国以后,别自为书。后《续通典》《续通志》皆古今分帙,即用此书之例也。其二十四门,初亦仍马氏之目。嗣以《宗庙考》中用马氏旧例附录群庙,因而载入敕建诸祠。仰蒙睿鉴周详,纶音训示,申明礼制,厘定典章。载笔诸臣始共知尊卑有分,名实难淆,恍然于踵谬沿讹之失。乃恪遵圣谕,别立"群庙"一门,增原目为二十五。其中子目,田赋增八旗田制,钱币增银色、银直及回部普儿,户口增八旗壮丁,土贡增外藩,学校增八旗官学,宗庙增崇奉圣容之礼,封建增蒙古王公,皆以今制所有而加。市籴删均输、和买、和籴,选举删童子科,兵考删车战,皆以今制所无而省。至象纬增推步,物异删洪范五行,国用分为九目,尊号册封之典自帝系移入王礼,则斟酌而小变其例者也。考马氏所叙宋事,虽以世家遗荫,多识旧闻。然计其编摩,实在入元以后。故典章放失,疏略不详。理宗以下三朝,以国史北移,更阙无一字。(案:理宗以后国史,元兵载以北归,事见《宋季三朝政要序》。)今则圣圣相承,功成文焕,实录记注,具录于史官;公牍奏章,全掌于籍氏。每事皆寻源竟委,赅括无遗。故卷帙繁富,与马氏原本相埒。夫《尚书》兼陈四代,而周书为多;《礼记》亦兼述三王,而周礼尤备。盖监殷监夏,百度修明,文献足征,搜罗自广,有不必求博而自博者矣。

三、《钦定大清会典》《则例》

(一)《钦定大清会典》

一百卷,乾隆二十九年奉敕撰。

伏考《国朝会典》,初修于康熙三十三年,续修于雍正五年。至是凡三经厘定,典章弥备,条目弥详。考昔成周之制,百度分治以六官,六官统汇于周礼。圣人经世之枢要,于是乎在。虽越数千载,时势异宜,政令不能不增,法制不能不改,职守亦不能不分,难复拘限以六官,而其以官统事,以事隶官,则实万古之大经,莫能易也。故历代所传,如《唐六典》《元典章》《明会典》,递有损益,而宏纲巨目,不甚相远。然其书之善否,则不尽系编纂之工拙,而系乎政令之得失。盖一朝之会典,即记一朝之故事。故事之所有,不能删而不书;故事之所无,亦不能饰而虚载;故事有善有不善,亦不能有所点窜变易。如《唐六典》先颁祥瑞之名目,分为三等,以待天下之奏报。殆于上下相罔。然当时有此制,秉笔者不能不载也。又如《至正条格》中偏驳不公之令,经御题指摘者,人人咸喻其非,然亦当时有此制,秉笔者不能不载也。国多秕政,安怪书多驳文乎?至于《周礼》一经,朱子称其盛水不漏。亦其时体国经野,事事为万世开太平。故其书亦传之万世,尊为法守,非周公有所涂饰于其间也。我国家列圣相承,文谟武烈,垂裕无疆,规画既皆尽善。我皇上执两用中,随时损益,又张弛皆衷于道,增删悉合其宜。则是书之体裁精密,条理分明,足以方驾《周礼》者,实圣主鸿猷,上轶丰镐也,夫岂历代规条所能望见涯涘乎?

（二）《则例》

百八十卷，乾隆二十九年奉敕撰。

与《大清会典》同时告成。《会典》原本，以《则例》散附各条下，盖沿历代之旧体。至是乃各为编录，使一具政令之大纲，一备沿革之细目，互相经纬，条理益明。（中略）然则《会典》之外，别为《则例》，正三代之古义矣。其间随时增益之迹，悉出圣人之化裁。盖帝王创制显庸，有百世不变之大经，《诗》所谓"不愆不忘，率由旧章"是也；有因时制宜之大用，《记》所谓"一张一弛，文武之道"是也。即政典之因革，以仰窥皇心之运量。精一执中，具昭于是，岂徒备掌故而已哉？

——以上各条俱钞自《四库总目提要·政书类》。

第八章　诏开四库全书馆

一、经过概况

乾隆三十八年，安徽学政朱筠條奏搜辑遗书事宜，内一条谓《永乐大典》多古学，世未见者，请开局使阅校。……时大学士刘统勋、于敏中在军机，统勋力阻其议，谓非为政之要，而于敏中独善之，固争执。乃议上前明《永乐大典》一书，陈编罗载，请择其中若干部分，分别缮写，以备著录。查此书原共二万二千九百余卷，一万一千零九十五册，就原书目录检查，其中不恒经见之书颇有，若概不分别选择，殊非采访遗书本义。应检派修书翰林，逐一查校，如有实无传本，而各门凑合尚可成书者，摘开名分，伏候训示。得旨：军机大臣议覆朱筠条奏内，将《永乐大典》择取缮写，各自为书一节，议请分派各馆修书翰林等官前往检查，恐责成不专，徒致步月久稽，汗青无日。盖此书移贮年深，既多残缺。又原偏体例，分韵类次，先已割裂全文，首尾难期贯串。特因当时采摭甚博，其中或有古书善本，世不恒见，今就各门汇订，可以凑合成部者，亦足广名山石室之藏。着即派军机大臣为总裁官，仍于翰林等官内选定员数，责令及时专司查校，将原书详细检阅。并将《图书集成》互为校核，择其未经采录而实在流传已少，尚可裒辑成编者，先行摘开目录奏闻，候朕裁定！

次日又谕：朕意从来四库书目，以经史子集为纲领，裒辑分储，实古今不易之法。是书既遗编渊海，若准此以采撷所登，用广石渠金匮之藏，较为有益。若再添派王际华（户部尚书）、裘曰修（工部尚书）为总裁官，即会同遴简分校各员，悉心酌定条例，将《永乐大典》分析校核，除本系现在通行，及虽属古书而词义无关典要者，不必再行采录外，其有实在流传已少，其书足资启牖后学，广益多闻者，即将书名摘出，撮取著书大旨，叙例目录进呈，俟朕裁定，薶付剞劂。其中有书无可采，而大名未可尽没者，止须注出简明事略，以佐流传考订之用，不必将全部付梓，副朕裨补阙遗，嘉惠士林至意。既而总裁议定《条例》，上之。得旨：将来办理成编时，著名《四库全书》。盖是时以整理《大典》之条陈，变而为空前绝后之丛书编纂矣。

四库全书馆既开，除宗室郡王永瑢、永璇、永瑆，大学士刘统勋、刘纶、舒赫德、阿桂、于敏中、英廉、程景伊、嵇璜及裘曰修、王际华等被命为总裁外，复命尚侍等官为副总裁及总阅官。然实际任校纂者，则总纂官纪昀、陆锡熊，总校官陆费墀，而尤以昀之力居多。时参预馆事者不下三百余人，大半皆海内积学之士，而分任校勘，又多著名之学者。如《总目》协勘有任大椿，校勘《永乐大典》有戴震、邵晋涵，校办各省遗书有姚鼐、朱筠、翁方纲，分校篆隶有王念孙。

全书之编纂，分（一）应刻，（二）应钞，（三）存目。应刻者，以活字版重新排印，即乾隆三十九年命名为武英殿聚珍版者也。应钞者，膳录一过，即馆臣手钞本也。存目者，书已亡佚，但列其名而已。

至其体例,分(一)经、(二)史、(三)子、(四)集四大部,此《四库》之所由得名也。

分类:

甲、经部——易、书、诗、礼、春秋、孝经、五经总义、四书、乐、小学。

乙、史部——正史、编年、纪事本末、别史、杂史、诏令奏议、传记、史钞、载记、时令、地理、职官、政书、目录、史评。

丙、子部——儒家、兵家、法家、农家、医家、天文算法、术数、艺术、谱录、杂家、类书、小说家、释家、道家。

丁、集部——楚辞、别集、总集、诗文评、词曲。

是书自乾隆三十八年起编,约十年,至四十七年正月而全书告成一分,计存书三千四百五十七部,七万九千七十卷,存目六千七百六十六部,九万三千五百五十六卷。装帧非常精致,以四种颜色丝绢,分装经、史、子、集四部书籍。

四库卷帙浩繁,特建文渊阁于文华殿后,文津阁于热河,文源阁于圆明园,文溯阁于奉天陪都,各缮一份以存藏之。限期六年葳事。既而又以江浙为人文渊薮,其间好古力学之士,愿读其中秘书者,自不乏人。乃命于扬州大观堂之文汇阁、镇江金山寺之文宗阁、杭州圣因寺行宫之文澜阁,亦各藏一份,俾士子就近观摩誊录,以光文治。

文渊、文源、文津、文溯,即所谓"内廷四阁",文汇、文宗、文澜,即所谓"江浙三阁"也。七部之书,今存四份而不全。盖文源阁毁于英法联军,文宗、文汇二阁,亡于太平之役,文澜阁亦略有散佚。现称完整者,文渊一部及文津、文溯二部耳。民国九年,总统徐世昌特颁明令,由国家刊印流传,虽经议有规模,徒以物力不逮,至今尚未著手。十一年,清室以经济困难,欲以一部售于日本,价已议定,北京大学等竭力反对,事遂寝。十三年,上海商务印书馆商呈清室,将文渊一部,运沪印行,而又为当局反对,迟迟未果。陈垣云:据我所知,《四库全书》原有七部，每部三万六千余册，今藏北京图书馆者，则文津阁本，凡三万六千二百七十五册。又自作《四库撰人录》《四库书名录》，与《文渊阁四库全书排架图》等。

梁启超云：当乾隆中叶汉学最盛时，则有大兴朱石君（珪）、竹君（筠）兄弟，有大兴翁覃溪（方纲），有献县纪晓岚（昀），并以达官屡掌文衡，名下士多出其门者，故誉望特盛。竹君首建议设四库馆，而晓岚始终董其事。然其于学无专门、无独到，拟诸东汉汝南党论，则厨、及之论耳。（见《清代学者之地理分布》）

又云：历城周书昌（永年）学极博，与东原同被特征入四库馆，盖异数也。（见书同上）

又云：上海为商贾之地，自徐玄扈后，盖鲜闻人。惟陆耳山（锡熊）总纂《四库全书》，《提要》多出其手，与纪昀晓岚齐名。（见书同上）

李慈铭云：上海陆健男副宪锡熊《炳烛偶钞》不盈二十纸，皆考核史书误文，多论《史记》《汉书》。其外仅《晋书》二条，《宋书》一条，《南史》一条，《隋书》一条，《金史》一条，盖未成之本。然所考甚核，于地理之学尤精。健男号耳山，乾隆中，与河间相国纪文达公同充四库全书馆总纂，《总目提要》多出其手也。（见《越缦堂日记补》）

金毓黻云：纪昀，字晓岚，直隶献县人，起家进士，入翰林，累官礼部尚书、协办大学士，卒年八十二。乾隆三十七年，安徽学政朱筠有奏请开馆校书之议。其言计分四项：一、旧本钞本应急搜，二、中秘书籍当标举现有者以补其余，三、著录校雠当并重，四、金石图谱在所必录。清廷遂据此议以设立四库全书馆。然其初，不过先就《永乐大典》从事校核，见外间所无，及流行不甚广者，悉为签出发钞而已。后乃内外所有各书，悉加网罗，分为经、史、子、集四部。每校一书，即为撰一提要，签于书端，盖用刘向总录群书而奏之之法。后乃荟萃诸书之提要，以为《四库全书总目》。时任总纂者为纪氏与陆锡熊，分纂官则有多人，故各书提要之初稿，出于各分纂官所撰，而送总纂为之核定焉。

会稽李慈铭谓:《四库总目》虽纪、陆二氏总其成,然经部属之戴东原,史部属之邵南江,子部属之周书昌(永年),皆各纂其所长。纪氏虽博览,而于经、史之学则实疏,集部尤非当家。(《越缦堂日记》)此语殊不尽然。

盖当日分纂诸氏,各就所长,分任其事,则有之矣。而提要各稿,俱经纪氏笔削增窜,有大异其原来面目者。故朱珪为纪氏撰墓志铭云:公馆书局,笔削考核,一手删定,为《全书总目》,哀然巨观。其祭纪氏文亦云:生入玉关,总持四库。万卷提纲,一手编注。又阮元序纪氏文集亦云:高宗命辑《四库全书》,公总其成,凡六经传注之得失,诸史记载之异同,子集之支分派别,罔不抉奥提纲,溯源彻委。所撰定《总目提要》确系纪氏总其成也。

高宗(乾隆)又尝命纪氏撰《简明目录》,以便检阅,每书皆记卷数、撰人,并略叙其书之梗概,为书二十卷。

纪氏一生,除文集、笔记外,其他著述甚少,盖精力已尽于此书矣。《四库》著录之书,凡三千四百七十种,七万九千十八卷,存目之书,凡六千八百十九种,九万四千三十四卷。(见《中国史学史》)

二、辑逸书

又云:清代乾隆时,官辑史部之书,尤有卓卓可称者。

汉:刘珍等《东观汉记》二十四卷。

宋:薛居正《旧五代史》百五十卷。

吴缜《五代史记纂误》三卷。

李焘《续资治通鉴长编》五百二十卷。

李心传《建炎以来系年要录》。

周去非《岭外代答》十卷。按周氏永嘉人,字直夫,隆兴癸未进士,官桂林通判。

江少虞《宋朝事实》。

无名氏《两朝纲目备要》。

王益之《西汉年纪》三十卷。

熊克《中兴小纪》四十卷。

元:郝经《续后汉书》九十卷。

右举诸书,多自《永乐大典》辑出,亦即为清修《四库全书》之先声。(见书同上)

三、作《总目提要》及《简明目录》

自四库馆开后,纪昀典书局十余年,每进一书,辄为《提要》冠诸卷首,多至百余种,汇为《四库全书总目提要》。乾隆三十九年七月,又以《提要》卷帙浩繁,将来钞刻成书,翻阅已颇不易,于《提要》之外,别刊《简明目录》一编,只载其书若干卷,注某朝某人撰,则篇目不繁,而检查较易。庶学者由《书目》而寻《提要》,而得全书,不难振纲挈领、考订源流矣。

四、编《四库荟要》

《四库全书》编辑既峻,复以其中重要之作,汇成一书,曰《四库荟要》。是书藏于大内,不为世人所见,即学者亦罕有提及之者。……又《四库全书考证》百卷,是书约考核各书内容及字句之讹误者,坊间多有刻本,亦研究《四库全书》之所必备者。

——节钞自萧一山《清代通史》卷五《四库全书》之纂辑。

五、编修诸臣

(一)建议者:朱筠

朱筠,字竹君,顺天大兴人。乾隆十九年进士,改翰林院庶吉士,散馆授编修,历官提督安徽、福建学政。

时适有诏求遗书,欣然谓可大行其志。既悉心搜访以献,且上言:中秘所贮《永乐大典》,裒集至富,但分析篇次,以四声韵字为部居,割裂破碎,与散佚无异,请旨敕下儒臣,采辑讨论,以还旧观,可得人间未见书数百种。上览奏嘉许,因开四库全书馆,校理各省上进之书及《大典》。且征通雅之士戴震等五人为纂修官。于是自《大典》辑出逸书凡五百余部,次第刊行,流播海内,天下学者莫不欢欣鼓舞,后知稽古之荣焉。

按:大兴朱竹君筠,《清史列传》卷六十八《儒林》下有传。

(二)总阅:朱珪

朱珪,字石君。筠兄,乾隆十三年进士,改翰林院庶吉士,散馆授编修,累官至两广总督兼广东巡抚。

在朝六十余年,初置文渊阁直阁事,以珪充之。继充四库全书馆总阅。卒谥文正。

按:大兴朱石君珪,《清史列传》卷二十八有传。

朱氏兄弟,《清史稿》卷三百四十《列传》百二十七有传。

(三)总办:纪昀、陆锡熊

纪昀,字晓岚,直隶献县人,乾隆甲戌进士,改翰林院庶吉士,授编修。累迁侍读学士。……官至礼部尚书、协办大学士,加太子少保。嘉庆十年卒,年八十二,谥文达。

乾隆三十八年二月,命儒臣校核明代《永乐大典》,诏求天下遗书,开四库全书馆,选翰林院官专司纂辑。大学士刘统勋以昀名荐,充纂修官。后又奏全书浩博,应斟酌综核,以免挂漏参差,举昀及提调官郎中陆锡熊为总办,搜辑《大典》中逸篇坠简,及海内秘籍万余部,厘其应刊、应钞、应存者,依经、史、子、集,部分类聚,撮其大凡,列成总目为《提要》二百卷,上之。谕曰:四库全书处,将《永乐大典》内检出各书,陆续进呈,朕详加披阅,间予题评。见其考订分排,具有条理,而撰述《提要》,粲然可观,则成纪昀、陆锡熊之手。昀学问本优,校书亦极勤勉,甚属可嘉。著加恩,授为翰林院侍读,以示奖励。

三十九年七月,上以《总目提要》卷帙繁,命纪昀辑《简明目录》一编。上求遗书,凡中外所献,择其珍本,制诗弁于首。

纪昀又有《四库未收书目》及《四库禁毁书目》各若干卷。《四库全书总目提要》,邵懿辰有《四库简明目录标注》。

按《四库全书总目》虽属官书,凡例、总论皆出文达手定,生平学术,全括于此,故特录之。

凡例

一、是书卷帙浩博,为亘古所无。然每进一编,必经亲览,宏纲巨目,悉禀天裁。定千载之是非,决百家之疑似。权衡独运,衮钺斯昭。睿鉴高深,迥非诸臣管蠡之所及。随时训示,旷若发蒙。八载以来,不能一一殚记,谨录历次恭奉圣谕为一卷。

一、是书以经、史、子、集提纲列目。经部分十类,史部分十五类,子部分十四类,集部分五类。……又各析子目,使条理分明。所录诸书,各以时代为次。

一、以登第之年,生卒之岁,为之排比。

一、刘向校理秘文,每书具奏。曾巩刊定官本,亦各制序文。然巩好借题抒议,往往冗长,而本书之始末源流,转从疏略。王尧臣《崇文总目》、晁公武《郡斋读书志》、陈振孙《书录解题》,稍具崖略,亦未详明。马端临《经籍考》荟萃群言,较为赅博,而兼收并列,未能贯串折衷。今于所列诸书,各撰为提要,分之则散弁诸编,合之则共为总目。每书先列作者之爵里,以论世知人;次考本书之得失,权众说之异同;以及文字增删,篇帙分合,皆详为订辨,巨细不遗。

一、四部之首,各冠以总序,撮述其源流正变,以挈纲领。四十三类之首,亦各冠以小序,详述其分并改隶,以析条目。如其义有未尽,例有未该,则或于子目之末,或于本条之下,附注案语,以明通变之由。

总叙史部

史之为道,撰述欲其简,考证则欲其详。莫简于《春秋》,莫详于《左传》。鲁史之所录,具载一事之始末。圣人观其始末,得其是非,而后能定以一字之褒贬,此作史之资考证也。丘明录以为传,后人观其始末,得其是非,而后能知一字之所以褒贬,此读史之资考证也。苟无事迹,虽圣人不能作《春秋》;苟不知其事迹,虽以圣人读《春秋》,不知所以褒贬。儒者好为大言,动曰舍传以求经,此其说必不通。其或通者,则必私求诸传,诈称舍传云尔。

司马光《通鉴》,世称绝作,不知其先为长编,后为考异。高似孙《纬略》载其《与宋敏求书》,称到洛八年,始了晋、宋、齐、梁、陈、隋六代。唐文字尤多,依年月编次为草卷,以四丈为一卷,计不减六七百卷。又称光作《通鉴》,一事用三四出处纂成。用杂史诸书,凡二百二十二家。李焘《巽岩集》亦称张新甫见洛阳有《资治通鉴》草稿盈两屋。(案:焘集今已佚,此据马端临《文献通考》述其父廷鸾之言。)今观其书,如淖方成祸水之语,则采及《飞燕外传》;张象冰山之语,则采及《开元天宝遗事》,并小说亦不遗之。然则古来著录,于正史之外,兼收博采,列目分编,其必有故矣。

今总括群书,分十五类,首曰正史,大纲也。次曰编年,曰纪事本末,曰别史,曰杂史,曰诏令奏议,曰传记,曰史钞,曰载记,皆参考纪传者也。曰时令,曰地理,曰职官,曰政书,曰目录,皆参考诸志者也。曰史评,参考论赞者也。旧有谱牒一门,然自唐以后,谱学殆绝。玉牒既不颁于外,家乘亦不上于官,徒存虚目,故从删焉。考私家记载,惟宋、明二代为多。盖宋、明人皆好议论,议论异则门户分,门户分则朋党立,朋党立则恩怨结。恩怨既结,得志则排挤于朝廷,不得志则以笔墨相报复。其中是非颠倒,颇亦荧听。然虽有疑狱,合众证而质之,必得其情。虽有虚词,参众说而核之,亦必得其情。……然则史部诸书,自鄙倍冗杂,灼然无可采录外,其有裨于正史者,固均宜择而存之矣。

一生精力萃于《提要》一书。他所纂辑,如《热河志》《历代职官表》《河源纪略》《八旗通志》。暨方略、会典、三通诸馆,咸总其事。

按:献县纪晓岚昀,《清史列传》卷二十八《大臣》,《清史稿》卷三百二十《列传》百〇七,俱有传。

陆锡熊,字健男,号耳山,江苏上海人。乾隆辛巳进士,以知县归班候选。逾年,值高宗南巡,召试一等,授内阁中书,累迁刑部郎中。三十八年,特致翰林院侍读,官至都察院左副都御史,福建学政。

会盛京文溯阁所藏《四库全书》,其中缮写有脱误,因奏请自往复校。五十七年春,再至奉天,遽卒,年五十九。

四库馆开,与纪文达同为总纂官,始终其事,《总目提要》多出其手。其他奉敕编辑。

(四)总校:陆费墀

陆费墀,字丹叔,号颐斋,浙江桐乡人。乾隆三十年,南巡召试,赐举人,授内阁中书。三十一年进士,散馆授编修。

三十八年五月,命儒臣校核明代《永乐大典》,诏求天下遗书,开四库全书馆,选翰林官专司纂辑,以墀充总校官。

三十九年谕曰:编修陆费墀承办《四库全书》,并荟要处缮录之事,一切综核稽查,颇能实心勤勉。且其学问亦优,加恩以侍读升用。

四十五年,武英殿遗失《四库全书》底本三十余种,经总裁史部侍郎王杰奏参,上以墀专司提调,前后数年,事出一手,命解任审讯。嗣查明实因书卷浩繁,收发不清所致,别无情弊,得旨升复,仍下部议处。寻议降一级,准其抵销。

四十七年十月,以《四库全书》内语有悖谬,未经考正,下部议处。寻议,降一级留任。

四十九年二月,命充四库全书馆副总裁官。

五十二年正月,以续缮三分书,内有悖妄不经之语,墀在馆时,未经奏请销毁,下部严议。部议革职,上改为补官,革职留任。六月,上以《四库全书》讹谬甚多,命大学士九卿等核加详阅。寻奏书中有违碍诸说未经删削,且有连篇累牍脱空无字者,请将承办各员惩处。谕曰:办理《四库全书》系总纂纪昀、陆锡熊,总校陆费墀专司其事。朕因该员等纂辑订正,著有微劳,不次超擢,晋阶卿贰。乃所办书籍,如此荒谬舛错,咎无可辞。陆费墀本系武英殿提调,后充总校,所有《四库全书》,伊一人实始终其事,而其洊升侍郎,受恩尤重,较之纪昀、陆锡熊,其咎亦更重。见在续办三分书,应发文澜、文汇、文宗三阁陈设者,所有面叶、装订、木匣、刻字等,俱著陆费墀自出己资,罚赔办理,以示惩儆,而服众心。仍下部严议。寻照部议革职。

五十五年,卒。十月,谕曰:陆费墀本系寒士,家无担石,向在于敏中处藉馆为业,谅不过千金产业耳。今所办三阁书匣等项,及缴出罚银一万两,计其家资已不下三四万,若非从前在四库馆提调任内苞苴馈送,何以有此多资?见在陆费墀业已身故,所有插架装匣等事,若令伊子接办,恐未能谙习,且身后所遗家业,想已无多,亦难措办。此时三分书俱已校对完竣,自应全行发往三处藏弆,未便稽延。著传谕海宁、全德,即仿照前次发去装潢书匣等式样制造,专派妥商办理,并著海宁查明陆费墀原籍见有田房产业,加恩酌留一千两之数,为伊家属养赡,如尚有余资,即作为三阁办事之用。(钞自《清儒学案·纪昀学案》附)

按:桐乡陆丹叔费墀,《清史列传》卷二十六有传。

(五)分纂:戴震(经)、邵晋涵(史)互见、周永年(子)、纪昀(集)互见

经部戴震,字东原,安徽休宁人。年二十八补诸生。性介特,多与物忤,落落不自得。家贫甚,闭户著述不辍。年三十三,为乾隆二

十年,入京师,时纪昀、王鸣盛、钱大昕、朱筠、王昶诸公宦京朝,以学问为尚,震皆与为友。

尚书秦蕙田纂《五礼通考》,求精于推步者,大昕举震,蕙田延之,纂《观象授时》一门。

三十八年,诏开四库馆,征海内淹贯之士,司编校之职,总裁荐震充纂修。

震以文学为天子所知,出入著作之庭,馆中有奇文疑义,辄就咨访。震亦思勤修其职,晨夕披检,无间寒暑。经进图籍,论次精审。所校《大戴礼记》《水经注》,尤精核。又于《永乐大典》内,得《九章》《五曹算经》七种,皆王锡阐、梅文鼎所未见。震正讹补脱以进,得旨刊行,御制诗冠其卷首。旋特赐同进士出身,授庶吉士。在馆五年,积劳,卒于官,年五十有五,时乾隆丁酉四十二年也。

按:休宁戴东原震,《清史列传》卷六十八《儒林》下一,《清史稿》卷四百八十一《列传》二百六十八《儒林》二,《清儒学案》卷七十九《东原学案》,俱有传。

史部邵晋涵(互见)

子部周永年,字书昌,山东历城人。少嗜学,聚书五万卷,筑借书园,祀汉经师伏生等。博洽贯通,为时推许。

乾隆三十六年进士,特诏征修《四库全书》,致翰林院庶吉士,授编修。

永年在书馆,见宋元遗书湮没者多采入《永乐大典》中,于是抉摘编摩,自新喻刘氏兄弟《公是集》《公非集》以下,凡得十余家,皆前人所未见者,悉著于录。

尝借馆中书,与桂馥为《四部丛考》,佣书二十人,日夜钞校。会禁借官书,乃止。卒年六十三。

按:历城周书昌永年,《清史列传》卷六十八附邵晋涵后,《清史稿》卷四百八十一《列传》二百六十八《儒林》二,俱有传。

集部纪昀(互见)

附言：是书搜采之方法分为六种

(一)朝撰本,(二)内府本,(三)《永乐大典》本,(四)私人进献本,(五)各省采进本,(六)通行本。

其私人进献,如宁波范氏之天一阁,慈溪郑氏之二老阁,杭州赵氏之小山堂,嘉兴项氏之天籁阁,秀水朱氏之曝书亭,常熟钱氏之述古堂,昆山徐氏之传是楼等,皆当时著名藏书家。主人范懋柱、鲍士恭、汪启淑、马裕辈,各有呈献,每书成,由翰林院加印钤记。

附录：关于《永乐大典》辑佚书

《春冰室野乘》云:乾隆朝修《四库全书》,从《永乐大典》中辑佚书七百余种。人皆知其议之发于朱笥河,而不知徐健庵尚书已有此议,学士特因其成说耳。考健庵所为《高詹事刻编珠叙》云:皇史宬《永乐大典》,鼎革时亦有散失,往语詹事,值皇上稽古右文,千古罕遘,当请命儒臣重加讨论,以其秘本刊录颁布,用表扬前哲之遗坠于万一。余老乎,詹事孜孜好古,幸他日勿忘此言也。

《清史稿》朱笥本传云:诏求遗书,奏言翰林院藏《永乐大典》内多古书,请开局校辑。旋奉上谕:军机大臣复议后,朱笥条奏校核《永乐大典》一节,已派军机大臣为总裁。又朱笥所奏,将《永乐大典》择取缮写,各自为书,及每书校其得失,撮举大旨,叙于本书卷首之处,即令承办各员将各原书详细检阅,并书中要旨,总叙崖略,呈候裁定。又将来书成,著名《四库全书》。《四库全书》自此始。

《书林清话》云:当时编检诸臣急于成功,各韵散见之古书,既采之未尽,而其与见行刻本有异者,全不知取以校勘。甚有见行者非足本,《大典》中有足本,亦遂忽略检过,不得补其佚文,可知古今官修之书,潦草大都相类。馆臣初未采及之宋《三刘文集》,永年搜辑之,始入《四库全书》，自后徐星伯松辑《宋中兴礼书》《续礼书》《宋会要》，赵怀玉辑苏过《斜川集》，辛启泰辑《稼轩诗文词》佚篇。近则文芸阁廷式、缪艺风荃孙从残册中搜获尤多，则当时漏略，亦可概见矣。（叶德辉）

（按：清乾隆中，四库馆开，从《永乐大典》中辑出三百余种，陆续付聚珍版刊之，颁行天下。原刊凡一百四十余种，浙、闽、赣皆有翻本。闽刻最备，浙刻三十八种袖珍本，赣刻六十种。）

《清代通史》云：《永乐大典》为明成祖时所撰之一大类书，凡二万二千九百余卷，存藏于翰林院中。《四库》编辑之起缘，即以整理《永乐大典》而发也。时由《大典》辑出者，存书存目，约五百余种，其著名者，为《旧五代史》《续资治通鉴长编》《建炎以来系年要录》《岭外代答》《皇朝事实》等。惟《大典》中佚书，实不止此数百种，当时馆臣搜辑，大抵取其卷帙略少者。宏编巨册，未昭甄录。后徐星伯所辑《宋中兴礼书》《正和礼新仪》等，皆从《大典》中录出，张石州（穆）曾佐其役，谓其中秘本尚夥。按《大典》只二本，一存皇史宬，一存翰林院。刘若愚《酌中志》谓《大典》实湖广王洪等编辑，计二万二千八百七十卷，一万一千九十五本，未刊板。嘉靖四十一年，敕阁臣徐阶令儒臣照式摹写一部，隆庆元年始成。万历间，两宫三殿灾，不知贮藏何处？《啸亭杂录》述李穆堂言史宬本系解缙等初修，缮写精工，非隆庆钞本所及。惜《四库全书》未能全为著录。而光绪庚子之乱，翰林院被灾，《大典》亦随之毁散矣。《都门识小录》云：庚子拳乱后，《四库全书》残帙过半，都人传言，英、法、德、日四国运去者不少。又言：洋兵入城时，曾取该书之厚二寸许、长尺许者以代砖，支垫军用等物。武进刘葆真太史拾得数册，阅之，皆《永乐大典》也。（萧一山）

关于《四库全书》编纂原意

章太炎云：朱筠请集《永乐大典》，其后遂有《武英殿丛书》，此则不为无功也。又云:清修《四库全书》,本借此以禁明代书籍,为其有所刺讥也。史部、集部笔记皆有,观违禁书目所载,有全毁者,则《四库全书》不载矣,有抽毁者,则《四库全书》亦加以删改矣。今且未论《四库全书》定本,即自违禁之谕一出,而民间刻书,亦多依以纠改。今所传《日知录》《天下郡国利病书》之流,已非真本。此则编纂《四库》者之罪也。

孟森云:四库馆开,名为搜海内散轶书籍,踵历朝右文稽古之故事,其实搜书之中,挟有毁书之意。迭次毁禁各书,目录竟成巨册。凡有涉及清前代之记载,无不禁毁,藏者罪等叛逆。吾党今日尚能考见清代一二真相,皆前人冒死藏匿,以为我后人稍留根据。易代之后,禁网尽除,吾辈不能继先民忍死留待之意,为之胪列发扬,以成信史。徒据清世矫诬捏饰之本,作成一代之史,是国民果可欺,而国史真无足轻重,非学人治历史之本意也。(见《清朝前纪·叙言》)

(按:咫进斋有《禁书目录》一册。)

关于四库馆开进书情况

曹元忠云:伏查乾隆三十九年,纯皇帝谕旨有将进到各书于篇首用翰林院印,并加钤记,载明年月姓名于面页,俟将来办竣后,仍给还各本家,自行收藏等。因及全书告成,原进书籍均发交翰林院置敬一亭中,各本家并未祗领,该院编修、检讨乃学杨慎偷书故事,逐渐窃去。(见《笺经室遗集》卷十五《与张闻远孝廉书》四)

藏书家

鲍廷博,字以文,号渌饮,安徽歙县人。家于浙江,事祖若父,以孝闻。以文性嗜读书,乃历购前人书以养志。历久,所得益多且精,遂蔚然为大藏书家。乾隆三十八年,诏开四库馆,采访天下遗书,乃集其家藏书六百余种,大半宋元旧版全本,及手自校雠者,令国子监生士恭由浙进呈。既著录,复诏还其原书,赍以《古今图书集成》,并各赏举人。刻《知不足斋丛书》行世。

范懋柱(天一阁),曹元忠云:在昔编纂《全书》之日,如浙江范懋柱等进呈书籍,辄拜《古今图书集成》及初印《佩文韵府》之赐。综计东南藏书家,类此尚多。(见《笺经室遗集》一《遵议增辑四库全书疏》代)

汪启淑、孙诒让云:按同治辛未四月,余以应礼部试在都,假得翰林院所储《四库全书》底本数种,内有明刊《雁山志》四卷,验其册面印记,即乾隆三十八年十一月浙江巡抚三宝所进,汪启淑家藏本也。(见《温州经籍志·朱谏〈雁山志〉条》)

一九三三年六月,国民党政府教育部令当时中央图书馆筹备处和商务印书馆订立合同,影印文渊阁所藏《四库全书》未刊本。北京图书馆馆长蔡元培则主张采用旧刻或旧钞本,以代替经四库全书馆馆臣窜改过的库本。藏书家傅增湘、李盛铎和学术界陈垣、刘复等人,也与蔡元培主张相同,但为教育部长王世杰所反对。当时商务印书馆编译所所长张元济也主张照印库本。结果,选出二百三十一种,印了《四库全书珍本初集》。(见《鲁迅文集·五·准风月谈中》)

参考资料

《四库全书》——《浙江采集遗书总录》《四库提要存目》。

纪昀《四库全书焚毁书目》《四库未收书目》。

阮元《四库未收书目提要》。

邵懿辰《四库全书提要标注》。

孙诒让《附注》。

张之洞《书目答问》。

范希曾《书目答问补正》。

近人陈垣《四库全书考异》《四库简明目录校订》《四库撰人录》《四库书名录》《四库全书排架图》。

金毓黻《四库全书原本提要解题》。

余嘉锡《四库全书提要校补》。

郭伯恭《四库全书纂修考》。

张崟《文澜阁所藏四库全书史稿考》，载《文澜学报》第一辑。

浙江图书馆《图书展望》中《有关丁丙松生搜补文澜阁四库全书记事》，《知足斋集》文六，诗二十六卷。

张宗祥《文澜阁四库全书》1961 年 10 月 23 日《光明日报》。

朱珪——阮元《朱文正公神道碑》，《揅经室二集》。

陈寿祺作《神道碑》，《左海文集》。

焦循《朱文正公神道碑后记》，《雕菰楼集》。

《大清畿辅先哲传》卷五《大臣》五。

《碑传集》三十八。

朱筠——朱珪《先叔兄朱公墓志铭》，《知足斋文集》。

自著《笥河集》二十卷。

王昶《朱君墓表》，《春融堂集》。

孙星衍《朱笥河先生行状》，《孙渊如外集》。

章学诚《朱先生墓志铭》，《章氏遗书》。

又《墓志铭书后》《朱先生别传》，见书同上。

姚鼐《大兴朱竹君先生传》，《惜抱轩文集》。

余廷灿《朱学士筠传》，《存吾文稿》。

洪亮吉《书朱学士遗事》，《更生斋文甲集》。

《畿辅先哲传》二十三《文学》五。

《清儒学案》卷八十五《大兴二朱学案》。

《碑传集》卷三十九。

纪昀——自著《纪文达公遗集》文十六卷，诗十六卷。

朱珪《墓志铭》及《祭文》，《知足斋文集》。

李宗昉作《传略》，《闻妙香室文集》。

阮元作《文集叙》，《揅经室集》。

《清儒学案》八十《献县学案》。

《大清畿辅先哲传》卷二十五《文学》五。

《碑传集》三十八。

陆锡熊——王昶作《墓志铭》，《春融堂集》。

钱大昕作《墓志铭》，《潜研堂集》四十五。

《清儒学案》八十《献县学案》附纪昀后。

《碑传集》三十五。

陆费墀——《清儒学案》八十《献县学案》附纪昀后。

戴震——自著《戴东原集》十二卷。

钱大昕作《传》，《潜研堂集》三十九。

段玉裁作《戴东原先生年谱》。

《清儒学案》七十九《东原学案》。

《碑传集》五十。

梁启超作《戴东原》，晨报社。

胡适作《戴东原及其哲学》。

周永年——《清儒学案》九十八《南三学案》附周永年。

《碑传集》五十。

第九章　治舆地学

一、顾祖禹《读史方舆纪要》

顾祖禹，字复初，一字景范，江苏无锡人（一作昆山人）。[一]世居宛溪，学者称宛溪先生。父柔谦，字刚中，精于史学，著《山居赘论》一书。祖禹少承家学，博极群书，尤精舆地，与太原阎百诗、德清胡胐明、常熟黄子鸿,同为舆地专家。为人沉敏有大略,廉介朴厚,不求名于时,好远游,足迹遍天下。无所遇,归而闭户著《读史方舆纪要》。

首舆图,次历代州域形势九卷,次直隶十三省封域山川险要百十四卷,次川渎异同六卷,以天文分野一卷终焉。全书共百三十卷。凡《职方》《广舆》诸书,承讹袭谬,皆一一驳正,悉据正史考订折衷之。于山川形势险要,古今用兵战守攻取之宜,兴亡成败得失之迹,皆有论证。虽荒僻幽仄之地,皆如目见而身履之。

祖禹为此书,年二十九始属稿,五十乃成,无一日中辍。书成,宁都魏禧见之叹曰:此数千百年所绝无仅有之书也。其全书之大旨,悉具于《总序》《凡例》之中。

《总序》三首,实为一首而分三段,盖仿太史公自序而作,其序作书之动机,由于禀父遗命。先是祖禹之高祖大栋,于嘉靖时官光禄丞,著《九边图说》行世。祖禹蒙此影响,故笃志于地理学。祖禹又述其父柔谦临殁之言曰:"及余之身,而四海陆沉,九州沸腾,仅获保首领具衣冠以从祖父于地下耳,而十五国之幅员,三百年之图籍,泯焉沦没,文献莫征,能无悼叹乎?"故于父殁四年后,命笔撰述,以成此书,曰:"予小子既已奉遗命,采旧闻,旁搜记载,规之正史,稍成一家之言,合为一十八部,分为一百三十卷,藏之家塾,以俟来者。"(《总序》三)

《凡例》:是书以古今之方舆,衷之于史,即以古今之史,质之于方舆。史,其方舆之向导乎? 方舆,其史之图籍乎? 苟无当于史,史之所载不尽合于方舆者,不敢滥登也。故曰《读史方舆纪要》。是书以一代之方舆,发四千余年之形势,治乱兴亡,于此判焉。其间大经大猷,创守之规,再造之绩,孰合孰分,谁强谁弱,帝王卿相之谟谋,奸雄权术之拟议,以迄师儒韦布之所论列,无不备载。

余初事方舆,即采集诸家图说,手为模写。既成,病其疏略,乃殚力于书。苏氏曰:图者,所以辅书之成也。书以立图之根柢,图以显书之脉络。

方舆所该,郡邑、河渠、食货、屯田、马政、盐铁、职贡、分野之属是也。……职方则兼详人民、六畜、土宜、地利。《唐六典》亦载贡赋、外夷。

余初撰次历代盐铁、马政、职贡及分野,共四种,寻皆散佚,惟分野仅存。病侵事扰,未遑补缀,其大略仅错见于篇中,以俟他时之审定,要未敢自信为已成之书也。

祖禹晚佐昆山徐司寇乾学修《一统志》,自著《读史方舆纪要》,亦于志局成之。司寇欲疏荐,力辞,盖自甘为遗民也。嘉道中,许鸿磐作《方舆考证》。

按:无锡(一作常熟)顾景范祖禹,《清史列传》卷七十《文苑》一有传。

二、黄仪《水经注图》

黄仪,字子鸿,江苏常熟人。博通群书,尤长舆地之学。尝谓:班书《地志》所载诸川,第言其所出所入,而中间经历之地不可得而闻。惟《水经注》备具之,然非绘图,不能了然心目。乃反覆寻究,每水各为一图。凡都邑建置沿革,山川险易,皆缕析而条分之,参伍错综,各得其理。阎百诗见而叹曰:郦道元千古以下第一知己也!

尚书徐乾学奉诏修《一统志》,开局洞庭山,仪与阎若璩、胡渭及常熟顾祖禹并入幕分纂,从前或有滥误者,悉用其说厘正焉。有《一统志》残稿。

黜明撰《禹贡锥指略例》,颇以蔡氏《书传》为劣,仪亦不信蔡传。

仪卒后,所著书归新城王氏书库,赵东潜犹及见之。

按:常熟黄子鸿仪,《清史列传》卷七十《文苑》一,《清史稿》卷四百八十四《列传》二百七十一《文苑》一,俱有传。

三、胡渭《禹贡锥指》

胡渭，字朏明，又号东樵，浙江德清人。[二]十五为县学生，试高等，充增广生。屡赴行省试，不得售，乃入太学。尝馆益都冯相国邸。会开博学鸿词科，相国欲以渭应，坚辞不肯就。自是谢科举，专穷经史，又精舆地之学。

尚书徐乾学奉诏修《一统志》，开局洞庭山，延常熟黄仪、顾祖禹、太原阎若璩及渭，分郡纂辑，因得博观天下郡国之书。

渭素习《禹贡》，谓汉、唐二孔氏，宋蔡氏，于地理多疏舛，乃博稽载籍及古今经解，考其同异而折衷之，依经为训，章别句从，名曰《禹贡锥指》，凡二十卷，为图四十七篇，于九州山川形势，及古今郡国分合同异，道里远近夷险，犁然若聚米而画沙也。汉唐以来，河道迁徙，虽非《禹贡》之旧，要为民生国计所系，故于《导河》一章，备考历史决溢改流之迹，且为图以表之。

康熙四十二年，圣祖南巡，渭撰《平成颂》并《禹贡锥指》献诸行在，有诏嘉奖，召至南书房，值庐赐馔，御书诗扇，并御书"耆年笃学"赐之。康熙五十三年甲午岁卒，年八十二。

按：德清胡东樵渭，《清史列传》卷六十八《儒林》下一，《清史稿》卷四百八十一《列传》二百六十八《儒林》二，俱有传。

四、阎若璩《四书释地》

阎若璩，字百诗，晚号潜邱，山西太原人。[三]幼受书，即好深思，质甚鲁，百遍始上口。又善病，母禁其诵读，遂暗记，不复出声，如是者十年。一日，自觉豁然，再观旧所习本，了无疑滞，以为积苦精力之应也。年十五，补学官弟子，研究经史，深造自得。

康熙元年，始游京师，尚书龚鼎孳为之延誉，由是知名。旋归太原，为廪馔生。顾亭林游太原，以所撰《日知录》相质，即改订数则，亭林心折焉。

十七年应博学鸿词试,不第,留京师,与汪琬反覆论难。客闽归,徐乾学延至京师为上客,每诗文成,必属裁定。后乾学奉敕修《一统志》,开局于洞庭东山,既又移嘉兴,后归昆山,若璩皆与其事焉。

若璩于史综核贯穿,于地理尤精,审山川形势、州郡沿革,了如指掌,尝曰:孟子言读书当论其世,予谓并当论其地。少读孟子书,疑滕定公薨,使然友之邹问于孟子,何缓不及事?及长大,亲历其地,方知故滕国城在今县西南十五里,故邾城在今邹县东南二十六里,相去仅百里,故朝发而夕至。朝见孟子,而暮即反命也。因撰《四书释地》六卷,《释地余论》一卷。又据《孟子》七篇,参以《史记》诸书,作《孟子生卒年月考》一卷。又著有宋刘攽、李焘、马端临、王应麟四家逸事诸书若干卷。又手校《困学纪闻》二十卷。

按:太原阎百诗若璩,《清史列传》卷六十八《儒林》下一有传。

五、赵一清《水经注释》

赵一清,字诚夫,号东潜,浙江仁和人。[四]少秉父昱教,学于全祖望,从事根柢之学。初,祖望尝以郦道元《水经注》传写讹谬,绝少善本,雅有志审正之,校七遍矣,未有卒业。及得先世旧闻,始知道元注中有注,本双行夹审写,今混作大字,几不可辨。东潜因其师说,辨验文义,离析其注中之注,以大字细字分别书之,使语不相杂,而文仍相属,如范成大作《吴郡志》、姚宏注《战国策》例,条理分明,朗若眉列。又据《唐六典》注,成《水经注释》四十卷,考据订补,颇极精核,更附《刊误》十二卷,盖据以校正者凡四十家。其中如二顾、二黄、阎诸本,均未写定,当只就原稿移录,用力之勤如此。故博引旁征,既极淹贯,订疑辨讹,是正良多,全后戴前,诚无愧独树一帜者。惟与戴氏注本颇有类似之处,致启后人疑窦,聚讼纷纭,迄鲜定论耳。

又取朱谋㙔《笺》,随读随正,遗漏者补其缺,纰缪者正其讹,鳞次梐比,多具本元,成《水经注笺刊误》十二卷。

　　按:仁和赵诚夫一清,《清史列传》卷七十一《文苑》二,《清史稿》卷四百八十四《列传》二百七十一《文苑》一,《清儒学案》卷七十《谢山学案》下附赵一清,俱有传。

六、沈炳巽《水经注集释订讹》

　　沈炳巽,字绎旃,浙江归安人,炳震从弟。先是,炳震尝有事于《水经注》,未就,以授炳巽。炳巽乃著《水经注集释订讹》四十卷。其书据明嘉靖间黄省曾所刊《水经注》本,而以己意校定之,多所厘正。又以道元征引之书,极为博赡,传写既久,讹误相仍,因遍检《史记》《汉书》志表,及诸史各志,取其文字异同者,录下方,以备参考。其他无书可校者则阙之,间附以诸家考订之说。凡州县沿革,则悉以今名释焉。历九年而成书,丹铅砣砣,手自点定。初未见朱谋㙔本,后求得之,而所见大略相同,其用心之勤如此。

　　按:归安沈绎旃炳巽,《清史列传·文苑》附炳震传后。

参考资料

　　顾祖禹——魏禧、彭士望作《方舆纪要序》。

　　　钱泰吉《跋旧刻方舆纪要州域形势记》,《甘泉乡人稿》。

　　　《常昭合志》。

　　　《先正事略》。

　　　《清儒学案》卷二十七《宛溪学案》。

　　黄仪——自著《纫兰集》十九卷。

　　　《先正事略》。

　　　《清儒学案》卷二十七《宛溪学案》附黄仪。

　　胡渭——杭世骏《胡东樵先生墓志铭》,《道古堂文集》。

　　　钱大昕《胡先生渭传》,《潜研堂文集》。

近人夏定域《胡朏明年谱》，载《文澜学报》二卷二期。

《耆献类征》四百十六《经学》。

《汉学师承记》二。

《学案小识》。

《先正事略》三十三《经学》。

《清儒学案》三十六《东樵学案》。

《清文汇》甲集卷三十。

《碑传集》百三十一《经学》上。

赵一清——自著《东潜文稿》二卷。

《清儒学案》卷七十《谢山学案》下附赵一清。

延伸阅读

〔一〕梁启超云：常熟黄子鸿（仪）、昆山顾景范（祖禹）皆以地理学名。子鸿、景范俱参徐健庵之《大清一统志》，而景范（祖禹）之《读史方舆纪要》实称绝学。（见《学风地理分布》）

又金毓黻云：吾谓史学之与舆地，相资为用者也。研史而不明舆地，则必多扞格难通之处，且舆地之属于古今沿革者，乃为史学之一部，与治自然地理、人文地理者殊途。试取诸史《地理志》而连贯读之，以求其通，是为舆地沿革之学，则无有善于此书者。（见《中国史学史》）又云：道光间，俞正燮馆侍郎陈用光所，为校顾氏《方舆纪要》。又云：北方政府解组，（廷燮）应沈阳萃升书院之聘，出关主讲史学，乃取顾氏祖禹《读史方舆纪要》各省总序，重加阐发，曰《方舆纪要补编》。（见《吴先生廷燮传》，载《国史馆馆刊》第一卷第二号）

〔二〕梁启超云：康熙中叶，则德清胡东樵（渭）以善地理及明易称大师，与阎百诗并名。（见《学风地理分布》）

〔三〕又云：太原阎百诗（若璩）在清代经师中，首屈一指，然生长山阳，毕生仅一度回原籍应试而已，其于鲁学，直可谓无关系。（见书同上）

〔四〕又云:至雍乾之交,则仁和赵东潜(一清)以善注《水经注》名。(见书同上)

第十章　治谱牒学〔一〕

一、王懋竑《朱子年谱》

王懋竑,字与(予)中,江苏宝应人。〔一〕少从叔父楼村学,即自刻厉笃志,精研朱子之学,身体力行。康熙戊子,举乡试。又十年,戊戌,成进士,年已五十一矣。在吏部,乞授教职,补安庆府学教授。雍正元年癸卯秋,以荐被召,引见,特授翰林院编修。在上书房行走。二年,以母忧去官,特赐内务府白金为丧葬费。懋竑素善病,居丧哀毁逾礼。明季入都,谢恩毕,遂以老病辞归,越十六年卒,年七十四。

性耿介恬淡,尝谓友人曰:老屋三间,破书万卷,平生志愿,足于斯矣!归里后,杜门著书。与金溪要人危素亲厚,未尝以竿牍及之,海内称白田先生者也。鉴定《朱子年谱》,大旨在辨为学次序,以攻姚江之说。又所著《白田杂著》八卷,于朱子《文集》《语类》,考订尤详。故李慈铭有言曰:于诸史皆有考证。生平最用力朱子之学,而辨别其真伪,谓《纲目》系初年未定之书,《家礼》并非所作。条疏而指驳之,皆确凿可据。故精博虽不及后来诸家,亦说部之善于辨证者。论史事两卷,兼订《通鉴》及《纲目》之失,亦多谨严。所论仅自秦至晋,于三国事尤详。(见《越缦堂日记补》)

李氏又曰:阅王予中《白田杂著》八卷,其中论史独多名议,驳正《通鉴》诸条尤详慎。先生笃信宋学,最致力于朱子之书,而时能匡正其失。说经不多,要皆推本汉儒。史学尤精,惟及史、汉、三国,晋以下则不暇论。于《纲目》亦多辨核,谓与文公《家礼》皆非新安手定,固

乾隆以前诸儒所罕见者也。(亦见《日记补》)

著有《朱子文集注》《朱子语录注》《读书记疑》^{〔一〕}等书。

按:宝应王白田懋竑,《清史稿》卷四百八十《列传》第二百六十七《儒林》一有传。

二、蔡上翔《王荆公年谱考略》

蔡上翔,字元凤,别号东墅,江西金溪人。乾隆二十六年进士,授四川东乡知县。生有异禀,早岁为文,别驱横骛,几欲陵铄古人。登第后,益沉潜于唐宋大家之文。而得其意,发为古文词,务执于法。晚岁格又少变,盖上翔博学而笃,故其文不可一格拘也。归田后,以王安石一代伟人,为新法受谤,慨然推本陆文安公九渊之意,博考诸书,参互证明,以辨《宋史》之诬,成《荆公年谱》一书,尤为不朽之业。……年九十四卒。

书成在一八〇四年,即嘉庆九年,时八十八岁。《年谱》廿五卷,又《杂录》二卷。《自序》云:予窃不自揆,编次《荆国王文公年谱》有年,所阅正史及百家杂说数千卷,则因年以考事,考其事而辨其诬,已略具于斯编矣,因名其书曰《考略》。古之著书者,必推原其所以作是书之意,而予于是谱告成,顾悄然若失,言有所不能尽,意有所不必达,则又何也?君子疾没世而名不称焉。则凡善有可纪,与恶之当褫,不出于生前事实,而后之论者,虽或意见各殊,褒贬互异,而事实固不可得而易也。唯世之论公者则不然。公之殁,去今七百余年,其始肆为诋毁者多出于私书。既而采私书为正史,而此外事实愈增,欲辨尤难。由此更千百年,又将何所底止耶?所谓言有所不能尽者此也。若其意尤有所不必达,因忆公有《上韶州张殿丞书》,其言曰:自三代之时,国各有史,而当时之史多世其家,往往以身死职,不负其意。盖其所传,皆可考据。后既无诸侯之史,而近世非尊爵盛位,虽雄奇俊烈,道德满衍,不幸不为朝廷所称,辄不得见于史。而执笔者又杂出一时之贵人。观其在廷论议之时，人人得讲其然不，尚或以忠为邪，以异为同，诛当前而不栗，讪在后而不羞，苟以餍其忿好之心而止耳。而况阴挟翰墨以裁前人之善恶，疑可以贷褒，似可以附毁，往者不能讼当否，生者不得论曲直，赏罚谤誉又不施其间，以彼其私，独安能无欺于冥昧之间耶？呜呼，尽之矣。[二]（中略）

呜呼！以予之为斯谱，既不免类发愤者所为，然言有所不能尽，意有所不必达，终于公《上张殿丞书》，不能无感于斯文。后之览者，即以知予作是书之意可也。

其《答汪豫年书》亦云：愚窃不自量，所为《王荆公年谱》一书，亦以公道德文章，经济节义，本为宇宙不常有之人，而遭世污蔑，实起于挟私好胜之徒，辗转造作语言，出于无稽者什八九。思欲扫除浮说，以警雷同，使公道以明，人心以正，而学术有归，亦为荆公身后不可少之书。

先是，顾栋高欲为王公作年谱，以补艺苑之阙，且求公像于简端。

近人江右新城杨希闵铁佣作《节要附存》二卷。（按杨氏与陆存斋同时）

萧一山云：如王懋竑之《朱子年谱》，则其尤足表者。……为蔡上翔之《荆公年谱》，虽体裁拙劣，而为王荆公抱不平，其识见极为超绝。（见《清代通史》卷十）

参考资料

王懋竑——自著《白田草堂存稿》廿四卷，《附录》一卷，《记朱子年谱正讹后》。

钱大昕作《传》，《潜研堂集》卷三十八。

《先正事略》。

《碑传集》卷四十八。

顾广誉《书王予中朱子年谱后》，《悔过斋续集》。

唐鉴《重刊朱子年谱序》。

蔡上翔——《江西通志》百五十四,《抚州志·文苑传》。

延伸阅读

〔一〕钱大昕云:读古人之书,必知其人,而论其世,则年谱要矣。……年谱之学,昉于宋世。唐贤杜、韩、柳、白诸谱,皆宋人追述之也。《郑康成年谱叙》又云:年谱一家,昉于宋。唐人集有年谱者,皆宋人为之,刘元刚之于颜鲁公,洪兴祖、方崧卿之于韩文公,李璜、何友谅之于白文公,耿秉之于李卫公是也。《归震川年谱叙》又云:予唯谱系之学,史学也。《周官》小史奠系世,辨昭穆。汉初有《世本》一书,班史入之春秋家,亦史之流别也。裴松之注《三国史》,刘孝标之注《世说》,李善之注《文选》,往往采取谱牒。魏晋六朝之世,仕宦尚门阀,百家之谱悉上吏部,故谱学尤重。欧公修《唐书》,定《宰相世系表》,固史家之创例,亦由其时制谱者,皆通达古今、明习掌故之彦,直而不污,信而有征,故一家之书,与国史相表里焉。宋元以后,私家之谱,不登于朝,于是支离附会,纷纭踳驳,私造官阶,倒置年代,遥遥华胄,徒为有识者喷饭之助矣。夫谱牒虽史之绪余,然非读全史者不能作。(《吴兴闵氏家乘序》)——以上均见《潜研堂集》

〔二〕俞樾云:宝应王予中先生名懋竑,海内所称白田先生者也。其族玄孙补帆中丞,刻其《读书记疑》十六卷于闽中,余为校正误字,属补帆考刊。(见《春在堂随笔》五)

〔三〕又近人赵超玄云:孟子曰:诵其诗,读其书,不知其人可乎?是以其世也。宋吕大防之读韩文、杜诗也,效法斯旨,考究某篇作于某年,探其命意之所在,究其立言之得失,作《韩文公年谱》《杜工部年谱》。自后作者踵继,子弟为其父兄,门生为其师友,僚属为其府主,皆有年谱之作。搜括史迹,记录言行,以贻将来,俾无纷乱,时际伦次,其体较诸传状,其优越难以道里计也。章学诚谓"年谱为一会史",以供国史之要删,与地方史之方志,无以殊也。清代史家作者甚繁，其佳者亦甚多。……《王荆公年谱》以旧史多诬，为之解惑，繁称博引，识亦超绝，有功史学，殊非浅鲜。(见《中国史学史》廿七《年谱》条)

蔡自云：年谱者，所以纪事也。《荆公年谱》前此既无所承，即生平自著其文，亦多无岁月可考，故虽年谱告成，犹不能无歉心焉。自古传信莫如史，惟《宋史》传公，尤多显然不合，而无有人从而正之者，是诚不可无言也。(例略)又其《自序》中段云：自古前代有史，必由继世者修之，而其所考据，则必有所自来。若为《宋史》者，元人也。而元人尽采私书为正史。当熙宁新法初行，在朝议论蜂起，其事实在新法，犹有可指数者。及夫元祐诸臣秉政，不惟新法尽变，而党祸蔓延，尤在范、吕诸人初修《神宗实录》，其时《邵氏闻见录》，司马温公《琐语》《涑水纪闻》，魏道辅《东轩笔录》，已纷纷尽出，则皆阴挟翰墨，以餍其忿好之私者为之也。又继以范冲《朱墨史》，李仁甫《长编》，凡公所致，慨于往者不能讼当否，生者不能论曲直，若重为天下后世惜者。而不料公以一身当之，必使天下之恶皆归。至谓宋之亡由安石，岂不过正矣哉！

宋自南渡至于元，中间二百余年，肆为诋毁者，已不胜其繁矣。由元至明中叶，则有若周德恭，谓神宗合頠、亥、桓、灵为一人。有若杨用修，斥安石合伯鲧、商鞅、莽、操、懿、温为一人。抑又甚焉。又其前若苏子瞻作温国行状，至九千四百余言，而诋安石者居其半。无论古无此体，即子瞻安得有如是之文。后则明有唐应德著《史纂左编》，传安石至二万六千五百余言，而亦无一美言一善行，是尚可辨言史事乎哉？

昔唐朱敬则为正议大夫，并修国史，韦安石阅其史稿，叹曰：董狐无以加！世人不知史官权重于宰相，宰相能制生人，而史官兼制生死。夫以彼好为私书者，无宰相之权，而有至于史官之势，岂所谓不能无欺于冥昧之间非耶？

且夫温柔敦厚，《诗》教也。《书》以道政事，《春秋》辨是非，尤在于属词比事而不乱，而后世有著《春秋》者曰谳，鸣《尚书》者曰冤词，则又有讲学同门异户，而亦名之曰公案。若皆以爱书从事，此岂谈经术、言道德者所宜然？惟是非乎安石者，累累若公案，若冤词，虽有明哲，若交相谳焉，欲从而复说之不能，故曰意有所不必达也。

第十一章　治论史学

一、章学诚《文史通义》《校雠通义》

章学诚，字实斋，浙江会稽（今绍兴）人。[一]幼不肯为应举文，好为诗赋而不得其似，然其性已近史学。尝取《左传》删节事实，父见之，乃谓：编年之书仍用编年删节，无所取裁，曷用纪传之体分其所合？学诚始力究纪传之史，遂日夜钞录《春秋》内外传及东周战国子史，辄复以意区分，编为纪、表、志、传，凡百余卷，名曰《东周书》。经营三年，卒未成书。（见学诚作《林先生传》）《家书》亦云：二十岁以前，性绝呆滞，读书目不过二三百言，犹不能久识。学为文字，虚字多不当理。廿一二岁，骎骎向长，纵览群书，于经训未见领会，而史部之书，乍接于目，便似夙所攻习者。其中利病得失，随口能举，举而辄当。据此可知，学诚于史学殆有天授欤？

乾隆四十三年进士。官国子监典籍。始见刘知幾《史通》，并学古文于朱筠，继而交吴兰庭（胥石）、任大椿（幼植）、程晋芳（鱼门）辈，时为燕谈之会。后再受休宁戴东原之教诫，深自愧悔。以后治学，渐求真实，不尚空谈矣。其《与族孙汝楠论学书》曰：往仆以读书当得大意，又年少气锐，专务涉猎，四部九流，泛览不见涯涘。好立议论，高而无切。攻排训诂，驰骛空虚，盖未尝不恬然自喜，以为得之。独怪休宁戴东原(震)振臂而呼曰:今之学者,毋论学问文章,先坐不曾识字。仆骇其说,就而问之,则曰:予弗能究先天后天,河洛精蕴,即不敢读元亨利贞;弗能知星躔岁差,天象地表,即不敢读钦若敬授;弗能辨声音律吕,古今韵法,即不敢读关关雎鸠;弗能考三统正朔、周官典礼,即不敢读春王正月。仆重愧其言。因忆向日曾语足下所谓学者只患读书太易、作文太工、义理太贯之说。指虽有异,理实无殊。充类至尽,我辈于四书一经,未尝开卷,可为惭惕,可为寒心。学诚学问之所以成功,实始于此时之觉悟耳。

继又以史部书帙浩繁,典衣质被,才得购班马而下,欧宋以前十六七种,感其义例不纯,体要多舛,故欲遍察其中得失利病,约为科律,作书数篇,讨论笔削大旨,而闻见寥寥,邈然无成书之期。盖学诚著书之志始此。

三十以后,复识汪辉祖、邵晋涵二子,更为勉者以治史自任。由是颇事著述,斟酌艺林,作为《文史通义》。〔一〕书虽未成,大旨已见辛楣先生候牍,即《上辛楣宫詹书》。辛楣即钱大昕号。其文曰:学诚从事于文史校雠,盖将有所发明。然辨论之间,颇乖时人好恶,故不欲多为人知。……夫著书原为后世计,而今人著书以表襮于时,此愚见之所不识也。依此观之,可知学诚当日之不合时宜,每一文出,必遭世诟骂。惟有邵晋涵一人能赏其音,所作《原道篇》评语云:是篇初出,传稿京师,同人素爱章氏文者,皆不满意,谓蹈宋人语录习气,不免陈腐取憎,与其平日为文不类,至有移书相规诫者。余谛审之,谓朱少白曰:此乃明其《通义》所著一切,创言别论,皆出自然,无矫强耳。语虽浑成,意多精湛,未可议也。学诚又精校雠学。所著《通义》,多有极重要之见解,往往与《文史通义》互相发明。〔二〕学诚极力推崇刘向、歆父子,故有《宗刘》之篇。尝自言云:日月倏忽,得过日多。检点前后,识力颇进,而记诵益衰。思敛精神为校雠之学,上探班、刘,溯源官礼;下该《雕龙》《史通》,甄别名实,品藻流别,为《文史》

《校雠》两《通义》。(见《与严冬友侍读书》)

二、论史语

兹者录其论史语如下:

1. 创立"六经皆史"之说

其言曰:六经皆史也。古人不著书,未尝离事而言理,六经皆先王之政典也。六经皆先王得位行道,经纬世宙之迹,而非托于空言。(见《易教》上)又曰:古之所谓"经",乃三代盛时之典章。[四](见《经解上》)事有实据,理无定形,故夫子之述六经,皆取先王典章,未尝离事而言理。(见《经解》中)六经皆史,史之义出于天。(见《史释》)盈天地间凡涉著作之林,皆是史学,六经特圣人取此六种之史以垂训者耳。子集诸家,其源皆出于史。(见《报孙渊如书》)古无经史之分,六艺皆古史之遗。(见《外篇·丙辰札记》)

2. 别树"史德"之义

其言曰:才、学、识三者,得一不易,而兼三尤难。千古多文人,而少良史,职是故也。昔者刘氏子玄,盖以是说谓足尽其理矣。虽然,史所贵者义也,而所具者事也,所凭者文也。……非识无以断其义,非才无以善其文,非学无以练其事,三者固各有所近也,其中固有似之而非者也。记诵以为学也,辞采以为才也,专断以为识也,非良史之才学识也。……能具史识者,必知史德。德者何?谓著书者之心术也。

夫史所载者事也,事必藉文而传。故良史莫不工文,而不知文又患于为事役也。盖事不能无得失是非,一有得失是非,则出入予夺相奋摩矣。奋摩不已,而气积焉。事不能无盛衰消息,一有盛衰消息,则往复凭吊生流连矣,流连不已而情深焉。凡文不足以动人,所以动人者气也。凡文不足以入人,所以入人者情也。……史之义,出于天,而史之文,不能不藉人力以成之。人有阴阳之患,而史文即忏于

大道之公,其所感召者微也。……发为文辞,至于害义而违道,其人犹不自知也。故曰心术不可不慎也。(见《史德》篇)

3.区别著述与比类

其言曰:古人一事,必具数家之学,著述与比类两家,其大要也。班氏撰《汉书》,为一家著述矣,刘歆、贾护之《汉纪》,其比类也。司马撰《通鉴》,为一家著述矣,二刘、范氏之《长编》,其比类也。两家本自相因,而不相妨害。但为比类之业者,必知著述之意,而所次比之材,可使著述者出,得所凭藉,有以恣其纵横变化;又必知己之比类,与著述者各有渊源,而不可以比类之密,而笑著述之或有所疏。比类之整齐,而笑著述之有所畸轻畸重,则善矣。盖著述譬之韩信用兵,而比类譬之萧何转饷,二者固缺一不可;而其人之才,固易地而不可为良也。(见《报黄大俞书》)

4.区分比次、独断、考索

其言曰:天下有比次之书,有独断之学,有考索之功,三者各有所主而不能相通。……由汉氏以来,学者以其所得,托之撰述以自表见者,盖不少矣。高明者多独断之学,沉潜者尚考索之功,天下之学术不能不具此二途。譬犹日昼而月夜,暑夏而寒冬,以之推代而成岁功,则有相需之益;以之自封而立畛域,则有两伤之弊。……若夫比次之书,则掌故令史之孔目,簿书记注之成格,其原虽本柱下之所藏,其用止于备稽检而供采择,初无他奇也。然而独断之学,非是不为取裁;考索之功,非是不为按据,如旨酒之不离乎糟粕,嘉禾之不离乎粪土。是以职官故事案牍图谍之书,不可轻议也。然独断之学,考索之功欲其智,而比次之书欲其愚,亦犹酒可实尊彝而糟粕不可实尊彝,禾可登簠簋而粪土不可登簠簋,理至明也。(见《答客问》)

5.倡导通史

其持论大旨,具于《释通》《申郑》二篇。

其言曰:孔子作《春秋》,盖曰其事则齐桓、晋文,其文则史,其义则孔子自谓有取乎尔。夫事即后世考据家之所尚也,文即后世词章家之所重也。然夫子所取,不在彼而在此,则史家著述之道,岂可不求义意所归乎?自迁、固而后,史家既无别识心裁,所求者徒在其事其文。惟郑樵稍有志乎求义,而缀学之徒,嚣然起而争之。然则充其所论,即一切科举之文词,胥吏之簿籍,其明白无疵,确实有据,转觉贤于迁、固远矣。(见《申郑》)

又曰:吾于史学盖有天授,自信发凡起例,多为后世开山,而人乃拟吾于刘知幾。不知刘言史法,吾言史意;刘议馆局纂修,吾议一家著述。截然分途,不相入也。(见《家书》)

又曰:郑樵有史识,而未有史学。曾巩具史学,而不具史法。刘知幾得史法,而不得史意,此余《文史通义》所为作也。(见《和州志·志隅自序》)

6. 建立方志学

其言曰:有天下之史,有一国之史,有一家之史,有一人之史。传状志述,一人之史也。家乘谱牒,一家之史也。部府县志,一国之史也。综纪一朝,天下之史也。比人而后有家,比家而后有国,比国而后有天下,惟分者极其详,然后合者能择善而无憾也。(见《州县请立志科议》)

又曰:郡县志乘,即封建时列国史官之遗,而近代修志诸家,误仿唐宋州郡图经而失之者也。《周官》外史掌四方之志,注谓若晋之《乘》,楚之《梼杌》,鲁之《春秋》,是一国之史,无所不载,乃可为一朝之史之所取裁。夫子作《春秋》而必征百国宝书,是其义矣。若夫图经之用,乃是地理专门,按天官司会所掌书契版图,注版谓户籍,图谓土地形象,田地广狭,即后世图经由仿也。是方志之与图经,其体截然不同,而后人不辨其类盖已久矣。……知方志非地理专书,则山川、都里、坊表、名胜,皆当汇入地理,而不可分占篇目,失宾主之义也。知方志为国史取裁,则人物当详于史传,而不可节录大略;艺文当详载书目,而不可类选诗文也。知方志为史部要删,则胥吏案牍,文士绮言,皆无所用,而体裁当规史法也。夫家有谱,州县有志,国有史,其义一也。然家谱有征,则县志取焉。县志有征,则国史取焉。今修一代之史,盖有取于家谱者矣,未闻取于县志,则荒略无稽,荐绅先生所难言也。然其故,实始于误仿图经纂类之名目,此则不可不明辨也。(见《代张吉甫司马撰〈大名县志〉序》)

其于《方志立三书议》云:凡欲经纪一方之文献,必立三家之学,而始可以通古人之遗意也。仿纪传正史之体而作志,仿律令典例之体而作掌故,仿《文选》《文苑》之体而作文征,三者相辅而行,缺一不可,合而为一,尤不可也。

按:学诚于史学贡献最大者,厥为方志。梁任公谓:中国方志学之成立,自实斋始也。其著名者,有《湖北通志》(注)、《和州》、《永清》、《亳州》诸县志。

三、整理史部书

其次整理史部书如下:

1.编《史籍考》

章氏在武昌,尝佐毕沅纂辑《史籍考》,其取材包经而兼采子集。尝与邵氏商订义例。其编纂凡费五年,成稿已及八九,为三百廿五卷。[五]惜乎!毕沅死后,不得卒业。学诚亦回乡,在杭州,借谢启昆之力,补修之。助手有袁钧陶轩、胡虔雒君等。学诚又就其家,访得残余,重订凡例,半藉原文,增加润饰,为成其志。(见《史考释例》)《史籍考》全书今不传,诸家目录又多不提及,不知流落何所。前年马彝初叙伦钞得杨见心所藏学诚未刊稿一卷,中有《史籍考总目》。但据《丛书举要》言毕沅未刊书,有《史籍考》百卷云。总之,学诚编《史考》,一仿朱氏成法,少加变通耳。此稿今竟不传,诚学术史中一大恨事也。

金毓黻云：章氏所一意经营者，厥惟《史籍考》一书。其书始功于乾隆五十三年，时居湖广总督毕沅幕中，初为撰《论修史籍考要例》一文，未几，开局纂修，实由章氏主持其事，而洪亮吉、凌廷堪、武亿等亦与其役，中间因别撰《湖北通志》，未得专力于此。迨五十八年，毕氏失职，章氏亦去湖北，然是时已成功十之八九矣。然此书实代毕沅而作，执笔者亦非一人。及毕氏殁，稿已散失大半，章氏乃就其家收拾残丛，欲以独力续成之。嘉庆三年，居杭州，藉谢启昆之力，乃得著手补修，并为重订凡例。《遗书》中所载《史考凡例》是也。……《史考》本未杀青，原稿亦未刊而佚。杨守敬、李之鼎合撰之《丛书举要》，言毕沅未刊书有《史籍考》一百卷，不过虚标其目。或谓其残稿见藏美国国会图书馆（据近人范希曾《书目答问补正》），亦未知其审也。（见《中国史学史》）

今《遗书补编》载杨见心藏《章氏未刊稿》中有《史考总目》及《释例》，均为马叙伦所钞得者。

梁启超云：仪征阮亨仲嘉著《瀛舟笔谈》，用以记述其伯兄文达公元事业、学术、文章、行谊、家世、交游者。……书中记其他掌故亦多有关系，如谢蕴山曾辑《史籍考》……[六]

2.论修《宋史》

晋涵未死以前，尝与学诚论修《宋史》，此志至久不衰。后在武昌佐毕沅编辑《史籍考》时，犹寄书晋涵云：《宋史》之愿，大车尘冥，仆亦有志而内顾枵然，将资于足下而为之耳。足下如能自成一史，仆则当如二谢、司马诸家之《后汉》，王隐、虞预诸家之《晋书》，亦备一家之学焉。

四、章氏之评议

最后述对章氏之评议：按两《通义》之书，褒毁参半，如邵晋涵云：文史字见东方朔及司马迁传，唐宋以还，乃以论文诸家目为文史。章君自谓:引义征例,出于《春秋》,而又兼礼家之辨名正物,斯为《文史通义》之宗旨尔。盖古人虽有其文,未尝推究至于此也。又云:昔人论刘勰知文不知史,刘知幾知史不知文,必如此书,而文史可以各识职矣。(并见《文史通义补编》)

梁任公称之曰:章氏生刘知幾、郑樵之后,较其短长以自出机杼,自更易为功。而彼于学术大原,实自有一种融会贯通之特别见地,与近代西方之史学家言多有冥契。宋衡诗"论史无如章氏美",自注云:实斋先生《文史通义》似行非行。其学出于司马子长、刘子玄、郑渔仲之流。文史论家,实斋之次,则钱竹汀。

但李慈铭阅此书,讥其疵缪,不胜指驳,曰:盖实斋识有余而学不足,才又远逊。故其长在体裁,核名实……泛持一切高论,凭臆进退,矜己自封,好为立异,驾空虚无实之言,动以道眇宗旨压人,而不知已陷于学究云雾之识。后之不学之士,耳食其言,以为高奇,遂云汉后无史,唐后无文。持空滑之谈,以盖百家;凭目睫之论,以狭千古。自名绝学,一无所知,岂不太愚而可哀哉!……实斋之论史,尊郑樵,贬班固;论学,以马端临《通考》为浅俗;论文,以昌黎为不知义法,而尤诋半山;论校雠,谓当取大小《戴记》,依类分编。至谓《周易》上下经及十翼,亦当分载,皆极谬妄。(见《越缦堂日记》)

又云:出访周荇农学士,留饭至暮,示余以章学诚《文史通义》,因假以还。……阅章书,言方志体例甚详,然刊立文征一门,未为史法,其词亦过辨求胜。要之以志为史,则得之矣。章字实斋,毕秋帆督楚时修通志者也。《诗》亡然后《春秋》作,此特假言耳。《春秋》岂可代《诗》乎?孟子受《春秋》,已知为天子之事,不可云王者微而孔子兴,故托云《诗》亡,而章君入诗文于方志,岂不乖戾?(见书同上)①

章炳麟亦曰:凡说古艺文者,不观会通,不参始末,专以私意揣

---

①此段实见于王闿运《湘绮楼日记》。

量,随情取舍,上者为章学诚,下者为姚际恒,遗误后生多矣!(见《国故论衡·原经》)大夫《别录》卷二,其《与人论国学书》复评之曰:实斋之论,徒教人以诡耳。其余陋者甚多。往见乡先生谭仲修,有子已冠,未通文义,遽以《文史》《校雠》二种教之,其后抵掌说《庄子·天下篇》、刘歆《诸子略》,然不知其义云何。又见友人某,教于杭州,以博观浏览导人,其徒有高第者,类能杂引短书,而倜然无所归宿。以此二事,则知学无绳尺,鲜不眯乱,徒知派别,又不足与于深造自得者。〔七〕其实章书之必见羁,自亦知之。曾有言曰:拙撰《文史通义》,中间议论开辟,实有不得已而发挥,为千古史学辟其榛芜,然恐惊世骇俗,为不知己者诟厉。姑择其近情而可听,稍刊一二,以为就正同志之质,尚不欲遍示于人也。(见《章氏遗书》卷四《与汪龙庄书》)又《与孙渊如书》云:近刻四卷,附呈教正。本不自信,未敢轻灾梨枣,无如近见名流议论,往往假藉其言而实失其宗旨,是以先刻一二,恐其辗转或误人耳。览之,想拊掌也。

至于《文史通义》又有《补编》之作,今已刻入《灵鹣阁丛书》中,与正编并行于世。但至清末,黄岩王棻子庄乃著《文史通义驳议》一书,未刻。想其中多有纠正或补充章氏之语也。〔八〕而近人钱塘张尔田孟劬又作《史微》,为阐明章氏“六经皆史”之义焉。

附言《章氏遗书》刊行之经过,章氏著述宏富,易篑时,以全稿属萧山王毂塍〔九〕编定。今所行世《文史通义》《校雠通义》,盖不及全稿三分之一,且多其子姓丐人窜改,识者病之。吴兴刘翰怡京卿得嘉兴沈寐叟子培所藏章氏原稿,则毂塍所编定在焉。又益以未刻诸书,都为一集,以备章氏一家之言,曰《章氏遗书》。〔一〇〕

或云:章氏《史籍考》稿,今在美洲合众国国会图书馆。(见朱师辙《清史述闻》卷十七)

按:会稽章实斋学诚,《清史列传》卷七十二《文苑》三,《清史稿》卷四百八十五《列传》二百七十二《文苑》二,《清儒学案》卷九十六《实斋学案》,俱有传。

参考资料

章学诚——自著《文集》八卷,《补遗》一卷,《外集》二卷,总称《章氏遗书》。

论文:《报黄大俞先生论方志》《为毕制军与钱辛楣论续鉴书》《与邵二云论修宋史书》《与陈观民工部论史学》《与族孙守一论史表》。

谭献《章先生家传》,《复堂文续》。

沈元恭《章学诚传》,《碑传集补》四十七。

胡适《章实斋年谱》,商务印书馆印本。

近人苏渊雷作《新传》,《钵水文约》。

张尔田作《章氏遗书叙》,《遁堪文集》。

顾颉刚《会稽章学诚的著述》,《中国图书馆报》一九三六年第七期。

姚名达《章实斋之史学》,《国学月报》一九二七年。

傅振伦《章实斋之史学》,《史学年报》一九三三年八月。

孙德谦《申章实斋六经皆史说》,《学衡》一九二三年二十四期。

李絜非《章实斋新史学》,《图书展望》一九三六年。

林卓云《章学诚治史的方法》,《南风》一九三五年。

李泰棻作《方志学》,民国二十二年商务印书馆出版。

朱士嘉作《中国方志总录》。

延伸阅读

〔一〕梁启超云:乾嘉间浙东产一大师会稽章实斋(学诚)创"六经皆史"之论,为思想界起一大变化。其史学盖一种历史哲学也。(见《学风之地理分布》)又云:千年以来,研治史家义法,能心知其意者,唐刘子玄、宋郑渔仲与清之章实斋学诚三人而已。(见《总成绩》)

〔二〕李慈铭云：茂堂一书，言章实斋所撰《史集考》，不知已成若干？案实斋未著《史集考》，盖即《文史通义》之初名也。（见《越缦堂日记》）

又按《文史通义》目录：内篇一，《易教》上、中、下，《书教》上、中、下，《诗教》上、下，《礼教》，《经解》上、中、下；内篇二：《原道》上、中、下，《原学》上、中、下，《博约》上、中、下，《浙东学术》，《朱陆》，《文德》，《文理》，《古文公式》，《古文十弊》；内篇三：《辨似》，《繁称》，《匡谬》，《质性》，《黠陋》，《俗嫌》，《针名》，《砭异》，《砭俗》；内篇四：《所见》，《言公》上、中、下，《说林》，《知难》，《释通》，《申郑》，《答客问》上、中、下，《横通》；内篇五：《史德》，《史释》，《史注》，《传记》，《习固》，《士习》，《诗话》，《妇学》；内篇六：《文集》，《答问》，《篇卷》，《天喻》，《师说》，《假年》，《博杂》，《同居》，《感遇》，《感赋》，《杂说》。外篇一至三（略）。

〔三〕叶昌炽云：章学诚精于刘、班之学，其书凡两种：《文史通义》八卷、《校雠通义》三卷，俱论著述源流，部分先后，能由焦竑、郑樵之徒，上窥《七略》，洵目录之专门也。（见《缘督庐日记》）

按：近人四川双流刘咸炘著《续校雠通义》若干卷。

〔四〕今人张尔田云：六艺皆史也。百家道术，六艺之支与流裔也。何以知其然哉？中国文明，开自黄帝，黄帝正名百物，始备百官，官各有史，史世其职，以贰于太史。太史者，天子之史也。其道君人南面之术也。……故自孔子以上，诸子未分以前，学术政教皆聚于官守。一言以蔽之，曰：史而已矣。史之书也六：曰诗，曰书，曰易，曰礼、乐、曰春秋。（见《史微·内篇》卷一《原史》）

又云：先生（章学诚）当举世溺于训诂、音韵、名物、度数之时，已虑恒干之将亡，独昌言六艺皆史之谊。又推其说，施之于一切立言之书，而条其义例，比于子政。辨章旧闻，一人而已。（见《章氏遗书叙》）

〔五〕章氏自云：《史考》底稿已及八九，自甲寅秋间，弇山先生移节山东，鄙人方以《通志》为役，羁留湖北，几受楚人之钳。乙卯方幸弇山先生复镇两湖，而逆苗扰扰，未得暇及文事。（见《与孙渊如书》）

注：赵超玄云：毕沅主撰之《湖北通志》，今本全非其旧。旧稿係章学诚新创。未脱稿，适沅入觐。湖北巡抚惠龄继主其事。惠龄素与学诚意见不合，校刊嘉兴陈熷，因学诚之荐，得与事。既得志，乃大驳全书之不当，谓宜重修。惠龄韪其议，学诚大愤。旋沅以事被议，降补山东巡抚，学诚遂去，原稿竟不刊行。仅存《检存稿》及《未成稿》数十篇，著述之志不逮，可慨也已！（见《中国史学史·史学复兴时代》）

又云：章学诚因有朱氏之书，乃作《史籍考》以媲其美。其书不传，甚可惜也。幸存《总目》，其分别纲目，尚可考见。一曰制书二卷；二曰纪传，内别正史十四卷、国史五卷、史稿二卷，三门；三曰编年，内别通史七卷、断代四卷、记注五卷、图表三卷，四门；四曰史学，内别考订一卷、义例一卷、评论一卷、蒙求一卷，四门；五曰稗史，内别杂史十九卷、霸国三卷，二门；六曰星历，内别天文二卷、历律六卷、五行二卷、时令二卷，四门；七曰谱牒，内别专家二十六卷、总类二卷、年谱三卷、别谱三卷，四门；八曰地理，内别总载五卷、分载十七卷、方志十六卷、水道三卷、外裔四卷，五门；九曰故事，内别训典四卷、章奏二十一卷、典要三卷、吏书二卷、户书七卷、礼书二十三卷、兵书三卷、刑书七卷、工书四卷、官曹三卷，十门；十曰目录，内别总目三卷、经史一卷、诗文（即文史）五卷、图书五卷、金石五卷、丛书三卷、释道一卷，七门；十一曰传记，内别记事五卷、杂事十二卷、类考十三卷、法鉴三卷、言行三卷、人物五卷、别传六卷、内行三卷、名姓二卷、谱录六卷，十门；十二曰小说，内别琐语二卷、异闻四卷，二门。后之溯史籍者，虽仍无所信赖，而有志校雠者，尚有所师法，亦不幸中之幸，此乃专录史部者也。（见书同上）

〔六〕俞樾云:长沙余苹皋司马(余肇钧)著《史书纲领》若干卷,而李次青廉访为之序。……余君之为此书也,是可与秀水朱氏《经义考》并为不朽之大业矣。朱氏之书,所考者经籍,凡经籍之大旨无不具;余君之书,所考者史书,凡史书之大概无不具。自有此两书,而甲乙两部,固已得其管辖矣。余君曰:我于史书,不徒录其序目而已,其有凡例者,亦备录而无遗。盖视《经义考》加详焉。君以数十年心力,始成此书。(见《春在堂杂文续编》二)

〔七〕谭献云:于书客故纸中搜得章实斋先生《文史通义》《校雠通义》残本,狂喜,与得《晋略》同。章氏之识,冠绝古今,予服膺最深。往在京师借叶润臣丈藏本,在厦门借孙梦九家钞本读之,不啻口沫手胝矣。不意中得之,自是快意也。(见《复堂日记》)

又蔡元培云:(章学诚《文史通义》)章先生这部书……对于史法,主张先有极繁博的长编,而后可以有圆神的正史。又主张史籍中人、地名等均应有详细的检目,以备参考。我在二十岁时,曾约朋友数人试编《二十四史检目》(亦未成书),都是受章先生影响的。(见《蔡元培选集·自述》)

〔八〕按:此书予于前年浙江省图书馆开文献展览会时,得见其钞本,并有乡先辈孙公仲容诒让之跋语。

〔九〕按:王宗炎,字以除,号毂塍,浙江萧山人。乾隆庚子进士,截取知县。有《晚闻居士遗集》。陆定圃曰:大令学问淹博,性尤淡退。通籍后,杜门不出,筑十万卷楼,以文史自娱。(见《昭代名人尺牍小传》,并见《清史列传·文苑》)

李慈铭云:萧山王毂塍宗炎,乾隆庚子进士,未授官而归。藏书甚多,号十万卷楼,校勘极精,年八十余,犹孜孜不讫。著有《晚闻居士集》。(见《日记补》)又云:阅王毂塍《晚闻居士遗集》。先生名宗炎,字以除,乾隆四十五年进士,未授官而归,著书教授,垂五十年。至道光乙酉冬卒,年七十一。越东学者,奉为魁艾。而萧山人至今犹以小进士呼之。盖先生登第时,年甚少也。先生聚书甚富,于《易》《诗》《书》《礼》《公羊》《春秋》《尔雅》《孟子》,皆有论撰。与同郡章进士实斋、同邑汪吏部厚叔,交最厚。实斋通史学,攻古文,厚叔精于诸子之学。……(见书同上)

〔一〇〕徐世昌云:(章氏)病中以稿寄萧山王宗炎为次目录。道光壬辰,次子华绂写定《文史通义》内篇五卷,外篇三卷。《校雠通义》三卷。近吴兴刘承幹翰怡创辑遗稿,增《方志略例》二卷,《文集》八卷,《湖北通志检存稿》四卷,……统名曰《章氏遗书》。(见《清儒学案》卷九十六)

又王毂塍云:实斋地产霸才,天挺史识。学古文于朱筍河太史,沈雄醇茂,过于其师。尤长攻难驳诘之文,班、范而下,皆遭指摘,自谓卑论仲任,俯视子玄,未免过诩。平心而论,夹漈之伯仲也。所撰《和州志》《永清县志》,简核可传。为毕秋帆尚书撰《湖北通志》、谢苏潭侍郎修《史籍考》,皆未就。遗文数百篇,及《文史通义》《方志略例》《校雠通义》,稿存予家。(见书同上附录)

第十二章　补作《通鉴》

一、徐乾学《通鉴后编》

徐乾学,字原一,号健庵,江苏昆山人[一],为顾亭林外甥[二]。八岁能文,十二通五经。康熙庚戌一甲三名进士,授内宏文院编修。累官侍讲学士,詹事,内阁学士,教习庶吉士,转礼部侍郎。奉命充《一统志》《会典》及《明史》三馆总裁,又被命纂辑《鉴古辑览》《古文渊鉴》二书。

是编以元明人续《通鉴》者,陈桱、王宗沐诸本,大都年月参差,事迹脱落。薛应旂所辑,虽稍见详备,然亦疏谬殊甚,皆不足继司马光之后。乃与鄞县万斯同、太原阎若璩、德清胡渭等,排比正史,参考诸书,作为是编。草稿甫毕,欲进于朝,未果而殁。今原稿仅存,惟阙第十一卷。书中多涂乙删改之处,相传犹若璩手迹也。

其书起宋太祖建隆元年,迄元顺帝至正二十七年,凡事迹之详略先后,有应参订者,皆依司马光例作考异以折衷之。其诸家议论,足资阐发者,并采系各条之下。间附己意,亦依光书之例,标"臣乾学曰"以别之。

其时《永乐大典》尚庋藏秘府,故熊克、李心传诸书,皆未得窥。所辑北宋事迹,大都以李焘残帙为稿本,援据不能赅博。其宋自嘉定以后,元自至顺以前,尤为简略。至宋末昰昺二王,皆误沿旧史,系年纪号,尤于断限有乖。然其裒辑审勘,用力颇深,故订误补遗,时有前人所未及。是时乾学方领《一统志》局,多见宋元以来郡县旧志,而若璩诸人复长于地理之学,故所载舆地,尤为精核。虽不能遽称定本,而以视陈、王、薛三书,则过之远矣。(见《四库总目提要》)

乾隆末,有毕氏沅《续资治通鉴》书焉。[三]

按:昆山徐健庵乾学,《清史列传》卷十《大臣》,《清史稿》卷二百七十一《列传》五十八,俱有传。

二、毕沅《续资治通鉴》

毕沅,字纕(湘)蘅,一字秋帆,号灵岩山人。先世居徽之休宁,明季避地苏之昆山,又徙太仓州,后析置镇洋县,遂占籍焉。[四]少颖悟,读书过目成诵。稍长从惠栋学,业益邃。弱冠后,游京师。乾隆十八年,中顺天乡试。又四年,授内阁中书。二十五年,会试中式,廷对第一,是岁进士及第,授翰林编修撰。官至兵部尚书、湖广总督。

生平笃于故旧,尤好汲引后进,一时名儒才士,多招致幕府。性好著书,虽官至极品,铅椠未常去手。谓编年之史,莫善于涑水,续之者有薛、王、徐三家。徐虽优于薛、王，而所见书籍，若《旧五代史》、李焘《长编》之类犹未备，且不无详南略北之病，乃合幕府诸人，博稽群书，考证正史，手自裁定其义例。

其义例始宋迄元，为《续资治通鉴》二百二十卷，别为《考异》，附于本条之下，凡四易稿而成。〔五〕又谓：史学当究流别。用会稽章学诚说，纂《史籍考》一百卷。又谓：史学必通地理。故于《山海经》《晋书》《地理志》，皆有校注。以上系钱大昕所作《毕沅墓志铭》语也。（见《潜研堂集》卷四十三）盖大昕与沅同里闬，先后入馆阁，论文道古，数共晨夕。晚岁虽云泥分隔，而沅不忘久要，书问屡至。每有撰述，必先寄示，其相知极深也。

按幕中名儒才士，即指钱大昕竹汀、邵晋涵二云、孙星衍渊如、洪亮吉北江、章学诚实斋、严长明冬友诸人而言。故会稽李慈铭云：毕氏此书，兼集众力，自谓尽善。然体例书法，尤多可议。盖诸儒固博于学，而才识未逮，益叹古人之不可及也。（见《越缦堂日记》）其实在当时即有议之者，观谭献所述云：是编经竹汀、二云、冬友诸旧学考定，宜高出陈、柯、徐三书。然当时钱先生已有违言，拒不作序，冯鹭庭序亦有微词。〔六〕以余观之，北宋纂辑义法深者，事有本末。南宋殊多冗漏，元纪笔削尤疏。国语人名、地名对音改译，先后又不同。（见《复堂日记》）章太炎曰：此书不如《通鉴》远甚，然舍此亦无他书可代。孙仲容亦曰：宋元明人《续通鉴》甚多，有此书可废。

考此书取材，有章学诚《与钱辛楣书》述之较明。其文曰：《宋元编年》（此书初名）之役垂二十年，始粗得概括，拾遗补阙，商榷繁简，不无搔首苦心。……

今宋事据丹棱、井研二李氏（焘、心传）书而推广之，以其《辽》《金》二史所载大事，无一遗落。又据旁籍以补其逸，亦居十三四矣。元事多引文集，而说部则慎择其可征信者。仍用司马氏例，折衷诸说异同，明其去取之故，以为《考异》，惟不别为书，注于本文之下，以便省览。即用世传胡天台注本《考异》，散附本文之义例也。计字二百三十五万五千有奇，为书凡二百卷。（见《章氏遗书》卷四）并可知其义例多出实斋之手矣。

章氏又云：其时正当右文盛治，四库搜罗，典章大备，遗文秘册，有数百年博学通儒所未得见，而今可借钞于馆阁者。纵横流览，闻见广于前人，亦藉时会乘便利，有以致此。

或谓毕书既成，曾请邵晋涵订正。[七]但章学诚则谓邵氏审定之本已不可访，付刻者乃毕氏宾客初定之本。今成为定论矣。又按毕书初刻仅至百三卷，其余百十七卷系嘉庆六年冯集梧所补刻也。[八]

又著《晋书地理志新补正》五卷。

按：镇洋毕秋帆沅，《清史列传》卷三十，《清史稿》卷三百三十二《列传》百十九，俱有传。

参考资料

徐乾学——自著《憺园文集》三十六卷。

论文：《与舅氏顾亭林先生书》。

吴伟业作其父《徐坦斋墓志铭》，《梅村家藏稿》卷四十五。

韩菼作《行状》，《有怀堂文稿》。

《清儒学案》卷三十三《健庵学案》。

《碑传集》二十。

毕沅——自著《经训堂文集》四十卷，有《经训堂丛书》。

王昶作《神道碑》，《春融堂集》。又《与毕秋帆论续通鉴书》。

钱大昕作《墓志铭》，《潜研堂文集》。

洪亮吉作《书毕宫保遗事》，《更生斋文甲集》。

邵晋涵、章学诚等文集。

史善长作《弇山毕公年谱》。

《耆献类征》八十五《疆臣》三十七。

《先正事略·名臣》。

《清儒学案》八十一《兰泉学案》附毕沅。

《清文汇》乙集卷三十。

《碑传集》七十三《督抚》下。

延伸阅读

〔一〕梁启超云:大儒顾亭林实昆山产,无劳更诵述。其两甥昆山徐健庵(乾学)、徐立斋(元文),虽颇以巧宦丛讥议,然宏奖之功至伟。康熙初叶,举国以学相淬厉,二徐与有力焉。健庵治礼亦颇勤,其《读礼通考》虽出万季野,然主倡之功,不可诬也。(见《学风之地理分布》)

〔二〕俞樾云:《国史儒林传》以顾亭林先生为首,读其书,笃信紫阳,不为陆、王异说所夺,则自宋以来儒者相承之嫡派也。于经史古义注疏旧说,爬罗剔抉,不遗一字,则又本朝治汉学者之先河也。至于朝章国典、吏治民风、山川形胜、闾阎疾苦,博考而详询之,原原本本,如示之掌,则永嘉诸儒犹有未逮,而百余年来老师宿儒未有讲求如先生者。呜呼!是宜为一代儒林之冠矣!健庵徐公,先生之甥也,其所学,一出于先生。所著《读礼通考》一书,宏纲细目,条理秩然,为秦氏《五礼通考》所自出。至今与秦氏之书,并为言礼者所不能废。乃其所著《憺园集》,则行世者颇鲜,学士大夫往往有不得见者。……集中有修《明史》条例,有修《大清一统志》条例,可知国初大著作体裁皆公所定。亭林先生穷老著书,不获见用于世,而公则遭际盛时,从容坐论,出其所学,以润色皇猷,此乃时为之。而公与先生之学,固不以是为优劣也。胪青金君,既刻《亭林先生年谱》,又购得公《憺园全集》,镂版行世,以广其传。(见《春在堂杂文四编》五《重刻憺园集叙》)

〔三〕金毓黻云:清代徐乾学始撰《资治通鉴后编》,与其役者为万斯同、阎若璩、胡渭,皆一时之选也。盖是时乾学方领《一统志》,多见宋元方志，而若璩诸人攻长于地理之学，故所载舆地，尤为精核。……惟前修未密，后出转精，其终逊于毕氏之续作，又时为之也。毕沅于乾隆时，官湖广总督，以好士名，如邵晋涵、章学诚之以史学名家者，皆在其幕中。毕氏乃于此时发愿修《续通鉴》，属僚友为之，大抵就徐乾学本，加以损益，阅二十年，书乃脱稿。（《中国史学史》）

〔四〕梁启超云：秋帆宦达为疆吏耳，所学不至，其《续资治通鉴》称良著，大率幕府手。（见《地理分布》）

〔五〕金毓黻云：至毕氏纂书之旨，则具见学诚代毕制军致钱宫詹（大昕）一书之中，大略言之：其一，则以《宋》《辽》《金》《元》四史为正本，不惟宋事在所宜详，辽、金大事一无遗漏，其于元事，则多采文集，间及说部，一矫旧作详宋而忽辽、金、元之弊。其二，则所采《长编》为足本，并据《系年要录》及熊克《中兴小纪》、《宋季三朝政要》诸书，以补徐本之未备，而宁宗嘉定以后之阙略，尤注意补其遗闻佚事。其三，则别作《考异》散入本书正文之下，其例略同徐本。其四，则不用徐本之例，系以臣某曰，以为据事直书，善恶自见。苟无卓见特识，发前人所未发，转病其赘，故付阙如。

书中又谓邵与桐（晋涵）、章实斋与商义例，语出章氏，当无虚饰，其所以胜于诸本后来居上者，亦当在此数端矣。（《中国史学史》）

〔六〕冯集梧云："资治"之名，出神宗御赐，故李焘仅称《续资治通鉴长编》。以此书之称《续资治通鉴》为非。（见本书卷首序）

〔七〕按《清史列传·邵晋涵传》，其后镇洋毕沅为续宋元通鉴，嘱晋涵删补考定，故其绪余稍见于审正《续通鉴》中。

毕沅撰《续资治通鉴》二百二十卷，《凡例》两卷，毕沅撰，实由沅之幕僚所撰参订。其初撰者，大率就徐氏《后编》稍为损益，无大殊异，沅未惬心，后由章学诚参与其义例，邵晋涵为之复审，其书即大改观。时公方用兵，书寄军营。读之，沅大悦服，手书报谢，谓迥出诸家续鉴之上。学诚代毕沅作书，寄钱大昕云：宋、元编年之役，垂二十

年,……凡两百卷。此足以表彰此书之特点也。(见《中国史学史·史学复兴时代》)

第十三章 创历史工具书

一、陈芳绩《历代舆地沿革表》

陈芳绩,字亮工,江苏常熟人。生当明季,甲申国变后,即弃举业,隐居教授,日以著述为事,究心天文地理之学。既著《天下郡县舆图》,复博观二十一史,广搜天下志乘,按其山川城郭形势位置,究其历代渊源,慨焉有志创《舆地沿革表》。以有虞之十二州,秦之四十郡,汉之千四百五十县为纲,而取汉以下诸史地志为目,旁参唐宋以来舆地书及各省郡县志经纬之,成书四十七卷。表分三等,曰部表,曰郡表,曰县表。自古迄今,凡一郡一邑之置废分并迁徙升降,虽在六朝之分裂、十国之割据,莫不博考详稽,条分缕析,千枝万叶,而使统归一本;俾阅者开卷了然,搜古则知今,寻今则见古。凡说有不同者,皆明辨而备注之,庶后人不执两端之惑。其未能确然者两存之,以俟将来。诚绝业也!

按:常熟陈亮工芳绩,事迹载《朴学大师列传》卷十七。

二、齐召南《历代帝王表》

齐召南,字次风,晚号息园,浙江天台人。[一]幼有神童之目。十六补诸生。二十二,选拔贡成均。雍正七年己酉科乡试中副车。十一,诏复词科之制,总督学使以博学鸿词荐。乾隆元年,召试于保和殿,钦定二等第八名,改翰林院庶吉士,充《大清一统志》纂修官,授检讨。四年,充武英殿校勘经史官,又充明鉴纲目馆纂修官。累迁右春坊右中允、日讲起居注官、侍读学士,充《大清会典》《续文献通考》纂修官,主顺天乡试,充会试同考官,擢内阁学士、礼部侍郎。四月二十九日,自圆明园直上书房,归澄怀园。甫及门,马惊,坠触大石,负重伤,几殆。上为动容,遣中官就寓探问,传蒙古医疗治。既乞归,因族子周华党吕留良,召南逮至京,法司当召南徇隐之罪,而尽籍其产。后予革职,还其产之十三。旋卒,年六十六。

其在史局,则《一统志》中河南、山东、江苏、安徽、福建、云南,其所编辑。其外藩属国向无底本,召南创稿新撰也。《明史纲目》前纪二卷,神、光、熹三朝,召南所辑也。其分撰经史考证,史则《史记·功臣侯表》五卷、《汉书》百卷、《后汉书·郡国志》五卷、《隋书》律历天文五卷、《旧唐书》律历天文二卷。尝言:郦氏之注《水经》,明于西北,而暗于东南,且域外之水道未详。因撰《水道提纲》三十卷,大而河海,小而溪涧,溯源穷委,一览可悉。

又有《史汉功臣侯第考》一卷、《历代帝王表》十三卷、《后汉公卿表》一卷、《宋史目录》等,皆藏于家。[二]其《历代帝王表》为仿司马温公《通鉴目录》之意,总二十一史,提其纲,以便初学。三代以上,但列世次之大都。自秦六国,下至明洪武,皆以年叙,亦略识其治乱得失。于是数千年间兴亡分合,一展卷而了如指掌矣。有《自序》及山阴胡天游为作《序》。

按:天台齐次风召南,《清史列传》卷七十一《文苑》,《清史稿》卷三百五《列传》九十二,《清儒学案》卷六十八《息园学案》,俱有传。

三、汪辉祖《史姓韵编》《二十四史同姓名录》

汪辉祖,字焕曾,号龙庄,浙江萧山人。[三]幼孤,节母王、徐两氏抚且教。乡举后,逾年成进士,时乾隆四十年也。需次谒选,得湖南宁远县知县,颇著政绩。详自作《病榻梦痕录》中。

家贫无藏书,尝假友人钞读。然钞未完了,又被讨还。入京,与

大人先生谈论,始知世间有所谓学问者。因自觉而学之,晚不胜惭
愧。趋至琉璃厂西门,购《汉书》节读之。南归后,又以作幕所余之脩
金,尽购正史。继又买其余闻于史学之书。且与当时史家钱大昕、章
学诚、邵晋涵、洪亮吉、纪昀辈相认识,过从甚密,不无受其影响也。
初著《史姓韵编》六十四卷,自为《序》曰:

> 少时从友人假读《史记》、两《汉书》,厪厪焉粗涉其大端。既而衣
> 食奔走,兼攻举子文,不暇卒业诸史。年四十八,始得内版《二十一
> 史》及《旧唐书》《明史》,通二十三种。五六年来,佐吏余功,以读史自
> 课,顾目力短涩,日不能尽百叶,又善忘,掩卷如未过眼。每忆一事,
> 辄辗转检阅,旷时不少。计欲摘二十三史中记载之人分姓汇录,依韵
> 编次,以资寻览,碌碌未遑也。因就列传之标名者,先事排纂,则鲍君
> 以文先我为之。第其书史各为帙,体例未定,且前明监本,间与内版
> 微有参差。遂乞作稿本,合二十三史为一编,详加考校,阙者补之,复
> 者删之,一人而见二史三史者,分行注之,同姓名者书其官籍别
> 之……凡期有七月,录甫竣,邵编修二云以新葺《旧五代史》钞本见
> 寄,复次第增补之,为卷六十有四,而题其端曰《史姓韵编》。

后又撰《二十四史同姓名录》《辽金元三史同姓名录》文若干卷,
亦各自为序。其序《九史同姓名略》云:

> 九史者,新旧两《唐书》,新旧两《五代史》,《宋》《金》《辽》《元》四
> 史,暨钦定《明史》也。往岁丁酉,始得读《旧唐书》,其所叙姓名,间与
> 《新唐书》详略不同,随读随录,用备参考。嗣读《旧五代史》钞本,亦
> 如之。循是而读宋、唐各史,无不摘写。已而阅历代说部,多有采录
> 同姓名者,寥寥不过数人、数十人而止。余寅《同姓名录》,号称博雅,
> 既正史外旁及他书,而史所记载,转阙焉不详。窃不自揣,欲尽读《史
> 记》至《南北史》,通录成书。猝猝遏选,未遑卒业。爰就九史所摘姓名
> 之同者,先为汇录,置之行箧。丁未,备官宁远,退食余闲,取而订之。
> 得姓若干,得名若干,凡同姓名者二万九千有奇,姓依《韵府》,名依《字

典》，一一手缮成册，区为七十二卷，名之曰《九史同姓名略》……今方以足疾乞休，倘天假余年，得于归林之后，遍校二十四史，详加厘定，克成完书，以遂初心，则是书其嚆矢也。嗟乎！余年六十二矣，炳烛余光，其可必乎？抑不可必乎？是为序。

其序《三史同名录》云：

余录廿四史同姓名，汉姓差备。既卒业，取三史中以国语命名者，重为编辑。辽、金则以名为纲，而以异姓者分列之。元则以蒙古、色目及辽、金部族为主，而以汉姓者附存之。首字以韵相次，次字以部相从，订其异同，各为次第，复旁考五代、宋、明诸史，以资参证。草稿初就，末疾未瘳，子继培续加删补之。录《辽史同名》五卷，《金史同名》十卷，《元史同名》二十卷，《异史同名》各止一人，及一史已有同名，而他史别出一人者为《总录》二卷。《五代史》《宋史》《明史》人名之合于三史者，为《附录》二卷，统三十有七卷。于是三史同名，约略可睹矣。

曩岁曾缮初稿，就正嘉定钱竹汀宫詹，多蒙教益。审定疑似，虽屡加校核，其间误分误合，终必不免。特以崦嵫余景，稍寄精神，不忍弃置，用付剞劂，质诸大雅，庶几订讹证缺，有以征信于来哲。

凡此皆系工具书，有济实用，如今坊间盛行之引得或索引然。

钱氏大昕为之作《二十四史同姓名录序》云：予好读乙部书，涉猎卌年。窃谓史家所当讨论者有三端：曰舆地，曰官制，曰氏族。故三郡职官，史志尚有专篇，唯氏族略而不讲。班氏《古今人表》散而无纪，欧阳之《宰相世系表》偏而不全。思欲贯串诸史，勒为一书，而衰病遽增，有志未逮……《二十四史同姓名录》者，萧山汪君焕曾所葺。盖取诸史中同姓者，类其名而列之，或专传，或附录，悉附注其下，略述事实，以备稽考。凡著于录者，四万六千余人。于是正史之人物，了然如指诸掌。其名同而族异者，俱可溯其原而不杂厕。既藏事，以予稍涉史学，赆书属序其端……予特以其义例有裨于史，而喜其实获我心也,于是乎书。(见《潜研堂集》卷二十四)章实斋为作《三史同名录序》云:夫对音翻绎,文字无多;名字相同,触处多有。作史者自应推《春秋释例》,兼法古人《同姓名录》,特撰为《同名考》。将全史所载,毋论有传无传之人,凡有同名,详悉考别,勒为专篇,与《国语解》并编列传之后,岂不轩目豁心,可为久法?……今见龙庄《三史同名录》,盖先得我心之同然矣。龙庄此书,盖三易其稿,再涉寒暑者,有苦心矣。(见《章氏遗书》卷八)

按此种索引式之著作,近人胡适最喜之。曾有言曰:不曾整理的材料,没有条理,不容易检寻,最能销磨学者有用的精神才力,最足阻碍学术的进步。我们须想出法子来解放学者的精力,使他们的精力用在最经济的方面……又例如一部二十四史,有了一部《史姓韵编》,可以省多少精力与时间?(见《胡适文存二集·〈国学季刊〉发刊宣言》)但李慈铭云:其中于纪传附见名氏,漏落甚多,亦颇有讹失云。(见《越缦堂日记》)

辉祖复以本证法治《元史》,其书曰《元史本证》,内分《证误》《证遗》《证名》三部分。亦有《自序》云:予录三史同名,阅《元史》数周,病其事迹舛阙,音读歧异,思欲略为厘正,而学识浅薄,衰病侵夺,不能博考群书,旁搜逸事,为之纠谬拾遗。因于课读之余,勘以原书,疏诸别纸,自丙辰创笔,迄于庚申,流览无间,刺取浸多,遂汇为一编,区以三类:一曰《证误》,一事异词,同文叠见,较言得失,定所适从,其字书为刊写脱坏者,弗录焉。二曰《证遗》,散见滋多,宜书转略,拾其要义,补于当篇,其条目非史文故有者,弗录焉。三曰《证名》,译无定言,声多数变,辑以便览,藉可类求,其汉语之彼此讹舛者,弗录焉。凡斯数端,或举先以明后,或引后以定前,无证见则弗与指摘,非本有则不及推详。爰取陈第《毛诗古音考》之例,名之曰《本证》。

曩者《三史同名录》草稿初成,子继培复为增补,因将《证名》一门并令校录,有及《证误》《证遗》亦录之。时贤订《元史》者,钱宫詹《考异》最称精博。戊午暮秋,始得披读。凡以本书互证,为鄙见所未及者,悉采案词,分隶各卷,不辞诮于窃取,幸免耻于攘善。自维桑榆景迫,梨枣功艰,强记日疏,求正益切。去夏《同名录》竣工,随取是编重加排比,付诸剞劂。非敢规前人之过,衡其所长;庶逮闻大雅之言,补吾所短。若夫假以余年,益所新得,此则区区之志,所不能自必者也。

竹汀则谓其自撝所得,实事求是,有大醇而无小疵(见原书卷首钱序)。推挹可谓至矣。

按:萧山汪龙庄辉祖,《清史列传》卷七十五《循吏》有传。

四、李兆洛《历代纪元编》《历代地理韵编今释》

李兆洛,字申耆,江苏阳湖人。[四]嘉庆十年进士,改翰林院庶吉士,散馆,授凤台县知县。在县七年,辖境大治。旋以父忧归,遂不出。主江阴书院讲席几二十年。自乾隆中叶后,海内士大夫争治训诂音声,先生独治《通鉴》《通考》之学。疏通知远,不囿小近,不趋声气。年甫三十,而学大成。所藏书逾五万卷,皆手加丹铅,上自汉唐,下至近世诸儒说,条列得失,不检故本。尤嗜舆地学,备购各省通志,互校千余年来水地之书,证以正史。刊定顾祖禹《读史方舆纪要》之与原史不符者。

康熙、乾隆《皇舆一统图》藏内府,民间不易得。晚始得董方立摹本,顾分四十一图,大小爪离,不便披览,且无历代沿革。乃改为总图,每方百里,而以虚线存天度之经纬。先以朱印数十部,墨注古地名其上,起三代、两汉、魏、晋、南北朝、唐、宋、元、明,检各史地志,以《沿革表》及《一统志》核其沿革,并得其实地而著之,为《历代舆地沿革图》若干幅,别钞各史地志,编以归韵。既得实地,乃会前代郡县注之韵下,为《历代地理韵编今释》二十卷。弟子徐思锴、宋景昌实襄其成。后又撰《皇朝舆地韵编》二卷、《历代纪元编》一卷。[五]晚得重疾,道光二十一年卒,年七十三。

按：阳湖李申耆兆洛，《清史列传》卷七十三，《清史稿》卷四八六《列传》二百七十三《文苑》三，俱有传。

五、杨丕复《历代舆地沿革表》

杨丕复，字愚斋，湖南武陵人。嘉庆丁卯举人，补石门县学训导。

生平著作甚富，要推《历代舆地沿革表》一书称最。尝谓郡志沿革，名儒每不惜搜讨，以究今昔之异同，而其考据必以正史为断。顾读史亦不易也。《禹贡》山川，《左传》郡邑，注家已极，聚讼纷纭。司马八书，不载地理。独班志可称简而详。范书亦尚明确。陈寿《三国志》则徒为纪传而已。迨到南北朝，制作无章，十羊九牧，徒夸疆理之广，不惮划别之繁，以侨置别别实土，骋虚名而薄吏治。惟《隋志》能汇其总。两汉后，比较差善。二《唐书》虽翔核，其时更变频仍，述之棼乱丝。《五代史》太略，《辽史》尤舛，《宋》《金》尚无大谬，《元史》亦然。《明史》官修，于近代郡县，实为完备。而《明一统志》草率成书，讹误百出。顾氏《方舆纪要》，夙号精博，且尚多沿其失焉。以此读史之余，每即诸地寻其因革，见后儒不无袭谬承讹之病，遂竭四载力，制成斯表。又以山脉水道附于后，旁搜博采，不为无稽之言。凡曰总纲者四，分纪者三十六，共四十卷。

按：武陵杨愚斋丕复，事迹载《朴学大师列传》卷十七。

六、汪曰桢《历代长术辑要》

汪曰桢，字刚木，号谢城，浙江乌程人。[六]咸丰二年举人，官会稽教谕。精史学，又精算学。初撰《二十四史日月考》，上起共和，下与钦天监颁行《万年书》相接，各就当时行用本法推算，详列朔闰，月建大小，并二十四气，略如《万年书》式，为五十卷。又附《古今推步诸术考》二卷、《甲子纪元表》一卷，搜罗书逾数百部，致力几三十年。其言曰：学史者，日月淆乱，则事迹之先后不明，而兴衰治忽之故，亦无由考察。欲求其精，先求其粗。吾识其小，而人得识其大。吾任其难，而人将任其易。于学史之人，不无少补云。其后莫友芝见其书，谓可名家，而惜其卷帙过繁，乃删为《历代长术辑要》十卷、《考》二卷。又作《疑年表》。

生平著述等身，以书籍朋友为性命，脩金所入，悉以购书。有《荔墙丛刻》。又尝修《乌程县志》《南浔镇志》，见称于时。光绪七年卒，年六十九。

按：乌程汪刚木曰桢，《清史列传》卷七十三《文苑》附项名达后，有传。

参考资料

齐召南——自著《宝纶堂集》十四卷，文六卷、诗八卷。

袁枚作《墓志铭》，《小仓山房文集》。

杭世骏作《墓志铭》，又载《湖海文传》，《道古堂文集》。

陈用光作《传》，《太乙舟文集》。

秦瀛作《墓表》，《小岘山人文集》。

又《书齐召南轶事》，《续集补编》。

《耆献类征》八十二《卿贰》四十二。

《先正事略》四十一《文苑》。

《清儒学案》六十八《息园学案》。

《清文汇》乙集卷六。

《碑传集》三十二《大臣》。

贺长龄《皇朝经世文编·姓名总目》。

汪辉祖——自撰《病榻梦痕录》《梦痕录余》。

阮元作《传》，《揅经室二集》。

王宗炎作《行状》，《晚闻居士遗集》。

姚鼐《复汪进士辉祖书》，《惜抱轩文集》。

近人瞿兑之作《汪辉祖年谱》。

《耆献类征》二十四《守令》二十八。

《先正事略》五十三《遗逸》。

李兆洛——自著《养一斋文集》二十卷。

蒋彤《养学述》，《丹棱文钞》。又作《李申耆先生年谱》。

包世臣《李凤台传》，《安吴四种》。

魏源《李申耆先生传》，《古微堂外集》。

《耆献类征》二十四《守令》三十三。

《先正事略》二十《文苑》。

《清儒学案》百二十七《养一学案》。

《清文汇》乙集卷六十五。

《续碑传集补》卷七十三《儒学》三。

汪曰桢——自著《玉鉴堂集》，《吴兴丛书》本。

王国维作《长术辑要跋》，《观堂集林》。

《清儒学案》百七十六《壬叔学案》附汪曰桢。

《碑传集补》四十三。

延伸阅读

〔一〕(章实斋)同时有天台齐次风(召南)之地理学。

纪昀云：历代史书，各志地理，而水道则自《水经》外无专书。郭璞所注，久佚不传。郦道元所注，详于北而略于南，且距今千载，陵谷改移，即所述北方诸水，亦多非其旧。国初余姚黄宗羲作《今水经》一卷，篇幅寥寥，粗具梗概，且塞外诸水颇有舛讹，不足以资考证。召南官翰林时，预修《大清一统志》，外藩蒙古诸部，是所分校，故于西北地形，多能考验。且天下舆图备于书局，又得以博考旁稽。乃参以耳目见闻，互相钩校，以成斯编。……召南所叙，不以郡邑为分，惟以巨川为纲，而以所会众流为目，故曰提纲。其源流分合，方隅曲折，则统以今日水道为主，不屑屑附会于古义，而沿革同异，亦即互见于其间焉。

（见《四库提要·地理》）

〔二〕按《历代帝王表》目次：为三王五帝三代表，秦六国年表，秦年表，前汉年表，后汉年表，蜀汉（魏吴）年表，晋、东晋（十六国）年表，南北朝（南宋、齐、梁、陈、北魏、齐、周）年表，隋年表，唐年表，后五代（十国、契丹）年表，宋、南宋（辽、金、蒙古）年表，元年表。道光四年，扬州阮元之子福续编明年表附于后云。

又清季黄岩王棻有《重订历代帝王年表》十五卷。

〔三〕梁启超云：清初浙东以考证鸣者，则萧山毛西河（奇龄）……其同县后学有汪龙庄（辉祖），治《元史》，能辑类书。（见《地理分布》）

〔四〕梁又云：阳湖李申耆（兆洛）长于史，善言地理。（见《地理分布》）

〔五〕罗振玉云：光绪庚寅，予校订李氏《纪元编》。既写定，嗣岁有勘正。越十六年丙午，在吴中取付梓人，工尚未半，而脂车北上。宣统纪元冬，复订正十余事，拟寄吴中，率成之，而卒不果。又越十六年，岁在乙丑，又为校勘，始重付手民。既竣事，爰叙其端曰：考历代纪元诸书，不下十数家，其检阅较便，莫若李氏书矣。顾出于门弟子之手，讹误所在多有，今约略举之，如……兹今一一为之订正。又如前籍讹误，李书所不及表，如……今始得撮金石刻及敦煌所书古卷轴，与海外诸史籍，为之补正……《甲子表》中僭伪诸号，亦从刊除。惟改元年月，李氏不载者，一一为之增补，以便学者。屈计此编先后三十余年，稿凡四易。凡李书讹舛，虽勘正不少，然仍有勘之不尽者，如……理合革除，乃杀青既竟而始见之。古人所谓"目能见千里而不能见其睫"，证以予之于李氏书，讵不洵然！书识吾过，且为方来者戒焉。乙丑十一月。（见《松翁近稿·重订纪元编叙》）

〔六〕王国维云：先生《二十四史日月考》稿本在乌程蒋氏，卷数与此目合。《元史日月考》仅成三卷，余均完善。惜卷帙太巨，未有能刊之者。《推策小识》三十六卷，稿亦在蒋氏。计《古今推步诸术考》二卷、《岁余度余考》一卷、《朔余考》一卷、《古今朔闰考》十二卷、《疑年表》一卷、《太岁超辰表》三卷、《甲子纪元表》一卷、《四分术章蔀定率表》二卷、《授时术诸应定率表》十卷、《授时术气朔用数钤》三卷,凡十种。已刻者,只《年表》《超辰表》二种耳。(见《观堂别集》卷三《汪曰桢〈长术辑要〉跋》)

第十四章　改撰旧史

一、李清《南北史合注》《南唐书合订》

李清,字心水,号映碧,晚号天一居士,扬州兴化人。明崇祯进士,官至大理寺左丞。居言路,中立无倚。康熙间,征修《明史》,辞以年老不至。清以南北朝诸史并存,冗杂特甚,李延寿虽并为一书,而诸说兼行,仍多矛盾。尝与张溥议,欲仿裴松之《三国志注》例,以宋、齐、梁、陈四史为南史,魏、齐、周、隋四史为北史,未就而溥殁。后清简阅佛藏,因思卒前业,乃博采诸书以成此注,参订异同,考订极为精审。

梁任公曰:清初有李映碧清著《南北史合钞》百九十一卷,删宋、齐、梁、陈、魏、齐、周、隋八书,隶诸南北二史,而夹注其下。其书盛为当时所推服,与顾氏祖禹《方舆纪要》、马氏骕《绎史》称为海内三奇书。实则功仅钞撮,非惟不足比顾,并不足比马也。(见《清代学者整理旧学之总成绩》)然删合剪裁,用力甚勤,与沈氏东甫之书同便学者耳。

映碧后以陆游《南唐书》为主,而以马令《南唐书》及诸野史辅之。凡陆书所无,而增入之传,则以"补遗"二字分注其下,盖仿裴松之注《三国》之法,而稍变通之,计二十五卷。

近人金毓黻云:李书初著录于《四库》,后以所撰《诸史同异录》,内称清世祖与明思宗四事相同,以为拟非其伦,触犯清廷忌讳,遂将著录各书,悉为撤去……前数年,故宫博物院检点清内廷所藏诸书,李氏二书之稿本具在,而原拟之提要,仍冠于其端,此极可珍贵之史料也。其后裔之在兴化者,尚藏有《南北史合注》稿本,而兴化李详复藏有《南唐书合订》之残本。(见《中国史学史》)

又撰《南渡录》,记隆武、永历及鲁监国之事,与黄宗羲《行朝录》、顾炎武《圣安本纪》同。

按:兴化李映碧清,事迹附《明史》卷百九十三《李春芳传》。盖映碧,春芳之玄孙也。《清史稿》卷五百《列传》二百八十七《遗逸》一,俱有传。

二、邵远平《元史类编》

邵远平,字戒三,浙江仁和人,经邦之玄孙也。康熙三年甲辰进士,选庶吉士。官光禄少卿、少詹事,兼侍读学士。著《元史类编》。此书之编纂,据朱竹垞所作《序》云:先生之高祖讳经邦,中正德辛巳进士,以刑部主事署员外郎,建言获罪。暇著《弘简录》一编,自唐迄宋,以辽、金附载之,于元未遑及也。先生乃循其例续之。去旧史之重复鄙俚,博征信于载籍。以为元之不足者文也,入制诰于帝纪,采著作于儒林,补以熊禾等十六人传,而于文苑分经学、文学、艺学三科,悉加甄录。至于忠臣义士,采辑尤多。惟十三志不存,然分载于纪传,阙者以补,晦者以明,凡四十有二卷。先生是书,足以传之不朽矣。(见《曝书亭集》卷三十五)

钱塘梁玉绳颇称邵氏此书为足成一家之言。(见《瞥记》)

谭献亦称之曰:《元史类编》体例,虽本《弘简录》,而部居校完,去取亦慎,所见正大,但鲜措注激射之用,是为《元史》要删,史家所不废。(见《复堂日记》卷四)顾李氏慈铭对此书则评之曰:《元史类编》

采取他书，如《元典章》《元文类》及各家文集说部，亦多矜慎。惟叙次冗漫，不知刊削。其间虚字，往往有可笑者。又曰：其疏谬愈出，至叙次之沓冗，文词之鄙浅，更不必言。《四库》不收此书，有以也。又曰：其书虽笔力孱弱，然于旧史具有增削，断制亦多审当，采证碑志，俱凿凿可从，较之钱士升①《南宋书》、周济《晋略》固自远胜，与陈鳣《续唐书》可相骖靳，皆精于事例，劣于文字者也。〔一〕（俱见《越缦堂日记补》）

若论其书之端绪，则远胜钱相国（士升）《南宋书》矣。

别著有《史学辨误》。

按：仁和邵戒三远平，《清史列传》卷七十《文苑》一，《清史稿》卷四百八十四《列传》二百七十一《文苑》一，俱有传。

三、吴任臣《十国春秋》

吴任臣，字志伊，莆田人。寄籍仁和，为诸生。志行端悫，博闻强记，能通天官奇壬之术。又精乐律。康熙十八年己未，召试博学鸿词，授翰林院检讨，入明史馆，承修《历志》，又自撰《十国春秋》百十四卷，搜罗广博，为世所称。

王鸣盛云：志伊以欧阳氏《五代史》附《十国世家》于末，而尚简略，思取其人物事实而章著之，故勒为本纪二十、世家二十二、列传千二百八十二，又作表五篇。博赡整理，诚史学之佳者。顾其为书之体，每得一人即作一传，凡僧道及妇人之传，每篇只一二行者甚多。

又云：志伊《凡例》自述所采古今书籍约一二百种，但已自为裁割，缉练成文。读者不能知某事出某书，反不如同时朱竹垞《日下旧闻》具注所出也。又志伊自言采薛氏《旧五代史》，恐实未见，虚列此目，竹垞亦每如是，则不能无遗恨焉。〔二〕（并见《十七史商榷》卷九十八）

会稽李慈铭于此书阅之三遍，初亦讥其体裁之疏，终叹其博，为

---

①原稿作"朱国桢"，误。

不可及也。其言曰:终日阅吴任臣(志伊)《十国春秋》。任臣号博洽,以欧阳《五代史》于十国世家甚略,乃仿崔鸿《十六国春秋》之例,采取薛史、《十国外纪》、《九国志》⁽三⁾及马、陆《南唐书》,钱俨《吴越备史》等书,不下数十种⁽四⁾,合为此编。其称帝者为本纪,称王者为世家,每国各自为书,有侵伐者书入寇。然《春秋》孔子之书,非后人所宜妄托,此固不必论。即论《春秋》,凡见侵伐者,皆据事直书,即楚、狄亦不书入寇。今任臣为高氏作《荆南世家》,而书后唐为入寇。

又云:志伊以杭人怀措大之见,内吴越为故国,颇右钱氏而薄南唐。凡各国春秋,于他国君皆直称姓名,惟遇吴越则称某王,已自乱其例云。又云:志伊采取极博,后之考据家多不能知其出处,然稍乏识断,此好用书法之谬也。(并见《越缦堂日记》)

以上为李氏评此书之未美者。最后又云:阅《十国春秋》,此书三过眼矣,丙辰读之尤细,甚薄其体裁之疏。至壬申复阅,始叹其博不可及也。⁽五⁾(见书同上)

梁任公曰:清初吴志伊著《十国春秋》百十四卷,以史家义法论,彼时代之史,实应以各方镇丑夷平列为宜。吴氏义例,实有为薛、欧所不及处。然其书徒侈捃撦之富,都无别择,其所载故事,又不注出处。盖初期学者著述,体例多缺谨严,不独吴氏也。(见《清代学者整理旧学之总成绩》)

按此书佳处在表,《地理表》与欧阳氏《职方考》参观,则五代十国全局如见。至十国之官制,虽大抵沿唐,而一时增改,亦已纷冗,不可爬梳。任臣为作《百官表》,甚便考览,尤其妙者也。(说本王鸣盛)志伊又著《南北史合注》,惜已佚不传矣。

按:仁和吴志伊任臣,《清史列传》卷六十八,《清史稿》卷四百八十四《列传》二百七十一《文苑》一,俱有传。

四、沈炳震《新旧唐书合钞》

沈炳震,字东甫,浙江归安人。⁽六⁾贡生,少好博览,纪传年月世系,他人所不经意者,必默识之。及长,才益闳雅。著《新旧唐书合钞》二百六十卷,折衷二史之异同而审定之。其书于纪传,一从旧书,而以新书分注之。于志,多从新书,而自有所见,则加案以别之。其于诸表,俱从新书增入,而于宰相、方镇两表,补列拜罢承袭诸节目,都有增删。〔七〕又别撰《宰相世系表订讹》十二卷,附于书后。〔八〕

全祖望作《东甫墓志铭》云:予尝语东甫,此可援王氏应麟《汉书艺文志考证》之例,可以孤行于世也。(见《鲒埼亭集》卷十九)

又有《读史四谱》,或曰《廿一史四谱》,则"三通"之羽翼也。东甫没之六年,而嘉善钱侍郎陈群次对之际,以东甫书上奏于天子,有诏付书局。时方令史馆校勘《唐书》,诸公得之大喜,尽采之于卷中。(见《国朝先正事略》)

顾钱大昕竹汀跋《唐书宰相世系表订讹》云:表所列官爵谥号,或书或否,或丞尉而不遗,或卿贰而翻阙,或误书其兄弟之官,或备载其褒赠之职,庞杂淆乱,不足征信。固中欧史之病。然唐人文集碑刻,可资考证者甚多。东甫亦未能津逮也。东甫勤于考史,而未悟及此,乃知好学而能深思者之难。(见《潜研堂集》卷二十八)

而李慈铭阅此书亦评曰:沈氏所注寥寥,未能钩稽汉、晋、南、北、五代各史,补其世数、官阀、子姓。若更取《全唐文》及自汉至宋文集碑版广证之,犹可十得四五也。又曰:沈氏谓此书有谬误而无可取,其实可废,然所订不及十分之一。余尝疑欧公既作此表,当时必聚谱牒,何以所载寥寥?凡名位显著之人,往往下无子姓,即有,亦不过一二传,岂其后皆尽绝乎?疑文忠公意在谨严,凡所见谱牒,不尽以为可信,故存其父祖而删其子孙。《宗室世系表》亦然,防五季散乱之后,人多假托华胄也。然因噎废食,何足以存谱学?疑其初稿必不如此。今但取《全唐文》中碑志考之,其可补者甚多,惜沈氏之未及也。(并见《越缦堂日记》)慈铭复与书谭仲修献谓:东甫合订之版,闻藏吴荣禄家。何不从臾,令其广为印布?此书体例可议,而便于稽览,其

功不可没也。梁任公称:其名虽袭映碧,而体例较进步。(见《清代学者整理旧学之总成绩》)

按《四谱》:曰纪元,曰封爵,曰宰执,曰谥法。其纪元以大一统为正,而割据僭伪附焉,为得涑水、紫阳之通义。谥法博及纪传,又以补夹漈、鄱阳之未逮,约而不漏,简而该,诸史之义例略备矣。[九]

按:归安沈东甫炳震,《清史列传》卷六十八《儒林》下一,《清史稿》卷四百八十五《列传》二百七十二《文苑》二,俱有传。

五、陈黄中《宋史稿》

陈黄中,字和叔,号东庄谷叟,吴县陈景云之子也。诸生,少时即留心史学,以经济自负。乾隆初,应博学鸿词,不遇。乃纵游,南临洞庭湖,登衡岳,东浮钱塘,入闽北,驰驱燕、齐、河岱间,学益精,受知于海宁陈相国世倌,尝上书论用人、理财、养兵数大事,凿凿切利病。会有诏求骨鲠魁垒之士,陈欲以黄中应,辞焉。

所著《宋史稿》一百七十卷,《新唐书刊误》三卷,《国朝谥法考》三卷,《殿阁部院年表》《督抚年表》各六卷。

其《宋史稿》书殆成于乾隆二十年之后。二十七年壬午,黄中卒。后为钱大昕所见,为之跋。

《自序》云:(上略)黄中少时,每欲仿《新唐书》事增文减之例,重加改修,卒卒未遂。然暇时每遇有关宋史诸书,随时采获,积二十年。至乾隆十三年,因尽发向日所笔记者,讨论审订,改窜旧书,历八寒暑,乃克就稿。汰繁补逸,显微阐幽,期得是非之公,用存劝惩之义。然建隆以迄绍兴,载籍极博,涉猎取材,差为完备。自是厥后,文献无征。旁搜广罗,不遗余力。旧史凡四百九十六卷,今兹取其大半,与《新唐书》之卷适相等,第较量史才,则无能为役。又欧、宋改修唐史,积十七年而后成,其与编摩者十人,皆极一时文学之选。然同时吴缜、刘羲仲等,犹并著书以纠其谬。矧在寡昧,以一手任编辑之役,成书岁月,又仅居昔贤之半,其抵牾疏漏,更百倍于前人。跧伏草茅,谨藏篋笥,随时订定,无所折衷,名以史稿,志未成也。

钱氏跋云:吴门陈征士和叔《宋史稿》,本纪十二,志三十四,表三,列传百七十,共二百十九卷……此稿增删涂乙,皆出和叔手迹,然前后义例未能画一,纪、传无论赞,志无总序,盖犹未定之稿,较之柯氏《新编》,当在伯仲之间耳。(见《潜研堂文集》二十八)

按:长洲陈和叔黄中,《清史列传》卷七十一《文苑》二附陈景云后,《清史稿》卷四百八十四《列传》二百七十一,《清儒学案》,俱有传。

六、赵绍祖《新旧唐书互证》

赵绍祖,字绳伯,号琴士,安徽泾县人。诸生,九岁即以能文称。年十二,以经解受知于大兴朱筠。筠爱其才,期以精造。既不得志于国,遂弃帖括,专力于经史百家,下至碑版书画之属,无不钩考决择。

道光元年,举孝廉方正。时陶澍为安徽布政使,延绍祖纂辑《安徽通志》,详赡有法。累主秀山、翠螺各书院,殷勤教诱,始终无倦色。卒年八十二。

绍祖之学无不窥,尤深于史。最著者,一曰《通鉴注商》,参研抉发至六百余条,视顾炎武《日知录》所列及陈景云之《举正》,不啻倍蓰。一曰《新旧唐书互证》,于刘昫、欧阳、宋之书无所偏徇,然其间摘新书者十之八九。盖新书考证颇疏,同时吴缜已有纠缪之作,但缜挟私忿,有意吹索,而绍祖则平心以救其失,初不存门户之见。

又笃好碑板,谓可补史传之遗,成《金石文钞》《续钞》共十卷,《金石跋》六卷。他著有《建元考》二卷,《校补竹书纪年》二卷。辑《安徽人物志》八卷。

按:泾县赵琴士绍祖,《清史列传》卷七十三《文苑》四,《清史稿》卷四百八十六《列传》二百七十三《文苑》三,《清儒学案》卷二百,俱有传。

七、谢启昆《西魏书》

谢启昆,字蕴山,号苏潭,江西南康人。[一〇]乾隆辛巳进士,改庶吉士,散馆授编修。既而充国史馆纂修,日讲起居注官,出为镇江府知府。调扬州府,因事革职,发军台。旋开复,累官至广西巡抚,终于位,年六十六。

居史局暇日,以元魏之季东西对峙,虽各为强臣所制,无以相尚,而天平改元,孝武固在,东魏诚不能如西魏之正。且天保受禅而后,关西犹拥虚号七八年,国祚亦较愈于东之促。乃伯起书仅存,彦深之史失佚,读史者不无遗憾。爰斟定义例,排次成篇,计本纪一、表三、考二、列传十三、载记一,合为《西魏书》二十四卷。其中将相大臣、征伐诸表尤为精核。(支《传》)

钱氏大昕、姚氏鼐皆为作《序》。钱《序》云:(上略)魏至西迁廿余年间,州郡增置纷繁,名目屡易,尤不可以无专书也。观察谢蕴山先生曩在史局,编纂之暇,与阁学翁公议补此书。[一一]洎宛陵奉讳家居,乃斟酌义例,排次成编,为本纪一、表三、考二、列传十三、载记一。既蒇事,介翁公属序于予。读其《凡例》,谨严有法,洵足夺伯起之席,而张涑水、考亭之帜矣!……观察之书,不独为前哲补亡,而将相、大臣、征伐诸表,精核贯串,又补前史所未备。传诸异日,视萧常、郝经之续《后汉书》,殆有过之无不及也。(见《潜研堂集》卷二十四)

姚《序》云:南康谢蕴山观察旧居史职,出剖郡符,间以退处数年之暇,慨魏收之失当,撰《西魏书》二十四卷,以正其失,可谓勤学稽古,雅怀论世者矣!吾观李延寿《北史》本纪,录孝武于东魏孝静之前,而不曰西魏,意盖以收为非者。然拓跋自崔浩被诛,史笔回岡,故纪道武以往事多侈词。又自道武以前二十余世率加以皇帝之号,延寿因不能正也。今观察所纪,仅在其末二十五年事,固有延寿之得而无其失者。然延寿《自序》言见别史千余卷,今时代远隔,泯亡无一

存,不获使观察据之以考稽同异而裁定焉,惜哉!(见《惜抱轩集》卷三)

凌廷堪又为作《后序》云:先生以金匮之才,历石渠之选,网罗放失于千数百载以上,编次事实于二十余年之中,有休文、伯起之明备,无子京、永叔之简陋。卷帙不广,条目悉具。编年纪月以经之,旁行斜上以纬之,详于因革损益,著其兴衰治乱,洵足以存南董之权度,为东观之规矩者矣。约举大纲,其善有六……

而李慈铭阅此书后,评之曰:谢蕴山《西魏书》体例谨严,自为佳作,惜其纪传疏略相仍,亦有彼此不相回应者。固由其时记载散亡已尽,别无他书可资掇拾,故其五考,如礼乐刑法等,仅存大略。然细求之《册府元龟》《太平御览》《通典》《通考》诸书,当有更可搜集者。惟《封爵》《百官》两表,最为精核可传,其《历法考》《百官考》亦补缀细密云。(见《越缦堂日记》)

梁任公云:魏收《魏书》夙称秽史,芜累不可悉指。其于东、西魏分裂之后,以东为正,以西为伪,尤不惬人心。故司马《通鉴》不从之。乾隆末,谢蕴山(启昆)著《西魏书》二十四卷,纠正收书之一部分。南北朝正统之争本已无聊,况于偏霸垂亡之元魏,为辨其孰正孰僭,是亦不可以已耶?然蕴山实颇具史才,此书于西魏二十余年间史料,采摭殆无遗漏,结构亦谨严有法,固自可称。(见《清代学者整理旧学之总成绩》)

阮亨仲嘉《瀛舟笔谈》:谢蕴山曾辑《史籍考》,与毕秋帆似不相谋。

别著《小学考》《广西通志》等书。

按:南康谢蕴山启昆,《清史列传》卷三十一《大臣》,《清史稿》卷四百八十四《列传》二百七十一《文苑》一,《清儒学案》,俱有传。

八、陈鳣《续唐书》

陈鳣,字仲鱼,号简庄,浙江海宁人。嘉庆元年,举孝廉方正。博学好古,强于记诵,尤专心训诂之学。同县人吴骞拜经楼多藏书,鳣亦善聚书,得善本,互相钞藏,以故海内藏书家推吴氏、陈氏。

尝与钱竹汀、翁覃溪、段若膺诸子游,研究经义,质疑问难以为乐。复长于史才,以宋李昉等建议,拟黜朱梁纪年。后唐既系赐姓,收之属籍,又有大勋劳于唐室,宜可继承唐之坠绪。石晋叛宗邦而附异族,则削之。南唐为宪宗五代孙建王之玄孙,祀唐配天,不失旧物,尤当大书年号,以临万国。用戚光祖例,取南唐接后唐,而上溯天祐,至十九年中虚其统,成《续唐书》七十卷。凡为本纪七、表四、志十、世家十三、后妃传二、宗室传二、诸臣传二十九、外国传一。其间十志,具存五代典章制度,并补薛、欧所缺。[一二]

李慈铭云:陈仲鱼《续唐书》采取精博,体例谨严,远出萧、郝《续后汉书》之上。其自序谓稿经累易,力殚穷年,非虚语也。惜书为其外孙祝修,据副本刻于广东,校勘不慎,脱误甚众。然予平生仅两见之,为可贵也。(见《越缦堂日记》)

梁任公曰:陈仲鱼著《续唐书》,其意盖不欲帝朱温,而以后唐李克用直接唐昭宗。此与汤氏《季汉书》、谢氏《西魏书》同一见解。为古来大小民贼争正统闰位,已属无聊,况克用朱邪小夷,又与朱温何别?徒浪费笔墨耳!(见《清代学者整理旧学之总成绩》)后有李旦华宪吉著《后唐书》,内容略同,未刻行世。

鳣又著《郑康成年谱》一卷。钱大昕作《序》云:经术莫盛于汉,北海郑君兼通六艺,集诸家之大成,删裁繁芜,刊改漏失,俾百世穷经之士有所折衷,厥功伟矣。而后人未有谱其年者,庸非缺事乎?海宁陈君仲鱼,始据本传,参以群书,排次事实,系以年月,粲然有条,咸可征信,洵有功于先哲者矣。(《潜研堂文集》)

按:海宁陈仲鱼鳣,《清史列传》卷六十九,《清史稿》卷四百八十四《列传》二百七十一《文苑》一,俱有传。

九、郭伦《晋纪》

郭伦，字凝初，号西山，萧山人。乾隆丙子举人。

是书前有《自序》称：读《晋书》，皆取舍失衷，是非瞀乱。因重为刊定，勒成此编。其中唯诸志稍有可观，悉仍旧贯。其余删其冗琐，更易旧文，为世系一、本纪三、内纪一、志八、列传四十一、十六国录十四，积十五年乃成。较原本颇明简。然亦有体例未善者。……他如史家之难，莫过表、志。《晋书》既不立表，自宜补作。诸志漏略颇多，地理尤无端绪，亦急宜掇拾放逸，为之葺完。乃惮于改作，竟仍其旧，是亦未免因陋就简者矣。（见《四库提要·别史类》）

宋慈抱云：清代乾隆时有郭氏伦，为《晋纪》六十八卷，谓《晋书》于谯登、许肃之忠义，阙略不载。潘岳、左思之文采，治乱无关。羊祜、杜预、王濬、刘琨、祖逖、谢安之谟猷，刘渊、石勒诸人之雄武，本传芜冗，不足发其不可磨灭之概。至清言娓娓，乃司马氏所以乱亡，而缕述不衰，皆取舍失衷，是非瞀乱。更易旧文，为世家一、本纪三、内纪一、志八、列传四十一、十六国录十四。盖郭氏于典午一代，可谓详治乱之实迹，去枝蔓之浮词矣。宋、齐、周、隋等书，恨无郭伦其人也。（见《续史通·学问》）

又有《十七朝史论一得》一卷，是编为论八篇，一曰秦汉，二曰晋、宋、齐、梁、陈，三曰隋，四曰唐，五曰梁、唐、晋、汉、周，六曰宋，七曰元，八曰明，凡十七朝，故以为名。每朝各论其得失，大致不悖于理。（见《四库提要·史评类》）

近人赵超玄云：如房乔等《晋书》，好采诡谬碎事，以广异闻。又所评论，竟为绮艳，不求笃实，颇为学者所讥，故郭伦撰《晋纪》、周济撰《晋略》以代之。（见《中国史学史·史学复兴时代》）

十、周济《晋略》

周济，字保绪，一字介存，晚号止庵，江苏荆溪人。九岁能文，读书明大义,不屑屑章句间。好谈兵,兼习击刺骑射。嘉庆九年甲子举乡魁,明年成进士。以对策言直,抑置丙科,用知县。父虑其性卞急偾事,为请改教职,选淮安府学教授。

后去扬州,侨寓白门春水园,屏矍时豪习,规理故业,取平生蕴蓄,赅括荟萃,著为《晋略》六十六篇,体例精严,识力超特。其诸论赞,于攻取防守地势,尤反复曲折,确有指归。不获施诸世,因以托之言。自序谓将以喻志适用,匪侈博闻。什七折衷于涑水,庶几无悖资治之意。盖以寄平生经世之学,借史事以发之也。

包世臣称:其分散故籍,事归一线,简而有要,切而不俚,抉得失之情,原兴衰之故,贬恶而不没善,奖贤而不藏愿。大之创业垂统之猷,小之居官持身之术,不为高论,不尚微言,要归于平情审势,足以救败善后,非典午之要删,实千秋之金鉴。李慈铭云:《晋书》虽诸志多讹舛,又传中好采小说,为世儒所诟。然其文采不可没,论赞尤精深华妙。济改之作《晋略》,则枯寂陋略,使当时人皆无生气。(见《日记补》)金毓黻云:惟其序无一语及《晋记》,似尚未见郭书。然以好采诡谬碎事,为《晋书》病者,郭、周二氏亦引以为病,而亟亟改之也。(见《中国史学史》)

据此,则其书当甚有价值也。(说本梁任公)然在乾隆间,已有郭伦之《晋纪》六十八卷,为纪传体云。

按:荆溪周保绪济,《清史列传》卷七十二《文苑》三,《清史稿》卷四百八十六《列传》二百七十三《文苑》三,《清儒学案》,俱有传。

十一、梁廷枏《南汉书》

梁廷枏,字章冉,广东顺德人。幼颖悟,髫龄而孤。成童,尽取父书读之,下笔有凌云气。稍长,益肆力于学。寻补诸生,尝以南汉六十年间事迹,薛、欧二史粗具涯略,《九国志》《十国春秋》虽较详,然终未有专书如南唐吴越者。因根据正史、《通鉴》、地理诸书,旁及说部金石，编撰《南汉书》十八卷。凡为本纪六、列传十二。其所折衷异说，则别作《考异》十八卷，分附于纪传之后。至于单词片语，散见群籍，亦并缀补靡遗，成《丛录》四卷，《文字》二卷，足以资考证而广异同焉。

刻《藤花亭十种》。

按：顺德梁章冉廷枏，事迹具《朴学大师列传》陈鳣后，及《清史列传·文苑》。

十二、吴兰修《南汉纪》①

吴兰修，字石华，原名诗捷，嘉应州（今广东梅州）人。嘉庆十三年（1808）举人，官信宜县训导，出任粤秀书院监课、学海堂山长。笃好文史，喜治经学，自称经学博士。建书楼于粤秀书院，藏书三万余卷，名为"守经堂"，其中有宋元本及旧抄手校本，纸墨奇古，藏书之名与曾钊并称。

他治学严谨，工诗文，擅算学，精考据。他对南汉史的著述成就更大，是我国著名的史学家。他竭十年之精力，写成《南汉纪》五卷，被史家称为"十国纪事之书之冠"。嗣后，他又著成《南汉地理志》一卷、《南汉金石志》二卷及《考定南汉事略》等。这些著述为南汉史的研究，提供了大量珍贵资料。

十三、章陶《季汉书》

章陶，字栽良，号柴桑，诸暨人。诸生，其著《季汉书》九十卷，本紫阳朱子正统在蜀之论，正陈承祚《三国志》之误而改订之。其体大，其词文，其义本乎《春秋》，其识高乎列史，是范纯夫、陈同甫、谢皋羽之所有志厘正而不暇者。而柴桑氏以一诸生昂昂侃侃持论于千百载

①本节原稿缺，今据相关材料补。

之后，恍如正史之在当日焉。可谓奇矣，抑可谓难矣！

考《季汉书》之作，有明新安谢少连曾有是书，当时叶向高、李维桢诸公序而传之。今按柴桑之作，与是书曾不相袭，而考其义例，实有足相跨越者……余尝见柴桑氏于议论刚耿，涛涌风翻，不可一世。而其作书之体，正文外，不惜一词，又何其谨慎也！（见浦阳戴殿泗《叙》）

李慈铭云：晨诣厂肆，见《季汉书》，乾嘉间诸暨章陶字栽良所撰，后有《辨异》二卷，其同邑张廉字通源所撰。陶号柴桑，廉号莲溪。其书多驳萧、郝两书之误。（见《越缦堂日记补》，同治元年十一月十四日）

十四、汤成烈《季汉书》

汤成烈，字果卿，号确园，武进人。受业李兆洛，道光举人，历永康知县、玉环同知，有惠爱。归，主延陵书院以终。

梁任公曰：咸同间，有汤成烈著《季汉书》若干卷，吾未见其书。据莫郘亭友芝称其用力尤在表志，凡七易稿乃成。争正统为旧史家僻见，诚不足道，若得佳表志，则其书足观矣！（见《清代学者整理旧学之总成绩》）

编《〔咸丰〕永嘉县志》。孙诒让曰：汤成烈《〔咸丰〕永嘉县志稿》，体裁温雅，其《艺文志》全用朱氏《经义考》之例，然所纪者止于一县，且永嘉诸儒遗书，汤多未见，故亦未能详备。（《温志》）

汤成烈《缙云文征》。

近人金毓黻云：汤成烈《季汉书》九十卷，未见传本，为莫友芝所称，谓此书详核过萧、郝二氏，于表志用力尤勤。（见《中国史学史》，表内附考）

赵超玄云：昔陈寿《三国志》，帝魏绌蜀，叙述简略，皆取讥之道，故汤成烈作《季汉书》以代之。（见《中国史学史·史学复兴时代》）

按：武进汤确园成烈，孙诒让云：《〔咸丰〕永嘉志稿》，知县武进汤成烈所修，属稿未峻而汤量移，遂辍不修。原稿藏永嘉陈氏，余家有传钞本。（《征访温州遗书约》）

参考资料

李清——徐乾学《李映碧先生墓表》，《憺园文集》。

汪琬《李公行状》，《尧峰文钞》。

姚莹《与南北史合注局诸人书》，《东溟文外集》。

邵远平——梁玉绳《瞥记》。

吴任臣——凌廷堪《论吴任臣〈十国春秋〉》，《校礼堂集》。

《清儒学案》卷七《亭林学案》下附吴任臣。

沈炳震——全祖望《沈东甫墓志铭》，《鲒埼亭集》。

钱保塘《跋新旧唐合钞》，《清风室文钞》。

《清儒学案》卷七十《谢山学案》下附沈炳震。

《碑传集》百三十三。

自著《东庄诗文遗集》四卷。

陈黄中——彭绍升《陈和叔传》，《二林居集》，并载在翁方纲《湖海文传》。

钱大昕《跋陈黄中〈宋史稿〉》，《潜研堂集》二十八。

《清儒学案》六十一《果堂学案》附陈黄中。

赵绍祖——自著《古墨斋集》。

朱玉存作《赵琴士征君传》，《小万卷斋文集》。

《清儒学案》二百《诸儒学案》六。

《续碑传集》七十六。

谢启昆——自著《树经堂文集》。

姚鼐作《墓志铭》，《惜抱轩集》。

论文：《与赵云崧论〈西魏书〉》，《树经堂遗文》。

《复孙渊如观察为〈史籍考〉》，附原信孙渊如为《史籍考》，《复钱大昕竹汀为〈小学考〉》。

《清儒学案》八十九《惜抱学案》附谢启昆。

陈鳣——自著《简庄文钞》，又《续编》。

《与黄丕烈论拟纂辑〈新五代史〉》。

《碑传集补》四十八。

周济——自著《介存斋文稿》二卷。

魏源《荆溪周君保绪传》，《古微堂外集》。

丁晏《周先生传》，《颐志斋文钞》。

包世臣《与周保绪论〈晋略〉书》，《安吴四种》。

《清儒学案》百三十六《安吴学案》附周济。

《续碑传集》七十七。

吴兰修——阮元《揅经室集》。

汤成烈——李兆洛《养一斋集序》，光绪四年。

延伸阅读

〔一〕杨晨云：邵戒三（远平）《元史类编》四十二卷，盖继其高祖经邦《弘简录》而作。分世纪（世祖以前四帝）、天王（拟帝纪，此沿春秋之名而非者）、宰辅功臣（附宋降将吕文焕等）、侍从台谏（附直谏，以非谏官也）、庶官（分文臣、循吏）、皇后、公主（附驸马）、系属（拟宗室追尊附）、儒学文翰（附艺学、书画者）、善旌德（分忠节、孝友、列女，以上三传各补史文之遗）、杂行（分宦官、释、道，而附以宦臣、群贤，不合史例）、附载（拟载记，即外国传），即于原文删其复重，补其缺佚（采自各书文集者，每注出处。卷首附《海运图考》及《朔漠图考》）。编纂不为无功，然别史虽不敢同正史，名目乖异，亦非体裁。

又金毓黻云：清儒邵远平始撰《元史类编》四十二卷，意在续其高祖经邦之《弘简录》。魏源论之曰：远平《类编》袭郑樵《通志》之重僭，以天王、宰辅、庶官分题，已大偭史法，且有纪、传，无表、志，于一代经制,阙略未备。然邵氏能取《经世大典》诸书,以补正史,不无订正之功,而世祖以下诸本纪,即为魏源《新编》所袭用,是其致功于此,亦匪细矣。(见《中国史学史》)

李详云:王西庄《十七史商榷》论吴任臣《十国春秋》云:志伊自言采薛氏《旧五代史》,恐实未见,虚列此目。详按,《南雷文定》后附录志伊《札》云:拙著《十国春秋》,专俟薛居正《旧五代史》略为校雠,遂尔卒业。前已承允借,今因仇沧兄之便,希慨寄敝斋,一月为期,仍从沧兄处璧上,断不敢浮沉片纸只字,切祷。据此知志伊曾见此书,不为虚列。南雷先生藏有薛《史》,全谢山《鲒埼亭集》言之最详。一见《二老阁藏书记》,一见《移明山馆帖子》,西庄偶未见耳。(见《瘗记》)

〔二〕金毓黻云:吴氏以欧史记十国事,尚语焉不详,乃采诸霸史、杂史以及小说家言,并证以正史,以成《十国春秋》。又于诸传本文之下,自为之注,载别史之可存者,且于旧说之非是者,多所辨证。所撰表、志,考订尤精。(见《中国史学史》)

〔三〕周在浚云:武林吴任臣太史有《十国春秋》,考究精详,笺注亦多备,予注多引用焉。(《南唐书笺注·凡例》)

〔四〕亡友宋慈抱云:昔顾宁人先生《广师篇》有云:博闻强记,群书之府,吾不如吴伊臣。余少读宁人是文时,不知吴氏为何如人,心固已识之矣。越数岁,得吴氏《十国春秋》,知其采古今图籍,无虑数百余种。正史以外,若《册府元龟》《太平御览》《文献通考》《玉海》《说郛》,王溥《五代会要》,陶岳《五代史补》,尹洙《五代春秋》,李焘《续通鉴长编》,范成大《吴郡志》,马令、陆游《南唐书》,陈彭年《江南别录》,龙衮《江南野史》,郑文宝《南唐近事》,李昊《蜀书》,林谞《闽中记》,吴莱《南海古迹记》,欧阳忞《舆地广记》,乐史《太平寰宇记》,祝穆《方舆胜览》,旁及稗官野史、省志、府县志、唐宋名人集,以逮《文苑精华》《宋文鉴》等书,荟萃成编,不敢臆造,则顾先生所谓博闻强记,群书之府,非妄也。(见《南唐书补注·叙》)

〔五〕丁丙云：吴任臣好读奇书，家贫，教授里中。会兵乱，江南大姓皆窜匿，里中少年载其书入市，以一钱易一帙。托园罄修脯以为市，于是吴中书悉归之，并昼夜读之，久益淹贯。应大科，时冯相国延馆之，为佳山堂六子之一。……托园先生当兵燹之余，留心经籍，生平著作等身，观其引证之多，即可见其收藏之富矣。（见《武林藏书录》）

〔六〕梁启超云：康雍间，归安沈东甫（炳震）著《二十一史四谱》，且删合新旧《唐书》。（见《学风之地理分布》）

〔七〕李慈铭云：晨刻，有人以沈东甫《唐书》合订八十册来售，以索直钱八千。此书余素慕之，购而未得。今阅之，乃错杂新旧《唐书》而成者。其本纪用旧书，列传参用新书，表、志则用新书而订正之。虽可谓集二书之长，然既不得为古人原书，亦不得为东甫自作之书，其病殆与李映碧清《南北史合注》同。近见彭文勤、刘金门宫保合成《五代史记注》，则以欧史为主，而散附薛史及王溥《五代会要》，皆全载三书原文，不遗一字，体例为最善耳。东甫此书未尝不可传，顾不能无遗憾。今日又卒不能得钱，遂还之，亦可惜也。（见《越缦堂日记补》）

〔八〕又金毓黻云：向使欧、宋二氏于旧史之佳者，多用旧文，不为删并，专就唐末史事，去其烦冗，补其阙遗，则为新书之佳本，而无可讥矣。清人沈炳震悟得此理，遂辑《唐书合钞》二百六十卷，本纪、列传悉用旧书，志、表多用新书，而以他一书之异同，及可补阙遗者，分注于下，并为《宰相世系表》作订误数卷。此折衷于新、旧两书之间，弃其短而取其长，最为得作史之意者也。（见《中国史学史》）

〔九〕继李氏有作者，一为王先谦撰沈书《补注》二百六十卷，稿具未刊。一为唐景崇所撰《唐书注》，即就沈书加以剪裁订补。梁任公曰：晚有广西临桂唐春卿景崇注《新唐书》，世以比裴松之。又陈衍云：以余所知，唐春卿尚书注《唐书》二百卷，惜费不刊，子不克家，荡产亡身,尚书忿结以死……

〔一〇〕梁启超云:雍乾之后,南康谢蕴山(启昆)以著《西魏书》名。他尚有所撰述,斯界二三流人物也。(见《学风之地理分布》)

又李慈铭云:谢苏潭,名启昆,字蕴山,南康人,官至广西巡抚。所著《小学考》及《西魏书》,皆经史中必传之作。(见《日记补》)

又金毓黻云:清代谢启昆深鉴收书之失,远师魏澹之例,取孝武以下四帝事迹,别撰《西魏书》。改撰大旨,见于《叙录》。所撰诸考,尤能订补收书诸志之阙失,洵别史中之佳制也。(见《中国史学史》)

《与谢梦渔谈》:梦渔少为江北名士,颇读书。其祖溶生,乾隆中官少司寇,世掌扬州文汇阁四库书。蕴山先生启昆,亦其从祖,所著《小学考》《西魏书》诸书板已散失。梦渔自言尝著《易学》《字学》书两种,并毁于兵。今老病贫冗,不复能卒业。其治经史诗文,具有援据,见其所集《杜律》数章,自然浑成,亦近来士大夫中不易得者矣。(《越缦堂日记补》)

〔一一〕叶昌炽云:北平翁苏斋方纲《跋王定界碑》云:是碑所称明帝,即西魏孝武帝也。因与门人谢蕴山言,魏澹之书既亡,宜别撰《西魏书》。蕴山深有志于此,又佐以胡雒君之赅洽,已撰《序录》一卷,而其书至今未成,盖甚矣取材之难也。(见《缘督庐日记》卷四引)

近人赵超玄云:如魏收《魏书》,众口喧然,号为秽史,故谢启昆作《西魏书》以代之。(见《中国史学史·史学复兴时代》)

〔一二〕又云:石敬瑭以乞援外族而作儿皇帝,而作史者尊称之为晋高祖,此尤甚于陈寿《三国志》之尊魏抑蜀,极不协于人心之公者也。或谓宋受周禅,上溯汉、晋、后唐、梁,以承于唐,故撰《五代史》,以明其有所受,不然,薛、欧诸公岂不知此? 其说是也。若乃事隔数代,嫌忌尽捐,起而正之,亦乌容已? 清代陈鳣乃依此义而作《续唐书》。(见《中国史学史》)

第十五章　统释诸史[一]

一、钱大昕《廿二史考异》附弟大昭,侄塘、坫

钱大昕,字晓徵,一字辛楣,号竹汀,江苏嘉定人。[二]十五为诸生,有神童之目。乾隆十九年,成进士,选庶吉士,授编修,少詹事。充山东、湖南、浙江、河南主考官。丁父忧,归。历主钟山、娄东、紫阳书院,共三十年。其在紫阳,造士尤多云。

大昕博极群书,长于治史。[三]尝在幼时,授徒顾氏家,见案头《资治通鉴》及不全二十一史,晨夕披览,即有尚论千古之志。旋读李延寿《南北史钞》,撮故事为《南北史隽》一册。四十以后,始撰《廿二史考异》共百卷。

作《廿二史考异·自序》云:予弱冠时,好读乙部书。通籍以后,尤专斯业。自《史》《汉》讫金、元,作者廿有二家,反覆校勘,虽寒暑疾疢,未尝少辍,偶有所得,写于别纸。丁亥岁,乞假归里,稍编次之。岁有增益,卷帙滋多。戊戌,设教钟山,讲肄之暇,复加讨论。间与前人暗合者,削而去之。或得于同学启示,亦必标其姓名。郭象、何法盛之事,盖深耻之也……廿二家之书,文字烦多,义例纷纠,舆地则今昔异名,侨置殊所;职官则沿革迭代,冗要逐时。欲其条理贯中,了如指掌,良非易事。以予佇劣,敢云有得?但涉猎既久,启悟遂多,著之铅椠,贤于博弈云尔。[四](见《潜研堂集》卷二十四)

所考为《史记》、《汉书》、《后汉书》、《续汉书》、《三国志》、《晋书》、《宋书》、《齐书》、《梁书》、《陈书》、《魏书》、《北齐书》、《周书》、《隋书》、《南史》、《北史》、新旧《唐书》、欧阳《五代史》、《宋史》、《辽》、《金》、《元史》,曰廿二史者,以《续汉书》并入《后汉书》也。

阮元论钱氏曰：先生于正史、杂史，无不讨寻，订千年未正之讹。精通天算，三统上下，无不推而明之。校正地志，于天下古今沿革分合，无不考而明之。于金石，无不编录。于官制史事，考核尤精。因叹以为人所难能。（见《揅经室集·十驾斋养新录序》）

李慈铭云：其书皆参校同异，多有是正。《史》《汉》尤兼考据经学，别正字体。[五]《晋书》以下，大率于本纪列传志表中，互勘其岁月之差错，官爵之先后，郡国之沿革，而兼采《会要》及历朝各家诗文集以订正之。（见《越缦堂日记补》）

梁任公曰：钱书最详，其校勘文字，解释训诂名物，纠正原书事实讹谬处亦时有。凡所校考，令人涣然冰释，比诸经部书，盖王氏《经义述闻》之流也。（见《清代学者整理旧学之总成绩》）

又为《考史拾遗》，凡《三史》五卷、《诸史》五卷。

竹汀尝病《元史》疏芜，欲采各家诗文集及笔记小说之类，改修《元史》，恐违功令，改为《元诗纪事》[六]，故于元事尤为熟悉。段玉裁作《潜研堂文集序》云：先生生平于《元史》用功最深，惜全书手稿未定。又自谓补撰《元艺文志》，所见元、明诸家文集、志乘、小说，无虑数百种，而于焦氏《经籍志》、黄氏《千顷堂书目》、倪氏《补金元艺文志》、陆氏《续经籍考》、朱氏《经义考》采获颇多，其中亦多讹踳不可据者。（见《十驾斋养新录》卷十三）其他补表，如《唐书史臣表》，唐五代、宋《学士表》及《元氏族表》各若干卷。[七]

晚年又为两江总督毕公沅校刊《续资治通鉴》。自温公编辑《通鉴》后，宋、元两朝，虽薛氏、王氏之续，而纪载疏漏，月日颠倒，又略于辽、金之事。近世徐氏重修，虽优于两家，所引书犹病疏略。自四库馆开，海内进献之书，与天府储藏奇秘图籍，《永乐大典》所载事涉宋、元者，前人都未寓目。毕公悉钞得之，以为此书参考之助。先经邵学士（晋涵）、严侍读（长明）、孙观察（星衍）、洪编修（亮吉）及族祖小兰先生佐毕公分纂成书。阅数年，又属覆勘，增补《考异》。未藏事而毕

公卒,以其本归公子。[八](见《年谱续编》)

他著又有《宋辽金元四史朔闰考》二卷,洪文惠、王深宁、弇州山人年谱各一卷。又有《竹汀日记钞》《竹汀二作日记钞》。[九]

其弟大昭,族子塘、坫,皆以治史见称于世。

大昭,字晦之,一字竹庐。淹贯经史,著书满家。刊行者惟《后汉书补表》八卷而已。(见《国朝先正事略》)大昕作此书《后序》云:予弟晦之,尤熟于范史。因与参考商略,正其传写之讹脱者,两阅月而毕事,乃识其后。(见《潜研堂集》卷二十四)

按此书内容分诸侯王表、王子侯表、功臣侯表、外戚恩泽侯表、宦者侯表、公卿表。李慈铭曰:其书考订精密,多驳熊表之误,然拘于班例,不敢出入,谬讹处亦不胜指。钱氏讥熊表不明体例,而所表实未大胜熊表也。(见《越缦堂日记》)又著《两汉》《三国》二《辨疑》。王光禄称赏不止,以为突过三刘。而兄大昕亦作《序》称之云:弟晦之,孜孜好古,实事求是,所得殊多于予,其用力精勤,虽近儒何屺瞻、陈少章未能或之先也。(见《潜研堂集》卷二十四)复有《补续汉书艺文志》二卷,盖取蔚宗本史所载及书之见存于今代,引证于古书,著录于别史,暨藏书家所录者,辑为此编,以补司马氏之阙漏,部分条析,悉依前书。于一代著述,固已搜采无遗,洋洋美备矣。

他著有《补续汉书艺文志》二卷、《后汉郡国令长考》一卷。

塘,字学渊,号溉亭。乾隆四十五年进士,官江宁府学教授,公余多暇,益肆力于经史之学,著有《史记三书释疑》三卷,于律历、天官家言,皆究其原本,而以他书疏通证明之。[一○](见《国朝先正事略》)

坫,字献之,副贡生,有《史记补注》百三十卷,未刊。(见《书目答问》)此书详于音训及郡县沿革、山川所在。陕甘总督松筠重其品学,亲至卧榻问疾,索未刊著述,坫取付之,曰:三十年精力,尽于此书矣!他著又有《汉书十表注》十卷、《新校注地理志》十六卷。

按:嘉定钱竹汀大昕,《清史列传》卷六十八《儒林》下一,《清史稿》卷四百八十一《列传》二百六十八《儒林》二,俱有传。大昭,塘、垆附。

二、王鸣盛《十七史商榷》

王鸣盛,字凤喈,一字礼堂,号西庄,晚号西沚,江苏嘉定人。〔一〕少警颖,为诸生时,巡抚陈大受招入紫阳书院,山长王峻奇赏其才。复从沈德潜游,称高第弟子。乾隆十九年,以一甲二名进士,授翰林院编修,历官至内阁学士,兼礼部侍郎衔。丁内艰归,遂不复出。键户读书,不与世事,垂三十年,所著《十七史商榷》一百卷。《自序》云:十七史者,上起《史记》,下讫《五代史》……商榷者,商度扬榷之也……予束发好谈史学,将壮,辍史而治经。经既竣,乃重理史业,摩研排缵二纪余年,始悟读史之法,与读经小异而大同。何以言之? 经以明道,而求道者不必空执义理以求之也。但当正文字,辨音读,释训诂,通传注,则义理自见,而道亦在其中矣……读史者不必以议论求法戒,而但当考其典制之实;不必以褒贬为与夺,而但当考其事迹之实。亦犹是也,故曰同也。若夫异者则有矣。治经断不敢驳经,而史则虽子长、孟坚,苟有所失,无妨箴而砭之,此其异也。……当择善而从,无庸偏徇……〔二〕钱氏大昕称:此书主于校勘本文,补正讹脱,审事迹之虚实,辨纪传之异同,于舆地、职官、典章名物,每致详焉。独不喜褒贬人物,以为空言无益实用也。〔三〕(见《潜研堂集》卷四十六)

按:鸣盛、大昕本为婚姻,学又相近,情好甚笃,何以言之? 王氏墓志铭载之甚明。文云:予与西沚总角交,予妻又其女弟。幼同学,长同官。乃归田,衡宇相望,奇文疑义,质难无虚日。予驽缓,西沚数镞厉之,始克树立。平生道义之交,无逾西沚,常以异姓轼、辙相况,匪由亲串昵就,辄相标榜也。(见书同上)但二子之书,谭献评之曰:论著述,则钱托体高;论启发,则王为功多。(见《复堂日记》卷七)梁任公曰:以余所见,钱书固清学之正宗,其校订精核处,最有功于原著者。对于头绪纷繁之事迹及制度,亦为吾侪绝好的顾问。(见《清代学者整理旧学之总成绩》)

此书所考,其先皆注在简眉牍尾,字如黑蚁,久之皆满,无可复容,乃誊于别帙,而写成净本,都为一编。计《史记》六卷,《汉书》二十二卷,《后汉书》十卷,《三国志》四卷,《晋书》十卷,《南史》合宋齐梁陈书十二卷,《北史》合魏齐周隋书四卷,新旧《唐书》二十四卷,新旧《五代史》六卷,总九十八卷。李元度(次青)云:……其书博辨详明,与容斋、伯厚相上下,前人纠谬拾遗之作,不屑沿袭掊撦也。(见《国朝先正事略》)书末缀言二卷,论史家义例,亦殊简当云。

李慈铭云:乾、嘉间,经儒蔚兴,跨唐跻汉,而兼精史学者,惟钱氏大昕及王氏鸣盛,皆嘉定人也。王氏经学最著者有《尚书后案》,其杂家考据之学有《蛾术编》。而此书为史事之荟萃,所论兼及《旧唐书》《旧五代史》,仍曰十七史者,并新、旧合言之也。援引之博,核订之精,议论之名通,皆卓绝今古。尤详于新旧《唐书》……王氏《自序》谓读史犹之读经,但当考其典制之实,不必横生意见,驰骋议论。顾其书虽校讹订逸居十之七八,而亦时有创论。(见《越缦堂日记补》)

王礼堂综究经史,其于《十七史商榷》,亦云精密矣。然其中如纠《后汉书》……皆已见《日知录》。王氏定有不见顾氏书者,偶或忘之,不足为病。(《越缦堂日记补》)

按:嘉定王西庄鸣盛,《清史列传》卷六十八《儒林》下一,《清史稿》卷四百八十一《列传》二百六十八《儒林》二,《清儒学案》卷七十七《西庄学案》,俱有传。

三、赵翼《廿二史札记》

赵翼,字云崧(耘松),号瓯北,江苏阳湖人。[一四]生三岁,日能识字数十。十二岁,学为文,一日成七艺,人皆奇之。乾隆十五年,举顺天乡试,才名动辇下。二十六年,以一甲三名成进士,授翰林院编修,任撰文,修《通鉴辑览》。寻授镇安知府,调广州知府,皆著政声。擢贵西道,坐他狱,降秩用,遂乞养归。家居数十年,手不释卷,以著述自娱,尤邃于史。其《廿二史札记》三十六卷,自作《小引》云:

闲居无事,翻书度日,而资性粗钝,不能研究经学。惟历代史书,事显而义浅,便于浏览,爰取以为日课。有所得,辄札记别纸,积久遂多。〔一五〕惟是家少藏书,不能繁征博采,以资参订。间有稗乘脞说,与正史歧互者,又不敢遽诧为得间之奇。盖一代修史时,此等记载,无不搜入史局,其所弃而不取者,必有难以征信之处。今或反据以驳正史之讹,不免贻讥有识。是以此编多就正史纪传表志中参互勘校。其有抵牾处,自见辄摘出,以俟博雅君子订正焉。至古今风会之递变,政事之屡更,有关于治乱兴衰之故者,亦随所见附著之。或以比顾亭林《日知录》,谓身虽不仕,而其言有可用者,则吾岂敢!

而钱大昕为之作《序》云:今春访予吴门,复出近刻《廿二史札记》三十有六卷见示。读之,窃叹其记诵之博,义例之精,论议之和平,识见之宏远,洵儒者有体有用之学,可坐而言,可起而行者也……先生上下数千年,安危治忽之几,烛照数计,而持论斟酌时势,不蹈袭前人,亦不有心立异,于诸史审订曲直,不掩其失,而亦乐道其长,视郑渔仲、胡明仲专以诟骂炫世者,心地且远过之。

按此书得同时后进宝山李保泰为之编校,书成后,李亦为作《序》云:阳湖赵瓯北先生,以经世之才,具冠古之识,自太史出守,擢观察。甫中岁即乞养归,优游林下者将三十年,无日不以著书为事,辑《廿二史札记》三十六卷。方先生属稿时,每得与闻绪论,及今始溃于成。窃获从编校之役,反复卒读之。(见《本书卷首》)近人梁启超(任公)尝诏人读史之前,当一浏览此书,谓:《记》称"属辞比事,《春秋》之教",此书深得"比事"之诀,每一个题目之下,其资料皆从数十篇传中,零零碎碎觅出,如采花成蜜。学者能用其法以读史,便可养成著述能力。〔一六〕（见《饮冰室文集》）又云：赵书每史先叙其著述沿革，评其得失，时亦校勘其抵牾。但彼与三苏派之帖括式史论截然不同。彼不喜专论一人之贤否、一事之是非，惟捉住一时代之特别重要问题，罗列其资料而比论之。古人所谓"属辞比事"也。（见《清代学者整理旧学之总成绩》）然章氏太炎则诋之曰：近世如赵翼辈之治史，戈戈鄙言，弗能钩深致远，由其所得素浅耳。（见《太炎最近文录》）

但此书，人有疑其非自著者。〔一七〕李慈铭云：阅赵翼《廿二史札记》，常州老生皆言此书及《陔餘丛考》，赵以千金买之一宿儒之子，非赵自作。以《瓯北诗集》《诗话》及《簷曝杂记》诸书观之，赵识见浅陋，全不知著书之体，此书较为贯串，自非赵所能为。《丛考》又多入小说，不如《札记》之有体要。然于史事多是正纂集之功，无所发明，笔舌冗沓，尤时露村学究口吻。以视钱氏《廿二史考异》，固相去天壤。即拟王氏之《十七史商榷》，亦远不逮也。〔一八〕（见《越缦堂日记》）梁氏则谓人之学问固有进步，此书为瓯北晚作，何以见其不能？况明有竹汀之序耶？并时人亦不见有谁能作此类书者，或谓出章逢之（宗源）。以吾观之，逢之善于辑佚耳，其识力尚不足以语此。（见《清代学者整理之总成绩》）他著《陔餘丛考》中十之四五，谈治史亦有涉及典章制度者，可资考证。又有《皇朝武功纪盛》，是专记一事之始末者。

按：阳湖赵瓯北翼，《清史列传》卷七十二《文苑》三，《清史稿》卷四百八十五《列传》二百七十二《文苑》二，《清儒学案》，俱有传。

四、王念孙《读书杂志·史部》

王念孙，字怀祖，号石臞，江苏高邮人。〔一九〕冢宰文肃公安国子。幼随父入都，有神童目。十岁而毕十三经。长从戴东原游，遂力为稽古之学。乾隆乙酉，高宗南巡，以博士弟子献颂册，钦赐举人。乙未成进士，由庶吉士改工部都水司主事，擢给事中，寻授直隶永定河道，终用河溃致仕。

既罢官,日以著述自娱,校正《战国策》《史记》《逸周书》暨旧所注《汉书》等,凡十种,都八十二卷,名曰《读书杂志》。一字之征,博及万卷,其精于校雠如此。

按:高邮王怀祖念孙,《清史列传》卷六十八《儒林》下一,《清史稿》卷四百八十一《列传》二百六十八《儒林》二,《清儒学案》,俱有传。

五、洪颐煊《诸史考异》

洪颐煊,字筠轩,浙江临海人。[一〇]精研经训,好习大义,贯串正史。嘉庆六年,拔贡生,为山东督粮道。孙星衍撰《孙氏书目》数卷,《平津馆读碑记》十二卷。考据明审,于唐代地理尤多得。著《诸史考异》十八卷。自《三国志》至《南北史》订讹考异,盖继《读书丛录》考订《史》《汉》而作。黄岩杨晨得其家藏稿,寄广雅书局刊行。梁任公颇称之,详《清代学者整理旧学之总成绩》中。

金毓黻案:其后临海洪颐煊亦喜治史,其《读书丛录》中有七卷为论史之语,专考《史记》《两汉》。其后又读《三国志》以下迄隋,为《诸史考异》十八卷,然仅小有补苴,不逮钱、赵、王三氏远甚,故亦不复详论云。

他著又有《汉志水道疏证》四卷,取班氏所记可名者三百六十一,无名者百三十一,随其所入,条分缕析,而复错举古书,考证异同。阮元督两广,延之入幕,取经治史以为常。颐煊性好聚书,时岭南有市,多旧本,数以重资购置,藏善本三百余种,碑版二千余通,钟鼎彝器,皆撰有目,多世所罕觏者。后卒于家。

按:临海洪筠轩颐煊,《清史列传》卷六十九《儒林》下二,《清史稿》卷四百八十六《列传》二百七十三《文苑》三,俱有传。

六、李贻德《十七史考异》

李贻德,字天彝,号次白,浙江嘉兴人。幼有奇童之目,年十八,补诸生,馆硖川蒋氏。蒋藏书甚富,悉发其箧读之,学益进。嘉庆戊寅,举于乡。继游金陵,以诗百韵投阳湖孙星衍。亟延入,与论上下古今,穷昼夜不息。孙晚年善病,所著书有未竟,以付贻德为卒业。同郡程春庐左理善言史,与语叹绝。同县钱衎石给事,尤与之善,以学行相切劘。贻德上春官,不售。壬辰会试,复报罢,遂遘疾,殁于京师,年五十。衎石收其遗稿。所著惟《十七史考异》最完善。[二一]

　　按:嘉兴李次白贻德,《清史列传》卷六十九《儒林》下二附孙星衍后,《清史稿》卷四百八十一《列传》二百六十八《儒林》二,《清儒学案》,俱有传。

七、张燨《读史举正》

张燨,字曦亮,号南漪,浙江仁和人。著《读史举正》八卷。

梁启超云:此书盖读史考据之札记,体例与钱竹汀之《考异》、王西庄之《商榷》略同,虽琐碎,亦有极精到者。(见《饮冰室文集》)

全谢山为之《墓志铭》,述其行:南漪读书极博,其说经皆有根据,必折衷于至是,而尤熟于史。其榷史也,尤精于地志,几几足以分国初胡、阎、黄、顾诸老之席。……南漪不喜为场屋之文,故科举累失利。……南漪之学,固未见其止,即就其所已至者,亦自足以有传。而其平日为文最矜慎,不苟作,身后屏当其箧,不满数十篇,皆非其底蕴之所在。惟《读史举正》一书,亦未及十之五,草书散乱在故纸中,予为科分而件系之,阙其所不可识者,诠次得四卷,令其子抄而传之。不然,南漪几不免有寂寞千秋之恨,是则可悲也。

参考资料

　　钱大昕——自著《潜研堂文集》五十卷。又自作《记生朝》。
　　王昶作《墓志铭》,《春融堂集》。
　　凌廷堪《校礼堂集》,"独称钱辛楣之史学"。

王引之作《神道碑铭》,《王文简公文集》。

臧庸《钱晓徵校史记》,《拜经堂文集》。

邵晋涵《上钱竹汀先生书》,《南江文钞》。

严元照《钱竹汀先生》,《悔庵学文》。

论文:《与一统志馆同事书》《与梁曜北论史记书》《与王西庄书》《与洪稚存书》《论三国疆域》。

《耆献类征》百二十八《词臣》十四。

《先正事略》三十四《经学》。

《汉学师承记》二。

《学案小识》十四。

《清儒学案》卷八十三《潜研学案》,又卷八十四。

《清文汇》乙集卷二十五。

《碑传集》四十九《翰詹》下附大昭、塘、坫。

钱大昭——自著《尊闻斋文集》六卷。

钱塘——自著《溉亭述古录》。

钱大昕《溉亭别传》,《潜研堂集》三十九。

《耆献类征》二百五十七。

《先正事略》三十四。

《碑传集》四十九。

钱坫——自著《湖海文传》。

包世臣《钱献之传》,《安吴四种》。

潘奕隽又作《传》,《三松堂集》。

论文:《上王述庵先生书论校汉书》。

《耆献类征》二百五十七《僚佐》九。

《汉学师承记》。

《学案小识》十四附大昕后。

《先正事略》三十四,又附大昕后。

《清文汇》乙集卷四十五。

《碑传集》四十九。

王鸣盛——自著《西庄始存稿》。

　　王昶《王鸣盛传》,《春融堂集》。

　　钱大昕《西沚先生墓志铭》,《潜研堂文集》。

　　《耆献类征》八十二《卿贰》五十三。

　　《先正事略》三十四《经学》。

　　《汉学师承记》三。

　　《清儒学案》七十七《西庄学案》。

　　《清文汇》乙集卷二十四。

　　《碑传集》四十二。

赵翼——自著《瓯北集》。

　　姚鼐作《传》,《惜抱轩文集》。

　　孙星衍作《墓志铭》,《孙渊如外集》。

　　钱大昕《瓯北集序》,《潜研堂集》二十六。

　　《耆献类征》二百十二《监司》八。

　　《先正事略》四十《文苑》。

　　《清儒学案》八十一《兰泉学案》附赵翼。

　　《碑传集》八十六《监司》七。

王念孙——自著《王石臞先生遗文》四卷。

　　阮元《王石臞先生墓志铭》,《揅经室续集》。

　　徐国作《行状》。

　　罗振玉《高邮王氏六叶传状碑志集》,《高邮王氏遗书》本。

　　又《高邮王氏遗书跋》,《松翁近稿》。

　　近人刘盼遂作《年谱》。

　　《耆献类征》二百十二。

　　《先正事略》十六附父安国后。

《清儒学案》卷一百《石臞学案》上。

《续碑传集》七十二《经学》。

洪颐煊——自著《筠轩文钞》四卷。

《清儒学案》百廿三《仪征学案》附洪颐煊。

李贻德——钱仪吉《李次白墓志铭》，《衍石斋记事稿》。

徐士芬作《传》。

刘恭冕作《遗书序》，《广经室文钞》。

《清儒学案》百四四《柳东学案》附李贻德。

《续碑传集》七十六。

延伸阅读

〔一〕李慈铭云：考据之学，愈后而愈精。然非心细而识高，不能独出己见也。国朝全氏、钱氏、王氏之史学，可谓精矣。全与王、钱，虽取径不同，钱又非王所及，要其考证，皆有独绝处。惠氏（栋）史次于经，而两汉则致力亦甚深。何氏（焯）、陈氏（景云）、姚氏（范），尤非三君之匹，其校正马、班、陈、范四史之功，亦不可没也。（《越缦堂日记》）

注：旧史之校勘与注释，自欧阳修、朱子以来，治史学者专以褒贬与夺为务，崇尚浮论，不考事实。夫考证者，所以审定史料之是否正确，实为史家求征信之要具。《隋书·经籍志》有刘宝之《汉书驳议》，姚察之《定汉书疑》，盖此类书之最古者。司马光既辑《通鉴》，复为《考异》，著述之家，所尊奉为规范者。大抵考证之业，宋儒始引其绪，刘敞、洪迈、王应麟等人，书稍有可观。及至清代，经生家移"实事求是""言而有征"之精神，以治史学，于焉丕变，实史学之最大特色也。盖古书经数千年之传抄与后人之混乱，多失其真。清儒校勘之法，甚为精密，或用善本以校正俗本；或用本书及他书之旁证反证，以校正文句之原始讹误；或细审全书之体例，以校正全部通有之讹误；或根据其他材料，以纠原著本有之谬误，以此法行之，举凡重要典籍，或无

不经一番研磨，后辈读古书者，可省无限之精力焉。（抄自赵超玄《中国史学史》第七章《史学复兴时代》）

〔二〕梁启超云：乾嘉时，则有嘉定钱竹汀（大昕）及其弟晦之（大昭），其从子溉亭（塘）、献之（坫），竹汀最博大精核，同时学者戴东原外，未或能过之。（见《学风之地理分布》）

又李慈铭云：阅《校礼堂集》，次仲精于礼学、律乐，赋颂诵法萧《选》，虽少精警，亦未失雅道，诗亦不俗。所论辨经解古义，皆确实有本原。间有偏执，精者为多。又以同时诸儒，皆略于乙部，独称钱辛楣之史学。……其自著有《后魏书音义》，惜未及见。今集中有《自序》，甚佳。洪稚存《更生斋文集》中亦有是书叙，言有四卷。（见《越缦堂日记补》）

〔三〕钱大昕云：予性喜史学，马、班而外，即推此书，以为过于范、欧阳，而裴氏注遮罗阙佚，尤为陈氏功臣，所恨意存涉猎，不能专力。（见《潜研堂集》二十四《三国志辨疑序》）

〔四〕段玉裁云：至于累朝之贤奸，行事之是非疑似难明者，大典章制度，昔人不能明断其当否者，皆确有定见。（见《潜研堂文集序》）

〔五〕王念孙云：近世钱少詹事大昕作《史记考异》，讨论精核，多所发明，足为司马氏功臣。（见《读书杂志·史记序》）

〔六〕江藩云：钱氏《元诗纪事》刊印流传。（见《汉学师承记》卷三）

又吴士鉴云：竹汀先生著《元诗纪事》未有流传。君锐意成书，刊于江南。近又重缉，多至数十卷，可与《唐宋诗纪事》鼎峙矣。（见《次韵题石遗所居小秀野草堂》诗注）

〔七〕金毓黻云：改编《元史》，其后钱大昕有志于是，致力最深，尝得《元秘史》刊行之，且为之跋。又尝云：在馆阁日，以《元史》冗杂漏落，潦草尤甚，拟仿范蔚宗、欧阳永叔之例，别为编次，更定目录，或删或补，次第属草，未及就绪。归田以后，此事遂废，唯《世系表》《艺文

志》二稿,尚留箧中。(见《中国史学史》《艺文志·序》)

按:今所传《秘史》译本出于《永乐大典》,清乾隆中,钱大昕钞辑得之,而未著录于《四库》,外间尚有原刊残本。

又云:《辽》《金》《元》三史皆无《艺文志》,而清撰《明史》,只限本代,旧籍存佚,无可考见,于是钱大昕发愤而补《元史·艺文志》,而辽、金二朝人之著作,并以附焉。

按《五代史志》其编入《隋书》者,以其序为最后耳。此等编次之法,最得史体,其他四史,则不必一一作志,以省卷帙。厥后钱氏大昕撰《元史·艺文志》,兼举辽、金,即用此法。

《氏族》一志端倪于《魏书》,而钱大昕乃为补《元史·氏族志》,以为魏氏《新编》、柯氏《新史》之先声。(见书同上)

又云:(钱氏)又究心《元史》,先撰《氏族》《艺文》二志以见志,或谓别有《元史稿》若干册,著录于日本岛田翰之《古文旧书考》,因疑其书未亡。(注:见范希曾《书目答问补正》)然钱氏未尝一语及此,何也?(见书同上)

〔八〕又云:明初,诸臣修纂《元史》,开局未及匝岁,草率蒇事,其中讹谬颇多,如……为后来读史者所讥。先生尝欲别为编次,以成一代信史。稿已数易,而终未卒业。其艺文志及此表皆旧史所未备,先生特创补之。则以元之蒙古色目人命名多涩,非以氏族晰之,读者茫乎莫辨,几如瞽者之无相,往往废书而叹矣。故此表尤为是史不可少之子目。先生属稿于乾隆癸酉七月,成于庚子五月,几及三十年,其用力可谓勤矣。先生广搜博采,正史、杂史之外,兼及碑刻、文集、题名录等书,考其得失,审其异同,一一表而出之,而后昭然如白黑分矣。(见《〈补元史氏族表、艺文志〉原跋》)

又傅沅叔《叙张元济〈校史随笔〉》云:窃惟史籍浩繁,号称难治,近代鸿著,无如王氏《商榷》、钱氏《考异》、赵氏《札记》。三君皆当代硕儒,竭毕生之力以成此书。其考辨精深,征引翔实,足为读史之津梁。然于疑、误、夺、失之处,或取证本书,或旁稽他籍,咸能推断,以识其乖违,终难奋笔以显为刊正,固非获多见旧本,无所取证也。第旧本难致,自昔已然。钱氏晓徵博极群书,然观其《旧唐书考异》,言关内道地理,于今本多所致疑,似于闻人诠本未全寓目。明刻如此,遑论宋、元?

〔九〕梁启超云:钱竹汀之《元史·艺文志》及《氏族表》,可据之资料极贫乏,而能钩索补缀,蔚为大观……凡此皆清儒绝诣,而成绩永不可没者也。(见《总成绩》)

〔一○〕钱大昕云:溉亭少时执经于先君子。予长于溉亭七岁,相与共学。予入都以后,溉亭与其弟坫及予弟大昭相切磋,为实事求是之学,蕲至于古人而止。比予归田,而溉亭学已大成,每相见,辄互证其所得。吾邑言好学者称钱氏,而溉亭尤群从之白眉也。惜其未及中寿(56岁),而撰述或不尽传。(《潜研堂集》三十九《溉亭别传》)

(按钱氏多读异书,断无不见闻沈刻本)

〔一一〕梁启超云:有嘉定王西庄(鸣盛)……西庄以赡博见长,其拙于裁断,颇类阎门诸儒也。(见《学风之地理分布》)

〔一二〕鸣盛云:大抵史家所记典制有得有失,读史者不必横生意见,驰骋议论,以明法戒也。但当考其典制之实,俾数千百年建置沿革,了如指掌,而或宜法,或宜戒,待人之自择焉可矣。其事迹则有美有恶,读史者亦不必强立文法,擅加与夺,以为褒贬也。但当考其事迹之实,俾年经事纬、部居州次、记载之异同、见闻之离合,一一条析无疑,而若者可褒,若者可贬,听之天下之公论焉可矣。……

尝谓好著述,不如多读书。欲读书,必先精校书。校之未精而遽读,恐读亦多误矣。读之不勤而轻著,恐著且多妄矣。二纪以来,恒独处一室,覃思史事,既校既读,亦随读随校,购借善本,再三雠勘。又搜罗偏霸杂史、稗官野乘、山经地志、谱牒簿录,以暨诸子百家、小说笔记、诗文别集、释老异教,旁及于钟鼎尊彝之款识,山林冢墓、祠庙伽蓝、碑碣断阙之文，尽取以供佐证，参伍错综，比物连类，以互相检照，所谓考其典制事迹之实也。……

闲馆自携，寒灯细展，指瑕索瘢，重加点窜，至屡易稿始定。噫嘻，予岂有意于著书者哉？不过出其读书校书之所得，标举之以诒后人。初未尝别出新意，卓然自著一书也。（见《十七史商榷·自序》）

〔一三〕《自序》又云：学者每苦正史繁塞难读，或遇典制茫昧，事迹樛葛，地理职官，眼昧心瞀，试以予书为孤竹之老马，置于其旁而参阅之，疏通而证明之，不觉如关开节解，筋转脉摇，殆或不无少助也欤？（见书同上）

〔一四〕梁启超云：逮乾隆中叶以后，常之学乃骤盛……阳湖赵瓯北（翼）亦善治史，所著《二十二史札记》，善于属词比事。（见《学风之地理分布》）

〔一五〕李慈铭云：其书惟取历史事迹之稍新，制度之稍异者，分条连贯，多摘其舛误，于他书罕所征引。然殊便读史者之记诵，亦案头之一助也。（见《越缦堂日记》）

又陈庆年云：赵氏《札记》多发其端，每朝要事必稽合史传，赅贯首尾，纬以议论，得失昭然，故均于注文，多所抄纳。其于他书，间有采录，碎义曲说，并从摒弃。无关致用，缓治焉可矣。（见《横山乡人类稿》卷十）

又金述业云：余少时，得国初文读之，勃勃然觉胸中才思涌出……外祖赵瓯北先生方札记全史，因令博涉以广其才。（见金湜生《粟香四笔》卷四）

〔一六〕梁任公曰：赵书能教吾侪以抽象的观察史迹之法。（见《清代学者整理旧学之总成绩》）

〔一七〕又云：赵翼《廿二史札记》此书于校勘文字外，并应用归纳法为综合之研究，实治史者唯一之法门。李慈铭《越缦堂日记》谓其出于一老儒之手，未知确否？

又杨晨云:赵云崧(翼)《廿二史札记》及《陔餘丛考》非自作,观其《檐曝杂记》可知。然于史事无甚发明,时露村学究气,较钱氏《考异》、王氏《商榷》悬殊矣。

〔一八〕钱大昕云:先生中年以后,循陔归养,引疾辞荣,优游山水间,以著书自乐。所著《瓯北集》《陔餘丛考》久已传播士林,纸贵洛阳矣。(见本书卷首《序》)

〔一九〕梁启超云:高邮王石臞(念孙)受经于戴东原,以传其子伯申(引之)。其于声音训诂,深探本原,精锐无两,世称此学为高邮父子之学。(见《学风之地理分布》)

〔二○〕梁启超云:临海洪筠轩(颐煊)、百里(震煊)兄弟之经学……则台州一时之俊也。(见《学风之地理分布》)

〔二一〕支伟成云:(贻德)于史学,则自汉以迄五代,缕析条贯,著考证若干卷。视钱竹汀《考异》一书,且加详焉。(见《朴学大师列传》)

第十六章　补注旧史

一、厉鹗《辽史拾遗》杨复吉附见

厉鹗,字太鸿,号樊榭,浙江钱塘县人。〔一〕少孤,家贫,其兄卖淡巴菰叶为业以养之。将寄之僧寮,樊榭不可。读书数年,即学为诗,有佳句。是后遂于书无所不窥。尝馆扬州马曰琯小玲珑山馆数年,所见宋人集最多,而又求之诗话说部、山经地志,著《宋诗纪事》一百卷。康熙五十九年庚子举人。乾隆初,举鸿博,报罢,南归,又撰《辽史拾遗》二十四卷。〔二〕(见《先正事略》《鲒埼亭集》)

其《自叙》云:

《宋》《辽》《金》三史,同修于元至正间,秉笔者多一时名儒硕彦。而《宋史》失之繁,《辽史》失之简,惟《金史》繁简得中,为善。明云间王圻作《续文献通考》,中所列辽事,条分件系,不出正史,尝病其陋,而叹辽之掌故沦亡也。盖其开基朔漠,抚有燕、云,制度、职官,兼采汉制。自圣宗与宋盟好后,文物渐开,科举日盛,意当日必有记注典章可裨国史者。求之簿录家,不少概见,即家集野乘,亦散佚无传。岂以书有厉禁,不得入中朝乎?抑金源初年尚武,虽灭辽,未遑收及图籍乎?间尝取而核之,辽之有国二百余年,清泰开运,灭两大国,则用兵宜详;澶渊、关南、和议再修,则信誓宜详;星轺往来,俱极华选,则聘游宜详。至如负义侯黄龙安置之年,天祚帝海上夹攻之事,高丽臣服,西夏跳梁,非摭他书,何以知其颠末邪?暇日辄为甄录,自本纪外、志、表、列传、外纪、国语,凡有援引,随事补缀,犹以方域幽遐,风尚寥邈,采篇咏于山川,述碑碣于塔庙,短书小说,过而存之,亦得失之林,读史者所宜考也。

同学全祖望为作《序》云:同里厉征君博学好古,学者称为樊榭先生。先生长于诗古文词,手不停披六籍之言,以《辽史》缺略太甚,毕终身之业,详注而辨证之,曰《辽史拾遗》。

樊榭卒后,又为作《墓碣铭》,载《鲒埼亭集》中。

纪昀云:是书拾《辽史》之遗,有注有补,均摘录旧文为纲,而参考他书,条列于下。凡有异同,悉分析考证,缀以按语。《国语解》先后次第与目录有不合者,亦悉为厘正。又补辑辽境四至及风俗物产诸条于后。鹗嗜博爱奇,其所拾往往失之蔓芜,伤于泛滥。然元修三史,莫繁冗于宋,莫疏略于辽。又辽时书禁最严,不得传布于境外,故一朝图籍,渐灭无征。鹗采摭群书,至三百余种,均以旁见侧出之文,参考而求其端绪,年月事迹,一一钩稽。鹗《樊榭诗集》中自称所注《辽史》,比于裴松之《三国志注》,亦不诬也。(见《四库总目提要》)但李慈铭讥其书于金、元人集,采缀不多耳。

慈铭又谓:后有震泽杨复吉以厉氏未尝见《旧五代史》,因刺取薛史之涉辽事者,更搜辑《契丹国志》《大金国志》,薛、徐两家《续通鉴》及近儒钱竹汀氏《考异》诸书,依厉氏体例,以纪志表传为次,而多采宋人说部,故琐碎益甚。然于樊榭书,不为无补也。〔三〕(见《越缦堂日记》)

又云:阅《厉樊榭集》,太鸿学问渊洽,留心金石碑版,尤熟于辽、宋轶事。(见《日记补》)鹗素博览,并工于诗词。(《四库提要》)

按:钱塘厉樊榭鹗,《清史列传》卷七十一《文苑》二,《清史稿》卷四百八十五《列传》二百七十二《文苑》二,《清儒学案》,俱有传。

二、杭世骏《三国志补注》《金史补》

杭世骏,字大宗,号堇浦,浙江仁和人。〔四〕少有异才,于学无所不贯。所藏书拥榻积几,不下数万卷,枕藉其中,目睇手纂,几忘晨夕。与同里厉鹗、陈兆仑、汪大坤、梁启心、张熷〔五〕、龚鉴、严璲诸名辈结读书社。乾隆元年,召试鸿词,授编修。校勘武英殿廿四史。归主粤秀、安定两书院最久。好奖借后进,自言吾史学不如全谢山。著有《史记考异》《汉书疏证》《三国志补注》《补晋书传赞》《北齐书疏证》《诸史然疑》。晚年补《金史》,特构补史亭〔六〕,成书百余卷。〔七〕(见《国朝先正事略》)有御史祝德麟疑世骏不得意,或有诽讪,讦奏之。上以书并无违碍,听其流传。其《三国志补注》,据纪昀评之曰:

是书补裴松之《三国志注》之遗。凡《魏志》四卷,《蜀志》《吴志》各一卷。松之《注》捃摭繁富,考订精详,世无异议。世骏复掇拾残剩,欲以博洽胜之,故细大不捐,瑕瑜互见。至于神怪妖异、稗官小说,累牍不休,尤诞谩不足为据。大抵爱博嗜奇,故曼引卮词,多妨体要。然亦有考订精核处,故书虽芜杂而未可竟废焉。末附《诸史然疑》一卷,皆纠史文之疏漏,于史学不为无补。以篇幅无多,后人钞录遗稿,附载《补注》之后以传。(见《四库总目提要》)

关于此书,有洪北江(亮吉)为之作序曰:(上略)余少读《道古堂集》,叹先生之学,于史最深。今合观之,先生之史学,亦卒莫外乎训诂及隶事二者。[八]若《三国志补注》之作,则又继裴松之而起者也。虽然,补注陈志矣,又兼注裴注。以事在晋、宋以前,不厌其详也。采诸家矣,兼采及方志,以事关故老之传,或转得其实也。(见《卷施阁乙集》卷六)

世骏又著《汉书疏证》《补晋书传赞》《北齐书疏证》等。全谢山称其《汉书疏证》云:某岁春,翠华南幸,予力疾迎于吴下。过杭时,杭堇浦方以《汉书疏证》令予覆审。范冲一每见予所论定,以为在刘原父、吴斗南之上。(见《鲒埼亭集》卷二十二)李慈铭亦称:杭大宗学术贯串淹洽,以诗古文负重名,而证据辨博,自非读破万卷者不能也。(见《越缦堂日记》)

缪荃孙言:杭堇浦《三国志补注》已有刻本。

梁启超曰:杭大宗(世骏)亦好治史,与全谢山齐名,其参与或主修之方志,有《西宁府志》《乌程县志》《昌化县志》《平阳县志》等,而《浙江通志》亦任分纂。成《两浙经籍志》,未竟采用云。又曰:李卫任浙督时,修《浙志》,杭大宗任经籍一部,李去职而志未成,大宗为忌者所轧,其原稿被屏不录,大宗乃自刻之,名为《两浙经籍志》。而序其颠末,载《道古堂集》卷六。

杭世骏又有《大金国志》未成,有《序例》载集中。其《金史补》以仿厉鹗作,未能成书,疑即一书。

按:仁和杭堇浦世骏,《清史列传》卷七十一《文苑》二,《清儒学案》,俱有传。

三、惠栋《后汉书补注》

惠栋,字定宇,号松崖,江苏元和人。[九]曾祖朴庵、祖周惕、父士奇,三世皆以经学名家。至今言汉学者,苏州、常州两派,翼然对峙。

栋出其余力,注史笺诗,博引详称,精于决择。所著《后汉书补注》二十四卷。洪亮吉为之作《序》云:此书先生采缀众家,凡有异同增损,皆摘录入卷中。其门下再传弟子朱邦衡为之缮写补缀,汇为一编,仍有签识某书某卷。未经录入者,吾友桂未谷进士复为补成之。(见《卷施阁文集》)然此书原名《训纂》,叶德辉云:孙星衍《孙祠书目》列惠栋《后汉书训纂》二十六卷,卷数不符,名称亦异,又不知为钞为刻,注未载明。按:栋注王渔洋《精华录》,亦名《训纂》,与是书同。〔一〇〕岂是书原名,而后改为《补注》,又删并其卷为二十耶?"(见《郋园读书志》)

栋之所纂,于十六家《后汉书》皆条采之,而不专主其说,同为举正其误云。〔一一〕

按:元和惠定宇栋,《清史列传》卷六十八《儒林》下一附惠周惕后,《清史稿》卷四百八十一《列传》二百六十八《儒林》二,《清儒学案》,俱有传。

四、彭元瑞、刘凤诰《新五代史注》

彭元瑞,字掌仍,号云楣,江西南昌人。乾隆丁丑进士,改庶吉士。散馆,授编修。官至吏部尚书、协办大学士,降补礼部侍郎,复迁工部尚书,加太子太保。嘉庆八年,以久病(五年下直,坠马跌伤)请解职,仍留充实录馆总裁。未几卒,年七十三。谥文勤。

元瑞博通群籍,入翰林后,直南书房垂四十年,以文字受知两朝。天才敏赡,与纪文达同有才人之目。撰《五代史记补注》,未竟,付弟子刘侍郎凤诰续成之,凡七十四卷。引诸家之论,以辨是非。参诸书之文,以订讹异。传所有之事,以详委曲。传所无之事,以补阙遗。传所有之人,以核生平。传所无之人,以征同类。皆本裴松之注《三国志》遗意,而以书注书,不以己意增损一字,则视裴注之任意去取者,尤为难能焉。

《五代史记注·例》云：

一、全采薛居正《五代史》，前人注欧史无成书者，以薛史久佚也。薛史自金章宗朝，不立学官，日就散失。今幸钦定《四库全书》以《永乐大典》所收荟辑成之。其中《大典》原阙者十之一二而已。七百年遗籍复出，今悉采，不遗一字，匪惟注欧，亦以存薛。本纪以年月分次。列传以事分次。薛有欧无之传，有家世者从其先。欧史有名者，从其人；无名者，或以事相比，或以人品相比，亦《三国志注》例也。薛史十志附于欧史卷外，大书而以它书作注，欧考所及，仍入欧注，亦《后汉书补志》例也。

一、全采《五代会要》。《会要》旧惟传抄讹脱之本，今幸武英殿官本刊布，悉取不遗一字，真足补欧未逮矣。

一、详采《册府元龟》……

一、详采《资治通鉴》……

一、所采书以宋为断。

一、采别史。

一、采霸史。

一、采传记、小说。

一、采舆地书。

一、采类书。

一、采文章。

一、书名。

一、卷数。

入直南书房时，内廷排架，如《秘殿珠林》《石渠宝笈》《续西清古鉴》《宁寿鉴古》《天禄琳琅》诸书，皆与编纂。又历充三通馆、国史馆、四库全书馆副总裁，及实录馆正总裁，专司稿本，一切章程体例皆出其手。

按：南昌彭云楣元瑞，《清史列传》卷二十六《大臣》，《清史稿》卷三百二十《列传》百〇七，《清儒学案》卷八十《献县学案》（交游）彭元瑞，俱有传。

刘凤诰，字金门，江西萍乡人。乾隆己酉一甲三名进士，授编修，擢侍读学士。累迁至吏部右侍郎。叠充嘉庆庚申、辛酉、丁卯湖北、山东、江南乡试正考官，两放广西、山东学政。少有才誉，为文章富词藻。既久在翰林，一切应奉经进文字，多出其手。

自高宗实录馆纂修官，升总纂，至副总裁。虽擢侍郎，仍命兼办馆事，俟画一事竣，再理部务。中间并偕恩普等修辑官史。盖知其熟于掌故，秉笔之任，深倚畀焉。《实录》告成，叙劳加太子少保衔。寻简浙江学政。

公为彭文勤入室弟子。文勤创《五代史记补注》，得徐章仲本，仅《帝纪》十二卷，乃采薛史原义，补欧书之不足；其余群籍，取材一以宋人为断。久之，亦止成诸帝《家人传》至《六臣传》十六卷，而尚有五十八卷，草稿虽集，未遑厘定，特出所诠释，倾箧相付，令排比而次第之。迨公按魏博，又获朱竹垞注本，凡千七百余条，亟驰报文勤，已薨于位，不及见矣。嗣使浙，遍搜文澜阁书，一一详校，排次粗竟，缘被谴中辍。比返京师，重加订补，前后凡三易稿，始付写官。大抵自薛史外，王溥《会要》《册府元龟》几于备录。而更参诸公私传记，旁及金石文字，稗官小说，以订正讹异，辨别是非。传所有之事之人，俾详委曲，而核生平；传所无之事之人，庶补缺遗，而征同类。拟诸裴松之之注《三国》，盖鲜愧色。或谓本出文勤，且俞理初实董其役。然则《宋元通鉴》因于憺园，成于二云，终不得不归美秋帆，何独致疑于公乎？（支伟成《朴学大师列传》语）

因考予舞弊，遣戍伊犁，改发黑龙江。十八年，释回。道光元年，因病呈请回籍调理。十年，卒。有《五代史记注识语》，载《学案》中。〔一二〕

按：萍乡刘金门凤诰，《清史列传》卷二十八《大臣》有传。

五、俞正燮《五代史记注》

俞正燮，字理初，安徽黟县人。天资英敏，读书过目成诵，偶有所作，必荟萃群书，以意贯穿，走笔立就，如宿构。方年二十余，负所业北谒孙渊如观察于兖州，议论学术，与孙恒相出入也。

治经一以汉儒为宗，并治史籍，暨诸子百家九流等说，剖析疑似，莫不服其精确。读书置巨册数十，分题疏记，积岁月，乃排比为文，断以己意。王藻为刻十五卷，名曰《类稿》。又有十五卷，山西杨氏刻之。

道光元年辛巳，江南乡试中式。翌年赴礼闱，主考为阮元。榜发，竟报罢，闻者扼腕。王菽原礼部（藻）时任分校官，亟赏之。且索其著作《类稿》三十卷，与程侍郎春海校刊其正集十五卷，取辑成之年，颜曰《癸巳类稿》。余十五卷则张穆编定，曰《存稿》，刊入杨氏《连筠簃丛书》。

下第后，拣选得知县，留京师，佐给事中叶继善修《会典》。继馆侍郎陈用光所，为校顾氏《方舆纪要》。岁乙未，林文忠聘修《两湖通志》。晚主江宁惜阴书院，昌明朴学，裁成后进，一时质疑问难者轸履相错。

初，朱彝尊曾与钟广汉同注《五代史》，稿具十四五，未几失去，后又续辑。同时有徐章仲（炯）亦注《五代史》，彝尊序之（见《曝书亭集》三十五），而未见传本。据俞正燮《癸巳类稿》卷八所考，宋人姚宽（字令威）尝为《五代史》作注，用裴松之注《三国志》例，惜未传。又谓朱彝尊所注之《五代史》，亦用裴注例，曾在济南见其手稿，即用南监版本夹手书签千七百余条，多碑拓文字，此盖从事综辑而未及勒定者。其后彭元瑞成《五代史记传注》十六卷，亦犹姚、朱二氏之注欧史也。刘凤诰更因彭稿而成《五代史记补注》七十四卷，以其中含有彭稿十六卷，遂并署元瑞之名，以为合撰，此刘氏用心之忠厚也。惟据俞正燮所纪:甲子秋为此学,依姚、朱、彭例,采书裁贴成编,朱签存者已全采,惜不能校写。又云刘宫保在浙日,以正燮稿本,广延诂经精舍人校对,皆茫然。及罢官寓家苏州,又延王君渭校之,王君日醉不看书。丙子秋,仍以稿本还正燮。正燮自食不给,不能看书,仍还之宫保,而阿监使为写清本,未校也。越十年,丙戌夏,正燮仍以还宫保广东,竟无有为校者。其未审处,惟自知之,他人未必能察也(俞氏所考,出王明清《挥麈后录》)。所谓宫保,即指凤诰而言,据此则是书稿本,多出自正燮,而刘氏不过以位尊多金能任刊刻,遂自尸其名耳。创注此书为朱彝尊,继之者为彭元瑞,毕其役者为俞正燮,任校刊者为刘凤诰,是此一书实成于四氏之手。(见金毓黻《中国史学史》)

俞氏又颇留意《宋会要》。所撰《宋会要辑本跋》,初谓其书元时已亡,继谓明时犹存,乃从类书说部,钩稽辑成五卷。盖正燮未窥中秘,不知《宋会要》已收入《大典》,故勤勤于此举也。徐松由《永乐大典》中辑出《宋会要》至五百卷之多,可谓富矣。(本金毓黻语)

按:黟县俞理初正燮,《清史列传》卷六十九,《清史稿》卷四百八十六《列传》二百七十三《文苑》三,《清儒学案》,俱有传。

六、吴兰庭《五代史记纂误补》

吴兰庭,字胥石,浙江归安人。乾隆三十九年甲午举人。稽古读书,多所纂述。凡地理、职官、沿革、建置,钩稽探索,尽得其条贯,为章学诚及嘉定钱大昕所推重。尝以宋吴缜著有《五代史记纂误》,因更取薛居正旧史参核,益以昔贤绪论,并时人所正及者,录而次之。其已具薛史考正及《通鉴考异》者,概不复及。为《五代史记纂误补》四卷,附录系之。

又取薛史、新旧《唐书》、《宋史》、《辽史》,并短说杂记,及五代时事,而语歧出者,别为《五代史记考异》。同邑丁杰邃于经,兰庭熟于史,故一时有“丁经吴史”之目。

又有《读通鉴笔记》。

　　按：归安吴胥石兰庭，《清史列传》卷七十二《文苑》，《清史稿·文苑二》附章学诚后。

七、吴光耀《五代史纂误续补》

　　吴光耀，字华峰，江夏人。光绪丙戌春，华峰校雠欧阳书，佐以宋吴氏缜《纂误》、国朝吴氏兰庭《纂误补》。是书续二吴（缜、兰庭），凡已及者弃之，或得剩文异义者录之。

　　王闿运云：看吴光耀华峰《宦学录》，大致讥切朱注四子书。（见《湘绮楼日记》民国二年）

八、周在浚《南唐书注》

　　周在浚，字雪客，号耐龛，河南祥符人。父亮工，官户部侍郎，著有《赖古堂集》。在浚夙承家学，淹通史传，尝注《南唐书》。

　　《南唐书》原有三家，胡恢书久失传，马令书所记多……惟陆游书发凡起例，详略可观，足继迁、固。三主名纪，以正统归之，其识见较马令超远，非诸伪史可比也。遂仿裴松之注《三国》意，但依本文，如李映碧之为注也。其《叙例》云：予注始于庚申，成于乙亥，前后十六年。记初注时，黄征君（俞邰）见之，以为必传。今书成，黄子已赴玉楼矣，为之慨然。成后，王士禛极赞之。

　　按：祥符周雪客在浚，《清史列传》卷七十《文苑》一有传。

九、汤运泰《南唐书注》

　　汤运泰，青浦人。

　　《南唐书注》十八卷，《唐年世总释》一卷，《州军总音释》一卷，道光二年绿签山房刻本。（见《书目答问补正》）

　　金毓黻云：清代祥符周在浚、青浦汤运泰，皆为陆书作注。周氏

注本附以吴兴刘承幹补注十八卷。汤氏注本,虽已付刊,然不易得。此又研究南唐史者必读之书也。(见《中国史学史》)

参考资料

厉鹗——自著《樊榭山房集》二十卷。

全祖望作《墓碣铭》,《鲒埼亭集》。

朱文藻作《年谱》,缪荃孙订。

近人陆谦祉作《厉樊榭年谱》。

丁蕴琴作《厉樊榭评传》,《东方》一九四〇年二十期。

《清儒学案》六十五《董浦学案》附厉鹗。

杭世骏——自著《道古堂文集》四十八卷,附《集外文》。

许宗彦《杭太史别传》,《鉴止水斋集》。

洪亮吉《书杭检讨遗事》,《更生斋文甲集》。

同里后学《龚定庵续集》,有《杭大宗逸事状七则》,《课诸生婢四通》("三通"加上《通鉴》)。

同里张燿(南漪)、王曾祥(麐徵)皆为杭大宗《状》。

《清儒学案》卷六十五《董浦学案》。

惠栋——钱大昕作《传》,《潜研堂集》三十九。

洪亮吉作《训纂叙》,《卷施阁文甲集》。

翁方纲作《序》,《复初斋文集》。

焦循作《序》,《雕菰楼集》。

侯康作《跋》,《学海堂二集》。

《清儒学案》四十三《研溪学案》附惠栋。

彭元瑞——自著《恩余堂辑稿》四十九卷。

刘凤诰——自著《存悔斋集》。

俞正燮——自著《四养斋集》四卷。

近人王立中撰《俞理初先生年谱》,《安徽丛书》本。

蔡元培为作《跋》。

《清儒学案》百三十七《理初学案》。

吴兰庭——自著《南雪草堂集》。

《清儒学案》九十六《实斋交游》附。

延伸阅读

〔一〕《清史列传·文苑二》本传：鹗先世本慈溪，徙居钱塘，故仍以四明山樊榭名其居。

〔二〕梁启超云：乾隆中叶……钱塘厉太鸿（鹗）著《辽史拾遗》及《宋诗纪事》，极赡核。（见《学风之地理分布》）

〔三〕金毓黻云：厉鹗撰《辽史拾遗》二十四卷，杂采诸书以补《辽史》之阙略，虽不加别择，近于史料，而网罗之富，殊为罕见。杨复吉撰《辽史拾遗补》五卷（杨著今有稿本），萧穆《又补》。（见《中国史学史》）

又杨复吉自叙《辽史拾遗》云：《辽史》文笔简严，而事多疏略。钱塘厉征君鹗特为《拾遗》二十四卷，博采旁搜，粲然大备矣。第当是时，《旧五代史》尚沉晦于《永乐大典》中，未经寓目，而《契丹国志》《宋元通鉴》所载，弃置孔多，不免语焉弗详之憾。余因更为之补，以三书为纲，而以散见他书者附益之，得四百余条，分为五卷……

按：杨复吉，字列欧，号慧楼，江苏吴江人。少有异禀，十岁为文，组织经史。王鸣盛主讲笠泽书院，与论古今，深推服之。乾隆庚寅举人，壬辰（辛卯）进士。以进士归班知县，不谒选，敝衣疏食，泊然自安。有《辽史拾遗补》《梦阑琐笔》《虞初余志》《列欧文稿》《慧楼诗钞》等书。

〔四〕博学负时誉，与全谢山齐名。（见《学风之地理分布》）

〔五〕张熷，浙仁和人，字曦亮，号南漪，著《读史举正》八卷。全谢山为之作《墓志铭》，述其行谊，在卷端。此书盖读史考据之札记，体例与钱竹汀之《考异》、王西庄之《商榷》略同，虽琐碎，亦有极精到者。

（任公语）

〔六〕《补史亭记》云：杭子疏证《北齐书》既毕，越明年，乃补《金史》。先人庀屋，积有余材，营度后圃，规为小亭。窗槛疏远，高明有融，乃徙先世所遗群籍，凡有关涉中州文献者，悉置其处。广榻长几，手自雠温，间有开明，辄下签记。先生以补金朝一史，所聚群籍已盈几堆榻，则其他书之富可知。况两浙书籍，曾经编纂成志，为卷五，为目五十有九，为书一万五千有奇。（见丁申《武林藏书录》）

〔七〕按全氏祖望曾与杭堇浦论《金史》，共五帖。一为《交聘表》；二为《宇文虚中传》；三为《入内集》；四为侍郎《齐乘》，其中多不可信者；五为《河渠书注》。（见《鲒埼亭集》卷三十二）又阮元《与秋吟书》：樊榭文先奉还。《金史补》一本，现在钞写，仲秋奉还。

又金毓黻云：杭大宗更仿厉氏之例，以撰《金史补》，拟全书为百卷，而实未成，仅有传钞本五卷可考。（见《中国史学史》）

又支伟成云：先生之学，实于史为精，既为《诸史然疑》《史记考异》《两汉书疏证》《三国志补注》《晋书补传赞》《北史赛稗》诸书，晚年更思补纂《金史》，至特构补史亭，成书几百余卷。……《金史补》残存五卷，藏江南图书馆。余若《史汉北齐疏证》暨《历代艺文志》《两浙经籍志》《续经籍考》等遗稿，均不可得矣。（见《朴学大师列传》本传）

〔八〕洪亮吉云：近时之为史学者，有二端焉。一则塾师之论史，拘于善善恶恶之经，虽古今未通，而褒贬自与，其源出于宋之赵师渊。一则词人之读史，求于一字一句之间，随众口而誉龙门，读一通而嗤虎观。其源出宋欧阳氏之作《五代史》。夫惟通训诂，则可救塾师之失，服虔等二十一家之注《汉书》是也；亦惟隶故事，则可救词人之失，裴松之注《三国志》之类是也。（见《卷施阁乙集》卷六）

〔九〕梁启超云：惠氏祖孙父子，而定宇最有名于乾隆间，以记诵浩博为学，其《易汉学》《九经古义》《后汉书补注》等最有名于时。（见《学风之地理分布》）

〔一○〕按栋少嗜新城王尚书《精华录》，为《训纂》二十四卷，搜采博洽，贯串掌故，亦为世所传。

〔一一〕王昶云：先生以范蔚宗《后汉书》因华峤而成书，古人嫌其缺略遗误，而《东观汉记》谢承之书不存，取《初学记》《艺文类聚》《北堂书钞》《太平御览》诸书，作《后汉书补注》十五卷。（见《春融堂集·惠定宇先生墓志铭》）

〔一二〕刘金门《五代史记注语》云：欧阳公《五代史记》，故尚书彭文勤公为之补注。公尝语凤诰，自年十九即有志注是书，随事撷缉，积有岁月。为史官日，获详览中秘。为江浙学使，遍访诸藏弆家旧本。阅朱竹垞为徐章仲《史注序》，矜许甚至，多方购得之，仅《帝纪》十二卷，且五年速成，其疏略可知。朱又云：年三十，欲注是书，引钟广汉为助。归田检旧稿，大半壁鱼穴鼠所啮，五十年心事，付之永叹。嘻！成事之难也。公自乾隆癸卯以后，总裁史馆者二十年，治官撰书无虚日，间以勉凤诰曰：文章学问，各有渊源。吾乡前哲朱文端公名苏公之名，裘文达公名欧阳之名，其所自待者如彼。文达尤究心欧阳史学，以官事剧弗遑，数以责予。予今又剧矣，愿以休沐余暇，出所诠释，为予排比而次第之。吾侪幸逢圣天子右文极盛，其以今所补薛文惠《五代史》原文为注欧，因以存薛之本，其诸书取材一以宋人为断。又钱晓微少詹事近寄五代时金石文，宜悉晷入。他有未备，子盍务竭心目，征据讨论，赞予有成？冀上之朝廷，颁之学官，俾五代文献，灿然可稽。且以息读史家訾诋欧阳之浅说。予之尊闻于乡前哲者，亦藉是以见。子其识之。

凤诰入翰林，从公史局，日复不给。又连以使事在外，未即践言。嘉庆辛酉，典试山左，辞公于寓园。公愀然曰：子行矣，以遭遇言，计当留视学。予寖衰疾，慎毋忘注史之约。洎癸亥手书，谆道此事，以谓观成弗逮，行以全稿倾箧相付。九月，凤诰按魏博，有持欧史注稿售者，翻讫首尾，审为竹垞手钞，所采宋、元、明诸家书百余种，凡千七百六十余条,殆即所云壁鱼穴鼠所啮者。惊喜驰报,不谓公之遽不及见此也……甲子,风诰还朝,始……况其下乎?理初经说之外,医学、天文,尤所穷究。……亦他日国史所必需也……理初,道光辛巳举人,出吾乡汤文端之门。

阅黟县俞理初孝廉正燮《癸巳类稿》,皆经史之学,间及近事记载,皆足资掌故。书刻于道光癸巳,故以为名。新安经学最盛,能兼史学,惟凌次仲氏及俞君。其书引证甚繁,笔舌冗漫,而浩博殊不易得。

自注:后阅俞理初正燮《癸巳类稿》,言此书(《五代史记注》)俞先得朱竹垞稿本续缀成之,以呈刘官保所。然官保序及例述言文勤先成《梁家人传》与《唐六臣传》注十六卷,余以所收宋人书二百余种,贮一大箧中,以付刘。刘后任山东学政,购得竹垞稿本。其颠末甚详,未尝言及俞也。(均见《越缦堂日记补》)

又支伟成云:类稿者,君足迹半天下,得书即读,读即有所疏记,每一事为一题,巨册数十,鳞比行箧中。积岁月,证据周遍,断以己意,一文遂立。礼部王藻因与程春海校刊其正集十五卷,取辑成之年颜曰《癸巳类稿》。余十五卷,则张穆编定,曰《存稿》,刊入杨氏《连筠簃丛书》。(见《朴学大师列传》)

又蔡元培云:俞先生此书,对于训诂、掌故、地理、天文、医学、术数、释典、方言,都有详博的考证。对于不近人情的记述,常用幽默的语调反对他们,读了觉得有趣得很。俞先生认一时代有一时代的见解与推想,不可以后人的见解与推想去追改他们。天算与声韵,此例最显,这就是现在胡适之、顾颉刚诸先生的读史法。

又云:张石州序《癸巳类稿》称:理初足迹半天下,得书即读,读即有所疏记,每一事为一题,巨册数十,鳞比行箧中。积岁月,证据周遍,断以己意,一文遂立。可以见俞先生准备成立之方法。然此等一事为一题之稿册,尚未得见,而所见者有一札记,即王立中君所藏者,其体例于读书时随笔疏记,标题之有无不同,而以联想所及之材料附之,其他时所得,则书于别纸而签志之。盖此为最初之疏记,而张先生所举之巨册数十,则第二级之疏记也。附记于此,以觇俞先生工作之一例焉。(均见《蔡元培选集·俞理初先生年谱跋》)

按《跋》又云:余自十余岁时,得读俞先生之《癸巳类稿》及《存稿》,而深好之。历五十年,而好之如故,欲为俞先生作年谱,苦无《四养斋诗集》。吾友程君演生后于王君立中处觅得一册,王君且以所藏之俞先生札记一册见借,又贻我以俞先生遗像之照片。程君又为我觅得俞先生及其弟正禧之乡试朱卷,于是参考之材料稍稍具矣,乃写年谱初稿。然尚以为未备,欲再有所辑补,经年未脱稿。王君不及待,乃自为之,数月而成以示余。余以余之初稿对勘之,王君之稿较为详赡。余稿中有若干条可为王君补充者,径补之,以致程君,附印于《安徽丛书》三集中俞先生《癸巳类稿》之前。赖王君之精进,成此年谱,何快如之! 元培。

第十七章　补作表志

倪灿《补宋辽金元艺文志》,互见。

一、孙星衍《史记天官书考证》

孙星衍,字渊如,江苏阳湖人。[一]幼有异禀,读书过目成诵。未冠,补诸生,与闾里杨芳灿、洪亮吉、黄景仁齐名。袁枚曰:渊如,天下奇才也。遂相与为忘年交。星衍雅不欲以诗名,深究经史、文字、音训之学,旁及诸子百家。钱少詹大昕主钟山书院,深器之。会陕西巡抚毕公沅招入幕府,一时名流踵至,星衍誉最高。毕公撰《关中胜迹志》、《山海经注》校正、《晏子春秋》及校刻惠征君诸书,皆星衍手定。

乾隆五十二年成进士,授编修,充三通馆校理。五十四年,散馆,补刑部主事总办。

嘉庆六年,浙抚阮公元辟诂经精舍于西湖,聘星衍及王侍郎昶迭主讲席,以经史疑义课士,旁及小学、天文、地理、算数、词章,各听探讨,书传条对以观器识。请业者盈门,未十年,舍中士掇巍科、入馆阁,及撰述成一家言者,不可胜数。

尤好聚书,闻有善本,借钞无虚日。金石文字及古彝鼎、书画,皆能穷源竟委。文在六朝、汉、魏间,不愿似唐宋八家。所著述,除《尚书古今文注疏》三十九卷外,又有《史记天官书考证》(补目)十卷,《郑康成年谱》一卷,《寰宇访碑录》十二卷,《平津馆金石萃编》二十卷,《孙氏家藏书目内编》四卷,《补编》三卷。所校刊者,有《元和郡县志》四十卷,《景定建康志》五十卷。

星衍凡所撰辑,能集众人之才智,准以己之识力,再三审择而后成编。晚年所著书,又多付嘉兴李贻德为卒其业。

按:阳湖孙渊如星衍,《清史列传》卷六十九《儒林》二,《清史稿》卷四百八十一《列传》二百六十八《儒林》二,《清儒学案》,俱有传。

二、郝懿行《补晋书刑法志》

郝懿行,字恂九,号兰皋,山东栖霞人。[一]嘉庆四年己未进士,授户部主事。二十五年,补江南司主事。道光三年卒,年六十九。懿行谦退,讷若不出口,然自守廉介,不轻与人晋接,遇非素知者,相对竟日无一语。迨议论经义,则喋喋忘倦。所居四壁萧然,庭院蓬蒿常满,僮仆不备,懿行处之晏如。浮沉郎署,视官之荣悴,若无与于己者,而一肆力于著述,漏下四鼓者四十年。浏览晋宋史钞,晋文百数十首。

著有《汲冢周书辑要》一卷,《竹书纪年校正》十四卷,《晋宋书故》一卷,《补晋书刑法志》一卷,《食货志》一卷。[二]妻王照圆注《列女传》。

　　按:栖霞郝恂九懿行,《清史列传》卷六十九《儒林》二,《清史稿》卷四百八十二《列传》二百六十九《儒林》三,《清儒学案》,俱有传。

三、洪亮吉《三国东晋疆域志》《十六国疆域志》《四史发伏》
附长子饴孙、幼子龋孙

　　洪亮吉,字稚存,号北江,江苏阳湖人。[四]六岁而孤,母蒋抚教有法。性至孝,伉爽尚气节,以孤童力学,负异才。初以诗古文辞为先达所称。从大兴朱学士筠安徽学使幕,乃穷究经史。登乡举,游关中,依毕抚部沅,与纂修《续资治通鉴》(《宋元通鉴》),并究心地理之学。乾隆五十五年庚戌,成一甲二名进士,授翰林院编修。未散馆,充壬子乡试同考官,升贵州学政。任满,入直上书房。授皇曾孙奕纯读书。充咸安宫官学总裁,大考翰詹。嘉庆时,以上书指斥,戍伊犁。

　　在戍所,仅百日。归里后,自号更生居士。遍游名山,主讲洋川书院,杜门撰述,过从讲学问字者无虚日。生平好学,精力过人,撰述繁富,于经深于《春秋左氏传》及小学音训,于史深于地理。所著书《春秋左氏传诂》二十卷,《弟子职笺释》二卷,《传经表》二卷,《通经表》二卷,《补三国疆域志》二卷,《补东晋疆域志》四卷,《补十六国疆域志》十六卷,《乾隆府厅州县图志》五十卷,《四史发伏》十二卷,皆刊行。未刊者:《后汉书补注》《两汉同姓名录》《宋书音义》《宋元通鉴地理通释》各若干卷,《西夏国志》十六卷。

　　其《补三国疆域志序》云:陈寿《三国志》有纪传而无志,然如天文、五行之类,略备沈约《宋书》,皆可不补。其尤要而不可阙者,惟地理一志……予自戊戌岁,校四史毕,即有志于此,留心裒辑者二载。然因有数难,辄复中辍……然用力既久,终不忍辍作,而证左俱绝者,则阙疑以待焉……今大类仿《宋书·州郡志》之例,而于扼要之地、争斗之区可考者,附见诸郡县下,参用《郡国志》例焉。其郡之未经分割者或已分割及废而复置者,则先后类从《晋志》,要在有补原书而不泐其实,此裒辑之意也。

又《补东晋疆域志序》云:历史地志,互有得失。若求其最舛者,则惟《晋史·地理志》乎？其为志也,惟详太始、太康,而永嘉以后,仅掇数语,又不能据《太康地志》《元康定户》等书,以为准则……暇日以《晋书》纪传为主,详求沈约,辅以魏收外,若《太康地志》《元康定户》,王隐、虞预、臧荣绪、谢灵运、孙盛、干宝诸人所著仅存于今者,参之以郦道元、李吉甫、乐史、祝穆之所撰,旁搜乎杂录,间采乎方书,统标东晋之名,略以义熙为断。其间州郡之得而旋失者,亦因类附见焉。凡两阅岁而成,其纪及于山川、邑里、乡堡、聚落、台殿、宫阁、园林、冢墓者,非特仿马彪、魏收之例,亦以自西晋以来陆机、华延儁等数十辈造述,今已悉亡,其佚说见他书者,惧其复归沦没,爰为采掇之,悉著于编。庶藉群贤之简牍,成一代之掌故焉。

又《补十六国疆域志序》云:《十六国疆域志》,固与《东晋疆域》相辅而行者也。然志十六国之难,则更难于东晋……乙巳岁,客开封节楼,燕居多暇,因杂取诸书辑成之。

钱大昕云:阳湖洪君稚存,撰次《三国疆域志》成。予既叹其奇绝,比者复有《东晋疆域志》之编,汗青甫毕,出以相示。读之,益叹其才大而思精,诚史家不可少之书也……夫唐初去晋未远,何法盛、臧荣绪诸书具在,而全不检照,涉笔便误,则史臣之昧于地理,不得辞其咎矣。稚存生于千载之后,乃能补苴罅漏,抉摘异同,搜郦、乐之逸文,参沈、魏之后史,阙疑而慎言,博学而明辨,俾读者了然如聚米之在目前,讵非大快事哉！稚存少而好游,九州之广,足迹几遍。胸罗全史,加以目验,故能博且精若此。而意犹未足也,将踵是而志十六国之疆域,与斯编相辅而行。予虽衰病,亦尝留意方舆之学,愿企踵以观厥成焉。(见《东晋疆域志序》,《潜研堂集》二十四)

梁启超云:洪稚存亮吉在乾嘉诸老中以善治地理学闻,其与方志关系亦不浅。今可考者,则有《宁国府志》《怀庆府志》《延安府志》《泾县志》《登封县志》《固始县志》《澄城县志》《淳化县志》《长武县志》等。其子幼怀(符孙)能世其学,亦有《鄢陵县志》《河内县志》等,则皆道光志也。洪氏父子诸志中,《泾县》《淳化》《鄢陵》有名。(见《补编》)

长子饴孙,字孟慈,幼承家学,沉敏嗜读。每旬月不出,朋友过其斋,搜索案头,积稿已盈寸矣。中嘉庆戊午乡试。选湖北东湖知县,有惠政。卒年四十四。李兆洛求其遗书,得所撰《世本辑补》十卷,《三国职官表》三卷,《史目表》三卷,《毗陵艺文志》四卷。尚有《续汉书艺文志》《汉书地理志考证》《隋书经籍志考证》《诸史考略》《世本识余》等各若干卷,均未成。

从子龋孙,字子龄,沉敏嗜学,能继父业。中式道光己亥科举人,官广东镇平县知县。以稚存曾有《疆域志》之作,乃仿其例,撰《补梁疆域志》四卷。其间虚名实土,与夫一名二地,或二地一名,亦既如前书,莫不明是非、别同异;而复州详置治之所,县列因革之文,名山大川,旧关重镇,馆殿台阁,宫阙园陵,咸为搜辑,俾扩后人之闻见,则前书所无也。

又撰《汉魏六朝隋唐地理书目考证》,分十六门:一星野,二诂经,三述古,四一统,五都邑,六州郡,七山川,八城郭,九宫殿、寺庙、冢墓,十道里,十一故事,十二传记,十三风土,十四物产,十五外域,十六总集。——详述源流,辅以援引。较章氏之考《隋书》,殆有过之。惜遗书藏于家,未克整理付梓。

按:阳湖洪稚存亮吉,《清史列传》卷六十九《儒林》二,《清史稿》卷三百五十六《列传》百四十三,《清儒学案》,俱有传。

四、侯康《后汉三国艺文志》

侯康,字君谟,广东番禺人。[五]幼孤,好学,喜读史。家贫无书,母张,为称贷得钱,买十七史,读之久,卷帙皆敝。爱南北朝诸史所载文章,为文辄效其体。阮文达督粤,开学海堂课士,赏其文,由是知名。后益研精注疏,尽通诸经,尤深史学。正史之外,旁搜群籍,仿裴松之注《三国志》例,注隋以前诸史。自负胜于李氏《南北史合钞》,堪与梅氏《算书》、顾氏《读史方舆纪要》称鼎足。尝曰:注史与修史异,注古史与注近史又异。史例贵严,史注贵博。注近史者群书大备,注古史者遗著罕存。当日为唾弃之余,今日皆见闻之助,宜过而存之。为《后汉书补注续》一卷,以惠定宇曾补之,故称续。又《三国志补注》一卷,则以杭大宗虽补而不完善,故不称续。又以隋以前古书今皆亡,著书者多湮没不彰,补撰后汉、三国、晋、宋、齐、梁、陈、北齐、周、魏十书《艺文志》而自注之。后汉、三国成经史子三部,余未成。

以优贡生中道光十五年乙未科举人。会试归,发病,逾年卒,年四十。其《三国志补注续·自序》云:陈承祚《三国志》世称良史,裴注尤博赡冴观。杭氏掇拾补苴,亦广闻见。而遗文逸事,出裴、杭二注外者尚多。就耳目所及,录为一卷。至于笺注名物,训释音义,裴注间有之而不详,盖非其宗旨所存,今亦略仿斯例,不复多及焉。[六]

又其《后汉书补注续》云:康既作惠氏《后汉书补注跋》,穿穴上下,隐漏滋多,不忍弃捐,都为一卷。康尝谓注史与修史异,注古史与注近史又异,何者? 史例贵严,史注贵博。注近史者群书大备,注古史者遗籍罕存。苟非博采兼收,何以离同合异哉! 子元氏之讥刘昭也,比之吐果之核,弃药之滓,盖居巢持论,专尚谨严,故宣卿遗文,深见诋斥。以今考之,刘注全帙已亡,而八志具在,旧仪逸典,深藉讨论,碎事琐闻,罔非玮宝。《史通》之说,殊非定评矣。东汉至今二千余年,前言往行,存者无几,在当日为唾弃之余,在今日皆见闻之助。过而存之,又恶容已? 昔洪稚存编修尝取《水经图志》、班史、《宋书》增益惠君,凡数十事。今未见其稿,窃仿其例,识同测蠡,诮比续貂。惟事涉神奇及审知谬误者,概从屏黜,不敢滥登,盖于捃摭之中,仍寓别裁之义。极知浅陋,无足收览,姑记别纸,以俟大雅采择焉。[七]

李慈铭云:阅侯君谟《补后汉书艺文志》共四卷,其书体例,凡诸书之见本传及隋、唐、宋志，释文叙录者，皆不著所出，其采自附传，及它书者，则大略加以考证，皆精慎不苟，卓然可传。

又云：阅侯君谟《补三国艺文志》凡四卷，体例一与《补后汉书艺文志》同，皆考证谨严，引据赅洽。当时佚文坠简，多藉以存其梗概，洵为不可少之书，非仅诸家补志比也。（俱见《越缦堂日记》）

梁任公曰：侯君谟之《补三国志艺文》等，从本书各传所记，及他书所征引，辛勤搜剔，比《隋经籍志》所著录增加数倍，而各书著作来历及书中内容，亦时复考证叙述，视《隋志》体例尤密。（见《清代学者整理旧学之总成绩》）

按：番禺侯君谟康，《清史列传》卷六十九《儒林》二，《清史稿》卷四百八十二《列传》二百六十九《儒林》三，《清儒学案》卷百三十三《月亭学案》下附侯康，俱有传。

五、周嘉猷《南北史表》

周嘉猷，号两塍，浙江钱塘人。乾隆中，成进士，选授知县，分发山东，历官青城、益都等县。尝览史至南北分统之际，觉不列年为表，则无以知其时世之所值，以考其朝聘征伐之由。

爰自魏登国元年丙戌，至隋皇泰二年己卯，凡二百三十四年，撰成《南北史表》五卷。卷首为年表一卷，以纪八代崖略；次帝王世系表一卷；又次为世系表一卷，以纪臣工世系。旁行斜上，朗若列眉。复仿《世说》例，排纂南北史事，成《南北史捃华》八卷，足继临川之书，与何元朗所补殊有"上下床"之别。曰"捃华"者，李延寿上书表云"兼采八代，除其冗长，捃其精华"，故取以名之也。

梁启超云：周两塍之《南北史世系表》，仿《唐书·宰相世系表》之意而扩大之，将六朝矜崇门第之阶级社会能表现其真相。（见《总成绩》）

罗振玉云：周氏嘉猷旧撰《南北史世系表》，依据《南北史》而未校

以各专史,脱漏甚多。予往岁尝为增补,爰先写定《魏宗室世系表》一卷,与《注》并行。(见《松翁近稿·魏宗室传注序》)

六、顾櫰三《补后汉书艺文志》

顾櫰三,字秋碧,江苏江宁人。岁贡生。治经通训诂,尤擅长于史学。以司马氏、范氏书恒不志艺文,说者每引为恨,乃竭十数年之力,旁搜博采,成《补后汉书艺文志》三十一卷,分二十九类,既逐条疏其出处。凡群书佚文有可考见,亦复辑载无遗。末附《经学师承》及《明习谶纬》两门,较《儒林传》所载尤多倍蓰,迥非洪、侯、姚等《补志》所能望其项背。清河王氏获手稿,讴排印于《小方壶斋舆地丛书》。别有《补五代史艺文志》,仅一卷,且考释无多,或非其定本也。

参考资料

倪灿——互见。

孙星衍——自著《孙渊如先生全集》二十一卷,包括《问字堂集》《后集》,《岱南阁集》,《五松园文稿》,《平津馆文稿》。

阮元作《传》,《揅经室二集》。

张绍南《孙渊如先生年谱》。

《清儒学案》百一十《渊如学案》。

《耆献类征》二百十三《监司》九。

《先正事略》三十五《经学》。

《清文汇》乙集卷五十。

《碑传集》九十七《监司》。

郝懿行——自著《晒书堂文集》十二卷,《外集》二卷,《郝氏遗书》。

胡培翚作《墓表》,《研六室文钞》。

《耆献类征》百四十八。

《先正事略》三十五《经学》。

《清儒学案》百十四《兰皋学案》。

《续碑传集》七十二《儒学》。

洪亮吉——自著《洪北江全集》六十六卷。又《续刻北江遗书》，包括《卷施阁文甲乙集》，《更生斋文甲乙集》。

谢启昆作《传》。

秦瀛作《墓表》，《小岘山人文续集》。

赵怀玉作《墓志铭》，《亦有生斋集文》。

孙星衍作《墓志铭》与《传》(孙)。

蒋彤作《传》，《丹棱文钞》。

法式善作《行状》。

恽敬作《遗事述》，《大云山房文稿二集》。

钱大昕作《文集序》，《潜研堂集》。

吕培等作《洪北江年谱》，光绪丁丑。

近人丁蕴琴作《洪亮吉评传》，《东方》一九四一年二十一期。

洪饴孙——吴德旋《洪孟慈传》，《初月楼文续钞》。

李兆洛作《墓志铭》，又作《跋》，《养一斋集》。

洪齮孙——吴育作《传》，《吴山子遗文》。洪用懃《授经堂未刊书目》。

《耆献类征》百三十二《词臣》。

《先正事略》三十五《经学》。

《汉学师承记》四。

《清儒学案》百〇五《北江学案》附子饴孙、齮孙。

《清文汇》乙集卷五十三。

《碑传集》五十一《翰詹》七。

侯康——陈澧作《二侯传》，《东塾集》。

《清儒学案》百三十三《月亭学案》附侯康。

《续碑传集》七十七《文学》二。

延伸阅读

〔一〕梁启超云:阳湖孙渊如(星衍)善治经,其《尚书今古文注疏》称绝善。又校注周秦古子。(见《学风地理分布》)

〔二〕梁启超云:栖霞郝兰皋(懿行)著《尔雅义疏》,与浙中邵二云齐名。(见《学风地理分布》)

〔三〕支伟成云:又以《竹书纪年》《山海经》,传习者稀,每为后人羼乱,为援引各籍,正名辨物,订其讹谬,作《山海经笺疏》十八卷、《竹书纪年校正》十四卷……乙未,养疴,辍《尔雅》业,浏览晋、宋史书,成《晋宋书故》一卷,补《宋书刑法食货二志》一卷。(见《朴学大师列传》)

又李慈铭云:以朱笔点勘郝兰皋氏《晋宋书故》一过。郝氏于史学不甚专,此书所摘晋、宋书中僻文奥典四十三条,为之疏证……言此为兰皋病中所作。闺房之间,以经史相倡和,足为千古佳话,以视李易安《金石录序》,作于嫠居乱后者,又不侔矣。(见《日记补》)

〔四〕梁启超云:阳湖洪稚存(亮吉)善治史,为诸史补表及疆域志。(见《学风地理分布》)

〔五〕又云:番禺侯君谟(康)善治《穀梁传》,名其家。又为诸史作补注及补表志。(见书同上)

〔六〕冒广生云:外祖周先生(季贶)为《三国志校勘记》,积二十余年。岁乙未,余礼部试报罢,省先生于山阴,亟询是书,则以余舅云将君之逝,传书无托,以其稿寄桐城萧敬学矣。是年余从敬学乞归。又二年,钩稽排比,略为写定,乃序其大指。

又近人天津卢慎之弼作《三国志集解》,萃诸家之补注,附于裴注之后,亦陈志之善本矣。卢今年八十余,费三十年功夫编成,已由古籍出版社出版。

〔七〕稽录侯康《后汉书补注续》引书考,可为研究汉史之参考资料。

《金楼子》,《东观记》,章怀注,《宋书》,钱氏《三史拾遗》《后汉书

考异》,陶弘景《刀剑录》,《通鉴注》,《潜夫论》(汪继培注),《十七史商
榷》,胡三省曰,《通鉴考异》,王伯厚曰,《水经注》,张衡《东巡诰》,《风
俗通》,《太平御览》,钱氏《后汉书补表》,蔡中郎《司空房植碑》,《后魏
书》,《吴志》,《南齐书》,《魏志》,《蜀志》,裴松之曰,《通鉴》,陈思王
《画赞序》,《蔡中郎集》,《一切经音义》,姚氏《补逸》引谢书,《英雄
记》,陈景云曰,《通典》,《汉书》,《华阳国志》,《晋志》,《孔庙礼器碑》,
熊表阙,钱氏《补表》,王观国《学林》,《艺文类聚》引桓子《新论》,《前
汉志》,赵氏(绍祖)《通鉴注商》,《世说》,《拾遗记》,《汉书·艺文志》,
《意林》,《史通》,《班固集》,《隋书·经籍志》,张揖进《广雅表》,《论
衡》,《文心雕龙》,《文选》,《马融集》,洪稚存曰,王昶曰,《初学记》,荀
悦《汉纪》,孔融《汝颍优劣论》,王僧虔《能书人名录》,虞荔《鼎录》,
《群辅录》,马贵与曰,《抱朴子》,《傅子》,庚肩吾《书品》,《白虎通》,
《后汉纪》。

第十八章　治西夏史[一]

一、周春《西夏书》

周春,字芚兮,号松霭,浙江海宁人。家富藏书,不下万余卷,少
与其兄同塾,朝经暮史,自为师友。以乾隆庚午举于乡,甲戌成进士。
注吏部籍,阅十余年始除县令。

既选广西之岑溪县,地素荒陋,至即立书院学规以训士,士风丕
变。在任二年,揉邪哺穷,人乐其政。无何,丁忧,遂键关不出,潜心
著述。所居书斋,终岁不扫除,凝尘满室,插架环列,卧起其中者三十
年。四部七略,莫不浏览。著《西夏书》十卷,未辑行。

按:海宁周松霭春,事迹具《朴学大师列传》。

二、张鉴《西夏纪事本末》

张鉴,字春冶,归安人。嘉庆九年副贡生。仪征阮元抚浙,筑诂经精舍于西湖,拔知名士讲肄其中,鉴及同里杨凤苞、施国祁皆与焉。尝主南浔刘氏、洞庭西山葛氏,皆富藏书,因得纵观,以资撰录。著有《西夏纪事本末》三十六卷。

(阮)元剿海寇,振两浙水灾,一资鉴赞画。时方议海运,鉴力主之。以为河运虽安费巨,海运费省,得其人熟习海道,未尝不安。乃著《海运刍言》,凡料浅占风之法,定盘望足之规,放洋泊舟之处,考之甚悉。侍郎英和亟称其书。道光四年,河决高家堰,漕运阻。英和遂奏行海运,多采用鉴说。卒年八十三。

按:归安张春冶鉴,《清史列传》卷七十三《文苑》,《清史稿》四百八十六《列传》二百七十三《文苑》三,有传。

参考资料

洪亮吉《西夏国志》十六卷。

周春《西夏书》十卷。秦恩复《西夏书》二十卷。

陈昆《西夏事略》十六卷,著录《清史稿·艺文志》。

皆不见传本,书或未成。

张鉴《西夏纪事本末》传世已久。

吴广成《西夏书事》,原刻本不多见,最近始覆印行世。

近人开县戴锡章海珊广撷群书,分年排次,以成《西夏纪》,书最晚成,差为详备。考西夏一国事者,应于是取资焉。又近人罗福苌因夏人所传之《掌中珠》一书,得通西夏自制之复体文字,并为《宋史·西夏传》作疏证,惜未卒业而殁。

张鉴——自著《冬青馆集》,《与阮侍郎师议再修明史》。

延伸阅读

〔一〕金毓黻云:两宋之世,北方有辽、金、蒙古先后崛起,与之对峙。又有西夏李元昊,传世十,历年一百九十,立国于宋仁宗明道元年,至理宗宝庆三年,为蒙古所并灭,其事具于《宋》《辽》《金》三史之《西夏传》,而《宋史》尤详。(见《中国史学史》)

王树枏云:夫夏之立国,较辽、金为久,几与赵宋相为始终,而文献阙如,无征不信,亦有国者之耻也。吾观宋、辽、金、元诸史所纪西夏之事,闻见异辞。而近世好古之士,若张氏鉴、吴氏广成、周氏春、陈氏昆,四家所为夏书,又往往撮录旧文,沿讹踵谬,择不精而语不详,君子病焉。开县戴海珊先生与余同参史馆,朝夕过从,因出其所著《西夏纪》一书,附以《丛刊》十卷,属为弁首之辞。先生自言为此书阅十年之久,凡正史之舛讹,四家之疏漏,皆一一参稽补正,灿然成一代信史,其用力可谓勤矣。(《西夏纪序》,《陶庐百篇》卷一)

第十九章 考辨古史

一、崔述《考信录》

崔述,字武承,号东壁,直隶大名人(按直隶今属河北)。〔一〕乾隆二十七年壬午举人。嘉庆元年,授罗源知县。未几,投劾归,卜居彰德。山村陋巷,孜孜著述不倦,积四十余年,成书三十四种,而《考信录》尤为生平心力所专注云。

昔者太史公谓:载籍极博,犹考信于六艺。东壁墨守斯义,因取以名其书。经书以外,只字不信。《论语》《左传》尚择而后从。《史记》以下,更不必论。其书考证详明如汉儒,而未尝墨守旧说,而必求其心之安。辨析精微如宋儒,而未尝空谈虚理,而必核乎事之实。云

南石屏举人陈履和遇述京邸,见《考信录》,即执弟子礼。殁后,又为刊其遗书。(见《先正事略》)

按述所考为唐、虞、夏、商、丰镐、洙泗、孟子、三代经界、禘祀等二十七卷,皆以极严正态度以治古史,于是自汉以来古史之云雾,拨开什之八九。其书为好博之汉学家所不喜,然考证方法之严密犀利,实不让戴、钱、段、王,可谓豪杰之士也。(说本梁任公)

兹录其作书之旨云:余年三十,始知究心六经,觉传记所载与注疏所释,往往与经互异。然犹未敢决其是非,乃取经文类而辑之,比而察之,久之而后晓然知传记注疏之失。顾前人罕有言及之者,屡欲茹之而不能茹,不得已,乃为此录以辨明之。〔二〕

又释其书之例云:(一)唐虞三代之事,见于经者,皆醇粹无可议,至于战国秦汉以后所述,则多杂以权术诈谋之习,与圣人不相类,故《考信录》但取信于经,而不敢以战国、魏、晋以来度圣人者,遂据之为实也。(二)今为《考信录》,于殷周以前事,但以《诗》《书》为据,而不敢以秦汉之书,遂为实录。(三)余为考信汉晋诸儒之说,必为考其原本,辨其是非,非敢诋谋先儒,正欲平心以求一是。(四)今为《考信录》,不敢以东汉、魏、晋诸儒之所注释,悉信以为实言,务皆究其本末,辨其同异,分别其事之虚实,而去取之,虽不为古人之书讳其误,亦不为古人之书增其误。(五)今为《考信录》,凡无从考证者,辄以不知置之,宁阙所疑,不敢立言以惑世。(六)今为《考信录》,宁阙毋滥,即无所言,亦仅列之备览,宁使古人有遗美,而不肯使古人受诬于后世。(七)大抵文人学士,多好议论古人得失,或可不爽,故今为《考信录》,专以辨其虚实为先务,而论其得失者次之。

其书初为其弟子陈履和刊行,后又收入《畿辅丛书》,然于杂著未能全刊。及我师顾颉刚获崔氏之《知非集》《苕田剩笔》,及其夫人之《二余集》,其弟其妹之稿,汇刊为《东壁遗书》,于是几无人不知有崔氏矣。

按:大名崔东壁述,《清史列传》卷六十八《儒林》,《清史稿》卷四百八十二《列传》二百六十九《儒林》三,《清儒学案》,俱有传。

二、梁玉绳《史记志疑》

梁玉绳,字曜北,号谏庵,浙江仁和(一作钱塘)人。〔三〕山舟之子也。乾隆增贡生。家世贵显,有赐书。玉绳不至富贵,自号清白士。笃学力行,长于考订,尤精乙部书。著《史记志疑》三十六卷。钱大昕云:生于名门,濡染家学,下帷键户,默而湛思。尤于是书专精毕力,据经传以纠乖违,参班、荀以究同异。凡文字之传讹、注解之傅会,一一析辨之,从事凡二十年,为编三十六卷,名曰《志疑》,谦也。〔四〕(见《潜研堂集》卷二十四)

但当时钱大昕三次致书商讨《史记》中疑义,而不采梁氏之说。钱谓:自王子师诋子长为谤史,宋、元、明儒者疵议尤多,仆从未敢随声附和。盖读古人书,诚爱古人,而欲寻其用意之所在,不肯执单词,以周纳文致也。(见书同上卷三十四)李慈铭亦评之曰:梁氏《史记志疑》,四书所取独多,其拘牵书法,臆测古事,亦与梁氏之失同。(见《越缦堂日记》)然其考订训诂,固多可取,是以卢抱经云:《史记》有吾乡梁伯子玉绳,刊正极精细。(见《群书拾补·史》)王念孙云:梁明经玉绳作《志疑》一书,所说又有钱氏所未及者,而校正诸表,特为细密。(见《读书杂志·史记序》)梁书虽名"志疑",实则刊误纠谬,什而八九也。(用任公语)

又著《人表考》,搜采颇博,尤便于省览。《自序》缘起云:钱宫詹尝语余曰,此表用章儒学,有功名教。视其尊仲尼于上圣,颜、闵、思、孟于大贤,弟子居上等,书首祖述夫子之言,《论语》中人物悉见于表,而他书则有去取。详列孔氏谱系,俨以统绪属之。孟坚具此特识,故卓然为史家之宗,不独文章雄跨百代而已。余甚服膺斯语,因勘校各本,摭采群编,缺不敢补,误不敢改,为《考》九卷。李慈铭云:梁氏于此书致力甚深,引证宏奥,几出马三代(骕)之上,卓然可传。惜好著议论,多涉迂腐,又往往杂引鄙倍之文,不知别择,自累其书,盖尚不免学究习气也。^(五)(见《越缦堂日记》)

按:仁和梁曜北玉绳,《清史列传》卷六十八《儒林》下一,《清史稿》四百八十一《列传》二百六十八《儒林》二,俱有传。

参考资料

崔述——自著《无闻集》《知非集》。

近人顾颉刚编《崔东壁遗书》及《古史辨》杂志。

姚绍华作《年谱》。

陈履和作《行略》。

刘师培作《传》,《左盦文集》。

友人戚学标《鹤泉文钞续选》,桂馥《复崔明府东壁书》。

又《与丁小雅论〈考信录〉》,《小学盦遗书》。

《畿辅先哲传》二十四《文学》六。

《先正事略》三十六《经学》。

《汉学师承记》十四。

《学案小识》十四。

《清儒学案》九十七《东壁学案》。

《清文汇》乙集卷三十二。

《碑传集补》三十九。

梁玉绳——自著《清白士集》八册,内共六种,曰:《人表考》《吕子校补》《元号略》《志铭广例》《瞥记》《蜕稿》。

桂馥曰:丁小雅教授纠正梁玉绳《人表考》。

严元照《校瞥记》,《悔庵学文》。

钱大昕《与梁曜北论史记书》,《潜研堂集》。

王念孙作《序》,钱泰吉作《跋》,《甘泉乡人余稿》。

《清儒学案》百三《钱塘二梁学案》,弟履绳。

延伸阅读

〔一〕梁启超云：乾隆末叶，直隶有一暗然自修之学者，曰大名崔东壁（述），其学专治古史，而善怀疑，善裁断，剪落枝叶，与东南考证学家大异其撰，著述甚多。其最著者，曰《考信录》。（见《学风之地理分布》）

〔二〕又云：此书考证三代史事实最谨严……以为治古史之标准。此书虽非为辨伪而作，但他对于先秦的书，除《诗》《书》《易》《论语》外，几乎都怀疑，连《论语》也有一部分不相信。他的勇气真可佩服。

〔三〕又云：（乾隆中叶）钱塘梁曜北（玉绳）、处素（履绳）兄弟，以贵介公子淬厉于学，而曜北治史，有《史记志疑》，能成一家言。（见《学风之地理分布》）

〔四〕章嵚云：梁山舟之嗣子曜北玉绳著《史记志疑》，积功几二十年，为书达三十六卷，则真光而表之。（见《井里旧词》）

〔五〕予友李笠雁晴著《史记订补》八卷，其体例一仿梁书。家刻本。金毓黻评之曰：李笠之《史记订补》仅能就其片辞只义，为之笺证订补，无有能如王（先谦）、吴（士鉴）二氏之例，就全书而为之统释者。（见《中国史学史》）

第二十章　裒集古史

一、程恩泽《战国策地名考》

程恩泽，字云芬，号春海，安徽歙县人。[一]嘉庆辛未进士，官至户部右侍郎，有《遗集》。《国朝先正事略》云：先生学识超时俗，六艺九流皆深思而得其意。工篆法，熟精许氏学。诗文雄深博雅，于金石书画考订尤精审。值上书房时，课惠亲王读，上与王论先生为人，有"和而不同"之目。

按：歙县程春海恩泽，《清史稿》卷三百七十六《列传》第一百六十三有传。

二、黄式三《周季编略》

黄式三，字薇香，浙江定海人。[一]事亲孝，父性严，先意承志，恒得欢心。尝赴乡试，母裘暴病卒。驰归恸绝，誓不再出，以岁贡生终于家。于学不立门户，博综群经，读史喜《文献通考》，而时论定马氏之阙失。（见《国史儒林传稿》）

所著《周季编略》九卷。[二]其《自序》云：式三少爱《国策》之文。及长，复合《史记》，校订其字句之异，而窃怪二书所载贞、考、威、安、烈、显、慎、赧之故实，善言善行之足法者少，不善之足鉴者多。继而泛览周末及秦汉诸子之书，始信周之衰，老师、大儒犹在，唐韩子之言为不诬。书缺有间，其轶见于他说而欲汇为一书，未暇耳。今馆慈邑章桥，合《史记》年表、本纪、世家，考其得失，复参以司马《通鉴》及《稽古录》，吕氏《大事记》及《解题》与朱、赵《纲目》诸书，益知前人未竟之绪，不能无传于后人。不揆固陋，裒集二百四十八年之事，列国之强弱存亡，既为之考其本末，溯其源流，苏秦、张仪、公孙衍之纵横，白起、王翦、蒙恬之攻战，亦详书之以为戒。而网罗放失之文，搜寻遗佚之士，将使周季之衰，犹见周德之盛，留遗于六百载以后也。[四]（见《儆居杂著》卷首）

按：定海黄薇香式三，《清史列传》卷六十九《儒林》二，《清史稿》卷四百八十二《列传》二百六十九《儒林》三，俱有传。

参考资料

程恩泽——自著《程侍郎遗集初编》。

阮元作《神道碑》，《揅经室续二集》。

《清儒学案》百四十六。

《续碑传集》十。

黄式三——自著《儆居集》二十二卷，又作《知非子传》《儆居杂著》。

黄以周《先考明经公言行略》，《儆季文钞》《杂著》。

谭献作《传》，《复堂类集》。

施补华作《别传》，《泽雅堂文集》。

张寿镛《定海黄氏父子未刻遗书》，《约园杂著三编》卷三，又卷六有《重刻周季编略序》。

《清儒学案》百五十三《儆居学案》，并附子黄以周。

《清文汇》丙集卷二十五。

《续碑传集》卷七十三《儒学》三。

附秦史参考书：

近人章炳麟太炎作《秦献记》，《文录》。

章嶔厥生作《秦事通征》二卷，《天行草堂主人遗稿丛刊》，数目有：兴亡、国交、政术、兵战、地域（域外附）、食货、刑法、官爵、学文（言文附）、美术、风俗、世系（姓氏附）、宦戚、神话等，共十四篇。一篇之中，又分若干章，另定子目。

童书业作《战国史》。

延伸阅读

〔一〕梁启超云：道光间，则歙县程春海（恩泽）治史学颇综核。（见《学风之地理分布》）

〔二〕又云：其在晚清，则定海黄薇香（式三）、儆季（以周）父子，崛起孤岛中，最通博，能名其家。（见书同上）

〔三〕按：今人阳原李泰棻亦撰《西周史征》五十卷，已排印行世。

〔四〕谭献云：定海今贤黄儆居先生承浙东学派之正，兼综体用，著书百卷，得令子以周昆弟，传其家学。（见《复堂类集·周季编略叙》）

第二十一章　治论史学

龚自珍《古史钩沉论》

龚自珍,又名巩祚,字璱人,号定盦,浙江仁和人。[一]道光九年己丑进士,授内阁中书,升宗人府主事。十七年改礼部,寻告归,遂不复出。

自珍少学于外祖段懋堂氏,得其师法,于经通《公羊春秋》,于史长西北舆地,其文以六书、小学为入门,以周秦诸子、吉金乐石为崖郭,以朝章国故、世情民隐为质干。晚犹好西方之书,自谓造诣深微云。道光二十二年,卒于丹阳。越明年,夏,其孤橙抱其遗书来扬州,就正于其执友邵阳魏源。源既论定中程者,校正其章句连合者,凡得文若干篇,为十有二卷,题曰《定盦文录》。又辑其考证杂著诗词十有二卷,题曰《定盦外录》,皆可杀青付缮写。(录魏源《定盦文集叙》)

龚氏治史喜章实斋学说,有"六经皆史"之言,谓六经者,周史之宗子也。《易》也者,卜筮之史也。《书》也者,记言之史也。《春秋》也者,记动之史也。《风》也者,史所采于民而编之竹帛,付之司乐者也。《雅》《颂》也者,史所采于士大夫也。《礼》也者,一代之律令,史职藏之故府,而时以诏王者也。故曰:五经者,周史之大宗也。

又云:诸子也者,周史之支孽小宗也。[二](《古史钩沉论》)

龚氏既为段玉裁外孙,其治《公羊》与魏源相称誉。生平于专制政体,疾之滋甚,故集中如《古史钩沉论》《乙丙之际著议》《京师乐籍说》《尊任》《尊隐》《撰四等十仪》《壬癸之际胎观》等篇,于民权之义阐明颇详。[三]

章太炎云:自珍承其外祖之学,又多交经术士,其识源流,通条理,非源之俦。然大抵剽窃成说,无心得。其以六经为史,本之《文史通义》而加华词。观其华,诚不如观其质者。若其文词侧媚,自以取法晚周诸子,而佻达无骨体,视晚唐皮、陆且弗逮,以校近世,犹不如唐甄《潜书》之近实。后生信其诳耀,以为巨子,诚以舒纵易效,又多淫丽之词,中其所嗜,故少年靡然向风。自自珍之文贵,则文学涂地垂尽,将汉种灭亡之妖耶?(《校文士》)

又云:龚自珍治金文,盖谬体滋多于是矣。(《孙诒让传》)

孙诒让云:吴书释文(吴荣光)《筠清馆金文录》,盖龚礼部自珍所纂定,自负其学,为能冥合仓籀之旨。而凿空呲谬,几乎阳承庆李阳冰之说。然其孤文碎谊,偶窥扃奥,亦间合于证经说字,终非薛氏(尚功)所能及也。(见《古籀拾遗自序》)

按:仁和龚定盦自珍,《清史列传》卷七十三《文苑》四,《清儒学案》卷百五十八《定盦学案》,俱有传。

参考资料

龚自珍——自著《定盦文集》三卷,《续集》四卷。

外祖段玉裁有《与外孙龚自珍札》,《经韵楼集》。

论文:《段氏八十寿序》。又《平生师友小记》百六十一则。《上国史馆总裁提调总纂书》。

沈垚《与龚定盦书》,《落帆楼文集》。

石韫玉《与龚璱人孝廉书》,《独学庐文稿》。

近人张荫麟《龚定盦诞生百四十周年纪念》,一九三二年《大公报》副刊。

朱杰勤《龚定盦之史地学》,一九五五年。

《清儒学案》百五十八《定庵学案》。

《碑传集补》四十九。

延伸阅读

〔一〕梁启超云:嘉道间则仁和龚定庵(自珍),实段茂堂外孙,而

治今文家言,又治佛学,能发奇论,与魏默深同为晚清思想之先驱者。(见《学风之地理分布》)

〔二〕支伟成云:龚自珍为学务博览,喜与人辨驳,虽小屈,必旁证广引,已说得伸乃已……惟所作《古史钩沉论》谓"五经者,周史之大宗也",与章实斋"六经皆史"之主张相近。又熟习掌故,通蒙古文,长于西北舆地,旁逮诸子道释、金石术数,莫不贯串。著述极富,惜多佚弗传。后人哀其遗集,仅存十有八卷。(见《朴学大师列传》)

〔三〕章太炎云:龚自珍不可纯称今文,以其附经于史与章学诚相类,亦由其外祖段氏二十一经之说,尊史为经,相与推移也。段氏《经韵楼集》有《十经斋记》,欲于十三经外,加入《大戴记》《国语》《史记》《汉书》《资治通鉴》《说文解字》《周髀算经》为二十一经。

又李慈铭云:仁和龚自珍号定庵,道光己丑进士,持行诡怪,而少学于外祖段懋堂氏,得其师法。所著有《春秋决事比》六卷,《太誓答问》一卷,《尚书马氏家法》一卷。(《越缦堂日记》)

又云:璱人承其外王父段氏声音文字之学。又与吾乡人徐星伯氏游,通地理学,尤究于西域蒙古。与邵阳魏默深游,通经世学。与吴县江铁君及海盐王昙游,通释典杂学。而文章瑰诡,本孙樵、杜牧,参之以《史》《汉》《庄》《列》《楞》《华》之言,近代霸才也。(见书同上)

第二十二章　修纂学术史

一、阮元《国史儒林传稿》

阮元,字伯元,号芸台,晚号怡性老人,江苏仪征人。〔一〕乾隆五十四年己酉进士,改翰林院庶吉士,散馆授编修。大考第一,擢少詹。历官内阁学士,户、礼、兵、工等部侍郎,山东、浙江学政,浙江、河南、江西巡抚,两湖、两广、云贵总督,太子太保晋加太傅。卒谥文达。

元淹贯群书,长于考证。在史馆时,采诸书为《儒林传》,合师儒异派而持其平,不稍存门户之见。著《四库全书未收书目提要》《畴人传》《淮海英灵集》《两浙辅轩录》《积古斋钟鼎款识》《山左两浙金石志》,并为考古者所重。[一]

按:仪征阮芸台元,《清史列传》卷三十六《大臣》,《清史稿》卷三百六十四《列传》百五十一,《清儒学案》,俱有传。

二、江藩《汉学师承记》附《宋学渊源记》

江藩,字子屏,号郑堂,甘泉人。[三] 监生。少受学于惠栋、余萧客、江声三人。博综群经,尤熟于史事。纂《国朝汉学师承记》八卷,使两汉儒林家法之承授,本朝经学之源流,厘然可考。又作《宋学渊源记》三卷[四],分北学、南学、附记,共若干人。又取诸家撰述,凡专精汉学者,仿唐陆元朗(德明)《经典释文》传注姓氏之例,作《国朝经师经义目录》一卷,皆专宗汉学。凡言不关于经义小学,意不纯乎汉儒诂训者,悉不著录,亦可谓笃信谨守者矣!(见《国朝先正事略》)初,藩著《汉学师承记》,仁和龚自珍净之,大旨谓读书者实事求是而已。若以汉与宋为对峙,恐成门户之见。其《与江子屏书》云:大著读竟,其曰《国朝汉学师承记》,名目有十不安焉。改为《国朝经学师承记》,敢贡其说……其后寿阳祁寯藻嘱光泽何秋涛为《续记》。秋涛曰:是编当依阮元《畴人传》之例,改为《学人传》。若特立汉学之名,宋学家群起而攻之矣!方东树《汉学商兑》所由作也。然藩所著《宋学渊源记》以禅学为宋学,亦为世所讥云。

会稽李慈铭谓:此书谨守汉学,不容一字出入,殊有班氏《儒林传》《艺文志》家法,非陆氏《释文》《叙录》等书所得比肩。遗文轶事,亦多藉以考见,诚有功于诸儒矣。[五](见《越缦堂日记》)

梁任公曰:子屏将汉学、宋学门户显然区分,论者或病其隘执。

然乾嘉以来学者,事实上确各树一帜,贱彼而贵我,子屏不过将当时社会心理照样写出,不足为病也。二书中,汉学编较佳,宋学编则漏略疏甚,盖非其所喜也。然强分两门,则各人所归属亦殊难得正确标准,如梨洲、亭林编入汉学附录,于义何取耶?子屏主观的成见太深,其言汉学,大抵右元和惠氏一派,言宋学则喜杂禅宗。观《师承记》所附《经师经义目录》及《渊源记》之附记,可以见出。好持主观之人,实不宜于作学史,特其创始之功不可没耳。(见《清代学者整理旧学之总成绩》)

金毓黻云:惠氏之弟子江藩为撰《汉学师承记》八卷以尊扬之,虽以汉学先导之顾炎武,亦仅列于附录。又别撰《国朝宋学渊源记》,以载宋学诸家,门户之深与唐氏同,然由是书可窥见清儒治学梗概,亦学史中之后劲也。(见《中国史学史》)

我乡哲孙公仲容(诒让)自言少时读江子屏《汉学师承记》,始窥国朝通儒治经史小学家法。(见《札迻自叙》)

按:甘泉江子屏藩,《清史列传》卷六十九《儒林》二,《清儒学案》,俱有传。

三、唐鉴《国朝学案小识》

唐鉴,字镜海,湖南善化人。[六]少而迈异精勤,嗜学如渴。以廪生入贽为临湘县训导。嘉庆十二年,举于乡。十四年成进士,改翰林院庶吉士。又二年,授职检讨。历官至江宁布政使,有惠绩,入为太常卿。时曾国藩、吴廷栋、窦垿等皆从之游。其为学也,又惟自治其身心之急,或不沾沾于文艺之短长。因乾嘉之间,诸儒务为浩博,惠定宇、戴东原之流钩研诂训,本河间献王"实事求是"之旨,薄宋贤为空疏。名目自高,诋毁日月。别有颜习斋、李恕谷氏之学,忍嗜欲、苦筋骨,力勤于见迹,等许行之并耕。鉴于是辑为《国朝学案小识》十五卷,厘别其蔽逆。

当其致仕归,主讲金陵书院。咸丰诏君入京,进对十五次,中外利弊,无所不罄……将起用,力辞以老,特旨褒美,赏加二品衔,令还江南,矜式多士。后居宁乡善岭山,深衣疏食,泊然自怡。又著《朱子学案》及《朱子年谱考异》,以发紫阳之指归。十一年卒,年八十四,谥确慎。

卒后,曾国藩为其书校字付梓,复题于后焉。

鲁一同与高伯平论《学案小识》云:承示唐氏所纂《学案小识》,间有所疑滞者。窃少翻阅,粗尽指要,颇谓唐氏有志于道矣。其书体义,不敢苟同。今条其一二,私于左右。君子之论人也,是非功罪,粲然明白,犹所难言。至于学术,藏之于心,未易高下。人非亲习,事隔时地,徒凭纂述议论,以相差等。且班氏为古今人表,高下蹐驳,遗议到今,无他,分晰太多,不无差失故也……今唐氏之书,横列三等,曰传道四人,曰翼道十有九人,曰守道四十有四人。综计一代老师耆德、魁艾大贤,而第其上下,进退率于胸怀,轻重凭其位置,虽具高论之识,实非虚己之义……(下略)

梁任公云:唐镜海搜罗较博,而主观抑更重。其书分立传道、翼道、守道三案,第其高下。又别设经学、心学两案,示排斥之意。盖纯属讲章家争道统的见解,不足以语于史才明矣!又云:唐鉴以清代最不振之程朱学派为立脚点,褊狭固陋……启超方有事于清儒学案,汗青尚无期也。[七]

唐氏又作《国朝学案小识·待访录》。(见《粟香四笔》卷七)

金毓黻云:清人唐鉴撰《国朝学案小识》十五卷,专明程朱之学,推崇清初之二陆(陆陇其、陆世仪)、二张(张履祥、张伯行),而于汤斌以下兼宗陆、王者,率多贬辞,门户之见太深,不如黄、全之书远甚。(见《中国史学史》)

近人前大总统徐世昌自离政治生涯后,杜门撰述,改编《清儒学案》,现已脱稿。其书上接宋、元、明儒学案,而集有清一代学术之大成,殆胜此唐氏书欤?

按:善化唐镜海鉴,《清史列传》卷六十七《儒林》上二,《清史稿》卷四百八十《列传》二百六十七《儒林》一,《清儒学案》,俱有传。

四、戴望《颜氏学记》

戴望,字子高,浙江德清(一作乌程)人。〔八〕诸生。一赴秋试,遂弃举业。好读先秦古书,受业南园。既从宋于庭(翔凤)、为庄(存与),刘(逢禄)之学,皆两汉今文也。性倨傲,门户之见持之甚力。论学有不合家法者,必反复辨难而后已,人故忌之。望亦不妄交,交则必全始终。

同治中,任金陵书局校勘,尝取《公羊》义例,作《论语注》,又有《管子校正》《颜氏学记》《谪麐堂集》若干卷。

子高治朴学,有至行,博野颜氏习斋(元)诸书,南方之学者传习颇罕,独子高读而嗜焉。辑《颜氏学记》十卷。〔九〕

子高自至金陵,数病。病稍间,即著书。惜不久卒。年仅三十五。乏嗣,其友唐仁寿、孙诒让经纪其丧,沽所藏书,得资刻遗著。

章炳麟云:戴望治《公羊春秋》,视先戴则不相逮。中更丧乱,寄食于大盗曾氏之门,然未尝仕。观其缀述《颜氏学记》,又喜集晚明故事,言中伦,行中虑,柳下、少连之侪也。(见《太炎文抄》五《哀后戴》)

按:德清戴子高望,《清史列传》卷六十九附在刘逢禄、宋翔凤下,《清史稿》卷四百八十二《列传》二百六十九《儒林》三,俱有传。

参考资料

阮元——自著《揅经室集》,包括一集十四卷、续集十卷、再续集六卷、二集八卷,又《四库未收书目提要》《两浙辋轩录》《畴人传》等。

又作《雷塘寿圹记》,《揅经室集》。

子长生作《阮尚书年谱》。

刘毓崧《阮文达公传》,《通义堂文集》。

《耆献类征》三十九《宰辅》三十七。

《先正事略》二十一《名臣》。

《清儒学案》百二十一、百二十二《仪征学案》上中下。

《清文汇》乙集卷六十三。

《续碑传集》三《宰辅》。

江藩——自著《炳烛室杂文》,一作《秉烛室杂文》。

龚自珍《江子屏所著书叙》,《节甫老人杂著》。

《耆献类征》四百十九《经学》七附惠栋后。

《先正事略》三十六《经学》。

《清儒学案》百十八《郑堂学案》。

《清文汇》丙集卷一。

《续碑传集》七十四《儒学》四。

唐鉴——自著《唐确慎公文集》四卷。

曾文正作《墓志铭》及《序》,又《答刘孟容书》,又《送唐先生南归叙》,《求阙斋文集》。

《清儒学案》百四十《镜海学案》。

《续碑传集》十七。

戴望——自著《谪麐堂集》四卷。

张星鉴作《传》,《仰萧楼文集》。

刘光汉作《传》,《华国月刊》第二期六册。

施补华作《墓志》,《泽雅堂文集》。

李慈铭《越缦堂日记》、谭献《复堂日记》。

俞樾《袖中书》、金武祥《粟香随笔》。

徐世昌《晚晴簃诗汇》。

延伸阅读

〔一〕梁启超云:仪征阮芸台(元)任封疆数十年,到处提倡学问,浙江、广东、云南学风皆受其影响。其于学亦实有心得，为达官中之真学者，朱笥河、纪晓岚、毕秋帆辈皆非其匹也。（见《学风之地理分布》）

〔二〕李慈铭云：手录《挈经室集》中所存《国史儒林传》已删者……皆右文之世，丞宜表彰，是后日史官之责矣。（见《日记补》）

又云：辑《国朝儒林小志》，以吾乡黄氏宗羲始。予自庚申夏，欲辑录是书，以未得江氏藩《汉学师承记》、阮氏元《儒林传稿》而止。今惟即所见者缀集而已。黄氏虽明臣，然开国朝之学，又卒于康熙中，故以为始也。（见书同上）

又云：余辑《国朝儒林小志》，惟载汉学名家，虽姚惜抱、程绵庄、程鱼门、翁覃溪诸公自名古学者皆不列入，而独取先生（全谢山），固不仅以《经史问答》一书也。（见书同上）

又缪荃孙云：嘉庆庚午，阮文达公由浙抚降编修，充国史馆总纂，创儒林、文苑两传，总裁以官书无证尼之。文达答以私家传志，本书叙例即其证，请以全谢山文内集句成篇为法，总裁允之。盖官书无从援据，自不得不援据著作家之序跋，修史者之学术，未必一一能如著作家之自言其心得处，提要钩玄，实胜于史官涂饰门面语也。（见《艺风堂文集·国史儒林文艺两传始末》）

〔三〕梁启超云：甘泉江子屏（藩）著《汉学师承记》《宋学渊源记》，实为极有价值之学术史。

〔四〕章太炎云：江藩著《宋学渊源记》书颇佳，所收殊富。

〔五〕李慈铭云：同治间，南海桂文灿皓庭著《经学博采录》，与此书体例相似。（见《日记》）

又山阴赵之谦作《续汉学师承记》。甘泉梅延祖复拟续江郑堂《汉学师承记》，遗稿并散弗传。别有《刘更生年谱》一卷，收《积学斋丛书》中。其《续师承记商例》，如谓"拟仿《汉书·儒林传》例，以所习之经为类，不以年世为叙次之后先。又前书附传诸人，有并无学术而亦得列入者，未免太滥。又更有似是而非者，痛斥传注，一似千古不传之秘,至今始发其覆。大言不惭,谬妄已极。又或其人书未成而没,以及并未著书而确宗汉学,必取其遗文一二篇,于学确有发明者列入,始为信而有征"诸条,均极精当,使其成书,必不在江《记》下。

〔六〕梁启超云:善化唐镜海(鉴)治程、朱学,著《国朝学案小识》,自是湘学彬彬矣。(见《学风之地理分布》)

〔七〕又云:吾发心著《清儒学案》有年,常自以时地所处,窃比梨洲之于故明,深觉责无旁贷。所业既多,荏苒岁月,未知何时始践夙愿也。(见《总成绩》)

支伟成云:成孺,初名蓉镜,后更今名,字芙卿,一字心巢,江苏宝应人。诸生。三十后遂绝弃科举。受聘襄校金陵书局。光绪庚辰,主讲长沙校经堂。拟著《大清学案》,粗具凡例,不遑编纂,惟宗派表有写定之稿耳。(见《朴学大师列传》)

〔八〕又云:乌程周郑堂(中孚)……其外孙德清戴子高(望),经学宗庄、刘,理学宗颜、李,与东原有前后戴之目。(见《学风之地理分布》)

〔九〕支伟成云:又先世藏颜习斋先生书,为李刚主所赠,读而好之,既求得两先生传状,始惊叹以为颜、李之学,周公、孔子之学也。当旧学久衰,奋然欲追复三代教学成法,比于亲见圣人,何多让焉?惜其湮没不彰,则条次言行及师承,作《颜氏学记》十卷。(见《朴学大师列传》)

第二十三章　征考当代文献

一、钱仪吉《国朝征献录》《碑传集》

钱仪吉,字蔼人,号新梧,又号衎石,浙江嘉兴(一作嘉善)人。[一]嘉庆十三年戊辰进士,改翰林院庶吉士,散馆授户部主事,累迁至刑科给事中,主广东学海堂讲席,晚又主河南大梁书院。

仪吉于学无所不通。其读史,必考一朝之制度典章,撰《三国会要》《晋会要》《南北朝会要》,体裁本徐天麟,而有所变更,期拾遗于正史,不限断以本书。帝系、舆地,或为之表,条系字缀,巨细毕赅。尤熟于本朝掌故,尝充会典馆总纂,为《皇舆图说》四十卷。仿杜大珪《名臣琬琰集》、焦竑《献征录》,辑先正碑版状记为《国朝征献录》二三百卷及《国朝碑传集》一百六十卷。

其为文修辞立诚,实事求是,有《衍实斋记事稿》十卷、《续稿》十卷,《补晋兵志》即在集中。

梁任公曰:《补晋兵志》以极谨严肃括之笔法,寥寥二三千言(另有自注),而一代兵制具见。又曰:此外有与补志性质相类者,则如钱衍石之《三国会要》五卷(已成未刻)、《晋会要》《南北朝会要》各若干卷(未成)。(并见《清代学者整理旧学之总成绩》)李慈铭云:钱衍石《三国会要》稿本已失。(见《越缦堂日记》)以后,黄岩杨晨(定夔)亦著此书云。[一]

其《三国会要》序云:予自弱冠流览乙部,日诵政书,每苦历朝史志,以类求之,多不相续,虽沈约遐稽皇古,《隋书》并包五代,彼皆义取兼及,语焉不详。即京兆之典,贵与之考,囊括绵纪,亦皆仅举其大端。独《会要》制如杜典,而断代为之,又不拘以文史之体,条缀字系,巨细毕赅,予窃有取焉。顾两汉著于徐仲祥,唐、五代成于王齐物。爰自章武偏安,迄乎大业末造,其间帝制十二代,涉历四百年,概未有述之者。不揣寡陋,为补其缺,曰《三国会要》,曰《晋会要》,曰《南北朝会要》,而三国之书先成,因著其命意缘起如此。

其《会要》自序又云:予尝采集义门何氏、西溟姜氏、颐谷孙氏诸先生之言,雠勘积谬,为《三国志证闻》三卷。而撰述此书,则又随录随校。凡所据信,悉注下方。郢书燕说之讥,盖夐夐乎蕲欲免之。(有《序例》二卷,在《衍石斋记事初稿》中)往李次白贻德公车戾止,见予属稿，勖以亟成。

又自序其《国朝碑传集》云：於戏盛哉！自天命以来，王侯将相、卿尹百执事、硕儒才彦之名迹，炳著国史矣，而金匮石室之藏，外人弗得见。曩承乏《会典》之役，幸获敬观，亦不敢私有写录。今乃采集诸先正碑版状记之文，旁及地志、杂传，得若干篇。略依杜氏大珪、焦氏竑之例，以其时，以其爵，以其事，比而厌之，为若干卷。其于二百年文献之林，不啻岳之一尘，海之一勺耳。有能口诵而心识焉，可以考德行，可以习掌故。不徒飞文染翰，为耳目之玩已也。或一人之事杂见他书者，同时之迹及其子孙言行有可称者，间为附录，殿于本篇……凡一百六十卷。后有得者，当为续次云。〔三〕

据金浙生《粟香二笔》所载，钱衎石《衎石斋集》惟《记事稿》《续稿》各十卷，《诗稿》六卷。又传先生于《征献录》之外，复节录名臣，为《先正事略》，盖卷帙繁而未刻也。平江李次青方伯元度著《先正事略》六十卷，名同而先付梓，已风行海内矣。

严冬友（长明）辑《师友渊源录》二十八卷，意者其即《征献余录》乎？（大昕云）

按：嘉兴（一作嘉善）钱衎石仪吉，《清史列传》卷七十三《文苑》四，《清史稿》卷四百八十六《列传》二百七十三《文苑》三，《清儒学案》，俱有传。

二、钱林《文献征存录》

钱林，原名福林，字东生，号金粟，浙江仁和人。嘉庆十三年成进士，官至翰林院侍读学士。林学问淹博，于书无所不览。每执笔，文不加点，如凤构然。熟于汉唐注疏及近时经生家言。于史记诵尤博。尝论辽、金、元兵制，其门人汪喜孙谓足补史志之缺。居翰林日，尝充国史馆总纂官，故于本朝名臣言行靡不熟究。

体羸多病，不喜结纳，每凤兴在丑寅之交，烧烛读书，随手著录，

无间寒暑。所著《文献征存录》十卷，搜讨极勤。（病）革时，以付喜孙。[四]

按：仁和钱东生林，《清史列传》卷七十三《文苑》，《清史稿》卷四百八十五《列传》第二百七十二《文苑》二，俱有传。

三、李元度《国朝先正事略》

李元度，字次青，一字笏庭，自号天岳山樵，晚更号超园老人，湖南平江人。[五]道光癸卯举人，官至贵州布政使。有《国朝先正事略》。元度以章句之儒，从事戎行，咸丰甲寅、乙卯之际，与曾国藩患难相依，备尝艰险。厥后提兵各省，屡蹶仍振……发愤著书，鸿篇立就。寻访钱氏遗书，参订修补，矜练岁年，慎褒贬于锱铢，酌群言而取衷，终成圣清巨典。（用曾氏《叙》语，载《文集》卷二）

梁任公曰：此书道光以前人物略具，文亦有法度……以知最近二三百年史迹大概。[六]或谓《先正事略》体裁不异于传，其云事略者，不敢自比于史也。

按：平江李次青元度，《清史列传》卷七十六，《清史稿》卷四百三十二《列传》二百十九，《清儒学案》卷百七十八《湘乡学案》附李元度，俱有传。

四、李桓《耆献类征》

李桓，字叔虎，号黼堂，一号辅堂，湖南湘阴人。荫生，官至江西布政使，署巡抚。有《宝韦斋类稿》。谭廷献撰《墓碑》。公虽尼于朋党，终焉沦废，而威惠所布，实事求是。奉身既退，横览二百余年成绩，藏山传人，终副师友之风心，殆所以曲成之也。所辑《耆献类征》七百二十卷、《闺媛类征》十二卷，国朝人物掌故，叹观止矣。

俞樾云：国朝二百余年来，人材特盛。其大者见于金匮石室之书，次者散见于名家碑传之文。道光间，嘉兴钱衎石先生有《国朝征献录》,而书经乱散佚。平江李次青廉访乃有《先正事略》之作,近者湘阴李黼堂方伯又有《耆献类征》之作,搜罗富国,诚著述之盛心也。(见《荟蕞编》)

参考资料

　　钱仪吉——自著《衎石斋记事稿》十卷、《续稿》十卷。

　　　　苏源生《书先师星湖先生事》。

　　　　《清儒学案》百四十三《嘉兴二钱学案》(仪吉、泰吉)。

　　　　泰吉著《甘泉乡人稿》。

　　　　钱应溥《钱警石年谱》。

　　　　《碑传集补》十。

　　钱林——《碑传集补》八。

　　李元度——自著《天岳山馆文钞》四十卷。

　　　　王先谦作《神道碑》,《虚受堂集》。

　　　　《清儒学案》百七十八《湘乡学案》附李元度。

　　　　《续碑传集》三十九。

　　李桓——谭廷献作《墓碑》,张寿镛《约园杂著三编》。

　　　　《续碑传集》三十八。

延伸阅读

　　〔一〕梁启超云:嘉善钱衎石(仪吉)谙掌故……

　　〔二〕支伟成云:钱氏复仿宋杜大珪《碑传集》例,辑《国朝碑传集》一百六十卷,起开国以迄当时,内而宰辅、卿贰、词臣,外而督抚、守令、僚佐及忠义、孝友、儒林、文苑、列女,荟萃私家文集著述数十百种,博采旁搜,俾有清二百年史料粲然大备。(见《朴学大师列传》本传)

　　〔三〕按此书记有清一代显宦名人之行述,据各省通志及名人文集中碑志之文,分类编次,以道光时为断。

　　〔四〕王藻云:所辑皆当代名流纪事,凡十一册,廿余年来未成书也。先生既归道山，稿本为汪君喜孙取去。疾革时，余先一日往视，先生云：吾诗集已交程春海，他无著述，惟《纪事》底稿在孟慈处。彼时未见此稿，因先生病体沉绵，不敢细询……先生殁数年矣，甲午岁，孟慈忽诣余，告以《纪事》底稿若干册。余急询之，得五本，粗观大略，深知先生用功之勤。后数日，孟慈来索。余欲觊其余，而孟慈色吝甚，诡曰：涂抹处甚多，恐一时难遍观也。彼时正为老友俞理初刻《癸巳类稿》，因举以授理初。理初知稿本未全，为余画策，转向春海言之，属其转索，因并余六册取来，细加翻阅。会理初南旋，钞写未及蒇事。逾年，余有琼州之役，孟慈来索。余以先生手泽既得之，不敢弃也，缓词谢之。后理初又殁于金陵，是书沉阁已久，每一展视，恐无以对先生，余甚惧焉。二十二年，自楚南乞养旋里，人事匆促，倏忽又八九年。咸丰初元，适陈硕甫渡江来访，余又以此书示之，朝夕盘桓，商榷此事，迟延未果。值时势多艰，硕甫隔江远馆，又不能来，自叹齿危发秃，年七十矣，是书未付剞劂，将若之何？是年秋，有《崇川制艺汇存》之刻，因辑崇川各家诗钞，《汇存》尚未竣事，即于其间竭昕夕之力，手自编次，并倩及门诸子暨儿子辈晨夜钞录，除理初、硕甫先已理成四册外，又编成六册，付诸手民。论当代文献，未敢云备，然亦无负先生勤勤纪事之意矣，题曰征存，犹汇存之志也。

〔五〕梁启超云：平江李次青（元度）谙熟掌故，善为文。（见《学风之地理分布》）

〔六〕曾国藩云：道光之末，闻嘉兴钱衎石给事仪吉仿明焦竑《献征录》为《国朝征献录》，因属给事从子应溥写其目录，得将相、大臣、循良、忠节、儒林、文苑等凡八百余人，积二三百卷。借名人之碑传，存名人之事迹。自别京师，久从征役，而此目录册者不可复睹。同治初，又得鄢陵苏源生文集，具述其师钱给事于《征献录》之外，复节录名臣为《先正事略》。于是知钱氏颇有造述，不仅钞纂诸家之文矣。（见《求阙斋文集·先正事略叙》）

第二十四章 治边徼地理

一、祁韵士《藩部要略》

祁韵士,字鹤皋,山西寿阳人。[一]乾隆四十三年进士,改翰林院庶吉士。散馆授编修。

韵士颖特,善属史。自幼喜治史,于疆域山川形胜、古今人爵里姓氏,靡不记览。曾馆于静乐李氏,李氏多藏书,韵士寝馈凡五稔,益博洽。

在翰林时,充国史馆纂修官,奉旨创立《蒙古王公表传》,韵士通核立传体例,羌无故实,文献莫征,虽有钞送旗册,杂乱纠纷,即人名难卒读,无可作据。乃悉发大库所藏红本,督阅搜稽,凡有关于外藩事迹者,概为检出,以次复阅详校。每于灰尘垄积中,忽有所得,如获异闻。积累既久,端绪可寻,于是按各部落条分缕析,人立一传,必以见诸实录、红本者为准。又以西北一带山川疆域,必先明其地界方向,乃以《皇舆全图》为提纲,其王公等源流支派,则核以理藩院所存世谱,订正无讹,如是者八年,而书始成。即今著录《四库》之《钦定外藩蒙古部王公表传》也。

又撰《藩部要略》十八卷,先以年月日编次,条其归附之先后、叛服之始终、封爵之次第,以为纲领。盖《传》仿《史记》,《要略》仿《通鉴》。武进李兆洛序之,谓如读邃皇之书,睹鸿濛开辟之规模云。

及戍伊犁(充宝泉局监督,嘉庆九年局库亏铜事觉,遣戍伊犁,未几赦还),则创纂《伊犁总统事略》。厥后大兴徐松再事纂修,将军松筠以其书奏进,赐名《新疆事略》。韵士又别山川疆里为《西域释地》一卷、《西陲要略》四卷,条分件系,考古证今,简而能核,盖生逢圣代,

737

当敷天祗属之时，阅历万里，如履闺闼，固非昔人潜行窃睨、依稀影响者所能及也。

按：寿阳祁鹤皋韵士，《清史列传》卷七十二《文苑》三，《清史稿》卷四百八十五《列传》二百七十二《文苑》二，《清儒学案》，俱有传。

二、徐松《新疆识略》

徐松，字星伯，顺天大兴人。[二]嘉庆十年传胪，改庶吉士，散馆授编修。官至陕西延榆绥道。精于史事，尤长地理，好钟鼎碑碣文字。著《新疆识略》《后汉书西域传补注》《西域水道记》《西游记考》，又从《永乐大典》辑《宋会要》无虑五六百卷（见《癸巳类稿》，一说谓四百六十卷）。张香涛之洞得书稿于京师。督粤时，属广雅书局王雪澄秉恩刊印，未果。辛亥后，稿归吴兴刘翰怡承幹，已多残缺。刘氏为之补缀，厘为四百六十卷，现藏北平图书馆，尚待刊行。（见朱铭盘《纪年录》）而梁任公谓：徐星伯松之《宋会要》五百卷，刻于吴兴刘氏。[三]（见《清代学者整理旧学之总成绩》）

按：嘉庆十四年，《全唐文》馆开，松任该馆提调兼总纂，于是将旧贮翰林院之《永乐大典》移存馆内，以供采撷。松于其时，遂由其中辑出《宋会要》至五百卷之多，可谓富矣。

徐氏不仅自《大典》辑出《会要》，又得《宋中兴礼书》及《河南志》二种。同时李兆洛与之书云：《会要》一书，自当钩稽异同，拾遗补坠，使本末灿陈，为故宋一代考证渊薮，若草草属录，复何与于存亡之数？执事敏于识而练于古，壹此不懈者数年，自当纲目详备，宏富绝特，卓冠流略，为宇宙留此奇籍，幸无复以欲速致悔也。（见《养一斋文集》卷十八）严铁桥亦与之书云：足下在《全唐文》馆，从《大典》中写出《宋会要》，此天壤间绝无仅有者。及今闲暇，依《玉海》所载《宋会要》体例，理而董之，存宋四百年典章，肆力期年，粗可竣事。而来书言苦无助我为力者，助得附名，非有议叙，废时悬望，难必其人。异日或蒙恩

大用,无暇及此矣。时哉不可失,盍早图之?(见《铁桥漫稿》三)

徐氏后官湖南学政,坐事戍伊犁。松博极群书,居京师为词臣,博综文献,为时流所推。仁和龚自珍赠诗有"笥河寂寂覃溪死,此席今时定属公"之语。笥河,大兴朱筠;覃溪,大兴翁方纲也。自出关以来,于南北两路,壮游殆遍。每有所适,携开方小册,置指南针,记其山川曲折,下马录之。至邮舍,则进仆夫、驿卒、台弁、通事,一一与之讲求。积之既久,绘为全图,乃遍稽旧史方略及案牍之关地理者,笔之成《西域水道记》五卷,记主于简,所以拟《水经》也。又自为释,以比道元之注,即用郦氏注经之例。记则曰导、曰过、曰合、曰从、曰注,释则于经水曰出、曰径、曰会、曰自、曰入,于枝水曰发、曰经、曰汇。又以图籍所记,异文踳驳,览者混淆,乃一以《钦定同文志》写之,而释其可知者。

又以新疆入版图已数十年,未有专书,爰搜采事迹,稽核掌故,成《新疆志略》十卷,于建置城垣、控扼险要、满汉驻防、钱粮兵籍,言之尤详。将军松筠奏进《事略》,并叙其劳,特旨赦还,御制《事略》序文,付武英殿刊行。[四]

道光元年,特用内阁中书,转礼部主事。济升侍郎,补御史,授陕西榆林府知府。旋卒。他著又有《新斠注地理志集释》十六卷、《汉书西域传补注》二卷……皆极精博。又有《唐两京城坊考》《唐登科记考》,乃群籍中多方提求,排比联缀,以为一书,读者惊叹其难。亦《宋会要》之亚也。

　　按:大兴徐星伯松,《清史列传》卷七十三《文苑》四,《清史稿》卷四百八十六《列传》二百七十三《文苑》三,《清儒学案》,俱有传。

三、张穆《蒙古游牧记》

张穆,字石洲,山西平定人。[五]道光十一年优贡生,候选知县。少孤,依母党居,即喜观儒先学案诸书,言之甚悉。及长,歙县程恩泽见其文,惊曰:"东京崔、蔡之匹也。"穆于史通天文、算术及地理之学。候铨时,以负气忤贵人,罢去,闭门读书,左图右史,日以讨论为事。大学士祁寯藻为其父刻《藩部要略》,延穆校核。穆因言曰:自来郡国之志,与编年纪事之体相为表里。昔司马子长作纪传,而班孟坚创《地理志》,补龙门之缺,相得益彰。今《要略》,编年书也。穆请为《地志》,以错综而发明之。

于是著《蒙古游牧记》十六卷。[六]以蒙古各盟之旗为单位,用史志体,而自为之注,考证古今舆地及山川城镇之沿革,悉能殚见洽闻,究明本末,与祁韵士《要略》用编年体者,可以相埒,惟属稿未竟而卒,秋涛为续成之。穆又撰《魏延昌地形志》,盖以《魏书》原志,分并建革,一以天平、元象、兴和、武定为限,纯乎东魏之志。其雍、秦诸州地入西魏者,遂挩失踌驳不可读,乃更与排纂,为之补正,仅成十二卷,而其书则罕见传本。他著又有顾亭林、阎若璩二年谱等。

李慈铭云:张石舟为山西平定州举人,以博学称于京师。尝撰《顾亭林氏年谱》,搜辑赅洽,为识者所重。阎谱体例一同顾谱,惟潜邱事迹,较为寥落,石舟广征博引,闽人何愿船刑部秋涛佐之,凡各家诗文集及说部地志,多所摭拾。虽或伤支蔓,不称体裁,然可以考见一时人物著述之盛,于国史艺文志、儒林传皆有裨益。(见《日记补》)

按:平定张石洲(一作舟)穆,《清史列传》卷七十三《文苑》,《清史稿》卷四百八十五《列传》二百七十二《文苑》二,《清儒学案》附张穆,俱有传。

四、何秋涛《朔方备乘》

何秋涛,字愿船,福建光泽人。[七]道光二十四年进士,授刑部主事。李嘉端巡抚安徽,奏辟自随。比还京师,益留心经世之务。以俄罗斯地居北徼,与我朝边卡切近,而未有专书,以资考镜,著《北徼汇编》六卷。继加详订,本钦定之书及正史为据,旁采近人纂辑,自汉、晋、隋、唐迄明，又自国朝康熙、乾隆迄于道光，代为之图，并缀论说，增衍为八十卷。

咸丰八年，尚书陈孚恩疏荐秋涛暨郭嵩焘通达时务，晓畅戎机。时秋涛居忧在籍，命先将所纂本籍呈进。九年服阕，入京。文宗览所著《北徼汇编》，称其于制度沿革、山川形势，考据详明，足征学有根柢，因赐名《朔方备乘》。晋官员外郎、懋勤殿行走。

其书内容：首以《钦定书》十二、继以《经略》六、《考》二十四、《传》六、《纪事始末》二、《记》二、《考订诸书》十五、《辨正诸事》五、《表》七，附以《图志》一卷终焉。

李鸿章作《序》云：秋涛究心时务，博极群书，以为俄罗斯东环中土，西接泰西诸邦，著录之家虽事纂辑，未有专书。秋涛始为汇编，继加详订，本钦定之书及正史为据，旁采图理琛、陈伦炯、方式济、张鹏翮、赵翼、松筠以及近人俞正燮、张穆、魏源、姚莹之徒，与外国人艾儒略、南怀仁、雅裨理之所论述，并上海、广州洋人所刊诸书，订其舛讹，去其荒谬……为考，为传，为纪事，为辨正。自汉、晋、隋、唐迄于明季，又自康熙、乾隆迄于道光，代为之图，各为之说，凡八十卷。文宗垂览其书，赐名《朔方备乘》。进呈之后，书旋散亡，吏部侍郎黄宗汉因取副本，拟更缮进，复毁于火。秋涛之子芳秾奉其残稿来谒，篇帙不完，涂乙几遍。鸿章爰属编修黄彭年与畿辅志局诸人为之补缀排类，复还旧观。图说刊定，全书次第，亦付剞劂。

又著有《蒙古游牧记补注》四卷、《校正元太祖亲征录》一卷。

按：光泽何愿船秋涛，《清史列传》卷七十三《文苑》四，《清史稿》卷四百九十《列传》二百七十一附何秋涛，《清儒学案》卷百六十六《月斋学案》附张穆，俱有传。

参考资料

何秋涛——自著《一镫精舍甲部稿》五卷。

黄彭年《何君墓表》,《陶楼文钞》。

张穆《怀旧记》。

张问月《赠何愿船刑部序》。

近人唐景升《清儒西北地理学述略》,《东方杂志》第 28 卷第 21 号。

《清儒学案》百六十六《肙斋学案》附何秋涛。

《续碑传集》二百〇八《大臣》,又七十九《文学》四。

延伸阅读

〔一〕梁启超云:嘉庆间,乃有寿阳祁鹤皋(韵士)初在史馆研究蒙古诸部离合封袭,中间又以事谴戍伊犁,遂益究心边事,著《藩部要略》《西域释地》等书,为西北地理专门学之创始者。(见《学风之地理分布》)

〔二〕又云:道光间,有大兴徐星伯(松)熟于掌故,尤精研西北地理,其著述最有价值者,曰《西域水道记》,曰《新斠注地理志集释》。(见书同上)

〔三〕金毓黻云:《宋会要》其间重修续修,无虑十余次。明时其书尚存,曾以分隶《永乐大典》之各韵。清嘉庆十四年,徐松入《全唐文》馆,始自《大典》中录出约得五百卷,虽非完璧,而大略可睹矣。徐氏卒后,书归缪荃孙,欲由广雅书局刊行,未果,乃为提调王秉恩所窃。王氏卒后,遗书散出,为吴兴刘承幹所得,凡四百七十余册,整理数年未就,最后乃由北京图书馆以原稿印行,共订二百册,不分卷。又有刘氏编订之本,凡四百六十卷,虽与原稿重复,而较有条理可寻,尚未及付印。兹考其分类,凡十六:一帝系,二礼,三乐,四舆服,五仪制,六崇儒,七运历,八瑞异,九职官,十选举,十一道释,十二食货,十三刑法,十四兵,十五方域,十六蕃夷。诸志所资以成书,而《宋史》所不能悉举者,又约十之七八,此严可均所以叹为天壤间绝无仅有之书也。参阅近人汤中《宋会要研究》。(见《中国史学史》)

〔四〕缪荃孙云:将军松文清(筠)于嘉庆七年莅任,十一年请修

《通志》未允,因派知县汪廷楷编纂事实,是为初稿。后又属郎中祁韵士排纂成书一十二卷,名曰《伊犁总统事略》。十四年卸事。十九年,再任命先生重修,因周历南北二路,再加考订。《畿辅通志列传》云:时奏修《通志》。按松文清,十一年请修《通志》未允,因辑《总统事略》命先生续编。龙万育《西域水道记叙》尚云《总统事略》可证,书成缮进,宣宗赐曰《新疆识略》。(《艺风》一)

〔五〕梁启超云:道光间,则平定张石洲(穆)继之,所著《蒙古游牧记》《北魏地形志》等,益精核。又撰顾阁年谱,有理法。晋士始为天下重。(见《学风之地理分布》)

〔六〕章梫云:在昔寿阳相国为翰林时,钞得《嘉庆一统志》,张石舟明经据以撰《蒙古游牧记》,世称博核。予为参考,无一字不出于《嘉庆一统志》,特面目少变异耳。(见《一山文存》十《题钞本道光重修大清一统志》)

〔七〕梁启超云:光泽何愿船(秋涛)治西北地理,著《朔方备乘》,其学力与张石洲、魏默深相颉颃焉。(见《学风之地理分布》)

第二十五章　治礼制史

一、秦蕙田《五礼通考》

秦蕙田,字树峰,号味经,江苏金匮人。〔一〕乾隆元年丙辰一甲三名进士,授编修,入直南书房。累迁侍讲、右春坊右庶子,改通政使司右通政,擢内阁学士,迁礼部、刑部侍郎,工部、刑部尚书,加太子太保。二十九年,给假南旋就医,卒于途。予谥文恭。

蕙田夙精三礼之学,及佐秩宗,考古今礼制因革,以为礼自秦火而后,汉儒抱残守缺,什仅存一。朱子生于南宋,尝有志编次朝廷公卿大夫士民礼，为当代之典。而所撰《仪礼经传通解》，体例未备，丧祭礼又续自黄氏、杨氏，未竟朱子之志。乃按《周官》吉、凶、军、宾、嘉之目，撰为《五礼通考》二百六十二卷。因徐乾学《读礼通考》例，网罗众说，以成一书。[一]凡为类七十有五。以乐律附于吉礼宗庙制度之后；以天文推步、勾股割圆，立观象授时一题统之；以古今州国、都邑、山川、地名，立体国经野一题统之，并载入嘉礼。先儒所聚讼者，一一疏其脉络，破其症结，上探古人制作之原，下不违当代之法。殚思二十余年，稿易三四而后定，自言生平精力尽于是矣。

近人金毓黻云：秦蕙田撰《五礼通考》，以属典章制度之经礼，杂于嘉礼之中，分际不明，为余杭章氏所讥（见国学讲习会刊行之《史学略说》)，是则纪典章制度之书，与言节文仪注者有别[二]，又可知矣。（见《中国史学史》)

按：金匮秦味经蕙田，《清史列传》卷二十《大臣》，《清史稿》卷三百四《列传》九十一，《清儒学案》卷六十七《味经学案》，俱有传。

二、黄以周《礼书通故》

黄以周，字元同，号儆季，浙江定海人。儆居（式三）四子。幼承家学，同治九年庚午举人。由大挑教职，历署遂昌、海宁、於潜训导，补分水训导。光绪十四年，以学政瞿鸿禨保荐，赐内阁中书衔。十六年后，以学政潘衍桐保荐，奉旨升用教授，旋补处州府教授。江苏学政瑞安黄体芳漱兰建南菁讲舍于江阴，延之主讲。

尝谓有清讲学之风，倡自顾亭林。顾氏尝云经学即理学，乃体顾氏之训，上追孔孟之遗言，于《易》《诗》《春秋》皆有著述，而三礼尤为宗主。凡详考礼制，多正旧说之误，释后人之疑，而意在核明古礼，示后圣可行。所著《礼书通故》百卷，列五十目，先王礼制备焉。[四]

俞樾序之云：其宏纲巨目，凡四十有五，洵足究天人之奥，通古今之宜。视秦氏《五礼通考》博或不及，精则过之。（见《杂文三编》三)

章太炎称之云:定海黄式三传浙东之学,始与皖南交通。其子以周作《礼书通故》,三代度制大定。唯浙江上下诸学说,亦至是完集焉。(见《清儒》)

孙诒让有《校记》。

宋人杨仲良因焘书以撰《皇宋通鉴长编纪事本末》百五十卷,中有阙卷。以周等遂据杨书以撰《续资治通鉴长编拾补》六十卷。又有《儆季史说略》四卷。

萧一山云:秦蕙田之《五礼通考》与黄以周之《礼书通故》,尤其精彩。秦书博引广征,按而不断。而体大物博,历代典章具在,足称为中国礼制史之长编。俞樾评之曰:按而不断,无所折衷,可谓礼学之渊薮,而未足为治礼者之艺极。(《礼书通故》俞序)是则秦书固不能无缺点,然亦吾人今后治专门史之宝库也。黄书晚成,博征古说而下判断,较之秦书,又为完备,论者以为集礼学之大成焉。(见《清代通史》卷中)

参考资料

秦蕙田——自著《味经窝类稿》。

　钱大昕作《墓志铭》,《味经窝类稿序》,《潜研堂文集》。

　《清儒学案》六十七《味经学案》。

黄以周——自著《儆季文钞》《儆季杂著》。

　俞樾作《礼书通故序》,《春在堂杂文三编》三。

　章太炎作《传》,《文录初编》。

　缪荃孙作《墓志铭》,《艺风续集》。

　孙诒让有《礼书通故校记》。

　陈汉章作《礼书通故识语》。

　《清儒学案》卷一百五十四《儆居学案》附父式三后。

延伸阅读

〔一〕梁启超云：乾隆中叶以降……金匮秦味经（蕙田）以著《五礼通考》得名，然书非己出。（见《学风之地理分布》）

〔二〕徐世昌云：秦尚书蕙田领算学，求精于推步者，延震主其邸，佐《五礼通考》，分纂观象授时一门。（见《清儒学案》七十九《东原学案》）

又《清史列传》六十八《戴震传》：尚书秦蕙田纂《五礼通考》，求精于推步者，钱大昕举震，蕙田延之，纂观象授时一门。

〔三〕章太炎云：秦蕙田《五礼通考》（数千万言）即杜氏《通典》之流，应补入史家。（见支伟成《朴学大师列传》眉注）

〔四〕金毓黻云：黄以周《礼书通故》一百卷，精博过于秦书，可谓后来居上。然其所重不在因革损益之迹，故仍以秦书为唯一之礼史。或取秦书以与三通相配，称为四通，亦非无故也已。（见《中国史学史》）

又支伟成云：（黄以周）先生为学，不拘汉、宋门户，尤邃三礼。凡详考象说，昼夜研索，成《礼书通故》百卷，列五十目，囊括大典，本支敷备，究天人之奥，斟古今之宜，盖与杜氏《通典》比隆，其校核异义过之。诸先儒之聚讼，至是涣然冰释。初，宋四明之学，杂采朱、陆，及近世季野、谢山，学始端实。至先生益醇，躬法吕、朱，亦不委蛇也。独不喜陆、王，以执一端为贼道。宁波知府宗源瀚称循吏，颇严事之。属主辨志精舍。江苏督学黄体芳延任南菁书院讲席，历十五年，江南高材生率出其门。光绪己亥卒，年七十二。（见《清代朴学大师列传》）

第二十六章　钩稽史料^[一]

一、编撰

(一)张澍《续黔书》

张澍,字介侯,甘肃武威人。^[二]幼读书,过目辄记,文章巨丽倾一时。乾隆甲寅中乡榜,典试者得之,惊叹目为异人,年犹未弱冠也。嘉庆己未成进士,入翰林,充实录馆纂修。散馆授知县,官贵州玉屏、江西永新,凡三十年。

所学长于考证舆地以及姓氏谱牒。在黔著《续黔书》八卷,文笔或少逊,精核盖有过山姜原书。在蜀,著《蜀书》十二卷,亦称翔实。(一作《蜀典》,分十类,援据浩博,是其长,著风光。)

晚岁家秦,锐心文献,纂《五凉旧闻》若干卷。辑关陇作者著述,凡数十种。籍非乡邦,而其书阙佚者亦摭拾,为《二西堂丛书》。复辑《世本》《风俗通》《姓氏篇》,用力尤深。道光中,卒于家。

按:武威张介侯澍,《清史列传》卷七十三《文苑》四,《清史稿》卷四百八十六《列传》二百七十三《文苑》三,《清儒学案》,俱有传。

(二)姚振宗《补后汉三国两艺文志》

姚振宗,字海槎,山阴人。生实斋百年之后,慕其学说,著《汉书艺文志考证》《隋书经籍志考证》,又补《后汉书》《三国志》两《艺文志》。乾嘉时,同里章逢之宗源先著《隋书经籍志考证》,仅传史部,振宗又正其失,实事求是,其诸作皆足补前人之未逮,卓为目录学大案。其所著《隋书经籍志考证后序》云:

四部所载,存佚并计,综四千七百五十余部,散见于传记,有著其本事者,有言其命意者,有称道其美、诋諆其短者,有载其文字而录存其序目者,自《史》《汉》《三国》以迄李延寿南北朝十五史之中,不知其几百千条也。其见于诸子、杂家、类书、小说、文集中者,亦略相等。而自古迄今,未有网罗荟萃为一家言者,亦未有注释校勘起而修治之者。夫以略而不详之撰人,亡而不见之书名,茫无可考之体例,乱无可理之处,避讳改萣之故,举凡急索解人不得者,一旦疏通证明,使之原原本本,粲然瞩目,岂非一大快事哉! 前哲既未有成书,予故乐为之而不疲也。

按:山阴姚海槎振宗,《清史稿》卷四百八十五《列传》二百七十二《文苑》二,《清儒学案》,俱有传。

(三)朱右曾《汲冢纪年存真》

朱右曾,字尊鲁,号咀霞,江苏嘉定人。道光十八年进士,改翰林院庶吉士。散馆授编修。初授徽州知府。丁忧,服阕,补镇远府,调遵义府。

右曾覃思著述,精于训诂、舆地之学。以《逸周书》孔晁注疏略,乃集诸家之说,正其训诂,详其名物,为《周书集训校释》十卷。不言《逸周书》,亦不言《汲冢书》者,复《汉志》之旧题也。

世人以今本《纪年》不可信,而清徐文靖撰《纪年统笺》则力辨之以为可信。清朱右曾始取诸书所引之文,辑为一编,题目《汲冢纪年存真》。

王国维云:朱氏辑本尚未详备,又诸书异同,亦未尽列,至其所取亦不能无得失。乃以朱书为本,而以余所校注补正之。(见《观堂集林》)

按:嘉定朱尊鲁右曾,《清史列传》卷六十九有传。

二、研究

(一)考证

1. 章宗源《隋志考证》

章宗源,字逢之,会稽人。[三]以宛平(即顺天大兴)籍,中式乾隆丙午科举人。聪颖好学,积十余年,采获经史群籍传注,辑录唐宋以来亡佚古书盈数笈。撰《隋书经籍志考证》十三卷,凡隋以前乙部诸佚书,采撷略尽,盖即与学诚《史籍考》最有关系之书也。[四]据《邵二云年谱》云:章学诚岁暮至河南,见毕沅,即任编辑《史籍考》事。其书包经而兼采子集,尝与先生(指二云)商订体例,且令先生弟子章宗源别辑《逸史》一书,以辅《史考》,如《经解钩沉》与《经义考》之同功异用也。而阮元《茆辑十种古逸书序》亦称:昔元二十岁外,入京谒邵二云先生。先生门徒甚多,各授以业。有会稽章孝廉宗源者,元见先生教以辑古书,开目令辑,至今犹记其目中有《三辅决录》《万毕术》等书。章孝廉力攻其业,不数年成书盈尺。惜孝廉病卒,书不知零落何处。按此可知宗源之学得自邵二云,故所著书,引证能极详博也。

《隋志考证》稿已佚,仅存史部五卷(一说稿为仇家所焚,仅存史部五卷)。谭氏献称:以毕生精力为此,仅传史部,竟在搜亡考逸,可谓精勤。愚意则于存书中与志载卷目同异,及亡书之近人辑成篇卷者,补注一二,亦目录家所当知。(见《复堂日记》)李氏慈铭称:章宗源《隋书经籍志考证》,其中引证甚为详博,远非王伯厚《汉书艺文志考证》之比,间亦列志未著录之书,则仍王氏例也。又曰:夜阅《隋书经籍志》。吾乡章逢之撰此志疏证,为一生精力所萃。钱警石曾钞得其史部一册[五],今不知人间尚有此书否。又曰:缪小山来,言章逢之宗源《隋志考证》有史部稿本四册,见存海宁管芷湘(庭芬)家。又曰:作书致孙仲容江宁,属章硕卿自湖北寄之。以仲容藏有吾乡章逢之

《隋书经籍志史部考证》四册,此天下无第二本也。[六]因力劝刻之,且从臾硕卿共成斯事。(以上俱见《越缦堂日记》)叶昌炽云:读《隋书经籍志》,此书章宗源有《考证》,未见刻本。(见《缘督庐日记》)但最近已由燕京大学国学研究所为之刊行矣。梁任公曰:此书虽注重辑佚,但各书出处多所考证,亦不失为注释体。故特编录之。

又有谯周《古史考》辑本。孙星衍《序》曰:故友章孝廉辑《古史考》一册,略为整理,付之剞劂,俾考古者有所资焉。孝廉名宗源,字逢之,以对策博赡,中乾隆丙午举人。好辑佚书,欲依《隋志》目为之考证,所辑满十余笈。始欲售之毕督部,会楚中有兵事而止。余时官山东兖沂曹济道,欲购之,未果。君旋惑于广慧寺僧,素食诵经……已而僧以贿败,牵连及君……卒于嘉庆某年月。又传其言辑书事,曰:辑书虽不由性灵,而学问日以进……又以今世所存古书版本多经宋、明删改,尝恨曩时辑录已佚之书不录见存诸书订正异同文字,当补成之。其已辑各书,编次成帙,皆为之叙,通知作者体例曲折,词旨明畅。古书多亡于北宋,故辑书始于王应麟。近代惠征君栋踵为之。《四库全书》用其法,多从《永乐大典》写录编次,刊布甚夥。至于宗源,则无书不具焉。

以嘉庆五年月日疾卒于京邸。撰《隋书经籍志考证》及杂文若干卷。

按:会稽章逢之宗源,《清史列传》卷七十二,《清史稿》卷四百八十五《列传》二百七十二《文苑》二,《清儒学案》卷百十《渊如学案》附章宗源,俱有传。

2. 孙之骕《考定竹书纪年》

孙之骕,字子骏,号晴川,仁和人。贡生。雍正中,官庆元县教谕。性耿介,博学好古,尤专于经,成《尚书大传补遗》一卷。又以沈约所注《竹书纪年》未为详备,因撷诸书,别为之注,成《考定竹书纪年》十三卷。

之骃爱博嗜奇,多所征引,而不能考正真伪……沈约注出依托……之骃乃旁取异说,以荧耳目,云能补正沈注,未见其然。(见《四库提要·史部编年类》)

按:仁和孙晴川之骃,《清史列传》卷六十八附姚际恒后,《清儒学案》,俱有传。

3. 林春溥《竹书纪年补证》

林春溥,字立源,号鉴塘,福建闽县人。[七]甫弱龄,即淹贯群经。嘉庆戊午举于乡,壬戌成进士,改庶吉士。散馆授编修。旋丁内艰归,主讲玉屏书院。丁丑还朝,派修国史。道光元年,充文渊阁校理。闻父疾,乞假终养,遂不复出。始受聘任南浦及鹅湖讲席,后移鳌峰,十九年,以老辞。咸丰辛酉卒,年八十七。

先生治学,以守约为宗,以实事求是为务。著述贯串百家,浩乎莫测其涯涘,而于古史尤精。以金履祥《通鉴前编》本之《皇极经世》,强事系年,凿定甲子,乃推究《竹书纪年》,证以他书,上溯黄帝,下接左氏,为《古史纪年》十四卷。又以唐僧一行《大衍历》每据《竹书》以推古年甲子,其佚杂见他说,端委靡竟,亦资异闻,乃表而列之,参稽同异,为说于后,为《古史考年异同表》二卷。又以武王克殷甲子见于《武成》逸书,乃参之传记,为《武王克殷日纪》一卷。又以传《春秋》者左氏、杜预始分经之年,与传相附,乃参以《公》《穀》《国语》《史记》诸书,附注其异文。其逸事不知日月,附录于后,为《春秋经传比事》二十二卷。又以战国诸侯史记灭于秦火,史迁掇拾《秦记》,日月不备,传闻异词,乃本《通鉴纲目》之旧,增而辑之,为《战国纪年》六卷、《表》一卷。又以《竹书》出后人缀辑,乃旁考诸家所引,疏通证明,复取后人所以致疑者,统为后案,为《竹书纪年补证》四卷。

谭献阅《战国纪年》后作《跋》云:《史记》之采《国策》,《通鉴》之采《史记》,多失本真,使情事不具,首尾衡决,年月涌失。鸠合参正,有待后贤。林氏好学而未能深思。是编绝胜者,正齐梁迁就之年、东西周王公之蹂乱、苏张傅会之故实、从约先后之殊异,亦可谓犁然矣。而要删旧文,不暇是审,往往失其曲折,未尽其回复激射,不独本末凌躐,遂乃文采黯然,非善读书者也。纂述之旨在信《竹书》以合《孟子》,所见最正,不可没其苦心。又云:林鉴塘博于闻而短于识,勤苦著书,陈恭甫而后,闽之学者未之或先也。(并见《复堂日记》卷六)

按:闽县林鉴塘春溥,《清史列传》卷六十九《儒林》下二有传。

4. 雷学淇《竹书纪年义证》

雷学淇,字瞻叔,顺天通州人。[八]嘉庆十九年进士,授山西和顺县知县,改贵州永从县知县。不久即亲老告归。幼承家教,好为讨论之学,每得一解,必求其会通,务于诸经之文无所抵牾。传笺注疏,取舍多殊,但期于事理之合,虽前贤不让也。

每慨《竹书纪年》自五代以来颇多残阙,近时以来尤甚。爰搜辑唐以前书所称引者,为之厘订,详考博辨,俾复旧观,成《考定竹书纪年》十四卷,后乃增订为《义证》四十卷。有《自序》云:辛酉仲秋后,取载籍中凡称引《纪年》者,汇而录之。以校世之传本,正其讹,补其缺,周宣王后仍纪晋、魏之年。考订者凡三百余事,依世分次,厘为六卷。又为《辨误》一卷,《考证》一卷,《唐虞以来及战国年表》一卷。周末之事,乃灿然略备。阅五年书成,以之推验古事,凡书在秦火以前者,无不符合。于是更作《义证》四十卷,《天象》《地形图》各一卷,《系谱》二卷,凡正经史之疑义,旧说之违误者,又五百余事。由是观之,《纪年》岂非信史哉!其所纪甲子事实,有关于人世者甚重,有益于学术者甚宏,盖不惟于《孟子》书有合而已也。即以合于《孟子》论,《纪年》亦岂非信史哉!嘉庆十五年冬,通州雷学淇述。

其他撰述,尚有《校辑世本》二卷,乃采掇群书所引,略存梗概而已。李慈铭云:先生治《竹书纪年》,精确在陈逢衡诸家之上。(见《越缦堂日记》)又云:《竹书纪年》后附以天象、地理、世系各图。予家有其书,纸椠俱佳。此本已为翻刻,颇有误字。《纪年》终不足深信,以流传既久,古事之载于往籍者,往往藉以考证。雷氏抉摘遗文佚义,多所补正,较徐氏文靖之《统笺》为密,惜所撰《义证》四十卷,尚未见于世耳。(见《日记补》)

按:通州雷瞻叔学淇,《清史列传》卷六十九《儒林》下二,《清史稿》卷四百八十二《列传》二百六十九《儒林》三,《清儒学案》,俱有传。

(二)笺注

1.徐文靖《竹书纪年统笺》

徐文靖,字位山,安徽当涂人。[九] 雍正元年举人。乾隆元年,荐试博学鸿词,罢归。十六年,安徽巡抚荐举经学。十七年会试,特授翰林院检讨,时年已八十有六矣。平居好寻究舆图方志,以胡渭《禹贡锥指》虽著闻于一时,容有疏略之处,为作《会笺》十四卷(一作十二卷),首列《禹贡》山水,次为《图说》十八,先引蔡《传》,博及诸书,辨证之文,较渭书益密。

又为《山河两戒考》十四卷,使与《会笺》相辅。且旁探《山海经》《竹书纪年》,以考见古史地之源流沿革。于《竹书》别成《统笺》十二卷,援引繁富,卢文弨序而行之。

其《统笺》作于孙之騄《考定竹书》成后,首仿司马贞补《史记》例,作《伏羲神农纪年》,多据毛渐伪《三坟》,殊失考正。然其《笺》下证群书,考订地理世系,则比之騄为详贯焉。

文靖耄年犹健,低头据案,著书不辍,年九十余卒。李慈铭云:阅徐位山先生文靖《竹书纪年统笺》。此书乃先生八十二岁时所作,援据精博,荟萃经史,真必传作也。然其中不能无疑者,如(略)。要之殷周以前,书阙有间,古事茫昧,不可得知。《竹书纪年》虽云可据,然自魏安釐王时入冢,至晋太康中始出,其中朽坏断佚,已自必多。更历至今,数遭兵燹,传写脱误……可知非复原本。读者惟藉以考证古事,则自多得处。若欲即其事一一疏通,是则求合反离,未有不窒碍

者。以此为伪书而废之者固非,以为无一字不符合者,亦好古之过也。(见《越缦堂日记》庚集)

按:当涂徐位山文靖,《清史列传》卷六十八《儒林》下一,《清史稿》卷四百八十五《列传》二百七十二《文苑》二,《清儒学案》卷五十《位山学案》,俱有传。

2. 陈逢衡《逸周书补注》

陈逢衡,字履长,号穆堂,江苏江都人,诸生。道光元年,举孝廉方正,力辞不就。父好藏书,为瓠室,积十万余卷,与马氏玲珑山馆齐名。

逢衡四岁入塾,读书成诵。比长,喜治经,耻为帖括学。中年开读骚楼,招致东南文学之士,户外之屦恒满。又尝北游燕、蓟,窥边关而返。著有《竹书纪年集证》五十卷,所引诸书,除经史外,及近儒著述,皆标明姓氏书目。若书己意者,加“衡案”二字以别之。其有他书援引,而今本所无,共得一百二十条,则汇为《补遗》二卷……盖初以孙、徐两家《纪年》笺注尚未精当,乃复重为诠释也。搜讨虽繁,而不执一见。始因群书订《纪年》之讹,继因《纪年》证群书之误焉。

此外尚有《穆天子传补正》六卷,《逸周书补注》二十二卷。《逸周书》以卢抱经校本为主,间与他本参订,凡孔解所无,卢校之阙,全得其通。首列叙略集说补遗,诸书误引,则附录卷末。又有《隋书经籍志疏证》。

按:江都陈穆堂逢衡,《清史列传》卷六十九,有传。

(三)校补

张宗泰《竹书纪年校补》

张宗泰,字登封,号筠岩,江苏甘泉人。乾隆己酉选拔贡生,朝考用知县,以父年高,请就教职。先授天长县教谕。著有《竹书纪年校补》二卷,又著《二十二史日食征》《宋辽金元朔闰考》各若干卷。

按:甘泉张登封宗泰,《清儒学案》卷百九十七《诸儒学案》三有传。

三、辑逸

(一)姚之骃辑《后汉书补逸》

姚之骃,字鲁斯,浙江钱塘人。康熙六十年辛丑进士,改翰林院庶吉士,官至御史。生平博雅好古,尤长于史学。尝搜辑《后汉书》之不传于今者八家,凡《东观汉记》八卷,谢承《后汉书》四卷,薛莹《后汉书》、张璠《后汉纪》、华峤《后汉书》、谢沈《后汉书》、袁山松《后汉书》各一卷,司马彪《续汉书》四卷,共得二十一卷,名曰《后汉书补逸》。

(二)马国翰辑《玉函山房辑佚书》

马国翰,字竹吾,山东历城人。〔一〇〕道光壬辰进士,由陕西洛川县知县官至陇州知州。家贫好学,自为秀才时,每见异书,手自钞录。及官县令,廉俸所入,急以购书,所积至五万七千余卷。簿书之暇,殚心搜讨,不遗余力。尝以唐以前书今遗佚者十之八九,近世学者每以不见古籍为恨。乃举周秦以来以迄唐代诸儒撰述,其名氏篇第列于史志及他书可考者,广引博征。自群经注疏音义,旁及史传类书,片辞只字,罔弗搜辑,分经、史、子为三编。每书各作序录,冠于篇首,共得五百八十余种,为卷六百有奇,统名曰《玉函山房辑佚书》〔一一〕,刻以行世,津逮后学,良多裨益。

按:历城马竹吾国翰,《清儒学案》有传。

(三)黄奭辑《汉学堂丛书》

黄奭,字右原,江苏甘泉人。以赀入为刑部郎中。道光中,以顺天府尹吴杰荐,钦赐举人。奭少聪敏,家世货殖,而奭独能嗜学。尝从南城曾燠游,燠异之曰:尔勿为时下学,余荐老师宿儒一人为尔师。乃江藩也。奭修重礼延藩,馆其家四年,自是专精汉学。藩卒,又独学十余年,闭户探寻,足不外出。其学专郑氏,辑有《高密遗书》十三种。尝以所学质于仪征阮元,元称其勤博。[一二]

按:甘泉黄右原奭,《清史列传》卷六十九(附江藩后)有传。

(四)汪文台辑《七家后汉书》

汪文台,字士南,安徽黟县人。[一三]与同县俞正燮相善,宗汉儒。以《论语》邢疏疏略,因取证古义,博采子史笺传,依韩婴《诗传》例,作《论语外传》。见阮元《十三经注疏校勘记》,谓有益于后学。然成于众手,时有驳文,别为表识,作《校勘记识语》,寄示阮元。元服其精博,礼聘之。又尝纂辑《七家后汉书》《淮南子校勘记》及《脞稿》,皆行于世。道光二十四年卒,年四十九。

按:黟县汪士南文台,《清史稿》卷四百八十六《列传》二百七十三有传。

(五)汤球辑《九家旧晋书》《十六国春秋》

汤球,字伯玕,黟人。[一四]少耽经史,从正燮、文台游,传其考据之学,通历算星纬,耻以艺名。尝辑郑康成逸书九种,刘熙《孟子注》,刘珍等《东观汉记》,皇甫谧……《古史考》等。同治六年,举孝廉方正。光绪七年卒,年七十八。

张寿镛云:《晋书》之宜修,议者纷纷,特以十八家之书无一完本耳。有清黟县汤球,取亡逸之《晋书》十种,曰臧荣绪《晋书》十七卷、《补遗》一卷,王隐《晋书》十一卷,虞预、朱凤、谢灵运、萧子云、萧子显(名《晋史草》)、沈约、何法盛(名《晋中兴书》)《晋书》各一卷,及《晋诸公别传》七卷,各标其所自出,用力勤矣。(见《约园杂著三编》卷六

《虞预〈晋书〉叙》

金毓黻云:汤球辑本,以《汉魏丛书》之简本《十六国春秋》为主,而以《晋书》张、李两传及《载记》全文补足之。其中有与诸书所引不同者,再据以改正之。球谓《晋书·载记》之文,即同于崔书,一一录出,以为不异原作,虽异乎屠氏(乔孙,明人)之作伪,亦不免失于武断矣。《隋志》于《十六国春秋》下,附载《纂录》十卷,未注为何氏之作。汤球谓即《汉魏丛书》著录之简本(凡十六卷),由后人摘录崔书而成,校以《通鉴考异》所引,悉与此同,例所称《十六国春秋钞》者,即此本也。又据北齐《修文殿御览·偏霸部》所载,亦悉与简本相同,遂名是书曰《十六国春秋纂录》,并改订十六卷为十卷,以蕲合《隋志》之数,是亦可谓史学界之一发见矣。好学深思,心知其意,汤氏有焉。(见《史学史》)

参考资料

张澍——自著《养素堂诗文集》。

《清儒学案》百四十二《介侯学案》。

《续碑传集》七十七。

姚振宗——缪荃孙作《史传》。

近人陶存煦撰《姚海槎年谱》,《快阁师石山房丛书》本。

《清儒学案》九十六《宝斋学案》附姚振宗。

章宗源——孙星衍《章宗源传》,《五松园文集》。

《大清畿辅先哲传》二十五《文学》五。

《清儒学案》百十《渊如学案》附章宗源。

孙之騄——《清儒学案》二百〇一《诸儒学案》七。

林春溥——自著《竹柏山房丛书》。

《清儒学案》百卅四《鉴塘学案》。

雷学淇——《畿辅先哲传》二十四《文学》六。

《清儒学案》百九十五《诸儒学案》一。

《续碑传集》七十四。

徐文靖——《清儒学案》五十《位山学案》。

陈逢衡——《清儒学案》百三十一《晓楼学案》附陈逢衡。

张宗泰——自著《文杏轩集》。

　　薛寿作《家传》。

《清儒学案》百九十七《诸儒学案》。

《续碑传集》七十六。

姚之骃——《清儒学案》二百〇一《诸儒学案》七。

马国翰——自著《玉函山房集》数卷。

《清儒学案》百九十六《诸儒学案》二。

《碑传集补》五十。

黄奭——《清儒学案》百十八《郑堂学案》附黄奭。

汪文台——《清儒学案》百卅七《理初学案》附汪文台。

延伸阅读

〔一〕辑佚——《永乐大典》者，明代类书也，凡二万二千九百余卷。篇帙之富，迈于往古。虽编辑体例，分韵类次，有割裂原书，隶于各韵之二疵。然其保存古书，数量甚巨。自李绂、全祖望辈发见书中秘籍，《大典》之价值，渐为世人所重。四库馆之初开，即以辑《大典》佚书为名者也。是风既开，加以清儒具有好古之癖，于是辑佚之风，遍于士林，几为专门之业矣。

史部辑佚之成绩，则汉古史及两晋、六朝之著为主。《世本》书，为纪传体史所自出，其书久佚，不传于世。钱大昭、孙冯翼、雷学淇、秦嘉谟、茆泮林、张澍皆有辑本。《竹书纪年》出于汲冢，洪颐煊、陈逢衡、张宗泰、林春溥、朱右曾、王国维亦曾辑之。此乃从事于古史辑佚者也。至属于两晋、六朝者，则有姚之骃之辑八家《后汉书》，汪文台之辑七家《后汉书》，汤球之辑两家《汉晋春秋》、两家《阳秋》、五家《晋

纪》、十家《晋书》、十八家《晋史》。其间用力最勤者,则有章宗源之
《隋书经籍志考证》,凡《隋志》著录各书有佚文散见者,尝备辑之。

其关于地理者,则有毕沅之辑《晋书地道记》《太康三年地志》(两
书皆王隐原著),张介侯之辑《十三州志》(阚骃原著)。

其关于政书类者,则有孙星衍之辑《汉官》,徐松之辑《宋会要》
《宋中兴礼书》《续通书》。

关于谱录者,则有钱东垣之辑《崇文总目》(王尧臣著)。

更有甘肃人张澍者,专辑乡邦遗集,如《三辅决录》《三辅故事》
等。虽属片羽残爪,亦足证当时意兴之所趋矣。

——钞自赵超玄《史学史》第七章《史学复兴时代》辑佚条。(梁
启超《清代学者整理旧学之总成绩》中亦有一节述辑佚,可参之)

〔二〕梁启超云:乾嘉间亦有一第二流之学者,曰武威张介侯(澍)
善考证,勤辑佚,尤娴熟河西掌故,与段茂堂、王伯申、钱衎石诸人皆
友契。(见《学风之地理分布》)

〔三〕梁启超云:嘉庆间,有大兴章逢之宗源著《隋书经籍志考
证》,论者谓其价值在王深宁《汉志疏证》之上。(见《学风之地理分
布》)

又章嵚云:吾宗逢之以博学见称于孙渊如者,所著《隋书经籍志
考证》,仅刻史部,旁证曲引,穿穴至精,然其类列次序,除正史、古史、
杂史、霸史、起居注外,率不遵循《隋志》,其卷首亦无说明,未知其意
安属?第三卷杂史且无标题。意者据其散稿剖刊,当未谓之精心整
比耳。(见《天行草堂遗稿·井里日札》)

〔四〕钱泰吉云:嘉庆戊寅,家兄衎石自京师归,箧中携此书,谓钞
自何梦华元锡,藏书家未有也。余乃嘱表兄怀豫堂钞录副本,以期
迫,金岱峰嘱其友相助誊写,逾月而毕。惜仅有史部,三十年来访求
全书,无知之者。道光丁未冬日,朱述之明府假钞一本,乃从述翁假
孙氏《五松园文集》录《章君传》于册首,此书名与王氏《汉书·艺文

志》同,而编次则异。纂辑古书,实昉于王氏也。戊申二月,甘泉乡人钱泰吉议于海昌学舍。

〔五〕李慈铭云:前有钱警石《识语》,谓嘉庆末,其从兄衍石钞自何梦华家,今因以得传也。(见《越缦堂日记》)

〔六〕按:章书传钞本现存孙家玉海楼。予编此书时,曾从籀公堂嗣孟晋先生假来参考,书肩行间,俱有籀公批注,诚可宝也。

〔七〕梁启超云:嘉道间,闽县林鉴塘(春溥)治古史,极博洽而缺别择,盖马宛斯之亚也。(见《学风之地理分布》)

〔八〕又云:有通州雷瞻叔(学淇)治经史有心得,其最有功学界者,尤在考订《竹书纪年》及辑《世本》。(见书同上)

〔九〕又云:当涂徐位山(文靖)治史学及地理学,虽稍病芜杂,然颇有新见,是为第二派。(见书同上)

〔一〇〕又云:历城马竹吾(国翰)辑佚书颇勤。(见书同上)

又王闿运云:二十九日至督署接书,以稺公许赠我马氏辑佚书,尚未送来也。午后人还,始见马氏书,皆搜采亡书,为存其名。前有匡鹤泉序,云书凡五百余种。大约仿孙渊如丛书而益搜之,唯孙氏间有全书,此则凡有书者皆不复录耳。马国翰,字竹吾,道光中人,为县令,藏书五万卷,身死尽失,此书亦未成,其刻板归李氏,始为印行,而山东书局补版入官,鹤泉掌教,故得作序。余与匡同善肃顺,久不知其存亡,今乃知尚在,又如逢故人也。王君豫初为余言,与书俊臣求此书,俊臣未报。余既愧未知有此书,又愧不知有马君,未暇报君豫。记于此,令两儿见之,先为我告。书不多,易致也。(见《湘绮楼日记》光绪五年元月)

〔一一〕马国翰辑《玉函山房辑佚书》:史编(杂史类)吴环济《帝王要略》一卷,晋束皙《汲冢书钞》一卷。(目录类)刘向《七略别录》一卷。

〔一二〕黄奭辑《汉学堂丛书》:张璠《后汉记》、薛莹《后汉书》、谢沈《后汉书》、华峤《后汉书》、袁山松《后汉书》各一卷,虞预《晋书》、朱

凤《晋书》、何法盛《晋中兴书》、谢灵运《晋书》、臧荣绪《晋书》。(见《知足斋丛书》黄氏刊本)

史家晋书:陆机《晋纪》,干宝《晋纪》,习凿齿《汉晋春秋》,邓粲《晋纪》,孙盛《晋阳秋》,刘谦之《晋纪》,孔衍《春秋后语》,陆贾《楚汉春秋》,卢綝《晋八王故事》《晋四王遗事》,王隐《晋书地道记》,王韶之《晋安帝纪》,裴松之《晋纪》,萧子显《晋史草》,徐广《晋纪》,沈约《晋书》,檀道鸾《续晋阳秋》。

〔一三〕汪文台辑《七家后汉书》:谢承书八卷,司马彪书五卷,华峤、袁山松书各二卷,薛莹、张璠书各一卷,末附失名氏《后汉书》一卷,共二十一卷,不惟悉注所出,内容丰富,且无姚书以《续汉八志》为出于范晔所撰之误。

〔一四〕汤球所辑书:九家《旧晋书》三十七卷,《晋纪》五卷,《晋阳秋》五卷,《汉晋春秋》四卷,崔鸿《十六国春秋辑补》一百卷、《十六国春秋纂录校本》十卷,萧方等《三十国春秋》不分卷,武敏之《三十国春秋》,常璩《蜀李书》,和苞《汉赵记》,田融《赵书》,吴笃《赵书》,王庆《二石传》,范亨《燕书》,车频《秦书》,王景晖《南燕书》,裴景仁《秦记》,姚和都《后秦记》,张谘《凉记》,喻归《西河记》,段龟龙《凉记》,刘昞《敦煌实录》,张诠《南燕书》,高闾《燕志》。

附茆泮林辑《十种古逸书》

茆泮林辑《十种古逸书》:《世本》一卷,汉宋衷注;《楚汉春秋》一卷,附《疑义》一卷,汉陆贾撰;又《续编》,清王仁俊辑。(正史类)习凿齿《汉晋春秋》一卷,虞预《会稽典录》一卷,刘向《七略别录》一卷、《别录补遗》一卷。

又补编前人(魏)鱼豢《魏略》一卷、(晋)华峤《后汉书》一卷、(吴)谢承《后汉书》一卷、(晋)袁山松《后汉书》一卷、(晋)王隐《晋书》一卷、(南齐)臧荣绪《晋书》一卷、何法盛《晋中兴书》……《三十国春秋》一卷,(晋)张勃《吴录》,贾耽《十道记》一卷。

第二十七章　校注旧史(一)

一、施国祁《金史详校》

施国祁,字非熊,号北研,浙江乌程(一作归安)人。诸生,工诗古文,善填词,尤熟于金源掌故,著有《元遗山集笺注》[一]十四卷、《金史详校》十卷、《金源札记》三卷。《金史详校》前有自作《小引》及《例言》三则,以南监本为主,而校以北监本、官本,及元至正四年甲申江浙祖刻本。凡竭二十余年之力,刊讹补脱,极为详密,间亦是正原文。凡重复错出者,俱改正之。于宋《交聘表》,用全谢山之说,取《北盟会编》《系年要录》等书数十种为之注,其事目至盈二卷,尤粲然可观。惟文笔郁轖,偶附议论。——此本稿归汪谢城,谢城为之校写刊行。(说本李慈铭)

其《金源札记》及诗文集,俱未得见。要之,北研于金源一朝之事,可谓尽心焉矣![二]

按:乌程施北研国祁,《清史列传》卷七十三《文苑》,《清史稿》卷四百八十六《列传》二百七十三《文苑》三,《清儒学案》,俱有传。

二、沈钦韩《两汉书疏证》

沈钦韩,字文起,字小宛,又号匏庐,江苏吴县木渎人。[三]嘉庆十二年丁卯举人,官安徽宁国府教谕。钦韩质敏,而为学甚勤,暑夕苦蚊,置两足于瓮,读书常至漏三下。家贫借书于人,计日归,辄成诵,遂淹通经史,旁及诸子百家、类书杂记。其学自诗赋古文词外,尤长于训诂考证。

以《汉书》颜氏注浅陋,章怀《后汉书注》杂集众手,刘氏注司马八志颇宏富而少统贯,为《两汉书疏证》七十四卷。以裴氏《三国志注》专补其事迹,而典章名物阙焉,为《补训诂》八卷、《释地理》八卷。

以地理之学,古书惟存郦氏《水经注》,近人戴震校定其倒置羡脱,赵一清为之刊误,其书乃渐可读。然戴氏短在凭臆,赵氏弊在轻信。至如古书之有足证,与近今志乘之目验可据者,二家又皆搜讨未逮也。故为《水经注疏证》四十卷,然后郡县之废置沿革,山川之高深变迁、流合派分、昔通今塞,皆如提挈在手,指掌可谈。

其为注,先写于书,上下左右几无隙,乃录为初稿。久之增删,又录为再稿。每一书成,辄三四易稿。

叶昌炽云:按小宛先生为吾乡先哲注《汉书》,则痛诋颜氏,注《左传》则舍杜预而取贾、服,识见卓然。虽议论过激,终异雷同附和之言。书皆未刻,藏书家并有钞本。(见《缘督庐日记》)

同时人李慈铭即云:吴人沈饮韩小宛,博雅冠代,著书满家。今所存者,有《汉书疏证》等,皆手稿完整,惜都未刻。[四](见《越缦堂日记》)谭献亦云:宗湘太守得沈小宛《两汉书疏证》残稿,阙班书《列传》,《志》亦未完。范书阙《帝纪》。如谋补辑付刻,殊不易易。予告太守:《艺文志》《古今人表》皆可别行。(见《复堂日记》)可知其书历李、谭、叶三氏时,尚未雕板,近则已由浙江书局印行矣。

按:稍后,王先谦补注《汉书》时,亦采用其说。先谦云:沈文起《疏证》一书,以后事稽合前言,自为别派。今但取有关书义者,余屏不录。(见《汉书补注·叙例》)。但李氏谓沈书闻稿本在上海郁氏,余尚未见,不知祭酒何从得之,晤时当询之也。(见《越缦堂日记》)

又有《水经注疏证》四十卷。

按:吴县沈小宛钦韩,《清史列传》卷六十九《儒林》下二,《清儒学案》卷百三十五《小宛学案》,俱有传。

三、梁章钜《三国志旁证》

梁章钜,字茝林(茝邻),号退庵,福州长乐人(一作闽县人)。嘉庆七年壬戌进士,改翰林院庶吉士。散馆授礼部主事。道光间,官至江苏巡抚,署两江总督。公扬历中外,垂四十年。居官之余,不废著述。于史有《三国志旁证》三十卷。于掌故有《国朝臣工言行记》十二卷、《枢垣纪略》十六卷、《春曹题名录》六卷、《南省公余录》八卷。

按:裴注《三国》已极赅洽,章钜尚能详征博引,兼订正其阙失,尤心力所萃。杨文蔚为《序》云:长乐梁茝邻先生熟精乙部,于陈书裴注积数十年之力,研求独深。乃搜采群籍,一一疏通证明,即近人著述亦掇拾靡遗,去其疑而存其信。于舆地辨析尤审,成《三国志旁证》三十卷。不沿袭宋人褒贬空谭,而于详略之间,默寓尊蜀抑魏之指。此则兼才、学、识三长,不减三刘之于两《汉书》,吴缜之于《五代史》,非仅以博洽见称而已。

按:长乐梁茝林章钜,《清史列传》卷三十八《大臣》,《清儒学案》卷百三十四《鉴塘学案》附梁章钜,俱有传。

四、周寿昌《汉书注校补》

周寿昌,字应甫,一字荇农,晚号自庵,湖南长沙人。[五]清道光二十五年乙巳进士,由编修累迁至内阁学士,兼礼部侍郎衔。光绪初,罢官,居京师,辟小轩,日坐其中,以著述为事,诗文书画俱负重名。生平嗜班书,手自丹黄,每写一册,写无余纸,再写复然。凡易稿十七次,成《汉书注校补》五十卷。李慈铭谓其于《汉书》用力甚深,稿成送慈铭观览,且相与商榷。寿昌虽已老病而恳恳考据不懈,故慈铭云:阅荇农丈《汉书注校补》《百官公卿表》《艺文志》《地理志》,荇农贯洽全书,于表志甚精,尤用力于地理,可卓然不朽矣!又云:阅荇农《汉书注校补》引证确核,于音训文义尤详慎。(俱见《越缦堂日记》)又著《后汉书注补正》八卷、《三国志注证遗》四卷、《日札》六十卷。《日札》博综兼搜,尤详掌故。今草录其所作前后《汉书》、《三国志》三史《自序》于下,览其治史之素养。

一、《汉书注校补》——寿昌幼受书,略解义训,治经外好读史。先叔父砚芗先生授以《通鉴》,并储氏所选《史》《汉》文,俾之读,意不足,觊读全史,未敢以请。一日,窥先君案头有《三国志》,窃取读之,日毕一帙。为先君觉,指数事,令占对,颇如旨。先君喜,谕奖以一书,问何欲,以《汉书》对。先君故有《汉书》一册,日自评校,细字双行,朱墨几遍。阅后辄弃诸箧,禁儿辈翻弄。至是别以毛刻两《汉书》赐寿昌。此道光丁亥春,寿昌得读《汉书》之始也。

二、《后汉书注补正》——予少学读史,两汉兼治。近二十余年,专治班史,遂未旁及。然旧所读《后汉书》本,书眉行间条缀件系,涂墨略遍,不忍割舍,取其考证不甚误者写出之,得二百余条,属好友李莼客及门朱蓉生、缪筱珊悉心复勘,薙去袭复数十条,约成一册。一日,筱珊过余,复取案头书阅之,手指若干条曰:是皆可存,先生何忍弃之? 予笑曰:是买菜也,而求益乎? 筱珊固以请,重违其意,爰再加别择,又得若干条,成书八卷,名之曰《后汉书注补正》。

三、《三国志注证遗》——我朝史馆宏开,人精乙部,方闻博雅之儒,背项相望。二百年来,如长洲何氏焯、陈氏景云、仁和杭氏世骏、赵氏一清,嘉定王氏鸣盛、钱氏大昕、大昭,阳湖赵氏翼、洪氏亮吉、怡孙,吴江潘氏眉,吴沈氏钦韩,番禺侯氏康,于此书纠勘纂补,皆有专书。而长乐梁氏章钜,汇辑各家之书,依篇附类,复取宋、元、明暨我朝各名家及其同时师友撰著,有一二语订明此书者,皆搜采甄择,成《三国志旁证》一书。几于网无脱鳞,仓无遗粒,诚读此书者之浩观而极愉者也。寿昌幼学读史,治此书最先,排日辑录不下数千条。迨壮岁,浏览稍广,始目瞿心聋,觉所言者多前人所有,而前人所有多吾言所未及,于是毅然芟刈,仅存百一。迩来取视,又去其复袭若干条,惟留《旁证》所未及者约四卷,名曰《三国志注证遗》。[六]

别有《五代史注纂注补》《续宫闺文选》等各若干卷。

按:长沙周荇农寿昌,《清史列传》卷七十三《文苑》,《清史稿》卷四百八十六《列传》二百七十三《文苑》三,《清儒学案》,俱有传。

五、李慈铭《读史札记》

李慈铭,字爱伯,号莼客,浙江会稽人。生有异才,长益覃思劬学,于书无所不窥。时越多高才生,咸推为职志。初官户部郎中,光绪六年庚辰成进士,归本班补官。复迁山西道监察御史,数上封事,洞中利弊,不避权要。甲午夏,中日事起,败闻至,感愤咯血而卒,年六十有六。

平生矜尚名节,务矫俗流,有裁制人伦、整齐物类之心,而道孤命蹇,志未少伸。说经确守乾嘉诸老家法。于史致力最深[七],日有课记。每读一书,必求其所蓄之深浅、致力之先后而评骘之,务得其当。其著作有《后汉书集解》《北史补传》《历史论赞补正》《历代史剩》《闰史》《唐代官制杂钞》《宋代官制杂钞》《元代重儒考》《明谥法考》《南渡事略》《国朝经儒经籍考》《军兴以来忠节小传》《绍兴府志》《会稽新志》。又有《越缦堂读书录》《笔记》《日记》等。

下世后,遗书散出,为北平图书馆所得。近由馆员王君重民为之整理。王君于其本书眉批外,据《日记》及他参考书中,凡有校勘训诂考据及推原史意者,分别移录,编为《汉书札记》《后汉书札记》《晋书札记》《魏书札记》等,各若干卷。

按:慈铭生当同、光之世,杜门京师,著述自遣。友人长沙周寿昌、王先谦俱治斯业,时相与商榷。凡有所得,即记之。其考事实,则宗王西庄、钱竹汀、王石臞。论文法,则宗真西山、唐荆川、茅鹿门。时或兴有所至,则又有如金圣叹之批《水浒》者,蝇头细字,丹黄满纸,可窥其读书之精神也。(说本王重民氏)

据王君《跋后汉书》云:先生于范书,补缺拾遗,兼捃逸籍,间发其义,颇多神解。先生专擅乙部,固所素长,此则地史所同,不独范书为然也。

王式通《越缦堂读史札记序》云：越缦先生殁后三十年，其家藏书尽归北平图书馆。高阳王君重民方在馆，最录《史》《汉》以次诸史之批校，兼采《越缦堂日记》所尝评识者，汇为《札记》，都若干卷，以印行焉。先生于学无所不窥，自谓平生致力莫如史，故凡诸史经诵读者，丹黄戢香，纷缀简尚，精训诂，通假借，参引众说，挖铌毫芒。每举一义，便辄理解，发隐疏滞，良云勤矣。先生淹于史，尤喜究明事。浙东自南宋后，久为文献渊薮，延至明季，其遗闻佚事，如唐、鲁二王始末及音义之俦类，皆未笔诸书，寝归湮没。赖有南雷、季野、谢山诸老，以强博之才，转相口授，得以流衍弗替。先生躬承其绪，志在裁制人伦，整齐物类，所以蓄图世用者深且远，而乃悒悒以终，并其遗编，在若存若亡间，伤已！[八]

先生于史，著书十余种，其目详于平景荪所为《传》，稿佚不可得。今见者仅此《札记》残纸琐琐，未足尽其精意。然欲知先生校勘之方，致力之旨，于斯亦可想见矣。（见《志盒文稿》卷一）

杨树达《读汉书札记序》云：往岁读《越缦堂日记》，窃叹越缦先生深于史学。继闻人言，有尝见先生所读两《汉书》者，书眉间手书殆遍，尤想望欲得原书读之。顷者，北海图书馆尽购得先生藏书，门下士高阳王君重民适司整理之役，余因幸得见两《汉》及其他诸书。又序《读史札记》云：往者我国学者之治史籍也，有二派焉：其一曰批评，其二曰考证。而二派中，又各有二枝。批评之第一枝曰批评史籍，如刘子玄、郑渔仲、章实斋之流是也。第二枝曰批评史实，如胡致堂、张天如、王船山之流是也。考证之第一枝曰考证史实，如钱竹汀、洪筠轩之所为是也。其第二枝钩稽史实，如赵瓯北、王西庄之所为是也。批评史籍，其途差狭，自刘、郑、章外，殆不数见。自宋至清初，则史实最盛之时期也。清儒治学恶蹈空，喜征实，彼惩于批评史实之虚而无当也，故变其道而趋于考证。于是考证派之两枝，于乾嘉之际同时并起。而继其后者，第一枝为盛。越缦先生乃承钱、洪之流，而为有清

一代考证派之后殿者也。(俱见《积微居文集》)

　　按：会稽李莼客慈铭，《清史列传·文苑三》有传。

六、王先谦《汉书补注》《后汉书集解》

　　王先谦，字益吾，学者称为葵园先生。湖南长沙人。[九] 同治乙丑① 进士，官至国子监祭酒。于学无所不窥，在史馆成《东华录》二百卷、《东华续录》四百十九卷。[一〇] 其著述，史部有《汉书补注》《后汉书集解》《新旧唐书合注》《元史拾补》等。其著《汉书补注》，据自订《祭酒年谱》云：余虽病剧，书不释手，中情怫郁，舍此亦无可消遣。自通籍后，钻研班书，日有所述。中间虽时复作辍，心光目力实专注于此。兹以两年之力，剞劂告成，了此大愿，亦一喜也。但在未刻之前，每一卷成，必送李慈铭处，属校阅。故慈铭尝称曰：阅王益吾祭酒《汉书补注·武五子传》，采取矜慎，体例甚善。其附己见，亦俱精确，尤详于舆地。张守节《正义》，所长即在此一事。又多采沈文起《汉书疏证》之说。又云：阅益吾《汉书·司马相如传》补注，引证繁密，于训诂名物，搜括殆尽。(俱见《越缦堂日记》)

　　按：王氏著《汉书补注》，有朱一新为之参订，而朱亦著《汉书管见》，但尚未成书耳。又湘乡王龙文作《祭酒寿序》云：先生尤精乙部，谓班书浩博，研穷靡殚。诸家集注，疏略亦甚。于是萃前古之膏腴，运一家之杼轴。艺文本圣学之渊源，而探其阃奥；地理乃坤舆之鼻祖，而订其异同。详礼乐，而制作复光；注沟洫，则井田可考。汇成巨帙，颜监逊其功；刊摘冥奥，余靖避厥舍。诚史家希世之宝，亘古仅觏之书。为《汉书补注》百卷。

　　近人杨树达云：长沙王葵园先生治《汉书》数十年，成《汉书补注》百卷。其书取精用弘，便于学者，几于家有其书矣。先生晚年又为范

---

　　①原稿空，据相关信息补。

蔚宗《后汉书》集解。范书博奥固不及班书,清儒治之者亦不逮治班书之勤,故《集解》所取材,既不能如《补注》之宏博。而先生成书仓卒,又不如集《补注》时编摩之久。故以《集解》视《补注》,似有逊色焉。余读其书,自官本《考证》以下,清儒之治《后汉书》者,虽大致皆已采撷,而如钱大昭之《后汉书辨疑》,侯康、沈铭彝两家之《后汉书补注补》外,行世已久,《集解》竟未采入。及书成后,黄山君为之校补,始为补录。又《汉书补注》颇采清儒笔记之及《汉书》者,如姚氏之《惜抱轩笔记》、俞氏之《湖楼笔谈》等书是也,而《集解》似未旁及。〔一〕(见《积微居文集》)

金毓黻云:(上略)王先谦撷其菁英为一编,先于光绪二十六年成《汉书补注》,次于一九一五年成《后汉书集解》。近人论其书者,以先谦受业周寿昌门下,得其指授,究心班书,用力三十余年,钞集百余万言,取精用宏,致思最勤,而《地理志》尤为卓绝。〔一二〕(见《中国史学史》)

按:长沙王益吾先谦,《清史稿》卷四百八十二《列传》二百六十九《儒林》三有传。

参考资料

施国祁——沈登瀛《施北研先生传》,《深柳堂文集》。

范锴《施北研记金源杂事十九则》,《华笑庼杂笔》卷五。

《清儒学案》百十九《铁桥学案》附施国祁。

沈钦韩——自著《幼学堂文稿》八卷,有《汉书考证序》。

包世臣《沈君行状》,《安吴四种》。

刘申甫、顾千里皆作《传》,载集中。

《清儒学案》百卅五《小宛学案》。

《续碑传集》七十六。

梁章钜——自著《浪迹丛谈》《续谈》。

《二思堂丛书》中，有《退庵自订年谱》《退庵随笔》。

《清儒学案》百三十四《鉴塘学案》附梁章钜。

《碑传集》十四。

周寿昌——自著《思益堂古文》二卷。

周礼昌作《行状》，《国史·文苑传》。

王先谦作《思益堂集叙》。

《清儒学案》百七十八《湘乡学案》附周寿昌。

《续碑传集》八十。

李慈铭——自著《越缦堂文集》十二卷。

平步青作《传》。

杨树达《李爱伯读汉书札记》，《积微居文集》。

王式通《越缦堂文集跋》，《志盦文稿》。

《清儒学案》百八十五《越缦学案》。

《碑传集补》十。

王先谦——自著《虚受堂文集》十六卷。

《葵园自订年谱》《汉书补注叙》。

陈毅作《虚受堂文集序》。

吴庆坻作《寿叙》《墓志铭》。

瞿鸿礼、缪荃孙各作《寿序》。

杨树达《汉书补注补正自序》，《积微居文录》。

《清儒学案》百九十《葵园学案》。

《碑传集补》七。

延伸阅读

〔一〕《元遗山集笺注》，施国祁据元张德辉类次本笺注。集中本事，皆以他书取证，遐搜博采。自四史外，如《中州集》《续夷坚志》等，援引至二百余种之多。所辑《年谱》暨补载，亦均详确。

按：《中州集》意在以诗存人，去取虽不甚精，至所自作，则兴象深邃,风格遒上。无宋南渡末江湖诸人之习,亦无江西诗派生拗粗犷之失。(《四库提要》语)又《遗山诗注》世传乌程施国祁注本为佳,平定张穆亦曾校理刊行。施氏谙习金源故闻,有《金史详校》之著,宜于遗山行事,多所传习也。(近人潘景郑《著砚楼书跋·校本元遗山诗集》)

又金毓黻云:施国祁北研究心金源故实,所撰《金史详校》《金源札记》,最为有名。又为元好问诗作笺注,多载金源遗事,亦厉氏之亚也。(注)范锴《华笑庼杂笔》卷五,施北研记金源杂事十九则,可以参考。(见《中国史学史》)

〔二〕支伟成云:(施国祁)尤熟于完颜国故,以《金史》号称繁简得中,究其实,芜漏亦复不少,因拟补正之。遍览群书,有获辄加纪录,积二十余年书成,名曰《金史详校》。惟以卷帙繁重,乃列举条目,凡关于辨体裁、考事实、订字句,得其讹谬衍脱颠倒诸处,共二百余事,别抄为《金源札记》二卷,又札一卷。复就全谢山与杭董甫论《金史》之帖,各为之答,以附于末。又出其绪余,为《元遗山诗文集笺注》若干卷,《金源杂兴诗》一卷。家极贫,少尝授经于外。中年忽学市隐,寓北浔,为人经理商业,设吉贝肆,中有小楼一,即颜曰"吉贝居"。所著书多属稿于是间。会不戒于火,著述悉付一炬。今所存者,大半出自记忆补缀,故现刊《详校》止十卷,盖非其初稿矣。卒年七十余,无子。(支《传》)

〔三〕梁启超云:嘉、道间,则有吴县沈文起(钦韩)为诸史补注,且疏《水经》。(见《学风之地理分布》)

〔四〕李慈铭云:沈君嘉庆丁卯举人,官宁国教谕,卒于道光辛卯壬辰间(十二年,年五十七),其名氏见于包慎伯、刘中甫、顾千里诸君集中。予向知为吴中学者,而不料其撰述繁实为是。乾嘉以后,朴学弥劲,潜心仰屋而名不传者,甚不少也。(见《越缦堂日记》)

〔五〕梁启超云:长沙周荇农(寿昌)为诸史补注。(见《学风之地

理分布》)

〔六〕杨晨云:《汉书注校补》十一卷、《后汉书注补正》十一卷、《三国志注证遗》一卷,并湖南周寿昌撰。周通小学,博而不精,余与朱君一新尝为校正。(见《敦书呢闻》)

〔七〕李氏自云:余资质驽弱,日不能尽书一寸,过亦辄忘。虽好书,实谫陋哉!顾生平所不忍自弃者有二:一则幼喜观史,先君子督课严,乃窃发所藏涑水《通鉴》、郑樵《通志》读之,先君子知之则诃曰:小子不能诵经,奚史为?顾先君虽阳怒,心窃喜,阴纵之,得尽读。而余随得随弃,且好泛滥观大略,故迄今无成,然初志不忍负也。一则性不喜看小说……

又云:予于诸史,自两《汉》、《元史》外,以《唐书》致力为多。次则《晋书》《五代史》《明史》矣。又次则《三国志》《南史》《宋史》矣。(见《越缦堂日记》)又云:予于各史自谓于范书最留意。(见《日记补》)

〔八〕辑《国朝儒林小志》,以吾乡黄氏宗羲始。予自庚申夏,欲辑录是书,以未得江氏藩《汉学师承记》、阮氏元《儒林传稿》而止。今惟即所见者缀集而已。黄氏虽明臣,然开国朝之学,又卒于康熙中,故以为始也。(《日记补》)

又云:纂脩《国朝儒林小志》,草创稍有端绪,终日劳劳,藉遣岑寂而已。(注)余辑《国朝儒林小志》,惟载汉学名家,虽姚惜抱、程绵庄、程鱼门、翁覃溪诸公自名古学者皆不列入,而独取先生(指全谢山),固不仅以《经史问答》一书也。(见《日记下》)

予欲作《古今南人宰相表》一书,采自汉迄明,仿班氏《古今人表》,分九等。其入国朝者,不敢论定,亦班氏例也……予辑是书,将欲以会得失之源,集法戒之益。其书倘成,不可谓非有用者也。(《越缦日记》下)

《历代名臣谥法考》江阴叶廷甲保堂撰。余方与传弟子约同辑是书,乃竟有先我为之者,不觉庆然。(《越缦日记》下)

阅《宋稗类钞》。予观宋人说部颇不少，每欲集自《世说》《语林》以至明季说部，依各代正史纪传名氏次序，为载其正史所不载者，各条下仍注明原书出处，而为之考异，并加按语，论断其真妄。其史传中无名字者，则依类序入。

〔九〕梁启超云：长沙王益吾（先谦）善抄纂，淹博而能别择，撰著甚富，咸便学者。（见《学风之地理分布》）

〔一〇〕金毓黻云：王先谦所辑《东华续录》、《十朝东华录》（乾隆朝 20 卷、嘉庆朝 50 卷、咸丰朝 100 卷），实录、国史两馆皆设于禁城东华门内，蒋、王二氏自实录钞出之史料，别为《东华录》，其得名之故以此。（《史学史》）

〔一一〕杨树达云：忆民国三年葵园先生避地于长沙东乡之凉塘，余以苏先生厚盦身后事与同学刘君廉生偕访先生。时先生居方丈陋室，榻前设案，满堆故书。前窗糊纸，中安小玻璃一方，先生日坐其中，著述不辍。盖先生时年七十余矣。

同邑先辈王葵园先生著《汉书补注》，荟萃成说，卓有翦裁。《地理》一志尤为卓绝，信可谓美矣。余年来籀读一过，辄复拾遗补阙，疏记简端，卒业检览，亦颇有可存者。因令人钞写成帙，颜曰《汉书补注补正》。（《自序》）

〔一二〕金毓黻云：王氏自谓近儒致力《后汉》者，莫勤于惠栋。其于惠氏《补注》，服膺有年，而恨与章怀注别行，无人为之合并，爰推阐其遗文奥义，取而备载之。又外征古说，请益同人，而成《集解》一篇（《自序》），是则以惠书为主，而复少有增益焉。兹考其书，于惠注外，殊鲜精言眇义，且多所漏略，不如《补注》远甚。盖书成之日，王氏已届耄年，精力不继，间或假手他人。书已付刊，又由门人黄山为作校补，附于每卷之后。然考览诸家之说，究以此书为备，是亦《补注》之亚，不可废也。（见《中国史学史》）

又云：或谓王先谦撰《唐书补注》二百六十卷，稿具未刊。（参考

《书目答问补正》卷一）（见书同上）

又支伟成云：复用考据以校雠诸史地志，成《汉书补注》一百卷、《水经注合笺》四十卷，亦多荟萃群言，自为发明者少……别有《天命以来十朝东华录》若干卷。（见《清代朴学大师列传》）

湘学派之王闿运、廖平、王先谦诸人，处列国环伺之际，说经以今文为主，倡言经世致用。然湘学派之经学实绩乏善可陈，因此，其实不仅章太炎等人不看好湘学。

第二十八章　留心乡邦文献

一、邓显鹤《王船山遗书》

邓显鹤，号湘皋，湖南新化人。[一]嘉庆九年举人。博览群书，足迹半天下，凡海内文人多慕与之交。晚授宁乡训导，寻乞病归。时因事至长沙，治旁舍，舍客造请诗文者日相接，岿然称楚南文献垂三十年。

性嗜善，幼时闻长老称述乡贤嘉言懿行，辄欣然听之。比长，搜讨楚故，尤不遗余力。尝谓征文考献，当自其乡始。

湖南自屈原、贾谊以来，通人志士，仍世相望，而文字放佚，湮郁不宣。因网罗散失，为《资江耆旧集》六十四卷、《沅湘耆旧集》二百卷。遍求周圣楷《楚宝》一书，匡谬拾遗，为《楚宝增辑考异》四十五卷。又以鼎革之际，湖南多死节者，各为传略二卷。复搜刻《王船山遗书》。

按：新化邓湘皋显鹤，《清史列传》卷七十三《文苑》四，《清史稿》卷四百八十六《列传》二百七十三《文苑》三，《清儒学案》，俱有传。

二、王树枏《畿辅先哲传》

王树枏,字晋卿,直隶新城(一作定州)人。[二]光绪丙戌进士,授工部主事,改知县,擢新疆布政使。

向读《禹贡》诸书,尝走秦陇,度五凉,西逾长城,踔瀚海,历昆吾,跻天山绝顶,入蒲类、车师、卑陆诸国,以达庭州,详考《禹贡》雍州诸山川故迹。故自谓:余宦游陇上十余年间,尝驱车过鄜延、环庆,历泾原、秦凤之郊,以达熙河。周览其山川堡寨,时时阅史册、按地图,详稽宋夏用兵以来得失盛衰之迹。洎乎作宰中卫,泛大河,登贺兰山,观元昊兴州故都,慨然想见其为人。(见《西夏记序》)

自海国通市,而中外接构,皆谋于海。故海防议起,朝廷以全力注目之。树枏既之官之明年正月,日本上原英东偕南州少佐日野强远踔北庭,匝游西域五十余国,图其山川险要。因得出入布政使署,每雪夜过从,置酒抽剑画地,纵谈西北大局,辄相与奋衣起舞,感喟歌呼。树枏因为论辟之,乃招集二三博雅同志之士,网罗文献,分纂《新疆图志》,而自以意润色,成书八十册。

民国肇建,树枏年则六十矣,自伤终不得有为于世,乃弃官走京师。时袁世凯为大总统,树枏以宿望为参政院参政。既清史馆开,徐世昌方柄用,属取畿辅先正遗集,搜讨而论述之,以备一方文献。[三]

其序是书云:光绪初元,树枏尝辑直隶人物,依圣门四科之目分类纂录:曰德行科,性理之学属之;曰言语科,词章之学属之;曰政事科,经济之学属之;曰文学科,考据之学属之,总名之曰《北学师承记》。惜其时搜讨未备,迄未成书。二十余年,宦游四方,稿本泰半散失。甲寅之岁,弢斋徐公有纂修《大清畿辅先哲传》之举,索树枏旧稿,存者寥寥,且简略不足备甄择。乃博为搜辑,凡国史所载以及私家撰著,其文献实有可以征信者,罔不穷搜博考,力为表章。阅时三年,凡为传目八,为卷四十,而以列女附焉。[四]

公之为是书也,岂第一乡之文献已哉!其所以正人心,维风化,以诏后学者,举于是乎在。孔子曰:居是邦也,事其大夫之贤者,友其士之仁者。孟子论友,由一乡之善士,以极于尚论古人,胥是志也。

夫以中国之大,人民之众,其乡贤达足以为世表者,所在皆是也。有心世道者,苟皆以公之志为志,萃一邦之文物,汇成一代之典章,则人人各抱敬恭桑梓之心,其效之普,当更何如也……

是编凡分八门,曰名臣,曰名将,曰师儒,曰文学,曰高士,曰贤能,曰忠义,曰孝友,而以列女附焉。

是编意在网罗往哲,阐发幽潜。间有论断,皆本前人成说,以守述而不作之旨。起乙卯正月,讫丁巳十二月。三年之久,始成书若干卷。有清一代畿辅先哲,大半具于是编。(天津徐世昌作《例言》)

又作《武汉战纪》一卷。

按:新城王晋卿树枏,《清儒学案》百八十四有传。

参考资料

邓显鹤——《续碑传集》七十八。

曾涤生作《墓表》,《曾文正文钞》。

《清儒学案》百六十七《叔绩学案》附邓显鹤。

王树枏——自著《陶庐文集》二十卷。

尚秉和作《行状》及《墓志铭》。

又《陶庐丛刻》。

陈衍《石遗室诗话》。

《清儒学案》百八十四《陶楼学案》附王树枏。

延伸阅读

〔一〕梁启超云:新化邓湘皋(显鹤)搜罗乡邦文献最勤,哀辑船山遗著于散佚之余,编校刻布,力事宏奖。(见《学风之地理分布》)

〔二〕又云:现存者,有新城王晋卿(树枏)熟于乡邦文献。徐菊人

（世昌）所著书多出其手。（见书同上）

〔三〕王树枏自云：余事徐菊人相国，采辑有清一代畿辅列女，仿汉刘中垒传式，分门编纂，都为六卷。（《陶庐三篇·岳母温恭人节孝碑记》）

〔四〕按：《大清畿辅先哲传》分名臣、名将、师儒、文学、高士、贤能、忠义、孝友等传。名臣二傅维鳞，名臣四黄叔琳，名臣五朱珪，师儒七王源，文学一谷应泰，文学二刘献廷，文学五翁方纲、朱筠、章宗源、纪昀，文学六雷学淇……

吴闿生云：当先生之在官，著述不辍，尤锐意当世有用之学，遍考欧西诸国方言史乘，察其种族盛衰强弱，纂著论列，积书盈案。又熟习西北形势，户口蕃耗，财赋丰绌，及文治武功所宜弛张赢朒，条列粲如。见者皆叹服，推为名论……今老矣，以食贫养亲故，犹复怀铅握椠，与少年后进相周旋，搜考前朝故实，供职史官。虽名字熙曜远近，无不闻而慕之者，其生平困顿，为何如也……（《陶庐诗叙》，《北江先生文集》）

第二十九章　治蒙古史、元史

一、魏源《元史新编》毛岳生《元史稿》、曾廉《元书》附见

魏源，字默深，湖南邵阳人。〔一〕嘉庆甲戌拔贡，入赀为内阁中书，改知州。道光二十四年甲辰第进士，发江苏，以知州用，权东台、兴化县事。

源经术湛深，读书精博，文笔奥衍，熟于掌故，尤悉心时务。精舆地之学，与仁和龚自珍并称"龚魏"。

尝谓禹分天下为九州，外薄四海，咸建五长，而朔南所暨，说者谓

北距大漠,不能越乎其外。至我朝而龙沙、雁海之国,万潼亿毳之民,独峰驼无尾羊之部,奔走万里,臣妾一家。因借观史馆秘阁官书,参以士大夫私家著述、故老传闻,排比经纬,驰骋往复,成《圣武记》十四卷,统四十余万言。[二]

又喜谈经济。其论河务,谓宜改复北行。晚遭夷变,谓筹夷事必知夷情,知夷情必知夷形,因据粤督林则徐所译西夷之《四洲志》及历代史志、明以来岛志、近日夷图夷语,成《海国图志》一百卷。番禺陈澧常叹以为奇书。

魏源于修《海国图志》之时,知元代西域远徼,皆西北接鄂罗斯,西南连五印度,与今西洋夷接壤。自古疆域未有廓于元者,而史书之芜蔓疏漏,亦未有甚于元者。邵远平、钱大昕、汪辉祖皆有重修《元史》之事。邵虽成书,然不足观。汪之《元史本证》,亦未成为完书。钱惟成《氏族表》《经籍志》。爰发愤重修,采四库书中元代各家著述百余种,并旁搜《元秘史》《元典章》《元文类》各书,参订旧史,成本纪十二、列传四十二、表七、志三十二,合九十五卷,为《元史新编》。书中一变旧史一人一传之形式,而传事与传人相兼,其组织之新颖,士多称之。

《元史新编》多未成,其《例目》见集中。梁任公曰:魏著《新元史》,讹舛武断之处仍不少,盖创始之难也。但舍事迹内容而论著作体例,则吾于魏著不能不深服。彼一变旧史一人一传之形式,而传以类从。但观其篇目,即可见其组织之独具别裁。章实斋所谓"传事与传人相兼",司马迁以后未或行之也。故吾谓魏著无论内容罅漏多至何等,然固属史家创作,在斯界永留不朽的价值矣。[三](见《清代学者整理旧学之总成绩》)

源殁后,稿辗转由龚自珍、莫祥芝而归其族孙光焘。于光绪三十一年,乃由光焘序而刊之。计本纪十四卷、列传四十二卷、表七卷、志三十二卷。有目无书者,留梦炎、蒲寿庚、方回三传,《儒林》《艺术》有缺传，《遗逸》《释老》《群盗》三传全缺。

但在魏氏之前，已有嘉定毛岳生（生甫）著《元史考证稿》。（见《新编凡例》）岳生，字生甫，有《休复居文集》。集中附《元史后妃公主传补》，即其证也。继作者，即为魏氏之《新编》。魏氏后，同邑曾廉以《元史新编》为蓝本，更增以少许之事实，著《元书》一百二卷。第囿于见闻，搜罗不广耳。[四]（参用全氏语）廉复有《元史考订》四卷。

源又作《辽史稿》，遇乱亡失。又有《圣武记》专记一事之始末。贺长龄所著《皇朝经世文编》，亦源襄辑之力居多。[五]

按：邵阳魏默深源，《清史列传》卷六十九《儒林》下二，《清史稿》卷四百八十六《列传》二百七十三《文苑》三，《清儒学案》，俱有传。

二、李文田《元秘史注》高宝铨《元秘史李注补正》附见

李文田，字畲光，号芍农①，一作仲约，广东顺德人。咸丰己未进士，授职编修。放江苏、浙江、四川主考，提督江西、顺天学政。历典文衡，寻命南书房行走，官至礼部右侍郎。操履端洁，学问渊博，治经由通变假借以考见名物度数，宗法郑、贾。与潘文勤过从虽密，而论学则异趣，盖潘固张今文之帜者也。时大兴徐松、光泽何愿船、平定张穆辈，咸为西北地理之学。独君以《元秘史》晚出，于蒙古立国疆域世系颇具梗概，乃广搜记载，兼采泰西译籍，辨析订证，作注十六卷。[六]（得蒙古文原本对译勘正而为之注）

又以《元史·地理志》成于仓卒，挂漏固自不免，《经世大典》所存之图，亦讹谬。更参稽旧牍，验以今名，作《元史地名考》十卷、《西游录注》二卷。工书，摹北魏诸体，得其神似。

按：顺德李芍农文田，《清史列传》卷五十八，《清史稿》卷四百四十一《列传》二百二十八，《清儒学案》，俱有传。

---

①原稿作"李文田，字芍农"。

附：高宝铨，秀水人，撰《元秘史李注补正》十五卷，其勤与李氏相埒。宝铨又有《元史疏证》，附《元史通考》若干卷，稿本数十巨册，近年始自其家散出。朱希祖曾见其首册，欲购而先为他人所得。如能为之刊传，亦盛德事也。（录自《史学史》）

三、洪钧《元史译文证补》

洪钧，号文卿，江苏吴县人。[七]同治三年，举于乡。七年成一甲一名进士，授翰林院修撰。历迁内阁学士兼礼部侍郎。二十三年，简派出使俄、德、奥、比四国大臣。于俄罗斯见元代旧史，本回纥文[八]，凡更数译，审为元代藩属旧史，详于西北用兵。钧得之甚喜，谓足补《元史》疏陋。于是遍考元人官私书及关系《元史》诸记载，手自纂辑，成《元史拾遗》若干卷。搜异域之佚闻，订中国之惇史，世未尝有也。[九]（见顾肇熙撰《墓志铭》）

按：《元史拾遗》即《元史译文证补》，计三十卷。梁任公曰：洪钧据海外秘笈以补证旧史[一〇]，其所勘定之部分又不多，以理度之，固宜精绝。（见《清代学者整理旧学之总成绩》）

按：苏州洪文卿钧，《清史列传》卷五十八《大臣》，《清史稿》卷四百四十六《列传》二百三十三，俱有传。

四、屠寄《蒙兀儿史记》

屠寄，字敬山（敬，一作"竟"或作"静"），江苏武进人。[一一]光绪壬辰进士，改庶吉士，授淳安知县。早以词章、诗、骈偶文名世。并究心于蒙文。曾客黑龙江修志，撰《黑龙江舆图》及《图说》，至为精核[一二]，后乃萃其精力以修《蒙兀儿史记》[一三]，随撰随刻，卒时虽未成书，已得十之七八矣。[一四]

寄治蒙古史，既躬赴穷荒，亲加勘记[一五]，又集欧洲史家之著作，用资订校，为中国自有《元史》以来之杰作。近来东西各国之治蒙古史者,亦多奉为圭臬。原书在其生前印行者仅十余册。其后续辑校误之作,向未刊行。近由哲嗣公覆昆季为付木板,前后十年,始毕役。原书无《序》,仅有屠氏手订之《凡例》。兹已由哲嗣屠孝宦君倩孟心史(森)撰制《弁言》,对于屠氏此书之甘苦,言之颇悉。其文云:《元史》自五百年来为一朝正史。然以其在汉土传祚不永,一切制度文物,又与汉土历代不甚沿袭,故在汉人不推为至隆极盛之朝……先生晚成此书,则非复片段之记诵,兴到之挥洒,其于史业,上继欧阳,下此安足数哉? 今国之人多学于欧西者,争与西方史学家讨求蒙兀故烈。读先生书,当知取材尚非今日所难,但无精思妙笔如先生者,何由钩贯而成传信之作? 则是书固治蒙兀史之正鹄,而亦恐攀望而不可及焉矣!

梁任公称之曰:屠著自为史文而自注之,其注纯属《通鉴考异》的性质,而详博特甚。凡驳正一说,必博征群籍,说明所以弃彼取此之由,以著作体例言,可谓极矜慎、极磊落者也。惜所成者多属蒙古未入中国以前之一部分,而其他尚付阙如。[一六](见《清代学者整理旧学之总成绩》)

支伟成曰:所著《蒙兀儿史记》五十卷,参照《元秘史》及西方史料,证以身所亲历调查者,对于《元史》大加补订,足可远并邵、魏,近开柯氏。惜仅本纪、列传、世系表暨《地理志》之一斑,其余有目无书者,尚待后人补辑耳。[一七](见《朴学大师列传》)

又撰《西北三藩地理通释》,以补《元史》之未备,虽其书为未成之作,缺卷甚多,而用力则甚勤。又用"自注"之法,于正文之下有"分注",一篇之简,包孕甚多。故近人孟森论之曰:先生此书,所得固多出于旧史,然其参订旧史,以综合新材,无一字不由审订其地、时、日而后下笔。故叙述皆设身处地,作者心入史中,使读者亦不自谓身落史后,较之心不与全史浃,而以其翦截恒钉之文诒后人,不免孟子所谓"以其昏昏,使人昭昭"矣。(见《蒙兀儿史记序》)

又叶昌炽云：屠敬山居乡，国变后出为参政，其子宽担任教育。父子罔利，舆论大哗，毗陵人士攻而去之。[一八]（见《缘督庐日记》辛亥七月）

五、柯劭忞《新元史》

柯劭忞，字凤荪，山东胶县人。[一九]少孤，被母教，《史》《汉》《文选》，皆全读成诵，过目不忘焉。于七岁以前作拟古歌谣，俱戛戛独造，语不犹人。五七言古近体，学六朝三唐，亦皆老成。为宋肯夫所取士，任编修。（说本李慈铭）著有《新元史》数百卷。[二〇]既成书，王葵园先谦屡索其稿，请以局钱刊行。柯以缮稿未定，不欲草率成书。（见《郋园读书志》）

举同治庚午乡试，光绪丙戌成进士，历官翰林院撰文、侍讲、日讲起居注官，提督湖南学政，授贵州提学使，调学部丞参上行走，补右参议，迁左丞，选为资政院议员，兼典礼院学士。

梁任公云：柯著最晚出，参考拉施特旧史之洪译本，《元秘史》之李注及《经世大典》《元典章》等书，资料丰富，固宜为诸家冠。然篇首无一字之序，无半行之凡例，令人不能得其著书宗旨及其所以异于前人者在何处。篇中篇末又无一字之考异或案语，不知其改正旧史者为某部分，何故改正，所根据者何书。著作家作此态度，吾未之前闻。最近柯以此书得日本博士。（见《清代学者整理旧学之总成绩》）其书末附《考证》五十八卷，及付刊时，刻书人以其繁多悉割。今收拾残稿，将由北京大学研究院刊行之。

张尔田作《墓志铭》云：君之调丞参也，两江督臣以魏默深《元史》上于朝，书下学部察看，朝廷有知君者，故有是命。时君治《元史》有年矣。诸史惟《元》最疏，亦惟《元》号难治，洪文卿氏取拉施特书成《证补》，与君同时屠敬山氏亦撰《蒙兀儿史记》，皆未竟厥绪。魏氏书先成，杂蹂不足以示远。君乃下帷覃思，因是创造，征外籍，考《大典》，博采佚存旧闻，笼三家而有之，成《新元史》二百五十七卷。复理董洪氏稿修辑未毕者，为《译史补》，而史识之见于《考异》者，又若干卷，其书别行。按北大研究院文史部所排印之《新元史考证》五十八卷，《译史补》六卷也。

金毓黻云：柯氏之书曰《新元史》，盖为订补旧史而作，上仿欧阳修之改修《五代史》，亦近代仅见之作也。书成于一九二〇年，初刊为铅印活字本，未几锓木。其始功后于屠氏，而成书则在其前。所取史材，有得之钱大昕、魏源者，有得之何秋涛、李文田者，有得之洪钧、屠寄者。至其体例，虽与旧史无异，而不乏改订之处。

钱大昕撰《元史氏族表》，系据《元秘史》及《辍耕录》。元《经世大典》虽佚，尚有残本可考，邵氏《类编》，已知采用。又有《元典章》，为魏氏《新编》所取材。柯氏于此类史料尤知重视。至于采取《元秘史》《亲征录》《蒙古源流》等书，以补旧史之阙，既悉同于洪、屠二氏，而柯氏用力尤勤……然其中可谈者，亦有数论：旧史本纪，多采自元十三朝《实录》，柯书则取其繁冗者，改入各志，不易寻其首尾，则旧史仍不可废，一也。《艺文志》可征一代文献，钱氏补辑甚备，故魏氏《新编》，曾氏《元书》皆采之，而柯书乃不之取，不得谓备，二也。屠氏于洪氏补作诸传，皆别采新材，矜慎订补，而柯氏则又悉以原文入录，不加别白，三也。元代教徒，于释老外，有回教、耶教，柯书仅有《释老传》，又于也里可温（即耶教）之纪事，仅略见于本纪，而于耶教名人之勃莱奴喀、皮尼鲁卜里克、孟德、高奴维等，皆不著一字，亦为漏略，四也。至于霍渥儿特等氏所著之蒙古史料，虽伤繁富，可取正多，而柯氏多未之及，亦有待于后人之译补。是则柯氏之作，仍不得谓之竟其全功也。（见《史学史》）计本纪二十六卷、表七卷、志七十卷、列传百五十四卷。

柯入民国，更总纂《清史稿》，任纪稿部分。至馆长赵公尔巽去世，柯兼代馆务，一仍旧贯。今《清史稿》虽已由金梁校阅付印，然当北伐军入北京时,以书法不妥,被禁流传云。

所著尚有《文献通考注》。

按:胶县柯凤荪劭忞,《清儒学案》有传。

六、沈曾植《蒙古源流笺证》

沈曾植,字子培,号乙盦,浙江嘉兴人。[一]光绪六年进士,充刑部主事,擢安徽提学使,署布政使,寻授巡抚。曾植为学兼宗汉、宋,而尤深于史学掌故,后专治辽、金、元三史,及西北舆地,融通贯串,探讨所得,多出前人畦径之外。[二]

自谓始为蒙古地理学,在光绪乙亥、丙子之间,始得张氏《蒙古游牧记》单本,沈氏《落帆楼文稿》,以校鄂刻《皇舆图》、李氏《八排图》,稍稍识东二省、内外蒙古、新疆、西藏山水脉络。家贫苦无书,无师友请问,独以二先生所称述为指南。通籍后,切磨于会稽李爱伯侍御慈铭、桐庐袁爽秋太常昶、顺德李仲约侍郎文田、吴县洪文卿侍郎钧,所见益恢弘,先后有《蛮书》《黑鞑志》《元朝秘史》《长春真人西游记》《蒙古源流》各笺注[三],《元圣武亲征录校注》各若干卷。又尝考定《元经世大典》,成《元经世大典西北舆地考》若干卷,而以《蒙古源流笺证》最有名。

卒后,友人张尔田为之校补。复作《序》云:嘉兴沈乙盦先生与洪文卿、李苟农二侍郎同治西北舆地之学,而于此书研核尤勤。洪、李书行世最早。先生著述矜缓,丹墨丛残,及身多未写定,其偶落人间者,吉光片羽而已。先生既归道山,余始与亡友王忠悫相约为之理董。未几,忠悫应召入都,匆匆又数年矣。今年先生哲嗣慈护兄出遗书,属编次,因检校移录,定为《笺证》八卷。

此书叙述繁复,又经重译,非熟于满蒙音纽者不能读,非深于史学善用钩稽之术者不能通。象鞮之宾苦于不知史,而治史者又以其难读而弃之。今兹所校,阙疑尚多,固不能无待于后人继续之研寻。

然筚路蓝缕之功,征先生莫为之前也。(见《遁堪文集》)卷二)

按:嘉兴沈子培曾植,《清史稿》卷四百七十二《列传》二百五十九有传。

参考资料

魏源——自著《古微堂内集》三卷,《外集》七卷。

顾云作《传》,《盋山文录》。

《先正事略》四十四《文苑》。

《近代诗钞》第三册。

《清儒学案》百六十一《古微学案》。

《清文汇》丙集卷二十。

《碑传集补》二十四。

毛岳生——自著《休复居文集》六卷,附《元书后妃公主列传》一卷。

李文田——《后妃公主列传》一卷。

缪荃孙《顺德李夫子六秩寿序》,《艺风堂文集外编》。

《清儒学案》百八十八《南皮学案》附李文田。

屠寄——自著《结一宧骈体文》二卷。

一九五七年十二号《文史哲》杂志有《记屠寄》文。

柯劭忞——自著《蓼园集》,又《柯劭忞先生遗著》。

张尔田作《墓志铭》,《遁堪文集》卷二。

柳诒徵作《国史拟传》,载《国史馆馆刊》1/2。

《清儒学案》百九十四《东甫学案》附柯劭忞。

《学衡》,《东方杂志》卷二,十一、十二号,均载《柯氏〈新元史〉审查报告》。

沈曾植——自著《寐叟乙卯稿》,《海日楼文集》。

近人王蘧常《沈寐叟年谱》,并载在《东方杂志》(卷二十六,十

五、十六号）及《青鹤杂志》中。

张謇作《挽词》《序跋》,《张季子文录》。

徐世昌《晚晴簃诗汇》。

陈衍《石遗室诗话》。

黄公度《人境庐诗草》。

王国维《观堂集林》《观堂别集》。

朱祖谋《沧海遗音集》,《彊村遗书》。

日人西本省三著有《中国大儒沈子培》一书。

延伸阅读

〔一〕梁启超云:嘉庆中,邵阳魏默深（源）崛起。默深之学,方面极多。与龚定庵同为常州派今文经学之骁将,又善治史。著《圣武记》及《新元史》。又好谈时务,著《海国图志》,述域外地理及海防政策。晚乃治佛学,修净业。清季思想界,默深筚路蓝缕之功高也。（见《学风之地理分布》）

又孙诒让曰:自道光海上用兵以来,海内学者嚣然争论富强。邵阳魏氏首研考四裔地理形势,间涉兵权谋家之论。其言闳侈,或未易施耳。（《张广雅六十寿叙》）

〔二〕萧一山云:昔邵阳魏源著《圣武记》,付梓二载,颇觉舛疏,改订重刊,慨然曰:"学问之境无穷,未审将来心目又复奚似,灾梨之悔,岂有既哉?"旨哉斯言!（见《清代通史·叙例》）

〔三〕梁启超云:魏默深著的《元史》,体例和旧史很有不同。他立的传很少,应立传的都把他分类。他只用"开国功臣""平金功臣""平蜀功臣""平宋功臣""某朝相臣""某朝文臣""治历治水诸臣"等等名目做列传标题,把人都纳在里头。于是凡关于这一类人所做的事都归拢在一处。每篇之首,把事的大纲提挈清楚,用几个重要人物做代表,其余二三等人附带叙入。事迹既免挂漏,又免重复,又主从分明。比较各史,确应认为有进步的组织。（见《饮冰室专集》七《作文教学

法》)

又云:魏氏的《元史新编》十几年前才刻出来,这部书是对于二十四史的《元史》不满意而作。二十四史中,《元史》最坏,想改作的人很多。已成书的,柯劭忞的《新元史》、屠寄的《蒙兀儿史记》与魏书合而为三。魏书与柯书、屠书比较,内容优劣如何,我不是元史学专家,不敢妄加断语。但其体裁,实不失为革命的。书中列传标目很少……全书列传不过二三十篇,皆以事的性质归类。每篇之首都有总序,与平常作传先说名号、籍贯者不同。我们但看总序,不待细读全篇,先已得个大概规模……像这种作法,虽是纪传体的编制,却兼有纪事本末的精神。所传的人的位置及价值亦都容易看出。(以上对《元史新编》)

又云:魏氏有良史之才,此书(《圣武记》)经三次修订,为纪事本末体裁,叙述绥服蒙古、平定准回、勘定金川、抚循西藏诸役,于一事之原因结果及其中间进展之次第,若指诸掌,实为罕见之名著。至后四卷所载《武功余记》,熟于有清一代掌故,故持论具有本末。其文笔健练,尤为余事云。又云:魏源《圣武记》,默深观察力颇锐敏,组织力颇精能,其书记载虽间有失实处,固不失为一杰作。(以上对《圣武记》)

又金毓黻云:魏氏源初撰《圣武记》十卷,以记述清代掌故。又撰《海国图志》一百卷,以考订域外地理。晚复从事《元史》,创定体例,独出己裁。其所证据,则元代官私之所记录,明初诸臣遗老之所记载,宋、辽、金、明诸史之所出入,与夫佚事遗闻,见于近人各家之说者。又以元之疆域远轶汉、唐,西北所极,尤应详载,乃至太祖三朝平服各国传。至中叶以后,号令不逾金山,内哄之事屡见,为立东北叛藩传,以明始末。此皆详旧史之所未详也。(见《中国史学史》)(列传用分类相从之法)

又郑鹤声云:历朝儒者,初言驳古,而力有未能,于是作而辍者,亦复不少。若杭世骏《大金国史》、魏源《元史新编》，书皆未成，而其《序》若《例》，已见其集中，而犹待后人之补述。（见《中国史部目录学》）

又李慈铭云：魏默深知高邮时，不能理事，终日著书。每听狱，辄搔首不能语，往往至夜分，吏胥皆散去乃罢。于厅事之旁，障以纸帘，为一小室，日坐其中，作淡墨细字，遍满几上。室外有金橘树，一日有二小儿上树争橘堕地死，家人奔告之，犹摇笔不答。生平多寓扬州善因寺，知高邮时亦时诣之。所著书草稿皆藏寺中，积至两屋。一日至寺，寺僧方为其祖僧作斋。偶见所悬像，貌大类己，遂得心疾，尽焚两屋之书。惟在高邮刻书数十种。尝见其《元史新编》稿帙完整，尚未付梓也。（见《越缦堂日记》）

（按：近人邓之诚《骨董琐记》卷七，亦有此段轶事记载。）

〔四〕赵超玄云：邵阳曾廉尝病《元史》芜杂，《元史新编》又未成书，乃以魏书为蓝本，更增少许事实，成本纪十六、志十、列传七十二，合一百二卷，为《元史考订》四卷。时西人纪述之《元史》材料，已入中国。廉恐重译失真，摒弃弗用。学者以此少之。（见《史学史》）

（光绪戊戌四月二十三日下诏变法。湖南守旧党举人曾廉上书请杀康有为、梁启超。摘梁在《时务报》论说及湖南时务学堂讲义中之言民权自由者，指为大逆不道。）

〔五〕李慈铭云：读《经世文编》……此书名为贺制府长龄所辑，实出于邵阳魏默深一人之手。魏君博学有霸才，近宋之陈同甫。此书大旨欲救儒之不适于用，而其时当汉学极盛之后，实欲救汉学之偏，以折衷于宋学，故其去取不免左袒于宋。而又欲合洛闽之性理、东莱之文献、永嘉之经制、夹漈之考索诸学为一，其志甚大，用亦甚要。（见《越缦堂日记补》）

〔六〕有关《元史》参考书：《圣武开天记》，元仁宗时察罕初译，记太祖成吉思汗以往之史事。

《圣武亲征记》,脱必赤颜译,记太祖初起及太宗时事。

《元朝秘史》,明太祖洪武十五年有重译本,今所传《秘史》译本,出于《永乐大典》。清乾隆中,钱大昕钞得之,而未著录于《四库》。(外间尚有原刊残本)

(《元秘史》,前清学者从《永乐大典》中钞得《元秘史》,以为瑰宝,谓足补《元史》之纰漏,李文田等且为之注。是书著录有二本:一、十五卷,出于《永乐大典》,钱竹汀所藏,阮文达录以呈进,灵石杨氏、桐庐袁氏先后刊行者也。二、十二卷,见于《千顷堂书目》。长沙叶氏于光绪季年刊行者也。明《文渊阁书目》亦有是书,但不记卷数。)

〔七〕梁启超云:咸同间,则元和洪文卿(钧)覃精蒙古史,著《元史译文证补》,称绝学。(见《学风之地理分布》)

〔八〕翁同龢云:洪文卿出使俄、德,回京来拜。洪得病告假半年,焦山避暑,于《元史》甚用功,得波斯回字《元史》,译出数卷。(见《翁文恭日记》辛卯年十月五日)

〔九〕邓之诚云:洪文卿与许竹篔手札:弟自去秋即有志于俄事,而觉《朔方备乘》之臆凿,乃俄之先与蒙古为缘,不考元事,不能详俄事。而蒙古与俄开衅,始于西域之师,则尤须考西域,因此而拟作《元史》补传。若西域,若旭烈兀诸王,一一为之补传。盖华书失载,而回书綦详,有西人译西书以补《元史》,为自来读《元史》者指迷抉误,度阁下亦嘉许之也。特斯事体大,有许多华书须查,而皆一时不可骤得,不稔能与瓜期俱备否?矻矻伏案,已历三秋,大得金楷理之助,他人不足共斯役也。此函……当是光绪十五年所致,则《元史译文证补》实经始之时,且赖金楷理之助。张孟劬先生言曾于沈子培处见洪稿,甚朴实无华,此后付刻,皆子培为之润色,兼定新名。其未刻稿尚多,仍举以还陆凤石,复交柯凤荪。柯《新元史》中,洪稿列传凡十余篇,后原稿辗转为湘人陈毅索去,云将续刻。陈死,遂不知流落何所矣。金楷理能言元时西域事,别有记载,子培尝及见之。(见《骨董琐记》卷二)按柯劭忞亦有《译史补》六卷。

〔一〇〕陆润庠《叙》云:波斯人拉施特之书,俄人多桑、霍渥儿特二氏之书。证者,证中国所未确也;补者,补中国所未闻也。功未竟,遽殂。中有目无书者十卷,闻洪氏草稿略具,卒前付其子洛,令卒成之。洛旋卒,其稿遂失。

又章太炎云:元代地理广大及塞外,《元史译文证补》一书,讲地理尚佳,以其博证海外故也。(见《国学讲演集》)

(张溪注:《元史译文证补》,清洪钧撰。洪出使俄国时,得阿剌伯文拉施特所撰《蒙古全史》。乃以多桑之英文、贝勒津之俄文及其他各本,参互考译,而为此书,藉以证《元史》之误而补其阙。属稿未毕而洪卒,故书尚多阙佚。而已卒业之《地理志》等,则详赡可备参考。)

附:西方人之撰蒙古史者,如拉施特、志费尼、瓦萨甫,皆为波斯人,仕于伊儿汗国者。如多桑为法人,如霍渥儿特为英人,而皆生于十九世纪(中国嘉庆、道光时)。

多桑氏之书凡四卷,所纪始成吉思汗,迄帖木儿,多以拉施特、志费尼二氏之书为依据,旁征博引,考证精详,为西方蒙古史之唯一佳者。

霍渥儿特之书最后出,全书分五部:第一部曰蒙古本部,所记为蒙古先世种族源流,及太祖、太宗、定宗、宪宗四朝兼并各部之事,并及世祖以后诸汗。第二部曰鞑靼,所记为奇卜察克汗国事,即在俄境之蒙古汗国也。第三部记伊儿汗国事,即在波斯之蒙古国也。霍氏书至此而止。第四部记察哈台汗国事。第五部记帖木尔汗国事,皆未成。

霍氏于拉施特、志费尼、瓦萨甫、多桑之书,及中土之《元史》《元秘史》《亲征录》之译本,无不涉猎采撷,以入其书,最为繁富。治《元史》学者,不求之于此,则缺憾必不能免。清代道咸间,如徐松、张穆、何秋涛皆以治西北地理,究心元代西域之史事,而仍不能采及于此。

及同光间,洪钧以甲科高第,奉使欧西各国。先得拉施特之书,以用阿剌伯文写成,随员多不能通,乃展转求得俄译本,及多桑、霍渥儿特二氏之书,勤加考览、参证,以成《元史译文证补》三十卷。

——以上录金氏《中国史学史》引陆润庠《序》。

又梁启超云:拉施特《蒙古全史》,所述皆蒙古人征服世界事,而于中国部分未之及,仅足供西北徼沿革兴废之参考而已。

拉施特,波斯人,仕蒙古西域宗王合赞,奉命修《蒙古全史》。书成,以波斯文写之。今仅有钞本,俄、德、英、法皆有摘要钞译本。清洪钧使俄,得其书,参以他书,成《元史译文证补》三十卷,为治元史最精诣之书。(见《历史研究法》)

又陈庆年云:有元开辟之迹,正史荒陋,几于俄宣焉。近世史家略能言其事者,特有《元秘史》与《元史译文证补》二书而已。然《秘史》所录,但及太祖、太宗,其于太祖先世谱系与其用兵始末述之特详,而于太宗则甚阔略。若《译文证补》则于塞外三帝之烈,皎然可寻矣。日本河野元三近撰《蒙古史》讲义,以群材今构,恢恢称博,盖其编次微旨,在于表征三帝之功绩,而欧洲、西域之力征,则尤广记而备言之。(见河氏译本叙)

赵超玄云:清德宗光绪十五年,洪钧奉命出使俄、法、荷、奥,得大者拉施特·哀丁《札米伍特台瓦力克》,随行舌人,苦无能译阿拉比文者,见之皆瞠目。钧以为既得此书,当使显于斯世,不可当吾身而失之,于是百方购求,遂得多桑英文本《蒙古史》。又得阿拉哀丁·阿塔蔑里克·志费尼《世界征服者史》,瓦萨甫《伊儿汗史记》,讷萨怖《苏丹只剌哀丁传》,阿黎毛夕耳《史记全编》,阿卜尔嘎锡《突厥世系考》,华而甫《蒙古史》,霍渥儿特《蒙古史》,贝勒津、拉施特《史记译释》,哀忒蛮《帖木真传》诸书,则译成俄文者,始有端绪可寻。而所译各从其音,人名、地名、部族名,有翻改歧异者,有前后不一者,乃复询之俄国诸通人,及各国驻俄之使臣,若英、若法、若德、若土耳其、若波斯。习

其声音，聆其议论，然后译以中土文字，成《元史译文证补》三十卷。（见《史学史》）

缪荃孙云：庚言未已，乙部尤精。夫子以为四史以降，视若弁髦；三唐而还，弃同糠秕者，非通儒也。溯契塔特建国之初，及朱里真鏖兵之始。腾格里之雅，天降神人；亦集乃之路，地穷兵力。下逮胜朝，尤多野史。或以语防触讳，遂闭箱筥；或以传乏通人，终薶尘埃。阐幽抉滞，补阙订讹。年经月纬，松纹之纸常翻；雪纂露钞，瓠卢之本亦出。是夫子之史学……大银之国，崛起北方。王宋之所未详，陈薛之所不道。秘史晚出，颇具梗概。世次绵邈，稽孛端察儿之前；事迹翔实，胜脱卜赤颜之记。夫子广搜中文，旁采西学。一译再译，合音对音。天兴为合不罕之纪年，爱曼为乃蛮歹之异字。薛灵歌水，即《唐书》之仙娥；阿勒台山，此地志之杭爱。兀笼格赤，证亦心二字为分书；曲雕阿阑，知库铁一山非两地。寻源等于蛛丝马迹，校错类于风叶几尘。为《秘史注》十六卷。元时疆域，西北最远。地理附志，挂漏良多；《大典》存图，方位亦失。夫子补夫旧牒，证以今名。建都于红城，耀武于白霤。虎图即阔朵之别体，龙居亦胪朐之同音。别失八里之地，本北庭之故封；旺兀察都之宫，乃兴和之旧境。据蔑里思之岩疆，已邻里海；建阿母河之行省，实控铁门。一地有三字四字之殊，一名有蕃语华语之别。莫不整齐异说，骑驿各书。绮罿绣壤，恍披站尺而周行；左图右书，如坐舌人而问讯。为《元史地名考》十卷、《西游录注》二卷。（见《艺风堂文集外篇·顺德李夫子六秩寿序》）

〔一一〕梁启超云：最近武进屠敬山（寄）著《蒙兀儿史记》，识者谓其价值在邵阳魏氏、胶州柯氏之上。（见《学风之地理分布》）

〔一二〕缪荃孙云：光绪辛巳，孝达师巡抚山西，令荃孙专任其事，固辞不获。适周丈家楣再莅任，催二十四州县采访册，书牍并发，舟车接踵。荃孙复引兵部郎中德清傅君云龙、武进举人屠君寄为助。（见《光绪顺天府志序录》，《艺风堂文集》）

〔一三〕蔡元培云：我是佩服章实斋先生的，那时候国史馆附设在北大，我定了一个计划，分征集、纂辑两股，纂辑股又分通史、民国史两类，均从长编入手，并编历史辞典。聘屠敬山、张蔚西、薛闰仙、童亦韩、徐贻孙诸君分任征集、编纂等务。后来政府忽又有国史馆独立一案，别行组织。于是张君所编民国史，薛、童、徐诸君所编的辞典，均因篇帙无多，视同废纸。止有屠君在馆中仍编他的蒙兀儿史，躬自保存，没有散失。（见《蔡元培选集•我在北大的经历》）

近人屠寄参用中外史料，详加考订，更推广其研究范围，写成《蒙兀儿史记》百六十卷，分订二十八册。史迹范围很大，如但称"元"，只能包举忽必烈入主中国以后的事迹，而自成吉思汗至忽必烈初年之事，与西域三大汗国之事，均不得称"元史"，并且成吉思汗起，国号称蒙古，至世祖八年始改称"大元"。所以名其书为《蒙兀儿史记》。

〔一四〕邓之诚云：武进屠寄，字敬山，八月十五日卒于家，年六十有六。有《结一宧诗文集》若干卷，著《蒙兀儿史》，究心三十年，尚未成书。予与先生同在史馆时，见其著书，秉烛达旦，勤劬不休，时虑《蒙兀儿史》不成为恨。其精力为少年人所不能及。惜性刚好使气，故未享大年而逝。海内能续先生之书者，恐无其人矣。（见《骨董琐记》卷三）

〔一五〕支伟成云：（屠君）光绪乙酉举于乡，入都应礼部试，不售。应东省当道聘，佐理政务。时外交方棘，三省地处俄、日之间，尤艰应付。君为折冲尊俎，措施裕如。主者故满洲世裔，阘茸庸懦；久之，议不合，辄因事欲中伤之，逃而免。短衣匹马，赴蒙古草地以归。顾转得遍览山川厄塞，形势险要。取辽、金、元兴废之迹，证以旧史，其学益进。（见《朴学大师列传》本传）

〔一六〕冒鹤亭云：《元史译文证补》一书，实未译完。文卿生前，将已译未译稿本，统交沈子培，托其译成。子培以托武进屠敬山，久久不归，催之亦不理，乃由陆凤石将其已译者先刊布。子培深恨敬山。近年敬山《蒙兀儿史》,已出版矣。此云稿在彩云房里,非也。(见《孽海花闲话》)按《孽海花》小说内,有一段记载编译此书逸事。

又王国维有《蒙兀儿史料考》一文,其引书:(待补)。

又金毓黻云:屠氏并究心于蒙文,又曾取材于东籍。校其成绩,自胜往昔。以视近贤,又有不逮……蒙古史材之浚发,尚有待于后来之学者。(见《中国史学史》)

又云:屠氏所著之书曰《蒙兀儿史记》,初印本仅八册,继增至十四册。屠氏卒后,其家整理遗稿,凡得一百六十卷,合订二十八册。一九三四年刊成,初印之本,悉具其中,而次第标目,稍有异同。……屠氏卒于辛亥以后,箧中未定之稿,尚待理董。叔子孝实(字正叔)能嗣其业,未几又卒,其弟孝宦(字公覆)继之,整理粗就,旋付剞劂(据孟《序》),即今日所传最后刊本也。(见书同上)

〔一七〕按屠书内容:本纪十八卷,列传百二十九卷,表十二卷,志一卷,内本纪缺一卷,列传缺十一卷,表缺二卷,实凡一百四十六卷。原书志仅一卷,盖所缺尚多,此书本为未成之作。此书有初印本八册,后续增至十四册,最后印本则为二十八册,而各印本之次第,微有不同,应以后印者为足本。(见《史学史》,表内附考)

〔一八〕裘毓麐云:民国元年,梁任公归国,在大学校演说,谓戊戌政变成绩,西后推翻无遗,可留为纪念者,独一大学堂而已……张鹤龄以副总教习主教务,聘孙诒让、蔡元培、屠寄等充经史学教员,诒让、元培不至。(见《清代轶闻》)

〔一九〕梁启超云:最晚出者胶州柯凤荪(劭忞)著《新元史》,或曰远过昔之作者,或曰非也。吾不治此学,无以判其然否。

(梁启超)又云:吾尝举此书价值,问素治此学之陈援庵(垣),则其所叙批评,仍多不慊,吾无以判其然否。(见《整理旧学之总成绩》)

〔二〇〕《新元史》全书二百五十七卷,计本纪二十六,表七,志七十,列传一百五十四,起元太祖元年,至顺帝子昭宗八年,凡百七十三年。费三十年辛勤考校而成,其精覈过于旧书,以一九三四年著者自订最后之定本焉。(民国十一年刊行于世,政府明令列入正史。)

又张尔田云:逊位诏下,君痛哭解组去。会史馆开,馆长赵公与有旧,聘君总纂。君自顾儒臣,国亡无所自苄,修故国之史,即以思故国职也。在馆日,成《天文宪志》,纵横推步数万言,畴人为之敛手。又以其间订阅纪传。赵公薨,君遂总其事,史稿卒赖以成。(见《柯劭忞态》)

(按:可参《审查报告》,载《学衡》及范文澜《正史考略》。又有《元史学案》、李思纯《元史学》。)

又王国维云:宋濂等所修《元史》,材料容有未备,大体初非不善。柯氏《新元史》体例未必胜于原著,但取新材料补其未备足矣。

按:此代采用西方史料者,厥惟洪、屠。然洪、屠二史,其中有目无书者,不少概见。劭忞多所补缀,中华民国十一年刊行于世,政府明令列入正史之中。

柳诒徵作《传》引《新元史》编纂资料:

明宋濂《元史》,清邵远平《元史类编》,魏源《元史新编》,蒙汉文《秘史》,《蒙古源流》,《蒙鞑备录》,《黑鞑事略》,《亲征录》,《西游记》,《契丹国志》,《大金国志》,《西夏书》,《平夏录》,《昭忠录》,《北巡私记》,《庚申外史》,《经世大典叙录》,《元典章》,《庙学典礼》,《中堂事记》,《明实录》,《东国通鉴》,《高丽史》,《元寇纪略》,《成吉思汗实录》,《元史译文证补》,《蒙古氏族表》,《西域钱谱》,唐、宋、辽、金诸史,元人碑传志状,清儒钱大昕、邵晋涵、何秋涛、张穆、李文田诸家考订之说,洪钧《元史译文证补》,屠寄《蒙兀儿史记》。

孙宣云:闻柯凤老以数百金购某氏《穀梁注》稿,稍加整理,即付剞劂,此市井小人剽窃声名者之所为,凤老果能为之乎? 余初以为浮议,而事坦言之确凿。某君乃潍县一老儒,凤老摭采屠、傅诸家草稿成《新元史》,得日本国文学博士,顾犹自视欿然,必欲以经说鸣世。

而高年宜颐养,不宜劳神于笺注之役,此其取人草稿,亦无可如何之一法耳。凤老与晋老互相诋諆,而二老咸不免官僚习气,它日欲求二先生行实者,于此略见焉。(见《晴翠馆日记》)

又吴闿生云:今上元年,余姊夫柯凤荪学使,行年五十有九矣……君以渊雅之才,蚤有声于翰苑,而拙于趋竞,后进小生,荡决并进,君年老,犹回翔于京曹,乃独穷年钩稽异域之书,成《元史》二百余卷。(见《北江文集·柯学使寿叙》)

〔二一〕梁启超云:最近有嘉兴沈子培(曾植),学极渊博而不事著述。(见《学风之地理分布》)

〔二二〕李慈铭云:子培来谈甚久,于西北边事,考古证今,多有心得。尚论宋明学术,亦具有微言,此事知者鲜矣。子培兄弟年少好学,一时俦类,罕见其匹。略为发之,亦能起予。(见《越缦堂日记》)

〔二三〕陈衍云:乙盦博极群书,熟于北魏、辽、金、元史学舆地,与顺德李若农侍郎文田、桐庐袁爽秋太常昶论学最相契。词章文学,若不措意者。(见《石遗室诗话》)

又余肇康云:(沈曾植)公手自纂辑之书无虑数十种,率零乱涂乙不可辨。属予内侄左树棠茂才为之编录,从眉端旁行,别简它本,掇拾安置,剧费审订,已成《蛮书》《黑鞑志》《元朝秘史》各笺注暨方舆、刑法、音律、佛经之属及各种杂俎多部。

又张寿镛云:沈子培先生讳曾植,别号乙盦,浙江嘉兴人。光绪庚辰进士,历官安徽布政使,署巡抚。先生治经精小学,治史熟辽、金、元三史。西北地理,融通贯串,探讨所得,多出前人畦径之外。诗自宛陵、山谷诸家入而跻其奥,卓然自辟门庭。其为人也,布帛菽粟,蔼然可亲。(《约园杂著三编》卷八)

王国维云:先生少年固已尽通国初及乾嘉诸家之说。中年治辽、金、元三史,治四裔地理,又为道咸以降之学。然一秉先正成法,无或逾越。其于人心世道之污隆,政事之利病,必穷其源委……夫学问之品类不同,而其方法则一。国初诸老用此以治经世之学,乾嘉诸老用之以治经史之学,先生复广之以治一切诸学。趣博而旨约,识高而议平。其忧世之深,有过于龚、魏,而择术之慎,不后于戴、钱。学者得其片言,具其一体,犹足以名一家、立一说。其所以继承前哲者以此,其所以开创来学者亦以此。使后之学术变而不失其正鹄者,其必由先生之道矣。(见《沈乙盦尚书七十寿序》,《观堂集林》)

又王国维云:《长春真人西游记》二卷,题门人真常子李志常述。李志常,字浩然,道号通玄大师。长春将殁,命门人宋道安提举教门事,尹志平副之。未几,道安以教门事付志平。太宗十年戊戌,志平年七十,又举志常自代。宪宗即位,以志常领道教事,戊午岁卒,凡主全真教事者二十有一年……乾隆之季,嘉定钱竹汀先生读《道藏》于苏州玄妙观,始表章此书,为之跋尾。阮文达遂写以进秘府。道光间,徐星伯、程春庐、沈子敦诸先生迭有考订,灵石杨氏因刊入《连筠簃丛书》。由是此书非复丙库之附庸,而为乙部之要籍矣。光绪中叶,吴县洪文卿侍郎创为之注,嘉兴沈乙盦先生亦有笺记,而均未刊布。国维于乙丑夏日始治此书,时以所见疏于书眉,于其中地理、人物亦复偶有创获。积一年许,共得若干条,遂尽一月之力,补缀以成此注。(见《观堂集林》十六《长春真人西游记校注序》)

第三十章　治舆地学

一、汪士铎《水经注图》

汪士铎,字振庵,号梅村,晚又号悔翁,江苏江宁人。[一]道光二十年庚子举人。家贫,少时学贾不成,乃归读书。外家有藏书,尽观之。应童试,为学使姚公所赏拔,名乃大起。博研经史,于乾嘉诸老学派

797

并能通贯。志行简澹,于声气利禄,避之若浼,用成其学。咸丰初,"粤寇"陷江宁,避地绩溪山中,弦诵不辍。居数年,座主胡文忠公招至武昌,与文忠约,不受辟署。文忠为开儒馆,校理图籍。〔二〕同治三年,江南平,乃归里。以名德为时所重,曾文正公尤礼异之。〔三〕

士铎中年以前所著有《梁陈州郡志》《水经注疏证》《东汉朔闰考》诸书,皆毁于兵燹。其《水经注图》则通记授徒所作。胡文忠为刊行。〔四〕《南北史补志》三十卷,表一卷,原稿既失,后为两淮盐运使方濬颐所得,刊于扬州书局。〔五〕

士铎之学,大者在山川郡国、典章制度,盖将达经术于政治,雅不欲以文章自震襮……胡文忠编刊《读史兵略》及《大清一统舆图》,皆所佐成。晚纂《上江两县志》,翔实亦为世所称焉。

李慈铭云:阅汪梅村《南北史补志》,其《礼仪》人率钞撮宋、齐、魏、隋四志。《地理》稍见用心,而出入纷挐,于魏不能取正光敕盛以前泰稽补志,而仍袭伯起专主武定,以媚高齐之谬。南朝惟梁陈无志。梁以中大同以前为极盛,陈以光大以前为稍广。宜分两朝疆域,各以盛时为主,而注其变更。今乃混合梁、陈于州郡,分合进退无据,是取于补耶? 其各县下杂载古迹,然如于山阴下,载御儿乡、柴辟、诸暨,则考订之疏,他可知矣。(见《越缦堂日记》)

梁任公云:《南北史补志》十四卷,江宁汪士铎梅村著。原书三十卷,今存十四卷。内《天文志》四卷,《地理志》四卷,《五行志》二卷,《礼仪志》三卷,其《舆服》《乐律》《刑法》《职官》《食货》《氏族》《释老》《艺文》八志,佚于洪杨之役。(见《清代学者整理旧学之总成绩》)

有《汪悔翁乙丙日记》三卷,记太平天国事,近人邓之诚辑。

按:江宁汪梅村士铎,《清儒学案》有传。

二、杨守敬《历代地理沿革图》《水经注疏》

杨守敬,字惺吾,晚号邻苏老人,湖北宜都人。〔六〕家世业贾,自少时,虽日在肆持筹握算,而夜间则诵读弗辍。十九补诸生。同治壬戌举乡榜,两赴礼闱,报罢,考取景山官学教习。暇日辄走海甸,搜求古书以及碑版文字。武昌张裕钊荐任驻日钦使黎庶昌随员。至东京,值日本维新伊始,其国人唾弃旧学书,所有善本,守敬以贱值得之。并为黎校刻《古逸丛书》若干种,均宋元旧刻,或数百年之古抄,为此土所罕见者,择名手影雕,士林咸珍异之。[七]寻回国,张之洞聘主两湖书院,勤成、存古两学堂讲席。京师礼学馆开,聘为顾问。湖北巡抚端方喜搜求金石,非经守敬与义州李葆恂审定,则不敢信。国变后,旅食上海,鬻书自赡。犹困,乃勉应袁世凯征,为参政院参政。

守敬博闻强记,嗜古成癖,储藏亦富,当代罕俦,曰观海堂藏书。善考证,精鉴别,于地理、目录、金石之学,特擅绝长。书法直逼汉、魏,著述甚富。

关于地理者,有《水经注疏》《水经注图》《历代地理沿革图》《隋书地理志考证》等。关于目录者,有《日本访书志》《留真谱》《丛书举要》《隋志补证》等。关于金石者,有《续补寰宇访碑录》《寰宇贞石图》等。关于历史者,有《汉书二十四家古注辑存》《补古今人表》等。所著《水经注疏》尤竭毕生之力,罗振玉推其纠正全、戴、赵三家之失,创获真谛,可与王、段之小学,李壬叔之算学,同为千古绝业云。[八]

董原云:自杨惺吾在日本助黎纯斋星使梓《古逸丛书》,而宋、元版始重。今陆氏书籍舶载而东,而史、集部始重。近来日本学者研究历史,覃思冥索,进步可骇。兹复骤增秘籍,单词只义,孤证是求,温故知新,必为史学别生途径。

孙诒让云:士大夫游历外国者,斐然有述,往往著为游记。其佳者,奇闻创见,足裨辁轩之采,视唐玄奘、宋徐兢、元邱长春所记录,倜乎远过之矣。(《东游日记叙》)

按:宜都杨惺吾守敬,《清史稿》卷四百八十六《列传》二百七十三《文苑》三有传。

三、丁谦《各史外国传考证》

丁谦，字益甫，浙江仁和人。[九]所著书曰《蓬莱轩地理学丛书》，后经浙江图书馆刊刻，遂易名为《浙江图书馆丛书》。书凡二集，第一集共十七种，三十五卷，皆为自汉迄明各史外国传考证。第二集共十三种，三十四卷，于《元秘史》《圣武亲征录》《经世大典图》之外，又取法显、玄奘、耶律楚材、李志常、刘郁之书，一一为之考证。第二集多属元史之范围，故着意于西北地理。然第一集所考，四裔具备，又非一域所能限。象山陈先生汉章尝称其从《魏志》裴注中刺取鱼豢《西戎传》，从《天下郡国利病书》刺取《张耀卿纪行》，并为诸家所未详。盖丁氏著书不惟能博览旧籍，亦时时取材于外籍，读破万卷，而后下以己意，虽其中考证间有未当，究为近世有数之地理学家。

梁任公曰：丁益甫（谦）作《穆天子传地理考证》，笃信欧洲少数学者所倡中国人种西来之说，而援本传为证。其所比附，往往新奇可喜，是否真相，则更俟论定耳。（见《清代学者整理旧学之总成绩》）

陈庆年：余喜治《大唐西域记》，于其所记经行，苦多茫昧……以仁和丁益甫《西域记地理考证》示余……杨仁山。（见《佛地考证三种序》）

参考资料

汪士铎——自著《汪梅村先生集》十二卷、《外集》一卷。

又《汪悔翁乙丙日记》，邓之诚辑。

《种樗老人传》，《汪梅村先生集》。

顾云作《盋山文录》。

萧穆作《汪梅村先生别传》，《敬孚类稿》。

杨守敬作《汪士铎汉志释地志驳议》，《晦明轩稿》。

洪汝奎撰《文集叙》。

《清儒学案》九十四《朴斋学案》下附汪士铎。

《清文汇》丙集十八。

《续碑传集》七十四《儒学》四。

《儒林传稿》。

《近代诗钞》第三册。

杨守敬——自著《晦明轩稿》。

陈衍作《传》,《石遗室文集》。

梁启超《留真谱跋》,《饮冰室集》。

陈三立作《墓志铭》,《散原精舍文集》。

《碑传集补》卷末。

汪辟疆作《国史拟传》,《国史馆馆刊》。

袁同礼作《小传》,《图书馆学季刊》。

丁谦——《史地杂志》,《图书展望》,《地学杂志》十三卷八、九号。

叶瀚《清代地理学家传略》。

延伸阅读

〔一〕梁启超云:上元汪梅村(士铎)治《水经注》。(见《学风之地理分布》)

〔二〕萧穆作《别传》云:咸丰三年癸丑春,粤西之贼陷江宁,先生与妻沈氏转徙于徽州之绩溪深山中,授徒自给数年。益阳胡文忠林翼开府楚北,闻先生避地于彼,乃召往鄂渚,同长沙丁君取忠为辑《读史兵略》于武昌节署。先生故有《水经注图》,钩稽群籍,为学者读唐以前古书之资,遭乱失之。避地绩溪时,略有追补。胡公恤先生穷老,平生著述多毁兵燹,为刊此书,并叙先生学行大略。

又李详《瘑记》云:胡文忠属汪梅村诸人撰《读史兵略》,宋司马公《通鉴》而以《左传》兵事列于首卷,其第二卷即以《通鉴》起,终于当代,不相凌杂。文忠序言宋、元、明亦将告成。此三史稿藏于独山莫氏。见莫子偲《宋元旧本书经眼录》附录内,子偲客鄂署,与修此书。

〔三〕萧穆《别传》又云：甲子秋，王师收复江宁。是年冬，先生东归。当道仰先生名德，月致廪饩。制府曾文正公国藩大礼异之……先生自甲子东归江宁，即不复出，闭户穷居，非其人不见，非其馈不纳……自述平生著作多不能自信，且半为他人代作，惟所为《水经注疏证》以古证今，工力颇久。

又某人云：(君)雅性好学，藏书二万六千余卷，闭户绝庆吊，莳花木、读书为乐。国朝学人率自经史、秦汉诸子外，天官、历算、舆地、职官、苍雅、典礼之属，靡不综核。君承吴越诸尊宿绪论，又金陵为南北津要，通人名士、魁耆之彦多游寓其地，故平生师友讲说颇不狭陋。

〔四〕《水经注图》，后附《汉志释地》《汉志志疑》。其《志疑》凭臆改移，不得班氏义例，然有好学深思之士，自能不为所惑。其《释地》，凡自来无考之地，皆一一实指为今某所，承学之士多疑其别有所出，不敢置议。余考之，皆羌无故实，并有古书可以钩稽出者，亦显与之背……凡故书雅记，如前所举者，皆不博涉详考，但以其疏陋之学、浮薄之思，自欺欺人。时无刘原父、胡身之其人，遂使成名。当今承学之士，且有引以为典据者。俗语不实，流为丹青，此余所为不避攻击之嫌而大声疾呼也。汪氏《水经注图》不能参合郦氏各篇互见之文，往往与郦说相违反，余故别作《水经注图》以正之。

〔五〕自作《南北史补志后序》云：往者道光戊申、己酉间，江夏童石塘(濂)太守权龁政，延仪征刘孟瞻(文淇)年丈暨杨君季子(亮)、吴君熙载(廷飏)、王君句生(翼凤)注《南北史》，设局邗城福因庵。余以家累，不克作远游，分任补两史志，而属草于里门。家鲜藏书，不能如诸君借阅文汇阁也。期廑期月，赖两女子子在室助余检讨，捃拾排比，粗用有成，为志三十卷，表一卷……余佣书毕生，数更府主，流离转徙，百无一存，惊闻此编，如获亡子。(见《梅林文集》)

〔六〕梁启超云：宜都杨惺吾(守敬)颇治金石校勘目录之学。

〔七〕陈叔伊《杨守敬传》云：光绪初年，随香山何如璋使日本。时日本维新伊始,唾弃旧学书,所有善本,守敬贱价得之殆尽,满载海舶归黄州,有屋数十间充栋焉。久之,日人乃大悔。后四十年,其国岩崎文库以日银十一万八千元购归安陆氏之书二十万卷有奇归。岛田彦桢作《丽宋楼藏书源流考》,犹述守敬事,以为聊足报复云。(见《石遗室文集》)

又日本岛田翰云:日本岩崎氏静嘉堂文库。静嘉旧藏几十万册,合之今所获陆氏丽宋楼之书(岩崎文库以日金十一万八千元购陆氏书),共十五万册。连茵接屋,如访酉阳之逸典,如发委宛之遗文,如绌金匮石室之藏,如探天禄兰台之秘,足以与丁、杨二家之书,徐、董、盛三氏之籍,列为一统,何其盛也!……惜遵义黎莼斋驻节我邦,与宜都杨君惺吾购求古本,一时为之都市一空。数穷而复,陆氏之书,虽缺其《四库》附存本《道藏》及明季野乘,不无遗恨,而予知今之所获,倍莅于昔日所失也。(见《丽宋楼藏书源流考》)

〔八〕汪辟疆云:《水经注疏》四十卷,以珍惜弥甚,且以力求审谛,不欲轻出。垂老,举全稿畀其弟子熊会贞补疏成之。(《国史·杨守敬传》)

〔九〕梁启超云:最近则仁和于益甫(谦)治边徼地理极勤。(见《学风之地理分布》)

第三十一章　校注旧史(二)

一、陆心源《宋史翼》

陆心源,字刚甫,号存斋,浙江归安人。〔一〕咸丰九年举人,遵例以知县分发广东。光绪间,官至福建盐运使。富收藏,为晚清四大藏书家之一。传至其子树藩不能守,丽宋楼之珍藏,悉归日本岩崎氏静嘉

堂文库,实吾国文化之一大损失也。其国岛田翰作《皕宋楼藏书源流考》。[二]

心源病《宋史》芜杂,博考碑志传状,及稗官野史,折衷取舍,慨然有所撰之志。未及成编,乃命名为《宋史翼》。体大思精,实有功乙部之作也。

金毓黻云:病《宋史》之缺略,而为之作补传者,陆心源之《宋史翼》是也。

《宋史翼》四十卷,专就《方志》所载宋人为《宋史》所无者补之。

又作《元祐党人传》十卷。

二、吴士鉴《晋书斠注》

吴士鉴,字絅斋,浙江钱塘人。父庆坻,湖南提学使,精地理之学,预修《杭州府志》,于浙西掌故文献,网罗放失,其志趣尤非流俗人所知。士鉴克承家学,于光绪壬辰廷试第二,授编修。历充国史馆协修,会典馆详校,武英殿总纂,提督江西学政。[二]

光绪三年,南归后,始作《晋书斠注》。仿裴松之注《三国志》例,遍搜十八家逸史及唐以前载籍,而加以订正异同。一说谓取诸杂记类书,以详诸家之异同,采撷略备,颇便省览。吴兴刘承幹见而愿出资刊行之。书凡一百三十卷。

府君勤学力行,虽贵显,犹手不释卷。每撰述一事,检取参考之书,多至数十册,用毕即庋置原处。案头书籍,顷无凌乱,生平著述以《晋书斠注》尤为极意经营之作。盖此书撰自甲辰,复得吴兴刘丈翰怡承幹之助,成于甲子,刻于丁卯,经历二十余年。而从事搜讨,则尚远在癸巳、甲午间也。(姚诒庆撰《吴士鉴行状》)

又云:《晋书注》成,心殚力瘁。丁卯夏间,猝得晕厥之疾……至辛未,右手足不能自如,渐呈偏枯之象。语言文句颇多断读,至几不能相接。

又有《补晋书经籍志》四卷。

三、张森楷《史记新校注》

张森楷,字元翰,号式卿①,四川合州人。幼孤贫,性喜阅览故事。初应童子试,得坊行《史记菁华录》读之,爱不忍去手,塾师呵禁,弗为止。光绪二年,受知张文襄公张之洞,补博士弟子。负笈成都,甫睹正史全本,益触所夙好,俯焉日孳孳,视举业弗屑也。己卯秋试报罢,则五经四子、词章之业一切置之,专肆力于《史记》及两《汉书》、《三国志》,而知识专固,遇疑事误文,辄反复推勘,务求其审。偶有所得,又虑为前人所已道,或有轶闻别辞为己所不见,不敢任己意下雌黄,但随笔录记,为《读史质疑》,以就正有道。友人射洪刘光谟见之,勖以通之全史,遍观尽识之,当不难成史学名家。因借书于渭南严岳莲氏,以从事全史之学。爰别起例发凡,创为《通史人表》《通史舆地形势沿革表》二书,与《质疑》同时并撰,如骖有靳焉。

遵义黎观察庶昌兵备川东,号称震奖。森楷以此书进,大蒙欢赏,招置幕中。寻教以学为公器,无宜自私,谓《经》自阮氏校勘,备列众证,经义益明……子之《质疑》,乃复过之。若依阮例,杂采诸家,勒为《廿四史校勘记》,当与阮经并传。督促数四,森楷乃搜罗昔今能考史学说,依原文次序加入,为黎公言。裁至《晋书》,适领癸巳乡荐,遽并《通史人表》携入都,遍质当时学者[四],而请求其改错。复走谒德清俞樾于苏,归安陆心源于湘,而观其藏书。钱塘丁丙家书亦寓目焉。[五]还理前业于蜀,及辛丑竣事,都为三百五十三卷。

其《史记新校注》初稿成,成都大学新立,延为教授,而森楷终以《史记新校注》尚有未见宋、元本十三,引为巨恨。民国十六年,以垂暮之龄远走平津,就罗振玉、傅增湘所藏,相与校订。定稿粗成,竟

①原稿作"张森楷,字石亲(一作式卿)"。

卒。身后以遗稿托傅增湘整理云。

又著有《历史邦交录》若干卷。

四、唐景崇《新唐书注》

唐景崇,字春卿,广西灌阳(一作临桂)人。[六]同治十年进士,授编修,四迁至内阁学士。宣统二年,擢学部尚书,改学部大臣。入民国,为参政院参政。自为编修时,取《新唐书》为作注,其例有三:曰纠谬,曰补阙,曰疏解。甄采书逾数百种。家故贫,得秘籍精本,辄典质购之。殚精毕世,唯阙《地理志》内羁縻州及《艺文志》,余均脱稿。据陈汉章《史学通论》所述,唐氏曾命象山陈汉章为注《地理》《艺文》二志,及列传数篇。

罗振玉云:当戊申冬,今上嗣位,醇邸摄政,令内阁于大库检国初时摄政典礼旧档。阁臣检之不得,因奏库中无用旧档太多,请焚毁,得旨允行……唐公命由部照发,乃装为八千袋。及陆续移部……

又云:光绪季年,予备官学部,唐春卿尚书景崇代蒙古荣文恪公来长部,出所著《新唐书注》稿见示。且曰:新旧《唐书》以史法论,欧史为优;记载翔实,则推刘氏。

又云:辛亥避地扶桑,唐尚书景崇以书来言:闻尊著《唐书艺文志斠证》《宰相世系表考证》久已脱稿,鄙人以数十年之力注欧书,今将以桑榆暮景成之。大著拟全行采入,敢以为请。予因以旧稿付之。当时征求迫,未及录副也。乃尚书不久下世,所著亦未就,而旧稿则不可复返矣。[七]

陈叔伊云:学部图书馆所收内阁大库北宋本甚夥。亦值封闭,不得窥见。待于外者其求之之难如此……数十年来,以余所知,唐春卿尚书注《唐书》二百卷,惜费不刊。子不克家,荡产亡身,尚书忿结以死。(按:见张式卿《二十四史校勘记》序中所述及者)

金毓黻云:清季学部尚书唐景崇发愿为《新唐书》作注,其与《旧唐书》有异同者,则取而考辨之。又杂取唐人记载入注,其体亦如集解。迨成稿过半,而唐氏旋殁,近有人取其《本纪注》十卷付刊,而列传、志、表阙焉。[八](见《史学史》)

　　按:临桂唐春卿景崇,《清史稿》卷四百四十三《列传》二百三十有传。

五、陈庆年《历史教科书》

　　陈庆年,字善余,江苏丹徒人。光绪戊子科优贡生,尝选授江浦县教谕,征辟经济特科,皆辞不就。癸卯,鄂抚端忠敏奏保内阁中书衔。

　　为学大旨,不分汉宋门户,笃守孔门博文约礼家法。中岁肄业江阴南菁书院,著有《知忘录》《司马法校注》,辑《司马法逸文》《汉律佚文疏证》《补三国志儒林传》。厥后淹贯史秉掌故,又著有《宗圣志》《润故述》《西石城风俗志》《石城乡人丛记》《横山乡人丛钞》《京口掌故丛编》《风俗史料》《近代史料》《通鉴纪事本末要略》《五代史略》《明史详节》《辽史讲义》,陶隐居、苏魏公、沈梦溪、杨文襄诸年谱。渟蓄演迤,腾踔百家,间作单词短简,亦务合于大谊。江南北诸名宿,敛手推服。长沙王益吾学使、定海黄元同先生,皆惊赏曰:吾门得一汪容甫矣。庆年尝谓:士不通经,不足致用。兵陈、策略与夫山川厄塞诸要端,靡不殚精竭思,究其源流。尝主修《两淮盐法志》,别为撰要。其关于农事、商政者,有《丹徒农事述》《物价研究史料》。关于地利者,有《法显行程图》《玄奘旅行图》《元代疆域图》《舆地新资料》。关于兵事者,有《京口兵事通纪》《兵法史证》《兵法史料口义》《柏举战史》《吴越战史》《万历蜀徼征播史》《兵事丛钞》等。

　　张文襄勘查京山唐心口堤工,以庆年精地学,偕行。他人方饮酒赋诗,而庆年独步荒郊,挈测器实地勘验,并访野老,详询疾苦状,文襄深倚之。

又著《外交史料》《列国政要》,与鄂省诸学子讲明中外形势,瞭如指掌。盖是时庆年方佐张文襄幕府,管摄两湖学务云。

其平生著书校籍,都凡千余卷,至不可胜纪。今著录者,十之四五而已。

《中国历史教科书序》云:历史之学,其文不繁,其事不散,其义不隘,而后足以为教科。三者不一备焉,皆无当也……夫治史而不言系统,纲纪亡矣。吾惧其末世穷年,徒为散儒而已……余观日本所为东洋诸史,庶几近之欤?桑原骘藏之书,尤号佳构……

又《后序》:略

又《与黄鲜庵学士书》:窃谓治史之要,莫要于节古人作史,从此入手。故司马迁网罗旧闻,而为要删,以示成学。后儒读史,亦从此入手……正史至三千二百余卷,《通鉴》六百余卷(兼《续通鉴》《明通鉴》在内),《纪事本末》七百余卷(兼宋杨仲良《通鉴长编纪事本末》在内)。我邦经庚子之乱,甫阅数年,牗之以识世界,于义亦急。遂不及自为,略依桑原篇题,补集事实,以为此编。瑞安黄仲弢见首卷,贻我以书,谓前序于历史一学,可谓创通大义。神州不亡,赖良史之力云云。其劘勉甚至。余谢不敢任,日有所述,应程课而已。鄂垣他校,稍稍肄及,徒党传述,乃渐流于外郡。甲辰之夏,编至明季,得六卷。瑞安孙仲容贻书仲弢索之,以遗学者,以是颇及于浙东。

其创办江南图书馆也,江督端忠敏实委任之。先购杭州丁氏藏书数十万卷,又采取他省局书二十万卷。尝一拒日人岛田彦桢,再拒木村垣雄等购书之请。盖非此,则江南之书,势将不胫而走。[九]又佐忠敏与日商西泽,争回东沙岛,盖援雍正间陈伦炯《海国闻见录》《沿海形势图》以为据。海内搢绅,交口称颂。[一○]

参考资料

陆心源——自著《仪顾堂集》十六卷。

俞樾作《墓志铭》,《春在堂杂文六编》。

缪荃孙作《神道碑铭》,《艺风堂文续集》。

《碑传集补》十八。

吴士鉴——自著《含嘉室文存》,又自订《年谱》。

父子修《补松庐文稿》。

吴式恂作《行状》,佚名作《吴士鉴传》(抄本)。

张森楷——《中国学报》第四期《史记新校注自序》。

陈衍作《二十四史校勘记序》。

杨家骆作《张石亲传》,见《新中华》杂志。

唐景崇——自著《横山草堂丛书》。

陈衍作《类稿》,《石遗室文集》。

《碑传集补》五十三。

陈庆年——自著《横山乡人类稿》十三卷,横山草堂刻本。

唐文治作《墓志》,《茹经堂集》。

《清儒学案》百五十四《微居学案》下附陈庆年。

延伸阅读

〔一〕梁启超云:归安陆存斋(心源)善鉴别板本。(见《学风之地理分布》)

〔二〕马叙伦云:皕宋楼藏书,已尽鬻与日本富人岩崎氏……余曩游日本,叩岩崎氏之门,欲写副而归。乃访为岩崎氏求书之客所谓岛田翰者,不见,因不得写。(翰字桢彦,岛田其氏也。陆氏售书,翰为绍介者,有《皕宋楼藏书源流考》)而岩崎氏方董理旧帙,狼藉几席间者,皆吾先民之遗文也,为之叹息者累日。(见《黄文献集跋》,《天马山房丛著》)又我乡哲黄仲弢撰《古文假书考》可参,在《鲜庵文辑》或《瓯海续集》中。

按:日人岛田翰《皕宋楼藏书源流考》,俞荫甫作《心源墓志叙》云所得宋本二百余种、元本四百余种者,夸甚矣……独怪荫甫一代名儒,乃为此诪张之言。盖荫甫据陆家所述而言,当非故为夸言也。

（见拙著《俞曲园年谱》）

〔三〕吴士鉴自云,在江西学政任,奏进前峡江县训导李有棠所著《辽金二史纪事本末》。奉上谕,赏有棠内阁中书衔。（见《含嘉室自订年谱》）

〔四〕按当时学者为长白盛昱、常熟翁同龢、绍兴李慈铭、江阴缪荃孙、福山王懿荣、合肥蒯光典、南海康有为诸人。（《自序》）

一说:并世名儒,为缪荃孙、李慈铭、康有为、俞樾、陆心源、丁丙、王韬、汪康年、黄思永、罗振玉、章钰、陈衍、杨守敬、王树枏、张謇、刘师培、林万里辈,莫不敛手相重,以为可与阮记并传焉。（杨学骆）

〔五〕张式卿以僻壤贫士,发愤为《二十四史校勘记》,积二十年功力,成书都三百余卷,有初稿、再稿以至四稿者,斯已勤矣。（陈叔伊）

又傅沅叔云:合州张石卿亦吾蜀好学之士,尝侈言欲重勘全史,持书遍谒胜流。共和之初,遇之海上,告以欲校古书,宜先求善本,否则劳而鲜获,壮志难酬。石卿不喻斯旨,矻矻廿年,取材之书不越殿本、局刊,再上汲古、北监而止。年逾七十,于迁《史》始见震泽王氏本。身后以遗稿见托,则疏失孔多,未堪问世。追惟往事,深深矜怜。可知校勘之事,良非易言。博求广览,得所据依,斯可循流以溯源,庶免冥途而暗索也。（见《叙张元济〈校史随笔〉》,《藏园文集》《访书记》）

〔六〕梁启超云:晚有临桂唐春卿（景崇）注《新唐书》,世以比裴松之。（见《学风之地理分布》）

〔七〕罗振玉云:予往岁作《唐书宰相世系表刊误》,纠正凡数百事。粤西唐尚书景崇撰《唐书注》,借予稿本去,箧中无副。今唐尚书既久谢人世,不知此稿尚存大家否。因跋此志,并附记于此。乙丑祀灶日。（见《松翁近稿》,《明州刺史韦埧墓志跋》）

〔八〕金毓黻云:唐景崇所撰之《唐书注》,不过就沈书加以翦裁订补之功,以云胜之,则病未能。（见《史学史》）

〔九〕王文治云：与韩紫石国钧省长书，庆年于丁未夏间，闻归安陆氏藏书十五万册，辇致海东，尺蹄片纸，皆非我有，大动于厥心。旋日本岛田氏复著《皕宋楼藏书源流考》，并购获本末，侈言其事，谓此举于国有光，尤痛心于其言。会钱塘丁氏之书，外人因其家庄事失败，多方欲猎而得之。庆年因走杭州，尼止其事。复日夕强聒于浭阳端忠敏之前，于是八千卷楼之藏书，得案载而归我江南，用是自喜。

〔一〇〕又云：迩来东沙一岛，为日人所占。日揣我邦载记率略外海，遂与粤督诘难，谓欲我认为中属，必须证以中书。采笔征文，久无要领。浭阳缘是询之庆年，力为稽合旧书，知我邦康熙时《图志》早有是岛，英人甚悉，犹迟在道光，何论日本？其后东沙归我，即转圜于旧书，不得谓旧书无当于致用也。外人治东方学者，比年益多……博古学堂于河内遣博士伯希和远至敦煌，探我石室。复来宁馆纵览所储，以为至快。去年复有欧罗梭博士来访南文旧史，属写红钞。庆年在馆，与之周旋。兴会之多，尤在域外。近欧君复写赠各项杂志，其探讨我邦国粹，不遗余力。尚拟再来宁馆，约换知识。以外人治我国粹之勤而知我之不容漠视，尚可致疑？

第三十二章　补撰明书

一、陈鹤《明纪》陈克家《明纪考异》

陈鹤，字鹤龄，号几亭，江苏元和人。嘉庆元年进士，官工部主事。鹤生而颖悟，博学工文，笃于行谊，为嘉定钱大昕所重。

鹤熟悉史事，于前明治乱得失，多所考鉴。尝博读徐、毕所未及者，著《明纪》一书。原本正史，而参以王氏稿。此外说部野史，间有采摭。必旁证核实，而后著之。凡新异诡诞之说，置不录。论者以为有良史风。其书凡六十卷，手辑至五十有二卷而卒。后八卷，则其孙克家续成之。克家别撰《考异》若干卷，未及刊行。

金毓黻云：元和陈氏《明纪》，陈书凡六十卷，起太祖迄思宗崇祯元年之五十二卷，为鹤自撰，未及竣功而卒，卷五十三以下之八卷，则出其孙克家续成之。（克家别撰《考异》若干卷，未及刊行）陈书参稽杂史多种，而大致原本《明史》及《明史稿》，不如夏书网罗之富。与夏书同属草于咸丰、同治间，而各不相谋，故无《系年》《要录》与《北盟》互相印证之功。《明纪》早出，故苏州官书局覆刊司马氏《通鉴》、刘氏《外纪》及补配毕氏《续鉴》时，并取陈氏《明纪》配之，不复齿及夏书，以其尚未行世也。[一]（见《史学史》）

按：元和陈鹤龄鹤，《清史列传》卷七十二《文苑》三有传。

二、夏燮《明通鉴》

夏燮，字谦（一作嗛）甫，安徽当涂人。道光元年辛巳举人。官江西永宁知县。以《明史》初稿出万季野，其后横云山人成之，当鼎革之际，嫌忌颇多，于是搜辑明季野史数百种，撰《明通鉴》一百卷。元和陈氏《明纪》一书，时尚未行。燮用意与之合，而网罗较富，决择务精，自为《考异》以明从违之故，其经营视陈氏为尤密也。

又尝撰《中西纪事》一书，详记道光庚子以来中外通商始末。咸丰庚申，曾文正督师驻祁门，调入幕府。时值都下变后，和议既成，罢兵换约，凡前后奏咨稿案，及军机、糗台函件，皆得寓目。逾年，又预长江设关，西士传教之役，得见续颁条约暂定章程，并增入焉。勒成定本二十四卷。

有《校汉书八表》八卷。

其《与朱莲洋明经论修明通鉴书》云：前奉来书，有石屋注史之役，闻之不禁狂喜……《明史》初稿系万季野，其后横云山人成之。季野当鼎革之际，嫌忌颇多，其不尽者，属之温晒园，别成《绎史》。弟年来校证贵池书,搜辑明季野史,无虑数百种。以《明通鉴》无书,慨然欲辑之。涑水《通鉴》如祸水、冰山等语,皆自野史得来。若谓野史不可信,则正史何尝无采自野史而折衷之者? 安见登之正史,遂无传闻之误乎? 若以恩怨而言,则修史之初,半系先朝遗老亡臣子孙,其中或以师友渊源,或因门户嫌隙。近阅明季稗史,参之官书,颇有本传所记,铮铮矫矫,而野史摈之不值一钱,亦有野史所记其人之本末可观,而正史贬抑过甚者,岂非恩怨之由! 贵在知人论世者,折中一是耳。执事欲补注,势不得不兼采稗野,旁及诸家文集说部之书,而同异得失之间,不能无辩,遂有一事非累幅不能了者。莫若择野史之确然可信者,参之《明史》及《明史纪事本末》等书,入之正文,而以杂采稗乘疑信相参者,夹行注于其下……是采野史者,不过十中之一二,而其为世传,而实未敢信者,俱入之《考异》中。其正史有未敢信而删之者,亦入之《考异》中。《四库书提要》谓温公特创此例,自著一书,以明其去取之故,故较之《三国志》裴注又加择焉。前明一代关系之大事,非《通鉴》不足以经纬之。……举此十事以概其余,则执事补注及鄙人《通鉴》之役,岂可一日缓哉? 定本尚俟异日,姑先举其草创之大略,为其从事于明史者商之。惟鉴不宣。

按:莲洋,名航,高安人。道光戊子副车,芷汀孝廉舲其从弟也。芷汀之弟茂才舫,号芳洲,俱从事于《明史》。年来所购,凡坊间所未见者,都自其九芝仙馆中借钞,而芳洲同预于校雠之役者二年。又山阴平景孙观察步青,时任江西粮储,所辑明季国初为增补考正数十事,其要者俱入《考异》中。

金毓黻云:夏书凡九十卷,又有前编四卷,纪太祖建号以前之事;附记六卷,纪晚明弘光、隆武、永历三帝及鲁监国之事,合为百卷。并自撰《考异》,散入正文之下;又仿司马氏之例,别撰目录五卷。

夏书所据者,除《明史》及永乐、正德、嘉靖等数朝《实录》外,多据乾隆官撰之《通鉴纲目三编》,谓可弥未见《实录》之阙。(见《史

学史》）

又明吴应箕《两朝剥复录》，皆夏燮校证。〔一〕燮又校《汉书》八表。

三、王颂蔚《明史考证捃逸》

王颂蔚，字芾卿，又号蒿隐，长洲人。光绪五年己卯进士，改庶吉士，散馆，授户部主事，荐升郎中，充军机章京记名御史。七岁，就家塾，所读倍年长者。每自塾归，则为诸兄抄录文字，或翻检书籍。长益肆力于学，试紫阳、正谊诸书院，受知于校邠。后校邠修《苏州府志》，聘颂蔚任纂艺文古迹诸门，与叶鞠裳交最笃。又为常熟瞿氏校定《铁琴铜剑楼书目》，左右采获，时望益隆，吴之学者咸推王、叶齐名。

在官余暇，手不释卷，以昭代经学超越宋、明，各经皆有补疏，《周礼》为历朝典章制度所由出，独无专书，毅然以义疏自任。发凡起例，实事求是，为生平最勤心力之一。又以前人谱录金石，皆致力唐宋以前，惟辽、金、元建都北方。南省闻见窅远，记载每多失实，思以金石纠正之。乃有志搜罗近畿金石，尝于方略馆故纸堆中见殿板初印《明史》残本，眉上黏有黄签，审为乾隆间拟撰《考证》未竟之本，多方搜求，逐条厘订，芟其繁冗，采其精要，成《明史考证捃逸》四十二卷。〔三〕

另按殿本诸史均有考证，《明史》系出钦定，臣下不敢有所评骘，故独阙如。逮高宗一再指摘，而受命考核诸臣，乃敢为之。长洲王芾卿，光绪中入值军机处，于方略馆获见进呈本初刊样本。正本暨当日总裁阅定纂修稿本，均有残缺，辑成四十二卷。然又只有列传，而无纪、志、表。其子季烈君九，克成先志，复就文津阁《四库》写本校对，证为完书。且增辑三十余条，以补其父所据原本之缺，付嘉业堂刘氏刊行，今以附印殿本之后。读是史者，当有取也。

近人张元济《校史随笔》云：《明史》长洲王芾卿丈，光绪中入值军机处，于方略馆获见卷百十六至三百三十二凡二百十六卷列传人地名改译及修改字句处,用黄签黏书进呈之本。继又得稿本四十余卷,卷面题"总裁英阅、总裁于阅、总裁钱阅,纂修官黄辑、宋辑,协修官严辑、章辑、罗辑"。

按:长洲王苪卿颂蔚,《清史稿》卷四百八十六《列传》二百七十三《文苑》三有传。

参考资料

　　陈鹤——俞樾《春在堂随笔》二一。

　　夏燮——闵萃祥《明通鉴序》。

　　《清儒学案》百五十五《心伯学案》附夏燮。

　　王颂蔚——自著《写礼庼遗著》。

　　叶昌炽《户部湖广司郎中主事王君蒿隐墓志铭》,《奇觚庼文集》。

　　《王季烈先考事略》,《写礼庼遗著》卷首。

　　《清儒学案》百七十三《校邠学案》附王颂蔚。

　　《碑传集补》十二。

延伸阅读

　　〔一〕俞樾云:江苏元和陈几亭吏部鹤著《明纪》一书。体裁明密,决择谨严,颇具史才。五十三卷,后其孙内阁中书克家续成之。中书佐张忠武戎幕,死庚申之难。孤维骥抱遗书,奉其母走海上,流离转徙,卒获保全。中书故人吴平斋观察,取其书拟刻之,未果也。已而江浙间有会刻全史之议……于是平斋观察乃出《明纪》示余曰:"子盍与中丞丁雨生言之,与其两局争刻一《明史》,何如刻此书哉?"余因与丁中丞书曰:"公欲刻《明史》以补毕氏《通鉴》所未及,使学者不必读二十四史,而数千年事犁然大备,此意甚盛。但《明史》与《通鉴》体非一律,若刻陈氏此书,则与《通鉴》体例相同,合成全璧,洵可于二十四史外,别张一帜矣。"中丞然之,遂以书付苏局开雕。书成,而中丞已奉讳去。继之者为张子青中丞,因其书无序,请冯景庭中允为之序。

中允为述刻书缘起,而未尽其事曲折。盖此事惟余知之详也,故记之于此,以告海内读《明纪》者。(见《春在堂随笔》卷三)

〔二〕王闿运云:夏啸甫注吴次尾《剥复录》甚核,观之移晷。(见《湘绮楼日记》同治十一)

〔三〕王季烈云:《明史考证捃逸》三十余卷,写有定本,为袁忠节公(昶)借刊。庚子之乱,忠节遇难,稿遂散失,至今访求未获。(见《府君事略》乙卯孟秋)

第三十三章　编东华录

按清代实录、国史两馆,皆设于禁城东华门内,蒋、王二氏自实录钞出之史料,别为《东华录》,其得名之故以此。

清代史家虽多,而于当代史料及时网罗纂集者,实属寥寥无几。仅有蒋良骐之《东华录》,清内阁在东华门内,言所录为内阁之档案也。始自太祖天命,以迄世宗雍正。初犹禁门,迨德宗光绪间,法网解弛,王先谦为之增补,继以高宗、仁宗、宣宗、文宗、穆宗为《东华续录》,朱寿朋又增德宗一朝,士大夫始得略窥有清一代二百余年之史绩矣。(钞自赵超玄《史学史》第七章《记注》)

蒋录起太祖天命,迄世宗雍正,凡三十二卷。王先谦重为排纂,而自乾隆以下迄同治五朝称为续录。潘颐福别撰《咸丰东华录》六十九卷,又在王录之前,而不如其详。清初三朝《实录》屡经改修,渐失本真,人皆弃重修本,而珍视初修本。论者谓王录详于蒋录,而蒋录又胜于王录,亦蒋录多取材于初修本,而王录则以涉忌讳而删去之也。《德宗实录》晚成未出,朱寿朋撰《光绪东华录》,无《实录》可据,而其详赡过于《实录》。宣统朝无《实录》而有《政记》,是则清《实录》之完备,尤过于明代。近来清十一朝《实录》附以《宣统政记》《太祖实录战迹图》合为千余册,已景印行世。

　　——以上录自金毓黻《中国史学史》。

　　王先谦云:臣往诵蒋氏《东华录》,粗知梗概。从事史馆,敬绎乾隆以次各朝为续编。病蒋氏简略,复自天命至雍正,录之加详。然后列圣图治鸿谟,可循迹推求,而得其精心所注……读是编者,敬念累朝高厚之施,必将感奋兴起,吏修其职,民勤其业,庶对扬列祖休命,以仰答我皇上生成之恩,是则微臣区区纂辑之微意也。(见《十一朝东华录叙》)

　　章太炎云:兄弟少小的时候,因读蒋氏《东华录》,其中有戴名世、曾静、查嗣庭诸人的案件,便就胸中发愤,觉得异种乱华,是我们心里第一恨事。后来读郑所南、王船山两先生的书,全是那些保卫汉种的话,民族思想渐渐发达。(见《太炎最近文录·东京留学生欢迎会上演说词》)

　　孟心史云:蒋良骐在乾隆间,据《实录》撰《东华录》。后来王先谦续撰《东华录》,并非续雍正以后之录,仍由天命朝起,所见之《实录》与蒋氏所据,不止详略之异,直是事实之有无,及字句之多寡,叙述之方法,无不有异。

一、蒋良骐《东华录》①

　　蒋良骐②,字千之,号螺川,广西全州升平乡(今桂林全州县才湾镇)人。生于康熙六十一年(1722)正月十五日,卒于乾隆五十三年(1788)二月初一日。蒋良骐出生于一个官员家庭。其父蒋林

---

　　①董朴垞原稿有四个节目,但抄录部分材料,内容实在太单薄,无法分为四节。幸笔者有《论蒋良骐〈东华录〉及其影响》(张家璠、周国林主编《桂林历史文化研究》,广西师范大学出版社 2004 年版),于是据此补成下面四节内容。

　　②蒋良骐:原稿作"蒋良骥",也是传统的说法。据《诰封通奉大夫螺川府君暨诰封夫人赵太君墓志》,蒋良骥是蒋良骐的弟弟。

(1694—1747),康熙五十四年(1715)进士。乾隆初,为直隶长芦都转运盐使,加敕管盐法道事。乾隆十六年(1751),蒋良骐中进士,选为庶常,授编修。约乾隆三十年(1765),蒋良骐回京复职,充国史馆纂修官。参加了《满汉名臣列传》的撰修工作,"经手者居多"。其中的《逆臣传》四卷,是蒋良骐独撰。乾隆五十三年,卒于北京,享年六十七。

蒋良骐《东华录》是《满汉名臣列传》的副产品。《自序》:乾隆三十年十月,重开国史馆于东华门内稍北。骐以谫陋,滥竽纂修。天拟管窥,事凭珠记。谨按馆例,凡私家著述,但考爵里,不采事实,惟以实录、红本及各种官修之书为主。遇阄分列传事迹及朝章国典兵礼大政,与列传有关者,则以片纸录之,以备遗忘。信笔摘抄,逐年编载,只期鳞次栉比,遂觉缕析条分。积之既久,竟成卷轴,得若干卷云。湘源蒋良骐千之父谨识。

《东华录》成书年月,一般书多据"乾隆三十年十月,重开国史馆于东华门内稍北"一语,将《东华录》定于乾隆三十年。其实,乾隆三十年仅是重开史馆,修《满汉名臣列传》时间,不是《东华录》成书时间。《东华录》成书后,没有刊刻,仅有抄本在小范围内流传。"向传是书语多诋诬,故奉令禁"。同治十一年(1872),正式由聚锦堂刊刻于世。今有林树惠、傅贵九点校的《东华录》,中华书局1980年版。

《东华录》当成于稍后几年。此书原名《东华备遗录》。今北京大学与科学院图书馆有一部抄本《东华备遗录》,八卷,内容与《东华录》相同,惟文字有些出入,可以肯定是稿本,《东华录》当是修订本。"东华备遗录"一题,最能体现《东华录》的《满汉名臣列传》副产品性质。

《东华录》,三十二卷,基本以月为单位,比较简略。首先,《东华录》的编纂,开启了清代私修当代史之风。蒋良骐因修史之便,无意之中积累资料,编成《东华录》一书,这就无意间打破了禁区。其次,保存了不少可贵的史料。《东华录》的编纂,突破了《清实录》的局限,还参考了其他资料。

二、王先谦《东华续录》

王先谦(1842—1917),字益吾,湖南长沙人。同治四年(1865)进士,选为庶吉士。后官国史馆总纂、翰林院侍读、国子监祭酒、江苏学政等。

同治末年光绪初年,王先谦任国史馆总纂,这使他有机会饱读《清实录》等官方资料,于是仿蒋氏《东华录》例,开始编辑《东华录》。他先是续补了乾隆至道光三朝,共二百三十卷,称《东华续录》。后又嫌蒋氏《东华录》太简单,于是加以增补,成一百九十五卷,与前录合称《九朝东华录》。书刊于光绪十年至十七年(1884—1891)间。

潘颐福《咸丰朝东华续录》刊刻后,王先谦读后不满意,于是复成咸丰、同治两朝东华录二百卷,统称《十一朝东华录》,共六百二十四卷。

三、潘颐福《咸丰朝东华续录》

潘颐福,原名恭寿,湖北罗田人。同治十三年(1874)进士,官翰林院编修。潘颐福读王先谦《九朝东华录》后,又续补了咸丰一朝东华录,称《咸丰朝东华续录》,六十九卷。光绪二十五年(1899)刊刻。

四、朱寿朋《光绪朝东华续录》

朱寿朋(1868—?),字锡百,号曼盦,上海人。1902 年举人,1903年进士,授编修。辛亥革命后,任国务院秘书,驻巴西使馆三等秘书。1917 年,任外交部政务司佥事。1922 年,任条约司代司长。此后事迹不详。

朱氏作《东华续录》(后改称《光绪朝东华续录》)时间不详,大体说来在光绪朝末年编修任上。当时已是近代社会,出版讲究时效。

此书是根据邸抄、京报、谕折汇存、报纸及部分文集编成的。宣统元年(1909),此书由上海集成图书公司出版,二百二十卷。今有1958年中华书局标点本,凡五册。

1963年,台北文海出版社曾将王、朱二书合刊,称《十二朝东华录》。

第三十四章　私撰各朝会要

一、龙文彬《明会要》

龙文彬,字筠圃,江西永新人。同治四年进士,改吏部主事。充校《穆宗实录》,赏加四品衔。六年,乞假归,主讲友教、经训、鹭洲等书院,成就甚众。文彬少从刘绎游,为绎所器重……著有《明会要》八十卷、《明纪事乐府》三百首、《永怀堂诗文钞》十卷。

所纂《明会要》,亦沿《两汉会要》体例,分十五门,系以子目四百九十八事。征引必注书名,以事之先后为次,依苏冕《驳议》例,附录《通鉴辑览》御批及《纲目》三要发明,并杂引各家论说。

按:永新龙筠圃文彬,《清史列传》卷六十七有传。

二、杨晨《三国会要》

杨晨,字蓉初,又字定敷,浙江黄岩人。光绪三年丁丑进士,改庶吉士,授编修,历官刑部掌印给事中,有《崇雅堂集》。

纂《三国会要》二十二卷,内分帝系、历法、天文、五行、方域、职官、礼乐、学校、选举、兵刑、食货、庶政、四夷等。自谓书经孙仲容诒让商榷义例,得益实多也。[一]

其《序例》云:会要之体,昔有二焉。王氏之于唐、五代,近接见闻,多录文案;徐氏之于两汉,远稽载籍,颇类史钞。今之体裁,悉本徐氏,而又有所变通者,盖两汉惟取孟坚,东京稍辑旧注。兹则博采见闻,旁罗散失,期拾遗于正史,不限断于本书。此其不同也。

陈承祚、习彦威同为晋臣,而《国志》帝魏,《春秋》尊蜀者,盖承祚世仕刘朝,迹同归正。且目睹泰始之禅,而欲以西邸之降王,为兴朝受终之神主也。乌乎可?若夫江左偏安,略如章武,习氏乃得以申其正议。非两贤才识有殊,所遇之时不同也。自朱子《通鉴纲目》以蜀为正统,今则久经论定,无俟表微。故予撰次前事,惟先蜀而后魏。而于承祚本文,不敢回易一字,即蜀二主之称,亦仍旧贯,盖史钞之体,固应尔也。

予尝采集义门何氏、西溟姜氏、少章陈氏、立侯李氏、董浦杭氏、东潜赵氏、辛楣钱氏、颐谷孙氏诸先生之言,雠勘积谬,为《三国志证闻》三卷,而撰述此书,则又随录随校。凡所据信,悉注下方。郢书燕说之讥,盖戛戛乎薪欲免之。已往李次白贻德公车戾止,见予属稿,勖以亟成。次白好学湛思,静照若镜,行将写副寄家,求是正焉。

三、朱铭盘《两晋南北朝会要》

朱铭盘,字俶儋,号曼君,江苏泰兴人。生而岐嶷,好学不厌,少负才名。壮参戎幕,工诗文、善篆隶,与通州张季直謇、范肯堂当世、如皋顾延卿锡爵、海门周彦升家禄,并以文行著重于海内。光绪壬午年优贡,举本科乡试。嗣以军功,保举知州。光绪癸巳,积劳致瘵,卒于旅顺军中。其学长于史。纂有《两晋会要》八十卷、《宋会要》五十卷、《齐会要》四十卷、《梁会要》四十卷、《陈会要》三十卷,共二百四十卷。稿具而未能付刊。[二]

尝与书谭仲修献云:铭盘近颇撰录二晋及南北八朝故事,规为《会要》,读经博士之书,其体例乃一依博士之旧,边海左僻,士人又寡,据几抑首,得失自领而已。

又著有《四裔朝献长编》五十六卷。《序》曰：今录自汉元年以来，至于明季，凡二十五朝朝献故事，通为若干事。昔梁有天监职贡之图，唐有入朝首领之记。宋有崔峡列国入贡之编，明有吴氏西洋朝贡之录。并专纪本朝，不赅前古。今此总集，义主阔张。因以明帝皇之至尊，示夷戎之难御。若朽索之控八骏，譬一绳之缀万石。弛张在于威德，浇濡系于政道。畏垒可以穰岁，荒宅可以成都。岂况巍巍大圣之朝，必有喁喁慕义之美。司徒司马，各有司存。疆场之事，一彼一此。殷鉴不远，在于夏后。前车未终，来轸方急。大雅君子，庶几观览焉。

按铭盘之著是书也，盖有感于壬午以后，国事蜩螗，藩篱动摇，深冀朝野上下鉴于外患之日亟，而有所警惕也。

同里郑权伯作《朱君纪年录叙》云：谨按《会要》之作始于唐代，苏冕尝次唐高祖至德宗九朝之事，为《会要》四十卷。宣宗大中七年，杨绍复等奉诏次德宗以来事，为《续会要》四十卷。宋王祁公溥复采宣宗至唐末事续之，为《新编唐会要》一百卷。又纂《五代会要》三十卷。并于宋太祖建隆二年表进于朝，诏藏史馆。又二百余年，宋武学博士徐天麟纂《西汉会要》七十卷，于宋宁宗嘉定四年表进，诏藏秘阁。降迄清季，嘉庆间，大兴徐松从《永乐大典》辑《宋会要》四百六十卷。同、光间，黄岩杨晨纂《三国会要》二十二卷。永新龙文彬纂《明会要》八十卷。除《宋会要》世传有钞本外，余均刊行于世。公之纂二晋及南北朝《会要》，盖欲竟古人未竟之功，而期有所不朽于后世也。

按：泰兴朱曼君铭盘，《清史稿》卷四百八十六《列传》第二百七十三《文苑》三有传。

附《清会要》

金毓黻云：《清会要》一仿明体，始以内阁、军机处，继以六部、都察院、九卿翰詹，而八旗、内务府亦具载焉。初修于康熙，续修于雍正,至乾隆二十九年,厘为一百卷,附则例一百八十卷。嘉庆十八年,重纂会典八十卷,事例九百二十卷,图四十六卷。光绪二十五年,又增纂成书,会典仍为一百卷,事例则增为一千二百二十卷,图二百七十卷,故以最后勒定之本为详博。其与《明会典》异者,明以事例并载书中,清则以事例别于会典之外也。考会典之体以六部分叙,上仿《周礼》,次仿《唐六典》,下亦如《元典章》,所重在章制法令,与唐宋之《会要》、元之《经世大典》之兼详故事者微异,故近人有欲为明清二代别撰《会要》者。要而言之,二者同源异流,必兼览之而后备也。(见《史学史》)

参考资料

龙文彬——自著《永怀堂诗文钞》。

《清儒学案》卷二百《诸儒学案》附龙文彬。

杨晨——自著《崇雅堂集》。

又《自订年谱》。

孙宣《杨给谏墓志》《濲观亭记》,《朱庐文钞》《晴翠馆日记》。

王舟瑶《默盦集》卷五。

张謇《定敷年谱》,《张季子文录》。

张裕钊《濂亭遗诗》。

方子箴《二知轩文存》。

朱铭盘——自著《桂之华轩遗集》四卷、《补遗》一卷。

郑肇经《曼君先生纪年录》。

狄平子葆贤《平等阁诗话》。

汪国垣《光宣诗坛点将录》。

延伸阅读

〔一〕张寿镛云:今人吴县(原籍秀水)王大隆作《补三国兵志》二卷。大隆,字欣夫,笃雅好古,藏书极富。自己卯至癸未,以活字本印行古籍,即以某年丛编题名。以此未传之本,得见于世者多矣。壬午冬,又见斯志于金松岑斋中,因假以录副。冒鹤亭序中所称黄岩杨定夫侍御晨补本,余未见。此则上卷分述三国兵制,下卷所述为营、为阵、为车战、为水师、为火攻、为兵器,而其他属焉。考核精详,诚良史才也。乙酉春,约园。(见《约园杂著三编》)

〔二〕郑权伯云:《清史稿·文苑传》载,铭盘《晋会要》一百卷,尚语焉不详。又拟纂北朝魏齐周隋四朝《会要》,合称《两晋南北朝会要》,未竟厥功,亦可惜也。(见朱氏《桂之华轩遗集·曼君先生纪年录叙》)

(按:其甥郑权伯以平居习闻庭训,又取先生及其亲知朋旧之绪言,钩稽而排缵之,撰《纪年录》一卷。)

第三十五章　治太平天国史

一、王闿运《湘军志》

王闿运,字壬秋,湖南湘潭人。[一]幼好学,质鲁,日诵不及百言,发愤自责,勉强而行之。朝所习者不成诵不食,夕所诵者不得解不寝。于是年十五明训诂,二十而通章句,二十四而言礼及三代之制度、详品物之体用,二十八而达《春秋》微言,张公羊,申何学,遂通诸经,潜心著述。闿运刻苦励学,寒暑无间。中咸丰癸丑举人。应礼部试入都,时肃顺柄政,待以上宾。

旋参两江总督曾国藩军事。国藩、闿运,通家也。是时天下大乱,将帅各开幕府,招致才俊,国藩尤称好士。贱人或起家为布政,闿运独为客,不受事,尝往来军中。后国藩益贵,宾客皆折节称弟子,闿运仍为客。尝至江宁谒国藩。国藩未报,遣使招饮。闿运笑

曰:相国以我为铺啜来乎? 即携装乘小舟去。国藩追谢之,则已归矣。〔二〕

撰《湘军志》,文辞高健,为唐后良史第一。骄将往往惮其笔伐,造作蜚语,谓得暮夜金,所纂有乖故实,购毁其板,且欲得而甘心焉。既以肃党,摈不用于时。大治群经,出所学以开教授。四川总督丁宝桢钦其贤,延为尊经书院院长。既还,主长沙校经书院,移衡州船山书院、江西大学堂。弟子数千人,称为湘绮先生。

宣统间,岑春煊抚湘,以闿运老儒,上所著书,赐翰林院检讨,乡试重逢,晋侍读。国变后,袁世凯征为国史馆馆长。

金毓黻云:案王壬秋先生闿运《湘军志》,因事命篇(如曾军篇),叙次简劲有法,是亦录之善例也。(《国史商例》)

按:湘潭王壬秋闿运,《清史稿》卷四百八十二《列传》二百六十九《儒林》三有传。

二、王定安《湘军记》

王定安,字鼎丞,宜昌东湖人。少负异才,不谐于俗,由州县历监司,所至树立卓卓。及承召问,摄藩条,世且希其大用,谓勋名可翘足待。而顾崎龁于时,偃蹇湖山,行且以著述老,人多惜之。

鼎丞昔为诗文,喜为瑰伟悲壮之辞。今乃益诣于和平雅淡,盖彬彬然几于道矣。(用曾国荃所书《序》语)

其《自叙》云:蒙生楚西鄙,少值寇难,崎嵚烽火间。于邮传之往来,谍候之真赝,虽未悉其详,固已略识梗概矣。及壮,佐湘乡曾文正公戎幕,从今官太保、威毅伯游者二十余年。湘中魁人巨公,什识八九。其它偏裨建勋伐者,不可胜数。东南兵事,饫闻而熟睹之久矣。其后宦游天津,稍习淮军将帅,而湘阴左文襄公暨今陕甘总督茶陵谭公、新疆巡抚湘乡刘公,钞录西北战事累百数十卷,先后邮书见畀。最后从云贵总督新宁、湘乡两刘公家,得其章奏遗稿,于是又稍知滇、黔、越南轶事。自咸、同以来,圣主之忧勤,生灵之涂炭,将帅之功罪,庙谟之深远,上稽方略,下采疆臣奏疏,粲然备具。而故老之流传,将裨幕僚之麈谭,苟得其实,必录焉。其或传闻异辞,疑信参半者,宁从阙疑。非真知灼见,不敢诬也……

今蒙之记湘军,盖自托于稗官野史,自为一家言,所谓不贤识其小者。

乃述广西初乱,讫新疆设郡县,起宣宗道光三十年庚戌岁,至今上光绪十三年丁亥岁,凡三十有八载。以湘军为纲,而它军战略附焉。

又曰:蒙以不才废弃,居彝陵山中,湘中诸君子书问相勉,而为此作。自光绪十三年三月讫四月,成第一至第五卷。又自十月讫腊月,成第六至第十一卷。明年五月,放櫂南游,客新宁刘氏。湘人士敦促,自八月讫九月,成第十二至第十五卷。而余有江南、燕齐之行,过长沙与郭筠仙侍郎商榷得失,携其稿呈威毅伯曾公。又明年三月,余归东湖,六月至金陵。盛暑,移居鸡鸣寺,梁之同泰寺也。湖光山色,日在目中,意兴萧疏,超然有物外之想。因念人世悠悠,不可无所作以自遣,其传后与否,有幸有不幸耳,非吾所能主持也。乃续成五卷,自七月讫九月毕事。阅时几三载,历游五省。中间人事牵率,忽作忽辍。其执笔为文,凡九阅月耳。书成既为叙例,复志其颠末如此。

目录有粤湘战守篇、湖南防御篇、规复湖北篇、援守江西篇(上下)、规复安徽篇、绥辑淮甸篇、围攻金陵篇(上下)、谋苏篇、谋浙篇、援广闽篇、援川陕篇、平黔篇、平滇篇、平捻篇、平回篇(上下)、勘定西域篇、水陆营制篇,共二十卷。

三、朱孔彰《中兴将帅别传》

朱孔彰,字仲我(峨),吴县(一作长洲)人。光绪壬午,举于乡。

父骏声,著书满家,经学、小学为乾嘉诸儒之殿。官黟县训导,因家焉。〔三〕孔彰年十五而孤,猛志励学。十九,以文干曾文正公于祁门军次。文正嘉之,留营读书,不畀以事。文正开府金陵,延入幕,治官文书,孔彰谢之。文正笑曰:君志在儒林文苑耶?即改襄校江南官书局,日与莫子偲、戴子高、张啸山、李壬秋、刘慕甫等诸老宿居,学大进。孔彰治经之余,留心掌故,乃网罗咸、同以来名臣将帅之行事,取硕公庞儒,俊士畸民之言百数十种,参以目击耳闻者,成《中兴将帅别传》三十卷。孙琴西子仲容序之云:

(上略)老友朱君仲我著《咸丰以来将帅传》,以书寄示,诒让受而读之。今读朱君此编,所著录者,亡虑数百人。或襄瑰奇卓绝之志,而中道一蹶,陨元绝脰,不竟厥功;或李蔡中下之材,凭藉时会,光列勋籍,膺五等之宠……朱君尝从文正戎幕,讲学甚悉。于职下材官健儿,多相狎习。尝从询兵间事,辄得其详,故此传记述特翔实,两朝勋臣事迹略备。下逮偏裨,外附客将,捃录无所遗。又间及轶闻杂事,以见伟人奇侠,精神志趣所流露,则奄有史公《李将军传》之奇矣。所缀论述,简而笃,严而不刻,信乎良史之才,非与夫考纂琐屑者较其长短也。(见《述林》五)

嗣刘忠诚公聘修《两淮盐法志》,冯中丞熙聘修《凤阳志》,兼主淮南书局。觙理校雠,功兼数辈。历长蒙城书院及江楚编译局,江南通志局协修,撰述教诲,乐而不倦。宣统元年,掌教安徽存古学堂。善书翰,尤工小篆。国变后,一膺清史馆之聘,成传稿数十篇,即谢去。民国八年壬戌十月十一日卒,年七十八。

又有《三朝闻见录》一册(光绪某年排印本)。

《自序》云:或问余曰,子记咸丰以来将帅战功而为别传,是但知将之力,而不知相之功。但知武人之劳,而不知文臣之助。如倭仁公等之善曾文正,而平江南。文祥公等之善左文襄,而平新疆。宰相多不见之功,子何不亟述之乎? 余曰:余之书,欲励武臣作勇敢之气,岂遍记名臣哉？欲列武臣，不能不先书统帅，故冠以曾、胡、左诸公，如外官、文臣、学政，有辅于平寇者不少，亦未及书。今录数事，以谂后人。

按：吴县朱仲我孔彰，《清史稿》四百八十一《列传》二百六十八《儒林》二附父朱骏声后，有传。

参考资料

王闿运——自著《湘绮楼文集》八卷、《日记》三二卷。

王定安——汪辟疆作《传》。

钱海岳《书王闿运应袁世凯命事》，《海岳文编》。

朱孔彰——《越缦堂日记》。

尹炎武作《传》。

孙诒让作《中兴将帅别传叙》，《述林》。

《碑传集补》五十三。

附有关《太平天国史》书目：

官修《粤匪纪略》。

张德坚《贼情汇纂》十二卷《记太平天国之政治制度》。

李秀成《自述》数万言，详叙天国之始末。特以语犯时忌，间为阅者所删改，最为可惜。

近人程演生、萧一山、向达、王重民先后由法、英两京搜获太平天国史料甚夥。罗尔纲之《史纲》著墨不多，而语语扼要，颇能详其始末。（见金氏《史学史》）

按：吾邑前辈项骧微尘，民国初年三任财政部次长，兼盐务署长。乙丑，解组归里，刻意撰述，草《太平天国史》，未竟而卒，稿藏于家。

《太平天国丛书》第一集十册二十卷，萧一山辑，民国廿五年，国立编译馆影印。

《太平天国史料第一集》,程演生辑,民国十五年,北大。

《太平天国诗文钞》二册,罗邕、沈祖基撰,民国廿三年,上海商务。

《太平天国野史》一册,凌善清辑,民国十二年,文明书局。

《太平天国轶闻》四册,进步书局辑,民国四年,文明书局。

《太平天国史纲》,罗尔纲撰,民国廿六年,商务。

《太平天国史迹调查集》,罗尔纲(新出中华书局本)。

《太平天国战史》,刘成禺著。

《贼情汇纂》十二卷,六册,清张德坚等撰,盍山精舍印。

《平粤纪略》十八卷,《附记》四卷,清杜文澜辑。

《平浙纪略》三册,清秦缃业等辑,浙江书局刻。

《常胜军案略》一册,清谢元寿辑,成德堂活字版。

《淮军平捻记》十二卷,清周世澄辑。

《征西纪略》四卷,清曾毓瑜撰,光绪二十年,京师官书局印。

翁同龢、王闿运、李慈铭诸人《日记》。

延伸阅读

〔一〕梁启超云:湘潭王壬秋(闿运)本文士,治今文经学,有盛名于同、光间。然晚节猖披,殆等钱牧斋矣。其著述亦浮薄鲜心得。(见《学风之地理分布》)

〔二〕《湘军志》总目:湖南防守篇第一,曾军篇第二,湖北篇第三,江西篇第四,曾军后篇第五,水师篇第六,浙江篇第七,江西后篇第八,临淮篇第九,援江西篇第十,援广西篇第十一,援贵州篇第十二,援川陕篇第十三,平捻篇第十四,营制篇第十五,筹饷篇第十六。

〔三〕元和朱丰芑先生,曾及钱竹汀之门,经术湛深,所著《说文通训定声》以经进御,故行世最早。

第三十六章　考释出土古文物〔一〕

一、孙诒让《契文举例》《名原》

孙诒让,字仲容,号籀庼,浙江瑞安人。〔二〕父衣言,太仆寺卿,以文章气节重于时。诒让幼承家学,好六艺古文,父乃授《周官经》,其后为《正义》自此始。同治丁卯,年二十,举于乡,出南皮张之洞之门。嗣侍父官金陵。是时两江总督曾国藩幕中多方闻宏达之士,如德清戴望、海宁唐仁寿、仪征刘寿曾,皆治朴学。诒让与游,学益进。

诒让晨夕与戴望同游,出金石拓本互相摩挲,为之考释。自段玉裁注《说文》,其后小学益密,然说解犹有难理者。又经典相承,诸文字少半缺略,材者欲以金石款识补苴……诒让初辨彝器情伪,摈北宋人所假名者,审其刻画,不跌毫厘。〔三〕其治小学,本许书,上考金文〔四〕,益上而考契文,成《契文举例》一卷,《名原》七卷,《古籀拾遗》三卷,《古籀余论》二卷,解说文字,必归殷墟。

《契文举例叙》云:迩年河南汤阴古羑里城掊土得古龟甲甚夥,率有文字。丹徒刘君铁云〔五〕集得五千版,甄其略明晰者千版,依西法拓印,始传于世。刘君定为殷人刀笔书。刻本无释文,苦不能邑读也。蒙治古文大篆之学四十年,所见彝器款识逾二千种,大抵皆出周以后。赏鉴家所橐橐为商器者,率臆定,不能确信。每恨未获见真商时文字。顷始得此册,不意衰年睹兹奇迹,爱玩不已。辄穷两月力校读之,以前后复重者,参互审绎,乃略通其文字。大致与金文相近,篆画尤简省,形声多不具。又象形字颇多,不能尽识。所称人名号,未有谥法,而多以甲乙为记,皆在周以前之证。……今就所通者,略为甄述,用补有商一代书名之佚,兼以寻究仓后籀前文字流变之迹。其所不知,盖阙如也。

按:是书撰毕,以原稿寄呈端方。以后流入王国维手,为刻于《吉石盦丛书》中。

《名原》叙云:迩年又有龟甲文出土,尤简省奇诡,间有原始象形字,或定为商时契刻,然亦三代璜迹尔。余少耆读金文,近又获见龟甲文,咸有撰录。

今略摭金文、龟甲文与《说文》古籀,互相勘校,揭其歧异,以著省变之原。而会最比属,以寻古文大小篆沿革之大例。约举辜较,不能备也。世变方亟,兹学几绝,所觊金石璜刻,日出不穷,仓、沮旧迹,倘重见于人间……

(按:《名原》有刘师培作《叙》,又张《表》列孙氏遗著有《大小篆沿革表》一卷,殆即此书稿之一部欤!——用朱《谱》语)

其《与俞曲园书》云:侄年来衰羸无似,脑力目力,均不逮前,著述之兴,久已废辍。前见埃及古象形字,奇诡不易辨,窃意仓、沮旧文象形字亦必如是。惜为籀、斯改易,多失其原形。前年得见河南汤阴新出龟甲文数千名,内有象形字十余,果与埃及相类,而苦无释文,不易读,偶以意推索,依上下文义寻绎,略通一二。乃益以金文新考定诸字,为《名原》二卷,觊以求仓后籀前文字变易之迹。稿草粗具,尚未写清本。新学盛行,此事恐为时贤姗笑,不敢出以示人。

又《与章太炎书》云:弟桑榆暮景,意思萧索,脑力大减,不耐深沉之思。近惟以研玩古文大篆自遣,颇愤外人著文明史者,谓中国象形文已灭绝。顷从金文龟甲文(丹徒刘氏橅册)获十余名,皆确实可言者,附以金文奇字,为《名原》七篇。俟写定,当寄质大雅。

(按:章氏时违难日本,此书至戊申五月始达。比章氏再作复书,未及寄,而诒让已捐馆舍矣。)

王国维云:光绪戊戌、己亥间,始出于河南彰德府西北五里之小屯。其地在洹水之南,水三面环之。《史记·项羽本纪》所谓"洹水南,殷虚上"者也。初出土后,潍县估人得其数片,以售之福山王文敏(懿荣)。文敏命秘其事,一时所出,先后皆归之。庚子,文敏殉难,其所藏至三四千片。光绪壬寅,刘氏辑选千余片影印传世,所谓《铁云藏龟》是也。丙午,上虞罗叔言参事始官京师,复令估人大搜之,于是丙丁以后所出,多归罗氏。自丙午至辛亥,所得约二三万片,而彰德长老会牧师明义士所得亦五六千片。其余散在各家者尚近万片。近十年中乃不复出。而研究其文字者,则瑞安孙仲容比部始于光绪甲辰撰《契文举例》,皆仅据《铁云藏龟》为之,故其说不无武断。审释文字,自以罗氏为第一,其考定小屯之为故殷虚,及审释殷帝王名号,皆由罗氏发之。余复据此种材料作《殷卜辞中所见先公先王考》,以证《世本》《史记》之为实录;作《殷周制度论》以比较二代之文化。然此学中所可研究发明之处尚多,不能不有待于后世之努力也。[六](节录《最近二三十年中中国新发见之学问》)

按:瑞安孙仲容诒让,《清史稿》卷四百八十二《列传》二百六十九《儒林》三有传。

二、罗振玉《殷墟书契前后编》又《续编》子福苌《三史西夏传疏证》附

罗振玉,字叔言,号叔蕴,浙江上虞人。[七]生而颖异安详,不为嬉戏。年十六,入县学。服习经史之暇,以古碑版可资考证,山左估人岁必挟山左、中州、关中古碑刻至淮安,时贫不能得,乃赁碑读之,遂成《读碑小笺》,是为考古著书之始。

自光绪二十五年己亥,殷贞卜甲骨出于洹滨,首为福山王文敏公懿荣所得。庚子,文敏殉国难,所藏尽归刘铁云鹗,振玉因得摩挲考证,怂恿拓墨,为《铁云藏龟》。嗣官京师,访知出土地为安阳小屯,先后购求,所得遂逾二万。岁庚戌撰《殷商贞卜文字考》,谓其文字虽简,然可正史家之违失,考小学之源流,求古代之卜法。又参稽史籍,

知其地为殷武乙故墟,顾以筚路初启,阐发未尽。及居海东,始尽墨所藏,为《殷墟书契》前后编,并成《考释》三卷,亦万余言。已,又于殷虚得犀象雕器、石磬、戈镞等数十事,精巧绝伦,可窥见古代良工制作。又景印为《殷虚古器物图录》。[八]

光绪戊申,西陲出汉、晋古简千余,为英人所得。振玉闻之,展转求得景本,与王忠悫公国维分任董理,成小学、术数、方技书,简牍遗文各二卷。又于日本大谷光瑞许,见高昌故墟遗物,其纪年世次,多史氏所未详,取以参互考订,为《高昌麹氏系谱》一卷。他若吉金、明器、碑碣、钞印,皆辛苦搜讨,先后纂录成书,凡数十种。剞劂之费,以巨万计。多斥鬻长物以济之,饔飧不继,弗顾也。

鸣沙卷轴转归异域[九],振玉既从伯希和教授得景本,乃分别已佚、未佚,编印为《鸣沙石室佚书》《鸣沙石室古籍丛残》各数十卷。又据其中记西陲事迹,足补史籍疏失者编次之,为《补唐书张义潮传》《瓜沙曹氏年表》各一卷。

宣统初元,摄政王监国,令内阁于大库检国初摄政典礼档案,阁臣检之不得,乃奏请焚毁库中无用旧档,得俞旨矣。振玉闻之,亟言于张文襄,谓中多重要史料,不当毁弃。又阁中藏书乃前代留遗,虽残阙不完,亦应董理。文襄韪焉,乃皆得归部保存。后岁壬戌,旧档又有造纸之厄。振玉时寓津沽,闻之,亟斥资购归,得以始终保留。曾择要印行,为《史料丛刊初稿》,惜未竟其业。

甲子八月,奉命入直南书房,入都谢恩,面谕命检宁寿宫藏器,甫三日,复命与袁励准、王国维同检定养心殿陈设。

自旅东以迄居辽,校刊书凡四百余种,自著书凡百三十余种。

次子福苌,颖悟绝人,通十数国语言文字,为世界中所罕有。乃盛年遽逝,莫不惜之。(三十六而夭,辛酉九月也)遗著三种:英法两京所藏《敦煌石室书录》各一卷,《写经后题录》一卷。又有《宋史西夏传疏证》,未成。《宋史夏国传集注》一卷,《西夏国书略说》一卷。[一○]

833

三、王国维《古史新证》

王国维,字静安,号观堂,浙江海宁人。[一]生而通敏,弱冠即以能文名乡里,为秀才,肄业于杭州崇文书院。旋来上海,为《时务报》行书记校雠事。时上虞罗振玉方创农学社,移译东西各国《农学公报》,以乏译才,乃设东方学社。国维往学,为罗振玉相识,免费使专所学。国维在社,从日人藤田丰八、田冈佐代治学,凡两年有半。及庚子之乱,学社解散,罗氏复资助,俾留学于日本。四五月而脚气病作,遂归国,佐罗氏译述讲义及农学书。罗氏任苏州师范学堂监督,国维亦移其讲席于苏。光绪三十四年,又随罗氏入京,任学部总务司行走。历充图书馆编译、名词馆协修、京师大学堂农科教习。

辛亥之役,罗氏避地东渡,国维亦携家相从,寓日本之东京。罗氏劝治国学,乃尽弃前学,专意经史。先治"三礼",次及诸经,日读注疏尽数卷,又旁治古文字声韵之学。尽观罗氏大云书库藏书五十万卷,古器物铭识拓本数千通,古器物及他土器物千余品,与罗氏商订考核无暇日。居东凡五年,所著有《齐鲁封泥集存》《宋代金文著录表》《国朝金文著录表》《简牍检署考》。又与罗氏合撰《流沙坠简考释》。其中审释文字由罗氏,而考证史事则多出国维。后此国维治西北地理、元代掌故,皆由此发其端也。国维归国,复居上海,为英人哈同编辑广仓学窘《学术丛编》杂志凡两年。嗣任仓圣明智大学教授。并遍观乌程蒋氏(汝藻)孟蘋学部藏书,为编书目。国维著述自此乃益富。而《殷卜辞中所见先公先王考》及《续考》,皆作于此时。

国维既于殷虚甲骨文字发见王亥、王恒之名,复据《山海经》《竹书纪年》《楚辞·天问》《吕氏春秋》中之古代传说,于荒唐之神话中求历史之事实,更由甲骨断片中发见上甲以下六代之世系,与《史记》纪、表颇殊。我国古史于此遂得地下材料,为两重之证明矣。

国维又从殷之祀典、世系,以证嫡庶之制,始于周之初叶。由是对于周之宗法丧服,及封子弟、尊王室之制,为有系统之说明,成《殷周制度论》。义据精深,方法缜密,极考证家之能事。

盖国维于乾嘉以来纸上之旧学,及近时出土之新材料,皆确能探其根本,观其会通,而数千年来未决之问题,如《周书·洛诰》《顾命》之典刑,鬼方猃狁之地理,明堂寝庙之制度,以及古文字声韵之种种问题,国维均一一予以解释。其大要皆能补前人之所未备,发前人之所未发。至于前人所已言者,国维从不踏其半语只字。

民国十二年,国维以蒙古升允氏荐,入清宫任职南书房行走。越岁,奉直战起,冯玉祥回师入都,废帝被逐,匿日本公使馆。先生大愤,屡欲自杀,为家人严视得免。嗣北京大学研究所国学门,聘为校外通信导师。又明年秋,北京清华学校研究院聘为教授。国维在研究院讲演《古史新证》《尚书》《仪礼》《说文解字》四门,极得学生信仰。此时对于古史已有成熟之见解。其《古史新证》乃增损《殷卜辞中所见先王先公考》《续考》《殷周制度论》诸篇而成。

谓古史中,惟《世本》《史记》所载夏、殷历史为既经证明之实录。至今《古文尚书》中之《虞夏书》及《商书》之《汤誓》篇,以古代语言文字论之,皆当断为后人追述缘饰之言。但史料缺乏,今亦不能深考耳。

国维在清华学校研究院两年,专治西北地理、元代掌故。研究院为刻《蒙古史料校注四种》。国维又裒辛酉以后所作为《观堂集林补编》。十六年,国民军将至北京,国维愤而自沉于颐和园昆明湖。殁后,罗氏取其遗稿,将为之印行云。[一二]

按:海宁王静安国维,《清史稿》卷四百九十六《列传》二百八十三《忠义》有传。

附录:王国维六篇

《库书楼记》

光、宣之间,我中国新出之史料凡四:一曰殷虚之甲骨;二曰汉、晋之简牍;三曰六朝及有唐之卷轴;而内阁大库之元、明及国朝文书,实居其四。顾殷虚甲骨,当其初出世,已视为骨董之一,土人仍岁所掘,率得善价以去,幸无毁弃者。而西垂简牍卷轴,外人至不远数万里,历寒暑、冒艰险以出之,其保藏之法尤备。独内阁文书,除宋元刊写本书籍入京师图书馆外,其余十三年之间,几毁者再而卒获全者,虽曰人事,盖亦有天意焉。案内阁典籍厅大库为大楼六间,其中书籍居十之三,案卷居十之七。其书多明文渊阁之遗,其案卷则有列朝之朱谕、敕谕,内外臣工之黄本、题本、奏本,外藩属国之表章,历科殿试之大卷。其他三百年间,档册文移,往往在在,而元、明遗物,亦间出其中。盖今之内阁,自明永乐至于国朝雍正,历两朝十有五帝,实为万几百度从出之地。雍、乾以后,政务移于军机处,而内阁尚受其成事,凡政府所奉之朱谕,臣工所缴之敕书批折,胥奉储于此。盖兼宋时宫中之龙图、天章诸阁,省中之制敕库、班簿房而一之。然三百年来,除舍人、省吏循例编目外,学士大夫罕有窥其美富者。宣统元年,其库屋坏,有事缮完,乃暂移于文华殿之两庑。地隘不足容。其露积库垣内者尚半,外廷始稍稍知之。时南皮张文襄公方以大学士、军机大臣管学部事,奏请以阁中所藏四朝书籍,设学部京师图书馆。其案卷,则阁议概以旧档无用,奏请焚毁,已得俞旨矣。适上虞罗叔言参事以学部属官赴内阁参与交割事,见库垣中文籍山积,皆奏准焚毁之物。偶抽一束观之,则管制府干贞督漕时奏折。又取观他束,则文成公阿桂征金川时所奏。皆当时岁终缴进之本,排比月日,具有次第。乃亟请于文襄,罢焚毁之举,而以其物归学部,藏诸国子监之南学,其历科殿试卷则藏诸学部大堂之后楼。辛、壬以后,学部后楼及南学之藏又移于午门楼上所谓历史博物馆者。越十年,馆中资费绌,无以给升斗,乃斥其所藏四分之三,以售诸故纸商。其数以麻袋计者九千,以斤计者十有五万,得银币四千元,时辛酉冬日也。壬戌二月,参事以事至京师,于市肆见洪文襄揭帖及高丽国王贡物表,识为大库物。

因踪迹之，得诸某纸铺，则库藏具在，将毁之以造俗所谓还魂纸者，已载数车赴西山矣。亟三倍其直价之，称贷京、津间，得银万三千元，遂以易之。于是此九千袋十五万斤之文书，卒归于参事。参事将筑库书楼以储之，而属余为之记。余谓此书濒毁者再，而参事再存之，其事不可谓不偶，然固非参事能存之也。国朝祖宗圣德神功之懿，典章制度、声名文物之盛，先正诤谟远猷之富，与夫元、明以来史事之至赜至隐，固万万无亡理，天特假手于参事以存之耳！然非笃于好古如参事者，又乌足以与于斯役也！（见《观堂集林·缀林一》）

《随庵所藏甲骨文字叙》

甲骨文字出于安阳之小屯，福山王文敏公首得之。文敏殉国，悉归丹徒刘铁云观察（鹗）。铁云又续有所得，选其精者，印行为《铁云藏龟》一书。嗣后安阳所出，多归上虞罗叔言参事，参事所藏凡二三万片，印于《殷虚书契》前后编者，皆其选也。顾甲骨阅时既久，其质颇脆，非如吉金乐石可把玩摩挲者。余于刘、罗二君皆至稔，然于其所藏，除《藏龟》《书契》二书所载，及罗氏选拓数十册外，固未能尽览焉。丙辰、丁巳间，铁云所藏，一部归于英人哈同氏，余为编次考释之，始知铁云所藏之佳者，《藏龟》一书固未能尽之。又鄞县马君叔平赠余以京师大学及其所藏甲骨拓本千余片，其中文字颇有出于《藏龟》《书契》二书外者。益知殷虚遗物片骨只字皆足资考证，而刘、罗二家选印之举，盖出于不得已也。庚申秋日，积余先生复出所藏甲骨拓本见示，其中小半，参事已选印入《殷虚书契后编》，然其中文字异体及卜辞之可资考证而为参事所遗者，亦尚有之。此研究古文字及制度者所不可不肄业及之也。庚申七月。

《殷虚文字类编序》

今世弱冠治古文字者，余所见得四人焉：曰嘉兴唐立庵兰，曰东莞容希白庚，曰胶州柯纯卿昌济，曰番禺商锡永承祚。……

夫殷虚文字之学，始于瑞安孙仲容比部，而实大成于参事。参事于宣统……丙辰夏,复集殷虚文字之不可识者,为《殷虚书契待问编》。参事与余续有所释,皆笺识其上。其于《考释》一书,又大有增删。锡永乃汇诸书,以《说文》次序编之。所自释者亦十之一二,精密矜慎,不作穿凿附会之说……呜呼!如锡永此书,可以传世矣。虽然,书契文字之学,自孙比部,而罗参事,而余,所得发明者,不过十之二三。而文字之外,若人名,若地理,若礼制,有待于考究者尤多。故此新出之史料,在在与旧史料相需,故古文字、古器物之学与经史之学实相表里。惟能达观二者之际,不屈旧以就新,亦不绌新以从旧,然后能得古人之真,而其言乃可信于后世。

《殷虚书契考释后序》

至庄葆琛、龚定盦、陈颂南之徒,而古文之厄极矣!近惟瑞安孙氏颇守矩矱,吴县吴氏独具县解。顾未有创通条例,开发奥窔,如段君之于《说文》,戴、段、王、郝诸君之于声音训诂者……

《流沙坠简序》

光绪戊申,英人斯坦因博士访古于我新疆、甘肃,得汉、晋木简千余以归,法国沙畹博士为之考释。越五年癸丑岁暮,乃印行于伦敦。未出版,沙氏即以手校之本寄上虞罗叔言参事。参事复与余重行考订。握椠逾月,粗具条理,乃略考简牍出土之地,弁端篇首,以谂读是书者。

案,古简所出,厥地凡三:一为敦煌迤北之长城,二为罗布淖尔北之古城,其三则和阗东北之尼雅城及马咱托拉、拔拉滑史德三地也。敦煌所出,皆两汉之物。出罗布淖尔北者,其物大抵上自魏末,讫于前凉。其出和阗旁三地者,都不过二十余简,又皆无年代可考,然其最古者犹当为后汉遗物,其近者亦当在隋唐之际也。今略考诸地古代之情状,而阙其不可知者,世之君子以览观焉。

又《后序》

余与罗叔言参事考释流沙坠简,属稿于癸丑岁杪。及甲寅正月,粗具梗概。二月以后,从事写定,始得读斯坦因博士纪行之书,乃知沙氏书中每简首所加符号,皆纪其出土之地。其次自西而东,自敦一、敦二讫于敦三十四,大抵具斯氏图中。思欲加入考释中,而写定已过半矣,乃为图一、表一,列烽燧之次及其所出诸简,附于书后。

以上见《观堂集林》四《缀林》一。

参考资料

孙诒让——自著《籀庼述林》十卷。

近人辑《籀庼遗文》二卷。

张謇作《墓表》,《张季子文录》。

吴士鉴《行状》复奏以瑞安孙诒让入《国史·儒林传》,《含嘉室文集》(奏折)。

章炳麟作《传》及《伤词》,《太炎文编》。

章梫作《别传》,《一山文存》。

近人朱芳圃作《年谱》,商务出版。

陈衍《近代诗钞》第八册。

《清儒学案》百九十二《籀庼学案》。

《清文汇》丁集卷十一。

《碑传集补》四十一。

罗振玉——自著《永丰乡人稿》,分甲、乙、丙、丁四集;又《松翁近稿》《丙寅稿》。

罗福葆作《先府君行述》。

王季烈作《家传》。

《东方杂志》廿一卷二号《罗叔言考古纪略》。

附罗福苌——沈乙盦作《墓志》。

王国维作《罗君楚传》。

王国维——《观堂集林》二十卷,《王忠悫公遗书》。

徐中舒作《传》,《东方杂志》卷廿四、十三号。

费行简作《别传》。

《碑传集补》五十三。

宋慈抱作《国史拟传》,《浙江通志馆刊》。

罗振玉作《墓志铭》及《观堂集林叙》,《永丰乡人稿》。

陈寅恪作《遗书叙》。

朱祖谋《沧海遗音集》。

王国维《彊邨遗书》。

郭沫若《毛公鼎之年代》,《东方》,28/13,1931 年。

周予同《五十年来中国之新史学》,《学林》第四辑。

朱芳圃《王静庵治学之方法及贡献》,《东方》,24/19。

附有关考古学的几篇论文:

山阴樊炳清抗父作《最近二十年间中国旧学之进步》。

海宁王国维静安作《最近二三十年中中国新发见之学问》。

新会梁启超任公作《中国历史研究法》(注文)。

山阴蔡元培孑民作《敦煌掇琐叙》。

新会陈垣援庵作《敦煌劫余录》《秘录简略》《敦煌劫余录叙》。

匈牙利人斯坦因作《中亚细亚探险谈》,见《流沙访古记》。

法兰西人伯希和作《突厥斯坦之回忆》,载在上海英国亚洲皇家学会演说。

(按:解放后,新出版一本《甲骨学》,系陈梦家所编。)

延伸阅读

〔一〕友人平阳苏渊雷云:在中国,自清末的孙诒让、王国维以来,史学界开拓了用实物证史的风气。于是甲骨、鼎彝、碑版之学大兴,旁及汉简、封泥,以及敦煌遗物的研究,无异于给清末和辛亥革命以后的衰微的史学界以新生命腺的注射。同时,又有河南仰韶系彩陶文化的发现,北京人、河套人、周口店山顶洞人等遗址的发现,以及豫北小屯后冈等地殷墟文化遗物的发掘,和山东城子崖、两城镇等地黑陶文化遗物的发掘。这一连串的事迹,给中国史学开拓了新的天地。(《玄黄集》)

〔二〕梁启超云:瓯海一隅,自宋以来别为永嘉学派,实斋论浙东学术,于兹托始焉。顾近代无能张大之者,晚乃有瑞安孙仲容(诒让)治《周礼》,治《墨子》,治金文、契文,备极精核,遂为清末第一大师,结二百余年来考证古典学之局。(见《学风之地理的分布》)

〔三〕按《古籀余论后叙》云:继余以赀郎留滞春明,时吴县潘文勤公藏彝器最盛,与潍县陈寿卿编修垿,而宗室盛伯熙、福山王文介两祭酒,元和江建霞、阳湖费峣怀两编修,同邑黄仲弢学士,皆为兹学。每有雅集,辄出所藏金文,辨证难字……京洛缁尘,萃此古欢,至足乐也。未几,余省亲南旋,而文勤治振畿辅,官事倥偬,犹驰书以新得井人残钟拓本寄余,属为考释。

重定《毛公鼎释文》小记云:旧作释文,录附《古籀拾遗》册末刊之。后得吴子苾侍郎式芬《捃古录金文》,所释略有异同。又载徐籀庄明经同柏释文甚详,有足补正余释之阙误者。谨捃采其精确者,更以金文字例博稽精校,重定为此篇,距前考释时已廿有七年矣,再四推校,大致完具,可诵读。

〔四〕《古籀拾遗自序》:诒让束发受经,略识故训,尝慨犷秦燔书,别创小篆,仓沮旧文,寖有湮废。汉人掇拾散亡,仅通四五。壁经复出,罕传师读。新莽居摄,甄丰校文,书崇奇字,而黜大篆。(甄丰所定六书,一古文,二奇字,三篆文即小篆,四佐书,五缪篆,六鸟虫,而无大篆,是其证也。)建武中兴,《史籀》十五篇,书缺有间。魏正始石经,或依科斗之形,以造古文。晋人校《汲冢书》,以隶古定,多怪诡,不合六书。盖古文废于秦,籀缺于汉,至魏晋而益微。学者欲窥三代遗迹,舍金文悉取哉!(《述林》四)

〔五〕刘鹗,字铁云。生而敏异,年未逾冠,已能传其先德子恕观察(成忠)之学。精畴人术,尤长于治河。顾放旷不守绳墨,而不废读书……以光绪戊子,河决郑州,铁云慨然欲有以自试,以同知往投效于吴恒轩中丞。中丞与语,奇之,颇用其说。光绪二十五年,殷虚卜辞出于安阳,为王懿荣所得。次年,王氏殉国,所藏尽归刘鹗,印行《铁云藏龟》。(见《五十日梦痕录》)

〔六〕郭沫若云:在古代研究上与卜辞有同等价值或甚至超过它的,是殷周青铜器的铭文。开端于北宋时,近五十年来研究这学问的人才辈出,如吴大澂、孙诒让、王国维,都是很有贡献的。(见《自述》)

又钱南扬云:安阳甲骨之出土也……诒让得见丹徒刘鹗《铁云藏龟》,惊为瑰宝,首事甄述,凡贞卜、鬼神、官氏、方国、典礼、文字等规模略具,近世甲骨之学自此始,其创辟之功大矣。(见《浙江通志稿》本传)

〔七〕梁启超云:最近则上虞罗叔蕴(振玉)善金石学,能读殷虚书契文字,熟于掌故、考证,有别裁。(见《学风之地理分布》)

〔八〕罗振玉自云:予平生所至辄穷,而文字之福则有非乾嘉诸儒所及者。由庚子至辛亥,十余年间,海内古书器日出,若洹滨之甲骨、西陲之简牍书卷、中州之明器,皆前人所未及见者。洹滨甲骨,自庚子岁始由山东估人携至都门,福山王文敏公懿荣首得之,未几殉国难。亡友刘铁云观察得文敏所藏,复有增益。予在申江,编为《铁云藏龟》。瑞安孙仲容征君,据以作《契文举例》,于此学尚未能有所发明。且估人讳言出土之地,谓出卫辉。及予官京师,其时甲骨大出,都中人士无知其可贵者,予乃竭吾力以购之。意出土地必不在卫辉,再三访询,始知实在安阳之小屯,复遣人至小屯购之。宣统初元,予至海东调查农学,东友林博士泰辅方考甲骨,作一文揭之杂志,以所怀疑不能决者质之予。予归,草《殷商贞卜文字考》答之,于此学乃略得门径。及在海东,乃撰《殷虚书契考释》,日写定千余言,一月而竟,忠悫为手写付印。并将文字之不可识者为《待问编》,并手拓所藏甲骨文字,编为《殷虚书契》,后又为《续编》,于是此学乃粲然可观。予平生著书百余种,总二百数十卷,要以此书最有裨于考古。厥后忠悫继之,为《殷先公先王考》,能补予所不及,于是斯学乃日昌明矣。

〔九〕光绪季年,欧人伯希和教授过京师,以所得敦煌石室卷轴示振玉,振玉诧为奇宝,与商写影以传之。教授为言石室尚有卷轴八千余,盍早日购致京师。振玉欣然以白部,请电催甘督丰城毛实君方伯庆蕃购解。乃解至中途,为人篡窃割裂,多丧其精华。(《先府君行述》)

按:甘肃敦煌县东南有鸣沙山,其麓有三界寺,寺旁石室千余,旧名莫高窟,俗名千佛洞,以四壁皆佛像也。光绪庚子,有道士扫除积沙,于复壁破处见石室,内藏书甚富。发之,皆唐及五代人所写,并有雕本,佛经尤多。盖西夏兵革时保存于此也。英人史泰恩、法人伯希和后至其地,搜择完好者,捆载而去,陈彼国博物院中。至我国政府更往搜求,精存者已不可得。近人据伯希和所得本印行者《鸣沙石室古佚书》《敦煌石室遗书》二种,皆前所未见之秘笈也。

又周树人云:《忽然想到》:外国的考古学者们联翩而至。(注)那些借考古之名而来我国实行文化侵略的帝国主义分子。如法国格莱那于一八九二年从和阗盗去……又于一九〇七年、一九一四年先后从敦煌千佛洞盗走大批古代写本及古画、刺绣等艺术品;还有法国的伯希和也于一九〇八年从千佛洞盗去很多的唐宋文物……如一九二四年美国瓦尔纳在千佛洞以特制胶布粘去壁画二十六幅;一九二五年二月,美帝国主义又指使他组织了一个以哈佛大学旅行团为名的团体,带了大批胶布等材料,到千佛洞再作有计划的盗窃,后来经敦煌人民的反抗阻止,这才没有达到目的。(见《鲁迅全集》)

〔一〇〕罗振玉云:儿早慧,方予长江苏师范学校时,儿方八岁,携至吴门,亲课之读……尝默记日本地图诸道地名,举以难吾友藤田剑峰博士(丰八),博士或不能对。儿伏博士膝,一一备举,至数十百不爽失。博士摩其顶,宠异之,则大喜。及予官郎曹,儿随侍至春明,习法兰西语。及相从海东,习德意志语。及从榊博士亮三郎习梵语,颇浏览释藏及流略,欲穷究梵学,以补我国学术之缺。又与其兄福成习西夏文,均粗有端绪。比以病返沪江,病榻中尚习英俄语。乃卒至短折,不获竟一艺,为可哀也!(见《亡儿福苌遗著三种叙》)

又金毓黻云:近人罗福苌因夏人所传《掌中珠》,得通西夏自制之复体文字,并为《宋史·西夏传》作疏证,惜未卒业而殁。(见《中国史学史》)

〔一一〕梁启超云:海宁王静安(国维)亦善能以新法治旧学。(见《学风之地理分布》)

〔一二〕陈寅恪云:先生之学,博矣精矣,若无涯岸之可望,辙迹之可寻。然详绎遗书,其学术内容及治学方法,殆可举三目以概括之者:一曰取地下之实物与纸上之遗文互相释证。凡属于考古学及上古史之作,如《殷卜辞中所见先公先王考》及《鬼方昆吾猃狁考》等是也。二曰取异族之故书与吾国之旧籍互相补正。凡属辽、金、元史事及边疆地理之作,如《萌古考》及《元朝秘史之主因亦儿坚考》等是也。三曰取外来之观念与固有之材料互相参证。凡属于文艺批评及小说戏曲之作,如《红楼梦评论》及《宋元戏曲考》等是也。此三类之著作,其学术性质固有异同,所用方法亦不尽符合,要皆足以转移一时之风气,而示来者以轨则。吾国他日文史考据之学,范围纵广,途径纵多,恐亦无以远出三类之外,此先生之遗书所以为吾国近代学术界重要之产物也。(节录《王静安先生遗书序》)

又罗振玉云:征君具程君瑶田之学识,步吴君大澂之轨躅,又当古文字、古器物大出土之世,故其规模大于程君,而精博过于吴君,海内新旧学者咸推重君书无异辞。盖君之学,实由文字声韵以考古代之制度文物,并其立制之所以然。其术皆由博以反约,由疑而得信,

务在不悖不惑，当于理而止。（节录《序言》）

又乌程蒋汝藻云：窃谓君书才厚数寸，在近世诸家中，著书不为多。然新得之多，未有如君书者也。君新得之多，固由于近日所出新史料之多，然非君之学识，则无以理董之。盖君于乾嘉诸儒之学术方法无不通，于古书无不贯串，其术甚精，其识甚锐，故能以旧史料释新史料，复以新史料释旧史料，辗转相生，所得乃如是之夥也。（节录《序言》）

又郭沫若云：我们要说殷墟的发现是新史学的开端，王国维的业绩是新史学的开山祖了。（在《古代研究的自我批评》中）

又云：王先生的力量自然多用在史学研究方面去了，他的甲骨文的研究，殷、周金文的研究，汉、晋竹简和封泥等的研究，是划时代的工作。西北地理和蒙古史料的研究也有些惊人的成绩……王为新史学开山。（见《鲁迅与王国维》）

第三十七章　私撰政事与典制史

一、李有棠《辽金二史纪事本末》

李有棠，萍乡人，校官，光绪廿八年卒。（吴士鉴作《进书奏折》，载《含嘉室文集》）

所撰《辽金二史纪事本末》，不惟依据正史，复能旁采他书，以极其博，又仿裴注《三国》、胡注《通鉴》之例，自为之注，名曰《考异》，亦属难能可贵，可与陈邦瞻书并行。（见金氏《史学史》）

江西学政吴士鉴奏进前峡江县训导李有棠所著《辽金二史纪事本末》，奉上谕赏有棠内阁中书衔。光绪癸巳，同文书局印。（见《含嘉室自订年谱》）

二、李铭汉《续通鉴纪事本末》

武威李铭汉为毕氏《续通鉴》撰《纪事本末》，盖以上续袁枢之书，刊于光绪二十九年癸卯，而行世未广。武进孟森得一帙于北京，作《跋》张之，世人乃知有此书，此亦叙纪事本末一体所应附记者也。（见金氏《史学史》）

孟心史作《跋》，在《心史丛刊》中。

三、刘锦藻《皇朝续文献通考》

刘锦藻，字澂如，浙江吴兴人。生而颖敏，稍长，博洽群籍，与伯兄紫回水部同为名诸生。举光绪戊子科乡试，甲午成进士。以前官候选郎中，留就本职，签分工部。寻输金振灾，赏四品京堂。性澹于仕进，复逆睹时无可为，引退家居。尝佐汤寿潜，创建浙江铁路，不假外资，当世称之。

当是时，国势寖弱，海内人士竞言新政新学，诡诐之说亦杂出。刘锦藻惧前典旧法，渐即摧灭，慨然援马贵与氏义例，勒成一书，曰《皇朝续文献通考》。其书起乾隆乙巳，讫宣统辛亥，辑为四百卷。凡典章制度、朝政民俗、嬗变沿革之迹，宏纲纤目，昭著森列。迄乎国变，辟居青岛，犹据一楼，孜孜网罗放失，发挥坠绪，以寄其孤尚。可谓体大思精，宪章之统记，纂述之隆轨者已。书就进呈，赏内阁侍读学士。及刊毕，以甲戌岁（民国十八年）卒于上海，享年七十有三。长子承幹，出为紫回水部后。

金毓黻云：吴兴刘锦藻，以清修《皇朝通考》（即《清通考》），迄于乾隆二十六年，乃取而续之，名《皇朝续文献通考》。其初稿撰于清光绪末年，故只续至光绪三十年而止。辛亥以后，锦藻又续其书至宣统三年清亡之日止，上接前书，而有清一代之典制备矣。（见《史学史》）

按：吴兴刘澂如锦藻，《国史拟传》附《汤寿潜传》（宋慈抱作）。

参考资料

李有棠——吴士鉴《行状》，复进呈萍乡李校官（有棠）所著《辽金二史纪事本末》均奉褒嘉，《含嘉室文集》。

李铭汉——孟森作《续通鉴纪事本末跋》，《心史丛刊》。

刘锦藻——自著《坚匏庵文集》（未刊）。

子刘承幹作《先考澂如府君事略》。

陈三立作《墓志铭》，《散原精舍文集》卷十七。

宋慈抱作《国史拟传》，《国史馆馆刊》第一卷第二号附汤寿潜后。

章梫作其兄《刘紫回别传》，《一山文存》十一。

第三十八章　治外国史

黄遵宪《日本国志》

黄遵宪，字公度，广东嘉应州人。〔一〕同治癸酉举人①，官至湖南按察使。遵宪天授英俊之才，少而不羁，然好学若性，不假师友，自能博极群书，工诗文，善著述。及参日使何公子峨幕，读日本维新掌故书，考于中外政变、学艺，乃著《日本国志》，所得于政治尤深浩。〔二〕后以道员奏派办苏州通商事，见总督张之洞，昂首足加膝，摇头而大语。卒以此得罪张督，乃闲居京师。翁常熟览其《日本国志》，爱其才，乃放湖南长宝道。时义宁陈宝箴抚楚，大相得，赞变法，遵宪乃以其平日之学发纾之。中国变法，自行省之湖南起。与梁启超共事久，交尤深。〔三〕于是李端棻奏荐之。上特拔之使日本，而党祸作，遵宪几被逮于上海，日故相伊藤博文救之乃免。自是久废无所用，益肆其力于

---

①据梁启超《嘉应黄先生墓志铭》，黄遵宪为光绪二年举人。

学。(以上用康有为《人境庐诗草叙》语)

乙酉之秋……两广制府张公又命遵宪为巡察南洋诸岛之行。遵宪念是书弃置可惜,均谢不往,家居有暇,乃闭门发箧,重事编纂。又几阅两载,而后书成。凡为类十二,为卷四十。(见《自叙》)

梁启超云:先生读书有精识远见,不囿于古,不徇于今,尝思成一家言,曰《演孔篇》,未成。而所成之《日本国志》四十卷,当吾国二十年以前,群未知日本之可畏,先生此书则已言日本维新之效成则且霸,而首受其冲者为吾中国。及后而先生之言尽验,以是人尤服其先见。(见《嘉应黄先生墓志铭》)

又云:日本立国二千年无正史,私家纪述,秽杂不可理。彼中学子,能究澈本末,言之成物者已鲜。况以此土之人谈彼岸之书,异域绝俗,殊文异语,正朔服色、器物名号、度律量衡,靡有同者,其孰从而考之?以吾所读《日本国志》,其于日本之政事、人民、土地及维新变政之由,若入其闺闼而数米盐,别白黑而诵昭穆也。(见《日本国志后序》)

按:嘉应黄公度遵宪,《清史稿》卷四百六十四《列传》二百五十一有传。

参考资料

自著《人境庐诗草》,《日本国志后序》,《药禅室随笔》。

梁启超作《墓志铭》,《饮冰室文集》。

薛福成作《日本国志序》,《庸盦文编》。

陈衍《石遗室诗话》(公度诗多纪事,惜自注不详,阅者未能尽悉。近人钱萼孙有《人境庐诗草笺注》)。

延伸阅读

〔一〕梁启超云:启超之友嘉应黄公度(遵宪),著《日本国志》,有史才,其学略可比郭筠仙。(见《学风之地理分布》)

〔二〕按(黄氏)既居东二年,稍稍习其文,读其书,与其士大夫交游,遂发凡起例,创《日本国志》。

〔三〕梁启超云:嗣同与黄遵宪、熊希龄等,设时务学堂于长沙,聘启超主讲席,唐才常等为助教……所言皆当时一派之民权论……又言清代故实,胪举失政,盛倡革命。其论学术,则自荀卿以下,汉、唐、宋、明、清学者,掊击无完肤。(见《清代学术概论》)

又薛福成云:嘉应黄遵宪公度,以著作才累佐东西洋使职。光绪初年,为出使日本参赞,始创《日本国志》一书,未卒业,适他调,旋谢事闭门,赓续成之,采书至二百余种,费日力至八九年,为类十二,为卷四十,都五十余万言。(见《日本国志叙》,《庸盦文编》)

第十编

民国史学

赵尔巽　　章　梫　　王闿运　　黄维翰　　缪荃孙

傅增湘　　徐乃昌　　刘承幹　　张元济　　康有为

梁启超　　章炳麟　　刘师培　　陈黻宸　　陈　怀

张尔田　　孙德谦　　夏曾佑　　崔　适　　胡　适

顾颉刚　　孟　森　　陈　垣　　陈汉章　　柳诒徵

吴廷燮　　朱希祖　　陈寅恪　　郭沫若

第一章　民初开馆修清史

一、赵尔巽等《清史稿》

清社既屋,民国初建,袁世凯为总统。设清史馆,以赵尔巽为馆长,修《清史》,欲以笼络清遗老。(用朱师辙语,见《清史述闻叙》)〔一〕

按赵尔巽,字次珊,奉天铁岭人。卒年八十三。赵次珊馆长在前清为名督抚,甚著清勤,虽能办事,然学术著述,本非所长。

金梁云:甲寅年,始设清史馆,以赵公尔巽为馆长。修史者有总阅、总纂、纂修、协修及征访等职。先后延聘百数十人,别有名誉职约三百人。馆中执事有提调、收掌、科长及校勘等职,亦逾二百人,可谓盛矣。开馆之初,首商义例,馆内外同人,如于君式枚、梁君启超、吴君士鉴、吴君廷燮、姚君永朴、缪君荃孙、陶君葆廉、金君兆蕃、朱君希祖、袁君励准、王君桐龄等,皆多建议。参酌众见后,乃议定用《明史》体裁,略加通变。先排史目,凡本纪十二,曰太祖、太宗、世祖、圣祖、世宗、高宗、仁宗、宣宗、文宗、穆宗、德宗,而《宣统纪》,初拟为《今上本纪》,后改定。志十六,曰天文、灾异、时宪、地理、礼、乐、舆服附卤簿、选举、职官、食货、河渠、兵、交通、刑法、艺文、邦交,初拟有国语、氏族、外教三志,皆删。表十,曰皇子、公主、外戚、诸臣封爵、藩部、大学士、军机大臣、部院大臣、疆臣、交聘,初以大学士与军机合称宰辅,后改。列传十五,曰后妃、诸王、诸臣、循吏、儒林、文苑、畴人、忠义、孝义、遗逸、艺术、列女、土司、藩部、属国,初拟有明遗臣、卓行、货殖、客卿、叛臣诸目,皆删并。其取材则以《实录》为主,兼采《国史》旧志及本传,而参以各种记载与夫征访所得,务求传信,不尚文饰焉。庚申,初稿略备,始排比复辑。丙寅秋,重加修正。开馆至是,已岁纪一周，其难其慎，盖犹未敢为定稿也。丁卯夏，袁君金铠创刊稿待正之议，赵公趣之。即请袁君总理发刊事宜，而以梁任校刻，期一年竣事。梁拟总阅全稿，先画一而后付刊。乃稿实未齐，且待修正，只可随修随刻，不复有整理之暇矣。是时留馆者仅十余人，于是公推以柯君劭忞总《纪》稿，王君树枬总《志》稿，吴君廷燮总《表》稿，夏君孙桐、金君兆蕃分总《传》稿。而由袁君与梁校阅付刊。（中略）凡诸稿梁皆校阅，并有参订，惜仓卒付刊，不及从容讨论耳。是秋，赵公去世，柯君兼代馆长，一仍旧贯。岁暮校印过半，乃先发行。至今夏，书成，幸未逾预定之期。其间数经艰乱，皆幸无阻。一代国史，所关甚大，其成否亦系乎天焉。戊辰端节。

（一）修史经过

据夏闰枝（孙桐）《致张尔田书》，述修史经过，约分三期：第一期全无条例，人自为战，如一盘散沙。后乃议整理，先从列传着手，是为第二期。选人任之，始分朝拟定传目归卷。柯凤荪、金筱孙、奭召南任国初。缪艺风、吴绗斋任顺、康，绗斋未到，艺风未毕事而作古，执事（张孟劬）后至，即加入此段之内。金筱孙独任雍、乾。弟（夏孙桐）任嘉、道，而王伯荃、朱少滨助之。王晋卿任咸、同。马通伯任光、宣，而邓效先、金雪生助之。当时议定《凡例》，而有遵有不遵，两年毕事。其中咸、同、光、宣四朝皆不合用，同人公推凤荪与弟再加整理。凤老旋又推诿，以筱孙代之。时局纷纭，馆中议论亦不定。弟与筱孙皆未动手。既而时局益乱，经费不给，遂全局停顿。久之，馆长别向军阀筹款。稍有端倪，于是重加整顿，以求结束，是为第三时期。

馆中同事，多已他去。留者重行分配。《本纪》，柯凤荪、奭召南、李惺樵；《志》，王晋卿、吴莲卿、俞阶青、金雪生、戴海珊、朱少滨；《表》，吴向之；《列传》，弟与金筱孙分任之，筱孙任乾隆以前，弟任嘉庆以后，《汇传》则弟任循吏、艺术，章式之任忠义，柯凤荪任儒林、文苑、畴人,余皆归篯孙。

预定三年告成,甫逾半年,馆长忽欲全稿付印。弟力争为不可,同人附和馆长者多,相持久之,而馆长病矣。病中尤急不可待,袁洁珊力任印稿之事,招金息侯为总校,而事遂决。馆长既殁,柯凤老代之,与袁、金意不合,交稿不阅,即付金手。金几执全权。[二]

按《列传》自以夏闰枝、金篯孙为总汇。

金氏所纂都二百六十四册,其子问源全部捐献于上海文物管理委员会。

夏氏手稿是否尚存其家? ……稿内诸表,多出吴廷燮之手。

廷燮卒于江宁原籍,书稿藏北京寓中,充故纸卖去。而协修唐邦治凤号表谱专家,赵尔巽延之家中,获见《玉牒》,独成《清皇室四谱》,出版于中华书局,为世所重,而大臣、藩服、督抚各表,订正尤多。全稿统归南京文物管理委员会。

当民国十七年,查禁《清史稿》时,适教授于北京,而所谓故宫接收委员马衡、俞同奎、吴瀛、沈兼士、萧瑜五人类皆同事。查禁之原动力,或谓出于李石曾,或谓出于谭组庵。

(二)与纂清史者[三]

据张孟劬《清史馆员录》而归类之如下:

馆长:赵尔巽(次珊)

总纂兼代馆长:柯劭忞(凤苏)

总纂:王树枏(晋卿)、吴廷燮(向之)、夏孙桐(闰枝)

总纂

本纪——金兆蕃(篯孙)、吴廷燮、瑞洵(景苏)、邓邦述、柯劭忞[总阅]

志——柯劭忞、刘师培(申叔)、秦树声(右衡)、章钰、唐恩溥

总纂:缪荃孙(筱珊)、秦树声、马其昶(通伯)、吴士鉴(絅斋)、张尔田、姚永朴(仲实)

尚未到馆及到馆未久各人:

总纂:郭曾炘(春榆)、沈曾植(子培)、宝熙(瑞臣)、樊增祥(云门)

纂修兼总纂:李家驹(柳溪)、劳乃宣(玉初)、于式枚(晦若)

纂修:金兆蕃(筿孙)、章钰(式之)、金兆丰(雪生)、夏曾佑(穗卿)、刘师培(申叔)、唐恩溥(天如)、陈曾则(慎先)、王式通(书衡)、何葆麟(寿臣)、万本端(英生)、李岳瑞(孟符)、韩朴存(力畲)、朱孔彰(仲我)、姚永概(叔节)、陈敬第(叔通)、黄翼曾(鹤云)、吴昌绶(印丞)、吴广霈(瀚涛)、王大钧(伯荃)、邓邦述(孝先)、简朝亮(竹居)、袁克文、李瑞清(梅庵)、顾瑗(亚蘧)、耆龄(寿民)、陶葆廉(拙存)、于式棱(渊若)、谢远涵(静虚)、朱钟琪(仰田)、温肃(毅夫)、杨钟羲(子勤)、史恩培(竹孙)、商衍瀛(云亭)、唐邦治(子均)、赵世骏(声伯)、张仲炘(次珊)、袁嘉谷(树五)、傅增淯(雨农)、罗惇曧(掞东)、瑞洵(景苏)、骆成昌(子蕃)、王崇烈(汉甫)、胡嗣芬(宗武)、陈田(松山)、徐鸿宝(森玉)、檀玑(斗生)、蓝钰(石如)、吴瑽(康伯)、陈能怡(养天)。

协修:俞陛云(阶青)、吴怀清(莲溪)、张书云(卿五)、罗惇曧、叶尔恺、朱师辙(少滨)、李哲明(惺樵)、戴锡章(海珊)、奭良(召南)、张启后(燕昌)、宋书升(晋之)、唐晏(元素)、邵章(伯絅)、吕钰、宗舜年(子岱)、李葆恂(文石)、安维峻(晓峰)、袁金铠(洁珊)、邵瑞彭(次公)、方履中(玉山)、余嘉锡、刘焜、陈延铧、左霈、李焜瀛、王以慜、赵文蔚、李汝谦、罗裕樟、喻长霖、尹炎武(石公)。

校对兼协修:王庆平(耕云)、齐忠甲(迪生)、朱方饴(甘孺)、何震彝(鬯威)、孟昭墉。[四]

(三)资料来源

1.史馆大库:各朝实录、起居注,各种方略,满汉臣工传,又忠义、儒林、文苑、循吏、列女等传，奏疏，天文、地理诸志，各省方志，各种书簿、官制表。

2.军机处档案：有满档、摺包、随手档、外交档等名称。

3.方略馆：有正副钞本及刊本，尚有禁书。

4.东华门内内阁大库：多清初档案及地图、各杂件。

5.各部档案及各省督抚署档案。

6.内务府档案。

7.内阁存国子监之章奏、京报五六十大捆。

尚有残本宋元书籍、殿试策等件。

8.采访书籍。

9.各省图书馆书目。

除上述诸史料外，犹有《满汉名臣传》《清史列传》(中华)、《平定粤匪方略》、《续碑传集》、《君臣奏议》、《外务部档案》、《会要》、《会考》、《会计簿》、《清代典例》、吴向之《清史各表》、《平定三逆方略》、《清史纪事》、《十朝东华录》、邓文如《骨董琐记》、《史宬实录》、《掌故丛编》、《越缦堂日记》。

赵尔巽云：若馆中所征集传状、事略及著述稿本，皆应制成目录，并馆中稿本纳入一厨，俾后之成《清史馆小史》者，得所假手。（见《〈清史稿〉发刊缀言》）

按《〈清史稿〉发刊缀言》只述编撰之经过，而不言其作法。吁！亦陋矣！

近人金毓黻云：是书……又有《国史》原本可据，而历朝所修之《实录》《圣训》及《宣统政记》并蒋、王、潘、朱四氏之《东华录》，采摭甚富，史实略备，囊括以成一代之典，差足继轨前代正史之后，而资览者取资矣。（见《中国史学史》）〔五〕

(四)成书卷数与版本

《清史稿》,赵尔巽、柯劭忞等撰。书凡五百三十六卷,计《目录》一卷,《本纪》二十五卷,《书志》一百四十二卷,《表谱》五十三卷,《列传》三百十六卷。自民初三年,设局纂修,历十四年至丁卯岁八月二日而书始成。旋付剞劂。十六年十二月发行五十册,《本纪》七本,《乐志》二本,《舆服志》一本,《职官志》二本,《河渠志》一本,《刑法》及《交通志》一本,《皇子世表》四本,《大学士年表》一本,《军机大臣年表》一本,《疆臣年表》十一本,《藩部世表》三本,《列传》卷十二至八十七、又一百二十七至一百七十九,共十七本。

十七年五月,续印出八十一册,《目录》一本,《天文志》一本,《灾异志》二本,《时宪志》六本,《地理志》五本,《礼志》二本,《选举志》二本,《食货志》二本,《兵志》三本,《艺文志》二本,《邦交志》二本,《公主及外戚表》一本,《诸臣封爵表》四本,《部院大臣表》四本,《交聘表》一本,《列传》卷一至十一、又卷八十八至一百二十六、又一百八十至二百六十二,共二十一本,《循吏传》一本,《儒林传》三本,《文苑传》一本,《畴人传》一本,《忠义传》三本,《孝义传》三本,《遗逸》及《艺术传》一本,《列女传》二本,《土司传》一本,《藩部传》三本,《属国传》二本。

按《列传》卷二百六十,关外本有张勋、康有为传,附张彪传。关内本全删去。(将附《张彪传》目删去)

《清史稿》关内本(正本)五百三十六卷,关外本同。金梁重印(伪本)少七卷,仅五百二十九卷。

民国三年始开馆修《清史》,以赵尔巽为馆长。十六年,国民革命军既占领长江各省,北京势危。史馆发刊总理袁金铠倡刊稿待正之议,众韪之,期一年竣事。名所刊书曰《清史稿》,犹王鸿绪之于《明史》,言修正尚有所待也。于是发售预约,价百元,分两期交书。是年冬,印行纪、志、表、传之各一部分,凡五十册。其余五十册,云于十七年端午节前刊竣。第二期书印成未付（辽宁方面取去四百部），而国民革命军入北京，史馆由故宫博物院接收。院中名流佥以此书谬误甚多，须委托专家重加审定，乃得行世。

十八年十二月，故宫博物院具呈国民政府，谓《清史稿》谬误百出，开千古未有之奇。列举十九项……政府不察，据此"具文"，遂将《清史稿》禁锢，所有史料及印本，捆载而南，封存于教育部，印本且为私人取去者。

查此书共印一千一百部，除文官处图书馆存二百四十五部，及下半部残本二万二千六百六十九册，每半部以八十一册计，约得二百八十部外，流传于外者，仅得印本之半数。

关外之本，捆载入关，每部索价五六百金。

朱师辙云：余所见《清史稿》有数本。最初史馆所印一千一百部，预约每部百元，约售二百部。每部一百三十本，目录一本，共一百三十一本。分期出书……预约取得最多者，仅八十本。其余五十一本，陆续出版，未及发行。国民政府北伐告成，清史馆归故宫博物院接收。接收员马衡、俞同奎、吴瀛、沈兼士、萧瑜等五人，公函请余为赞助保管。余赴馆检查，始发见金梁偷改史稿，并已将关外预约四百部运赴关外（此由关外公家认定预约，非前所述预约），其时馆中既开会改正伪本之谬，而关外本四百部，则不及收回更正。此所以有关内本、关外本之称也。《清史稿》既被禁锢，书价翔贵，由百元预约，竟涨至五六百金一部，而不可得。书皆由关外流入北京，即预约残缺之半部，亦可售百金。关内本市流行尤少，价益昂……未久，余见日人铅印大本二厚本者。后又见小本二本者，皆洋装，大抵皆据关外本。又有金梁仿《清史稿》关外本偷印者，但已删去《时宪志》中十至十五共六卷，此又伪中之伪。欲知清一代事，则不能不读《清史稿》。

《清史稿》

关外本：《列传》二百五十九

陆润庠、世续、伊克坦、梁鼎芬(徐坊附)、劳乃宣、沈曾植。

《列传》二百六十

张勋(张彪、康有为)

关内本:《列传》二百五十九

陆润庠、世续、伊克坦、梁鼎芬(徐坊附)

《列传》二百六十

劳乃宣、沈曾植。

又《清史列传》:民国十七年,中华书局出版《清史列传》八十卷,即《国史列传》正本,嘉庆以前,家世著述,无不详载。

(五)清史创始时,诸家所议史例各文

张宗祥《史目榷》。

金兆蕃《拟修清史略例》《清史稿存目》。

朱师辙《史例商榷》(常与夏闰枝商略史例)。

吴廷燮《修史待问要义》。

吴士鉴《纂修清史商例》。

于式枚、易培基《修史商例案语》。

张尔田《史传文研究法》《论体例义法》。

金梁云:"开馆之初,首商义例,馆内外同人,如于君式枚、梁君启超、吴君士鉴、吴君廷燮、姚君永朴、缪君荃孙、陶君葆廉、金君兆蕃、朱君希祖、袁君励准、王君桐龄等,皆多建议。参酌众见后,乃议定用《明史》体裁,略加通变,先排史目。"

(六)《清史稿》刊行后,时贤评论各文

第一期书印成未刊,而国民革命军入北京,史馆由故宫博物院接收。院中名流金以此书谬误甚多,须委托专家,重加审定,乃得行世。

十八年十二月,故宫博物院具呈国民政府,谓《清史稿》谬误百

出，开千古未有之奇，列举十九项：一，反革命；二，藐视先烈；三，不奉民国正朔；四，例书伪谥；五，称扬诸遗老，鼓励复辟；六，反对汉族；七，为满清讳；八，体例不合；九，体例不一致；十，人名先后不一致；十一，一人两传；十二，目录与书不合；十三，纪、表、传、志互不相合；十四，有日无月；十五，人名错误；十六，事迹之年日不详载；十七，泥古不化；十八，简陋；十九，忽略。谓其书决不宜再流行海内，贻笑后人，为吾国民政府之玷。为今之计，宜将背逆之《清史稿》一书永远封存，禁其发行。

近人评此书之失者：

傅振伦有《〈清史稿〉之评论》(《史学年报》第三、四期)。

朱少滨(师辙)有《清史评论》。

易培基有《清史例目纠误》。

按长沙易培基寅村，究心学问，结庐白沙泉畔，闭户读书，尤精校刊之学，见已校定经典五十余种。于高邮王氏之学，益笃好之。少时肄业两湖书院，著书纠正王氏《公羊笺》之误，杨惺吾奇赏之……近于友人处，得其所著《清史例目纠误》。订正缪筱珊之失，识者服其精审。此外尚有考证之作，订正王益吾《汉书补注》及《水经注》之误云云。(见陈衍《石遗室诗话》)

章太炎(炳麟)有《哀清史》附《近史商略》(《检论》卷八)。

马彝初(叙伦)有《清史拾零记》。

孟心史(森)有《〈清史稿〉应否禁锢之商榷》，《国学专刊》第三卷四号。

金梁有《清史稿校刻记》(近日又出笔记多种，无非大吹其修史之功)。

见《梵天庐笔记》。

金毓黻云：晚近所撰《清史稿》，不为南明四王立传，无以弥《明史》之缺，以言佳史，渺乎远矣。订补改作，正待后贤。

又云：《明史》成于清代，忌讳太多，故有明知其为漏略，而终于不敢着笔者。《清史稿》更为未成之作,是皆有待订补改修。而改修《清史》,尤为当务之急。设局官修,久滋诟病。世有欧阳修、柯劭忞其人,必能奋笔一室,草定新史,以完成一代之典,吾将拭目以俟之矣。(并见《中国史学史》)

附录

《清故胵录》,由云龙。

《清史稿》始于民国三年(甲寅),迄于十六年(丁卯)成书,凡本纪二十五卷(自太祖至宣统,共十二代)。志一百四十二卷(天文、灾异、时宪、地理、礼、乐、舆服附卤簿、选举、职官、食货、河渠、兵、交通、刑法、艺文、邦交,共十六门)。表五十三卷(皇子、公主、外戚、诸臣封爵、藩部、大学士、军机大臣、部院大臣、疆臣、交聘,共十门)。列传三百十六卷(后妃、诸王、诸臣、循吏、儒林、文苑、畴人、忠义、孝义、遗逸、艺术、列女、土司、藩部、属国,共十五类)。计共五百三十六卷、一百三十一册。馆长赵尔巽(王闿运继任,为时甚暂)。总纂柯劭忞、王树枏、吴廷燮、夏孙桐(共四人)。纂修三人,金兆蕃、章钰、金兆丰。协修八人,俞陛云、吴怀清、张书云、李哲明、戴锡章、夒良、朱师辙、孟昭墉(校勘兼协修)。提调五人,李经畲、陈汉第、周肇祥、金还、邵章。后又增总纂四人,缪荃孙、马其昶、秦树声、吴士鉴。增纂修十二人,王大钧、邓邦述、姚永朴、万本端、张尔田、陈曾则、唐恩溥、袁励准、王式通、何葆麟、刘师培、夏曾佑。增协修三十七人,张启后、李岳瑞、韩朴存、朱孔彰、姚永概、黄翼曾、陈敬第、吴昌绶、吴广霈、罗惇曧、骆成昌、胡嗣芬、李景濂、陈田、檀玑、瑞洵、叶尔恺、王崇烈、田应璜、朱希祖、徐鸿宝、蓝钰、刘树屏、杨晋、陈能怡、方履中、商衍瀛、赵世骏、袁嘉谷、秦望澜、吴瑝、史恩培、唐邦治、张仲炘、傅增淯、邵瑞彭、陈曾矩,前后计协修四十五人。有列名而无片纸只字之稿者,亦有用其稿而未列名者,如李家驹、袁克文等是也。而如傅增湘、赵熙辈,赫赫有名,亦竟未加入,殊不可解。其校勘员,为董清峻、周仰公、秦化田、奎善、刘景福、赵伯屏、史锡华、曾恕传。收掌为尚希程、王文著、胡庆松。总理史稿发刊事宜,为袁金铠。办理史稿校刻者,则金息侯梁也。据金君《校刻记》,尚有总阅及征访等职,先后延聘至数十人,别有名誉职约三百人。(余以论颜习斋学术及征送滇南文献,承赵馆长聘为名誉协修,此乙卯事也)馆中职员,亦逾两百人。开馆初,首商义例,梁启超、陶葆廉、王桐龄等,皆有建议。至丁卯,袁君创刊稿待正之议,赵公韪之,即以袁君总理发刊事宜,以金君任校刻,以柯君总纪稿,以王君树枏总志稿,吴君廷燮总表稿,夏君孙桐、金君兆蕃分总传稿,稿随修随刊。至丁卯秋,赵公去世,柯君代理馆长。次年(戊辰)夏,全书告成,大约本纪为邓邦述、金兆蕃、吴廷燮、瑞洵诸君原稿,而奭良、李哲明及柯君,复有增删修正。志则天文、时宪、灾异为柯君稿。地理为秦树声原稿,王树枏复辑。礼为张书云、王大钧、万本端等分稿。职官为金兆丰、骆成昌、李景濂、徐鸿宝等分稿。乐为张采田稿。舆服为何葆麟稿。选举为张启后、朱希祖、袁励准等分稿,张书云复辑。食货为姚永朴、李岳瑞、李哲明、吴怀清等分稿。河渠为何葆麟稿。交通为张启后、罗惇曧分稿。刑法为王式通等分辑,后用许受衡之稿。兵为俞陛云、秦望澜、田应璜、袁克文等分稿。艺文为章钰、吴士鉴原稿,朱师辙复辑。邦交为李家驹、吴广霈、刘树屏等分稿。列传则后妃、诸王为邓邦述、奭良、金兆蕃原稿,金梁复辑。诸臣原稿,凡在馆诸君,多有分纂。自开国至乾隆,为金兆蕃复辑。嘉、道、咸、同,为夏孙桐复辑。光、宣为马其昶、金兆丰复辑。而金梁补辑循吏及艺术,皆夏孙桐复辑。儒林为缪荃孙稿,文苑为马其昶稿,余与梁皆补之。畴人传为陈庆年原稿,柯君复辑。忠义为章钰复辑。孝友及列女为金兆蕃复辑。遗逸为王树枏、缪荃孙原稿,金梁皆补辑之。土司为缪荃孙稿。藩部,蒙古为吴廷燮稿,西藏为吴燕绍稿。属国为韩朴存稿。诸稿经金君梁校阅,并有参订,不专于一人一类或一事。金君《瓜圃丛刊叙录》所载各文，亦多有删减未用，如《太祖本纪赞》是也。尔时仓猝付刊，未及从容讨论，故罅漏在所不免。然以十余年之力而告成，较之《元史》为长，而较之《明史》（六七十年）则为短。且体例虽沿《明史》之旧，而事实则多创办。如邦交、交通、交聘等事，皆较繁于前，而事当改革之后，时殊势异，成之盖非易也。政府以内容多有抵牾，禁其印播，将来广征材料，秉笔得人，不背于潮流，亦不谬于事实，重行修纂，庶几良史之选耳。（《国史馆馆刊》第二卷第一期）

刘禺生云：本人尚觉《清史稿》一书，至今仍在禁止发行。今修《民国史》，则《清史》不能不读，何也？时代至近，一切典章制度，因多于创故也。本人尚忆民国二十二年间，汪精卫任行政院长，与本人尝谈及此事。本人即向注推荐吴宗慈任修改之责。当时陈仲骞任中，适由平来京，因亦共与参定。惟吴宗慈瞑写晨钞，致力最勤。不意抗战军兴，吴、陈二君，先后返赣，并闻已将订正之《清史稿》原册，随身带至南昌。嗣南昌失陷，吴又携其全稿避诸泰山、南丰、赣州等处。今吴方任江西通志局总纂，又闻已携其全稿遄返南昌，如国史馆设法罗致吴先生，则此事迎刃而解矣。今国史馆既非专掌记注，则重行订正《清史稿》一书，将来即由馆长、副馆长领衔发行，亦功在学术界之盛举也。（见《国史馆馆刊》创刊号《第一次纂修人员座谈会记录》）

汪辟疆云：顷闻刘禺生先生谈及修理《清史稿》一事，此确为国史馆当前唯一之任务。此书自民国十六年由袁金铠、金梁等草率付印，民间已有流行。不意十七年间，忽由政府禁止发售，遂使书贾居为奇货。近则有联合书局之绘印本，及日本广岛之影印原本，皆已风行一时。不知禁之愈严，传布益广。书贾展转传印，而国家又视若不睹，殊非所宜。本人稍加批阅原书，其著作体例当无不合。且叙事甚为详核，予夺亦当。惟乖误挂漏之处，确未能免。诸表甚核，而纪、志、列传之年月，时有不照，且有一事而年代相差甚远者，皆宜细心校对。

列传遗漏甚多。如……窃以国史馆既为我政府唯一载笔机关,则修订《清史稿》一事,自属义不容辞。且《民国史》在在与《清史》发生关系,精研史籍者,必不可少此一代之史。与其重加撰次,不如就原书提前改订。本馆即可将已经改订之稿,交书局印行,亦本馆事业之最易与人共见者也。(见书同上)

(议决:推定吴向之、汪辟疆、柳翼谋、汪旭初、金静庵、顾颉刚、但植之、郑鹤声等商讨修订《清史稿》,由汪辟疆召集之。卅六年四月)

柳翼谋云:修订《清史稿》,亦本馆之要务。然本人以为除补、改之外,再要删。盖其遗漏与违碍之文固多,而其冗繁与无关宏旨之处亦属不少。且删之工作,尤难于补、改,是同人扬搉再三,务期至当,本人亦乐于致力也。(见同书,《卅六年六月二次会议发言》)

关于《清史稿》之刊正解禁

《清史稿》五百三十六卷,于民国十七年断手,十八年春夏之交,在北平发行。同年十二月十四日,故宫博物院院长易培基列举十九条纰缪,呈请禁止。迨民国二十三年十一月二十三日,行政院呈国民政府,核发《清史稿》,由院派参议吴宗慈专任其事,检校纰漏各点,并签注改正,略分甲、乙两项,分大体与表志传两项。其后教育部以为该《史稿》未修正之前,不妨仍准书店印行。惟须责成附印《刊正》,冠于书首。而中央研究员傅斯年认教育部之意为最得体,只就政府立场出辞,关涉体裁者,皆无须讨论。北京大学教授、史学专家孟森,著论略同其意。因念本馆以《国史》为职志,其于人代相接者,势不得不连类相撢。《清史稿》既被禁垂二十年之久,刊正发行,无容再缓。兹拟参酌行政院、教育部、中央研究院所拟办法而折衷之,就书法、称谓诸大端,循行数墨,刊正纠缪,勒成一书,与原书一体发行,布之当世,以俟论定。(见《国史馆馆刊·三十七年度工作计划》)

参考资料

《清史稿征书章程》,载《东方杂志》十一卷六号。

李权《阅〈清史稿〉儒林文苑传后》,《东方》,41/5。

金毓黻《读〈清史稿〉札记》附《校订〈清史稿〉意见及办法》,载《国史馆馆刊》第一卷第三号。

陈登原《读〈清史稿〉偶记》,刘襄廷日记《读〈清史稿〉》,均见由云龙《清故脞录》所引,《国史馆馆刊》第二卷第一号。

由云龙《清故脞录》,见同上。

赵炳麟《光绪大事汇鉴》十二卷、《宣统大事鉴》一卷、《兴亡汇鉴》一卷、《谏院奏事录》六卷,《赵伯岩集》。

黄鸿寿《清史纪事本末》,时《清史稿》尚未印行。

按《清史稿》所参考,不过官修之书、臣工之奏而已矣。至若私家著作,以及今故宫博物院、文献馆所藏档案,均不采录,殆亦未尝见之也。则其书之疏谬,亦意中事矣。

延伸阅读

〔一〕赵超玄云:清社既屋,史职随废。而清代君臣事迹、官司典章,其君与臣,曾著实录、国史等书及时撰集之矣。民国开馆,为之整齐,事固易举。故民初庶政虽无可观,而开清史馆,于前史犹为饩羊告朔,礼庆文成者也。(见《史学史·官修诸书》)

大学教课,乃商诸陈援庵校长。于研究所开《清史研究》一课,重以搜罗旧稿,补辑遗闻,而笔之书。以清史为范围,藉以发挥史例,述修史之经验与官书众手所修之缺点,而论其利弊,使后之修史者有所借镜……兹采辑为《丛录》,分为二类,《史例商榷》八卷、《清史评论》五卷。并略为补注史实,俾读者易于明了,以备他日重修清史之助。(见《清史述闻叙》)

〔二〕张孟劬又自作《清史稿纂修之经过》一文,其《覆夏闰枝书》云:仆蒿目时艰,草间偷活,已不复措意于文字,所以不惮饶舌者,则以馆员存者不过三数人。今若不言,异日缪种流传,更无有知其底蕴者矣。

〔三〕朱师辙云：《清史稿》惟闰丈经手最多，而亦最出力及研究。张君孟劬撰《清史稿纂修之经过》一文，必征诸闰丈，良有以也。（夏闰枝）

又云：柯老经史文兼擅，史事固可主张，然其薄视官书，不置可否。或者知建议馆长，亦不能全采，故默而不言。而其后渠代馆长，似可有为，又知史稿将结束，亦无补救办法，不得不放任草率成书。凤老乃才高而老于世务者也。（柯凤荪）

〔四〕又云：秦树声极毕生之力，纂《地理志》，文辞浩博，方物郦道元所阙无几，今稿藏于家。（秦树声）

按秦右衡（树声）总编《地理志》，用力甚勤。其意欲自为一书，故所编甚繁，经十余年，仅编其半。至二期议史稿结束，以太繁不合正史地理志之用，始自缩编改减，未终而逝。值三期，方始议归总结，由馆中向秦氏家取原稿，交王晋卿修正。秦氏两稿尚藏于家。

又云：《清史稿·艺文志》为吴士鉴长编，乃根据各书目而成，故一种之书，重见各类。由于各家所收，各类不同，草创长编，固所难免。复归章式之拟定体例，分类重编，约经一年，以式之谙目录，稍有时名，亦颇自负。其体例不明，分类不当，出诸意外。故馆中公推余整理。（章钰）

〔五〕梁启超云：总之《清史稿》为大宗之史料，故为治清代掌故者所甚重，即将来有纠正重作之清史，于此不满人意之旧稿，仍为史学家所必保存，供百世之讨论。

又云：清社之屋忽十二年，官修《清史》，汗青无日，即成亦决不足以餍天下之望。吾侪生今日，公私纪录，未尽散佚。十口相传，可证者滋复不少。不以此时网罗放失，整齐其志传，日月逾迈，乃以守缺钩沉盘错之业贻后人，谁之咎也？亦既数数发愤思以自任，而学殖谫浅，又多所骛，而志虑不专壹，荏苒鲜就，弥用增怍。顾尝端居私祝，谓后起俊彦中，如力田、赤溪其人者，何遽绝于天壤？盖有以也，我未见之耳。吾友蒋百里手一编见示,则萧子一山之《清代通史》,为篇十六,已写定者仅三分之二,为篇四,为文三十余万言。(见萧一山《清代通史·序》)

甲寅夏,清史馆长赵次珊丈尔巽聘府君为纂修。时馆事草创,亟待府君商讨体例,搜集材料。粗就绪,奉先王父召归,既而赵次丈以列传事有所商榷,手书敦促,并厚致薪糈及赆金,府君皆却不受,终以史事重要,来京邸,担任总纂。(《吴士鉴行状》)

二、章梫《康熙政要》《光绪圣政记》

章梫,字一山,浙江宁海人。宁海先正有宋时胡景参三省,明时方逊志孝孺。三省以注《通鉴》称于世,而梫复宗清朝会稽章学诚之史学。

光绪二十三年丁酉拔贡生,三十年成进士,由庶吉士授检讨,在京供职凡八年。先后得国史馆协修,纂辑《皇清奏议》,画一《臣工列传》,实录馆纂修,功臣馆总纂,兼充京师译学馆教习、提调、监督,大学堂经文科提调,邮传部交通传习所监督,学部图书局行走,邮传部丞参上行走各差。

自谓:"尝西至巴蜀,越邛筰以南,北登太行,临雁门,南游长沙,历武陵、零陵诸郡县。"又云:"余尝走秦陇,度五凉,西逾长城,踔瀚海,历昆吾,跻天山绝顶,入蒲类、车师、车陆诸国,以达庭州,详考《禹贡》雍州诸山川故迹。"盖少壮以贫故,櫜笔走四方。年逾强仕,始通籍,居京师。

著有《光绪圣政记》十卷、《康熙政要》二十四卷。其《圣政记叙》云:

"(上略)今年(戊戌)夏间,始来京师,辇毂之下,万方辐辏。恭逢我皇上,以天纵圣神之德,蓄积二十余年之久,发愤修政,雷厉风驰,中外欢呼,手足忭舞。数月以来,宵旰特甚,圣躬焦悴,遂至违和,乃复恭请慈禧端佑康颐昭豫庄诚寿恭钦献崇熙皇太后重行训政，下民蚩蚩，罔识圣意，管蠡窥测，或致骇愕。伏读九月初一日懿旨，一切政治，有关国计民生者，无论新旧，仍应次第推行，不得因噎废食。仰见皇上止孝，太后止慈，一德一心，根本斯固。端居多暇，汇萃邸钞，恭纂《光绪圣政记》，造端于四月二十三日，毕事于八月十八日，书凡十卷，勒为一编。冀释群疑，宣上德。大正宏达，庶其鉴诸。光绪二十四年九月九日。"

其《政要·后叙》云："臣棪少治儒书，好研帝学，观历代兴衰之故，考列朝因革之源，窃以为百王之治，无有过我圣祖之盛者。尝欲用唐臣吴兢《贞观政要》之例，辑为《康熙政要》，蓄书不备，蒐采斯穷。自通籍以后，与修国史，恭纂《德宗实录》，又与同馆诸臣，朝夕讨论，因得窥列圣讨谟之富，皇朝文献之隆。簪笔禁垣，敬谨缀集，再易寒暑，乃成《康熙政要》二十四卷，合四十二篇。其事具本史宬、馆阁所藏诸书，各家私著，弥慎甄录，稗野之说，不杂厕也。吴兢书，有封建一篇，今昔异情，无取傅会。而今所增遵法祖制、优礼大臣、勤学、恤旧、尚廉、理学、舆地、历算诸篇，皆非唐宗之所有。盖我圣祖圣学之大，德量之宏，规模之远，实即万年有道之治所由启，而岂三代以下之君所可比肩而语哉？欲圣谟宏烈，烁古震今，内殿所储，何啻万帙。兹之所辑，特具体耳。吴兢《自叙》称：'有国有家者，克遵前轨，择善而从，可久之业益彰，可大之功尤著。'区区之意，庶几同之。宣统二年庚戌夏，臣棪谨识。"

书成，《寄上瞿协揆》云："（上略）往岁，编纂《康熙政要》，今已告成，即竣，寄呈钧海。是书类例，均仿唐臣吴兢《贞观政要》，而于圣祖诒谋善政，纂述靡遗。恭读《实录》一周，以《实录》所载，遵祖训未可宣布，仍以御制文诗集及《东华录》诸书所有者入之。与近事有针对者，无不备录。圣祖武功为前古所无，以非今所宜言，故辄从略。凡所不详，均同此例。欲求赐撰一《叙》以冠书首，藉明渊原之所自，倘亦函丈所许乎？"

又《寄陈筱石制军》云："拙辑《康熙政要》一函，《政要》阅二寒暑，顷始告成。其事类钞胥，而鄙意以为弃祖制而法外国，未见其能治也。故于近事有针对者，缀录无遗。《圣祖实录》稿，恭读一周，以《实录》未可宣著，故必《东华录》、御制文集所有者，乃入之。其所不录，亦有微意。圣祖武功为前古所无，而非今日所宜言。建储事为圣祖所不忍言，后即以立储为家法，故均从其略，敬求钧海。"

辛亥变起，日图挽救，谋卒不用。时方纂修《景庙实录》，同官都半畏乱南下。椠坚不肯行，约同志数人，卒成《实录》，以报先帝之知。羸马敝车，出入乱兵悍卒间，略不为动。国体既变，转徙津、沪，避地穷山，琐尾流离，佣书自给，艰苦万状，处处夷然。纂《明遗民传》数十卷以见志。其师友姻党，有居要津方用事者，争招致之，不可得。聘修《国史》，亦不就。[一]

按此所谓《国史》系对开馆修《清史》有意见，其《上陈太保书》云："(上略)顾自奉安已毕，自应略纾荩忱，而后有二事为函丈所时时关念者。一为辅导圣德，一为速修《国史》。辅导则随时启沃，无俟赘言。《国史》则函丈与世相国本皆总裁，自辛亥变后，史官流散，此职不举者二年，而外间遂有请总统拨款开清史馆之说。初闻近是，谛审尚觉未妥。皇上典学宫中，史馆具存，史官亦均无恙也。今设清史馆，名义未协，即总统亦有不忍出诸口者。或又谓不请总统，经费无着。椠谓不然。夫《国史》自开国以来，稍有成书者也。馆臣尚在，今但得总裁提倡续办，不外整齐故事，网罗散佚，专成宣统三年以上二百数十年之史，通变旧章，略如从前均给津贴之法，史官苟有天良，无不竭力从事者。椠即忱愿竭力从事之一也。以此约计，岁支二万金，即已足用，皇室虽窘，所争不在区区。函丈倘以为然，一切办法，具详《说帖》。在沪与人谈及此事，即有愿报效史馆常年经费二万金者。尚告以此关体制，不可以报效行者。人之欲善，谁不如我，姑附及

之。"(癸丑)

又《再呈徐太保书》云:"尊意敦促速到清史馆,述赵馆长企盼之殷,均所钦感。此次聘械,前亦收到。槃病多时,不克应馆长之招者,尚有历史,辄略陈之:去年四月,移居青岛,五月,陆太保来岛,即至敝庐,言《清史》开馆,赵馆长访人于我,因为老弟推毂,赵嘱先行致意,即亲来约。槃询'师意何似',太保谓'不去甚办,去亦无妨',我答以'应遵甚办之教'。太保极以为然。嗣赵馆长至岛,越宿而兵事起,纷纷避散,犹属于晦若侍郎致词。槃答如前。及回上海,馆中寄来'名誉纂修'聘械,当置不问。槃不才,忝为史官,又恭修《德宗实录》,自比山泽之士,伏读《二十四史》《通鉴纲目》《史通》诸书者,略有经验。今复寄来聘械,重以师命,本不敢辞。特病未能行,致孤盛恩,深自悚歉。聘械旧例不缴,晤赵馆长,并求代达。史为万世之公言,清代故事尤为史臣所应习。他日或荷咨访,义无不告,酬谢求鉴。"(乙卯)

友人黄岩王舟瑶称之云:"昔元裕之欲修《金史》,以报故国,而委蛇于异代之朝贵,君子惜其近降志辱身。若危太仆之蒙面异姓,借国史以自脱,尤无耻不足道。一山以《实录》之命,出自朝廷,必终其事。《国史》之聘,出自异代,坚不与闻,其辨义之精,自守之固,亦非有得于乡先正方逊志诸贤之学者,而能如是乎?"

宋社之屋,台多遗民。宁海有舒阆风、刘樗园、胡梅涧三先生,皆隐居著书,各积至数百卷。而胡氏《通鉴注》,尤有功于学者。一山之志固不欲何如三先生,即其志不遂,终于纂著,亦可几三先生。然则宁海二百数十年之衰,得一山庶有以振之欤?(见《默盦集·一山文存叙》)

(一山谓玫伯宗汉之康成、宋之朱子,及其乡之杜清献。志韶承舅氏王子庄先生之绪,远宗武乡侯,近取则于曾文正。予则宗乡先正方逊志、胡景参及吾家实斋先生之学。盖皆以数十年之力,久而归之,自以为得有宗主,非他人之所推致也。)[二]

又编《明史义例汇编》,其《叙》云:

"昔读《明史》,疑者数事,乃检各家《明史稿》,以考其异同,兼求各家商榷义例之文,比而存之,曰《明史义例汇编》。始知向之所疑,有议及而未行者,有行之而未尽者。不幸国变,此事遂废。爰以皇室应自补修《国史稿》之说,干元和相国师,取所谓《汇编》者,加以按语,意欲为本朝史义例之所资也。因仍未果,而清史馆乃特开设矣。甲寅夏间,避地青岛,元和师来,言赵馆长属致意,徐当亲来,奉约入史馆。答言身为史臣,与修《德宗实录》,未可谓史事茫无所知者。特亭林、梨洲皆史才,谙习明事,而皆不受明史馆之聘。今愿从顾、黄。师深以为然。未几,岛上戒严,展转避地至沪。京中见寄馆员条陈、修史义例之文十余份,似多未见《明史义例》。因出是编,质诸善化相国师与于晦若侍郎,均谓清史馆应有之书也。于侍郎旋为《修史商例按语》,复与予讨论《清史》若干事。予老且病,匿居养息之不暇,无能再入国门,与闻史事也明矣!倘馆中而询及刍荛也,义应写而付之,亭林、梨洲有前例云。乙卯立夏宁海章梫叙于上海赁庑。"(《一山文存》十)

又论史传底稿不可信,《致于晦若侍郎书》云:

"前日谈次,论及拟撰本朝史传稿,单行于世,此事非老前辈莫办。史传之不可有褒无贬,人人知之。《明史例》中,亦专条言之。因念本朝《国史传稿》《耆献类征》《碑传集》及各家文集中之墓志传状等文,皆史传之底稿,然皆有褒无贬者。志状等且多不可信,即如吕留良,雍正上谕明言:顺治某年入学,某年考四等,而《行状》但称其丙午弃诸生去。袁昶三折,流传海内外。先师俞曲园先生撰《许文肃墓志》,谓与袁合词入告得祸。国史馆传初稿,均载此事。梫在史馆、实录馆遍查各档,自庚子五月起至七月初三付止,袁昶无一字入告许景澄。两月之间,有三折,皆系别事,而非谏攻使馆,因覆辑《许景澄袁昶传》,尽削三折。[二]其时袁氏子孙官某部员外郎,极不以梫为然。

而志状之不可尽信,实情如此……且《实录》《东华录》等亦皆因事顺文记述,无明言某人某事之不善者。上谕之黜陟进退,一时之政见,非万世之公言。其可据为定论者,十中之三四,又人之所共知者也。应贬之例不一端,大者在心术不正,酿成世道人心之患。或当时无事,而害实由之以起。凡所应贬,应从何等书中查考,得其实据。倘于无字句间求之,人各有见,不免周内,非史法也。此义久欲问公,无可问者。晤时则以多谈他事而忘。夜间忆及,特以……"

又尝移书实录馆总裁,论《实录》云:

"实录馆为先皇帝修书,汉文纂协修,与总裁、副总裁非堂属也。修书之事,又未闻有辨顶色、定尊卑之旧例也。(明史馆、统志馆编纂诸臣,恒有布衣及初释褐者。其时总裁常先施往拜,况恭修实录乎?皇朝故事,熟于人耳,诸臣应无不知)乃开馆以后,总裁、副总裁到馆受揖,从无一人至纂协修处看视还揖者。纂协修有至各家拜谒后,以答拜寥寥,相戒不去。嗣是新总裁到馆,遂多不欲行三揖之礼。总裁、副总裁相率骄蹇,不知其事为先皇帝之事,应如何慎重,如何谦谨。此不知大体,以致迟误者一。

"乾嘉之间,开实录馆,文绮食物等事,随时颁赏,稠叠无已,凡以广圣孝也。今皇上冲龄,总裁或在军机,或掌内阁,从未一稽故事,为皇上推锡类之恩。甚至薪炭之银不发,麇鹿之赏皆裁。日给一餐,勤事诸臣纂录久而再食,厨役即断断索钱,亦复成何文馆?此不知大体,以致迟误者二。

"去年冬间,恭纂诸臣,纂至光绪十九年,闻稿本总裁阅至十三年,各总裁公阅,不及六年,公函催请速阅,迁延如故,不答一词。此不知大体,以致迟误者三。

"恭纂皆凭档案,而以军机各档为最要。初办时,调档尚速。嗣因别有不洽,遂借慎重之名,非先缴清前档不发。坐是,纂稿早成者束手无事,常累月。总裁亦有充军机、内阁协理者,皆置大事于不问。

此不知大体，以致迟误者四。

"以上四事，纂协修之过小，总裁之过大，监修总裁之过尤大。今为补救之法，应请总裁参酌故事，略予谦克，剀切商于纂修诸臣。诸臣皆治古书，不忍以君臣大义，为乡曲陋儒之说，恒有在馆言及《实录》未就，梓宫未安，猝遭此变，至流涕者。总裁倘能实情补救，四十余卷之稿，即风鹤频惊，兵火立至，诸臣亦必不匝月而告成。不成，即责棪一人修之，亦所不辞。度诸臣决不愿棪一人成美也。倘以银五两，买稿一卷，此诚何事？而为谈德宗朝掌故之笑柄，景庙能无恫心？窃料诸臣万不肯囊笔入馆，自失体面，伏维亮察。纂修官章棪谨启。"

又《上陆相国》（壬子正月）：

"敬启者：棪自光绪三十年成进士，由庶吉士授职检讨，在京供职凡八年，先后得本署国史馆协修，纂辑《皇清奏议》，画一《臣工列传》，实录馆纂修，功臣馆总纂，兼充京师译学馆教习、提调、监督，大学堂经文科提调，邮传部交通传习所监督，学部图书局行走，邮传部丞参上行走各差。

"私念生于海滨僻阻之地，少受文师教诲，长则奔走四方，足迹及二十二行省之大半，研治经史，兼东西洋各国译成中文之书，稍稍有得，颇自负经世之业。行年四十以后，阅历较多，幡然于昔所自负，未见其实且大者。嗣是所见复不同于时俗之所趋，始自矜慎不敢言当世之务，惟兢兢焉奉职守而已。光绪三十三年，预备立宪之诏下，人人以为刻期大治矣。窃见谈宪政者，抱数十种肤浅之书，意气张甚，恐未足以观其通而驭其变，乃呈都察院代奏请开四库馆，续修《四库全书》，安冀振起晦塞，通于学而达于治。奉旨交议，而政务处以非急务，卒置不议。宣统元年，以监国摄政王一意慕效宪政，违弃祖制，不守家法，乃恭纂《康熙政要》二十四卷。二年冬，呈请掌院代奏，延阁至三年夏上之。安冀法圣祖成宪，以资补救，乃摄政王绝不审览。是年八月武昌事起，全国震惊，先后条陈二十余事于内阁协理，行其十

之二三,而至要者不行。请其万不可行者乃复行之。九月十三日之
诏下,天子已为守府矣。是时海内鼎沸,京师骚然。南中亲友,多有
劝棳速归者,谓非重臣,无职守,不必枯坐受惊。答以翰林一官,今之
所轻,列祖列宗之所重,本以七品秩,平揖于尚书侍郎之间。虽无重
职,地分清切,义不可临危而去。且棳生于胡三省、方孝孺二先生之
乡,平日服膺二先生之书。胡为晚宋进士,宋亡而为遗民。方为明初
翰林学士,当革除而慷慨就义。国朝二百六十八年,吾宁海前无一人
官京朝者。棳入翰林,临难而逃,无以对乡先生。款坐宣武门外,一
百五十余日,风鹤频闻,不为所动。十二月二十五日,钦奉懿旨,改行
共和,各衙门办事,一例照旧。棳愚下,不忍闻见。邮传部丞参上之职,
及交通传习所之差,已次第辞退。本衙门与各馆年终无事,并无经手未
完之件,欲去即去,本无所用其辞。惟《实录》尚有四十余卷未修,愿暂
在京修竣始行。人臣最痛心之事,无过于效忠无地,尊贱不同,致身则
一,以函丈共抱此忧,趋侍未晤,故略陈之。"(《一山文稿》九)

又请增辑《四库全书》,其折云:

"为拟请增辑《四库全书》以昌宪法而端学术呈恳代奏事。窃惟
古今盛治,首崇儒学。在西强国,皆富图书。诚以图书为学问之根
源,而学问为政治所自出。伏念我朝治化莫盛于乾隆,而高宗纯皇帝
于武功告成之后,即命编辑《四库全书》,是以薄海从风,蒸成善俗。
今距乾隆终书之时,百有余年矣。人事日积,文献滋多,兵革迭遭,斯
文渐佚。年来科举既罢,学堂初开,老成日以凋零,英俊正资培养。
此所谓圣道绝续之交也。而我皇太后、皇上惩前毖后,锐意立宪,特
简大臣前往东西洋各国考查宪政,凡有关于政法之书,采辑编译,择
尤精者,进呈御览,不下百数十种。其未经翻译并各使陆续采进者,
计不止千数百种,则异国文献集于我朝者,又较前代为富矣。因思我
国之图籍,固有之国粹也。东西国之图籍,所以羽翼我文明之治者
也。今固有者之绝续如此,而采辑各国者之繁富如彼,似宜亟乘此时

荟萃中外典册,续编《四库全书》,以昌宪治之文明。

"恭读乾隆三十八年五月上谕:'朕几余懋学,典册时披。特诏词臣详加斠核,厘其应刊、应钞、应存者,系以《提要》,纂以《总目》,依经、史、子、集,部分类聚,命为《四库全书》。间取各书有可发挥者题识简端,嘉惠来学,等因,钦此。'今皇太后、皇上诏述祖训,典学右文,倘及此时,饬令续修《全书》,不特编纂诸臣,足以研求学问,而且风动中外,其善有三:

一则网罗《全书》,足以助成圣学。

二则勘核诸籍,使异端邪说,不得淆乱人心。

三则使各国知我实行宪政,以收罗藏书,为开通民智。

"三者之外,尤有一善,则为各省建设藏书楼之倡。查西国藏书之富,英吉利书楼二百余所,法国五百余所,德国四百余所,意、奥各国,大率称足。此则所以补助教育普及之法也。我国民间向鲜藏书,自高宗纯皇帝开修《四库》,征采各省书籍,加以温诏,继以赐书,又饬建文汇、文宗、文澜三阁于扬州、镇江、杭州等处,颁发《全书》,俾士民得以蒐讨,民间始知藏书之荣宠。今民智初开,朝廷续增《四库》,以振起之,各省闻风,争相慕效,庋藏之宝遍于遐乡,其所以补助教育普及者,尤易为功也。

"至《四库》收储外国人著述,乾隆本有成例,兹拟博加蒐采,择优入录。若编辑《提要》,已译者固可释以中文,其所未译,即令通晓各国文字之员,以次翻译,或就用各国之文,先纂《提要》,亦足俾习外国语文者,藉知各书之原委。恭读高宗圣制《石鼓文序》称:'即如《四库全书》始于予六旬之后,既而悔之,以为举事已晚。越十余载,《四库全书》则早参考装潢毕以储阁。'窃考《全书》之修始于乾隆三十八年,正在武功平定之际,高宗犹以为晚。今薄海绥和,豫备立宪,此孟子所谓'国家闲暇,明其政刑之时'也。修书亦政治之要端,似亦不庸少缓。拟请饬下会议,政务处核议,请旨施行,庶于宪政学术均有裨补。

所有拟请续修《全书》缘由，恭恳代奏，不胜悚切之至。

"光绪三十四年二月初二日，奉旨：政务处议奏。钦此。寻政务处阁置未覆，后亦裁撤。"(《一山文存》八)

附考证

三忠授命后，海内传袁忠节三折稿甚著。俞曲园先生撰《许文肃墓志》，亦采之，谓许与袁合奏者。余在史馆，覆纂《许文肃传》，即据以辑录。迨覆纂《袁忠节传》，初辑者备录三折。顾亚蘧前辈瑷覆纂，删其后二折，籖云："实未入奏。"余又遍查军机、内阁奏事处各档，五月以后，七月初三日以前，实无袁忠节折件，许文肃有二折，亦均言他事，则袁之第一折，亦未入奏者，因并删之，兼删《许文肃传》与袁合疏之事。嗣恭读光绪二十七年正月十三日上谕：上年十二月二十五日开复徐用仪等原官谕旨内，剿抚两难，系专指办理"拳匪"而言，与攻击使馆无涉。徐用仪等五员并无力驳攻使馆之奏，何以发钞。近来各处报馆，往往捏造蜚语，耸人听闻。各国难保非见报馆所私造，以致生疑。私刻之与官报，不难一望而知。至惩办此五员，实因当时首祸诸臣乘机诬陷，现既加恩开复，已足昭雪。该亲王等务与各使分晰剖明，勿再异议。此谕电寄庆亲王等见电变档，则三折之未入奏，益无疑义矣。宣统三年八月记。

翻译新书，以知东西各国之政体，而不知乾隆朝诏辑《四库全书》之意所重，则重在蒐讨古籍，以定上下千年之学术宗旨所在，未能强同。谨为我皇太后、皇上陈之。

我中国书目，向推《汉书·艺文志》，而《隋书·经籍志》次之。以其本刘向《七略》、阮孝绪《七录》也。自唐以后，史家但详今籍，不录古书。间有著述，若宋郑樵《艺文略》、明焦竑《国史经籍志》，无非取自汉至宋史志中《艺文》《经籍》目录，连犿钞撮，而于古书之孰存孰亡，尚无从知，何能知其中之是非得失哉？高宗纯皇帝是以于乾隆三十七年，诏令直省督抚，会同学政等，通饬所属加意购访。复于三十八年，俞安徽学政朱筠所奏，将《永乐大典》择取缮写，各自为书。每书必校其得失，撮举大旨，叙于本书卷首之处，此《四库全书提要》及《简明目录》之所由作也。而后天下之书，凡唐以后所不能知其存亡者，至我朝而无不知之且发明之，于以整齐天下之学术焉。盖圣天子之考文如此。今虽相距百数十年，而《四库》未收之书，自浙江巡抚阮元进呈以后，无继起者，固由山岩屋壁之藏，搜罗殆尽，亦缘延阁广内之府，取择必精，苟非典要，无足采也。至于《全书》，体大物博，未尝不间采西洋人书。然子、史两部，唯艾儒略、利玛窦、熊三拔、阳玛诺、欧几里得、邓玉函六家，且其人至于前明而止。若利类思、安文思、南怀仁等已入本朝，其书只列《存目》，不复著录，可知于旁搜之中，仍寓断代之意。并非谓旁行斜上之书，概可译登也。由是言之，规模之完备，既无可增加，体例之谨严，又未便擅改。则该检讨所请续辑《四库全书》，翻译东西洋各国图籍，编为《提要》，殊非祖宗稽古右文之意，应毋庸议。抑臣等更有言者，在昔编纂《全书》之日，如浙江范懋柱等进呈书籍，辄拜《古今图书集成》及初印《佩文韵府》之赐，综计东西藏书家类此尚多。深恐数传而后，子孙陵替，散落民间，犹可采访，转入异国，无可购求。甚至我国宋元精椠，流传至今，一旦他人是保，尤可惜也。为今之计，应请敕建藏书楼于京师，为全省倡。各省书楼，拟俟存古学堂遍设之后，次第举办。其中藏庋书籍，在京由学部，在各省即由存古学堂筹款购收，庶几既存国粹，又与文渊阁外别建文汇、文宗、文澜三阁于镇江、扬州、杭州等处用志亦当相同。是否有当，请旨施行。所有臣等会议增辑《四库全书》缘由，理合恭折具陈，伏乞皇太后、皇上圣鉴，谨奏。戊申二月。（见曹元忠撰、王大隆编①《笺经室遗集》卷一）

---

①原稿缺作者名。

参考资料

　　章梫——自著《一山文存》十二卷,刘氏嘉业堂刻。

　　按刘承幹云:其文集曰《一山文存》,宣统元年印行于京师,已无有矣。予为益以近年之作,厘十二卷,校而刻之,用以知本朝学术源流之所在,非徒以两家文字交谊也。(见《一山文存叙》)

　　刘承幹作《一山文存叙》,《嘉业堂集》。

　　王舟瑶又作《叙》,《默盦集》。

　　喻长霖又作《叙》,《惺諟斋存稿》。

延伸阅读

　　〔一〕章梫云:自宣统三年八月武昌变作,海内骚然。予官京师,又不能去,风鹤迭惊,一镫荧然。是年腊月,下诏逊位,继以兵变。自壬子,以迄甲寅,三年之间,避地天津、上海、青岛,嗣返故里,复寓上海。或以兵灾,或以匪惊,或以荒灾,无所得食而去,流离琐尾,困苦万状。

　　乌程刘子翰怡,侍其本生父澂如学士避地上海,亦身遭此变者。其孤怀耿耿,搜求古籍甚备,校刻《嘉业堂丛书》,取《闻风集》刻入之。其不第为表章乡先哲遗著可知也。予又念宁海宋末多遗民,闻风与胡三省身之,皆登宝祐四年文丞相天祥之榜,志行高洁,无愧于丞相。身之《通鉴注》失而复完,今行于世。其《竹素园稿》百卷,则已无一字存矣……(见《一山文存》十)

　　〔二〕刘承幹云:(上略)不幸宣统辛亥大乱,斯文颓废,老成亦相继凋谢。予流寓上海,未敢自放,辄有抱遗订坠之心。凡京外士大夫避地而来,驱车而去,其为同光间闻人,每乐与之过从,冀以商量乎旧学。岁癸丑,晤宁海章一山左丞……左丞寓沪,时而出游南北,时而杜门撰著,发垂垂白矣。以予方征刻先正遗书,出其钞本《舒闻风集》属梓。予纂《明史例案》,左丞亦为《明史义例汇编》,考订予书者数事,因知其学,少从德清俞曲园先生治经,入词馆后,肆力于史,而其遭变悫处,泣念故国,有不可明言之隐……观其叙王玫伯观察《默盦集》,自谓师其乡明时方逊志、宋时胡景参及本朝会稽之章实斋,略有所得,信乎其有所得也。(见《嘉业堂集·一山文存叙》)

〔三〕章梫所作《国史传稿》有:徐用仪、许景澄、袁昶、王文韶、张仁黼、陆元鼎、冯子材、孙昌凯、葛宝华、袁保龄、孙诒让、汪宗沂、童兆蓉、郑敦允、赵润生、杨斯盛。(见《一山文存》)

第二章　纂修国史

一、王闿运与国史馆

王闿运,字壬秋,湖南湘潭人。(事迹见前)

入民国,征为国史馆馆长,〔一〕甫发凡起例,遽卒,年八十五(一作八十八)①。

蔡元培云:我是佩服章实斋先生的,那时候(民五)国史馆附设在北大,我定计划,分征集、纂辑两股。纂辑股又分通史、民国史两类;均从长编入手,并编《历史辞典》。聘屠敬山、张蔚西、薛阆仙、童亦韩、徐贻苏诸君,分任征集、编纂等务。后来政府忽又有国史馆独立一案,别行组织。于是张君所编的《民国史》,薛、童、徐诸君所编的《辞典》,均因篇帙无多,视同废纸;止有屠君在馆中,仍编他的《蒙兀儿史记》,躬自保存,没有散失。(见《我在北大的经历》、《蔡元培选集》)

(按蔡元培,字鹤卿,号子民,浙江绍兴人。清光绪己丑、庚寅联捷成进士。清末著名的革命家。民国成立后,曾任教育总长、北京大

---

①王闿运生于1833年,卒于1916年。

学校长,中央研究院院长等职。)

周树人云:我希望有人好好地做一部民国的建国史,给少年看。因为我觉得民国的来源,实在已经失传了。虽然还只有十四年。(见《华盖集》)

(按周树人,笔名鲁迅,绍兴人。据其同乡前辈蔡元培说:鲁迅先生本受清代学者的濡染,所以编汉碑帖、六朝墓志目录、六朝造像、谢承《后汉书》目录等,完全用清儒家法。于此,可见周氏亦特留意乡邦文献焉)

郑鹤声云:民国初年国史馆及民国八年北京大学附设国史馆编纂处,所有史馆档案暨所编辑材料,在首都沦陷时期,由敌伪搜存于伪图书专门委员会内(在珠江路地质调查所)。胜利后,由教育部、南京区清点接收封存,文物委员会加以点收,中央图书馆长蒋慰堂先生主持其事。该会结束后,闻教育部将该项档案分配于国立中央图书馆保存,将材料分配于国立西北图书馆(其办事处在丹凤街)及罗斯福图书馆(其办事处在中央图书馆内)保存。此事由教育部社会教育司主持。似应函请教育部饬令该图书馆等,将该项档案材料,检交本馆应用,其材料纸俱有国史馆及国史馆编纂处字样,最易识别。(见《国史馆馆刊》创刊号《第二次纂修人员座谈会发言》)

二、黄维翰与国史馆

金毓黻云:民国元年十二月,始设国史馆,以王闿运为馆长。六年四月,史馆停办,并入北京大学,未闻其时有勒成删定之《史稿》。越二载,乃于国务院附设国史馆编纂处,以参议涂凤书兼处长。其下设总纂一人,以王树枏任之。编纂主任三人,以屠寄、李经畲、黄维翰任之。又设编纂若干人。考编纂处经始于八年八月,结束于十六年秋季,凡历八年岁月。尔时能奉记言书事之职者,实止黄维翰一人。更由路朝銮、熊国璋、宾玉瓒、陈浏等任分纂,此当时之编纂也。兹将

当日所撰之稿,考得如次表:

一、纪

统纪一 八年一月至九月 九册 黄维翰编

统纪二 十一年十月份 四册 同前

统纪三 十一年十一月份 九册 同前

统纪四 十一年十二月份 五册 同前

统纪五 十二年一月份 二册 同前

二、表

政府年表 一册 黄维翰编

各省军政长官表 一册 同前

各省民政长官表 一册 同前

三、志

教育志 一册 路朝銮编

权量志 一册 同前

外交志 定稿一册、未定稿五册 共六册 熊国璋编

财政志 三册 宾玉瓚编

法制志 一册 陈浏编

四、传

列传 四十五篇 黄维翰等分编

五、纪事本末

武昌起义 一册 黄维翰编

由此可知,当时国史体例,凡分五类,即纪、表、志、传及纪事本末是也。按实言之,以八年之岁月,仅撰成纪、表、志及纪事本末四十五册,列传四十五篇,究属寥寥可数,岂非所谓坐变炎凉,徒延岁月,头白可期,汗青无日乎?然使不受政治影响,继续为之而不懈,亦必粲然可观。

十六年秋,张作霖开大元帅府于北平,就国史编纂处改设国史

馆。以柯劭忞为馆长，王树枏为总纂，并设纂修、协修若干人。尔时曾续撰列传若干篇。迄于十七年八月，国民革命军入北平，史馆解散。国民政府派专员汪洛荘平接收。是否将贮存稿南运？并是否于南京陷敌时散佚？无复有人耳熟能详者矣。倘有人能知汪专员现居何地？任何职？向其询访，或能寻得线索也。

愚谓北平史馆所撰之《史稿》，果今日而尚在，则必极有裨于修史。表、志诸作，不过一鳞一爪，姑不置论。所撰列传，应不止四十五篇，则应在国史立传之人，不待旁求，而已能略具规模焉。黄氏所撰《统纪》，余拟名为《本纪》，初稿如《续通鉴长编》应名《通纪》，与黄氏旨趣亦不殊。黄稿始于八年一月，其七年以往之统纪，本拟逐渐补撰。嗣以北平各机关欠薪不发之故，修史亦无起色。独黄氏昕夕不懈，成就独多，藉令《统纪》二十九册之稿本，尚在天壤，必极有助余所拟撰之《通纪》。此后当多方以求之耳。

此事原委，由鲍君育万告余，故得悉焉。君为老儒奉宽先生之仲子，能世其家学，又尝从事于国史编纂处者也。现君尚钞存《政府年表》《各省军政长官表》《各省民政长官表》各一册，正可窥见当日撰史之规模。

余向主民国新史宜立纪、表、志、传、录五体。录者，纪事本末之异名也。今得见黄氏所撰之稿，可谓先得我心，并可证鄙说之不谬。今则史馆新建于南京，应记言书事、勒成删定之选者，悉为海内耆儒。余以菲材，谬厕其列，国史体例，宜创宜因，正待商榷，姑就所闻于魏君者，著之版业，备秉笔诸公采撷焉。

按黄维翰，字申甫，江西崇仁人。清光绪乙未进士，曾官呼兰、龙江等府知府。宦游黑龙江省颇久。所撰有《呼兰府志》《黑水先民传》《渤海国记》《稼溪诗文集》诸书。卒于民国十九年，年六十四。

参考资料

胡思敬《戊戌履霜录》四卷，《大盗窃国记》一卷，《国闻备乘》四卷,《九朝新语》十六卷,《十朝新语外编》一卷,《退庐全书》。

蒋逸雪《三十年来国史馆筹备始末》,载《史蠹》中。

尚秉和《辛壬春秋》。

王树枏云:行唐尚节之先生虑其久而益失真也,乃竭十余年之力,详咨精择,以成一代之信史,名曰《辛壬春秋》,盖专记辛亥壬子两年革命之事,间有叙及癸丑年者,则全国统一之本末也。是书分省隶事,各自为篇。其有本事,不能分系于各篇者,则组之于《大政纪》中。其繁而要者,则列之于表,以备后人之详考。文成而法立,词简而事赅。后之读是书者,苟反复于独治、共治两制之是非祸福而善变焉,则亦千秋得失之林也。(见《陶庐百篇》二《辛壬春秋序》)

蔡元培——无名《蔡元培逝世》又《贡献》,《东方》,8/37。

又《追悼蔡元培特辑》,《东方》,8/37。

蔡尚思作《评传》,新出版《蔡元培选集》。

周树人(鲁迅)——郭沫若作《鲁迅与王国维》,《郭沫若全集》中《历史人物评论》。

黄维翰——王树枏《呼兰知府黄君墓志铭》,《陶庐文集》。

吴宗慈《黄维翰传》(稿本)。

王闿运——《湘绮楼全书》,《国史拟传》。

延伸阅读

〔一〕赵超玄云:民国肇造,遂无史职。袁世凯虽以王壬秋充国史馆总裁,实则并未开馆。迨后北京大学行其职,寻又设国史编纂处附属于国务院,不如前此秘书省、国史院、起居院之独立尊严也。(见《中国史学史·史官之建置与沿革》)

又王闿运云:(日记)民国三年甲寅(时年八十三岁)三月十二日。酉初至前门停车,见重伯下车,云当急下。迎者未来,发电话寻人。余出闲看,晳子来,又寻我,同车至武功卫,见门条署"王馆长宅",入则有守屋二人,院落四处,分住同行人不够,仅可安顿亲子及刘、陈、周三私人，公人皆居客店去。皙子代东，葆生设食。余年八十三。

五月朔，国务院送印，无人祗领，只得代马叙伦出四元受用。即荐任谭芝公为秘书。谭欲为长，改派重伯，亦翰林有文材者。请谭纂修，谭辞言去，遂不能留之。

二日，袁珏生来，言赵次珊将来，欲我荐人。余以修史当悉用翰林，方能截断众流，使廖经师、萧雷公无处安身也。

五日，财政局送开馆费五千元。

六日，将赴史馆，宋芸子来信，争聘委，将悉以委用穷之。此家夔公心法也，尤而效之，岂无罪耶？

十二日，赵次珊来，颓然老矣……又论修史人材，告以有马布衣。

十九日，汤议长率王鼎臣儿来，亦欲食于史馆。曾秘书已吃开办饭矣。

廿四日，史馆来迎，往后王恭厂看新寓，云尚可喜……

闰月二日，谭、许、曾、岳、陈、宋并来，云到馆点卯，设酒款之。

七月晦日，清史馆送《凡例》来，请教修史，而先起例，宜汗青之无日矣。派两协修往参之。

八月朔，午后出答刘、欧两道，便至东华门内清史馆听讲。史馆而设讲堂，所谓善学外国者。严又陵言修史要精神，盖外国有无精神之事。精神与机器相对，他日文明，当有机器史也。讲堂亦精神所存矣。

十四日，史馆分金，芝公甚皇皇，未能如愿，余已倾囊矣。

十五日，中秋，午设三席……同馆廿五人于正厅。

十月十日，纂、协修诸先辈来。

十一日，纂、协修又来生事，云谭芝昀所倡。芝昀责我不当把持，不知当属谁主，此又在芸子之下，皆我所用人，我又在其下。曹孟德当复笑人，诸葛孔明得以自解，皆从孔子言宰予起。

十一月十四日，作书与袁慰庭：前上启事，未承钧谕，缘设立史馆,本意收集馆员以备咨访,乃承赐以月俸,遂成利途。按时支领,又不得时,纷纷问索,遂至以印领抵借券,不胜其辱。是以陈情辞职,非畏寒避事也。到馆后,日食加于家食,身体日健,方颂鸿施,故欲停止两月经费,得万余金,买广厦一区,率诸员共听教令,方为廉雅。若此市道,开自鲰生,曾叔孙通之不如,岂不为天下笑乎? 前拟将颁印暂存夏内史处,又嫌以外干内,因暂送存敝门人杨度家,等候询问,必能代陈委曲。闿运于小寒前由汉口还湘,待终牖下。奉启申谢,无任愧悚,敬颂福安! 闿运敬启。

四年十一月七日,皙子仁弟筹席:谤议发生,贤者不惧,然不必也。无故自疑,毫无益处。欲改专制,而仍循民意,此何理哉……即位以后,各长官皆有贺表,国史馆由弟以我领衔可也。如须亲身递我名,我系奉命遥领者,应由本籍请代奏,不必列名也。若先劝进,则不可也。何也? 总统系民众公仆,不可使仆为帝也。弟足疾未发否? 可以功成身退,奉母南归,使五妹亦一免北棺之苦乎? 抑仍游羿彀耶?

五年四月六日,看报,责总统退位者词严义正,非武力不可解决,但为国史馆增几篇佳文耳。

五月十日,与书史馆,属其自行解散。

十一日,城中人来云:黎元洪已代总统,尚无乱信。岫生来,但言矿局多停。

十三日,看报云:国史馆并入清史馆,恐非事实,时已有信去,当可行矣。

——以上摘录《湘绮楼日记》与史馆有关之事数则。

同馆者(等人):曾重伯(广钧)、王慧堂、谭芝昀、刘仲鲁、陈伯潜、周、杨皙子(度)、东葆生、宋芸子(育仁)、齐耀珊、齐耀林、孙同康(雄)、马叙伦(字彝初)、袁珏生、赵次珊、杨惺吾(守敬)、叶焕彬、程、汤化龙、邓(编纂)、景(阁学)、许、岳、柯凤笙、欧阳浦(为主事)、姚(常熟,为办事员)、王梅生、宗子岱、吴缃斋(士鉴)、马通伯(其昶)、缪荃孙。

第三章　治目录校雠学

一、缪荃孙《艺风堂藏书记》

缪荃孙,字筱珊,号艺风,江苏江阴人。[一]光绪二年丙子进士,由庶常授编修。历充翰林院撰文,教习庶吉士,国史馆纂修。在馆殚心著述,暇即日涉海王村书肆,搜访异本,典衣购取,知交通假,钞校考订,日益通博。戊子归里,江苏学政王先谦重其才,聘主南菁书院,与定海黄以周分任教课。甲午,大考翰詹。张文襄督两江,聘主讲江宁钟山书院,凡六年。课士之暇,一意刻书,日事校勘,丛书数集,陆续告成。金陵为东南都会,故家藏庋时时散出,苏、沪密迩,估客奔辏,所收旧籍、金石、书画乃益富。江督端方奏派总办江南图书馆。宣统元年,学部唐景崇复奏充京师图书馆正监督。既任事,先分类清理书籍,内阁大库检出元、明旧帙甚夥。无何,武昌军兴,东南诸省应之,诏下逊位,海内云扰,荃孙亦辞归矣。自是卜居沪渎,以书籍遣日,整理旧著。四方知旧,大都避难来沪,访书问字,踵接于门。国变后,文献凋零,咸惧国粹湮没,购书刻书之风特盛,吴兴刘翰怡、张石铭益衷集丛书,咸向就正。

甲寅,袁氏当国,清史馆开,赵次珊尚书聘为总纂。荃孙身为旧史,生平网罗文献,有遗山、石园之志,欣然应招。先为条举大纲,贻书商榷。及至馆,与同人集议,开馆之始,多所赞画,因不能久居京师,赵尚书许携书自随,以国史《儒林》《文苑》《循吏》《孝友》《隐逸》五传初稿原出手纂,后经他人增改,仍愿引为自任。阅两年,除《循吏》

一传让归他手,余四传皆脱稿。又成《土司传》《明遗臣传》,则国史所未具而创辑者也。〔一〕甲辰、戊午两次至京,商办史事,力主先拟定传目,以时代为段落,择人分任。久之,乃定议自任康熙一朝,而时局日纷,牵于生计,遂分日力于所任史传,仅脱稿十之六七,每自引以为恨。〔二〕辛未春,感疾寻愈,犹铅椠不辍。十一月初一日,卒于上海寓庐,年七十有八。

荃孙早膺史职,于乙部致力最深。拾遗订误,悉本钱氏《考异》、王氏《商榷》前法。于当代掌故,征求讨论,心得颇多。有《国史备采录》六卷(光绪钞本)。

所编复有《辽文存》六卷,《辽艺文志》一卷,《续国朝碑传集》八十六卷,《艺风堂藏书记》八卷、续八卷、再续不分卷。

自言:"荃孙昔尝究心地学,又两修顺天、湖北通志,曾汇聚古今舆地书,而考其沿革,则各书动辄抵牾,证之于史,抵牾尤多,往往思穷日夜,多采旁证,而后贯通,亦竟有不能贯通者。"又言:"张之洞《书目答问》,亦我所代作。"(见《艺风堂文集》)

余从友人徐积余太守识葱石,气谊交孚,时相过从。积余先刻《积学斋丛书》,余亦刻《云自在龛集》。近又有《藕香零拾》之选。风窗镫几,日事校雠,吾辈蠹鱼风味,亦是有真乐在也。(见《聚学轩丛书·叙》)

近复寄居萧寺,司事校雠。一镫风雨,古佛瞰其悲欢;万叠云山,羁人役于魂梦。株守无能,孤落自惜,如是焉已!

近校迁史,渐有条理,寄居萧寺,经旬闭关。荃孙刊校《史》《汉》,春莫蒇事。

予喜购金石书籍,虽典衣贷债,从无交谪。(指孺人)

荃孙爱之(金石)成癖,过三十年而遥,萃而为林,出一万种之外。刻《云自在龛丛书》《藕香零拾》。

岁己卯,金潴生表兄自粤东转饷,相遇于都门,古欢若素,相见恨

晚。又约裒集邑中先辈著述,广为流传。[四]

　　按:江阴缪筱珊荃孙,《清儒学案》卷百八十八《之洞学案》附缪荃孙。

二、傅增湘《藏园藏书志》《访书记》

　　傅增湘,字沅叔,四川江安人。清光绪二十一年乙未进士,授翰林院编修,任贵州学政。后改官直隶道员,赴日本考察学务。归,袁世凯颇倚以兴学,复授直隶提学使。治事详慎,颇调停新旧学。改革后辞职。已而仍出任教育总长。为人恂恂儒雅,不隶党派,与北洋军官半联乡谊,交冯玉祥至密,而段氏亦颇引重之。某岁,京师学潮起,厄于权贵,无由排外,愤而辞职,不待批准,匆匆离京。著有《藏园藏书志》,载《国闻周报》中。最近又有《访书记》。

三、徐乃昌《积学斋藏书记》①

　　徐乃昌,字积余,安徽南陵人。光绪十九年癸巳举人,官江南盐巡道。有《镜影楼诗》(见《石遗室诗话》)。贵池刘瑞芬巡抚之长女婿,著有《随盦所著书》。

　　王国维云:南陵徐积余观察博雅有鉴裁,多蓄书籍、金石,而所藏

---

　　①《中国史学史长编目录》无此目,但内容有此。结合本专题主题,当为《积学斋藏书记》。《积学斋藏书记》是著名藏书家徐乃昌对其所藏而撰写的善本书志。此书只有抄本流传,现存国家图书馆三册、上海博物馆藏九册。上博所藏《积学斋藏书记》是现知最全本,全书皆以蓝格抄书纸工笔抄录,文字及篇目多经徐乃昌亲笔校核删改。柳向春、南江涛以上博藏本为底稿,收入徐氏著录典籍823部,并校核国图本,除去两者相重合的623部以外,又将其不见于上博本的28部作为附录收入。2014年,由上海古籍出版社出版。此书具有重要学术价值。(一)有助于了解徐氏藏书的构成和特点。徐氏《积学斋藏书目》虽著录图籍达七八千部之多,但未录入其所藏宋元刻本,明刻本仅录百余部。(二)此书详述藏书行款、递藏、序跋、印记,以及与众多学者、诗人、藏书家、金石家的交往。(三)此书保存了诸如何焯、翁方纲、钱大昕、黄丕烈、顾广圻等名家题跋百余篇,或不见于作者本集,或与流传文字相异,对辑逸补缺极具价值。

古器物尤精。戊午冬日,出所撰《随庵吉金图》,索余为序。(《观堂集林》缀林一)

又《题徐积余观察〈随庵勘书图〉诗》。(丁巳)

张寿镛《挽徐积余》:拥书百万拟王侯,尔雅文章第一流。白鹤朱霞标妙格,桓碑彝器久旁搜。丹铅岁月郡斋晃,雠校功夫中垒刘。盐筴江南何足道,长悬镜影照高楼。(《约园杂著三编》卷八)

缪荃孙《积学斋丛书序》云:吾友徐君积余,沉湎经籍,劬学不倦,家宁国,习闻乡先辈赵琴士之遗风,久客淮扬,与竹西诸贤相砥砺,嗜古之念日专,传古之心日切。近出所刻丛书见示,盖专求近儒辑述,取未刻之书为之传播,经学、史学、地学、算学无所不备。又多可传,无偏嗜,无杂糅,丛书之善,至此极乎?闻君多藏善本,二集之刻又翘首而俟之矣。(见《艺风堂集》三)

四、刘承幹《嘉业堂藏书记》

刘承幹,字翰怡,浙江吴兴(一作乌程)南浔镇人。父锦藻即澂如学士。承幹以优行为附贡生。家拥高赀,敦尚儒素。自辛亥国变后,绝意仕进,覃思著述,居海上时,新学盛行,故籍日渐沦失,更海内骚扰,书籍往往散出。承幹因得博收广取,廿余年间,共得书六十万卷,筑嘉业堂以储之。[五]并搜梓先正遗书,曰《求恕斋丛书》若干集、《嘉业堂丛书》若干集、《吴兴丛书》若干卷,所自著多未定稿。已梓行者,有《明史例案》九卷、《南唐书补注》十八卷。

承幹收藏既富,复广交游,创立淞社。[六]尊俎酬酢,皆一时知名之士。平生交游中,如金坛冯煦、嘉兴沈曾植、归安朱祖谋、华阳王秉恩、铁岭郑文焯、德化刘廷琛、中江王乃澂、吴县吴郁生、海宁王国维、长沙叶德辉、江安傅增湘、德化李盛铎、海盐张元济、上虞罗振玉、吴县曹元弼、江宁邓邦述、贵池刘世珩、南陵徐乃昌、宁海章梫,皆与有文字之契。长沙叶昌炽、黄岩王舟瑶、江阴缪荃孙、湘乡陈毅、武进董

康皆尝往其家,为之考订编次,集思广益,有由然矣。考其藏书来源:

1. 丰顺丁氏持静斋藏书。

2. 仁和朱氏结一庐藏书。

3. 太仓缪氏东仓书库藏书。

4. 平湖陆氏奇晋斋藏书。

5. 江阴缪氏艺风堂藏书。

6. 独山莫氏影山草堂藏书。

7. 甬东卢氏抱经楼藏书。

8. 湘阴郭调元氏藏书。

9. 诸暨孙问清氏藏书。

10. 华阳王氏强学籍藏书。

其《南唐书补注》,吾亡友宋慈抱为作《序》云:

吴兴刘翰怡京卿,绩学好古,近代鲍渌饮也……初,李映碧尝注《南唐书》,与陆游所作,大同小异。祥符周在浚注此,则专宗陆本,不依马令本,引用书皆李氏所未见,又证诸宋人说部不下二百种,其用力可谓勤矣。翰怡京卿尚恨其未见续出《大典》诸书也,拾遗补缺,并旁稽汤运泰此书注本,为周氏未及者,成《南唐书补注》十八卷。〔七〕

五、张元济《校史随笔》

张元济,字菊生,浙江海盐人。光绪十八年壬辰进士,由庶吉士改刑部主事,充总署章京。新学初萌,即设通艺学堂于上海,能得风气之先。因上书请改官制废拜跪革职。(见胡思敬《戊戌履霜录》卷四)于是回上海,与人开办商务印书馆,担任编务。〔八〕始编中国第一部教科书,四十余年来,孜孜工作不倦。能以身作则,实事求是而为之。虽引退,仍兼商务董事会主席之职,并不支取薪水。晚年藉鬻字以维生计。

曾费十余年功夫,校订一部《二十四史》。又费十余年功夫,校订三千余册《四部丛刊》及其他各种辞书等。[九]这些艰巨学问完成,正说明其于文化工作之忠贞热忱与学识之宏伟精深。

元济亦富藏书,多有题识,曾来北平,参观北平图书馆与故宫文物。对珍藏版本,言之尤兴致勃勃然也。

抗战前,在他一手搜集了四五十万本藏书的东方图书馆,"一·二八"之役,尽被日机所炸毁矣。

并影摹秘笈古书以行世,复出其先世著述,校印为《涉园丛刻》凡七种。[一〇]中有《涉园序跋集录》若干卷。

参考资料

缪荃孙——自著《碑传集补》,又《读书志》,《艺风堂文集》七卷、《续集》八卷、《辛壬稿》三卷、《癸甲稿》四卷、《乙丁稿》五卷。

夏孙桐作《行状》,《观所尚斋文存》。

柳诒徵作《传》。

李法章作《传》,《梁溪旅稿》。

支《传》,《图书馆学》杂志。

傅增湘——吴挚甫作《墓表》,《国闻周报》,《藏园藏书目》。

许崇熙作《墓志铭》,黄兆枚作《传》。

徐乃昌——缪荃孙《艺风堂文集》,《随盦所著书》。

刘承幹——宋慈抱作《书序》,支《传》。

章梫《一山文存》十一《刘紫回虞衡别传》。

张元济——《张菊生六十生日纪念册》。

《青鹤杂志》第三卷第一期有《象》。

何炳松《商务破毁纪略》,《东方》,29/4。

无名《高梦旦传》,《东方》,33/18,34/1。

延伸阅读

〔一〕梁启超云:晚近光绪间,江阴缪艺风(荃孙)则以板本之学

闻。（见《学风之地理分布》）

〔二〕缪荃孙云：《清史》属于予所撰有《明遗臣传》三人，一卷，附见五百人。《儒学传》上，三十四人，一卷，附七十三人。下，六十三人，三卷，附一百零一人。《文学传》九十二人，五卷，附一百九十一人。《孝友传》六十三人，二卷，附传四十八人，附见七百余人，单列人名。《遗逸传》十七人，一卷，附二十一人。《土司传》一省一卷（湖广、四川、云南、贵州、广西、甘肃）。（见《云自在龛随笔》）

又支伟成云：乌程刘承幹饶于赀，好刻书，延缪艺风、叶鞠裳佐其雠校。（见《朴学大师列传》）

〔三〕按《清史·儒林传》创始于阮文达公，当时总裁即以私恨有所去取。道光末年重定，又非嘉庆时进呈原本。光绪庚辰，奏请派员续修，缪荃孙拟稿，仅存《目录》，全书则秘藏于家。今《清史》虽成，尚未刊布。

又缪荃孙云：荃孙前在史馆，续修《儒林》《文苑》两传（旧稿四卷），创修《孝友》《隐逸》两传（有目无书），均有定稿。又接修《公主》《土司》两传（有目无书），《艺文》一志（旧稿十卷），与总裁议不合，乞假归，初稿尚留荃孙所。（见《艺风堂文集》卷五，《国史隐逸传序》附注）

又柳诒徵云：艺风先生续修清史《儒林》《文苑》诸传，一循阮法，注明出处。后经提调办画一传者删去。（见《艺风年谱》，《赵伯先传》附记）

〔四〕缪荃孙云：吾友金君淮生，博雅好古，昔与夏君彦保及荃孙三人，互相砥砺，以收拾先辈著作，得一书，则彼此传钞。十余年中，长编零帙，得五六十种。淮生先为《江阴艺文志》二卷，又择其可以传播者，梓行二十种，名之曰《江阴先哲遗书》，裒辑既博，体例尤谨，诚桑梓之钜观，而职方之要典也。（见《艺风堂集》）

〔五〕按嘉业堂，其地居南浔南栅，主人为刘翰怡京卿承幹，仕跻华贯，微尚清远。值世衰敝之交，抱守先待后之志，爰于鹧鸪溪畔，购地二十亩,斥金十二万,建设斯堂,为藏书之所。

〔六〕章梫云:国变明年之冬,予自京师避居上海,周梦坡学博、刘翰怡京卿先自浙中避地而来。时大乱方始,一夕数惊,学博与京卿同抱故国之感,戚然寡欢,乃约为文酒之会,曰淞社,予亦与焉。上海有英、美各国租地,乱徒不敢侵扰。海内寓公逸士,多侨居于此,则有超社、逸社、南社、希社诸会,觞咏甚盛,仿佛晚明东南诸文社之风。乃未几,而向之所谓寓公逸士者,往往投袂而出,社亦以次渐散,独淞社子焉仅存,自壬子至丁巳,盖六年于兹矣。(见《一山文存》十一《题乌程周味诗资政遗象》)

〔七〕近人叶景葵云:《南唐书笺注》,张菊生先生示我《涵芬楼烬余书录》底稿,史部载周雪客《南唐书笺注》十八卷,拜经楼抄本,朱耐园、吴兔牀合校,周耕厓借阅,黏附校签数百条,征引繁富,剪裁精当。正思借钞,禾中书估寄来陈仲鱼钞校本三册,原四册,计缺第四至第八,凡五卷。乃借涵芬楼本校补完全。仲鱼录耐园、兔牀校用蓝笔,录耕厓校用朱笔,今概以墨笔补之。朱校注朱字,吴校注吴字,周校注周字,惟卷中亦夹有耕厓校签,有与涵芬楼本重复者,亦有不同者,间有涵芬楼所无者,似仲鱼录后,又经耕厓审定。今依原本,一一整比补写完毕,惜嘉业堂草草刊行,未见此本也。庚辰三月三日写完。景葵记。(《卷盦书跋》)

〔八〕张元济自云:丙申年(光绪二十二年)前后,我们一部分同官常在陶然亭聚会,谈论朝政。参加的一共有数十人。当时并没有会的名称,只是每隔几天聚会谈谈而已。在一起聚会的人,我现在记得有文廷式、黄绍箕、陈炽、汪大燮、徐世昌、沈曾植、沈曾桐等。那时候,康有为还不在北京。

戊戌四月二十八日,光绪召见康有为和我,那时我还在总理事务衙门供职……因为当时翰林院侍读学士徐致靖上一折子给光绪,保举康和我。

政变后被革职,永不叙用。李鸿章派人叫他(我)到上海谋事。李托盛宣怀安排事情,介绍在南洋公学办理译书的事,把严复译的《原富》印出来。以后进商务。

——《戊戌政变回忆》,《新建设》三期一号,一九四九.十.六。

〔九〕张菊生为当代名士,精板本目录之学,商务印书馆经营之《廿四史》及《四部丛刊》正续集,皆其手校,跋语至多。(见《丛书跋语》)

又,一九三三年六月,国民党政府教育部令当时中央图书馆筹备处和商务印书馆订立合同,影印文渊阁所藏《四库全书》未刊本。北京图书馆馆长蔡元培则主张采用旧刻或旧抄本,以代替经四库全书馆馆臣篡改过的库本,藏书家傅增湘、李盛铎和学术界陈垣、刘复等人,也与蔡元培主张相同,但为教育部长王世杰所反对。当时商务印书馆编辑所所长张元济,也主张照印库本。结果选书二百三十一种,印了《四库全书珍本初集》。(见《鲁迅文集》五《准风月谈》中《四库全书珍本》注)

〔一○〕海盐张菊生同年元济,既创设东方图书馆于沪,影摹秘笈古书以行世。复出其先世著述,与从弟季臣元述校印为《涉园丛刻》凡七种……涉园在南门外乌衣村故址,冯具区、董香光所尝至者……林泉台榭,遂极一时之盛。园富藏书,逮嘉、道间,江浙名流,如吴兔牀、鲍渌饮、陈简庄、黄荛圃辈,犹假书校雠。经粤"乱",园圮。书佚,家刻本无片版之存。光绪庚辰,菊生年十四,奉母自粤归,访园废址,则林木蓊郁,径没蓬蒿,小池湮塞,旁峙坏屋数椽,族人之贫苦者居之。颓垣苔藓中得石刻范忠贞公承谟诗,盖康熙辛亥年,忠贞方抚浙,行田至海盐,尝信宿于园也……菊生久居沪,分为故家文物萃集之地,访求先德遗著,乃成斯刻。而涉园所藏所梓,亦有归之故主者。(见《张菊生六十生日纪念册》,胡适等撰文)

第四章　治论史学

一、康有为《孔子改制考》

康有为,原名祖诒,字广厦,号长素,广东南海人。^[一]祖赞修,治程朱之学,官连州教谕。父达初,早卒。有为受教于大父,七岁,能属文。年十八,始从朱次琦游。次琦湛深经术,舍汉释宋,原本孔子,而以经世救民为归,学者称为九江先生。有为好称西汉今文微言大义,能为深沉瑰伟之思。后见井研廖平于广雅书院,读所著书,乃专治公羊家言。但孔子论古改制,《六经》为刘歆窜乱之说……所著曰《孔子改制考》,即教人读古书,不当求诸章句训诂、名物制度之末,当求其义理。义理者,乃古人创法立制之精意在也……曰《新学伪经考》。伪经者,谓周、孔、逸礼、左传及诗之毛诗,刘歆争立博士者。新学谓王莽之学,时清儒诵法许、郑,自号汉学,有为指为新代之学焉。

甲午入京师,以《新学伪经考》献翁同龢,欲以感其意。同龢惊诧不已。方是时,我败于日,海军歼焉。乃率其徒,从礼部试公车入都者,凡数千人,上书申变法之议。明年(二十一年)乙未,成进士,授职工部主事。

有为言孔子托古改制,而所以学孔子者,亦必出托古改制。孔子之言托古改制,见其义于《春秋》,而有为之言托古改制,则托其说于《礼运》,以《春秋》三世之义说《礼运》,谓升平世为小康,太平世为大同,衍其条理为《大同书》。

戊戌维新政变失败,有为亡命日本,转南洋,居槟榔屿,遍游欧美各国,凡十六年,撰《十一国游记》。国变后始归。

尝以电论时政,刊《不忍》杂志,申大同之说。袁世凯为收拾人心,拟畀以清史馆之任,有为力辞,谓倘修《清史》,则世凯首为罪人,不能无一言,世凯必不容,宜莫能为也。居上海,乃与朱祖谋、沈曾植、王乃澂、郑孝胥之流,为文酒之会。自是游西北边陲,历长江,所至谒当道,以提倡文化为言。十六年,国民军再兴江南,有为走死于青岛,年逾七十岁。

有为天资瑰异,古今学术无所不通,坚于自信,每有创论,常开风气之先。初言改制,次论大同,谓太平世必可坐致,终悟天人一体之理。述作甚多,其讲学于万木草堂,门徒梁启超、陈千秋最服膺其说,助之校雠编纂云。〔二〕

梁启超在庚子以后,复回日本,编《新民丛报》。在报上发表一篇《保教非所以尊孔论》,便显然与康氏背道而驰了。自说启超自三十以后,已绝口不谈伪经,亦不甚谈改制,而其师康有为大倡设孔教会,定国教,祀天配孔诸议,国中附和不乏。启超不谓然,屡起而驳之。〔三〕

按:南海康长素有为,《清史稿》卷四百七十九《列传》第二百六十有传。

二、梁启超《新史学》

梁启超,字卓如,号任公,广东新会人。四五岁,就在父母膝下授四子书、诗经。夜则就睡在父榻,常与言古豪杰哲人嘉言懿行,及亡宋、亡明国难之事。六岁后,就父读,受《中国略史》《五经》卒业。八岁学为文。九岁,能缀千言。十二岁,应试学院,补博士弟子员,旋肄业于广东省城之学海堂,知有段、王训诂之学,大好之。十七岁,举于乡。明年,与父偕赴北京会试,学使李端棻奇其才,以女弟妻之。下第归道上海,从坊间购得《瀛环志略》,读后始知有所谓五大洲各国。秋,归广州,与陈千秋共谒康有为,从受业于万木草堂。康讲述中国数千年来学术源流,历史政治沿革得失,取万国以比例推断之。启超

897

与诸同学日札记其讲义,自云一生学问之得力,皆在此年。未几,中日战争起,惋惜时局,时有所吐露。其间又受夏曾佑、谭嗣同之影响,讲微言大义,倡爱国保种,以至盛言世界大同,皆有所沃发。后更从康氏奔走变法,不成,几遭祸。避居日本,专事著述,办《清议报》《新民丛报》,读东文,思想一变,对近代、古代的欧洲思想、政治很觉得了然。而对中国学术历史,另感到新研究方法。遂著有《先秦政治思想史》《中国近三百年学术史》《佛教史》等书。又有《中国史叙论》《新史学》及传记、学案[四]诸篇。要其所学虽数变,皆不离乎史是已。

其《新史学》之主张有云:

"中国之旧史,病源有四端:知有朝廷,而不知有国家,一也;知有个人而不知有群体,二也;知有陈迹而不知有今务,三也;知有事实而不知有理想,四也。有此四端,后生二病:一能铺叙而不能别裁,二能因袭而不能创作。舍此六弊,其贻读者之恶果,厥有三端:一曰难读,浩如烟海,穷年莫殚;二曰难别择,不能别择其某条有用无用,徒费时日脑力;三曰无感触,无有足以激励其爱国之心,团结其合群之力,以应今日之时势。呜呼!史界革命不起,则吾国遂不可救。悠悠万事,惟此为大。《新史学》之著,吾岂好异哉?吾不得已也。"

又云:"历史不是一姓史、个人史也,也不仅仅是铺叙故实的点鬼簿、地理志而已。历史乃是活泼泼的,乃是叙述人群进化之现象,而求得其公理、公例者也。乃是供今世之人,鉴之裁之,以为经世之用也。"

故其著作有《中国专制政治进化史论》《历史上中国民族之观察》《南海康先生传》《李鸿章传》《张博望班定远合传》《赵武灵传》《袁崇焕传》《中国殖民八大伟人传》《郑和传》《管子传》《王荆公传》《匈牙利爱国者噶苏士传》《意大利建国三杰传》《雅典小史》《朝鲜亡国史略》等,都是火辣辣的文字,有光有热,有声有色的,决不是什么平铺直叙的寻常史传而已。

又谓:宜合旧史而为新史。盖史以生人为本,不为死人而作。孔子作《春秋》,朱子作《通鉴纲目》,或在拨乱反正,或在褒善贬恶,先有一种主观见解,后以古人成事为我注脚,此非为史而作史,所谓借著书以垂戒万世也。又为史若绘人物,各还其本来面目,持鉴空衡平之态度,不杂入丝毫成见,故作史实近于客观。又旧史别传,记各人籍贯门第,此谱牒家之事。[五]举嘉言懿行,以资矜式,此教育家之事。新史则不然,地理、天文、政治、经济诸学,与人类有关系者,皆宜为专史,以志其活动与范围,而体例又有变更。本此义也,拟为《中国通史》或《文化史》二书。

故其著作,复有《近代学风之地理的分布》《中国历史上民族之研究》《历史统计学》《中国历史研究法》《说方志》等。《中国历史研究法》是他的《中国文化史稿》的第一篇。他的《中国文化史稿》,其规模较《中国学术史》(仅成一部分,曰《清代学术概论》)为尤大。其《文化史》总纲,有朝代篇、种族篇、地理篇、政治篇、政治运用篇、法律篇、军政篇、财政篇、教育篇、交通篇、国际关系篇、饮食篇、服饰篇、宅居篇、考工篇、通商篇、货币篇、农事及田制篇、语言文字篇、宗教礼俗篇、学术思想篇、文学篇、美术篇、音乐篇、载籍篇。子目不备录,盖郑樵、马端临所未备者,而一身任之,惜亦未完编。

启超自欧归后(有《欧游心影录》),见军阀称兵,党人横议,民不聊生,事益不可为,乃尽屏向者"新民体"之政论不为,而周游讲学,历任天津南开大学、南京东南大学、北平清华研究院教授,时时为语体文之学术论著,以饷遗国人。[六]

又尝自言:"启超之在思想界,其破坏力确不小,而建设则未有闻……平素主张,谓须将世界学说,为无限制的尽量输入……务广而荒,每一学稍涉其樊,便加论列;故其所述者,多模糊影响笼统之谈,甚者纯然错误,及其自发现而自谋矫正,则已前后矛盾矣……启超学问欲极炽,其所嗜之种类亦繁杂。每治一业,则沉溺焉,集中精力尽抛其他；历若干时日，移于他业，则又抛其前所治者。以集中精力故，故尝有所得；以移时而抛故，故入焉而不深。"

"吾学病爱博，而用浅且芜。尤病在无恒，有获旋失诸。百凡可效我，此二无我如。"此给女儿娴诗句也。

梁氏诚新思想界之陈涉也。

要之，梁氏虽未必有精湛不磨的成功，然他的筚路蓝缕，以开荒荆的功绩，已经不小了。

梁氏半因爱博无恒，半因屡为无聊的政治活动所牵率，耗其精而荒其业，终于成了一个未能成功的郑夹漈。

胡适云："梁任公为吾国革命第一功臣，其功在革新中国之思想界。十五年来，吾国人士所以稍知民族思想主义及世界大势者，皆梁氏之赐，此百喙所不能诬也。去年武汉革命，所以能一举而全国响应者，民族思想、政治思想入人之深，故势如破竹耳。使无梁氏之笔，虽有百十孙中山、黄克强，岂能成功如此之速耶？近人所谓'文字收功日，全仗革命时'，此二语，惟梁氏可以当之无愧。"（见《藏晖室日记》卷二）

三、章炳麟《史学略说》

章炳麟，原名绛，字太炎，[七]浙江余杭人。[八]年十三四，始读蒋氏良骐《东华录》，见吕留良、曾静事，怅然不怡，辄言："以清代明，宁与张、李也。"弱冠睹全祖望文，所述南田、台湾诸事甚详，益奋然欲为浙父老雪耻。次又得王夫之《黄书》，志行益定。一方昌言排满，一方编著《后明史》。尝曰："明之史，自万季野述之。季野东南之献民，义无北面，局促虏汉之间，怀不自遂。其述《明史》，讫于思宗之季，圣安以降三叶二十年之纪传，不能悉具矣。上援承祚之法，《后明史》则不可以不作。"又其计划如下，惜未见诸实行耳。"余昔蒐集季明事状，欲作《后明史》，以继万氏。盖三帝当著纪，而鲁监国、郑成功宜作世家。

将相如何腾蛟、瞿式耜、堵胤锡、刘文秀、李定国辈,功施赫然,著于招摇旗常。金、李虽尝降虏,穷厄反正,有迷复之功。孙可望、李赤心、郝永忠之徒,强寇桀黠,空为豺狼,无损于虏,皆宜录入,以著劝戒。其以故官为孑遗之民,三老而外,耆旧尚众。台湾陪属,其方略亦有足多者。据是为典,首尾尽四十年,人材略具。"(见《南疆佚史序》)盖炳麟尝从定海黄以周受业,以周家传浙东史学,炳麟颇为之薰陶焉。〔九〕

晚年,编检《明实录》及明人著述多种,以订清官书之悠谬,为《清建国别记》八篇,〔一〇〕考证清史者必读之书也。(见《华国月刊》第二期六册)

有关历史语录:

(一)兄弟少小的时候,因读蒋氏的《东华录》,其中有戴名世、曾静、查嗣庭诸人的案件,便胸中发愤,觉得异种乱华,是我们心里第一恨事。后来读郑所南、王船山两先生的书,全是那些保卫汉种的话,民族思想渐渐发达。

自从甲午以后略看东西各国的书籍,才有学理收拾进来。当时对着朋友说这逐满独立的话,总是摇头,也有说是疯癫的,也有说是叛逆的,也有说是自取杀身之祸的。但兄弟是凭他说个疯癫,我还守我疯癫的念头。

次论国粹。〔一一〕为什么要提倡国粹?不是要人尊信孔教,只是要人爱惜我们汉种的历史。这个历史是就广义说的,其中可以分为三项:1.是语言文字;2.是典章制度;3.是人物事实。

先说语言文字,因为中国文字与地球各国绝异。每一个字,有它的本义,又有引申之义……所以有《说文》《尔雅》《释名》等书,说那转注、假借的道理。

又因中国的话,处处不同,也有同是一字,彼此声音不同的;也有同是一物,彼此名号不同的……所以《尔雅》以外,更有方言,说那同义异文的道理。

第二,说典章制度,官制、州郡、军队、赋税、均田、刑名、法律、科场、选举。

第三,要说人物事迹,中国人物,那建功立业的,各有功罪自不必说。但那俊伟刚严的气魄,我们不可不追步后尘。

照前所说,若要增进爱国的心肠,一切功业学问上的人物,须选择几个出来,时常放在心里,这是最紧要的。就是没有相干的人,古事古迹,都可以动人爱国的心思。当初顾炎武要想排斥满洲,却无兵力,就到各处去访那古碑古碣传示后人,也是此意。

(按此为章氏自上海出狱,东渡日本,至则开会欢迎,章氏在欢迎会上讲的。见《民报》第六号演说录)

(二)余因念中国无孔子、左丘明、太史公辈,则自共和以迄二世,其年历亦且暗昧不可究观。今者学术多废坠,独历史尚稍完具。(见《印度中兴之望》)

又释迦氏论民族独立,先以研求国粹为主。国粹以历史为先,其余学术皆普通之技,惟国粹则为特别。

(三)国于天地,必有与立,非独政教饬治而已,所以卫国性、类种族者,惟语言、历史为亟。(见《重刊古韵标准序》)

(四)史之有关于国本者甚大,秦灭六国,取六国之史悉焚之;朝鲜亡后,日人秘其史籍,不使韩人寓目。(见《讲读史与文化复兴之关系》)

(五)国无史,则人离本……史亡,则国性灭,人无宗主,沦为腐夷……露西亚灭波兰,而易其言语;突厥灭东罗马,而变其风俗;满洲灭支那,而毁其历史。自历史毁,明之遗绪,满洲之秽德,后世不闻,斯非以遏吾民之发愤自立,且划绝其由蘖耶?(见《哀焚书》①)

①原稿缺篇名,今补。

（六）自清室滑夏，君臣以监谤为务。当顺治、康熙时，庄廷钺、戴名世以记载前事诛夷矣。雍正兴诗狱，乾隆毁故籍。姗谤之禁，外宽其名，而内实文深。士益偷窳，莫敢记述时事以触罗网。后虽有良史，将无所征信。悲夫！（见《检论》八《哀清史》）

（七）清之当黜久矣！自王夫之、顾炎武、朱之瑜、吕留良、戴名世、全祖望之流，隐显不常，皆以光复期之后裔。其后风义少衰，而戴望、孙诒让发言尝有隐痛。戴望《过鲁监国墓》诗：倘寓阳秋笔，春王未敢删。诒让校《亭林集》，系以诗曰："亡国于今三百年。"是时尚畏清法。[一二]（见《小过》）

晚年讲学苏州之锦帆路，设章氏国学讲习会，锐意治书古文，以太史公为准绳。某某方当国，以炳麟一代大师，邦人矜式，而佐以万金，又欲聘之主国史馆，而炳麟谢不就。所著之《史学略说》，已由章氏国学讲习会刊行矣。又有一篇《评中国历史之治法》，从孔子作《春秋》后，立说至清末各家为止，皆粗具纲要，然亦言有条理，为初学者开门径也。

按：余杭章太炎炳麟，《国史》有拟传。

四、刘师培《论古学出于史官》

刘师培，字申叔，号左盦，江苏仪征人。[一三]曾祖文淇，祖毓崧，伯父寿曾，均以治《春秋左氏传》，有声于时。师培幼慧，年十二，即读毕四子书及五经。博学强记，出语恒惊其长老。年十八，补县学生员。十九，领乡荐。二十，赴京会试；归途，滞上海，晤余杭章炳麟及其他爱国学社同志，遂赞成革命，时民国纪元前九年事也。旋改名光汉，著《攘书》，昌言排满复汉矣。前八年，与林獬主持警钟日报社，冬，与万福华谋刺王之春，未遂。前七年春，时时作文，揭载于《国粹学报》。[一四]前五年，亡命日本，为《民报》撰文，与炳麟甚相得，学益进。

幼承家学，博览诸书，穷究学术来源，并搜集明末遗民故事，为之

立传,写成百数十篇。〔一五〕(见《陶菊隐六君子传》)

所著书有《清末学术史》、《两汉学术发微记》(未完)、《汉宋学术异同论》、《南北学派不同论》、《中国民族志》、《穆天子传补释》、《中国历史教科书》等。

按:仪征刘申叔师培,《国史》有拟传。

五、陈黻宸《读史总论》《独史》侄怀附见

陈黻宸,字介石,浙江瑞安人。清光绪癸巳举于乡,癸卯成进士,授户部主事。浙江光复前夕,被举为浙江咨议局正议长,旋被推为民政部长,辞去。民国二年,当选国会、参议院议员,兼北京大学教授。〔一六〕

于学无所不窥,而宿于性理、文章、经制。治性理,宗陆九渊、王守仁,以为人致不为私欲所蔽之心,自应万事而曲当,苟求于外,则支离而无归。论文章,称司马迁,以为能抚写真实,自出机杼。经制则自治史始,谓不通史学,则于民生习俗之故、世运迁移之迹,不能推原而究末,所设施为无当。独勤于教人,设端启发,申以问难,满学者之意而止。故著书成一家言,最深于史,谓:

"古人事物,不拘拘省字省文,吐纳自然,如亲言笑。治史从杜佑《通典》、郑樵《通志》、司马光《通鉴》入手,则古今典章制度,四千年治乱得失,可以坐诵起行。"

作为《独史》,立八表、十录、十二列传,发前史所未有。自班固《汉书》出,历朝皆断代为史,而通史之法废。尊君抑民,详于车服郊禘,略于人情物理,谓史学几亡可矣。故其言曰:

"史者,天下之公史,而非一人一家之私史也。史学者,凡事凡理之从出也。一物之始,而必有其理焉;一人之交,而必有其事焉,即物穷理,因人考事,积理为因,积事为果,因果相成,而史乃出。是故史学者,乃合一切科学而为一科者也。"

尝持此以教人,诲之不倦,所成就人才以万计。其学视全祖望、万斯同诸人,尤见其大,为晚清浙东史学之殿军也。

初馆于杭州养正书塾,以教授历史,创陈夷夏文野之义,五胡、金、元之迹,反复而不厌,以孟轲、邓牧、黄宗羲之说,敷引于讲席间。故杭之学者,莫不盛张排满革命而谈民治,风浸被于全浙矣。

所为《经术大同说》《独史序目》《地史原理》《读史总论》《伦始》《德育》《辟天荒》诸作,都数千万言。

平阳宋衡谓:"陈黻宸学术,北宋似温公(司马光),南宋似忠定(叶适),近代似实斋章氏(章学诚),功名遭际,非所论也。"

余杭章炳麟闻陈黻宸卒,哭曰:"浙东今无人矣!"

其他史著,复有《中国通史》二十卷。

犹子怀,字孟冲,亦治史,编有《中国近百年史要》《清史要略》等书。

按:瑞安陈介石黻宸,《国史》有拟传。

六、张尔田《史微》

张尔田,名采田,字孟劬,号遁堪,浙江钱塘人。[一七]幼承家学。[一八]餍饫文史,不乐为功令文。初官刑部,后以知府筮仕江苏,丁父忧去官。鼎革后,绝意仕进。尝应史馆聘,修《清史》。嗣主诸大学讲席,于南,则政治、交通;于北,则北京师范及燕京,所至远近向风。东寇起,以老病,困居故都。

所著史籍,有《史微》[一九]、《玉谿生年谱会笺》、《清列朝后妃传稿》、《清史》若干部分(计《乐志》八卷、《刑志》二卷、《地理志》江苏一卷、《图海李之芳列传》一卷)、《沈乙庵蒙古源流笺证校补》诸书,以《史微》为最著。[二〇]

其自与《国粹学报》主笔书云:

"鄙人少长学问,粗识六艺百家之流别。又籍隶浙江,而生长于博陵,故志学之年,即喜观颜习斋、李恕谷书,而尤私淑黄梨洲、章实斋二先生。博陵为习斋乡里,而黄、章二先生,则吾浙人也。近著《史微》内篇四卷,外篇四卷,即用实斋《通义》例,由六经诸子之家法,以推孔子之微言,七十子之大义,而凡制度之沿革、训诂之异同,靡不综贯。欲于王仲任《论衡》、刘子玄《史通》外,自成一家言。又著《诸子学记》十卷,即用黄梨洲学案例,刺取诸子十家颛门之宗旨,条分件系,理而董之。司马迁所谓整齐百家杂语,厥协六经异传者也。是二书均已杀青,俟写定后,当以寄赠。外此著而未成者,尚有《两汉今古文家经义类征》及《明史余记》二种。《类征》为辨章经学源流而作。《余记》为补春三王事迹而作。此皆鄙人生平著述之大略。"

其叙孙君益庵《汉志举例》云:"余之服膺章实斋也,与君同。曩尝纂《史微》,阐明实斋六经皆史之谊,每相与抚掌而笑,莫逆于心。海内同志,落落两人。"

又《答梁任公论史学书》云:"舍弟东荪书来,承赐尊著《中国历史研究法》一巨册,并道达尊旨,属为谥审,辞意殷重,眷逮不遗。此自先生谦挹之德,而不知臣精久已消亡也。尊撰体大思精,造甚宏肆,循诵三复,曷敢妄说,窃有欲复于先生者。

"著述之体,论断与考索殊科。国朝朴学,义据通深,尤责家法。挽世所见,惟吾友王静庵能守此律。其所著书,皆谨严不溢一辞。先生书,本是讲稿,繁而不杀,体固应尔。若将来勒成定本,则藏山之业,似不宜苟。鄙意欲先生掇精取华,宁疏毋滥,宁简勿芜。凡一切聪明旁溢之语,及一时推想而尚未籀为定论者,汰之又汰。即不得已,亦必详慎而后出之。学之为道,不争异与同,但争诚与伪。诚者虽公诸四达之衢,而人不能窃;伪者不旋踵立萎。人之学识,万有不齐,但求我之于学竭忠尽智。近人狃于帝代诸史,不可尽信感想,观察方向,因时造变,此皆心有所蔽,而不得其正者。语曰:明察秋毫,而不能见目睫。异说诡觚,十九而是。甚愿先生勿效之也。

"学之所贵,贵乎成就,常识不以尽之。其愈成就者,愈平实;而不成就者反是。近今不乏出版之作,衡以成学,大都古人所谓夹袋物耳。若就其中所引者,各以还诸其人,而问其所得者何在,未有不哑然者。是故批评之业,谈何容易。先生天才骏发,又能参异己之长,而时济之。旷代一人,吾无间然。倘由愚之说,以蕲益臻于平实,勿徇时会转移,勿恃理想予夺,深味尼父则殆之箴,恪守老氏数穷之诫,震东曙光,非先生而谁?

"某自顷岁多病早衰,蓬纍寡殖,愧不能有埤高远。又兼北庠教务,卒卒末由面质,故谨以书白其愚,惟亮察焉。"

其为刘翰怡作《章氏遗书叙》云:

"人之一生,曰始曰壮曰究,人类之一期亦然。彼其古今成败祸福存亡之迹,与夫蕃变之所由然,苟无史焉,虽圣者无所丽其思,而一切道术,且将不立。史也者,彰往而察来者也。老之术,葆之于始孩;孔之术,赡之于既壮,而皆所以访其究。究则圣者不忍言矣。故六艺大原厥维史。诸子立言,虽其精粗本末不同,而皆籀于史。自刘向氏后,经籍道熄,缀学沟犹,以自为方。晋汨于玄,宋、明以来,蔀于理。乾嘉间,休宁、高邮诸儒起,始稍稍窥见于遗经。然而一出焉,一入焉,恒干之亡,已伏于兹。儒者智不足以知圣,其于六籍之原,匪特不敢言,抑且不能言,则相与正训诂、明音韵、考名物、核度数,曰吾且为之邮焉。及其蔽也,弃本逐末,至视前经往诰,与商之龟甲文,周之毛公鼎、散盘,秦汉之瓦当,曾无以异。暖姝相循,迄今若绝而未遽绝者,恃好古之一念,懂以维系于人心也。一旦好古之念去,而人之祸亟矣。先生当举世溺于训诂音韵名物度数之时,已虑恒干之将亡,独昌言六艺皆史之谊,又推其说,施之于一切立言之书,而条其义例,比于子政辨章旧闻,一人而已。"

其于殷虚契龟、敦煌残楮之见解:

若夫殷虚契龟、敦煌残楮,其所以为吾经典佐证者,盖亦有限。

然此乃成学者取资,今悉屏落一切,驱天下学僮惟是之从。至有正经疏注,终身未读其全,而中西稗贩,高谈皇古者,侮圣蔑经,行且先披发于伊川矣。

某生平师友,若孙仲容年丈,暨王君观堂,其为学皆自有本末,乃亦为时风众势扳之而去!心诚不能无惜。则虽谓考据之学无益于兹世,未为过也。(《与陈石遗书》)

又于考据学末流之见解:

1.三百年考据学末流,至今日已渐离其本质,抉瑕摘衅,名为整理,乱乃滋甚。夫不能挽其弘体,而但指发纤微,即施、嫱且无完美,况乎竹帛余文,其为雷同者所排,固其宜矣。挽世学人,若孙籀顾年丈,暨吾友王君静安,其为学皆有其得力处,皆非毁圣无法者,不容破坏纤儿得以藉口。(《复叶长青书》)

2.又论考古与作史:

若夫群经有家法,诸史有义例,一时有一时习尚之殊,一时有一时信仰之别,此其所不当疑者也。自宋儒治学,但凭主观,不知讲辨证方法,疑其所不当疑,于是则有如乐史之议《仪礼》,欧阳修之议《系辞》,李泰伯之诋《孟子》,朱晦翁之攻《诗·小序》,凭虚任臆,翻案别解,是非之见,纷然杂陈矣。有清一代,惟阎百诗、崔东壁诸人考信六艺,尚未脱宋儒结习,其余则大都谨慎,虽亦间出古人之误,而未尝欲将古人所著之书根本推翻。(古人著书各有体要,小小疏失,无妨大体,匡之补之,正赖后人。若因发见一二小差,辄推论以概其余,此陈元所讥"抉瑕摘衅,掩其弘美"者也。考据者,治学之一端耳,非学问尽于考据也,不可不知。)乃不意二十年来,竟有一辈学者,扬百诗、东壁之余波而又文之以西洋科学方法,变本加厉,一返乎宋儒之所为。(治学须充足常识,无常识而但拘牵后代时势以观古人,未有不流于疑古者。宋儒读古书,尚论人物,此蔽尤多,由其心理囿于环境,不能深体过去社会情形。故圣人异乎人者神明,而同乎人者五情,古今风会殊方,隐圣同凡,夫岂独异。论人者慎之。)名为承袭前人考据家法,而所效者乃皆非其长,而适得其病。(今人治考据往往喜用反证,如见《论语》未言《春秋》,即断孔子无修《春秋》之事是也。此种方法若不以名学严格审之,危险最大。乾嘉诸儒虽偶有用者,乃其病也,不宜轻效。治学之道,先求本证,本证所无,始用反证,亦必衷诸论理,无例外者,方可以下断判。若孔子删定六经,见之秦汉者,本证已多,岂一二反证所能推翻,况所用反证又不合乎论理乎?多见其不知量也。他皆类此。)政教失正规,而学术亦发生畸形。(《论伪书示从游诸子》)

二十年来,领史东华,授经北胄。多致力于元清两朝掌故、汉魏六朝辞章,素业顿荒,玄谈是骛。兼以少小观书,便好名理。综其所造,亦不过徐幹、刘昼一流,尚不敢望裴几原、颜之推,今又颓然老矣。

先生湛深于词人谱牒之学,文苑春秋,史家别子,求之近古,未易多觏。窃谓骚人墨客,放浪江湖,本不能如学者之事功烜赫。其可以成谱者不论,凡不足成谱者,宜别勒一编,或题曰《词林年略》,或题曰《词故琐征》。玉屑盈筐,弃之可惜。世方灭典,天将丧文。淫嘌之唱载途,风雅之绪扫地。及今不为蒐讨,后恐更难为功。披淮南之一篇,补河东之三箧。尊旨想复同之。(见《与夏瞿禅书》)

有清一代,治经之儒多,而治史之儒少。其治史也,既无修史机缘以为之经练,故多偏重于考古,而疏于才学识三长。某尝谓史之难为,不难于考古人之史,而难于自作一史。往往有史之事实极真极确,而单词孤证,无充足资料,既不能如小说家凭虚结构,载之固失事实,不载亦失事实。例如世宗夺嗣事,某仅于宗室弘旺《皇清通鉴》中得一条,其书于抚远大将军皇十四子允禵下注云"原名允祯",由此以推,则遗诏改"十四"为"于四",改祯为祺,固自易易。然试问当日造膝诡谋,以及床篑密语情状如何,则有非史官所能预闻者。史家遇此等事,又将如何载笔?则亦惟有微文以见意而已。此非曲笔,盖事实不得不尔也。故古史其载事愈简者愈得真，而愈详者或且有失真者矣。

六艺之为书也，历代帝王经纬天下之实录，后世所谓"国史"者也。周既东迁，天子失官。六艺诸政典，皆归孔氏。自儒者论之，不过谓孔子惜国闻之放废，为之抱残守阙而已。使孔子果为抱残守阙计，则一府吏之劳耳。何必删之赞之，定之笔削之，口授其传于七十二弟子耶？且六艺为先王之糟粕，战国诸子犹能言之，岂天纵之大圣人，其智反出诸子下耶？不知此盖史与经之辨也。孟子述孔子修《春秋》之旨，曰：其事则齐桓、晋文，其文则史，其义则丘窃取之矣。惟其为史，故重在事；惟其为经，故重在义。重在事，是之谓政；重在义，是之谓教。（秦汉儒家著书，未尝不放言政治，而仍不失为孔氏正传者，以其皆兼教化意义也，但陈治理而不重在政策，儒家经制之学之所以异于政治家者，以此；宋儒所谓王霸之辨，亦以此，须善别之。）政之所被者当时，教之所被者千百世焉。政贵实绩，而教则往往垂空文以自见焉。

当春秋战国之际也，三纲沦，四维绝，黔首涂炭，盖甚于洪水猛兽之祸矣。诸子蜂起，各思以所学争世统，独孔子与其徒抱尧、舜、禹、汤、文、武、周公之遗书，赖孟轲、荀卿、董仲舒相与润色之。至汉武帝卒从董生策，废黜百家，表章六艺，由是后世言六艺者，咸折衷于孔子，以迄于今。向使天不生孔子，则皆服左衽而言侏离矣。宰我所谓贤于尧舜者，岂非教之力欤？

又对《蒙古史》：

自来治元史者，仅有脱卜察颜及西域拉施特诸人书，而爱猷识理达腊以后小王子传次，但于《明史·外国传》略存梗概。蕃汉隔阂，语焉不详。诹朔方文献者懵焉。乾隆中，喀尔喀亲王成衮扎布始以此书上于朝，馆臣奉旨译成今书。其书根据红册、黄册七种史料而成。以喇嘛佛教为纲，以各汗传统之世系为纬，而又上及蒙古种族发源之土伯特额讷特珂克,遗闻坠掌,粲然毕载。论其声价,实不在拉施特书之下。乃自入秘府,承学之士病其音译歧互,罕或津逮。道、咸之交,人尚畴史,魏默深、张石洲、何愿船诸君,始渐有援引及之者。嘉兴沈乙盦先生与洪文卿、李芍农二侍郎,同治西北舆地之学,而于此书研核尤勤。洪、李书行世最早,先生著述矜缓,丹墨丛残,及身多未写定。其偶落于人间者,吉光片羽而已。先生既归道山,余始与亡友王忠悫相约,为之理董。未几,忠悫应召入都,忽忽又数年矣。今年先生哲嗣慈护兄出遗书,属编次,因检校移录,定为《笺证》八卷,皆杀青,可缮写。间有一得之愚,仿郑灼写皇侃《礼疏》例,附载笺中,发正又数十百事。盖至是,而荒裔弹舌之旧史,稍稍可以属读矣。此书叙述繁复,又经重译,非熟于满蒙音纽者不能读,非深于史学善用钩稽之术者不能通。象鞮之宾苦于不知史,而治史者又以其难读而弃之。今兹所校,阙疑尚多,固不能无待于后人继续之研寻,然筚路蓝缕之功,微先生莫为之前也。(《蒙古源流笺证·序》)

(按元土伯特额讷特珂克《蒙古源流》,清沈曾植《笺证》,张尔田《校补》)

在史馆时,又著有《清史·后妃传》若干卷。

孙仲容《彤影馆书画润格启》,陈雁迅家藏。张孟劬著《槐居唱和集》。参考吴宓雨僧《空轩诗话》,其叙张先生事甚详。词曰:先生和易恳挚,不拘礼教。而疏通贯串,畅所欲言。匪特文字精博,其风度性情在中国老辈中亦矫然特异也。

先生著述宏富,有《史微》、《玉谿生年谱会笺》、《清列朝后妃传稿》、《清史》若干部分(计《乐志》八卷、《刑志》二卷、《地理志》江苏一卷、《图海李之芳列传》一卷)、《沈乙庵蒙古源流笺证校补》及论作史之方法与艺术函(见《学衡》第六十八、七十一等期)等书。以《史微》为最要云。

余前在燕大研究时,适先生来教《史学概论》,即用《史微》为课本。其阐明向、歆、郑、章之学，极为精详。惜听者程度低浅，难能领会。退课后，余独往游其寓，在西郊槐树街，与弟东苏合住。观其室中图书满架，先生屹坐校勘不倦，因叹前辈好学如此，真又为我辈楷模也。（拙著《修学庐日记》）

七、孙德谦《太史公书义法》

孙德谦，字受之，号益庵，晚年自号隘堪，江苏元和人。初从同里雷浚甘溪治经，喜高邮王氏父子之学。继交钱塘张孟劬尔田，志同道合，学益进。自艾经学不能通其谊，高邮徒屑屑于章句、训诂，非其至，又去经而治子。与孟劬益如骖之靳。德谦又擅流略之学，私淑会稽章实斋，而钩微索隐、贯殊析同之锐敏，殆犹驾而上之云。

其为学，究心流别，盖系耽籍于会稽章学诚氏《文史通义》者。自称亦好治高邮王氏父子之学，久之，病其琐碎，遂专事于会稽之学，以上溯班书六略，旁逮周秦诸子，考其源流，观其会通，于是其学科称独精。所作诸子书亦特多。复以《汉书》六略，《隋志》四部，时用钩稽。徒见世人之治簿录板本者，琐琐辨订，未能于刘向父子之作，有所条其篇目，撮其指归，于是有《汉书艺文志举例》及《刘向校雠学纂微》二书。嘉兴沈子培曾植称孙氏为今之郑夹漈。

所著除《诸子通考》外，而以《汉书艺文志举例》《刘向校雠学纂微》二书为最有名。友人王国维序《汉志举例》云：

余谓益庵之书，精矣密矣，其示后人以史法者备矣。其书本为后之修史志、编目录者言，故所举各例，不惮纤悉……乃洞见刘《略》与班《志》之异同，自来读《汉志》者，均未讼言及此，窃叹世之善读书者，殆未有过于益庵者也。（见《观堂集林》卷三）

又张尔田为序其《举例》云：

吾友孙君益庵，于学无所不窥，专精诸子而邃于流略，冥心捷获，援王俭之法，创通班《志》，成《举例》一卷，宏纲细领，恢恢康庄。班

《志》之例定,而后族史之得失定。即一省一府县征文考献之书,亦莫不定。整派者依源,理枝者循干,为功史学,盖不在刘子玄下。夫自来治班《志》者多矣,在宋则有王伯厚、郑渔仲两家。王但详于考古,于史无裨。郑亦惟辨其编次之当否而已。至近代章实斋,始深窥官师合一之旨,其所著《校雠通义》,广业甄微,杰然知言之选。而史家发凡起例,为后世著录成法,则未及条别,尚不能无待于后人。

君素服膺章氏者,此书补实斋之未获,推见孟坚之至隐,不独为史家祛惑,实可为目录家起衰。近今之骛鉴别者,百宋千元,矜多炫秘,不有君书,又安知目录一学之关系史裁若是之钜且要乎?(见《汉志举例叙》)

(余之服膺实斋也,与君同。曩尝纂《史微》,阐明实斋六经皆史之谊,每相与抚掌而笑,莫逆于心。海内同志,落落两人。)

其所著《古书读法略例·自序》云:顷岁以来,知龙门史学,卓越古今,自来解者,第考订异同,甚者喜攻其短,遂写定《太史公书义法》都五十篇(二卷)。张尔田《序》所著书云:君益自憙复推其例,以上溯目录之原,又久之,成《刘向校雠学纂微》一卷,三千年流别之绪,粲然著名。

《太史公书》论者以为我国史籍之冠,最为难读,治之者如赵瓯北、梁曜北诸人,大都毛举细故,无当宏旨。而疑之者,则又极意诋諆,诚有如陈元所称“断截小文,媟黩微词,以年数小差,掇为巨谬,遗脱纤微,指为大尤”者,君一一疏通而证明之,有一经道破,怡然理顺,可使异说者夺之气,而不敢放厥词。好学深思,心知其意,如君乃无愧乎斯言。(见《遁堪文集》卷二)

参考资料

康有为——自著《康南海文集》。

梁启超作《南海康先生传》及《七十寿叙》,《饮冰室文集》七十

《传记》二。

王树枏作《墓表》,又作《家传》,《陶庐文集》。

张沧海作《事略》。

夏敬观作《国史拟传》。

近人赵丰田作《康长素年谱》。

梁启超——自著《饮冰室文集》八十卷,又称《全集》或《合集》。

近人郑振铎作《纪念梁先生》,《中国文学论集》,又载《小说月报》第二期。

张荫麟《近代学术史上之梁任公先生》、缪凤林《悼梁卓如先生》,均载《学衡杂志》第六十七期。

宋慈抱作《国史拟传》。

章炳麟——自著《章氏丛书》又《续编》。

(包括《太炎文集初编》二卷、《别录》三卷、《补编》一卷、《国故论衡》三卷、《检论》九卷、《自定年谱》一卷)

许寿裳作《传》,但焘作《别传》,金天翮作《祭文》。

李植作《事略》,《华西学报》。

汪东作《墓表》,黄侃作《行事记》,《制言》四十一期,一九三七.五。

冯自由《革命逸史》第一集。

朱逖先作《太炎之史学》。

贝祺作《太炎之史学》,《东方杂志》第三十三卷十六号,一九三六.八。

卢景纯作《记章太炎讲史学》,《国学专刊》卷二十二,一九三七.五。

夏一峰作《章先生学术述略》。

庞俊作《学术述略》。

张一麔作《纪念章太炎先生》。

吴景贤作《太炎民族主义史学》,《东方杂志》,44/4。

浙江省图书馆印《追悼章太炎特刊》。

一九六一年六月三日《人民日报》,又十月廿三日《光明日报》,均载太炎事。

朱仲玉编《章太炎》,新出版《中国历史小丛书》本。

《民报》《国粹学报》《华国杂志》《国学论衡》《制言》等。

刘师培——自著《刘申叔先生遗书》,又称《左盦集》,又《别集》又《随笔》。

尹炎武作《外传》,冯自由作《革命逸史》。

陈钟凡作《行述》,黄侃作《祭文》。

蔡元培作《事略》,邓实《国粹学报》史学。

王森然作《评传》,《国风》半月刊。

钱玄同作《左盦著述系年》及《年表》。

陈黻宸——自著《饮水斋集》十卷、《外集》四卷,《哀挽录》。

马叙伦作《墓表》,《天马山房文集》,又马氏自传《我在六十岁以前》。

孙宝瑄作《墓志铭》。

冒鹤亭作《国史拟传》,刘崧训作《事略》。

侄孙陈谧作《年谱》及《学行述略》,均载《瓯风杂志》及《国史馆馆刊》第一卷第二号。

附陈怀——林损作《陈先生墓表》。

陈汉章作《墓志铭》(《国史馆馆刊》二卷一号)。

张尔田——自著《遁堪文集》。

邓之诚作《别传》。

曹元忠作《玉谿生年谱会笺叙》,《笺经室遗集》八。

朱祖谋《沧海遗音集》,《彊村遗书》。

王国维《观堂集林》,又《观堂别集》。

孙德谦——自著《孙隘堪所著书》。

　　王蘧常作《行状》，《学术世界》第一卷，一九三六.一。

　　张尔田《遁堪文集》。

　　夏定域《悼孙德谦先生》，《浙江图刊》。

延伸阅读

〔一〕梁启超云：九江弟子最著者，则顺德简竹居（朝亮）、南海康长素（有为）……长素先生治今文经学，能为深沉瑰伟之思，实新思想之先驱。启超幼而学于学海堂，师南海陈梅坪先生（瀚），东塾弟子也。稍长，乃奉手于长素先生之门，盖于朱、陈两先生皆再传弟子云。（见《学风之地理分布》）

〔二〕又云：当（有为）讲学万木草堂，以启超学识言辩为最，诸弟子无能及之者。（有为）既以仲尼自况，而拟启超为颜渊，因以得名。（见《自述》）

又云：先生（康有为）著《新学伪经考》方成，吾侪分任校雠；其著《孔子改制考》及《春秋董氏学》，则发凡起例，诏吾侪分纂焉。吾侪坐是获所启发，斐然有述作之志。其著《大同书》，覃思独造，莫能赞一辞。（见《南海先生七十寿言》）

又郑振铎云：梁氏十八岁这年秋与陈千秋同谒康南海有为。第二年，康有为开始讲学于广东省城长兴里万木草堂。康氏讲述中国数千年来学术原流、历史、政治沿革、得失，取万国以比例推断之。梁氏与诸同学日札记其讲义。一生学问之得力，皆在此年。康氏著《新学伪经考》时，他从事校勘。著《孔子改制考》时，他从事分纂。自此学于万木草堂凡三年。

〔三〕梁启超云：启超与康有为有最相反之一点，有为太有成见，启超太无成见。其应事也然，其治学也亦然。有为常言："吾学三十岁已成，此后不复有进，亦不必求进。"启超不然，常自觉其学未成，且忧其不成，数十年，日在旁皇求索中。故有为之学，在今日可以论定；

启超之学,则未能论定。然启超以太无成见之故,往往徇物而夺其所宗,其创造力不逮有为,殆可断言矣。(见《自述》)

又某人云:康有为十九岁,在朱次琦指导下,又进一步系统地研究历史学。廿一岁,继续在九江礼山草堂从朱次琦受学,系统地研究古经籍和古典文学。廿三岁,从事经学、文字学的研究。廿四岁,从事史法的研究,从事中国上古史的研究。廿五岁,讲金石之学,以金石碑版之学作为消遣,仍继续研究政治学和历史哲学的研究。

〔四〕梁启超自云:吾发心著《清儒学案》有年,常自以时地所处窃比梨洲之于故明,深觉责无旁贷;所业既多,荏苒岁月,未知何时始践夙愿也。(《总成绩》)

(按《清儒学案》后由徐世昌总统命其门客王式通、孙宣等撰成百卷,已刊行世。)录其《自叙》及《凡例》。

自叙云:世昌曩在京时,辄欲以圣贤义蕴,提倡流布,置邮于远方。侧闻欧美才俊,久尊孔教,名区巨镇,多建中国学院,广运书籍,争事研摩,文治大同,辉映坛坫。此以知崇儒重道,退迩同风。矧生为仲尼之徒,宁可舍本逐末哉?记有之:昔吾有先正,其言明且清。吾国三百年来,名儒辈出,远绍宋、明。上述诸家,班班可考。窃不自揆,谨撮举其言行著作,钩玄提要,汇为一编,以继梨洲二书之后,愿与当世学人共相参考。(戊寅自叙于天津)

(王式通书衡)又从徐世昌,撰辑《清儒学案》《清诗汇》等,即《晚晴簃诗汇》。孙宣作传云。

《凡例》云:是编以学为主,凡于学术无所表见者,名位虽极显崇,概不滥及。

是编列入正案者一百七十九人,附之者九百二十二人,诸儒案六十八人。凡二百八卷,共一千一百六十九人。

以生年为次,不得其年者,则以其生平行谊及与交游同辈约略推之。

《诸儒传略》取材于《汉学师承记》《宋学渊源记》《洛学编》《濂学编》《学案小识》《先正事略》之名儒、经学,《碑传集》之理学、经学,《续碑传集》之儒学,《耆献类征》之儒行、经学,去其复重,表其粹美。

至《儒学传稿》虽未梓行,而足备一代纲要,《清史列传》虽出坊印,而实为馆档留遗,引证所资,无妨慎取。斯二书者亦参用之。

张尔田作《序》云:世昌辑《清儒学案》成,仿梨洲例,条其源流派别,都若干人,为专案若干,附案若干。守经之儒,畴史之彦,或阐性命之旨,或治流略之言,赡能卓诣,寒畯显学,毕萃于是。(见《遁堪文集》)

〔五〕又但焘云:近人訾纪传体为家谱而趣纪事本末,以自附西方之史。章太炎先生曰:中国历史自帝纪、年表而外,犹有书志、列传,所记事迹、论议、文学之属,粲然可观,而欧洲诸史,专述一国兴亡之迹者,乃往往与档案相似。不以彼为谱牒,而以此为谱牒,何其妄也!寻西方之史,如蓝皮书、白皮书之类,才得一纪事本末之一体,而纪传、编年,皆为彼所无。彼中议者正当求师于我。学者慎勿为妄论所吓,舍己芸人可也。(见《国史馆馆刊》创刊号《国史体例杂议》)

〔六〕梁氏晚年喜治史学,尝论及《中国史学史》之作法,订定其目有四:一曰史官,二曰史家,三曰史学成立与发展,四曰最近史学之趋势。卒前犹编《辛稼轩年谱》。(临死前的数月,专以词曲自遣,拟撰一部《辛稼轩年谱》。在医院中,还托人去搜觅关于辛稼轩的材料。忽得《信州府志》等书数种,便狂喜携书出院,仍继续他的《辛稼轩年谱》的工作,然他的病体已不能再支持下去了。今年一月十九日,梁氏卒于北平医院里,《辛稼轩年谱》成了他的未完工的一部最后著作。见郑振铎作《梁任公先生》)

〔七〕先生固自署名绛,字太炎,盖取太冲之太、顾炎武之炎二字,以志其所私淑之人焉。

〔八〕梁启超云:最近则余杭章太炎(炳麟)治声音训诂之学,精核

918

突过前人。学佛典亦有所发明。（见《学风之地理分布》）

又云：炳麟少受学于俞樾，治小学极谨严，然固浙东人也，受全祖望、章学诚影响颇深，大究心明清间掌故，排满之信念日烈。（见《清代学术概论》）

〔九〕某人云：（炳麟）早岁受省先贤全谢山、章实斋之影响，亦渐渍浙东学风之余绪，以思明清间掌故。清季政令不纲，一时治学之士好以复古、申革命之说，炳麟实其中一砥柱，时好其论于《国粹学报》。

〔一〇〕金毓黻云：章太炎先生始撰《清建国别记》（记清未入关前史事），以明人之书为依据，其以猛奇帖木儿（清译改为孟特穆）为太祖奴尔哈赤之高祖，则沿《东华录》之误。（见《中国史学史》）

〔一一〕太炎《癸卯狱中自记》：上天以国粹付余，自炳麟之初生，迄于今兹，三十有六岁。凤鸟不至，河不出图，惟余以不任宅其位，繁素王素臣之迹是践，岂直抱残守阙而已，又将官其财物，恢明而光大之。怀未得遂，累于仇国，惟金火相革欤？则犹有继述者。至于支那闳硕壮美之学，而遂斩其统绪，国故民纪，绝于余手，是则余之罪也！

〔一二〕冯友兰云：章太炎是中国近代的一个先行的革命家和伟大的学者。在他行革命的时期，他的学术研究是跟当时的种族革命相结合的，他说："故仆以为民族主义如稼穑然，要以史籍所载人物、制度、地理、风俗之类为之灌溉，则蔚然以兴矣。不然，徒知主义之可贵，而不知民族之可爱，吾恐其渐就萎黄也。"（《答铁铮》）章太炎认为孔子所注重的是历史，六经都是历史，应该把研究历史和民族主义结合起来，他自己也就是这样作的。（见《章太炎在〈民报〉时期的哲学思想》）

又梁启超云：孙诒让的《墨子间诂》就不单单是为《墨子》作注，而且盛推墨子的学行。俞樾也著有《墨子平议》。到了太炎，一面承俞、孙之学，一面又受章实斋的影响，特别是他所处的时代，正是民族与民主革命风起云涌的时代。（见《我们知道朴学的精神》）

又周树人云:他的业绩留在革命史上的实在比在学术史上的还大。辛亥革命失败以后,章太炎不再是一个"所向披靡的革命者,他用自己手造的和别人所帮造的墙和时代隔绝了"。他退居为一个"宁静的学者"。

又云:太炎先生忽然在教育改进社年会的讲坛上,劝治史学,以保存国性,真是慨乎言之。(见《鲁迅文集》)

又苏渊雷云:太炎早岁参加革命,弼佐孙中山。沈变以还,先生大声疾呼,主张读史以增民族之自信,取法儒行,存刚中之气,以应非常之会。晚岁讲学本此旨。

按太炎另有《尊史篇》,在《检论》中。《史学略说》载在国学讲习会刊物上,其他《国粹学报》《华国杂志》《制言》等,各有其作品云。

又张寿镛云:太炎名炳麟,余杭人也,有《章氏丛书》及《续丛书》行世。生平最精小学、舆地,于书无所不读,而讲学力求正统,此又晚近人士所莫能及者也。清政不纲,愤而兴义,当辛亥岁,文笔鼓吹,倾动天下,于是翕然归之者众。及革命既成,招袁氏忌,公冶缧绁,及府锢禁,勿怨也。《年谱》向不肯示人,余见之于沈君麃民祖绵处,因录副焉。二十余年军阀之罪,如铸禹鼎,而太炎一生所如不合亦于斯见。然太炎学徒众多,其可侍者,自在也。遇不遇又何论焉!乙酉春,约园。(见《约园杂著三编》)

〔一三〕梁启超云:仪征刘孟瞻(文淇)与刘端临同时齐名,号"扬州二刘"。其子伯山(毓崧)、孙恭甫(寿曾)、曾孙申叔(光汉),累代传其家学,迄清不衰。(见《学风之地理分布》)

〔一四〕刘师培《论古学出于史官》一文见《国粹学报》。

又金毓黻云:近人刘师培亦云九流学术,皆源于史,江瑔本之,乃作《百家之学俱源于史》一文。(见《中国史学史》)

〔一五〕金氏又云:仪征刘师培、顺德邓实皆欲作《后明书》,亦皆未成。师培且请章太炎先生预为之《序》矣。(注:邓实《南疆佚史叙》,余向有《后明史》之志,因循中辍,旧友中志余之志者,其因循多如余。按:旧友殆指申叔也。)

〔一六〕马叙伦:余甲寅春从陈介石师入都,道经天津,同访梁任公。任公先属其门下何君擎一代迎,见师缁布袍马褂,即询服谁人之丧。师以言语阂隔,未喻,余以俭德答之,君为释然。(见《我的六十岁以前》)按:陈氏为东瓯布衣之一。

〔一七〕梁启超云:最近则钱塘张孟劬(采田)治史学,综核有通识。(见《学风之地理分布》)

〔一八〕叶昌炽云:重阳日,孙寿芝兰友来,以钱塘张孟劬太守采田所著《史微》内篇两册见赠。

又云:张孟劬太守采田来,新得存古学堂庶务差。自言其尊人子苑先生名上龢,尚在堂,年逾七十,官畿辅最久,喜填词,蓄书画,与朱古惟前辈为石交。(并见《缘督庐日记》)

〔一九〕王国维云:君尝与余论东西学派,谓浙东自梨洲、季野、谢山以迄实斋,其学多长于史。浙西自亭林、定宇以及分流之皖、鲁诸派,其学多长于经。浙东博通,其失也疏;浙西专精,其失也固。君之学,固自浙西入,而渐渍于浙东者,故曩为《史微》,以史法治经、子二学,四通六辟,多发前人所未发。及为此书,则又旁疏曲证,至纤至悉,而孰知其所用者,仍先秦两汉治经之家法也。(见《观堂集林》卷二十三《玉谿生诗年谱会笺·叙》)

〔二〇〕近人陈柱云:《史微》此书虽以史名,实亦治子学不可少之书,内分原史、史学、百家、原艺、原道、原墨、原杂、原法、原名、原纵横、原儒、原兵、子余、宾孔、征孔、经辨、案易、案春秋、案礼、案诗书、原纬、原小学、经翼、博观、祖道、宗旨、宗经、口说、流别、诋异、争讼、易论、春秋论、礼论、古经论、明师、明教、通经三十八篇。

又金毓黻云:近人张尔田撰《史微》内篇八卷,自谓向、歆之业,自是得一理董。然考其意旨,乃以明诸子之出于史,与专治史学者有

别,不得谓为《史通》之伦类也。(见《中国史学史》)

王国维云:余自日本归上海,卜居松江之湄,闭户读书,自病孤陋。所从论学者,除一二老辈外,同辈惟旧友钱唐张君孟劬,又从孟劬交元和孙君益庵。二君所居,距余居半里而近,故时相过从。二君为学,皆得法于会稽章实斋先生。读书综大略,不为章句破碎之学。孟劬有《史微》,益庵有《诸子通考》,既藉甚学者间。丁巳秋,益庵复出所撰《汉书艺文志举例》,索予一言。

又曹元忠云:孟劬凤治郑学,又笃好玉谿生诗,援孟子论世知人之义,举本朝诸家注本,惟于冯浩《年谱》,剔抉幽隐,搜罗遗坠,条分件系,以成斯笺。其书郑氏笺体也,其意则《释文》叙录所云……孟劬独能好学深思,以意逆志,详为之说,取冯浩注本为主,义若隐略,则更表明。如有不同,即下己意,使可识别,固与郑《六艺论》自言注诗之旨,无少出入。盖笺年谱,而笺诗之体具焉。非深于郑学,何能至此?(见《笺经室遗集》八《会笺叙》)

第五章　怀疑古史

一、夏曾佑《中国古代史》

夏曾佑,字穗卿,号别士,钱塘人。[一]为紫笙署正鸾翔子。读书有神悟,深通释典,博涉宗教家言。光绪庚寅进士,改庶吉士。历官泗州知州。曾为京师大学堂教习。民元,蔡元培任教育部长,任为司长,嗣兼清史馆纂修。少与梁启超、谭嗣同同客北京,居相近,过从甚密。曾佑喜治乾嘉派考证学,并学佛。[二]

著《中国历史教科书》三册(已刊布),《自序》云:神州建国既古,往事至繁,自秦以前,其记载也多歧。自秦以后,其记载也多仍。歧者无以折衷,仍者不可择别。况史本王官,载笔所及,例止王事,而街谈巷语之所造,属之稗官,历史缺焉。治史之难,于此见矣。洎今学科日夥,既无日力读全史,而运会所遭,人事日变,目前所造之果,非一一于古证其因,无由知前途夷险,不能不亟读史。必有一书焉,文简于古人,理富于往籍,足以供社会之需乎!〔三〕

又著有《中国古代史》,对历史亦有崭新之见解。鲁迅先生云:关于秦代的典章文物,我也茫无所知,耳目所及,也未知有专门的学者。倘查书,则夏曾佑之《中国古代史》最简明。(见《鲁迅全集》)

按:钱塘夏穗卿曾佑,《国史》有拟传。

二、崔适《史记探原》

崔适,字觯甫,号怀瑾,归安人。少肄业西湖诂经精舍,俞曲园槃弟子也。〔四〕贡生,北京大学教授。治西汉今文之学,著书甚富,其已印行,有《史记探原》八卷。

梁任公曰:崔书专辨后人续增窜乱之部分,欲廓清以还史公真相,故名曰《探原》。(见《清代学者整理旧学之总成绩》)是谓疑古派之史学。

崔适之《史记探原》宗康氏之说,谓《史记》有一部分经刘歆所窜乱,一一指明疑点。其勇气及用力,实足令人钦佩。

但钱穆云:崔适依长素意,为《史记探原》,较长素益专。诚如康、崔说,将《史记》中彼辈所谓伪者,区分改观,且不可读矣。(见《最近三百年学术概论》)

而友人李笠亦云:近人归安崔适著《史记探原》,勇于疑古,而疏于考证,亦有无证而凭臆删削者。又其校改《史》文(其书非专为校正《史记》而作,但关于校订者亦不少),多袭前人成说,不加检核,冒为己有,自用之病,盖无讳矣。唯全书义例森严,不无可取。(见《史记订补叙》)

又著有《春秋复始》卅八卷,北大出版部铅印。

三、胡适《古史讨论》

胡适,字适之,安徽绩溪人。[五]早孤,事母以孝闻,不与诸儿伍,能自勤于学。十一二岁时,读《通鉴》,见范缜《神灭论》,以为精辟无伦,遂持无鬼之说。十三岁出门,十四岁入上海澄衷学堂,始稍稍得朋友之乐。居澄衷之第二年,已敢结社演说。及入中国公学,同学多老成人,来自川、陕、粤、桂诸省,其经历思想都已成熟,适与之游,学识孟晋。廿岁,应第二次庚款留学试,遣美国,入康南耳大学,兼治中西哲学。业竟,转入哥伦比亚大学。从彼邦大哲学家杜威先生治实验主义,甚见器重,得博士学位。民国六年六月,回国,年甫二十六,北大校长蔡元培氏特聘为教授。[六]

先后办《新青年》杂志、《每周评论》、《努力周报》、《独立评论》等。所著有《中国哲学史纲》上卷,《胡适文存》初集、二集、三集,《胡适论学近著》。

适拥护科学,提倡健全的个人主义,颂扬西洋的近代文明……可是最大建设的工作,还在整理国故上。

尝自云:我是研究历史的人,在我的眼里,一切学术思想都是史料而已……《古史讨论》一篇在我的《文存》里,要算是最精采的方法论。这里面讨论了两个基本方法:一个是用历史演变的眼光来追求传统的演变;一个是用严格的考据方法来评判史料。

又云:我觉得用新的科学方法来研究古代的东西,确能得着很有趣味的效果。一字的古音、一字的古义,都应该拿正当的方法去研究的。在今日研究古书,方法最要紧;同样的方法可以收同样的效果。《诗经》并不是一部《圣经》,确实是一部古代歌谣的总集,可以做社会史的材料,可以做政治史的材料,可以做文化史的材料,万不可说它是一部神圣经典。

四、顾颉刚《古史辨》

顾颉刚,江苏吴县人。北京大学毕业生,燕京大学国学研究所研究员兼教授。在北大时,从余杭章太炎炳麟、象山陈伯弢汉章、海宁王静安国维、绩溪胡适之适诸先生游。[七]治史学,擅长辨伪书。[八]其辨伪书,一依胡适新方法。其言曰:适之先生带了西洋的史学方法回来,把传说中的古代制度和小说中的故事举了几个演变的例,使人读了不但要去辨伪,要去研究伪史的背景,而且要去寻出他的渐渐演变的线索,就从演变的线索上去研究而得到结论……又曰:我们要用科学方法去整理国故,先把世界上的事物,看成许多散乱的材料,再用这些另碎的科学方法,实施于各种散乱的材料上,就观察分析、分类、比较、试验,寻求因果,更敢于作归纳,并假设、搜集证成假设的证据,而发表新主张。(《神话传说》)

所著有《古史辨》[九],《自序》云:中国古史由层累造成。时代愈后,传说的古史期愈早;时代愈后,传说中的中心人物愈放愈大。我们在这上,即不能知某一件事的真确情状,但可……

故人谓最近顾颉刚专以考辨伪书为事,虽间流于武断,而其方法之精密,有足多者。《古史辨》一书,颇有学术上之价值。

在燕大,开《上古史研究》课程。辛未,国研所同人鉴于数十年中,中国常因内战外患,使古物古迹遭到破坏,欲知其现存状态,乃组织旅行团,经历河北、河南、陕西、山东四省,沿途访问,归后,由顾氏排日作记,曰《辛未访古日记》。

盖黄河流域为东方文化之摇篮地,地面之堆积与地下之蕴藏,多至不可胜计,欲了解中国历史与其文化之演变者,必须亲莅其处,乃得有亲切之认识。又该处居民之现实生活,文中亦时提及,对于兵匪之蹂躏,毒物之猖狂,言之沉痛。

又编《中国历史地图集》,常常参考杨守敬氏《历代地理沿革图》

及《水经注图》,谓:编历史地图和写论文不同。写论文,可以罗列诸说,甚至将结论留给读者自作判断;编地图却只能将地名位置于一点,极容易犯了武断的毛病云云。同时主编《禹贡》杂志,亦讲地理学。

解放以来,顾氏首先检查自己思想,说在历史科学方面受过胡适思想之毒害,常根据他的方法去研究上古史,钻入故纸堆,而脱离现实。故曰:那时的我虽已知道应当从社会背景去解决问题,但因为没有学习马克思列宁主义,不能从两汉社会的经济基础来分析当时的政治制度与学术思想,这是违背历史唯物论的,是本书的根本缺点……我必须好好地学习马克思列宁主义并继续从事于两汉史的研究,才可以深入底里,发掘现在所不注意的材料,寻出现在所看不出的问题,然后方能正式写成一部《汉代学术史》。

又云:(上略)到今天,有了辩证唯物论和历史唯物论做我们一切工作的最高指导,我们接受了古人的遗产,就能用了正确的方法作全面的观察,更在缜密的计划之下来分工合作,这样充分自觉地精进,我相信,一部良好的《中国学术史》是不难出现的。

最近顾氏在科学院历史研究所进行《尚书》注释、校勘和今译工作。每校译一篇,先把唐石经作为底本,用各种古刻本和古写本逐一校勘;再选取古今人的注译,为之疏通贯串,然后把全文分节标点,译成现代汉语,最后加上史实的考证和引用书的说明。(新出《史林杂识》)

按:吴县顾颉刚,一九八〇年十二月卒,见《人民日报》。

参考资料

夏曾佑——梁启超《亡友夏穗卿先生》,《饮冰室文集》。

蔡元培《中国近五十年哲学》,《蔡元培选集》。

崔适——自著《觯庐文集》。

胡适——自著《文存》《藏晖室日记》《四十自述》。

蔡元培《中国近五十年哲学》(《蔡元培选集》)。

《北大与北大人》(《东方》四十卷 3 号、7 号《胡适》)。

胡不归《胡适年谱》,《学衡杂志》。

顾颉刚——梁园东《古史辨的史学方法商榷》,《东方》27/22.24。

《禹贡杂志》,《古史辨自序》。

一九六一年四月廿三日《人民日报》载顾颉刚事。

延伸阅读

〔一〕梁启超云:最近则钱塘夏穗卿(曾佑)学风大类定盦。(见《学风之地理分布》)

〔二〕启超游京师,渐交当世士大夫,而其讲学最契之友曰夏曾佑、谭嗣同。曾佑方治龚(自珍)、刘(逢禄)今文学,每发一义,辄相视莫逆。其后启超亡命日本,曾佑赠以诗……此可想见当时彼辈排荀运动,实有一种元气淋漓景象。

又梁启超云:穗卿和我都是从小治乾嘉派考证学有相当素养的人。清儒所做的汉学自命为"荀学",我们要把当时垄断学界的汉学打倒,便用"禽贼禽王"的手段去打他们的老祖宗荀子。到底打倒没有呢?且不管。(见《亡友穗卿先生》)

又邓之诚云:近人夏曾佑工八股文,号称八股圣人,中光绪辛卯会元。(见《骨董琐记》卷六)

〔三〕刘成禺云:自晚清来,学界及普通民众,极盼有人撰一人人可读之《中华通史》,迁延迄今,终无一绝好编制。曩年章太炎、梁卓如皆有志于此,亦未成书。夏曾佑曾草创义例,编至六朝。其书虽颇有可议,然条例具存,颇亦为人所珍视。惜未完成。(夏氏《唐宋史》数巨册稿本,清末后张菊生带沪付印。嗣因张携稿至南昌访林诒书,竟于鄱阳湖易船时失去。)

〔四〕顾颉刚云:原来清代末年,全国的经学大师,俞樾是最有声望的一位。他担任杭州诂经精舍的山长三十余年,培养了很多的经学人才。他对于今文学和古文学采取兼容并包的态度,所以在他门下受业的人们也各就其性之所近,走上了岔道:或专研古文,或笃信今文,或调和今古文。章炳麟是他的门下古文派中的一个健将,崔适则是他门下今文派中的一个专家。(见《古史辨·自序》)

〔五〕梁启超云:绩溪诸胡多才,最近更有胡适之(适)云。(见《学风之地理分布》)

〔六〕蔡元培云:那时候,因《新青年》上文学革命的鼓吹,而我们认识留美的胡适之君,他回国后,即请到北大任教授。胡君真是"旧学邃密"而且"新知深沈"的一个人,所以一方面与沈尹默、兼士兄弟、钱玄同、马幼渔、刘半农诸君以新方法整理国故,一方面整理英文系……最明白的是胡适之君与钱玄同君等绝对的提倡白话文学,而刘申叔、黄季刚诸君仍极端维护文言的文学,那时候就让他们并存。(见《我在北京大学的经历》)

又云:这五十年中,没有人翻译过一部《西洋哲学史》,也没有人用新的眼光来著一部《中国哲学史》……直到距今四年前,绩溪胡适把他在北大所讲的《中国哲学史大纲》上卷,刊布出来,算是第一部新的哲学史。胡氏用他实验哲学的眼光,来叙述批评秦以前的哲学家,最注重的是各家的辩证法,这正是从前读先秦哲学书者最不注意的。而且他那全卷有系统的叙述,也是从前所未有的。(见《最近五十年中国之哲学》)

又云:俞先生认一时代有一时代的见解与推想,不可以后人的见解与推想去追改他们。天算与声韵,此例最显,这就是现在胡适之、顾颉刚诸先生的读史法。(见《我青年时代的读书生活》)

〔七〕顾师自述治学经过:太炎先生他薄致用而重求是,这个主义我始终信守。但他自己却不胜正统观念的压迫而屡屡动摇了这个基本信念。他在历史上,宁可相信《世本》的《居篇》《作篇》,却鄙薄彝器

928

钱物诸谱为琐屑短书；更一笔抹杀殷虚甲骨文字，说全是刘鹗(铁云)伪造的。他说汉唐的衣服车驾的制度都无可考了，不知道这些东西在图画与明器中还保存的不少。

陈伯弢先生(汉章)他是一个极博洽的学者，供给我们无数材料，使得我们的眼光日益开拓，知道研究一种学问应该参考的书是多至不可计的。

王静安先生(国维)在《广仓学宭》发表的篇章，皆考释商代的甲骨文字。我始见到这二十年中新发见的北邙明器、敦煌佚集、新疆木简的图象。我始知道他们对于古史已在实物上着手的一条路是大路。我的现在的研究仅仅在破坏伪古史的系统上面致力罢了……至于他们的求真的精神、客观的态度、丰实的材料、博洽的论辨，这是以前史学家所梦想不到的。(俱见《自序》)

〔八〕金毓黻云：刘知幾、崔述二氏皆以怀疑、辨伪、考信，为史学之名家。知幾之见称于世久矣，崔氏卒后近二百年而始有人称之。崔氏所著之书，曰《考信录》，凡三十六卷……其书初为其弟子陈履和刊行，后又收入《畿辅丛书》，然于杂著未能全刊。及顾颉刚获崔氏之《知非集》《莜田剩笔》及其夫人之《二余集》，其弟其妹之稿，汇刊为《东壁遗书》，于是几无人不知有崔氏矣。(见《史学史》)

〔九〕一九二六年六月，顾颉刚出版了《古史辨》第一册，内收他自己和别人所作讨论中国古史的文字及往来信札。书前有他的《自序》一篇，详述其身世、环境、求学经过与治学方法等等，长达百零三页，简直是他的自传。书中各篇，大部分都是在杜威和胡适的影响下，运用实验主义方法，以主观武断的态度对待古代的史实，因而粗暴地抹杀了中国历史上的若干重大事实和人物。

第六章　治元清史

一、孟森《清朝前纪》

孟森，字莼生，号心史，武进人。

尝云：有清易代之后，史无成书，谈故事者乐数清代事实。又以清世禁网太密，乾隆间更假四库馆为名，术取威胁、焚毁、改窜，甚于焚书坑儒之祸。弛禁以后，其反动之力遂成无数不经污蔑之谈。吾曹于清一代，原无所加甚其爱憎，特传疑传信为操觚者之责，不欲随波逐流，辄于谈清故者有所辨正。（节录《心史丛刊叙》）

又云：清室入关以前，尚有明代士大夫之著述足资参考，寻检抉摘，为功尚不甚难。乃在清入关以后，所有文人学士无敢有牵涉时忌者，惟于诗歌题目、友朋书札之类，无心流露，当时亦莫有知为犯忌者。随处留心，乃得贯串数事，故其难就，倍蓰于入关以前。且未发现之公案，不知凡几，即已发现者之中，其证据亦必不尽于是。有意搜辑，事且无穷。吾党特就已发见者，引其端耳。今分未入关以前为《清朝前纪》，先作本科讲义之上编。[一]别条纪入关以后之公案为下编，以次讲述焉。——《清朝前纪》叙言（中央大学《清史讲义》）

上编《清朝前纪》：满洲名称考、清朝前纪之纲领、女真纪、建州纪、建州左卫前纪、肇祖纪、褚宴充善纪、妥罗纪、云祖纪、景祖纪、显祖纪、太祖纪、王杲阿台纪。

人言清廷讳其开国时之秽德，数次自改《实录》。《实录稿》今入王氏《东华录》者，乃乾隆间改本，与蒋氏《东华录》歧异之处已甚多。然蒋氏所据，亦不过少改一次之本耳。故如太宗后下嫁摄政王，世宗潜谋夺嫡等等宫廷隐慝，讳莫如深，自不待言。即清初所兴之诸大狱，亦掩其迹惟恐不密。例如顺治十八年之"江南奏销案"，一时缙绅被杀者十余人，被逮者四五百人，黜革者万三千余人，摧毁士气，为史上所未有之奇酷。然官书中并丝毫痕迹，不可得见。今人孟森据数十种文集笔记，钩距参稽，然后全案信史出焉。（钞自赵氏《史学史·官修诸书》）

金毓黻云：心史之撰《清朝前纪》，叙清入关以前事，多取材于日本稻叶岩吉之《清朝全史》，间亦多所发明。后得见明代、朝鲜两《实录》，钞其中所记清入关前之史实，为《明元清系通纪》一篇，惜未竣功而卒。近顷治清初史，颇亦有人，然无有出孟氏右者，甚望将来有人续成其志，而别成一善本。

按《明元清系通纪》已刊十六册。又据数十种文集、笔记辑《心史丛刊》第一集，[二]又有《明清史论著集刊》，各已印行。又有《〈清史稿〉应否禁锢之商榷》一文，载《国学季刊》第三卷四号。又得武威李铭汉所撰《续通鉴纪事本末》之一帙于北京，作《跋》以张之，世人乃知有此书。

二、陈垣《元典章校补》《校勘学释例》

陈垣，字援庵，广东新会人，出生在清朝季年。当时中国正是外患内忧，受到帝国主义、封建统治残酷的压迫剥削凌侮，国家灾难重重。陈氏时年青，在广州受到些维新思想影响，也曾抱有救国之志，参加了一些当时的反帝反封建活动。辛亥以后，曾一度担任过政治职务，来到北京。当时以为清朝统治已被推翻，国家会逐渐富强起来，而实际上事与愿违，国家反日益混乱，越搞越遭，眼见国事日非，军阀混战连年，自己思想得有出路，感到生于乱世，无所适从，只觉得参加这样的政治是污浊的事情，于是就想专心致力于教学与著述。

曾经花费了不少精力，撰写了许多著作。他重视有关历史的研究论著,点校《元史》,同时也重视校勘整理古籍。

他在介绍自己学历史的经验时说:应该从目录学入手。说:萧何入关,先收秦图籍,为的是可以了解其关梁厄塞、户口钱粮等。我们作学问也应如此,也要先知道这门学问的概况。目录学就好像一个账本,打开账本,前人留给我们的历史著作概况,可以了然。古人都有什么研究成果,要先摸摸底,到深入钻研时才能有门径,找自己所需要的资料,也就可以较容易地找到了。

他又说:整理古籍,目的是"古为今用",离开这一原则,也将使研究工作陷入舍本求末的局面。此外,在做资料工作时,也可以向外国借鉴、汲取国外学者编写资料和工具书的经验。

他的治学特点之一是竭泽而渔,就是要全面的占有材料,力求治学要有"打破砂锅问到底"的精神。[三]史学方面的古籍版本很多,校勘史籍是一个重要而又细微的工作,他在这方面下过很多苦功。当著述《元典章校补》和《校勘学释例》时,前后花了二十多年时间。为了校正《元典章》沈(家本)本的错误,收集了几种钞本,逐一核对,找出了沈刻本错误颠倒之处有一万二千多条,写成了《元典章校补》。后来他又从一万二千多条的错误中挑选出范例一千多条,依照错误的成因,分别类例,为校勘工作做出总结性论断,写成了《校勘学释例》。这部书是校勘学中极有参考价值的专著。[四]他无论写哪一本书,总要到处寻觅材料,搜集到大量材料以后,又编写《目录》《索引》,对材料精筛细滤,方始动笔,著书立论。他研究道教史的时候,读了很多道教有关的书籍,再读《道藏》中涉及道教历史的著作,又遍找各地道观中保存的碑刻拓片几千种,加以研究和推敲。

他复得六朝以来研究历史所常参考的佛教史籍,按成书年代,分类介绍,成书曰《中国佛教史籍概论》。凡关于每书的名目、略名、异名、撰人略历、卷数异同、板本源流和各书的内容体例,以及与历史有关的其他问题等,他都运用丰实的历史材料,旁征博引,实事求是的加以分析,并且对《四库提要》有关佛教史籍部分的错误一一予以纠正。果真是刻苦钻研,比起从前的条件,真是有天渊之别。

苏渊雷云:近人陈垣著《通鉴胡注表微》一书,辑其精语七百数十条,为二十篇,前十篇言史法,后十篇言史事,于此抉发尤详。(《表微重印后记》)三省宋亡不出,故国之思,种族之痛,于《通鉴注》中,时时流露出来。(见《读史举要十讲》)

其纂辑工具书之最著名者,有曰《二十史朔闰表》《中西回史日历》。又编《释氏疑年录》《元秘史译音用字考》等,皆为当时史学家研究工作提供了方便。

解放以后,才接触马克思主义,说:不能掌握科学的历史观,对史学家来说,是最大的不幸。由于方向不明确,不能认识历史发展的规律。

一九五九年,当他八十高龄时,光荣地加入了共产党,作《党使我获得了新生命》一文。时正在负责整理校点《新旧五代史》。一九七一年六月,卒于北京,年九十二。遗著合称《励耘书屋丛刻》若干卷。

参考资料

孟森——自著《心史丛刊》,近出《明清史论著集刊》。

陈垣——自著《励耘书屋丛刻》。

《胡适文存》《张菊生生日纪念册》《东方杂志》《燕京学报》《辅仁学报》等。

无名《北大与北大人》,《东方》,40/3.7.7。

解放后各大报、杂志中载陈垣事。

一九六一年五月二〇日《光明日报》载《陈垣老人访问记》。(四十年前他在北平图书馆研究文津阁本《四库全书》的经过)

一九六二年三四月份,中山大学讲《陈垣史学》(《中大学报》),又华东师大请江苏师院历史系主任柴德赓讲《关于陈垣史学研究》。同年十九期《红旗》有陈先生作的文章。

又，五月五日《文汇报》载《六十年话桃李园》(访北师大)。同日《人民日报》载《教师的摇篮中》。《中国青年》《人民画报》《新华月报》。

论文：《中国史料的整理》，载燕大《史学年报》。《谈观点和史料的统一》，载《人民日报》一九六一年五月三十一日。

延伸阅读

〔一〕孟森《清朝前纪》——此系中央大学孟心史教授所讲《清史》之上编。清代讳饰未入关时事迹，并《明史》中有涉清事，尽行删改，以致后修《清史》记录无征，前修《明史》亦缺漏不实。此书从明代人著述中博采清事，仍证以清代官修各书，一一得其实据，绝不容易代后诬罔清室之说滥厕其间，将来《清史》当此鉴别真伪，《明史》亦当据此动议改修，庶于三四百年史事，重睹法戒真相。是为史学家创作，尤当代热心《清史》者所先睹为快。——抄商务印书馆广告。

〔二〕梁启超云：孟莼生《心史丛刊》记累朝改《实录》事甚详。

又按《心史》目次：奏销案、朱方旦案、科场案(一、顺天闱大狱记略；二、江南闱；三、江南、山东、山西闱)，以上一集；西楼传奇考、王紫稼考、横波夫人考、孔四贞事考、金圣叹考(附罗隐秀才)，以上二集；袁了凡斩蛟记考、董小宛考、小说题跋一(跋《聊斋志异·颠道人》)、小说题跋二(记文襄公见鬼事)、丁香花、字贯案、闲闲录案，以上第三集。缀余。

〔三〕陈庆年《与陈圆庵[①]垣书》：戊午秋间，友人章厥生嵚君寄示大著《也里可温考》初版、再版先后踵至，展读再三，如获惊人秘笈，无任企仰。今年夏间……又以三版见示，索隐钩沈，博学详说，得未曾有。朱子诗所云"旧学商量加邃密"者，执事允足当之矣。

---

① 陈垣，字援庵，又字圆庵。

〔四〕胡适云:"陈援庵先生校《元典章》的工作,可以说是中国校勘学的第一伟大工作,也可以说是中国校勘学的第一次走上科学的路。""我要指出援庵先生的《元典章校补》及《释例》有可以永久作校勘学的模范者三事:第一,他先搜求善本,然后得了元刻本,然后用元人初刻本来校元人的书;他拼得用极笨的死工夫,所以能有绝大的成绩。第二,他先用最古刻本对校,标出了所有的异文,然后用诸本互校,广求证据,定其是非,使我们得了最好的最近于祖本的定本。第三,他先求得了古本的根据,然后推求今本所以致误之由,作为《误例》四十二条,所以他的例都是已证实的通例,是校后归纳所得的说明,不是校前所假定的依据。此三事都足以前无古人,而下开来者。"(《元典章校补·叙》,《论校勘学方法》)

又云:"他的一部《释例》,只是对我们说:要说得元朝的书,必须懂得元朝的特殊的制度、习俗、语言、文字。这就是说,要懂得一个时代的书,必须多懂得那个时代的制度、习俗、语言、文字。那是个人的学问知识的问题,不是校勘学本身的问题。""援庵先生的工作,不但使我们得见《元典章》的元刻的本来面目,还参酌各本,用他的渊博的元史知识,使我们得着一部比元刻本更完好的《元典章》,这是新校勘学的第一大贡献。"(俱见《张菊生生日纪念册》)

附言:当陈师援庵讲学燕京大学时,以哈佛燕京学社名义,在图书馆附设引得编纂处,佣工数人,由图书馆主任洪业主持,编有:

《四十七种宋代传记综合引得》一册

《辽金元传三十种综合引得》一册

《八十九种明代传记综合引得》三册

《三十三种清代传记综合引得》一册

《增校清朝进士题名碑录附引得》一册

《读史年表附引得》一册

以上各书,皆已出版。

最近上海图书馆复编有《中国丛书综录》三大厚册，由中华书局出版，亦治学极好之工具书也。

第七章　研究旧史

一、陈汉章《上古史》

陈汉章，字伯弢，号伯弢，浙江象山人。光绪十四年举人。次年，赴会试，荐而不售，遂一意研经史。初，执业德清俞樾门下，继问业定海黄以周，于汉学考据、宋学义理，两所不弃。继鉴国家多故，取新出诸译著，加以研讨。旋因欧风东渐，异说并兴，仍返求之于经学、史学焉。

二十四年大挑二等，以教职用；三十三年，赴考职，得广东候选直隶州州判，均未任。宣统元年，浙当道保送考入京师大学堂肄业。民国元年，改入史学门。二年春毕业，任北京大学国文系、哲学系、史学系教授。十五年，假归，杜门著书。卒年七十五。

所著史籍，有《史学通论》《礼书通故识语》《周书后案》《后汉书补表校录》《辽史索隐》《南田志略》《崇文总目辑释补正》《史通补释》。

清季学部尚书唐景崇发愿为《新唐书》作注，其与《旧书》有异同者，则取而考辨之，而杂取唐人记载入注，其体亦如《集解》。迨成稿过半，曾命象山陈汉章为注地理、艺文二志，及列传数篇（见陈著《史学通论》），是其书亦不尽出己手也。唐氏一殁，复有人取其本纪注十卷付刊，而列传、志、表阙焉。（见《史学史》。参考所著《缀学堂丛稿初集》，民国二十五年排印本）

二、柳诒徵《中国文化史》

柳诒徵,字翼谋,江苏京江[①]人。

《劬堂读书录》载《文澜学报》第一辑。

《中国版本略说》,上海中国科学社出版。

《学衡》中。

【补】

柳诒徵(1880—1956),字翼谋,亦字希兆,号知非,晚号劬堂,又号龙蟠迂叟,江苏镇江人。17 岁考中秀才,后就读于三江师范学堂。1914 年 2 月,应聘为南京高等师范学校国文、历史教授。1925 年北上,先后执教于清华大学、北京女子大学和东北大学。1929 年重返南京,任教于中央大学,并曾任南京图书馆馆长、考试院委员、江苏省参议员。抗战期间,先后任教于浙江大学、贵州大学和重庆中央大学,兼任国史馆纂修。在二十世纪二三十年代的中国史坛,与在北方任教的史家陈垣、陈寅恪并称"南柳北陈"。1948 年获评第一届中央研究院院士。学术薪传乾嘉学派,融世界近代新思潮,学贯中西。主张"史之所重,在持正义。史以明政教,彰世变,非专为存人"。新中国成立后,执教于复旦大学,兼任上海市文物管理委员会委员。柳诒徵一生发表论文 50 余篇,有专著多种。

柳诒徵是中国文化学的奠基人。他于 1923 年完成《中国文化史》,是书 70 余万言,阐明中国文化义理,为中国文化史的开山之作。"每编分章分段,紧接于段落后必附引经史、诸子百家语,以及现代中外学人的谠言伟论,藉供读者的彻底了解。书中所纪俱系前言往行,简精扼要,而尤在援古证今,以今鉴古,期能于历史典章制度因革源流,得以明其得失,匡其谬误,而后折衷至当,以成定论。"引用资料自

---

①京江为镇江别称。

六经、诸子、廿五史、历代名家著述、国外汉学家论著及近代杂志、报纸、统计报道等达 600 余种。①

三、吴廷燮《历代方镇年表》

吴廷燮,字向之,江苏江宁人。光绪甲午举人。叙补通判同知,仍分山西,荐署太原知府。精力过人,博闻强记,喜研讨近代掌故,日取邸钞分类编之。复以旁稽政书图志,入而贯通,每与人谈,历历如数家珍。由是为历任长吏所重,以牧守兼掌抚署文案。赵尔巽抚晋,尤礼重之,荐入京师政务处,寻补巡警部郎中,除民政部右参议,兼宪政编查馆编辑。久之,转内阁法制局参议。

入民国,任国务院统计局局长,历十五稔。廷燮故邃于表谱之学,其法:先画方爵于简,依典籍所载,按年月比次之。偶有不衔,姑付阙如,它日读书有获,亟取以填所阙。久之,前后联贯以为一编,若天衣之无缝,读者惊叹以为绝作。

其为毕生精力所萃者则为《历代方镇年表》一书,自汉迄清,皆有撰述。计汉季、三国、宋、南齐、梁、陈、东魏、西魏、北齐、周、隋、辽、金各一卷,晋代三卷,后魏、五季、元各二卷,唐代八卷,两宋六卷,明、清各十卷,都五十六卷。[一]

又取邸钞及题奏各本,证以《实录》《东华录》,以撰《清十三朝系年要录》。此皆廷燮就公私所藏,综辑而成者也。又尝节钞《明实录》所载事,约数十巨帙,以为别录,并先刊永乐、宣德两朝,以明所重。

民国初元,循往代例,设清史馆以修胜朝史。馆长赵尔巽延缪荃孙、柯劭忞、王树枬诸耆儒暨廷燮为总纂。廷燮既纂《清史商例》,以发其凡,旋任修本纪及诸表,阅十五寒暑,卒溃于成。本纪原稿为某氏节删,间失原旨,惟诸表悉用原稿,几于细大不捐。厥后《史稿》刊

---

① 原稿过于简略,以上两段由整理者根据相关资料补充。

成,论者独于史表,服其精博,无异辞焉。

十七年,北方政府解组,应沈阳萃升书院之聘,出关主讲史学。乃取顾氏祖禹《读史方舆纪要·各省总序》,重加阐发,又以谷氏应泰《明史纪事本末》为教本,仿张溥《鉴论》例,依其篇第,撰论以诏诸生。适《辽宁通志》久未成书,廷燮为补撰大事、沿革、职官、金石诸志。其《大事志》即取《明实录》节本及《清系年要录》所载东北边事以实之,委曲详尽,得未曾有。

晚年,遁居江左,以陈氏《明纪》、夏氏《明通鉴》皆不足以续涑水、镇洋二氏之书,爰仿巽岩李氏体,就《明实录》全帙,及晚出明人著作,昕夕钩稽,以成《明通鉴长编》九百卷。

廷燮撰史之旨,宁详勿略。尝谓明代柯、王二氏剪裁《宋史》,一成新制,不为不勤,然决不如脱脱原书之可贵。果去取而失当,必有不当去而去者,何如姑存之以待后贤之删定,故亟称宋代二李氏之《长编》《要录》为佳史,足以明其志尚所在矣。

国史馆建于南京,廷燮应聘为纂修,首撰《国史义例》,继起草地理、艺文两志,未就。十六年十二月,卒于京寓,年八十三。

按:江宁吴向之廷燮,《国史》有拟传。

四、朱希祖《明季史籍题跋》

朱希祖,字逷先,浙江海盐人。少受父教,有志经史之学。既壮,学治史于日本早稻田大学,又从余杭章炳麟太炎受《说文》音韵。民国三年,教育部召赴北京,议国语读音统一,希祖建议,众韪之。于是名动京师,留教北京大学,兼清史馆编修。

及袁世凯谋帝制,史馆总纂赵尔巽附之,希祖羞与为伍,辞编修,专力教授。北京大学益重其为人,升任中国文学系、史学系主任。教授绩溪胡适者,欲倡语体文,希祖与之探讨,为语体文文学以助之。十二年,入关中讲学,摹拓汉、唐石刻甚富。又游大同,观云冈造像。

十七年,北伐成,北京更名北平,希祖返北平大学,专力主持史学系,又设中国史学会,聚群彦讲焉。十九年,入中央研究院,益深研究。及日本入侵,东省沦没,更欲纂述《南明史》,以励国人,会广东中山大学延主文史研究所,忻然往。道过南京,访明代故宫之址及陵寝。在粤罗集两广方志,及他载籍,钞记考订勿倦。二十三年,返南京,主中央大学史学系。旋官内政部,兼保管古物,常巡行郊野。又至江宁、丹阳、当涂,徘徊废墟土莽间数年,得见古冢十有三,钩稽考校,明其制度,盖六朝时陵墓也。时太炎讲学于吴,希祖佐其师,月一往讲。太炎终,庐墓不忍去。二十六年,抗日之战起,希祖于是入蜀,二十九年,国史馆筹备委员会成立,以总干事授希祖,希祖为史馆讨论体例书法甚勤。

著述有《明季史籍题跋》六卷、《伪楚录辑补》六卷、《伪齐录校补》四卷、《伪齐国志长编》十六卷,皆为革命与抗战而作也。又有《汲冢书考》二卷。其他论征,辑为《史学丛考》,其间有《汉唐宋起居注考》《建立档案总库议》等。又有《汉十二世著纪考》(见《北京大学系刊》二卷三号)。

金毓黻云:近日研史之士,每欲发愤,重撰《史籍考》,而惮其繁重,有撮萧梁旧史而为之考者,如海盐朱氏(希祖)是,有萃晚明史籍而为之考者,如安阳谢氏(国桢)是。

又云:最近则有海盐朱先生希祖蒐获南明野史,多为珍本,实突过傅以礼所见,间有未著录于《晚明史籍考》者,先生尝欲撰《南明史》。(均见《史学史》)

按:海盐朱遏先希祖,《国史》有拟传。

五、陈寅恪《隋唐制度渊源略论稿》

陈寅恪,江西义宁人。父三立,以诗名,称散原先生,寅恪其次子也。[二]淹贯东西古今学术,为吾国今代通儒第一人,虽王静安、章太炎不能比拟,故英人礼聘主讲牛津大学汉学。

一九三五年在清华。一九四三年在桂林广西大学。

论治学——近有人谓:陈寅恪先生则以他掌握材料的极度谨严,为其特色,即以其《隋唐制度渊源论》来说,当他运用一个证据(哪怕那仅是胡三省的一条《通鉴注》)时,他必先用几个副证据,来把这一正证,证得确凿了,然后再用。同时他不忽视反证,也不抹煞反证或隐蔽反证,而是从反证的攻倒中稳步地建立自己正面的证据。这些特点,在在都值得现在的史学工作者学习的。

从司马迁、班固到司马光,到万季野、章学诚,到戴东原、王念孙,到孙诒让、王国维,他们也只是作了一部分工作。陈寅恪几乎是终毕生之力,才给从南北朝到隋唐的政治制度和文化源流划出了一条鲜明的线路。

著《唐代政治史述论稿》《隋唐制度渊源略论稿》。

六、郭沫若《中国古代社会研究》

郭沫若,字鼎堂,四川乐山人。五岁读四书五经,虽不能解,却已树旧学之根基矣。十三四岁,与周秦诸子接近。最先接近的为庄子,初学其文汪洋恣肆,后渐为思想所陶醉。继读《道德经》《墨子》《管子》《韩非子》。十七八岁,钞录诸子,把警粹文句摘录为作文之资。民二,出国,留学日本,渐离线装书,学医,得医学士学位,因知近代科学研究方法。并接近近代之文学、哲学和社会科学。尤以辩证唯物论,使其精神得到启蒙作用。

时值中国大革命浪头高涨,解放祖国,应为中国人民之使命,郭氏遂归,参加北伐,不幸仅一年余,又不得不向日本过亡命生活。又是十年,在日本之宪兵监视下,乃始从事古代社会之研究。为了研究彻底,遂尽费精力于殷虚甲骨文字与殷周青铜器铭文上面。这种古器物学之研究,使之对古代社会面貌,更加明了起来,便造成以实物

治古史之兴趣焉。[三]

卢沟桥事变起,郭氏又结束了十年亡命生活,回到祖国,担任宣传工作,后又改任文化工作。会中一些朋友不让郭氏过问会内杂务,而使集中精力读书。

历史研究之兴趣,不仅在郭氏一个人重新抬起头,同一倾向,近年来显然形成为风气,以"新史学"立场所写之古代史或古代学说思想史之类,不断有鸿篇巨制出现。他们的方法虽然彼此接近,但见解与结论各自不同。郭氏对于新史学研究比较胆大,常提出相反意见,因多找证据,予以说明。

其最近对史学研究的主张,有云:"在史学领域里,要搞些什么呢?通史应该搞,专业史、断代史也应该搞,党史当然更应该搞。此外,世界史、亚洲史的研究也要积极开展。专业史的范围很广,其中包括思想史、经济史、文化史、文学史等;在文学史中又可分为诗歌史、戏剧史、小说史等。一部《中国通史》是中国整个社会的全面发展史。以马列主义的观点,编写出一部完整的《中国通史》,这是大家所一致期待的。当然,《中国通史》的著作,现在并非没有,但我们希望能有更好的通史编印出来。除通史外,专业史、专题史(如对某一个历史人物、某一件历史事实的研究)特别是各民族的发展史等,都应该注意。通史要搞,断代史也要搞。只要立场、观点、方法对头,历史上的某一个人物、某一件事实,尚且应该研究,为什么一个朝代的历史就不可以研究呢?研究历史当然要有史料。马克思主张尽可能地占有大量资料,也说明资料对科学研究的重要。占有了资料,就必须辨别它的真假,查考它的年代,去其糟粕,取其精华,这番检查的工夫,也就是所谓考据。这些工作是不可少的,是应该肯定的。但它毕竟是历史研究的初步阶段。没有史料,固然不能研究历史,专搞史料也决不能代替历史学。

"中国的史料很多,除去正史、野史这些文字记载外,还有许多实物史料,如出土的文物等……另外,在海外也有许多资料,有的和中国直接有关,有的虽无关系,但也可用来作比较研究。

　　"占有史料以后,要加以整理分析,这是历史研究的第二步。这就要求我们在那么繁多的史料中分清主次。在史料中有重要的、次要的,也有无关重要的。我认为,对民族的发展、经济的发展、文化的发展等有关的史料是头等重要的,应该尽量搜集,优先整理。

　　"占有和整理了史料,如何运用它们,这是历史研究中更重要的问题。有了史料,如果没有根据辩证唯物主义和历史唯物主义的方法加以处理研究,好像炊事员手中有了鱼、肉、青菜、豆腐,而没有烹调出来一样,不能算作已经做出了可口的菜。研究历史的目的,是要用大量的史料来具体阐明社会发展的规律。今天我们很幸运,研究历史有了极重要的方便条件,因为社会发展规律,马克思在《政治经济学批判》一书的《序》中已很扼要地说明了。我们根据马克思这一灯塔似的说明,就有可能批判地利用史料,编定出通史、专业史和其他历史著作来。

　　"对历史人物的评价,也应该根据辩证唯物主义和历史唯物主义的原理来进行研究。

　　"我们评定一个历史人物应该以他所处的历史时代为背景,以他对历史发展所起的作用为标准,来加以全面的分析。这样就比较易于正确地看清他们在历史上应处的地位。

　　"评定历史人物的作用,我们一定要实事求是,不夸大也不缩小。人们对各朝各代的帝王,往往容易一概否定,其实这是不妥当的,应该具体分析……各个时代中有关思想、文学、科技方面的人物,尤其应该正确地估计他们的作用,加以重视。"(节录《关于目前历史研究中的几个问题》,载一九五九年四月八日《人民日报》)

　　其他著作,有《卜辞通纂》《两周金文辞大系》《青铜时代》《十批判书》等,新出《中国史稿》。

参考资料

陈汉章——自著《缀学堂丛稿》(一名《见山楼丛书》)。

项士元作《传》,见浙通志馆刊物。

柳诒徵——《学衡》杂志、《文澜学报》第一辑。

吴廷燮——自著《景杜堂文集》《别集》;《景牧自订年谱》,载《国史馆刊》一卷四号。

金毓黻作《传》(同书第一卷第二号)。

朱希祖——《朱希祖遗著》一文,载《光明日报》一九六一年十月廿三日。

朱偰作《朱谒先史学贡献》,《东方》,40/16。

王宇高作《别传》。

孙世扬作《哀词》,见《中国文录》二卷五期。

陈寅恪——自著《寒柳堂集》《金明馆丛稿》《元白诗笺证稿》,《散原精舍文集》跋语,《国史·陈三立拟传》。

新书《陈寅恪先生文集》。

延伸阅读

〔一〕金毓黻云:清代史家如万斯同以善制表名,吴先生廷燮所撰《历代方镇年表》裒然巨帙,可与万氏之《历代史表》后先辉映。(见《史学史》)

〔二〕陈寅恪云:先君(三立)于光绪八年壬午乡举后,丙戌会试中式,是年未应殿试,己丑成进士,以主事分吏部行走。未几即引去。嗣侍先祖中丞公(宝箴)湘抚任内,锐行新政,网罗人才,多所赞画。戊戌政变,中丞公获谴,先君亦坐是革职。庚子回銮,诏与先祖一并开复原官。宣统初年,迭征不出,一意肆力诗、古文辞,遂为世所宗仰。男寅恪等敬识。(《散原精舍文集》跋语)

〔三〕郭沫若云:一个作家离开了祖国,脱离了现实,是写不出东西来的。在日本亡命期间,除了写些自传之外,主要的时间就用到历史研究上。我研究了中国古代社会,把甲骨文字和青铜器铭文通盘整理了一遍。我会走到历史和考古的研究上来,完全是客观条件把我逼成的。在历史研究方面的东西比起文艺上的写作来似乎要好得一点。但那些东西,在这个选集里都没有选进去。(《选集·自序》一节)

又云:大抵在目前欲论中国的古学,欲清算中国的古代社会,我们是不能不以罗、王二家之业绩为其出发点了。

近有人谓郭先生:他的《两周金文辞大系》是我辈治金石学阶段所极尊奉的经典,并且我认为他的《古代研究的自我批判》一文,是截止到目前中国文献学之最高水平的标志。郭沫若馨在日本居住的十年,才把三百多件殷周青铜器的铭文、体制和花纹——予以考释,因而对于殷周社会的性质和情况给了一个近乎确定的说明。

又郭沫若《自述》云:卜辞的研究,要感谢王国维。是他首先由卜辞中把殷代的先公先王剔发了出来,使《史记·殷本纪》和《帝王世系》等书所传的殷代王统得到了物证,并且改正了他们的讹传。王国维可称为新史学的开山。(《自述》)

郭氏最近又在编《中国史稿》,中华书局在排印中。

附　录

一、历代史家字号邑里表

朝代	史家	字号	邑里
周	孔子	仲尼	山东曲阜
	左丘明		
汉	司马迁	子长	陕西夏阳（龙门）
	司马谈		
	褚少孙		河南沛县（颍川）
	冯商		陕西长安
	刘向	子政	江苏沛郡
	子歆	子骏	
	班固	孟坚	陕西安陵（扶风）
	父彪	叔皮	
	妹昭	曹世叔妻大家	
	荀悦	仲豫	河南颍阴（颍川）
	刘珍	秋孙	湖北
	李尤	伯仁	
	蔡邕	伯喈	河南围县（陈留）
三国吴	谢承	伟平	浙江山阴
三国汉	袁康		浙江会稽
	赵晔		
魏晋	司马彪	绍统	
	华峤	叔骏	山东高唐（平原）
	谢沈	行思	浙江山阴（会稽）
	张璠		

朝代	史家	字号	邑里
魏晋	鱼豢		京兆
	王沈	处道	山西晋阳(太原)
	王崇		
	韦昭(曜)	弘嗣	江苏云阳(吴郡)
	薛莹		
	环济		
	谯周	允南	四川西充国(巴西)
	陈寿	承祚	四川安汉(巴西)
	荀勖	公曾	河南颍阴(颍川)
	和峤	长舆	西平(汝南)
	束皙	广微	元城(阳平)
	杜预	元凯	杜陵(京兆)
	袁宏	彦伯	阳夏(陈郡)
	常璩	道将	
	裴秀	季彦	山西闻喜(河东)
	郦道元	善长	范阳
	王隐	处叔	河南陈县(陈郡)
	虞预	叔宁	
	朱凤		晋陵
	何法盛		
	谢灵运	康乐	河南阳夏(陈郡)
	臧荣绪		山东莒县(东莞)
	萧子云	景乔	江苏兰陵
	陆机	士衡	江苏吴郡(苏州)
	干宝	令升	
	曹嘉之		

朝代	史家	字号	邑里
魏晋	习凿齿	彦威	湖北襄阳
	邓粲		湖南长沙
	孙盛	安国	山西中都(太原)
	刘谦之		
	徐广	野民	山东姑幕(东莞)
	王韶之	休泰	山东临沂(琅琊)
	郭季产		
	范晔	蔚宗	河南顺阳(南阳)
	裴松之	世期	山西闻喜(河东)
	子骃	龙驹	同上
	刘昭	宣卿	山东高唐(平原)
	和苞		
	崔鸿	彦鸾	山东鄃县(东清河)
	萧方等	实相(世祖长子)	
南北朝	徐爰	长玉	山东开阳(南琅琊)
	沈约	休文	浙江绍康(吴兴)
	裴子野	几原	山西闻喜(河东)
	江淹	文通	山东考城(济阳)
	萧子显	景阳	江苏兰陵
	吴均	叔庠	浙江故鄣(吴兴)
	梁武帝		
	何之元		安徽庐江
	刘璠	宝义	江苏沛国
	顾野王	希冯	江苏吴县(吴郡)
	傅縡	宜事	陕西灵州(北地)
	陆琼	伯玉	江苏吴县(吴郡)

朝代	史家	字号	邑里
南北朝	崔浩	伯渊	山东清河
	魏收	伯起	河北曲阳(巨鹿)
	魏澹	彦深	
	王劭	君懋	山西晋阳(太原)
	牛弘	里仁	鹑觚(安定)
隋唐	房乔	玄龄	山东临淄(齐州)
	令狐德棻	季馨	陕西华原(宜州)
	姚思廉	本名简	陕西万年(雍州)
	父察	伯审	浙江武康(吴兴)
	李百药	重规	河北安平(定州)
	父德林	公辅	同上
	魏徵	玄成	山东曲城(魏州)
	于志宁	仲谧	陕西高陵(京兆)
	李淳风		陕西雍州
	韦安仁		
	李延寿	遐龄	河南相州(安阳)
	父大师	君威	同上
	温大雅	彦弘	山西祁县(并州)
	许敬宗	延族	浙江新城(杭州)
	吴兢		河南浚仪(汴州)
	韦述		陕西万年(京兆)
	柳芳	仲敷	山西河东(蒲州)
	苏冕		陕西武功(京兆)
	杨绍复		
	司马贞	子正	河南河内
	张守节		

朝代	史家	字号	邑里
隋唐	颜师古	名籀,以字行	陕西万年(京兆)
	叔父游秦		
	李贤	明允(章怀太子)	陕西万年(京兆)
	刘知幾	子玄	江苏彭城(徐州)
	子秩	祚卿	同上
	杜佑	君卿	陕西万年(京兆)
	贾耽	敦诗	河北南皮(沧州)
	李吉甫	弘宪	河北(赵州)赞皇
五代	王旦	子明	河北莘县(大名)
	宋敏求	次道	河北平棘(赵州)
	赵莹	元辉	陕西华阴
	刘昫	耀远	河北归义(涿州)
宋	宋祁	子京	河南雍丘
	薛居正	子平	河南浚仪(开封)
	欧阳修	永叔	江西庐陵
	陶岳	介丘	江西浔阳
	王禹偁	元之	山东巨野(济州)
	路振	子发	湖南祁阳(永州)
	尹洙	师鲁	河南安阳
	吕夏卿	缙叔	福建晋江
	徐无党		浙江永康
	吴缜	廷珍	四川成都
	王溥	齐物	山西祁县(并州)
	徐天麟	仲祥	江西临江
	司马光	君实	陕西夏县涑水乡
	刘恕	道原	江西高安

朝代	史家	字号	邑里
宋	子羲仲	壮舆	同上
	范祖禹	淳甫	四川华阳(成都)
	刘攽	贡父	江西新喻
	兄敞	原父	同上
	任奉世	仲冯	同上
	吴仁杰	斗南	江苏昆山
	熊方	广居	江西丰城
	钱文子	文季	浙江永嘉(温州)
	王益之	行甫	浙江金华
	宋白	太素	河北大名
	魏了翁	鹤山	四川蒲江(邛州),一作临邛
	王尧臣	伯庸	河南虞城(应天)
	曾巩	子固	江西南丰(建昌)
	王应麟	伯厚	浙江庆元(今鄞县)
	胡宏	仁仲	福建崇安
	罗泌	长源	江西庐陵
	苏辙	子由	四川眉山
	吕祖谦	伯恭	浙江寿州(金华)
	郑樵	渔仲	福建莆田(一作兴化)
	李焘	仁父 巽岩(一作秀岩)	四川丹棱(眉州)
	杨仲良	明叔	四川眉州
	王偁	季平	四川眉州
	陈均	平甫	福建莆田
	叶绍翁	靖逸	浙江龙泉
	洪遵	景严	江西豫章(鄱阳)

951

续表

朝代	史家	字号	邑里
宋	徐梦莘	商老	江西临江
	熊克	子复	福建建阳（建州）
	李心传	微之	四川井研
	刘时举		
	彭百川	叔融	四川眉山
	蔡幼学	行之	浙江瑞安
	徐自明	愒堂	浙江永嘉
	杜大珪		四川眉州
	马令		江苏阳羡（今宜兴）
	陆游	务观	浙江山阴
	袁枢	机仲	福建建安（今建瓯）
	朱熹	元晦（晦庵）	安徽婺源
	陈傅良	君举（止斋）	浙江瑞安
	叶适	正则（水心）	浙江永嘉
	陈亮	同甫（龙川）	浙江永康（金华）
	尤袤	延之	江苏无锡（常州）
	晁公武	子止	山东巨野
	赵希弁	君锡	江西袁州
	高似孙	续古	浙江鄞县
	陈振孙	伯玉（直斋）	浙江安吉
	乐史	公礼	江西宜黄（抚州）
	王存	敬仲	江苏丹阳（润州）
	王象之	仪甫	浙江金华
	欧阳忞		江西庐陵
	祝穆	和甫	福建建阳
	洪皓	光弼	江西鄱阳（饶州）

朝代	史家	字号	邑里
宋	叶隆礼	渔林	浙江嘉兴
	宇文懋昭		安徽归正(淮西)
元	王鹗	百一	山东东明(曹州)
	欧阳玄	原功	湖南浏阳(潭州)
	元好问	裕之(遗山)	山西秀容(太原)
	王若虚	从之	河北藁城
	刘祁	京叔	山西浑源
	王恽	仲谋	河南汲县(东平)
	谢端	敬德	湖北江陵
	萧常	季韶	江西庐陵
	郝经	伯常	山西陵川(泽州)
	胡三省	身之(梅涧)	浙江天台
	史炤	见可	四川眉州
	金履祥	吉父(仁山)	浙江兰溪(金华)
	陈桱	子经	浙江奉化
	马端临	贵与	江西乐平
	袁桷	伯长	浙江鄞县
	虞集	伯生	四川仁寿
	苏天爵	伯修(道园)	山西真定
	托克托	大用	蒙古八邻部
明	宋濂	景濂	浙江浦江(金华)
	王祎	子充	浙江义乌(金华)
	解缙	大绅	江西吉水
	黄淮	宗豫	浙江永嘉

续表

朝代	史家	字号	邑里
明	李东阳	宾之	湖南茶陵
	陈于陛	元忠	四川南充
	杨士奇	名寓,以字行	江西泰和
	焦竑	弱侯	江苏上元(江宁)
	胡应麟	元瑞	浙江兰溪(金华)
	商辂	弘载	浙江淳安
	王宗沐	新甫	浙江临海
	薛应旂	仲常	江苏武进(常州)
	严衍	永思	江苏嘉定
	冯琦	用韫	山东临朐
	陈邦瞻	德远	江西高安
	谢陛	少连	安徽歙县
	王洙	一江	浙江临海(台州)
	王昂		广东揭阳
	柯维骐	奇纯	福建莆田
	王惟俭	损仲	河南祥符(今开封)
	潘昭度	曾纮	浙江吴兴
	钱士升	抑之	浙江嘉善
	汤显祖	义仍(若士)	江西临川
	邵经邦	仲德	浙江仁和
	王圻	元翰	江苏上海(云间)
	张溥	天如	江苏太仓
	朱明镐	昭芑	江苏太仓
	王世贞	元美	江苏太仓
	李贽	卓吾	福建晋江(泉州),一作温陵
	邓元锡	汝极	江西南城(一作盱郡)

954

朝代	史家	字号	邑里
明	朱国祯	文宁	浙江乌程
	陈建	廷肇	广东东莞
	谈迁	孺木	浙江海宁枣林乡
	张岱	宗子(陶庵)	浙江山阴
	朱睦㮮	灌甫	河南开封
	徐纮	朝文	江苏武进(常州)
清	马骕	宛斯	山东邹平
	高士奇	澹人	浙江钱塘
	陈景云	少章	江苏长洲(今吴县)
	顾栋高	复初	江苏无锡
	朱奇龄	与三	浙江海宁
	杨陆荣	采南	江苏青浦
	李锴	铁君	奉天铁岭(远东)
	钱谦益	牧斋	江苏常熟
	吴伟业	骏公(梅村)	江苏太仓
	谷应泰	赓虞	河北丰润
	彭孙贻	仲谋	浙江海盐
	傅维鳞	掌雷	河北灵寿
	顾炎武	宁人(亭林)	江苏昆山
	戴笠	耘野	江苏吴江
	潘柽章	力田	同上
	吴炎	赤溟	同上
	潘耒	次耕	同上
	查继佐	伊璜	浙江海宁

朝代	史家	字号	邑里
清	戴名世	南山	安徽桐城
	王夫之	而农（船山）	湖南衡阳
	计六奇	用宾	江苏无锡
	温睿临	哂园	浙江乌程
	徐鼒	亦才	江苏六合
	黄宗羲	太冲（梨洲）	浙江余姚
	子百家	耒史	同上
	万斯同	季野	浙江鄞县
	任言	贞一	同上
	邵廷采	念鲁	浙江余姚
	全祖望	谢山	浙江鄞县
	邵晋涵	与桐（二云）	浙江余姚
	王鸿绪	季友	江南华亭
	张廷玉	衡臣	安徽桐城
	毛奇龄	大可（西河）	浙江萧山
	汤斌	荆岘	河南睢州
	朱彝尊	锡鬯（竹垞）	浙江秀水
	黄虞稷	俞邰	江苏上元
	刘献廷	继庄	河北大兴
	金门诏	乐山	江苏江都
	朱筠	竹君	河北大兴
	纪昀	晓岚	河北献县
	陆锡熊	健男（耳山）	江苏上海
	顾祖禹	景范	江苏无锡（宛溪）
	黄仪	子鸿	江苏常熟
	胡渭	东樵	浙江德清

朝代	史家	字号	邑里
清	阎若璩	百诗(潜丘)	山西太原
	赵一清	东潜	浙江仁和
	沈炳巽	绎旃	浙江归安
	王懋竑	白田	江苏宝应
	蔡上翔	元凤	江西金溪
	章学诚	实斋	浙江会稽
	徐乾学	健庵	江苏昆山
	毕沅	秋帆	江苏镇洋
	陈芳绩	亮工	江苏常熟
	齐召南	次风(息园)	浙江天台
	汪辉祖	龙庄	浙江萧山
	李兆洛	申耆	江苏阳湖(一作武进)
	杨丕复	愚斋	湖南武陵
	汪曰桢	刚木	浙江乌程
	李清	映碧	江苏兴化(扬州)
	邵远平	戒三	浙江仁和
	吴任臣	志伊	浙江仁和
	沈炳震	东甫	浙江归安
	陈黄中	和叔(东庄)	江苏长洲(今吴县)
	赵绍祖	琴士	安徽泾县
	谢启昆	蕴山	江西南康
	陈鳣	仲鱼(简庄)	浙江海宁
	郭伦	凝初	浙江萧山
	周济	保绪	江苏荆溪
	梁廷枏	章冉	广东顺德
	吴兰修	石华	广东嘉应

朝代	史家	字号	邑里
清	章陶	载良	浙江诸暨(柴桑)
	汤成烈	确园	江苏武进
	钱大昕	竹汀(潜研)	江苏嘉定
	弟大昭	晦之(可庐)	同上
	族子塘	溉亭	同上
	族子坫	献之	同上
	王鸣盛	凤喈(西庄)	江苏嘉定
	赵翼	耘松(瓯北)	江苏阳湖
	王念孙	怀祖(石臞)	江苏高邮
	洪颐煊	筠轩	浙江临海
	李贻德	次白	浙江嘉兴
	厉鹗	太鸿(樊榭)	浙江钱塘
	杨复吉	慧楼	江苏吴江
	杭世骏	大宗(堇浦)	浙江仁和
	惠栋	定宇(松崖)	江苏元和
	彭元瑞	掌仍(云楣)	江西豫章(今南昌)
	刘凤诰	金门	江西萍乡
	俞正燮	理初	安徽黟县
	吴兰庭	胥石	浙江归安
	吴光耀	华峰	湖北江夏
	周在浚	雪客	河南祥符
	汤运泰	虞尊	江苏青浦
	倪灿	闇公	江苏上元
	郝懿行	恂九(兰皋)	山东栖霞
	孙星衍	渊如	江苏阳湖
	洪亮吉	稚存(北江)	江苏阳湖

朝代	史家	字号	邑里
清	长子饴孙	孟慈	同上
	幼子龄孙	子龄	同上
	虞康	君谟	广东番禺
	周嘉猷	两塍	浙江钱塘
	顾櫰三	秋碧	江苏江宁
	张鉴	春冶	浙江归安
	崔述	东壁	河北大名
	梁玉绳	曜北	浙江仁和
	程恩泽	春海	安徽歙县
	黄式三	薇香	浙江定海
	龚自珍	定盦(瑟人)	浙江仁和
	阮元	芸台	江苏仪征
	江藩	子屏(郑堂)	江苏甘泉
	唐鉴	镜海	湖南善化
	戴望	子高	浙江德清
	钱仪吉	衎石	浙江嘉兴
	钱林	东生	浙江仁和
	李元度	次青	湖南平江
	李桓	黼堂	湖南湘阴
	祁韵士	鹤皋	安徽寿阳
	徐松	星伯	河北大兴
	张穆	石洲	山西平定
	何秋涛	愿船	福建光泽
	秦蕙田	味经	江苏金匮
	黄以周	元同	浙江定海
	张澍	介侯	甘肃武威

朝代	史家	字号	邑里
清	姚振宗	海槎	浙江山阴
	朱右曾	尊鲁(亮甫)	江苏嘉定
	章宗源	逢之	浙江山阴
	孙之骥	晴川	浙江仁和
	林春溥	鉴塘	福建闽县
	雷学淇	瞻叔(介庵)	河北通州
	徐文靖	位山	安徽当涂
	徐逢衡	穆堂	江苏江都
	张宗泰	登封	江苏甘泉
	姚之骃	鲁斯	浙江钱塘
	马国翰	竹吾	山东历城
	黄奭	右原	江苏甘泉
	汪文台	南士	安徽黟县
	汤球		同上
	施国祁	北研	浙江乌程
	沈钦韩	文起(小宛)	江苏吴县
	梁章钜	茝林(退庵)	福建长乐
	周寿昌	荇农(自庵)	湖南长沙
	李慈铭	爱伯(莼客)	浙江会稽
	王先谦	益吾(葵园)	湖南长沙
	邓显鹤	湘皋	湖南新化
	王树枏	晋卿	河北新城
	魏源	默深	湖南邵阳
	毛岳生	生甫	江苏嘉定
	曾廉	伯隅	湖南邵阳
	李文田	芍农(一作仲约)	广东顺德

朝代	史家	字号	邑里
清	高宝铨		浙江秀水
	洪钧	文卿	江苏吴县（苏州）
	屠寄	敬山	江苏武进
	柯劭忞	凤苏	山东胶县
	沈曾植	子培（乙庵）	浙江嘉兴
	汪士铎	梅村（晦翁）	江苏江宁
	杨守敬	惺吾	湖北宜都
	丁谦	益甫	浙江仁和
	陆心源	刚父	浙江归安
	吴士鉴	绹斋	浙江钱塘
	张森楷	式卿	四川合州
	唐景崇	春卿	广西灌阳（今临桂）
	陈庆年	善余	江苏丹徒
	陈鹤	鹤龄	江苏元和
	孙克家	子刚	同上
	夏燮	谦甫	安徽当涂
	王颂蔚	芾卿	江苏长洲
	蒋良骐	千之	
	潘颐福		湖北罗田
	朱寿朋	锡百	上海
	龙文彬	筼圃	江西永新
	杨晨	定敷	浙江黄岩
	朱铭盘	曼君	江苏泰兴
	王闿运	壬秋	湖南湘潭
	王定安	鼎丞	湖北东湖（宜昌）
	朱孔彰	仲武	江苏吴县

续表

朝代	史家	字号	邑里
清	孙诒让	仲容	浙江瑞安
	罗振玉	叔蕴	浙江上虞
	子福苌	君楚	同上
	王国维	静安	浙江海宁
	李有棠	芾生	江西萍乡
	李铭汉	云章	甘肃武威
	刘锦藻	澄如	浙江吴兴
	黄鸿寿		
	黄遵宪	公度	广东嘉应
最近	赵尔巽	次册	汉军正蓝旗
	章梫	一山	浙江宁波
	缪荃孙	筱珊(艺风)	江苏江阴
	傅增湘	沅叔	四川江安
	徐乃昌	积余	安徽南陵
	刘承幹	翰怡	浙江吴兴
	张元济	菊生	浙江海盐
	康有为	长素	广东南海
	梁启超	任公	广东新会
	章炳麟	太炎	浙江余杭
	刘师培	申叔	江苏仪征
	陈黻宸	介石	浙江瑞安
	任怀	孟冲	同上
	张尔田	孟劬	浙江钱塘
	孙德谦	隘堪(益庵)	江苏元和
	夏曾佑	穗卿	浙江杭县

朝代	史家	字号	邑里
最近	崔适	觯甫	浙江归安
	胡适	适之	安徽绩溪
	顾颉刚	铭坚	江苏吴县
	孟森	莼孙（心史）	江苏武进
	陈垣	援庵	广东新会
	陈汉章	伯弢	浙江象山
	柳诒徵	翼谋	江苏京口
	吴廷燮	向之	江苏江宁
	朱希祖	逖先	浙江海盐
	陈寅恪		江西义宁
	郭沫若	鼎堂	四川乐山

二、历代史家生卒岁数表

朝代	帝号	年岁	公元	史家生卒岁数	备考
周	灵王	二一年	前五五一	孔子仲尼生	即生于鲁襄公二十二年，卒于鲁哀公二十六年四月己丑。（见《史记·孔子世家》及《秦本纪》）
	敬王	四一年	前四七九	孔子卒，年七十三	
汉	景帝	五年	前一四五	司马迁子长生	《刘向年谱》作元凤二年生，绥和元年卒。一作享年七十一。
	昭帝（始元）	元年	前八六	司马迁卒，年六十	
	（元凤）	四年	前七七	刘向子政生	
	宣帝	初	前？	刘歆子骏生	
	哀帝（建年）	元年	前六	刘向卒，年七十二	
	平帝（元始）	三年	公三	班彪叔皮生	
	淮阳王（更始）	元年	公二三	刘歆卒，年七十余	

朝代	帝号	年岁	公元	史家生卒岁数	备考
东汉	光武帝（建武）	八年	公三二	班固孟坚生	
		三〇年	公五四	班彪卒，年五十二	
	和帝（永元）	四年	公九二	班固卒，年六十一	卒于狱中
	顺帝（阳嘉）	元年	公一三二	蔡邕伯喈生	
	桓帝（建和）	二年	公一四八	荀悦仲豫生	
	献帝（初平）	元年	公一九〇	蔡邕卒，年六十一	
	（建安）	六年	公二〇一	谯周允南生	
		十一年	公二〇六	陈寿承祚生	
		十四年	公二〇九	荀悦卒，年六十二	
魏	文帝（黄初）	三年	公二二二	杜预元凯生	
吴	景帝（永安）	四年	公二六一	陆机士衡生	
晋	武帝（泰始）	六年	公二七〇	谯周卒，年七十余	
	（太康）	五年	公二八四	杜预卒，年六十三	
		十年	公二八九	荀勖卒	
	惠帝（元康）	七年	公二九七	陈寿卒，年六十五	
	（太安）	二年	公三〇三	陆机卒，年四十三	
东晋	成帝（咸和）	三年	公三二八	袁宏彦伯生	
	穆帝（永和）	八年	公三五二	徐广野民生	
			公三七〇	何承天生	
	简文帝（咸安）	二年	公三七二	裴松之世期生	
	孝武帝（太元）	元年	公三七六	袁宏卒，年四十九常璩卒	
		五年	公三八〇	王韶之休泰生	
		十年	公三八五	谢灵运康乐生	
	安帝（隆安）	二年	公三九八	范晔蔚宗生	
		十一年	公四一五	臧荣绪生	
		十三年	公四一七	裴秀季彦生	

964

朝代	帝号	年岁	公元	史家生卒岁数	备考
南朝宋	文帝(元嘉)	二年	公四二五	徐广卒，年七十四	
		十年	公四三三	谢灵运卒，年四十九	
		十二年	公四三五	王韶之卒，年五十六	
		十八年	公四四一	沈约休文生	
		二一年	公四四四	江淹文通生	
		二二年	公四四五	范晔卒，年四十六	
			公四四七	何承天卒，年七十八	
		二八年	公四五一	裴松之卒，年八十	
			公四六四	萧衍叔达生	(即梁武帝)
	(泰始)	元年	公四六五	裴秀卒，年四十八	
		二年	公四六六	王沉卒	
		三年	公四六七	裴子野几原生	
		五年	公四六九	吴均叔庠生	
南朝齐	武帝(永明)	四年	公四八六	萧子云景乔生	
		六年	公四八八	臧荣绪卒，年七十四	
		七年	公四八九	萧子显景阳生	
南朝梁	武帝(天监)	四年	公五〇五	江淹卒，年六十二	
		五年	公五〇六	魏收伯起生	
		十二年	公五一三	沈约卒，年七十三	
		十八年	公五一九	顾野王希冯生	
	(普通)	元年	公五二〇	吴均卒，年五十二	
	(大通)	元年	公五二七	郦道元卒	
		二年	公五二八	裴子野卒，年六十二	

朝代	帝号	年岁	公元	史家生卒岁数	备考
南朝梁	（中大通）	三年	公五三一	傅缚宜事生 李德林公辅生	
		五年	公五三三	姚蔡伯审生	
		六年	公五三四	刘璠宝义生	
	（大同）	三年	公五三七	萧子显卒，年四十九 陆琼伯玉生	
		十一年	公五四五	牛弘里仁生	
	（中大同）	二年	公五四八	萧子云卒，年六十三	
		三年	公五四九	萧衍卒，年八十六	
南朝陈	文帝（天嘉）	六年	公五六五	李百药重规生	
	宣帝（太建）	五年	公五七三	魏收卒，年六十七	
北周	武帝（宣政）	元年	公五七八	房玄龄乔公生	
	静帝（大象）	三年	公五八〇	魏徵玄成生	
（南朝陈）	宣帝（太建）	十三年	公五八一	顾野王卒，年六十三 颜师古籀生 刘璠卒，年四十七	名籀，以字行
隋	文帝（开皇）	三年	公五八三	令狐德棻生	
		五年	公五八五	傅缚卒，年五十五	
		八年	公五八八	于志宁仲谧生	
		十一年	公五九一	李德林卒，年六十一	
		十二年	公五九二	许敬宗延族生	
		十三年	公六〇一	李淳风生	
		十四年	公六〇二	李延寿遐龄生	
	炀帝（大业）	二年	公六〇六	姚蔡卒，年七十四	
		六年	公六一〇	牛弘卒，年六十	

朝代	帝号	年岁	公元	史家生卒岁数	备考
唐	太宗（贞观）	十一年	公六三七	姚思廉卒，年八十一	
		十七年	公六四三	魏徵卒，年六十四	
		十九年	公六四五	颜师古卒，年六十五	
		二二年	公六四八	李百药卒，年八十四 房玄龄卒，年七十一	
	高宗（永徽）	五年	公六五四	温大雅卒	
	（龙朔）	元年	公六六一	刘知幾子玄生	
	（麟德）	二年	公六六五	于志宁卒，年七十八	
	（乾封）	元年	公六六六	令狐德棻卒，年八十四	
	（咸亨）	元年	公六七〇	许敬宗卒，年八十一 李淳风卒，年六十九 吴兢西济生	
	（调露）	二年	公六八〇	李延寿卒，年八十	
	睿宗（景云）	元年	公七一〇	贾耽敦诗生	
	玄宗（开元）	九年	公七二一	刘知幾卒，年六十一	
		二三年	公七三五	杜佑君卿生	
	（天宝）	八年	公七四九	吴兢卒，年八十	
	肃宗（乾元）	元年	公七五八	李吉甫弘宪生	
	德宗（贞元）	元年	公七八五	贾耽卒，年七十六	
	宪宗（元和）	七年	公八一二	杜佑卒，年七十八	
		九年	公八一四	李吉甫卒，年五十七	
	僖宗（光启）	三年	公八八七	刘昫耀远生	
五代 后梁	太祖（乾化）	二年	公九一二	薛居正子平生	
	末帝（龙德）	二年	公九二二	王溥齐物生	
		五年	公九二五	李昉生	

朝代	帝号	年岁	公元	史家生卒岁数	备考
五代 后唐	明宗(长兴)	元年	公九三〇	乐史公礼生	
	废帝(清泰)	二年	公九三五	宋白太素生 吕端生	
五代 后晋	出帝(开运)	三年	公九四六	刘昫卒,年六十	
五代 后周	世宗(显德)	元年	公九五四	王禹偁元之生	
		四年	公九五七	王旦生	
		二六年	公九七四	杨亿生	
		三三年	公九七八	吕夷简生	
宋	太宗(太平兴国)	六年	公九八一	薛居正卒,年七十	
		七年	公九八二	王溥卒,年六十一	
		十年	公九八五	夏竦生	
			公九九六	李昉卒,年七十二	
	真宗(咸平)	元年	公九九八	宋祁子京生	
		三年	公一〇〇〇	吕端卒,年六十六	
		四年	公一〇〇一	王禹偁卒,年四十八 尹洙师鲁生 王尧臣伯庸生	
	(景德)	四年	公一〇〇七	欧阳修永叔生	
		五年	公一〇〇八	韩琦生	
	(大中祥符)	五年	公一〇一二	宋白卒,年七十七 乐史卒,年七十八	
		七年	公一〇一四	路振卒,年五十八	
		十年	公一〇一七	王旦卒,年六十一	
	(天禧)	三年	公一〇一九	司马光君实生 宋敏求次道生 刘敞原父生 曾巩子固生	
		四年	公一〇二〇	杨亿卒,年四十七	

朝代	帝号	年岁	公元	史家生卒岁数	备考
宋	（乾兴）	元年	公一〇二二	刘攽贡父生	
	仁宗(天圣)	元年	公一〇二三	王存正仲生	
	（明道）	元年	公一〇三二	刘恕道原生	
	（宝元）	二年	公一〇三九	苏辙子由生	
		三年	公一〇四〇	刘奉世生	
	（康定）	二年	公一〇四一	范祖禹淳甫生	
			公一〇四三	吕夷简卒,年六十六	
	（庆历）	六年	公一〇四六	尹洙卒,年四十六	一作四十七岁
			公一〇五一	夏竦卒,年六十七	
	（嘉祐）	元年	公一〇五六	王尧臣卒,年五十六	
		六年	公一〇六一	宋祁卒,年六十四	
	神宗(熙宁)	元年	公一〇六八	刘敞卒,年五十	
		五年	公一〇七二	欧阳修卒,年六十六	
		八年	公一〇七五	韩琦卒,年六十八	
	（元丰）	元年	公一〇七八	刘恕卒,年四十七	
		二年	公一〇七九	宋敏求卒,年六十一 江原生	
		六年	公一〇八三	曾巩卒,年六十五	
	哲宗(元祐)	元年	公一〇八六	司马光卒,年六十八	
		三年	公一〇八八	刘攽卒,年六十七	
		八年	公一〇九三	熊克生	
	（元符）	元年	公一〇九八	范祖禹卒,年五十八	
	徽宗(建中靖国)	元年	公一一〇一	王存卒,年七十九	
	（崇宁）	三年	公一一〇四	郑樵渔仲生	
		四年	公一一〇五	胡宏生	
	（政和）	二年	公一一一二	苏辙卒,年七十四	
		三年	公一一一三	刘奉世卒,年七十三	

续表

朝代	帝号	年岁	公元	史家生卒岁数	备考
宋	（宣和）	四年	公一一一四	李焘仁甫生	
		五年	公一一二三	洪迈景庐生	
		六年	公一一二四	徐梦莘商老生	
		七年	公一一二五	陆游务观生	
	钦宗（靖康）	二年	公一一二七	尤袤延之生	
南宋	高宗（建炎）	四年	公一一三〇	朱熹元晦生	
	（绍兴）	元年	公一一三一	袁枢机仲生	
		七年	公一一三七	吕祖谦伯恭生	
		十三年	公一一四三	陈亮同甫生	
		二〇年	公一一五〇	叶适正则生	
		二四年	公一一五四	蔡幼学行之生	
		二五年	公一一五五	洪皓卒，年六十八 胡宏卒，年五十一	
		三二年	公一一六二	郑樵卒，年五十九	
	孝宗（乾道）	二年	公一一六六	李心传微之生 熊克卒，年七十三	
		十年	公一一七四	王若虚从之生 李焘卒，年七十	
		十四年	公一一七八	魏了翁生	
	（淳熙）	八年	公一一八一	吕祖谦卒，年四十五	
	光宗（绍熙）	元年	公一一九〇	元好问裕之生	即金章宗明昌元年
		五年	公一一九四	陈亮卒，年五十二 尤袤卒，年六十八	尤一作七十岁
	宁宗（庆元）	六年	公一二〇〇	朱熹卒，年七十一	
	（嘉泰）	二年	公一二〇二	洪迈卒，年八十	
		三年	公一二〇三	陈傅良卒，年六十七 刘祁京叔生	即金章宗泰和三年

朝代	帝号	年岁	公元	史家生卒岁数	备考
南宋	（开禧）	元年	公一二〇五	徐梦莘卒,年八十二 袁枢卒,年七十五	
	（嘉定）	三年	公一二一〇	陆游卒,年八十六	
		十年	公一二一七	蔡幼学卒,年六十四	
		十六年	公一二二三	叶适卒,年七十四 王应麟伯厚生 郝经伯常生	
	理宗（宝庆）	三年	公一二二七	王恽仲谋生	即金章宗正大四年
	（绍定）	三年	公一二三〇	胡三省身之生	
		五年	公一二三二	金履祥吉甫生	
	（嘉熙）	元年	公一二三七	魏了翁卒,年六十	
	（淳祐）	三年	公一二四三	李心传卒,年七十八	
		十年	公一二五〇	刘祁卒,年四十八 王若虚卒,年七十	金亡
		十四年	公一二五四	马端临生	
	（宝祐）	五年	公一二五七	元好问卒,年六十八	
	度宗（咸淳）	三年	公一二六七	袁桷伯长生	
		八年	公一二七二	虞集道园生	
		十年	公一二七四	揭傒斯生	
元	世祖（至元）	六年	公一二六九	王鹗生,年八十四	
		十七年	公一二八〇	郝经卒,年七十八	
		三一年	公一二九四	欧阳玄原功生 苏天爵伯修生	
	咸宗（元贞）	元年	公一二九五	危素太朴生	
		二年	公一二九六	王应麟卒,年七十四	
	（大德）	六年	公一三〇二	胡三省卒,年七十三	一作只有五十八岁
		七年	公一三〇三	金履祥卒,年七十一 谢端生	
		八年	公一三〇四	王恽卒,年七十八	

续表

朝代	帝号	年岁	公元	史家生卒岁数	备考
元	武宗(至大)	三年	公一三一〇	宋濂景濂生	
	仁宗(延祐)	七年	公一三二〇	托克托大用生	
	英宗(至治)	元年	公一三二一	王祎子充生	
		三年	公一三二三	马端临卒,年七十	
	泰定帝(泰定)	四年	公一三二七	袁桷卒,年六十二	
		十二年	公一三三五	姚广孝生	
	惠宗(顺帝)(至正)	四年	公一三四四	揭傒斯卒,年七十一	
		八年	公一三四八	虞集卒,年七十七	
		十二年	公一三五二	苏天爵卒,年五十九	
		十五年	公一二五五	托克托卒,年四十二	托一作元文宗天历元年卒
		十七年	公一三五七	欧阳玄卒,年七十五	玄一作至元十七年卒,八十五岁
		二五年	公一三六五	杨士奇生	
		二六年	公一三六六	谢端卒,年六十二	谢一作至元六年卒
明	太祖(洪武)	元年	公一三六八	危素卒,年七十余	危一作洪武五年卒
		二年	公一三六九	解缙大绅生	
		五年	公一三七二	王祎卒,年五十一	
		十四年	公一三八一	宋濂卒,年七十二	
	成祖(永乐)	十二年	公一四一四	商辂弘载生	
		十三年	公一四一五	解缙卒,年四十七	
	英宗(正统)	九年	公一四一八	姚广孝卒,年八十四	
		十二年	公一四四四	杨士奇卒,年八十	
	宪宗(成化)	二二年	公一四四七	李东阳宾之生	
	孝宗(弘治)	十年	公一四八七	商辂卒,年七十三	
		二十年	公一四九七	柯维骐奇纯生 陈建生	

朝代	帝号	年岁	公元	史家生卒岁数	备考
明	武宗（正德）	五年	公一五一〇	朱睦㮮灌甫生	
		十一年	公一五一六	李东阳卒，年七十	
	世宗（嘉靖）	二年	公一五二三	王宗沐新甫生	
		五年	公一五二六	王世贞元美生	
		六年	公一五二七	李贽卓吾生 邓元锡汝极生	
		十九年	公一五四〇	焦竑弱侯生	
		二九年	公一五五〇	汤显祖义仍生	
		三十年	公一五五一	胡应麟生	
		三七年	公一五五八	朱国祯文宁生 冯琦用韫生	
		四六年	公一五六七	陈建卒，年七十一	
	神宗（万历）	二年	公一五七四	柯维骐卒，年七十八	柯一作隆庆初卒
		三年	公一五七五	严衍永思生	
		八年	公一五八〇	朱睦㮮卒，年七十	
		十年	公一五八二	钱谦益受之生	
		十八年	公一五九〇	王世贞卒，年六十五	
		十九年	公一五九一	王宗沐卒，年六十九	
		二十年	公一五九二	邓元锡卒，年六十六	
		二一年	公一五九三	谈迁孺木生	
		二四年	公一五九六	陈于陛卒	
		二五年	公一五九七	张岱宗子生 李清映碧生	
		二八年	公一六〇〇	傅山青主生	
		二九年	公一六〇一	查继佐生	

朝代	帝号	年岁	公元	史家生卒岁数	备考
明	神宗(万历)	三十年	公一六〇二	李贽卒,年七十六 张溥天如生 胡应麟卒,年五十二	
		三一年	公一六〇三	冯琦卒,年四十六	
		三五年	公一六〇七	朱明镐昭芑生	
		三七年	公一六〇九	吴伟业骏公生	
		三八年	公一六一〇	黄宗羲太冲(梨洲)生	
		四一年	公一六一三	顾炎武宁人(亭林)生	
		四二年	公一六一四	陆圻丽京生	
		四五年	公一六一七	施闰章愚山生	
		四六年	公一六一八	尤侗同人生①	
		四七年	公一六一九	王夫之而农(船山)生	
	光宗(泰昌)	元年	公一六二〇	焦竑卒,年八十一 马骕宛斯生	
	熹宗(天启)	三年	公一六二三	毛奇龄大可生 汪琬尧峰生	
		四年	公一六二四	顾祖禹景范生 倪灿闇公生 严绳孙苏友生	
		七年	公一六二七	汤斌潜庵生	
	思宗(崇祯)	元年	公一六二八	潘柽章力田生 王锡阐寅旭生 朱国祯卒,年七十六	
		二年	公一六二九	朱彝尊锡鬯(竹垞)生 黄虞稷生	

①原稿系于一六七一年。

朝代	帝号	年岁	公元	史家生卒岁数	备考
明	思宗(崇祯)	四年	公一六三一	徐乾学原一生	
		六年	公一六三三	胡渭东樵生	
		七年	公一六三四	徐元文立斋生	
		八年	公一六三五	阎若璩百诗生	
		十四年	公一六四一	张溥卒,年四十一	
		十六年	公一六四三	万斯同季野生	
清	世祖(顺治)	元年	公一六四四	陈廷敬生	
		二年	公一六四五	严衍卒,年七十一 高士奇澹人生 王鸿绪季友生	
		三年	公一六四六	潘耒次耕生	
		五年	公一六四八	邵廷采念鲁生 刘献廷继庄生 王源昆绳生	
		九年	公一六五二	朱明镐卒,年四十六	
		十年	公一六五三	戴名世褐夫生	
		十四年	公一六五七	谈迁卒,年六十四	
	圣祖(康熙)	二年	公一六六三	潘柽章卒,年三十六 吴炎卒	潘一作只有二十九岁
		三年	公一六六四	钱谦益卒,年八十三	
		六年	公一六六七	徐文靖位山生	
		七年	公一六六八	王懋竑白田生 方苞望溪生	
		九年	公一六七〇	陈景云少章生	
		十年	公一六七一	吴伟业卒,年六十二	
		十一年	公一六七二	张廷玉衡臣生	
		十二年	公一六七三	马骕卒,年五十四	

续表

朝代	帝号	年岁	公元	史家生卒岁数	备考
清	圣祖(康熙)	十五年	公一六七六	张岱卒,年八十左右 查继佐卒,年七十六	
		十八年	公一六七九	沈炳震东甫生 顾栋高复初生 吴任臣卒	顾一作一六八九年生 吴一作一六八九年生
		十九年	公一六八〇	顾祖禹卒,年五十七	祖禹一作一六九〇 年卒
		二十年	公一六八一	蓝鼎元鹿洲生	
		二一年	公一六八二	顾炎武卒,年七十 王锡阐卒,年五十五	顾一作一六八一 年卒
		二二年	公一六八三	傅山卒,年八十二 施闰章卒,年六十六	
		二六年	公一六八七	汤斌卒,年六十一	
		二七年	公一六八八	倪灿卒,年六十二	
		二九年	公一六九〇	汪琬卒,年六十七	
		三十年	公一六九一	徐元文卒,年五十八 黄虞稷卒,年六十三	
		三一年	公一六九二	王夫之卒,年七十四 厉鹗樊榭生	
		三三年	公一六九四	徐乾学卒,年六十四	
		三四年	公一六九五	黄宗羲卒,年八十六 刘献廷卒,年四十八	
		三五年	公一六九六	杭世骏大宗生	
		三六年	公一六九七	惠栋定宇生	
		三八年	公一六九九	姜宸英卒,年七十二	
		四一年	公一七〇二	万斯同卒,年六十五 秦蕙田味经生 严绳孙卒,年八十	万一作六十四岁
		四二年	公一七〇三	齐召南次风生	

朝代	帝号	年岁	公元	史家生卒岁数	备考
清	圣祖(康熙)	四三年	公一七〇四	阎若璩卒,年六十九 尤侗卒,年八十七 高士奇卒,年六十 陈黄中和叔生	
		四四年	公一七〇五	全祖望谢山生	
		四七年	公一七〇八	潘耒卒,年六十三	
		四八年	公一七〇九	朱彝尊卒,年八十一	
		四九年	公一七一〇	王源卒,年六十三 陈廷敬卒,年七十二	
		五十年	公一七一一	邵廷采卒,年六十四 张玉书卒,年七十	
		五二年	公一七一三	毛奇龄卒,年九十一 戴名世卒,年六十一	毛一作五十五年卒, 九十四岁
		五三年	公一七一四	胡渭卒,年八十二	
		五五年	公一七一六	蔡上翔元凤生	
		六一年	公一七二二	王鸣盛凤喈生	
	世宗(雍正)	元年	公一七二三	王鸿绪卒,年七十九 戴震东原生	
		二年	公一七二四	纪昀晓岚生	
		五年	公一七二七	赵翼耘松(瓯北)生	
		六年	公一七二八	钱大昕竹汀(潜研)生	
		七年	公一七二九	朱筠竹君生	
		八年	公一七三〇	汪辉祖龙庄生 毕沅秋帆生 周永年书昌生	
		九年	公一七三一	朱珪石君生 彭元瑞云楣生	
		十一年	公一七三三	蓝鼎元卒,年五十四 翁方纲生	

续表

朝代	帝号	年岁	公元	史家生卒岁数	备考
清	世宗（雍正）	十二年	公一七三四	陆锡熊健男生	
		十三年	公一七三五	钱塘学渊生	
	高宗（乾隆）	元年	公一七三六	朱轼卒	
		二年	公一七三七	谢启昆蕴山生 沈炳震卒，年五十九	
		三年	公一七三八	章学诚实斋生	
		五年	公一七四〇	崔述东壁生	
		六年	公一七四一	王懋竑卒，年七十四	
		八年	公一七四三	邵晋涵二云生	
		九年	公一七四四	钱坫献之生 钱大昭晦之生 王念孙怀祖生	
		十一年	公一七四六	洪亮吉稚存生	
		十二年	公一七四七	陈景云卒，年七十八 杨复吉慧楼生	
		十四年	公一七四九	方苞卒，年八十二	
		十六年	公一七五一	祁韵士鹤皋生 章宗源生	
		十七年	公一七五二	厉鹗卒，年六十一 赵绍祖琴士生	
		十八年	公一七五三	孙星衍渊如生 陈鳣仲鱼生	
		十九年	公一七五四	杨凤苞生	
		二十年	公一七五五	李锴卒，年七十 张廷玉卒，年八十四 全祖望卒，年五十一	

续表

朝代	帝号	年岁	公元	史家生卒岁数	备考
清	高宗(乾隆)	二一年	公一七五六	徐文靖卒,年九十一	
		二二年	公一七五七	郝懿行兰皋生	
		二三年	公一七五八	惠栋卒,年六十二	
		二四年	公一七五九	顾栋高卒,年八十一	
		二六年	公一七六一	江藩子屏生	
		二七年	公一七六二	陈黄中卒,年五十九 钱林东生生	
		二九年	公一七六四	秦蕙田卒,年六十三 阮元芸台生	
		三十年	公一七六五	洪颐煊筠轩生	
		三三年	公一七六八	齐召南卒,年六十六	
		三四年	公一七六九	李兆洛申耆生	
		三八年	公一七七三	杭世骏卒,年七十八 洪饴孙孟慈生	
		四十年	公一七七五	沈钦韩文起生 梁章钜茝邻生 林春溥立源生 俞正燮理初生	
		四一年	公一七七六	张宗泰登封生	
		四二年	公一七七七	戴震卒,年五十五 邓显鹤湘皋生	
		四三年	公一七七八	唐鉴镜海生 陈逢衡履长生	
		四六年	公一七八一	朱筠卒,年五十三 周济保绪生 张澍介侯生 徐松星伯生	
		四八年	公一七八三	李贻德次白生	

续表

朝代	帝号	年岁	公元	史家生卒岁数	备考
清	高宗（乾隆）	四九年	公一七八四	马国翰生 钱仪吉衎名生	
		五十年	公一七八五	程恩泽春海生	
		五四年	公一七八九	黄式三薇香生	
		五五年	公一七九〇	钱塘卒，年五十六	
		五六年	公一七九一	周永年卒，年六十二	
		五七年	公一七九二	龚自珍定盦生 陆锡熊卒，年五十九	
		五九年	公一七九四	魏源默深生	
	仁宗（嘉庆）	元年	公一七九六	汪文台南士生 梁廷枏章冉生 邵晋涵卒，年五十四	
		二年	公一七九七	王鸣盛卒，年七十六 毕沅卒，年六十八	
		三年	公一七九八	侯康君谟生	
		四年	公一七九九	夏燮生	
		五年	公一八〇〇	章宗源卒，年末五十	
		六年	公一八〇一	章学诚卒，年六十四	
		七年	公一八〇二	谢启昆卒，年六十六 汪士铎生	
		八年	公一八〇三	彭元瑞卒，年七十三	
		九年	公一八〇四	钱大昕卒，年七十七 洪齮孙芝舲生 汤球生	
		十年	公一八〇五	纪昀卒，年八十二 张穆生 朱珪卒，年七十六	
		十一年	公一八〇六	钱坫卒，年六十三	

朝代	帝号	年岁	公元	史家生卒岁数	备考
清	仁宗(嘉庆)	十二年	公一八〇七	汪辉祖卒,年七十八	
		十四年	公一八〇九	洪亮吉卒,年六十三	
		十五年	公一八一〇	蔡上翔卒,年九十四 徐鼒亦才生 邵懿辰生	
		十八年	公一八一三	钱大昭卒,年七十 汪曰桢刚木卒	
		十九年	公一八一四	赵翼卒,年八十八	
		二十年	公一八一五	祁韵士卒,年六十五	
		二一年	公一八一六	崔述卒,年七十七 杨凤苞卒,年六十三 洪饴孙卒,年四十四	
		二二年	公一八一七	陈鳣卒,年六十五	
		二三年	公一八一八	孙星衍卒,年六十六 翁方纲卒,年八十六	
		二五年	公一八二〇	杨复吉卒,年七十四	
	宣宗(道光)	元年	公一八二一	李元度次青生	
		四年	公一八二四	何秋涛愿船生	
		五年	公一八二五	郝懿行卒,年六十九	
		七年	公一八二七	李桓黻堂生	
		八年	公一八二八	黄以周元同生 钱林卒,年六十七 李慈铭爱伯生	
		十年	公一八三〇	刘凤诰卒	
		十一年	公一八三一	沈钦韩卒,年五十七 陈逢衡卒,年七十一 江藩卒,年七十一	

朝代	帝号	年岁	公元	史家生卒岁数	备考
清	宣宗(道光)	十二年	公一八三二	王念孙卒,年八十九 王闿运壬秋生 李贻德卒,年五十	
		十三年	公一八三三	赵绍祖卒,年八十二	
		十四年	公一八三四	陆心源刚父生 李文田芍农生 洪颐煊卒,年六十九	
		十七年	公一八三七	戴望子高生 程恩泽卒,年五十二 侯康卒,年四十	
		十九年	公一八三九	周济卒,年五十九 周寿昌应甫生 洪钧文卿生 杨守敬惺吾生	
		二十年	公一八四〇	俞正燮卒,年六十六	
		二一年	公一八四一	李兆洛卒,年七十三 龚自珍卒,年五十	
		二二年	公一八四二	王先谦益吾生 姚振宗海槎生 朱孔彰仲我生	
		二三年	公一八四三	丁谦益甫生 李有棠芾生生	
		二四年	公一八四四	赵尔巽次珊生 缪荃孙艺风生 汪文台卒,年四十九	
		二五年	公一八四五	吴廷燮生	
		二七年	公一八四七	张澍卒,年六十六	
		二八年	公一八四八	孙诒让仲容生 王颂蔚芾卿生 黄遵宪公度生 徐松卒,年六十六	

朝代	帝号	年岁	公元	史家生卒岁数	备考
清	宣宗(道光)	二九年	公一八四九	阮元卒,年八十六 梁章钜卒,年七十五 张穆卒,年四十五	
		三十年	公一八五〇	钱仪吉卒,年六十八 沈曾植子培生 柯劭忞凤苏生	
	文宗(咸丰)	元年	公一八五一	邓显鹤卒,年七十五 王树枏晋卿生	
		二年	公一八五二	张宗泰卒,年七十七 朱铭盘曼君生 崔适生	
		五年	公一八五五	陈逢衡卒,年七十八	
		六年	公一八五六	魏源卒,年六十三 屠寄生	
		七年	公一八五七	马国翰卒,年七十四	
		八年	公一八五八	康有为长素生 陈黻宸生	
		十一年	公一八六一	唐鉴卒,年八十四 林春溥卒,年八十七 梁廷枏卒,年六十六 邵懿辰卒,年五十二 章梫生	
	穆宗(同治)	元年	公一八六二	黄式三卒,年七十三 徐鼒卒,年五十三 陈庆年善余生 何秋涛卒,年三十九	

续表

朝代	帝号	年岁	公元	史家生卒岁数	备考
清	穆宗（同治）	四年	公一八六五	夏曾佑穗卿生	
		五年	公一八六六	张元济菊生生 罗振玉生	
		七年	公一八六八	章炳麟太炎生 吴士鉴絅斋生 孟森生 蔡元培生	
		八年	公一八六九	孙德谦益庵生	
		九年	公一八七〇	陈汉章生	
		十二年	公一八七三	戴望卒，年三十七 梁启超任公生	
		十三年	公一八七四	张尔田孟劬生	
	德宗（光绪）	元年	公一八七五	夏燮卒，年七十六	
		三年	公一八七七	王国维静安生	
		六年	公一八八〇	陈垣援庵生	
		七年	公一八八一	汪曰桢卒，年六十九 汤球卒，年七十八 周树人鲁迅生	
		十年	公一八八四	刘师培申叔生 周寿昌卒，年七十一 吕思勉生	
		十三年	公一八八七	李元度卒，年六十七	
		十五年	公一八八九	汪士铎卒，年八十八 陈寅恪生	
		十七年	公一八九一	李桓卒，年六十五 胡适适之生	
		十八年	公一八九二	郭沫若鼎堂生	

朝代	帝号	年岁	公元	史家生卒岁数	备考
清	德宗(光绪)	十九年	公一八九三	洪钧卒,年五十五 顾颉刚铭坚生 朱铭盘卒,年四十二	
		二十年	公一八九四	李慈铭卒,年六十六 陆心源卒,年六十一	
		二一年	公一八九五	王颂蔚卒,年四十八 李文田卒,年六十二	
		二五年	公一八九九	黄以周卒,年七十二	
		二八年	公一九〇二	李有棠卒,年六十	
		三一年	公一九〇五	黄遵宪卒,年五十七	
		三二年	公一九〇六	姚振宗卒,年六十五	
		三四年	公一九〇八	孙诒让卒,年六十五	
民国		三年	公一九一六	唐景崇卒①	
		四年	公一九一五	杨守敬卒,年七十六	
		五年	公一九一六	王闿运卒,年八十三	
		六年	公一九一七	陈黻宸卒,年五十九	
		七年	公一九一八	王先谦卒,年七十六	
		八年	公一九一九	刘师培卒,年三十六 朱孔彰卒,年七十六 丁谦卒,年七十七	
		十年	公一九二一	屠寄卒,年六十六	
		十一年	公一九二二	沈曾植卒,年七十三	
		十三年	公一九二四	夏曾佑卒,年六十 崔适卒,年七十三	

①原稿系于一九二一年。

985

续表

朝代	帝号	年岁	公元	史家生卒岁数	备考
民国		十六年	公一九二七	康有为卒,年七十余 王国维卒,年五十二 赵尔巽卒,年八十六 吴廷燮卒,年八十三	
		十七年	公一九二八	梁启超卒,年五十七 陈庆年卒,年六十八	
		二十年	公一九三一	缪荃孙卒,年七十八	
		二二年	公一九三三	柯劭忞卒,年八十四	
		二三年	公一九三四	吴士鉴卒,年六十六	
		二四年	公一九三五	孙德谦卒,年六十六	
		二五年	公一九三六	章炳麟卒,年六十九 王树枏卒,年八十六 周树人卒,年五十六 刘锦藻卒①	
		二六年	公一九三七	孟森卒,年七十	
		二九年	公一九四〇	罗振玉卒,年七十五	
		三三年	公一九四四	朱希祖卒,年六十六 蔡元培卒,年七十三 陈汉章卒,年七十五	
		三四年	公一九四五	张尔田卒,年七十三	
中华人民共和国			公一九五七	吕思勉卒,年七十四	
			公一九五九	张元济卒,年九十三	
			公一九六二	胡适卒,年七十一	卒于美国
			公一九六九	陈寅恪卒,年八十	
			公一九七二	陈垣卒,年九十二	
			公一九七八	郭沫若卒,年六十八	
			公一九八〇	顾颉刚卒,年八十八	

①原稿系于民国十七年,据《刘锦藻墓志》改。

参考资料

1. 钱大昕《疑年录》。
2. 吴修《续疑年录》。
3. 钱椒《补疑年录》。
4. 陆心源《三续疑年录》。
5. 张鸣珂《四续疑年录》。
6. 闵葆之《五续疑年录》。
7. 梁廷灿《历代名人生卒年表》。
8. 吴荣光《历代名人年谱》。
9. 姜亮夫《历代名人年里碑传总表》。

三、历代史家著述存佚表

朝代	史家	著述	卷数	存佚	版本	备考
周	孔子	尚书	十三卷	存	光绪二年江南书局刻	
		春秋	三十八卷	存	仿明刊《扫叶山房本》,《十三经注疏》本	
	左丘明	左传				经传并
		国语	三十一卷	存	明万历刻,士礼居仿宋刊,湖北崇文书局本	
汉	司马迁	史记 原名《太史公书》	百三十卷	存	万历二年余有丁刊本,崇祯元年重刊本,《古香斋丛书》本,同治五年金陵书局本,又十一年成都书局本,宣统元年上海涵芬楼本,民国八年吴兴刘氏嘉业堂刊本。一九七八年中华书局《廿四史》点校本	罗振玉云:日本藏有古写《史记》残卷。瑞安张枫著有《史记考异》五十卷
	刘向	别录	二十卷	佚	二书《问经堂丛书》本,《玉函山房辑佚书续编本》	
	子歆	七略	七卷	佚		

987

续表

朝代	史家	著述	卷数	存佚	版本	备考
汉	班固	汉书	百二十卷	存	嘉靖刊本,万历廿六年南京国子监刊本	
	父彪	史记后传	数十篇	佚	康熙蒋氏重校万历监本,涵芬楼影印明仿宋本,同治岭南菊古堂仿武英殿本,有《考证》。一九七八年中华书局点校本	
	荀悦	汉记	三十卷	存	光绪丙子岭南学海堂刊本	
	刘珍	东观汉记	原百四十卷今二十四卷	阙	有辑本从《永乐大典》中辑出,湖北先正遗书本,扫叶山房翻刻武英殿聚珍本	
	蔡邕	后汉记		存	桐花馆刻本,扫叶山房本	
	谢承	后汉记	百三十卷	佚	有清孙志祖、王谟、汪文台辑本,《玉函补编》本	
	袁康	越绝书	原六十卷今十五卷	残		
	赵晔	吴越春秋	原三十卷今十(六)卷	阙	二书明吴琯校刊,民国商务影印康熙七年汪士汉刻乾隆二十四年金阊书堂刊本	张宗祥校注
魏晋	司马彪	续汉书	八十三卷	佚	有汪文台辑本八卷,黄奭辑本一卷	
	华峤	后汉书	原九十七卷今十七卷	阙	有汪文台辑本,黄奭辑《汉学堂丛书》本,《玉函补编》本	
	谢沈张璠	后汉书	原百二十二卷今八十五卷	阙	同上	谢又著《晋书》三十余卷,张又著《后汉记》三十卷

朝代	史家	著述	卷数	存佚	版本	备考
魏晋	鱼豢	魏略	原五十卷 今三十八卷	阙	有辑本,《玉函补编》本	
	王沉	魏书	四十八卷 (一作四 十四卷)	佚		
	王崇	蜀书		佚		
	韦昭(曜)	吴书	原五十卷 今二十五卷	阙	韦又有《国语注》三十一卷	
	环济	吴纪	九卷(一作 十卷)	佚	《玉函山房》本	
	谯周	古史考	二十五卷	佚	清章宗源辑一卷,又训纂 堂本一卷	
	陈寿	三国志	六十五卷	存	商务影印宋绍熙刊本,百 衲本二十四史,元大德十 年池州路刊,明南监刊本, 万历刊本,崇祯十三年汲 古阁刊本,同治六年金陵 书局聚珍本,又六年金陵 书局《二十四史》本,光绪 十三年江南书局本。一九 七八年中华书局点校本	
	荀勖	汲冢书	唐志作十卷			勖撰次为 《中经》
	袁宏	后汉纪	三十卷	存	有宋椠,明朱大韶得之,光 绪丙子岭南学海堂刻本	近人钮永 建著《前后 汉纪校释》 刊于《南菁 札记》中

朝代	史家	著述	卷数	存佚	版本	备考
魏晋	常璩	华阳国志	原十四卷 今十三卷	阙	乾隆本,红杏山房本,大通书局本,《汉魏丛书》本。邻水廖寅校刊本,冯球辑《蜀季书》	
	裴秀	禹贡地域志	十八篇	佚		
	郦道元	水经注	原四十卷	阙	《永乐大典》本,吴琯《古今逸史》本,《续古逸丛书》本	
	王隐	晋书	原九十三卷 今八十六卷	阙	光绪重排本,《汉学堂丛书》本,《玉函补编》本	又有《蜀记》,亡
	虞预	晋书	原四十四卷 今二十六卷	阙	有黄奭辑《汉学堂丛书》本	
	朱凤	晋书	十四卷			未成,迄元帝
	何法盛	晋中兴书	七十八卷	佚	明刊本《说郛》,光绪重编本,黄奭辑《汉学堂丛书》本	
	谢灵运	晋书	三十六卷	佚	同上	未成
	臧荣绪	晋书	百十卷	佚	同上	
	萧子云	晋书	百十卷	佚	同上	
	萧子云兄子显	晋史草	三十卷			
	陆机	晋纪(一作晋书)	四卷	佚	光绪重编本,黄奭辑本	
	干宝	晋纪	三十三卷	佚	同上	
	曹嘉之	晋纪	十卷			
	习凿齿	汉晋春秋	原五十四卷 今四十七卷	阙	同上	
	邓粲	元明纪(一作晋纪)	十一卷	佚	同上	

朝代	史家	著述	卷数	存佚	版本	备考
魏晋	孙盛	晋安帝阳秋	三十三卷	佚	明刊本《说郛》,光绪重编本,《汉学堂丛书》本	
	刘谦之	晋纪	二十三卷	佚		
	徐广	晋纪	四十五卷	佚		
	王韶之	晋安帝阳秋(一名晋安帝纪,又称晋春秋)		佚		
	檀道鸾	续晋阳秋(一作晋春秋)	二十卷	佚	明刊本《说郛》,光绪重编本,《汉学堂丛书》本	
	郭季产	续晋纪 晋书帝纪	五卷 十卷			
	范晔	后汉书	百二十卷	存	明吴勉学校刊汲古阁本,清乾隆四年雕本,同治十年成都书局本,光绪丁亥金陵书局本。一九七八年中华书局点校本	
	裴松之	三国志注		存	同陈志	裴又作《晋纪》,无卷数
	裴松之子骃	史记集解	原八十卷 今百三十卷	存	吴兴刘氏嘉业堂景刊宋蜀大字本,汲古阁刊本《十七史》,同治金陵书局刊本《二十四史》。又残卷,上虞罗振玉影印古写本。又残卷,重印日本古写本,《吉石庵丛书》四集	
	刘昭	后汉书志				昭注久佚
	和苞等	十六国史		书皆佚	清汤球辑《赵汉记》	
	崔鸿	十六国春秋	百卷	佚	清汤球《辑补汉魏丛书》本,十六卷,乾隆四十六年欣讬山房重刻,光绪十二年湖北官书局刻	
	萧方	三十国春秋	三十一卷	佚	有汤球辑本	

朝代	史家	著述	卷数	存佚	版本	备考
南北朝	徐爰	宋书	六十五卷	佚		
	沈约	宋书	百卷	存	眉山《七史》蜀大字本,弘治修版,乃以《南史》补之。其后有南北监本,汲古阁本,武英殿本。同治十三年金陵书局刊本《二十四史》,中华书局《四部备要》本。一九七八年中华书局点校本	
	裴子野	宋略	二十卷	佚		
	江淹	齐史	十三卷	佚		
	萧子显	齐书	五十九卷	存	宋治平开版,眉山堂刊本,明万历监本,汲古阁本,清殿本,同治十三年金陵书局刊本,中华书局《四部备要》本	今本有《叙传》一卷,又有《晋史草》三十卷
	吴均	齐春秋	三十卷	佚		
	梁武帝	通史	四百八十卷	佚		
	何之元刘璠	梁典	三十卷	佚		
	顾野王	陈史	三卷	佚		
	傅縡	陈书	三卷	佚		
	陆琼	陈书（一作陈史）	四十二卷	佚		
	崔浩	元魏书	三十卷	佚		
	魏收	魏书	原百三十卷今百十四卷	阙	万历刊本,汲古阁刊本,仿刊武英殿本,金陵书局刊本。一九七八年中华书局点校本	
	王劭	北齐志	十卷	佚		
	牛弘	北周史	十八卷（一作三卷）	佚		又作《陈书》八十卷

992

朝代	史家	著述	卷数	存佚	版本	备考
隋唐	房乔(一作唐太宗)	晋书	百三十卷	存	南北监本,同治十年金陵书局刻本。一九七八年中华书局点校本	又作《隋略》二十卷
	令狐德棻	周书	五十卷	存	崇祯十一年琴川毛氏仿汲古阁刻本。一九七八年中华书局点校本	
	姚思廉	梁书	五十六卷	存	二书《四部备要》本。一九七八年中华书局点校本	
		陈书	三十六卷	存		
	父察	梁书	三十四卷	佚		
	李百药	北齐书	百卷	存	宋刻明刊本,明刻钞配本,万历刊本,崇祯十一年毛氏仿汲古阁刻,同治十三年金陵书局刊本。一九七八年中华书局点校本	
	父德林	北齐书	三十四卷			
	魏徵	隋书	八十五卷	存	元大德本,九路刊本,明南北监本,清武英殿本,同治十年淮南书局刻本。一九七八年中华书局点校本	
	于志宁					
	李淳风	五代史志	三十卷	存		附在《隋书》内
	李安仁					
	李延寿	南史	八十卷	存	元大德十年刊本,明万历刊本,汲古阁本,同治十一年金陵书局刊本。一九七八年中华书局点校本	清刘恭甫寿曾著《南史校议》
	父大师	北史	百卷	存	元大德信州路刊本,余同上	

续表

朝代	史家	著述	卷数	存佚	版本	备考
隋唐	温大雅	大唐创业起居注	三卷	存	明万历毛晋、胡震亨同校刊本,《秘册汇函》本,明《唐宋丛书》本,《学津讨原》本,《得月簃丛书》本	
	许敬宗	唐史				
	吴兢、韦述、柳芳	唐书 贞观政要	百三十篇 十卷	亡 存	明治三十六年日本申野是姓仿成化本刻	
	苏冕	唐会要	四十卷			苏作一称《九朝会要》
	杨绍复	续唐会要	四十卷			
	司马贞	史记索隐	三十卷	存		
	张守节	史记正义	三十卷	存		二书附通行《史记》中
	颜师古	汉书注		存	明监本,殿本。(古逸丛书有唐写本)	
	叔父游秦	汉书决疑	十二卷			
	李贤(章怀太子)	后汉书注	百二十卷	存		附在《后汉书》内
	刘知幾	史通内外编	各二十卷	存	旧刻本,北平黄荛圃补,《四部丛刊》本	
	子秩	政典	三十五卷			
	杜佑	通典	二百卷	存	乾隆十二年武英殿《三通》刊本,又《九通》《十通》印本	
	贾耽	十道志	一卷	佚	《玉函山房辑佚书补编》本	
	李吉甫	元和郡县志	三十二卷	存	武英殿聚珍本,光绪六年金陵书局,岱南阁刻	王壬秋云:岱南阁本胜于殿本

朝代	史家	著述	卷数	存佚	版本	备考
五代	赵莹	唐书			北宋刊本,仪顾堂刊本	
	刘昫	旧唐书	二百三卷	存	宋刻残本(南宋初年刊本),明嘉靖刻本,清乾隆四年武英殿刊本,道光癸卯慎盈斋刊本,同治廿一年浙江书局刻本,岭南菥古堂仿刊武英殿本。一九七八年中华书局点校本	
	薛居正	旧五代史	二百二十五卷	佚	清邵二云从《永乐大典》辑出聚珍版本,席氏扫叶山房刊本,湖北崇文书局刊本,岭南菥古堂仿刊武英殿本,吴兴刘氏嘉业堂依卢抱经旧抄本校刊本。一九七八年中华书局点校本	
宋	欧阳修	新五代史记	七十四(五)卷	存	宋庆元刊本,元大德刊本,明刊小字本,万历刊本,汲古阁刊本,清湖北崇文书局刊本,同文书局石印本,商务影印宋庆元本,贵池刘氏玉海堂刊本。一九七八年中华书局点校本	
	宋祁 欧阳修	新唐书	百五十卷	存	宋庆元刊本,宋刊别本,嘉祐刊小字本,元大德建康路刊本,明刊抄配本,汲古阁本,乾隆四年殿本,浙江书局刊本,岭南菥古堂仿刊武英殿本。一九七八中华书局点校本	
	陶岳	五代史补	五卷	存		
	王禹偁	五代史阙文	一卷		《养素轩丛书》本	
	路振	九国志	十二卷	佚	曲阜孔氏旧抄本,《守山阁丛书》本,《海山仙馆丛书》本,《粤雅堂丛书》本,缪荃孙辑本	

朝代	史家	著述	卷数	存佚	版本	备考
宋	尹洙	五代春秋	二卷		清刊本,道光六安晁氏《学海类编》巾箱本,光绪宋氏刊本,《怀花庵丛书》,《读画斋丛书》本	
	吕夏卿	唐书直笔新例	四卷		清两湖书院重校《史论丛编》本,《小万卷楼丛书》本	
	徐无党	新五代史注	七 十 五 (四)卷			
	吴缜	新唐书纠谬	二十卷	存	沈宝砚校影宋本,明刊本,知不足斋鲍氏刊本,精抄本,明刊本,乾隆刊本,光绪福州修补本,钱大昕校卢文弨校补本	
		五代史纂误	三卷	佚	乾隆原刊本(从《永乐大典》辑出),《知不足斋丛书》本,乾隆刊本,光绪福州修补本,同治江南重刊本,宣统元年贵池刘氏玉海堂刊本	
	王溥	唐会要	一百卷	存	传抄本	宋庆历前已镂版于吴
		五代会要	三十卷	存	《墨海金壶》本	宋庆历中,文潞公帅蜀,十四年刻行之
	司马光	资治通鉴	二百九十四卷	存	嘉靖杭州依宋刊本,涵芬楼影印宋刊本,元刊明修本,日本天保三重县校刊本,清嘉庆本,胡克家依元本刻,同治江苏书局修补鄱阳胡氏本,蕈英馆石印本,广雅书局《通鉴汇刻》本	
		通鉴考异	三十卷		光绪长沙杨氏刊本	

朝代	史家	著述	卷数	存佚	版本	备考
宋	司马光	通鉴目录	三十卷		崇祯二年陈仁锡刊本,同治八年江苏书局仿宋本刻,同文书局石印本,光绪广雅书局刻本	
		通鉴举要历	八十卷			失传,胡安国有《举要补遗》
		稽古录	二十卷		湖北崇文书局刻本,又有《稽古编》抄配弘治刊本,嘉庆十年照旷阁刊本,湖北崇文书局刻本	
	刘恕	通鉴外纪	十卷	存	嘉庆六年吴郡山湖堂刻本,涵芬楼影印明刊本	
		又目录	五卷		石墩书屋刊本,同治十年江苏书局本,潢川书塾刻《广雅汇刻》本	
	子义仲	通鉴问疑	一卷	存	明崇祯闻氏刻本,汲古阁刊本,《津逮秘书》《学津讨原》本,《豫章遗书》本	
	(刘攽)范祖禹	唐鉴	二十四卷	存	同治甲戌蓉城尊经书局刊本,光绪壬辰浙江书局刻本	
	刘攽兄敞侄奉世	两汉书刊误(西汉四卷、东汉六卷)	十卷一作东汉四卷	佚	《宸翰楼丛书》影写刻本,日本福田氏崇兰馆藏有宋刊本《东汉刊误》	此书与兄敞、侄奉世共撰,称《三刘标注》六卷
	吴仁杰	西汉书刊误补遗	十卷(前汉八卷、后汉二卷)	存	《榕园丛书》本	
	熊方	补后汉书年表	十卷	存	《墨海金壶》本,乾隆乙丑盛百二刊本,鲍氏《知不足斋丛书》本,道光辛丑《宜稼堂丛书》本,《二十五史补编》本	

997

朝代	史家	著述	卷数	存佚	版本	备考
宋	钱文子	补汉兵志	一卷	存	《知不足斋丛书》本,《敬乡楼丛书》本	
	王益之	西汉年纪	三十卷	存	扫叶山房重刻	
	宋白	续通典	二百卷	佚	久佚	
	魏了翁	四朝通典		未见	属稿未成书	
	王尧臣	崇文总目	原六十六卷今存十二卷	阙	从《永乐大典》中辑出,朱彝尊有传抄本	
	曾巩	各书序跋隆平集	二十卷			
	王应麟	汉志考证通鉴地理通释通鉴答问	十卷十四卷五卷	存	附刻《玉海》后,《二十五史补编》本 浙江书局刻本	
	胡宏	皇王大纪	八十卷	存	明万历刊本,钞本,孔氏岳雪楼写本	
	罗泌	路史	四十七卷	存	明万历刊本,清乾隆元年长源后人重刻本,《历代小史》本	
	苏辙	古史	六十卷(一作二十卷)	存	万历南雍刊本,明吴弘基、吴恩穆重订本	
	吕祖谦	左氏博议唐鉴音注考异大事记	二十五卷一卷十二卷	存	乾隆五十四年聚珍版,《金华丛书》本	
	郑樵	通志	二百卷	存	元刊万历修补本,乾隆十二年校刊本,光绪二十二年浙江书局刊本,石印本《九通》	

朝代	史家	著述	卷数	存佚	版本	备考
宋	李焘	续资治通鉴长编	五百二十卷	存	从《永乐大典》辑出。嘉庆爱日精庐活字本,光绪九年浙江书局刻本	
	杨仲良	皇宋通鉴长编纪事本末	百五十卷	阙	钞本,广雅书局《纪事本末汇刻》本	杨书黄以周有《拾补》
	王偁	东都事略	百三十卷	存	乾隆乙卯扫叶山房刻,上海精一阁书局刻,光绪九年淮南书局重刻本	
	陈均	宋九朝编年备要	三十卷	存	明汲古阁本	
	叶绍翁	四朝闻见录				
	洪迈	四朝帝纪				
	徐梦莘	三朝北盟会编	三百五十卷	存	光绪四年越东集印	
	熊克	中兴小纪	四十卷(今为十卷)	阙	从《永乐大典》辑出,光绪间广雅书局刊《广雅丛书》本	
	李心传	建炎以来系年要录	二百卷	存	四川书局刻,光绪己卯仁寿萧氏刻	
	刘时举	续宋编年资治通鉴	十八卷(一作十五卷)	存	元建安朱氏与耕堂刊本,《学津讨原》本	原名《续宋中兴编年资治通鉴》
	彭百川	太平治迹通类(前集)(后集)	四十卷五十卷			
	蔡幼学	四朝编年政要	四十卷	佚		
	徐自明	宋宰辅编年录	二十卷	存	明万历戊午吕邦耀刊本,《敬乡楼丛书》	

朝代	史家	著述	卷数	存佚	版本	备考
宋	杜大珪	名臣碑传琬琰集	百七卷	阙	哈佛燕京学社删存本	
	马令	南唐书	三十卷	存	明胡震亨辑《秘册汇函》本,同治甲戌盱南三余	清周在浚注,刘承幹补注
	陆游	南唐书	十六卷		书屋刻本,清蒋国祥《南唐书合刻》本,民国四年刘氏嘉业堂刻	
	袁枢	通鉴纪事本末	四十二卷	存	明修宋宝祐太学刊本,涵芬楼影印宋刊本,万历刊本,郁冈山居刊本,明张溥《增论》正本,明刊本,石印本。清朱记荣辑《九种本末》本,广雅书局《纪事本末汇刻》本	
	朱熹	资治通鉴纲目	五十九卷	存	元泰定仁实书堂刊本,明嘉靖三十九年归仁堂刊本,清康熙二十八年婺源崇正堂刻本,殿本,通行本	
		伊洛渊源录	十四卷			
		三朝名臣言行录	十四卷			
	陈傅良	建隆编	一卷	佚		
		历代兵制	八卷	存	常熟张海鹏刊《墨海金壶》本,金山钱熙祚《守山阁丛书》本,新昌庄肇麟刊《长恩书室丛书》本	
	叶适	习学记言序目	五十卷	存	《南菁书院丛书》本,《敬乡楼丛书》本	
		水心别集	十六卷		《永嘉丛书》本	《别集》实水心论治之书也
	陈亮	三国纪年	二卷	存	《函海》本,《续金华丛书》本	
	尤袤	遂初堂书目	一卷	存		

朝代	史家	著述	卷数	存佚	版本	备考
宋	晁公武	郡斋读书志(一作昭德读书志)	二十卷原四卷	存	衢本	
	赵希弁	郡斋读书后志	二卷	存		
		又附志	一卷			
	高似孙	史略	六卷	存	袁本,《知不足斋丛书》本,《古逸丛书》本,《四明丛书》本	
		剡录				
	陈振孙	直斋书录解题	二十二卷	佚	今本从《永乐大典》辑出	
	乐史	太平寰宇记	原二百卷	阙	遵义黎庶昌自日本访得残卷,刊入《古逸丛书》中	
	王存	元丰九域志	十卷	存	武英殿本,光绪八年金陵书局本	
	王象之	舆地纪胜	二百卷	存	道光二十九年甘泉掇盈斋刻本,《粤雅堂丛书》本	
	欧阳忞	舆地广记	三十八卷	存	光绪六年金陵书局本	
	祝穆	方舆胜览	七十卷	存		
	洪皓	松漠纪闻	一卷	存	明吴琯刻入《古今逸史》中,李栻辑《历代小史》本,同治十二年泾县洪氏刻《豫章丛书》本	
		又续	一卷			
	叶隆礼	契丹国志	二十七卷	存	扫叶山房《四朝别史》本,《历代小史》本	
	宇文懋昭	大金国志	四十卷	存	扫叶山房《四朝别史》本	
元	王鹗	金史大纲				
	欧阳玄	附				
	元好问	中州集小传	百余卷	存	有元刻本,明刻本,武进董氏影元刊本,《四部丛刊》本	
		壬辰杂编		佚		

朝代	史家	著述	卷数	存佚	版本	备考
元	王若虚	元朝秘史	十卷	存	《连筠簃丛书》本，光绪戊申长沙叶氏观古堂刊本，上海文瑞楼石印本，又有孙氏平津馆写本	清施世杰著《元秘史山川地名考》四卷，《藩属舆地丛书》本
		又续	二卷			
		皇元圣武亲征录		存	明弘治旧抄本，《说郛》本，桐庐袁重黎刊于芜湖本	《亲征录》，王国维校注。《元秘史》《亲征录》二书皆译自脱必赤颜
		元典章	前集六十卷，新集不分卷	存	刻本，沈家本刻本	有陈垣《校补》等
		钦定蒙古源流	八卷			
	王恽	世祖实录				王又有《玉堂嘉话》，世间殊少传本
	谢端	文宗明宗宁宗三朝实录				
	萧常	续后汉书	二十卷	存	《墨海金壶》本，道光辛丑《宜稼堂丛书》本	
	郝经	续后汉书	九十卷	佚	从《永乐大典》辑出，道光中《宜稼堂丛书》本	
		又札记	四卷			

朝代	史家	著述	卷数	存佚	版本	备考
元	胡三省	资治通鉴音注	九十七卷	存	元刊明修本,日本天保二重县校刊本,明吴勉学校刊本,陈仁彭校刊本,嘉庆二十一年鄱阳胡氏重刊元初本,同治八年江苏书局刻本,王续刻《台州丛书》本	
		通鉴释文辨误	十二卷			
	史炤	通鉴释文	三十卷	存	光绪五年陆心源刻本	
	金履祥	通鉴前编	十八卷	存	元刊本,明嘉靖三十九年归仁斋书林刊本,乾隆十年金华率祖堂刻本	一名《前外纪》
		又举要	三卷			
	陈桱	通鉴续编	二十四卷	存	明嘉靖三十九年归仁堂刊本,《通鉴纲目全书》本	
	马端临	文献通考	三百四十五卷	存	乾隆十二年武英殿《三通》刊本,同治广州学海堂刊本,又《九通》光绪浙江书局本,《十通》民国廿四年商务排印本	
	袁桷	世祖以来功臣列传				未见
	虞集	经世大典	原八百八十卷	佚	自明以来,久已散佚,其散见《永乐大典》者,颠倒割裂,不可重编	补:今有《经世大典辑校》,中华书局 2020 年
	苏天爵	元朝名臣事略	十五卷			苏又有《元文类》
	托克托	宋史	四百九十六卷	存	元至正本,明成化本,嘉靖本(监本),万历重刊监本,清道光四年武英殿本,同治八年浙江书局刻本。一九七八年中华书局点校本	

续表

朝代	史家	著述	卷数	存佚	版本	备考
元	托克托	辽史	百十六卷	存	嘉靖八年南监本,道光四年殿本,同治癸酉江苏书局本。一九七八年中华书局点校本	
		金史	百三十五卷	存	同治甲戌江苏书局本。一九七八年中华书局点校本	
	危素	宋史稿	五十卷			危一作《元史稿》
明	宋濂	元史	二百十卷	存	洪武刻本,配嘉靖万历本,万历刊本,岭南葄古堂刊本,同治十二年甲戌江苏书局刻本。一九七八年中华书局点校本	
		洪武圣政记	一卷	存	明南北监本,清殿本,《指南丛书》本,《金华丛书》本,《知不足斋丛书》本,《胜朝遗事》本	
	王祎	大事记续编	七十七卷	存	成化刊本	
	解缙	永乐大典	二万二千八百七十七卷	佚		
	姚广孝	永乐大典目录	六十卷		刻在《连筠簃丛书》中	
	黄淮	历代名臣奏议				
	李东阳	大明会典	百八十卷			官修,明有《大明一统志》
		明实录	二千九百廿五卷		明内府辑,民国廿九年影印本	
		新旧唐书杂论	一卷			

朝代	史家	著述	卷数	存佚	版本	备考
明	杨士奇	明文渊阁书目	四卷			
	焦竑	国史经籍志				
		献征录	二十卷			
		熙朝名臣实录	七十卷			
		焦氏藏书目	二卷			
	胡应麟	四部正讹	三卷	存	《续金华丛书》《少室山房丛书丙集》本	《经籍会通》中
	商辂	资治通鉴纲目续编	二十七卷	存	《通鉴纲目全书》本,合刻本	
	南轩	资治通鉴纲目前编				
	王宗沐	宋元通鉴	六十四卷			
	薛应旂	宋元资治通鉴	百五十七卷	存	明天启丙寅刻本	
		宪章录	四十七卷			续所作《宋元通鉴》
	严衍	资治通鉴补	二百九十四卷	存	道光八年玉山陈氏刻本,光绪四年思补楼刊本,民国廿四年商务本	附《识误》三卷,清张敬仁辑
		又补正略	三卷			
	冯琦	宋史纪事本末	百〇九卷	存	广雅书局《纪事本末汇刻》本	
	陈邦瞻	宋元史纪事本末	宋二十六卷,元四卷		同治甲戌江西书局刻本,石印本,郁冈山房刊本,广雅书局《汇刻》本	

朝代	史家	著述	卷数	存佚	版本	备考
明	谢陛	季汉书	六十卷（一作五十六卷）		明刊本,万历二十一年刊	
	王洙	宋史质	百卷	存		王书自明以来印本已多
	王昂	宋史补		存		其书未见
	柯维骐	宋史新编	二百卷		明刊本	
	王惟俭	宋史记	二百五十卷,今存九十四卷	阙	有传抄本,藏北京图书馆,迄未刊行	
		又《凡例》	一册			
	潘昭度	宋史抄	十余册	佚	稿本(全书散佚)	附见
	钱士升	南宋书	六十八卷	存	清席世臣辑,嘉庆丁巳扫叶山房刊本,《四朝别史》本,上海精一阁印	
	汤显祖	宋史改本,有《目录》		佚		汤书尚未脱稿。
	邵经邦	弘简录	二百五十四卷	存	康熙二十七年仁和邵氏刻	邵书意在续《通志》,故合宋辽金三史为一
		又续	四十二卷			
	王圻	续文献通考	二百五十四卷	存	万历刻本	
		谥法通考	十八卷			
	张溥	通鉴宋元纪事本末论正		存	光绪二年西江某氏刻本,又二十四年图书集成局本	尚有《前编》,皆未之见
		历代史论二编	十卷			

朝代	史家	著述	卷数	存佚	版本	备考
明	朱明镐	史纠	六卷	存	《四库全书》	
	王世贞	弇山堂别集	百卷	存	广雅书局刻本	
		弇州史料		存	万历四十二年刊本	
		嘉靖以来首辅传	八卷	存	《借月山房汇钞》本，又《指海》本	
	李贽	藏书	六十八卷	存	明《李氏全书》本，又通行本	《续藏书》专记明代事
		续藏书	二十七卷			
	邓元锡	皇明书	四十五卷	存	乾隆重修崇祯本，万历刊本	
		函史上下编	百〇二卷			
	朱国祯	明史概	百二十一卷	存	明刊本，明崇祯中刊本，又有《列朝诸臣传》稿本，未刊	
	陈建	皇明通纪	四十二卷	存	嘉靖四十三年家刻本	
	谈迁	国榷	百〇八卷	存	旧抄本，解放后新出版本	
	张岱	石匮书①		存	《续修四库全书》	补
		石匮书后集	数十余卷	存	中华书局 1959 年	
	朱睦㮮	革除逸史	二卷	存	清钱熙祚《指海》本	
	徐纮	明名臣琬琰集	二十四卷	存	存《常州先哲遗书》本	
		又后录	二十二卷			
		又续录	八卷			

①原稿作"石匮藏书"。

朝代	史家	著述	卷数	存佚	版本	备考
清	马骕	绎史	百六十卷	存	康熙九年马氏原刻本,光绪丁酉武林尚友斋缩印本,杭州书局重刊本	
		左传事纬	十二卷	存	乾隆甲辰怀澄堂重刻本	
		附录	八卷			
	高士奇	左传纪事本末	五十三卷	存	同治癸亥江西书局刻本,石印本《纪事本末九种残存》,又《汇刻》本	
	陈景云	两汉三国志订误	四卷(一作五卷)	存	《万洁斋丛书》本,《文道十书》本	
		通鉴胡注举正	一卷			
		纲目订误	四卷			
	顾栋高	春秋大事表	五十卷	存	乾隆十二年万卷楼刊本,同治癸亥山东刻本,光绪戊子陕西求古斋刻本	
		附舆图	一卷			
	朱奇龄	续通考补	四十八卷		抄本,未刊行	
	杨陆荣	五代史志疑	四卷	存	康熙五十九年刻《杨潭西先生遗书》本,广雅书局《汇刻》本	
		三藩纪事本末	四卷		泽古斋重抄本,式古居汇抄本	
		辽金二史纲目	三十卷		传抄本,现藏日本静嘉堂文库	
	李锴	尚史	百〇七卷(一作七十卷)	存	乾隆癸巳刻本	
	钱谦益	列朝诗集小传	八十一卷			

续表

朝代	史家	著述	卷数	存佚	版本	备考
清	吴伟业	绥冠纪略	十二卷	存	嘉庆甲子昭文张海鹏刻本，嘉庆照旷阁重刊本，《学津讨原》残存	
		又补遗	三卷			
		复社纪事		存	《胜朝遗事》本	
	谷应泰	明史纪事本末	八十卷	存	顺治元年筑益堂刊本，同治甲戌江西南昌书局刻本，光绪戊戌湖南思贤书局刻本，郁冈山房刊本，石印本	
		明倭寇始末	十五卷			
	彭孙贻	明朝纪事本末补编	十五卷		广雅书局《纪事本末汇刻》本	
	傅维鳞	明书	百七十一卷	存	《畿辅丛书》本	傅书尚存于世，未遭焚毁
	顾炎武	皇明修文备史			《亭林遗书》本，吴江潘氏遂初堂刊本	
		圣安本纪	六卷	存	《荆驼逸史》本，《明季稗史》本，《遗书补遗》本	
		圣安纪事	二卷	存		
		天下郡国利病书	百二十卷		道光二年四川龙万育刻	
		日知录（史评）	一卷		《观堂丛书》本	
	戴笠	寇事编年	十八卷			
	潘柽章 吴炎	国史考异	原三六卷 今存六卷	阙	今尚有传本，刻入《功顺堂丛书》中	潘氏又有《松陵文献》
	潘耒	修明史议				
	查继佐	罪惟录	八十四卷（一作百余卷）	存	《四部丛刊三编》影印本	

续表

朝代	史家	著述	卷数	存佚	版本	备考
清	戴名世	孑遗集	不分卷	存	清代诗文集丛刊	补
	王夫之	永历实录	二十六卷	存	湘乡曾氏金陵节署刊本《王船山遗书》	
		宋论	十五卷	存	光绪癸卯文通书局本	
		读通鉴论	三十一卷	存	光绪二十年上海商务本	
	计六奇	明季南略	十八卷(一作十二卷)	存	琉璃厂半松居排印,光绪十三年上海图书集成局本	
		明季北略	二十四卷			
	温睿临	南疆逸史	四十卷(一作五十六卷)	存	道光北京琉璃厂排印本	
	徐鼒	小腆纪年	二十卷	存	光绪四年刻本《敝帚斋遗书》	
		又纪传	六十五卷			
		又补遗	五卷			
	黄宗羲	明史案	二百四十四卷			《明史案》久佚,而世传之《行朝录》即其残帙也
		行朝录	十一卷		《四明丛书》本	
		明儒学案	六十二卷	存	道光元年会稽莫晋校刻,光绪五年长沙重刻,又八年上海文瑞楼刊,慈溪二老阁补修本,又十四年南山县学刻,民国元年四川国学研究会重刻,民国五年上海文瑞楼印。《黄梨洲遗书》本	
		宋元儒学案	十七卷			
		明文海	六百卷			

朝代	史家	著述	卷数	存佚	版本	备考
清	子百家	续宋元学案				
	万斯同	明史稿	五百卷			
		历代史表	五十九卷（一作五十元卷）	存	嘉庆七年留香阁刻,又《四明丛书》本,《廿二史补编》本	
		儒林宗派	十六卷			
	万言	明史举要				
	邵廷采	东南纪事	十二卷	存	民国三十六年上海神州国光社排印本,《邵武徐氏丛书》本东南纪事	
		西南纪事	十二卷			
		思复堂集	十三卷			其《思复堂集》载明人轶事
	全祖望	补宋元儒学案	一百卷（共二百卷）	存	冯云濠、王梓材同辑,王梓材为之校补成《学案补遗》四十二卷,刻入《四明丛书》中	
		汉书地理志稽疑				
		鲒埼亭集外编	六卷	存	咸丰三年刊《粤雅堂丛书》本	
	邵晋涵	南都事略		阙	活字印本	
		南江札记	五卷	存	《仰视千七百二十九鹤斋丛书》本,光绪十五年刊《绍兴先正遗书》本	
		四库提要分纂稿	一卷			
	王鸿绪	明史稿	三百十卷	存	敬慎堂刊本	

朝代	史家	著述	卷数	存佚	版本	备考
清	张廷玉	明史	三百三十二卷（一作三百卅六卷）	存	清乾隆四年武英殿本，湖北崇文书局刊本，岭南蓰古堂刊武英殿本。一九七八年中华书局点校本	
	朱彝尊	明诗综小传	百卷			
		五代史注				
		改编宋史				未成
	黄虞稷	千顷堂书目				
	刘献廷	广阳杂记	五卷	存	《功顺堂丛书》本	
	纪昀	四库全书总目提要		存	民国上海商务排印本	邵懿辰有标注
		又简明书目	二十卷	存		
	顾祖禹	读史方舆纪要	百三十卷	存	光绪五年龙氏敷文阁刻本，又二十二年广雅书局刻本，光绪壬寅养拙山房刻本	近有传抄本出世。吴廷燮作《补编》
	黄仪	水经注图				
	胡渭	禹贡锥指	二十卷	存	康熙乙酉漱六轩刻	
	阎若璩	四书释地	六卷			
		释地余论	一卷			
	赵一清	水经注释	四十卷			
		附《刊误》	十二卷			
	沈炳巽	水经注集释订讹	四十卷			
		三国志注补	六十五卷			
	王懋竑	朱子年谱	四卷	存	永康白田草堂刻，宝应县补刻	
		又考异	四卷			
		又附录	一卷			

朝代	史家	著述	卷数	存佚	版本	备考
清	蔡上翔	王荆公年谱考略	二十五卷	存	解放后新出版	
		又杂录	二卷			
	章学诚	文史通义（内篇六，外篇二）	八卷	存	次子华绂始刻于开封，民国浙江书局本，吴兴刘氏嘉业堂《章氏遗书》五十一卷本，又《补编》本，上海商务排印本	
		校雠通义（内篇二，外篇一）	三卷			
	徐乾学	资治通鉴后编（一名《宋元通鉴》）	百八十四篇	存	光绪二十四年浙江书局刻本	
	毕沅	续资治通鉴	二百二十卷	存	嘉庆六年冯集梧刊本，同治八年江苏书局修补毕氏原本，会稽章氏刻本，广雅书局《通鉴汇刻》本	
		又《凡例》	二卷			
		晋书地理志新补正	五卷	存	会稽章氏刻	
	陈芳绩	历代地理沿革表	四十七卷	存	邑人黄廷鉴精加雠校，张大镛为刊之	
	齐召南	历代帝王年表	十三卷	存	道光四年阮福刻《文选楼丛书》本，又粤雅堂本	清季黄岩王棻有《重订历代帝王年表》十五卷
		明鉴纲目前纪	二卷	存	光绪乙丑金城山馆刻	
		水道提纲	二十八卷（一作三十卷）	存	乾隆四十一年传经书屋刻，光绪戊寅处城郡署刻，光绪己卯四川宏远堂刻	

朝代	史家	著述	卷数	存佚	版本	备考
清	汪辉祖	史姓韵编	六十四卷	存	乾隆庚戌汪氏双节堂原刻,金陵书局,上海中西书局刊本	《汪龙庄遗书》中,有《病榻梦痕录》二卷,《录余》二卷
		三史同姓名录				
		九史同姓名略	七十二卷			
		又补遗	四卷			
		廿一史同姓名录				
		元史本证	五十卷	存	光绪十五年原刊本,《绍兴先正遗书》本	汪继培《补》
	李兆洛	历代纪元编	三卷	存	道光十一年粤雅堂本,《李氏五种》本,同治九年合肥李鸿章刊本,光绪二十四年上海扫叶山房印本	
		历代地理韵编今释	二十卷			
		皇朝舆地韵编	二卷			
		历代地理沿革表	一卷			
		皇朝统一舆图	一卷			
	杨丕复	历代舆地沿革表	四十卷			
	汪曰桢	二十四史日月考	五十卷			

朝代	史家	著述	卷数	存佚	版本	备考
清	汪曰桢	甲子纪元表	一卷			
		疑年表				
		历代长术辑要	十卷			
		又考	二卷			
	李清	南北史合钞（一作合注）	百九十一卷			
		南唐书合订	二十五卷			
	邵远平	元史类编	四十二卷	存	乾隆乙卯扫叶山房刻，即《四朝别史》本	
	吴任臣	十国春秋	百十四卷	存	乾隆五十二年周昂刻本	
	沈炳震	新旧唐书合钞	二百六十卷	存	同治十年武林吴氏清来堂刊本	
		唐书宰相世系表订讹	十二卷	存	《二十五史补编》本	
		廿一史四谱	五十四卷	存	同治十年武林吴氏清来堂重刻	
		历代世系纪年编	一卷	存	《半亩园丛书》本	
	陈黄中	宋史稿	百七十卷（一作二百十九卷）	佚	是书未刊，稿本已佚，其《东庄遗集》仅南京图书馆、日本静嘉堂有藏本	
		新唐书刊误	三卷			
		纪元要略补辑	一卷	存	《文道十书》本	

朝代	史家	著述	卷数	存佚	版本	备考
清	赵绍祖	新旧唐书互证	二十卷	存	嘉庆十八年古墨斋刊本，光绪广雅书局刊本，武林吴氏清来堂重刻本	
		通鉴注商	十八卷			
		竹书纪年校补	二卷			
	谢启昆	西魏书	二十四卷（一作二十卷）	存	乾隆乙卯树经堂刻，光绪壬辰溧阳小环山馆补刊，《树经堂集》本	
	陈鳣	续唐书	七十卷	存	广东刊本	
	郭伦	晋纪	六十八卷			
	周济	晋略	六十六卷	存	光绪二年味隽斋刊本	《求志堂存稿汇编》无此书
	梁廷枏	南汉书	十八卷	存	《藤花亭十七种》本	
	吴兰修	南汉记	五卷			
	章陶	季汉书	九十卷	存	道光八年刻本	
	汤成烈	季汉书	九十卷			汤书未见传本
	钱大昕	二十二史考异	一百卷	存	光绪八年龙氏家塾刻本	
		三史拾遗	五卷		二书，嘉定钱氏刻《史学丛书》本	
		附诸史拾遗	五卷			
		宋辽金元四史朔闰考	二卷		嘉定钱氏刻本，李赓芸稻香吟馆刻本，粤雅堂本	
		补元史氏族表	三卷		嘉庆十一年黄钟校刊，光绪八年龙氏家塾刻《潜研堂集》，又《全书》本（内兼及辽金），《二十五史补编》本	
		补元史艺文志	四卷			
		通鉴注辨正	二卷			

朝代	史家	著述	卷数	存佚	版本	备考
清	弟大昭	后汉书补表	八卷	存	通行本,《史学丛书》,《汗筠斋丛书》本,《粤雅堂丛书》本,《后知不足斋丛书》本,《二十五补编》本	
		汉书辨疑	二十二卷			
		后汉书辨疑	十一卷			
		三国志辨疑	三卷			
		补续汉书艺文志	三卷			
	族子塘	史记三书释疑	三卷	存	广雅书局刻《史学丛书》本	
	族子坫	新斠汉书地理志	十六卷	存	嘉庆二年刊本,《二十五史补编》本	
		史记补注	百三十卷	未见		
	王鸣盛	十七史商榷附《缀言》	一百卷二卷	存	乾隆五十二年洞经草堂刻	论史家义例
	赵翼	廿二史札记附《补遗》	三十六卷	存	光绪二十四年巾箱本,又三十一年上海广益书局铅印本,《瓯北全集》本	
	王念孙	读书杂志(史部)	八十二卷	存		
	洪颐煊	诸史考异	十八卷	存	广雅书局刊行《史学丛书》本	此书有七卷为论史之语
		读书丛录	七卷			
		汉志水道考证	四卷			
	李贻德	古史考异				

朝代	史家	著述	卷数	存佚	版本	备考
清	厉鹗	辽史拾遗	二十四卷	存	道光元年杭州汪氏振绮堂校刊本,同治江苏书局刊本	又有《宋诗纪事》百卷,陆心源《补遗》
	杨复吉	辽史拾遗补	五卷		今有稿本	陈衍有《辽诗纪事》及《元诗纪事》
	杭世骏	三国志补注	六卷		传抄本	
		诸史然疑	一卷			
		金史补	五卷			
	惠栋	后汉书补注	二十四卷（一作二十五卷）		嘉庆五年德裕堂刻,《粤雅堂丛书》本	侯君谟、沈铭彝各续补惠书一卷
	彭元瑞	五代史记补注	十六卷		《豫章丛书》本,道光八年云城书屋印本,民国四年刘氏嘉业堂刻本	
		又	五十八卷			
	俞正燮	五代史注	合彭稿成七十四卷			
	吴兰庭	五代史记纂误补又考异	四卷	存	乾隆《知不足斋丛书》本	
	吴光耀	五代史记纂误续补	六卷	存	光绪十四年江夏吴氏刊本	
	周在浚	南唐书注	十八卷		道光二年绿簃山房刻本,刘氏嘉业堂刻	周注本附以刘承幹《补注》
		附录	一卷			

朝代	史家	著述	卷数	存佚	版本	备考
清	汤运泰	南唐书注	十八卷	存	同上	汤注本不易得
	倪灿	补辽金元艺文志	一卷	存	《八史经籍志》本,《史学丛书》本,《廿五史补编》本	
		补宋史文艺志	一卷	存	《八史经籍志》本,《金陵丛刻》本	
	孙星衍	史记天官书考证	十卷（一作七卷）	存	广雅书局刻《史学丛书》本	
		又补目	一卷			
	郝懿行	补宋书刑法志	一卷		嘉庆廿一年刊本,《郝氏遗书》本,《粤雅堂丛书》本,《史学丛书》本,《廿五史补编》本	
		补宋书食货志	一卷			
		晋宋书故	一卷			
		汲冢周书辑覆	一卷			
		竹书纪年校正	十四卷			
		山海经笺疏	十八卷			
	洪亮吉	补三国疆域志	二卷	存	乾隆辛丑西安原刻,广雅本	
		补东晋疆域志	四卷	存	嘉庆丙辰原刻本,广雅本,《江北全集》本,《廿五史补编》本	
		补十六国疆域志	十六卷	存	广雅本,《廿五史补编》本	
		四史发伏	十二卷			
		西夏国志	十六卷			

朝代	史家	著述	卷数	存佚	版本	备考
清	长子饴孙	补三国志职官表	三卷	存	广雅本,《史学丛书》本,《廿五史补编》本	
		史目表	三(二)卷			
		世本辑补	十卷			
	幼子崎孙	补梁疆域志	四(三)卷	存	同上	
	侯康	后汉书补注续	一卷			
		三国志补注	一卷		《史学丛书》本	
		补后汉艺文志	四卷			
		补三国志艺文志	六卷	存	《岭南遗书》本,《廿五史补编》本	
	周嘉猷	补南北史年表	一卷	存	广雅本,《廿五史补编》本	
		又帝王年表	一卷			
		又世系表	一卷			
		三国纪年表	二卷			
		南北史捃华	八卷			
	顾櫰三	补后汉书艺文志	三十一志	存	《金陵丛书》本,《小方壶斋舆地丛书》本,《廿五史补编》本	
		补五代史艺文志	一卷			
	周春	西夏书	十卷			未梓行
	张鉴	西夏纪事本末			《半厂丛书》本	传世已久
	崔述	考信录	三十六卷	存	光绪五年东路廨署刻本,《畿辅丛书》本,吴县顾氏汇刻《东壁遗书》本	

朝代	史家	著述	卷数	存佚	版本	备考
清	梁玉绳	史记志疑	三十六卷	存	光绪十三年广州广雅书局刻本,《史学丛书》本,又十四年余姚朱氏刻本	
		班史人表考	九卷	存	《人表考》在《清白士集》中	
	程恩泽	战国策地名考	二十卷	存	《粤雅堂丛书》本	
	黄式三	周季编略	九卷		同治十二年浙江书局刻,《四明丛书》本	
	龚自珍	古史钩沉论	十八卷			
	阮元	国史儒林传稿	四卷	存	光绪十一年《榕园丛书》本,黄奭刊《知足斋丛书》本	
	江藩	汉学师承记	八卷	存	光绪丙申,长沙周戴文刻本,上海千顷堂印,民国文瑞楼印,粤雅堂本,《江氏丛书》本	
		宋学渊源记	二卷			
	唐鉴	国朝学案小识	十五卷	存	咸丰四年刻,光绪十年重刻	
	戴望	颜氏学记	十卷			
	钱仪吉	国朝献征录	三卷	存	光绪十九年江苏书局刻本,家刻本,《廿五史补编》本	
		国朝碑传集	百六十卷			
		补晋兵志	一卷			
		补三国会要	五卷			
	钱林	文献征存录	十卷	存	咸丰八年嘉树轩刻本(通州王藻为刊行)	《序例》二卷在《衍石斋记事稿》中
	李元度	国朝先正事略	六十卷	存	同治丙寅循陔草堂刻本,光绪壬寅益元书局重刻本	

朝代	史家	著述	卷数	存佚	版本	备考
清	李桓	国朝耆献类征	七百二十卷	存	光绪甲申湘阴李氏刻本	
		国朝闺媛类征	十二卷			
	祁韵士	藩部要略	十八卷	存	筠渌山房原刻本,嘉庆十二年《皇朝藩属舆地丛书》本,又浙江书局本	
		伊犁总统事略(钦定新疆识略,亦称西陲总统要略)	十二卷			
		西域释地	一卷			
	徐松	新疆志略	十二卷(一作十卷)	存	武英殿刊本,厂肆复刻本	
		汉书西域传补注	二卷		《皇朝藩属舆地丛书》本	
		西域水道记	五卷		道光元年《大兴徐氏三种》本	
		西游记考			道光九年刻,又廿二年刊本《指海》,光绪庚辰张硕卿刻式训堂本	
		新斠注地理志集释	十六卷			
		辑宋会要	五百卷(一作四百六十卷)	存	原稿影印本,吴兴刘氏刻本	
	张穆	蒙古游牧记	十六卷	存	《皇朝藩属舆地丛书》本,光绪庚辰张硕卿刻,又癸巳上海书局印。原称《北徼汇编》	
		魏延昌地形志	十二卷			罕见传本

1022

朝代	史家	著述	卷数	存佚	版本	备考
清	何秋涛	朔方备乘	八十卷(一作六十八卷,又作八十卷)	存	畿辅志局校刊	
		校正元圣武亲征录	一卷	存	光绪二十年甲午小沤巢校刻	
		西域游牧记补注	四卷			
	秦蕙田	五礼通考	二百六十二卷			
	黄以周	礼书通故	百卷	存	《四明丛书》本	黄书孙诒让有《校记》
		续资治通鉴长编拾补	六十卷	存		
	张澍	续黔书	八卷	存	《二西堂丛书》本,茆泮林辑《十种古逸书》本	
		蜀书(一作蜀典)	十二卷	存	道光十三年刻本	
	姚振宗	汉志拾补	六卷	存	《快阁师石山房丛书》本,浙江图书馆、上海开明排印本,《二十五史补编》本	
		隋志考证	五十二卷			
		补后汉艺文志	四卷			
		补三国艺文志	四卷			
	朱右曾	汲冢纪年存真	二卷	存	道光二十六归砚斋刻	
		逸周书集训考释	十卷			

朝代	史家	著述	卷数	存佚	版本	备考
清	章宗源	隋志考证	十三(二)卷	存	光绪三年湖北崇文书局刊,《廿五史补编》本	
	孙之𫘝	考定竹书纪年	十三(二)卷(又作十四卷)	存	《晴川八识》本,翻刻本	
	林春博	竹书纪年补证	四卷	存	《竹柏山房五种》本	
	雷学淇	竹书纪年义证	四十卷		艺文印书馆本①	
	徐文靖	竹书纪年统笺	十二卷	存	乾隆十五年当涂张万烜刊,光绪癸巳上海博文书局刻,又三年浙江书局刊《徐位山六种》本	
		禹贡锥指会笺	十四卷(一作十二卷)			
	陈逢衡	竹书纪年集证	五十卷	存	《江都陈氏丛书》本	
		又补遗	二卷			
		逸周书补注	二十二卷			
		穆天子传注补正	六卷			
	张宗泰	竹书纪年校补	二卷			
	姚之骃	后梁补逸	二十一卷	存	康熙五十二年刊本	
	马国翰	竹书纪年笺补遗	五十卷	存	《知不足斋丛书》本	
		玉函山房辑佚书(五百八十余种)	六百余卷	存		

①原稿备考注"雷书未见于世",实有传本。

朝代	史家	著述	卷数	存佚	版本	备考
清	黄奭	辑《汉学堂丛书》		存	道光中甘泉黄氏刊本,《知不足斋丛书》本	
		又辑《高密遗书》十三种				
	汪文台	辑《七家后汉书》		存	光绪八年刊本	
	汤球	辑《九家旧晋书》	三十七卷			
		晋纪	五卷			
		晋阳秋	五卷			
		十六国春秋等	十卷			
	施国祁	金史详校	十卷	存	《仰视千七百二十九鹤斋丛书》本	
		金源札记	三卷	存		
	沈钦韩	两汉书疏证	三十六卷（一作七十四卷）	存	光绪二十六年、二十七年浙江书局刊	
		三国志补注	十六卷			
		水经注疏证	四十卷			
	梁章钜	三国志旁证	三十卷	存	光绪间广州广雅书局刊《史学丛书》本	
	周寿昌	汉书注校补	五十六卷	存	长沙周氏小对竹轩刊本,广雅书局《史学丛刊》本,思益堂自刻本,《思益堂史学三种》本	
		后汉书注校补	八卷			
		三国志注证遗	四卷			
		五代史记纂误	不分卷	存	光绪小对竹轩刊本	

续表

朝代	史家	著述	卷数	存佚	版本	备考
清	李慈铭	读史札记		存	北平图书馆排印本	包括前四史，晋、宋、梁、隋、南北史
		国朝儒林小志				
	王先谦	汉书补注	一百卷	存	光绪二年长沙王氏刊，长沙思贤书局本，上海文瑞楼据长沙王氏本	
		后汉书集解				
		新旧唐书合注补注	二百六十卷			
		元史拾补				
	邓显鹤	资江耆旧集	六十四卷			
		沅湘耆旧集	二百卷			
		王船山遗书		存	同治四年，京都龙城阁刊本	
	王树枏	大清畿辅先哲传	四十卷	存	民国天津徐氏刻	
	魏源	圣武记	十四卷	存	道光廿二年巾箱本，又廿六年己酉古微堂刻，咸丰壬子古微堂重刻，光绪二年平广经国道署重刻，又戊戌上海书局印	
		海国图志	百卷（一作六十卷）			
		元史新编	九十卷（一作九十五卷）			一称《新元史》
		辽史稿		佚	遇乱亡佚	
	毛岳生	元史（考证）稿				
	曾廉	元书	二百二卷（一作二百六卷）	存	《邵阳曾氏三种》本	
		元史考订	四卷			

朝代	史家	著述	卷数	存佚	版本	备考
清	李文田	元秘史注	十五(六)卷		光绪丙申浙西村舍本	秀水高宝铨《补正》附
		元圣武亲征录校正	一卷		光绪癸巳《知服斋丛书》本,《皇清藩属舆地丛书》本,丁酉石印本	
	洪钧	元史译文证补	三十卷			洪书柯劭忞有《译证补》
	屠寄	蒙兀儿史记	五十卷		本为未成之作,初印本,最后印本	
	柯劭忞	新元史	二百五十七卷	存	民国十一年天津徐氏退耕堂刊本,上海开明书店印本,北大研究院文史部排印本,《柯先生遗著》本	
		又考证	五十八卷			
		又译正补	六卷		民国十一年刊本	
	沈曾植	蒙古源流笺证	八卷		民国二十年姚家埭沈氏刻本	近人张尔田《校补》
	汪士铎	水经注释文疏证	二卷	存	咸丰十一年长沙刻,胡文忠为刊行	
		南北史补志	原三十卷今十四卷	阙	扬州淮南书局刻本,《廿五史补编》本	
		又表	一卷			
		又附赞	一卷			
	杨守敬	隋书地理志考正	九卷		光绪五年东湖饶氏刻,《廿五史补编》本	
		汉书地理志补校	二卷			
		历代地理沿革险要图	不分卷(四册)		光绪五年东湖饶氏刻,又廿四年上海文贤阁石印	
		水经注疏要删	五卷	存	光绪乙巳观海堂刻	又有补遗及续补
		水经注图				

续表

朝代	史家	著述	卷数	存佚	版本	备考
清	丁谦	各史外国传考证	三十五卷	存	《蓬莱轩丛书》本，又称《浙江省图书馆丛书》本	
		穆天子传地理考证				
	陆心源	宋史翼	四十卷	存	《潜园总集》本，光绪己丑陆氏十万卷楼刻。	有《宋诗纪事补遗》
	吴士鉴	晋书斠注	百三十卷	存	光绪二十一年刊本，吴兴刘氏刊本，《廿五史补编》本	
	张森楷	史记新校注	二百卷			
		廿四史校勘记	三百五十三卷			
	唐景崇	新唐书注	二百卷	阙	惜费不刊，近有人取其本纪注十卷付刊	书未完成
	陈庆年	中国历史教科书	六卷	存	光绪廿九年木活字印，民国八年商务十三板赵玉森增订铅印本	
	陈鹤	明纪	六十一卷	存	苏州官书局与司马氏《通鉴》配印本	
	孙克家	附考异				
	夏燮	明通鉴	百卷（一作九十卷）	存	同治十二年刻，广雅书局《通鉴汇刻》本	
		又前编	四卷			
		又附编	六卷			
		又目录	五卷			
		校汉书八表	八卷		《廿五史补编》本	
		两朝剥复录校正	一卷		同治二年江西刻	

朝代	史家	著述	卷数	存佚	版本	备考
清	王颂蔚	明史考证捃逸	四十二卷	存	民国五年南浔刘氏刊《嘉业堂丛书》本，又附于百衲本廿四史后	
	蒋良骐	东华录	三十二卷	存	宣统元年上海图书集成公司铅印	自开国至雍正
	（王先谦）	东华续录（包括乾隆朝百二十卷，嘉庆朝五十卷，道光朝四十九卷，咸丰朝一百卷，同治朝一百卷）	四百十九卷	存	光绪十九年会稽籀三仓室印，光绪戊戌文澜书局石印	仍由天命通乾隆以后迄同治五朝
		又有《十朝东华录》	七百十三卷		光绪二十五年仿泰西法石印	
	潘颐福	东华续录（咸丰朝）	六十九卷		光绪十八年，上海图书集成局印	
	朱寿朋	东华续录（光绪朝）	二百二十卷	存	宣统元年上海图书集成公司印。解放后中华书局印	
	龙文彬	明会要	八十卷			
	杨晨	三国会要	二十二卷		杨氏排印《崇雅堂丛书》本，《台州丛书后集》本	
	朱铭盘	两晋南北朝会要	二百四十卷			
	王闿运	湘军志	十六卷	存	《湘绮楼全集》本	
	王定安	湘军记	二十卷	存	光绪己戌江南书局、上海书局本	

朝代	史家	著述	卷数	存佚	版本	备考
清	朱孔彰	中兴将帅别传	二十二卷		光绪丁酉江宁刻	一称《咸丰以来功臣传》
		三朝闻见录	不分卷		光绪戊戌浙学庐石印	
	孙诒让	契文举例	一卷		《吉石盦丛书》本	
		名原	二卷		日本影印本	
	罗振玉	殷墟书契	四卷	存	东方学会石印,上虞罗氏刊本	
		前编后编	一卷			
		又续编	六卷			
		又考释	三卷			
	王国维	古史新证		存	清华研究院油印讲义本,《王忠悫公遗书》本	
		蒙古史料校注四种				
	郭沫若	中国古代社会研究		存	《郭沫若选集》本,一九三〇年出版	
	李有棠	辽史纪事本末	四十卷	存	光绪癸巳同文书局印,广雅书局《汇刻》本	
		金史纪事本末	五十二卷			
	李铭汉	续通鉴纪事本末	百十卷	存	光绪二十九年癸卯刊本	
	刘锦藻	续皇朝文献通考	四百卷			
	黄鸿寿	清史纪事本末	八十卷	存	近年坊间本	
	黄遵宪	日本国志	四十卷	存	光绪十六年羊城富文斋刻,又二十四年浙江书局刻,图书公司印	

朝代	史家	著述	卷数	存佚	版本	备考
民国	赵尔巽	清史稿	五百三十四卷	存	民国十六年铅印本,又卅一年联合书店缩印本	
	章梫	康熙政典	二十四卷	存	刘氏嘉业堂刻本	
		光绪圣政记	十卷			
	缪荃孙	艺风堂藏书记	八卷	存		
		又续	不分卷			
		再续				
		辽艺文志	一卷	存	《二十五史补编》本	《辽文存》附
		国史备乘录	六卷	存	光绪抄本	
		续碑传集	八卷	存	宣统二年江楚编译局刻	
	傅增湘	藏园藏书志		存		
		又访书记		存		
	徐乃昌	随庵藏书志		存	民国四年,南陵徐氏积学斋稿印本	
	刘承幹	嘉业堂书目		存	吴兴刘氏刊本,刘氏嘉业堂刻	
		南唐书补注	十八卷			
		明史例案	九卷			
	张元济	藏书题识				
		校史随笔				
	康有为	孔子改制考		存	解放后出版	
	梁启超	新史学		存	《饮冰室全集》本,民国十一年、廿三年商务出版	
		中国历史研究法		存		
		又补编				

1031

朝代	史家	著述	卷数	存佚	版本	备考
民国	章炳麟	史学略说		存	章氏国学讲习会刊,铅印本	
		清建国别记				
	刘师培	论古学出于史官		存	《刘申叔遗书》本	
	陈黻宸	史学总论		存		
	任怀	清史要略	一册		北京大学印,上海中华书局本	
		中国近百年史要	二册			
	张尔田	史微内外篇	八卷		民国元年张氏屠守斋刻	原作内篇四卷,外篇四卷
		蒙古源流笺证校补				
		清史列传后妃传稿	二卷	存	未印	
		玉谿生年谱会笺	四卷	存	民国丁巳年南浔刘氏刻	
	孙德谦	太史公书义法	二卷	存	民国《元和孙氏四益宧》刊本	
		刘向校雠学纂微	一卷			
		汉书艺文志举例	一卷			
	夏曾佑	中国古代史		存	民国二十三年商务铅印本	
	崔适	史记探原	六卷	存	宣统二年归安鳝庐刻	
		春秋复始	三十八卷	存	民国七年北大出版部印	
	胡适	古史讨论		存	《胡适文存》中	
	顾颉刚	古史辨	上下册	存	民国十五年北平朴社出版	

朝代	史家	著述	卷数	存佚	版本	备考
民国	孟森	清朝前纪	一册	存	民国五年商务排印	又有《心史丛刊》
		心史史料	第一册			
	陈垣	元典章校补	十卷	存	民国刊本,《励耘书屋丛刊》本	
		又释例	六卷			
		史讳举例	二卷			
		元秘史译音用字考	一册	存	民国廿三年中央研究院刻	
		旧五代史辑本发覆	三卷	存	新近中华书局印行	
		二十史闰朔表				
		中西回日历表				
	陈汉章	上古史	二卷	存	北大铅印本	
		史学概论				
		辽史索隐	八卷			
		后汉书补表校录	一卷	存	民国廿五年《缀学堂丛稿初集》排印本	
	柳诒徵	中国文化史				
	吴廷燮	历代方镇年表	五十六卷	存	《二十五史补编》本	
	朱希祖	明季史籍题跋	六卷			近人谢国桢撰有《晚明史籍考》
	陈寅恪	隋唐制度渊源论稿			解放后人民出版社排印本	

四、历代史家地理分布表

省份	地名	朝代	史家擅长与贡献
一、直隶及京兆	顺天	元	郝经(伯常)
	大兴	清	刘献廷(继庄)于史学、地理学有特识
			朱珪(石君)朱筠(竹君)昆弟建议开四库馆及监修《明史》 徐松(星伯)精研西北地理
	通州(县)	清	雷学淇(瞻叔)考订《竹书纪年》及辑《古逸书》
	祁县(并州)	唐	温大雅(彦弘)
		宋	王溥(齐物)
	新城	清	工树枏(晋卿)熟于乡邦文献
	定州安平	唐	李百药,父德林
	高阳	晋	司马彪(绍统)
	河间府献县	清	纪昀(晓岚)以目录校雠学擅名
	南皮(沧州)	唐	贾耽(敦诗)治舆地学
	真定(赵郡)	元	苏天爵(伯修)
	灵寿	清	傅维鳞(掌雷)
	赞皇	唐	李吉甫(弘宪)治舆地学
	藁城	宋	宋敏求(次道)
		元	王若虚(从之)
	巨鹿	南北朝	魏收(伯起)
	大名	宋	王旦(子明)
	大名府肥乡县	宋	宋白(太素)
	大名府魏县	清	崔述(东壁)专治古史而善怀疑
	丰润	清	谷应泰(赓虞)

续表

省份	地名	朝代	史家擅长与贡献
二、陕西	长安(今西安)	汉	冯商
	高陵	唐	于志宁(仲谧)
	渭南	明	南轩(叔后)
	夏阳(今韩城)	汉	司马迁(子长),父谈
	华阴	五代	赵莹(玄辉)
	扶风安陵	东汉	班固(孟坚),父彪(叔皮),妹昭(一作曹大家,世叔妻)
	雍州	唐	李淳风 姚思廉(本名简),父察(伯审)
	万年(京兆)	唐	颜师古(名籀,以字行) 李贤(明允,即章怀太子) 杜佑(君卿)
	夏县(陕州)	宋	司马光(君实)
	北地	南北朝	傅縡(宜事)
三、山西	太原中都	晋	孙盛(安国)
	太原晋阳	南北朝	王劭(君懋) 王沈(处道)
	太原秀容	金	元好问(遗山)
	太原	清	阎若璩(百诗)
	浑源	金	刘祁(京叔)
	平定	清	张穆(石洲)精地理学
	平定寿阳		祁韵士(鹤皋)专治西北地理学
	河东闻喜	晋	裴秀(季彦) 裴松之(世期),子骃(龙驹)
		南北朝	裴子野(几原)
	高平	晋	檀道鸾(万安)
	泽州陵川	元	郝经(伯常)
	河东	唐	柳芳(仲敷)
	阳平元城	晋	束皙

1035

省份	地名	朝代	史家擅长与贡献
四、甘肃	武威	清	张澍(介侯)善考证,勤辑佚,尤熟河西掌故
		最近	李铭汉
五、河南	汴州浚仪(今开封)	唐	吴兢(西济)
		五代宋	薛居正(子平)
	开封	明	朱睦㮮(灌甫)
	祥符	明	王惟俭(损仲)
	祥符	清	周在浚(雪客)
	雍丘	宋	宋祁(子京)
	考城	南北朝	江淹(文通)
	汲县	元	王恽(仲谋)
	陈留圉县	东汉	蔡邕(伯喈)
	陈郡陈县	晋	王隐(处叔)
	阳夏	南北朝	谢灵运(康乐)
	沛国	南北朝	刘璠(宝义)
	颍川沛县	汉	褚少孙
	颍阴	汉	荀悦(仲豫)
		晋	荀勖(公晋)
	睢州	清	汤斌(潜庵)
	虞城	宋	王尧臣(伯庸)
	相州安阳	唐	李延寿(遐龄)
		唐	司马贞
		宋	尹洙(师鲁)
	南阳顺阳	晋	范晔(蔚宗)
六、山东	曲阜	周	孔丘(仲尼)
	曲城	唐	魏徵(玄成)
	琅琊	周	左丘明

省份	地名	朝代	史家擅长与贡献
六、山东	临沂	晋	王韶之(休泰)
	琅琊	晋	何法盛
	东清河鄃县	晋	崔宏
		南北朝	崔浩
	东琅琊开阳	南北朝	徐爰(长玉)
	涿州归义	五代	刘昫(效远)
	巨野	宋	王禹偁(元文) 晁公武(子止)
	东明	金	王鹗(伯翼)
	平原高唐	晋	华峤(叔骏) 刘昭(宣卿)
	临淄	唐	房乔(玄龄)
	历城	清	马国翰(竹吾)辑佚书
	邹平	清	马骕(宛斯)
	栖霞	清	郝懿行(兰皋)
	胶州县人	最近	柯劭忞(凤荪)
	莒县	晋	臧荣绪
七、江苏	上元(今江宁)	明	焦竑(弱侯)
		清	倪灿(闇公) 汪士铎(梅邨)治地理学
	金陵江宁	清	黄虞稷(俞邰) 顾櫰三(秋碧) 吴廷燮(尚之)
	六合	清	徐鼒(亦才)
	吴郡(今苏州)	晋	韦昭(弘嗣) 陆机(士衡) 顾野王(希冯) 陆琼(伯玉)

续表

省份	地名	朝代	史家擅长与贡献
七、江苏	吴县(今苏州)	清	沈钦韩(文起)为诸史补注 朱孔彰(仲我)
		近代	顾颉刚
	长洲	清	陈景云(少章),子黄中(和叔) 王颂蔚(芾卿)
	元和	清	惠栋(定宇) 陈雀(雀龄) 洪钧(文卿)
		近代	孙德谦(益庵)长刘氏向歆学
	昆山	宋	吴仁杰(斗南)
		清	顾炎武(亭林)治经世致用之学及现代掌故 徐乾学(健庵),弟元文(立斋)
	常熟(一作虞山)	清	钱谦益(牧斋),其掌故学有不能抹杀者 陈芳绩(亮工)治地理学 黄仪(子鸿)治地理
	吴江(今吴县)	清	潘柽章(力田) 吴炎(赤溟) 潘耒(次耕) 戴笠(耘野) 杨复吉(慧楼)
	华亭	清	王鸿绪(季友)
	上海	明	王圻(元翰)
		清	陆锡熊(耳山)纂《四库提要》多出其手
	青浦	清	汤运泰
	武进	明	薛应旂(仲常)
		明	徐纮(朝文)
		清	汤成烈(确园)
		近代	屠寄(敬山) 孟森(心史)

省份	地名	朝代	史家擅长与贡献
七、江苏	阳湖	清	李兆洛(申耆)善言地理 赵翼(瓯北)考史 洪亮吉(稚存)补表志,精舆地学。长子饴孙(孟慈),幼子龆孙(子龄) 孙星衍(渊如)精校勘
	无锡	宋	尤袤(延之)
		清	顾栋高(复初) 计六奇(用宾) 顾祖禹(景范)治地理
	金匮	清	秦蕙田(味经)治礼制
	江阴	近代	缪荃孙(艺风)以板本之学闻,精目录学
	宜兴(古称阳羡)	宋	马令
	荆溪	清	周济(保绪)
	镇江(一作京江)	近代	柳诒徵(翼谋)
	丹徒	清	陈庆年(善余)
	润州丹阳	宋	王存(敬仲)
	江都	清	陈逢衡(穆堂)
	甘泉	清	张宗泰(登封) 黄奭(右原) 江藩(子屏)
	高邮	清	王念孙(怀祖)
	仪征	清	阮元(芸台),所至提倡学问 刘师培(申叔)
	兴化	清	李清(映碧)
	宝应	清	王懋竑(白田)
	彭城(今徐州)	唐	刘知幾(子玄)

省份	地名	朝代	史家擅长与贡献
七、江苏	太仓	明	张溥(天如) 朱明镐(昭芑) 王世贞(元美)
		清	吴伟业(梅村)
	镇洋	清	毕沅(秋帆)
	嘉定	明	严衍(永思)
		清	钱大昕(竹汀)考释文字,弟大昭(晦之),族子塘(溉亭),族子坫(献之) 王鸣盛(西庄)考典制 朱右曾(尊鲁) 毛岳生(生甫)
	泰兴	清	朱铭盘(曼君)
八、安徽	桐城	清	戴名世(南山)善治史、其史识史才皆绝伦 张廷玉(衡臣)
	歙县	明	谢陛(少连)
		清	程恩泽(春海)
	婺源	宋	朱熹(元晦)
	黟县	清	俞正燮(理初)考史,专于局部考证 汪文台(南士) 汤球(伯玕)
	绩溪	近代	胡适(适之)
	泾县	清	赵绍祖(琴士)
	南陵	近代	徐乃昌(积余)
	当涂	清	徐文靖(位山)治史学及地理学,有所见 夏燮(谦甫)
	庐江(今合肥)	南北朝	何之元
	淮西归正	宋	宇文懋昭

省份	地名	朝代	史家擅长与贡献
九、浙江	杭州钱塘	清	高士奇(江村) 厉鹗(樊榭)治《辽史》 周嘉猷(两塍) 姚之骃(鲁斯)
		近代	吴士鉴(絅斋) 夏曾佑(穗卿)治上古史 张尔田(孟劬)治史学,综核有通识
	仁和	明	邵经邦(仲德)
		清	邵远平(戒三) 吴任臣(志伊) 赵一清(东潜)以善治《水经注》名 杭世骏(大宗) 梁玉绳(曜北)治史能成一家言 孙之騄(晴川) 钱林(东生) 龚自珍(定盦)长西北舆地
		近代	丁谦(益甫)治边徼地理
	海宁	明	谈迁(孺木)
		清	朱奇龄(与三) 查继佐(伊璜) 陈鳣(仲鱼) 周春(松霭)
		近代	王国维(静安)
	余杭	近代	章炳麟(太炎)究心明清间掌故
	新城	唐	许敬宗(延族)
	嘉兴	宋	叶隆礼(渔林)
	嘉善	明	钱士升(抑之)
	秀水	清	朱彝尊(竹垞)长考证 李贻德(次白)善考史 钱仪吉(衎石)谙掌故
		近代	沈曾植(子培)治蒙古史

续表

省份	地名	朝代	史家擅长与贡献
九、浙江	吴兴绍康	南北朝	沈约(休文)
	吴兴故鄣	南北朝	吴均(叔庠)
	吴兴武康	唐	姚察、姚思廉父子
	乌程(今吴兴)	明	朱国祯(文宁)
		清	温睿临(哂园) 施国祁(北研) 汪曰桢(刚木)
		近代	刘锦藻(澄如),子承幹(翰怡)
	湖州归安	清	沈炳震(东甫),弟炳巽(津旃) 吴兰庭(胥石) 张鉴(冶春) 陆心源(存斋)
		近代	崔适(觯甫)
	德清	清	胡渭(东樵)善地理学 戴望(子高)治后明史
	安吉	宋	陈振孙(直斋)
	淳安	明	商辂(弘载)
	宁波鄞县	宋	王应麟(厚斋) 高似孙(续古)
		元	陈桱(子经)
		清	万斯同(季野)熟明掌故,以布衣修《明史》。佺万言,邃于史 全祖望(谢山)为晚明文献之学
	慈溪	清	厉鹗
	定海	清	黄式三(儆居),子以周(元同)
	象山	近代	陈汉章(伯弢)

省份	地名	朝代	史家擅长与贡献
九、浙江	山阴(今绍兴)	三国吴	谢承(逸平)
		晋	谢沈(行思)
		宋	陆游(放翁)
		明	张岱(陶庵)
		清	章宗源(逢之)(大兴人) 姚振宗(海槎)
	会稽(今绍兴)	汉	袁康 赵晔
		元	袁桷(伯长)
		清	章学诚(实斋)治历史新旧学 李慈铭(爱伯)
	萧山	清	汪辉祖(龙庄)治(元史) 郭伦(凝初)
	诸暨	清	章陶(载良)
	余姚	清	黄宗羲(梨洲)为清代史学之开山,子黄百家(耒史) 邵廷采(念鲁)述晚明遗事,族孙邵晋涵(二云)
	上虞	近代	罗振玉(叔蕴)善金石甲骨学,且熟掌故
	台州临海	明	王宗沐(新甫) 冯琦(用毂) 王洙(一江)
		清	洪颐煊(筠轩)
	黄岩	清	杨晨(定敷)
	天台	元	胡三省(身之)
		清	齐召南(次风)治地理学
	宁海	近代	章梫(一山)
	金华(古泰州)	宋	王益之(行甫) 王象之 吕祖谦(伯恭)

续表

省份	地名	朝代	史家擅长与贡献
九、浙江	慈溪	元	金履祥(仁山) 胡应麟
	义乌	明	王祎(子充)
	永康	宋	陈亮(同甫) 徐无党
	浦江	明	宋濂(景濂)
	温州永嘉	宋	叶适(水心) 徐自明(憺堂) 刘时举
		明	黄淮(宗豫)
	瑞安	宋	陈傅良(止斋) 蔡幼学(行之)
		清	孙诒让(仲容) 陈黻宸(介石)
	乐清	宋	钱文子(文季)
	龙泉	宋	叶绍翁(靖逸)
十、江西	豫章 (今南昌亦作 鄱阳)	宋	洪皓(光弼),子迈(景庐)
		清	彭元瑞(掌仍)
	乐平(一作鄱阳)	元	马端临(贵与)
	南康	清	谢启昆(蕴山)
	建昌南城	明	邓元锡(汝极)
	南丰	宋	曾巩(子固)
	临川	宋	刘恕(道原)
	临川高安	明	陈邦瞻(德远)
	临川金溪	元	危素(太朴)
		明	汤显祖(若士)
		清	蔡上翔(元凤)

省份	地名	朝代	史家擅长与贡献
十、江西	宜黄	宋	乐史(公礼)
	新喻	宋	刘攽(贡父),弟刘敞(原父),侄刘奉世(仲冯) 徐梦莘(商老),侄徐天麟(仲祥)
	庐陵	宋	欧阳修(永叔) 罗泌(长源) 欧阳忞
		元	萧常
	泰和	明	杨士奇(名寓,以字行)
	吉水	明	解缙(大绅)
	永新	明	龙文彬(筼圃)
	袁州	宋	赵希弁
	浔阳	宋	陶岳(介丘)
	萍乡	清	刘凤诰(金门) 李有棠(莆生)
	义宁	近代	陈寅恪(鹤寿)
十一、湖南	长沙	晋	邓粲
		清	周寿昌(荇农)为诸史补注 王先谦(益吾)雅善抄纂
	善化	清	唐鉴(镜海)治学史
	茶陵	明	李东阳(宾之)
	湘潭	近代	王闿运(壬秋)
	浏阳	元	欧阳玄(原功)
	湘阴	清	李桓(黼堂)
	平江	清	李元度(次青)谙悉掌故
	衡阳	清	王夫之(而农)
	邵阳	清	魏源(默深)善治史及城州地理 曾廉

续表

省份	地名	朝代	史家擅长与贡献
十一、湖南	新化	清	邓显鹤(湘皋)搜罗乡邦文献
	祁阳	宋	路振(子发)
	武陵	清	杨丕复(愚斋)
十二、湖北	武昌江夏	清	吴光耀(华峰)
	襄阳	汉	刘珍(秋孙)
		晋	习凿齿(彦威)
	宜州	唐	令狐德棻
	安陆	宋	宋祁(后徙雍丘)
	江陵	元	谢端(敬德)
	宜都	近代	杨守敬(惺吾)治金石校勘目录学,收藏称古代第一
	兰陵	南北朝	萧子显(景阳),弟子云(景乔)
	宜昌	清	王定安(鼎丞)
十三、福建	闽县(今福州)	清	林春溥(鉴塘)治古史
	长乐	清	梁章钜(退庵)
	泉州晋江	宋	吕夏卿(缙叔)
		明	李贽(卓吾)
	兴化莆田	宋	陈均(平甫) 郑樵(渔仲)
		明	柯维骐(奇纯)
		清	吴任臣(志伊)
	建安(今建瓯)	宋	袁枢(机仲)
	建阳	宋	熊克(子复) 祝穆(和甫)
	崇安	宋	胡宏(仁仲)
	光泽	清	何秋涛(愿船)

省份	地名	朝代	史家擅长与贡献
十四、广东	广州南海	近代	康有为(长素)
	番禺	清	侯康(君谟)为诸史作补注及补志表 张维屏(南山)
	顺德	清	梁廷枏(章冉) 李文田(芍农)
	东莞姑幕	晋	徐广(野民)
		明	陈建
	新会	近代	梁启超(任公) 陈垣(援庵)
	揭阳	明	王昂
	嘉应(今梅县)	清	吴兰修(石华)解说南汉史 黄遵宪(公度)有史才
十五、广西	灌阳	近代	唐景崇(春卿)
十六、四川	成都咸林	宋	吕缜(建珍)
	华阳	宋	范祖禹(淳甫)
	巴西	晋	谯周(允南)
	巴西安汉	晋	陈寿(承祚)
	合州	近代	张森楷(式卿)
	乐山	近代	郭沫若(鼎堂)
	眉州	宋	王偁(季平) 杜大珪
	眉州丹棱	宋	李焘(巽岩) 苏辙(子由) 彭百川(叔融)

续表

省份	地名	朝代	史家擅长与贡献
十六、四川	邛州蒲江 （一作临邛）	宋	魏了翁（华甫）
	江安	近代	傅增湘（沅叔）
	仁寿	元	虞集（道园）
	井研	宋	李心传（微之）
十七、云南			
十八、贵州			
十九、奉天（今辽宁）	铁岭	清	李锴（铁君）
二十、蒙古（满洲）	蒙古八邻部	元	托克托（大用）
	正蓝旗汉军	近代	赵尔巽（次珊）

五、历代正史史目沿革表

（一）

正史	本纪	礼	乐	律	历	天官	封禅	河渠	平准	五行	地理	百官	舆服	刑法	艺文	符瑞	释老	礼仪
史记	12	礼	乐	律	历	天官	封禅	河渠	平准									
汉书	12	礼乐		律历		天文	郊祀	沟洫	食货		地理			刑法	艺文			
后汉书	10	礼仪		律历		天文	祭祀				郡国	百官	舆服					
三国志																		
晋书	10	礼	乐	律历		天文			食货	五行	地理	职官	舆服	刑法				
宋书	10	礼	乐		历	天文				五行	州郡	百官				符瑞		
南齐书	8	礼	乐			天文				五行	州郡	百官	舆服			祥瑞		
梁书	6																	
陈书	6																	
魏书	12	礼	乐	律历		天象			食货		地形	官氏		刑罚		灵征	释老	
北齐书	8																	
周书	8																	
隋书	5	礼	音乐	律历		天文			食货	五行	地理	百官		刑法	经籍			礼仪
南史	10																	
北史	12																	

续表

史书	本纪	礼	乐	历	天文	郊祭	河渠	食货	五行	地理	职官	舆服	刑法	仪卫	经籍/艺文	选举	兵	邦交
旧唐书	20	礼仪	音乐	历	天文			食货	五行	地理	职官	舆服	刑法		经籍		兵	
新唐书	10	礼乐		历	天文			食货	五行	地理	百官	车服	刑法	仪卫	艺文	选举	兵	
旧五代史	61	礼	乐	历	天文			食货	五行	郡县	职官		刑法			选举	兵卫	
新五代史	12																	
宋史	47	礼	乐	律历	天文		河渠	食货	五行	地理	职官	舆服	刑法	仪卫	艺文	选举	兵	
辽史	30	礼	乐	历象	天文			食货		地理	百官		刑法	仪卫			营卫 兵卫	
金史	19	礼	乐	历	天文		河渠	食货	五行	地理	百官	舆服	刑	仪卫		选举	兵	
元史	47	礼乐		历	天文	郊祭	河渠	食货	五行	地理	百官	舆服	刑法		艺文	选举	兵	
明史	24	礼	乐	历	天文		河渠	食货	五行	地理	职官	舆服	刑法	仪卫	艺文	选举	兵	
清史稿	25	礼	乐	历	天文		河渠	食货	时宪	地理	职官	舆服	刑法		艺文	选举	兵	邦交

（二）

列传

史书	儒林	循吏	酷吏	外戚	列女	方术	逸民	独行	元后	游侠	日者	龟策	货殖	党锢
史记	儒林	循吏	酷吏	外戚						游侠	日者	龟策	货殖	
汉书	儒林	循吏	酷吏	外戚					元后				货殖	
后汉书	儒林 文苑	循吏	酷吏	宦官 外戚	列女	方术	逸民	独行						党锢

续表

	列传													
三国志														
晋书	儒林	文苑	良吏				外戚	列女	艺术	隐逸	孝友	忠义	后妃	宗室
宋书			良吏		恩幸					隐逸	孝义			宗室
南齐书		文学	良政		幸臣				高逸		孝义		皇后	宗室
梁书	儒林	文学	良吏						处士止足		孝行		皇后	诸王
陈书	儒林	文学									孝行		皇后	宗室
魏书	儒林	文苑	良吏	酷吏	恩幸	阉官	外戚	列女	艺术	逸士	孝感	节义	皇后	诸帝子及诸王
北齐书		文苑	循吏	酷吏	恩幸				方伎				后	诸王子
周书	儒林			酷吏					艺术				皇后	诸王子
隋书	儒林	文学	循吏				外戚	列女	艺术	隐逸	孝义	诚节	后妃	
南史	儒林	文学	循吏		恩幸					隐逸	孝义		后妃	宗室及诸王

1051

续表

史书	列传															
	儒林	文苑	道学	循吏	酷吏	恩幸	宦官	外戚	世袭	列女	艺术	隐逸	孝行	忠义	后妃	宗室
北史	儒林	文苑		循吏	酷吏	恩幸				列女	艺术	隐逸	孝行	节义	后妃	宗室及诸王
旧唐书	儒林	文苑		良吏	酷吏		宦官			列女	方伎	隐逸	孝行	忠义	后妃	宗室
新唐书	儒学	文艺		循吏	酷吏		宦者	外戚		列女	方伎	隐逸	卓行 孝友	忠义	后妃	宗室及诸王子公主 世家 诸帝公主 王子
旧五代史									世袭							
新五代史							宦者						义行	死节		宗室
宋史	儒林	文苑	道学	循吏		佞幸	宦者	外戚		列女	方伎	隐逸	孝义	忠义	后妃	宗室
辽史		文学		能吏						列女	方伎		卓行		后妃	宗室
金史		文艺		循吏	酷吏	佞幸	宦者	外戚		列女	方伎	隐逸	孝友	忠义	后妃	宗室
元史	儒林			良吏			宦者			列女	方伎	隐逸	孝友	忠义	皇后	诸王子
明史	儒林	文苑		循吏		佞幸	宦官	外戚		列女	方伎	隐逸	孝义	忠义	后妃	诸王 诸王诸子

续表

	列传											
清史稿	文苑	循吏	儒林		列女	艺术	遗逸	孝友	忠义	后妃	诸王	诸臣

（三）

表谱

史记	叛逆				外国	自序					
汉书					叙传						
后汉书											
三国志											
晋书											
宋书					载记	自序					
南齐书											
梁书											
陈书											
魏书					外国	叙传					
北齐书											
周书					异域						

续表

表谱

史书	列传诸目					表谱诸目						
隋书					外国							
南史	贼臣				蛮貊	叙传						
北史					外国	叙传						
旧唐书					外国							
新唐书	叛臣 逆臣 奸臣				藩镇 外国		宰相 方镇世系	宗室世系				
旧五代史		僭伪	宦官		外国							
新五代史		义儿	伶官									
宋史	叛臣 奸臣				外国 蛮夷		宰辅	宗室世系			皇族	
辽史	逆臣 奸臣 佞臣		伶官		外纪		宰辅		世表 外戚	皇子 公主		部族
金史	逆臣			释老	外国		宰相	宗室				
元史	叛臣 逆臣 奸臣				外国		宰相 三公	宗室世系		公主		
明史	阉党 奸臣				流贼 土司 外国		宰辅 七卿 功臣		外戚	皇子 公主	诸王 后妃	
清史稿					土司 藩部 属国		宰辅		外戚	皇子 公主	诸王	部落世系

（四）

	考				备注
史记					外国传
汉书					
后汉书					
三国志					
晋书					
宋书					
南齐书					
梁书					
陈书					
魏书					
北齐书					
周书					
隋书					

	考				备注
南史					
北史					
旧唐书					
唐书				司天 职方	
旧五代史					
新五代史					
宋史					
辽史	属国 游幸				
金史		交聘			
元史					
明史					
清史稿	属国	交聘	诸臣封爵表		

六、历代帝王年号岁数表(略)

七、历代帝王年号通检表(略)

八、历代帝王纪年干支公历对照表(略)

编校后记

一、编校过程

2020 年 8 月，完成了董朴垞遗稿《中国史学史长编》（以下简称《长编》）的全部复印。《长编》当日已经预计到了后续的校对需求，所以直接用手机将 10 册原稿扫描下来。原拟由出版社找人录入，后来发现此法难以操作，仍由我们整理者录入为佳，一时找不到理想的模式，所以《长编》的录入工作便搁置了。这个时期，让研究生王笑航以硕士论文形式，完成了专题研究。直到 2021 年 9 月，新一届研究生进校，才决心开展录入工作。因为这届招生人数最多，共有 3 人，于是让他们分工录入。孙佳梅负责先秦至唐代史学的录入，浦一枝负责五代宋史学、明代史学的录入，王拂晓负责元代史学与清代史学的录入。2022 年 1 月，三位研究生电脑录入稿全部汇齐。一检查，才发现铁铮先生的《清代史学》清稿不全，只有前 12 章。《清代史学》13—38 章、《续编》6 章，铁铮先生没有来得及录入。经反复查询，确认没有清抄本以后，不得已让懂行草的陈鑫博士负责录入。春节期间，我对《长编》电子稿作了初步的编校。我喜欢先处理大的结构，后处理微观的细节。3 月初，又让研究生补录了 5 个附表。陈鑫也完成了《清代史学》13—38 章的录入。因为落实了出版社，决定作最后的编校处理。至 3 月 12 日，基本完成了全书的编校工作。

《长编》的整理难度十分大。之所以说难度十分大，一是专业作品，二是古文写作，三是行草抄写。《长编》完全是古文写作，不是白话文。此书按写作时代算是近籍，按内容写法也可说是古籍。由此可见，作者董朴垞是国粹派。此稿是行草抄写的，录稿者不识原稿行草字形，能识行草的人毕竟少，这是最大的麻烦所在。董朴垞用的是没有格子线的白纸，行距过狭，字距宽狭不等，难以识读。因为是手定稿，未及出版。董朴垞晚年又用钢笔补充了不少内容。如此，让版面更显凌乱。传统的竖写易连书，容易让人识错，一字识成二字，二字识成一字的情况经常出现，如将"必大"识成"炎"。

整理过程中，有时十分恼火。董先生是十分为人着想的人，结果他自己写的稿子却不着眼于他人，只考虑自己的顺眼。作为书法，行草飘逸好看，可能书写速度也快，但作为文稿就不好了。给自己看可以，给别人看不行。给人看的文稿，须以标准蝇头楷体书写，且以方格稿子为善。如此潦草的字，让谁来阅读？由谁来整理？别人不识，无法抄定，无法编辑，无法出版，这不是欲速反慢了吗？早在董先生生前，他就知道没有几个人能完全无误地识读这些文稿，必须坐在边上随时请教始识。其四弟铁铮，原以为懂大哥的行草，但从清抄本与原稿比对可知，许多字实际上也不识，不少字识读错了。这十分正常，因为他不是史学史专业人员，也没有相关参考书可校对。《长编》是十分专业的书，识读难度尤大。铁铮先生的清抄本也有不少是行书。结果，我让研一学生据此录入时，又有不少字识读错了。可见，用标准字体书写，使人人可识读是多么重要。

二、技术处理说明

我的编校分两大方面：

一是处理大的结构。

稿本整理不同于刊本整理，有些方面会作一些直接的修订。如何通过技术处理，让这部 1975 年完成的《长编》的优势发挥出来，成为一个比较理想的善本，方便今日的读者，这是整理工作要考虑的大问题。

《长编》原书，多数只有编章二级目录，少量章下有节，如第一编第一章，第五编第六章、第八章，第六编第二章、第十五章，第七编元朝第二章、明朝第一章，第八编第七章，多数章下没节名。少量章只写一人一书，下面没有分节。个别有四级目录，如第一编第四章，第四编第十二章，第六编第一章、第七章，第八编第二十六章，各章不统一。用于节的数字也不统一，有汉字数字，也有阿拉伯数字。长编每章名称，各有一个主题，破折号后面，罗列了一大堆书名与人名，使标题显得十分冗长而不整洁。此外，大部分章下无节名，框架撑不起来，显得十分松垮。

为了符合当今时代的阅读需求，笔者对全书作了较大的技术处理。

板块结构的完善。将"注"改为"延伸阅读"。（注的内容较复杂，用什么名称来概括，颇费思量。初用"说明性注"，后感觉不妥；用"相关链接"，太现代化。最后决定用"延伸阅读"。）从而使大部分章形成正文、参考资料、延伸阅读三大板块。之所以将"注"改为"延伸阅读"，是因为"注"这个字，无法成为独立板块名。改为"延伸阅读"，更能表明其独立成块的性质。为了保持体例的统一，将部分原来放在"注"后面的附录，直接移到正文后面。为了体现每段的三大块结构，对只讨论一人一书的章均分了节。如此，成为标准的编、章、节三级目录。个别章下节延伸到四级目录，如第六编第十五章。

编的分拆。对原第七编"元明史学"进行了分割。因为这编特殊，分"甲、元朝史学"与"乙、明朝史学"两块，下面各成章节体系，不是两朝连续成章的，与其他各编有异，有自乱其例之嫌。拆开以后，前后统一了。最后一编称为"续编"，据相关手稿材料，董朴垞生前已决定改为"第九编民国史学",这次照此办了。如此,成为十编,倒也十全十美。

章的调整。第二编第二章的"附载",直接升格为第三章。第四编第十二章治南北朝正史,下面又分南朝与北朝两块,各成体系,也自乱其例,将之拆分为二章。

节的迁移。第一编附载三"关于史官的书目",直接改成"参考资料"。第三节周史官后的"注"改为"延伸阅读",移到第四章的最后。"郭沫若《中国古代社会研究》"原放在清代编第三十六章王国维后面,内容上近,但朝代不协,现移到民国编末尾。

标题名的增删。将每章破折号后的书名与人名移到正文,成为节名。因为人名、书名从章后移到正文,作为独立的标题,删除了个别字,譬如子驷,删除"子",直称为"裴驷"。第一编第四章黄帝史官——仓颉、沮诵、大挠、隶首、容成、孔甲,夏殷史官——夏:终古,殷:向挚、尹逸。周朝史官原来分王朝、诸侯之国、卿大夫之家三个层级,下列"辛甲、周任、史籀、史伯、内史过、叔兴、叔服、史大骀、伯阳、太史儋","太史兄弟三人、南史氏、鲁太史、史嚚、郑太史、孙伯黡、史赵、董狐、屠黍、史墨、倚相、史皇、御史",十分冗长,感觉不简洁,将其移入正文,编了相应的数字。又原文标题,有些不定或多元表达,如第九编第十五章"统释诸史(亦称历史考证学)",删除"(亦称历史考证学)"。《弘(宏)简录》,删除"(宏)"。第九编第六章与修《明史》者,原稿在人名后加小字体的字号,字号统一删除。个别过长的节标题,删除了一些字,如第五编第三章第一节"于志宁、李淳风、韦安仁等《五代史志》",删除"李淳风、韦安仁"。第九编第四章第三节,原标题作"邵廷采东南西南两纪事",不易加书名号,直接改成"邵廷采《东南纪事》《西南纪事》"。另删除了标题中的标点符号,因为作为标题,过多标点符号不合现代汉语规范。

引号与书名号，原稿用半直角号，清抄本改为双引号，这次分别使用双引号与书名号。

目录的数字，统一用汉字数字，按当下出版要求数字用法排列。

最后的附录，原有八个表。六《历代帝王年号岁数表》，七《历代帝王年号通检表》，八《历代帝王纪年干支公历对照表》，实际上是中国纪年表，目前有相关工具书，不须重复，所以删除了，但仍保留名目，以示完整性。

个别阙略的内容，如第八编第十一章第一节陈建、第九编第十四章第十二节、第九编第三十三章、第十编第三章第三节、第十编第七章第二节，根据相关文献作了补充。由于原文是文言，现在所补是白话体，多少有一些不协。不过，内容上多少充实些。

个别残缺的文字，作了补充；某些错误的文字，直接作了修订。

汉字使用的规范化。原稿与清抄本，使用了1977年底公布的第二批简化字。因为1986年废除了第二批简化字，所以现在也改为规范字。

董朴垞先生编修中无缘得到同道的指正，难免有考虑不周之处。而且，他在手稿阶段，难以做大的结构、标题润色处理。今日由作为同道的我来整理，直接在电脑上加工，比较方便，自然有必要做一些整体化、完美化处理。如此一来，章名简洁，节名醒目，结构紧凑，便于检索，颇感舒服，自然也方便了读者的使用。"躬其难而遗学者以易"，这是说作者要直面困难，那样可让读者方便使用，这是典型的公共文化服务意识。董朴垞先生在天有灵，相信也会同意做这样技术性的处理。

二是细部文字校对。

我更喜欢宏观思考，而忽视文字的细部处理。编校工作十分细碎，做多了，没有思想。这是笔者不太喜欢，但又不得不做的事。

幸笔者实证与思想同步擅长。原想也粗校一下，让研究生先承担校对工作。实践证明，新手仍有局限，难以承担全部重任。等校对过一些内容，特别是核对了《通鉴》引用书目，发现错误多到吓人，不得不下定决心走最原始的点校法。

我的文字校对经过了两个阶段，第一校是粗校。凭常识，凭古文语感发现错误，借助网络可搜集到的文献材料，校对人名与书名。由于我从事中国史学史行业四十年，这种语感是很准的。譬如电子稿作"冢西平文肃公安国于"，读了半天不通。最后研究家族关系，知其父王安国为吏部尚书，才知为"冢宰文肃公安国子"。

第二校是细校，逐句逐字校对。细校之法有三：一是直接与原稿校。字形的辨识，须结合上下文及相关知识来判断。个别识别不了的字，直接将原稿扫描件发给陈鑫博士，他可立马解决识读问题，可谓一字之师。二是与清抄本校，据此可判断电脑录入稿之错。三是与原始文献对校。直接文献，有董朴垞《中国史学史初稿》、金毓黻《中国史学史》、高似孙《史略》等。最难解决之事，查中国基本古籍库。通过比对相关史学史专业资料类图书，才知文字错误不少。

校对别人录入稿，最大的问题是有时难以发现疏漏。校对中，发现有清抄本复印缺页者，有清抄本漏抄者，有原稿缺文者，有原稿漏拍者。这种缺页，有时非常严重，特别是某些章的第一页缺，导致漏了几章。反复核对目录，才发现问题所在。这些内容，及时由在上海的董大江先生提供底稿照片。

校对他人稿子，重在借助相关材料，整体上理解这段话的意思，从而据以校正，完全是文献的微观处理。文献微观研究是不同文献异同的比对，通过异同比对可以发现细部文字问题，完全是硬工夫。校对，仍得耐心地细读相关文字，才让人放心。通过亲自校对，理解了文字校对工作的重要性。这种专业图书的整理，最好要由专业人员来处理。这次《长编》手抄本、电子稿的再整理，完全是史学史专家承担编辑审核工作。

《长编》稿子要经多人校对，才可消除盲点。2006 年前后，我曾点校《皇明通纪》，那是原刻本与电子版的比对，尚属容易。本书直接是手稿，且是行草手稿，难度大过几倍。这是平生首次处理行草稿本，校对工作十分费时，进展十分缓慢。通过校对，倒识了不少行草字。此书经董朴垞四弟录稿，复经四位年轻人录入电脑，最后由我亲加校对，终成样稿，这是非常有成就感的事。只是，校对是十分细的活，相信不乏尚可完善之处，欢迎读者随时指正。

三、感恩诸贤

董朴垞先生的作品，对普通人来说，也许是不甚有趣的东西。铁铮先生并不专门从事史学研究，晚年着手整理这样大部头的专业图书，确实是勉为其难。这也算是铁铮先生不忘长兄时刻帮助之恩。董朴垞先生为人确实不错，1959 年铁铮先生失业时，他每月资助 20 元，其他两位兄长各资助 5 元。如此，让铁铮先生一家渡过难关。因为有长期的感恩之心，所以铁铮先生一家精心保护董朴垞的遗著。誊抄《长编》时，铁铮先生初用钢笔抄写，至清代部分时，用复写纸抄录。所以，《清代史学》前十二章有三个复本。不过，他未及抄完就离开了人世。据说，因为连续几年抄稿，导致一只眼睛近于失明。没有铁铮先生的抄录，《长编》整理工作还要困难。现在能整理出来，真的十分不易，我们要感恩铁铮先生及其子一家。

我是在同时承担国家社科基金重大项目、重点项目的紧张日程中，抽出时间编校《长编》稿子的。在校对、研究《长编》过程中，理解了董朴垞先生的事业心，理解了铁铮先生的责任心，铁铮子大江先生的责任心。朴垞先生成天忙于整理自己的稿子，达到了"除偶然到庭院里踱步外，几乎全坐在书桌前看书、写字""他却乐在其中，甚至很少站起来，常常忘记了吃饭"（侄子董伟桐《忆伯父》）的程度。铁铮先生最后几年整理其兄遗稿，也是差不多的状况。这次董大江先生用手机整理大伯的稿子，也是颇费心力。笔者在校对《长编》时，也达到了一天工作十多个小时的状况。一心向学，思虑单纯，没有烦恼，心态倒好，用铁铮先生的话说，"勤抄古籍烦恼少"。这背后体现的是一份公共文化责任心。董朴垞遗稿，如果不由我来主持，恐怕一时没有机会整理出版。当我刚由本科的中国史学通史知识学习，走向研究生的明代史学断代专题研究，急需一个更大的史学史知识框架时，《长编》提供了详尽的明代史学框架，大大方便了我的研究。这正是我喜欢《长编》的原因所在。这份感恩我一直存留于心。今日的整理，也可算我的一点小回报。

崇文书局编辑郑小华是毕业于兰州大学中国史学史专业的研究生，其导师是赵梅春教授。赵教授又是张孟伦先生的研究生，张孟伦先生是新中国第一代中国史学史研究者。郑编辑获悉此书稿后，十分有兴趣，欣然申报了选题，使此书的出版工作得以推进，我及董氏家人们非常感谢他及崇文书局领导的全力支持。

钱茂伟于宁波大学

2023 年元旦

图书在版编目（CIP）数据

中国史学史长编 / 董朴垞著；董铁铮清抄；钱茂
伟等点校. -- 武汉：崇文书局，2024. 11. --（专题史
研究文库）. -- ISBN 978-7-5403-7736-6

Ⅰ. K092

中国国家版本馆 CIP 数据核字第 2024UE1276 号

选题策划　郑小华　张　弛
项目统筹　何　丹
责任编辑　郑小华　何　丹　黄振华
封面设计　甘淑媛
责任校对　侯似虎
责任印制　冯立慧

中国史学史长编
ZHONGGUO SHIXUESHI CHANGBIAN

出版发行　长江出版传媒　崇文书局
地　　址　武汉市雄楚大街 268 号 C 座 11 层
电　　话　(027)87679712　邮政编码　430070
印　　刷　湖北新华印务有限公司
开　　本　880 mm×1230 mm　1/32
印　　张　35.25
字　　数　920 千
版　　次　2024 年 11 月第 1 版
印　　次　2024 年 11 月第 1 次印刷
定　　价　198.00 元（全二册）

（如发现印装质量问题，影响阅读，由本社负责调换）